Le statut interne de l'étranger
et
les normes supranationales

site : www.librairieharmattan.com
diffusion.harmattan@wanadoo.fr
e.mail : harmattan1@wanadoo.fr

ISBN : 2-7475-9303-7
EAN : 9782747593038

Christel Cournil

Le statut interne de l'étranger et les normes supranationales

préface de Jean-Pierre Théron

L'Harmattan

L'Harmattan
5-7, rue de l'École-Polytechnique ; 75005 Paris
FRANCE

L'Harmattan Hongrie
Könyvesbolt
Kossuth L. u. 14-16
1053 Budapest

Espace L'Harmattan Kinshasa
Fac..des Sc. Sociales, Pol. et
Adm. ; BP243, KIN XI
Université de Kinshasa – RDC

L'Harmattan Italia
Via Degli Artisti, 15
10124 Torino
ITALIE

L'Harmattan Burkina Faso
1200 logements villa 96
12B2260
Ouagadougou 12

Logiques Juridiques

Collection dirigée par Gérard Marcou

Le droit n'est pas seulement un savoir, il est d'abord un ensemble de rapports et pratiques que l'on rencontre dans presque toutes les formes de sociétés. C'est pourquoi il a toujours donné lieu à la fois à une littérature de juristes professionnels, produisant le savoir juridique, et à une littérature sur le droit, produite par des philosophes, des sociologues ou des économistes notamment.
Parce que le domaine du droit s'étend sans cesse et rend de plus en plus souvent nécessaire le recours au savoir juridique spécialisé, même dans des matières où il n'avait jadis qu'une importance secondaire, les ouvrages juridiques à caractère professionnel ou pédagogique dominent l'édition, et ils tendent à réduire la recherche en droit à sa seule dimension positive. A l'inverse de cette tendance, la collection *Logiques juridiques* des Éditions L'Harmattan est ouverte à toutes les approches du droit. Tout en publiant aussi des ouvrages à vocation professionnelle ou pédagogique, elle se fixe avant tout pour but de contribuer à la publication et à la diffusion des recherches en droit, ainsi qu'au dialogue scientifique sur le droit. Comme son nom l'indique, elle se veut plurielle.

Déjà parus

Agnès RABAGNY, *L'homme tel qu'en lui-même. Droit et individualité*, 2005.
Guy Jean Clément MEBIAMA, *Le régime politique de la République du Congo après le Constitution du 20 janvier 2002*, 2005.
J.-Cl. BEGUIN, P. CHARLOT, Y. LAIDIÉ (textes réunis par), *La solidarité en droit public*, 2005.
Grégory BERKOVICZ, *La place de la cour pénale internationale dans la société des Etats ;* 2005.
Catherine SAMET, *Naissance de l'escroquerie moderne*, 2005.
R. ROMI, *Thomas Patafume, juriste : une vie, une oeuvre*, 2005.
Y. BAZOUNI, *Le métier de diplomate*, 2005.
A. AOUIJ-MRAD, M. H. DOUCHEZ, B. FEUILLET, *Santé, argent et éthique : une indispensable conciliation ?*, 2005.
Emilie MARCOVICI, *La gauche et la VIe République*, 2005.
Cyril BRAMI, *Des juges qui ne gouvernent pas. Retour sur les idées constitutionnelles de Roger Pinto*, 2005.
A. AOUIJ-MRAD, M.H. DOUCHEZ, B. FEUILLET, *Santé, argent et éthique : une indispensable conciliation*, 2005.
Mita MANOUVEL, *Les opinions séparées à la Cour internationale*, 2005.
Eric CARPANO, *Etat de droit et droits européens*, 2005.

Cette thèse est dédiée à tous ceux qui, comme Rani et Lubo, ont énormément apporté à mon pays

Merci à Coralie, mes parents et Rani pour leur soutien et leur confiance

Mes sincères remerciements à Monsieur le professeur Jean-Pierre Théron qui a encadré mon travail et à tous ceux qui par leurs conseils, écoutes, et corrections ont amélioré la rédaction de cette thèse.

Et particulièrement à Nicole Bouchou, Véronique Gaubert et Fabrice Reneaud.

Cet ouvrage est une version légèrement remaniée d'une thèse soutenue le 16 décembre 2004, à l'Université des Sciences Sociales de Toulouse 1. Elle tient notamment compte des remarques émises par le Jury[1] et par le Centre National des Universités.

[1] Thèse soutenue le 16 décembre 2004 devant un jury présidé par Madame le Professeur Marie-Hélène DOUCHEZ (Université Toulouse I) et composé de Messieurs les Professeurs Henri LABAYLE (rapporteur) (Université de Pau et des pays de l'Adour), François JULIEN-LAFERRIÈRE (rapporteur) (Université Paris-Sud), Jean-Pierre THÉRON (directeur de la recherche) (Université Toulouse I) et de Monsieur Laurent GROSCLAUDE (Université Toulouse I).

PRÉFACE

Il faut certainement beaucoup de courage pour publier une thèse ayant trait au droit des étrangers. La matière est en effet d'une complexité redoutable, évolutive, changeante. Le nombre de réformes intervenues ces dernières années est l'illustration parfaite d'un déclin du droit, source d'insécurité, à l'origine d'un contentieux tant constitutionnel qu'administratif et judiciaire ésotérique, produisant des contradictions entre normes de même valeur juridique, faisant du juge un producteur majeur de cette branche du droit. En outre, comment ne pas constater que la compréhension de ce droit est aussi brouillée par des politiques démagogiques certes, mais électoralement porteuses de succès ?

Christel Cournil en décidant de mener sa recherche sur « Le statut interne de l'étranger et les normes supra-nationales » était parfaitement consciente de ces difficultés. Elle ne s'est pas pour autant tournée vers un sujet moins périlleux. Sans doute y avait-il de bonnes raisons à cela. L'auteur a bien saisi comment le droit des étrangers est révélateur dans un État de l'importance attachée au respect des droits de l'homme. Il n'est pas un ensemble isolé de dispositions se distinguant des autres branches du droit. Il permet de saisir la substance d'un ordre juridique. Il en révèle les fragilités, les fêlures, les hypocrisies. Les restrictions généralisées aux libertés commencent toujours par une réduction du droit des étrangers.

Au-delà, le sujet choisi est au cœur d'une évolution globale qui conduit à d'étroites imbrications, contradictions, complémentarités entre normes supra-nationales et normes internes, contribuant à la complexité ci-dessus évoquée, mais aussi source de modifications des droits internes qui paraissent quelquefois échapper à la volonté des autorités nationales habilitées à dire le droit. Il était donc important de saisir la question de front pour étudier, dans un domaine sensible, la portée exacte des normes supra-nationales sur les normes internes. Les premières, et l'auteur le démontre parfaitement, ne constituent pas un ensemble cohérent, homogène, mais bien au contraire, sont éclatées, disparates, fruit de compromis entre États. Elles répondent à des préoccupations parfois contraires selon le cadre et les circonstances ayant conduit à leur adoption. C'est donc, et c'est une grande part de l'intérêt de ce travail, à une étude de deux ensembles mouvants, normes internes et normes supra-nationales, en perpétuelle évolution, que se livre Christel Cournil.

Sans doute y-avait-il d'autres raisons, plus personnelles, qui ont conduit au choix du sujet. Choix téméraire certes mais qui montre la voie d'une recherche qui pour reposer sur le droit positif ne s'en élève pas moins à une réflexion plus générale et fondamentale.

Audacieux, le pari de l'auteur est parfaitement réussi, le lecteur en sera très vite convaincu.

Pour mener à bien sa tâche, l'auteur devait d'abord maîtriser les données brutes du droit positif et surtout procéder à une véritable remise en ordre permettant de dégager les lignes-forces structurant la matière. Or, dans une discipline aussi complexe, l'exposé est sans faille alors même que Christel Cournil envisage l'ensemble du droit des étrangers sans en écarter aucun aspect. Elle le fait dans un style clair, élégant qui fait oublier la difficulté de la démarche. Cette remise en ordre constitue la base de la démonstration menée, de la thèse avancée. Celle-ci est particulièrement enrichissante.

Au-delà des variations et contradictions du droit positif, Christel Cournil décrit un double mouvement qui structure sa recherche.

Il existe un véritable régime migratoire supranational, résultant notamment des dispositions communautaires produisant des règles uniformisées ou en cours d'harmonisation (entrée, admission au séjour, sortie du territoire...) auxquelles s'ajoutent des statuts particuliers résultant soit d'accords bilatéraux, soit du droit communautaire. Un statut largement communautaire du demandeur d'asile est aussi révélé, il découle à la fois de la mise en place de standards procéduraux et de protections substantielles. Il existe donc un véritable statut supranational de l'étranger, ensemble relativement cohérent de normes qui réduit la part du droit interne. Mais Christel Cournil a bien perçu combien la portée du droit international sur le droit interne ne pouvait être réduite à ce premier constat.

Parallèlement à ce statut en effet, existent d'autres normes supranationales qui ont un sens et une portée bien différents. Sans participer vraiment d'un statut, normes et jurisprudences internationales dégagent droits et libertés protecteurs de l'étranger qui complètent le statut interne. L'auteur met ainsi à jour une fonction « correctrice » du droit international des droits de l'homme qui oblige le droit interne à évoluer vers une plus grande protection et une fonction « innovatrice » qui introduit de nouvelles garanties.

La démonstration est rigoureuse, elle paraît, la lecture de l'ouvrage achevée, presque évidente. Il n'en était pourtant rien avant la brillante analyse que nous propose Christel Cournil. Mais la rigueur de la méthode, la clarté de l'exposé ont permis de mettre à jour une logique explicative des relations complexes entre normes internes et internationales. Le droit positif est ainsi intégré dans une structure qui permet d'en comprendre les manifestations.

Qu'il soit permis, sur un plan très général, d'observer qu'une telle recherche rend quelque peu obsolète le débat récurrent sur les avantages et inconvénients respectifs des thèses « positivistes » ou « théoriques ». Débat tout à fait vain, comme le met en évidence cet ouvrage qui prouve bien que seule une maîtrise totale du droit positif peut permettre une réflexion de fond conduisant à une construction théorique permettant d'appréhender la réalité, qui ne se montre pas, selon la formule bien connue, mais se démontre.

L'intérêt de l'ouvrage proposé se situe à plusieurs niveaux.

Christel Cournil maîtrise parfaitement la matière étudiée, ce qui n'est pas une mince qualité compte tenu du caractère ésotérique, voire a priori incompréhensible des dispositions normatives qui s'ajoutent les unes aux autres au rythme effréné des réformes. Elle propose un exposé clair et exhaustif d'un droit à juste titre qualifié de technique, réservé à quelques spécialistes. La réflexion au fond qu'elle mène sur son sujet fait échapper son ouvrage aux aléas des changements législatifs ou réglementaires. Il est d'ailleurs caractéristique des qualités de l'ouvrage que les réformes intervenues depuis sa rédaction s'intègrent toutes dans la grille d'analyse proposée. L'auteur propose une réflexion de juriste sur un sujet particulièrement sensible car révélant, en dépit des systèmes de protection plus ou moins élaborés, toute la fragilité des garanties des droits et l'insécurité résultant de strates de normes parfois remises en cause avant même d'avoir été appliquées. L'analyse critique porte d'autant plus qu'elle se fait au nom de droits affirmés mais souvent méconnus.

Ce travail, par la démarche choisie constitue un apport essentiel sur au moins deux points, au-delà de la matière étudiée.

Il s'agit d'abord d'une précieuse contribution à la réflexion sur la constitution de l'Europe, sa dynamique, mais aussi ses faiblesses en un domaine ou les considérations de police à court terme prennent le pas sur une politique globale. Il n'a pas lieu d'épiloguer ici sur la contribution qu'aurait pu apporter, quant au droit des étrangers, la Charte des droits fondamentaux intégrée dans le texte récemment rejeté en France... La souveraineté de l'État, même si elle ne fait pas l'objet d'analyse spécifique est au cœur de la problématique soulevée, de par la résistance étudiée du droit interne aux avancées de certaines normes européennes.

L'ouvrage présenté constitue ensuite un élément essentiel de réflexion sur les combinaisons, les enchevêtrements de normes. Sur ce point, l'analyse, fine, nuancée apporte beaucoup. Elle montre combien les normes supranationales ne sont pas seulement supplétives et contraignent, laminent, ou au contraire encouragent les normes, notamment jurisprudentielles, nationales. La complexité des relations entre règles de droit d'origine différentes relativise aussi utilement le schéma kelsenien quelque peu mécaniste et qui ne saurait véritablement refléter la réalité d'un système beaucoup plus riche et évolutif. Les analyses relatives aux transpositions textuelles ou jurisprudentielles, qui se font parfois par anticipation sont tout à fait éclairantes à cet égard.

Bref, il faut être reconnaissant à Christel Cournil de nous livrer ici un ouvrage qui clarifie, systématise une réalité complexe et surtout suscite le débat et la réflexion.

LISTE DES PRINCIPAUX SIGLES ET ABRÉVIATIONS

AAH	Allocation adulte handicapé
AFDI	Annuaire français de droit international
Aff.	Affaire
AGDREF	Application de gestion des dossiers des ressortissants étrangers en France
AIJC	Annuaire international de justice constitutionnelle
AGNU	Assemblée des Nations Unies
AJDA	Actualité juridique de droit administratif
AN	Assemblée Nationale
ANAFÉ	Association nationale d'assistance aux frontières pour les étrangers
Ann. CEDH	Annuaire de la Convention européenne des droits de l'Homme
Ass.	Assemblée
AUE	Acte unique européen
Bull.	Bulletin
CAA	Cour administrative d'appel
CADA	Centre d'accueil des demandeurs d'asile
CAF	Caisse d'allocation familiale
CAHAR	Comité ad hoc d'experts juridiques de l'asile territorial, des réfugiés et apatrides
CASS	Cour de Cassation
Cass Crim	Chambre criminelle de la Cour de Cassation
CAT	Comité contre la torture
CC	Conseil constitutionnel
CDE	Cahier de droit européen
CDH	Comité des droits de l'Homme
CE	Conseil d'État
CE	Communauté européenne
CEDH	Convention européenne des droits de l'Homme
CEE	Communauté Économique Européenne
CERE	Conseil européen sur les réfugiés et les exilés
CFDA	Coordination française pour le droit d'asile
CIDE	Convention internationale des droits de l'enfant
CIEMI	Centre d'informations et d'études sur les migrations internationales
CIG	Conférence intergouvernementale
CIJ	Cour internationale de justice
CIREA	Centre d'information de réflexion et d'échanges en matières d'asile
CIREFI	Centre d'information de réflexion et d'échanges en matières de frontière et d'immigration
CJCE	Cour de justice des Communautés européennes
CMLR	Common Market Law Revieuw
Comm. EDH	Commission européenne des droits de l'Homme
CMU	Couverture maladie universelle
CNCDH	Commission nationale consultative sur les droits de l'Homme
CNIL	Commission nationale d'informations et libertés
CPAM	Caisse primaire d'assurance maladie
CPT	Comité de prévention contre la torture
CRA	Centre de rétention administrative
CRAM	Caisse régionale d'assurance maladie
CREDHO	Centre de recherche et d'étude des droits de l'Homme
CRR	Commission de recours des réfugiés
D.	Dalloz
DA	Droit administratif

DC	Décision constitutionnelle
DDHC	Déclaration des droits de l'Homme et du citoyen
DPM	Direction de la population et des migrations
DR	Recueil des décisions et rapports de la Commission européenne des droits de l'Homme
DS	Droit Social
Éd.	Édition
EDCE	Études et documents du Conseil d'État
ENM	École nationale de la Magistrature
EXCOM	Comité exécutif du HCR
FNS	Fonds national de solidarité
FTDA	France terre d'asile
GISTI	Groupement d'information et de soutient aux travailleurs immigrés
GP	Gazette du Palais
HCR	Haut commissariat aux réfugiés
H-M	Hommes et Migration
ICC	Instructions consulaires communes
IDEDH	Institut de droit européen et droit de l'Homme
IJRL	International Journal of Refugee Law
JAI	Justice et affaires intérieures
JCP	Semaine juridique
JDI	Journal de droit international
JLD	Juge des libertés et de la détention
JOCE	Journal officiel des Communautés internationales
JORF	Journal officiel de la république française
LGDJ	Librairie Générale de Droit et de jurisprudence
LPA	Les Petites Affiches
MAE	Ministre des Affaires étrangères
Mél.	Mélanges
MS	Migrations et Sociétés
Obs.	Observations
OCDE	Organisation de coopération et de développement économique
OFPRA	Office française de protection des réfugiés et apatrides
OIT	Organisation internationale du travail
ONU	Organisation des Nations Unies
PAF	Police aux frontières
PECO	Pays d'Europe centrale et orientale
PUF	Presse Universitaire de France
RA	Revue Administrative
RAE	Revue des affaires européennes
RBDC	Revue belge de droit constitutionnel
RBDI	Revue belge de droit international
RCADI	Recueil des cours de l'Académie de droit international
RCDIP	Revue critique de droit international privé
RDIDC	Revue de droit international et droit comparé
RDP	Revue Droit Public
RDSS	Revue de droit sanitaire et sociale
REDP	Revue européenne de droit public
REMI	Revue européenne des migrations Internationales
Req.	Requête
RFDA	Revue française de droit administratif
RFDC	Revue française de droit constitutionnel
RGDIP	Revue générale de droit international public
RJC	Recueil de jurisprudence du Conseil Constitutionnel
RMC	Revue du Marché Commun
RMCUE	Revue du Marché Commun et de l'Union européenne
RMUE	Revue du Marché Unique Européen
RQDI	Revue québécoise de droit international

RRJ	Revue de recherches juridique et droit prospectif
RRJ	Revue de la rechercher juridique
RSC	Revue des sciences criminelles
RSDIDE	Revue Suisse de droit international et droit européen
RTDCiv.	Revue trimestriel de droit civil
RTDE	Revue trimestrielle de droits européens
RTDH	Revue trimestrielle des droits de l'Homme
RUDH	Revue universelle des droits de l'Homme
SFDI	Société Française pour le Droit International
SIS	Système d'information Schengen
SSAE	Service social d'aide aux émigrants
TA	Tribunal administratif
TASS	Tribunal des affaires de la sécurité sociale
TCE	Traité instituant la Communauté européenne
TDP	Tribune de droit public
TGI	Tribunal de Grande instance
TUE	Traité sur l'Union européenne
UE	Union européenne
ULB	Université Libre de Bruxelles
Vol.	Volume
ZAPI	Zone d'attente des personnes en instances

SOMMAIRE

« *L'espoir a deux belles filles : la colère et le courage, la colère devant l'état des choses et le courage de les changer* », Saint Augustin, (354-430).

« *Il n'existe pas de plus grande douleur au monde que la perte de sa terre natale* » Euripide, 431 av. J.-C.

« *Le peuple qui renferme son droit et notamment la partie qui est relative aux étrangers, dans le cercle étroit de ses intérêts immédiats et matériels se ferme à lui-même la route vers le progrès : car le droit d'un peuple est un des éléments les plus importants de sa civilisation* »[1].

[1] DEMANGEAT C, Histoire *de la condition civile des étrangers en France dans l'ancien et dans le nouveau droit*, éd. Librairie de la Cour de cassation, Paris, 1844, p. 419.

❖

INTRODUCTION GÉNÉRALE

La gestion des mouvements de population et des migrations internationales sera l'un des défis les plus importants du XXIème siècle[1]. Aujourd'hui, près de 150 millions[2] de personnes ont migré dans un autre pays, soit 2,8 % de la population mondiale. La maîtrise des phénomènes migratoires constitue un enjeu majeur pour les États accueillant des populations étrangères. La problématique du droit des demandeurs d'asile et plus globalement celle des étrangers est plus que jamais d'actualité.

Les migrations internationales ont évolué ces vingt dernières années. Après la Deuxième Guerre Mondiale, elles étaient surtout dues au processus de décolonisation et concernaient quelques pays d'accueil bien déterminés. Depuis les années quatre-vingts, une nouvelle forme de mobilité et de nouveaux migrants venant de pays ayant eu peu de départ de flux migratoires sont apparus (Asie, Europe de l'est, Afrique centrale)[3]. La plupart des déplacements migratoires s'effectuent du Sud vers le Nord, près de 10 % des populations africaines sont en mouvement. Ces migrations récentes ont entraîné des bouleversements dans les politiques d'asile et d'immigration des États Nations, particulièrement dans les pays européens. En 2001[4], la France comptait 3 269 600 étrangers réguliers et les pays de l'Union européenne recensent près de 20 millions d'étrangers[5] (dont 5 millions d'étrangers communautaires) ce qui fait de l'Europe une nouvelle terre d'immigration.

Les formes de migrations y sont multiples. Il existe des réfugiés, des demandeurs d'asile, des apatrides, des migrants économiques, etc. Certains sont irréguliers, d'autres légaux ; certains saisonniers, d'autres veulent rester. En effet, les hommes quittent leur pays pour diverses raisons : fuite d'un pays en conflit, regroupement familial, aspiration à de meilleures conditions de vie, recherche de travail, études, débâcle devant une catastrophe écologique, évasion des filières mafieuses qui mettent en place des réseaux de prostitution

---

[1] Le continent africain est en train de vivre un nouveau drame migratoire dans la région du Darfour avec près d'un million de personnes déplacées et de réfugiées. L'origine de ces migrations est ethnique opposant des tribus arabes (Jenjawids) aux communautés africaines (Zaghawas, Massalits et Fours). De même, chaque jour aux portes de l'Europe des étrangers en quête de meilleures conditions de vie tentent de pénétrer parfois au prix de leur vie en Europe. Cf. l'île Lampedusa (île du Sud de la Sicile à 138 km de la Tunisie et 300 km de la Libye) avec des débarquements records d'immigrants clandestins. Au 7 octobre 2004, près de 1250 personnes attendaient dans le centre d'accueil (d'une capacité de 190 personnes) leur expulsion vers la Libye, *Le Monde*, 8 octobre 2004.

[2] Contre 77 millions en 1965, 111 millions en 1990, 140 millions en 1997. Cf. aussi leur inégale répartition : 90% des migrants vivent dans seulement 55 pays. Cf. WITHOL DE WENDEN C., « Migrations, de nouveaux visages », *Sciences Humaines,* numéro spécial n° 2, mai-juin 2003, p. 62.

[3] WITHOL DE WENDEN C., *op. cit.*, p. 62.

[4] Le dernier rapport d'activité de 2002 (publié en 2004) de la Direction de la Population et des Migrations « les flux migratoires externes et acquisitions de nationalité française » retient le chiffre de 3 269 600 étrangers au 31 décembre 2001.

[5] OCDE, *Système d'observation permanente des migrations*, Rapport 2002.

ou font du commerce humain, etc. Les conséquences de ces migrations massives sont souvent dramatiques[6]. Les étrangers vivent de nombreuses tragédies personnelles ou familiales liées à leurs conditions de migration. Certains d'entre eux sont prêts à tout pour quitter leurs pays et atteindre coûte que coûte le pays de destination. Le droit doit donc s'adapter aux nouvelles migrations déclenchées par des phénomènes sociaux, politiques, historiques, économiques et même écologiques[7]. Depuis une vingtaine d'années, le droit des étrangers connaît en France et dans les autres pays européens de profonds bouleversements, il est incapable de répondre au nouveau contexte des migrations internationales.

« L'étranger »[8] est un « *sujet qui peut être qualifié d'universel, en ce sens que le phénomène social étudié se retrouve dans toutes les sociétés humaines du passé et du présent...Passé ou présent, il y a toujours eu des étrangers jouissant d'un statut plus ou moins particulier, différent de celui des personnes qu'on ne considère pas comme des étrangers* »[9]. L'étranger est donc celui qui ne fait pas partie du groupe social, celui qui n'appartient pas à la communauté, à la Nation. « *La désignation de l'étranger obéit donc toujours à la distinction spatiale entre un dedans homogène et un dehors chaotique* »[10]. En rupture avec le droit cosmopolitique[11], condition d'une hospitalité universelle selon Emmanuel Kant, l'étranger est défini, depuis la Révolution, comme celui qui n'appartient pas à l'État-Nation. Ainsi, toujours déterminé par la négative, l'étranger est le non-national. Il bénéficie en conséquence d'un statut particulier, toujours inférieur à celui qui appartient au groupe, à l'État-Nation. L'étranger qui migre est perçu comme « *un attentat à l'hospitalité, une violation de l'intérieur* »[12] ; son statut en subit les conséquences, consciemment ou inconsciemment[13].

Le traitement singulier réservé à l'étranger fait de celui-ci un sujet de droit particulièrement intéressant à étudier, d'autant plus que cette singularité existe depuis

---

[6] 4591 personnes décédées aux frontières de l'Europe en 1993-2004, chiffre établi par l'ONG United for intercultural Action. Cf. aussi les conditions de vie extrêmement dures dans les camps de réfugiés en Afrique ou en Palestine, passages tragiques de clandestins à la frontière mexico-américaine et à Gibraltar, surpopulation à l'ancien centre de Sangatte, naufrage d'un bateau de Kurdes sur les côtes de Fréjus, asphyxie de cinquante-huit Chinois dans un camion à Douvres, etc.

[7] De récentes études indiquent que si les changements climatiques sont aussi importants que ceux prédits pour l'avenir, cela risque d'entraîner plus de 150 millions de « réfugiés environnementaux » alors que 30 millions de personnes environ se sont déplacées en raison de guerre ou pour des raisons économiques.

[8] L'origine étymologique est *extraneus*, voir réflexions sur origine de l'étranger *in* ALLAND D., RIALS S., *Dictionnaire de la culture juridique*, PUF, 2003, p. 667-672.

[9] GILISSEN J., *L'étranger*, Recueil de la société de Jean Bodin, éd. Librairie encyclopédique de Bruxelles, 1958, p. 5.

[10] BENSAÏD D., *op. cit.*, p. 201.

[11] KANT E., Projet de paix perpétuelle, Hachette, réédition, 1998 ; CHAUVIER S., *Du droit d'être étranger, essai sur le concept Kantien d'un droit cosmopolitique*, éd. L'Harmattan, 1996.

[12] LAACHER S. « État, immigration et délit d'hospitalité », *in Les sans États et le devoir d'avoir des droits*, volume 1, (Sous la direction de CALOZ-TSCHOPP), Groupe de Genève « violence et droit d'asile en Europe », Université de Genève, éd. L'harmattan, 1998, p. 139.

[13] Études sociologiques de SAYAD A., « Immigration et pensée » d'État, *in Délit d'immigration*, Actes de la recherche en sciences sociales, n° 129, septembre 1999, p. 5-14 ; SAYAD A., *La double absence, Des illusions aux souffrances de l'immigré*, Collection LIBER, éd. Seuil, 1999 ; SAYAD A., « État, Nation, immigration, à l'épreuve de l'immigration », *in L'État et la Méditerranée*, Revue Peuples Méditerranéens, n° 27-28, avril-septembre, 1984, p. 187-199.

l'antiquité où la « *théorie des cercles concentriques* »[14] séparait les Métèques[15] des Barbares[16]. Le cercle le plus éloigné subissait les discriminations les plus considérables et bénéficiait d'un statut moins favorable. Si l'on reprend aujourd'hui l'image antique, le premier cercle concerne les ressortissants de l'Union européenne et de l'Espace Économique Européen[17], c'est-à-dire les « étrangers de l'intérieur ». Ils bénéficient de la libre circulation sur le territoire de l'Union européenne et disposent pour de nombreux droits de l'égalité de traitement avec les nationaux.

En effet, depuis le traité de Maastricht[18], la citoyenneté européenne a créé une catégorie nouvelle d'étrangers privilégiés : les ressortissants ayant la nationalité d'un État membre. Ces ressortissants communautaires disposent d'un statut « quasi-national » plus favorable que celui des ressortissants extra-communautaires, des ressortissants de pays tiers, « les étrangers de l'extérieur » du second cercle. Grâce aux différentes étapes de la construction européenne et à l'émergence d'un ordre public européen, le statut du ressortissant communautaire s'est progressivement aligné sur celui du ressortissant national. Ainsi les droits sociaux, le droit du travail, les conditions d'entrée, de séjour et de sortie se sont éloignés de ceux de l'étranger de droit commun. Autrement dit, les stigmates qui le caractérisaient en tant qu'étranger disparaissent peu à peu. A ce titre, depuis la réforme du 26 novembre 2003[19], le législateur français dispense le ressortissant communautaire[20] de titre de séjour en France. Dès lors, le ressortissant communautaire est en rupture avec la dichotomie traditionnelle national/étranger. Son assimilation croissante aux ressortissants nationaux sur le plan juridique et sociologique ne fait plus de lui un étranger, même s'il n'est pas pour autant assimilé totalement aux nationaux[21]. En conséquence, même si l'article L 111-1 du Code de l'entrée et du séjour des étrangers et du droit d'asile applicable depuis le 1er mars 2005[22] (ancien 1er de l'ordonnance du 2 novembre 1945[23]) définit l'étranger comme l'individu qui n'a pas la nationalité française, notre étude

---

[14] LAGARDE P., *L'étranger*, Travaux de l'association Henri Capitant, Journée luxembourgeoise, tome XLVIII 1997, éd. LGDJ, Paris, 2000, p. 25 et ss.

[15] Le Métèque est grec mais d'une autre cité.

[16] C'est celui qui n'est pas grec. Cf. article MOURGEON J., « Barbares et Métèques », *AJDA*, mai 1978, p. 243-247.

[17] Accord signé le 2 mai 1992 à Porto, entré en vigueur le 1er janvier 1994. Ce sont les ressortissants de l'Union européenne (les ressortissants des dix nouveaux pays membres de l'UE depuis le 1er mai 2004 bénéficient toutefois d'un régime particulier pendant cinq ans encore) et les ressortissants des États membres de l'AELE (Islande, Liechtenstein et Norvège, à l'exception de la Suisse (membre AELE mais pas de EEE)).

[18] Le Traité sur l'Union européenne signé à Maastricht le 7 février 1992, entré en vigueur le 1er novembre 1993, complété par le Traité d'Amsterdam du 2 octobre 1997, entré en vigueur le 1er mai 1999, Traité de Nice, modifiant le traité sur l'Union européenne, les traités instituant les communautés européennes et actes connexes, 2001, JOCE, 10 mars 2001, C 80/1, entré en vigueur le 1er février 2003.

[19] Loi n° 2003-1119 du 26 novembre 2003 relative à la maîtrise de l'immigration, au séjour des étrangers en France et à la nationalité, JORF du 27 novembre 2003 p. 20136.

[20] Article 14 de la loi n° 2003-1119 du 26 novembre 2003 *relative à la maîtrise de l'immigration, au séjour des étrangers en France et à la nationalité,* JORF du 27 novembre 2003 p. 20136, soit l'article 9-1 de l'ordonnance n° 45-2658 du 2 novembre 1945. Les ressortissants de L'UE, de l'EEE ou de la confédération helvétique qui souhaitent établir leur résidence habituelle en France ne sont pas tenus de posséder un titre de séjour.

[21] BRIBOSIA E., et REA A., (Sous la direction de), « Introduction », *Les nouvelles migrations, un enjeu européen*, éd. Complexe, 2002, Bruxelles, p. 13.

[22] L'ordonnance n° 2004-1248 du 24 novembre 2004 relative à la partie législative du code de l'entrée et du séjour des étrangers et du droit d'asile, JORF, n° 274 du 25 novembre 2005, p. 19924.

[23] Ordonnance n° 45-2658 du 2 novembre 1945 modifiée, relative *aux conditions d'entrée et de séjour des étrangers en France,* JORF, 4 novembre 1945, 7 novembre et 13 décembre 1945.

portera uniquement sur le droit du ressortissant de pays tiers, c'est-à-dire celui qui n'appartient pas à l'un des vingt-cinq pays de l'Union européenne. Les ressortissants de pays tiers sont -les nationaux des pays tiers qui ont immigré vers un État membre, -les personnes nées dans un État membre mais qui ne disposent pas de la nationalité d'un État membre, -les membres des familles de ressortissants communautaires qui n'ont pas la nationalité d'un pays membre et enfin -les apatrides. La catégorie des ressortissants extra-communautaires n'est pas un ensemble homogène. Il existe en effet des « *discriminations dans la discrimination* »[24]. Ainsi, certains sont privilégiés en raison de leur position économique et sociale dans le pays d'accueil. Les marchands, les pèlerins, les diplomates de l'ère romaine ont leur équivalent aujourd'hui : les étrangers scientifiques, artistes, ingénieurs informatiques, diplomates ou encore les étrangers de pays ayant signé un accord d'association ou de coopération avec l'Union européenne. D'autres étrangers au contraire sont désavantagés, comme à Rome où les ennemis, les nomades et les vagabonds[25] bénéficiaient d'un statut inférieur.

Avant d'aborder notre problématique de recherche, la définition du statut juridique de l'étranger doit être rappelée ainsi que les mutations qui le caractérisent aujourd'hui (I). Ces mutations s'expliquent notamment par l'importance croissante des normes supranationales (II).

I/ La définition et la mutation du statut de l'étranger

1/ Définition et ambivalence du statut de l'étranger

Le statut juridique des étrangers dépend souvent du motif de l'exil. Tout d'abord, les migrants « économiques » en quête de meilleures conditions de vie relevant du statut de droit commun sont soumis à des règles minimales d'accueil. Ensuite, les demandeurs d'asile, catégorie à part de ressortissants de pays tiers, disposant d'un traitement particulier selon les types de persécutions subies, bénéficient de droits plus ou moins favorables. Enfin, l'apatride[26], « *une personne qu'aucun État ne considère comme son ressortissant en application de sa législation* »[27], bénéficie d'une protection offerte par le droit international[28] (la Convention de New York du 28 septembre 1954) et national. Les droits et

---

[24] DE BRUYCKER P., « Rapport belge », in *L'étranger*, Travaux de l'association Henri Capitant, journée luxembourgeoise, tome XLVIII 1997, éd. LGDJ, Paris, 2000, p. 83.

[25] GILISSEN J., *op. cit.*, p. 27 et s.

[26] JULIEN-LAFERRIÈRE F., *Droit des étrangers*, 1ère éd. PUF, 2000, p. 347-354 ; *DPE*, fasc. Apatrides, CHASSIN C.-A., « Panorama du droit français de l'apatridie », *RFDA*, mars-avril 2003, p. 324.

[27] Article 1er § 1 de la Convention de New York du 28 septembre 1954 relative au statut des apatrides.

[28] L'apatridie est très ancienne, elle existait dans le droit romain « *peregrini sine civitate* », et dans le droit ancien sous le terme « Epave » qui se distinguait de l'étranger de droit commun « Aubain ». Entre les deux guerres, les apatrides furent assimilés aux réfugiés ; en 1954, l'apatridie est définie internationalement par la Convention de New York. Une deuxième Convention de New York du 30 août 1961 sur la réduction des cas d'apatridie complète le dispositif international. Elle fait du « droit à la nationalité » un véritable droit de l'Homme. Cette protection internationale vient d'ailleurs compléter les nombreuses formes d'accueil développées en France, telles que la protection du réfugié conventionnel, la protection subsidiaire et la protection temporaire. Les apatrides ont été très nombreux après la Deuxième Guerre mondiale et pendant l'affrontement des deux blocs. Aujourd'hui, les États prévoient des mécanismes pour réduire les cas d'apatridie.

libertés de l'apatride ne seront pas étudiés spécifiquement puisque son statut relève du droit commun de l'étranger[29].

Le « ***statut*** » de l'étranger recouvre un ensemble de dispositions législatives ou réglementaires relatives aux droits et libertés touchant à la personne de l'étranger. Les droits relatifs à entrée, au séjour et à la sortie du territoire forment essentiellement ce statut.

Deux grands textes organisaient les règles portant sur l'entrée, le séjour et la sortie de l'étranger : l'ordonnance du 2 novembre 1945 régissant la condition des étrangers « ordinaires » et la loi du 25 juillet 1952[30] relative aux demandeurs d'asile. Ces textes étaient complétés par une multitude de dispositions éparses rassemblées aujourd'hui grâce à l'entrée en vigueur le 1er mars 2005[31] du nouveau Code de l'entrée et du séjour des étrangers et du droit d'asile.

Ce Code réglemente l'entrée, le séjour et la sortie de « l'étranger ordinaire » :

- L'entrée englobe la demande de visa si celui-ci est nécessaire (l'admission sur le territoire), le maintien en zone d'attente ou le refoulement[32] aux frontières.
- Le séjour recoupe l'autorisation de séjourner, la délivrance d'un document qui entraîne l'octroi de certains droits offerts à l'étranger.
- La sortie de l'étranger peut être volontaire ou forcée (expulsion ou reconduite à la frontière, charter, accords de réadmission, etc.).

Si l'extradition peut entrer dans les hypothèses de sortie de l'étranger du territoire français, elle n'est toutefois pas une mesure d'éloignement mais une mesure d'entraide répressive internationale. Elle se définit comme la remise par un État d'un individu qui se trouve sur son territoire à un autre État qui recherche cet individu, soit pour le juger pour une infraction qu'il aurait commise, soit pour lui faire subir la condamnation que des tribunaux ont déjà prononcée à son encontre. L'extradition est donc très différente de l'expulsion et de la reconduite à la frontière qui interviennent dans le pays d'accueil pour des raisons internes. L'étranger en cours d'extradition est présumé coupable d'une infraction pénale dans son pays d'origine ou dans un autre pays, ce « volet pénal » échappe à notre étude. Le champ d'étude de l'extradition relève d'une problématique différente de la notre et ces rapports[33] au droit international mériteraient une étude approfondie à part entière qui ne sera pas effectuée dans notre thèse.

Le Code organise aussi le statut du demandeur d'asile : les conditions de dépôt, d'admission et de séjour, la procédure d'examen de la demande d'asile ainsi que les protections et droits délivrés. Les demandeurs d'asile sont aussi, dans certaines situations, soumis au statut de l'étranger « ordinaire » (zone d'attente, éloignement, carte de séjour, etc.).

---

[29] Le statut de droit commun s'applique à l'apatride s'agissant de l'entrée, du séjour et de la sortie. Il est d'ailleurs regrettable que ce statut ne soit pas aligné sur celui du demandeur d'asile, comme le réclament depuis longtemps les associations de défense des étrangers.

[30] Loi n° 52-893 du 25 juillet 1952 relative *au droit d'asile*, JORF, 27 juillet 1952.

[31] L'ordonnance n° 2004-1248 du 24 novembre 2004 relative à la partie législative du code de l'entrée et du séjour des étrangers et du droit d'asile, JORF n° 274 du 25 novembre 2005, p. 19924.

[32] Le refoulement est différent de l'expulsion. La mesure d'expulsion renvoie l'étranger dans son pays d'origine alors qu'il était déjà entré en France ou qu'il y résidait. Le refoulement est une décision de non-entrée prise à la frontière, par exemple en zone d'attente, lorsque l'étranger est intercepté par la police aux frontières.

[33] Cf. l'Étude de JULIEN-LAFERRIÈRE F., *op. cit.*, p. 441-526 ; *DPE*, fasc. Extradition.

Des droits économiques, sociaux et culturels ainsi que des droits civils et politiques relèvent également du statut de l'étranger. Si nous aborderons de façon incidente dans notre étude les droits sociaux, la plupart de nos analyses s'en tiennent aux règles liées à l'entrée, au séjour et à la sortie de l'étranger. Ceci s'explique d'abord par le choix de notre problématique de ne traiter que de l'influence des normes supranationales sur les règles d'entrée, de séjour et de sortie du territoire ; ces règles constituant l'ensemble des droits spécifiques applicables uniquement aux étrangers, le statut propre aux étrangers. Ensuite parce que ces règles forment le « noyau dur » du statut de l'étranger. En effet, elles représentent le « régime de police » auquel sont soumis les étrangers.

Ce régime de police, ensemble de règles d'infra-droit dans les années soixante-dix, a contribué à former un statut dans lequel se sont intégrées, non sans difficulté, quelques garanties. Néanmoins, ce statut repose toujours sur le principe de l'interdiction même si certaines libertés viennent désormais contrebalancer ces interdits. En effet, les droits et libertés sont, la plupart du temps, accompagnées d'une série d'exceptions applicables aux étrangers. A ce propos, Jacques Mourgeon estimait que « *le statut de l'étranger (...) est à deux composantes, plus ou moins équilibrées selon les cas : celle, positive, des avantages et celle, négative, des interdits* [34]». Le contenu du statut de l'étranger a, selon nous, une double fonction : une *fonction-liberté*, qui consacre des droits et libertés sous forme législative ou constitutionnelle[35]. Depuis une vingtaine d'années, on assiste d'ailleurs à un mouvement de « constitutionnalisation » du droit des étrangers et à l'émergence d'une véritable « *Constitution des étrangers* »[36]. Cet ensemble de droits constitutionnels amène des garanties et des libertés nouvelles à l'étranger. La deuxième fonction que l'on appellera *fonction-discriminante* accentue la différence entre les droits reconnus aux ressortissants nationaux et aux étrangers : de façon paradoxale, l'émergence d'un statut spécifique fige les droits et les libertés de l'étranger et condamne ce dernier à être marginalisé. Ce statut assigne l'étranger à sa différence et fait transparaître alors un droit particulier, un droit régalien, d'exception. Sous couvert d'une multitude de circulaires, ce droit est souvent placé sous l'égide d'un régime discriminant, discrétionnaire. A ce titre, Danièle Lochak, rappelle que « *le droit légitime et conforte son exclusion symbolique et parfois physique de la société, (...) le statut porte en lui les stigmates de son infériorité* » [37], de la sorte « *l'étranger n'a aucune autre protection que celle que le groupe consent à lui donner* » [38]. En définitive, le statut de l'étranger est un instrument de fermeture sociale, un processus juridique de séparation entre un intérieur et un extérieur, nécessitant la domination de l'intérieur[39]. Dès lors, l'égalité de traitement en matière de droits et de libertés est loin d'être acquise. La constitutionnalisation du droit des étrangers a montré que si certaines libertés étaient affirmées, elles étaient largement conditionnées par l'absence d'atteinte à l'ordre public.

---

[34] MOURGEON J., *op. cit.*, p. 246.

[35] KISSANGOULA J., La Constitution française et les étrangers, recherches sur les titulaires des droits et libertés de la Constitution sociale, éd. LGDJ, tome 102, Paris, 2001.

[36] *Ibid.*, p. 250 et ss.

[37] LOCHAK D., *Étranger de quel droit* ?, Politique d'aujourd'hui, éd. PUF, 1985, p.71.

[38] *Ibid.*

[39] POLLMANN C., « La frontière horizon indépassable de l'humanité ou pouvoir objectivé ? », *RDP*, n° 2, 1999, p. 482-486.

L'ambivalence du statut de l'étranger ci-dessus démontrée s'explique par la place que l'État occupe dans la problématique de l'asile et de l'immigration. En effet, le contrôle de l'entrée, l'autorisation de séjour, ainsi que l'éloignement d'un ressortissant étranger relèvent des prérogatives régaliennes. L'État affirme sa puissance, sa souveraineté territoriale et sa suprématie sur les ressortissants non-nationaux. L'affirmation de la souveraineté implique que l'État choisisse, en toute indépendance, de développer sa politique à l'égard des non-nationaux présents sur son territoire. Ainsi, l'ensemble du droit des étrangers est conditionné par la souveraineté étatique. Dès lors, le droit des étrangers, longtemps qualifié d'infra-droit pour son contenu, est largement laissé à la discrétion de l'administration. Il a toujours été marqué par ce rapport de domination de l'État, cantonnant l'étranger à un ressortissant de second rang. Dans le statut de l'étranger on retrouve alors les stigmates de sa condition inférieure.

Avec l'émergence d'une politique européenne d'asile et d'immigration, on aurait pu penser que les manifestions de la souveraineté des États[40] au sein du statut de l'étranger disparaîtraient au profit d'une véritable volonté d'harmonisation entre les différents États membres. Notre étude montrera que c'est loin d'être le cas puisque les prérogatives régaliennes sont extrêmement présentes dans la façon dont l'État français négocie aujourd'hui les directives et règlements au plan européen. Les quelques libertés proposées au plan européen sont « laminées » par les impératifs de la souveraineté. La politique communautaire de l'asile et l'immigration est extrêmement marquée par les résistances des États membres fortement attachés à leur souveraineté.

En définitive, le statut de l'étranger doit répondre à la fois aux exigences des prérogatives régaliennes et aux obligations posées par les droits de l'Homme. Ces exigences et obligations sont contradictoires, elles témoignent du caractère ambivalent du statut de l'étranger.

2/ Un statut en mutation

Le statut de l'étranger règle la situation de l'étranger « ordinaire » mais aussi celle du demandeur d'asile qui est soumis à des règles spécifiques. Le statut de l'étranger « ordinaire » comme celui du demandeur d'asile a subi de récentes mutations.

Le statut de l'étranger « ordinaire » s'est construit parallèlement à l'histoire des migrations. Son contenu est intimement lié à l'évolution économique et politique de la France[41]. Le « *droit moderne des étrangers apparaît au XIXème siècle, sous le développement des communications qui permet des échanges plus nombreux, plus rapides et plus pratiques des Hommes* (...) »[42]. De 1800 à 1893[43], le droit des immigrants était

---

[40] En revanche, « le transfert » de certaines des prérogatives régaliennes pose certains problèmes au regard de la construction européenne. En ce sens, dans sa décision du 19 novembre 2004 (DC N° 2004-505, du 19 novembre 2004), le Conseil constitutionnel a eu l'occasion de rappeler que l'instauration du futur espace de liberté, de sécurité et de justice portait atteinte à la souveraineté de l'État ; en conséquence la Constitution française nécessitait d'être modifiée pour être conforme au Traité instituant la Constitution pour l'Europe.

[41] WEIL P., *La France et ses étrangers, l'aventure d'une politique de l'immigration à nos jours*, éd. Folio Gallimard, Paris, 1991 ; JULIEN-LAFERRIÈRE F., *op. cit.*, section II, Histoire des étrangers en France, p. 18-34.

[42] JULIEN-LAFERRIÈRE F., *op. cit.*, p. 19.

[43] Cf. Analyses du *DPE*, fasc. ABC du droit des étrangers, « l'évolution des étrangers en France ».

essentiellement constitué de lois[44] relatives aux cas d'expulsion. Sous la IIIe République, la loi du 9 août 1893 « relative au séjour des étrangers en France et à la protection du travail national » posait les bases d'un statut extrêmement restrictif. Le décret du 21 avril 1917 a créé la carte d'identité d'étranger, « *ancêtre de la carte de séjour* »[45], qui permettait d'identifier, de surveiller et de contrôler l'étranger. Les crises économiques successives des années trente, ont conduit les gouvernements à instaurer des mesures restrictives relatives à l'expulsion, aux interdictions de travail, à la réduction de la main d'œuvre, etc. Le gouvernement de Vichy appliqua les « lois anti-juives » qui revenaient « *sur le principe même de la reconnaissance de droits aux étrangers (elles visaient) surtout les juifs et les tsiganes* »[46].

Les bases du statut de l'étranger telles qu'elles existent aujourd'hui ont été établies par l'ordonnance du 2 novembre 1945. Toutes les réformes législatives venues modifier ce texte ont soutenu une politique utilitariste et pragmatique au service de l'économie française.

Pendant toute cette période de croissance et de reconstruction jusqu'en 1974, l'économie française manquait de main d'œuvre étrangère ; l'ordonnance a donc été très peu utilisée.

Après 1974, avec la fermeture des frontières à l'immigration de travail, l'ordonnance de 1945 est devenue un véritable instrument juridique au service de la maîtrise des flux migratoires et de la lutte contre l'immigration clandestine. Ainsi, de 1974 à 1980, les gouvernements en place ont organisé des retours d'immigrés (retours forcés ou volontaires) et ont également rendu plus strictes les conditions d'entrée des étrangers en France[47].

Le gouvernement issu des élections de 1981 a, un temps, assoupli les restrictions mises en place et a procédé à de massives régularisations de travailleurs immigrés. Mais avec l'augmentation de l'immigration clandestine et des demandes d'asile la politique d'immigration s'est durcie. La cohabitation de 1986 à 1988 a accéléré ce changement de cap[48].

Depuis les années quatre-vingt-dix, les problèmes de la migration irrégulière obsèdent les dirigeants français, qui ne savent quelle méthode adopter pour mettre fin à ce phénomène croissant en Europe. Qu'ils prônent « *l'immigration zéro* »[49] ou refusent d'accueillir « *toute la misère du monde* »[50], les gouvernants de toutes tendances politiques, ont durci leurs politiques d'immigration et d'asile pour lutter contre l'immigration clandestine. Ces dernières années ont été fortement marquées par un sentiment « d'eurocentrisme »[51], les politiques migratoires et les politiques de sécurité intérieure ont été confondues et la question du droit l'asile a été assimilée à celle de l'immigration, alors qu'elles sont pourtant fondamentalement différentes. Les gouvernements successifs ont alors modifié le statut de l'étranger par de multiples réformes toujours plus restrictives. Le

---

44 Loi de 1810, 1832 et 1849, en vigueur jusqu'en 1938.
45 JULIEN-LAFERRIÈRE F., *op. cit.*, p. 20 et s.
46 *Ibid.*, p. 22.
47 Loi n° 80-9 du 10 janvier 1980, JORF du 11 janvier 1980.
48 L'expulsion par charters de 101 Maliens a été l'une des manifestations de la rationalisation de la politique d'immigration française.
49 Charles Pasqua.
50 Michel Rocard.
51 PALIDDA S., « Eurocentrisme et réalité effective des migrations », *Migrations et Sociétés*, décembre 1992, p. 7.

texte de référence relatif aux droits des étrangers (l'ordonnance du 2 novembre 1945) a été modifié près d'une vingtaine de fois[52]. Le statut des étrangers est donc devenu un dispositif juridique hétérogène, d'une rare complexité et d'une technicité sans pareille.

Les réformes de l'ordonnance ont petit à petit précarisé les conditions d'entrée des étrangers (création des zones d'attente, obligation de visa, etc.) et élargi les possibilités d'éloignement. L'étranger est devenu de plus en plus « suspect »[53] et les multiples réformes ont institué des mécanismes toujours plus sophistiqués pour le surveiller, le contrôler et le renvoyer au plus vite dans son pays d'origine (centres de rétention, fichiers informatiques d'empreintes digitales, délits d'aide à l'immigration clandestine, etc.).

Parallèlement et concomitamment aux successives réformes nationales, les États européens ont pris conscience qu'« *indubitablement, les migrations questionnent les relations internationales, par leur dimension mondialisée, par le défi qu'elles présentent aux États nationaux et aux ordres étatiques souverains, par l'appel qu'elles font à des principes supra-étatiques comme les droits de l'Homme, par les formes de double appartenance, d'allégeances multiples et d'ingérences éventuelles de pays de départ qu'elles induisent à l'intérieur même des pays d'accueil* »[54]. En effet, le droit interne des États européens ne peut plus, à lui seul, régler les mouvements des populations étrangères. La nécessité d'une politique commune s'est très vite fait sentir en Europe. Ces États européens préoccupés par les délicates questions migratoires ont adopté des traités relatifs aux étrangers non communautaires tels que les accords de Schengen (14 juin 1985)[55], sa Convention d'application (19 juin 1990)[56] et la Convention de Dublin relative au droit

---

[52] Les principales modifications de l'ordonnance ont eu lieu entre 1974 et 2003 : -Loi n° 80-9 du 10 janvier 1980, JORF du 11 janvier 1980 (loi Bonnet), permettant de détenir sans intervention judiciaire un étranger en cours d'expulsion. -Loi n° 81-973 du 29 octobre 1981, JORF du 30 octobre 1981, relative aux conditions d'entrée et de séjour des étrangers en France ; -Loi n° 84-622 du 17 juillet 1984, JORF du 19 juillet 1984, créant notamment un titre unique de séjour et de travail de dix ans ; -Loi n° 86-1025 du 9 septembre 1986, (loi Pasqua), introduisant notamment la dispense de motivation de refus de visa ; -Loi n° 89-548 du 2 août 1989, (loi Joxe), visant notamment à renforcer la sécurité juridique des étrangers en France en matière d'éloignement et de séjour ; -Loi n° 90-34 du 10 janvier 1990, JORF du 11 janvier 1990 introduisant un recours suspensif d'exécution contre les décisions de reconduite à la frontière ; -Loi n° 91-1383 du 31 décembre 1991, JORF 1er janvier 1992 renforçant la lutte contre le travail clandestin et la lutte contre l'organisation de l'entrée et du séjour irréguliers d'étrangers en France ; -Loi n° 92-190 du 26 février 1992, JORF 29 février 1992 (loi Marchand), adaptant la législation française aux obligations résultant de la Convention de Schengen du 19 juin 1990 ; -Loi n° 92-625 du 6 juillet 1992, JORF 9 juillet 1992 (loi Quilès), relative aux zones d'attente dans les ports et aéroports ; Loi 93-1027 du 24 août 1993, JORF du 30 août 1993, p. 11722 et loi n° 93-1417 du 30 décembre 1993, JORF 1er janvier 1994 (lois Pasqua) sur les contrôles d'identité aux abords des frontières intérieures de l'espace Schengen, sur les certificats d'hébergement et les dispositions de lutte contre les mariages blancs ; -Loi n° 97-396 du 24 avril 1997, JORF n° 97, du 25 avril 1997, p. 6228, (loi Debré) qui durcit les dispositions des lois Pasqua ; Loi n° 98-349 du 11 mai 1998, JORF 12 mai 1998, p. 7087, (loi Chevènement) qui impose la motivation du refus de visa dans certains cas, créant une simple attestation d'asile territorial ; -Loi n° 2003-1119 du 26 novembre 2003, JORF du 27 novembre 2003, p. 20154, (loi Sarkozy) relative à la maîtrise de l'immigration, au séjour des étrangers en France et à la nationalité ; -Loi du 10 décembre 2003, JORF du 11 décembre 2003, p. 21085, (loi Villepin) relative à la réforme de l'asile (guichet unique, protection subsidiaire etc.) et enfin l'ordonnance n° 2004-1248 du 24 novembre 2004 relative à la partie législative du code de l'entrée et du séjour des étrangers et du droit d'asile, JORF n° 274 du 25 novembre 2005, p. 19924.

[53] A propos de la dernière réforme de l'ordonnance de 1945 ; FERRÉ N., « Un récurrent soupçon de fraude », *Revue Plein Droit*, mars, 2004, p. 7-10.

[54] WITHOL DE WENDEN, *op. cit.*, p. 65.

[55] Accord entre les gouvernements des États de l'Union économique, Benelux, de la République fédérale allemande et de la République française relatif *à la suppression graduelle des contrôles aux frontières communes,* fait à Schengen le 14 juin 1985, JORF du 5 août 1986.

[56] Convention d'application des accords Schengen, 19 juin 1990, JORF 22 mars 1995, p. 4441 ; décret n°95-304

d'asile (15 juin 1990)[57]. Les premières pierres de la future politique communautaire relative à l'asile et l'immigration étaient ainsi posées.

Ainsi, depuis une quinzaine d'années, les pays membres de l'Union européenne ont engagé des travaux sur une politique de l'immigration afin d'aboutir à un traitement commun des questions migratoires. Certes, cette politique est encore loin d'être véritablement commune[58] en raison des difficultés qu'éprouvent les États membres à abandonner ce domaine sensible à la Communauté. Néanmoins, des textes contraignants de droit communautaire ont été adoptés par les États membres[59]. Par conséquent, depuis peu, le statut interne de l'étranger connaît des modifications directement liées aux récentes réglementations communes, il est en pleine mutation. Le texte de l'ordonnance de 1945 a été plusieurs fois réformé pour être mis en conformité avec les dispositions communes adoptées par les États membres.

En définitive, le statut de l'étranger a subi de véritables transformations liées à la fois aux politiques internes de lutte contre l'immigration et à la politique commune des États membres. La loi du 26 novembre 2003, témoigne de ce double phénomène puisqu'elle est un « mélange » de mesures transposant les directives et appliquant les règlements communautaires et de dispositions créées par le gouvernement pour lutter efficacement contre l'immigration clandestine (allongement des délais de rétention, durcissement des conditions à remplir pour l'attestation d'accueil, fichiers informatiques, etc.).

La communautarisation de la politique de l'immigration n'est pas la seule raison de cette transformation, le statut des étrangers est influencé également par l'impact grandissant des droits internationaux des Droits de l'Homme. Il existe des normes universelles (Pacte international des droits civils et politiques et des droits économiques, sociaux et culturels[60], Convention internationale relative aux droits de l'enfant[61], etc.) et des normes régionales (Convention de sauvegarde des droits de l'Homme et des libertés fondamentales[62] (CEDH)). Ces normes supranationales s'immiscent « par capillarité » dans le droit des étrangers. Leur influence est très constructive pour le statut de l'étranger. Pourtant, peu de textes juridiques internationaux traitent exclusivement du statut de l'étranger. La plupart des textes abordent seulement les questions particulières du droit d'asile, de la libre circulation du travailleur migrant ou encore de l'expulsion. C'est le cas de l'article 14[63] de la Déclaration universelle des droits de l'Homme ou des articles 18[64] et

---

du 21 mars 1995 ; Convention entrée en vigueur le 26 mars 1995.

[57] Convention signée le 15 juin 1990 à Dublin, relative à la détermination de l'État responsable de l'examen d'une demande d'asile présentée dans l'un des États membres des Communautés européennes, entrée en vigueur le 1er septembre 1997, JOCE n° C 254 du 19/08/1997 p. 0001-0012.

[58] LABAYLE H., « L'Union européenne et l'immigration, une véritable politique commune ? », *in Mouvement du droit public, Mélange en l'honneur de Franck Moderne*, Dalloz, 2004, p. 1217-1233 ; cf. Colloque des 10 et 11 juin 2004, *Politique commune d'asile et d'immigration, Évaluation 1999-2004*, Réseau académique Odysseus, Assemblée Nationale, Paris (à paraître aux éditions de l'université de Bruxelles, Bruylant).

[59] Pour un exposé complet des travaux depuis Tampere : LABAYLE H., « Le bilan du Mandat de Tampere et l'espace de liberté et de justice de l'UE », *CDE*, 2004, n° 5-6, p. 591.

[60] Pactes internationaux du 19 décembre 1966, relatifs *aux droits civils et politiques et aux droits économiques*, sociaux et culturels, publiés par décret n°81-77, 29 janvier 1981, JORF, 1er février 1981.

[61] Convention internationale relative *aux droits de l'enfant* du 26 janvier 1990, ratifiée par la loi n° 90-548, 2 juillet 1990, publiée par décret n° 90-917, 8 octobre 1990, entrée en vigueur le 6 septembre 1990.

[62] Convention de sauvegarde des droits de l'Homme et des libertés fondamentales du 4 novembre 1950.

[63] « *Devant la persécution, toute personne a le droit de chercher asile et de bénéficier de l'asile en d'autres pays* ».

19[65] de la Charte européenne des droits fondamentaux qui traitent du droit d'asile et de l'éloignement. Ces deux textes n'ont pas de portée juridique, ils constituent néanmoins des principes déclaratoires relatifs aux droits de l'Homme. En revanche, d'autres textes internationaux des droits de l'Homme (CEDH) ont de véritables effets contraignants sur le droit interne. La finalité première de ces textes supranationaux n'étant pas la protection directe de l'étranger, mais celle de la personne humaine, ces normes ont petit à petit protégé « par ricochet » l'étranger grâce aux interprétations des juridictions ou des organes de surveillance de ces traités internationaux. Le statut de l'étranger a bénéficié positivement des dialogues constructifs entre les différents juges (constitutionnel, administratif, judiciaire et européen). Le droit des étrangers a, en conséquence, subi des évolutions positives grâce à l'impact de certains textes internationaux relatifs aux droits de l'Homme.

Ainsi, par delà les nombreuses modifications restrictives, le statut de l'étranger a été complété par « petites touches législatives » par des dispositions améliorant la condition des étrangers, notamment sous l'influence directe du droit de la CEDH. Des avancées législatives ont été réalisées en ce qui concerne les titres de séjour délivrés[66], le droit au regroupement familial[67], les catégories d'étrangers protégés de l'éloignement..

Par ailleurs, il convient également d'évoquer la condition du demandeur d'asile qui est un étranger soumis à des règles spécifiques. Le statut du demandeur d'asile ne s'est construit qu'assez tardivement. La question du traitement des demandes d'asile était encore très récemment ignorée par la législation nationale. Ceci s'explique par l'évolution des migrations internationales des cinquante dernières années. En effet, jusqu'aux années soixante-dix, l'Office français de protection des réfugiés et apatrides (chargé de reconnaître la qualité de réfugié aux demandeurs d'asile en vertu des critères posés par la Convention de Genève) attribuait sans difficulté le statut de réfugié aux demandeurs d'asile qui se présentaient en France. Divers événements politiques ont conduit l'État français à accueillir des personnes en quête de refuge venant de certains pays (Chili, Vietnam, Liban). Mais la fin des années quatre-vingts a été marquée par une multiplication et une diversification des causes de départ des demandeurs d'asile. Ainsi, l'OFPRA a très vite été dépassé par cette augmentation du nombre de demandeurs d'asile. La mondialisation des phénomènes migratoires et la multiplication des conflits dans de nombreux pays ont considérablement accru le nombre de demandes d'asile déposées en France. Parallèlement à cela, les conséquences de l'arrêt de l'immigration de travail ont conduit certains étrangers à emprunter abusivement les voies de l'asile, car elles constituent l'une des seules voies légales pour obtenir un titre de séjour en France. La France s'est retrouvée impuissante face à cette augmentation de demandes d'asile. Elle a d'abord commencé par réformer l'organisation de l'OFPRA, puis a réglementé strictement l'entrée, le dépôt, l'admission au séjour et les conditions de recevabilité des demandeurs d'asile. Jusqu'aux réformes de

---

[64] « *Le droit d'asile est garanti dans le respect des règles de la Convention de Genève du 28 juillet 1951 et du Protocole du 31 janvier 1967 relatif au statut des réfugiés et conformément au traité instituant la communauté européenne* ».

[65] « *Les expulsions collectives sont interdites, nul ne peut être éloigné, expulsé ou extradé vers un État où il existe un risque sérieux qu'il soit soumis à la peine de mort, à la torture ou d'autres peines ou traitement inhumains ou dégradants* ».

[66] Loi n° 84-622 du 17 juillet 1984, JORF 19 juillet 1984.

[67] Loi n° 93-1027 du 24 août 1993 et loi n° 93-1417 du 30 décembre 1993.

1992[68] et de 1993[69], aucune loi ne régissait la condition de ces demandeurs d'asile ; seules des pratiques administratives[70] organisaient le dépôt et l'admission au séjour des demandeurs d'asile[71]. Il a fallu attendre la loi de 1998 pour que soient regroupées, dans une même loi, les dispositions relatives -aux procédures d'asile (dépôt, admission au séjour, recevabilité des demandes) et -aux protections délivrées aux demandeurs d'asile (statut de réfugié, asile constitutionnel et asile territorial).

Comme le statut de l'étranger « ordinaire », le droit du demandeur d'asile a également fait l'objet de réformes restrictives européennes et nationales. La réforme du 10 décembre 2003[72] a intégré les récents travaux communs (protection subsidiaire et protection temporaire) et a porté gravement atteinte aux droits des demandeurs d'asile : le statut du droit d'asile n'a jamais été aussi précaire.

Ces dernières années, les principales mutations du droit des étrangers ont été causées par l'importance croissante du droit international et droit communautaire.

II/ L'importance croissante des normes supranationales

Au regard des différentes mutations qui caractérisent le droit de l'étranger, l'enjeu de notre travail réside dans la recherche des multiples impacts des différentes normes supranationales sur le statut de l'étranger, dans lequel s'expriment encore largement les manifestions de la souveraineté étatique. Qu'apportent le droit international, la construction européenne ou encore le droit de la Convention européenne des droits de l'homme au sein du statut de l'étranger ? Quelles conséquences juridiques amènent les normes supranationales au sein du droit des étrangers ?

Cette recherche nous a conduit à étudier des sources internationales du droit des étrangers. L'expression de « normes supranationales » sera retenue dans nos analyses en raison de l'origine des normes étudiées. Les différences juridiques de portée, de valeur et de nature de ces normes nous ont conduits à adopter ces termes génériques et englobants.

Il convient tout d'abord de signaler qu'il existe relativement peu de textes supranationaux qui régissent directement et dans sa totalité le statut (entrée/séjour/sortie) de l'étranger. Ceci s'explique par le fait que le droit des étrangers est un domaine classiquement réservé aux pouvoirs régaliens de l'État. Le droit international classique respecte les prérogatives souveraines de l'État, il n'empiète pas sur les attributions de celui-ci. Dès lors, l'entrée, le séjour ou la sortie d'un ressortissant non-national relèvent de choix

---

[68] Loi n° 92-190 du 19 février 1992 adaptant *la législation française aux obligations résultant de la Convention de Schengen du 19 juin 1990* ; Loi n° 92-625 du 6 juillet 1992, relative aux zones d'attente dans les ports et aéroports.

[69] Loi n° 91-1383 du 31 décembre 1991 ; Loi n° 92-190 du 19 février et du 6 juillet 1992, Loi n° 93-1027 du 24 août 1993 et loi 93-1417 du 30 décembre 1993.

[70] Circulaire du 17 mai 1985, circulaire dite « Fabius », JORF 23 mais 1985 ; TIBERGHIEN F., « Les conditions d'entrée et de séjour des demandeurs d'asile en France », *RFDA*, 1985, p. 891-893.

[71] Si la Convention de Genève a été le premier texte international à poser une définition et un statut international du réfugié, aucune disposition ne traitait des candidats au statut de réfugié (avant qu'il se voit reconnaître réfugié).

[72] Loi du 10 décembre 2003 modifiant *la loi n° 52-893 du 25 juillet 1952 relative au droit d'asile*, JORF n° 286 du 11 décembre 2003, p. 21080. Cf. CHETAIL V., « La réforme française de l'asile prélude à la banalisation européenne du droit des réfugiés », *JDI*, 3, 2004, p. 816-865.

discrétionnaires qui n'appartiennent qu'à l'État. Le droit international ne saurait par principe lui imposer une quelconque obligation, en dehors de celle que l'État concède.

Toutefois, il faut nuancer ce propos en présentant la variété de normes supranationales qui influence aujourd'hui directement ou indirectement, partiellement ou non, la condition des étrangers.

1/ Les normes internationales ou universelles

Sous l'égide de l'Organisation Internationale du Travail, des Conventions[73] ou Recommandations[74] internationales relatives aux travailleurs migrants ont été adoptées dès les années trente. C'est sur la base d'une logique économique que les premiers droits internationaux relatifs aux étrangers se sont développés. Certaines de ces normes sont toujours applicables, mais elles ne sont pas toutes contraignantes et, si certaines ont une portée obligatoire, elles sont toutefois soumises à la condition de réciprocité. Néanmoins, ces conventions posent un seuil minimum de garanties pour une catégorie d'étrangers (les travailleurs étrangers). Les États parties dont la France s'engagent à respecter ces garanties « minimales » dans leurs législations nationales.

En parallèle, les étrangers ayant fui leur pays d'origine en quête de refuge ont été également pris en compte par le droit international classique. Dès les premiers flux de réfugiés, pendant et après la Première Guerre mondiale, des Conventions internationales multilatérales[75] leur ont apporté une protection. Les réfugiés russes, assyriens, assyro-chaldéens et kurdes[76] furent les premiers groupes[77] d'individus à bénéficier d'une protection internationale[78] minimale : certificats d'identité ou simple délivrance d'un passeport Nansen[79]. Après la Deuxième Guerre mondiale et dans le cadre des Nations Unies, l'importance des flux de réfugiés a conduit la Communauté internationale à adopter, en 1951, la Convention de Genève relative au statut international du réfugié[80]. Ce traité international à vocation universelle constitue, aujourd'hui encore, le texte de référence. Il

---

[73] Convention sur la conservation des droits à pensions des migrants, 1935, n° C 48 ; Convention sur les travailleurs migrants 1939, n° C 66 (retirée), révisée en 1949, n° C 97 ; Convention sur l'égalité de traitement en matière de sécurité sociale, 1962, n° C 118 ; Convention sur les travailleurs migrants (dispositions complémentaires), en 1975, n° C 143.

[74] Recommandation sur la réciprocité de traitement 1919, R2 ; Recommandation sur les statistiques des migrations 1922, R19 ; Recommandation sur la protection des émigrants à bord de navires, 1926, R 61 ; Recommandation sur les travailleurs migrants 1939, 1949, R 62 et R 86 ; Recommandation sur la protection des travailleurs migrants des pays insuffisamment développés 1955, R 100 ; Recommandation sur les travailleurs migrants 1975, R 151.

[75] Convention *relative au statut international des réfugiés* du 28 octobre 1933 entrée en vigueur le 13 juin 1935, approbation par la France par la loi du 20 octobre 1936, JO du 21 octobre 1936, promulguée par décret du 3 décembre 1936, JO du 5 décembre 1936.

[76] CREPEAU F, *Droit d'asile, de l'hospitalité aux contrôles migratoires*, collection de droit international, éd. Bruylant, l'université de Bruxelles, 1995, p. 58-59.

[77] NOIRIEL G., *Réfugiés et sans papiers, la République face au droit d'asile XIX*^ème^*- XX*^ème^ *siècle*, éd. Calmann Levy, Paris, 1991, p.103 et ss.

[78] Les arrangements du 5 juillet 1922, du 12 mai 1926 et du 30 juin 1928.Convention de la Havane sur l'asile du 20 février 1928, Convention de Montevideo sur l'asile politique du 26 décembre 1933, Convention relative au statut international des réfugiés du 28 octobre 1933, Conventions du 4 juillet 1936 et du 10 février 1938 relatives aux réfugiés allemands.

[79] JAEGER G., « On the history of the international protection of refugees », *RICR*, septembre 2001, Vol. 83, n° 843, p. 727-737.

[80] Convention de Genève du 28 juillet 1951 relative *au statut des réfugiés*, publiée par décret n°54-1055, 28 octobre 1954.

établit une définition internationale du réfugié et impose des obligations internationales aux États parties, notamment la garantie de non-éloignement du réfugié en cas de risques dans le pays de renvoi, ainsi que la délivrance d'un ensemble de droits et obligations découlant de la Convention de Genève. Cette Convention a été l'un des premiers textes internationaux à poser un statut international pour le réfugié. En posant des conditions d'éligibilité de la qualité de réfugié ainsi que des droits et libertés spécifiques, la Convention de Genève a institué les bases d'un régime supranational migratoire.

D'autres instruments internationaux relatifs aux droits de l'Homme tels que -les Pactes des Nations Unis de 1966, -la Convention des Nations Unies contre la torture et autres peines ou traitements cruels[81], -la Convention internationale relative aux droits des enfants ou encore -la Convention internationale relative « *à la protection des droits de tous les travailleurs migrants et les membres de leurs familles* »[82], s'ajoutent à cette masse de textes supranationaux. Ces textes apportent pour la plupart des droits et libertés fondamentaux que les États parties s'engagent à respecter. Alors que la Convention de Genève pose un statut international pour les réfugiés, ces autres conventions posent davantage des garanties internationales ponctuelles pour l'étranger. Toutefois, la portée de ces instruments onusiens est limitée en droit interne, moins spectaculaire que celle de la Cour européenne des droits de l'Homme. Cependant, l'examen de quelques espèces nous permettra d'étudier leur influence à la lumière du statut interne de l'étranger.

2/ Les normes bilatérales

Par ailleurs, « *objet de réciprocité* », la condition des étrangers est également réglée dans le cadre de relations bilatérales entre États[83]. Ainsi, la France a conclu (notamment avec ces anciennes colonies[84]) des accords bilatéraux[85] qui ont constitué les préludes d'un traitement bilatéral de certaines conditions d'entrée et de séjour des étrangers. Ces accords internationaux ont édifié le premier socle d'un statut particulier et bilatéral régi par le droit international et uniquement réservé aux ressortissants concernés par l'accord. Ce traitement « diplomatique » était en général plus favorable à l'étranger des anciennes colonies qu'à l'étranger de droit commun. L'accord bilatéral le plus pertinent a été celui signé avec l'Algérie[86]. Lors de l'accession à l'Indépendance en 1962, les Algériens ont bénéficié d'avantages juridiques leur octroyant par exemple la libre circulation entre les deux pays. Le contexte entre les deux pays ayant changé dans les années 70, les droits s'en sont trouvé réduits, mais le statut particulier régissant la condition de ces étrangers

---

[81] La Convention *des Nations Unies contre la torture et autres peines ou traitements cruels, inhumains ou dégradants*, adoptée par l'Assemblée générale le 10 décembre 1984 est entrée en vigueur le 26 juin 1987.

[82] La Convention internationale *sur la protection des droits de tous les travailleurs migrants et les membres de leurs familles* adoptée le 18 décembre 1990 par l'Assemblée des Nations Unies est entrée en vigueur le 1er juillet 2003.

[83] DAILLET P. et PELLET A., *Droit international public*, Paris, LGDJ, 6ème éd., 1999, p. 668 et s.

[84] Une série d'accords bilatéraux a été conclue avec les pays du Maghreb, les pays d'Afrique noire, etc. Voir Annexe I relative aux *conventions bilatérales relatives à la circulation et au séjour des personnes, DPE*, fasc. ABC du droit des étrangers.

[85] Ces dernières années, un autre type d'accords bilatéraux s'est développé avec les pays frontaliers de la France. Ces accords réglementent les conditions d'examen et de contrôle des étrangers traversant illégalement les frontières. Les accords bilatéraux avec le Royaume-Uni témoignent des difficultés rencontrées par la politique communautaire d'asile et d'immigration.

[86] Accord franco-algérien du 27 décembre 1968, décret n° 69-243, 18 mars 1969 : JO du 22 mars 1969.

demeure. Renégocié en juillet 2001, cet accord bilatéral confirme le désir du gouvernement français de maintenir, au moins formellement, un statut supranational parallèle au statut interne ; même si les différences matérielles de contenu s'amenuisent depuis le dernier avenant. Cette autre forme de normes supranationales nourrira aussi notre étude globale sur l'influence du droit international dans le statut interne de l'étranger.

3/ Les normes régionales

Notre analyse des impacts des normes supranationales se justifie surtout en raison de l'émergence de récentes normes régionales (-communautaires et -européennes (CEDH)) qui touchent le droit des étrangers et plus largement le droit public.

- Les normes communautaires :

C'est au cours des années quatre-vingts que la problématique de l'harmonisation des législations nationales relatives aux étrangers est apparue[87]. Depuis, la politique européenne de l'asile et de l'immigration n'a cessé d'évoluer. Sans légitimité démocratique, les premiers textes ont été élaborés par les groupes d'experts d'un cercle restreint[88] de pays membres. Très rapidement, des accords et conventions concernant les ressortissants de pays tiers (Acte Unique, Schengen[89], Dublin[90], etc.) ont été adoptés en compensation de la libre circulation offerte aux ressortissants communautaires. C'est donc sur la base d'une coopération renforcée[91] que les premiers actes relatifs à l'immigration et à l'asile ont été élaborés.

L'explosion des demandes d'asile, l'augmentation des flux migratoires des années quatre-vingt-dix et le conflit de l'ex-Yougoslavie ont accéléré la mise en place d'une politique coordonnée de l'asile et de l'immigration. Avec l'entrée en vigueur du Traité de Maastricht[92], la politique de l'asile et de l'immigration est devenue une question d'intérêt commun. Celle-ci a fait l'objet d'une coopération intergouvernementale instituée dans le troisième pilier, dans le domaine de la Justice et des Affaires Intérieures (JAI) (Titre IV du Traité instituant l'Union européenne (TUE)). Cette méthode institutionnelle mise en place était peu claire, elle a entraîné d'importants blocages car la Communauté européenne disposait également de quelques compétences[93] dans le Traité instituant la Communauté européenne[94] (TCE). Ceci a énormément complexifié le processus d'élaboration des normes

---

[87] BERGER N, La politique de l'immigration et de l'asile en Europe, éd. Bruylant, Bruxelles, 2000, p. 5.
[88] Cinq pays membres (Allemagne, Belgique, France, Luxembourg et Pays Bas).
[89] Accord entre les gouvernements des États de l'Union économique Benelux, de la République fédérale allemande et de la République française relatif à la suppression graduelle des contrôles aux frontières communes, fait à Schengen le 14 juin 1985, (JORF du 5 août 1986). HREBLAY V., *Les accords de Schengen, Origine, fonctionnement, avenir,* Collection pratique du droit communautaire, Bruxelles, Bruylant, 1998.
[90] Convention signée le 15 juin 1990 à Dublin, relative à la détermination de l'État responsable de l'examen d'une demande d'asile présentée dans l'un des États membres des Communautés européennes, entrée en vigueur le 1er septembre 1997, JOCE n° C 254 du 19 août 1997, p. 1-12.
[91] BERGER N., *op. cit.*, p. 26 et s.
[92] Traité de Maastricht instituant la Communauté européenne, JOCE n° C224, du 31 août 1992.
[93] En matière de visa.
[94] Chevauchement des compétences cf. article 3 b) du TCE et article K 1 (Titre IV) du TUE.

communes. C'est finalement le Traité d'Amsterdam[95] de 1997 qui a communautarisé « partiellement »[96] la politique de l'asile et de l'immigration.

Ainsi, depuis l'entrée en vigueur du Traité d'Amsterdam[97] en 1999 et du Traité de Nice[98], la communautarisation de la politique d'asile et d'immigration (qui a déjà fait l'objet de nombreuses études[99] de politologues et de juristes) a permis d'adopter beaucoup

---

[95] Traité d'Amsterdam modifiant le traité sur l'UE, les traités instituant les communautés européennes et certains actes connexes du 2 octobre 1997, JOCE n° C 340 du 10 novembre 1997.

[96] « Communautarisation partielle » puisque certaines questions relatives au droit d'asile et à l'immigration sont adoptées à l'unanimité pendant cinq ans depuis le Traité d'Amsterdam. Les modifications apportées par le Traité de Nice ont ajouté à l'article 67 du TCE : la mise en place « différée » de la codécision. Cf. article 11 A 4) du traité de Nice « *À l'article 67, le paragraphe suivant est ajouté: «5. Par dérogation au paragraphe 1, le Conseil arrête selon la procédure visée à l'article 251 : les mesures prévues à l'article 63, point 1), et point 2), sous a), pour autant que le Conseil aura arrêté préalablement et conformément au paragraphe 1 du présent article une législation communautaire définissant les règles communes et les principes essentiels régissant ces matières; les mesures prévues à l'article 65, à l'exclusion des aspects touchant le droit de la famille* ». Depuis la décision n° 2004/927/CE du Conseil, 22 décembre 2004, JOUE n° L 396 du 31 décembre 3004, passe à la procédure de l'article 251 du traité à partir du 1er janvier 2005 : les articles suivants : «*-62 § 1) des mesures visant, conformément à l'article 14, à assurer l'absence de tout contrôle des personnes, qu'il s'agisse de citoyens de l'Union ou de ressortissants des pays tiers, lorsqu'elles franchissent les frontières intérieures; 2) des mesures relatives au franchissement des frontières extérieures des États membres qui fixent : a) les normes et les modalités auxquelles doivent se conformer les États membres pour effectuer les contrôles des personnes aux frontières extérieures; 3) des mesures fixant les conditions dans lesquelles les ressortissants des pays tiers peuvent circuler librement sur le territoire des États membres pendant une durée maximale de trois mois. -63 § 2) des mesures relatives aux réfugiés et aux personnes déplacées, dans les domaines suivants : b) mesures tendant à assurer un équilibre entre les efforts consentis par les États membres pour accueillir des réfugiés et des personnes déplacées et supporter les conséquences de cet accueil; 3) des mesures relatives à la politique d'immigration, dans les domaines suivants : b) immigration clandestine et séjour irrégulier, y compris le rapatriement des personnes en séjour irrégulier* ». Le projet de Constitution impose lui le passage à la majorité qualifiée et à la procédure de codécision pour toute la politique d'asile et d'immigration.

[97] Signé le 2 octobre 1997, ratifié par la loi n° 99-229 du 23 mars 1999, JORF 25 mars 1999, publié Décret n° 99-229, 28 mai 1999, JORF 30 mai 1999, entré en vigueur le 1er mai 1999.

[98] Traité de Nice, modifiant le *traité sur l'Union européenne, les traités instituant les communautés européennes et actes connexes*, 2001, JOCE, 10 mars 2001, C 80/1. Voir : Traité instituant la Communauté européenne TCE (version consolidée), JOCE n° C 325 du 24 décembre 2002 et Traité sur l'Union européenne TUE (version consolidée), JOCE n° 325 du 24 décembre 2002.

[99] DE BRUYCKER P., « L'émergence d'une politique européenne d'immigration », *in L'émergence d'une politique européenne d'immigration,* (sous la direction DE BRUYCKER), Collection de la Faculté de droit, ULB, Bruylant, Bruxelles, 2003, p. 1-95 ; CREPEAU F et CARLIER J.-Y., « Intégration régionale et politique migratoire, le modèle européen entre coopération et communautarisation », *JDI*, 4, 1999, p. 997 ; CARLIER J.-Y., « L'harmonisation des politiques d'asile des pays d'Europe : les enjeux juridiques », *RDE*, 1992, n° 69, p. 151-159., « L'Europe et les ressortissants des États tiers : de la coopération intergouvernementale vers le droit communautaire », *Annuaire universitaire de Louvain*, n° 2 / 1993, p. 207 ; DONY M. (Sous la direction de), *L'Union européenne et le monde après Amsterdam*, éd. ULB, études européennes, 1999 ; CURTI GIALDINO, « Schengen et le troisième pilier : le contrôle juridictionnel organisé par le Traité d'Amsterdam », *Revue du Marché Unique Européen*, février, 1998, p. 89 ; DE BRUYCKER P., « Présentation du projet de Traité d'Amsterdam en ce qui concerne la libre circulation des personnes », *RDE*, 1997, n° 93, p. 290-293 ; LABAYLE H., « L'Union européenne et l'immigration, une véritable politique commune ? », *in Mouvement du droit public, Mélange en l'honneur de Franck Moderne*, Dalloz, 2004, p. 1217-1233 ; LABAYLE H., « Un espace de liberté, de sécurité et de justice ? », *RTDE*, 1997, p. 831-881 ; LABAYLE H., « La libre circulation des personnes dans l'Union européenne, de Schengen à Amsterdam », *AJDA*, 1997, p. 923-935 ; LABAYLE H., « La coopération européenne en matière de Justice et d'affaires intérieures et la Conférence intergouvernementale », *RTDE*, 1997, p. 1-35 ; POLLET K., « L'intégration de l'Acquis de Schengen dans le cadre de l'Union européenne : impact et perspectives », *in L'Union européenne et le monde après Amsterdam*, (Sous la direction de DONY M.), éd. ULB, études européennes, 1999, p. 143-161 ; MASSON P., *l'intégration de Schengen dans l'Union européenne*, Rapport d'information su Sénat, n° 53, 1997-1998 ; MASSON P., *Le devenir de l'Acquis Schengen dans l'Union européenne*, Rapport d'information, Délégation du Sénat pour l'Union européenne, n° 99, 1998-1999 ; LONCLE

d'instruments législatifs communautaires. Pas moins d'une vingtaine de directives et de règlements communautaires ont été pris ces cinq dernières années. Or cette « nouvelle masse juridique communautaire » a été pour partie transposée dans le statut interne de l'étranger. L'étude du contenu de ces instruments communs mais surtout l'analyse de leurs effets et leurs significations dans l'ensemble du statut interne de l'étranger est inédite, elle constituera une partie importante de nos développements.

Par ailleurs, force est de reconnaître que les travaux d'harmonisation sont révélateurs de certains comportements « souverainistes » des États membres et notamment de la France face aux véritables ambitions de politique commune. Ainsi, le difficile travail d'harmonisation se révèle être laborieux en raison de la nature même de la « matière » à harmoniser. En effet, comme nous l'avons énoncé précédemment, la nature de la politique d'asile et d'immigration est fortement imprégnée par les résistances de la souveraineté étatique. Aussi, notre étude attestera du rôle ambigu des gouvernants français qui négocient à Bruxelles des mesures très strictes pour le statut de l'étranger et du demandeur d'asile et de celui du législateur français qui va jusqu'à anticiper rigoureusement les propositions communes en les transposant avant même leur adoption au plan communautaire. Cette attitude n'est pas sans ambiguïté au regard de la politique d'harmonisation. On montera que les résistances internes sont extrêmement présentes dans les négociations communes. L'européanisation est difficile, les actes législatifs communs sont largement construits sur la base de réflexes souverainistes. Notre étude soulignera ainsi le rôle équivoque joué par le législateur français dans cette politique d'harmonisation européenne.

La communautarisation de la politique d'asile et d'immigration intéresse aussi plus globalement l'ensemble du droit interne. En effet, le travail original de transposition, les compromis laborieux témoignent des difficultés relatives à la mise en place d'un espace européen de liberté, de sécurité et de justice. L'exemple de la politique communautaire d'asile et d'immigration est, en ce sens, particulièrement révélateur de la difficile construction européenne dans un domaine jalousement gardé par les souverainetés des États membres.

- Le droit de la CEDH :

L'apport spectaculaire de la jurisprudence dégagée par la Cour européenne des droits de l'Homme s'est révélé très efficace pour protéger certains droits des étrangers tels que le respect de la « vie privée et familiale » ou les garanties relatives au retour forcé des étrangers. Pourtant, le texte de la Convention européenne des droits de l'Homme ne laissait pas entrevoir autant de garanties pour les étrangers. Seuls les articles 5 § 1 f) relatif à la privation de liberté d'un étranger, 1er du Protocole 7 sur les conditions d'éloignement et article 4 du Protocole 4 interdisant les expulsions collectives apportaient des droits spécifiques à l'étranger. C'est donc grâce à une interprétation constructive de la Cour européenne des droits de l'Homme que le droit des étrangers a été enrichi par l'influence des normes européennes. Sur la base de nombreuses requêtes émanant d'étrangers, la Cour européenne a érigé une véritable jurisprudence concernant leurs droits.

Cependant, cette masse jurisprudentielle ne constitue pas un statut juridique pour l'étranger puisque, d'une part elle ne traite pas entièrement de la question de l'entrée, du séjour et de la sortie, d'autre part les espèces de la CEDH ne s'appliquent qu'au requérant.

F., *Schengen, un essai à transformer*, Rapport de l'assemblée nationale, n° 1476, 17 mars 1999, etc.

Dès 1988, Yves Madiot observait que l'« *on ne retrouve un tel statut, ni dans la convention européenne, ni dans les jurisprudences de la Commission et de la Cour. Leur étude démontre l'absence d'un statut spécifique de l'étranger. Mais il reste vrai que l'étranger est confronté à des situations particulières au regard de l'État (expulsion, extradition, connaissance de la langue dans une procédure pénale). Ainsi, à des titres divers, la qualité d'étranger sera prise en considération, non pour la détermination d'un statut spécifique, mais pour apporter une réponse à des problèmes bien précis* »[100]. Au travers de ces situations particulières, la Cour a considérablement affiné sa jurisprudence et élève aujourd'hui de véritables standards[101] de protection pour l'étranger. Un autre enjeu de notre thèse sera de comprendre le mode d'intégration ou de réception de cette jurisprudence européenne dans le statut interne de l'étranger. Comment et par qui ces normes supranationales sont-elles intégrées ? Qu'apportent-elles au statut ? Quelles protections assurent-elles à l'étranger ?

A partir de ces questionnements, notre étude sur les normes européennes démontrera l'influence des garanties européennes sur le droit des étrangers. L'importante jurisprudence développée par le juge européen à propos de l'article 8 ou de l'article 3 a énormément nourri le droit interne. Ainsi, le travail d'interprétation réalisé par la Cour européenne et ensuite par le juge français sur des espèces relatives aux droits des étrangers a été déterminant pour dégager des libertés fondamentales (vie familiale, interdiction de la torture, encadrement de la privation de liberté, etc.). Notre analyse dépasse largement le droit des étrangers, elle intéresse plus globalement le droit français. De nombreuses avancées européennes réalisées en droit des étrangers se sont ensuite « diffusées » dans le droit public.

Par ailleurs, les résistances du juge interne (juge administratif) sont particulièrement révélatrices de l'existence de rapports de force entre ordres juridiques différents. Notre travail consistera à montrer la tâche de plus en plus délicate que doivent accomplir les juridictions françaises pour se conformer au droit européen. Le droit des étrangers en est un parfait exemple. En effet, l'évolution positive du droit européen montre la pertinence de son influence sur le droit des étrangers mais surtout sur l'ensemble du droit (interprétation, technique du juge, etc.). Ainsi, l'administration française et le législateur français doivent s'adapter à la difficile articulation entre les normes juridiques émanant de différents ordres juridiques.

Dés lors notre analyse exposera les problèmes de hiérarchies, de conflits et de dialogues qui peuvent exister entre deux ordres juridiques différents. Le droit des étrangers en fournit un brillant exemple.

---

[100] MADIOT Y., « Un statut européen de l'étranger dans la jurisprudence de la Cour européenne des droits de l'Homme », *in La condition de l'étranger hier et aujourd'hui, Acte du colloque organisé à Nimègue les 9-11 mai 1988, par les facultés de droit de Poitiers et Nimègue*, 1988, p. 37-57.

[101] Le standard étant entendu comme une application d'une norme ayant une fonction unificatrice : « il arrondit la norme qu'il contient, coordonne l'ensemble des règles de droit qui s'y réfèrent et éventuellement opère un rapprochement des différents droits nationaux », *in Dictionnaire de la culture juridique*, (Sous la direction de ALLAND D. et RIALS S.), PUF, 2003, p. 1441. Le terme de standard est souvent utilisé pour le développement des droits fondamentaux et des libertés publiques.

Dans une catégorie à part, au côté de ces traités d'origine universelle ou régionale, un ensemble de nombreuses normes supranationales de *soft Law* traitant directement de l'étranger s'est également développé. Ces normes sont sans valeur juridique contraignante et émanent d'organisations internationales ou régionales. Ainsi, les Résolutions, les Recommandations, les Déclarations et d'autres textes des États membres, des organes du Conseil de l'Europe ou du Haut Commissariat des Réfugiés participent à l'émergence de normes coutumières[102] internationales relatives aux étrangers. Notre étude tentera d'identifier certaines de ces normes internationales de *Soft Law* pour apprécier et comprendre leur dynamique dans l'ordre international et interne et montrer, le cas échéant, leur influence sur le statut interne de l'étranger. Plus généralement, cette étude constituera une contribution à l'influence croissante du droit vert en droit international. Nos analyses témoigneront d'une évolution conséquente de ce type droit.

De nombreuses difficultés ont été rencontrées en raison de la multiplication des textes supranationaux et nationaux.

III/ Difficultés rencontrées

Durant ce travail de recherche plusieurs difficultés ont été rencontrées. Certaines étaient liées à la multitude de textes et jurisprudences, à l'enchevêtrement du droit des étrangers et des normes supranationales, à la technicité et à la complexité de ce droit ainsi qu'à la constante évolution de cette importante « masse juridique » :

La première difficulté résultait de la multitude de sources supranationales traitant directement ou indirectement de l'étranger. Des ordres juridiques distincts (national, communautaire, européen, international, universel) fixent des droits et libertés pour les étrangers. L'hétérogénéité de cette « masse juridique supranationale » coutumière, jurisprudentielle, conventionnelle, communautaire, internationale, etc. a extrêmement complexifié l'étude de notre objet de recherche.

La deuxième difficulté de l'étude résidait dans l'étendue considérable de droits supranationaux et internes, influençant directement ou indirectement la condition juridique des étrangers. En effet, le droit des étrangers renvoie à de nombreuses branches du droit : droit public (droit administratif, droit constitutionnel, libertés publiques) et droit privé (droit social, procédure civile et pénale), le droit international public et privé ainsi que les droits communautaire et européen.

La complexité sans précédent du droit des étrangers a constitué une troisième difficulté. Opaque et parfaitement inaccessible pour le public qu'il est censé protéger, le

---

[102] DUPUY R.-J., « Droit déclaratoire et droit programmatoire : de la coutume sauvage à la soft Law », in Dialectiques du droit international, souveraineté des États, communauté des États, communauté internationale et Droits de l'Homme (déjà paru en 1975), éd. Pédone, 1999, p. 119 ; WEIL P., « Vers une normativité relative en droit international ? », RGDIP, 1982, p. 10 ; CASTANEDA J., « Le concept général de Résolutions internationales », RACDI, 1970, 129, p. 205-332 ; THIERRY H., « L'évolution du droit international », RCADI, III, 222, p. 9 et s. ; SCELLE G., « Essai sur les sources formelles du droit international », Gény, tome III Sirey 1934, p. 400 et s. ; VIRALLY M., « La valeur juridique des recommandations des Organisations internationales », in Le droit international en devenir, essais écrits au fils des ans, IUHEI, PUF, Genève, 1990.

droit des étrangers est devenu « une affaire de spécialistes ». Les difficultés qu'il soulève se révèlent redoutables pour le juriste et, bien plus encore, pour le justiciable. C'est donc un travail de clarification et de compréhension de l'ensemble des textes relatifs aux droits des étrangers qu'il a fallu effectuer avant de s'intéresser aux normes supranationales et à leur influence sur le statut interne de l'étranger. Il a donc fallu relever le défi de la technicité du droit des étrangers. Or si la technicité de ce droit existe depuis les années quatre-vingts, la communautarisation récente de la politique d'asile et de l'immigration a également ajouté un degré supplémentaire de complexité[103] au statut des étrangers. Dès lors, pour appliquer convenablement ce droit, l'administration et le juge administratif doivent tenir compte des différents textes de systèmes juridiques distincts. Les transpositions tardives, les transpositions par anticipation et l'application différenciée du droit communautaire, la non-publication de certains textes d'application, les textes particuliers (accords bilatéraux) et l'absence de clarté de certaines dispositions de l'ordonnance de 1945 sont autant d'éléments qui rendent difficile d'accès le droit des étrangers. Toutefois, la technicité du droit communautaire et la spécificité de la matière ne sont pas les seules responsables de l'illisibilité du droit des étrangers, c'est aussi une volonté politique. En effet, le maintien de l'ordonnance de 1945 a été préféré à la refonte totale du statut de l'étranger en un texte nouveau par les gouvernements de gauche comme de droite. Même Lionel Jospin, qui s'était engagé pendant la campagne électorale de 1997 à refondre l'ordonnance de 1945, n'a pas tenu sa promesse et a élaboré un nouveau « toilettage » de l'ordonnance. En toute hypothèse, la technicité du droit cache surtout une dérive récente de notre système juridique qui se « technocratise ».

Enfin, le droit des étrangers est particulièrement difficile à comprendre et à expliciter en raison des nombreuses réformes qu'il a connues depuis une vingtaine d'années. Il est très délicat de prendre du recul sur ces textes modifiés tous les deux à trois ans. Aujourd'hui, le statut de l'étranger n'est qu'un agrégat d'articles superposés par les réformes « politiciennes » des gouvernements successifs. Il a fallu adapter nos réflexions aux évolutions constantes[104] de la matière. La prise en compte des dernières réformes nationales (du 26 novembre 2003 et du 10 décembre 2003)[105] mais aussi communautaires (adoption des propositions de directives et de règlements, de propositions modifiées et enfin adoption de textes définitifs). Le droit des étrangers n'est pas issu simplement du Code des étrangers)[106], mais aussi d'une multitude de jurisprudences nationales[107], européennes et internationales. Ces jurisprudences évoluent parfois différemment d'un ordre juridique à l'autre. Il a été nécessaire de s'adapter[108] à ces multiples décisions jurisprudentielles émanant de différents systèmes de droits.

---

[103] Par exemple, la confiance mutuelle que la France doit accorder aux États partenaires entraîne le respect et l'exécution, en droit interne, des décisions des États membres (fichiers informatiques, éloignement, pays responsable de la demande d'asile, etc.).

[104] L'actualisation des principales évolutions juridiques s'est achevée au 31 juin 2005.

[105] Pour une analyse complète des deux lois : Cf. TURPIN D., « Les nouvelles lois sur l'immigration et l'asile dans le contexte de l'Europe et de la mondialisation », *RCDIP*, avril-juin 2004, p. 311-393.

[106] Nous n'avons pas intégré les articles de la nouvelle numérotation du Code des étrangers étant donné que la codification est entrée en vigueur tardivement (le 1er mars 2005) bien après la rédaction et la soutenance de cette thèse. Toutefois, un tableau de concordance permet de retrouver les articles de la nouvelle numérotation.

[107] En 2003, le contentieux des étrangers a représenté 23 % des requêtes enregistrées devant les Tribunaux administratifs (plus de 32 000 dossiers, 19 000 sur les titres de séjour, 11 000 sur les reconduites à la frontière). Ce contentieux connaît une augmentation de 60 % en cinq ans. Cf. étude du Conseil d'État, octobre 2004.

[108] Henri LABAYLE rappelle avec justesse, à propos des politiques d'asile et d'immigration que : « Combinant à

Ces difficultés ont déterminé la méthode de travail.

IV/ Méthode

Au regard des multiples évolutions politiques et juridiques, européennes et nationales, force est de constater que le statut des étrangers s'est construit « en réaction » aux différents événements historiques ou économiques touchant la France et désormais l'Europe. Ainsi, le droit des étrangers et du demandeur d'asile est largement subordonné aux politiques des États. Si nous n'abordons que l'aspect juridique de l'immigration et de l'asile dans cette thèse, la dimension politique est extrêmement présente dans ce sujet étant donné que les politiques françaises et désormais européennes déterminent les grandes tendances du droit des étrangers (fermeture des frontières, suppression du droit du travail pour les primo-arrivants, lutte contre l'immigration clandestine, etc.). De plus, si notre étude porte sur les dispositions juridiques des étrangers, leur évolution historique, sociologique et politique a été examinée. En effet par exemple, la précarisation des libertés des étrangers constatée par les juristes trouve une résonance chez les politologues qui voient dans le droit des étrangers un « baromètre » mesurant l'étendue des droits et libertés accordés aux citoyens français. Nous avons donc été amenés à travailler d'autres disciplines telles que la sociologie juridique, la science politique et l'histoire des migrations.

Notre démarche méthodologique a reposé à la fois sur une analyse déductive et inductive. Nos réflexions ont été nourries par des démonstrations de droit positif et ce dernier nous a permis de vérifier la validité de nos hypothèses. Ainsi, la variété des nombreuses normes supranationales et les analyses doctrinales nous ont permis de structurer notre réflexion, d'élaborer et de vérifier nos suppositions. Nos démonstrations ont également été complétées par des réflexions prospectives.

Pour ce faire, un travail minutieux de comparaisons critiques entre les différentes dispositions internes et supranationales a permis de mesurer le degré de transposition, d'intégration et de réception du droit supranational dans le statut interne de l'étranger. L'enchevêtrement complexe de normes de différentes natures et de systèmes juridiques distincts a conduit à effectuer une clarification juridique. La démarche choisie a été de collecter les normes pertinentes disponibles puis de les ordonner en vue d'une réflexion globale sur le statut interne de l'étranger. Cette classification nous a alors amenés à repérer les différents modes d'intégration des normes supranationales dans notre système de droit. Ainsi, certaines normes supranationales n'ont parfois qu'un simple effet *d'orientation* ; d'autres ont un rôle *rectificatif*. Notre approche a consisté à comprendre comment chaque type de normes supranationales s'intègre dans l'ordre interne, comment elles influencent le statut de l'étranger, comment elles sont « réceptionnées », selon l'autorité chargée de les appliquer (législateur, juge ordinaire, administration).

---

la fois le droit et la politique, l'approche nationale et le regard international, la technique juridique et le souffle des droits fondamentaux, confrontant la lecture interne et l'analyse comparative, sollicitant le jeu de politiques publiques très variées, les politiques migratoires défient le juriste de parvenir à les enfermer dans des catégories de pensée préétablies », *in* « L'Union européenne et l'immigration, une véritable politique commune ? », in Mouvement du droit public, Mélange en l'honneur de Franck Moderne, Dalloz, 2004, p. 1217.

Soulignons par ailleurs que notre préoccupation première a été de ne jamais oublier que l'étranger est, certes un objet juridique qui renvoie à un ensemble de règles techniques, mais surtout une personne humaine... Autrement dit, nos analyses s'intéresseront aux influences supranationales sur le statut de l'étranger, mais aussi aux droits et aux libertés *effectifs* qu'elles offrent à l'étranger.

V/ Problématique et annonce du plan

Il a été choisi d'organiser notre étude relative à l'influence des normes supranationales sur le statut interne de l'étranger autour de deux axes complémentaires. Le choix de deux axes se justifie par la différence de logique des différentes normes supranationales (communautaires, européennes et internationales) sur le droit des étrangers. De nature variée et de portée juridique très différente, les normes supranationales qui influent sur le statut de l'étranger n'ont pas la même « vocation » en droit interne. Certaines d'entre elles complètent le statut en y apportant des garanties assez favorables qui se superposent sur le statut de l'étranger. Ce sont principalement les normes relatives aux droits internationaux des droits de l'Homme (les Conventions des Nations Unis, la Convention européenne des droits de l'Homme, la Charte sociale européenne, etc.). D'autres viennent, en revanche, édifier un statut, un régime unique supranational pour l'étranger. Par exemple, les normes communautaires ont vocation à mettre en place un régime unique pour le ressortissant de pays tiers et le demandeur d'asile dans un espace européen commun et unifié. Ce régime a pour objectif de se substituer à terme au droit interne. Au contraire les différents textes internationaux des droits de l'Homme ne posent que des standards relatifs aux droits et libertés fondamentaux que s'engagent à respecter les États membres.

De la « masse » considérable de normes supranationales, se dégagent selon nous deux influences complémentaires sur le statut de l'étranger. La première influence est illustrée par la formation d'un régime supranational en construction ayant vocation à remplacer petit à petit le statut interne de l'étranger en réglementant toutes les phases de ce statut. La seconde montre que les autres normes supranationales se « greffent » ici et là sur le statut de l'étranger en y apportant des protections ponctuelles.

Le premier mouvement de notre recherche consistera donc à démontrer que certaines normes internationales (universelles et bilatérales) et essentiellement[109] communautaires participent à l'émergence d'un *régime migratoire supranational.*

L'enjeu principal de ce premier axe est de démontrer que le droit international et essentiellement le droit communautaire mettent en place un ensemble de règles relatives à l'entrée, au séjour et à la sortie du territoire de l'étranger. Cette construction est inédite et soulève des interrogations au regard du transfert de prérogatives régaliennes. Ce transfert de compétences se justifie par la construction d'un espace européen de libre circulation, dans lequel les frontières intérieures ont disparu au profit d'un renforcement des frontières aux portes de l'Europe. Ainsi, la construction d'un statut pour le ressortissant non-

[109] Nous montrerons que l'émergence du « statut commun » n'efface pas certaines particularités du statut de l'étranger (des traitements privilégiés, traitement bilatéral, etc.).

communautaire apparaît comme une condition *sine qua non* pour garantir et justifier cet espace commun. Le déplacement des frontières de chaque État vers les frontières extérieures de l'Europe nécessitait la construction progressive d'un régime migratoire commun ayant vocation à se substituer au droit des étrangers de chaque État membre.

Ce régime communautaire rassemble à la fois un statut pour le ressortissant de pays tiers (l'étranger ordinaire) et pour le demandeur d'asile. En effet, pour mener à bien cette étude, les analyses concernant - l'étranger de droit commun, soumis à l'ordonnance de 1945 (l'étranger « ordinaire » ou le ressortissant de pays tiers) et - le demandeur d'asile qui reçoit un statut spécifique organisé essentiellement par la loi du 25 juillet 1952, seront séparées. Cette distinction est primordiale étant donné que les questions relatives à l'asile et à l'immigration sont distinctes et n'obéissent pas aux mêmes droits internes et internationaux ; même si la tendance de ces dernières années a été de les assimiler abusivement. Les normes communautaires récemment adoptées ont entraîné des répercussions plus ou moins importantes au sein du statut de l'étranger et du demandeur d'asile. Il conviendra de démontrer par une étude diachronique comment ces normes communautaires transforment les trois composantes du statut (entrée/ séjour/ sortie) de l'étranger.

Nos analyses porteront notamment sur la formalisation de ce régime communautaire (unification, harmonisation, coopération, etc.). La « fabrication » du droit communautaire se révèle délicate étant donné que cette matière reste largement limitée par les exigences des souverainetés des États. Par conséquent, la méthode choisie est souvent l'harmonisation minimale, harmonisation qui a une influence négative sur le droit interne souvent plus protecteur. L'histoire et la politique des migrations différentes d'un État membre à l'autre expliquent également certaines difficultés à développer une politique d'harmonisation cohérente de l'asile et de l'immigration. Ainsi, les différentes évolutions législatives françaises reflétant la tradition française en matière de politique migratoire seront rappelées pour montrer les similitudes ou au contraire les divergences avec les textes communautaires. Enfin, il conviendra d'expliquer la méthode inédite de transposition de ce nouveau bloc législatif communautaire. Les travaux communautaires étant souvent pris comme alibi pour modifier négativement le droit interne. Nos démonstrations présenteront l'insertion de ce nouveau droit ainsi que les questions qu'il soulève au regard du droit des étrangers.

Mais ce régime migratoire supranational ne se compose pas seulement de normes communautaires. En effet, des normes bilatérales (accord franco-algérien) et universelles (statut international du réfugié) viennent également composer ce régime migratoire supranational. La Convention de Genève a créé un ensemble de règles internationales qui définissent les conditions d'éligibilité à la qualité de réfugié ainsi que la délivrance de certains droits aux réfugiés. Ce texte à vocation universelle a eu pour conséquence de poser les bases d'un régime supranational migratoire pour une catégorie particulière d'étrangers. De même, l'accord franco-algérien se substitue à l'ordonnance de 1945 en créant un statut spécifique supranational d'entrée et de séjour pour les ressortissants algériens. On voit bien ici la logique de « remplacement » qui caractérise le droit bilatéral. Même si le régime supranational bilatéral ne traite pas de manière exhaustive toutes les phases du statut juridique du ressortissant algérien, la logique de cet accord international est de créer un régime supranational pour une catégorie spécifique de ressortissants.

Le deuxième mouvement de notre recherche exposera comment certaines normes supranationales, essentiellement les textes internationaux des Droits de l'Homme, favorisent la multiplication de garanties supranationales pour l'étranger (demandeur d'asile ou étranger ordinaire). L'impact de ces normes supranationales dans le droit interne est distinct de celui du droit communautaire. Ainsi, il conviendra de démontrer comment ces normes supranationales complètent les règles du statut de l'ordonnance de 1945 et comment elles constituent de véritables standards de protection pour l'étranger. On ne peut parler à leur égard de « statut » car ces normes ne créent pas un statut prédéfini en tant que tel, mais elles se superposent au statut de l'étranger. Elles offrent, selon nous, de véritables *garanties complémentaires* au statut interne de l'étranger.

A partir de cet ensemble de normes supranationales, l'intention principale de notre recherche est de prouver que ces différents droits internationaux des Droits de l'Homme n'ont pas la même fonction[110] sur le statut interne de l'étranger. L'étude des différents textes internationaux ainsi que les protections qu'ils entraînent nous conduira tout au long de nos développements à démontrer le rôle essentiel des juges nationaux (essentiellement du juge administratif) et du juge européen. Les différences d'appréciations et techniques d'interprétations seront systématiquement repérées et explicitées. Ces différences sont parfois très subtiles, les juges européens et nationaux instaurent alors un dialogue, dans d'autres hypothèses les échanges sont plus conflictuels. C'est donc un travail minutieux de clarification des jurisprudences européennes, onusiennes et nationales qu'il faudra effectuer afin de démontrer les différents impacts de ces dernières dans le statut de l'étranger.

Notre étude mesurera autant les avancées que les limites que peuvent entraîner certaines normes supranationales. En effet, force est de constater que certaines normes supranationales renforcent et créent des garanties et des libertés pour l'étranger, toutefois, certains textes internationaux reproduisent la fonction-discriminante du statut interne de l'étranger ce qui réduit considérablement leur portée. Ainsi, nos multiples analyses relatives aux normes correctrices et innovatrices permettront d'exposer certaines limites d'application de ces normes supranationales. Le caractère non-contraignant de quelques normes, l'absence de caractère *self executing* ou encore les limites inhérentes à la condition de l'étranger (ordre public, le bien-être économique, etc.) sont autant de freins à l'application effective de certaines libertés et droits supranationaux.

Au final, les textes internationaux relatifs aux droits de l'Homme n'ont pas tous la même influence en droit des étrangers. D'abord, parce que ces textes n'ont pas la même nature, ni la même portée ; ensuite parce que certains d'entre eux apportent des garanties plus conséquentes que d'autres. De plus, il y a des garanties que le juge français et le législateur interne préfèrent et auxquelles ils se réfèrent plus facilement que d'autres. Les droits et libertés « régionaux » (CEDH) étant largement privilégiés par le juge interne pour asseoir sa jurisprudence, au détriment des Conventions onusiennes relatives aux droits de l'Homme pourtant porteuses de garanties (Convention internationale relative aux droits de l'enfant, Convention contre la Torture, etc.). En toute hypothèse, on étudiera précisément

[110] Certaines normes assurent une fonction *de correction*, c'est-à-dire qu'elles confirment ou améliorent une protection déjà existante. D'autres normes supranationales, au contraire, ont une fonction *innovante* ou *« rénovatrice »* puisqu'elles apportent des garanties jusqu'ici inédites dans le droit des étrangers ou « rénovent » des protections existantes de l'étranger. Cf. Titre I et Titre II de la Partie II.

les garanties nouvelles que les différents textes internationaux apportent ou, au contraire, le renforcement des traitements discriminatoires qu'ils entraînent.

L'analyse des différentes normes supranationales nous conduira à affirmer qu'un véritable *« régime migratoire supranational »* pour le demandeur d'asile et l'étranger ordinaire émerge (Partie I). Ce régime est complexe ; il renvoie à une multitude d'instruments communautaires ainsi qu'à d'autres normes supranationales telles que les traités bilatéraux ou la Convention de Genève. Dès lors, il conviendra de démontrer comment s'imbriquent les différentes normes hétérogènes et comment le droit interne les intègre. Au côté de ce régime supranational migratoire, d'autres normes, elles aussi supranationales, se dégagent et *complètent* le statut interne de l'étranger. Il conviendra d'expliciter comment ces normes corrigent et apportent des innovations sur le statut interne de l'étranger (Partie II).

Première Partie : Un régime migratoire supranational
Deuxième Partie : Des garanties supranationales complémentaires

PREMIÈRE PARTIE : UN RÉGIME MIGRATOIRE SUPRANATIONAL

« *Ainsi, le statut du travailleur étranger est-il enserré dans un tissu juridique qui présente la particularité d'être le résultat de la collaboration de plusieurs ordres juridiques.* »[1]

[1] FLORY M., « Ordres juridiques et statut des travailleurs étrangers », *in Colloque de Clermont-Ferrand, Les travailleurs étrangers et le droit international*, SFDI, éd. Pédone, Paris, 1977, p. 178.

Le droit supranational, essentiellement le droit communautaire, modifie progressivement le contenu du statut de l'étranger. Alors que le droit des étrangers était un domaine réservé aux prérogatives régaliennes et aux compétences classiques de l'État, aujourd'hui le droit supranational crée un ensemble de normes juridiques de différentes natures relatives au droit des étrangers. Ce droit supranational s'intègre au fur et à mesure dans le statut interne l'étranger.

Ce droit supranational recouvre un ensemble d'actes, de traités, de directives, de règlements, de Conventions ou de Résolutions traitant *directement* du droit d'asile ou d'immigration. Grâce à une remise en ordre et une « décortication » » des normes, ce « patchwork supranational » nébuleux et complexe constitue, selon nous, un véritable *régime migratoire supranational* en construction. L'enjeu de notre étude est donc d'ordonner l'ensemble de ce « patchwork » supranational afin d'exposer et de démontrer l'émergence d'un régime supranational de l'étranger. L'utilisation du terme « régime » permet d'englober un ensemble de règles hétérogènes supranationales relatives au droit des étrangers.

Dans ce régime supranational migratoire, il nous a semblé indispensable de séparer les problématiques relatives aux demandeurs d'asile (étranger en quête de refuge), de celles relatives à l'étranger « ordinaire » (étranger qui migre pour des raisons économiques, familiales ou pour faire des études). Si, dans la pratique, la différence entre les deux types d'étrangers est parfois faussée par les détournements de procédure des migrants non persécutés, il est essentiel d'établir juridiquement une différence entre ces deux types d'étrangers, et ce, en raison de la variété des normes applicables et des droits qui leur sont octroyés. Les normes supranationales relatives à ces deux catégories d'étrangers sont très différentes même si parfois certaines règles relatives aux étrangers ordinaires s'appliquent aussi aux demandeurs d'asile.

La mise en ordre du « patchwork » supranational est donc construit autour de ces deux catégories d'étrangers :

- Le droit de « l'étranger ordinaire », du ressortissant de pays tiers, est le droit commun de l'ordonnance du 2 novembre 1945. L'étranger de droit commun sera appelé de plusieurs façons selon sa situation juridique :-soit « étranger ordinaire », -soit ressortissant de pays tiers (par exemple lorsqu'il demande l'autorisation de circuler temporairement sur le territoire commun avec un visa de court séjour), -ou enfin résident une fois qu'il est autorisé à résider sous couvert d'un titre de séjour, etc. Depuis l'émergence d'une politique communautaire d'immigration, le statut de l'étranger ordinaire est modifié par les directives et règlements adoptés par les États membres. En effet, la politique communautaire de l'immigration a transformé, voire bouleversé le droit interne des étrangers. Les directives et règlements récemment adoptés ont fait émergé un véritable *statut communautaire* pour le ressortissant de pays tiers. Ce statut communautaire encore en devenir est progressivement enrichi par les actes entérinés par les États membres. Toutefois, si le droit communautaire harmonise le statut du ressortissant de pays tiers, il n'est pas le seul droit supranational à traiter du droit des étrangers. En effet, d'autres normes supranationales (accords bilatéraux, accords d'association, etc.) viennent compléter le statut de l'étranger. Ces normes particulières supranationales créent des spécificités en droit interne, elles tempèrent le travail communautaire engagé par les États membres. L'étude du statut communautaire du ressortissant de pays tiers et des autres statuts particuliers supranationaux constituera notre premier Titre.

- Le demandeur d'asile dispose d'un statut propre même si certaines règles de droit commun lui sont applicables. Ces dix dernières années, le droit supranational (essentiellement le droit communautaire) a largement légiféré sur les droits du demandeur d'asile. Aujourd'hui, le statut interne du demandeur d'asile est modifié, voire remanié par la politique communautaire d'asile. Il sera démontré combien les règlements et directives communautaires réglementent le parcours administratif du demandeur d'asile : du dépôt de sa demande d'asile jusqu'aux types de protections délivrées par l'État. Toutefois, si le droit communautaire a largement influencé le droit des demandeurs d'asile, la plus ancienne norme internationale qui s'est préoccupée de la protection de l'étranger en quête de refuge est la Convention de Genève relative au statut du réfugié (1951)[1]. Ce traité international a été le premier texte supranational à poser une définition et un statut international du réfugié ; ce dernier étant le demandeur d'asile qui a obtenu la qualité de réfugié au sens de la Convention de Genève. Le domaine des protections offertes aux demandeurs d'asile a été complété par des actes législatifs communautaires récents qui dressent un ensemble de protections alternatives à la protection statutaire du réfugié. Le demandeur d'asile bénéfice donc d'un statut supranational largement communautaire qui laisse transparaître des contradictions à la fois sur les procédures et sur le contenu des protections délivrées. Ainsi, le *statut largement communautaire pour le demandeur d'asile* constituera notre second Titre.

[1] Convention de Genève relative au statut de réfugié, adoptée le 28 juillet 1951 par une conférence de plénipotentiaires sur le statut des réfugiés et des apatrides ; convoquée par l'Organisation des Nations Unies en application de la résolution 429 (V) de l'Assemblée générale en date du 14 décembre 1950. Entrée en vigueur le 22 avril 1954, conformément aux dispositions de l'article 43.

TITRE I : LE STATUT COMMUNAUTAIRE DU RESSORTISSANT DE PAYS TIERS TEMPÉRÉ PAR DES STATUTS PARTICULIERS

Le statut de l'étranger est largement régi par les normes supranationales. Les normes communautaires se sont, par touches successives, emparées de la matière en « envahissant » toutes les phases du statut de l'étranger. L'entrée, le séjour, et la sortie de l'étranger ont fait l'objet d'actes communautaires plus ou moins contraignants. D'autres sources supranationales ont aussi réglementé une partie du statut de l'étranger. Plusieurs types d'actes tels que des accords bilatéraux (franco-algérien, franco-britannique et bien d'autres...) ou encore des accords externes liant les États membres à des pays tiers participent à cette prolifération de normes supranationales au sein du statut de l'étranger.

Ces divers ensembles nébuleux de normes supranationales se superposent. Il convient alors de dégager la logique juridique de ces nombreuses normes hétérogènes qui forment un statut supranational pour l'étranger ordinaire. Ce « travail de reconstruction » passe par une analyse critique du droit positif et par un exposé prospectif des mesures encore en cours d'élaboration.

Dans cette optique de réorganisation, il s'agit de mettre en exergue deux mouvements contradictoires mais complémentaires.

Le premier mouvement qu'il faudra envisager est l'émergence progressive d'un statut communautaire pour le ressortissant de pays tiers. L'analyse de ce statut communautaire du ressortissant de pays tiers portera sur les règles relatives à l'entrée, au séjour et à la sortie de l'étranger. Ce statut communautaire est encore incomplet, il n'est qu'au stade de l'émergence. Au cours des cinq dernières années, le travail d'harmonisation s'est considérablement développé.

Dans un deuxième mouvement, il conviendra de démontrer qu'à côté de ce statut communautaire, coexistent des dispositions supranationales de diverses natures. La démarche entreprise pour « ordonner » ces normes sera de trouver leur point commun et leur raison d'être. Ces autres normes supranationales seront appréhendées au regard de leur fonction commune : celle de traiter spécifiquement l'étranger. Ces normes supranationales spécifiques s'expliquent par le traitement particulier de l'étranger soit en raison de sa nationalité (Turc ou Algérien), soit en fonction de son lieu de destination en Europe, soit en fonction de sa situation familiale (étranger membre d'une famille de citoyen communautaire).

En définitive, si le statut communautaire du ressortissant de pays tiers (Sous Titre I) est en train de devenir le « droit commun supranational », il subsiste des traitements particuliers nés des spécificités juridiques supranationales, qui se maintiennent et coexistent avec le statut commun. Ces normes forment à côté du statut communautaire, des statuts particuliers supranationaux pour le ressortissant de pays tiers (Sous Titre II).

SOUS TITRE I : LE STATUT COMMUNAUTAIRE DU RESSORTISSANT DE PAYS TIERS

L'objectif de l'étude est de démontrer la logique interne du droit communautaire. Pour ce faire, il faut se consacrer à une analyse critique de la construction de la politique européenne d'immigration afin d'appréhender au mieux les actes communautaires qui agencent ce statut communautaire.

La présentation de ce statut s'effectuera chronologiquement.

L'étranger qui vient en Europe doit d'abord être autorisé à pénétrer sur le territoire. En matière d'accès et d'entrée sur le territoire commun, le droit communautaire est particulièrement développé : il se substitue au droit interne. Ainsi, par exemple, les conditions d'octroi, les modèles de visa et les pays soumis à l'obligation de visas sont organisés par le droit communautaire. De même, l'identité de l'étranger pénétrant en Europe est enregistrée, classifiée donc surveillée grâce à un mécanisme informatique commun. Dans un premier chapitre, il conviendra d'expliciter cette communautarisation du statut de l'étranger et d'en dégager les grandes lignes en soulignant l'émergence d'un statut supranational de « l'entrée » de l'étranger qui est seulement autorisé à circuler sur le territoire commun pendant un court séjour. Si l'entrée a été le premier chantier européen, les États membres se sont aussi intéressés à la question de l'admission au séjour pour des raisons familiales, économiques, de formation universitaire ou professionnelle, ainsi qu'aux titres de séjour que les États délivrent aux résidents de longue durée. L'entrée du ressortissant de pays tiers est largement communautarisée voire uniformisée, alors que l'admission au séjour est encore en cours d'harmonisation communautaire (Chapitre I).

La sortie de l'étranger a également fait très tôt l'objet d'actes communautaires. Aujourd'hui, un motif commun de reconduite existe en droit communautaire, et une directive reconnaissant les mesures d'éloignement des autres États membres a été adoptée. Enfin, les perspectives en matière d'immigration laissent entrevoir une politique communautaire de réadmission et une politique commune de retour volontaire des étrangers indésirables (Chapitre II).

CHAPITRE I : L'ENTRÉE UNIFORMISÉE ET L'ADMISSION AU SÉJOUR EN COURS D'HARMONISATION COMMUNAUTAIRE

« *Les ressortissants tiers deviennent avec le Traité d'Amsterdam des sujets du droit communautaire, à part entière, non plus seulement de manière indirecte* »[1].

Un ensemble de propositions de directives ou de règlements adoptés ou en cours d'adoption laisse entrevoir la mise en place (progressive) d'un statut communautaire du ressortissant de pays tiers. Celui-ci est encore incomplet actuellement. Il conviendra donc d'analyser les orientations entreprises ou entérinées par les institutions européennes pour anticiper les axes projetés.

Ainsi, l'entrée du ressortissant de pays tiers est régie par de nombreuses normes communautaires, elle est largement harmonisée entre les États membres. Ce statut de l'accès au territoire est uniforme dans tous les États membres. Les conditions d'accès communes deviennent le statut général, le « droit commun » auquel sont soumis tous les étrangers qui pénètrent en Europe. La politique des visas, véritable instrument de contrôle de l'étranger dans son pays d'origine, a été la première pierre de l'édifice du statut communautaire

Par contre, les droits du séjour (essentiellement l'admission et les titres de séjour communs délivrés) sont en cours d'harmonisation. Les perspectives futures laissent penser qu'à terme, les différents titres de séjour du résident de pays tiers seront délivrés communément dans tous les États membres.

L'entrée des ressortissants tiers sur le territoire commun est un domaine largement uniformisé (Section I). Les États membres ont également engagé un travail d'harmonisation grâce à une série de directives adoptées ou en cours d'adoption, sur l'admission au séjour de certains ressortissants de pays tiers (les résidents) (Section II).

Section I : L'uniformisation de l'entrée du ressortissant de pays tiers sur le territoire commun

Il conviendra de montrer l'émergence d'un régime « unique », « de droit commun » de l'entrée du ressortissant de pays tiers en Europe. L'autorisation et le contrôle de l'entrée sur le territoire commun ont été initiés par une politique commune des visas qui ne concerne que les voyages en Europe de court séjour (§I). Cette politique commune des

[1] DE BRUYCKER P., « Vers un statut des ressortissants tiers », *in Union européenne et nationalité, le principe de non-discrimination et ses limites*, (Sous la direction de BRIBOSIA E., DARDENNE E., MAGNETTE P., WEYEMBERGH A.), éd. Bruylant, Bruxelles, 1999, p. 236.

visas s'est trouvée doublée et renforcée par un autre contrôle de l'étranger : celui de son identité, et ce, pour déterminer ses possibilités d'admission sur le territoire (§II).

§ I : La communautarisation des visas

L'élaboration d'une politique commune en matière de visa s'est affirmée en raison d'un contexte bien spécifique lié à la crise économique des années soixante-dix. Cette politique remplace un lent processus de négociations internationales visant à supprimer l'obligation de visa. Ces négociations ont eu lieu durant les années soixante. Notre analyse retracera l'historique de la politique commune des visas (A). L'émergence d'une politique communautaire témoigne d'une instrumentalisation des visas pour fermer les frontières et l'accès à l'Europe en imposant aux étrangers un modèle type de document, avec des conditions de délivrance communes pour franchir les frontières extérieures de l'Europe. Notre étude portera sur la portée de la politique communautaire des visas sur le statut de l'étranger (B). Enfin, il conviendra de tirer des enseignements de cette politique communautaire et des droits qu'elle délivre. Il apparaît que l'objectif des États membres est d'aboutir à un « contrôle de l'entrée à distance » de l'étranger (C).

A/ De la suppression des visas à la politique communautaire du visa

L'entrée de l'étranger traditionnellement régie par les États s'est trouvée réglementée, durant le vingtième siècle, par des textes supranationaux organisant la suppression des visas, le contrôle de l'étranger s'effectuant alors au moment de l'admission au séjour (1). En raison du contexte économique et de la fermeture des frontières, le contrôle de l'étranger par le visa redevient une priorité. Cette fois, l'obligation de visa a été décidée en commun par les États membres (2).

1/ Les accords bilatéraux de suppression de visas

« *Traditionnellement, le droit d'entrée sur le territoire d'un État demeure une prérogative liée à la souveraineté nationale de cet État. Une autorisation préalable, sous forme de visa doit être obtenue*»[2]. Le visa est un instrument permettant de faire entrer un étranger sur le territoire national d'un pays. Cette *autorisation d'accès* témoigne des pouvoirs régaliens de l'État et exprime sa souveraineté territoriale. Cependant, après l'apparition des visas et des premières restrictions de déplacements des personnes au milieu du vingtième siècle, le visa est devenu un enjeu important de la politique étrangère de la France. Des négociations relatives à la suppression des visas pour les étrangers ont débuté.

Dès le début du vingtième siècle, le travail de la Société des Nations (SDN) amorçait un processus de négociations internationales visant à supprimer les visas. Toutefois, ce n'est pas dans le cadre de la SDN que vont aboutir les premiers accords internationaux, mais sur la base d'accords bilatéraux avec des pays avec lesquels la France a eu des relations étroites[3]. En réalité, ces accords bilatéraux reflétaient davantage des

---

[2] CARLIER J.-Y., « Circulation, séjour, expulsion », *in La protection de l'étranger dans une Europe bouleversée*, Actes du colloque CEREP, ULB, (Sous la direction NAYER A.), juin 1996, éd. La charte, p. 42.

[3] En Europe, en Afrique du Nord, en Asie etc., *in DPE*, éditions législatives, partie « visa d'entrée et de séjour ».

partenariats de main-d'œuvre étrangère dont avaient besoin les pays occidentaux et non des accords internationaux de libre accès des étrangers. C'est ultérieurement que le Traité de Rome de 1957 a supprimé l'obligation de visa pour les pays membres avec cette fois un objectif de libre accès.

C'est à la suite du ralentissement de la croissance et de la crise pétrolière que les négociations internationales de suppression des visas se sont s'arrêtées. En France, le dispositif de l'immigration organisée[4] a été stoppé dès 1974, en raison de la crise pétrolière et économique qui touchait le pays. Ainsi, dès le début des années quatre-vingts, les accords bilatéraux ont été suspendus et définitivement abandonnés après la série d'attentats de 1986[5]. Cette date clef a marqué le début d'une prise de conscience européenne en vue de réaliser une politique harmonisée de visas, politique supranationale sortant du cadre jusqu'alors réservé à la souveraineté nationale des États. Face à la crise, les États européens se sont repliés sur eux-mêmes, cela les a conduits à opter pour une politique de fermeture des frontières[6]. La « gestion » des frontières a été l'objectif à atteindre, afin de stopper l'immigration économique au plan européen.

2/ L'évolution de la politique commune des visas

La politique commune des visas a subi des nombreuses évolutions institutionnelles[7] : elle est passée d'une politique commune expérimentée entre un groupe restreint d'États sous Schengen (a) à une politique institutionnalisée dans le Traité de Maastricht (b). Elle est devenue « partiellement communautaire » avec les modifications apportées par le Traité d'Amsterdam (c).

a) La Convention d'application de Schengen et le visa Schengen

---

[4] WEIL P., *La France et ses étrangers, l'aventure d'une politique de l'immigration à nos jours*, éd. Folio Gallimard, Paris, 1991.

[5] Avis du 16/09/1986 relatif *à la suppression de certains engagements internationaux portant dispense de l'obligation de visa pour l'entrée en France*, JORF 16 octobre 1986 ; Circulaire n° 86-347 du 28 novembre 1986 relative au régime d'entrée et de sortie de France des étrangers mis en œuvre par la suite de la décision française d'extension de l'obligation du visa consulaire (non publiée)

[6] Le 8 février 1976, le Conseil reprend les conditions de libre circulation afin de renforcer la concertation sur la politique migratoire et la lutte contre l'immigration clandestine. Le 9 et 10 décembre 1984 les chefs d'États et de gouvernements réunis à Paris ont appelé à une politique d'harmonisation sur la législation des étrangers. Cf. article de STANGOS P., « Les ressortissants d'États tiers au sein de l'ordre juridique communautaire », *CDE*, 1992, p. 322-324.

[7] Pour une analyse complète Cf. CREPEAU F. et CARLIER J.-Y., « Intégration régionale et politique migratoire, le modèle européen entre coopération et communautarisation », *JDI*, 4, 1999, p. 953-1019 ; BIGO D. et GUILD E., « Désaccord aux frontières et politique des visas : les relations entre Schengen et l'Union », *Cultures et Conflits*, n° 49/50, 2003.

C'est l'Accord de Schengen[8] et sa Convention d'application de 1990[9] qui, en instaurant la libre circulation entre un petit groupe d'États européens[10], a posé la première pierre de la future politique communautaire des visas[11]. En effet, la libre circulation au sein des États parties à Schengen a entraîné un renforcement des contrôles exercés aux frontières. Le *visa uniforme*[12] de la Convention Schengen est l'une des mesures compensatoires qui garantit la libre circulation « interne » dans les États parties. Une première remarque peut être ici faite : la méthode intergouvernementale ainsi que l'absence de légitimité démocratique et de transparence dans l'élaboration de ces textes ont été, à juste titre, très critiquées, et ce, d'autant plus que les enjeux de cette Convention étaient considérables.

Les frontières extérieures sont définies dans l'article 1er de la Convention d'application comme : « *des frontières terrestres et maritimes, ainsi que des aéroports et ports maritimes des parties contractantes pour autant qu'ils ne sont pas frontières intérieures* ». Toutes les personnes de pays tiers qui franchissent ces frontières extérieures doivent être soumises à un contrôle formalisé par un visa.

Le but de la Convention de Schengen a été d'installer à une petite échelle d'États ce que plus tard les institutions de l'Union européenne devaient étendre[13] à tous les États membres. Autrement dit, il s'agissait de créer un instrument de contrôle, de rationalisation des entrées sur le territoire européen. Ainsi, le gouvernement Rocard à l'époque a tenu « *à*

---

[8] Accord conclu le 14 juin 1985, dont l'article 26 est modifié par la directive 2001/ 51/ CE du Conseil du 28 mai 2001. Cet accord invitait les États contractants à négocier en vue de rapprocher leurs politiques dans le domaine des visas (entre autres) : -contrôle des frontières extérieures et manuel commun, modalités de délivrance des visas uniformes et instructions consulaires ; et à plus long terme harmonisation des réglementations relatives à certains aspects du droit des étrangers.

[9] JORF 22 mars 1995, p. 4441, décret n° 95-304 du 21 mars 1995. La présente Convention est entrée en vigueur le 1er septembre 1993 et sera mise en application le 26 mars 1995 en France (décision du comité exécutif en date de 22 novembre 1994). Sur la convention de Schengen du 19 juin 1990, Cf. notamment : JULIEN-LAFERRIÈRE F., « L'Europe de Schengen : de la disparition des frontières aux transferts des contrôles », *ALD*, 1992, p. 125 ; MASSE M., « L'espace Schengen, textes et contexte, figures de l'intégration dans l'Europe communautaire », *RSC*, 1992, p. 373 ; NEEL B., « L'Europe sans frontières intérieures : l'accord de Schengen », *AJDA*, 1991, p. 659 ; VEDEL G., « Schengen et Maastricht (à propos de la décision n° 91-294 DC du Conseil constitutionnel du 25 juillet 1991) », *RFDA*, 1992, p. 173 ; WECKEL P., « La Convention additionnelle à l'accord de Schengen », *RGDIP*, 1991, p. 405.

[10] France, Benelux, Allemagne, Espagne, Portugal, rejoints ensuite par l'Italie, l'Espagne, le Portugal, la Grèce, l'Autriche, le Danemark, la Finlande, et la Suède.

[11] Il y a eu d'autres projets communs qui n'ont pas abouti : le premier projet initié par le groupe *ad hoc* « immigration » fut signé le 20 juin 1991 à Bruxelles, mais n'a pas pu aboutir en raison d'un différend entre le Royaume-Uni et l'Espagne. Ensuite une Proposition de Décision du Conseil de l'Union européenne (directement inspirée de ce premier projet) établit la *Convention relative au contrôle des personnes lors du franchissement des frontières extérieures*, COM (1993) 684, JO C/1994/11/ 6. Son adoption fait actuellement défaut.

[12] Aujourd'hui il se définit comme « *l'autorisation ou la décision, matérialisées par l'apposition d'une vignette par une partie contractante sur un passeport, un titre de voyage ou un document valable permettant le franchissement des frontières. Il permet à l'étranger, soumis à l'obligation de visa, de se présenter à un poste de frontière extérieure de la partie contractante de délivrance ou d'une partie contractante pour solliciter, selon le type de visa, le transit ou le séjour, pourvu que soient réunies les autres conditions de transit ou d'entrée. Le fait d'être en possession d'un visa uniforme ne confère pas le droit d'entrée irrévocable* », ICC, JOCE, C313, 16 décembre 2002.

[13] Article 9 de la Convention du 19 juin 1990 « *Les parties s'engagent à adopter une politique qui concerne la circulation des personnes, et notamment le régime des visas. A cette fin, elles se prêtent mutuellement assistance. Les parties contractantes s'engagent à poursuivre d'un commun accord l'harmonisation de leur politique en matière de visas.* ».

replacer (avec l'Accord de Schengen), *la politique migratoire de la France dans le contexte européen pour justifier le maintien du dispositif d'entrée dans sa globalité* »[14].

La Convention d'application a instauré ce *dispositif d'entrée* grâce à une coopération de la politique des visas des États parties. Dans son chapitre 3, elle a consacré une politique d'harmonisation des visas de *courte durée* : l'article 18 précise que les visas de long séjour relèvent des autorités nationales[15]. Cependant, un règlement communautaire a modifié ce dernier article le 28 mai 2001[16], en donnant (sous certaines conditions) aux visas de longue durée une valeur concomitante à celle du visa de courte durée. Autrement dit, aujourd'hui les titulaires d'un visa national de long séjour délivré par les États membres peuvent se voir autorisés à séjourner et à circuler librement dans l'Union européenne comme les titulaires de visas de courte durée. « *Ce règlement constitue un premier pas dans l'harmonisation des conditions de délivrance des visas nationaux de long séjour* »[17].

b) Première communautarisation de la matière avec le Traité de Maastricht

Le Traité de Maastricht a participé à la politique de visa. Cette compétence accordée à la communauté a été partagée entre les piliers I et III[18]. Dans le « troisième pilier », l'ex-article K1 (Titre VI) du Traité de l'Union européenne (TUE) permettait aux États membres d'énoncer des Actions, Positions communes et Recommandations[19] dans le cadre de la coopération intergouvernementale[20]. N'ayant pas une valeur normative bien définie, ces mesures n'ont pas été contraignantes pour les États. Par conséquent, elles n'ont pas accéléré la politique commune des visas et son harmonisation[21]. Par contre, dans le cadre du « premier pilier », l'ex-article 100 C[22] (TUE) a permis au Conseil et à la Commission de définir les bases de la politique commune des visas[23] dans un cadre communautaire contraignant.

---

[14] GISTI, « Des visas aux frontières », *Revue Plein Droit*, mars 1991, n °13.

[15] DOLLAT P., *Libre circulation des personnes et citoyenneté européenne, enjeux et perspectives*, éd. Bruylant, Bruxelles, 1998, p. 190-191. Aujourd'hui, le visa long séjour commence à être harmonisé depuis le 28 mai 2001, avec l'instauration du règlement (CE) n° 1091/2001, relatif *à la libre circulation avec un visa de long séjour*, JOCE 6 juin 2001 L 150/4 et la décision du Conseil du 28 mai 2001, relative à l'adaptation des parties V et VI et de l'annexe 13 des instructions consulaires communes ainsi que l'annexe 6 a) du Manuel commun pour les cas des visas de long séjour ayant valeur concomitante de visa de court séjour, 2001/420/CE, JOCE 6 juin 2001 L 150/47.

[16] Règlement 28 mai 2001 (CE) n° 1091/2001, relatif *à la libre circulation avec un visa de long séjour*, JOCE 6 juin 2001 L 150/4.

[17] *Ibid.*, p. 4.

[18] « Le premier pilier » : la politique de libre circulation des personnes, visas, asile, immigration, et le « troisième pilier » de la Communauté européenne : la coopération dans les domaines de la justice et des affaires intérieures, voir l'organigramme de l'Union européenne, *in L'Union européenne*, (Sous la direction de CARTOU L., CLERGERIE J.-L., GRUBER A., RAMBAUD P.), 3ème éd., 2000, Dalloz, p. 78.

[19] Recommandation du Conseil du 4 mars 1996 relative *à la coopération consulaire locale en matière de visas*, JOCE, C 080, 18 mars1996, p. 1.

[20] Les négociations intergouvernementales peuvent s'envisager au sein de l'ensemble des États membres de l'Union, (article K3) ou à certains d'entre eux (article K7).

[21] CREPEAU F. et CARLIER J.-Y., *op. cit.*, p. 977 et s. sur les limites du « Troisième pilier ».

[22] Cet article est intégré dans le droit communautaire au sein du premier pilier de l'Union européenne. Le Conseil statue à la majorité qualifiée depuis le 31 décembre 1995, pour s'accorder sur la liste des pays tiers dont les ressortissants doivent être munis d'un visa lors du franchissement des frontières extérieures des États membres.

[23] Seuls les visas seront communautarisés par l'article 100 C et les décisions en la matière seront adoptées à la majorité qualifiée à compter du 1er janvier 1996. Bien que l'article K9 offrait une passerelle permettant au Conseil (à l'unanimité et à l'initiative de la Commission ou d'un État membre) de communautariser dans le cadre de

L'instauration par un règlement communautaire d'un *modèle type de visa*[24] est l'une des premières initiatives du Conseil et de la Commission pour lutter contre « le visa Shopping ». Cependant, ce règlement communautaire (plusieurs fois modifié) n'empêche pas les autorités nationales d'exiger pour certains étrangers, des visas non-régis par le droit communautaire, tels que des visas relevant de la politique nationale pour motifs impérieux, qui exigent une décision urgente[25]. Cette superposition de différentes catégories de visas atteste de la portée très modeste et limitée de cet essai communautaire. Nathalie Berger exprime une autre difficulté : celle de mener à bien une politique des visas en raison de « *l'éclatement de la politique des visas qui témoigne d'une incertitude liée à la méthode* »[26] d'harmonisation de la politique des visas.

C'est encore sous la forme d'un règlement communautaire[27] que les parties ont élaboré avec le visa uniforme, une *liste commune* des États dont les ressortissants sont soumis à un visa de court séjour : -une « *liste blanche* » pour les pays exemptés de visa, -une « *liste noire* » qui fixait les États ayant obligation de visa pour leurs ressortissants, -une « *liste grise* », sorte de liste intermédiaire, dans laquelle les États de l'Union ne s'étaient pas mis d'accord sur l'obligation du visa. Le choix du *règlement* plutôt que de la directive n'est pas neutre, il impose des listes sans marge de manœuvre aux États membres pour transposer ces listes[28].

En parallèle, dans le cadre du troisième Pilier, la coopération consulaire a complété ce dispositif d'harmonisation des visas. Elle traduisait une exigence accrue des

---

l'article 100 C, certaines matières du troisième pilier, intergouvernemental ; mais jamais cette possibilité n'a été utilisée.

[24] Proposition de règlement établissant le modèle type de visa, COM (94) 287 final ; futur règlement (CE) n° 1683/95 du 14 juillet 1995, JOCE L164/1, *établissant un modèle type de visa*, modifié par le règlement (CE) n° 334/ 2002 du Conseil, JOCE 23 février 2002, L53/7. Cf. aussi la Proposition de Règlement du Conseil modifiant le règlement (CE) n° 1683/95 établissant un modèle type de visa, COM (2003) 558, du 24 novembre 2003.

[25] Article 9.2.

[26] BERGER N., *La politique de l'immigration et de l'asile en Europe*, éd. Bruylant, Bruxelles, 2000, p. 86.

[27] Règlement (CE) n° 2317/95 du Conseil du 25 septembre 1995, déterminant la liste des pays tiers dont les ressortissants doivent être munis d'un visa lors du franchissement des frontières extérieures des États membres, JOCE, n° L. 234 du 3 octobre 1995, p. 1-3. « *La Cour de justice a annulé en 1997 ce règlement sur recours du Parlement européen, celui-ci se plaignant de ne pas avoir été consulté à propos d'une modification apportée à la proposition de la Commission dans son arrêt, a précisé que ce règlement resterait en vigueur jusqu'à ce que le Conseil adopte, dans un délai raisonnable un texte nouveau » ;* TROTTA R., *« La dimension extérieure de la circulation des personnes après Amsterdam »*, in *L'Union européenne et le monde après Amsterdam*, (Sous la direction de DONY M.), éd. ULB, études européennes, 1999, p. 113. Il a été remplacé par le Règlement (CE) n° 574/1999 du Conseil du 12 mars 1999 *déterminant les pays tiers dont les ressortissants doivent être munis d'un visa lors du franchissement des frontières extérieures des États membres*, (JO L 072 18.03.1999 p. 2), modifié par règlement n° 539/2001 du 15 mars 2001 fixant la liste des pays tiers dont les ressortissants sont soumis à l'obligation de visa pour franchir les frontières extérieures des États membres et la liste de ceux dont les ressortissants sont exemptés de cette obligation, (JO L 081 21.03.2001 p. 1) et par le règlement (CE) n° 2414/2001 du Conseil du 7 décembre 2001, modifiant le règlement (CE) n° 539/2001, JOCE L 327/2, 12 décembre 2001. De nouveau modifié JOUE L 069 13 mars 2003, p. 10. De nouveau modifié par Règlement (CE) n° 851/2005 du Conseil du 2 juin 2005 modifiant le règlement (CE) n° 39/2001 *fixant la liste des pays tiers dont les ressortissants sont soumis à l'obligation de visa pour franchir les frontières extérieures des États membres et la liste de ceux dont les ressortissants sont exemptés de cette obligation en ce qui concerne le mécanisme de réciprocité*, JOUE, n° L 141 du 04/06/2005 p. 0003 – 0005. Il y a e nouveau un conflit de compétence entre la Commission européenne et le Conseil sur la politique des visas, CJCE, Conclusions de l'avocat général, 27 avril 2004, Aff. C-257/01. Voir analyses du DPE, juin 2004, bul. 121, p. 7167.

[28] BIGO D. et GUILD E., « Désaccord aux frontières et politique des visas : les relations entre Schengen et l'Union, *Cultures et Conflits*, n° 49/50, 2003.

documents requis[29] pour demander un visa uniforme. Les autorités consulaires disposaient alors d'un début de dispositif pour échanger et comparer leurs données lors de l'instruction préalable de la demande de visa, grâce à des moyens de collecte informatisée d'informations. Toutefois, le Conseil n'est pas allé très loin en matière d'harmonisation : avec le Traité de Maastricht et son article K1, une seule Recommandation[30] a été adoptée pour échanger des informations sur les critères concernant la procédure d'octroi des visas. Sans valeur juridique, ce texte n'a pas eu d'effet contraignant.

Force est de constater que cet éclatement institutionnel et « cette communautarisation partielle » de la politique des visas a ralenti la production normative. Les changements apportés par le Traité d'Amsterdam ont modifié en partie ces lacunes.

c) « Émancipation » de la politique communautaire des visas avec les Traités d'Amsterdam et de Nice

Ce sont les modifications institutionnelles du Traité d'Amsterdam[31] qui « émancipent » la politique communautaire des visas en communautarisant les parties de la politique des visas jusqu'alors réservées à la coopération intergouvernementale (troisième pilier). En effet, tout le domaine des visas est « communautarisé » puisque la compétence des visas se situe désormais exclusivement dans le titre IV[32] du Traité consolidé instituant la Communauté européenne (TCE). Avec l'intégration de l'Acquis Schengen[33] par le Traité d'Amsterdam, tout le droit issu de Schengen va s'appliquer immédiatement aux treize États[34] membres et aux États associés[35].

Avec ces modifications amenées par le Traité d'Amsterdam, le domaine des visas n'est plus un domaine réservé aux souverainetés nationales. Cette évolution institutionnelle ainsi retracée témoigne d'une véritable uniformisation communautaire progressive de la politique des visas. Ainsi, on est passé « *d'un système basé sur les intérêts nationaux, sans parfois de contrôle législatif comme en France, à un système nouveau complexe mettant en jeu le Conseil, la Commission et le Parlement européen* »[36]. Grâce à ce nouveau cadre normatif, un certain nombre d'orientations ont été envisagées au sommet de Tampere[37] pour

[29] DOLLAT P., op. cit. p. 194-196. « *Les demandeurs devront préciser leur lieu d'hébergement, leur motivation, ainsi que le montant des ressources dont ils déposent* ».

[30] Recommandation du Conseil du 4 mars 1996 relative *à la coopération consulaire locale en matière de visas*, JO C 080 18.03.1996, p. 1.

[31] Voir DONY M., (Sous la direction de), *L'Union européenne et le monde après Amsterdam*, éd. ULB, études européennes, 1999.

[32] Article 62-2.

[33] MASSON P., Rapport d'information sur l'intégration de l'Acquis Schengen dans l'Union européenne, n° 99, Délégation du Sénat pour l'Union européenne, 1998-1999.

[34] Le Titre IV du TCE n'est pas applicable au RU et l'Irlande.

[35] Le Royaume de Norvège et la République de l'Islande (Décision du Conseil du 20 mai 1999, déterminant, conformément aux dispositions pertinentes du Traité instituant la communauté européenne et du Traité de l'Union européenne, la base juridique de chacune des dispositions ou décisions constituant l'Acquis Schengen, (1999/436/CE), JOCE, L. 176/17, 10 juillet 1999).

[36] Il demeure une transition nécessaire pendant une période de 5 ans où l'initiative est partagée entre la Commission et les États membres ; *DPE*, visas d'entrée, 2001, p. 2365.

[37] Les 15 et 16 octobre 1999. Cf. LABAYLE H., « Le bilan du Mandat de Tampere et l'espace de liberté et de justice de l'UE », *CDE*, 2004, n° 5-6, p. 591.

qu'une *procédure commune de délivrance du visa*[38], une *liste des pays soumis au visa* et une définition *des règles relatives à un visa uniforme* soient instaurées dans les délais impartis.

Aujourd'hui, c'est l'article 62-2) b)[39] du Traité instituant la Communauté européenne (TCE) version consolidée qui règle l'essentiel des dispositions relatives aux visas. Cependant, si le domaine des visas est communautarisé, une limite des procédures d'adoption des actes relativise cette communautarisation. En effet, le domaine des visas est soumis à deux procédures complexes d'adoption des actes communautaires :

-*Les règles en matière de visa uniforme et les procédures et conditions de délivrance des visas* (article 62-2) b) ii) et iv) du TCE) sont arrêtées par le Conseil statuant conformément à la procédure visée à l'article 67 (TCE consolidée) (à *l'unanimité* sur proposition de la Commission ou à l'initiative d'un État membre, après consultation du parlement européen et dans les cinq ans qui suivent l'entrée en vigueur du Traité d'Amsterdam). Autrement dit, ces matières ne sont pas encore des domaines pleinement communautarisés, elles ne le seront qu'après un période de cinq ans, avec le vote à la majorité qualifiée[40] conformément à l'article 67 2) du TCE (consolidé). Le vote à l'unanimité a retardé ou pour le moins ralenti le processus d'uniformisation.

-Le *modèle type de visa et la liste commune* des pays tiers dont les ressortissants sont soumis à l'obligation de visa sont les seules véritables matières communautaires, étant donné que les décisions qui les concernent sont prises à la *majorité qualifiée* (selon la procédure de la codécision).

C'est une communautarisation partielle, en demi-teinte, que le Traité d'Amsterdam a amené. Ainsi, ces évolutions institutionnelles ont laissé des « stigmates » sur le contenu des actes émis et par conséquent sur les droits du statut auquel est soumis l'étranger quand il demande un visa communautaire.

B/ La portée de la politique communautaire des visas sur le statut de l'étranger

---

[38] Voir en ce sens le projet d'initiative de la République française en vue de l'adoption d'une décision du Conseil relative aux conditions de délivrance des visas par les États membres (Conseil UE 8297/4/00 du 8 décembre 2000).

[39] « *2) Des mesures relatives aux franchissements des frontières extérieures des États membres qui fixent : b) Les normes et les modalités auxquelles doivent se conformer les États membres pour effectuer les contrôles des personnes aux frontières extérieures et ceux dont les ressortissants sont exemptés de cette obligation, i) La liste des pays tiers dont les ressortissants sont soumis à l'obligation de visa pour franchir les frontières extérieures et ceux dont les ressortissants sont exemptés de cette obligation, ii) Les procédures et les conditions de délivrance des visas par les États membres iii) Un modèle type de visa, iv) Des règles en matières de visa uniforme. 3) Les règles relatives aux visas pour les séjours prévus d'une durée maximale de trois mois.* ».

[40] Cf. Article 67 du TCE consolidée.

1) « *Pendant une période de cinq ans après l'entrée en vigueur du Traité d'Amsterdam, le Conseil statue à l'unanimité sur proposition de la Commission ou à l'initiative d'un État membre et après consultation du parlement européen.* »

2) Après cette période de cinq ans :

Le Conseil statue sur des propositions de la Commission, la Commission examine toute demande d'un État membre visant à ce qu'elle soumette une proposition au Conseil

Le Conseil, statuant à l'unanimité après consultation du parlement européen, prend une décision en vue de rendre la procédure visée à l'article 251 applicable à tous les domaines couverts par le présent titre ou à certains d'entre eux et d'adapter les dispositions relatives aux compétences de la Cour de justice ».

A partir de l'article 62 (TCE consolidée) et de l'Acquis Schengen[41], les États membres mettent en place un statut *unique*, définissant les conditions d'accès au territoire du ressortissant de pays tiers entrant en Europe, pour un court séjour. Le statut de l'étranger semble s'unifier derrière l'émergence « d'un ensemble de droits communs » relatifs à l'entrée en Europe.

L'intégration dans le droit interne de ces différents droits, que sont l'Acquis Schengen et les règlements communautaires, ne pose pas de difficultés particulières au législateur français. En effet, au sein même de l'ordonnance de 1945, l'article 5 concernant l'entrée de l'étranger, fait référence aux obligations internationales[42] : « *Tout étranger doit être muni des documents et visas exigés par les Conventions internationales* ». Ainsi, sans qu'il soit nécessaire de modifier l'ordonnance, le droit issu de l'Acquis Schengen et des actes législatifs communautaires s'insère directement dans le statut interne. Il intègre le statut même de l'étranger, et ce, grâce à la référence implicite de l'ordonnance, aux obligations internationales. Il est donc intéressant d'analyser l'ensemble des droits qui participent à l'uniformisation du statut communautaire de l'entrée du ressortissant d'États tiers (1) et ensuite de s'interroger sur les droits qui appartiennent encore aux autorités internes à défaut de ne pas être encore uniformisés (2).

---

[41] *« L'acquis Schengen » constitue toutes les mesures adoptées par les États appartenant à l'espace Schengen (l'abolition des contrôles aux frontières communes et report de ces contrôles aux frontières extérieures, la définition commune des conditions de franchissement des frontières extérieures, la séparation dans les aérogares et les ports entre les voyageurs voyageant au sein de Schengen et ceux provenant de l'extérieur de la zone, l'harmonisation des conditions d'entrée et de visas pour les courts séjours, la mise en place d'une coordination entre administrations pour surveiller les frontières (officiers de liaison, harmonisation des instructions et de la formation données au personnel), la définition du rôle des transporteurs dans la lutte contre l'immigration clandestine, l'obligation de déclaration pour tout ressortissant de pays tiers qui circule d'un pays à un autre, la définition de règles relatives à la responsabilité des demandes d'asile (Convention de Dublin), l'instauration d'un droit de filature et de poursuite d'un pays à l'autre, le renforcement de la coopération judiciaire à travers un système d'extradition plus rapide et une meilleure transmission de l'exécution des jugements répressifs, la création du système d'information Schengen (SIS) etc.) Toutes ces mesures, ainsi que les décisions et déclarations prises par le Comité exécutif institué par la Convention d'application de 1990, les actes adoptés en vue de la mise en œuvre de la Convention par les instances auxquelles le Comité exécutif a conféré des pouvoirs de décision, l'accord signé le 14 juin 1985, la convention d'application de cet accord, signée le 19 juin 1990 ainsi que les Protocoles et accords d'adhésion qui ont suivi, constituent « l'acquis de Schengen ».* Cf. Décision du Conseil du 20 mai 1999, *déterminant, conformément aux dispositions pertinentes du Traité instituant la communauté européenne et du Traité sur l'union européenne, la base juridique de chacune des dispositions ou décisions constituant l'Acquis de Schengen*, 1999/439/ CE, JOCE 10 juillet 1999, L 176/17. Également la décision de 17 octobre 2000 portant correction de l'Acquis Schengen. Voir les commentaires sur l'Acquis de Schengen : DONY M., (Sous la direction de), *L'Union européenne et le monde après Amsterdam*, éd. ULB, études européennes, 1999 ; CURTI GIALDINO, « Schengen et le troisième pilier : le contrôle juridictionnel organisé par le Traité d'Amsterdam », *RMUE*, février, 1998, p. 89 ; DE BRUYCKER P., « Présentation du projet de Traité d'Amsterdam en ce qui concerne la libre circulation des personnes », *RDE*, 1997, n° 93, p. 290-293 ; LABAYLE H., « Un espace de liberté, de sécurité et de justice ? », *RTDE*, 1997, p. 831-881 ; LABAYLE H., « La libre circulation des personnes dans l'Union européenne, de Schengen à Amsterdam », *AJDA*, 1997, p. 923-935 ; POLLET K., « L'intégration de l'Acquis de Schengen dans le cadre de l'Union européenne : impacts et perspectives », *in L'Union européenne et le monde après Amsterdam*, (Sous la direction de DONY M.), éd. ULB, études européennes, 1999, p. 143-161 ; MASSON P., *l'intégration de Schengen dans l'Union européenne*, Rapport d'information su Sénat, n° 53, 1997-1998 ; MASSON P., *le devenir de l'Acquis Schengen dans l'Union européenne*, Rapport d'information, Délégation du Sénat pour l'Union européenne, n° 99, 1998-1999 ; LONCLE F., *Schengen, un essai à transformer*, Rapport de l'Assemblée nationale, n° 1476, 17 mars 1999.

[42] Bien que cette référence soit inscrite bien avant la construction communautaire, cette disposition permet d'intégrer et de « basculer » sur la Convention d'application. Ce renvoi explicite aux dispositions internationales faisait d'abord référence aux accords-types bilatéraux conclus après la phase de décolonisation. Cette disposition sert désormais d'outil d'insertion du droit communautaire.

1/ Des conditions d'entrée et des droits uniformisés à tous les États membres

Pour pouvoir pénétrer régulièrement dans l'espace commun, le ressortissant de pays tiers doit remplir une série de conditions administratives (a). L'instauration d'un visa communautaire (b) ne suffit pas à rendre efficace la politique des visas. Pour garantir un visa uniforme à tous les étrangers, il faut que les conditions de délivrance soient semblables au sein de toutes les autorités consulaires qui délivrent le visa. Enfin, l'obtention du visa uniforme délivre des droits nouveaux aux étrangers (c).

a) Le parcours administratif du demandeur de visa communautaire

L'Acquis Schengen a harmonisé les conditions communes de franchissement des frontières extérieures. Il est intéressant de constater que le parcours administratif du demandeur de visa a été minutieusement organisé. Une procédure unique à tous les États membres, particulièrement formaliste et procédurale, est instituée pour que l'étranger obtienne son visa communautaire.

En conséquence, l'étranger devra, s'il désire rentrer régulièrement sur le territoire des États parties : -*« posséder un document ou des documents valables permettant le franchissement de frontières, déterminés par le comité exécutif »* mais surtout –*« disposer des moyens de subsistance suffisants, tant pour la durée du séjour envisagé que pour le retour dans le pays de provenance ou le transit vers un État tiers dans lequel son admission est garantie, ou être en mesure d'acquérir légalement ces moyens »*.
Les autorités consulaires vérifient[43] que l'étranger dispose des moyens de subsistance suffisants pour entrer, vivre et repartir d'Europe. La preuve des conditions de subsistance peut être apportée par tout moyen, l'étranger doit prouver que la somme d'argent dont il dispose est proportionnée à la durée et à l'objet du séjour[44]. En France, il revient au juge administratif de vérifier s'il n'y a pas eu d'erreur manifeste d'appréciation dans le pouvoir discrétionnaire des autorités consulaires. Le juge administratif devient ainsi le garant de la bonne application des conditions de délivrance du visa communautaire, qui sont :

- *« ne pas être signalé aux fins de non-admission*
- *« ne pas être considéré comme pouvant compromettre l'ordre public, la sécurité nationale ou les relations internationales de l'une des Parties contractantes ».*
- Enfin, avant d'octroyer le visa, les autorités consulaires des pays de l'Union européenne doivent consulter le réseau mondial de visas[45] et examiner la situation du demandeur de visa[46]. Le motif du séjour doit être clair et ne laisser aucun risque de

[43] Sur cette question voir l'analyse détaillée de BIGO D. et GUILD E., « Les pratiques quotidiennes de la coopération consulaire », *Cultures et Conflits*, n° 49/50, 2003.

[44] En France, le taux doit être supérieur ou égal au SMIC, et ce même si les ressources du receveur et de l'arrivant sont combinées, CE 15 novembre 2000, *Zarioh*, req. n° 207209.

[45] C'est un fichier informatique qui gère les délivrances et les refus de visas dans les postes diplomatiques et consulaires. Ce fichier a reçu l'aval de la CNIL dans son avis du 5 juillet 1988. Il a été mis en service le 20 juin 1989. Depuis l'arrêté du 22 août 2001 (JO 14/09/2001), un nouveau fichier RMV 2 fait suite au RMV 1ère génération qui avait été mis en œuvre pour l'ensemble des pays du groupe Schengen.

[46] Les représentations diplomatiques et consulaires vérifient que le demandeur bénéficie à titre individuel ou collectif d'une assurance couvrant pendant toute la durée du séjour et sur l'ensemble du territoire des États membres, les frais médicaux et le rapatriement liés à un accident ou à une maladie inopinée.

détournement de l'objet du voyage (essentiellement le risque migratoire[47] que peut représenter le demandeur de visa). Ici encore, il revient au juge administratif d'examiner les potentiels détournements[48] (recherche d'existence d'un projet d'installation, de séjours précédents irréguliers, etc.).

Si une seule de ces conditions de délivrance fait défaut, les autorités consulaires refusent le visa à l'étranger[49].

Au regard de ces droits posés essentiellement par l'Acquis Schengen, il est intéressant de constater que le droit interne est totalement supplanté par le droit communautaire. L'étranger doit donc remplir un ensemble de normes formelles et généralisées dans tous les pays membres pour pouvoir être autorisé à entrer en Europe. Autrement dit, le parcours administratif de l'accès au territoire européen est uniformisé dans tous les États membres, et les étrangers sont soumis à ce statut unique à tous les points d'entrée de l'Europe.

De plus, derrière ces conditions de possession de visa se dessine ainsi une définition communautaire de l'étranger autorisé à entrer régulièrement en Europe pour une courte durée : un étranger abstrait, admissible et « désirable » (qui remplit toutes les conditions administratives et qui ne présente pas de risque migratoire). En effet, cet ensemble de dispositions à remplir témoigne d'un désir d'opérer « un tri » à distance[50] des ressortissants tiers, « *en délimitant les identités et en discriminant des indésirables* »[51]. L'harmonisation des conditions de délivrance des visas dans les pays membres de l'Union européenne met en relief le réel objectif des États membres : celui de lutter contre l'immigration clandestine.

b) Le visa communautaire délivré au migrant

Le règlement n°539 du 15 mars 2001 définit le visa comme « *une autorisation délivrée par un État membre ou une décision prise par un État membre, exigée en vue - d'un séjour envisagé dans cet État membre ou dans plusieurs États membres, pour une période dont la durée n'excède pas trois mois, - de l'entrée pour un transit à travers le territoire de cet État membre ou de plusieurs États membres, à l'exclusion du transit aéroportuaire* »[52].

Deux types principaux de visas[53] existent :

---

[47] CE 30 décembre 2003, *Dik*, req. n° 250861.

[48] La médiocrité des résultats obtenus dans ces études par le demandeur de visa et l'absence de projet professionnel précis peut justifier une décision de refus de visa, en raison d'un risque sérieux de détournement de l'objet de visas. CE 24 octobre 200, *Tliti*, req. n° 202671.

[49] ROUL A., « Les conditions dans lesquelles un étranger reconduit à la frontière pour défaut de visa qui lui a été opposé », *D., 1998*, jurisprudence p. 519.

[50] BIGO D. et GUILD E., « Le visa Schengen : expression d'une stratégie de police à distance », *Cultures et Conflits*, n° 49/50, 2003.

[51] GUIRAUDON V., « La politique des visas : Schengen et le contrôle à distance », *in Colloque du Sénat, 19 et 20 octobre 2001, Frontières et zones d'attente, une liberté de circulation sous contrôle*, intervention, p. 3.

[52] Article 2.

[53] Les différents types de Visa sont reconnus par leur lettre : A -le visa de transit aéroportuaire, B -le visa de transit, C -le visa de court séjour, D-le visa national de long séjour, mention D+C -le visa national de long séjour ayant valeur concomitante de visa. Il existe aussi le visa collectif ainsi qu'un visa spécifique crée à l'occasion des jeux olympiques de 2004 ; Règlement (CE) n°1295/2003 du Conseil du 15 juillet 2003 *relatif à des mesures visant à faciliter les procédures de demande et de délivrance de visa pour les membres de la famille olympique participants aux jeux Olympiques et/ou paralympiques de 2004 à Athènes*, JOUE du 27 juillet 2003 L 183/1. La Commission européenne propose l'adoption d'un visa spécial pour le petit trafic frontalier. Doc Com (2005) 56

-Un *visa de court séjour* valable trois mois maximum dans l'espace Schengen, (à entrée unique ou multiple). En l'an 2000, sur 2,1 millions de visas attribués par les 216 postes consulaires français, celui-ci représentait entre 90% et 95% du total des visas octroyés[54].

-Le *visa de transit*[55] qui se définit comme l'autorisation permettant « *à son titulaire de transiter une, deux ou exceptionnellement plusieurs fois par les territoires des parties contractantes pour se rendre sur le territoire d'un État tiers, sans que la durée puisse dépasser cinq jours* »[56].

Pour déterminer qui doit posséder un visa, les institutions européennes ont instauré une liste[57] communautaire de pays soumis aux visas (ancienne liste noire) et ceux exemptés de visas (ancienne liste blanche). Cette liste a le mérite de mettre fin à la politique nationale de la France sur ce point. Ce sont désormais les États membres qui décident en commun des pays soumis aux visas. À ce propos, M. Angelier insiste sur « *l'achèvement de l'harmonisation de la politique des visas au niveau européen, un État membre ne pouvant plus décider individuellement de supprimer ou de rétablir l'obligation de visa à l'égard des ressortissants d'un État tiers* »[58]. Ce travail d'harmonisation ne s'est toutefois pas fait sans difficulté[59] (cf. ancienne liste grise et annexe 5b des instructions consulaires communes[60] (ICC)). Les États peuvent toujours prévoir des exceptions à l'obligation ou à l'exemption

---

final, 23 final 2005.

[54] ANGELIER J.-P., « La nouvelle politique française des visas », *in la nouvelle donne de l'immigration en Europe*, Migrations et Société, CIEMI, mars-avril 2001, vol. 13, n° 74, p. 55.

[55] Le visa de transit aéroportuaire ne sera pas étudié ici, il est soumis à un régime spécial, il est exclu de l'article 62 point 2 b) iv). Voir aussi : Règlement (CE) n°694/2003 du Conseil du 14 avril 2003 *établissant des modèles uniformes pour le document facilitant le transit (DFT) et le document facilitant le transit ferroviaire (DFTF) prévus par le règlement (CE) n°693/2003*, JOUE 17 avril 2003, L 99/15 ; Règlement (CE) n°693/2003 du Conseil du 14 avril 2003 *portant création d'un document facilitant le transit (DFT) et d'un document facilitant le transit ferroviaire (DFTF) et modifiant les instructions consulaires communes et le manuel commun*, JOUE 17 04 2003, L99/8. De même, il existe un visa de transit collectif délivré aux marins depuis le règlement (CE) n°415/2003 du Conseil du 27 février 2003 *relatif à la délivrance de visa à la frontière, y compris aux marins en transit*, JOUE 7 mars 2003, L 64/1.

[56] La Convention d'application 19 juin 1990, article 11, alinéa 1 b.

[57] Règlement (CE) n° 2317/95 du Conseil, 25 septembre 1995, JOCE 3 octobre 1995. Remplacé par le Règlement (CE) n° 574/1999 du Conseil du 12 mars 1999 déterminant *les pays tiers dont les ressortissants doivent être munis d'un visa lors du franchissement des frontières extérieures des États membres*, (JO L 072 18.03.1999 p. 2), modifié par le Règlement n° 539/2001 du 15 mars 2001, *fixant la liste des pays tiers dont les ressortissants sont soumis à l'obligation de visa pour franchir les frontières extérieures des États membres et la liste de ceux dont les ressortissants sont exemptés de cette obligation*, (JO L 081 21.03.2001 p. 1) et par le règlement (CE) n° 2414/2001 du Conseil du 7 décembre 2001, modifiant le règlement (CE) n° 539/2001, JOCE L 327/2, 12 décembre 2001. De nouveau modifié JOUE L 069/10, 13 mars 2003, p. 10. De nouveau modifié par Règlement (CE) n° 851/2005 du Conseil du 2 juin 2005 modifiant le règlement (CE) n° 539/2001 *fixant la liste des pays tiers dont les ressortissants sont soumis à l'obligation de visa pour franchir les frontières extérieures des États membres et la liste de ceux dont les ressortissants sont exemptés de cette obligation en ce qui concerne le mécanisme de réciprocité*, JOUE, n° L 141 du 04/06/2005 p. 0003 – 0005.

[58] ANGELIER J.-P., *op. cit.*, p. 51 et s.

[59] BEAUDU G., « La politique européenne des visas de court séjour », *Cultures et Conflits*, n° 49/50, 2003 ; JULIEN-LAFERRIÈRE F., SCHMITTER C., et CARLIER J.-Y., « Vers quelle politique communautaire des visas de cour séjour ? », *in L'émergence d'une politique européenne d'immigration*, (Sous la direction de DE BRUYCKER), Collection de la Faculté de droit, ULB, Bruylant, Bruxelles, 2003, p. 109 et s.

[60] BIGO D. et GUILD E., *op. cit.* : la liste « extrême noire » qui constitue une liste commune des nationalités dont chaque État se méfie tellement qu'il refuse de jouer le jeu de confiance. Cette annexe 5 b) « est l'instrument qui constitue au niveau européen une figure de l'ennemi bi-polaire ».

de visa à l'égard de certaines personnes[61]. Les analyses de la doctrine relèvent en ce sens que « *ces libertés laissées aux États membres garantissent une certaine souplesse et ne sont pas de nature à remettre en cause les apports importants du règlement 539/2001 du 15 mai 2001 en terme d'harmonisation* »[62].

Cependant, si la liste commune est le résultat d'un transfert de compétence aux États membres, elle peut être critiquée sur le fond. En effet, le critère de la nationalité de l'étranger devient un élément déterminant dans l'obligation ou pas du visa. Le régime auquel l'étranger est soumis découle donc de son pays d'origine. Il nous semble que ce critère est « discriminatoire », étant donné que cette politique est liée à l'état d'avancement des relations diplomatiques des pays à fort risques migratoires avec les pays de l'Union européenne. L'obligation de visa dépend en réalité de la politique étrangère menée par l'Union européenne. Comme le souligne très justement Catherine Schmitter, le Règlement précise que la détermination de l'obligation de visa s'effectue en fonction des « *relations extérieures de l'Union avec les pays tiers* »[63]. « *Cette évolution laisse préfigurer une politique réellement commune des visas et non plus une simple coordination des politiques nationales* »[64]. Dans tous les cas, le classement des pays sur la liste dont les ressortissants sont soumis au visa marque *« une défiance à l'égard du pays ou de la nationalité dans son ensemble* »[65]. Didier Bigo et Élisabeth Guild vont plus loin en parlant de véritable « *profilage par nationalité avec l'imposition de visas obligatoires sur tous les ressortissants de pays tiers à risques* »[66].

L'ensemble des droits uniformisés autour du demandeur de visa soulève une interrogation sur la réalité de la frontière que doit franchir le ressortissant de pays tiers. En ce sens, Didier Bigo et Élisabeth Guild insistent sur l'apparence désormais « *virtuelle* »[67] des frontières qui débutent dès le pays d'origine. La frontière du ressortissant de pays tiers est « *activée* »[68] à plusieurs reprises, il se heurte à « *des contrôles multiples et rencontre donc la frontière virtuellement avant de la passer physiquement* »[69]. Les étrangers rencontrent une succession de frontières administratives instaurées par les États membres, et ce, avant même de franchir la frontière « traditionnelle » : la frontière « physique » du territoire européen. En effet, les contrôles communautaires précèdent les contrôles physiques de l'accès au territoire. Ces contrôles uniformes dans l'ensemble des États membres permettent, en réalité, de rendre efficace la politique de rationalisation des entrées de migrants en Europe.

---

[61] Article 4 § 1 du règlement 539/2001.
[62] JULIEN-LAFERRIÈRE F., SCHMITTER C., et CARLIER J.-Y., *op. cit.*, p. 122.
[63] Le règlement n°574/1999 retenait le critère des risques liés à la sécurité, à l'immigration illégale et aux relations internationales entre les États membres pour exempter de visa ou pas les ressortissants de pays tiers. Le règlement 539 / 2001 quant à lui amène une nuance dans le « classement » du pays tiers sur la liste des pays soumis au visa : il fait référence *aux relations extérieures* de l'Union avec les pays tiers.
[64] JULIEN-LAFERRIÈRE F., SCHMITTER C., et CARLIER J.-Y., *op. cit.*, p. 120.
[65] GUIRAUDON V., *op. cit.*, p. 1-2 ; Cf. Étude de TORPEY J., *The invention of the passport, surveillance, citizenship and the State*, London, Cambridge U Press, 2000, 211 p.
[66] BIGO D. ET GUILD E., « Le visa : instrument de la mise à distance des « indésirables » », *Cultures et Conflits*, n° 49/50, 2003.
[67] BIGO D. ET GUILD E, « Le visa Schengen : expression d'une stratégie de police à distance », *Cultures et Conflits*, n° 49/50, 2003.
[68] Voir les analyses GUILD E., *Moving the Borders of Europe*, University of Nijmegen, 2001.
[69] GUIRAUDON V., *op. cit.*, p. 1-2.

En guise d'ultime remarque force est de constater que l'harmonisation s'est aussi développée sur le document type délivré. Cette « harmonisation documentaire »[70] a débuté avec l'instauration du *modèle type de visa*[71] sur la base juridique de l'ex-article 100 C § 3 et aujourd'hui sur la base de l'article 62 point 2 b) iii) du TCE consolidé. Cette harmonisation du modèle type de visa a pour finalité la sécurisation du visa et la lutte contre les falsifications et l'usage frauduleux des documents communs[72]. Depuis les dramatiques événements du 11 septembre 2001, la sécurisation des visas s'est s'accélérée.

c) Les droits liés à l'obtention du visa uniforme

Le visa accélère et simplifie le passage des frontières une fois les formalités, déjà complexes, remplies. En effet, le visa « *ne confère pas un droit d'entrée en France, mais constitue une condition nécessaire, mais non suffisante pour franchir la frontière* »[73]. La faculté d'entrer[74] sur le territoire de l'UE n'est donc pas un droit mais une possibilité laissée à la discrétion des États soumis à la même politique communautaire.

Par ailleurs, le visa permet de circuler librement sur le territoire commun, après une déclaration préalable dans un autre État membre que celui qui a délivré le visa. Ainsi, le visa uniforme délivré par la France conduit à la libre circulation dans un autre pays de l'Union. Les États membres[75] ont développé une large coopération relative aux conditions dans lesquelles les ressortissants de pays tiers peuvent voyager à l'intérieur d'un espace sans frontière intérieure pendant un séjour de courte durée. Par conséquent, le visa de court séjour[76] autorise le ressortissant de pays tiers à entrer sur le territoire de l'État qui a délivré le visa, mais aussi sur celui de plusieurs États membres pour une durée qui n'excède pas trois mois au cours d'une période de six mois à compter de la date de première entrée.

Le visa uniforme délivré par un pays membre est donc reconnu dans les autres pays membres, ainsi l'État qui n'a pas délivré le visa accepte que l'étranger circule librement. Cette reconnaissance n'est possible qu'au prix d'une harmonisation poussée de toutes les facettes de la politique des visas. En effet, « la *reconnaissance mutuelle des visas*

---

[70] JULIEN-LAFERRIÈRE F., SCHMITTER C., et CARLIER J.-Y., *op. cit.*, p. 130-132.

[71] Cf. Règlement (CE) 333/2002 du 18 février 2002 établissant *un modèle uniforme et sécurisé de feuillet pour l'apposition d'un visa délivré par les États membres aux titulaires d'un document de voyage non reconnu par l'État membre qui établit le feuillet*, JOCE, L53 23 février 2002, p. 4 ; voir aussi Proposition de Règlement du Conseil modifiant le règlement (CE) n° 1683/95 *établissant un modèle type de visa*, COM (2003) 558, du 24 novembre 2003, notamment sur les éléments biométriques (empreintes digitales, iris de l'œil etc.).

[72] Le règlement (n° 2133/2004 du Conseil, du 13 décembre concernant *l'obligation pour les autorités compétentes des États membres de procéder au compostage systématique des documents de voyage des ressortissants de pays tiers lors du franchissement des frontières extérieures des États membres, et modifiant à cette fin les dispositions de la CAAS et le manuel commun*, 2004 JOUE L 369 du 16 décembre 2004) accentue cette tendance puisqu'il oblige les États membres à apposer un cachet sur les documents de voyage des ressortissants de pays tiers lors du franchissement d'une frontière extérieure de l'Union européenne.

[73] Note interne, circulaire 23 mars 1995, BO min int. n° 1/95.

[74] Sur l'absence de droit acquis d'entrée : CE 18 octobre 1999, *Ministre de l'Intérieur c./ Karboua.*

[75] Certains États ont pris des initiatives personnelles en matière de libre circulation dans les États membres : initiative de la République portugaise en vue de l'adoption du règlement du Conseil concernant la période pendant laquelle les ressortissants de pays tiers, exemptés de l'obligation de visa, peuvent circuler librement sur le territoire des États membres (JO C 164 du 14.6.2000, p. 6), rejetée par le Parlement européen (PE 294.313). Initiative de la République française en vue de l'adoption du règlement du Conseil relatif à la libre circulation avec un visa de long séjour (JO C 200 du 13.7.2000, p. 4), adopté.

[76] Cf. CE 1er avril 2005, *Préfet du Val de Marne c./ Ndjock Libii*, req. n° 262353 : a contrario lorsque le visa est long séjour, la libre circulation dans l'espace Schengen n'est pas possible.

délivrés par les États membres conditionne l'achèvement du marché intérieur »[77]. C'est l'Acquis Schengen intégré grâce au Traité d'Amsterdam qui a posé clairement le principe de la reconnaissance mutuelle du visa uniforme valable sur tout le territoire de l'ensemble des parties contractantes[78].

Aujourd'hui une proposition de directive de 2001[79], présente un acte unique[80] sur les droits de la libre circulation des ressortissants titulaires d'un visa. Ainsi, les ressortissants de pays tiers présents légalement sur le territoire d'un État membre pourraient circuler librement pendant la durée de validité du visa[81] et les ressortissants de pays tiers exemptés de visa pendant une durée maximale de trois mois au cours d'une période de six mois.

Grâce aux conditions de délivrance uniformes, le visa peut être reconnu mutuellement. Il devient par conséquent un *véritable billet d'entrée* dans tous les pays membres[82]. Ce droit de libre circulation dans les États membres est une nouveauté importante. Si le parcours administratif de l'obtention du visa est complexe et laborieux pour le migrant, une fois le visa acquis, il lui permet de bénéficier d'un vrai « pass » sur le territoire commun. Ce droit n'était possible qu'en unifiant complètement les conditions de délivrance du visa. Il était impensable d'arriver à ce droit de libre circulation sans la présence d'un droit supranational transcendant et dépassant donc les intérêts propres de chaque État membre. Notons toutefois, que « *si ce principe de libre circulation interne est censé compenser les gênes occasionnées dans les phases précédentes (...) en pratique, les contrôles d'identités sont activés pour ceux qui dérogent à l'image que l'on se fait de l'Européen ou de l'étranger bienvenu. Le critère de la pauvreté est alors avec celui de la couleur de la peau l'un des plus puissants déclencheurs de contrôle* »[83].

La seule réserve à ce droit est la dérogation prévue par la Convention d'application Schengen qui octroie le visa pour des raisons familiales ou humanitaires[84], les bénéficiaires de ces visas « dérogatoires » ne peuvent aller dans un autre État membre. Leurs déplacements se trouvent limités au pays membre qui a délivré, à titre exceptionnel, le visa. Ceci est une limite au principe de la reconnaissance mutuelle des États membres, mais, ce qui apparaît surtout ici, c'est une exception au principe de libre circulation sur le territoire commun. En ce sens, Catherine Schmitter souligne « *le caractère illusoire d'octroyer un*

---

[77] JULIEN-LAFERRIÈRE F., SCHMITTER C., et CARLIER J.-Y., *op. cit.*, p. 134.

[78] Proposition de directive du Conseil relative *au droit des ressortissants des pays tiers de voyager à l'intérieur de la Communauté*, 1999/0199/CNS, changement de base juridique par la Commission le 01/05/1999.

[79] Proposition de directive relative aux conditions dans lesquelles les ressortissants de pays tiers peuvent circuler librement sur le territoire *des États membres pendant une durée maximale de trois mois, introduisant une autorisation spécifique de voyage et fixant les conditions d'entrée en vue d'un déplacement d'une durée maximale de six mois,* 11/07/2001, COM/2001/388/final du 10/07/2001 bull. 7/8- 2001 /1.4.5.

[80] La Commission souhaite regrouper dans un seul acte toutes les dispositions relatives à la circulation des ressortissants de pays tiers exemptés ou non de visa. Elle aurait vocation à remplacer l'Acquis Schengen, et le règlement 1091/ 2001 relatif *à la libre circulation avec un visa long séjour*.

[81] Article 1 a) de la proposition de directive.

[82] Exceptés le Royaume Uni, l'Irlande et le Danemark, en revanche la Norvège et l'Islande y sont associées

[83] BIGO D. et GUILD E., « Le visa Schengen : expression d'une stratégie de police à distance », *Cultures et Conflits*, n° 49/50, 2003.

[84] L'article 5 alinéa 2, « *l'entrée est refusée à l'étranger qui ne remplit pas l'ensemble de ces conditions, sauf si une partie contractante estime nécessaire de déroger à ce principe pour des motifs humanitaires ou d'intérêts nationaux ou en raison d'obligations internationales* ».

visa à validité territoriale limitée dans un espace de libre circulation, au sein duquel les contrôles aux frontières ont été abolis »[85].

2/ L'absence d'uniformisation en matière de refus des visas

Si « *les acquis Schengen comportent une harmonisation relativement poussée des conditions de délivrance des visas par les autorités nationales, les États membres restent néanmoins seuls juges des conditions de refus des visas* »[86]. En effet, la délivrance est toujours appréciée discrétionnairement par les autorités consulaires des États. Les motifs de refus qui incombent aux États sont la sauvegarde *de l'ordre public* et de *la sécurité intérieure*. Ces motifs vagues, laissent un grand champ de manœuvre aux autorités consulaires. Elles sont d'autant plus souveraines dans leurs analyses qu'aucune directive ou aucun règlement ne vient communautariser les conditions de refus des visas. Les marges d'appréciation sont totalement différentes d'un État à l'autre, de même que l'ordre public et la sécurité intérieure se définissent différemment d'un pays à un autre. Les États sont souverains pour justifier le refus motivé ou non par une atteinte à leur ordre public ou leur sécurité intérieure. C'est une carence importante du système uniforme des visas. Ainsi, l'appréciation du risque du détournement du voyage ou encore l'objet réel du voyage ne sera pas analysé de la même manière et avec la même intensité selon le pays. Certains pays, plus sévères, refuseront davantage de visas, créant ainsi des inégalités de traitement au sein de l'Union. La différence d'évaluation de la concordance des moyens de subsistance avec la durée, l'objet du séjour et le coût de la vie des pays de l'Union concernés, montrent combien l'appréciation des autorités consulaires de chaque pays est discrétionnaire et de ce fait hétérogène. Cette absence d'harmonisation poussée en matière de refus de visa constitue une véritable faille du système commun. Certains pays peuvent profiter de ce large champ de main d'œuvre pour refuser sciemment des visas et ainsi se décharger de leur obligation en délivrant moins de visas que certains autres États. L'analyse successive des conditions de délivrance du visa et de leurs conséquences montre « *que les États sont partagés entre la nécessité de gérer ces questions en commun et la volonté de préserver les souverainetés nationales dans un domaine aussi sensible que celui des visas de court séjour* »[87].

En France, le juge administratif reconnaît un large pouvoir d'appréciation à l'autorité consulaire, ceci d'autant plus qu'aucune disposition conventionnelle, communautaire, législative ou réglementaire n'indique les cas et les conditions de refus[88]. Même s'il se développe des instructions consulaires[89] entre les États membres, les autorités

---

[85] SCHMITTER C., « Quelle politique d'immigration pour l'Union Européenne ? Bilan de Maastricht et perspectives d'Amsterdam » *in Quelle politique d'immigration pour l'Union européenne ? Bilan du Traité de Maastricht et perspectives du Traité d'Amsterdam* (Sous la direction de DE BRUYCKER P.), ou *in Summer school Book, Droit et politique de l'immigration et de d'asile de l'Union européenne*, ULB Cour d'été, 2-13 juillet 2001), p. 32-44 ; JULIEN-LAFERRIÈRE F., SCHMITTER C., et CARLIER J.-Y., *op. cit.*, p. 129 et s.

[86] SCHMITTER C., *in Droit et politique de l'immigration et de d'asile de l'Union européenne*, ULB Cour d'été, 2-13 juillet 2001), Summer school Book, p. 41.

[87] SCHMITTER C., *ibid.*, p. 32-44.

[88] Critères sont définis par l'Instance Générale sur les visas du Ministre des Affaires Étrangères, l'accès est interdit CE 17 février 1997, ANAFÉ, rec. CE n° 823.

[89] Voir décision du Conseil, 22 décembre 2003, JOUE, L5, 9 janvier 2004, p. 75. Sorte de mode d'emploi sans portée normative relative au traitement des demandes de visas. Les critères de base pour refuser le visa sont la sécurité, la lutte contre l'immigration clandestine etc.

françaises sont souveraines. Les autorités consulaires françaises usent d'un pouvoir discrétionnaire très large[90], en fondant leur refus sur des motifs qui doivent être légitimes au risque de voir annuler leur refus pour une erreur manifeste d'appréciation. Au regard de la jurisprudence, les « motifs légitimes » qui permettent aux autorités consulaires de refuser des visas sont la découverte d'un projet d'installation durable en France[91], l'existence de dettes contractées en France non réglées[92], les antécédents de l'intéressé[93], etc. « *Chaque personne soumise à obligation de visa est alors considérée comme un risque d'immigration clandestine. L'individu arrive suspect. Son désir de voyager est interprété comme un désir de s'établir* »[94].

Le contentieux des refus de visas[95] a considérablement augmenté[96], surtout depuis la loi du 11 mai 1998 : celle-ci introduit l'obligation de motiver les refus des visas. A partir du 1er décembre 2000, une Commission de recours[97] contre les refus de visas a été instaurée pour faire face à cette multiplication par dix des recours entre 1997 et 1999[98]. L'influence de la Convention européenne des droits de l'Homme en matière de contrôle des refus de visas vient limiter cette appréciation parfois restrictive des autorités françaises, en octroyant au juge administratif la possibilité d'user de la méthode de la « théorie du bilan » pour apprécier la réalité de la vie privée et familiale[99] du demandeur de visa[100]. Toutefois, les autorités consulaires françaises arrivent en tête dans le taux de refus. Avec un taux de 25% de décisions de refus de visa, la France se situe à plus de 10% au dessus des taux des autres pays membres[101].

C/ Les enseignements de la politique communautaire des visas

De cette série de conditions à remplir pour l'obtention du visa commun, il est intéressant de constater que le demandeur du visa doit remplir des formalités administratives draconiennes[102]. Ces conditions communes d'octroi du visa montrent la

---

[90] CE 28 février 1986, *Ngako Jeuga*, rec. CE, p. 49.

[91] CE 10 déc. 1997, *Ayadi*, req. n° 182794.

[92] CE 26 sept. 1994, *Gbaguidi*.

[93] TA Nantes 6 nov. 1997, *Berrim*, req. n° 96-4100.

[94] BIGO D. et GUILD E., « Le visa : instrument de la mise à distance des « indésirables » », *Cultures et Conflits*, n° 49/50, 2003.

[95] LISSOUCK F-F., « Le contrôle juridictionnel des refus de visas : Tendances permanentes et évolutions récentes », *LPA*, 19 juin 2003, n° 122, p. 4-14.

[96] Au 31 décembre 2000, les affaires en matières de visas représentaient 12% du nombre total des requêtes en suspens, qui s'élève à 16189. Cf. SAAS C., « Les refus de délivrance de visas fondés sur une inscription au Système Information Schengen », *Cultures et Conflits*, n° 49/ 50, 2003. En 2003 selon le Rapport au Parlement sur les orientations de la politique de l'immigration, Doc. Fr., 2005 : sur 2 500 000 demandes de visas, la France a refusé plus de 500 000 délivrances.

[97] PUTMAN E., « Une commission de recours contre les décisions de refus de visa en France vient d'être créée », *Revue juridique des personnes et de la famille*, 12/ 2001, p. 11.

[98] ANGELIER J.-P., *op. cit.*, p. 56-57.

[99] CE 20 décembre 2000, *Mme El Abd*, req. n° 202207, publié au Lebon ; AUBIN E., *DA*, com. 91.

[100] Cf. Partie II, Titre I, Sous Titre I, Chapitre I, section III, § I.

[101] BIGO D. et GUILD E., « Les pratiques quotidiennes de la coopération consulaire », *Cultures et Conflits*, n° 49/50, 2003.

[102] Justificatifs d'hébergement (attestation d'accueil, ou une somme équivalente de trois de mois de SMIC quand l'étranger n'a pas d'attestation d'accueil (pratique de certaines autorités consulaires), garantie de rapatriement, prise en charge médicale par un opérateur agrée pour les dépenses médicales et hospitalières etc. Cf. Décret sur la délivrance des attestations d'accueil, décret n° 82-442, du 27 mai 1982 par décret, n° 2004-1237 du 17 novembre

complexité et le nombre de justificatifs à fournir pour entrer en Europe. Derrière la difficulté et le nombre de documents à joindre, se cache une barrière administrative, une politique commune de gestion des flux migratoires, de rationalisation[103] des entrées des étrangers en Europe. Cette rationalisation s'exprime par la multiplication des instruments administratifs et bureaucratiques nécessaires pour l'octroi du visa commun. De plus, ce désir de limitation des flux migratoires est porté par une politique de normalisation des instruments de gestion des flux : la politique communautaire des visas en est l'exemple le plus efficace. Ainsi, le visa reste un outil pertinent « d'instrumentalisation » qui permet de contrôler les déplacements des étrangers au sein du territoire commun et de comptabiliser les entrées globales dans l'Union européenne. En ce sens, Didier Bigo et Élisabeth Guild[104] estiment avec raison que la politique commune des visas a pour ambition de bloquer ou dissuader les individus de partir de chez eux, comme une sorte de « *politique de prévention* », ou de « *police à distance* ».

Par ailleurs, les analyses de François Julien-Laferrière, Catherine Schmitter et Jean-Yves Carlier soulignent à juste titre que la politique des visas de court séjour *« affecte très directement le statut de l'individu. Elle conditionne non seulement la possibilité pour les personnes de se rendre à l'étranger pour de courts séjours, à des fins d'affaires, de visite ou de tourisme, mais aussi la possibilité pour les nationaux de recevoir des étrangers »*[105]. Les intérêts contradictoires (sécurité publique, lutte contre l'immigration clandestine, liberté de circulation, etc.) ne sont pas favorables à « *la protection de l'individu* »[106]. Ainsi, la prévention en matière d'immigration clandestine « monopolise » la politique commune, et ce, au détriment des libertés des ressortissants de pays tiers.

De façon plus générale, il est utile de s'interroger sur l'efficacité[107] de ce système commun des visas. Comme le signalent François Crépeau et Jean-Yves Carlier, *« (...) Le visa est-il réellement un moyen efficace de lutte contre l'immigration irrégulière, ainsi que de contrôle des personnes pour la sécurité publique. C'est peu probable (...) loin de dissuader l'immigration irrégulière, le visa l'accentue. Devant la difficulté d'obtention du visa, le voyageur se fera migrant clandestin à la merci des passeurs peu scrupuleux (...). Une fois introduit clandestinement ou* (ayant) *obtenu, difficilement le visa, l'étranger s'installera dans la clandestinité au-delà du séjour touristique dans la crainte de ne plus pouvoir revenir en cas de retour dans le pays d'origine. L'interdit renforce l'attrait de l'Eldorado mythique »*[108]. Cette analyse est complétée par une proposition de suppression[109] des visas de court séjour, qui entraînerait « *la reconnaissance d'un droit absolu de voyager*

2004, JORF 23 novembre 2004.

[103] BIGO D., « Sécurité et immigration : vers une gouvernementalité par l'inquiétude ? », *in sécurité et immigration,* (Sous la direction de BIGO D.), Cultures et Conflits, éd. L'Harmattan, 1998, p. 7-11.

[104] BIGO D. et GUILD E., « Le visa Schengen : expression d'une stratégie de « police à distance », *Cultures et Conflits*, n° 49/50, 2003.

[105] JULIEN-LAFERRIÈRE F., SCHMITTER C., et CARLIER J.-Y., *op.cit.*, p. 142.

[106] *Ibid.*, p. 147 et s.

[107] *Ibid.*, p. 165 et s. ; sur l'inefficacité des visas comme contrôle des migrations et comme contrôle préventif pour déceler le voyageur susceptible de devenir migrant.

[108] CREPEAU F. et CARLIER J.-Y., « Intégration régionale et politique migratoire, le modèle européen entre coopération et communautarisation », *JDI*, 4, 1999, p. 997 ; cf. CARLIER J.-Y., « Pour la suppression des visas, du pas suspendu du gitan au temps des cigognes, de la libre circulation à la circulation libre », *in La migration clandestine enjeux et perspectives, Actes du colloque Rabat, 29-30 avril 1999*, p. 58-64 ; BEAUTHIER G.-H., « Pour la suppression des visas de court séjour », *Revue Plein Droit*, n° 20 février 1993, p. 54-57.

[109] JULIEN-LAFERRIÈRE F., SCHMITTER C., et CARLIER J.-Y., *op. cit.*, p. 159.

pendant une période maximale de trois mois, non d'un droit de séjour ou d'installation. C'est en quelque sorte, le droit d'hospitalité, reconnu par Emmanuel Kant, en 1795, dans son projet de paix perpétuelle »[110]...

Enfin, le « contrôle à distance » effectué par les autorités consulaires relève aussi d'une politique de sécurisation[111] dont découle tout le processus d'européanisation de la politique migratoire. Derrière la politique des visas se cache une politique sécuritaire, en réaction à l'insécurité née de la libre circulation intérieure. Cette politique se trouve complétée et renforcée par la gestion commune de l'identité de l'étranger, grâce au dispositif du Système d'information Schengen. En effet, la politique de contrôle des visas est un instrument qui satisfait et rend efficace la politique sécuritaire européenne. Le contrôle de l'octroi du visa aux frontières de l'Europe permet aux institutions européennes d'éviter de « *mettre en péril la cohésion sociale des pays d'accueil* »[112]. De surcroît, les récentes orientations relatives au Système d'Information Visa (SIV)[113] accentuent encore cette politique européenne sécuritaire.

L'accès de l'étranger est régi désormais par des règles communautaires, mais force est de reconnaître que cet accès est « monopolisé » par cette politique communautaire des visas. Les autorités consulaires détiennent « *le droit exclusif d'autoriser et de réguler le déplacement de l'étranger tiers* »[114]. Derrière ce monopole de l'entrée de l'étranger sur le territoire commun, il y a un besoin des États *d'identifier sans ambiguïté ceux qui leur appartiennent et ceux qui ne leur appartiennent pas*[115]. La « révolution » de cette gestion des entrées va s'organiser par l'informatique, grâce au Système d'Information Schengen.

§ II : Le contrôle de l'identité du migrant par le Système d'information Schengen

Les moyens informatiques au service de la politique de l'immigration sont aujourd'hui très développés sur le plan communautaire. La surveillance de l'étranger qui désire rentrer dans l'espace commun devient un complément indispensable à la politique communautaire d'immigration (A). Ce contrôle instaure un permis d'entrée ou de non-entrée, il pose une véritable définition communautaire de l'étranger « indésirable » en Europe (B).

A/ Le contrôle de l'identité au service du contrôle de l'entrée du « migrant »

La pratique des fichiers informatiques est présente à tous les stades[116] du statut de l'étranger (1). Leur consultation est particulièrement efficace aux frontières pour l'entrée

---

[110] CREPEAU F., *op. cit.*, p. 997 ; cf. les analyses sur le droit cosmopolitique de KANT E. ; CHAUVIER S., *Du droit d'être étranger, essai sur le concept Kantien d'un droit* cosmopolitique, éd. L'Harmattan, 1996.

[111] BIGO D., *op. cit.*, p. 9.

[112] BIGO D., *op. cit.*, p. 14.

[113] Décision du 8 juin 2004 *portant création du système d'information visa* (VIS), 2004/512/CE, L 213/5, JOUE du 15 juin 2004.

[114] TORPEY J., « Aller et venir : le monopole étatique des moyens légitimes de circulation », *in sécurité et immigration, Cultures et Conflits*, éd. L'harmattan, 1998, p. 63-100.

[115] *Ibid.*, p. 65.

[116] Consultation du SIS par les autorités consulaires lors de la délivrance du visa, par les autorités préfectorales lors de la délivrance d'un titre de séjour et lors d'une mesure d'éloignement.

des étrangers. Les autorités consulaires utilisent notamment le Système d'Information Schengen (SIS) pour analyser et autoriser la demande de visa (2).

1/ Le « fichage informatique » de l'étranger

Bien que le terme de *fichier* soit devenu obsolète comme l'énonce très justement Sylvia Preuss-Laussinotte, il renvoie « (...) *à l'histoire et donc, souligne la continuité des pratiques à l'égard des étrangers, singulièrement facilitées par l'utilisation de l'informatique* »[117]. En effet, l'identification est une pratique administrative ancienne[118]. Cependant, c'est à partir du XXe siècle que les fichiers ont servi à recenser le nombre d'étrangers. L'exemple le plus emblématique a été le carnet anthropométrique d'identité, qui indiquait une série de renseignements sur les tziganes et les étrangers.

Ces diverses techniques ont été intensifiées par la généralisation de l'obligation du titre d'identité, « *des papiers* »[119]. En ce sens Gérard Noiriel indique que « *toutes ces contraintes renforcent la nécessité pour le pouvoir d'État d'identifier les individus dont on a la charge, avec des instruments nouveaux : les papiers et les certificats écrits* »[120]. Ce désir de surveillance rappelle les analyses faites par Michel Foucault dans son ouvrage « *Surveiller et punir* »[121]. L'informatique au service de la surveillance entraîne *« un fichage de masse automatique »*[122].

L'ensemble des États de l'Union rationalise la politique communautaire de l'immigration en optant pour une politique de fichage informatique. Ils choisissent la rentabilité, l'efficacité et l'utilité avec cette pratique de fichiers informatiques. Ce n'est pas sans rappeler le *« système panoptique de surveillance »*[123] de Michel Foucault, dans lequel la personne sait qu'elle est surveillée mais ignore qui la surveille...La surveillance informatique instaurée par les États membres est d'autant plus importante qu'elle est commune et harmonisée, et surtout, qu'elle entraîne des conséquences préjudiciables pour l'étranger inscrit au SIS, qui ne peut ainsi pénétrer dans aucun des pays européens.

La monopolisation par l'État des moyens d'identification, de la gestion des ressortissants étrangers, sont remplacées aujourd'hui par un contrôle commun et non plus

---

[117] PREUSS-LAUSSINOTTE S., *Les fichiers et les étrangers au cœur des nouvelles politiques de sécurité*, éd. LGDJ, bibliothèque de droit public, tome 209, 2000, p .2.

[118] *Ibid.*, p. 18 et s. « *Des la fin du XVIII siècle, on va imaginer ces moyens d'identification : ce sera d'abord et essentiellement l'inscription des étrangers dans des registres spéciaux, soit dans des buts de recensement, soit pour de purs motifs de contrôle policier. Ainsi en 1791, une loi oblige les hôteliers à inscrire les étrangers sur des registres spéciaux-systèmes qui, bien que n'ayant pas disparu des textes, étaient tombés en désuétude après 1950, mais auquel on est revenu dans le cadre de la Convention de Schengen* », etc. *Voir aussi la création d'un fichier central d'identification en 1880 par Alphonse Bertillon qui signalait sous forme de fiches signalétiques des criminels et les étrangers interdits de séjour, « L'évolution du droit d'asile en France »*, par NOIRIEL G., p. 71 et s., *in Immigration et intégration*, l'État des savoirs, Sous la direction de DEWITTE P., éd. La découverte, Paris 1999.

[119] Dès 1917, on impose la carte d'identité aux étrangers de plus 15 ans.

[120] NOIRIEL G., Réfugiés et sans papiers, la république face au droit d'asile XIXe – XX e siècle, éd. Hachette, Pluriel, 1991 p. 70.

[121] FOUCAULT M., *Surveiller et punir, naissance de la prison*, Gallimard, Paris, 1975, nouvelle éd., janvier 2002, p. 201 et s. et 229-264.

[122] BUSCH N., « Sommes-nous en train de devenir des sans État ? », *in Les sans États et le devoir d'avoir des droits*, (Sous la direction de CALOZ TSCHOPP, M.-C), volume 1, Groupe de Genève « violence et droit d'asile en Europe », Université de Genève, éd. L'harmattan, 2000, p. 250 et s.

[123] FOUCAULT M, *op. cit.*, p. 201 et s. et 229-264.

seulement national : on constate une « *mutualisation de la surveillance* »[124] des étrangers au sein d'un espace commun. On est passé d'un contrôle monopolisé par les États Nations, d'un contrôle de rationalisation des flux migratoires à l'échelle nationale, à un contrôle mutualisé, coopératif au plan communautaire. On assiste à un déplacement des contrôles, déplacement largement renforcé par le système d'échange de données qu'est le Système d'information Schengen. Autrement dit, le Système d'information Schengen est une des manifestations de la « déterritorialisation » des contrôles de l'espace national et devient une des mesures de « reterritorialisation » des contrôles des États membres[125].

De la même façon, on assiste à un déplacement du lieu de contrôle : l'étranger n'est plus seulement contrôlé à l'intérieur ou à la frontière « physique » de l'État nation, il l'est également à son arrivée sur le territoire commun de l'ensemble des États membres. La politique des visas est un outil indispensable pour « trier » les étrangers admissibles et le SIS permet d'accélérer cette action en collectant, sauvegardant et permettant les échanges d'informations sur les étrangers qui désirent entrer sur le territoire commun.

2/ Le SIS, premier instrument commun de collecte de données informatiques policières et administratives au service de la politique migratoire

Aujourd'hui, la politique des fichiers informatiques dépasse l'objectif qui avait été jusque là celui des États Nations. Le SIS n'est plus seulement l'outil de limitation de recensement des étrangers, il devient aussi un instrument commun de contrôle de l'immigration clandestine, et ce, principalement en raison des connexions possibles des autorités des pays avec les nombreux fichiers informatiques déjà existants[126]. Par ailleurs, le règlement de 2004[127] accorde de nouvelles fonctions au SIS notamment en matière de lutte contre le terrorisme : force est de constater, qu'une fois de plus, les États membres assimilent abusivement la politique sécuritaire et la politique d'immigration.

La mise en place du SIS dans l'Espace Schengen a eu pour but de faciliter la coopération policière et judiciaire depuis l'ouverture des frontières intérieures des pays Schengen : la preuve en est que depuis sa mise en œuvre en mars 1995 (juillet 1995 en France), le SIS s'est montré d'une étonnante efficacité en matière d'extradition et de

---

[124] NOIRIEL G., État, Nation, et Immigration : vers une histoire du pouvoir, éd. Belin, Paris, 2001, p. 341 et s.

[125] BIGO D. et GUILD E., « Le visa Schengen : expression d'une stratégie de « police » à distance », *op. cit.*

[126] L'interconnexion a été introduite par la loi du 24 août 1993, loi sur la lutte contre l'immigration clandestine et la suppression des prestations sociales aux étrangers irréguliers, interconnexion avec : le fichier de la caisse nationale d'assurance maladie des travailleurs Salariés (CNAMTS). D'autres fichiers peuvent faire l'objet de connexion : le fichier des personnes recherchées (FPR), le fichier Application de gestion des ressortissants étrangers en France (AGDREF), le Fichier d'automatisation des formalités administratives, EURODAC, SIRENE, les fichiers des naturalisations, du Ministre de la justice et du ministre des affaires étrangères, les fichiers de l'Office des migrations internationales, les fichiers de police, du terrorisme, de la PAF, le fichier d'un traitement automatisé d'informations nominatives (SIECLE) relatif à la gestion des dossiers d'autorisations de travail et de regroupement familial, cf. arrêté sur 13 novembre 2002, JORF 3 décembre 2002 et surtout le fichier relatif aux ressortissants étrangers sollicitant la délivrance d'un visa (Décret *portant création d'un fichier relatif aux ressortissants étrangers sollicitant la délivrance d'un visa*, Décret n° 2004-1266, 25 novembre 2004, JORF du 26 novembre 2004). Ce fichier est pour le moment expérimental mais l'objectif est de pouvoir le connecter avec le Système d'information sur les visas.

[127] Règlement (CE) n° 871/2004 du Conseil du 29 avril 2004 *concernant l'attribution de certaines fonctions nouvelles au Système d'Information Schengen, y compris dans le cadre de la lutte contre le terrorisme*, JOUE, L 162/29 du 30 avril 2004.

découverte de voitures volées. Qu'en est t-il de la collecte des données informatiques des étrangers ?

Dans un rapport d'information de l'Assemblée Nationale[128], un an après la mise en route du fichage, on a constaté que sur 177 000 personnes recherchées, 76 000 étaient des étrangers déjà signalés à des fins de non-admission. En 1997, sur 937 758 signalements, 507 859 concernaient des étrangers qui ne remplissaient pas les conditions d'entrée et de séjour[129]. Fin 2002, le SIS avait 11 millions de données, 1,2 millions concernaient des personnes signalées. Le SIS français comptait près de 3 millions de signalements, dont 147 000 personnes signalées pour 52 398 inscrites comme étrangers non admissibles[130].

La mise en place du SIS a posé des difficultés d'ordre institutionnel et politique. En effet, la mise en place d'un fichier commun à tous les pays membres a nécessité des compromis en raison des pouvoirs nationaux très résistants en la matière. Le SIS est l'outil central de la Convention d'application Schengen[131], il a été instauré parmi les mesures compensatoires à la libre circulation dans l'espace Schengen. Le SIS est défini par M. Chocquet[132] comme « *une base de données contenant des renseignements de police mis en commun par les États appliquant la convention. Il permet aux forces chargées de la sécurité d'avoir connaissance de certaines recherches ou demandes émanant des autres parties...* ». Ce système est divisé en deux outils : il comprend, d'une part, une autorité nationale[133] dans laquelle chaque État signale ses individus, d'autre part, une autorité centralisée[134], située à Strasbourg, qui reçoit toutes les données récoltées par les États parties. « *Le système central est médiatisé dans chaque pays par un mécanisme appelé Supplementary Information Request at the National Entry (SIRENE) qui ne donne l'accès qu'à un nombre restreint de fonctionnaires, lesquels sont chargés de transmettre les questions et informations de tous les fonctionnaires habilités à questionner le SIS, soit les policiers, les douaniers, certains magistrats* »[135]. L'objet[136] principal de ce dispositif de surveillance est la préservation de l'ordre public, de la sécurité publique, de la sûreté de l'État et l'application des dispositions sur la circulation des personnes[137]. Le SIS d'origine, instauré pour les besoins du groupe des États Schengen est insuffisant aujourd'hui. Le SIS deuxième génération devrait le remplacer[138], il aura la capacité nécessaire pour collecter les informations des pays membres[139].

---

[128] Assemblée nationale, rapport d'information, n°2095, 1995.

[129] LAN LANCKER « Transparency and accountability of Schengen » *in Judicial co-operation and policy co-ordination*, EIPA, Maastricht, 1997, p. 64-65.

[130] Chiffres de l'analyse de BIGO D. et GUILD E., « Désaccord aux frontières et politique des visas : les relations entre Schengen et l'Union », *Cultures et Conflits*, n° 49/50, 2003.

[131] Titre IV de la Convention.

[132] CHOCQUET C., (chef d'escadron de la gendarmerie nationale), « Le système d'information Schengen : un double défi », *RMCUE*, n° 418, mai 1998, 294-298.

[133] N SIS, voir l'article 4 de l'arrêté du 6 août 1993 portant création de la partie nationale du SIS.

[134] C SIS, décret n° 95-577 du 6 mai 1995 relatif au système d'information Schengen, JORF du 7 mai 1995.

[135] CREPEAU F. et CARLIER J.-Y., « Intégration régionale et politique migratoire, le modèle européen entre coopération et communautarisation », *JDI*, 4, 1999, p. 972.

[136] Article 93 de la convention d'application de Schengen.

[137] HREBLAY V., *La libre circulation des personnes, les accords de Schengen*, PUF, Coll. Politique d'aujourd'hui, Paris, 1994 ; BEATHIER G.-H., « Schengen, Laboratoire d'une Europe sécuritaire ? », COORDINATION ASILE SUISSE, (et mouvement pour une suisse ouverte, démocratique et solidaire), *Europe montrez patte Blanche, les nouvelles frontières du laboratoire Schengen*, éd. Le centre d'Europe, tiers monde, Genève, déc. 1993, p .51-71.

[138] Il devrait être opérationnel d'ici 2006. Le SIS II devrait selon une proposition du 5 et 6 juin 2003 contenir une

Le système d'information Schengen est entré dans l'ordre interne après la validation par le Conseil constitutionnel de la loi autorisant l'approbation de la Convention d'application Schengen[140]. Cette loi a fait l'objet d'une saisine de soixante-quatre députés, et malgré leurs arguments montrant que ce dispositif constituait une atteinte aux libertés individuelles, le Conseil constitutionnel ne les a pas suivis. Celui-ci s'est efforcé de démontrer que les dispositions de la Convention étaient suffisamment pertinentes pour garantir le respect des libertés individuelles au cours de l'utilisation de SIS. (La CNIL a rendu un avis favorable au moment de la signature de la Convention, elle a d'ailleurs été invitée à participer aux différentes étapes de la négociation). Aussi, le Conseil constitutionnel estima que le système d'information Schengen comportait « (...) *un dispositif très important de mesures à assurer le respect de la liberté personnelle en cas d'exploitation ou d'utilisation des catégories de données collectées (...)* »[141].

Avec l'insertion de l'Acquis Schengen par le Traité d'Amsterdam[142], le SIS a fait l'objet d'une ventilation entre le premier pilier, le pilier communautaire (dans le Titre IV du TCE) et le troisième pilier, le pilier à caractère intergouvernemental. D'ailleurs, le SIS illustre les difficultés nées de la ventilation de la Convention de Schengen. En ce sens M. Corrado, rappelle que « *...le problème principal réside dans le fait que le SIS contient d'un côté un fichier relatif aux étrangers « indésirables » (art. 96 de la Convention d'application) et qui devrait avoir donc sa base juridique dans le 1er pilier (art. 63 §3 et art. 66 TCE) ; de l'autre, un fichier contenant des données nécessaires à la coopération policière et judiciaire (art. 97 à 99 de la Convention d'application) qui aurait par contre sa*

base de données biométriques contenant des photographies numériques et des empreintes digitales. Cf. Programme de La Haye qui vise à renforcer les indicateurs de biométries dans les visas, et la création de bureaux communs de délivrance de visas, JOUE n° C 53, 3 mars 2005.

[139] Toutefois, le SIS II n'a pas été conçu pour fonctionner pour le nombre accru d'États membres après l'élargissement. Décision 2001/886/JAI du Conseil du 6 décembre 2001 relatif *au développement du SIS deuxième génération*, JOUE L 328 du 13 décembre 2001, p. 4 et le Règlement 2424/2001/CE du Conseil, du 6 décembre 2001, relatif *au développement du Système d'Information Schengen de deuxième génération* (SIS II), JOUE L 328 du 13 décembre 2001, p. 1. Et la décision du 6/09/2001 du Royaume-Uni et de l'Irlande qui souhaite rejoindre le SIS.

[140] DC n° 91-294 DC du 25 juillet 1991 « Accord de Schengen », JO 27 juillet 1991 p. 10001, Rec. des décisions du Conseil constitutionnel 1991, p. 91-101 ; GAÏA P., *RFDC*, 1991, p. 703 et s. ; LUCHAIRE F., « Le Conseil constitutionnel et la souveraineté nationale », *RDP*, 1991, p. 1499-1513.

[141] DC n° 91-294 DC du 25 juillet 1991, rec., p. 99.

[142]Décision du Conseil du 20 mai 1999, déterminant, *conformément aux dispositions pertinentes du Traité instituant la communauté européenne et du Traité sur l'union européenne, la base juridique de chacune des dispositions ou décisions constituant l'Acquis de Schengen*, 1999/439/ CE, JOCE 10 juillet 1999, L 176/17. Également la décision de 17 octobre 2000 portant correction de l'Acquis Schengen. Voir les commentaires sur l'Acquis de Schengen : DONY M. (sous la direction de), L'Union européenne et le monde après Amsterdam, éd. ULB, études européennes, 1999 ; CURTI GIALDINO, « Schengen et le troisième pilier : le contrôle juridictionnel organisé par le Traité d'Amsterdam », RMUE, février, 1998, p. 89 ; DE BRUYCKER P., « Présentation du projet de Traité d'Amsterdam en ce qui concerne la libre circulation des personnes, l'asile et l'immigration », RDE, 1997, n° 93, p. 290-293 ; LABAYLE H., « Un espace de liberté, de sécurité et de justice ? », RTDE, 1997, p. 831-881 ; LABAYLE H., « La libre circulation des personnes dans l'Union européenne, de Schengen à Amsterdam », AJDA, 1997, p. 923-935 ; POLLET K., « L'intégration de l'Acquis de Schengen dans le cadre de l'Union européenne : impacts et perspectives », in L'Union européenne et le monde après Amsterdam, (Sous la direction de DONY M.), éd. ULB, études européennes, 1999, p. 143-161 ; MASSON P., l'intégration de Schengen dans l'Union européenne, Rapport d'information su Sénat, n° 53, 1997-1998 ; MASSON P., Le devenir de l'Acquis Schengen dans l'Union européenne, Rapport d'information, Délégation du Sénat pour l'Union européenne, n° 99, 1998-1999 ; LONCLE F., Schengen, un essai à transformer, Rapport de l'Assemblée nationale, n° 1476, 17 mars 1999.

base juridique dans le troisième pilier (art. 30 à 31 TUE...) »[143]. C'est finalement après des réticences françaises émanant notamment de certains dirigeants souverainistes qui ne désiraient pas que le SIS deviennent un outil commun, que les dispositions concernant le SIS ont été scindées en deux, réservant la partie liée à la coopération policière au troisième pilier. La coopération intergouvernementale du troisième pilier convient mieux à la coopération policière puisque les États membres contrôlent directement les négociations. Autrement dit, c'est la nature *bicéphale* du SIS, administrative et policière, qui a poussé la Commission européenne à opter pour deux bases juridiques différentes.

Ces bases juridiques témoignent également de la difficulté des États à accepter facilement le transfert de souveraineté en matière de fichage informatique et d'identification des personnes. L'identification des personnes étant traditionnellement une compétence étatique des plus confidentielles, le maintien de la partie policière du SIS dans le troisième pilier reflète les réticences des États à laisser ce domaine appartenir à une compétence commune.

Désormais, l'identification des étrangers réalisée par le SIS représente le premier instrument commun d'identification des étrangers à des fins de non-admission, au service de la politique européenne d'admission sur le territoire des ressortissants de pays tiers.

B/ L'émergence d'une définition commune de l'étranger indésirable

Les motifs de signalement des étrangers sont fixés par la Convention de Schengen. Cet ensemble d'étrangers « indésirables » répond à une définition harmonisée dans tous les États associés (1). La principale conséquence de cette harmonisation est que ces étrangers ne peuvent théoriquement plus pénétrer dans un des pays d'Europe : le visa leur est refusé. Le juge administratif veille au respect de cette définition harmonisée en contrôlant le bien fondé du signalement au SIS (2). Il devient le garant du « bon » signalement, et ce, fort heureusement, étant donné que les conséquences du signalement privent l'étranger du droit d'accès sur le territoire commun.

1/ Une définition harmonisée de l'étranger « indésirable »

L'article 1er de la Convention de Schengen définit le ressortissant de pays tiers admissible par la *négative* : c'est celui « *qui n'est pas ressortissant d'un État membre et qui n'est pas signalé* ».

Il s'agit de s'interroger sur la nature de cet étranger « *virtuel* »[144] signalé aux fins de non-admission. L'article 96 § 2 de la Convention d'application Schengen précise les cas d'étrangers signalés aux fins de non-admission. Cet article définit une catégorie harmonisée dans tous les pays associés à l'Acquis Schengen, d'étrangers non autorisés à pénétrer sur le territoire commun. L'étranger signalé se voit priver de l'accès au territoire commun en raison de la *reconnaissance mutuelle* des motifs du signalement.

Il est :

- Celui qui menace l'ordre public, la sécurité ou la sûreté nationale[145] d'un État membre.

---

[143] CORRADO L., « L'intégration de Schengen dans l'Union européenne : problèmes et perspectives », *RMCUE*, n° 428, mai 1999, p. 346 et s.

[144] PREUSS-LAUSSINOTTE S., *op. cit.*, p 142.

[145] Sur un attentat et le signalement au SIS : CE 13 janvier 2003, *Chaïbi*, req. n° 225196.

- Celui qui a été condamné pour une infraction passible d'une peine privative de liberté d'au moins un an.
- Celui pour lequel il existe des raisons sérieuses de croire qu'il a commis des faits punissables graves, (visés à l'article 71).
- Celui qui a fait l'objet d'une mesure d'éloignement[146] non rapportée ni suspendue comportant ou assortie d'une interdiction d'entrée[147], ou le cas échéant de séjour, fondée sur le non-respect des réglementations nationales relatives à l'entrée ou au séjour des étrangers[148].

Cette définition « collective » de l'étranger indésirable est basée sur une énumération née d'une « *liste vaste et indicative des cas, permettant ou plutôt obligeant à inscrire un étranger au SIS* »[149]. Autrement dit, il s'agit d'une définition de l'étranger énuméré par un dispositif de *prédétermination* de cas, exclu du statut de l'étranger « désirable ».

Le problème que soulève cette définition des motifs du signalement est celui de l'absence de définition harmonisée de l'ordre public, de la sécurité ou de la sûreté nationale, ainsi que des différentes mesures d'éloignement des États parties. Certes une même pratique formelle du signalement est instituée, basée sur des motifs communs, mais l'interprétation de ces motifs diffère d'un État à un autre et entraîne parfois des divergences dans la définition de l'étranger indésirable. Ainsi, « *l'harmonisation des consultations masque l'extrême disparité des logiques nationales d'inscription des signalements au sein du SIS* »[150]. Toutefois, en France, il existe un contrôle *a posteriori* du bien fondé du signalement effectué par le juge administratif.

2/ Le contrôle des motifs de signalement aux fins de non-admission

Le juge administratif est devenu le « garant » des motifs de signalement aux fins de non-admission (a). Un important contentieux[151] sur les ressortissants de pays tiers ayant été, à tort, signalés, s'est développé (b).

---

[146] CE 6 avril 2001, *Maazouz*, req. n° 201465, l'arrêt d'expulsion est au nombre des motifs de décisions nationales qui peuvent légalement motiver un signalement au SIS et entraîner un refus de visa ; CE 14 novembre 2003, *Benarbia*, req. n° 234462.

[147] CE 21 juin 2000, *Alichov*, req. n° 211053, un signalement non censuré par le juge administratif car il était motivé par une interdiction permanente du territoire.

[148] L'article 96 § 3.

[149] PREUSS-LAUSSINOTTE S., *op. cit.*, p. 147.

[150] BIGO D. et GUILD E., « Désaccord aux frontières et politique des visas : les relations entre Schengen et l'Union », *op. cit.*

[151] CE 4 octobre 2000, *M. Detchev*, req. n° 200536 ; CE 16 octobre 2000, *Mme Chamoun*, req. n° 210556 ; CE 25 octobre 2000, *Mme Cucicea-Lambot*, req. n° 212315 ; CE 17 novembre 2000, *Mme Heddi*, req. n° 207474 ; CE 27 novembre 2000, *M. Rusu*, req. n° 209139 ; CE 29 Novembre 2000, *M. Sengül*, req. n°205725 ; CE 20 décembre 2000, *Mme El Abd*, req. n° 202207 ; CE 20 déc. 2000, *Mme Briouel*, req. n° 210802 ; CE 29 décembre 2000, *M. Bolatdermirci*, req. n° 200898 ; CE 29 décembre 2000, *M. Rosenthal*, req. n° 204173 ; CE 29 décembre 2000, *M.Sahin*, req. n° 206277. Voir surtout l'étude d'AUBIN E. « La convention de Schengen devant le Conseil d'État, le contrôle juridictionnel des refus de visas », *JCP*, 13 février 2002, p. 333.

a) La compétence du juge administratif pour contrôler le bien fondé du signalement au SIS

Les premières décisions du Tribunal Administratif de Strasbourg du 3 avril 1995, M. Igel[152] et du Tribunal Administratif de Lyon M. Vasile Ciuciu et Melle Citadela Ciuciu[153] ont ouvert la voie à l'examen des motifs du signalement au SIS par le juge administratif. Ces décisions montrent que le juge administratif est compétent pour apprécier le dispositif conventionnel et surtout pour examiner les motifs de signalement des autorités des autres États membres. Comme le faisait remarquer très justement Emmanuel Aubin, l'examen par le juge administratif d'une décision prise par une administration étrangère est une procédure nouvelle[154]. Pour ce faire, il peut demander au Ministre des affaires étrangères de lui communiquer tous les éléments relatifs à l'inscription au SIS et surtout les indications relatives à l'autorité qui a procédé au signalement[155].

La décision Forabosco[156] du Conseil d'État a confirmé la compétence du juge administratif pour examiner le signalement au SIS effectué par un autre État membre. Dans cette espèce, une ressortissante roumaine a demandé un visa au consulat français de Bucarest pour venir en France, qui lui a été refusé au motif qu'elle avait été inscrite au SIS par les autorités allemandes pour avoir été déboutée de l'asile, et donc signalée aux fins de non-admission. De ce fait, le juge administratif a été amené à s'interroger sur la possibilité qui lui était offerte d'examiner les motifs du signalement au SIS par une autorité administrative étrangère.

Cette compétence du juge administratif ne semblait pas à première vue évidente :
Le Commissaire du Gouvernement Martin-Laprade a commencé par rappeler que traditionnellement, le juge administratif est le juge de droit commun de l'administration française, et de ce fait, il refuse de juger de la légalité et des conséquences des actes des autorités étrangères ou des organisations internationales[157]. Cependant, le juge administratif peut s'estimer compétent pour juger, « *par voie d'action comme par voie d'exception, du bien-fondé d'une décision administrative d'inscription au SIS, fût-elle prise par une administration étrangère, dès lors qu'elle est détachable d'un acte juridictionnel* »[158]. Tel était le cas dans l'espèce Mme Forabosco. Après avoir interrogé les autorités allemandes sur les motifs de signalement de Mme Forabosco, il avait été constaté que le motif de son inscription au SIS résultait seulement du rejet de sa demande d'asile présentée auprès des

[152] TA 3 avril 1995, *M. Igel c./ Préfet de la Moselle ;* JULIEN-LAFERRIÈRE F., *D.*, 1996, p. 103 Sommaire commenté.
[153] TA Lyon 6 avril 1995, *M. Vasile Ciuciu et Melle Citadela Ciuciu*, req. n° 9501291 et n° 9501292, Conclusions du Commissaire au gouvernement Laurence Helmlinger, *AJDA*, 20 septembre 1995, p. 648-652 ; GUIMEZANES N., « note », *JCP, éd. G.*, n° 25, 22450, p. 242-244 ; AUBIN E., « note de jurisprudence », *RDP*, 1996, p. 1457-1485.
[154] Cf. GAUTIER M., « Le dépassement du caractère national de la juridiction administrative française : le contentieux Schengen », Revue mensuelle Jurisclasseur droit administratif, mai 2005, p. 7-11.
[155] CE 9 novembre 1998, *M. Bafandi*, req., n° 186082 ; CE 9 juin 1999, *Mme Hamssaoui*, req. n° 190344 ; CE 6 décembre 2002, *Bolatdemirci*, req. n° 200898.
[156] CE 9 juin 1999 *M. et Mme Forabosco*, req. n° 190384 ; Concl. MARTIN-LAPRADE B., *AJDA*, 1999, p. 725 ; AUBIN E., « Les visas de long séjour et le droit d'asile », *LPA*, 4 janvier 2000, n°2, 13 ; *DPE*, bulletin 63, 1er septembre 1999, p. 8474, n° 131a.
[157] CE 22 juillet 1994, *Chambre syndicale du transport aérien, Leb.* tables p. 1208, à propos de la fixation du tarif des redevances de route exigées des exploitants d'aéronefs survolant le territoire français ; CE 29 décembre 1997, *Thorel*, rec. Lebon, p. 625, à propos du refus d'accès au fichier d'Interpol.
[158] MARTIN-LAPRADE B., *op. cit.*, p. 725 et s.

autorités allemandes. Ainsi, le Commissaire du Gouvernement Martin-Laprade conclut que « *ce motif n'était évidemment pas au nombre de ceux qui peuvent légalement justifier une inscription sur le SIS aux fins de non-admission.* » « *...S'étant aperçu de l'erreur de droit ainsi commise par les autorités allemandes, le ministère des Affaires étrangères les invita à la corriger*[159]*, selon la procédure prévue par le paragraphe 2 de l'article 106 de la convention, puis donna l'ordre de satisfaire la demande de Mme Forabosco* »[160].

Par conséquent, le juge administratif a décidé qu'en vertu de l'article 96 de la Convention qui énumère les motifs de signalement aux fins de non-admission, ces derniers ne permettaient pas de signaler Mme Forabosco au seul motif qu'elle avait présenté en vain une demande d'asile. Ce motif était insuffisant pour justifier le signalement (le juge administratif a donc estimé que la liste des motifs de l'article 96 est exhaustive). Ainsi les dispositions de Schengen apparaissaient comme suffisamment claires pour permettre au juge de censurer ce signalement, ce qui justifia l'annulation du refus de visa opposé en 1997 à Mme Forabosco.

Le contrôle par le juge des motifs de l'article 96 est très important, il permet de vérifier la bonne harmonisation des motifs du signalement et d'éviter, ainsi, les signalements trop excessifs, voir fantaisistes de certains États, justifiés par les conséquences irrémédiables du signalement aux fins de non-admission. De plus, comme l'indiquent les commentaires du Dictionnaire Permanent des étrangers à propos de l'arrêt Forabosco, « *Cette position du CE est particulièrement intéressante, lorsqu'on sait que la plupart des signalements aux fins de non-admission inscrits par l'Allemagne concernent les demandes d'asile déboutées...Notons la possibilité à terme de recourir à la compétence d'interprétation de la CJCE* »[161]. Enfin comme le souligne très justement le Commissaire du Gouvernement, M. Martin-Laprade « *il serait quand même souhaitable que toutes les (...) juridictions nationales adoptent la même position et (...) seule la CJCE peut les contraindre* »[162].

L'exemple donné par l'arrêt Forabosco montre que l'harmonisation des motifs de signalement peut créer des difficultés. Elle crée un contentieux nouveau, en matière de signalement des étrangers, né de l'application de la Convention d'application Schengen. Ce contentieux « enrichit » la définition de celui qui est admissible dans le territoire commun et de celui qui ne l'est pas.

---

[159]Article 111 :1er « *Toute personne peut saisir, sur le territoire de chaque partie contractante, la juridiction ou l'autorité compétentes en vertu du droit national, d'une action notamment en rectification (d'une erreur matérielle), en effacement (d'une erreur de droit), en information ou indemnisation en raison d'un signalement la concernant.* » 2ème « *Les parties contractantes s'engagent mutuellement à exécuter les décisions définitives prises par les juridictions ou autorités visées au paragraphe 1, sans préjudice des dispositions de l'article 116.* » *Et l'article 116 :1er* « *Toute partie contractante est responsable, conformément à son droit national, de tout dommage causé à une personne du fait de l'exploitation du fichier national du Système d'information Schengen. Il en est également ainsi lorsque les dommages ont été causés par la partie contractante signalante, celle-ci ayant intégré des données entachées d'erreur de droit ou de fait.* » 2ème « *Si la partie contractante contre laquelle une action est intentée n'est pas la partie contractante signalante, cette dernière est tenue au remboursement, sur requête, des sommes versées à titre d'indemnisation, à moins que les données n'aient été utilisées par la partie contractante requise en violation de la présente Convention* ».

[160] MARTIN-LAPRADE B., *op. cit.*, p. 725et s.

[161] DPE, bulletin n° 63, 1er septembre 1999, n° 161, 1er, p. 8474.

[162] MARTIN-LAPRADE B., *op. cit.*, p. 6.

b) Les extensions jurisprudentielles du contrôle du bien fondé du signalement au SIS

Depuis l'arrêt Mme Hamssaoui[163], le Conseil d'État exige de connaître, en plus des motifs du signalement, l'auteur et la date du signalement. Dans le cas qui nous intéresse, le juge administratif applique la jurisprudence Huberschwiller[164], en demandant au quai d'Orsay de lui communiquer tous les éléments nécessaires à l'inscription de Mme Hamssaoui au SIS. Le juge ajoute que la seule mention du droit d'accès à la CNIL n'est pas une motivation suffisante[165]. A ce propos, il convient de signaler que depuis la loi Chevènement du 11 mai 1998, l'article 5 alinéa 1° de l'ordonnance de 1945 impose la motivation d'un refus de visa quand la personne est signalée au SIS. La jurisprudence précédemment développée est ainsi légalisée.

Par ailleurs, en plus de la date et de l'auteur du signalement, la décision exécutoire[166] en vertu de laquelle les intéressés ne peuvent être admis sur le territoire des pays signataires de la Convention de Schengen doit être mentionnée. Autrement dit, on retiendra que le juge peut requérir des autorités administratives compétentes la production de tous les documents nécessaires à la solution du litige, à la seule exception de ceux couverts par un secret garanti par la loi. Le juge demande au Ministre des affaires étrangères la communication dans un délai de deux mois de tous les éléments relatifs à l'inscription du requérant et de sa famille, et notamment l'identité de l'auteur qui a procédé au signalement et le motif[167] de ce dernier. L'insuffisance[168] du signalement au SIS et une erreur de signalement[169] peuvent entraîner une annulation ou un réexamen de la situation.

Enfin, en application de l'article 106 de la Convention d'application Schengen, le juge administratif[170] peut être amené à effacer[171] les erreurs[172] concernant l'identité de la personne signalée (des erreurs liées à l'inexactitude matérielle des faits en raison d'une fausse identité inscrite au SIS[173], erreurs liées aux « alias »). De même, le juge administratif a affirmé un droit d'accès aux données[174] pour l'instruction ou pour les particuliers, conformément aux exigences de l'article 39 de la loi du 6 janvier 1978[175] et des articles 109 et 110 de la Convention d'application Schengen.

---

[163] CE 9 juin 1999, *Mme Hamssaoui*, req. n° 190344 ; *DPE*, bulletin 63, 1er septembre 1999, p. 8474, n° 131a.

[164] CE 23 décembre 1988, *Banque de France c./ Huberschwiller*, *RFDA*, 1989, p. 973, Concl. Daël, le juge administratif impose la délivrance des pièces lui permettant d'apprécier la réalité des faits invoqués par les autorités administratives pour justifier une mesure de police.

[165] Confirmée par CE 28 juillet 2000, *M. Faifer*, req. n° 205435

[166] TA Besançon 13 avril 1995, *M. Marchidon* ; CE 30 juillet 1997, *Préfet des hauts de Seine*, req. n° 170057 ; TA Versailles 8 octobre 1998, *M. Turker c./ Préfet de l'Essonne*, req. n° 98-3118.

[167] CE 29 déc. 2000, *Bolatdemirci*, req. n° 200898 ; CE 29 décembre 2000, *Sahin*, req. n° 206277.

[168] CE 6 décembre 2002, *Bolatdemirci*, req. n° 200898.

[169] CE 11 février 2005, *Akaichi*, req. n° 260314.

[170] Le juge des référés TA Lille 16 avril 2002, *V. c./ Préfet du Nord Pas de Calais*, req. n° 021741. Il applique la jurisprudence du Conseil d'État et limite les dérives du fichage, lorsque la justification est insuffisante (signalement effacé, réponse partielle, motifs inconnus)

[171] CE 2 juin 2003, *Mme Hak Ja Han M.*, req. n° 194295, relatif à l'effacement des données entachées d'erreur de droit ou d'erreur de fait.

[172] Le doute bénéficie à l'étranger quand une erreur de signalement au SIS ou des renseignements incomplets ne suffisent pas à établir que la personne est inscrite au SIS : CE 30 avril 2004, *Balde*, req. n° 221951.

[173] CE 29 septembre 1999, *M. Sebbar*, req. n° 196825 ; *DPE*, bulletin 65, 1er novembre 1999, p. 8422, n°131 a.

[174] CE 6 novembre 2002, *Moon*, req. n° 194295, req. n° 219587, req. 219588 ; *AJDA*, 2002, p. 1337.

[175] CE 10 janvier 2003, *Abdelmounene*, req. n° 229222 ; CE 23 mai 2003, *M. Gheorghita C.*, req. n° 237934 ; CE 23 mai 2003, *Catrina*, req. n° 237934 : le juge administratif n'est pas compétent pour statuer sur la légalité des

Le juge administratif a donc un rôle intéressant et constructif, il apparaît comme le « gardien des garanties » contre les signalements abusifs. En ce sens, Emmanuel Aubin se demande si « *le rôle constructif joué par le juge administratif qui contrôle le bien fondé du signalement amènera [t-il] les autorités administratives françaises à se montrer plus exigeantes vis-à-vis des autorités européennes à l'origine du signalement au SIS ?* »[176].

La rigueur de la jurisprudence administrative incite les administrations françaises à motiver correctement leurs décisions de refus de visa lors d'un signalement au SIS par un autre État. En effet, il convient de mentionner la conséquence parfois très protectrice de ce contrôle juridictionnel qui annule la décision de refus de visa et qui aboutit « *à la négation de l'existence du signalement* »[177]. Les arrêts Rosenthal[178] et Sebbar[179] témoignent des erreurs de signalements effectuées par les autres autorités administratives européennes. Ces solutions jurisprudentielles viennent préciser la définition de celui qui n'est pas admis, l'étranger indésirable, et donc a contrario, celui qui est autorisé à pénétrer sur le territoire commun.

Enfin force est de constater avec Didier Bigo et Elizabeth Guild que « *les procédures sont harmonisées mais les contenus ne le sont pas. Dès lors, son usage (SIS) à la frontière comme ultime vérification relève plus de la croyance partagée dans la technologie que de l'efficacité réelle du système. (...) Le SIS reste avant tout un moyen technique pour la police des étrangers* »[180], et ce, alors que l'on reproche au SIS son manque de transparence, de contrôle et de responsabilité[181].

Une fois autorisés à pénétrer sur le territoire, certains migrants seront admis à séjourner plus de trois mois sur le territoire commun, et ainsi ils pourront s'installer et résider durablement.

Section II : L'admission au séjour en voie d'harmonisation communautaire

A la fin de l'année 2000, la totalité des étrangers présents dans les quinze États membres de l'Union européenne était estimée à 13 millions ; un pourcentage important au regard de la population dans l'Union (377 millions[182]). L'Europe est aujourd'hui l'une des premières terres d'immigration. Les motifs[183] d'admission au séjour (plus trois mois) vers les pays membres sont variées : admission pour raison familiale (regroupement familial), pour raison économique (bien que cette dernière soit très restrictive voire interdite en France depuis la fermeture des frontières à l'immigration de travail[184]), pour poursuivre des

---

décisions des autorités des autres États parties qui fondent ce signalement.

176 AUBIN E., « La Convention de Schengen devant le Conseil d'État, le contrôle juridictionnel des refus de visas », *JCP*, 13 février 2002, p. 334.

177 AUBIN E., *ibid.*, p. 334.

178 CE 29 décembre 2000, *M. Rosenthal*, req. n° 204173.

179 CE 29 septembre 1999, *M. Sebbar*, req. n° 196825.

180 BIGO D., GUILD E., *op. cit.*, *Cultures et Conflits*, n° 49/50, 2003.

181 VAN BUUREN J., « Les tentacules du SIS », *Le Monde Diplomatique*, mars 2003, p. 8.

182 Migration News, november 2000, vol.7, n° 11, « UE : third-country migrants », http://migration.ucdavis.edu/mn/nov_2000-08mn.html.

183 Rappelons que l'admission en Europe est exceptionnelle (sauf pour l'admission familiale, économique, études etc.).

184 Fermeture des frontières aux travailleurs étrangers depuis 1974.

études, une formation, pour faire du volontariat ou effectuer des recherches scientifiques (les étrangers viennent temporairement apprendre dans les universités européennes ou se former dans les entreprises européennes). Enfin, les États membres ont récemment reconnu la possibilité d'admettre au séjour les victimes de l'aide à l'immigration clandestine et de la traite des êtres humains.

Jusqu'ici, les politiques d'immigration familiale, économique et d'étude ont été élaborées au plan interne avec des différences selon les États membres. Aujourd'hui, le désir de ceux-ci est de s'intéresser à ces différentes migrations en tentant d'harmoniser un ensemble de normes disparates, qui formeraient un socle commun de normes minimales. Ce travail est en cours.

Une fois régulièrement admis au séjour pour l'un de ces motifs évoqués ci-dessus, l'étranger peut devenir (sous certaines conditions) résident de longue durée. Cette catégorie de ressortissants tiers bénéficierait de garanties importantes sur le plan du séjour et de l'exercice de ses droits.

L'analyse des travaux d'harmonisation des différents motifs d'admission au séjour (familiale, économique, à des fins d'études de formation de recherches, victime de la traite) constituera le premier paragraphe. Certains de ces migrants, une fois qu'ils sont admis au séjour par un État membre, se voient délivrer un titre de séjour. Les États membres souhaitent, en complément des politiques d'harmonisation de l'immigration, instaurer un titre de séjour commun pour les résidents de longue durée. Les étapes de la communautarisation d'un titre de séjour pour les résidents de longue durée seront étudiées dans le second paragraphe.

§ I : Les différents motifs d'admission au séjour en cours d'harmonisation

Il a été constaté combien le nombre[185] d'étrangers résidents est important dans l'Union européenne. En France, en 2002[186], les chiffres du Rapport annuel de la Direction de la Population et des Migrations (DPM) comptabilisaient 25 150 ressortissants d'État tiers bénéficiaires du regroupement familial, dont environ 17 000 par la procédure normale d'introduction, par an[187]. Il est clair qu'au vu des chiffres en France, on devine sur l'ensemble des États membres[188] que la procédure de regroupement familial est devenue pour l'Union européenne un enjeu de maîtrise des flux migratoires. C'est pourquoi une directive communautaire enclenche une phase d'harmonisation des procédures pour obtenir

[185] Voir Article sur la difficulté d'obtenir des statistiques sur la présence étrangère en Europe. LENNERT M. et DECROLY J. M., « Comment mesurer les migrations, une histoire de données et d'indicateurs », *in Les nouvelles migrations, un enjeu européen*, (Sous la direction de BRIBOSIA E. et REA A.), éd. Complexe, 2001, Bruxelles, p. 37-49.

[186] Selon le rapport 2004 au Parlement, les orientations de la politique de l'immigration, il y a eu 26 768 personnes bénéficiaires du regroupement familial.

[187] Contre en Allemagne 55 000 à 65 000 étrangers qui obtiennent un visa aux fins de regroupement familial, « mais d'après les estimations, le nombre réel d'immigrés non ressortissants de l'UE admis au titre du regroupement familial serait sensiblement plus élevé, probablement entre 150000 et 200 000 par an. », in Le statut des personnes admises au regroupement familial, études comparatives de la législation et la pratique de certains pays européens, (Sous la direction de PEERS S., BARZILAY R., GROENENDIJK K., GUILD E.), éd. Conseil de l'Europe, 2000, p. 27.

[188] Plus de treize millions de ressortissants tiers résidents, DOLLAT P., *Libre circulation des personnes et citoyenneté européenne : enjeux et perspectives,* éd. Bruylant, Bruxelles, 1998, p. 317.

une convergence du droit du regroupement familial et en conséquence maîtriser au mieux les déplacements de cette migration familiale importante (A).

En même temps, les États membres cherchent à harmoniser les conditions d'admission au séjour des travailleurs migrants. Or, comme le rappelle M. Moulier-Boutang, c'est une « *nécessité de transférer au niveau européen, la politique d'immigration, seul niveau politique et institutionnel capable de proposer un nouveau paradigme du système migratoire définissant un statut clair du droit d'entrée et d'installation et appréhendant d'emblée les immigrés comme des citoyens et non comme de simples travailleurs* »[189] (B).

La directive relative aux conditions d'entrée et de séjour des ressortissants de pays tiers aux fins d'études, de formation professionnelle ou de volontariat et la directive sur les ressortissants de pays tiers scientifiques constituent des instruments d'harmonisations communautaires. Il conviendra d'étudier les grandes lignes dégagées par ces directives, en analysant leurs impacts dans le droit interne français (C).

Enfin, le cas particulier de l'harmonisation de la protection sur place des victimes de la traite des êtres humains fera l'objet de notre dernière étude puisqu'une directive institue un titre de séjour de courte durée pour les victimes et que cette protection a été transposée en droit interne (D).

A/ L'harmonisation des politiques d'immigration familiale

Depuis la politique de fermeture des frontières de la plupart des pays membres, la réunion de la famille[190] est, avec le droit d'asile, l'une des seules causes légales qui permette de pénétrer dans l'Union européenne. En France, le régime général[191] du regroupement familial découle de l'ordonnance du 2 novembre 1945 et notamment du décret n° 2005-253 du 17 mars 2005[192]. Son histoire accompagne celle de l'immigration économique du pays[193].

---

[189] MOULIER-BOUTANG Y., « L'avenir des migrations vers l'Europe : changer de système migratoire et de paradigme », *in les nouvelles migrations, un enjeu européen,* (Sous la direction de BRIBOSIA E., et REA A.), éd. Complexe, 2002, Bruxelles, Introduction, p. 15 et p. 75-92.

[190] APAP J., SITAROPOULOS N., « The right to family and reunification of third country migrants in the host states : Aspects of the international and European law », *in droit et politique de l'immigration et de l'asile de l'Union européenne,* Summer Book 2001, option immigration, réseau Odysseus ULB, p. 294.

[191] Il sera étudié le statut particulier du ressortissant algérien, dans la Partie I, Titre I, Sous Titre II, Chapitre I, Section II.

[192] Décret n° 2005-253 du 17 mars 2005 *relatif au regroupement familial des étrangers pris en application du livre IV du code de l'entrée et du séjour des étrangers et du droit d'asile,* JORF, N° 66 du 19 mars 2005, p. 4677. Ce décret permet l'application totale de la loi du 26 novembre 2003 sur le dispositif du regroupement familial. Ce décret de 2005 abroge le décret n° 99-566 du 6 juillet 1999, qui mettait en application les dispositions de la loi du 11 mai 1998, qui remplaçait le décret du 7 novembre 1994 appliquant la loi Pasqua de 1993 du 24 août 1993, n° 93-1027. L'OMI participait à la procédure de regroupement mais depuis la loi n° 2005-32 du 18 janvier 2005 et surtout le décret n° 2005-381 du 20 avril 2005 relatif à l'Agence nationale de l'accueil des étrangers et des migrations et modifiant le code du travail (JORF du 24 avril 2005), l'OMI est remplacée par l'Agence Nationale et l'accueil des étrangers et des migrations (ANAEM).

[193] WEIL P., *La France et ses étrangers. L'aventure d'une politique de l'immigration,* 1938- 1991, éd. Calmann Lévy, 1991 ; JAULT-SESEKE F., *Le regroupement familial en droit comparé français et allemand,* bibliothèque de droit privé, éd. LGDJ, 1996 ; GISTI, *Immigration familiale dans l'impasse, mars 1985, le nouveau dossier de l'immigration familiale,* janv. 1984 ; BERNARD P., *Immigration : le défi mondial,* Gallimard folio actuel, éd. 2002 ; PEROTTI A., « Quel avenir pour le droit des immigrés extra-communautaires de vivre en famille dans l'Union européenne ?, Migrations et Société, Vol 6, n° 35, septembre 1994, p. 43-46 ; KAYSER P., « Le regroupement familial dans le droit communautaire, la Convention des droits de l'Homme et le droit interne

Ce n'est qu'à partir du décret de 1976[194] que les membres de la famille du travailleur étranger ont pu « officiellement » venir sur le territoire français. Cette faculté est alors devenue un droit[195]. Il faudra attendre la loi du 10 janvier 1980[196] pour que le regroupement familial soit légalisé puis constitutionnalisé ensuite en 1993 par le Conseil constitutionnel[197].

En outre, le regroupement familial est largement reconnu par les normes supranationales. Si le droit international traite la question (1), les États membres sont en train de définir une approche régionale de l'immigration familiale (2) en construisant un « statut » harmonisé du droit au regroupement familial grâce à une directive (3).

1/ La notion de regroupement familial dans le droit international des droits de l'Homme

Les droits familiaux sont garantis dans le droit international des Droits de l'Homme[198]. Depuis la deuxième guerre mondiale. Ils apparaissent dans les Pactes internationaux des Nations Unis signés en 1966 où les droits civiques, politiques, économiques, sociaux et culturels renvoient explicitement aux droits dont dispose une famille : les droits fondamentaux de la société[199]. Toutefois, le regroupement familial est souvent assimilé par le droit international à une immigration économique du travailleur étranger, qui migre avec sa famille pour améliorer leurs conditions de vie. C'est pourquoi, la Convention n° 143[200] de l'organisation internationale du travail encourage les États à faciliter le regroupement familial de tous les travailleurs migrants résidant légalement sur le territoire.

---

français », JCP, éd. G, n° 21-22, p. 235-244.

[194] Décret n° 76-383 du 29 avril 1976 (JO 2 mai 1976).

[195] Et surtout après le célèbre arrêt *GISTI* du Conseil d'État, ass. 8 déc. 1978, rec. 493 ; dans lequel un principe général du droit est dégagé : *« Les étrangers comme les nationaux ont le droit de mener une vie familiale normale »* ; LONG M., WEIL P., BRAIBANT G., DELVOLVÉ P., GENEVOIS B., *GAJA*, 14e éd. 2003, n° 92, p. 636 ; DONDOUX *P.*, *Droit social*, 1979, p. 57 ; DUTHEILLET et de LAMOTHE et ROBONEAU, *AJDA*, 1979, (3) p. 38 ; HAMON L., *D.* 1979, p. 661 ; DELVOLVE P., *D.* 1979, *IR.* p. 94 ; BONNECHÈRE *M.*, *Droit ouvrier*, 1979, p. 1.

[196] Loi du 10 janvier 1980, n° 80-9 et n° 81-973 du 29 octobre 1981.

[197] GENEVOIS B., « Un statut constitutionnel pour les étrangers. A propos de la décision du Conseil constitutionnel n° 3-325 DC du 13 août 1993 », *RFDA*,1993, p. 871.

[198] CHOLEWINSKI R., *Migrant workers in international human right law, Oxford*, Clarendon Press, 1997, p. 332-333 ; ANDERSFUHREN-WAYNE C.-S., « Family unity in immigration and refugee matters : United States and European approaches », *in International journal of refugee law*, (1996), p. 347.

[199] Article 23 du PIDCP, « *1. La famille est l'élément naturel et fondamental de la société et a droit à la protection de la société et de l'État. 2. Le droit de se marier et de fonder une famille est reconnu à l'homme et à la femme à partir de l'âge nubile. 3. Nul mariage ne peut être conclu sans le libre et plein consentement des futurs époux. 4. Les États parties au présent Pacte prendront les mesures appropriées pour assurer l'égalité de droits et de responsabilités des époux au regard du mariage, durant le mariage et lors de sa dissolution. En cas de dissolution, des dispositions seront prises afin d'assurer aux enfants la protection nécessaire* ».
Ce droit est rappelé par la proposition modifiée de directive sur le regroupement familial Doc 599PC0638 du 1er décembre 1999 (§3.1).

[200] Ratifié en Europe par l'Italie, le Portugal et la Suède. Voir aussi l'article 8 de la Convention n° 97 du 1er juillet 1949 de l'OIT concernant les travailleurs migrants (*RTNU*, vol 120, p. 71-103) et les articles 13 à 19 de la recommandation n° 151 du 4 juin 1975 de l'OIT, *in Convention et recommandations internationales du travail*, vol II, Bureau International du Travail, Genève, p. 958.

De même, l'ONU a adopté une Convention internationale sur la protection des droits des travailleurs migrants et de leurs familles[201]. Assez complète[202] et surtout exigeante dans les droits proclamés[203], cette Convention n'a pas été ratifiée par la France ni par aucun autre pays membre[204].

Une autre Convention de l'ONU fait référence « par ricochet » à la réunion de la famille : c'est la Convention internationale relative aux droits de l'enfant du 20 novembre 1989. L'enfant ne doit pas être séparé de sa famille[205], son intérêt supérieur doit prévaloir[206].

Enfin, l'acte final plénipotentiaire adopté après la Convention de Genève de 1951 relative au statut de réfugié, fait état de la réunion de la famille du réfugié. Ces affirmations sont complétées par les conclusions du HCR sur l'unité familiale et les droits dont peuvent bénéficier les parents et les enfants de réfugiés[207].

Sur le plan européen, les articles 8 et 12 de la Convention européenne de sauvegarde des droits de l'Homme protègent la famille. Cependant, la jurisprudence n'impose aucune obligation pour l'État d'accueil d'accepter la réunion de la famille lorsque celle-ci est possible dans le pays d'origine. Ainsi, aucun droit au regroupement familial illimité n'est accordé puisque les États d'accueil disposent d'un droit discrétionnaire sur l'autorisation du regroupement. La jurisprudence[208] de la Cour européenne des droits de l'Homme ajuste et limite ce droit discrétionnaire des États en cas d'atteinte disproportionnée à la vie familiale prévue par l'article 8 de la CEDH[209].

Depuis 1988, les travaux du Parlement et du Conseil de l'Europe se sont développés depuis la Recommandation (1082) sur « *les droits de résidences des travailleurs migrants et les membres de leur famille*[210] » jusqu'à la dernière Recommandation de 2002 sur « *le statut juridique des personnes admises au regroupement familial* »[211].

La Convention européenne sur les travailleurs migrants[212] de 1977 et la Charte Sociale Européenne[213] renseignent sur les droits qui découlent du regroupement familial,

---

[201] Adoptée par l'assemblée générale dans sa Résolution 45/158, du 18 décembre 1990.

[202] A titre d'exemple, l'article 39, 1. stipule que « *Les travailleurs migrants et les membres de leur famille ont le droit de circuler librement sur le territoire de l'État d'emploi et d'y choisir librement leur résidence. 2. Les droits mentionnés au paragraphe 1 du présent article ne peuvent faire l'objet de restrictions que si celles-ci sont prévues par la loi, nécessaires pour protéger la sécurité nationale, l'ordre public, la santé ou la moralité publiques, ou les droits et libertés d'autrui, et compatibles avec les autres droits reconnus par la présente Convention* ».

[203] Accès à l'éducation, formation professionnelle, à la santé, égalité de traitement avec les travailleurs nationaux etc.

[204] Cf. Partie II, Titre II, Sous Titre II, Chapitre I, Section III.

[205] Article 8.1, 9.1, 10.1

[206] Article 3-1.

[207] Conclusions n° 9 (XXVIII), n° 24 (XXXII), n° 84 (XLVIII), n° 85 (XLIX) et 50e session de 1999.

[208] CEDH 19 février 1996, *Gül c./ Suisse*, rec. 1996-1, req. n° 53/1995/559/645 ; CEDH 21 décembre 2001, *Sen c./ Pays Bas*, req. n°31465/96.

[209] Cf. Partie II, Titre I, Sous Titre I, Chapitre I.

[210] Council of Europe, parliamentary assembly, recommendation 1082 (1988) on the right of permanent residence for migrant workers and members of theirs families, 30 Junes 1988.

[211] Recommandation sur *le statut des personnes admises au regroupement familial*, rec. (2002), 4, du 26 mars 2002. Voir aussi Parliamentary assembly Recommendation, 841 (1978) on *second generation migrants*, 30.09.1978; Recommendation 1066 (1987) on *the social protection of migrant workers and theirs families*, 07.10.1987; Committee of minister, recommendation, concerning *the security of residence of long term migrants*, 13 September 2000.

[212] Article 12, cette Convention est en vigueur dans quelques États membres : en France, Italie, Pays Bas, Portugal,

mais ces deux instruments ont une portée très limitée dans leur application matérielle et spatiale[214].

Enfin, dans ses articles 7 et 9, la Charte des droits fondamentaux de l'Union européenne[215] du 7 décembre 2000 confirme les droits de la famille.

2/ L'émergence d'une politique européenne d'immigration familiale

La politique européenne de l'immigration familiale a débuté à partir du Traité de Maastricht avec l'élaboration d'une Résolution (a), mais ce n'est qu'avec les modifications apportées par le Traité d'Amsterdam que les États ont pu adopter une directive sur le droit au regroupement familial (b).

a) Le regroupement familial et le Traité de Maastricht

La prise en compte communautaire de la politique familiale de l'immigration a débuté dès l'adoption du Traité de Maastricht. Le 30 juin 1993, les institutions européennes tentent un premier effort d'harmonisation des possibilités de réunion des familles étrangères, avec l'adoption d'une Résolution[216]. Cet instrument ne disposant pas de valeur contraignante pour les autorités nationales, le contenu de la Résolution a simplement influencé les différentes législations européennes. Le champ de cette Résolution est réduit puisqu'il ne concerne que les cas de regroupement familial qui offrent *« une perspective de résidence permanente ou à long terme »*. Cela peut s'expliquer par le fait « *que les États membres ont des politiques et des pratiques distinctes en ce qui concerne d'autres catégories de ressortissants de pays tiers, notamment les personnes autorisées à travailler pendant une période déterminée ainsi que les étudiants* »[217]. Le champ des bénéficiaires concerne la cellule restreinte de la famille, excluant ainsi les ascendants ou les collatéraux. Cependant, une possibilité est offerte aux États membres qui, pour « *des raisons impérieuses* », peuvent user de leur pouvoir discrétionnaire et admettre d'autres catégories de membres de la famille. Une exception demeure, la polygamie, qui est exclue par le droit des États membres. Ce dernier point confirme la conception de l'intégration familiale commune aux États européens et notamment celle de la France[218].

En 1997, une Résolution[219] sur les mariages de complaisance précise la conception de la politique européenne de l'immigration familiale. En effet, en même temps qu'elle

---

Espagne, et en Suède, (*S.T.E*, n° 93).

213 12 octobre 1961, article 19 § 6.

214 Cf. Partie II, Titre I, Sous Titre II, Chapitre II, Section I.

215 Charte européenne des droits de l'Homme, proclamée le 7 décembre 2000, à Nice, JOCE du 18 décembre 2000, n° C364.

216 Résolution sur *l'harmonisation des politiques nationales en matière de regroupement familial* du 1er juin 1993 adopté à Copenhague, non publiée.

217 BERGER N., *La politique de l'immigration et de l'asile en Europe*, éd. Buylant, Bruxelles, 2000, p. 108-109, note (4).

218 En France, jusqu'à la loi de 1993, un arrêt du CE admettait que le droit de la vie familiale devait être apprécié au regard de la loi personnelle de l'étranger considéré. (CE 11 juillet 1980 *Montcho, RCDIP* 1981, p. 658). Depuis la loi 1993, la polygamie est interdite dans le cadre du regroupement familial. Voir étude DPE, feuillet 13, Regroupement familial, Polygamie ; RUDE-ANTOINE E., « La polygamie face au droit positif français », *Migrations et Société*, Vol 6, n° 35, septembre 1994.

219 Résolution du Conseil 97/C382/01 du 4 décembre 1997, *sur les mesures à adopter en matière de lutte contre les mariages de complaisance*, JOCE C 382, 16 décembre 1997.

s'intéressait à l'intégration des étrangers, cette Résolution témoignait d'une autre préoccupation des États, l'autre versant de la politique familiale : la lutte contre l'immigration clandestine et le contrôle des abus des politiques familiales par les étrangers.

Le dernier essai enfin, est une proposition d'acte du Conseil, relative aux règles d'admission des ressortissants des États tiers établie le 29 septembre 1997 ; ce projet d'acte a le mérite d'englober toutes les questions relevant des diverses situations d'admission et de séjours des ressortissants d'État tiers. Il consacre son chapitre VII à l'admission aux fins de regroupement familial[220]. L'article 2 de la proposition définit le principe du regroupement familial de la façon suivante : « *un ressortissant de pays tiers qui réside légalement dans un État membre depuis au moins un an et qui, à la date de l'introduction de la demande, dispose d'un droit de séjour dans cet État membre valable au moins un an, peut exercer son droit au regroupement familial* ». Dans l'article 31, il est intéressant de constater que le bénéficiaire du regroupement familial se voit octroyer un statut *autonome* ; en effet, il peut, en cas de veuvage, de séparation de corps, de décès des parents, d'accès à la majorité, introduire une demande d'autorisation de séjour à titre personnel. Cette disposition est assez singulière et intéressante, car elle soulève la question de l'indépendance du statut quand un événement vient mettre fin à la relation qui lie le regroupé au regroupant. Cette mesure apporte ainsi la possibilité de protéger les bénéficiaires, dans l'avenir. Toutefois, ce projet de Convention n'a abouti à aucun accord en raison des modifications amenées par le Traité d'Amsterdam.

b) Le regroupement familial et le Traité d'Amsterdam

Avec l'entrée en vigueur des modifications apportées par le Traité d'Amsterdam et l'impulsion donnée par le Sommet de Tampere en octobre 1999[221], une étape cruciale de la politique familiale est franchie. Le regroupement familial est devenu une matière « communautaire »[222] ; il dépasse le cadre de la coopération intergouvernementale et des instruments jusqu'alors adoptés par le Conseil du Justice Affaire Intérieure (JAI). Dès le 1er décembre 1999, un projet de directive est proposé sur le droit au regroupement familial. Cet instrument sera l'un des premiers « chantiers » entrepris par les institutions européennes, mais ce ne sera pas le premier entériné, et ce, en raison des difficultés qu'ont rencontrées les États pour s'entendre sur l'harmonisation de la politique d'admission des familles étrangères dans l'Union. La première proposition de 1999 a fait l'objet de nombreuses « corrections » : une nouvelle proposition a été présentée le 10 octobre 2000[223]. Mais la discussion de ce texte a causé de nombreux blocages ; plus d'un an après il n'était toujours

---

[220] Adoption par la Commission 29/09/1997, JOCE 1997/337 du 07 novembre 1997, p. 9 ; Avis du Parlement 13/07/1998 et 10/02/ 1999, le texte n'est donc pas adopté actuellement. L'entrée en vigueur du Traité d'Amsterdam a retardé et entériné ce texte.

[221] Notons que le plan d'action du Conseil et de la Commission du 3 décembre 1998 (JOCE 19 du 23 janvier 1999, p. 1) prévoyait aussi un instrument futur sur le statut juridique des immigrés légaux y compris un titre de séjour pour le regroupement familial. Instruments confirmés par le Conseil européen réuni à Vienne. (12 décembre 1998, Conclusions de la présidence point 85).

[222] Ce n'est pas réellement une communautarisation puisque sur le plan institutionnel, il demeure une limite non dépassée, celle du mode de décision : la règle de l'unanimité qui appauvrit la décision communautaire, voir en ce sens DE BRUYCKER P., « Vers une politique européenne de l'immigration économique ? », *in Les nouvelles migrations, un enjeu européen*, (Sous la direction de BRIBOSIA E., et REA A.), éd. Complexe, 2001, Bruxelles, p. 157-182.

[223] L'adoption du projet par la Commission date 01/12/1999, JOCE/1999/638/final et adoption de la proposition modifiée le 10/10/ 2000, Com/2000/624/ final du 10/10/2000, bull. 10-2000/1.4.2

pas approuvé. Au sommet de Laeken du 14 et 15 décembre 2001, de nouvelles impulsions ont été engagées pour rattraper le retard pris dans les négociations. Le 2 mai 2002 la Commission a soumis une troisième proposition de directive modifiée[224]. La directive a été finalement adoptée le 22 septembre 2003[225].

Sur un plan institutionnel, cette directive entre dans les compétences de l'article 63 §3 du Traité TCE : « *...les conditions d'entrée et de séjour, ainsi que les normes concernant les procédures de délivrance par les États membres de visas et titres de séjour de longue durée, y compris aux fins de regroupement familial...* ». Rappelons que si cette base juridique découle du pilier communautaire, il n'en reste pas moins que le mode d'adoption des textes est resté « enchaîné » à la procédure de l'unanimité, ce qui a énormément ralenti le processus législatif.

Les directives doivent respecter les principes fondamentaux du droit communautaire : principe de subsidiarité et de proportionnalité. La directive relative au regroupement familial (2003) justifie la subsidiarité[226] du droit communautaire : « (...) *étant donné que les objectifs de l'action envisagée, à savoir l'instauration d'un droit au regroupement familial des ressortissants de pays tiers qui est exercé selon des modalités communes, ne peuvent pas être réalisés de manière suffisante par les États membres et peuvent donc en raison des dimensions ou des effets de l'action être mieux réalisés au niveau communautaire* »[227]. Le principe de proportionnalité[228], (qui renvoie à l'efficacité du droit communautaire) est respecté par le choix d'utiliser la directive (plus souple) plutôt que le règlement. En effet, la directive permet de poser un cadre juridique suffisamment étendu pour que les États adaptent leur droit national, tout en gardant suffisamment d'espace pour leurs législations nationales plus protectrices, ou pas encore concernées par la directive. Le choix de la directive est justifié par le fait que « *...la directive se limite au minimum requis pour atteindre cet objectif et n'excède pas ce qui est nécessaire à cette fin* »[229]. De même, la directive a pour fonction de « *rapprocher de façon non autoritaire les législations* »[230]. Autrement dit, c'est un instrument d'harmonisation et non d'uniformisation juridique contrairement au règlement communautaire[231]. En ce sens, Guy Isaac définissait la directive comme « *un partage des tâches et une collaboration entre le niveau communautaire et le niveau national, donc plus souple et respectueuse des législations nationales* »[232].

Le but de ce nouvel instrument était de parvenir à un compromis entre les diverses législations européennes. Or, les négociations de la proposition de directive modifiée

---

[224] Proposition modifiée de directive du Conseil relative *au droit au regroupement familial*, Bruxelles, le 2/05/2002, COM (2002) 225 final.

[225] Directive 2003/86/CE du Conseil du 22 septembre 2003 *relative au droit au regroupement familial*, JOUE L 251/12, 3/10/2003.

[226] Voir pour une définition, CARTOU L., CLERGERIE J.L., GRUBER A., RAMBAUD P., L'Union européenne, 3°éd. Dalloz, 2000, Paris, p. 182-183. « *Le principe de proportionnalité réunit trois principes, soumet l'exercice des compétences communautaires à trois critères : la légalité, l'opportunité, la proportionnalité.* » (...) « *La communauté n'excède pas ce qui est nécessaire pour atteindre les objectifs du présent Traité* ».

[227] §16 de la directive relative sur le regroupement familial (2003).

[228] CARTOU L. et autres., op. cit., p. 186-187, « *ce principe impose aux institutions communautaires de n'utiliser que des moyens strictement proportionnés aux objectifs poursuivis, afin que les charges qu'elles peuvent imposer ne soient pas « démesurées par rapports aux buts visés* ».

[229] §16 de la directive.

[230] RENEAUD F., *Recherches sur les rapports entre les ordres juridiques*, Thèse de doctorat de droit public, Septentrion, 1999, p. 327 et s.

[231] ISAAC G., BLANQUET M., *Droit communautaire général*, 8°éd. Armand Colin, Paris, 2001, p. 144.

[232] *Ibid.*, p. 197.

(2000) n'ont pas abouti, en raison des mesures d'harmonisation trop ambitieuses. La diversité des législations des États membres a freiné les négociations : rappelons que l'Autriche utilise la technique des quotas pour autoriser les entrées des ressortissants tiers tandis que les autres États disposent d'un droit au regroupement familial avec des dispositions plus ou moins variées sur les conditions d'admission. La proposition de directive modifiée (2002) se devait d'être beaucoup plus conciliante et donc plus « flexible » dans ses dispositions. Le GISTI commente très justement la dernière proposition (2002) (très proche du texte adopté en 2003) en déclarant : « *le résultat est un texte très affaibli par les compromis qu'a dû intégrer la Commission européenne pour éviter les blocages. L'exposé des motifs de la Commission traduit un véritable recul non seulement par rapport aux versions antérieures de sa proposition, mais par rapport aux principes affichés depuis le Traité d'Amsterdam. La Commission reconnaît qu'elle doit adopter une nouvelle méthode en plusieurs étapes pour parvenir à l'harmonisation des législations en matière de regroupement familial* »[233].

Pour ce qui concerne les bénéficiaires du regroupement familial, la première proposition (1999) faisait état d'une harmonisation vers le haut, marquée par un désir de « transcender » les particularités de chaque État. Le contenu de la proposition de 2002 et de la directive (2003) adoptée est moins ambitieux dans ses objectifs d'harmonisation. Il laisse beaucoup d'aptitudes aux États, en transformant des dispositions obligatoires en dispositions facultatives. Les avancées ambitieuses des propositions 1999 et 2000 ont été « neutralisées » par l'apparition de nombreuses clauses dérogatoires dans la proposition 2002. Selon le GISTI, « (...) *le contenu de la proposition de directive, qui remet en cause l'objectif de communautarisation au profit du respect de la « diversité des législations nationales », est symptomatique du virage qui semble avoir été pris au cours de la présidence espagnole de l'UE* »[234].

Il convient de préciser que le 16 décembre 2003, le Parlement européen a exercé, en vertu de l'article 230 du TCE, son droit de recours devant la Cour de justice des Communautés européennes, en raison des nombreuses atteintes[235] de la directive au droit de mener une vie privée et familiale. Il conviendra donc d'étudier à la fois les propositions de directive pour mettre en exergue les tentatives échouées d'harmonisation et examiner les dispositions finalement adoptées[236]. Quelles vont être les différences, les avancées et les restrictions apportées par la directive par rapport à l'état de notre législation ?

3/ L'apport de la directive relative au regroupement familial dans le statut interne de l'étranger

L'effort d'harmonisation porte à la fois sur les conditions d'accueil des catégories de regroupés et sur les droits découlant du statut du regroupement familial. La directive met en place des dispositions souples qui donnent un large champ de manœuvre aux États dans la définition des bénéficiaires du regroupement familial et qui laissent supposer l'extension

---

[233] GISTI, *Commentaire de la proposition modifiée de directive du Conseil relative au droit au regroupement familial*, du 2 mai 2002, site du GISTI, mai 2002 : http://www.gisti.org/

[234] *Ibid.*

[235] RODIER C., « L'Europe contre le regroupement familial », *Revue Plein Droit*, mars 2004, p. 50-53.

[236] Directive 2003/86/CE du Conseil du 22 septembre 2003 *relative au droit au regroupement familial*, JOUE L 251/12, 3/10/2003.

(possible mais peu probable) des titulaires du regroupement familial non prévus jusqu'alors dans le droit français (a). Les droits qui découlent du regroupement familial font l'objet d'une timide harmonisation au regard des dispositions internes existantes (b).

a) Une approche « flexible » des bénéficiaires du regroupement familial et l'extension peu probable « des regroupés » en droit interne

L'objectif premier de la directive est « *de fixer les conditions dans lesquelles est exercé le regroupement familial* ». La proposition de 2000, plus ambitieuse, proposait « *d'instaurer un droit au regroupement familial* ». Le changement de l'objet est déjà révélateur de l'étendue des bénéficiaires et de leurs droits.

L'article 2 d) de la directive pose la définition du regroupement familial : « *l'entrée et le séjour dans un État membre des ressortissants de pays tiers résidant légalement dans cet État membre afin de maintenir l'unité familiale, que les liens familiaux soient antérieurs ou postérieurs à l'entrée du regroupant* ». L'ancien article 2 de la proposition 2000 avait une définition plus large puisqu'elle ouvrait le regroupement familial aux membres de la famille d'un citoyen de l'Union. La directive de 2003 exclut ce type de bénéficiaires en raison du début des travaux destinés à mener à une refonte du droit communautaire de la libre circulation des personnes. En effet, une directive[237] réorganise les droits des ressortissants communautaires et de leur famille. Ce texte inclut les membres d'une famille communautaire n'ayant pas la nationalité d'un État membre.

Les ressortissants de pays tiers bénéficiaires du regroupement familial sont les « *membres de la famille nucléaire* » : -les conjoints (i) et -les enfants mineurs (ii) mais aussi sous certaines conditions « *-les ascendants en ligne directe (iii), -les enfants majeurs célibataires, les partenaires non mariés ou enregistrés, les enfants mineurs d'une autre épouse* »[238], -les réfugiés sont soumis à des conditions particulières (iv).

i) Les conjoints

La directive instaure le droit au regroupement familial au seul conjoint[239] (marié) du « regroupant ». Le partenaire non marié ayant une relation durable et stable avec le regroupant était prévu dans la proposition de directive (2000) ; dans la directive (2003), l'admission de ce type de bénéficiaires est désormais une simple possibilité[240] offerte aux États qui souhaitent élargir les catégories de regroupés. La directive est beaucoup moins exigeante à cause des difficultés rencontrées dans les négociations, en raison des diverses législations des États membres. Les pays du sud de l'Europe ont beaucoup discuté cette définition extensive du « conjoint » (notamment la question des partenaires de même sexe). Elle semblait trop éloignée de leur législation. Pour aboutir à un compromis, la

---

[237] Directive 2004/38/CE du Parlement européen et du Conseil du 29 avril 2004 relative *au droit des citoyens de l'Union et des membres de leurs familles de circuler et de séjourner librement sur le territoire des États membres*, modifiant le règlement (CEE) n° 1612/68 et abrogeant les directives 64/221/CEE, 68/360/CEE, 72/194/CEE, 73/148/CEE, 75/34/CEE, 75/35/CEE, 90/364/CEE, 90/365/CEE et 93/96/CEE, JOUE du 30 avril 2004, L 158/ 77.

[238] Point (10).

[239] Article 4 1) a)

[240] Article 4) 3) « *Les États membres peuvent par voie législative ou réglementaire, autoriser l'entrée et le séjour au titre de la présente directive, sous réserve du respect des conditions définies au chapitre IV, du partenaire non marié ressortissant d'un pays tiers qui a avec le regroupant une relation durable et stable dûment prouvée, ou du ressortissant de pays tiers qui est lié au regroupant par un partenariat enregistré...* ».

Commission a transformé l'obligation de la proposition de directive (2000) en une faculté offerte aux États membres dans la directive (2003).

En France, dans l'ordonnance de 1945, le regroupement n'est reconnu qu'au conjoint marié, elle exclut les concubins et les bénéficiaires du Pacte civil de solidarité[241]. L'article 29 de l'ordonnance de 1945 n'accorde le regroupement familial qu'à deux catégories juridiques : les enfants mineurs et le conjoint marié ; il écarte les unions hors mariage. Pourtant, la législation française[242] reconnaît le concubinage et le PACS comme des unions alternatives en droit de la famille. De plus, la circulaire du 10 décembre 1999[243] prévoit la possibilité d'analyser la durée et la stabilité de la relation d'un étranger pacsé, comme un élément pouvant lui octroyer une carte de séjour temporaire[244]. L'appréciation des liens personnels de l'étranger est formulée dans l'article 12 de la loi sur le PACS et sa circulaire d'application précise les dispositions[245] pour l'obtention de la carte temporaire mention vie privée et familiale. De ce fait, il serait parfaitement possible pour la France d'admettre le regroupement d'un étranger ayant conclu un PACS, et aussi d'un concubin[246]. Pour cela, la France devrait modifier l'article 29 de l'ordonnance de 1945 et apprécier à la lumière du droit au regroupement familial, les autres unions existantes dans sa législation. Comme la directive ne pose qu'une faculté à étendre le regroupement aux partenaires non mariés, la France ne serait pas obligée de modifier sa législation. Cette « mise à l'écart » des partenaires non mariés est regrettable et « *socialement inadéquate* »[247]. Ceci est d'autant plus contestable que certains pays européens reconnaissent ces unions ; l'harmonisation européenne est donc bien axée sur le minimum commun. Les objectifs de la directive semblent bien éloignés des « exigences » de la Cour européenne des droits de l'Homme qui a développé une importante jurisprudence sur la vie privée et familiale des partenaires non mariés[248].

---

[241] Loi n° 99-944 du 15 novembre 1999, article 12.

[242] Circulaire du 10 décembre 1999 *relative à la délivrance de cartes de séjour temporaire ayant conclu un pacte civil de solidarité*, la circulaire a été partiellement annulée par le Conseil d'État, le 22 juillet 2002, n° 231158, GISTI, LDH, Femme de la terre.

[243] NORT INTD99000251C, 10 déc. 1999, IC.

[244] Article 12 bis 7 de l'ordonnance de 1945, pour une analyse des couples homosexuels au regard du droit des étrangers, FULCHIRON H., « Note sous TA 6 avril 2000 », *JCP* G 5 juillet 2000, p. 1328 et s. ; FERRAN N., « Les étrangers ont-ils une vie privée ? », *Revue Plein droit* n° 47/48, janvier 2001, p. 18-21. Analyse du TA de Toulouse des liens de l'étranger pacsé pour annuler un reconduite à la frontière qui viole l'article 8 de la CEDH. TA 10 juillet 2000, *M. Abderrahim Zahri c./ Préfet de la Haute Garonne,* req. n° 00/2410 ; CE 29 juin 2001, *Préfet de la Haute Garonne c./ M. Zahri*, req. n° 224166.Voir l'arrêt du CE 28 avril 2000, *Préfet des Alpes maritimes c./ M. Marroussitch,* req. n° 208925 et du CE 28 juillet 2000, *Préfet de police c./ M. Diaz Grozco,* req. n° 212729.

[245] Avant l'annulation partielle de la circulaire : deux étrangers pacsés devaient vivre ensemble pendant cinq ans pour obtenir la carte de séjour temporaire et trois ans pour l'étranger pacsé avec un ressortissant français, la circulaire exige un an de vie commune quelle que soit la date à la quelle le PACS a été conclu, confère télégramme du Ministre de l'Intérieur, 4 avril 2002, *DPE*, bul. 94, mai 2002, p. 7779. Ce télégramme a été remplacé par la circulaire du 30 octobre 2004, NOR INTD0400134C. Cependant, avec l'arrêt du Conseil d'État du 29 juillet 2002, la condition d'un an d'ancienneté du PACS va s'appliquer à deux étrangers pacsés et ce, en application de l'égalité de traitement. COURNIL C., « Homosexualité et migration, droit au séjour et couple homosexuel », *RRJ,* 2004-2, p. 1039-1052. Cf. aussi LECUCQ O., « Le PACS et l'octroi d'un titre de séjour », *AJDA*, 14 février 2005, p. 327.

[246] Il refuse de reconnaître le regroupement d'un concubin, CE 2 février 1990, *Benouisse*, req. n° 96336.

[247] DIAS URBANO DE SOUSA C., Intervention sur « Le regroupement familial au regard des standards internationaux » 3ème Congrès européen sur la Politique d'immigration et d'asile (évaluation 1999-2004), Assemblée nationale 10 et 11 juin 2004, Paris, (à paraître aux éditions de l'université de Bruxelles, Bruylant).

[248] Cf. Partie II, Titre I, Sous Titre I, Chapitre I, Section II.

La flexibilité de la directive n'incitera pas les États membres à entreprendre des mesures qui admettent de nouveaux étrangers sur le territoire commun. Or, le principal problème de cette flexibilité laissée aux États membres est qu'elle aboutit à une harmonisation à géométrie variable, ce qui laisse présager des conditions d'application diverses d'un pays à un autre, et peut créer ainsi des différences de traitement. Les objectifs d'harmonisation seraient alors réduits à zéro.

Par ailleurs, la directive prévoit de modifier certains points qui ont posé problème. Cette faculté de modifications des dispositions de la directive (sorte de clause de rendez-vous)[249] risque également de ne pas encourager les États à harmoniser trop rapidement leur législation vers le haut. Ce libre choix montre les faiblesses et les limites d'un instrument juridique qui prévoit de futures modifications.

ii) Les enfants

Après les conjoints ou les partenaires, la directive énonce la possibilité de faire venir les enfants mineurs du regroupant et de son conjoint. Les enfants sont définis assez largement, puisqu'ils sont autorisés à se regrouper lorsque l'un des parents a le droit de garde, ou la charge quand l'enfant est adopté[250]. Sur ce point, la France est déjà en conformité avec la directive, car elle envisage l'adoption simple ou plénière des enfants du regroupant ou de son conjoint. La directive est, par contre, muette sur les autres formes de prise en charge des enfants telles que les délégations d'autorisation parentale, les jugements de tutelle, les actes notariaux, la kafala[251], etc. En France, l'interprétation de la directive risque d'être limitée sur cette question puisque la jurisprudence du Conseil d'État est claire : en dehors de l'adoption, toutes les autres formes de prises en charges d'un enfant étranger sont exclues[252]. Seul l'accord bilatéral franco-algérien de 1968 (depuis l'avenant du 22 décembre 1985) autorise la Kafala pour les enfants de moins de 18 ans dont le regroupant a juridiquement la charge en vertu d'une décision des autorités algériennes. Hormis cette exception, la Kafala n'entraîne pas de conséquences sur le plan du regroupement familial, en raison de l'absence de lien de filiation exigé par l'article 15 l'ordonnance de 1945. Toutefois, le juge administratif[253] a récemment étendu la possibilité du regroupement familial à une Kafala, grâce à l'influence de l'article 8 de la CEDH. Ce dernier permet parfois d'atténuer la rigueur de l'ordonnance de 1945[254]. De plus, les États ont aussi la possibilité d'autoriser le regroupement familial aux enfants dont la garde est partagée, à condition que l'autre titulaire du droit de garde ait donné son accord[255]. Depuis

---

[249] Article 19 de la directive.

[250] Article 4 § 1 b) « *Les enfants mineurs du regroupant et de son conjoint, y compris les enfants adoptés conformément à la décision prise par l'autorité compétente de l'État membre concerné ou à une décision exécutoire de plein droit en vertu d'obligations internationales dudit État membre ou qui doit être reconnue conformément à des obligations internationales* ».

[251] C'est un jugement (et non acte notarié), de l'engagement de prendre bénévolement en charge l'entretien, l'éducation et la protection d'un enfant mineur.

[252] CE 7 juin 1995, Ministre de l'intérieur c./ Ben Moussa, req. n° 151879.

[253] CE 24 mars 2004, *Ministre des Affaires sociales, du travail et de la solidarité c./ Mme Boulouida.*, req. n° 249369 ; TOURNEPICHE A.-M., « Extension des possibilités du regroupement familial », *AJDA*, n° 26/2004, p. 1425-1426 ; DUBOS O., « Droit au regroupement familial et Kafala », *JCP*, n° 26, 21 juin 2004, p. 865 ; CE 24 mars 2004, *Dra*, req. n°220434 ; BOULANGER F., « La sauvegarde des effets de la « Kafala » par l'appel à l'article 8 de la CEDH », *Dalloz*, 2005, N° 2, p. 129-131.

[254] Partie II, Titre I, Sous Titre I, Chapitre I, Section III, § I.

[255] Article 4 §1 c).

la loi du 11 mai 1998, dans l'article 29, I de l'ordonnance de 1945 le regroupement familial est possible pour les enfants nés d'une union précédente (soit du regroupant ou de son conjoint) à condition d'exercer l'autorité parentale confiée par décision d'une juridiction étrangère.

Notons que la proposition de directive de 2000 était, ici encore, plus ouverte, aux cas de fins d'admission des enfants, puisqu'elle envisageait la possibilité de regrouper les enfants des partenaires non mariés[256].

Pour bénéficier du regroupement familial, le mineur doit être d'un âge inférieur à la majorité légale de l'État membre et ne doit pas être marié. Si la limite d'âge est réduite à la majorité de l'enfant dans la directive, les enfants qui migrent de pays signataires[257] de la Charte sociale européenne[258] s'appuient sur la limite de 21 ans prévue par la Charte, à condition qu'ils soient à la charge du regroupant. Force est de constater que ceci remet en cause les efforts d'harmonisation.

L'article 4§ 2 b) autorise les États, sans les obliger, à octroyer le regroupement familial aux enfants majeurs « *célibataires du regroupant ou de son conjoint, lorsqu'ils sont objectivement dans l'incapacité de subvenir à leur propre besoin en raison de leur état de santé* ». Dans les propositions de directive, ce choix était une obligation pour les États. Ce changement de direction est regrettable ; il freine et réduit considérablement l'harmonisation. Les États ne vont pas spécialement remanier leur législation. Ils attendront de prochains actes plus contraignants pour appliquer ces mesures aujourd'hui facultatives. Ainsi, par exemple, le législateur français n'a pas utilisé cette possibilité lors de la dernière réforme de l'ordonnance de 1945.

Par ailleurs, la directive a introduit une disposition pour mettre fin aux oppositions de l'Allemagne rencontrées pendant les négociations[259] : par dérogation au principe ci-dessus énoncé, lorsque « *l'enfant a plus douze ans et arrive indépendamment du reste de sa famille, l'État membre peut, (...) examiner s'il satisfait à un critère d'intégration prévu par sa législation existante à la date*[260] *de la mise en œuvre de la présente directive* »[261]. Cette dérogation est le reflet de la flexibilité de la directive, elle insère une dose de « particularisme national ». Avec ce type de dérogation, le but initial d'harmonisation est largement détourné.

De surcroît, la directive a inclus deux autres dérogations importantes qui mettent à mal les efforts déjà restreints d'harmonisations : les États membres peuvent d'une part, imposer « *des restrictions concernant le regroupement familial des enfants mineurs d'un autre conjoint auprès du regroupant* »[262] ; et d'autre part, les États peuvent « *demander que*

[256] Proposition 2000 article 5 §1 b) et c).

[257] C'est le cas de Chypre, de Malte, de la Turquie, la Pologne, la Hongrie, la République Tchèque, l'Islande, la Norvège, la Slovaquie, la Lettonie, le Liechtenstein, la Croatie, La Slovénie, l'Ukraine et l'ex-République Yougoslave de Macédoine. Voir analyse de la Charte, PEERS S., BARZILAY R., GROENENDIJK K, GUILD E., *Le statut des personnes admises au regroupement familial, études comparatives de la législation et la pratique de certains pays européens*, éd. Conseil de l'Europe, 2000, p. 11. et s.

[258] Ratifiée par la France en 1972, (Loi n° 72-1205, 23 décembre 1972, JORF 29 décembre 1972 ; D. n°74-840, 4 octobre 1974, JO 9 octobre 1974 ; entrée en vigueur le 8 avril 1973).

[259] La récente modification du droit allemand prévoit une condition d'intégration (la pratique de langue allemande) pour la venue des enfants étrangers.

[260] Il est regrettable que la directive ait prévu la date de la mise en œuvre de la directive et non la publication de la directive au JO. Ceci va laisser du temps à certains États pour modifier vers le bas leur législation avant cette date.

[261] Article 4 §1 point 3.

[262] Article 4 § 4 alinéa 2.

les demandes concernant le regroupement familial d'enfants mineurs soient introduites avant que ceux-ci n'aient atteint l'âge de 15 ans »[263]. Ces deux clauses privent des enfants mineurs du regroupement familial, alors que la réunion de la famille est un droit fondamental rappelé dans la Convention internationale relative aux droits de l'enfant. Celle-ci pose d'ailleurs la majorité à dix-huit ans, les mesures dérogatoires de la directive touchant les enfants de plus 12 ans et de 15 ans ne semblant pas être conformes à la Convention. D'autant que ces mesures cachent mal leur objectif de lutte contre les détournements de procédure du regroupement familial constatés dans certains pays (Allemagne).

Avec ces « clauses de flexibilité et de dérogation », on aboutit à une harmonisation partielle, qui est loin d'instaurer les objectifs de Tampere. En ce sens, Philippe De Bruycker estime que ces dérogations sont de véritables *« techniques échappatoires »*[264]. La multiplication des dispositions non-contraignantes dans les instruments communautaires, vide de son contenu la directive et plus largement l'harmonisation européenne.

iii) Les ascendants

Si les États le décident, « *les ascendants en ligne directe au premier degré du regroupant ou de son conjoint* »[265] peuvent être des bénéficiaires du regroupement familial. Deux conditions sont nécessaires : ils doivent être à la charge du regroupant et n'ont aucune possibilité de disposer d'un soutien familial dans le pays d'origine. C'est une autre catégorie de bénéficiaires que la Commission laisse à la discrétion des États. Il est permis une nouvelle fois de douter de l'utilisation de cette faculté.

L'ordonnance de 1945 et son article 15 alinéa 3 prévoient la possibilité de faire venir les ascendants étrangers de ressortissants français en leur délivrant de plein droit[266], une carte de résident. Rien n'est prévu dans la procédure du regroupement familial sur les ascendants d'étrangers. Il n'est pas sûr que la France décide d'harmoniser cet article qui accorde le séjour à une catégorie supplémentaire et non négligeable de ressortissants d'État tiers. La réforme du 26 novembre 2003 n'a rien ajouté dans ce domaine.

En définitive, en matière d'admission aux fins du regroupement familial, c'est une harmonisation « timide » qu'ont choisie les États membres. La directive « *consiste en une superposition de compromis concédés aux États dont la réglementation interne est la plus restrictive* »[267].

iv) Cas particulier du réfugié

Reste le réfugié. Celui-ci bénéficie en France d'un traitement préférentiel découlant du principe général du droit de l'unité familiale[268]. Il fait également l'objet d'un

---

[263] Article 4 § 6.

[264] DE BRUYCKER P., Intervention au Colloque des 10 et 11 juin 2004, *Politique commune d'asile et d'immigration, (Évaluation 1999-2004)*, Réseau académique Odysseus, (à paraître aux éditions de l'université de Bruxelles, Bruylant).

[265] Article 4 § 2 a).

[266] CE 7 novembre 2001, *Babassana*, req. n° 232754.

[267] Coordination européenne pour le droit des étrangers à vivre en famille, *A propos de la nouvelle proposition de directive sur le regroupement familial des étrangers dans l'UE*, communiqué du 6 juin 2002.

[268] CE ass. 2 décembre 1994, *Mme Agyepong*, rec. CE p. 523 ; Conclusions DENIS-LINTON, *RFDA*, 1995, p. 86 ; TOUVET L. et STAHL J.H., *AJDA*, décembre 1994 p. 878.

titre particulier[269] dans la directive. La proposition de directive de 2000 avait prévu des dispositions très favorables pour les réfugiés mariés, après l'obtention du statut. Or, ici encore, la directive limite ce droit au bon vouloir des États membres : « *les États membres peuvent limiter l'application des dispositions de ce chapitre aux réfugiés dont les liens familiaux sont antérieurs à la reconnaissance de leur statut* »[270]. Cette clause dérogatoire permet à la France de maintenir en l'état sa législation, étant donné que depuis la jurisprudence *Agyepong*, le mariage doit avoir été célébré avant la demande d'admission au statut de réfugié pour que l'unité familiale soit reconnue.

La directive prévoit néanmoins quelques dispositions intéressantes pour le réfugié. Ainsi elle impose aux États membres de ne pas appliquer aux réfugiés le délai d'attente nécessaire pour faire venir leur famille[271]. De même, des facilités de preuves sont permises ainsi que la possibilité de regrouper d'autres membres de famille non visés par l'article 4 à condition qu'ils soient à la charge du réfugié. Enfin, pour les mineurs non accompagnés réfugiés, la directive autorise la venue : -des ascendants au premier degré (sans condition) ou -du tuteur légal ou -de tout autre membre de sa famille[272].

En revanche, la directive a exclu le cas des réfugiés non conventionnels, (les bénéficiaires de la protection subsidiaire, temporaire, etc.). Ils feront l'objet d'une prochaine proposition de directive. Ceci paraît regrettable, étant donné que cette directive a l'ambition de créer un statut unique du droit au regroupement familial pour l'ensemble des divers types d'étrangers.

b) Le statut des regroupés, une « harmonisation vers le bas »

Un statut unique au sein de l'Union, permettrait d'éviter un flux migratoire difficilement contrôlable vers les pays disposant du meilleur accueil socio-économique. Par ailleurs, ce statut faciliterait et rationaliserait les flux légaux de ressortissants de pays tiers en les accueillant partout avec la même politique d'intégration. Une véritable politique d'intégration familiale serait donc facteur de « paix sociale », en raison notamment du traitement identique de tous les résidents de pays tiers. En conséquence, la directive érige des droits essentiels (mais incomplets) dans le statut du regroupement familial : -une entrée et un accès facilités (i), -une égalité de traitement pour ce qui concerne les droits économiques et sociaux et un statut autonome (ii) lorsque la condition du regroupé prend fin (veuvage, majorité des enfants, etc.).

i) Une entrée et un accès facilités

Plusieurs éléments concernent l'entrée et l'accès : -le visa d'entrée, -le délai d'attente avant la demande de regroupement familial, -les conditions de ressources et de logement, -possibilité de « regroupement familial sur place ».

-Le visa d'entrée

L'article 13 précise que l'entrée du regroupé doit être facilitée : l'obtention du visa doit être plus rapide. La proposition de directive de 2000 insistait sur la gratuité du visa et la procédure d'introduction. La proposition de directive de 2002 et la directive 2003 ont

---

[269] Chapitre V Regroupement familial des réfugiés.
[270] Article 9 § 2.
[271] Article 12 § 2.
[272] Article 10 § 3 a) et b).

supprimé la première condition[273]. Cette suppression de la gratuité du titre de séjour, témoigne de la timidité de cette nouvelle harmonisation.

-Le délai d'attente avant la demande de regroupement familial

Le regroupant doit séjourner légalement sur le territoire pendant une période qui ne peut dépasser deux ans[274], avant de demander le regroupement de sa famille. Les États membres sont libres de déterminer le délai minimum du dépôt de la demande. Dans la législation française, la loi du 24 août 1993 fixait le délai à deux ans, depuis la loi du 11 mai 1998 il a été ramené à un an. La dernière réforme de novembre 2003 n'a pas allongé ce délai, mais le législateur peut toujours le faire étant donné que la directive lui laisse cette latitude. Force est de constater que cette liberté ne favorise pas l'harmonisation entre États membres, puisque ce délai peut être du simple au double selon les États.

Par ailleurs, une clause dérogatoire de la directive rend *flexible* le délai de la demande de regroupement familial. En effet, l'article 8 alinéa 2 de la proposition prévoit une exception : lorsqu'un État membre tient compte de « *sa capacité d'accueil* » dans sa législation pour octroyer le regroupement familial, un délai *de trois ans au maximum* est alors prévu entre le dépôt de la demande du regroupement et la délivrance d'un titre de séjour. Ainsi, l'Autriche qui dispose déjà d'une politique de quota en matière d'immigration familiale, peut utiliser cette dérogation qui lui est donc « taillée sur mesure ». Elle maintiendra son délai d'attente de trois ans pour le dépôt d'une demande de regroupement familial. Cette période d'attende est contestable, surtout pour les enfants mineurs pour qui ce délai représente une part importante de leur jeune vie. En effet, cette période de séparation de trois années n'est pas conforme aux exigences de la Convention internationale relative aux droits de l'enfant[275]. De plus, cette dérogation crée une nouvelle disparité dans le traitement du regroupement familial au sein des divers États membres. Cette clause ralentit, voire « démolit », les efforts d'harmonisation en maintenant, encore une fois, les particularismes nationaux. Toutefois, cette clause de *« stand still »* interdit aux autres États membres qui ne pratiquaient pas une politique d'immigration familiale liée « *aux capacités d'accueil* » à la date de l'adoption de la directive d'insérer la disposition dérogatoire du délai de trois ans pour demander le regroupement familial. Cette clause agit comme un effet cliquet : elle permet de maintenir un début d'harmonisation entre les États membres qui disposent déjà d'un délai inférieur ou égal à deux ans.

-Les conditions de ressources et de logement

Lors du dépôt de la demande, le regroupant doit disposer d'un logement suffisamment grand, il doit posséder une assurance maladie pour lui et sa famille et *« des ressources stables, régulières et suffisantes pour subvenir à ses propres besoins et à ceux des membres de sa famille sans recourir au système d'aide sociale de l'État membre concerné »*[276]. Comme les dispositions de la directive, l'article 29 I récemment modifié de l'ordonnance de 1945 exige la stabilité et la suffisance des ressources. Celles-ci *« doivent*

---

[273] En France, depuis 1996, on exige une participation forfaitaire d'environ 260 € (1700 F) aux frais d'introduction de sa famille quel que soit le nombre de personnes composant la famille. (Confirmé dans l'article 5-3° du décret n° 2005-253 du 17 mars 2005).

[274] Article 8 de la directive.

[275] Partie II, Titre I, Sous Titre II, Chapitre I.

[276] Article 7 § 1 c).

atteindre un montant au moins égal au SMIC »[277]. Les prestations familiales[278] (RMI) n'entrent pas en compte dans le calcul des ressources du regroupant.

S'agissant du logement, la directive s'est éloignée de la proposition de 2000 : le logement doit être considéré « *comme normal pour une famille de taille comparable dans la même région et qui répond aux normes générales de salubrité et de sécurité en vigueur dans l'État membre concerné* »[279]. Cette formulation est toutefois plus proche de celle appliquée en France (logement considéré comme normal pour une famille comparable vivant en France). La jurisprudence administrative retient l'appréciation d'un *logement considéré comme normal* et se réfère à une grille pour apprécier la taille du logement par rapport au nombre de personnes regroupées[280]. Par contre, comme le précise les commentaires du Dictionnaire permanent du droit des étrangers, « *la loi française introduit à la règle un aménagement qu'on ne trouve pas (dans la directive), en permettant à l'étranger de déposer une demande de regroupement familial avant d'être effectivement titulaire du logement dont il dispose à la date d'arrivée de sa famille* »[281]. A cet égard la législation française est plus protectrice, mais les conditions de vérifications des logements ont été durcies avec l'article 42 de la loi du 26 novembre 2003[282].

-Possibilité de « regroupement familial sur place »

La proposition de directive de 2000 prévoyait la possibilité exceptionnelle, « *dans des cas particuliers ou pour des raisons humanitaires* »[283] d'autoriser « le regroupement familial dit sur place » ou « regroupement familial de fait ». Moins explicite, la directive 2003 instaure une possibilité de regroupement pour les membres de la famille qui se trouvent déjà sur le territoire de l'État membre accueillant. Il revient à cet État d'accepter et d'aménager cette faculté. En effet, selon la directive, le regroupement familial ne se demande que lorsque les membres de la famille résident à l'extérieur d'un pays membre dans lequel le regroupant réside[284]. Or cette faculté exceptionnelle de demander le regroupement sur place, marque une légère inflexion à la logique européenne « des contrôles à distance » des flux migratoires... En effet, la procédure d'introduction du regroupement familial est un moyen efficace, dont disposent les États, pour contrôler les bénéficiaires du regroupement dans leur pays d'origine. C'est un « contrôle à distance » des étrangers bénéficiaires du regroupement familial. Le tri s'effectue en amont, avant que la famille du regroupant pénètre sur le territoire d'accueil. Or le « regroupement familial sur place » fausse ce « contrôle à distance » de l'étranger et il place les autorités administratives du pays d'accueil devant le fait accompli...C'est pour cela que la directive n'en a pas fait une obligation, le « regroupement familial sur place » n'est donc qu'une faculté acceptée ou non par les États membres. Un autre argument, relatif à l'intégration

---

[277] Article 42 de la loi du 26 novembre n° 2003-1119.

[278] TA Montpellier 14 mai 1993, Madame El Fadili c./ Préfet de l'Aude.

[279] Article 7 § 1 a).

[280] DPE, « *regroupement familial* » section logement.

[281] DPE, bulletin 68, février 2000, p. 8371 et s..

[282] Cf. le nouveau décret n° 2005-253 du 17 mars 2005 relatif *au regroupement familial des étrangers pris en application du livre IV du code de l'entrée et du séjour des étrangers et du droit d'asile*, JORF, N° 66 du 19 mars 2005, p. 4677..

[283] Proposition 2000, Article 7 alinéa 2.

[284] Article 5 § 3.

rendue plus délicate en raison de l'arrivée échelonnée d'une famille étrangère peut être soulevé.

En France, la loi du 24 août 1993 avait instauré une sanction (le retrait de la carte de séjour), quand l'introduction en France des membres de la famille se faisait en dehors de la procédure de regroupement familial. Cette interdiction du regroupement familial « fractionnée » permettait d'éviter que des mineurs ne bénéficient du regroupement familial juste avant leur entrée dans la vie active et qu'ils ne détournent ainsi la fermeture de l'immigration de l'emploi[285]. La loi du 11 mai 1998 a atténué « la sanction du regroupement de fait ou sur place » mais l'interdiction demeurait. La loi du 26 novembre 2003 a réintroduit la sanction du « regroupement familial de fait », puisque le titre de séjour peut être retiré au regroupant. Dans ces conditions, il est peu probable que le « regroupement familial sur place » soit intégré dans l'ordonnance de 1945. Jusqu'ici il était octroyé au cas par cas par le pouvoir discrétionnaire des préfets[286], mais toujours dans le respect de l'article 8 de la CEDH et surtout de l'article 3-1 de la Convention de New York sur les enfants[287].

Le « regroupement familial sur place » a posé problème au cours des négociations de la directive, parce que tous les États ne pratiquent pas tous cette forme de régularisation et ne sont pas prêts à le faire. Le « regroupement familial sur place » a donc été défini comme une possibilité, une disposition flexible, non obligatoire à harmoniser.

ii) Une égalité des droits entre les membres de la famille et un statut autonome

Une fois admis au séjour, les membres de la famille de l'étranger reçoivent -un titre de séjour, leur octroyant -une égalité de droits ainsi que la possibilité d'obtenir –un statut autonome.

-Le titre de séjour délivré

Le titre de séjour délivré est valable un an renouvelable[288]. La période de validité du titre ne peut en principe dépasser la date d'expiration du titre du regroupant. La directive n'est pas plus explicite sur ce point.

En France, depuis 1984 et avant la réforme du 26 novembre 2003, l'article 29, III de l'ordonnance de 1945 prévoyait que les membres de la famille entrés par la procédure du regroupement familial recevaient de plein droit, un titre de séjour de la même nature que celui détenu par la personne qu'ils étaient venus rejoindre : cela pouvait être un titre de séjour temporaire d'un an, ou une carte de résident de dix ans. La France était donc plus protectrice sur le titre de séjour délivré aux membres du regroupement familial que la directive d'octobre 2003. La réforme du 26 novembre 2003 a aligné « vers le bas » la durée du titre de séjour du bénéficiaire du regroupement familial. La loi du 26 novembre 2003 a

---

[285] Rapport AN 1992/1993 n° 325, p. 94.

[286] Selon le rapport annuel de la DPM pour 2002, 3498 personnes ont bénéficié du regroupement familial sur place pour un total de 25150 personnes bénéficiaires du regroupement familial.

[287] ABRAHAM R., Conclusions sur CE 22 septembre 1997, *Mlle Cinar ; RFDA*, 1998, p. 562 ; *AJDA*, n° 10 p. 815, 1997 ; ABRAHAM R., « L'effet direct de certaines stipulations de la Convention internationale sur les droits de l'enfant, Melle Cinar », *RFDA*, 14, (3), mai-juin, 1998, p. 562 ; BARRIERE BROUSET I., Note sous arrêt, *JDI*, n° 3, 10/1998, p. 720-730 ; GAUTTENOIRE-CORNUT A., note sous arrêt, *JCP*, n° 14, 01/04/1998, p. 605-609.

[288] Article 13 § 2.

profité des objectifs minimums de la directive pour supprimer l'accès direct[289] à la carte de résident. L'harmonisation européenne mise en place par la directive a entraîné un recul des droits. Elle confirme la tendance restrictive des instruments communautaires relatifs à l'asile et à l'immigration. Désormais, en France, les bénéficiaires du regroupement familial se voient délivrer une carte temporaire d'un an. Ils ne pourront demander une carte de résident qu'au bout de deux ans de présence en France ; on pourra la leur refuser s'ils ne répondent pas à la condition nouvelle *d'intégration républicaine.*

Comme l'ordonnance de 1945 modifiée par la loi du 26 novembre 2003, la directive est stricte sur les conditions de retrait et le renouvellement du titre de séjour. Elle prévoit la possibilité de retirer le titre de séjour lorsque « *le regroupant et les membres de sa famille n'entretiennent pas ou plus de vie conjugale ou familiale effective* »[290]. La directive n'impose pas de délai au-delà duquel le titre ne peut plus être retiré ou non-renouvelé, et ce, contrairement à l'ordonnance de 1945 qui prévoit un délai de deux ans[291] au-delà duquel l'administration ne peut plus retirer ou non-renouveler le titre de séjour du bénéficiaire du regroupement familial.

-Égalité de droits entre les membres de la famille

La proposition de directive de 2000 accordait « *une égalité de traitement avec les citoyens de l'Union* »[292]. Ceci aurait permis de clarifier la situation des droits des ressortissants de pays tiers, face aux ressortissants de pays tiers privilégiés (membres de famille d'un citoyen de l'Union européenne). Pourtant, la directive est beaucoup plus limitative, puisque les membres de la famille ont finalement droit au même titre que le regroupant et non plus au même titre que ceux des citoyens de l'Union. L'égal accès au droit concerne « *l'éducation, l'emploi salariée ou l'activité indépendante, l'orientation et la formation professionnelle* »[293]. Ces droits ne sont pas absolus, au contraire. L'exercice d'une activité salariée est limité par deux clauses dérogatoires de la directive : la première[294] laisse la possibilité aux États de fixer un délai d'accès à l'emploi, délai qui ne peut dépasser douze mois. La deuxième dérogation autorise les États membres qui le veulent, à limiter l'accès à l'emploi « *aux ascendants en ligne directe et du premier degré ou aux enfants majeurs célibataires* »[295]. De nouveau, cette flexibilité laissée aux États affaiblit les efforts d'harmonisation déjà inférieurs à l'ordonnance de 1945.

-Un statut autonome pour le regroupé

La directive est très ambiguë sur l'autonomie[296] du statut dont peut bénéficier le regroupé. La délivrance d'un statut autonome découle de la stabilité et de la durée de résidence du regroupé. La directive pose un délai pouvant aller jusqu'à 5 ans pour octroyer

---

[289] Article 14 de l'ordonnance.

[290] Article 16 § 1 b).

[291] Le délai était d'un an avant la loi du 26 novembre 2003.

[292] Proposition 2000, article 12.

[293] Article 14 § 1, pour une étude plus complète cf. SCHMITTER C., « Droits économiques, sociaux, politiques et différences de traitement entre les ressortissants de pays tiers et les ressortissants communautaires », *in Union européenne et nationalité, le principe de non-discrimination et ses limites*, éd. Bruylant, Bruxelles, 1999, p. 151-188 ; AKANDJI-KOMBÉ J.-F., « Les droits des étrangers et leur sauvegarde dans l'ordre communautaire », *CDE*, 1995, n° 3-4, p. 351-380.

[294] Article 14 § 2.

[295] Article 14 § 3.

[296] Article 15.

un statut autonome. La directive essaie de faire coïncider le délai de l'autonomie du statut sur le délai de résidence prévu pour obtenir le permis de résident de longue durée[297]. De plus, comme en France, la directive insiste sur la délivrance d'un titre de séjour autonome en cas de décès ou de divorce du regroupant. Enfin, l'article 15 § 2 de la directive précise que : « *les États membres peuvent accorder un titre de séjour autonome aux enfants majeurs et aux ascendants* ». Mais le verbe « pouvoir » utilisé montre que l'autonomie du statut des enfants majeurs et des ascendants est une faculté des États et non pas *un droit automatique*.

B/ Une politique européenne d'immigration économique des ressortissants de pays tiers

Il faut garder à l'esprit que dans la même logique que la politique communautaire des visas, la politique européenne de l'immigration économique a une finalité de rationalisation des flux migratoires et une *logique instrumentale* [298]. Emmanuelle Bribosia rappelle que « *l'intrumentalisation* » de la politique de l'immigration économique a duré jusqu'aux années soixante-dix. Cette politique avait pour mission de combler un déficit démographique et un objectif de reconstruction d'après-guerre. Puis, dans les années soixante-dix, en raison de la crise économique que connaît toute l'Europe, les États membres ferment leurs frontières à l'immigration économique[299]. La France met fin à l'entrée des travailleurs étrangers en 1974[300].

Le début de la prise en compte des questions de l'immigration au plan européen suit aussi cette logique de fermeture. Les actes européens pris dans le domaine l'admission au séjour des ressortissants d'État tiers ont donc été très strictement définis (1).

Philippe De Bruycker stigmatise la politique européenne de l'immigration économique en deux phases[301] :

- « *Institutionnalisation progressive au niveau européen d'une politique d'immigration restrictive* »
- « *Mise en place d'une politique communautaire d'immigration raisonnée* »

En effet, aujourd'hui le paysage économique n'est plus le même. A partir de 1999, avec la relance économique et la crise démographique de l'ensemble des pays européens constaté dans le rapport de l'ONU[302], une orientation nouvelle redéfinit la politique

---

297 Article 8 § 2 de la directive 2003/109/CE du Conseil du 25 novembre 2003 *relative au statut des ressortissants de pays tiers de longue durée*, JOUE, L 16/ 44 du 23 janvier 2004.

298 Terme tiré de l'analyse très pertinente de BRIBOSIA E. et REA A., (Sous la direction de), « introduction », *in Les nouvelles migrations, un enjeu européen*, éd. Complexe, 2002, Bruxelles, p. 10.

299 GUILD E. et STAPLES H., « Labour migration in the Européen Union », *in L'émergence d'une politique européenne d'immigration* (Sous la direction de DE BRUYCKER P.), p. 171-248.

300 Fermeture des frontières aux travailleurs migrants, en raison de la crise pétrolière, dans la plupart des États membres. Cf., WEIL P., *La France et ses étrangers, l'aventure d'une politique de l'immigration à nos jours*, éd. Folio Gallimard, Paris, 1991.

301 DE BRUYCKER P., « Vers une politique européenne de l'immigration économique ? », *in Les nouvelles migrations, un enjeu européen*, (Sous la direction de BRIBOSIA E., et REA A.), éd. Complexe, 2001, Bruxelles, p. 157-182.

302 Le rapport sur *les migrations de remplacement de la division* « Population » des Nations Unies, janvier 2000. Voir en ce sens, l'article de LORIAUX M., « Les enjeux démographiques des migrations vers Europe : réflexion autour d'un rapport des Nations Unies », *in Les nouvelles migrations, un enjeu européen* éd. Complexe, 2002, Bruxelles, p. 51-76.

européenne d'immigration économique ; les circonstances l'obligent à être plus ouverte (2). Les pratiques de certains pays qui consistent à délivrer des visas pour attirer les travailleurs étrangers spécialisés, dans des domaines de crise de main d'œuvre qualifiée[303], les déclarations du patronat ou d'Alain Juppé[304], témoignent d'un renouveau[305] de la logique instrumentale en matière d'immigration économique, une logique d'ouverture. Toutefois, cette politique recherche désormais la coordination avec l'ensemble des pays européens. Elle ne reste plus enfermée dans des objectifs nationaux, très variables d'un État à un autre.

1/ Une politique européenne restrictive de l'immigration économique

L'analyse des actes et des normes issus de l'Union européenne met en lumière un début d'harmonisation. Depuis l'Acte Unique jusqu'au Traité de Maastricht, pour construire les premiers balbutiements de cette politique d'harmonisation, la méthode institutionnelle choisie, a été le système de la coopération intergouvernementale entre les États. La crainte des États et surtout le désir de ne pas porter atteinte à leur souveraineté, dans un domaine aussi sensible depuis 1974, ont fait se prolonger et se confirmer la méthode institutionnelle du troisième pilier, de la coopération intergouvernementale[306], et ce, jusqu'à Amsterdam.

A l'intérieur de ce cadre institutionnel figé, aucune avancée contraignante n'a été constatée. Seules trois Résolutions[307] concernant l'immigration économique ont été élaborées. Le principe de ces Résolutions était de limiter l'emploi aux ressortissants de pays tiers : seule, une autorisation exceptionnelle de travail pouvait être délivrée si une offre d'emploi n'avait pas été acceptée par les nationaux ou par les ressortissants communautaires. Dans ce cas unique, l'offre pouvait s'adresser aux ressortissants de pays tiers.

Dans la Résolution relative à la limitation de l'admission des ressortissants d'États tiers sur le territoire des États membres aux fins de l'exercice d'une activité professionnelle indépendante, le Conseil précise : « *qu'il faut éviter que les personnes ne s'établissent dans un État membre pour y exercer une activité indépendante sans y avoir les qualifications requises et / ou sans disposer des moyens financiers et éviter que de telles personnes*

---

[303] Notamment l'Allemagne qui a fait venir des informaticiens indiens hautement qualifiés. Ou la France, avec sa circulaire du 28 décembre 1998 qui prévoit une procédure simplifiée pour les informaticiens et particulièrement les étudiants étrangers, ingénieurs en informatique ; voir aussi circulaire 13 janvier 2004 DPM/DM2 n° 2004/12, relative *au recrutement d'ingénieurs informaticiens étrangers et à la procédure d'introduction simplifiée des ces ingénieurs* et la circulaire du 26 mars 2004 DPM/DM1-2 n° 143, 26 mars 2004 (non publiée) qui vise à *simplifier la procédure d'instruction et de délivrance des autorisations de travail et de titres de séjour aux cadres, afin qu'ils puissent les obtenir dans un délai très bref et être ainsi en mesure d'exercer leur activité professionnelle dès leur arrivée sur le territoire* et la circulaire DMP/DM 2-3 n°99-132 du 2 mars 1999 *relative à la délivrance d'autorisations provisoires de travail aux mannequins étrangers*, (non publiée).

[304] Entretien, *Le Monde*, le 1er octobre 1999. Voir aussi l'article de BERNARD P., « L'immigration : la tentation de l'ouverture », *Le Monde*, 15 août 2000.

[305] GEVREY M., « Les défis de l'immigration future », Conseil économique et social, 6 novembre 2003.

[306] DE BRUYCKER P., *op. cit.* ; article K3 § 1er Traité de Maastricht.

[307] Résolution du 20 juin 1994 concernant *la limitation de l'admission de ressortissants de pays tiers sur le territoire des États membres*, JOCE n° C274/3, 19/09/1996. et du 30 novembre 1994, concernant *la limitation de l'admission des ressortissants tiers sur le territoire des États membres aux fins de l'exercice d'une activité professionnelle indépendante*. JOCE, n° C274/7 du 19/09/1996. Résolution du 30 novembre 1994 relative à *l'admission des ressortissants tiers sur le territoire des États membres à des fins d'études*, JOCE n° C274/10, 19 septembre 1996.

prennent un emploi salarié »[308]. Par mimétisme avec la logique instrumentale nationale des différents États européens, ceux-ci instituent un instrument restrictif de fermeture quasi totale des frontières aux ressortissants de pays tiers désireux d'exercer un emploi dans la Communauté. Cette logique protège les États des risques migratoires auxquels ils s'exposent, en ne régulant pas convenablement leur main d'œuvre étrangère.

Les préférences nationales et communautaires sont les fondements de la politique européenne de l'immigration économique. En conséquence, les premières tentatives de rapprochement des politiques des États membres reposent sur deux critères essentiels :

- le taux de chômage dans la communauté
- les besoins du marché du travail

Toutefois, les trois Résolutions indiquent que les ressortissants tiers qui représentent par leur migration une *valeur économique*[309] (on entend par-là les activités relatives aux technologies innovantes ou encore les métiers artistiques et scientifiques) ont un accès à l'emploi facilité. Cette attitude témoigne une fois encore de la logique *utilitariste* de cette coordination issue des Résolutions. Pour illustrer cette attitude, il est intéressant de constater que, suite au rapport de Patrick Weil en 1997[310], la législation française s'est conformée aux exigences des Résolutions, en prévoyant une carte de séjour temporaire pour les scientifiques et les artistes qui désirent entrer sur le territoire[311]. Même si les principes dégagés par les Résolutions ne lient pas juridiquement les États, cette harmonisation montre que « l'alignement » des États peut être rapide, en matière de politique d'immigration, quand il s'agit d'économie.

À la suite des mesures de *Soft Law* que préconisent les Résolutions, le projet de Convention relative aux règles d'admission des ressortissants tiers[312] a précisé davantage la politique d'immigration de travail. Son esprit diffère tant soit peu des trois Résolutions, même si les règles posées en rappellent certaines. Son chapitre III est entièrement consacré à l'admission des ressortissants de pays tiers aux fins d'emplois, salariés, tandis que son chapitre IV aborde le problème de l'admission des ressortissants désireux d'exercer une activité économique indépendante.

- Pour ce qui concerne l'emploi des salariés, un contrat de travail d'un an minimum est imposé, ainsi qu'une autorisation préalable des pouvoirs publics. Ceci constitue une obligation préalable pour obtenir un titre de séjour égal à la durée du contrat, d'une durée maximum de quatre ans.[313]
- Les ressortissants désireux de pénétrer sur le territoire commun en vue d'exercer une activité économique indépendante[314] doivent apporter la preuve qu'ils ont assez de

---

[308] Résolution du 30 novembre 1994, point 7.

[309] Résolution du 30 novembre 1994, A, § 1, « l'admission, aux fins d'une activité indépendante, de personnes qui ajoutent de la valeur (...) à l'économie du pays d'accueil est bénéfique ».

[310] Weil P., *Mission d'étude des législations de la nationalité et de l'immigration*, collection Rapport officiel, La Documentation Française, 1997.

[311] Article 12 de l'ordonnance de 1945 modifiée, le 11 mai 1998., voir GOUZES G., *Rapport d'information*, voir partie sur l'institution d'un titre de séjour scientifique, tome 1, n° 451, Assemblée nationale, p. 85-90.

[312] Proposition d'acte du Conseil établissant la convention *relative aux règles d'admission des ressortissants de pays tiers dans les États membres*, adoption par la Commission 29/09/1997, JOCE 1997/337 du 07 novembre 1997, p. 9 ; Avis du parlement 13/07/1998 et 10 février 1999, le texte n'est pas adopté, l'entrée en vigueur du Traité d'Amsterdam a retardé et entériné ce texte. Cette convention n'est donc plus d'actualité

[313] Un régime spécial est prévu pour les saisonniers et les transfrontaliers, article 9 et 10 de la Convention.

[314] Article 11, exerçant une activité économique en l'absence de tout lien de subordination vis-à-vis d'un

ressources pour entreprendre cette activité ; ils obtiennent alors une autorisation de séjour pour deux ans renouvelables[315].

Il convient de noter que les mesures de ce projet de Convention sont plus précises que les Résolutions et que surtout, on constate la disparition de la volonté univoque de fermeture complète des frontières. De ce fait, une nouvelle ébauche de politique d'immigration économique est amorcée. Toutefois, l'admission des ressortissants de pays tiers est largement conditionnée par les pouvoirs publics, par l'administration des États membres, ceci qui leur laisse un large pouvoir discrétionnaire. C'est ce que Elisabeth Guild[316] appelle *« un modèle d'immigration qualifié intergouvernemental ».* Ainsi, la politique d'immigration de travail souffre toujours de la rigidité du cadre institutionnel dans lequel elle évolue. Le Traité d'Amsterdam a marqué un tournant tant institutionnel que substantiel en « libérant » la politique d'immigration économique d'une approche trop intergouvernementale. Les trois Résolutions et le projet de Convention vont être remplacés par des actes communautaires plus contraignants. Toutefois, les difficultés rencontrées pendant les négociations d'un premier projet de directive affaiblissent les espoirs d'une politique européenne d'immigration de travail effective.

2/ Une politique européenne d'immigration économique plus ouverte, en voie d'harmonisation

Depuis peu, la politique européenne d'immigration économique change de logique. Elle n'est plus fondée sur la fermeture restrictive des frontières, mais elle envisage désormais une ouverture raisonnée de l'accès au travail des étrangers (a). Parallèlement, il est constaté que cette politique va certainement connaître un début de convergence des politiques des différents États membres, mais la directive n'est toujours pas adoptée (b).

a) Une politique européenne d'immigration économique plus ouverte

Sur le plan institutionnel, la « communautarisation partielle » du champ d'admission des ressortissants d'États tiers, a ouvert une voie nouvelle à la coordination instituée par les Résolutions et la Convention. La faculté d'instituer des directives ou des règlements communautaires permet pour la première fois de poser des instruments d'harmonisation concernant la politique d'immigration de travail.

Dans sa communication du 22 novembre 2000, la Commission a déterminé un nouvel axe à suivre en matière d'immigration économique. Elle met fin au mythe « d'immigration zéro » créé et maintenu pendant les années quatre-vingt-dix, après la chute du mur de Berlin. De ce fait, la fermeture totale n'est plus d'actualité, la Commission reconnaît « *dans ce nouveau contexte, ... que les canaux de l'immigration légale à destination de l'Union doivent être maintenant ouverts aux travailleurs migrants* ». Elle poursuit en « *estimant que l'admission des travailleurs immigrés peut jouer un rôle de stratégie mais, compte tenu des problèmes humains très délicats qu'elle implique, c'est un*

---

employeur.

[315] Article 12 et 13 de la Convention.

[316] Pour une étude complète du contexte et des acteurs de la politique d'immigration de travail : GUILD E., STAPLES H., « Inside out and outside in : third country nationals in European law and beyond », *in Quelle politique d'immigration pour l'Europe ?*, Summer School Book, 2001, p. 191-218.

élément dont le rôle et la contribution doivent être clairement compris par les États membres »[317]. Il semble qu'à partir de cette communication, les exigences communautaires soient différentes, et ce en raison de la situation économique plus favorable depuis la fin de l'année quatre-vingt-dix-sept. La Commission entend anticiper, à long terme, les besoins de main d'œuvre du marché du travail communautaire et par là-même « *combler, d'une manière progressive et maîtrisée, les déficits* »[318]. Ce changement de cap passe ainsi par « *une politique plus ouverte et plus transparente en matière de mouvements migratoires* »[319]. Ainsi, tout en excluant la logique de remplacement démographique proposée par le rapport de l'ONU, la Commission adopte une approche économique contrôlée et raisonnée. Cette nouvelle vision est confirmée, notamment dans deux communications[320] : celle du 11 juillet 2001 concernant « *une méthode ouverte de coordination de la politique communautaire en matière d'immigration* »[321] et celle du 3 juin 2003 relative à l'immigration, à l'intégration et à l'emploi. La première planifie la mise en place transparente et simplifiée des procédures d'ouverture du marché de l'emploi aux ressortissants d'États tiers, tout en maintenant le partenariat avec les pays tiers et en luttant contre le travail au noir. La seconde communication insiste sur l'objectif d'intégration réalisé notamment par un statut juridique sûr et stable du travailleur étranger.

b) Une politique européenne d'immigration économique en voie d'harmonisation

Simultanément à la communication de la Commission de mai 2001, une proposition de directive[322] du Conseil est adoptée fixant les conditions d'entrée et de séjour des ressortissants d'États tiers aux fins d'un emploi salarié ou de l'exercice d'une activité économique indépendante. Philippe De Bruycker qualifie cette deuxième phase institutionnelle de « *mise en place d'une politique communautaire d'immigration raisonnée* ». Cette proposition présente une série de nouveautés normatives que l'on retracera brièvement puisque le texte n'est toujours pas adopté à ce jour, il est bloqué à ce jour.

L'une des premières nouveautés concerne la création d'un véritable droit à *un permis de séjour* pour le travailleur migrant, si les conditions requises sont remplies[323] (en général un contrat de travail ou une promesse d'embauche). Ce droit au séjour peut être également demandé par l'employeur du ressortissant de pays tiers[324]. Il est intéressant de constater que l'employeur est intégré dans la phase d'introduction du travailleur migrant. Ceci n'est pas sans rappeler la pratique française des années cinquante, lorsque les employeurs décidaient du type de migrants qu'ils désiraient faire venir en France. La

---

[317] Communication de la Commission au Conseil et au parlement européen, *Une politique communautaire en matière d'immigration*, Bruxelles, 22/11/2000, COM (2000) 757 final, 3-4 partie, résumé analytique.
[318] *Ibid.* p. 14-16. « L'élaboration d'une nouvelle approche de l'immigration ».
[319] *Ibid.* p. 14-16.
[320] Voir aussi Communication *sur l'intégration de la politique migratoire dans les relations de l'UE avec les pays tiers* COM (2002) 703 du 3/12/2002
[321] Communication de la Commission au Conseil et au parlement européen, *Une méthode ouverte de coordination de la politique communautaire en matière d'immigration*, Bruxelles, 11/07/2001, COM (2001) 387 final, p. 9-10.
[322] Proposition de directive du Conseil relative *aux conditions d'entrée et de séjour des ressortissants de pays tiers aux fins d'un emploi salarié ou de l'exercice d'une activité économique indépendante*, 11 juillet 2001, 2001/0154, CNS. Bull. 7/8-2001/1.4.3, avis du CES le 16 janvier 2002 et du Comité des régions 13 mars 2002.
[323] Article 4 §1) 2).
[324] Article 5 § 1.

nouveauté réside dans le fait que le processus de recrutement est désormais organisé au plan européen.

Une autre nouveauté réside dans la demande de permis qui n'est plus établie exclusivement dans le pays d'origine mais peut aussi émaner d'un ressortissant de pays tiers résidant légalement sur le territoire[325]. Cette possibilité évite à certains ressortissants de pays tiers d'effectuer un aller-retour dans le pays d'origine[326].

Enfin, une dernière nouveauté tient dans la durée du titre de séjour délivré aux travailleurs : elle est limitée à trois ans maximum. Force est de constater que cette durée est réduite, même si le titre est renouvelable, mais il ne le sera qu'en vertu des dispositions des législations nationales[327]. L'harmonisation de la durée du titre de séjour reste donc très aléatoire. Cette proposition témoigne une fois encore de la « frilosité » de l'harmonisation. Les États membres redoutent de se voir imposer des dispositions trop contraignantes, sur la durée des statuts de leurs travailleurs migrants. Ainsi, ont-ils toute liberté de choisir leur modèle de migration : permanente ou temporaire. Comme il n'existe pas de minimum requis pour la durée du titre de séjour, la Commission n'impose aucun modèle permanent de migration économique. On « *évite ainsi, aussi habilement que sagement, de choisir entre une immigration de travail temporaire ou permanent tout en proposant que les travailleurs migrants voient leur droit de séjour consolidé après cinq ans de travail. Les États membres resteraient donc, dans une large mesure, libres de choisir la politique d'immigration censée leur convenir le mieux, mais des limites à la manière dont ils peuvent traiter les personnes amenées à se déplacer pour gagner leur vie leur seraient par contre imposées dans le temps* »[328].

Sur le contenu de la directive, avec Philippe De Bruycker, on retient cinq caractéristiques[329] pertinentes pour le définir :

Le premier point retenu est -la *simplicité* qui se manifeste par un titre de séjour unique reconnu[330] dans tous les États membres : *le permis de séjour-travailleur*[331]. En second, -la *rationalité* imprègne ce projet, en ce qui concerne l'accès des ressortissants de pays tiers. La proposition fixe « *des critères objectifs et identifiables* »[332]. Ainsi, le permis de séjour n'est délivré que si le poste désiré n'a pas été pourvu par un citoyen de l'Union, par un ressortissant d'États tiers membre de famille communautaire, ou par un ressortissant déjà présent sur le territoire de l'Union et ayant accès au marché de l'emploi. Autrement dit, avant d'embaucher un ressortissant de pays tiers primo-arrivant, la pénurie doit être constatée, par le biais d'une offre d'emploi restée sans réponse. La question de l'admission des travailleurs migrants salariés ou exerçant une activité indépendante est directement liée à la situation économique et au marché de l'emploi européen. Le troisième élément réside dans -la *souplesse* du pouvoir des États à contrôler le nombre d'admis à des fins d'emploi et à fixer la durée du statut. Enfin, des critères de -*rapidité* et de -*transparence* caractérisent le projet, puisque le traitement de la demande d'admission est limité à 180 jours et que les délais de recours doivent être mentionnés.

---

[325] Article 5 § 2.
[326] DE BRUYCKER P., *op.cit*, p. 177.
[327] Article 7 § 1.
[328] DE BRUYCKER P., *op. cit.*, p. 180.
[329] DE BRUYCKER P., *op. cit.*, p. 174-175.
[330] L'article 11 § 1 c) autorise le titulaire d'un permis *de séjour-travailleur* à transiter par les autres États membres.
[331] Article 4§1.
[332] DE BRUYCKER P., *op. cit.*, p. 174.

Retenons que malgré les changements institutionnels et les orientations nouvelles en matière d'emploi, cette proposition de directive est un instrument d'harmonisation encore marqué, matériellement et formellement, par la coopération intergouvernementale. Autrement dit, tant que la règle du vote à l'unanimité s'exercera dans ce domaine, les outils normatifs ne seront que des « consensus d'harmonisation », « une harmonisation au minimum » de l'immigration économique. « *L'avenir dira si la communautarisation progressive du cadre institutionnel dans lequel la politique d'immigration est discutable, permettra de dépasser le modèle intergouvernemental …* »[333].

Après plus de quatre ans de négociations, les États n'ont toujours pas adopté le projet de directive. Force est de constater que la question de l'admission à des fins d'emploi n'est pas aussi évidente qu'elle y paraissait, et ce malgré le contexte économique et le désir d'ouverture de la Commission. Les États membre rencontrent de nombreuses difficultés pour envisager un axe commun pour cette question sensible. La politique européenne d'immigration montre ici une de ses principales faiblesses. Par ailleurs, au travers de notre étude nous avons constaté pour les bénéficiaires du regroupement familial, mais aussi pour tous les autres « types » d'étrangers, que la question de l'emploi est abordée séparément[334] et toujours en terme de restriction. Il serait donc souhaitable que la Commission propose un instrument unique rassemblant les conditions d'accès à l'emploi de toutes les « catégories » de ressortissants de pays tiers (les bénéficiaires du regroupement familial, les demandeurs d'asile, les réfugiés, les bénéficiaires de la protection subsidiaire ou temporaire, les étudiants, les résidents de longue durée, les travailleurs étrangers salariés ou non, les victimes de la traite, etc.). La proposition de directive ci-dessus analysée n'est pas assez « englobante » et ne traite que partiellement de la question de l'emploi des ressortissants de pays tiers. Il n'est toutefois pas certain que les États membres franchissent cette étape…

Comme le projet de directive n'a pas été adopté, aucun début d'harmonisation n'a été réalisé dans l'ordonnance de 1945. Encore que la réforme du 26 novembre 2003, visant à retirer le titre de séjour[335] à tout étranger travaillant sans autorisation et à le reconduire à la frontière, confirme les articles 10, 23 et 27 du projet de directive qui prévoient le retrait du permis de séjour-travailleur en cas de fraude ou pour tout autre motif lié au comportement de l'étranger et touchant l'ordre public ou de sécurité publique.

En janvier 2005, le Livre Vert de la Commission européenne a relancé le débat relatif à l'immigration économique après l'échec de la proposition de directive de 2001. Elle a rappelé ces inquiétudes sur le déclin démographique et le vieillissement de la population au regard de l'économie en Europe et a réaffirmé qu'il est « *nécessaire d'adopter des critères et règles communs transparents et plus harmonisés au niveau européen pour l'admission des migrants économiques* »[336]. L'impulsion de ce Livre vert permettra de relancer la question de l'adoption d'un cadre législatif en matière d'immigration économique. La commission devra alors choisir entre une harmonisation « *horizontale* »[337] qu'elle a jusqu'ici défendu et une harmonisation « *sectorielle* »[338] de la politique d'immigration économique.

---

[333] DE BRUYCKER P., *op. cit.*, p. 179.

[334] Dans plusieurs directives, on retrouve des dispositions spécifiques sur l'emploi.

[335] Article 12 de l'ordonnance de 1945.

[336] Livre Vert sur *une approche communautaire de la gestion des migrations économiques*, Doc. COM (2004) 811 final du 11 janvier 2005, p. 3.

[337] Livre Vert, p. 4

[338] Ibid.

C/ Admission au séjour pour des raisons d'études, de formation, et de recherche

Deux directions se dégagent clairement dans les travaux communs : un axe facilitant l'entrée et l'admission au séjour d'élèves, d'étudiants, de volontaires ou d'étrangers suivant une formation professionnelle (1) ; et un autre traitant le cas particulier des chercheurs scientifiques (2).

1/ L'entrée et l'admission au séjour des étrangers étudiants, des étrangers volontaires et des étrangers suivant une formation professionnelle

Le travail d'harmonisation relatif aux ressortissants de pays tiers qui poursuivent des études ou des formations a débuté avec des textes non-contraignants[339] ; c'est le cas de la Résolution de 1994 concernant l'admission de ressortissants de pays tiers sur le territoire des États membres à des fins d'études[340]. L'étudiant était défini comme : *celui qui est admis par un établissement supérieur, public ou agrée, ou par un établissement comparable situé dans un État membre pour entreprendre des études, un mémoire, une thèse, ou achever des études supérieures ou post-universitaires dans le cadre d'un perfectionnement professionnel.*

Le nouveau cadre institutionnel mis en place par le Traité d'Amsterdam a accéléré les objectifs d'harmonisation. En 1999, les Conclusions de Tampere ont rappelé que le statut juridique du ressortissant de pays tiers devait se rapprocher de celui des ressortissants des pays membres, notamment sur la question du droit d'étudier. Mais c'est finalement assez tardivement, le 7 juillet 2002, que la Commission a proposé un projet de directive relative « *aux conditions d'entrée et de séjour des ressortissants de pays tiers aux fins d'études, de formations professionnelles ou de volontariat* »[341]. Ce projet de directive a été adopté le 13 décembre 2004[342].

L'objectif de la directive est de réaliser un échange international d'étudiants et d'universitaires, d'élèves et de volontaires, ainsi que de normaliser des partenariats avec les pays tiers, grâce à un enrichissement réciproque et une meilleure compréhension des cultures. La directive souhaite alors « *favoriser la mobilité des ressortissants de pays tiers à destination de la communauté à des fins d'études* »[343].

---

[339] Résolution du Conseil du 30 novembre 1994 *relative à l'admission de ressortissant de pays tiers sur le territoire des États membres à des fins d'études*, JO n° C 274 du 19 septembre 1996, p. 10-12., Décision du Conseil du 30 novembre 1994 relative à une action commune adoptée par le Conseil sur la base de l'article K3§ 2 point b) du traité sur l'UE *en ce qui concerne les facilités de déplacement des écoliers ressortissants de pays tiers résidant dans un État membre*, JO n° L 237 du 19 décembre 1994, p. 1-3. Projet de Convention relative *aux règles d'admission des ressortissants de pays tiers* de 1997.

[340] Pour son contenu voir analyses de BERGER N., *op. cit.*, p. 115-116.

[341] Proposition de directive relative *aux conditions d'entrée et de séjour des ressortissants de pays tiers aux fins d'études, de formations professionnelles ou de volontariat* du 7 juillet 2002, JO n° C 045 E, du 25 février 2003, p. 18-41.

[342] Directive du Conseil relative *aux conditions d'admission des ressortissants de pays tiers à des fins d'études, d'échange d'élèves, de formation non rémunéré ou de volontariat*, 2004/114/ CE du Conseil du 13 décembre 2004, JOUE du 23 décembre 2004, L375/ 12.

[343] *Ibid.*, (6).

Plus complète que la Résolution de 1994, la directive rassemble les conditions d'accès au territoire des étudiants, des élèves, des stagiaires non rémunérés et des volontaires. Ils doivent tous remplir des conditions d'admission pour être acceptés sur le territoire commun : ressources suffisantes, et selon les cas, admission dans un établissement d'enseignement, participation à un programme d'échange, signature d'une convention de formation professionnelle ou participation à un programme de volontariat. Ils sont tenus également de posséder un document de voyage en cours de validité[344], une autorisation parentale pour les mineurs, une assurance-maladie, enfin ils ne doivent pas nuire à l'ordre public du pays membre accueillant[345] ; ils bénéficient alors d'un *titre de séjour*[346] valable un an[347], renouvelable uniquement pour les étudiants.

La directive prévoit des dispositions spécifiques pour chaque catégorie d'étrangers, notamment pour les étrangers *étudiants*[348]. En effet, elle propose notamment d'autoriser les étudiants déjà admis dans un pays membre à se déplacer[349] dans les autres pays européens. De plus, la directive autorise les étudiants à financer leur séjour grâce à des ressources mensuelles[350] sous réserve d'une autorisation de l'administration de l'État membre accueillant. En revanche, comme dans la Résolution de 1994, aucune disposition n'organise une procédure de regroupement familial pour les étrangers étudiants.

En France, pendant de longues années, la politique relative à l'accueil des étudiants étrangers a été particulièrement généreuse. Mais à partir des années quatre-vingt-dix, elle est devenue très restrictive[351] car elle s'est fondue dans la politique générale des étrangers[352]. Cette politique est toujours très critiquée, c'est pourquoi beaucoup d'étudiants étrangers choisissent désormais de migrer vers d'autres pays plus accueillants. La fuite de ces étudiants a été constatée par la classe politique française. Aussi, les modifications apportées par la loi du 26 novembre 2003 ont-elles assoupli très légèrement les conditions d'accès des étudiants[353]. Ainsi, lorsque l'étudiant dispose d'une inscription dans un établissement d'enseignement, l'article 12 alinéa 2 de l'ordonnance permet de lui délivrer une carte de séjour temporaire mention étudiant, et ce même s'il ne dispose pas de visa long séjour. Comme le projet de directive, le droit français exige des conditions de ressources. Le juge administratif contrôle la suffisance des ressources ainsi que l'inscription dans un établissement d'enseignement[354]. Il veille au bon déroulement[355] des études. De même,

---

[344] Article 6 de la directive.

[345] Article 6 d) de la directive ;

[346] Titre de séjour étudiant (article 12), titre de séjour échanges d'élèves (article 13), titre de séjour stagiaire non rémunéré (article 14), titre de séjour volontaire (article 15).

[347] Les élèves, stagiaires et les volontaires se voient délivrer un titre de séjour d'une durée maximale d'un an.

[348] Article 7.

[349] Article 8 sur la mobilité des étudiants.

[350] Article 17, les États choisissent le nombre maximum d'heures de travail des étudiants, la directive pose le seuil minimum de dix heures par semaine mais prévoit la faculté laissée aux Etats de limiter l'accès à des activités économiques pendant la première année de séjour.

[351] Les étudiants étrangers à l'Université ont diminué de 1990 à 1998 passant de 136 000 à 121 582. Les chiffres sont remontés en 2001 mais l'effectif total des étudiants diminue sur l'ensemble de la période, voir, *Maîtrise de l'immigration*, éd. du JO Aux sources de la loi, n° 1932, mai 2004, p. 279.

[352] SLAMA S., *La fin de l'étudiant étranger*, éd. L'Harmattan, 1999.

[353] Sauf en matière de motivation de visa, puisque la loi du 26 novembre 2003 a supprimé l'obligation de visa long séjour pour les étudiants étrangers, (décret du 4 janvier 1999 est abrogé et remplacé par le Décret n° 2004-1237 du 17 novembre 2004, article 10, JORF du 23 novembre 2004.

[354] TA Versailles, 30 novembre 1995, *M. B. Derradji*, req. n° 93-1790.

[355] CE 9 novembre 1992, *Melle Boni*, Rec. T 970.

comme la directive, la circulaire du 26 mars 2002[356], relative à l'admission des étudiants étrangers, retient une définition large de l'étudiant, en intégrant les personnes effectuant une formation initiale ou continue à condition qu'elles aient conclu à leurs frais une convention de formation professionnelle avec un organisme dispensateur de formation. Ce texte inclut également les personnes qui sont amenées à exercer une activité professionnelle salariée durant une période de stage nécessaire à l'obtention d'un diplôme ou encore les personnes qui viennent en France accomplir un stage ou une formation.

La directive n'apporte pas d'importants bouleversements dans la législation française (la directive n'harmonise que les conditions minimales d'admission sur le territoire), toutefois, pour se conformer au texte, le législateur français devra aménager des dispositions spécifiques pour les étrangers élèves et volontaires.

Cette directive n'est qu'une harmonisation minimale des conditions d'admission. Le texte a abouti après plus de deux ans de négociations. Certains États n'étaient pas prêts à faciliter l'accès de plus de ressortissants de pays tiers, même s'il s'agit d'étudiants ou d'élèves et qu'ils ont théoriquement vocation à rentrer dans leur pays d'origine une fois qu'ils ont terminé leurs études ou leur formation. A moins que les États membres misent sur l'installation de ces étudiants qualifiés pour combler les déficits de main d'œuvre en Europe...

2/ Le cas particulier des chercheurs scientifiques

La politique européenne relative à l'admission des chercheurs de pays tiers débute avec le Conseil européen de Lisbonne. Dans ses conclusions, le Conseil a « *invité le Conseil et la Commission, le cas échéant en liaison avec les États membres, à prendre des mesures pour éliminer, d'ici à 2002, les obstacles à la mobilité des chercheurs en Europe et pour attirer et retenir en Europe des chercheurs de haut niveau* ». L'action choisie par la Commission est l'admission facilitée[357] des chercheurs de pays tiers sur le territoire européen.

Début 2004, plusieurs projets[358] dressent les balbutiements d'une future politique communautaire et complètent les travaux d'harmonisation engagés par la Commission sur l'admission au séjour à des fins spécifiques. En effet, la Commission a édicté un projet de directive[359] et deux projets de Recommandations[360] relatives aux conditions d'admission des

---

[356] Circulaire du 26 mars 2002 relative aux conditions d'entrée et de séjour en France des étudiants étrangers et modalités de renouvellement des cartes de séjour « étudiant », NOR/INT/D/02/00073/C.

[357] Rapport sur la Communication de la Commission, *Vers un Espace européen de la recherche*, (A5-0131). Résolution du Parlement européen du 18 mai 2000 sur la Communication de la Commission «Vers un Espace européen de la Recherche » (A5-0131/2000), p.40.

[358] Communication de la Commission au Conseil et au Parlement européen relative à *la présentation d'une proposition de directive et deux propositions de recommandation visant à faciliter l'admission des pays tiers aux fins de recherche scientifique dans la Communauté européenne*, du 16 mars 2004, COM (2004) 178.

[359] Proposition de Directive du Conseil relative à une procédure d'admission spécifique des ressortissants de pays tiers aux fins de recherche scientifique, du 16 mars 2004, COM/2004/0178 final - CNS 2004/0061.

[360] Proposition de Recommandation du Conseil visant *à faciliter la délivrance par les États Membres de visas uniformes de court séjour pour les chercheurs ressortissants de pays tiers se déplaçant aux fins de recherche scientifique dans la Communauté européenne*, du 16/03/2004, COM/2004/0178 final - CNS 2004/0063. Proposition de Recommandation du Conseil *visant à faciliter l'admission des ressortissants de pays tiers aux fins de recherche scientifique dans la Communauté européenne*, du 16 mars 2004, COM/2004/0178 final-CNS 2004/0062.

chercheurs de pays tiers. Ces textes ont été adoptés le 21 juin 2005[361]. La Commission souhaite ainsi mettre en place une politique d'admission *raisonnée* des scientifiques. Les énormes besoins de chercheurs hautement qualifiés nécessaires pour l'économie européenne ont été déterminants dans la rédaction de ces textes. La pénurie de chercheurs en Europe par rapport aux autres économies (États Unis d'Amérique, Canada) a accéléré l'édiction de ces nouveaux instruments communs.

Dans la directive, la première démarche de la Commission est de faciliter l'admission, la mobilité et le séjour des chercheurs de pays tiers pour « attirer » cette « main d'œuvre » hautement qualifiée en Europe ; l'objectif étant d'atteindre 700 000 chercheurs[362] d'ici 2010. Ainsi, la directive organise une procédure d'admission spécifique pour les chercheurs.

La directive propose de mettre en place un mécanisme qui a pour objet de confier aux « organismes de recherche »[363] préalablement agrées[364], une fonction déterminante dans la procédure d'admission des chercheurs de pays tiers. En effet, ces derniers auraient pour rôle de signer avec le ressortissant du pays tiers concerné un contrat, « *une convention d'accueil* »[365], garantissant à la fois l'existence d'un projet scientifique, son aptitude à mener à bien les recherches envisagées et les conditions d'ordre financier associées. La directive délègue ainsi aux organismes de recherche le contrôle migratoire, étant donné qu'ils sont capables de connaître et d'évaluer les besoins en terme d'effectifs et de recherches scientifiques. En contrepartie des prérogatives attribuées, les États membres peuvent exiger que l'organisme de recherche assume *« la responsabilité du remboursement des frais liés à son séjour ou à son retour du chercheur et supportés par les fonds publics »*[366] dans le cas où le chercheur étranger demeure illégalement sur le territoire d'un État membre. La directive prévoit alors que les États membres peuvent renouveler ou retirer l'agrément d'un organisme de recherche qui ne répondrait plus aux conditions exigées, ou qui aurait signé des conventions de recherche avec des personnes ne correspondant pas aux conditions d'admission.

Par ailleurs, la directive prévoit la création d'un « *titre de séjour pour une durée d'au moins un an* »[367] (mention chercheur), ainsi qu'une possibilité de *mobilité*[368] adaptée aux besoins des recherches. Les chercheurs de pays tiers bénéficient aussi d'une égalité de traitement sur certains droits énumérés à l'article 12 de la directive (reconnaissance des diplômes, certificats et autres qualifications professionnelles, conditions de travail, etc.).

Dans la directive, il est prévu que les États facilite la délivrance d'un visa aux chercheurs. Le projet de recommandation traitant spécifiquement des visas délivrés aux

---

[361] Directive du Conseil relative *à une procédure d'admission spécifique des ressortissants de pays tiers aux fins de recherche scientifique*, 21 juin 2005. Recommandation du Conseil visant *à faciliter l'admission des ressortissants de pays tiers aux fins de recherche scientifique dans la Communauté européenne*, du 21 juin 2005, (dossier interinstitutionnel, 2004/0061), 9288/05.

[362] Cf. préambule de la directive (point 4) « le nombre de chercheurs dont la Communauté devra disposer d'ici 2010 afin de répondre à l'objectif de 3% du PIB à investir dans la recherche fixé le Conseil européen de Barcelone de mars 2002 est évalué à 700 000 personnes ».

[363] Article 2 c) « *tout organisme public ou privé qui effectue des travaux de recherche est agréé aux fins de la présente directive par un État membre conformément à sa législation ou de sa pratique administrative* ».

[364] Article 5.

[365] Article 6.

[366] Article 5 § 3.

[367] Article 8.

[368] Article 13.

chercheurs n'a pas encore été adopté[369]. Son principal objectif est de répondre efficacement et rapidement aux besoins particuliers des chercheurs appelés, dans le cadre de leurs travaux, à intervenir lors de conférences ou colloques. La Commission souhaite mettre en place une sorte de visa spécifique (uniforme de court séjour). De plus, comme les chercheurs scientifiques ne sont pas une population à risque migratoire, la Commission recommande également aux États d'alléger les documents et justificatifs demandés.

Ce traitement particulier à vocation *utilitariste* soulève des interrogations. Il semble se confirmer plus que jamais un réel décalage entre les étrangers autorisés sur lesquels aucun soupçon ne pèse, et les autres contrôlés, surveillés, fichés, dont les conditions d'accès deviennent de plus en plus difficiles. Si ce traitement à deux vitesses est économiquement souhaitable, on peut s'interroger sur les répercussions humaines et sociales qu'il peut entraîner en Europe mais aussi au-delà de nos frontières, dans les pays tiers.

La deuxième Recommandation[370] insiste sur les facilités d'admission des chercheurs des pays tiers. La Commission recommande aux États de faciliter la délivrance des permis de travail, de ne pas limiter par des quotas l'admission des ressortissants de pays tiers pour des postes de recherche, et de soutenir le regroupement familial des membres de la famille en leur réservant des conditions et procédures favorables et attractives. En revanche, ni les Recommandations, ni la directive ne précisent ou ne clarifient les différents statuts que peuvent obtenir les chercheurs (boursiers, salariés, vacataires, contractuels, etc.).

En France, la problématique de l'admission des chercheurs ne s'est imposée qu'à partir de la fin des années quatre-vingt-dix. Le rapport Weil prévoyait de créer un titre de séjour spécifique pour les scientifiques. Depuis la loi du 11 mai 1998[371], l'article 12 bis 5 de l'ordonnance de 1945 permet de délivrer une carte de séjour temporaire aux étrangers scientifiques en les dispensant d'autorisation de travail (comme le souhaite le projet de directive). Cet article dispense le chercheur ou l'universitaire de la procédure du regroupement familial (condition d'attente). Toutefois, la législation française ne prévoit aucune procédure particulière « d'ouverture » des frontières pour ces étrangers. Ils sont soumis aux mêmes obligations que les autres ressortissants (sauf en matière de visa : un visa long séjour leur est délivré[372]). Depuis 1998, la « sélection » des chercheurs se réalise par les organismes de recherche[373] sur la base d'un « modèle type de Protocole d'accueil »[374] des chercheurs de pays tiers. Ce mécanisme est donc très proche des objectifs de la

---

[369] Proposition de Recommandation du Conseil *visant à faciliter la délivrance par les États Membres de visas uniformes de court séjour pour les chercheurs ressortissants de pays tiers se déplaçant aux fins de recherche scientifique dans la Communauté européenne*, du 16 mars 2004, COM/2004/0178 final - CNS 2004/0063.

[370] Adoptée le 21 juin 2005.

[371] Cf. GOUZES G., *Rapport d'information*, voir partie sur l'institution d'un titre de séjour scientifique, Tome 1, n° 451, Assemblée nationale, p. 85-90.

[372] Télégramme diplomatique du Ministre des affaires étrangères du 28 mai 1998 non publiée, *relatif aux modalités de délivrance des visas aux scientifiques*.

[373] Le modèle type de Protocole d'accueil de l'organisme permet de valider le séjour de l'étranger en France, (visa long séjour) (exemple d'organisme CNRS, INSERM, INRIA, CNES, les institutions sans but lucratif, les instituts de recherche à caractère international, EPA et EPIC etc.).

[374] Circulaire du 12 mai 1998 mais l'arrêt CE 30 juin 2000 *GISTI*, a sur ce point annulé la circulaire car elle présentait un caractère réglementaire et illégal ; Circulaire sur *la délivrance de Protocole d'accueil aux organismes d'accueil de scientifiques étrangers*. NOR INTD9800152C, du 20 juillet 1998 ; Circulaire du 15 juin 1998 DPM/ DM2-3/98/341, BO MES 98/28 du 6 au 22 juillet 1998, *précise les règles applicables en matière d'accès au travail pour les titulaires de cartes de séjour temporaire mention scientifique*. Et surtout sur la liste des établissements agrées : arrêté du 19 octobre 2001, JO 19 octobre 2001, p. 16491.

directive. De même, depuis la loi du 26 novembre 2003, l'article 13 bis de l'ordonnance de 1945 prévoit un statut dérogatoire pour les étrangers titulaires d'une carte de séjour temporaire mention scientifique : ils peuvent demander que leur carte de séjour temporaire soit renouvelée pour une durée supérieure à un an. Cet article déroge au droit commun des titres de séjour et témoigne surtout d'une continuité dans le traitement de cette catégorie d'étrangers privilégiés. Cette « faveur » destinée à accueillir les étrangers qualifiés est cependant limitée puisqu'elle est laissée à la discrétion des préfets. Pour l'année 2003, 1 162 étrangers[375] seulement ont obtenu la carte temporaire mention scientifique.

D/ Admission au séjour pour les victimes de la traite des êtres humains ou qui ont fait l'objet d'une aide à l'immigration clandestine

La protection des victimes de réseaux de passeurs ou de la traite des êtres humains est relativement récente. Le phénomène mondial de « l'esclavage moderne »[376] et de l'exploitation des candidats à l'immigration nécessitait que les États membres réagissent juridiquement dans ce domaine. Cette prise de conscience[377] des États membres ainsi que de la Communauté internationale[378] est très salutaire.

Le 11 février 2002, la Commission a proposé un projet[379] de directive relative « *au titre de séjour de courte durée délivré aux victimes de l'aide à l'immigration clandestine ou de la traite des êtres humains qui coopèrent avec les autorités compétentes* ». Le but

---

375 Rapport au Parlement pour la politique d'immigration, mars 2005, p. 68.

376 LENGELLÉ-TARDY M., *L'esclavage moderne*, Que sais-je ?, 1er éd. PUF, février 1999 ; MASSIAS F., « L'esclavage contemporain, les réponses du droit », *in De l'esclavage hier et aujourd'hui, Droit et cultures*, n° 39, 2000/1, p. 101-128 ; O'DY S., *Esclavage en France*, éd. Albin Michel, Paris, 2001 ; DUSCH S., *Le trafic d'êtres humains*, éd. PUF, criminalité internationale, 2002, Actes du colloque, *Esclavage moderne et trafic d'êtres humains, quelles approches européennes ?*, 17 novembre 2000, Paris ; en ligne sur le site du Comité contre l'esclavage Moderne : http://www.ccem-antislavery.org/FR/documentation.html ; VAZ-CABRAL G, *Les formes contemporaines d'esclavage dans les pays de l'Union européenne*, Éd. IHESI, Paris, 2002.

377 Résolution A2-52/89, 14 avril 1989, JO C 120 du 16 mai 1989, p. 352 et s. Résolution relative *à la traite des femmes* du 16 septembre 1993, B3-1264, 1283 et 1309/93, JO C 268 du 4 octobre 1993, p. 141. et s. ; Résolution du 18 janvier 1996 *sur la traite des êtres humains* du 16 novembre 1996, A4-0326/95, JO C 032 du 5 février 1996, p. 88 et s. ; Action commune adoptée par le Conseil le 29 novembre 1996, *établissant un programme d'encouragements et d'échanges, destiné aux responsables de l'action contre la traite des êtres humains et l'exploitation sexuelle des enfants*, JOCE L 322, 12 décembre 1996, p. 7 et s. ; Action du 24 février 1997 adoptée par le Conseil sur la base de l'article K3 du traité de l'Union européenne, JOCE L 63 4 mars 1997, p. 2 et s. ; Résolution relative *à la lutte contre la traite des êtres humains et l'exploitation sexuelle des enfants,* JOCE L 63 du 4 mars 1997, p. 2 et s. ; Décision-cadre, *relative à la traite des êtres humains est adoptée pour rapprocher les dispositions législatives et réglementaires des États membres dans le domaine de la coopération policière et judiciaire en matière pénale* COM/2000/0854 final/2, adoptée le 19 juillet 2002, (2002/629/JAI), JOCE L 203/1 du 1er août 2002. etc. Communication de la Commission au Parlement européen et au Conseil en vue du Conseil européen en Thessalonique *sur le développement d'une politique commune en matière d'immigration clandestine, de trafic illicite et de traite des être humains, de frontières extérieures et de retour des personnes en séjour irrégulier,* le 3 juin 2003, Com (2003) 323 final.

378 L'ONU a élaboré une Convention sur la criminalité transnationale organisée, complétée de deux Protocoles additionnels. Le 1er entré en vigueur le 28 janvier 2004 et le 2ème le 25 décembre 2003. Le Conseil de l'Europe a ratifié dernièrement le 17 mai 2005 une Convention sur la lutte contre la traite des êtres humains.

379 Proposition de directive relative *au titre de séjour de courte durée délivré aux victimes de l'aide à l'immigration clandestine ou de la traite des êtres humains* qui coopèrent avec les autorités compétentes, Bruxelles, le 11.02.2002, COM(2002) 71 final, JOUE C 126 du 28 mai 2002, p. 393 ; COURNIL C., « Traite des êtres humains, une directive au service de la maîtrise des flux », Hommes et Migrations, n° 1241, janvier 2003, p. 90-98.

principal de la directive est de parvenir à un régime minimum de protection entre les États membres puisque beaucoup d'entre eux ne disposent pas encore d'une telle protection. Seuls quelques États membres ont déjà mis en œuvre des mesures comparables pour protéger des étrangers victimes de la traite des êtres humains (notamment la Belgique en 1995[380] ; les Pays Bas et l'Italie[381] en 1998 ; l'Espagne[382] et l'Autriche en 2000 ; et l'Allemagne). D'autres (comme la France) ont légiféré sous l'impulsion donnée par la proposition de directive.

Le 29 avril 2004, le Conseil a adopté ce projet de directive[383] qui renforce le cadre légal de la lutte contre l'immigration clandestine. La directive a pour objectif de « *définir les conditions d'octroi de titre de séjour de durée limitée, en fonction de la longueur de la procédure nationale applicable, aux ressortissants de pays tiers qui coopèrent à la lutte contre la traite des êtres humains ou contre l'aide à l'immigration clandestine* ».[384]. Le but de cette directive est de protéger temporairement une victime qui décide de coopérer, avec les services policiers d'un État membre, en témoignant ou dénonçant ses agresseurs. La logique d'accueil proposée est minimale puisque la protection ne découle que de la volonté de coopérer de la victime. Il n'y a donc aucun désir de protection internationale, ni aucune obligation d'asile dans cette directive.

Les victimes se voient accorder un délai de réflexion[385] (délai déterminé conformément au droit national) avant de coopérer avec les autorités compétentes. Ce délai leur permet de prendre leur décision avec un minimum de recul et de mesurer les tenants et les aboutissants d'une telle démarche. Pendant ce délai, « *les États membres garantissent aux ressortissants de pays tiers concernés qui ne disposent pas de ressources suffisantes des conditions de vie susceptibles d'assurer leur subsistance ainsi que l'accès aux soins médicaux d'urgence. Ils subviennent aux besoins particuliers des personnes les plus vulnérables, y compris, le cas échéant et si le droit national le prévoit, en leur fournissant une assistance psychologique* »[386]. Pendant ce laps de temps, la victime bénéficie d'une assistance juridique et linguistique[387] ainsi que d'une protection contre l'éloignement[388].

Une fois ce délai écoulé, pour délivrer ou non le titre de séjour de courte durée, les autorités chargées de l'enquête ou des poursuites doivent apprécier plusieurs éléments[389] : -

---

[380] Loi du 13 avril 1995 relative « *à la répression de la traite des êtres humains et de la pornographie enfantine* », article 77 bis sur la traite des étrangers.

[381] L'Italie a accordé un permis de séjour pour « des raisons sociales » aux victimes de la prostitution, cf. loi du 3 août 1998 n°269, intitulé « *dispositions contre l'exploitation de la prostitution, de la pornographie, du tourisme sexuel au détriment des mineurs, en tant que de nouvelles formes de réduction à l'esclavage* ».

[382] L'article 55 de la loi relative à la collaboration pour la lutte contre les réseaux organisés, voir analyse de VAZ-CABRAL G, *Les formes contemporaines d'esclavage dans les pays de l'Union européenne*, Éd. IHESI, Paris, 2002, p. 55 et s.

[383] Directive 2004/81/CE du Conseil du 29 avril 2004 *relative au titre de séjour de courte durée délivré aux ressortissants de pays tiers qui sont victimes de la traite des êtres humains ou ont fait l'objet d'une aide à l'immigration clandestine et qui coopèrent avec les autorités compétentes*, JOUE, L 261 du 6 août 2004, p. 19-23.

[384] Article 1er de la directive. Les objectifs de la proposition de directive étaient beaucoup plus ambitieux, en effet, l'Article 1er de la directive instaurait un titre de séjour de courte durée aux « *ressortissants de pays tiers, victimes des infractions constituées par l'aide à l'immigration illégale et de la traite des êtres humains qui coopèrent à la lutte contre les auteurs de ces infractions* ».

[385] Article 6 de la Directive.

[386] Article 7 de la directive.

[387] Article 7 § 3 et § 4 de la directive.

[388] Article 6 § 2 de la directive.

[389] Article 8 § 1 a) b) c) de la directive.

l'utilité de la présence de la victime; -l'existence d'une volonté claire de coopération manifestée par la victime ; -la rupture de tout lien avec les auteurs présumés des faits susceptibles d'être incriminés. Autrement dit, la délivrance du titre de séjour dépend de l'appréciation souveraine de l'utilité et de la pertinence du témoignage de la victime.

A partir de là, un titre de séjour d'une durée minimale de 6 mois[390] est délivré à la victime. Ce titre est renouvelé sous réserve des raisons liées à l'ordre public et à la protection de la sécurité intérieure.

On mesure combien la protection est dépendante de la coopération policière mais aussi des suites répressives de l'affaire dénoncée par la victime. La courte durée du titre délivré soulève la question de la précarité du statut proposé par cette directive. De même, la durée minimale de six mois semble être inappropriée à la nature de la protection dont a besoin la victime de réseaux mafieux. Souvent très puissant, ces réseaux n'hésitent pas à rechercher les victimes de retour dans leur pays d'origine. On peut alors s'interroger sur les réelles ambitions de cette directive notamment en terme de protection mais aussi sur l'efficacité de la démarche incitative de la victime, sachant qu'au bout du compte, elle ne reçoit pas automatiquement un titre de séjour durable et, même si un titre de séjour lui est attribué, il n'est que de courte durée en raison de sa connexion avec l'action répressive.

Dans le cas où le renouvellement du titre de séjour ne serait pas accordé, le droit commun des étrangers s'applique[391].

Jusqu'en 2003, en France, aucune disposition de l'ordonnance de 1945 ou plus généralement du droit interne ne prévoyait une protection spécifique pour les étrangers victimes de l'aide à l'immigration clandestine ou de la traite des êtres humains. Depuis, l'article 76 de la loi du 18 mars 2003 pour la sécurité intérieure permet de délivrer une autorisation provisoire de séjour (avec autorisation de travail) à l'étranger qui, soit dépose une plainte contre une personne qu'il accuse d'avoir commis à son encontre des infractions liées à la traite des êtres humains[392], au proxénétisme ou au racolage[393], soit témoigne dans une procédure pénale concernant une personne poursuivie pour ces mêmes infractions. Il est regrettable que lors de la dernière réforme du 26 novembre 2003, le législateur n'ait pas inséré les éléments de l'article 76 de la loi du 18 mars 2003 dans l'ordonnance de 1945. Cette absence ne clarifie pas l'état du droit des étrangers. L'article 76 de la loi du 18 mars 2003 retrace les principaux objectifs dégagés, peu avant par la proposition de directive du 11 février 2002. Cet article a anticipé les objectifs de la future directive adoptée en 2004. (La directive du 29 avril 2004 doit être transposée en droit interne avant le 6 août 2006).

Plusieurs remarques peuvent être faites sur sa compatibilité avec le texte de la directive. D'abord, l'objet de l'article 76 n'inclut que les infractions relatives à la traite des êtres humains, au proxénétisme et au racolage et non celles qui concernent l'aide à l'immigration clandestine, contrairement à la directive qui insiste sur deux types

[390] Article 8 § 2 de la directive.
[391] Article 13 de la directive.
[392] Article 225-4-1 à 225-4-6 du Code Pénal. La traite des êtres humains se définit comme « *La traite des êtres humains est le fait, en échange d'une rémunération ou de tout autre avantage ou d'une promesse de rémunération ou d'avantage, de recruter une personne, de la transporter, de la transférer, de l'héberger ou de l'accueillir, pour la mettre à la disposition d'un tiers, même non identifié, afin soit de permettre la commission contre cette personne des infractions de proxénétisme, d'agression ou d'atteintes sexuelles, d'exploitation de la mendicité, de conditions de travail ou d'hébergement contraires à sa dignité, soit de contraindre cette personne à commettre tout crime ou délit. La traite des êtres humains est punie de sept ans d'emprisonnement et de 150 000 euros d'amende* ».
[393] Article 225-5 à 225-10 du Code Pénal.

d'infractions (traite des être humains et aide à l'immigration clandestine). Ensuite, l'article 76 délivre une simple *autorisation provisoire de séjour* avec autorisation de travail alors que la directive parle d'un *titre de séjour de durée limitée* dans son article 1er. Le législateur français n'a donc pas été aussi protecteur que la directive, car l'autorisation provisoire de séjour, même avec autorisation de travail, ne saurait avoir la même valeur qu'un titre de séjour telle que la carte de séjour temporaire valable un an. La « transposition anticipée » réalisée par la loi du 18 mars 2003 est donc insuffisante sur ce point. En revanche, le législateur français a prévu la possibilité de délivrer une carte de résident à la victime lorsqu'une condamnation définitive de la personne mise en cause est proclamée. Cette possibilité va bien au-delà des exigences de la directive qui énonce simplement le non-renouvellement du titre de séjour lorsque *« une décision adoptée par les autorités compétentes a mis fin à la procédure concernée »*. De même, la directive précise que lorsque la durée du titre de séjour arrive à son terme, le droit commun des étrangers s'applique, sans plus de précision sur la protection de la victime. Un décret d'application aurait dû venir préciser les modalités de protection, d'accueil et d'hébergement des victimes de la traite des êtres humains. Après plus d'un an et demi, ce décret n'est toujours pas en application. La récente adoption de la directive devrait sans doute accélérer son élaboration.

§ II : Un titre de séjour longue durée harmonisé pour les résidents tiers de longue durée

L'ancien article K1 point 3 b) du TUE disposait que le séjour des ressortissants tiers relevait d'une question d'intérêt commun. C'est sur cette base que la première initiative concernant le statut des ressortissants de pays tiers de longue durée a été entreprise. En effet, la Résolution du 4 mars 1996[394] a défini un autre aspect de la politique européenne d'immigration, celui de l'intégration[395] des ressortissants de pays tiers. Si la plupart des premiers efforts des États membres ont été consacrés aux politiques restrictives d'entrée sur le territoire commun et à la lutte contre l'immigration clandestine, des perspectives concernant le séjour des ressortissants de pays tiers, d'abord non contraignantes, ont émergé (A). Ensuite elles se sont concrétisées avec l'adoption d'une directive communautaire (B).

A/ Les débuts timides d'une approche européenne de l'intégration des ressortissants de pays tiers

Les États ont bien compris que la politique d'immigration devait contenir des mesures facilitant l'intégration des ressortissants de pays tiers. La Résolution de 1996 relative au statut des étrangers qui sont résidents de longue durée sur le territoire des États membres, précise que « *l'intégration des résidents de longue durée contribue à une sécurité et une stabilité plus grande, tant dans la vie quotidienne que dans le travail, ainsi qu'à la paix sociale dans les différents États membres...* »[396]. En conséquence, l'enjeu de cette

[394] Résolution du Conseil du 4 mars 1996 relative *au statut de ressortissants de pays tiers qui sont résidents de longue durée sur le territoire des États membres*, (96/C80/02), JOCE n° C 80/2, 18 mars 1996.
[395] *Ibid.*, § I « Le Conseil invite les États membres à tenir compte, dans leur politique en matière d'intégration des personnes visées... ».
[396] *Ibid.*, préambule de la Résolution.

Résolution n'est pas des moindres. Pourtant les stipulations qu'elle pose sont vagues et n'imposent qu'une simple prise en compte plus favorable des droits issus des divers statuts existants dans les États membres.

Le ressortissant de pays tiers de longue durée est une fois de plus défini par la négative :

- Il n'est pas membre d'une famille de citoyen de l'Union européenne ou de l'EEE[397].
- Son statut n'est pas couvert par des accords avec des États tiers.
- Il ne doit pas être admis pour faire des études ou des recherches.

Par déduction, le résident de longue durée est le réfugié conventionnel, le ressortissant de pays tiers bénéficiant d'accords bilatéraux et le « simple » ressortissant de pays tiers qui réside dans l'Union *« sans avoir à justifier de la raison de l'admission initiale »*[398].

C'est la proposition établissant la Convention relative aux règles d'admission des ressortissants de pays tiers, qui a apporté une touche supplémentaire à la définition du ressortissant de longue durée. Son chapitre VIII définit les ressortissants de pays tiers comme *durablement installés*.

- C'est celui qui réside de façon régulière et légale dans un État membre et qui doit posséder une autorisation permettant une durée totale de séjour, d'au moins 10 ans depuis la première admission.
- Cette définition est complétée par l'ensemble de droits découlant du statut qui garantit : « *un traitement identique aux citoyens de l'Union européenne* »[399].
- Par ailleurs, la Convention présente des garanties particulières pour protéger ces étrangers « statutaires » de l'expulsion[400].

De plus, il est prévu de faire profiter ces ressortissants de la libre circulation instaurée par les accords de Schengen. Il est possible pour eux, de postuler un emploi dans un autre État membre, ou de s'installer dans un État membre différent de celui qui leur a délivré leur permis de séjour[401]. La Convention précise que les États membres doivent s'accorder sur un statut juridique plus favorable aux ressortissants de pays tiers résidant de « *façon permanente* » sur leur territoire. Une définition claire et précise du statut de longue durée est difficile à formuler.

Le bilan de l'harmonisation des statuts de longue durée est très mitigé, la Convention relative aux règles d'admission n'ayant jamais abouti à un accord ; ainsi elle n'a pu faire converger les différents statuts de longue durée des États membres. De plus, la capacité de la Résolution de 1996 à harmoniser le statut français et celui des autres États membres est apparu très limitée. En ce sens, Nathalie Berger estimait que le statut des résidents de longue durée devait être initialement adopté sous forme de Position commune, « *d'une portée plus contraignante que la Résolution retenue : elle (*n'obligeait*) pas les*

---

[397] Accord signé le 2 mai 1992 à Porto entré en vigueur le 1er janvier 1994 entre la CE et ses États membres d'une part, et les États membres de l'AELE d'autre part. JOCE 1994, LI annexe n° 34 du JORF du 10 février 1994, (annexe n° 34).

[398] BONNEAU N., *Le travail illégal des ressortissants de pays tiers dans l'Union européenne*, Thèse de droit, Université des Sciences sociales de Toulouse 1, 2001, p. 639.

[399] Article 34 §1 e) i) à vii), l'accès à l'emploi salarié ou indépendant, la formation professionnelle, le droit syndical, le droit d'association, l'accès au logement, la protection sociale, la scolarisation.

[400] Article 34 §1 d).

[401] Article 35.

États membres à dresser le bilan de sa mise en œuvre »[402]. La Résolution de 1996 se contentait d'indiquer que « *le Conseil invite les États membres à lui faire part, avant le 1er janvier 1997, de l'évolution de leur législation nationale en ce qui concerne la matière couverte par la présente Résolution* »[403]. Le tournant institutionnel amené par le Traité d'Amsterdam a ouvert une voie plus grande à une véritable harmonisation des statuts. Une directive[404] a été adoptée le 25 novembre 2003, elle inaugurera l'harmonisation communautaire dans le domaine des résidents de longue durée[405].

En revanche, les tentatives d'harmonisation d'un *modèle de titre uniforme* de longue durée se sont montrées beaucoup plus décisives. Une Action commune du 16 décembre 1996[406], beaucoup plus précise que la Résolution de 1996 et donc plus incitative, a élaboré un *modèle uniforme de permis de séjour*. On peut déplorer que l'Union ait commencé par instaurer un modèle uniforme de titre de séjour infalsifiable au lieu d'entreprendre les travaux sur l'aspect substantiel du statut de longue durée. Ceci s'explique sans doute par le fait que les modalités de délivrance et les droits qui découlent du titre de séjour sont des domaines jalousement gardés par les États. C'est l'expression même de leur souveraineté que d'accorder tel titre de séjour à tel type de bénéficiaires. En 1996, l'harmonisation des modalités de délivrance et la définition des droits découlant du statut étaient prématurées, en raison des résistances des États, et du cadre institutionnel dans lequel l'Union agissait à l'époque. De surcroît, comme pour la politique des visas, l'harmonisation documentaire a été plus rapide et les dispositions concernant le modèle type de permis de séjour ont été très vite caractérisées par un désir « *de sécurité* » et de « *lutte contre les tentatives de falsification* ». Ceci apparaît dès le préambule qui stipule que « *la position commune n'établit que les spécifications qui n'ont pas de caractères secrets, que ces dispositions doivent être complétées par d'autres qui doivent rester secrètes pour prévenir le risque de contrefaçon et de falsification et qui ne peuvent comporter de données personnelles ni de références à de telles données, qu'il convient que le Conseil arrête ces spécifications complémentaires* »[407]. Cette série de dispositions a préparé l'adoption d'un premier instrument de droit communautaire dérivé.

B/ L'amorce d'une harmonisation communautaire du statut des ressortissants de pays tiers résidents de longue durée

Depuis le traité d'Amsterdam, le séjour des étrangers résidents de longue durée est une « matière partiellement communautarisée ». L'article 63 point 3 a) du Traité d'Amsterdam permet au Conseil d'adopter des mesures relatives aux conditions de séjour et

---

[402] BERGER N., *La politique de l'immigration et de l'asile en Europe*, éd. Buylant, Bruxelles, 2000, p. 317.

[403] Point VIII.

[404] Directive 2003/109/CE du Conseil du 25 novembre 2003 *relative au statut des ressortissants de pays tiers de longue durée*, JOUE, L 16/ 44 du 23 janvier 2004.

[405] GUILD E., GROENENDIJK K., *Le statut juridique des ressortissants de pays tiers résidents de longue durée dans un État membre de l'Union européenne*, Université de Nimègue, avril 2000 ; GUILD E., GROENENDIJK K., DOGAN H., *Sécurité de résidence des immigrés de longue durée, étude comparative de la législation et de la pratique des pays membres*, éd. Conseil de l'Europe, 1998.

[406] Action commune du 16 décembre 1996 adoptée par le Conseil sur la base de l'article K3 du Traité sur l'Union européenne, relative à *un modèle uniforme de permis de séjour*, JOCE n° L007 du 10 janvier 1997, p. 1-4, C 193 19 juin 1998, p. 1.

[407] *Ibid.*, préambule de l'Action commune.

aux procédures de délivrance des titres de séjour de longue durée. C'est dans ce cadre là qu'une proposition de directive relative au statut des ressortissants tiers résidents de longue durée[408] a été réalisée en mars 2001. Il a fallu attendre presque trois ans pour que les États membres entérinent ce premier acte[409]. La directive formalise pour la première fois, une harmonisation des droits des ressortissants de pays tiers de longue durée. Des conditions de délivrance (1) et un statut sont prévus par cette directive (2).

1/ Les conditions de délivrance du statut de résident longue durée

En guise de remarque préliminaire, force est de constater que cette directive exclut de son champ d'application un nombre important de ressortissants de pays tiers. Ceci est particulièrement regrettable puisqu'elle crée au plan communautaire une variété de statuts pour les différents types d'étrangers. De même, l'exclusion des réfugiés ou des bénéficiaires de la protection subsidiaire ou temporaire est contestable, et ce, d'autant plus qu'ils peuvent remplir les conditions de résidence imposées par la directive. Ces personnes ont besoin de mesures d'intégration, pourquoi les traiter différemment sur le plan du séjour ?

Le critère principal retenu par la directive est la résidence *stable et régulière* sur le territoire de l'État membre. En effet, les « *États membres accordent le statut de résident de longue durée aux ressortissants de pays tiers qui ont résidé de manière légale et ininterrompue sur leur territoire pendant les cinq années qui ont immédiatement précédé l'introduction de la demande en cause* »[410]. La directive prévoit une série de dispositions pour le calcul de la résidence. Ce calcul varie selon les périodes d'absence sur le territoire de l'État membre. Par exemple, la directive prévoit une dérogation pour la comptabilisation des années de résidence, pour les ressortissants tiers qui ont étudié ou ont suivi une formation professionnelle, mais qui peuvent prétendre au moment de la demande au permis de longue durée. Dans ce cas, seule la moitié des périodes de résidence effectuées entrent en compte pour le calcul de la durée de résidence.

Sur ce point, l'ordonnance de 1945 est moins restrictive puisque l'article 14 permet d'accorder la carte de résident à tout étranger qui a résidé au moins cinq ans sans interruption sur le territoire, et ce, même s'il a été étudiant pendant une période, mais ne l'est plus au moment de la demande. Signalons que l'ordonnance était encore plus protectrice avant la réforme du 26 novembre 2003 ; cette dernière a remplacé le délai de résidence de trois ans par celui de cinq ans (sauf pour les bénéficiaires du regroupement familial qui est d'au moins deux ans). Là encore, les travaux préparatoires de la directive ont permis au législateur de durcir la législation, avec l'harmonisation européenne pour justification. Force est de constater une fois encore que la politique d'immigration

[408] Proposition de directive du Conseil relative *au statut des ressortissants de pays tiers résidents de longue durée*, COM/2001/127, final du 13/03/2001, bull. 3- 2001/1.4.8 ; Cf. analyses HANDOLL J., « The status of third-country nationals residing on a long term basis », *in L'émergence d'une politique européenne d'immigration*, (Sous la direction de DE BRUYCKER), Collection de la Faculté de droit, ULB, Bruylant, Bruxelles, 2003, p. 363-369.

[409] Directive 2003/109/CE du Conseil du 25 novembre 2003 *relative au statut des ressortissants de pays tiers de longue durée*, JOUE L 16/ 44 du 23 janvier 2004.

[410] Article 4 § 1.

s'harmonise sur le plus petit dénominateur commun. La France n'a pas hésité à s'aligner « par anticipation »[411] sur les droits minimums.

Sur le calcul du temps de résidence, la directive prévoit toutefois que les périodes passées hors de l'État membre ne sont pas toutes considérées comme des interruptions du séjour. Par exemple, les absences inférieures à six mois consécutifs ne dépassant pas un total de dix mois[412], les motifs exceptionnels à caractères temporaires, n'interrompent pas la durée de résidence de l'étranger. La directive ne prend pas trop de risques sur cette question, l'harmonisation est loin d'être très ambitieuse.

Pour acquérir le statut de résident de longue durée, l'étranger doit disposer des « *ressources stables, régulières et suffisantes pour subvenir à ses propres besoins et à ceux des membres de sa famille sans recourir au système d'aide sociale de l'État membre concerné* »[413] et d'une « *assurance maladie pour les risques normalement couverts pour leurs propres ressortissants* »[414]. Ces deux éléments sont des critères de « *stabilité économique* »[415].

On retrouve des conditions de délivrance équivalentes dans l'article 14 de l'ordonnance de 1945 pour ce qui est des moyens d'existence. Ces derniers ont été légèrement reformulés par la loi du 26 novembre 2003, la nouvelle rédaction (plus ambiguë) de l'article 14, rend le critère de « stabilité économique » plus aléatoire. En revanche on ne retrouve pas le critère de l'assurance maladie au stade de la demande de carte de résident, mais elle est imposée au moment de la demande de visa. Par contre, l'ordonnance de 1945 ajoute le critère « *de l'intention de s'établir durablement* ». Celui-ci n'existe pas dans l'article 14 § 1 de la directive ; l'ordonnance est donc plus restrictive que l'instrument communautaire.

La directive instaure un ultime critère, facultatif, laissé à la discrétion des États membre : « le critère de l'intégration »[416] « *s'il existe dans la législation nationale* »[417]. Ce critère n'existait pas en France jusqu'à la réforme du 26 novembre 2003. Il était jusqu'ici réservé au droit de la nationalité. Ainsi, ici encore, le législateur a profité des travaux préparatoires sur la directive pour intégrer le critère d'intégration, et rendre par conséquent plus difficile l'obtention de la carte de résident. D'autant que c'est la délégation française qui a insisté pour inclure dans la directive le critère de l'intégration[418]. Cet ultime « critère d'intégration dans la société française » est très difficile à prouver et à évaluer ; il risque d'être interprété différemment d'une Préfecture à l'autre[419]. Cette nouvelle disposition rend

---

[411] JULIEN-LAFERRIÈRE F., « Une modification d'ampleur de l'ordonnance de 1945 », *AJDA,* 9 février 2004, p. 263.

[412] Article 4 § 3.

[413] Article 5 § 1 a).

[414] Article 5 § 1 b).

[415] BONNEAU N., *Le travail illégal des ressortissants de pays tiers dans l'Union européenne*, Thèse de droit, Université des Sciences sociales de Toulouse 1, 2001, p. 643.

[416] Un ensemble d'éléments peut recouvrir ce concept très vaste : -connaissance suffisante de la langue française -scolarisation, -participation à la vie associative ou -conclusion d'un contrat d'accueil et d'intégration etc.

[417] Article 5 § 2.

[418] LOCHAK D., « La loi sur la maîtrise de l'immigration : analyse critique », *Regard sur l'actualité,* La Documentation Française, mars 2004, p. 13-28 ; LOCHAK D., « L'intégration, alibi de la précarisation », *Revue Plein Droit,* mars, 2004, p. 3-6. Article 8 et 21 de l'ordonnance de 1945, cf. Circulaire du 20 janvier 2004.

[419] Le Préfet peut saisir le maire de la résidence pour un avis afin d'évaluer la connaissance suffisante de la langue française et les principes régissant la République française (article 6 de l'ordonnance). D'autres éléments pourront être retenus pour l'intégration, un faisceau d'indices (scolarisation, participation à la vie associative ou conclusion d'un contrat d'accueil et d'intégration).

aléatoire l'obtention de la carte de séjour pour des ressortissants tiers qui peuvent pourtant prouver leur intégration par les cinq années de résidence ininterrompue. Ce critère laisse l'étranger dans un statut précaire et rend son intégration plus difficile encore[420].

Comme l'article 15 de l'ordonnance de 1945, l'article 6 de la directive prévoit de refuser le permis de séjour lorsque l'étranger constitue une menace pour l'ordre public[421]. En revanche, l'ordonnance de 1945 prévoit une condition supplémentaire non prévue par la directive : celle de refuser la carte de résident lorsque l'étranger vit en état de polygamie[422].

Une fois les conditions de délivrance satisfaites, la directive prévoit de délivrer un *permis de séjour de résident longue durée* ayant une validité « *d'au moins cinq ans, à son échéance il est renouvelable de plein droit, au besoin sur demande* »[423], le statut de résident est un statut *permanent* sous réserve des « traditionnelles » hypothèses de retrait (cf. article 9 de la directive : ordre public, fraude, mesure d'éloignement, gravité d'une infraction, etc.). Le droit interne est largement au-dessus du seuil minimum de cinq ans puisque la carte de résident est valable dix ans et qu'elle est renouvelable de plein droit[424] en France.

Enfin, la directive ne mentionne pas de bénéficiaires du statut de résident longue durée *de plein droit*. En France, l'article 15 de l'ordonnance de 1945 énumère les catégories[425] d'étrangers bénéficiaires[426] de la carte de résident de plein droit. De même, il est regrettable que la directive n'ait pas envisagé d'intégrer les ressortissants de pays tiers « protégés » notamment de l'éloignement. En effet, la directive se contente seulement de rappeler que l'éloignement du résident ne sera possible que « *s'il représente une menace réelle et suffisamment grave pour l'ordre public ou la sécurité publique* »[427], et en tenant compte de la durée de la résidence, de l'âge de la personne, des conséquences sur sa vie familiale, de son lien avec son pays de résidence ainsi que de l'absence de lien avec son d'origine. La directive reprend implicitement le faisceau d'indices développé par la Cour européenne des Droits de l'Homme pour apprécier la vie familiale de l'étranger au regard de la décision d'éloignement. Elle rappelle explicitement dans son préambule[428] le respect de la Convention européenne des droits de l'Homme ainsi que le droit à un recours effectif devant les instances juridictionnelles. Il est toutefois regrettable que l'harmonisation n'ait pas été plus approfondie par l'intégration de catégories d'« étrangers protégés ». De même, la précision du nombre d'années en dessous duquel l'éloignement serait impossible, aurait apporté plus de garanties aux résidents. L'ordonnance de 1945 prévoit deux types de protection d'étrangers : une protection *relative* (article 25) et une protection *quasi absolue* (article 26) face à l'éloignement[429].

2/ Le statut du résident longue durée

---

[420] JULIEN-LAFERRIÈRE F., « Une modification d'ampleur de l'ordonnance de 1945 », *AJDA*, 9 février 2004, p. 260-270.

[421] La sécurité publique n'est pas prévue par l'ordonnance de 1945, mais elle est présente dans l'article 6 de la directive.

[422] Article 15 bis.

[423] Article 8 § 2.

[424] Article 16 sous réserve de l'ordre public.

[425] Catégorie réduite par la loi du 26 novembre 2003.

[426] Le conjoint de français, l'enfant étranger d'un ressortissant français, l'étranger titulaire d'une rente d'accident de travail, l'étranger ancien combattant, le réfugié, l'apatride, l'étranger résident depuis plus de dix ans en France.

[427] Article 12 § 1.

[428] Point 16.

[429] Cf. Partie I, Titre I, Sous Titre I, Chapitre II.

De ces conditions de délivrance découle un statut délivré avec *transparence* et *rapidité*. « *Il s'agit d'une compétence liée des autorités compétentes, (qui) ont un délai de six mois*[430] *pour examiner la demande sur la base des pièces justificatives exigées, ceci dans un souci de sauvegarder la sécurité juridique du ressortissant de pays tiers* »[431].

Ce statut octroie des droits équivalents à ceux des nationaux. Une clause de non-discrimination[432] est insérée dans l'article 11 § 1. Comme le fait très justement remarquer Natacha Bonneau, la Commission a appliqué de manière effective les Recommandations de la Charte des droits fondamentaux de l'Union européenne dans ces instruments contraignants[433]. L'octroi de ces droits indispensables permet de qualifier ce statut de véritable mesure « intégratrice ». En ce sens, la directive indique sa volonté « *de constituer un véritable instrument d'intégration dans la société dans laquelle le résident de longue durée s'est établi, le résident de longue durée devrait jouir de l'égalité de traitement avec les citoyens de l'État membre dans un large éventail de domaines économiques et sociaux* »[434].

L'article 11 de la directive énumère huit domaines dans lesquels l'égalité de traitement doit être garantie : l'emploi ; l'éducation et la formation ; la reconnaissance de diplôme ; la sécurité sociale, l'aide sociale et la protection sociale ; les avantages fiscaux ; l'accès aux biens ; la liberté d'association et la libre circulation dans l'État membre. Toutefois, ces droits ne sont pas absolus puisque la directive prévoit des clauses dérogatoires, qui ne paraissent pas conformes aux exigences de la Cour européenne des droits de l'Homme. En effet, l'article 11 § 4 de la directive permet aux États membres de limiter l'égalité de traitement aux seules prestations essentielles, en matière de prestations sociales et d'aide sociale. Qu'entend la directive par prestations essentielles ? Cette limitation semble contraire à la jurisprudence[435] de la Cour européenne des droits de l'Homme qui sanctionne les décisions des États visant à refuser des prestations sociales à des étrangers[436] (même des prestations non-contributives).

Par ailleurs, force est de constater que les droits politiques sont les grands absents de cette directive. Ils restent des droits exclusivement réservés aux citoyens de l'Union. Il est vrai que la France lance le débat du droit de vote des étrangers à chaque élection, mais actuellement aucune avancée n'est réalisée. Par contre au Danemark et en Suède[437], le droit de vote des étrangers au plan local ou national est admis. La directive aurait pu être plus courageuse dans ce domaine. Cette situation s'explique surtout par la forte résistance des pays qui ne veulent pas de ce vote.

La directive insiste sur l'enjeu de l'harmonisation des statuts, qui permet d'obtenir le *consentement mutuel* des États, afin de garantir et d'utiliser pleinement la libre

---

430 Article 7 § 2.

431 BONNEAU N. *op. cit.*, p. 644.

432 Non discrimination fondée notamment sur les critères figurant dans l'article 13 TCE (ex article 6 A TCE). Voir article de STANGOS P., « Les ressortissants d'États tiers au sein de l'ordre juridique communautaire », *CDE*, 1992, p. 306-347.

433 BONNEAU N., *op. cit.*, p. 640.

434 Préambule (12).

435 CEDH 16 septembre 1996, *Gaygusuz c./ Autriche*, req. n° 17371/90.

436 Cf. Partie II, Titre II, Sous Titre I, Chapitre II.

437 DPE, droits politiques, p. 767. En Irlande, Suède, Danemark, le droit de vote aux élections locales est admis pour les étrangers, s'ils remplissent une condition de résidence de 3 à 5 ans selon les États.

circulation des résidents de longue durée. En effet, la troisième partie de la proposition est consacrée à l'organisation de la libre circulation dans un autre État membre, du résident et des membres de sa famille[438]. Comme l'estime Yves Gautier : « *la logique voudrait que dans la mesure où ce ressortissant d'État tiers bénéficie d'un titre de séjour conforme aux prescriptions de la directive, il puisse légalement séjourner sur les territoires des États membres de la Communauté* »[439]. Or, la directive impose, dans l'article 14 § 2, des conditions que le ressortissant de pays tiers de longue durée doit remplir pour exercer ce droit de séjour :

- *Exercer une activité économique en tant que travailleur salarié ou indépendant*
- *Suivre une formation professionnelle ou des études*

Ces conditions sont regrettables. Elles montrent qu'il n'existe pas de véritable reconnaissance mutuelle entre les États membres. L'étranger résident doit toujours remplir des conditions pour séjourner librement. De plus, la directive pose une limite[440] au statut de longue durée lorsque les législations nationales reconnaissent des statuts plus favorables (statut permanent ou d'une validité illimitée) : le statut favorable national n'a d'effet que dans le pays qui l'attribue et non dans l'ensemble des pays de l'Union. Par conséquent, ce statut national plus favorable ne donne pas accès au droit au séjour dans les autres États membres : « *seul le type de statut prévu dans la présente (...) directive fait l'objet de l'obligation de reconnaissance de la part de tous les États membres* »[441]. Avec Yves Gautier, on peut regretter de voir « *adopter des textes qui sont trop en retrait par rapport à ce que la logique même de l'espace de liberté, dans sa dimension libre circulation des personnes, devrait pouvoir induire, mais peut-il en être autrement compte tenu du processus décisionnel ?* »[442]. Le législateur français dispose de moins de deux ans[443] pour transposer les objectifs de cette directive. Il devra notamment intégrer, en priorité, les conséquences de la libre circulation du résident de longue durée dans les autres pays membres.

En guise de dernière remarque, notons qu'un règlement du 13 juin 2002 a uniformisé le modèle type de permis de séjour[444]. Il remplace l'action commune 97/11/JAI[445]. Ce nouvel acte communautaire standardise l'aspect formel du titre de séjour. D'ailleurs, on constate que l'harmonisation formelle des titres de séjour est plus rapide que

---

438 Article 16.
439 GAUTIER Y., « Droit au séjour des étrangers », *Europe*, mars, 2004, p. 17-18.
440 Article 13.
441 BONNEAU N., *op. cit.*, p. 647.
442 GAUTIER Y., *op. cit*, p. 18.
443 Avant le 23 janvier 2006.
444 Règlement (CE) n° 1030/2002 du Conseil du 13 juin 2002, *établissant un modèle uniforme de permis de séjour pour les ressortissants de pays tiers*, JOCE, L 157/1 du 15 juin 2002.
445 JOCE L7 du 10 janvier 1997.

celle des conditions de délivrance. L'esprit de ce nouvel acte communautaire témoigne d'une accélération de la communautarisation des normes destinées à lutter contre l'immigration clandestine. En effet, ce règlement a pour objectif d'instaurer un modèle uniforme de titre de séjour : non pas pour la sécurité juridique du ressortissant d'État tiers, mais bien pour éviter les abus de falsification et les contrefaçons des divers titres des États membres.

CHAPITRE II : LA SORTIE DU RESSORTISSANT DE PAYS TIERS « INDÉSIRABLE » EN COURS D'HARMONISATION

La reconduite à la frontière, l'expulsion, la réadmission dans le pays d'origine ainsi que le retour volontaire des étrangers ont toujours été des domaines gardés par les autorités étatiques. En l'an 2000, en éloignant 367 552 personnes du territoire européen[1], les pays ont développé, avec des procédures de retour forcé ou volontaire, des instruments particulièrement dissuasifs pour lutter contre l'immigration clandestine. L'entraide entre les États membres en matière de reconduite ou d'expulsion semble être indispensable pour réaliser une politique commune européenne et ainsi combattre l'immigration illégale. Pourtant, la coopération entre les différents États membres est très délicate dans ces domaines. D'abord, la coopération a été envisagée par le groupe Schengen dans un cadre de droit international classique. Les États se sont accordés sur un « motif commun » pour reconduire à la frontière les ressortissants de pays tiers « indésirables ». Cette « reconduite Schengen » est entrée en application, en France, avec la Convention d'application de Schengen. L'article 26 bis alinéa 2 de l'ordonnance de 1945 prévoit une « *exécution d'office* » de la « reconduite Schengen ». Ce premier essai commun montre l'ambition de la Communauté européenne, de s'engager dans une politique de coordination des mesures d'éloignement des États membres. Ensuite, après une série de Recommandations, avec le Traité d'Amsterdam, une première directive relative à la reconnaissance mutuelle des mesures d'éloignement est entérinée en 2001. Il s'agit du premier acte communautaire en vue d'un futur « statut » de la sortie de ressortissant de pays tiers. De cet ensemble d'initiatives communes, il se dégage une harmonisation minimale des procédures d'éloignement de l'étranger (Section I).

À côté de ces tentatives d'harmonisation des mesures d'éloignement, les États membres se sont livrés, seuls, puis de façon plus ou moins coordonnée, à la réadmission des ressortissants de pays tiers. Aujourd'hui, on envisage une politique commune en matière d'accords de réadmission accompagnée d'une éventuelle politique communautaire du retour volontaire (Section II).

Section I : Des procédures d'éloignement en cours d'harmonisation

La principale raison qui a conduit à la construction de normes communes pour l'exécution des mesures d'éloignement est la lutte contre l'immigration clandestine. Pour y parvenir, les États membres ont agi dans deux cadres institutionnels. La première action a

[1] La France a éloigné 15 660 étrangers que 69 602 mesures d'éloignement ont été prononcées, *in* rapport 2004 au Parlement, les orientations de la politique de l'immigration, p. 41.

débuté dans le « laboratoire Schengen » découlant de la Convention d'application Schengen. Ce cadre institutionnel a mis en place une reconduite à la frontière pour sanctionner le non-respect du dispositif Schengen ; c'est une « reconduite d'office » qui renvoie celui qui est signalé aux fins de non-admission (§ I). Le deuxième cadre institutionnel dans lequel l'Union s'est engagée a débuté avec le Traité de Maastricht, et se poursuit avec l'adoption d'une directive grâce au Traité d'Amsterdam (§ II).

§ I : Une reconduite à la frontière « Schengen »

L'instauration de l'Accord de Schengen et de sa Convention d'application a entraîné des conséquences inédites sur la sortie du ressortissant d'État tiers. Le droit français de la reconduite à la frontière a été modifié pour se mettre en conformité avec les dispositions de la Convention d'application Schengen. L'article 6 de la loi du 26 février 1992[2], a modifié l'article 26 bis de l'ordonnance du 2 novembre 1945. Aux côtés de l'article 22 de l'ordonnance de 1945 qui prévoit les différents types de reconduite à la frontière, l'article 26 bis alinéa 2 pose, désormais, un cas de reconduite à la frontière, particulier, conforme aux dispositions de Schengen. Une nouvelle mesure juridique permettant d'éloigner un étranger de pays tiers est ainsi élaborée. La loi du 26 février 1992 qui a instauré ce nouveau cas de reconduite, a été retardée dans sa mise en application. En effet, si l'article 6 de la loi de 1992 a transposé les dispositions de la Convention Schengen (notamment l'article 96), ces dernières ne sont entrées en application que plus tard en France : le 25 mars 1995. L'article 6 de la loi de 1992 n'a donc pris effet qu'à cette date. L'article 26 bis alinéa 2 instaure une reconduite à la frontière spécifique dérogeant aux règles habituelles (A). La « reconduite Schengen » intervient après un signalement aux fins de non-admission. Comme en matière de visa, le juge administratif devient le gardien du bien fondé du signalement qui entraîne la « reconduite Schengen » (B).

A/ La « reconduite Schengen » déroge aux règles habituelles

L'article 26 bis alinéa 2 de l'ordonnance de 1945 stipule que « *lorsqu'un étranger, non-ressortissant d'un État membre de la communauté européenne, a fait l'objet d'un signalement aux fins de non-admission, en vertu d'une décision exécutoire prise par l'un des autres État parties à la Convention signée à Schengen le 19 juin 1990, et se trouve irrégulièrement sur le territoire métropolitain, le représentant de l'État dans le département et, à Paris, le Préfet de police, peuvent décider qu'il sera reconduit d'office à la frontière.* » Cette disposition est la « transcription interne » de l'article 96 de la Convention de Schengen.

L'article 26 bis aliéna 2 est, pour le droit administratif français, une véritable nouveauté[3] ; il permet en effet au juge administratif d'examiner l'existence des signalements aux fins de non-admission pris par une autorité administrative ou juridictionnelle étrangère, et le cas échéant, de valider l'exécution d'office de la reconduite

[2] Loi 92-190 du 19 février 1992 adaptant la législation française aux obligations résultant de la Convention de Schengen.

[3] AUBIN E., « Note de jurisprudence sous TA Lyon, 6 avril 1995, M. Vasile Ciuciu et Mlle Citadela Ciuciu », *RDP*, 1996, p. 1462 ; BERNARD P., « La décision du TA de Lyon entrave l'application de la Convention Schengen », *Le Monde*, 8 avril 1995.

à la frontière. Cette innovation a imposé aux juges administratifs de s'adapter. Le Tribunal administratif de Lyon a été le premier à se confronter à l'application de l'article 26 bis alinéa 2. L'espèce du 6 avril 1995, M. Vasile Ciuciu et Mlle Citadela Ciuciu[4] et celle du 3 avril 1996, M. Igel c/ Préfet de la Moselle[5] montrent selon les termes d'Emmanuel Aubin, *« le premier grippage par le juge administratif du mécanisme de Schengen »*[6]. Dans l'affaire Ciuciu, les requérants se sont vus opposer une « reconduite d'office » à la frontière par le préfet, sur la base de l'article 26 bis alinéa 2, parce que les autorités allemandes les avaient signalés après avoir refusé leur demande d'asile. Le juge administratif s'est trouvé devant un premier problème lié à ce nouvel acte unilatéral du préfet : celui d'un conflit de compétences. Dans l'espèce Igel, comme dans celle de Ciuciu, le requérant avait saisi le délégué du Président du Tribunal administratif, comme le stipule l'article 22 bis de l'ordonnance de 1945. En effet, suite à la réforme de la loi du 10 janvier 1990 et de l'article 63 de la loi du 8 février 1995[7], l'article 22 bis donne compétence au Président du Tribunal administratif ou au Magistrat délégué, de statuer seuls, dans les soixante-douze heures[8], sur les recours en annulation des arrêtés préfectoraux des reconduites à la frontière. Les parties avaient donc logiquement saisi le juge unique pour contester l'utilisation de l'article 26 bis alinéa 2. Dans la première espèce, le juge de Lyon a renvoyé le contentieux à une formation de jugement statuant collégialement, tandis que, dans la deuxième affaire, le délégué du Président du Tribunal administratif de Strasbourg s'est déclaré compétent.

La diversité des solutions tenait au fait qu'aucune modalité de recours en annulation n'était mentionnée dans l'article 26 bis alinéa 2. Deux procédures s'offraient au juge administratif : d'une part, il pouvait intégrer les conditions de recours de la reconduite à la frontière du 26 bis alinéa 2 à celles posées par l'article 22 bis, et ce faisant, appliquer les modalités de recours de l'article 22 bis. Ainsi, il se montrait seul compétent, et le contentieux des deux types de reconduites avait le mérite d'être unifié. D'autre part, comme dans l'espèce Ciuciu, le juge pouvait estimer que les « *dispositions de l'article 26 bis alinéa 2 éclairées par les travaux préparatoires*[9] *(...), ne sont pas du nombre de celles qui doivent être examinées par le Tribunal administratif selon les modalités prévues par l'article L. 28*[10] *issu de la loi du 8 février 1995* »[11]. Cette différence de modalités de recours entraînait

---

[4] TA Lyon 6 avril 1995, *M. Vasile Ciuciu et Melle Citadela Ciuciu*, req. n° 9501291 et n° 9501292 ; Conclusions du Commissaire du gouvernement, Laurence Helmlinger, *AJDA*, 20 septembre 1995, p. 648-652 ; GUIMEZANES N., note *JCP éd. G.*, n° 25, 22450, p. 242-244 ; AUBIN E., « Note de jurisprudence sous TA Lyon, 6 avril 1995, M. Vasile Ciuciu et Mlle Citadela Ciuciu », *RDP*, 1996, p. 1457-1485.

[5] TA 3 avril 1995, *M. Igel c./ Préfet de la Moselle* ; JULIEN-LAFERRIÈRE F., Sommaires commentés, *D., 1996*, p. 103.

[6] AUBIN E., *op cit.*, p. 1461.

[7] Inséré à l'article L 4-1 du code des TA et des CAA.

[8] Depuis la loi du 26 novembre 2003. Avant le délai était de quarante-huit heures.

[9] La référence aux travaux préparatoires reprend l'analyse du Commissaire du gouvernement HELMLINGER L., : « *En effet, lors de la séance du 16 janvier 1992, le secrétaire d'État aux collectivités locales, qui représentait le gouvernement, a déclaré devant le Sénat, à l'occasion de son rapport de présentation du projet de loi qui deviendra la loi du 26 février 1992, que : « L'article 6 du projet de loi [qui est devenu le deuxième alinéa de l'article 26 bis] répond à la création du signalement aux fins de non-admission émanant des autres États Schengen. Lorsqu'il est consécutif à une décision exécutoire et donc notifiée, ce signalement peut donner lieu à une reconduite d'office à la frontière de l'étranger, sans qu'il soit besoin par conséquent de prendre un arrêté de reconduite à la frontière comme c'est le cas dans les hypothèses visées à l'article 22 de l'ordonnance » (JO déb. Sénat 16 janvier 1992, p. 195) ». Et à l'article 6 du rapport de la Commission des lois : l'article 26 bis alinéa 2 est : « une exception à la procédure normale de la reconduite ».*

[10] Cet article reprend les termes de l'article 22 bis de l'ordonnance du 2 novembre 1945.

[11] TA 6 avril 1995 Lyon, *M. Vasile Ciuciu et Melle Citadela Ciuciu*, req. n° 9501291 et n° 9501292.

une différence de traitement sur le plan contentieux, et consacrait l'autonomie de l'article 26 bis alinéa 2. La compétence collégiale devenait alors la règle pour la reconduite d'office de l'article 26 bis alinéa 2[12]. C'est cette dernière solution qui a été choisie[13] et confirmée par un avis du Conseil d'État[14], peu après, sous l'espèce Lautaru, le 22 mai 1996. La compétence collégiale[15] est dévolue en cas de recours en annulation d'un arrêté préfectoral de « reconduite Schengen ». Depuis cet avis, le contentieux de l'article 26 bis alinéa 2 est considéré comme distinct de celui des cas de reconduites obéissant à l'article 22 bis. L'article 22 bis pose un régime dérogatoire au droit commun[16], tandis que les règles ordinaires du droit administratif sont désormais applicables[17] à l'article 26 bis alinéa 2.
Cette solution complexifie le contentieux des étrangers, et fait des étrangers soumis à l'article 26 bis une catégorie juridique à part dans le contentieux administratif. En définitive, les « reconduits Schengen » sont beaucoup moins protégés.

B/ Le juge administratif, gardien du bien fondé du signalement aux fins de non-admission entraînant la « reconduite Schengen »

La deuxième adaptation imposée au juge administratif relève « *d'un choix novateur* »[18] dans le contrôle de légalité de la « reconduite Schengen ». Face à ce nouveau cas de reconduite, le juge administratif définit sa position grâce au contrôle de légalité qu'il doit exercer. Comme le fait remarquer très justement Emmanuel Aubin, le juge a dû choisir entre une solution « *minimaliste* » ou une solution « *maximaliste* » [19] de contrôle de légalité.

---

[12] Notons que le contentieux de la reconduite à la frontière a fait l'objet de modification : décret du 29 juillet 2004 relatif *au contentieux des arrêtés de reconduite à la frontière et modifiant la partie Réglementaire du Code de justice administrative*. JORF n° du 3 août 2004, p. 13819.

[13] Arguments du Commissaire du gouvernement, Mme DENIS-LINTON M., *AJDA*, n° 9, 1996, p. 703.
« *D'abord, l'économie générale des textes plaide pour l'autonomie de cette « reconduite d'office ». La loi du 26 février 1992 a délibérément inscrit cette modalité de reconduite dans un chapitre distinct. Elle aurait pu se borner à ajouter à l'article 22 ce cas supplémentaire de reconduite, alors que, dans le même temps, le législateur complétait de deux nouveaux cas de reconduite ce même article 22 de l'ordonnance de 1945. (...) Cette première série d'arguments qui milite pour traiter de manière distincte les recours contre les arrêtés de reconduite de l'article 26 bis et ceux de l'article 22, tirée des textes eux-mêmes, se trouve confortée par la lecture des travaux préparatoires. Le rapport de la Commission des lois à l'Assemblée nationale est sur ce point sans ambiguïté. A propos de la disposition de l'article 6 de la loi, on lit ceci : « Il faut, en fait, l'interpréter comme une exception à la procédure normale de « reconduite à la frontière » : le signalement aux fins de « non-admission » résultant d'une décision exécutoire justifie une "reconduite à la frontière » sans délai et sans recours suspensif, dans la mesure où l'étranger a déjà eu la possibilité de faire un recours contre la décision exécutoire qui est à l'origine du signalement. (...)* ».

[14] Avis rendu par Conseil d'État 10ème et 7ème section réunies *Lautaru*, le 22 mai 1996, req. n° 176895, Commissaire du gouvernement, Mme DENIS-LINTON, *AJDA*, n° 9, 1996, p. 703 ; JULIEN-LAFERRIÈRE F., « Les décisions de reconduite d'office à la frontière ne peuvent faire l'objet que d'une demande d'annulation devant le juge de droit commun statuant selon la procédure ordinaire », *D.*, 1997, Sommaires commentés, p. 51 ; CÉLÉRIER T., « La Convention de Schengen et la reconduite à la frontière », *LPA*, 9 septembre 1996, n° 109, p. 648 ; AUBIN E., « note », *LPA*, 28 octobre 1996.

[15] CE du 28 avril 1997, *Préfet de la Moselle c./ M. Founas*, req. n° 169732.

[16] TA Rennes 3 novembre 2003, *Ambrosi Sivsivadze*, req. n° 03-846.

[17] Notons qu'il y a eu, même bien après l'avis du CE, « des résistances » des juges du premier ressort à déclarer compétent le conseiller délégué par le président du tribunal administratif. Voir CE 30 juillet 1997, *Préfet du Doubs c./ M. Lupeanu*, req. n° 169564 ; CE 21 mai 1997, *Préfet de Doubs*, req. n° 169563 ; CE 15 novembre 1996, *Préfet du Rhône*, req. n°158465.

[18] AUBIN E., *op. cit.*, p. 1464.

[19] *Ibid.*, p. 1465.

Le choix maximaliste aurait permis au juge administratif de contrôler, par voie d'exception, la légalité de la décision prise par les autorités étrangères. Cette solution a été rejetée par le Commissaire du Gouvernement, Mme Helmlinger[20]. La solution minimaliste, finalement choisie par le juge, a été celle du contrôle de « *l'existence de la décision de non-admission censément prise par l'autorité étrangère* »[21]. L'intensité de ce contrôle passe par la vérification « *de la portée de son objet qui doit consister d'une manière ou d'une autre, en une interdiction permanente et définitive du territoire de l'État dans lequel elle a été prise ainsi que de son caractère exécutoire* »[22]. Autrement dit, le juge administratif doit examiner l'existence, la nature et le caractère exécutoire de la décision de non-admission inscrite dans le SIS. Il effectue le même contrôle que celui qu'il exerce lors d'un refus de visa suite à un signalement aux fins de non-admission au SIS[23]. Dans l'espèce Ciuciu, le juge a annulé la « reconduite Schengen », car « *les signalements des requérants ne* (faisaient) *pas mention de la décision exécutoire en vertu de laquelle les intéressés ne* (pouvaient) *être admis sur le territoire des États signataires de la Convention de Schengen* ». Le juge a annulé la « reconduite Schengen » pour défaut de motivation, le préfet s'étant limité à produire un simple extrait du SIS qui mentionnait seulement « *refuser l'entrée, interpeller pour signalement* », sans préciser la raison. Le juge a donc le pouvoir d'annuler la « reconduite Schengen », lorsque ni l'auteur de la décision exécutoire de l'État partie, ni la date à laquelle l'arrêté a été pris[24], ne sont mentionnés. Il dispose ici des mêmes pouvoirs que dans les cas de refus de visas pour signalement aux fins de non-admission au SIS.

L'exemple des deux premières espèces montre que les juges administratifs « *ont fait une application stricte et sévère, mais justifiée, de l'article 96 de la Convention de Schengen qui « stipule que les décisions sur la base desquelles le signalement est inscrit doivent être prises dans le respect des règles de procédure prévues par la législation nationale, les autorités administratives ou les juridictions compétentes* » »[25]. Les juges administratifs se sont donc adaptés au dispositif Schengen.

Il est intéressant de replacer cette « reconduite Schengen », dans la construction progressive d'un régime commun du ressortissant de pays tiers. Dans un premier temps, la reconduite Schengen a été une disposition de « transcription » de droit international classique, puisque l'article 96 de la Convention Schengen a été adopté dans le cadre du droit international classique ; aujourd'hui, cette « reconduite Schengen » fait partie intégrante du droit communautaire (Acquis Schengen)[26]. Au côté des travaux engagés sur l'entrée et le séjour, elle forme l'une des mesures, particulièrement abouties, de la sortie du ressortissant de pays tiers.

---

[20] HELMLINGER L., *op. cit.* « *Nous ne pensons pas qu'il soit envisageable, en l'état actuel de structuration de l'espace juridique européen, que vous puissiez contrôler, par la voie de l'exception, la légalité d'une décision prise par une autorité étrangère et nous avouons bien prosaïquement le frisson qui nous saisit si, demain, il nous fallait être prêts à connaître et à mettre en œuvre le droit administratif allemand, belge ou espagnol* ».
[21] *Ibid.*
[22] Ibidem.
[23] CE 9 novembre 1998, *M. Bafandi*, req. n° 186082.
[24] TA Versailles, 8 octobre 1998, *M. Turker*, req. n° 983118.
[25] JULIEN-LAFERRIÈRE F., « note », *D.*, *1996*, Sommaire commenté, p. 103.
[26] En raison de l'intégration de l'Acquis Schengen annexé au traité d'Amsterdam ventilé dans le Ier et le III[er] pilier. Décision 1999/ 4391 du Conseil, 20 mai 1999, *déterminent, conformément aux dispositions pertinentes du traité instituant la Communauté européenne et le traité sur l'Union européenne, la base juridique de chacune des dispositions ou décisions constituant l'Acquis Schengen,* JOCE n° 4 L 176, 10 juillet 1999.

Parallèlement à la création de la « reconduite Schengen », les États membres ont engagé leurs efforts dans la coordination de leurs mesures d'éloignement des États parties.

§ II : Les tentatives de « mutualisation » des décisions de sortie de l'étranger

La prise de conscience européenne de la nécessité de reconnaître *mutuellement* les décisions d'éloignement de chaque État membre a été déclenchée, elle aussi, par le désir de lutter contre l'immigration clandestine. L'inexécution de nombreuses mesures d'éloignement[27] et les difficultés pour expulser les étrangers en transit ont également été des points déterminants qui ont conduit les États à régler ces problèmes de manière communautaire. De même, il a été démontré que la politique des visas et les harmonisations du séjour étaient traversées par les obsessions de rationalisation et de réduction des flux migratoires. Cette volonté de restriction des flux se retrouve dans les tentatives d'harmonisation de la sortie du ressortissant de pays tiers indésirable : gestion des entrées, fichage des identités, séjour, hébergement et aussi sorties des étrangers sont autant d'exemples de rationalité. Tous ces nouveaux types de contrôles témoignent *« d'une transformation discrète mais profonde »* qui *« s'opère dans la manière dont les gouvernements contrôlent leurs populations et l'arrivée d'étrangers sur leur territoire »*[28]. Ajoutons que la sortie de l'étranger indésirable est en train de connaître le même phénomène. Une politique commune fait émerger un statut commun pour la sortie de l'étranger du territoire des États membres. Plusieurs étapes (A) dessinent l'évolution de la politique commune de la sortie des étrangers. L'instauration d'un premier instrument normatif communautaire confirme la concrétisation de cette politique. L'impact de cet instrument d'harmonisation sera analysé au regard de notre droit interne (B). Des perspectives intéressantes doivent être ici développées pour apprécier les évolutions futures de la politique commune relative à la sortie des étrangers (C).

A/ Les étapes de la politique d'harmonisation des mesures d'éloignement

Dès 1992, l'Union européenne s'est intéressée à la question de la gestion commune de la sortie du territoire. Cette entreprise est audacieuse lorsqu'on sait que les mesures d'éloignement font partie des prérogatives de prédilection de la puissance de l'État. L'éloignement des étrangers est un pouvoir « de haute police » et symbolise par son exécution forcée, la souveraineté politique et territoriale de l'État. Or, l'objectif de l'Union a été d'instaurer sur le long terme, des pratiques communes en matière d'expulsion afin de lutter contre l'immigration illégale. Les deux Recommandations du 30 novembre 1992 sont les premiers actes communs relatifs aux pratiques des États membres en matière

---

[27] En 2000, en France 8804 reconduites et seulement 426 expulsions ; en Allemagne 4320 reconduite et 2697 expulsions ; au Pays Bas 368 reconduites et 1492 expulsions ; en Espagne 93306 reconduites et 1677 expulsions ; en Italie 2451 reconduites et 2900 expulsions. Chiffre, *Le Monde*, Dossier Spécial, 9/10 juin 2002, p. 17. Toutefois, il semble que depuis 2003 et particulièrement 2004, le taux d'exécution des mesures d'éloignement soit en augmentation de 20%, Le Figaro, 15 septembre 2004.

[28] BIGO D., « Sécurité, immigration et contrôle social, l'archipel des polices », *Le Monde diplomatique*, octobre 1996, p. 9.

d'expulsion[29]. Face à l'effondrement du bloc soviétique et à l'augmentation des flux migratoires, le principal but de l'Union a été d'agir rapidement et efficacement, en harmonisant les procédures d'éloignement des États membres.

Ces instruments portent notamment sur les étrangers en transit dans un État membre et sur la mise à exécution de leur éloignement. Le transit est un obstacle souvent rencontré par les États au moment de la mise à exécution de la mesure d'expulsion. Lorsque l'État « *auteur de l'expulsion* » ne dispose pas de correspondances ou de vols vers le pays d'origine de l'étranger, il doit se tourner vers un autre État membre, l'« *État de transit* », pour l'éloigner effectivement. Dans ce cas, les Recommandations exigent que l'État de transit vérifie que l'accueil de la personne éloignée est assuré dans le pays de destination. L'escorte de la personne qu'on éloigne doit être également prévue par les pays concernés.

Mais ces Recommandations n'ont pas d'effet contraignant. Elles n'impliquent aucune obligation pour les États membres. Ainsi, ces actes ne facilitent en rien l'exécution efficace des expulsions dont certaines sont très difficiles, cela d'autant plus que certains États sont très réticents à coopérer et mettre en œuvre les mesures d'éloignement d'étrangers en transit ou pas. Cette coopération est très souvent entravée par les disparités juridiques des législations nationales elles-mêmes. La France, par exemple, ne peut théoriquement pas exécuter une mesure d'éloignement vers un autre État membre, si celle-ci concerne un étranger qui est protégé par l'article 25[30] ou 26[31] de l'ordonnance de 1945. Il

---

[29] Recommandation du 30 décembre 1992 relative *aux pratiques des États membres en matière d'éloignement* et la Recommandation du 30 décembre 1992 relative *au transit aux fins d'éloignement*, JOCE C 274, 19 septembre 1996.

[30] Article 25 de l'ordonnance : Sous réserve des dispositions de l'article 26, ne peuvent faire l'objet d'un arrêté d'expulsion, en application de l'article 23 :
1° L'étranger, ne vivant pas en état de polygamie, qui est père ou mère d'un enfant français mineur résidant en France, à condition qu'il établisse contribuer effectivement à l'entretien et à l'éducation de l'enfant dans les conditions prévues par l'article 371-2 du code civil depuis la naissance de celui-ci ou depuis au moins un an ;
2° L'étranger marié depuis au moins deux ans avec un conjoint de nationalité française, à condition que la communauté de vie n'ait pas cessé et que le conjoint ait conservé la nationalité française ;
3° L'étranger qui justifie par tous moyens qu'il réside habituellement en France depuis plus de quinze ans, sauf s'il a été, pendant toute cette période, titulaire d'une carte de séjour temporaire portant la mention « étudiant » ;
4° L'étranger qui réside régulièrement en France depuis plus de dix ans, sauf s'il a été, pendant toute cette période, titulaire d'une carte de séjour temporaire portant la mention « étudiant » ;
5° L'étranger titulaire d'une rente d'accident du travail ou de maladie professionnelle servie par un organisme français et dont le taux d'incapacité permanente est égal ou supérieur à 20 % ;
Ces mêmes étrangers ne peuvent faire l'objet d'une mesure de reconduite à la frontière en application de l'article 22.
Par dérogation aux dispositions du présent article, l'étranger peut faire l'objet d'un arrêté d'expulsion en application des articles 23 et 24 s'il a été condamné définitivement à une peine d'emprisonnement ferme au moins égale à cinq ans.

[31] Article 26 de l'ordonnance : Sauf en cas de comportements de nature à porter atteinte aux intérêts fondamentaux de l'État, ou liés à des activités à caractère terroriste, ou constituant des actes de provocation explicite et délibérée à la discrimination, à la haine ou à la violence contre une personne déterminée ou un groupe de personnes, ne peut faire l'objet d'une mesure d'expulsion, y compris dans les hypothèses mentionnées au dernier alinéa de l'article 25 :
1° L'étranger qui justifie par tous moyens résider habituellement en France depuis qu'il a atteint au plus l'âge de treize ans ;
2° L'étranger qui réside régulièrement en France depuis plus de vingt ans ;
3° L'étranger qui réside régulièrement en France depuis plus de dix ans et qui, ne vivant pas en état de polygamie, est marié depuis au moins trois ans soit avec un ressortissant français ayant conservé la nationalité française, soit avec un ressortissant étranger relevant du 1°, à condition que la communauté de vie n'ait pas cessé ;
4° L'étranger qui réside régulièrement en France depuis plus de dix ans et qui, ne vivant pas en état de polygamie, est père ou mère d'un enfant français mineur résidant en France, à condition qu'il établisse contribuer

aurait donc fallu harmoniser en premier lieu le contenu des motifs d'expulsion afin d'instaurer une reconduite et une expulsion communes répondant aux mêmes normes minimales dans tous les États membres. Ce n'est pourtant pas cette direction que les États membres ont choisi de prendre.

En 1995, sur la base de l'article K 1 point 3 c) du Traité de l'Union européenne, la lutte contre l'immigration était considérée comme une « *question d'intérêt commun* » ; à ce titre, une Recommandation relative à la concertation et à la coopération dans l'exécution des mesures d'éloignement[32] a été adoptée. Le but de cette Recommandation était d'essayer d'améliorer l'exécution des expulsions qui sont souvent ineffectuées ou ralenties en raison de l'absence de documents de voyage de la personne à éloigner. Les étrangers en situation irrégulière sur le territoire sont souvent dépourvus de documents d'identité ou de voyage. La recherche du pays d'origine de l'étranger est alors une difficulté matérielle que les autorités doivent résoudre afin d'expulser rapidement. Cette Recommandation incitait les États membres à s'entraider afin de rendre plus efficaces les mesures d'expulsion : en se coordonnant, les autorités consulaires pouvaient par exemple améliorer la recherche et l'obtention des documents d'identité et de voyage[33]. Ainsi, comme le fait remarquer Nathalie Berger « *en agissant de manière concertée (...) les États membres peuvent effectuer des pressions permettant d'accélérer la délivrance des documents nécessaires* »[34]. Trois partenaires clés participent à cette coopération : l'État de destination, l'État de départ et parfois l'État de transit. Cependant, si la coopération échoue ou que, malgré elle, l'État de départ n'arrive pas à obtenir les titres d'identité ou de voyage de la personne à éloigner, il est possible pour lui, de recourir à un document type de voyage.

La Recommandation du Conseil du 30 novembre 1994 concernait l'adoption de ce modèle type de document de voyage pour l'éloignement de ressortissants d'État tiers[35]. Non seulement la coopération pouvait faciliter la recherche des documents de l'étranger, mais elle était également utile pour recenser les places disponibles sur les vols en partance des différents États.

En définitive, on constate que l'harmonisation s'est axée sur le plan procédural des pratiques d'éloignement et sur l'aspect formel des documents, tout comme cela a été le cas en matière de politique de visas ou de titres de séjour, et ce, avant même que ne soit

---

effectivement à l'entretien et à l'éducation de l'enfant dans les conditions prévues par l'article 371-2 du code civil depuis la naissance de celui-ci ou depuis au moins un an ;

5° L'étranger résidant habituellement en France dont l'état de santé nécessite une prise en charge médicale dont le défaut pourrait entraîner pour lui de la conséquence d'une exceptionnelle gravitée, sous réserve qu'il ne puisse effectivement bénéficier d'un traitement approprié dans le pays de renvoi.

Les dispositions prévues aux 3° et 4° ne sont toutefois pas applicables lorsque les faits à l'origine de la mesure d'expulsion ont été commis à l'encontre du conjoint ou des enfants de l'étranger.

Sauf en cas d'urgence absolue, les dispositions de l'article 24 sont applicables aux étrangers expulsés sur le fondement du présent article.

Ces mêmes étrangers ne peuvent faire l'objet d'une mesure de reconduite à la frontière en application de l'article 22.

II. - L'étranger mineur de dix-huit ans ne peut faire l'objet ni d'un arrêté d'expulsion, ni d'une mesure de reconduite à la frontière prise en application de l'article 22.

[32] Recommandation du Conseil du 22 décembre 1995 *relative à la concertation et à la coopération dans l'exécution des mesures d'éloignement*, JOCE, n° C 005 du 10 janvier 1996, p. 3-7.

[33] *Ibid.*, 1)

[34] BERGER N., *La politique de l'immigration et de l'asile en Europe*, éd. Buylant, Bruxelles, 2000, p. 145.

[35] Recommandation du Conseil du 30 novembre 1994 concernant *l'adoption d'un modèle type de document de voyage pour l'éloignement des ressortissants de pays tiers*, JOCE n° C 274 du 19 septembre 1996, p. 18-19.

entamée une quelconque réflexion sur les divers cas d'expulsion. Pour les États membres, l'urgence était, et est toujours, d'exécuter le plus rapidement possible les expulsions, qui entravent leur politique de gestion de flux migratoire, et « perturbent » l'intégration des ressortissants d'État tiers réguliers.

Avec le traité d'Amsterdam[36] et le Conseil européen de Tampere, l'Union a réaffirmé sa volonté de construire un espace de liberté, de sécurité et de justice, en assurant une plus grande efficacité dans l'exécution des décisions d'éloignement. Le 28 mai 2001, une directive[37] du Conseil, relative à la reconnaissance mutuelle des décisions d'éloignement des ressortissants de pays tiers, a été adoptée par les États membres ; c'est une des premières engagées dans le domaine de l'immigration et de l'asile.

L'objectif de la directive est le même que celui des précédentes Recommandations ; mais cette fois, l'harmonisation se fait par la reconnaissance mutuelle des décisions d'éloignement, et ce, dans le respect du principe de subsidiarité, « *l'objectif (...) à savoir la coopération en matière d'éloignement des ressortissants de pays tiers, ne peut pas être réalisé de manière suffisante par les États membres et donc, en raison des effets de l'action envisagée, être mieux réalisé au niveau communautaire. La présente directive n'excède pas ce qui est nécessaire pour atteindre cet objectif* »[38]. Cette directive constitue le premier instrument d'harmonisation. Elle s'impose dans le droit interne des États membres et met fin aux précédentes harmonisations de *Soft Law* issues des Recommandations.

B/ Le contenu et l'impact de la directive relative à l'harmonisation des mesures d'éloignement sur le droit français

Avec cette directive, les États européens veulent empêcher qu'un ressortissant de pays tiers ne fasse obstacle à sa mesure d'éloignement en allant dans un autre État membre. La reconnaissance mutuelle de la mesure d'éloignement permet de faire exécuter l'éloignement par un État membre (État membre exécuteur) autre que celui qui a édicté la mesure d'éloignement (État membre éditeur). Avec François Julien-Laferrière, force est de reconnaître que ce mécanisme n'est qu'une mesure de coopération de police entre États, comparable à une mesure d'extradition. Cette coopération permet d'éviter de paralyser la lutte contre l'immigration clandestine et de perturber l'ordre public. Il est d'ailleurs regrettable que cet instrument mélange ces deux concepts (lutte contre immigration clandestine et défense de l'ordre public)[39].

Inspiré de l'initiative française du 20 juillet 2000[40], ce texte est davantage un instrument qui pose des définitions générales, qu'un acte qui instaure des mesures précises

---

[36] Titre IV, article 63

[37] Directive 2001/40/CE du Conseil du 28 mai 2001, *relative à la reconnaissance mutuelle des décisions d'éloignement des ressortissants de pays tiers*, JOCE 2 juin 2001, L 149/34. L'Irlande et la Norvège sont liées en vertu de l'accord du 18 mai 1999. Cf. les analyses de GROENENDIJK K., « The directive on the mutual recognition of expulsion decisions : symbolic or unbalanced politics ? », *in L'émergence d'une politique européenne d'immigration*, (Sous la direction de DE BRUYCKER P.), Collection de la Faculté de droit, ULB, Bruylant, Bruxelles, 2003, p. 447-463.

[38] Directive point (5).

[39] JULIEN-LAFERRIÈRE F., *Intervention sur l'éloignement des ressortissants de pays tiers*, 3ème Congrès européen sur la Politique d'immigration et d'asile (évaluation 1999-2004).

[40] JOCE C 243, 24 août 2000.

pour les États membres. L'article 1er de la directive fixe l'objectif de cet acte : « *permettre la reconnaissance d'une décision d'éloignement prise par une autorité compétente d'un État membre* ». Ce but ressemble à celui visé par les États membres s'agissant des visas. L'efficacité de la politique des visas passe par une *reconnaissance mutuelle* des visas émis par les autres États membres ou encore par le modèle type de visa. On devine déjà qu'à partir de cet objectif modeste, cette directive n'est qu'un préalable à de prochains instruments.

Notons, tout d'abord, que la directive exclut la reconnaissance mutuelle des mesures d'éloignement pour « les ressortissants de pays tiers membres d'une famille de citoyens européens »[41]. Qu'entend-t-on par « membres de la famille » ? Est-ce la famille nucléaire ou la famille entendue « au sens large », incluant par exemple les ascendants à charge ? C'est le droit national qui règlera la question. Cette directive s'adresse donc à tous les autres ressortissants de pays tiers légaux ou clandestins. Ensuite, elle définit les différentes hypothèses d'éloignement. La formule suffisamment large de « *décision d'éloignement* » concerne des situations variées qui diffèrent selon les États membres. Cette notion large et floue a été volontairement choisie pour englober les diverses causes d'éloignement des différents États membres. En droit français, cette expression peut renvoyer à plusieurs hypothèses : à l'éloignement, à la reconduite à la frontière, à l'expulsion et au refoulement. La directive de 2001 distingue deux types de mesures d'éloignement : la première mesure d'éloignement se rapproche de l'expulsion définie par l'ordonnance de 1945 tandis que la seconde évoque plutôt la reconduite à la frontière (1). Cette directive a prévu d'harmoniser également quelques garanties entourant les mesures d'éloignement ; ces dernières sont faibles et très décevantes (2).

1/ L'expulsion et la reconduite à la frontière

a) L'expulsion

La première mesure d'éloignement est définie par l'article 3 §1 a) de la directive, qui stipule que la mesure d'éloignement doit être fondée « *sur une menace grave et actuelle pour l'ordre public ou la sécurité et sûreté nationale* ». Dans le droit français, cette définition renvoie à l'expulsion, qui « *peut être prononcée si la présence sur le territoire français constitue une menace grave pour l'ordre public* » (l'article 23 de l'ordonnance de 1945). De plus, l'article 25 bis prévoit plusieurs motifs d'expulsion différents *-en cas d'urgence absolue* ou *-lorsque la présence sur le territoire français constitue une nécessité impérieuse pour la sûreté de l'État ou la sécurité publique* ou *-en cas d'urgence absolue et lorsqu'elle constitue une nécessité impérieuse pour la sûreté de l'État ou la sécurité publique*. La définition communautaire est donc un « mélange » des différents motifs français d'expulsion.

En droit français, la notion de *menace grave* à l'ordre public renvoie à la quasi-certitude de l'atteinte à l'ordre public ou au degré de gravité de celle-ci : par exemple une infraction pénale grave[42] ou une récidive[43] constituent une menace grave et par conséquent

[41] Cf. Partie I, Titre I, Sous Titre II, Chapitre II, Section II.

[42] L'existence de condamnations pénales d'une particulière gravité constitue souvent une justification de la mesure d'expulsion : CE 11 juin 1993, *Ministre de l'intérieur c./ Mme Bourkia*, req. n°121424. (Meurtre) ; CE 2 novembre 1992, *Ministre de l'intérieur c./ Ribero*, req. n° 121715 (tentative d'assassinat) ; CE 25 juillet 1980, *Touami ben Abdelslem*, rec. CE p. 820 (viols) ; CE 2 novembre 1979, *Ministre de l'intérieur c./ Makalé*, rec. CE p.

justifient une expulsion. Dès lors, une question peut être posée : qu'est ce qu'une menace grave à l'ordre public au plan communautaire et dans les autres États membres ?

De même, la *menace actuelle* de la directive se retrouve en droit français. Le juge administratif français tient compte de la menace actuelle que constitue l'étranger au moment où est prononcée la mesure d'éloignement. Par exemple, il ne reconnaît pas la menace grave sur le territoire, lorsque le délai entre la date de l'arrêté d'expulsion et celle de la libération du requérant est trop long[44]. Est-ce comme cela que les autres États membres entendront la définition de la directive ? La directive est muette sur ce point. Son objet principal n'était pas de définir les motifs d'expulsion mais de parvenir à les faire reconnaître par les différents pays membres pour les exécuter le plus rapidement possible. Ici encore, on peut regretter que les États membres aient d'abord opté pour une harmonisation des procédures avant de définir précisément les cas d'éloignement.

Afin de préciser la gravité de l'atteinte à l'ordre public, à la sécurité et à la sûreté nationale, la directive pose alors deux hypothèses qui permettent d'ordonner une mesure d'éloignement :

- Lorsque la menace doit résulter d'une *« condamnation du ressortissant du pays tiers par l'État membre auteur pour une infraction passible d'une peine privative de liberté d'au moins un an »*[45]
- Lorsqu'il existe des *« raisons sérieuses de croire que le ressortissant d'un pays tiers a commis des faits punissables graves ou existence d'indices réels qu'il envisage de commettre de tels faits sur le territoire d'un État membres. »*[46].

La liaison infraction/expulsion ne semble pas être conforme à une jurisprudence classique du Conseil d'État. En France, l'expulsion ne peut être prononcée au seul motif que l'étranger a commis une infraction pénale[47]. Comment concilier les définitions nationales et communautaires ? François Julien-Laferrière estime que le décret d'application de l'article 26 bis de l'ordonnance de 1945 (article qui transpose les objectifs de la directive) devra : - soit faire une entorse à la directive en excluant la jurisprudence française des hypothèses de l'article 26 bis, -soit déroger à la jurisprudence française *« au prix d'une entorse à la logique puisque cette jurisprudence resterait applicable aux mesures d'éloignement prononcées par les autorités françaises, mais ne le serait pas aux mesures d'éloignement prises par les autres États membres »*[48]. Le décret d'application du 30 mai 2005[49] se contente de rappeler la double définition posée par la directive.

Ces deux définitions données par la directive ouvrent un champ très large aux cas d'expulsion. S'il est difficile de parvenir à une systématisation des causes d'expulsion, avec cette définition générale, les États membres risquent d'aboutir à une acception large des

---

823. (Proxénétisme) ; CE 24 mai 1985, *Allaf*, rec. CE p. 711, (trafic de stupéfiants), etc.

[43] CAA Nancy 23 avril 1998, *Ministre de l'intérieur c./ M. Eliba*, req. n° 96NC02245 ; CE 23 décembre 1987, *Tahraoui*, rec. CE p. 430.

[44] CE 6 mars 1998, *M M'Rah*, req. n°173216.

[45] Directive, article 3 § 1) a) alinéa 1.

[46] *Ibid.*, article 3 § 1) a) alinéa 2.

[47] CE 25 janv. 1977, Ministre de l'intérieur c./ Dridi, rec. CE, p. 38 ; « les condamnations pénales commises par un étranger ne sauraient à elles seules, justifier légalement une mesure d'expulsion (…) ».

[48] JULIEN-LAFERRIÈRE J., « Une modification d'ampleur de l'ordonnance de 1945 », *AJDA*, 9 février 2004, p. 268.

[49] Décret n° 2005-615 du 30 mai 2005 modifiant le decret n° 82-440 du 26 mai 1982 portant application des articles 23, 24, 25 bis, 27 ter, 28 et 33 de l'ordonnance n°45-2658 du 2 novembre 1945 modifiée, JORF 125 31 mai 2005.

hypothèses d'expulsion. Par exemple, en France, l'expulsion prévue à l'article 25 bis de l'ordonnance (ex article 26 crée en 1981) ne devait concerner que des cas très particuliers d'étrangers[50], tels que les espions, les terroristes[51] et les trafiquants de drogues ; aujourd'hui la liste s'est étendue aux viols, et « *aux attitudes violentes et à l'asocialité* »[52] de l'étranger. La définition communautaire risque à son tour de s'élargir et d'intégrer des situations très différentes selon l'interprétation faite par les États. En définitive, cette définition communautaire est trop incomplète pour que les États réalisent une véritable reconnaissance mutuelle des décisions et aboutissent à une harmonisation efficace des décisions d'éloignement. La marge de manœuvre laissée pour l'interprétation de la définition risque de fausser les objectifs recherchés.

En guise de remarque terminale, force est de constater que l'article 3 § 1 a) de la directive de 2001 semble exclure l'interdiction du territoire infligée par le juge judiciaire comme peine complémentaire, puisqu'il précise bien que la décision d'éloignement doit émaner « *d'une autorité administrative compétente* »[53]. Ceci risque de laisser de côté un nombre important de mesures d'éloignement de certains États membres et de rendre difficile une reconnaissance mutuelle de ces mesures.

b) La reconduite à la frontière

L'autre définition des mesures d'éloignement est précisée par l'article 3 §1 b) : « *le ressortissant fait l'objet d'une décision d'éloignement fondée sur le non-respect des réglementations nationales relatives à l'entrée ou au séjour des étrangers* ». Elle correspond à la définition française[54] de la reconduite à la frontière qui prévoit qu'il : « (...) *sera reconduit à la frontière dans les cas suivants : si l'étranger ne peut justifier être rentré régulièrement sur le territoire français (...), si l'étranger s'est maintenu sur le territoire au delà de la durée de validité de son visa (...),* etc. »[55]. La définition française est toutefois beaucoup plus précise puisqu'elle énonce les nombreux cas de non-respect de la réglementation relative à l'entrée et au séjour des étrangers. Ici encore, il n'est pas certains que toutes les hypothèses prévues en France soient considérées comme entraînant une mesure d'éloignement dans les autres pays.

---

[50]Voir argumentation de QUESTIAUX N., JOAN CR, 30 septembre 80, p. 1420.

[51] Des menaces de terrorisme : CE 8 juillet 1991, *Faker*, rec. CE p. 275, assassinats avec mobile politique CE 10 octobre 1980, *Osman Rabeh*, req. n° 16852.

[52] CE 23 décembre 1987, *Tahraoui*, rec. CE p. 430. Cette jurisprudence est un tournant : elle marque le début de l'élargissement de l'article 26. Désormais, l'analyse porte sur les infractions et sur l'ensemble du comportement de l'intéressé. Voir les analyses du DPE, Expulsion.

[53] Article 2, comme le souligne le commentaire de la directive dans le DPE, bulletin n° 85, juillet 2002, l'interdiction du territoire est à exclure du champ de la directive, et ce, bien que la Cour européenne des droits de l'Homme dans son arrêt *Maaouia*, (CEDH, 5 octobre 2000), estime que « *cette mesure ne revêt pas en général un caractère pénal dans les États membres du Conseil de l'Europe. Susceptible d'être prise par l'autorité administrative dans la plupart des États, elle constitue, en raison de sa nature, une mesure de prévention spécifique en matière de police des étrangers et ne porte pas sur le bien fondé d'une accusation pénale dirigée contre le requérant, au sens de l'article 6, §1. Peu importe à cet égard qu'elle soit prononcée dans le cadre d'une procédure pénale* ». En effet, la Cour se fonde sur la *nature* de la mesure tandis que la directive se fonde sur l'*auteur* de la mesure.

[54] Cf. MANCIAUX H., « La réforme de la reconduite à la frontière par la loi du 26 novembre 2003, l'imbriglio juridique demeure », *AJDA*, 18 octobre 2004, p. 1904 et s.

[55] Article 22 de l'ordonnance du 2 novembre 1945.

2/ Les faibles garanties entourant les mesures d'éloignement

L'article 3 alinéa 2 évoque de façon succincte le respect des droits de l'Homme et des libertés fondamentales, mais cette indication est complétée par la référence dans le préambule de la directive, à la Convention européenne des droits de l'Homme, notamment à l'article 3 et 8. Cette directive de 2001 n'offre pas suffisamment de garanties contre les mesures d'expulsion. En France, par exemple, les articles 25 et 26 de l'ordonnance de 1945 protègent certaines catégories d'étrangers[56]. Il est décevant que les États membres n'aient pas recherché un début d'harmonisation sur les étrangers protégés contre les décisions d'éloignement. Les seules références au respect des droits fondamentaux et à la CEDH n'obligent en rien les États, puisque aucune disposition communautaire précise ne les contraint à modifier leur législation ou à protéger une catégorie juridique d'étrangers (mineurs, résidents, étrangers malades). De même, les différences de législations sur les catégories d'étrangers protégés de l'éloignement risquent de poser des difficultés. En effet, la législation d'un État membre peut interdire l'expulsion alors qu'un autre État membre peut l'accepter. Comment procéder à l'exécution de la mesure dans ces conditions ? L'absence d'harmonisation sur les règles de fond pose, ici encore, d'importantes difficultés.

En revanche, la directive prévoit un recours contre ces mesures d'éloignement, sans toutefois préciser le délai et la nature (administrative, juridictionnelle, double degré) du recours ou indiquer les possibilités pour l'étranger de demander un sursis à exécution. De même, la directive ne mentionne aucun droit pour que l'étranger puisse se défendre lorsqu'il est assujetti à une mesure d'éloignement.

Par ailleurs, la reconnaissance mutuelle des décisions d'éloignement a pour principale conséquence de permettre à l'étranger d'intenter un recours non seulement contre l'État responsable de la mesure d'éloignement, mais aussi *contre celui qui exécute cette mesure lorsqu'il est différent*. Cette sorte de « recours aux effets extraterritoriaux » a été transposée dans le droit français, avec un an de retard. En effet, l'article 39 de la loi du 26 novembre 2003 a traduit les objectifs de la directive dans l'article 26 bis alinéa 3 de l'ordonnance de 1945. Les mesures de reconduite à la frontière et les mesures d'expulsion prises par un autre État membre de l'Union européenne, à l'encontre d'un ressortissant de pays tiers qui se trouve sur le territoire français, sont exécutées d'office. De plus, l'article 49 de la loi du 26 novembre 2003 a organisé la possibilité de placer en rétention administrative ces étrangers ayant fait l'objet d'une mesure d'éloignement prononcée par un autre État membre[57].

---

[56] Article 26 « *1° L'étranger qui justifie par tous moyens résider habituellement en France depuis qu'il a atteint au plus l'âge de treize ans ; 2° L'étranger qui réside régulièrement en France depuis plus de vingt ans ;3° L'étranger qui réside régulièrement en France depuis plus de dix ans et qui, ne vivant pas en état de polygamie, est marié depuis au moins trois ans soit avec un ressortissant français ayant conservé la nationalité française, soit avec un ressortissant étranger relevant du 1°, (...) ; 4° L'étranger qui réside régulièrement en France depuis plus de dix ans et qui, ne vivant pas en état de polygamie, est père ou mère d'un enfant français mineur résidant en France,(...); 5° L'étranger résidant habituellement en France dont l'état de santé nécessite une prise en charge médicale dont le défaut pourrait entraîner pour lui des conséquences d'une exceptionnelle gravité, sous réserve qu'il ne puisse effectivement bénéficier d'un traitement approprié dans le pays de renvoi. (...) II. L'étranger mineur de dix-huit ans* (...). » Article 25 : « *le conjoint de français, l'enfant étranger d'un ressortissant français, l'étranger titulaire d'une rente d'accident de travail, l'étranger ancien combattant, le réfugié, l'apatride, l'étranger résident depuis plus de dix ans en France.* »

[57] Article 35 bis I 4° de l'ordonnance de 1945.

Certaines analyses soulèvent un élément nouveau dans la politique communautaire de l'immigration. En effet, si la directive est présentée comme un simple instrument de lutte contre l'immigration clandestine, elle est aussi applicable aux ressortissants de pays tiers résidents qui font l'objet d'une condamnation pénale. De ce fait, cette directive est aussi *« (...) un instrument de coopération policière et pénale. C'est un aspect tout à fait nouveau de la mise en œuvre de l'Acquis Schengen qui, jusqu'à présent, réservait ces deux domaines à l'action intergouvernementale prévue par le troisième pilier du traité sur l'Union européenne. (...) En adoptant des initiatives telles que la directive sur la reconnaissance mutuelle des décisions d'éloignement, le Conseil donne à l'Acquis de Schengen un rôle plus important qu'on ne pouvait, jusqu'à maintenant, le penser »*[58].

C/ L'avenir de l'harmonisation communautaire des décisions d'éloignement

Cette directive est un essai frileux des États membres, aucune volonté réelle de former un véritable statut de la sortie de l'étranger n'est exprimée par cette directive. Elle est un instrument minimal, sans aucune référence aux droits substantiels. Avec cette tentative d'harmonisation, il paraît évident que les États ne sont pas encore prêts à franchir le cap de l'alignement des mesures d'éloignement, et ce, en raison des résistances des souverainetés et des disparités qui existent dans les États membres concernant le traitement de la sortie des étrangers. Pourtant, un espoir nouveau apparaît avec les orientations du Livre Vert[59] fixant les objectifs à atteindre en matière de retour des étrangers. Même si ce document n'est qu'un document de travail pour les mesures à venir, il a suggéré d'instaurer des règles communes pour « *l'expulsion, la rétention et l'éloignement* »[60]. Ces normes auraient un même objectif, celui de « *déboucher sur des procédures plus efficaces en appliquant les meilleures pratiques relevées dans les États membres* »[61]. À côté des définitions lacunaires posées par la directive, le Livre Vert propose des exemples de dispositions à insérer dans un prochain acte d'harmonisation. Il insiste surtout sur la protection « *des ressortissants de pays tiers qui sont nés dans un État membre et n'ont jamais vécu dans le pays d'origine dont ils ont la nationalité* »[62], autrement dit « les quasi nationaux ». Il serait très encourageant que les États membres prennent des mesures dans ce sens, étant donné que rien de tel n'a été envisagé dans la directive, aucune protection spécifique n'a été prévue pour ce type de ressortissants de « deuxième génération ». De plus, le Livre Vert veut fixer de nouvelles limites aux décisions d'éloignement. Des restrictions pourraient être aménagées quand un étranger aurait fait l'objet d'un éloignement pour un motif grave. Si tel est le cas, le motif de l'éloignement devrait faire « *l'objet d'une évaluation approfondie et être dûment motivé dans la décision d'expulsion* »[63] en tenant compte de la situation individuelle de l'étranger *« au regard des droits de l'Homme et de la proportionnalité de la mesure »*[64]. Cette dernière précision renvoie implicitement à la jurisprudence développée par la Cour européenne des droits de

---

[58] DPE, bulletin 85, juillet 2001, p 8006.

[59] Livre vert relatif à *une politique communautaire en matière de retour des personnes en séjour irrégulier*, 10/04/2002, Com (2002), 175 Final, Bruxelles, p. 12-19.

[60] *Ibid.*, p. 12.

[61] *Ibid.*, p. 12.

[62] *Ibid.*, p. 14.

[63] *Ibid.*, p. 14.

[64] *Ibid.*, p. 14-15

l'Homme en matière d'éloignement. Le Livre Vert reste cependant très succinct et ne s'étend pas davantage sur la question pourtant cruciale des garanties développées par la Cour européenne des droits de l'Homme pour les étrangers[65]. Cet ensemble de protections s'impose d'autant plus que, dans une Recommandation du 19 septembre 2001[66], le Conseil de l'Europe a précisé les garanties qu'il souhaitait trouver dans les procédures de mesures d'expulsion ; une de ses exigences est l'adoption « *d'un processus absolument transparent, permettant de s'assurer qu'à toutes les étapes les droits fondamentaux de la personne ont été respectés* »[67].

Pour ce qui concerne la reconduite à la frontière, le Livre Vert encourage les États membres à instaurer « *une clause de sauvegarde finale contre le refoulement conforme au droit international* »[68] afin de porter une attention particulière aux étrangers atteints de maladie grave, ou fragiles psychologiquement. Ici encore, le Livre Vert fait référence à la jurisprudence de la Cour européenne des droits de l'Homme, particulièrement à l'article 3 qui concerne la protection des étrangers contre les traitements inhumains et dégradants en cas de retour dans le pays d'origine[69]. Pour la première fois, le Livre Vert et la Communication de la Commission sur la politique de retour, ont proposé aux États de réfléchir sur la possibilité d'instituer des normes minimales communes pour la rétention, avant l'éloignement. Ces normes concerneraient autant les règles de procédure que les mesures d'hébergement des étrangers[70]. Enfin, « *des motifs impérieux fondés sur un danger exceptionnel* » seraient à insérer dans la liste des motifs d'expulsion. Cet exemple n'est pas anodin. Il traduit l'effet « 11 septembre 2001 » et la peur des États face au terrorisme. Le Livre Vert encourage d'ailleurs les États membres « *à retenir d'autres raisons impérieuses comme la menace nationale* »[71], pour éloigner les étrangers dangereux pour la Nation. Ce livre Vert n'est qu'un document de travail ; reste à voir ce que les États membres décideront d'entreprendre en premier. En toute hypothèse, les règles communes relatives à la sortie de l'étranger restent encore à construire.

Tout au long des années 2003 et 2004, les pays membres ont accéléré leurs travaux préparatoires sur l'exécution des mesures d'éloignement. Des textes[72] et des initiatives[73]

---

[65] Cf. Partie II, Titre I, Sous Titre I.

[66] Conseil de l'Europe, Recommandation du Commissaire aux droits de l'Homme relative *aux droits des étrangers souhaitant entrer sur le territoire des États membres du Conseil de l'Europe et à l'exécution des décisions d'expulsion*, rec. (2001) 1.

[67] *Ibid.*, p. 4.

[68] Livre Vert, *op. cit.,* p. 16.

[69] Cf. Partie II, Titre II, Sous Titre I, Chapitre I.

[70] *Ibid.*, p. 15.

[71] *Ibid.*, p .14.

[72] Directive adoptée le 25 novembre 2003 relative *à l'assistance au transit dans le cadre des mesures d'éloignement par voie aérienne*, JOUE, L 321, 6 décembre 2003. Initiative de la République italienne en vue de l'adoption d'une décision du Conseil *relative à l'organisation de vols communs pour l'éloignement de pays tiers faisant l'objet de mesures d'éloignement*, Bruxelles, le 9 septembre 2003, modifiée le 23 octobre 2003 n° 12025/03 Migr. COMIX 502. Cf. aussi Règlement n° 2007/2004 du Conseil, 24 octobre 2004, *portant création de l'Agence européenne pour la gestion de la coopération opérationnelle aux frontières extérieures*, JOUE n° L 349, 25 novembre 2004.

[73] Initiative allemande en vue de l'adoption d'une directive du Conseil relative *à l'assistance au transit dans le cadre des mesures d'éloignement par voie aérienne*, Document du Conseil 10386/02- MIGR 60 du 27 juin 2002, JOUE, C4/4 du 9 janvier 2003. Voir aussi le Rapport Kirkhope sur l'initiative de la République fédérale d'Allemagne en vue de *l'adoption de la directive du Conseil concernant l'assistance au transit dans le cadre de mesures d'éloignement par voie aérienne*, 26 mars 2003, (Final A5-0104/2003) ; Initiative de la République

concernant l'assistance au transit dans le cadre de mesures d'éloignement par voie aérienne ont été adoptés. Le texte le plus spectaculaire concerne celui des « vols communs ». Une décision du Conseil[74] organise précisément les vols groupés rassemblant des étrangers venant de tous les pays membres. Le choix du transporteur aérien, la sécurité et les conditions matérielles partagées avec les États membres participants à ce vol[75] y sont détaillés. Les objectifs de ces vols sont évidents : dissuader les candidats à l'immigration clandestine et permettre aux États de mieux gérer les dépenses de ces retours coûteux et délicats à mettre en œuvre.

Pour l'instant, les États viennent d'adopter une directive[76] permettant des arrangements financiers entre les pays membres « auteurs » des mesures d'éloignement et les pays membres « exécuteurs ». Par ailleurs, dans ses communications, la Commission souhaite proposer un projet de directive sur des normes minimales relatives aux procédures d'éloignement.

Section II : L'harmonisation des accords de réadmission et la coordination des retours volontaires

La réadmission est une façon de renvoyer l'étranger du territoire national grâce au concours d'un État différent de celui qui procède à l'éloignement. L'État membre peut réadmettre à la frontière, un ressortissant de pays tiers sans titre de circulation. L'ensemble des États de l'Union européenne a ainsi conclu de nombreux accords de réadmission. Par souci d'efficacité, les États membres ont décidé de mettre leurs procédures de réadmission en commun (§ I), ce qui va aboutir à l'émergence d'une politique communautaire de réadmission. Au côté de cette politique de réadmission, l'Union européenne tente de développer une politique alternative, fondée sur le retour volontaire des ressortissants de pays tiers dans leur pays d'origine (§ II).

Italienne en vue de l'adoption de la directive du Conseil *concernant l'assistance au transit à travers le territoire d'un ou plusieurs États membres, dans le cadre de mesures d'éloignement prises par les États membres à l'égard des ressortissants de pays tiers*, Bruxelles 9 septembre 2003, 12026/03, MIGR 76 COMIX ; Initiative de la République Italienne en vue de l'adoption de la directive du Conseil *concernant l'assistance au transit à travers le territoire d'un ou plusieurs États membres, dans le cadre de mesures d'éloignement prises par les États membres à l'égard des ressortissants de pays tiers*, Bruxelles 9 septembre 2003, 12026/03, MIGR 76 COMIX.

[74] Décision concernant l'assistance au transit à travers le territoire d'un ou plusieurs États membres, dans le cadre de mesures d'éloignement prises par les États membres à l'égard des ressortissants de pays tiers, adoptée par le Conseil JAI, le 29 avril 2004 ; Décision relative à l'organisation de vols communs pour l'éloignement à partir du territoire de deux États membre ou plus, de ressortissant de pays tiers faisant l'objet de mesures d'éloignement sur le territoire de deux États membres ou plus, JOUE L 261 du 6 août 2004, p. 28.

[75] L'escorte, les autorités compétentes, les arrangements financiers et les documents nécessaires pour les étrangers

[76] Décision du Conseil du 23 février 2004 *définissant les critères et modalités de la compensation des déséquilibres financiers résultant de l'application de la* directive 2001/40/CE relative à la reconnaissance mutuelle des décisions d'éloignement des ressortissants de pays tiers, (2004/191/CE), JOUE L60/55 27 février 2004.

§ I : L'accélération des renvois des étrangers irréguliers par l'harmonisation des accords de réadmission

Les accords de réadmission, appelés aussi *« accords sur la prise en charge des personnes à la frontière »* [77], sont des obligations qui permettent à chaque partie de s'engager à réadmettre sur son territoire des étrangers considérés comme irréguliers sur un autre territoire. Comme l'a très justement défini Xavier Denoël, « *ces accords permettent de faire supporter à chaque État, les conséquences de ses défaillances dans le contrôle des flux migratoires. En outre, ils évitent que les polices frontalières ne se renvoient à tour de rôle les clandestins découverts d'un côté ou de l'autre de la frontière* ».

Tout comme les initiatives sur la liberté de circulation prises dans les années quatre-vingts et quatre-vingt-dix par les États Schengen, la technique des accords de réadmission s'adresse dans un premier temps, à un cercle restreint d'États partenaires. Ce procédé a été initié par la Convention Benelux de 1960[78] et la décision M/P (67) relative à l'éloignement et à la reprise des personnes[79]. Ces textes constituent « *la première génération d'accords de réadmission* »[80]. Ils permettent d'exercer un contrôle unique sur l'ensemble des frontières du Benelux et de prononcer de manière concertée le renvoi des étrangers vers un pays tiers. La France a, grâce à eux, conclu des accords de réadmission avec ses voisins[81].

L'accord de Schengen du 14 juin 1984 et sa Convention d'application reprendront « *le même schéma que la partie Benelux : éloignement au sein de la zone Schengen et ensuite, éloignement des États de Schengen vers un État tiers* »[82]. La réadmission entre les États Schengen concerne également les demandeurs d'asile, pour éviter « l'asylum shopping ». Le demandeur d'asile sera réadmis dans l'État qui est responsable de sa demande, grâce au principe de l'accord de Schengen et de la Convention de Dublin[83].

Après la chute du mur de Berlin, le Conseil européen d'Édimbourg[84] décida de relancer la politique des accords de réadmission. Ce fut le point de départ des accords de « *deuxième génération* »[85]. Des accords de réadmission renvoyant les ressortissants de pays tiers vers l'extérieur des États Schengen ont été élaborés[86]. L'accord le plus exemplaire est celui signé, en 1991, entre les États Schengen et la Pologne[87] (A). Progressivement, la conclusion de ces accords s'est étendue à l'ensemble des États membres, grâce à l'élaboration d'un modèle type d'accord (B). Aujourd'hui, avec le cadre institutionnel amené par le Traité d'Amsterdam, quelques accords de réadmission communautaires ont

---

[77] Voir étude de DENOËL X., « Les accords de réadmission du Benelux à Schengen et au-delà », *RTDE*, 29 (4) oct.-déc. 1993, p. 635-652.

[78] Convention signée le 11 avril 1960

[79] Groupe de travail du 8 juin 1967

[80] LABAYLE H., PAQUET-BOUTEILLET D., WEYEMBERGH A., « La lutte contre l'immigration irrégulière, Rapport général », *in Summer School Book*, éd. ULB, Bruxelles, 2001, p. 93.

[81] Avec l'Allemagne : échange de lettre du 22 janvier 1960, JO 13 juillet 1963, avec le Benelux arrangement du 16 avril 1964, JO 2 juin 1964.

[82] DENOËL X., *op. cit.*, p. 643.

[83] Partie I, Titre II, Sous Titre I, Chapitre I.

[84] Conseil européen d'Édimbourg, Conclusions de la présidence, Agence Europe, Bulletin n° 5878 bis, 13-14. Décembre 1992, p. 1 et s.

[85] LABAYLE H., PAQUET-BOUTEILLET D., WEYEMBERGH A, *op. cit.*, p 93.

[86] Des dizaines d'accords de deuxième génération ont été mis en œuvre à partir de 1990

[87] Transposition de ce texte publié au JORF 20 janvier 1994, p. 1031, décret n° 94-49 du 12 janvier 1994.

été conclus. Ils constituent les prémices d'une politique communautaire de sortie de l'étranger (C).

A/ L'accord de réadmission précurseur conclu avec la Pologne

Cet accord a été signé en compensation de la levée des visas à l'égard des ressortissants polonais ; il permettait d'alléger « *la surcharge de l'Allemagne, placée géographiquement sur la ligne de mire de l'immigration de l'Est* »[88]. La procédure de cet accord pionnier reposait sur deux types de réadmission : la réadmission des ressortissants nationaux et celle des ressortissants de pays tiers[89]. La Pologne devait réadmettre les ressortissants de pays tiers qui avaient franchi clandestinement les frontières, ou qui étaient en situation irrégulière dans l'espace Schengen. En somme, il pesait sur la Pologne une charge immense : celle de réadmettre tous les ressortissants irréguliers qui venaient essentiellement de l'Est.

Avec cette technique de renvoi, on devine l'instrument précieux qu'ont constitué ces accords de réadmission pour le groupe Schengen et ensuite pour l'ensemble des pays de l'Europe. En effet, grâce aux concours de pays connexes à l'espace commun, les accords de réadmission ont permis, et permettent toujours, d'accélérer la sortie du territoire de l'étranger. Cette association avec les États frontaliers est un moyen d'instaurer un double contrôle aux frontières de l'Europe : un contrôle exercé par les autorités européennes et un contrôle externe effectué par les États voisins. Les États de pays tiers, signataires des accords de réadmission, sont ainsi « des pays tampons » aux portes de l'Europe. En plus d'être soumis à une obligation de réadmission, ils doivent contrôler leurs frontières extérieures, pour éviter de réadmettre un grand nombre de leurs ressortissants entrés frauduleusement en Europe. Ils participent ainsi au contrôle des frontières extérieures de l'Europe. En ce sens François Crépeau signale que ces pays servent « *de « zone tampon » à l'espace de libre circulation intra-européenne* ». En somme, c'est sur ces pays que repose « *la responsabilité de s'assurer que (la) personne n'entre sur (un) territoire avec l'intention de s'en servir comme « marchepied » pour entrer sur le territoire communautaire* »[90].

Depuis le premier accord avec la Pologne, les différents États européens ont multiplié et généralisé ce procédé de réadmission des ressortissants de pays tiers. Désormais, les pays européens sont liés par « *un faisceau d'accords de réadmission* »[91]. Par exemple, à la suite de l'accord signé avec la Pologne, les États ont signé des accords avec les pays d'Europe centrale et orientale (PECO)[92].

La France quant à elle, a signé près de 29[93] accords de réadmission, et une circulaire du Ministre de l'Intérieur du 18 juillet 2001[94] a édité un guide pratique des accords de réadmission signés. Depuis la fin des années quatre-vingt-dix, le gouvernement

---

[88] DPE, Droit des étrangers, feuillet 16, 1er janvier 2001, p. 161.
[89] Voir analyses de DENOËL X., *op. cit.*, p. 646 et s.
[90] CRÉPEAU F., *De l'hospitalité aux contrôles migratoires*, éd. Bruylant, Bruxelles, 1995, p. 282.
[91] BERGER N., *La politique de l'immigration et de l'asile en Europe*, éd. Buylant, Bruxelles, 2000, p. 133.
[92] *Ibid.*, p 134 ; LABAYLE H., PAQUET-BOUTEILLET D., WEYEMBERGH A, *op. cit*, p 94 et s.
[93] Cf. DPE, lutte contre l'immigration illégale, annexe. L'un des derniers accords a été signé avec le Honduras, le 24 décembre 2003.
[94] INT D0100213 C.

français a relancé sa politique d'accords de réadmission avec des pays non limitrophes (Mexique, Chili, Venezuela, etc.).

De nombreuses confusions ont suivi la conclusion de ces accords, car ils ont, pour la plupart, été signés sans désir de coopération et d'unité. Le manque d'unité et de concertation entre les États freine les admissions des étrangers irréguliers. Pour remédier à ces imbroglios, les États de l'Union ont décidé d'engager une coordination des pratiques nationales et d'harmoniser les modèles d'accords de réadmission.

B/ La politique d'harmonisation des procédures de réadmission

Comme en matière d'harmonisation des mesures d'éloignement, le premier acte d'harmonisation pris par les États membres s'est effectué sur l'aspect procédural de l'accord de réadmission. Avec le Traité de Maastricht, la lutte contre l'immigration clandestine était une question d'intérêt commun, la réadmission des ressortissants de pays tiers entrait parfaitement dans cet objectif. C'est pourquoi la première Recommandation élaborée le 30 novembre 1994 concernait l'établissement d'un accord type bilatéral de réadmission entre un État membre et un pays tiers[95]. Cet acte recommandait aux États de se servir du *modèle proposé* pour conclure les accords de réadmission. La Recommandation contient une annexe dans laquelle un *accord type* était proposé. C'était un modèle d'accord à caractère bilatéral, qui permettait à chaque État de l'Union de conclure des accords avec les pays où les risques migratoires étaient les plus importants. Ces risques étant différents d'un pays membre à un autre. La forme bilatérale convenait mieux aux États ; les procédures d'élaboration étaient ainsi moins lourdes qu'avec des accords multilatéraux[96]. L'accord type fonctionnait comme l'accord précurseur de la Pologne : deux principes essentiels s'en dégageaient, -celui de la réadmission des nationaux et -celui des ressortissants irréguliers de pays tiers.

-Le renvoi des nationaux était une réadmission sans formalité, lorsqu'il était établi que le ressortissant irrégulièrement présent sur l'État requérant possédait la nationalité de l'État requis[97]. Autrement dit, à partir d'une présomption de nationalité, l'État requérant pouvait identifier et faire réadmettre sans formalité le ressortissant irrégulier. L'exécution de l'éloignement devait être alors facilitée puisqu'il était prévu que les autorités consulaires ou diplomatiques de la partie requise devaient établir les documents d'identité[98] des nationaux à éloigner[99].

---

[95] Recommandation du 30 novembre 1994 *relative à un accord type bilatéral de réadmission entre un État membre et un pays tiers*, JOCE n° C 274 du 19 septembre 1996, p. 20-24. Voir également ROTH C., « Rapport sur le projet de recommandation du Conseil concernant un accord type bilatéral de réadmission entre un État membre de l'Union européenne et un État tiers, Parlement européen », Doc A4-0184/95, PE 211.778/déf., le 20 juillet 1995.

[96] BERGER N., *op. cit.*, p. 136.

[97] Article 1er « *Chaque partie contractante réadmet sur son territoire sans formalité, à la demande de l'autre partie contracte, toute personne qui, se trouvant sur le territoire de la partie contractante requérante, ne remplit pas ou ne remplit plus les conditions d'entrée ou de séjour en vigueur, lorsqu'il est établi ou valablement présumé qu'elle possède la nationalité de la partie contractante requise. Cela vaut également pour la nationalité de la partie contractante requise et n'a pas obtenu au moins une assurance de nationalisation de la part de la partie contractante requérante* ».

[98] Article 8 traite de la communication des données à caractère personnel limitativement énumérées.

[99] Article 8 de la recommandation.

De la même façon, -la réadmission des ressortissants irréguliers des pays tiers à l'intérieur de l'espace européen devait se faire sans formalité grâce à la présomption de nationalité : « *La partie contractante, dont il est établi ou valablement présumé qu'une personne ne remplissant pas les conditions d'entrée ou de séjour en vigueur a franchi la frontière extérieure pour entrer sur le territoire de la partie contractante requérante,* (réadmettait) *cette personne sans formalité à la demande de la partie contractante requérante* »[100].

Par ailleurs, l'article 3 posait le principe de la responsabilité de l'État partie ayant émis un titre pour l'étranger irrégulier. Ce système était comparable à celui mis en œuvre par la Convention de Dublin : « *Si la personne, arrivée sur le territoire de la partie contractante requérante, ne* (remplissait) *pas les conditions d'entrée ou de séjour en vigueur, si cette personne* (disposait) *d'un visa en cours de validité délivré par l'autre partie contractante ou d'un titre de séjour en cours de validité délivré par la partie requise, cette dernière (*réadmettait*) cette personne sans formalité à la demande de la partie contractante requérante* »[101]. La procédure de réadmission était très brève puisqu'un délai maximum de quinze jours était accordé[102] à l'État pour répondre à la demande de réadmission. Le délai de réadmission pour l'État de reprise devait être alors d'un mois maximum[103].

La Recommandation de l'accord type était complétée par une autre Recommandation du Conseil du 24 juillet 1995 ; celle-ci définissait les principes directeurs pour élaborer les Protocoles de mise en œuvre d'accords de réadmission[104]. Les principes dégagés par cet acte permettaient de coordonner les pratiques nationales de réadmission. Cette Recommandation précisait les modalités d'une procédure accélérée lorsque la personne était arrêtée en zone frontalière : la notification était informelle et l'exécution en était confiée aux agents des postes frontières. L'acte spécifiait également les moyens d'identification[105] des personnes à réadmettre[106].

Ces deux Recommandations ont porté leurs fruits puisque aujourd'hui, les accords de réadmission forment un écran formidable aux frontières de l'Europe. Pourtant, sur le plan pratique, plusieurs échecs de la politique de coordination des pratiques nationales peuvent être relevés. En premier lieu, les accords de réadmission ne prennent pas en compte les demandeurs d'asile au moment du renvoi. La réadmission se fait avant que certains étrangers aient pu déposer leur demande d'asile, remettant ainsi en cause le principe même de l'asile. De surcroît, avec la logique du « premier pays tiers d'accueil », les demandeurs d'asile sont renvoyés vers les « pays tampons » de l'Europe, alors que ces États ne disposent pas toujours des moyens financiers pour analyser les demandes et en supporter la

---

[100] Article 2 de la recommandation.

[101] Cette obligation ne fonctionne pas pour les visas de transit. De plus une clause de sauvegarde est prévue lorsque l'étranger qui a été réadmis, ne dispose pas de la nationalité du pays dans lequel il a été renvoyé.

[102] Article 5.

[103] Les frais occasionnés par la réadmission sont pris en charge par la partie requérante.

[104] Recommandation du Conseil du 24 juillet 1995, concernant les principes directeurs à suivre lors de l'élaboration de Protocoles sur la mise en œuvre d'accords de réadmission, JOCE n° C 274 du 19 septembre 1996, p. 25-33.

[105] Le 15 décembre 1997, le Comité exécutif Schengen a adopté une décision non publiée au JOCE sur les principes directeurs concernant les recherches de preuves et les indices, dans le cadre des accords de réadmission entre les États Schengen.

[106] Une liste d'indices d'identification impressionnante permet d'établir la nationalité de l'étranger : du certificat de nationalité aux rappels de rendez-vous établis par un cabinet dentaire, II, § 2.

charge. En ce sens, ce processus de « *délocalisation des responsabilités d'asile a de grave conséquences sur la protection du réfugié* »[107], et crée un « *cordon sécuritaire* »[108] aux portes de l'Europe. Ensuite, comme le soulignent Henri Labayle, Daphné Paquet-bouteillet et Anne Weyembergh, « *le nombre de reprises reste relativement modeste par rapport à l'importance supposée des flux et les parties contractantes se montrent relativement tatillonnes dans l'appréciation des éléments de preuves. La lourdeur bureaucratique explique qu'une proportion importante de personnes « disparaît » en cours de procédure* »[109]. En effet, pour que le renvoi soit possible, l'État requérant doit obtenir de la partie requise la preuve que le ressortissant de l'État tiers est bien en possession d'un visa ou d'autres documents qui prouvent sa nationalité. Cette recherche d'identité des étrangers en situation irrégulière est souvent entravée par les intéressés eux-mêmes qui détruisent leurs documents d'identité pour éviter le renvoi. Enfin, des difficultés pratiques subsistent encore au moment des réadmissions : les laissez-passer délivrés ne suffisent pas pour réadmettre parce que les États requis préfèrent utiliser leurs propres documents de renvoi. Les accords communautaires de réadmission devront tirer profit de ces échecs.

C/ Vers une politique communautaire des accords de réadmission ?

Le Traité d'Amsterdam et le point 26 de Tampere ont confirmé le désir de poursuivre la politique d'harmonisation des accords de réadmission. En effet, l'article 63 alinéa 3 (b) du TCE prévoit des mesures dans les domaines de « *l'immigration clandestine et le séjour irrégulier, y compris le rapatriement des personnes en séjour irrégulier* ». Ainsi, la Communauté européenne est invitée à conclure des accords types de réadmission ou des clauses types de réadmission avec des pays tiers. Le 2 décembre 1999, le Conseil a adopté une décision concernant les clauses de réadmission dans les accords communautaires et dans les accords mixtes. Puis, le 7 décembre 1999, la Finlande a présenté une proposition de règlement du Conseil, visant à fixer les obligations réciproques des États membres en matière de réadmission[110]. Cette proposition reprenait l'ensemble des travaux entrepris jusqu'à alors. -Elle déterminait les critères de responsabilité d'un État membre en matière de réadmission (s'il peut être prouvé qu'une personne en provenance d'un pays tiers a franchi illégalement la frontière d'un État membre, l'obligation de réadmission incombe à cet État en cas de séjour de plus de six mois dans un autre État membre). -Elle dressait la liste des documents qui déterminent la preuve de l'entrée du ressortissant tiers irrégulier. Cette proposition n'a pas eu de suite, les États ne l'ont pas adoptée.

Malgré les moyens institutionnels offerts aux États membres par le Traité d'Amsterdam, peu d'accords communautaires de réadmission ont été adoptés et ce, même si les nouvelles orientations du Conseil européen de Laeken[111] et le Livre Vert d'avril 2002 ont incité les États à renégocier ou à conclure de nouveaux accords de réadmission. Le

[107] LABAYLE H., PAQUET-BOUTEILLET D., WEYEMBERGH A, *op. cit.*, p. 95.

[108] PAQUET-BOUTEILLET D., *L'Europe et le droit d'asile, la politique d'asile européenne et ses conséquences sur les pays d'Europe centrale*, éd. L'Harmattan, 2001, p. 267. Cf. analyses très pertinentes sur les conséquences des accords de réadmission et sur le fardeau de l'asile au sein des pays d'Europe centrale, p. 283-299.

[109] LABAYLE H., PAQUET-BOUTEILLET D., WEYEMBERGH A, *op. cit.*, p. 94 bis.

[110] Proposition de règlement du Conseil *relative aux obligations réciproques des États membres en matière de réadmission*, CNS1999/0823, JOCE C 353, 7 décembre 1999.

[111] 14 et 15 décembre 2001.

Livre Vert soulignait notamment l'intérêt majeur de ces accords de réadmission en affirmant qu'ils sont des instruments valables « *dans le cadre d'une politique active en matière de retour, car ils définissent clairement des obligations et des procédures pour faciliter les retours et les rendre plus rapides. En outre, ils fournissent un cadre institutionnel fiable pour la coopération et contribuent à saper la crédibilité et les intérêts financiers des réseaux de passeurs impliqués* »[112]. Ces accords de réadmission devaient être conclus en priorité avec les pays d'où proviennent le plus de clandestins[113], c'est-à-dire « les pays à risque migratoire »[114], tels que la Chine, la Turquie, l'Algérie, le Sri Lanka, le Maroc le Pakistan et l'Albanie. La Communication de la Commission du 3 juin 2003[115] a relancé les priorités des négociations selon la position géographique des pays.

A ce jour, la Commission n'a conclu que quatre accords communautaires de réadmission (Hongkong[116], Macao[117], le Sri Lanka[118] et l'Albanie[119]). Ces premiers accords communautaires ne sont pas représentatifs des pays à risque migratoire. D'autres sont en cours de négociation avec des pays à fort risques migratoires comme le Maroc, l'Ukraine, la Chine, la Turquie, l'Algérie, la Macédoine, etc. Comme cela vient d'être démontré, ces accords de réadmission se fondent sur la réciprocité totale des pays partenaires. La réadmission concerne les ressortissants nationaux, les ressortissants de pays tiers et les apatrides. L'État tiers s'engage à réadmettre sur son territoire toute personne ressortissante d'un État tiers qui ne remplit pas ou plus les conditions d'entrée, de présence ou de séjour, applicables sur le territoire de l'État membre requérant. Seul l'accord conclu avec l'Albanie

---

[112] Livre Vert, relatif à une politique communautaire en matière de retour des personnes en séjour irrégulier, 10/04/2002, Com (2002), 175 Final, Bruxelles, p. 25.

[113] Le CEREFI est alors chargé de l'étude des flux migratoires arrivant en Europe.

[114] Le Livre Vert parle de pays cible, remplissant les critères de pressions migratoires sur l'Union, 10 avril 2002, Com (2002), 175 Final, Bruxelles *op. cit.*, p. 25-26.

[115] Communication de la Commission au Parlement européen et au Conseil en vue du Conseil européen en Thessalonique sur le développement d'une politique commune en matière d'immigration clandestine, de trafic illicite et de traite des être humains, de frontières extérieures et de retour des personnes en séjour irrégulier, le 3 juin 2003, Com (2003) 323 final.

[116] Le 27 novembre 2002 approuvé par le Conseil le 17 décembre 2003, entré en vigueur le 1er mars 2004, JOUE L 64 2 mars 2004.

[117] Directive de négociations : 28 mai 2001 Paraphe de l'accord : 18 octobre 2002. Cf. la proposition du Conseil relative à la signature entre la Communauté européenne et le gouvernement de la région administrative spéciale de Macao de la République populaire de Chine de la région administrative spéciale de la République populaire de chine concernant la réadmission des personnes en séjour irrégulier, 31 mars 2003, Com (2003) 151 final 2003/0054 (CNS). JO L81 du 21 mars 2003 et Bull. 3-2001, adoptée le 10 octobre 2003.

[118] Signé en novembre 2003. Décision du Conseil du 3 mars 2005 relative à la conclusion de l'accord entre la communauté et la République socialiste démocratique de Sri Lanka concernant la réadmission des personnes en séjour irrégulier, JOUE 17 mai 2005, L 124, p. 41. Accord entre la communauté et la République socialiste démocratique de Sri Lanka concernant la réadmission des personnes en séjour irrégulier, JOUE 17 mai 2005, L 124, p. 43

[119] Accord de principe le 6 novembre 2003, il s'agit du premier accord communautaire de réadmission avec un pays de la Méditerranée. Il porte sur la réadmission des immigrés en transit, autrement dit ceux provenant de pays tiers mais arrivés dans l'UE depuis le territoire albanais. Décision du conseil relative *à la signature de l'accord entre la communauté européenne et la République d'Albanie concernant la réadmission des personnes en séjour irrégulier*, Bruxelles, le 12 février 2004, COM (2004) 92 final. Décision du Conseil relative *à la conclusion de l'accord entre la communauté européenne et la République d'Albanie concernant la réadmission des personnes en séjour irrégulier*, Bruxelles, le 3 mars 2005, JOUE 17 mai 1005, L 124 p. 21. Accord *entre la communauté européenne et la République d'Albanie concernant la réadmission des personnes en séjour irrégulier*, le 3 mars 2005, JOUE 17 mai 1005, L 124 p. 22.

prévoit une clause de « réadmission par erreur ». La procédure de réadmission est détaillée par les accords pour accélérer le renvoi.

Au terme de ces analyses, force est de constater que si le cadre institutionnel montre que la politique de réadmission est possible[120], la signature des premiers accords de réadmission communautaire s'est fait attendre. La difficulté des négociations et l'ampleur des obligations ralentissent le processus d'adoption de futurs accords de réadmission communautaires.

§ II : Le retour volontaire ou la naissance d'une politique alternative du renvoi

Le retour volontaire s'est d'abord développé dans le cadre national, au cas par cas, selon les contraintes économiques du pays (A). Les politiques nationales de chaque pays tentent d'être mises en commun pour réagir face à l'augmentation de l'immigration clandestine qui touche l'Europe (B).

A/ Une politique nationale du retour volontaire

La politique de retour a été pour quelques pays européens, et notamment pour la France[121], une politique incitative, utilisée au début des années quatre-vingts pour renvoyer les immigrés économiques que l'on avait fait venir avant la crise pétrolière de 1974. Cette pratique remonte à avant 1914 et surtout aux années 1920 et 1930. Monsieur Gp. Rellini rappelle que cette pratique était un « *phénomène normal* »[122]. Ce sont les Italiens qui, les premiers, retournèrent dans leur pays natal. Par ailleurs, Monsieur Gp. Rellini évoque que la politique de retour a été utilisée par l'Allemagne nazie et l'Italie de Mussolini : « *les mesures restrictives de l'immigration et de la protection des marchés nationaux de travail contribuèrent à rechercher des solutions purement nationales à la question de l'emploi. C'est à peu près à ce moment que les idées de l'encouragement aux retours prirent corps dans l'action concrète des deux régimes fascistes européens* »[123].

La véritable politique de retour organisé débute essentiellement après la crise économique de 1974. Elle a été utilisée, en France, comme un moyen de réduire les effectifs de main œuvre après la crise pétrolière, et ce, en complément des pratiques administratives limitant déjà en amont l'entrée de primo-arrivants. L'Allemagne a eu également recours à la politique des retours volontaires. Un accord du 7 décembre 1972 organisait des actions pour le retour de migrants vers la Turquie. Si le retour était accepté par le migrant, il bénéficiait alors, dans son pays d'origine, d'une formation

---

[120] Cependant, il existe des accords qui régissent les relations de l'Union européenne avec des pays tiers qui concernent aussi la réadmission : l'accord de Cotonou de juin 2000 qui a inclus une clause générale de réadmission relative aux ressortissants illégaux de la zone Afrique-Caraïbe-Pacifique.

[121] Giscard d'Estaing a décidé le retour au pays des immigrés non européens en 1977 ; Voir WEIL P., *La France et ses étrangers, l'aventure d'une politique de l'immigration à nos jours*, éd. Folio Gallimard, Paris, 1991 ; RELLINI G., « Les politiques des retours », *in Colloque de Clermont Ferrand, les travailleurs étrangers et le droit international*, éd. Pedone, 1979, p. 138-163 ; KAYSER B., *Les retours conjoncturels des travailleurs migrants*, OCDE, 1972 ; BERNARD P-J., *Le retour des migrants*, Maison des Sciences de l'Homme, Commission nationales pour les études et les recherches interethniques, Paris 1977.

[122] RELLINI G., *op. cit*, p. 138.

[123] *Ibid.* p. 139-140.

professionnelle[124]. En Allemagne comme en France, les tentatives de retour des migrants se sont succédées ; toutefois, les résultats concrets de ces politiques ont été très réduits. En 1977, le projet du « million » d'étrangers que Lionel Stoleru[125] souhaitait renvoyer volontairement contre la somme de 10 000 francs a été un échec cuisant, puisque seuls 94 000 migrants sont repartis dans leur pays d'origine. L'arrivée de la gauche au pouvoir en 1981 a stoppé cette politique ; toutefois dès 1984, la politique de retour volontaire s'est retrouvée sous une autre forme : *l'aide à la réinsertion* pour l'étranger licencié qui désire rentrer dans son pays d'origine[126]. En 1991 dans la continuité de l'aide à la réinsertion, l'Office des migrations internationales s'est vu confier « *la charge d'aider à la réalisation du projet de réinsertion qui, dans certains pays, peut être financée sur place* »[127]. Enfin, en 1998, une « prime de retour » de 4 500 francs a été proposée aux sans-papiers qui n'avaient pas été régularisés, par la circulaire de régularisation[128] du gouvernement Jospin. L'utilité de cette politique a été également toute relative puisque seuls 689 étrangers en ont bénéficié entre 1997 et 1999. Le rapport au Parlement sur les orientations de la politique d'immigration rendu en mars 2005, précise que 947 étrangers ont bénéficié de l'aide à la réinsertion et ont quitté le territoire en 2004.

Parallèlement aux politiques nationales des États, dès 1967, le Conseil de l'Europe a émis une Recommandation sur la question des retours volontaires ; d'autres organisations internationales ont également lancé des programmes et des études sur les différentes politiques nationales de retours volontaires (OCDE)[129].

Enfin depuis la fin des années quatre-vingts, la France a conclu des accords bilatéraux d'aide au retour et à la réinsertion avec l'ex-Yougoslavie, la Mauritanie, le Sénégal et le Mali.

B/ Les perspectives de développement des politiques de retour volontaire au plan communautaire

Aujourd'hui, les États membres s'intéressent à la politique de retours volontaires des migrants. Ainsi, cette politique qui semblait être organisée uniquement dans le cadre national en fonction des besoins nationaux de l'emploi, est en train de devenir un objectif commun à développer au plan communautaire. Les avancées sont encore timides mais les perspectives laissent penser qu'une politique commune de retours volontaires deviendra une véritable politique complémentaire aux renvois forcés des migrants.

Sur le plan européen, la politique de retours volontaires a été impulsée par des actions communes[130] et une décision du Conseil Justice Affaire Intérieure (JAI). Cette

---

[124] *Ibid.*, p. 148.
[125] Secrétaire d'État chargé des travailleurs manuels et immigrés.
[126] BERNARD P., *Immigration : le défi mondial*, éd. Folio actuel, 2002, p. 158.
[127] *Ibid.*, p. 159.
[128] 27 janvier 1997 NOR/INTD97/00104C.
[129] RELLINI G., *op. cit.*, p. 155 et s.
[130] Position commune du 26 avril 1999, concernant une action commune adoptée par le Conseil sur la base K. 3 du traité sur l'Union européenne, *établissant des projets et des mesures à soutenir concrètement l'accueil et le rapatriement volontaire de réfugiés, de personnes déplacées et de demandeurs d'asile, y compris une aide d'urgence aux personnes ayant fui en raison des événements du Kosovo*, JOCE L 114 du 1 mai 1999, p. 2 ; Action commune du 27 avril 1998 (304) adoptée par le Conseil sur la base de l'article K. 3 du traité sur l'Union

dernière décision, du 26 mai 1997, relative à l'échange d'informations concernant l'aide au retour volontaire des ressortissants de pays tiers[131], établit des mesures pour mettre au point des programmes d'aide au retour volontaire. Elle renseigne sur les démarches essentielles que doivent entreprendre les États membres. Les actions communes entreprises par les États membres ont concerné les modalités de financement du retour[132] et quelques programmes pilotes d'accompagnement au retour volontaire[133].

Jusqu'ici les projets d'aide effectués portaient sur « *la formation professionnelle, la préparation au retour par le financement de visites exploratoires et l'offre de conseils généraux concernant la situation de visites exploratoires dans le pays d'origine* »[134]. Ces programmes se sont adressés essentiellement aux demandeurs d'asile et non aux migrants expulsés ou reconduits à la frontière. Il est intéressant de constater que, contrairement aux initiatives entreprises jusque là au niveau national, les États membres se sont mis d'abord d'accord pour aider en urgence des populations en détresse et non des migrants « indésirables ». L'urgence de la crise du Kosovo a bien sûr accéléré ces programmes de retour communs. Cependant, des programmes de retours ont aussi concerné des migrants « indésirables ». D'ailleurs, cette approche tend à se développer davantage et laisse penser que ces programmes de retours volontaires compléteront le dispositif communautaire déjà existant du renvoi forcé des migrants « indésirables »...

Ces programmes d'aide au retour volontaire ont permis de renvoyer 87 628 personnes en 2000. Le Livre Vert incite les États à coopérer davantage dans cette voie, car une politique commune permettrait d'augmenter le nombre de retours. Afin d'y parvenir, le Livre Vert suggère de confier ces projets de retour à des organismes compétents, ayant une bonne connaissance du pays d'origine, condition nécessaire pour mener à bien le projet[135]. Les candidats au retour seraient alors sélectionnés en fonction de l'offre et du projet, leur retour serait accompagné et évalué dans la durée afin de mesurer l'efficacité des mesures mises en œuvre[136]. Par ailleurs, le livre Vert encourage les États membres à créer des programmes européens de retour autonome incluant le retour forcé, le retour volontaire et l'aide au retour d'étrangers dans les pays de transit.

Très vite les 8 et 9 mai 2003, le Conseil Justice et Affaires Intérieures a adopté un plan européen de retour intégré vers l'Afghanistan. Ce premier programme a été très critiqué[137] ; l'insécurité générale, la situation économique ne permettaient pas de penser

---

européenne *en vue d'un financement de projets spécifiques en faveur des personnes déplacées qui ont trouvé une protection temporaire dans les membres et des demandeurs d'asile*, JOCE L 138 du 9/05/1998 ; Action commune du 27 avril 1998 (305) adoptée par le Conseil sur la base de l'article K 3 du traité sur l'Union européenne en vue *du financement des projets en faveur des demandeurs d'asile et des réfugiés*, JOCE L 138 du 9 mai 1998.

131 Décision du Conseil relative à l'échange d'informations concernant l'aide au retour volontaire des ressortissants de pays tiers, JOCE, n° L 147, 5 juin 1997, p. 3-4.

132 Le Fonds européen pour le retour des réfugiés, Décision du Conseil du 28 septembre 2000 portant *création d'un fonds européen pour les réfugiés*, JO L 252 du 6 octobre 2000, p. 12 à 18.

133 Le projet de la Bosnie : le projet de retour est accompagné d'opérations de reconstruction.

134 Livre Vert *relatif à une politique communautaire en matière de retour des personnes en séjour irrégulier*, 10/04/2002, Com (2002), 175 Final, Bruxelles, p. 23. Voir aussi la Communication de la Commission au Conseil et au Parlement européen relative *à une politique communautaire en matière de retour des personnes en séjour irrégulier*, Bruxelles le 14 octobre 2002, p. 7.

135 *Ibid.*, p. 23 et s.

136 *Ibid.*, p. 24.

137 Site *Amnesty international*, 6 mai 2003 SF03R21, Commentaire d'Amnesty International concernant le plan européen de retour à l'occasion du Conseil Justice et Affaires Intérieures des 8 et 9 mai 2003. Voir aussi le rapport *Afghanistan exil et retour : les Afghans oubliés*, Amnesty International, Index AI : ASA 11/014/2003 ÉFAI,

qu'une réinsertion des Afghans était possible. La légitimité de ce plan européen était en conséquence contestable.

En avril 2005, la Commission européenne a proposé de créer un fond pour le retour des immigrants illégaux pour la période 2008-2013[138].

Aujourd'hui, malgré, un désir de coopérer dans ce domaine, les États membres n'ont pas encore adopté d'instrument communautaire. Jusqu'ici, les programmes de retour se sont surtout réglés au cas par cas, afin d'éviter les procédures de retour forcé en nombre, trop « visibles » et impopulaires dans l'opinion publique. Ainsi, comme le soulignent Henri Labayle, Daphné Paquet-Bouteillet et Anne Weyembergh, cette façon de procéder permet aux États membres de faire « *respecter la dignité des migrants, (...) mais également de concilier leur politique d'éloignement avec les politiques de partenariats et de co-développement* »[139]. Autrement dit, la pratique des retours volontaires constitue « *une alternative plus humaine* »[140] à la politique du retour forcé.

Londres, juillet 2003.

[138] Proposition de Décision du Conseil portant création du Fonds européen de retour pour la période 2008 2013 dans le cadre du programme général «Solidarité et gestion des flux migratoires», SEC(2005) 435/ COM/2005/0123 final.

[139] LABAYLE H., PAQUET-BOUTEILLET D., WEYEMBERGH A, *op. cit.*, p. 96 bis.

[140] *Ibid.*

SOUS TITRE II : LES AUTRES STATUTS SUPRANATIONAUX : DES TRAITEMENTS PARTICULARISÉS

Au côté de la communautarisation des droits du ressortissant de pays tiers, d'autres normes supranationales se sont également intéressées au statut des étrangers. Le statut communautaire du ressortissant de pays tiers, qui a vocation de s'appliquer à tous les étrangers, est tempéré par d'autres normes supranationales, qui particularisent ce statut général, en délivrant des statuts supranationaux spécifiques.

Les premières normes internationales qui ont appréhendé et « saisi » une partie du statut de l'étranger sont les accords bilatéraux. En effet, après la deuxième guerre mondiale, un ensemble de « réseaux » d'accords internationaux liant la France à différents pays a été entériné. Dans un premier temps, la conclusion de ces accords a eu un objectif économique. Cette période de reconstruction caractérisée par un manque important de main d'œuvre, a poussé la France à développer des accords d'accueil de main d'œuvre étrangère, sous forme bilatérale en partenariat, avec le pays d'origine. Ce partenariat a été très dépendant de l'évolution économique de la France. Ainsi, avec la crise économique des années soixante-dix et avec la fermeture des frontières à l'immigration de l'emploi, ces accords ont été renégociés dans une autre optique : leur fonction ne répondait plus à un besoin économique, mais elle constituait un complément à la politique de lutte contre l'entrée irrégulière des migrants en France.

Ces accords sont intéressants à de nombreux égards. D'une part, certains d'entre eux ont constitué de véritables statuts supranationaux pour les étrangers bénéficiaires : ainsi, les Algériens, les Tunisiens et les Marocains (et d'autres étrangers issus des anciens pays coloniaux) ont vu leur statut largement régi par ces accords ; d'autre part, ces statuts ont posé parfois, c'est vrai pour les Algériens, des droits plus favorables que le droit commun de l'ordonnance de 1945. Avec ces statuts particuliers, un droit supranational parallèle au statut général s'est développé. Il conviendra de mesurer la pertinence de ces accords au regard de l'émergence d'un statut communautaire unique et général de l'étranger.

La pratique des accords bilatéraux continue aujourd'hui ; mais elle prend une place particulière avec des accords frontaliers signés entre la France et un pays membre de l'Union européenne : en effet, la France a développé avec le Royaume-Uni des accords bilatéraux pour régler la situation des migrants en transit en France, à destination de l'Angleterre. La conclusion de ces accords franco-britannique relatifs à l'instauration d'un contrôle spécifique des étrangers, en marge du droit communautaire, soulève des interrogations. Ces normes supranationales apportent, à leur tour, une touche supplémentaire au régime migratoire supranational. Elles montrent les failles de la communautarisation et la difficulté de mettre en place un régime général communautaire du ressortissant de pays tiers. De ce traitement diplomatique de certains migrants découle un droit spécifique, en marge de la communautarisation et, par conséquent, du statut général de l'étranger.

À côté de ces accords bilatéraux, il conviendra de montrer que d'autres normes communautaires particularisent également le statut général de l'étranger, en créant des droits supplémentaires pour certains étrangers privilégiés. Deux types de normes communautaires ont particularisé le statut communautaire de l'étranger en privilégiant certains d'entre eux. D'une part, les droits issus des accords d'association et de coopération privilégient les ressortissants bénéficiaires de ces accords externes de la Communauté européenne. Et d'autres part, les droits découlant de la libre circulation des ressortissants communautaires placent le ressortissant d'un pays tiers membre d'une famille communautaire dans une situation particulière. Ces deux types de droits sont nés de l'extension de la libre circulation des ressortissants communautaires à l'égard de ces ressortissants de pays tiers privilégiés.

Le Chapitre premier portera donc sur le traitement de ressortissants de pays tiers particularisés par des accords bilatéraux, et le Chapitre second sur les ressortissants de pays tiers particularisés par le droit communautaire.

CHAPITRE I : LE TRAITEMENT DES RESSORTISSANTS DE PAYS TIERS PARTICULARISÉS PAR DES ACCORDS BILATÉRAUX

Les analyses précédentes ont montré comment, à travers des harmonisations successives, le droit communautaire est en train de s'immiscer dans le statut général de l'étranger. Au fur et à mesure de ces modifications, le statut interne des étrangers se trouve soit fondamentalement transformé (politiques des visas et du SIS), soit simplement influencé par les normes communautaires. Il semble former un ensemble homogène de normes applicables à tous les étrangers sans distinction. Pourtant cette homogénéisation n'est qu'apparente. Le mouvement d'unification et de généralisation de la communautarisation existe mais il est limité.

Deux ensembles de normes supranationales font apparaître les failles de la communautarisation et de l'homogénéité du statut général de l'ordonnance de 1945. Le premier est lié aux lacunes de l'harmonisation de la communautarisation, et l'autre est lié à l'existence d'un statut dérogatoire au statut général de l'ordonnance de 1945.

En premier lieu, la communautarisation du statut commun de l'étranger renferme des lacunes, qui permettent un traitement particulier de certains étrangers. Rappelons que la finalité de la politique européenne est d'aboutir à une unification des droits nationaux afin d'instituer un statut commun. En fait, ce statut ne concerne qu'une partie de l'ensemble des États membres. Le Danemark, le Royaume-Uni, l'Irlande du Nord n'ont pas adhéré à tout le processus migratoire communautaire, parce qu'ils ont choisi le système de « *l'intégration différenciée* » des normes communautaires. Ce système « d'Europe à la carte » a entraîné des conséquences très préjudiciables pour l'objectif initial de la Communauté. Ainsi, les réticences des États nommés ci-dessus à l'égard de l'Acquis Schengen compromettent beaucoup les efforts jusqu'ici entrepris : l'exemple de l'absence de ratification de la Convention Schengen par le Royaume-Uni et l'Irlande montre que le statut commun du ressortissant de pays tiers a du chemin à parcourir pour s'imposer partout en Europe. Cette intégration différenciée du régime migratoire commun entraîne des conséquences non négligeables. Elle fait figure de cas d'exception dans le système migratoire communautaire. La première et principale conséquence de ce traitement différencié est que l'afflux de migrants en transit en France, désireux de pénétrer au Royaume-Uni, a considérablement augmenté. L'absence de « contrôle Schengen » et l'attractivité (largement fictive aujourd'hui[1]) du Royaume-Uni expliquent pour partie cette augmentation. En effet, le Royaume-Uni apparaît comme une « faille » dans les murs de la forteresse de Schengen et le centre de Sangatte l'a pertinemment démontré. Pour faire face à cette immigration

[1] LANGELLIER J.-P., « Le durcissement de la politique a entraîné la chute de 41% des demandes d'asile au RU », *Le monde*, 30 avril 2004 ; un article du journal *Le monde* du 3 septembre 2004 montre que la Grande Bretagne n'est plus la terre d'accueil favorite des réfugiés les demandes d'asile ont chutés de 70% en deux ans.

clandestine, les États français et britannique ont conclu des accords bilatéraux de coopération sur les contrôles migratoires. Il conviendra de s'intéresser à ces relations bilatérales développées en marge du droit communautaire et d'en évaluer les conséquences sur le statut du ressortissant de pays tiers (Section I).

La deuxième manifestation qui reflète la complexité et l'imbrication des normes supranationales est la conclusion d'accords bilatéraux entre les pays européens et les pays tiers. Il conviendra d'étudier les accords bilatéraux de droit international ratifiés par la France. À la différence des accords bilatéraux franco-britannique, ceux-ci ne sont pas des cas particuliers au regard de l'ensemble des États membres mais bien une simple « exception » au statut général de l'ordonnance de 1945. Ces accords de partenariat règlent la situation de certains étrangers depuis cinquante ans. Ils prouvent que le statut général de l'ordonnance de 1945 n'est pas l'unique statut des étrangers ; il existe donc une diversité de statuts dérogatoires supranationaux à côté de l'ordonnance de 1945. L'exemple du statut des Algériens, qui découle de l'accord franco-Algérien, est en ce sens très représentatif. Il faudra analyser dans quelle mesure, cet accord est dérogatoire au régime général de l'ordonnance de 1945 et observer si au fil de l'avancée de la communautarisation, il va disparaître ou maintenir sa différence (Section II).

Section I : Le traitement bilatéral des migrants, en transit en France, à destination du Royaume-Uni et les limites du régime migratoire communautaire

A plusieurs égards, l'intégration différenciée de la politique migratoire commune du Royaume Uni a rendu la généralisation du statut du ressortissant de pays tiers très délicate, et ce faisant, elle a entraîné des conséquences inédites et imprévues dans le traitement de l'étranger en transit en France. Le système d'intégration anglais constitue un échec juridique cuisant de l'harmonisation communautaire de la politique d'immigration et d'asile. D'une part parce qu'il a provoqué (et provoque toujours) un mouvement de migrants en transit en France, à destination de la Grande Bretagne (§I) ; d'autre part parce qu'en réponse à l'afflux d'immigration clandestine, la France et la Grande Bretagne ont institué un « réseau » d'accords bilatéraux (textes supranationaux) afin d'endiguer l'exode de ces migrants vers le Royaume-Uni, et de traiter bilatéralement la situation des migrants en transit, et ce, en marge du droit communautaire (§II).

§ I : L'échec de la politique migratoire communautaire et afflux de migrants en transit en France, à destination du Royaume-Uni

Les accords bilatéraux franco-britanniques ont été conclus en raison d'une « pression » migratoire qui est le résultat de paramètres convergents :

- La politique migratoire originale du Royaume uni et les limites de l'intégration différenciée (A)
- L'attrait du territoire européen situé hors espace Schengen (B)
- L'échec des contrôles migratoires et du système Dublin-Schengen (C).

A/ Les limites du système d'intégration britannique de la politique migratoire européenne

Le nombre de migrants en transit en France à destination du Royaume-Uni est en augmentation depuis le milieu des années quatre-vingt-dix. Plusieurs phénomènes sont à l'origine de cette destination devenue pour les étrangers, depuis quelques années, « l'eldorado de l'Europe ». Cet afflux tient notamment au processus de communautarisation et plus particulièrement aux conséquences de l'intégration différenciée de la politique d'asile et d'immigration européenne.

L'intégration différenciée[2] est un mode d'intégration du droit communautaire à plusieurs niveaux. Emmanuel Aubin la définit ainsi : « *L'intégration différenciée cultive (...) un lien avec les notions de temps, d'espace et de contenu. Elle est liée au temps dans la mesure où elle exprime l'idée d'une intégration européenne à plusieurs vitesses, c'est-à-dire, selon un rythme variable en fonction des considérations politiques guidant les choix des États. Elle entretient également un rapport interne avec l'espace puisqu'elle permet de concilier la logique de l'élargissement (ou du nombre) avec celle de l'approfondissement. Enfin, l'intégration différenciée par le contenu se traduit par l'existence, au profit de certains États, de dérogations (ou clause d'opting-out) leur permettant de se retirer des avancées dans les domaines de l'asile et de l'immigration* »[3].

Paradoxalement, l'intégration différenciée peut s'analyser sous deux aspects contradictoires. D'une part, elle permet de faire avancer les États qui sont capables de s'entendre sur la politique de l'immigration et de l'asile ; c'est alors une « *intégration différenciée positive, dont l'objectif est d'enclencher une dynamique intégrationniste* »[4]. Et d'autre part, elle permet aux États qui sont plus réticents à l'égard de certains aspects de la politique migratoire, de choisir à quel moment ils veulent participer et sur quoi ils souhaitent s'engager. On parle dans ce cas « *d'une intégration différenciée négative reflétant, avec acuité, les réticences de certains États* ».[5]

Le Royaume-uni a opté pour une intégration différenciée dans deux domaines. En premier lieu, il ne participe pas à l'Acquis Schengen ; en deuxième lieu, il dispose d'une place à part dans le processus de communautarisation de la politique d'immigration et d'asile. Ces positions dérogatoires ont pour fondement les Protocoles annexés au Traité d'Amsterdam[6].

D'abord, l'article 4 du Protocole intégrant l'Acquis de Schengen dans le cadre de l'Union réserve la possibilité au Royaume-Uni et à l'Irlande du Nord, qui n'ont pas souscrit

---

[2] AUBIN E., « L'intégration différenciée de l'asile et de l'immigration » *in intervention* au Summer School réseaux Odysseus, ULB, juillet 2001 ; MANIN P. « Les aspects juridiques et l'intégration différenciée », *in Vers une Europe différenciée ? Possibilité et limite*, (Sous la direction de MANIN P. et LOUIS J.-V.) Pédone, Paris, 1996, p. 8 ; « La différenciation dans l'Union européenne », *journées d'études*, Bruxelles, IEE, GEPE, ULB, 1998, p. 833 ; EHLERMANN D., « Différenciation, flexibilité, coopération renforcée : les nouvelles dispositions du traité d'Amsterdam », *RMUE*, 3/1997, p. 53 ; SCHMITTER C., « Coopérations renforcées et compétences externes de la communauté européenne », *in L'Union européenne et le monde après Amsterdam*, (Sous la direction de DONY M.), éd. ULB, études européennes, 1999, p. 77-101 ; LABAYLE H., « Amsterdam ou l'Europe des coopérations renforcées », *Europe*, mars, 1998, p. 4 et avril 1998, p. 4.

[3] AUBIN E., *op. cit.*

[4] *Ibidem.*

[5] *Ibidem.*

[6] Protocole intégrant l'Acquis de Schengen dans le cadre de l'Union européenne et Protocole sur la position du Royaume-Uni et de l'Irlande du Nord, joints au traité d'Amsterdam.

à l'Acquis de Schengen, de demander à tout moment de participer à tout ou partie des dispositions de cet Acquis[7]. Ainsi, par exemple, le Royaume-Uni n'est lié par aucune obligation de suppression des frontières intérieures comme le sont les autres États signataires de Schengen, et ce jusqu'à ce qu'il en décide autrement. La principale conséquence de ce régime dérogatoire est que le Royaume-Uni n'adopte pas le même système de surveillance des étrangers que les autres pays membres. Il est autorisé à « *exercer, à ses frontières (...), sur les personnes souhaitant entrer sur son territoire, les contrôles qu'il considère nécessaires pour décider d'accorder ou non à d'autres personnes l'autorisation d'entrer sur le territoire du Royaume-Uni* »[8]. Réciproquement, les États frontaliers seront eux aussi habilités à exercer à leurs frontières des contrôles, au point d'entrée sur leur territoire.

Ensuite, le Protocole sur la position du Royaume-Uni et de l'Irlande du Nord précise l'intégration différenciée de l'Angleterre dans l'application du processus de communautarisation des politiques d'asile et d'immigration prévue par le titre IV du TCE. Le Royaume-Uni et l'Irlande ont tous deux choisis ces clauses dérogatoires pour continuer d'assurer « à leur rythme » leur politique d'asile et d'immigration. Sur un bon nombre de textes[9] précédemment analysés, le Royaume-Uni ne participe pas à l'harmonisation des bases du statut du ressortissant de pays tiers.

B/ L'attractivité du territoire du Royaume-Uni, hors espace Schengen

Deux raisons peuvent justifier l'augmentation des flux de migrants vers le Royaume-Uni[10]. La première est une cause juridique découlant de l'intégration différenciée de la politique migratoire communautaire et des lacunes des dispositifs Dublin-Schengen. La deuxième est une cause matérielle plus structurelle résultant des conditions d'accueil plus favorables des migrants en Angleterre.

Pour ce qui est de l'aspect juridique, la décision du Royaume-Uni d'adopter l'intégration différenciée admet plusieurs explications.

Le caractère insulaire du Royaume-Uni, la conception britannique de la liberté de circulation, ainsi que les Accords de Voyage conclus avec l'Irlande sont probablement à l'origine de la position dérogatoire de l'Angleterre. En effet, depuis les années vingt, l'Angleterre dispose d'une approche spécifique pour la libre circulation et l'identification de ses ressortissants. Le Royaume-Uni a toujours souhaité contrôler ses frontières extérieures et les ressortissants qui pénètrent sur son sol[11]. En revanche, une fois ces contrôles effectués, les étrangers ne sont plus théoriquement soumis à des contrôles sur le territoire. Ceci explique pourquoi le Royaume-Uni a constamment refusé d'adopter la Convention d'application de l'accord de Schengen, et, avec elle, les logiques de suppression des frontières internes et de libre circulation entre les autres États membres qui

---

[7] Article 4, voir Extrait de l'acte final (Protocoles et déclaration), Protocole intégrant l'Acquis Schengen dans le cadre de l'Union européenne.

[8] Protocole sur l'application de certains aspects de l'article 7 a), du TCE, au Royaume-Uni et à Irlande, article 1.

[9] Obligation de visa, résident longue durée, projet sur l'admission aux fins d'études, recherches scientifiques, titre de séjour sur la traite etc.

[10] 51 500 demandeurs d'asile ont pénétré au Royaume-Uni les six premiers mois de 2002.

[11] Étant donné que les contrôles d'identité sur le territoire ne se pratiquent pas, le contrôle des migrants se fait à l'entrée du territoire.

en découlent[12]. En refusant de participer à l'Espace Schengen, l'Angleterre est devenue un territoire européen « extra Schengen ». Avec cette position particulière, le Royaume-Uni apparaît pour les migrants (mais aussi pour les passeurs) comme un pays isolé de l'Europe forteresse et dispensé de la logique Schengen. Cette particularité fait du Royaume-Uni une terre attractive pour tous les migrants et les demandeurs d'asile qui pénètrent en Europe.

Cette intégration différenciée a des répercussions sur les États voisins. Ainsi, la France, dernier État voisin, voit affluer les candidats à la migration. La côte nord-ouest constitue l'ultime frontière à traverser pour parvenir au premier territoire extra-Schengen qu'est l'Angleterre. Le Pas de calais devient « *le goulet d'étranglement* »[13] de l'espace Schengen dans lequel les migrants sont en transit car les moyens de communication avec l'Angleterre y sont nombreux : bateaux, ferries, trains, routes... En effet, ce lieu symbolique rassemble tous les réseaux de communications vers la Grande Bretagne. Le port, l'Eurotunnel et les transbordeurs en direction de l'Angleterre sont les différentes voies de communication qu'empruntent les migrants qui désirent fuir l'Espace Schengen et aller en Angleterre ou ailleurs. Le Pas-de-Calais apparaît ainsi, comme une ouverture, un marchepied vers l'extérieur de l'Europe Forteresse. Au regard de ces analyses, on constate que le Royaume-Uni « *constitue un exemple emblématique des risques de régression induits par l'intégration différenciée, reflétant* (ainsi) *l'existence d'une Europe à la carte* »[14].

La région Nord Pas de Calais n'est pas la seule dans laquelle les migrants attendent le départ vers le Royaume-Uni. En effet, depuis, la fermeture du centre de Sangatte, les migrants en transit « squattent » les parcs publics[15] de Paris[16]. Dans le dixième arrondissement, des familles entières attendent le départ vers l'Angleterre.

Si les raisons juridiques et conjoncturelles de cette migration outre-manche sont les conséquences de la politique migratoire communautaire à plusieurs vitesses, il existe d'autres raisons plus structurelles à cet afflux de migrants vers les Iles britanniques. L'attrait de l'Angleterre est suscité par d'autres facteurs plus ou moins « réalistes ».

En Angleterre, les conditions d'accueil et de logement des migrants et des demandeurs d'asile ont été longtemps plus favorables que celles de France (elles le sont encore, mais dans une mesure moindre). Les foyers d'accueil français sont saturés et les listes d'attente sont très longues pour trouver un logement individuel[17]. Les conditions de travail[18] sont également différentes : les demandeurs d'asile ne sont pas interdits de travail comme c'est le cas en France depuis 1991[19]. De surcroît, en Grande Bretagne, le travail

[12] Décision du 29 mai 2000, le Conseil a autorisé le Royaume-Uni à participer à quelques dispositions de l'Acquis de Schengen, article 26 et 27 sur la responsabilité des transporteurs, les articles sur la coopération policière et judiciaire en matière pénale, la lutte contre les stupéfiants et sur le SIS excepté l'article 96 sur les motifs de signalement aux fins de non-admission. Décision 2000/365/CE publiée au JOCE L 64 du 7 mars 2002.
[13] CARRÈRE V., « Sangatte, un toit pour des fantômes », *Hommes et Migrations*, juillet-août, n° 1238, 2002, p 13.
[14] AUBIN E., *op. cit.*
[15] Quartier de la gare du Nord et 10ème arrondissement, Square Alban Satragne.
[16] *Le monde*, « Paris : Bertrand Delanoë ne veut pas de mini-sangatte dans la capitale », 25 décembre 2003.
[17] Amnesty International, *Rapport sur le centre de Sangatte*, 30 janvier 2002, SF02R03.
[18] Jusqu'en juillet 2002, ceux-ci y bénéficiaient en effet d'une autorisation de travail six mois après le dépôt de la demande.
[19] Circulaire du Premier ministre NOR/PRM/X/91/00102/60/D du 26 septembre 1991, JO du 27 septembre 1991 relative à *la situation des demandeurs d'asile au regard du marché du travail.* Suppression de l'autorisation de travail, jusqu'alors automatiquement délivrée aux demandeurs d'asile en attente d'une réponse de l'OFPRA.

illégal est « toléré ». Enfin, l'octroi d'indemnités de subsistance[20], l'accès aux services sociaux[21] ainsi qu'une formation linguistique sont accordés en Angleterre aux demandeurs d'asile, le temps de l'examen de la demande. Tout ceci n'existe que partiellement[22] en France. Ainsi, la France apparaît comme « *le lieu de jugements et de stratégies comparatives entre les conditions d'accueil à l'anglaise et celle qu'on connaît sur place* »[23].

Rappelons qu'il existe d'autres facteurs sûrement moins déterminants dans le départ vers l'Angleterre : la langue, la multitude de communautés ethniques[24] en Grande Bretagne incitent certains migrants, à choisir l'Angleterre plutôt qu'un autre pays de l'espace Schengen. Les migrants y disposent d'une autonomie certaine et de conditions de vie légèrement plus favorables.

La nouvelle loi sur l'asile, l'immigration et la nationalité votée par le Parlement anglais le 7 novembre 2002, a posé des mesures juridiques et des conditions d'accueil des demandeurs d'asile plus restrictives[25]. Elle n'a pas encore dissuadé les demandeurs d'asile ou les primo arrivants d'aller prioritairement vers ce pays devenu mythique dans « l'inconscient collectif » des migrants. Les probables modifications engagées par le Ministre de l'Intérieur britannique, rétablissant la « *carte universelle des droits* » et donc les contrôles d'identité[26], risquent de changer la donne…

C/ Défaillances des contrôles migratoires et du système de Dublin

La pression migratoire à destination du Royaume-Uni a débuté peu après la mise en place de la libre circulation entre les États membres et l'entrée en vigueur de la Convention Schengen. Un rappel historique du mouvement migratoire à destination de l'Angleterre doit être ici réalisé afin de mieux comprendre l'étendue des difficultés rencontrées par les autorités françaises et britanniques.

Dès 1995, la question des migrants en transit au Pas-de-Calais a commencé à préoccuper la société civile. L'association « Belle étoile » a été la première association à chercher une solution provisoire pour les migrants qui traversaient la Manche en quête d'asile. Les premiers demandeurs d'asile ont été des migrants des pays de l'Est[27], qui

---

[20] Depuis la loi du 11 novembre 1999, il est octroyé aux demandeurs d'asile une allocation sous forme de bons et non plus en espèces.

[21] Depuis 2003, les aides sociales aux demandeurs d'asile ont été reduites.

[22] Certes avec le lancement du contrat d'intégration, les étrangers bénéficient de cours de langues et quelques autres facilités.

[23] ZAPPI S., « Une étude précise les parcours des étrangers de Sangatte », *Le Monde*, 14 juin 2002, p. 12.

[24] Il semble que ce critère ne soit pas déterminant étant donné que « contrairement aux idées reçues, il n'y a pas outre-Manche d'importantes communautés susceptibles de faciliter l'intégration des réfugiés : les Afghans et les Irakiens sont plus nombreux en Hollande et en Allemagne. Selon le HCR, les Afghans seraient 3500 en Grande-Bretagne contre 16600 en Allemagne » ; ZAPPI S., op. cit.

[25] « Une nouvelle législation vise à rendre la Grande Bretagne moins attractive », *Le monde*, du 14 novembre 2002.

[26] *Libération* du 04 juillet 2002, « Blair préfère les britanniques avec papiers », le Royaume-Uni a été l'un des derniers pays de l'Union européenne (avec la Suède, l'Irlande et la Norvège) à ne pas posséder de carte nationale d'identité. La mise en place de cette carte a été l'une des conditions posées par Nicolas Sarkozy (ancien Ministre de l'Intérieure français) pour fermer le centre de Sangatte. Les consultations pour l'instauration d'une carte d'identité se sont stoppées le 31 janvier 2003. Au mois d'avril 2004, il était même question d'instaurer une carte nationale avec des données biométriques.

[27] En 1986-1990, les Pakistanais et les Vietnamiens ; en 1990 les Polonais refoulés par l'Angleterre ; en 1994, les Roms tchèques ; en 1998, l'arrivée de jeunes Kosovars fuyant l'armée serbe et désertant.

tentaient en vain d'obtenir le statut de réfugiés en Angleterre. En 1998, des jeunes Kosovars ont essayé à leur tour de traverser. Puis, des familles entières sont arrivées aux portes de l'Angleterre. Ces migrants se sont entassés alors dans les jardins publics de la région qui se sont rapidement transformés en bidonvilles. En septembre 1999, après des hésitations de la Préfecture d'Arras, le centre de Sangatte a été ouvert dans un hangar[28], et sa gestion confiée à la Croix-Rouge[29].

Le centre de Sangatte a abrité, en continu, un peu plus d'un millier de personnes, avec des pointes allant jusqu'à 1 800 migrants. Il a accueilli près de 16 000 étrangers par an dont la plupart passaient en Grande Bretagne. Entre 1999 et 2001, près de 44 000 migrants ont transité par Sangatte. Pourtant, ces migrants n'ont pas tous eu comme objectif d'arriver à tout prix en Grande Bretagne. En 2002, le sociologue Smaïn Laacher a fait une enquête au centre de Sangatte[30] ; celle-ci a montré que l'Angleterre n'était pas toujours choisie comme pays de destination au départ du pays d'origine. Cette destination n'était souvent déterminée que tardivement par le migrant pour des raisons diverses qu'il découvrait au cours de son périple. Ce n'était que fortuitement qu'il entendait parler du centre de Sangatte. Smaïn Laarcher expliquait que « *la plupart en* (avait) *appris l'existence au cours du voyage, souvent en entrant en France, par la bouche des passeurs et (...) des policiers français* »[31].

La population qui a été accueillie, était composée souvent « *de victimes de situations dramatiques dans certaines parties du monde* »[32]. La majorité des migrants qui se trouvaient au centre de Sangatte étaient des Afghans ou des Kurdes[33] qui fuyaient leur pays. Ils étaient, pour la plupart, demandeurs d'asile. Certains d'entre eux ont parfois demandé l'asile dans d'autres pays de l'Union, mais ne l'ont pas obtenu. Ils cherchaient alors d'autres solutions. Quelques fois enrôlés par des réseaux mafieux, ils se retrouvaient au centre de Sangatte.

Notons pourtant que si le Royaume-Uni n'est pas membre des accords de Schengen, il a ratifié la Convention de Dublin. Par conséquent, l'Angleterre était censée appliquer le principe de responsabilité et d'unicité du traitement de la demande d'asile. En effet, si la logique Dublin avait fonctionné convenablement, les demandeurs d'asile qui étaient en transit au centre de Sangatte auraient pu déposer leur demande en France (si

---

[28] Le centre est un immense hangar de tôles, ancien entrepôt de matériel, pour le forage du tunnel sous la Manche, il a une capacité d'accueil de 5000 personnes avec 25000 m^2 de surface.

[29] Pour l'histoire du centre de Sangatte, voir CIMADE, CCCFD, GISTI, SAF, SM, « Une situation née il y a quatorze ans », *in entretien avec Véronique Désenclos de l'association « belles étoile » à Calais, enquête sur les réfugiés de Sangatte*, octobre 2000, http://www.gisti.org/doc/actions/2000/sangatte/belle-etoile.html.

[30] Le chercheur sociologue LAACHER S. a interrogé 284 personnes à Sangatte par un questionnaire et mené une cinquantaine d'entretiens d'octobre 2001 à mars 2002. LAACHER S., *Sangatte et après... pourquoi émigrent-ils ?*, éd. La dispute, 2002. Pour un compte rendu du rapport voir ZAPPI S., « Une étude précise les parcours des étrangers de Sangatte », *Le Monde*, 14 juin 2002, p. 12. Voir également une thèse en ethnologie de Henri COURAU, *La porte sur le sable, ethnologie du camp de* Sangatte : *de l'exception à la régulation*, juin 2005, EHESS, Paris.

[31] ZAPPI S., *op. cit.*

[32] CIMADE, CCCFD, GISTI, SAF, SM, « Les étrangers de Sangatte sont les victimes de situations dramatiques dans certaines parties du monde », *entretien avec le procureur de la République et le présidents du TGI de Boulogne-sur-Mer, enquête sur les réfugiés de Sangatte*, octobre 2000, http://www.gisti.org/doc/actions/2000/sangatte/procureur.html.

[33] 85 % des étrangers hébergés sont des Kurdes irakiens et des Irakiens non kurdes, Iraniens et des Afghans. CIMADE, CCCFD, GISTI, SAF, SM, « Un non lieu pour des gens de non-droit », *in enquête sur les réfugiés de Sangatte*, octobre 2000, p. 3, http://www.gisti.org/doc/actions/2000/sangatte/directeur.html.

celle-ci était le premier pays membre qu'ils avaient franchi). En réalité, le système de Dublin fonctionnait mal, comme le rappelait très justement Sylvie Zappi : « *en pratique, la règle* (était) *contournée : quand un immigré* (arrivait) *sans papier ni visa, il* (était) *difficile de savoir par où il* (était) *passé et de définir le pays responsable de sa demande d'asile* »[34]. Le système de réadmission de Dublin ne fonctionnait pas non plus : les migrants ayant transité par la France qui avaient déposé leur demande d'asile outre-Manche, devaient être réadmis en France ou dans le premier pays membre d'accueil, or très peu de procédures de réadmission ont été effectivement exécutées.

Le nombre d'exilés en transit à Sangatte, qui demandaient le statut de réfugiés en France était très faible. Seuls 0,01 % de demandeurs d'asile[35] de Sangatte faisaient les démarches auprès des autorités françaises. Même les Afghans et les Kurdes[36], avec lesquels l'OFPRA avait pourtant une politique relativement ouverte, préféraient déposer leurs demandes auprès des autorités britanniques ou ailleurs[37]. Cependant, si la politique française d'admission au statut de réfugié était ouverte, encore fallait-il que les demandeurs y aient eu accès. En effet, les associations de défense des étrangers ont critiqué l'attitude des autorités françaises qui ne mettaient pas tous les moyens juridiques[38] à la disposition de ces migrants en quête d'asile... Ceci explique, encore aujourd'hui, la présence de demandeurs d'asile prêts à tout[39] pour gagner l'Angleterre.

Ainsi, paradoxalement, les autorités françaises n'avaient souvent pas d'autres solutions que de relâcher sans les expulser les étrangers interpellés au Pas de Calais ; et ce, en raison de l'article 27 bis de l'ordonnance de 1945 qui les protégeait de l'expulsion dans leur pays d'origine où ils risquaient de subir des traitements inhumains et dégradants[40]. Autrement dit, les autorités françaises se heurtaient à une impasse juridique ; la situation était inextricable puisque ces étrangers irréguliers étaient tolérés par le droit français. En effet, « *La police aux frontières* (faisait) *son métier sur 10 à 15 % des étrangers, ceux qui* (étaient) *reconduisibles. Le centre de rétention de Coquelles, (...) (servait) à ça. Mais il* (était) *inimaginable, en raison de la situation dans leur pays d'origine, de renvoyer chez eux 80 à 85 % des étrangers qui* (venaient) *à Calais* »[41].

Comme le soulignait très pertinemment le rapport d'Amnesty International[42] de janvier 2002 à propos du centre de Sangatte, l'afflux de migrants à Sangatte a été

---

[34] ZAPPI S., « Sangatte ou l'échec de la politique communautaire sur l'asile », *Le Monde*, 12 septembre 2001, p. 14.

[35] Chiffres délivrés par le directeur adjoint du centre de Sangatte : MERIAUX M., *Le Monde*, 29 décembre 2001, p. 8.

[36] Selon le HCR 76 % des demandes émanant d'Afghans examinées par l'OFPRA ont reçu un avis favorable et les taux pour les Irakiens et les Iraniens sont plus importants en France qu'en Angleterre.

[37] Beaucoup d'entres eux veulent aller au Canada ou aux États-Unis ; FARKHONDEH S., « Sangatte mai 2002, témoignages des migrants », *in L'immigration bouscule l'Europe*, Confluences et Méditerranée, n° 42, été, 2002, L'Harmattan, p. 47-53.

[38] CARRÈRE V., *op. cit.*, p. 16-17, et voir CIMADE, CCCFD, GISTI, SAF, SM, « si les étrangers avaient des chances d'obtenir l'asile en France beaucoup seraient prêts à le demander», *enquête sur les réfugiés de Sangatte*, octobre 2000, http://www.gisti.org/doc/actions/2000/sangatte/religieuse.html.

[39] 9 morts en 2001.

[40] Protection amenée par le droit issu de la Convention européenne des droits de l'Homme, article 3. Cf. Partie II, Titre II, Sous Titre I, Chapitre I.

[41] CIMADE, CCCFD, GISTI, SAF, SM, « Inimaginable de renvoyer 80 à 85 % des étrangers en raison de la situation dans leur pays d'origine », *in Entretien avec le Préfet du Pas-de-Calais, enquête sur les réfugiés de Sangatte*, octobre 2000, http://www.gisti.org/doc/actions/2000/sangatte/prefet.html.

[42] Amnesty International, *Rapport sur le centre de Sangatte*, 30 janvier 2002, SF02R03.

« révélateur d'une situation d'ordinaire non visible » et *« la situation de Sangatte* (était) *extraordinaire pour certains, unique au monde car dans leur fuite vers la Grande Bretagne, des milliers de réfugiés* (étaient) *bloqués, en tentant d'entrer dans un lieu bien déterminé, entre deux pays du Nord et non pas comme fréquemment entre un pays du sud et un pays du Nord »*[43].

Cette situation paradoxale a créé des tentions politiques avec la Grande Bretagne ; la France a été soupçonnée d'inciter les migrants à traverser la Manche en n'assumant pas sa part « du fardeau » et en ne contrôlant pas correctement les migrants en transit sur son territoire. En laissant partir un grand nombre de demandeurs d'asile, la France alimentait les rumeurs qui l'accusaient de s'accommoder de l'attrait qu'exerçait l'Angleterre[44]. Pourtant, *« la surveillance du port de Calais et des moyens de passage outre-Manche* (était) *devenue de plus en plus rigoureuse, mais se* (heurtait) *à des impératifs économiques. La concurrence entre ports* (était) *très forte : des contrôles trop minutieux* (auraient ralenti) *le trafic qui* (était) *très dense (bateaux, Shuttle, navette du tunnel) sur et sous la Manche. La rigueur des contrôles était donc toute relative et les étrangers qui* (cherchaient) *à passer en Angleterre* (finissaient) *presque tous par y parvenir. »*[45] De plus, comme le soulignait très justement Philippe Bernard, dans le quotidien Le Monde : *« les sept millions d'euros que la société eurotunnel* (affirmait) *avoir investis en équipements de « sécurité » n'ont pas dissuadé les reclus de Sangatte de se ruer, de nuit, sur les voies de l'Eurostar »*[46].

En somme, le centre de Sangatte a illustré *« la faillite totale des États à faire face aux flux migratoires »*[47]. Il a constitué *« le résultat visible de l'application ou plutôt de l'échec de la Convention de Dublin, articulée avec celle de Schengen »*[48]. En ce sens, lors d'un entretien au quotidien Le Monde, le Ministre belge M. Duquesne, rappelait très justement qu'il fallait pour éviter les flux vers l'Angleterre *« imposer sur son territoire les mêmes contrôles que dans l'espace Schengen »*[49].

Si la situation du centre de Sangatte a constitué le triste échec de l'intégration différenciée de la politique migratoire[50] et de celui du mécanisme de réadmission de Dublin, sa fermeture[51] en novembre 2002 par le Ministre de l'Intérieur français et son homologue anglais n'a pas réglé le problème des flux dans la région. La fermeture a entraîné un déplacement des migrants vers d'autres lieux[52] tous aussi stratégiques que Sangatte. Cela

---

[43] Amnesty international, *ibid.*, p. 2.

[44] CARRÈRE V., *op. cit.*, p. 19-20.

[45] CIMADE, CCCFD, GISTI, SAF, SM, « Des milliers de fantômes en camp », *in synthèse de la mission Pas-de-Calais, enquête sur les réfugiés de Sangatte*, octobre 2000, http://www.gisti.org/doc/actions/2000/sangatte/sythese.html.

[46] BERNARD P., « Le tunnel sous la Manche : un abcès où vient se fixer la misère du monde, un symbole de l'échec de l'harmonisation européenne », *Le Monde*, 29 décembre 2001, p. 8.

[47] ZAPPI S. *op. cit.*

[48] RODIER C., « Asile et logiques d'évitement », *Vacarme*, janvier 2002.

[49] RAFAELE R., « A Sangatte, des migrants prêts à tout essayer pour gagner l'Angleterre, trois questions à Antoine Duquesne », *in Le Monde*, 29 décembre 2001, p. 8.

[50] MARIANI T., Rapport d'information déposé par la délégation de l'AN pour l'UE, *sur la politique européenne d'asile*, le 29 avril 2003, p. 15 et s.

[51] La fermeture du centre était prévue pour avril 2003, cependant depuis le 5 novembre 2002, le centre était fermé aux nouveaux migrants ; Voir DUFOUR J.-P., « France : le centre de Sangatte sera fermé aux réfugiés le 15 novembre », *Le Monde*, 28 septembre 2002. Amnesty international, *« Sangatte : la fermeture n'est pas une solution »*, 1er février 2002, SF02R05.

[52] BUISSON J.-P., « A Cherbourg, 36 clandestins qui squattaient un local désaffecté ont été placés en garde à vue », *in Le Monde*, 09 août 2002 ; STROOBANTS J.-P., « La Belgique redoute un afflux de clandestins venus de

n'a servi qu'à déplacer le problème sans y apporter de solution efficace et définitive[53]. En effet, deux ans après la fermeture du Centre de Sangatte, la pression migratoire à destination du Royaume-Uni existe toujours. Moins visible et donc moins médiatique, les migrants en transit errent encore dans les parcs de Paris, dans la région du Nord Pas de Calais ou dans les villes frontalières, et ce, dans une grande précarité.

§ II : Une solution bilatérale aux migrants en transit

La solution adoptée pour lutter contre ce « Gibraltar européen » a été le renforcement des coopérations policières et judiciaires entre les autorités françaises et britanniques, par le biais d'accords bilatéraux supranationaux. Dès 1991, un Protocole a été signé pour régler le problème des contrôles transfrontaliers (A) ; un Protocole additionnel et un traité international ont récemment renforcé le dispositif déjà en place (B).

A/ Un accord bilatéral franco-britannique pour les contrôles aux frontières

Un Protocole transfrontalier a été adopté et signé à Sangatte le 25 novembre 1991. Ce texte était relatif « *aux contrôles transfrontaliers et à la police, à la coopération judiciaire en matière pénale, à la sécurité civile et à l'assistance mutuelle concernant la liaison fixe transmanche* »[54]. Cet accord, passé avant l'ouverture de tunnel sous la Manche, a eu pour premier but, de coordonner les politiques de coopération pénale et judiciaire et les contrôles frontaliers des deux pays. En somme, il a été instauré pour établir des relations étroites afin de régler les situations nouvelles créées par la mise en place du tunnel sous la Manche, et pas exclusivement pour lutter contre l'immigration.

L'article 1er du Protocole définit les contours « *du contrôle transfrontalier* » : il désigne à la fois « *le contrôle de police, d'immigration, de douane, sanitaire, vétérinaire, phytosanitaire, relatif à la protection des consommateurs, de transport et de circulation routière ainsi que tous les autres contrôles prévus par les lois et les règlements nationaux ou communautaires* ». Ainsi, dès l'entrée en vigueur de ce Protocole en 1993, les deux États partenaires ont établi un contrôle bilatéral de l'immigration pour la liaison transmanche[55].

Depuis 1995, avec l'entrée en vigueur de la Convention d'application Schengen, la région du Nord - Pas-de-Calais est devenue « une frontière extérieure » à l'espace Schengen puisque la Grande Bretagne n'est pas un pays membre de la Convention. Les deux pays ont dû instaurer des accords pour renforcer l'immigration entre leurs deux territoires. En conséquence, le Protocole a trouvé son application soutenue et justifiée par l'absence de ratification par le Royaume-Uni de la Convention d'application Schengen.

France et renforce ses contrôles », *Le Monde*, 12 novembre 2002. Mais surtout il y a un déplacement des migrants dans toute la région Nord Pas de Calais et Paris. En 2002, il y a eu 84000 interpellations et en 2003, il y a eu près de 15000 dans le Nord Pas de Calais. En novembre 2004, près de 200 migrants étaient encore présents à Calais.

[53] CARRÈRE V., « De Sangatte à Satragne », *Revue Plein Droit*, décembre 2003.

[54] Décret n° 93-1136 du 24 septembre 1993 portant publication du Protocole entre le gouvernement de la République française et le Gouvernement de Grande Bretagne et d'Irlande du Nord relatif *aux contrôles transfrontaliers et à la police, à la coopération judiciaire en matière pénale, à la sécurité civile et à l'assistance mutuelle concernant la liaison fixe transmanche*, JORF n° 229, du 2 octobre 1993, p. 13702.

[55] Voir pour une étude du Protocole MARCOU G., « L'entrée en service du tunnel sous la Manche et la frontière franco-britannique », *AFDI*, XXXIX, 1993, p. 833-849.

Aujourd'hui, en marge du processus de communautarisation et de l'Acquis Schengen, la France et le Royaume-Uni coopèrent bilatéralement sur des questions de contrôles migratoires concernant les deux pays. Un officier de liaison français travaille à Croydon et un officier britannique a été affecté à la direction centrale de la police aux frontières. Depuis 1999, cette coopération bilatérale a évolué vers la mise en œuvre d'opérations concertées qui aboutissent au démantèlement des filières d'immigration clandestine en France et outre-Manche[56] .

Pourtant, depuis l'ouverture du tunnel sous la Manche, le 6 mai 1994, et surtout depuis 1998, on a constaté une augmentation de l'immigration clandestine empruntant l'Eurostar. En effet, les statistiques du Rapport de la Commission des affaires étrangères[57] montrent « *qu'un quart environ des personnes entrées illégalement au Royaume-Uni en provenance de France ou de Belgique (7000 personnes sur près de 28 000), arrive par le train en gare de Waterloo* »[58] à Londres. Les autorités françaises et britanniques ont décidé de modifier le Protocole de 1991, qui ne répondait plus suffisamment à l'objectif de lutte contre l'immigration clandestine transmanche.

Les 6961 migrants[59] entrés clandestinement en Angleterre en 2000 par les réseaux ferroviaires résultent essentiellement d'un mauvais contrôle des autorités françaises aux points d'entrées. En effet, l'article 6 de la Convention d'application Schengen oblige les autorités à effectuer un contrôle au point d'entrée des frontières extérieures. Or, les ressortissants de pays tiers qui arrivent dans les gares françaises au trafic international doivent normalement être contrôlés. Ce contrôle systématique exercé sur la base de l'article 78-2 alinéa 4 du code de procédure pénale connaît des difficultés d'application[60] dans les gares françaises. Seules 759 personnes[61] ont été appréhendées par la police aux frontières à la sortie des gares françaises. Constatant l'impossibilité matérielle de contrôler tous les migrants dans les trains, les autorités britanniques et françaises ont décidé d'accentuer le contrôle en amont dans les gares aux points de sortie vers le Royaume-Uni, aux frontières extérieures de la France. Ainsi, la France a renforcé ces contrôles de sortie dans les trois gares desservies par l'Eurostar.

---

[56] LENGAGNE G, *Rapport fait au nom de la commission des affaires étrangères sur le projet de loi, adopté par le Sénat, autorisant l'approbation du Protocole additionnel au Protocole de Sangatte entre le gouvernement de la République Française et le gouvernement du Royaume-Uni de Grande Bretagne et d'Irlande du Nord relatif à la création de bureaux chargés du contrôle des personnes empruntant la liaison ferroviaire reliant la France et le Royaume uni*, le 18 avril 2001, Assemblée Nationale, n° 2985.

[57] *Ibid.*, p. 9.

[58] *Ibid.*, p. 5.

[59] 6961 clandestins sur 27 838 arrivés par Eurostar, *ibid.*, p. 8. Le Home Office a réalisé une étude sur l'ampleur de l'immigration clandestine au Royaume-Uni via l'Eurostar. Ce train assure environ 450 liaisons par mois entre Paris et Londres, 90 trains s'arrêtent à Calais. Entre le 1er janvier et le 27 novembre 2000, 4 959 personnes sont arrivées à la gare de Waterloo sans les documents de voyage nécessaires : 4 253 ont demandé l'asile, 3789 n'avaient pas de documents, 830 étaient en possession de faux documents et 2 868 soit 48 % sont arrivés à bord d'un train faisant arrêt à Calais.

[60] On considère que pour un train de 2 000 passagers, 400 personnes au plus peuvent être contrôlées à la sortie du train. *in* LENGAGNE G., *op. cit.*, p. 7.

[61] *Ibid.*, p. 8.

B/ Le renforcement du dispositif bilatéral avec le « Protocole additionnel Sangatte » et le « Traité du Touquet »

Des négociations franco-britanniques ont abouti le 29 mai 2000 à la signature d'un Protocole additionnel annexé au texte de 1991. Les enjeux du Protocole additionnel ont été de développer les contrôles effectués par les autorités françaises dans les trains desservant la Grande Bretagne.

Le premier objectif a été d'adapter le Protocole Sangatte à cet afflux de migrants en direction du Royaume-Uni via l'Eurostar. Pour ce faire, le Protocole additionnel du 29 mai 2000[62] a imposé la création de bureaux de chaque côté de la Manche. Avec ces bureaux, « *les agents des pays de départ et d'arrivée* »[63] exercent des contrôles sur les personnes qui rentrent sur l'un des deux territoires. Ainsi, les agents de départ exercent les contrôles de sortie tandis que les agents de l'État d'arrivée se chargent des contrôles d'entrées. On a donc assisté à une multiplication de contrôles successifs :

- Les contrôles sur le titre de transport : ils sont alors effectués par la SNCF.
- Les contrôles de sortie : c'est le travail de la police aux frontières françaises.
- Les contrôles d'entrée : ils sont à la charge des agents de l'*Immigration and nationality.*

Avec ce Protocole additionnel, un transfert des contrôles britanniques des ressortissants de pays tiers vers le territoire français est organisé. Les contrôles britanniques se déplacent désormais dans les gares françaises au trafic international. Outre des contrôles institués par le Protocole additionnel, les contrôles des passagers empruntant les trains reliant la France au Royaume-Uni ont été renforcés par le droit national français. L'article 48 de la loi sur la sécurité quotidienne[64] prévoit de procéder à un contrôle supplémentaire dans les trains, « un contrôle embarqué » pendant le trajet vers Londres, qu'il y ait ou pas arrêt à Calais. Une circulaire du 24 septembre 2004[65] a également encouragé les préfets de la zone Calaisis à renforcer les contrôles des étrangers en situation irrégulière.

Le deuxième objectif du Protocole additionnel a été *d'aménager les conditions de dépôt des demandes d'asile* lors de la liaison ferroviaire transmanche, et ce, parce que les demandes d'asile déposées en Angleterre ont augmenté. Sur 4959 personnes arrivées entre le 1er janvier et le 27 novembre 2000, plus de 4253 migrants ont demandé l'asile. Face à cet afflux de demandeurs d'asile, le Royaume-Uni a voulu par le biais du Protocole, instaurer des mesures dissuasives pour que les demandeurs d'asile qui transitent par la France y déposent leur demande, et ce, conformément à la Convention de Dublin. Désormais, si lors d'un contrôle effectué dans une gare française par les autorités anglaises, une personne, en direction du Royaume-Uni, présente une demande d'asile tendant à bénéficier de la qualité de réfugié ou une autre protection internationale, sa demande sera examinée au fond par les autorités françaises et selon le droit français. Il en sera de même lorsque le dépôt de la

[62] Décret n° 2001-481 du 5 juin 2001 portant *publication du Protocole additionnel au Protocole de Sangatte contre le gouvernement du Royaume-Uni de Grande Bretagne et d'Irlande du Nord relatif à la création de bureaux chargés du contrôle des personnes empruntant la liaison ferroviaire reliant la France et le Royaume-Uni,* fait à Bruxelles, le 29 mai 2000 JORF n° 129, du 6 juin 2001, p. 8932.

[63] Article 1 du Protocole additionnel.

[64] Loi 2001-1062 du 15 novembre 2001 relative *à la sécurité quotidienne publiée* au JORF n° 266 du 16 novembre 2001, p. 18215.

[65] Circulaire du 24 septembre 2002, *relative aux flux migratoires à destination du Royaume-Uni,* NOR INTC0200178C.

demande se fera après les contrôles d'entrée britanniques, mais avant la fermeture des portes du dernier arrêt en France. Par contre, lorsque la demande est postérieure aux contrôles britanniques dans la gare française et au dernier arrêt sur le territoire français, l'examen de la demande d'asile sera effectué par l'État d'arrivée, le Royaume-Uni. Ainsi, le *lieu* et le *moment* du dépôt de la demande d'asile déterminent la responsabilité de l'État qui doit la traiter. Ces dispositions contenues dans l'article 4 du Protocole additionnel aménagent les principes dégagés par la Convention de Dublin[66]. En définitive, en marge des négociations communautaires, les autorités françaises et britanniques fixent avec ce Protocole additionnel, un *traitement particulier* pour les migrants demandeurs d'asile en transit en France et en direction des îles britanniques.

D'ailleurs, le règlement[67] communautaire chargé d'améliorer le système de Dublin a introduit un article spécifique qui fait référence à ce type de traitement bilatéral particulier. L'article 23 du Règlement permet de justifier et de rendre compatible le régime migratoire communautaire avec les relations bilatérales développées par le Protocole additionnel entre le Royaume-Uni et la France. Ainsi, « *les États membres peuvent établir entre eux sur une base bilatérale des arrangements administratifs relatifs aux modalités pratiques de mise en œuvre du présent règlement afin d'en faciliter l'application et d'en accroître l'efficacité. Ces arrangements peuvent porter sur : a) des échanges d'officiers de liaison; b) une simplification des procédures et un raccourcissement des délais applicables à la transmission et à l'examen des requêtes aux fins de prise en charge ou de reprise en charge de demandeurs d'asile* ». De plus, l'article 10 §2 alinéa 2 du Règlement rappelle que « *si le demandeur d'asile a séjourné dans plusieurs États membres pendant des périodes d'au moins cinq mois, l'État membre du dernier séjour est responsable de l'examen de la demande* ». La responsabilité de l'État défaillant dégagerait, ainsi, celle du pays de destination des migrants en transit. Autrement dit, la France serait responsable des demandes d'asile des migrants en transit en France depuis plus de cinq mois.

Les perspectives juridiques amenées par ce Protocole additionnel soulèvent à plusieurs égards des interrogations. En effet, le Protocole ne résout qu'un aspect de la question des migrants en transit vers l'Angleterre. Les trois quarts des clandestins arrivés outre-Manche, ceux qui n'empruntent pas les réseaux ferroviaires transmanche, ne sont pas concernés par le Protocole additionnel. Les migrants qui se glissent dans les transports routiers ou dans les frets ferroviaires, ainsi que les étrangers en transit dans la région Nord - Pas de Calais, sont « les oubliés » du Protocole additionnel. D'ailleurs, aucune disposition bilatérale du Protocole n'a concerné, à l'époque, le centre de Sangatte. En réalité, les États britannique et français n'ont pas souhaité « institutionnaliser » le « cas » de Sangatte. Ils n'avaient donc pas prévu de dispositions qui pouvaient « figer » cette situation d'accueil. En définitive, ce Protocole n'apporte qu'une réponse partielle à l'épineux problème qui envenime les relations Franco-britanniques. Il permet seulement de traiter les cas particuliers d'étrangers en transit dans les gares ; la coopération bilatérale qu'il met en place est incomplète et tout à fait insuffisante pour réguler les mouvements migratoires à destination du Royaume-Uni.

---

[66] Cf. Partie I, Titre II, Sous Titre I, Chapitre I.

[67] Règlement (CE) n° 343/2003 du Conseil du 18 février 2003 établissant *les critères et mécanismes de détermination de l'État membre responsable de l'examen d'une demande d'asile présentée dans l'un des États membres par un ressortissant d'un pays tiers*, JOUE L 50 du 25 février 2003, L50/1.

Pour faire face à ces multiples lacunes, un traité de coopération complémentaire a été signé en février 2003 au Touquet. Avec ce nouvel accord bilatéral[68], la coopération transfrontalière franco-britannique se poursuit notamment avec la mise en œuvre de contrôles frontaliers dans les ports maritimes de la Manche et de la mer du Nord[69]. La création de « bureaux à contrôles nationaux » juxtaposés dans les ports maritimes français (Dunkerque) et anglais (Douvres) permet de faciliter et d'étendre les contrôles migratoires entre les deux pays, et ce, avant l'embarquement sur les navires à destination du Royaume-Uni. Comme le Protocole additionnel de Sangatte, l'article 9 du Traité réaffirme le même principe particulier de traitement des demandes d'asile mais, cette fois-ci, sur les navires. Ainsi, « *lorsqu'une personne émet une demande d'asile ou sollicite tout autre forme de protection prévue par le droit international ou le droit national de l'État de départ au cours d'un contrôle effectué dans l'État de départ par les agents en poste de l'État d'arrivée, la demande est examinée par les autorités de l'État de départ conformément à la procédure nationale de cet État. Les mêmes dispositions sont applicables lorsque la demande est faite après l'accomplissement des formalités d'un tel contrôle et avant le départ du navire. Lorsque la demande est faite après le départ du navire, celle-ci est examinée par l'État d'arrivée conformément à son droit national* ».

Les gouvernements belge et français ont également négocié un accord pour coopérer à la frontière de la Belgique, au niveau des plates-formes transmanche de la région du Nord Pas de Calais. En effet, depuis la fermeture de centre de Sangatte, les migrants se déplacent désormais vers toute la région frontalière, notamment vers les ports du Havre, de Dieppe, de Zeebrugge et vers les liaisons autoroutières entre la France et la Belgique.

Ces traités bilatéraux ne présentent pas encore de résultats à la hauteur. Une des solutions aux tensions franco-britanniques serait l'harmonisation de la politique migratoire européenne. Tant que celle-ci s'effectuera à plusieurs vitesses par le biais de l'intégration différenciée, le Royaume-Uni demeurera le pays de destination de nombreux migrants.

Section II : Le traitement « diplomatique » des ressortissants algériens en France

L'analyse des accords bilatéraux conclus par la France et les États tiers permet de constater qu'au côté du statut migratoire commun, des statuts juridiques (supranationaux) particuliers pour certains étrangers existent, et ce, en marge du statut général de l'ordonnance de 1945. Notre réflexion traitera uniquement des accords bilatéraux franco-algériens en raison des relations complexes qui lient les deux pays et surtout du modèle que représente l'immigration algérienne en France. Le passé historique franco-algérien n'est pas sans conséquence sur la conclusion des accords bilatéraux. L'analyse portera sur ce passé (§ I) et sur le statut qui en découle au regard du statut interne général de l'ordonnance de 1945 et au travers de l'émergence du statut migratoire communautaire (§ II).

---

[68] Entré en vigueur le 1er février 2004.

[69] Loi n°2003-1368 du 31 décembre 2003 autorisant *l'approbation du traité entre le Gouvernement de la République française et le Gouvernement du Royaume-Uni de Grande-Bretagne et d'Irlande du Nord relatif à la mise en œuvre de contrôles frontaliers dans les ports maritimes de la Manche et de la mer du Nord des deux pays*, JORF n° 1 du 1 janvier 2004 page 15, Décret n° 2004-137 du 6 février 2004 portant *publication du traité entre le Gouvernement de la République française et le Gouvernement du Royaume-Uni de Grande-Bretagne et d'Irlande du Nord relatif à la mise en œuvre de contrôles frontaliers dans les ports maritimes de la Manche et de la mer du Nord des deux pays*, signé au Touquet le 4 février 2003 (1), JORF n° 37 du 13 février 2004 p. 2949.

§ I : Contexte historique d'un statut particulier

L'histoire commune de la France et de l'Algérie[70] génère, aujourd'hui encore, des relations particulières en matière d'immigration-émigration. Les causes de l'émigration algérienne vers la France ne sont pas détachables « *des destins réciproques des deux peuples Français et Algérien* »[71]. En ce sens, Abdelmalek Sayad indique, à propos de l'émigration des Algériens, que « *la signification symbolique, sous tous rapports, qu'elle tient de sa tumultueuse histoire, explique peut être le traitement et la place nécessairement exceptionnels qui lui sont réservés, au point de la constituer comme une singulière référence : pour les pays d'immigration, elle est comme la représentation accomplie, exemplaire, de toutes les immigrations (...)* »[72]. De surcroît, l'immigration algérienne est à la fois « *ancienne et jeune* »[73], ancienne, puisqu'elle était une immigration de colonisés, et jeune, étant donné qu'elle se produit[74] encore aujourd'hui.

L'étude du statut juridique particulier du ressortissant algérien en France a été choisie car cette immigration est « *exceptionnelle ou exemplaire tant par son intensité, son importance numérique, que par sa continuité et systématicité (...)* »[75]. Et surtout parce que le statut des Algériens en France est profondément lié à l'histoire commune de l'Algérie et de la France. En effet, il s'agira de montrer les liens historiques, et par conséquent, juridiques qui unissent les deux pays en matière d'immigration (A), en dégageant les étapes de la construction d'un statut juridique « supranational » pour le ressortissant algérien (B).

A/ Les accords franco-algériens, survivance des relations coloniales

L'étude des accords franco-algériens est justifiée, entre autres, par l'importance de l'immigration algérienne en France : les ressortissants de pays tiers les plus nombreux en France sont les Algériens[76]. Depuis le début de la colonisation, en 1830, jusqu'à nos jours, « *l'immigration algérienne -homologue dans l'histoire de l'immigration contemporaine de ce que fut la colonisation de l'Algérie dans l'histoire des colonisations de la même époque -a corrélativement, inauguré (...), l'ère des immigrations caractéristiques de la période actuelle (...), elle fut vers la France, c'est-à-dire vers l'actuel monde développé, la première immigration originaire de ce que l'on appelle, aujourd'hui, le monde du « sous-développement » ou le tiers monde* »[77].

---

[70] SIMON J., *L'immigration algérienne en France de 1962 à nos jours*, L'Harmattan, Paris, juin 2002 ; GOMART N., *L'émigration algérienne en France*, Thèse pour le doctorat de Droit, Paris, 1931.

[71] BENZEBOUCHI A., *Le statut juridique des travailleurs algériens en France*, thèse dactylographiée de Doctorat de droit, janvier 1986, Université des sciences sociales de Toulouse, p. 2.

[72] SAYAD A., « L'immigration algérienne en France, une immigration exemplaire », *in* COSTA-LASCOUX J. et TEMINE E., *Les Algériens en France, genèse et devenir d'une migration*, éd. Publisud, CNRS, 1985, p. 19.

[73] SAYAD A., *op. cit.*, p. 19.

[74] Ibid.

[75] *Ibid.*, p. 22.

[76] 477 482 algériens soit 34,8 % de la population étrangère en France en 1999, *in* LEBON A., *Immigration et présence étrangère en France en 1999, Premiers enseignements du recensement*, éd. La documentation Française, 2000, p. 11., Voir aussi l'étude de BOURENANE M.-N., « Éléments pour une approche critique de la question de l'immigration algérienne en France », *in Les algériens en France, genèse et devenir d'une migration*, éd. Publisud, CNRS, 1985, p. 50-79

[77] BELKACEM H., L'immigration algérienne en France, origines et perspectives de non-retour, L'Harmattan,

L'immigration algérienne est originale parce qu'elle est polymorphe : immigration paysanne au tout début, elle devient immigration de travail[78], puis immigration familiale[79] avec l'instauration du regroupement familial.

Avant l'indépendance de leur pays, les ressortissants algériens étaient assimilés aux nationaux français même si un petit nombre seulement disposait de la citoyenneté et des droits politiques. Le *senatus consulte* du 14 juillet 1865 prévoyait que « *l'indigène musulman était français, néanmoins il continuait à être régi par la loi musulmane* ».

Ainsi, les Algériens bénéficiaient :

- soit du *statut civil de droit commun* et des droits politiques créant les mêmes droits que les citoyens français.
- soit du *statut civil de droit local*[80], auquel cas ils n'étaient pas des citoyens français et leurs actes étaient régis par le droit coranique[81].

En conséquence, « *jusqu'à l'indépendance de l'Algérie, l'immigration algérienne s'est constituée à part, les migrants algériens ne relevant pas de la législation sur les étrangers* »[82]. Ce n'est qu'après l'indépendance en 1962 que les Algériens sont devenus « étrangers » à la Nation française. Des étrangers en France, soumis cependant à un statut privilégié pour des raisons liées à *l'histoire coloniale commune*. En effet, les Algériens ont eu une place particulière dans le droit des étrangers. L'histoire commune des deux pays a institué un ensemble de normes privilégiées pour traiter favorablement les Algériens en France et les français en Algérie.

Le 19 mars 1962 avec les accords d'Evian, les deux pays décidèrent de conserver des relations étroites en matière économique[83] et dans le domaine particulier de l'immigration. Avec ces accords, les gouvernements algériens et français ont mis en place *une clause spéciale de libre circulation de leurs ressortissants entre les deux pays*, et ce, en raison des relations étroites existant jusque-là. Il en résulte que l'indépendance a constitué une étape capitale pour l'immigration algérienne : le nombre d'immigrés algériens venant en France a alors doublé[84].

Néanmoins, ce régime spécial de libre circulation a été remis en cause dès 1964 et définitivement écarté avec les accords bilatéraux franco-algériens du 27 décembre 1968 relatifs à la circulation, à l'emploi et au séjour des ressortissants algériens et de leurs familles[85]. La libre circulation n'existait plus mais un régime très favorable pour les Algériens a été institué par l'accord de 1968.

CIEMI, Paris, 1985, p. 22.

[78] *Ibid.*, p. 126-134 et SIMON J., *L'immigration algérienne en France de 1962 à nos jours*, L'Harmattan, juin, 2002, p. 75 et s.

[79] BELKACEM H., *op. cit.*, p. 144- 159.

[80] Voir l'étude de WEIL P., Qu'est ce qu'un français ? Histoire de la nationalité française depuis la révolution, éd. Grasset, 2002, p. 225-243.

[81] Voir étude du GISTI, *Les droits des Algériens en France*, Les Cahiers Juridiques, janvier 2000, p. 21.

[82] GALLISSOT R., « Aux origines de l'immigration algérienne, le « mixte » fondateur franco-algérien », *in* COSTA-LASCOUX J. et TEMINE E., *Les algériens en France, genèse et devenir d'une migration*, éd. Publisud, CNRS, 1985, p. 207.

[83] BRANDELL I., *Les rapports franco-algériens depuis 1962, du pétrole et des Hommes*, L'Harmattan, Paris, 1981.

[84] BELKACEM H., *op. cit.*, p. 172.

[85] Les accords bilatéraux franco-algériens du 27 décembre 1968 *relatif à la circulation, à l'emploi et au séjour des ressortissants algériens et leurs familles*, Décret n° 69-243 du 18 mars 1969, JO, 22 mars 1969 portant publication de l'accord.

Cet accord imposait un statut à part entière et en marge du statut commun de l'étranger. Peu médiatique, technique et relativement opaque, cet accord ne simplifiait pas le statut de l'étranger ; bien au contraire, il était source de complexité juridique et entraînait une différence de traitement selon la nationalité de l'étranger qui pénétrait sur le territoire français.

La politique d'immigration entre les deux pays n'était pas neutre. Le choix de l'instrument juridique bilatéral renvoyait à plusieurs significations. En effet, la conclusion d'accords bilatéraux montre que les relations politiques et diplomatiques se font d'État à État. Le statut posé par l'accord bilatéral de 1968 a, ainsi, suivi *l'évolution des relations diplomatiques des deux États* en matière d'immigration. L'accord bilatéral franco-algérien s'est inscrit dans la deuxième génération d'accords bilatéraux conclus par la France[86]. Il constitue « *un exemple particulièrement probant du double objectif poursuivi alors par les pouvoirs publics français : -assurer un recrutement indispensable à l'industrie française (...) et -permettre un meilleur contrôle des mouvements des personnes* (...) »[87].

De surcroît, le caractère bilatéral de l'accord franco-algérien témoigne d'un compromis de « Raison d'État » sur des questions épineuses, tant dans le domaine économique que politique. Si l'accord bilatéral présuppose des volontés identiques des gouvernements, on peut cependant s'interroger sur la domination de l'un par l'autre. On peut se demander si les accords franco-algériens de 1968 ne cachaient pas un ensemble d'exigences post-coloniales imposées par le gouvernement français. On est en droit de penser qu'au lendemain de l'indépendance, l'État algérien n'était pas en position d'équilibre pour négocier ces accords franco-algériens. C'est pourquoi M. Benzebouchi déduit que l'accord de 1968 est marqué par un rapport de force inégalitaire entre l'État récepteur de main œuvre étrangère et l'État émetteur[88]. De la même façon, il paraît évident qu'en 1986, peu après les attentats à Paris, l'avenant qui a modifié l'accord de 1968 était caractérisé par un ensemble de sommations diplomatiques de l'État français, qui imposaient, notamment, le visa d'entrée aux ressortissants algériens venant en France. Enfin, l'analyse du contenu de l'accord montre que le statut juridique du travailleur algérien accorde des « infra-droits »[89] et qu'il est, de ce fait, le reflet de la politique d'immigration française de l'époque.

Par ailleurs, l'accord franco-algérien ne présente qu'un aspect de la politique bilatérale de la France en matière d'immigration. De nombreux autres accords bilatéraux de circulation et d'emploi d'étrangers ont été signés. Le Maroc[90], la Tunisie[91] et certains pays d'Afrique subsaharienne[92] ayant conservé des relations post-coloniales ont également eu

---

[86] Cf. la typologie faite par PICARD J., « Les Conventions bilatérales passées par la France », *in Les travailleurs étrangers et le droit international*, Colloque de Clermont-ferrand, éd. Pédone, Paris, 1979, p. 107-115.
[87] *Ibid.*, p. 109.
[88] BENZEBOUCHI A., *op. cit.*, p. 145 et s.
[89] BENAMRANE D., *L'émigration en France : passé, présent et avenir*, éd. SNED, Alger, 1982, p. 60.
[90] Accords franco-marocains du 10 novembre 1983, publiés par décret n° 94-376, 18 mai 1984 : JO 24 mai 1984 et 25 février 1993.
[91] Accords franco-tunisiens du 17 mars 1998, Avenant du 8 septembre 2000, entrés en vigueur le 1er novembre 2003.
[92] Voir aussi la Convention franco-mauritanienne, du 1er octobre 1992 ; la Convention franco-béninoise du 21 décembre 1992, relative à la libre circulation et au séjour des personnes par la loi du 28 juin 1994, décret 3 novembre 1994, entrée en vigueur le 1er octobre 1994 ; la Convention franco-camerounaise du 24 janvier 1994 relative à la libre circulation et au séjour des personnes (approuvée par la loi du 26 mars 1996, publiée par décret 25 novembre 1996, JO 30 novembre 1996) ; la Convention franco centrafricaine du 26 septembre relative à la

recours à ce type d'accords pour gérer l'entrée, le séjour et l'emploi de leurs ressortissants en France. A ce sujet, M. Belkacem fait un lien entre « convention bilatérale et décolonisation » en précisant que « *les transformations politiques ou transformations des colonies en pays indépendants et, du même coup, en pays d'immigration, (ont amené) inévitablement la médiation obligée de l'accord contracté et, avec lui, la cérémonie de la convention bilatérale* »[93]...Toutefois, on constate que cette pratique ne s'est pas limitée à l'après-guerre[94], puisqu'elle s'est poursuivie jusque dans les années quatre-vingt-dix. Les récentes modifications ou les nouvelles créations d'accords bilatéraux témoignent, aujourd'hui, d'une volonté de la France d'inciter les pays migratoires à l'aider à réguler en amont les départs d'émigrés.

Dès la publication de l'accord d'Evian, le Ministre des affaires étrangères a été saisi pour établir la nature internationale de l'accord franco-algérien. Celui-ci a donc valeur de *traité international,* ce qui entraîne des conséquences juridiques non négligeables. En effet, le droit international prévaut sur la législation interne. De ce fait, les conditions d'accès, de séjour et d'emploi sont entièrement[95] régies par l'accord franco-algérien du 27 décembre 1968 (récemment modifié[96]), en raison de la supériorité du droit international sur la loi française. L'application de l'article 55 de la Constitution fait ainsi prévaloir l'accord de 1968 sur le régime général de l'ordonnance de 1945 qui a une simple valeur législative.

Ainsi, dès la publication de l'accord d'Evian, le Ministre des Affaires Étrangères a été saisi pour établir la nature internationale de l'accord[97]. De même, les avenants[98] et les échanges de lettres[99] modifiant l'accord franco-algérien de 1968 ont été assimilés à la forme simplifiée de ratification d'un traité international. Ils s'imposent donc au droit interne[100].

Outre la ratification et la publication, la condition de réciprocité des obligations est imposée par l'article 55 de la Constitution pour que l'application réciproque du traité soit possible. Pour ce type d'accord, la condition de réciprocité est essentielle : elle prédétermine l'application du régime particulier au ressortissant algérien. Le cas échéant, c'est l'ordonnance de 1945 qui s'applique. L'absence de réciprocité a été soulevée dans l'arrêt Rekhou[101] du Conseil d'État du 29 mai 1981 ; le juge administratif a pu dans cet arrêt

---

circulation et au séjour des personnes, approuvée par la loi du 21 décembre 1995, publiée par décret n° 96-1071, 9 décembre 1996, JO 11 décembre 1997 ; la Convention franco-togolaise relative à la circulation des personnes, signée le 13 juin 1996, entrée en vigueur le 1er décembre 2001.

[93] BELKACEM H., *op. cit.*, p. 240.

[94] *Ibid.*, p. 240-241, « *(...) une série de Protocoles ou de conventions d'implantation ou de libre circulation des personnes fut signée avec la plupart des anciennes colonies « exportatrices » de main de manœuvre : en 1963 le Mali, la Mauritanie, le Sénégal (...)* ». Cette tendance s'est généralisée et a couvert plus largement, d'autres pays fournisseurs de main d'œuvre, tels que le Portugal en 1963, la Turquie en 1964.

[95] CE 25 mai 1988, *Ministre de l'Intérieur c. / Ziani*, Leb. CE p. 205 ; CE 27 juillet 1990, *Ali Larbi*, Leb. p. 227.

[96] Troisième avenant du 11 juillet 2001, décret n° 2002-1500 du 20 décembre 2002, JORF n° 300, du 26 décembre 2002, p. 21614, entré en vigueur le 1er janvier 2003.

[97] CE, 17 mars 1968, *Moraly et Sté Moraly*, rec. CE, p. 205.

[98] Premier avenant du 22 décembre 1985, décret n°86-320, 7 mars 1986 : JORF 8 mars 1986. Deuxième avenant du 28 septembre 1994, décret n° 94-1103, 19 décembre 1994, JORF 20 décembre 1994 ; Troisième avenant du 11 juillet 2001, décret n° 2002-1500 du 20 décembre 2002, JORF n° 300, du 26 décembre 2002, p. 21614. Cf. CE 5 mars 2003, *Aggoun*, req. n° 242860.

[99] Accord sous forme d'échange de lettres du 31 août 1983, décret n° 84-376, 18 mai 1984, JORF 20 mai 1984. Et échange de lettres du 3 décembre 1984, décret n° 85-376, 28 mars 1986, JORF 30 mars 1986.

[100] CE 17 mars 1981 *Sté Calvados Boulard* : rec. CE, tables, p. 522. Voir les analyses du DPE, feuillets 16, p. 1813.

[101] CE 29 mai 1981 *Rekhou ; AJDA*, 1981, chron. JP., p. 459 ; RDP 1981, concl. THÉRY J.F., p. 1707 ; D., 1982,

affirmer que l'appréciation des conditions de réciprocité appartenait au Ministre des Affaires Étrangères[102]. Toutefois, à cet égard, en 2003, la Cour européenne des Droits de l'Homme a condamné la France pour violation de l'article 6 § 1 de la CEDH.

Finalement, dès l'indépendance, avec l'instauration de l'accord bilatéral franco-algérien, la France a voulu instaurer une série de mesures indispensables pour son économie. Ainsi, cet accord a d'abord permis de gérer l'emploi des travailleurs algériens en France ; il a ensuite assuré le contrôle de l'installation des Algériens et de leur famille. Aujourd'hui, enfin il est l'expression d'une politique de maîtrise de l'immigration algérienne. Les caractéristiques de l'accord franco-algérien se retrouvent dans les différentes étapes de la construction du statut bilatéral du ressortissant algérien.

B/ Un statut supranational sous influence

Les étapes juridiques du statut de l'Algérien en France ont suivi les évolutions politiques et économiques de la France. Depuis une trentaine d'années, le statut juridique de l'Algérien a fait l'objet d'un « toilettage » souvent lié au contexte politique et économique français. En revanche, les avenants ont été moins nombreux que les réformes qui ont modifié le régime général de l'ordonnance de 1945.

Au regard des évolutions historiques, économiques et politiques des relations franco-algériennes, trois statuts juridiques se sont successivement dessinés :

1er Un *statut de privilèges* né des relations coloniales encore récentes (de 1962 à 1968)

La première étape du statut de l'Algérien est caractérisée par une clause de libre circulation instaurée avec les accords d'Evian. Ce statut a été de brève durée en raison de des conséquences considérables sur les deux pays. Une forte émigration d'Algériens vers la France s'est développée à cette époque. Leur libre circulation en France a été marquée par le désir de ne pas supprimer trop rapidement les droits dont disposaient les Algériens avant l'indépendance. C'est une phase transitoire qui a permis aux deux États de préparer leurs futures relations en matière d'immigration. La libre circulation entre les deux pays n'a d'ailleurs pas duré longtemps. Elle n'a été appliquée que deux ans : dès 1964, avec les accords du 10 avril, l'accord d'Evian, trop libéral, a vu sa portée réduite. Ainsi, pour la première fois, un accord de contingentement a été mis en place pour accueillir la population algérienne et surtout ses travailleurs[103]. Le volume de main œuvre a été unilatéralement déterminé par le gouvernement français en fonction de ses besoins économiques. Il convient de rappeler ici le caractère inégalitaire de cet accord bilatéral puisque les deux États n'avaient pas « le même niveau économique ». Cet accord de main d'œuvre annonçait le statut suivant auxquels allaient être soumis les Algériens.

137, note CALONNEC G.

[102] Position confirmée même après l'arrêt du Conseil d'État du 29 juin 1990, n° 78519, par l'arrêt CE ass. 9 avril 1999, n° 180277, *Chevrol-Benkeddach*, *AJDA*, 20 mai 1999, p. 401. Mais la Cour européenne des Droits de l'Homme a condamné la France pour violation de l'article 6§ 1 de la CEDH, CEDH 13 février 2003, *Chevrol c./ France*, req. n° 49636/99.

[103] Voir les analyses de BELKACEM H., *op. cit.*, p. 174-175.

2ème Un statut d'un travailleur étranger particulièrement privilégié (de 1968 à 1974)

Un deuxième temps est amorcé par la conclusion de l'accord bilatéral de 1968 qui a confirmé la politique de contingentement de travailleurs algériens et a imposé la possession du passeport pour pénétrer en France. L'objectif de l'accord était d'aboutir à une entente bilatérale pour fixer à l'avance le nombre de travailleurs algériens nécessaires. A propos de cette période, Indra Brandell estime que les deux gouvernements ont tenté de limiter l'établissement « *sauvage* »[104] des immigrés algériens en France. Il s'agissait d'une véritable politique de « *dosage* »[105] de l'immigration. Le statut des ressortissants algériens, en apparence privilégié, dissimulait en fait un contrôle du marché de l'emploi français. En effet, les travailleurs algériens ont eu un statut largement plus favorable que celui des autres travailleurs étrangers. Mais en réalité, ce privilège était un moyen de gérer, de surveiller et donc de contrôler l'immigration économique venant d'un ancien pays colonial.

Toutefois, l'accord de 1968 a eu le mérite de fixer les conditions d'installation et de séjour très favorables aux travailleurs algériens et à leurs familles : « *tout Algérien vivant en France, de façon permanente,* (était) *soumis à l'obligation de posséder un titre de séjour particulier appelé certificat de résidence, qui lui* (tenait) *lieu à la fois, s'il* (était) *salarié, de carte de séjour et de carte de travail, et qui* (était) *valable cinq ans. Contrairement aux autres étrangers, il était admis d'emblée d'abord, pendant neuf mois, à la recherche d'un emploi, puis, en cas de succès, à l'exercice de n'importe quelle profession salariée sur la totalité du territoire* »[106].

Cette deuxième période prend fin avec la suspension de l'émigration par le gouvernement algérien, le 19 août 1973, suivie de la suspension provisoire de l'immigration de travail en France, le 3 juillet 1974.

3ème Un statut de moins en moins favorable, de la restriction vers l'alignement[107] du statut algérien sur le statut commun (de 1974 à aujourd'hui)

Avec la suspension de l'immigration de travail en France, l'accord de 1968 a perdu sa raison d'être. Le travailleur algérien n'était plus le bienvenu. Dans le contexte de crise économique, les avenants à l'accord de 1968 et les échanges de lettres des années quatre-vingts ont été plus restrictifs. Ils ont eu pour objectif de contrôler et de limiter l'immigration algérienne. L'échange de lettres de septembre 1980 prévoyait d'instaurer un programme de retours volontaires des émigrés algériens (toutefois, malgré les modifications restrictives du statut algérien, la fin des années soixante-dix a été marquée par la progression de l'immigration familiale approuvée par la jurisprudence « GISTI[108] » du 8 décembre 1978).

---

[104] BRANDELL I., *op. cit.*, p. 35.

[105] BENZEBOUCHI A., *op. cit.*, p. 40.

[106] PICARD J., *op. cit.*, p. 109.

[107] L'alignement n'est pas total puisque la dernière réforme du 26 novembre 2003 a rendu plus stricte les conditions de délivrance des titres de séjour de l'ordonnance 1945, conditions sur lesquelles l'avenant de 2001 s'était aligné.

[108] CE Ass. 8 décembre 1978, *GISTI*, rec. CE p. 493 ; Conclusions du Commissaire du gouvernement DONDOUX P., Droit social, 1979, p. 57 ; DUTHEILLET DE LAMOTHE et ROBINEAU, Chr., AJ, 1979 (3) ; HAMON L., note, *D.*, 1979, p. 661 ; DELVOLVÉ P., Obs. *D.*, 1979, p. 94 IR ; BONNECHÈRE, *Droit ouvrier*, 1979, 1. Le

Une autre crise a amplifié les restrictions apportées au statut algérien : la vague d'attentats commis par des étrangers et plus particulièrement des algériens. Ainsi, en 1986, en réaction aux attentats de Paris, la France a généralisé le visa pour tous les étrangers[109]. Autrement dit, à partir de cette date, le statut algérien connaît une véritable *rupture* : on est passé d'un statut basé sur la liberté de circulation à un statut juridique dépendant de l'obligation de visa.

Par ailleurs, dans les années quatre-vingts, des modifications de l'ordonnance de 1945 ont entraîné des disparités entre les deux statuts. En conséquence, les avenants et les échanges de lettres suivants ont cherché à réduire les écarts qui séparaient les ressortissants algériens des étrangers soumis au statut commun. A titre d'exemple, l'avenant du 22 décembre 1985 a aligné les conditions de délivrance des certificats de résidence sur celles des titres de séjour de l'ordonnance de 1945[110]. Une *volonté d'alignement* sur le statut commun est née et a entraîné une situation paradoxale : pourquoi maintenir un statut particulier qui s'aligne peu à peu sur le statut général ?

A partir de 1990, avec l'augmentation de l'immigration clandestine et des demandes d'asile, la France a instauré de nouvelles restrictions créatrices de discriminations à l'égard des Algériens par rapport aux autres étrangers soumis au statut général. Ainsi, l'avenant du 28 septembre 1994 a imposé l'obligation de présenter un visa de long séjour[111] et un certificat d'hébergement pour les ressortissants algériens désirant résider en France plus de trois mois et ce, quel que soit le titre de séjour envisagé. Cette réglementation était très restrictive et discriminait les ressortissants algériens[112].

Le dernier avenant date du 11 juillet 2001[113]. Il supprime presque toutes les mesures discriminantes (il est entré en vigueur le 1er janvier 2003 en raison de la ratification tardive du Parlement français[114]). Cet avenant laisse place à un statut algérien quasiment aligné sur le statut général des étrangers.

Toutefois, la loi du 26 novembre 2003 a rendu moins favorable le statut de droit commun de l'ordonnance de 1945 par rapport à certains points de l'accord franco-algérien. En effet, le dernier avenant de 2001, négocié sur la base de l'ordonnance de 1945 modifié par la loi du 11 mai 1998, apporte quelques infimes privilèges.

Il convient d'analyser en détail le statut actuel de l'Algérien pour remarquer d'une part pourquoi l'accord franco-algérien et ses modifications ont « segmenté » l'application du statut général de l'étranger, et démontrer comment aujourd'hui, avec l'avenant du 11

---

juge administratif a dégagé un principe général du droit comportant la reconnaissance du droit à la vie familiale normale, notamment pour les étrangers. Ainsi le décret du 10 novembre 1977 interdisant la venue en France des membres de la famille d'un ressortissant étranger titulaire d'un titre de séjour est déclaré illégal.

[109] Avis du 16/09/1986 relatif à la suspension de certains engagements internationaux portant dispense de l'obligation du visa pour l'entrée en France, JORF 18 octobre 1986 ; Circulaire n° 86-347 du 28 novembre relative *au régime d'entrée et de sortie de France des étrangers mise en œuvre par suite de la décision française d'extension de l'obligation du visa consulaire*, non publiée.

[110] Cf. §II de ce Chapitre.

[111] Article 9 nouveau alinéa 2, Voir arrêt d'application CE 30 janvier 2002 *Préfet de la Haute Garonne c./ Mme Salva*, req. n° 221485.

[112] PEROTTI A., « L'accueil des algériens en France : le Ministre de l'Intérieur sur la sellette », *Migrations et Société*, avril 1995, p. 91-94.

[113] JORF n° 300, du 26 décembre 2002, p. 21614, entrée en vigueur le 1er janvier 2003.

[114] Alors que le parlement algérien l'a ratifié depuis le mois de septembre 2001. Cependant, les préfets pouvaient prendre en compte l'avenant du 11 juillet 2001 en attendant son entrée en vigueur, Cf. Circulaire du 6 septembre 2002 NOR/INT/D/02/00169/C.

juillet 2001, la fin des disparités du statut algérien avec celui du statut général est amorcée, malgré quelques différences nées de la récente réforme de l'ordonnance de 1945.

§ II : Le statut juridique des ressortissants algériens « en voie de disparition » ?

Deux interrogations peuvent être énoncées face à l'évolution du statut juridique de l'Algérien en France. Une première analyse nous permet d'établir comment le statut algérien est passé d'un statut particulier, « balkanisant » le régime général de l'étranger à un statut en voie d'alignement sur le régime général. La question de l'opportunité et de la pertinence du maintien du statut algérien quasi identique au régime général peut, de ce fait, être soulevée (A). Suivant le même raisonnement, il est utile de s'interroger sur la « survivance » ou la « viabilité » du statut algérien, alors qu'émerge un statut général au plan communautaire (B).

A/ Le statut actuel ou la fin de la « Balkanisation » du statut général de l'étranger ?

La principale conséquence du statut découlant de l'accord de 1968 modifié est qu'il accorde aux Algériens un statut à part entière avec un régime spécifique, dérogatoire de celui des autres étrangers[115]. Toutefois, ce statut est incomplet. Il ne prévoit, par exemple, aucune disposition concernant l'éloignement du ressortissant algérien[116], en conséquence de quoi celui-ci se voit appliquer les mesures d'éloignement de « droit commun » de l'ordonnance de 1945. Ce statut tronqué des Algériens pose un problème d'articulation[117] entre les normes internes et internationales. Or, cette articulation juridique est source de complexité parce qu'elle fractionne et morcelle l'application du statut de l'ordonnance de 1945 : elle « balkanise » le régime général de l'étranger. De plus, les réformes successives réalisées sur l'ordonnance de 1945 ont multiplié les disparités entre les deux statuts. L'articulation des deux statuts a soulevé un contentieux important.

La jurisprudence du Conseil d'État a réglé quelques problèmes d'articulation entre ces deux régimes concernant les mesures procédurales en matière de titre de séjour : les titres de séjour sont délivrés par l'accord de 1968. Par conséquent, l'ordonnance de 1945 ne s'applique pas. En revanche, lorsqu'il s'agit de la procédure de consultation de la Commission du séjour, quand l'étranger demande un titre de séjour, on « bascule » vers le droit interne de l'ordonnance de 1945, car rien de tel n'existe dans l'accord de 1968[118]. Jusqu'à l'arrêt Ijgua de 1999, la jurisprudence [119] du Conseil d'État n'admettait pas la possibilité d'avoir recours à la Commission du séjour pour les délivrances de titre de séjour ; l'arrêt du Conseil d'État de 1999 Ministre de l'intérieur c/ M. Ijgua[120] a rendu plus

---

[115] TCHIBINDAT S., La réglementation de l'immigration algérienne en France : de la règle au calcul, du calcul à la règle, Cahiers REAC, Politique et société, septembre 2004, 204 p.

[116] Ni les demandes d'asile, ni les infractions à la législation : CE 25 mai 1988, *Ministre de l'intérieur c./ Ziani*, rec. Lebon, p. 205, CASS crim. 27 février 1991, bull. crim. P. 252.

[117] Voir sur ce sujet l'analyse du DPE, feuillets 16, (1er juillet 20001), Articulation avec le régime général : les domaines non traités par l'accord franco-algérien.

[118] CE 25 mai 1988, *Ministre de l'intérieur c./ Ziani*, rec. CE p. 205 ; LAUSSINOTTE S. et LASSNER E., *GP*, Chronique, 1990.

[119] CE 8 février 1994, *Boumarafi*, req. n° 124342, voir études du *DPE*, feuillets 16, p. 1828.

[120] CE 14 avril 1999, *Ministre de l'intérieur c./ Ijgua*, req. n° 153468.

claire l'articulation du droit interne et du droit international. Le considérant de principe est sur ce point déterminant : « *si l'accord franco-algérien du 27 décembre 1968 régit de manière complète les conditions dans lesquelles les ressortissants algériens peuvent être admis à séjourner en France et y exercer une activité professionnelle, ainsi que les règles concernant la nature et la durée de validité des titres de séjour qui peuvent leur être délivrés, il n'a toutefois pas entendu écarter, sauf dispositions contraires expresses, l'application des dispositions de procédure qui s'appliquent à tous les étrangers en ce qui concerne la délivrance, le renouvellement ou le refus de titres de séjour* (...) »[121]. Cependant, peu après, une circulaire du 1er décembre 1999 a réduit la portée de cet arrêt, en excluant la saisine de la Commission pour certains titres de séjour des Algériens. Après ces atermoiements, l'arrêt du 5 décembre 2001, Préfet de la Haute Garonne c/ M. Aissat[122], a précisé l'application de la Commission du séjour[123].

En fin de compte, le Conseil d'État fixe les nouveaux cas d'application du statut général. Toutefois, en pratique, dans certaines préfectures, la répartition des domaines de l'accord franco-algérien et de l'ordonnance de 1945 reste discrétionnaire.

Pour éviter ces articulations difficiles quand la jurisprudence ne s'est pas clairement prononcée et afin d'empêcher la fragmentation du régime général, la solution choisie par les gouvernements français et algérien a été de renégocier l'accord de 1968, en alignant, par exemple, les cas d'ouverture des certificats de résidence sur ceux des titres de séjours du régime général. Ceci a eu pour conséquence d'écarter les problèmes d'articulation entre les deux statuts et pour mérite d'aligner le statut particulier sur le régime général. L'avenant du 11 juillet 2001 a été négocié dans cette optique. Il compense un ensemble de mesures[124] jusqu'ici défavorables à l'Algérien. De nouvelles mentions aux certificats de résidence d'un an sont créées pour éviter de basculer vers l'ordonnance de 1945 qui les possède déjà.

Ainsi, trois nouvelles mentions « travailleurs temporaires », « scientifiques » et « professions artistiques et culturelles », introduites par la loi du 11 mai 1998, sont venues aligner les conditions de délivrance des certificats de résidence d'un an sur celles des cartes de séjour temporaire de l'ordonnance de 1945. Une carte de résidence « retraité », valable 10 ans, identique à celle de l'ordonnance de 1945[125], a aussi été instaurée. Par ailleurs, une possibilité est introduite pour les Algériens qui désirent venir se faire soigner en France. Enfin, le certificat de résidence mention « vie privée et familiale »[126] qui faisait indubitablement défaut au statut algérien, est introduit par l'avenant 2001. Jusque là, l'absence de la mention « vie privée et familiale » avait créé une disparité importante lors du traitement des demandes de séjour des algériens[127]. Cette mention avait d'abord été

---

[121] Voir sur la question la circulaire du 1er décembre 1999, relative à l'application du décret n° 46-1574 du 30 juin 1946 sur les conditions d'entrée et de séjour en France, modifiée par le décret n° 99-352 du 5 mai 1999.

[122] CE 5 décembre 2001, *Préfet de la Haute Garonne c./ Aissat*, req. n° 222592.

[123] Le préfet n'est pas toutefois pas tenu de saisir la commission que du seul fait des étrangers qui remplissent effectivement cette condition, et non celui de tous les étrangers qui s'en prévalent.

[124] Pour une analyse complète article par article des modifications amenées par l'avenant du 11 juillet 2001 : GISTI, *Accord franco-algérien ce qui va changer*, septembre 2001.

[125] Article 18 bis de l'ordonnance, avant l'avenant du 11 juillet 2001, cet article n'était pas applicable aux Algériens

[126] CE 19 mai 2003, *Préfet de la Haute-Garonne c./ Boutaleb*, req. n° 244365 ; CE 22 octobre 2004, *Bouchaala*, req. n° 264395.

[127] Cependant, pour compenser cette carence, les ressortissants algériens pouvaient invoquer l'application de l'article 8 de la CEDH. TA Dijon 3 décembre 2002, *Feddag c./ Préfet du Département de Saône et Loire*, req. n°

ajoutée dans l'ordonnance de 1945 par la loi du 11 mai 1998 pour les cartes de séjour[128] des étrangers de droit commun et l'avenant de 2001 l'a reprise pour les Algériens. De même les parents algériens d'enfants français, réguliers ou non, ont désormais le droit à un certificat de résidence valable d'un an ou de dix ans et les conjoints algériens de Français n'ont plus besoin de visa long séjour[129] ; l'entrée régulière suffit.

Ces évolutions doivent être analysées à la lumière de la dernière réforme de l'ordonnance de 1945 réalisée après l'entrée en vigueur de l'avenant de 2001. En effet, la loi du 26 novembre 2003 a rendu plus difficile l'obtention de quelques titres de séjour pour l'étranger de droit commun ; par conséquent, l'avenant de 2001 est dans certains cas plus avantageux pour l'Algérien. Par exemple, le ressortissant algérien, bénéficiaire du regroupement familial obtient le même certificat de résidence que celui de son regroupant (c'était le cas avant la loi du 26 novembre 2003 pour l'étranger de droit commun). Désormais, le statut général de l'ordonnance de 1945 prévoit de délivrer au bénéficiaire du regroupement une carte de séjour temporaire, et ce, quelle que soit la nature du titre de séjour du conjoint rejoint. De même, le certificat de résidence de dix ans peut être obtenu par le ressortissant algérien après trois ans de résidence et non cinq ans comme le prévoit l'ordonnance de 1945 modifiée par la loi du 26 novembre 2003. Enfin, le conjoint algérien de ressortissant français obtient la carte de résident après un an de résidence en France, alors que les autres conjoints étrangers soumis au droit commun, doit désormais attendre deux ans. Ces exemples montrent que, paradoxalement, la réforme de 2003 a rendu, sur certains points, le statut algérien plus favorable.

Dans tous les cas, le statut algérien est globalement aussi favorable qu'avant les modifications apportées par l'avenant de 1994. Il est certain qu'avec les effets restrictifs de la dernière réforme 2003, l'alignement des deux statuts n'est pas total. Cependant, il permet de mettre quasiment fin à la « balkanisation » de l'application du régime commun de l'étranger, au moins sur le plan du séjour[130].

Notons que ce phénomène d'alignement est une tendance que l'on retrouve dans d'autres Conventions bilatérales. A titre d'exemple, dans l'article 8 de la Convention franco-togolaise, modifiée en 1996[131], la procédure du regroupement familial de l'ordonnance de 1945 est applicable aux ressortissants togolais qui en étaient, jusqu'alors, dispensés. Depuis les années quatre-vingt-dix, la France renégocie des conventions bilatérales avec des pays à risque migratoire. Elle modifie et aligne, sur les dispositions de l'ordonnance de 1945[132], les régimes particuliers créés pour des raisons diverses avec ces pays.

0209915.

[128] Article 12 bis 7 de l'ordonnance de 1945

[129] L'avenant de 2001 supprime l'exigence de visa long séjour pour l'obtention des certificats de résidence, la régularité de l'entrée est suffisante. TA Marseille 3mars 2004, *Ounnas*, req. n° 02-478.

[130] Sauf le cas des Algériens entrés hors regroupement familial, entre dix et treize ans ; ces derniers ne bénéficient d'aucun titre de séjour, alors que le régime général accorde à ces enfants étrangers une carte d'un an. DPE Bulletin, avril 2005, N° 132, p. 6952.

[131] La Convention franco-togolaise relative *à la circulation des personnes*, signée le 13 juin 1996, entrée en vigueur le 1er décembre 2001.

[132] Exemple de la Convention sénégalaise relative *à la circulation des personnes*, 1er août 1995, entrée en vigueur 2 avril 2002.

Au vu de tous ces alignements, on est en droit de s'interroger sur la nécessité de maintenir le statut algérien. En effet, si après l'indépendance et pendant l'importation de main d'œuvre algérienne, le statut spécifique se justifiait ; aujourd'hui, le contexte économique et politique est complètement différent : l'immigration de travail est interdite pour tous les ressortissants d'État tiers. Aussi, aucun traitement particulier ne légitime-t-il encore l'accord de 1968, initialement prévu pour les travailleurs algériens. La seule raison qui expliquerait la présence d'un statut privilégié serait de faciliter l'admission des demandeurs d'asile algérien. En effet, « *la solidarité* »[133] que la France concédait à l'indépendance au peuple algérien peut nous permettre de comprendre la présence d'un statut plus favorable pour les Algériens. Un traitement particulier « positif » trouve sa légitimité ; en revanche les obstacles juridiques en matière d'entrée et de séjour qui existaient avant l'avenant de 2001 étaient difficiles à accepter. Une telle différence de traitement fondée sur la nationalité du ressortissant d'État tiers constituait une discrimination inacceptable. En définitive, le dualisme de statuts n'est plus souhaitable même si l'alignement a presque abouti.

Si l'avenant de 2001 est le reflet de l'alignement du statut algérien sur le régime général des étrangers, il est aussi le révélateur des incohérences juridiques du droit des étrangers. Pourquoi les autorités algériennes et françaises s'épuisent-elles à renégocier ces accords alors qu'il suffirait d'appliquer l'ordonnance de 1945 pour unifier le droit des étrangers ? Souhaitons que l'émergence d'un statut unique et communautaire fasse à terme disparaître ce traitement spécifique.

B/ L'émergence du statut migratoire communautaire ou la fin des statuts particuliers ?

La première difficulté que l'on peut soulever est la compatibilité du traitement particulier des Algériens avec l'intégration en droit interne du droit communautaire de l'immigration. En effet, le traitement bilatéral ne ruine t-il pas tous les efforts d'harmonisation communautaire du régime migratoire ? Si chaque pays de l'Union européenne a des relations bilatérales différentes[134] en matière d'immigration, on est en droit de s'interroger sur l'efficacité d'un régime migratoire communautaire unifié. Et ce d'autant plus que les accords bilatéraux sont des textes supranationaux comme les directives et règlements communautaires relatifs au statut du ressortissant de pays tiers ; des problèmes de compatibilité entre normes supranationales risquent, à terme, de se poser.

Au regard des modifications jusqu'ici réalisées sur le statut algérien, on peut penser que le droit communautaire a influencé peu à peu le contenu de l'accord bilatéral de 1968 modifié. En effet, l'avenant du 28 septembre 1994 est venu poser la condition de l'obligation de visa long séjour[135]. Cette disposition a eu pour conséquence de fractionner en deux le séjour des algériens. Le droit issu de l'accord de 1968 varie selon que le séjour est de plus ou moins trois mois. Cette modification n'est pas sans rappeler les dispositions

---

[133] HENRY P., « France, Algérie, un peu de courage », *in L'immigration bouscule l'Europe*, *Confluences Méditerranée*, n° 42, été, 2002, L'Harmattan, p. 112.

[134] Depuis quarante ans, la Belgique a des relations bilatérales avec le Maroc en matière d'immigration et de sécurité sociale.

[135] Article 9 de l'accord de 1968 modifié.

imposées par l'accord de Schengen et par sa Convention d'application en matière de séjour de courte durée.

L'avenant de 1994 a posé ces nouvelles conditions pour tenter d'introduire de manière fragmentaire[136] les Accords de Schengen, en évitant le plus possible les problèmes ultérieurs d'articulation entre ces deux normes internationales. Ainsi, le ressortissant algérien désirant entrer pour moins de trois mois sur le territoire est soumis à toutes les conditions imposées par la Convention Schengen. Le visa de court séjour délivré à l'Algérien répond aux obligations prévues par le droit communautaire. En effet, l'Algérie est présente sur la liste des pays soumis à obligation de visa de court séjour du règlement communautaire[137] déterminant les obligations et les suspensions de visa des ressortissants de pays tiers. Par conséquent, l'Algérien dispose d'un titre valable dans tous les États membres. De même, le ressortissant algérien doit disposer de moyens de subsistance suffisants pour la durée du séjour, ainsi que des garanties de rapatriement[138].

L'adaptation du droit communautaire dans l'accord bilatéral franco-algérien renvoie à plusieurs interrogations.

D'une part, ces modifications relatives aux visas risquent d'être aujourd'hui insuffisantes au regard des avancées du droit communautaire qui s'approprient de plus en plus de domaines. En effet, un règlement communautaire[139] précise aux visas de longue durée « *une valeur concomitante* »[140] à celle du visa de courte durée (sous certaines

---

[136] *DPE*, feuillets 16, 1er juillet 2001, p. 1818, n° 24.

[137] Règlement (CE) n° 2317/95 du Conseil du 25 septembre 1995, déterminant *la liste des pays tiers dont les ressortissants doivent être munis d'un visa lors du franchissement des frontières extérieures des États membres*, JOCE, n° L. 234 du 3 octobre 1995, p. 1-3. Modifié par le règlement (CE) n° 574/1999 du Conseil du 12 mars 1999 déterminant *les pays tiers dont les ressortissants doivent être munis d'un visa lors du franchissement des frontières extérieures des États membres*, JO L 072 18 mars 1999 p.2 ; modifié par le règlement n°539/2001 du 15 mars 2001, fixant *la liste des pays tiers dont les ressortissants sont soumis à l'obligation de visa pour franchir les frontières extérieures des États membres et la liste de ceux dont les ressortissants sont exemptés de cette obligation*, JO L 081 21.03.2001 p. 1 ; modifié par le règlement (CE) n° 2414/2001 du Conseil du 7 décembre 2001, modifiant le règlement (CE) n° 539/2001, JOCE L 327/2, 12 décembre 2001. De nouveau modifié JOUE L 069 13 mars 2003, p. 10. Cf. Annexe I. De nouveau modifié par Règlement (CE) n° 851/2005 du Conseil du 2 juin 2005 modifiant le règlement (CE) n° 539/2001 fixant *la liste des pays tiers dont les ressortissants sont soumis à l'obligation de visa pour franchir les frontières extérieures des États membres et la liste de ceux dont les ressortissants sont exemptés de cette obligation en ce qui concerne le mécanisme de réciprocité*, JOUE, n° L 141 du 04/06/2005 p. 0003 – 0005.

[138] « *Les ressortissants algériens venant en France pour un séjour inférieur à trois mois doivent disposer des moyens de subsistance suffisants pour la durée du séjour ainsi que des garanties de rapatriement confirmées par un titre de transport nominatif valable pour le retour ou circulaire vers des pays autres que ceux partie à l'accord Schengen* », Accord sous forme de lettre d'échange du gouvernement français et Algérien portant modification de l'accord du 31 août 1983 relatif à la circulation des personnes modifiée par l'échange de lettre des 10 et 11 octobre 1986.

[139] Aujourd'hui, le visa long séjour commence à être harmonisé depuis le 28 mai 2001, avec l'instauration du règlement (CE) n° 1091/2001, relatif *à la libre circulation avec un visa de long séjour* JOCE 6 juin 2001 L 150/4 et la décision du Conseil du 28 mai 2001, relative à l'adaptation des parties V et VI et de l'annexe 13 des instructions consulaires communes ainsi que l'annexe 6 a) du Manuel commun pour les cas des visas de long séjour ayant valeur concomitante de visa de court séjour, 2001/420/CE. JOCE 6 juin 2001 L 150/47.

[140] Un visa de long séjour (plus de trois mois) ne permettait, par le passé, qu'un seul transit par le territoire des autres États membres en vue de se rendre sur le territoire de l'État ayant délivré ce visa. Le visa de long séjour permettait à son titulaire de solliciter un titre de séjour en vue de s'établir sur le territoire de l'État ayant délivré le visa. Or, le règlement de 2001 facilite la libre circulation des titulaires d'un visa de long séjour, en donnant à ce visa la valeur concomitante d'un visa uniforme de court séjour, sous réserve que les conditions d'entrée et de séjour prévues par la Convention d'application de l'accord de Schengen soient satisfaites. Le titulaire d'un visa de long

conditions). En conséquence, une question reste en suspens : comment la France va t-elle introduire ces dispositions dans le statut algérien ?

D'autre part, une remarque identique peut être faite s'agissant du regroupement familial. La directive[141] communautaire relative au statut du regroupement familial impose aux États d'harmoniser leurs délais et les procédures de regroupement. Dès lors, la France maintiendra t-elle deux régimes de regroupement familial, tout en respectant les obligations communautaires ? Ou finira t-elle, à terme, par supprimer le statut bilatéral, pour consacrer ainsi, un seul régime, celui imposé par le droit communautaire et applicable à tous les ressortissant d'États tiers ?

Cette hypothèse marquera, alors, la fin progressive des régimes inter-étatique d'immigration, la suppression des accords bilatéraux d'emploi, de circulation et de séjour des étrangers, la fin des accords bilatéraux d'établissement.

La loi du 26 novembre 2003 n'a rien modifié sur ce point. La disparition de l'accord de 1968 ne semble pas à l'ordre du jour.

En revanche, s'agissant de la directive relative aux mesures d'éloignement, le problème ne se pose pas puisque l'accord franco-algérien ne prévoit pas de mesures de sortie du territoire de l'Algérien.

---

séjour peut donc circuler librement dans les pays participant au développement de l'acquis de « Schengen » pendant une période de trois mois, à compter de la date initiale de validité du visa de long séjour.

[141] Directive du 22 septembre 2003 *relative au droit au regroupement familial*, JOUE L 251/12, 3 octobre 2003.

CHAPITRE II : LE TRAITEMENT DES RESSORTISSANTS DE PAYS TIERS PARTICULARISÉS PAR LE DROIT COMMUNAUTAIRE

Le traitement de certains ressortissants de pays tiers attire notre attention en raison des droits supranationaux spécifiques qui leur sont applicables. Parce qu'ils disposent « d'un lien » particulier avec l'Union européenne, ces ressortissants de pays tiers bénéficient de « statuts » privilégiés. En effet, « *c'est au titre de certaines situations ou de leur nationalité qu'un certain nombre d'étrangers bénéficient de « portions plus ou moins larges » du droit communautaire découlant de la libre circulation* »[1]. Le droit communautaire particularise ces ressortissants de pays tiers en les privilégiant et en les soumettant à des droits généralement non octroyés aux autres ressortissants de pays tiers. Ainsi, le traitement de ces ressortissants est différent du droit commun des étrangers : c'est « *un traitement préférentiel* »[2]. Néanmoins, bien qu'ils bénéficient de certains privilèges, ces ressortissants sont soumis à certains droits généraux de l'étranger : leurs privilèges[3] restent donc très partiels.

L'intérêt de notre étude est de montrer combien la frontière qui sépare les droits du ressortissant de pays tiers de ceux du ressortissant communautaire peut être « *mobile* »[4]... En effet, la définition « matérielle » de l'étranger-ressortissant de pays tiers n'est pas « fixe ». Elle varie selon différents paramètres, tels que la nationalité, l'exercice d'une prestation de service[5], ou encore l'appartenance à une famille communautaire. Ainsi, il s'agira de démontrer que le droit communautaire a vocation à harmoniser le statut général du ressortissant de pays tiers mais aussi de créer un ensemble de droits, parallèles et dérogatoires, pour certains d'entre eux ; ces droits sont parfois assimilables à ceux des ressortissants communautaires.

Pour appréhender le traitement de ces ressortissants de pays tiers privilégiés, il suffit de dégager les raisons qui leur permettent de bénéficier de certains droits

---

[1] DE LARY H., « Marché du travail et droits des ressortissants des pays tiers », *in Trente ans de libre circulation des travailleurs, actes du Colloque de Paris 10 octobre 1997*, (Sous la direction de BONNECHÈRE M.), éd. La documentation française, Paris, 1998, p. 174.

[2] SCHMITTER C., « Droits économiques, sociaux, politiques et différences de traitement entre les ressortissants de pays tiers et les ressortissants communautaires », *in Union européenne et nationalité, le principe de non discrimination et ses limites*, (Sous la direction de BRIBOSIA E., DARDENNE E., MAGNETTE P., WEYEMBERGH A.), éd. Bruylant, Bruxelles, 1999, p. 151-188.

[3] GUILD E., « Third country nationals privileged under agreements with the EC », *in Immigration Law in the European Community*, éd. Kluwer Law international, the Hague, London, Boston, 2000, p. 63-94.

[4] LANFRANCHI M.-P., *Droit communautaire et travailleurs migrants des États tiers, Entrée et circulation dans la Communauté européenne*, éd. Economica, Centre d'Études et de recherches internationales et communautaires, Université d'Aix-Marseille III, 1994, p. 87.

[5] Cf. sur cette question CJCE du 11 juillet 2002, *Mary Carpenter c./ Secretary of State for the Home Departement* aff. C 60/00.

communautaires « préférentiels ». La spécificité de ces ressortissants de pays tiers tient au fait qu'ils sont tous liés aux droits des ressortissants communautaires de façon directe ou indirecte. Deux types de « liaisons communautaires »[6] se dégagent :

Les premiers types d'étrangers privilégiés bénéficient d'un traitement communautaire particulier, parce qu'ils viennent de pays qui ont signé des accords d'association ou de coopération avec l'Union européenne. L'application de ces droits spécifiques tient du rapport bilatéral né entre l'Union européenne et le pays tiers signataire. Par ces accords bilatéraux d'établissement, l'Union européenne cherche des relations privilégiées avec certains pays tiers. Par conséquent, ces accords placent les ressortissants de pays tiers dans une situation juridique originale : une partie de leur statut est non seulement en marge du statut général de l'étranger, mais aussi non-alignée sur celui des ressortissants communautaires ; il s'agit d'un traitement « *intermédiaire* ». Il conviendra d'appréhender et de dégager les grandes lignes de ces droits supranationaux, en analysant leurs rapports avec le statut général de l'étranger et avec celui du ressortissant communautaire (Section I).

Les autres étrangers particularisés par le droit communautaire sont les ressortissants de pays tiers membres d'une famille communautaire. Ces ressortissants voient, eux aussi, leur statut privilégié. Ils sont liés au statut du ressortissant communautaire puisqu'ils appartiennent à une famille d'un État membre. Par conséquent, « par assimilation », certains de leurs droits se rapprochent de ceux des ressortissants communautaires, en vertu de l'application indirecte du principe de la libre circulation. Ici encore, il s'agira d'étudier ces droits particuliers pour les comparer avec le statut général de l'étranger et avec celui du ressortissant communautaire (Section II).

Section I : Le traitement du ressortissant de pays tiers « privilégié » : l'exemple du ressortissant turc

La Communauté européenne a signé des accords d'association et de coopération avec des pays tiers, restant ainsi dans la même logique que celle des accords bilatéraux d'établissement signés d'États à États. Ces accords internationaux de « partenariat » ont entraîné des conséquences juridiques complexes sur le statut de l'étranger, et ce, en raison de la variété des clauses présentes dans ces accords. Nous analyserons ces conséquences à partir de l'exemple du ressortissant turc bénéficiaire d'un accord d'association depuis 1963[7]

---

[6] On écarte de notre étude, l'accord de l'Espace Économique Européen, JOCE L 1 du 3 janvier 1994, p. 1. Les ressortissants de EEE ont leur statut globalement aligné sur celui du ressortissant communautaire. De même, on écarte dans notre études : les prestataires de services dans un État membre, ainsi que les nouveaux ressortissants communautaires qui sont pendant 5 ans soumis à des règles différentes de celles des ressortissants communautaires. Passé ce délai prorogeable de deux ans, s'il est constaté des risques migratoires ou des perturbations sur le marché du travail, ils exerceront la libre circulation comme les ressortissants communautaires.

[7] Accord d'association d'Ankara signé le 12 septembre 1963 conclu au nom de la Communauté avec la Turquie, par la décision 64/732/CEE du Conseil du 23 décembre 1963, JOCE 29 décembre 1964, p. 3687 ; LESORT G., « L'association avec la Turquie », *in L'association à la Communauté économique européenne, aspect juridique*, Presses universitaire de Bruxelles, p. 89-112 ; LYCOURGOS C., *L'association avec l'union douanière : mode de relation entre la CEE et les États tiers*, éd. PUF, Paris, 1991 ; INSEL A., (Sous la direction de), *La Turquie et l'Europe, une coopération tumultueuse*, éd. L'harmattan, 1999 ; IDOT L., « Libre circulation des travailleurs et accords de coopération ou d'association », *in Trente ans de libre circulation des travailleurs, actes du Colloque de Paris 10 octobre 1997*, (Sous la direction de BONNECHÈRE M.), éd. La documentation française, Paris, 1998, p.

(§I). Le choix de cette illustration a été fait, d'une part, en raison de l'exemplarité des droits du ressortissant turc, renforcée par la Cour de justice des Communautés européennes ; d'autre part, pour la pertinence de ce traitement transformé « par contagion » sur celui du ressortissant communautaire (§ II).

§ I : Le travailleur turc « associé » à la libre circulation de l'Union européenne

L'accord d'association liant la Turquie à la Communauté européenne a été ratifié en raison d'un contexte de pré-adhésion de la Turquie à la Communauté économique européenne (A). Le contenu de cet accord externe de la Communauté économique européenne offre « les ingrédients » indispensables pour un futur traitement privilégié des ressortissants turcs (B).

A/ Le contexte dans lequel est né l'accord d'association CEE / Turquie

L'accord d'Ankara est un accord externe[8] signé par la Communauté européenne et par la Turquie sur le fondement de l'ex article 238[9] du TCE. Il s'agit d'un acte mixte, d'un accord « économique et diplomatique » signé pour des raisons de politique internationale et d'économie. En effet, Catherine Schmitter rappelle qu'un « *équilibre est établi entre, d'une part, la formation de l'identité communautaire, que les traités assoient notamment sur une différenciation entre les droits des ressortissants communautaires et les droits des ressortissants tiers, et, d'autre part, la nécessité d'offrir des concessions préférentielles aux États tiers dans le cadre de la politique internationale de l'Union européenne* »[10].

La Turquie a demandé très tôt à être intégrée à la Communauté européenne. L'accord d'Ankara a eu pour premier rôle d'entretenir les rapports bilatéraux, pour permettre une éventuelle intégration de la Turquie dans la Communauté ; c'est un accord « d'essai », une sorte de « pré-adhésion ». L'objectif prioritaire de cet accord externe était bien de maintenir des relations privilégiées avec un pays désireux de se joindre aux États membres. La même démarche a été engagée avec la Grèce, qui elle aussi, désirait entrer dans la Communauté européenne. Ainsi, l'accord d'Athènes[11] a permis d'étendre la libre circulation[12] aux ressortissants grecs dans la Communauté européenne[13]. Cependant, seule la Grèce est rentrée dans l'Union, les perspectives d'adhésion avec la Turquie ont été « gelées » pendant les années quatre-vingts et aujourd'hui encore son adhésion soulève d'importantes controverses.

151-159 ; PEERS S., « Towards equality : actual and potential rights of third country nationals in the European Union », *CMLR*, 1996, p. 7 ; AKANDJI-KOMBE J.-F., « Jurisprudence communautaire récente en matière de droits fondamentaux », *CDE*, 1998, p. 353-379 ; AKANDJI-KOMBE J.-F., « Les droits des étrangers et leur sauvegarde dans l'ordre communautaire », *CDE*, 1995, n° 3-4, p. 351-380.

[8] FLAESCH-MOUGIN F., *Les accords externes de la Communauté économique européenne, essai d'une typologie*, éd. de l'Université de Bruxelles, thèse et travaux juridiques, 1979, p. 33-42.

[9] Article 310 TCE de la version consolidée.

[10] SCHMITTER C., *op.cit.*, p. 168.

[11] Accord CEE-Grèce, signé à Athènes le 9 juillet 1961.

[12] Article 44.

[13] LANFRANCHI M. P., *Droit communautaire et travailleurs migrants des États tiers, Entrée et circulation dans la Communauté européenne*, éd. Economica, Centre d'Études et de recherches internationales et communautaires, Université d'Aix-Marseille III, 1994, p. 109 et s.

Des accords externes ont été élaborés avec d'autres pays. Toutefois, leur esprit et leur contenu différaient légèrement de ceux de l'accord d'Ankara. Ainsi, après la chute du Mur de Berlin, une politique « externe » a été entreprise avec les pays d'Europe Centrale[14] et Orientale, désireux d'établir des relations privilégiées avec les États membres. La Communauté européenne a conclu avec les PECO des accords d'association et de coopération[15]. De la même façon, des pays méditerranéens[16] ont signé des accords externes de développement avec la Communauté européenne. En revanche, l'objectif de libre circulation des ressortissants n'a pas été présent comme dans l'accord liant la Communauté européenne à la Turquie. Marie-Pierre Lanfranchi montre comment, d'un côté, les accords de développement ou de coopération restreignaient le champ de la libre circulation des travailleurs[17], alors que, de l'autre côté, en incluant des clauses de libre circulation, l'accord d'Ankara préparait l'adhésion de la Turquie. Les autres accords signés avec les pays d'Asie, d'Amérique et de l'Ex Union soviétique ne prévoient pas de dispositions visant directement ou indirectement la libre circulation des travailleurs[18]. C'est pourquoi notre étude est axée sur les droits découlant de l'accord d'Ankara : non seulement c'est un des seuls textes à prévoir la libre circulation des travailleurs par référence aux articles 48 et 50 du traité de CE[19] mais, de plus, c'est le modèle d'accord le plus abouti. Force est de constater que ses objectifs se sont développés et ont connu une évolution ambitieuse grâce à la jurisprudence de la Cour de justice des Communautés européennes[20].

De surcroît, signalons que cet accord d'Ankara a été conclu dans une logique de partenariat économique avec la Communauté. Il s'agissait plus exactement « d'économie humaine bon marché », de la main œuvre turque. Les années soixante ont été marquées par la reconstruction de l'Europe ; au moment de la signature de l'accord d'Ankara, l'accès à l'emploi des étrangers n'était pas limité ; par conséquent, les accords d'établissement avec les pays de main d'œuvres étrangères fleurissaient. L'accord d'Ankara est le reflet de cette période et de la politique économique européenne d'admission de main œuvre étrangère du moment.

Par ailleurs, Catherine Schmitter explique l'aspect privilégié des traitements accordés aux turcs par deux préoccupations : -ménager la Turquie en raison de son rôle géopolitique et -lutter contre les mouvements islamistes[21].

---

[14] La Pologne, la Hongrie, la République tchèque, la Slovénie, l'Estonie, la Roumanie, la Lettonie, l'Estonie, la République de Slovaquie ont signé des accords avec la Communauté. Voir pour le détail : note (37) *in* BERGER N., *La politique européenne d'asile et d'immigration, enjeux et perspective*, éd. Bruylant, Bruxelles, 2000, p. 73-74., Voir études sur les PECO : INOTAI A., « Une vision stratégique des accords d'association en la CE et les pays d'Europe centrale », *RMCUE*, 1993, n° 369, p. 520 ; POLACEK R., « Le débat élargissement-approfondissement dans la perspective de l'élargissement de l'Union européenne aux PECO, l'avenir de l'Europe : élargir et approfondir », *RMCUE*, n° 425, février 1999, p. 112-117 ; BRIBOSIA E., et WEYEMBERGH A., « L'Union face aux migrations entre les ressortissants de l'Est et du Sud », *in L'Union européenne et le Monde après Amsterdam*, (Sous la direction de DONY M.), éd. De l'Université de Bruxelles, 1999, p. 163-189.

[15] Exemple d'un accord de partenariat et de coopération avec la République de la Moldavie, 28 novembre 1998.

[16] Accord de coopération avec les États du Maghreb, 25, 26, 27 avril 1979 Conclusions d'un accord entre la CEE et l'Algérie, le Maroc, la Tunisie et l'accord ACP-CE, la Convention de Cotonou signé le 23 juin 2000, JOCE L327 15 décembre 2000, D. n° 2003-348.

[17] LANFRANCHI M.-P., *op. cit.*

[18] IDOT L., *op. cit.*, p. 151.

[19] *Ibid.*, p. 152.

[20] Cf. § II, de ce chapitre.

[21] SCHMITTER C., *op. cit.*, p. 177.

B/ Le contenu de l'Accord d'Ankara

L'accord d'Ankara aborde plusieurs domaines juridiques[22]. Il ne traite pas exclusivement de l'entrée et du séjour des travailleurs turcs. Au contraire, la circulation des travailleurs turcs n'est qu'une mesure parmi d'autres. L'article 12[23] de cet accord pose *un principe de libre circulation pour les travailleurs turcs* séjournant dans la Communauté européenne. Cette libre circulation s'inspire de l'ex-article 48 du traité CEE[24], mais à la différence de ce dernier, sa réalisation est « *programmatique* » : un régime transitoire est institué pour la mettre en place. Cette période a permis aux signataires de négocier et d'envisager, pour l'avenir, les meilleures solutions afin de rendre efficace la libre circulation des travailleurs turcs. L'article 13 de l'accord contient une « *clause de Standstill* » qui interdit aux États membres de modifier de façon restrictive les conditions d'accès à l'emploi des travailleurs turcs et de leur famille.

Le Protocole du 23 novembre 1970[25] a formalisé les premières étapes de la libre circulation « programmatique ». En outre, trois décisions[26] du Conseil d'association[27] ont été prises pour réglementer le séjour (lié au travail) des turcs. La première décision de 1976, a instauré un *volet social* de la libre circulation : le régime juridique des travailleurs turcs. La deuxième et la troisième décision de 1980 ont étendu les droits du travailleur turc dans les pays de l'Union.

Ainsi, l'article 6 de la décision n°1/80 prévoit des droits[28] qui découlent et varient selon le nombre d'années de travail dans un pays de l'Union ; par exemple :

- L'emploi d'un an permet au travailleur turc de voir son titre de séjour renouvelé pour le même emploi et avec le même employeur.
- La régularité de trois ans de travail offre au Turc la possibilité de répondre à une offre d'emploi, dans la même profession, quel que soit l'employeur.
- Quatre ans de régularité de séjour et d'emploi permettent au travailleur turc de bénéficier d'un accès totalement libre aux emplois salariés.

L'article 7 de la décision n° 1/80 s'adresse, quant à lui, aux membres des familles des travailleurs turcs : il autorise le regroupement familial et donne la possibilité de répondre à des offres d'emploi, aux membres de la famille résidant depuis 3 ans régulièrement. Ces derniers bénéficient également d'un total accès aux offres du marché du travail après cinq ans de présence régulière.

La décision n° 3/80 précise les droits sociaux du ressortissant turc et reprend quelques dispositions du règlement communautaire du 14 juin 1971[29] sur la protection

---

[22] Les articles 13 et 14 concernent le libre établissement et la prestation de service.

[23] Article 12 « *Les parties contractantes conviennent de s'inspirer des articles 48, 49, 50 du traité instituant la Communauté pour réaliser graduellement la libre circulation des travailleurs entre elles* ».

[24] Article 39 TCE consolidé.

[25] Protocole additionnel annexé à l'accord créant *une association entre la CEE et la Turquie et relatif à prendre leur entrée en vigueur*, 23 novembre 1970, JOCE, L 293, 29/12/1972, p. 4.

[26] Décision n° 2/76 du 20 décembre 1976, n° 1/80 du 19 septembre 1980 relative *au développement de l'association entre la CEE et la Turquie*, non publiée et n° 3/80 du 19 septembre 1980 du Conseil d'association relative *à l'application des régimes de sécurités sociale des États membres des Communautés européennes aux travailleurs turcs et aux membres de leur famille* (JOCE n° C 110, 25 avril 1983).

[27] Organe chargé de mettre en œuvre les modalités de l'accord d'Ankara. Les articles 22 et 23 fixent les modalités d'adoption des objectifs à réaliser. L'article 25 précise que le Conseil est compétent pour tout différend relatif à l'application ou à l'interprétation de l'accord ou pour soumettre le différend à la CJCE.

[28] Article 6 § 1 du chapitre II section I de la décision n° 1/80.

sociale des ressortissants communautaires. Cette décision aligne les droits des Turcs sur ceux des ressortissants communautaires. Toutefois, ces droits ne s'appliquent que dans l'hypothèse où le travailleur turc se déplace dans un autre pays membre pour y exercer son droit à la libre circulation, sinon c'est le droit national qui s'applique.

Les droits qui découlent des décisions de l'accord d'association et du Protocole sont liés à la condition de *régularité* de l'emploi. Le séjour des travailleurs turcs dépend de leur *situation salariale*. L'esprit de cette libre circulation des travailleurs turcs est le même que celui organisé au sein des États membres sous le traité CEE : une conception économique des migrations. En effet, bien que les États membres aient élargi la libre circulation aux inactifs[30], aux membres de la famille, aux étudiants[31] et aux retraités[32], la libre circulation des ressortissants communautaires a d'abord été réservée aux *travailleurs* communautaires[33].

Ainsi, Michèle Bonnechère rappelle que « *la libre circulation des travailleurs s'est transformée. Réservée à l'origine aux salariés qui répondaient à un emploi effectivement offert dans un autre État membre, elle devint avec la jurisprudence Antonissen (CJCE 26 février 1991, aff. C-292/89 : rec. I, p. 745) la liberté pour les travailleurs communautaire d'aller chercher un emploi en se déplaçant. Parallèlement au développement des libertés d'établissement et de prestation de services pour les non salariés, il avait fallu une dizaine d'années pour que le Conseil acceptât d'adopter les directives (...) reconnaissant aux personnes n'exerçant pas d'activité économique un droit de séjour* »[34]. Le principe de libre circulation des travailleurs turcs a suivi cette construction.

Comment le principe de libre circulation des travailleurs turcs a t-il évolué ? S'est-il aligné sur celui des ressortissants communautaires ? Comment se caractérise le statut des Turcs ?

§ II : Le « statut » partiel du travailleur turc influencé par les droits des ressortissants communautaires

A l'origine, l'accord d'Ankara n'avait pas pour objectif de délivrer un « statut » aux ressortissants turcs. Les droits qu'il octroyait ne concernaient que la libre circulation à l'intérieur des États membres. Régis en partie par le droit communautaire issu de l'accord externe et de la jurisprudence de la CJCE (A), ces droits n'ont pas été pensés de manière globale et ont donc subi des « influences » (B)

---

[29] Règlement modifié n° 1408/ 71 relatif à *l'application des régimes de sécurité sociale aux travailleurs salariés et aux travailleurs non salariés et aux membres de familles qui se déplacent à l'intérieur de la Communauté*, JOCE n° L 149, 5 juillet 1971, p. 2.

[30] Directive 90/364/CEE du 28 juin 1990, JOCE n° L 180, 13 juillet 1990, p. 26.

[31] Directive 93/366/CEE du 28 juin 1990 *relative au droit de séjour des étudiants*, JOCE n° L 180, 13 juillet 1990, p. 30.

[32] Directive 90/365/CEE du 28 juin 1990 relative *au droit de séjour des travailleurs salariés et non salariés ayant cessé leur activité professionnelle*, JOCE n° L 180, 13 juillet 1990, p. 28.

[33] Règlement relatif *à la libre circulation des travailleurs à l'intérieur de la Communauté*, n° 1612/68/CEE du 15 octobre 1968 JOCE n° L 295, 7 décembre 1968 ; Cf., BONNECHÈRE M, « Citoyenneté européenne et Europe sociale », *Europe*, juillet 2002, p. 7 ; BONNECHÈRE M., « La libre circulation des travailleurs salariés dans l'Union européenne », *Droit ouvrier*, 1995, p. 319 ; DRUESNE G., « Les prolongements de la libre circulation des travailleurs salariés, droit de séjour et progrès social », *RTDE*, 1982, p. 556.

[34] BONNECHÈRE M., « Citoyenneté européenne et Europe sociale », *Europe*, juillet 2002, p. 7.

A/ Le rôle de la CJCE dans l'émergence des droits du travailleur turc

Comme nous l'avons brièvement constaté, les décisions du Conseil d'association de l'accord d'Ankara organisent la libre circulation des travailleurs turcs. La CJCE a complété ces décisions[35] en élargissant les droits du travailleur turc. Signalons que, dans la plupart des cas, la CJCE a été soumise à des litiges émanant de l'Allemagne. La forte population turque en Allemagne en est la principale cause. Toutefois, il est vrai aussi que les autorités allemandes sont particulièrement restrictives lorsqu'elles appliquent les droits issus de l'accord d'Ankara. Elles sont, par conséquent, génératrices de nombreux contentieux devant la CJCE.

La CJCE s'est, dans un premier temps, déclarée compétente[36] pour interpréter l'accord d'Ankara et son Protocole. La Cour a estimé qu'un « *accord conclu par le Conseil, conformément aux articles 228 et 238 du traité de Rome, est un acte pris par l'une des institutions de la Communauté et qu'il est par conséquent soumis en tant que tel à son interprétation préjudicielle au titre de l'article 177* »[37]. Mais la CJCE a précisé la portée de ces derniers en indiquant que la libre circulation « programmatique » ne constituait pas une règle applicable directement dans l'ordre juridique des États membres[38].

Dans l'arrêt Sevince[39], comme pour l'accord d'Ankara et son Protocole, la CJCE a admis que les *décisions du Conseil d'admission* faisaient partie intégrante de l'ordre communautaire[40], mais elles avaient un *effet direct* puisqu'elles comportaient des « *obligations claires et précises* »[41]. En somme, la CJCE s'est ainsi montrée compétente pour réguler des conflits liés à l'application de l'accord. A partir de là, elle est devenue *garante des droits des travailleurs turcs*, ressortissants d'un pays tiers privilégié. Ainsi, la CJCE « *a forgé une jurisprudence qui assure une réelle sécurité juridique pour les travailleurs turcs* »[42]. Le travail des juges communautaires a fait apparaître des garanties, telles qu'un droit de séjour protégé pour le travailleur turc (1) et pour sa famille (2) ; ainsi que des garanties jurisprudentielles face aux mesures d'éloignement des travailleurs turcs (3) et, enfin, les juges ont consacré l'octroi de prestations sociales aux Turcs (4).

---

[35] CHRISTOPHE-TCHAKALOFF M.-F., « Le suivi des accords entre la Turquie et l'UE devant la Cour de Justice des Communautés européennes », *in La Turquie et l'Europe, une coopération tumultueuse*, (Sous la direction de INSEL A.), éd. L'harmattan, 1999, p. 63-78.

[36] CJCE 30 septembre 1987, *Demirel*, aff. 12/86, rec. CJCE, p. 3719.

[37] *DPE*, Accords Communauté européenne -États tiers, feuillet 13, 1er décembre 1999, p. 184.

[38] CJCE 30 septembre 1987, *Demirel*, aff. 12/86, rec. CJCE, p. 3719.

[39] CJCE 20 septembre 1990, *Sevince c./ Staatssecretaris van Justitie*, aff. C-192/89, rec. CJCE, I, p. 3461. Voir étude des décisions du Conseil d'association dans le DPE, p. 181 et s.

[40] Par la « théorie du rattachement », les décisions 2/76 et 1/80 « font partie intégrante à partir de leur entrée en vigueur, de l'ordre juridique communautaire. », point 9 de l'arrêt Sevince.

[41] CJCE 5 octobre 1994, *Eroglu c./ Land Baden-Wütrttemberg*, aff. C-355/93, rec. CJCE, I, p. 5131, point 11.

[42] TESCAN O., « Le droit du travail et le droit de séjour des travailleurs turcs dans l'Union européenne à la lumière des arrêts récents de la CJCE », *RMUE*, n° 445, février 2001, 118-119.

1/ Le droit au séjour des travailleurs turcs, corollaire du droit au travail

Les décisions Demirel[43], Sevince[44] et Kus[45] de la CJCE nous permettent d'analyser le travail effectué par les juges européens et la portée des droits qu'ils ont accordé aux ressortissants turcs. En effet, les trois arrêts ont consacré un droit au séjour lié au droit du travail du travailleur turc. La CJCE a reconnu qu'« *un travailleur turc après une certaine période d'emploi régulier dans un État membre, (avait) droit à l'accès à toute activité salariée de son choix (...), sous peine de priver de tout effet (...) le droit de séjour* »[46]. Le droit de séjour est ainsi obtenu « *par ricochet* »[47] grâce à un emploi stable et régulier. En somme, la CJCE a insisté sur le fait que « *l'exercice effectif des droits économiques et sociaux reconnus à l'article 6* (de la décision 1/80) *implique nécessairement que l'intéressé bénéficie d'un droit de séjour* »[48].

D'autres arrêts ont complété l'état jurisprudentiel. Ils amènent des compléments d'informations sur ce lien étroit : *droit du travail / droit du séjour.*

Madame Eroglu[49], ressortissante turque, s'était vue refuser la prorogation de son permis de séjour en Allemagne. Elle était entrée en Allemagne en 1980 pour suivre des études et elle avait, à ce titre, bénéficié d'un permis de séjour renouvelable tous les ans. Elle avait ensuite travaillé deux ans dans deux sociétés différentes, mais son titre de séjour lui a été refusé. Pourtant, Madame Eroglu répondait aux conditions posées par les articles 6 et 7 de la décision 1/80 (elle faisait état de neuf ans de résidence en tant qu'étudiante et deux ans en tant que salariée). La CJCE a dû chercher si l'article 7 alinéa 2 de la décision n°1/80 pouvait s'appliquer à Madame Eroglu et par conséquent, décider si la prorogation de son titre de séjour devait lui être accordée. L'effet direct de l'article 7 alinéa 2 a été reconnu par la CJCE et le droit de répondre à toute offre d'emploi a eu pour conséquence la reconnaissance d'un droit de séjour. Ainsi, « *le droit de séjour devient le corollaire nécessaire non seulement de l'exercice d'une activité salariée, mais également du droit de répondre à toute offre d'emploi* »[50].

La décision Bozkurt[51] a montré que l'objectif de l'accord d'Ankara et de ses décisions, notamment celle enregistrée sous le n° 1/80, constituaient une étape supplémentaire vers la mise en œuvre de la libre circulation des travailleurs au sens des ex-articles 48 et suivant du Traité CEE. Autrement dit, cet arrêt a permis d'expliquer la démarche de la CJCE : elle s'est inspirée de la circulation des travailleurs communautaires lorsqu'elle a dégagé les interprétations des décisions et elle a tenté à l'identique de

---

[43] CJCE 30 septembre 1987, *Demirel*, aff. 12/86, rec. CJCE, p. 3719 ; NEUWALH N., « Freedom of movement for workers under the EEC-treaty Association agreement : case 12/ 86, Meryem Demirel », 1988, 13, *European law review*, p. 360.

[44] CJCE 20 septembre 1990, *Sevince c./ Staatssecretaris van Justitie*, aff. C-1 92/89, rec. CJCE, I, p. 3461, SCHERMERS A., « Case Law Sevince », 1991, 28, *CMLR*, p. 183.

[45] CJCE 16 décembre 1992, *Kazim Kus c./ Landeshauptstadt Wiesbaden*, aff. 237/91, rec. p. 1- 6781 ; WEBER A., « Case of law : the Kut Case », 1994, 31, *CMLR*, p. 423., *Europe*, Mars, 1993, n° 125.

[46] TESCAN O., *op. cit.*, p. 121.

[47] Ibid.

[48] AKANDJI-KOMBE J. F., *op. cit.*, *CDE*, 1998, p. 383.

[49] CJCE 5 octobre 1994, *Eroglu c./ Land Baden-Wütrttemberg*, aff. C-355/93, rec. CJCE, I, p. 5131, point 11.

[50] TEZCAN E., *op. cit.*, p. 122.

[51] CJCE 6 juin 1995 *Ahmet Bozkurt c./ Staatsscretaris van justitie*, aff. C 355/93, rec. p. 1-1475. PEERS S., « Case Law Bozkurt » 1996, 33, *CML Rev.*, p. 103, *Europe*, juillet 1995, n° 258.

l'appliquer aux ressortissants turcs. Autrement dit, la CJCE a assimilé *la libre circulation des travailleurs turcs aux conditions de la libre circulation dont bénéficiaient déjà les ressortissants communautaires*. Ce traitement est évidemment préférentiel étant donné que les autres ressortissants de pays tiers ne disposent pas de ces droits.

De surcroît, la jurisprudence Kadiman[52] a apporté un élément important sur les interruptions de séjour et leurs influences sur le droit de séjour du ressortissant turc. Comme son mari la battait, Madame Kadiman avait quitté l'Allemagne pour la Turquie pendant six mois. Son retour posait problème ; la durée insuffisante de son séjour en Allemagne ne lui permettait pas de prétendre à un travail et donc à un titre de séjour. La CJCE a rappelé que le regroupement familial entendait une vie commune de trois ans impérativement, mais des exceptions étaient admises, si elles étaient fondées sur des motifs objectifs. Le départ « contraint » de Madame Kadiman entrait dans ce cadre. Sa fuite de moins de six mois vers la Turquie[53] n'interrompait pas son délai de résidence en Allemagne. Par ailleurs, la CJCE précisa que l'absence de titre de séjour pendant la procédure n'était pas de nature à interrompre le délai de présence en Allemagne. Elle estima « *que la période pendant laquelle l'intéressée n'était pas en possession d'un titre de séjour* (n'était) *pas de nature à affecter le cours du délai de trois ans prévu par l'article 7, alinéa 1 de la décision n° 1/80* ».

D'autres décisions de la CJCE ont renvoyé à divers points du séjour du ressortissant turc. Ainsi, la recherche d'un emploi nouveau du travailleur turc ayant régulièrement travaillé est possible sans que le titre de séjour lui soit retiré[54]. De même, la privation de liberté d'un ressortissant turc n'interrompt pas la régularité de son droit au travail et, par conséquent, son droit au séjour[55], à condition qu'il retrouve, dans un délai raisonnable, un emploi dans l'État membre.

Enfin, la décision Savas[56] du 11 mai 2000 de la CJCE (qui impliquait les tribunaux du Royaume-Uni) a permis de démontrer que l'accord d'Ankara a dans son contenu tous les ingrédients pour maintenir les droits déjà acquis. L'accord protège les ressortissants turcs contre les futures modifications restrictives qui pourraient être engagées par les États membres. En effet, dans cette décision Savas, la CJCE devait déterminer si l'article 13 de l'accord d'Ankara et l'article 41 du Protocole relatif au droit d'établissement, étaient applicables et comment ils l'étaient. La CJCE a estimé que l'objectif de l'article 13 était fixé en termes généraux, et que, par conséquent, il n'était pas applicable directement. Par contre, la Cour a accordé pour la première fois, un effet direct à l'article 41 § 1 relative à la clause de *standstill*. Elle a précisé que cet article énonçait dans « *des termes clairs, précis et inconditionnels, une interdiction aux parties contractantes d'introduire une nouvelle restriction à la liberté d'établissement à compter de la date d'entrée en vigueur du Protocole* ». Cet article a permis de prohiber l'introduction de nouvelles restrictions nationales à la liberté d'établissement et au droit du séjour des ressortissants turcs à

---

[52] CJCE 17 avril 1997, *Kadiman c./ Freistaat Bayern*, aff. C 351/95. DPE, Bull. 30, 1er mai 1997, p. 9299, *Europe*, mai 2000, p. 13.
[53] Point 49.
[54] CJCE 23 janvier 1997, *Tetik c./ Land Berlin*, aff. C 171/95, rec. p. 1-329 ; IDOT L., *Europe*, mars 1997, n°74 ; CJCE 10 février 2000, *Nazli c./ Stadt Nuremberg*, aff. C 340/97, Bull. Activités CJCE et TPI n° 5/00
[55] *Ibid.*
[56] CJCE 11 mai 2000, *Savas*, aff. C-37/98, Bull. Activités CJCE et TPI n° 14/00, p. 7 ; Cf. *DPE*, bul 73, 1er juillet 2000, p 8280-8281 ; *Europe*, juillet 2000, p. 18.

compter de l'entrée en vigueur du Protocole. Cette clause de Standstill[57] a trouvé toute son effectivité grâce à la CJCE : elle permet aux Turcs de disposer d'une garantie « à effet cliquet », c'est-à-dire de les protéger des changements restrictifs des législations nationales des États membres. Les États membres ont une fois de plus perdu leur marge d'appréciation.

Le principe d'égalité de traitement a été récemment confirmé et étendu, par la CJCE[58], aux conditions de travail et de rémunération. Toutefois, comme le fait très justement remarquer le GISTI[59], le droit français est conforme sur ce point depuis longtemps, étant donné que l'égalité de droit entre salariés, quelle que soit la nationalité, est garantie.

Pour les autres points ci-dessus analysés, il y a peu de recours en droit français, constatant l'application de ces règles alors que l'Allemagne et les Pays Bas ont un important contentieux sur la question. Seul un arrêt du Conseil d'État du 10 octobre 2003[60] semble retenir quelques enseignements de la jurisprudence de la CJCE. Le requérant avait invoqué l'application de l'article 6 de la décision 1/80 du 19 septembre 1980 permettant aux travailleurs turcs, après un an d'emploi régulier, de renouveler le permis de travail auprès du même employeur. Le Conseil d'État a accepté le recours de la règle mais, sur le fond, a refusé l'argument de droit puisque le requérant n'avait pas démontré, au moment de son renouvellement, un an d'emploi régulier.

Par ailleurs, le droit français ne prévoit aucune disposition spécifique pour les ressortissants turcs puisque l'ordonnance de 1945 est globalement plus favorable que les exigences de la CJCE et l'accord d'association. En effet, depuis 1984, la carte de séjour (temporaire ou résident) vaut à la fois titre de séjour et autorisation de travail. Ce titre *unique* conditionne la régularité de l'étranger au regard du séjour et de l'emploi. La carte de séjour temporaire permet l'accès au travail. Elle peut être renouvelée tous les ans s'il n'y a pas d'atteinte à l'ordre public. Après cinq ans de résidence avec la carte temporaire, l'étranger peut prétendre à la carte de résident. Celle-ci l'autorisera alors à exercer la profession de son choix, la situation de l'emploi n'étant pas opposable[61]. Ce titre de séjour lui permet alors d'exercer à titre permanent une activité salariée.

Les droits particuliers du ressortissant turc développés par la CJCE sont toutefois, des garanties à l'encontre desquelles le législateur français ne pourra aller.

2/ Le droit de séjour du travailleur turc étendu aux membres de sa famille

Les conditions du séjour du ressortissant turc et de sa famille ont été posées dans la décision Ergat le 16 mars 2000[62] de la CJCE. Monsieur Ergat était entré en Allemagne grâce au regroupement familial. Dès 1983, il a été titulaire d'un permis de travail, renouvelé

---

[57] La CJCE a récemment précisé la portée des droits d'établissement et de la prestation de services prévus par l'accord d'association turque et la CE. La clause *Standstill* a interdit aux États membres de revenir sur la législation avantageuse en matière de d'opération de transports internationaux, CJCE 21 septembre 21 octobre 2003, affaires jointes C-317/01 et C 379/01 *Abatay et a.*

[58] CJCE 14 mars 2004, *Zajedno*, aff. C 171/ 01.

[59] GISTI, *La protection sociale des étrangers par les textes internationaux*, cahier juridique, février 2004.

[60] CE 10 octobre 2003, *M. Kus*, req. n° 245342.

[61] Article R 341-4 du Code du Travail.

[62] CJCE 13 mars 2000, *Ergat*, aff. C-329/97, Bull. Activités CJCE et TPI n° 09/00, p. 13 ; Commentaire de la décision Ergat, *in DPE*, bul. 73, 1er juillet 2000, p. 8281-8282.

plusieurs fois. En 1991, il a laissé passer de vingt-six jours le délai pour faire renouveler son titre de séjour. Les autorités allemandes ont alors refusé sa demande de renouvellement de titre de séjour au motif qu'il n'était plus en situation régulière et que sa demande était tardive. Elles ont prononcé à son égard, une mesure d'éloignement. La CJCE devait ainsi, s'interroger sur la conformité du refus de titre de séjour et de l'éloignement au regard du droit communautaire issu de l'accord d'Ankara (article 7 alinéa 1 de la décision n°1/80 qui prévoit « *qu'un membre de famille d'un ressortissant turc bénéfice automatiquement du droit d'accéder à toute activité salariée après trois ans de résidence régulière sur le territoire de l'État membre d'accueil* »). La CJCE a établi que Monsieur Ergat avait acquis son droit au travail et corrélativement son droit au séjour conformément à l'article 7 ; ainsi aucune disposition nationale plus stricte ne pouvait l'empêcher de renouveler son titre de séjour, et cela même si « *ce séjour illimité n'avait pas été matérialisé par la délivrance à temps d'un titre de séjour* »[63]. Autrement dit, « *le fondement du droit au séjour ne réside pas dans le titre de séjour qui n'a qu'une valeur déclaratoire et les États membres perdent leur pouvoir d'appréciation* »[64].

Dans une décision du 30 septembre 2004[65], la CJCE a précisé un peu plus la notion de famille, en reconnaissant le beau-fils de moins de 21 ans comme membre de la famille du travailleur.

En France, les bénéficiaires du regroupement familial reçoivent une carte de séjour temporaire valable un an qui les autorise à exercer une activité salariée. Ainsi, contrairement à la décision 1/80, aucune disposition de l'ordonnance de 1945 ne prévoit de limitation à l'emploi pour les bénéficiaires du regroupement familial. La possibilité de limitation de trois ans présente dans la décision 1/ 80 est donc plus restrictive que le droit français. Ceci n'est pas le cas dans tous les États membres.

3/ Les garanties jurisprudentielles face aux mesures d'éloignement d'un travailleur turc

Les garanties du séjour face à une mesure d'éloignement ont été précisées par la décision Nazli[66] de la CJCE. En Allemagne, la condamnation pénale constitue une atteinte à l'ordre public et entraîne automatiquement une expulsion. M. Nazli résidait en Allemagne. À la suite d'un trafic de drogue, il s'est vu infliger une mesure d'expulsion en raison du trouble à l'ordre public que constituait son activité illégale. La question sous-jacente de cet arrêt était : quel ordre public retenir pour expulser un ressortissant turc ? Deux possibilités s'offraient aux autorités :

- Soit l'ordre public du droit allemand (plus restrictif) devait s'appliquer au ressortissant turc, comme à tout autre étranger soumis au droit commun.
- Soit l'ordre public défini par la CJCE pour le ressortissant communautaire. Le Turc bénéficiait alors d'un traitement préférentiel ; on lui accordait des droits alignés sur ceux du ressortissant communautaire.

---

[63] Commentaire de la décision *Ergat, in DPE*, bul. 73, 1er juillet 2000, p. 8281.
[64] *Europe*, mai 2000, p. 13.
[65] CJCE 30 septembre 2004, *M. Ayaz*, C-275/02 ; *AJDA*, 11 octobre 2004, p. 1848.
[66] CJCE 10 février 2000, *Nazli c./ Stadt Nuremberg*, aff. C 340/97, Bull. Activités CJCE et TPI n° 5/00, Gazette du Palais, 7-8 juin 2000 sommaire, jurisprudence, p. 59 ; RAMET S., *Europe*, avril 2000, p. 16.

La CJCE a choisi la deuxième solution : l'ordre public applicable aux ressortissants communautaires. Un État membre ne peut pas expulser automatiquement un travailleur turc ayant fait l'objet d'une condamnation pénale. Dans cette affaire, la CJCE a procédé par analogie avec les principes de la libre circulation des citoyens européens. Ainsi, le ressortissant turc ne peut faire l'objet d'une expulsion que s'il constitue « *une menace réelle et suffisamment grave, affectant un intérêt fondamental de la société* »[67]. La seule menace de prévention générale de l'ordre public est donc exclue. La CJCE a transposé ici la logique d'une affaire similaire[68] concernant un ressortissant communautaire. A travers cette espèce se dessine un réel rapprochement jurisprudentiel des notions d'ordre public applicables au ressortissant turc et de celles réservées au ressortissant communautaire. Cette jurisprudence place le ressortissant turc dans une situation préférentielle, en rapprochant son traitement sur celui du ressortissant communautaire, pour les motifs d'expulsion.

Le droit français n'aménage aucune dérogation particulière en matière d'éloignement pour les travailleurs turcs et leurs familles.

4/ Extension des prestations sociales aux travailleurs turcs

Un autre axe concernant les conflits relatifs à la sécurité sociale s'est développé devant la CJCE, dans la décision Sürul[69] relative à l'interprétation de la décision 3/80 sur la sécurité sociale. La CJCE s'est prononcée sur l'applicabilité directe du principe de non-discrimination en matière de sécurité sociale. En l'espèce, les autorités allemandes avaient refusé le versement des allocations familiales à une famille de ressortissants turcs au motif qu'ils ne possédaient qu'une autorisation provisoire de séjour et non un permis de séjour. La CJCE a estimé que les Turcs pouvaient, comme les autres ressortissants de pays tiers associés à la Communauté européenne[70], bénéficier de l'égalité de traitement en matière de sécurité sociale ; la résidence régulière suffisait pour y prétendre[71]. Cette décision a entraîné un impact important dans les droits sociaux du Turc.

---

[67] CJCE 25 février 1975, *Bonsignore*, aff. 67/74 : rec. p. 297 ; CJCE 27 octobre 1977 *Bouchereau* , aff. 30/77 : rec. p. 1999. L'exception d'ordre public concernant les travailleurs turcs ne peut justifier une expulsion du territoire d'un État membre que si elle se fonde sur le comportement personnel de l'intéressé, et non uniquement sur des motifs de prévention générale.

[68] CJCE 19 janvier 1999, *Calfa*, aff. C 348/96 : rec. I, p. 11 ; IDOT L., *Europe*, mars 1999, n° 109.

[69] CJCE 4 mai 1999, *Sema Sürul c./ Bundersanstalt für Arbeit*, aff. C-262/96, activités CJCE-TPICE, 12/99, p. 1 et s., *DPE*, Bull. 63, 1er septembre 1999, p. 8471. La décision Sürul traduit un important revirement : Cf. CJCE 10 septembre 1996, *Taflan-Met e.a. c./ Bestuur van de sociale Verzekeiringsbank*, aff. C-277/94, rec. CJCE, I, p. 4085 ; *DPE*, bull. 57, 1er mars 1997, p. 8611 ; la décision CJCE 14 mars 2000, I. *Kocak*, aff. Jointes C 102/98 et C 211/98, réaffirme le principe d'égalité de traitement avec cependant, une approche assez restrictive du principe.

[70] La jurisprudence de la CJCE a étendu des dispositions concernant les droits sociaux (AAH et FNS) aux ressortissants du Maghreb : Cf. CJCE 31 janvier 1991, *Kziber*, aff. C 18/90, rec. p. 199 ; CJCE 20 avril 1994, *Yousfi*, aff. C 58/93, rec. p. 1353 ; CJCE 5 avril 1995, *Kird*, aff. C 103/94, rec., p. 719 ; CJCE 15 janvier 1998, *Babahenini*, aff.-113/97 : rec. I, p. 183, Europe, mars 1998, n°93.

[71] Voir en ce sens les problèmes d'application en France des droits sociaux, suite à cette décision, ALFANDARI E., *Immigration et protection sociale*, Série action, éd. Sirey, Droit sanitaire et social, 2e éd., 1990 ; CHAUVET B., « La CJCE précise les conditions d'application des accords de la CEE avec des pays tiers en matière de sécurité sociale », *Dalloz* 1996, JP, p. 105 ; CLERGERIE J.-L., « L'application du principe de non-discrimination en matière de sécurité sociale à des ressortissants des pays tiers à la communauté », *LPA, 5 août 1998 ;* FONTENEAU R., FROMENT G., « Les Conventions internationales de sécurités sociales », *Droit social*, n° 5, mai 1976, p. 122 ; DAUGAREILH I., « Les prestations sociales non contributives et les étrangers non communautaires », *RDSS*, 1997, p. 189.

Dernièrement, le 28 avril 2004[72], la CJCE a confirmé ses avancées jurisprudentielles en matière de pension vieillesse anticipée en cas de chômage. La CJCE a précisé que le ressortissant turc était en droit de demander, dans les États membres où il avait acquis des droits en matière sociale, son droit à pension, et ce, même s'il ne résidait plus sur le territoire de l'État membre.

En France, les juridictions[73] appliquaient la décision 3/80 en matière de prestations sociales, et ce, avant même la décision Sürul. Le droit interne était donc assez réceptif pour octroyer des droits sociaux aux Turcs conformément aux accords d'association. Cependant, une limite existait pour certaines prestations sociales non contributives (par exemple, l'allocation adulte handicapé (AAH) et l'allocation supplémentaire du fonds national de solidarité (FNS)). La Cour de Cassation a d'abord estimé que la décision 3/80 excluait les allocations supplémentaires que sont l'AAH et le FNS[74]. Puis, elle a admis l'octroi de l'AAH et du FNS aux Turcs sur la base d'un autre fondement : l'article 14 de la CEDH combiné à l'article 1er du Protocole 1er. En effet, l'influence de la décisive affaire Gayguzuz c/ Autriche[75] de la Cour européenne des droits de l'Homme a entraîné la suppression de la condition de nationalité pour toutes les prestations non contributives[76]. En définitive, face à ces évolutions jurisprudentielles de la CJCE et de la CEDH, le législateur français a été contraint de modifier l'ordonnance du 2 novembre 1945 par la loi du 11 mai 1998. Ainsi, le principe d'égalité de traitement français et étranger a été réalisé en matière de prestations non contributives[77] et ce, malgré les résistances de l'administration française[78].

Enfin, les analyses du GISTI[79] insistent sur une jurisprudence française importante relative aux conséquences de la décision 3/80 sur les refus d'allocations familiales pour les enfants turcs mineurs entrés hors regroupement familial. Le Tribunal des Affaires de Sécurité Sociale (TASS) de la Haute-Loire[80] a considéré que la condition d'entrée dans le cadre du regroupement familial pour le bénéfice des prestations familiales exigée par le droit français, était contraire à la décision 3/80 et ne saurait être appliquée aux enfants turcs. Le droit interne n'est donc pas conforme à la décision 3/80 sur ce point.

---

[72] CJCE 28 avril 2004, aff., C-373/02, Sakir Öztürk et Pensions versicherungstanstalt der Arbeiter, DPE, bul. 121, p. 7175.

[73] TASS le Mans, 18 janvier 1995, *Turkem c./ CPAM de la Sarthe*, TASS Caen, 27 janvier 1995 *Tok c./ CAF du Calvados*, TASS Moselle, 6 mars 1996 *Nas*.

[74] Cour d'appel Chambéry 28 mai 1998, *Europe*, janvier 1999 n° 25 et Cour de Cassation M. *Gokce* du 14 janvier 1999 pour le FNS et la CASS 21 octobre 1999, CAF *Grenoble c./ Kunt*. Arrêt n° 3745, p. 78 pourvoi n° B 98-10030 pour l'AAH ; (une bonne illustration de la complémentarité des normes communautaires et européennes).

[75] CEDH 16 septembre 1996, *Gaygusuz c./ Autriche*, req. n° 17371/90 ; CEDH 30 septembre 2003, *Koua Poirrez c./ France*, req. n° 40892-98.

[76] Cf. Partie II, Titre II, Sous Titre I, Chapitre II.

[77] La circulaire du 17 novembre 1998 relative au principe de l'égalité de traitement entre français et étrangers pour l'attribution et le service des prestations non contributives, Circ. DSS / DAEI n° 98/678, BO MES 98/48, 12 décembre 1998.Elle précise : « *une jurisprudence constante de la CJCE sur le principe d'égalité de traitement entre les ressortissants français et les ressortissant liés à la Communauté européenne par un accord de coopération (Algérie, Maroc, Tunisie, Turque)* ».

[78] LOCHAK D., « Quand l'administration fait de la résistance, les prestations non-contributives et les étrangers », *in Mélanges en l'honneur de ALFANDARI E.*, éd. Dalloz, 2000, Paris, p. 405-416 ; GACON-ESTRADA H., « Étrangers : la sécurité sociale se moque de la justice », *Droit social*, n° 7/8, juillet-août 1996,p. 709 ; Cf. Partie II, Titre II, Sous Titre I, Chapitre II.

[79] GISTI, *La protection sociale des étrangers par les textes internationaux*, cahier juridique, février 2004, p. 22.

[80] TASS de la Haute Loire, 1er mars 2001, *Yuksel c./ CAF de la Haute-Loire*.

En toute hypothèse, la France n'a connu que très peu de contentieux[81] relatifs à l'accord d'Ankara et aux décisions du Conseil d'association. Ceci peut s'expliquer par le fait qu'il n'y a qu'une petite présence de ressortissants turcs (par rapport à l'Allemagne) et parce que les droits délivrés en France aux étrangers sont plus protecteurs que les droits posés par l'accord d'Ankara et par la jurisprudence de la CJCE. Les ressortissants turcs ont donc peu d'intérêt à intenter un contentieux en matière de séjour par exemple. Le contentieux relatif aux prestations sociales a, toutefois, influencé et contraint les juges français.

B/ Le « statut » partiel du travailleur turc

Les dispositions dégagées par l'accord, le Protocole et les décisions ne sont pas suffisants pour régir globalement le statut du ressortissant turc. Comme le signale très justement Nathalie Berger, « *l'entrée et l'admission au séjour des travailleurs turcs sont régies par les législations nationales* »[82]. Les arrêts Ertanir et Günaydin[83] précisent « *qu'en l'état actuel du droit, la décision n° 1/80 n'affecte en rien la compétence des États membres de refuser à un ressortissant turc le droit d'entrer sur leur territoire et d'y occuper un premier emploi salarié, de même qu'elle ne s'oppose pas, en principe, à ce que ces États réglementent les conditions de son emploi jusqu'au terme d'un an prévu à l'article 6 §1 premier tiret, de cette décision* »[84]. En effet, les États membres appliquent la politique communautaire des visas aux Turcs pour leur accès sur le territoire commun, comme à n'importe quels autres ressortissants de pays tiers soumis à l'obligation de visa. Au regard de la jurisprudence de la CJCE, on a constaté que des conditions privilégiées sont accordées aux ressortissants turcs *déjà installés* dans un État membre et qui exercent leur droit à libre circulation. Le droit préférentiel communautaire de l'accord d'Ankara n'englobe que le ressortissant turc déjà présent sur le territoire et travaillant régulièrement depuis au moins un an. S'agissant de l'accès et de l'entrée, le droit applicable relève du droit national de chaque État membre.

Il n'existe pas de statut global du ressortissant turc. La jurisprudence communautaire a montré qu'elle ne prévoyait pas un traitement complet du ressortissant turc. Elle constitue un traitement parcellaire et sectoriel. C'est le travail de la CJCE qui a découvert et développé de façon inattendue les droits des turcs, et ce, grâce à ses interprétations « constructives ». Il n'y pas eu de statut construit d'emblée comme c'est le cas pour le statut bilatéral de l'Algérien en France. Les droits dégagés par la CJCE forment une « *protection dynamique* »[85] jurisprudentielle « a posteriori ». En somme, ce traitement préférentiel « coexiste » avec le statut général de l'étranger plus protecteur.

On constate une fois de plus que ce fonctionnement n'aide pas à la compréhension du droit des étrangers. Des normes différentes émanant d'ordres juridiques divers

---

[81] Le Conseil d'État a refusé de voir dans les décisions du Conseil d'association une mesure relative à la libre circulation des travailleurs, CE 24 avril 1992, *M. Erturk*, req. n° 97 666 ; CE 30 juillet 1997, *Préfet de l'Isere*, req. n° 177458.

[82] BERGER N., *op. cit.*, p. 76. Voir décision de la CJCE 16 décembre 1992, *Kazim Kus*, aff. C-237/91, rec. p. I-6781, point 25.

[83] CJCE 30 septembre 1997, *Ertanir et Günaydin*, aff. C-36/96, rec. p. I 5179 et rec. p. I-5143.

[84] Point 36 *Günaydin* et point 30 *Ertanir*.

[85] AKANDJI-KOMBÉ J.-F., « Les droits des étrangers et leur sauvegarde dans l'ordre communautaire », *CDE*, 1995, n° 3-4, p. 373.

s'imbriquent et complexifient l'ensemble. Ce traitement préférentiel apparaît comme un statut *intermédiaire* entre les droits des ressortissants communautaires et ceux des ressortissants de pays tiers. Il est porteur de complications et d'opacité juridique et par conséquent de précarité[86] pour le bénéficiaire turc.

Dans tous les cas, il convient de retenir que le statut préférentiel est partiellement « contaminé » par le droit communautaire, et surtout, comme le signale Michèle Bonnechère, « *on doit se demander aujourd'hui si la citoyenneté européenne peut avoir une autre logique que celle d'exclure les ressortissants des États tiers. Deux dynamiques contradictoires se développent en fait. La première correspond à une tendance à la « communautarisation » de la situation des ressortissants d'États tiers, qu'ils soient membres de familles d'un migrant communautaire tiers, (regl. n° 1612/68 article 10 - dir. 73/148, art. 1- dir. 90/365, art. 1- dir. 93/96,), ou travailleurs détachés dans le cadre d'une prestation de services (dir. 96/71, 16 décembre 1996, JOCE n° L18, 21 janvier 1997) ou bénéficiaires d'accords d'association, de coopération ou de partenariat. La seconde est celle d'une définition de la citoyenneté européenne qui refuse de prendre la résidence durable pour fondement. Les normes communautaires traduisent un compromis entre les deux logiques (...)* »[87].

En somme, le statut préférentiel du ressortissant turc est loin d'être aligné sur celui du ressortissant communautaire. A titre d'exemple, l'accès aux droits économiques dans les autres pays d'accueil européens n'est pas autorisé pour les Turcs, et ce, contrairement aux ressortissants communautaires qui, eux jouissent dans les États membres (dont ils n'ont pas la nationalité) d'un large accès à l'emploi.

En toute hypothèse, ce traitement préférentiel des ressortissants de pays tiers renvoie à une pluralité de définitions matérielles de l'étranger. Depuis le traité de Maastricht, la définition de l'étranger est devenue celle du ressortissant de pays tiers (excluant le ressortissant communautaire). Aujourd'hui, cette définition se dédouble, à l'image des cercles concentriques, pour appréhender les différents ressortissants de pays tiers aux statuts intermédiaires : c'est le cas pour les ressortissants turcs et pour les membres des familles de communautaires qui, eux aussi, disposent d'un traitement hybride.

Section II : Le traitement du « quasi-communautaire » : le ressortissant de pays tiers membre d'une famille communautaire

Le ressortissant de pays tiers membre[88] d'une famille communautaire dispose d'un traitement spécifique étant donné qu'il est en partie soumis aux droits applicables aux ressortissants communautaires. Le rattachement de ces ressortissants de pays tiers au droit communautaire tient à l'exercice et à l'accomplissement effectif du « principe de la libre circulation »[89] des ressortissants communautaires auquel ils sont liés. C'est par souci de réaliser pleinement la libre circulation des ressortissants communautaires que leurs

[86] DE LARY H., *op. cit.*, p. 174.

[87] BONNECHÈRE M., *op. cit.*, p. 8.

[88] L'étranger membre d'une famille de citoyen européen est celui qui n'a pas encore demandé ou acquis la nationalité du pays membre, il reste une ressortissant de pays tiers.

[89] Le droit à la libre circulation permet au ressortissant de pays membre de bénéficier de droits communautaires dans un autre pays membre (pays membre d'accueil).

conjoints (entre autres), quelle que soit leur nationalité, peuvent indirectement bénéficier de la libre circulation et des droits qui en découlent. Toutefois, le bénéfice de ces droits communautaires connaît une limite considérable. En effet, seul l'étranger membre d'une famille communautaire qui suit son conjoint dans un pays différent de celui dont il a la nationalité (pays membre d'accueil) peut se voir attribuer les mêmes droits que les ressortissants communautaires. Par conséquent, le ressortissant de pays tiers qui reste dans le pays membre de sa famille communautaire ne peut bénéficier des mêmes droits auxquels est soumise sa famille communautaire, puisque cette dernière n'exerce pas son droit à la libre circulation[90]. Dans ce cas là, c'est le droit national qui s'applique[91].

Il s'agira dans cette section de s'intéresser seulement aux ressortissants de pays tiers dont la famille a exercé son droit à la libre circulation, puisque les autres ressortissants de pays tiers sont traités comme des étrangers de droit commun soumis à l'ordonnance de 1945.

Finalement c'est « par ricochet », que ces ressortissants de pays tiers privilégiés se voient octroyer un traitement particulier. C'est ce qu'exprime Catherine Schmitter lorsqu'elle écrit : « *dans la logique de construction communautaire, ce régime particulier s'explique car les ressortissants tiers ne bénéficient en réalité que de droits dérivés des droits reconnus aux ressortissants communautaires. Ces droits dérivés sont appelés à compléter le marché intérieur. Ils permettent la libre circulation des ressortissants communautaires en leur octroyant pleinement le droit au regroupement familial* »[92].

Le membre de famille communautaire n'ayant pas la nationalité d'un État membre est soumis à un régime *hybride*[93], puisqu'une partie des droits auxquels il est assujetti relève du statut général pour l'entrée et l'accès au territoire commun. Toutefois, l'entrée de cet étranger est facilitée (§ I). Plus qu'un ressortissant de pays tiers privilégié, le ressortissant de pays tiers membre d'une famille communautaire est un « quasi-communautaire » tant par les modalités de son séjour que par les protections dont il bénéficie face aux mesures d'éloignement (§ II).

§ I : Une entrée facilitée : articulation du statut général de l'étranger et du statut des ressortissants communautaires

L'entrée du « quasi-communautaire » est facilitée. Cependant, une condition de droit commun des étrangers est maintenue : *l'obligation de visa* (A). Toutefois, cette condition a été « adoucie » par une décision de la CJCE. Il conviendra d'apprécier l'apport de cette jurisprudence et d'en mesurer ces perspectives d'avenir (B).

---

[90] CJCE 27 octobre 1982, *Morson et Janjhan*, aff. 35 et 36/ 82, rec. 3723.

[91] CE 21 juin 1996, *El Saeidy Magdy*, req. n° 157271.

[92] SCHMITTER C., « Droits économiques, sociaux, politiques et différences de traitement entre les ressortissants de pays tiers et les ressortissants communautaires », *in Union européenne et nationalité, le principe de non discrimination et ses limites*, (Sous la direction de BRIBOSIA E., DARDENNE E., MAGNETTE P., WEYEMBERGH A.), éd. Bruylant, Bruxelles, 1999, p. 185.

[93] RODIER C., « Situation des membres de famille n'ayant eux-mêmes pas la nationalité d'un État membre », *in Trente ans de libre circulation des travailleurs, actes du Colloque de Paris 10 octobre 1997*, (Sous la direction de BONNECHÈRE M.), éd. La documentation française, Paris, 1998, p. 160-167.

A/ Une entrée facilitée tempérée par l'obligation de visa

La directive (modifiée) du 15 octobre 1968[94] relative *à la suppression des restrictions au déplacement et au séjour des travailleurs des États membres* pose dans son article 3 § 2 le principe de l'entrée facilitée des membres de la famille qui n'ont pas la nationalité d'un État membre : « *aucun visa ni d'obligation équivalente ne peut être imposé, sauf aux membres de la famille qui ne possèdent pas la nationalité d'un État membre. Les États membres accordent à ces personnes toute facilité pour obtenir les visas qui leur seraient nécessaires* ».

Le décret du 11 mars 1994[95] (qui transpose entre autres la directive de 1968) réglementant « *les conditions d'entrée et de séjour en France des ressortissants des États membres de la Communauté européenne bénéficiaires de la libre circulation* » pose les « bases » des droits octroyés aux ressortissants de pays tiers membres d'une famille communautaire.

Le ressortissant communautaire doit d'abord exercer son droit à la libre circulation[96] dans un autre pays membre (dont il a la nationalité)[97], afin de permettre au ressortissant de pays tiers membre de sa famille de bénéficier du traitement privilégié. Le décret de 1994 transpose l'ensemble des dispositions des directives[98] concernant la libre circulation. Le ressortissant de pays tiers membre d'une famille communautaire peut être le conjoint[99], les descendants à charge ou de moins de vingt et un ans et les ascendants à charge[100].

---

[94] La directive n° 68/360/CEE du 15 octobre 1968 relative *à la suppression des restrictions au déplacement et au séjour des travailleurs des États membres* JO L257 du 19/10/1968. Aujourd'hui abrogée par la Directive 2004/38/CE du Parlement européen et du Conseil du 29 avril 2004 *relative au droit des citoyens de l'Union et des membres de leurs familles de circuler et de séjourner librement sur le territoire des États membres*, modifiant le règlement (CEE) n° 1612/68 et abrogeant les directives 64/221/CEE, 68/360/CEE, 72/194/CEE, 73/148/CEE, 75/34/CEE, 75/35/CEE, 90/364/CEE, 90/365/CEE et 93/96/CEE, JOUE du 30 avril 2004, L 158/ 77.

[95] Décret du 11 mars 1994, n° 94-211, JO 13 mars 1994, modifié par le décret n° 98-864, du 23 septembre 1998, p. 3989.

[96] CJCE 7 juillet 1992, *Singh*, C 370/90.

[97] Seul le ressortissant de pays tiers dont la famille communautaire exerce pleinement sa libre circulation dans un pays d'accueil de l'Union sera privilégié. Si tel n'est pas le cas, il est considéré comme un ressortissant de pays tiers soumis entièrement au statut général de l'étranger.

[98] Directive n° 64-221 du 25 février 1964 *pour la coordination des mesures spéciales aux étrangers en matière de déplacement et de séjour justifiées par des raisons d'ordre public, de sécurité publique et de santé public*, la directive n° 68-360 du 15 octobre 1968 *relative à la suppression des restrictions au déplacement et au séjour des travailleurs des États membres et de leur famille à l'intérieur de la communauté*, JOCE n° L 257, 19 octobre 1968 ; la directive n° 73-148 du 21 mai 1973 *relative à la suppression des restrictions au déplacement et au séjour des ressortissants des États membres à l'intérieur de la Communauté en matière d'établissement et de prestations de services*, JOCE L172/14, du 28 juin 1973. Toutes ces directives sont remplacées aujourd'hui par la Directive 2004/38/CE du Parlement européen et du Conseil du 29 avril 2004 relative au droit des citoyens de l'Union et des membres de leurs familles de circuler et de séjourner librement sur le territoire des États membres, modifiant le règlement (CEE) n° 1612/68 et abrogeant les directives 64/221/CEE, 68/360/CEE, 72/194/CEE, 73/148/CEE, 75/34/CEE, 75/35/CEE, 90/364/CEE, 90/365/CEE et 93/96/CEE, JOUE du 30 avril 2004, L 158/ 77.

[99] Le conjoint marié, CJCE 17 avril 1986, Reed, 59/85, rec. p. 1283, mais le ressortissant communautaire a le droit de faire venir son partenaire non marié si ce droit est accordé aux nationaux.

[100] Article 1 n) du décret du 11 mars 1994.

Une directive[101] adoptée le 29 avril 2004 a pour objet de refondre entièrement les modalités de la libre circulation des citoyens européens et des membres de leur famille. Cette directive (non encore transposée en France) élargit la catégorie[102] des ressortissants de pays tiers membres d'une famille communautaire et leur délivre un statut particulier avec certains droits semblables à ceux des ressortissants communautaires. Comme la directive de 1968, ce nouveau texte réaffirme la nécessité du visa pour les ressortissants de pays tiers membres d'une famille communautaire.

En droit interne, l'article 4 alinéa 2 du décret 1994 précise (dans les mêmes termes que la directive de 1968 et celle de 2004) que les membres de famille n'ayant pas la nationalité d'un État membre doivent entrer sur le territoire commun munis d'un passeport en cours de validité et *d'un visa.* Autrement dit, l'accès du ressortissant de pays tiers membre de famille communautaire est soumis aux conditions posées par l'article 5 de l'ordonnance du 2 novembre de 1945, c'est-à-dire à *l'obligation de visa.* Ainsi, si le pays du ressortissant tiers est inscrit sur la liste du règlement communautaire[103] imposant une obligation de visa, même s'il est membre d'une famille communautaire, le ressortissant sera soumis au contrôle des flux migratoires dans son pays d'origine par l'obligation du visa. On lui applique alors le statut général de droit commun des étrangers.

L'accès est donc doublement réglementé : d'une part par les directives relatives à la libre circulation des ressortissants communautaires (désormais remplacées par la directive du 26 avril 2004) qui assurent une entrée facilitée et, d'autre part, par le règlement relatif à l'obligation de visa, règlement qui fait partie du droit commun de l'étranger. Dès lors, la délivrance du visa par les autorités consulaires[104] devrait être automatique puisque leur entrée est censée être facilitée, mais la pratique montre que ce n'est pas toujours le cas : « *Nombre de consulats français exigent, pour la délivrance de visas des membres de*

---

[101] La Communauté a choisi de refonder tout le droit des ressortissants communautaires : cf. Commission européenne, proposition de Règlement (CE) du parlement européen et du Conseil modifiant le règlement CEE n° 1612/68 du Conseil relatif à *la libre circulation des travailleurs à l'intérieur de la Communauté*, Doc. COM (1998) 394, JOCE 1998, n° 98 C 344/9. Proposition de directive du 23 mai 2001 relative *au droit des citoyens de l'Union et des membres de leurs familles de circuler et de séjourner librement sur le territoire des États membres,* COM (2001) 257 final. Proposition modifiée de directive du parlement européen et du Conseil relative *au droit des citoyens de l'Union et des membres de leurs familles de circuler et de séjourner librement sur le territoire des États membres,* du 15 avril 2003, COM (2003), 199 final. Directive 2004/38/CE du Parlement européen et du Conseil du 29 avril 2004 *relative au droit des citoyens de l'Union et des membres de leurs familles de circuler et de séjourner librement sur le territoire des États membres*, modifiant le règlement (CEE) n° 1612/68 et abrogeant les directives 64/221/CEE, 68/360/CEE, 72/194/CEE, 73/148/CEE, 75/34/CEE, 75/35/CEE, 90/364/CEE, 90/365/CEE et 93/96/CEE, JOUE du 30 avril 2004, L 158/ 77.

[102] Article 2 2) le conjoint, le partenaire (si les partenariats sont équivalents au mariage dans le pays d'accueil), les descendants directs de moins de 21 ans ou à charge et ceux du conjoint ou partenaire, les ascendants directs et ceux du conjoint ou partenaire.

[103] Règlement (CE) n° 2317/95 du Conseil, 25 septembre 1995, JOCE 3 octobre 1995. Remplacé par le Règlement (CE) n° 574/1999 du Conseil du 12 mars 1999 *déterminant les pays tiers dont les ressortissants doivent être munis d'un visa lors du franchissement des frontières extérieures des États membres*, (JO L 072 18.03.1999 p. 2), modifié par règlement n° 539/2001 du 15 mars 2001, *fixant la liste des pays tiers dont les ressortissants sont soumis à l'obligation de visa pour franchir les frontières extérieures des États membres et la liste de ceux dont les ressortissants sont exemptés de cette obligation*, JO L 081 21.03.2001 p. 1 (modifié par Règlement (CE) n° 851/2005 du Conseil du 2 juin 2005 modifiant le règlement (CE) n° 539/2001 *fixant la liste des pays tiers dont les ressortissants sont soumis à l'obligation de visa pour franchir les frontières extérieures des États membres et la liste de ceux dont les ressortissants sont exemptés de cette obligation en ce qui concerne le mécanisme de réciprocité,* JOUE, n° L 141 du 04/06/2005 p. 0003 – 0005.) et par le règlement (CE) n° 2414/2001 du Conseil du 7 décembre 2001, modifiant le règlement (CE) n° 539/2001, JOCE L 327/2, 12 décembre 2001.

[104] BO Aff. Étrangère n° 60 1er octobre 1997, p. 50 et s.

famille de citoyens de l'Union, la présentation de divers justificatifs (attestation d'emploi, preuve de revenus, réservation, d'hôtel, billet de retour) »[105]. De plus, la directive de 1968 n'étant pas assez précise, le flou a longtemps subsisté pour savoir si l'obligation de visa concernait le long séjour ou le court séjour. En France, la circulaire du 7 juin 1994[106] a mis fin à ce vide : le simple visa de court séjour suffit pour que le ressortissant de pays tiers membre d'une famille communautaire vienne dans l'État d'accueil.

Malgré l'obligation de visa, l'accès de ces ressortissants de pays tiers fait l'objet de garanties supplémentaires dont les autres étrangers ne bénéficient pas. La directive de 1968 et la directive de 2004 qui la modifie prévoient la *gratuité*[107] et la *simplification*[108] des documents à fournir (autres que le visa). *L'obligation de motiver le refus de visa*[109] est également une des mesures facilitant l'entrée. Elle apporte aussi une protection particulière aux membres d'une famille de communautaire n'ayant pas la nationalité d'un État membre. Jusqu'en 1998, le droit français ne prévoyait aucun moyen juridique permettant aux ressortissants tiers membre d'une famille communautaire de connaître les motifs d'un refus de visa[110] par les autorités consulaires. Cette attitude fort critiquable a d'ailleurs valu à la France d'être sanctionnée[111]. Depuis la loi du 11 mai 1998, la nécessité de motiver le refus de visa d'un membre de famille communautaire est prévue dans les hypothèses d'obligation de motivation des refus de visa de l'ordonnance du 2 novembre 1945[112]. Cette condition a rendu plus *transparents* les critères d'entrée de ce ressortissant « quasi-communautaire ». Ainsi, les motifs de refus d'accès peuvent être contrôlés par le juge administratif français. Ceci permet de différencier le ressortissant de pays tiers « quasi-communautaire » du ressortissant de pays tiers soumis au statut général : ce contrôle de légalité lui apporte une garantie supplémentaire et donc une différence supplémentaire.

La gratuité du visa et la transparence de la procédure garanties par le contrôle du juge placent le membre de famille dans une situation privilégiée. Le statut de ce ressortissant privilégié n'est pas pour autant aligné sur celui du ressortissant communautaire, puisque aucune obligation de visa ne pèse sur lui et une simple carte d'identité lui suffit pour être accueilli dans le pays membre. En effet, depuis la loi du 26 novembre 2003[113], les ressortissants communautaires sont dispensés de titre de séjour alors

---

[105] MARTIN D., « La protection des ressortissants de pays tiers par l'ordre juridique communautaire », *in L'Union européenne et les droits fondamentaux*, (Sous la direction de LECLERC S, AKANDJI-KOMBE J.-F., REDOR M.-M.), Bruylant, Bruxelles, 1999, p. 176.

[106] Circulaire du 7 juin 1994, Bulletin officiel du Ministère de l'Intérieur et de l'aménagement du territoire, n° 2, (III), Cf. une décision inédite du TA de Paris 30 mars 1998, *Sanchez Soares*, req. n° 9617595/4.

[107] Transposée depuis 1994 dans la circulaire du 7 juin 1994.

[108] Le membre de famille n'ayant pas la nationalité d'un État membre allant dans un pays d'accueil de l'Union est dispensé de fournir en France l'attestation d'accueil.

[109] Directive n° 64/221, 25 février 1964., CJCE 18 mai 1982 aff. 115 et 116/81, *Adoui et Cornouaille*, rec. CJCE p. 1665 ; CJCE 15 octobre 1987, *Heylens*, aff. 222/ 68, rec. CJCE, p. 4097.

[110] Et ce contrairement à l'article 6 de la directive 64/221 du 25 février 1964, pour la coordination des mesures spéciales aux étrangers en matière de déplacements et de séjour justifiés par des raisons d'ordre public, de sécurité et de santé publique, JOCE n° 56, 4 avril 1964 : « Les raisons d'ordre public, de sécurité publique ou de santé publique qui sont à la base d'une décision le concernant sont portées à la connaissance de l'intéressé, à moins que les motifs intéressant la sûreté de l'État ne s'y opposent » ; Voir aussi sur le contenu de la motivation CJCE 18 mai 1982 Adoui et Cornouaille, aff. 115 et 116 / 81, rec. CJCE, p. 1665.

[111] Recours en manquement introduit en 1997 à l'initiative de la Commission.

[112] L'article 5 1° de l'ordonnance de 1945.

[113] Article 14 de la loi n° 2003-1119 du 26 novembre 2003 *relative à la maîtrise de l'immigration, au séjour des étrangers en France et à la nationalité*, JORF du 27 novembre 2003, p. 20136, soit l'article 9-1 de l'ordonnance n° 45-2658 du 2 novembre 1945. (Dispense non applicable dans l'immédiat aux ressortissants des États membres

que le ressortissant tiers membre d'une famille communautaire doit toujours posséder un titre de séjour[114].

On peut relever que le statut d'un ressortissant de pays tiers membre d'une famille communautaire est un statut *hybride*, intermédiaire entre les deux statuts.

B/ Une entrée facilitée garantie par la CJCE

Une affaire portée devant la CJCE en 2002 tend à relativiser l'obligation de visa du quasi-communautaire. L'affaire MRAX c./ État Belge[115] de la CJCE renvoyait à la question importante de la délivrance d'un titre de séjour aux ressortissants de pays tiers membres d'une famille communautaire en possession ou pas d'un visa. Le litige, porté d'abord devant le Conseil d'État belge, était relatif au sort des conjoints de ressortissants communautaires n'ayant pas la nationalité d'un État membre lorsqu'ils ne disposaient pas de documents valides d'entrée dans l'État membre d'accueil (absence de visa ou visa périmé). Deux questions se présentaient au juge :

- La situation irrégulière du conjoint d'un ressortissant communautaire n'ayant pas la nationalité d'un État membre pouvait-elle entraîner une mesure d'éloignement ou un refus de titre de séjour lorsqu'il était entré irrégulièrement sur un État membre (sans visa) ?
- De même, une mesure d'éloignement ou un refus de titre de séjour pouvaient-ils être émis lorsque le conjoint de pays tiers membre d'une famille communautaire, entré régulièrement, s'était maintenu sur le territoire alors que son visa était expiré ?

Posant une question préjudicielle à la CJCE, le Conseil d'État belge voulait également savoir si ces ressortissants de pays tiers bénéficiaient des garanties procédurales prévues par le droit communautaire en cas de refus de séjour ou de mesure d'éloignement, en raison d'un visa périmé ou en l'absence de visa.

La CJCE a répondu à ces questions en rappelant que la limite principale au rattachement du conjoint de pays tiers à la libre circulation et aux droits qui en découlent était celle de l'exercice effectif [116] de la libre circulation des membres de famille auxquels est rattaché le conjoint de pays tiers. En effet, la CJCE rappelle que « *la réglementation communautaire relative à la libre circulation, à la libre prestation de service, et à la liberté d'établissement ne saurait être appliquée à la situation de personnes qui n'ont jamais fait usage de ces libertés* ».

Dans ce cadre ainsi limité, la CJCE a posé un ensemble de remarques pertinentes sur les droits du ressortissant de pays tiers membre d'une famille communautaire. Un refus

---

entrants dans l'UE (à l'exception de Chypre et Malte)).

[114] Circulaire du 26 mai 2004 relative au régime juridique applicable aux ressortissants de l'Union européenne, de l'EEE et de la Confédération helvétique en matière d'admission au séjour et au travail, NOR INT/D/04/00066C, la suppression de l'obligation de détenir un titre de séjour pour résider en France ne concerne pas les membres de famille de ressortissants de pays tiers.

[115] CJCE 25 juillet 2002, *Mouvement contre le racisme, l'antisémitisme et la xénophobie ASBL (MRAX)*, C-459/99. Une nouvelle affaire est portée devant la CJCE sur la délivrance d'un visa à deux étrangers mariés à des ressortissants espagnols, (vivant à Dublin et Londres) au motif qu'ils étaient signalés aux SIS. Cette affaire pose le problème de l'entrée facilitée mais aussi la mise en cause de la pratique administrative de l'Espagne en matière de visas délivrés aux étrangers membres d'une famille d'un citoyen européen (sans examen aux cas par cas du signalement au SIS), Cf. CJCE 14 avril 2005, Affaire C-157/03 *Commission c./ Espagne. Cf. aussi* CJCE 14 avril 2005, Affaire C-157/03 Commission c./ Espagne.

[116] Cf. CJCE 7 juillet 1992, *Singh*, C 370/90.

de titre de séjour ou une mesure d'éloignement fondés sur le non-accomplissement de formalités légales des contrôles d'entrée de l'étranger, telle que la possession d'un visa valide, sont disproportionnées et par conséquent contraires aux normes communautaires[117]. L'essentiel est que le ressortissant de pays tiers puisse apporter la preuve de son identité et surtout du lien qui le rapproche d'une famille de ressortissants communautaires (par exemple le lien conjugal). Ainsi, la CJCE estime que la validité du visa n'est pas déterminante pour l'obtention d'un titre de séjour pour le quasi-communautaire à partir du moment où ce dernier est en mesure de prouver son lien avec un citoyen européen[118]. Ce ressortissant bénéficie alors de toutes les garanties procédurales prévues par le droit communautaire, et ce, même en l'absence de documents d'identité ou de visa en cour de validité[119].

La CJCE apporte ici des éléments très protecteurs. L'absence de visa ou le visa expiré ne permet plus aux États membres de refuser le titre de séjour au conjoint de pays tiers membre d'une famille communautaire, et encore moins de l'expulser. Autrement dit, cette décision « relativise » l'importance du document d'entrée et d'accès exigé pour ces ressortissants. On peut penser que le droit au séjour dont l'étranger membre d'une famille communautaire bénéficie supplante l'irrégularité des conditions d'entrée dans l'État membre.

Cependant, la position adoptée par la CJCE n'est pas la même que celle développée, ces dernières années, par le Conseil d'État français et surtout par les pratiques administratives françaises[120]. Selon la décision de la CJCE, ni l'irrégularité des conditions d'entrée en France, ni l'irrégularité du séjour ne peuvent être opposées aux conjoints étrangers de ressortissants communautaires établis en France pour la délivrance d'un titre de séjour. Pourtant, la jurisprudence du Conseil d'État français n'est pas conforme à cette interprétation. En effet, dans sa jurisprudence du 30 avril 1997 Mme Duran Loayza[121], le Conseil d'État avait estimé que la condition de régularité était indispensable pour la délivrance du titre de séjour. Mme Duran Loayza, de nationalité péruvienne, s'était maintenue au-delà de la durée de validité de son visa. Elle était, par conséquent, soumise à une reconduite à la frontière et ce, même si elle était mariée avec un portugais résidant régulièrement en France. L'arrêt Naili du 8 octobre 1997 a confirmé[122] cette jurisprudence en déclarant que le séjour irrégulier des conjoints étrangers d'une famille communautaire pouvait être sanctionné par l'article 22 de l'ordonnance de 1945 (reconduite à la frontière) et ce, contrairement à la législation concernant les ressortissants communautaires qui eux ne

---

[117] Sauf s'il n'existe des éléments de nature à établir qu'il représente un danger pour l'ordre public, la sécurité publique ou la santé publique au sens des articles 10 de la directive 68/360 et 8 de la directive 73/148.

[118] Arrêt CJCE 25 juillet 2002, Mouvement contre le racisme, l'antisémitisme et la xénophobie ASBL (MRAX), C-459/99 : « *Les articles 4 de la directive 68/360 et 6 de la directive 73/148 doivent être interprétés en ce sens qu'ils n'autorisent pas un État membre à refuser de délivrer un titre de séjour et à prendre une mesure d'éloignement à l'encontre du ressortissant d'un pays tiers, qui est en mesure de rapporter la preuve de son identité et de son mariage avec un ressortissant d'un État membre, au seul motif qu'il est entré irrégulièrement sur le territoire de l'État membre concerné* » ; LARDINOIS P., « De la logique de l'idée au principe du droit, note sous CJCE du 25/ 07/ 02 », RDE, 2002, n° 112, p. 448-457.

[119] Point 103 de l'arrêt.

[120] Circulaire du 7 juin 1994.

[121] CE 30 avril 1997, *Mme Duran Loayza*, req. n° 179433 ; Cf CE 8 octobre 1997, *Préfet de L'Essonne c./ Naili*, req. n° 181858 ; CE 7 décembre 1998 *M. Miamke*, req. n° 189113 ; CE 6 mai 1996, *Mura*, req. n° 165168.

[122] CE 21 avril 2000, *M. Sais*, req. n° 208665 ; CE 21 avril 2000, *M. Sais*, req. n° 208665, publié au Recueil Lebon.

peuvent être inquiétés en cas d'irrégularité du séjour. Un arrêt du Conseil d'État de 2003[123] rendu après la décision de la CJCE confirme cette jurisprudence française très rigoureuse.

Avec cette jurisprudence, le Conseil d'État a adopté une attitude restrictive sur les droits délivrés aux conjoints étrangers d'une famille communautaire. En raison de l'absence de disposition précise sur la question, le droit français en a profité pour traiter ce ressortissant privilégié comme un ressortissant tiers de droit commun. Il convient d'espérer que dans l'avenir, la décision MRAX de la CJCE amènera le Conseil d'État à changer sa jurisprudence en la matière puisque la seule preuve du lien avec un ressortissant communautaire devrait suffire pour qu'un ressortissant tiers puisse bénéficier, en tant qu'ayant-droit, de la libre circulation.

La directive de 2004 relative à la re-fondation des droits des ressortissants communautaires entrepris par les États membres réaffirme, toutefois, l'exigence de visa[124]. Ainsi, l'article 5 § 2 du projet de directive estimait que « *les membres de la famille qui n'ont pas la nationalité d'un État membre ne peuvent être soumis qu'à l'obligation de visa d'entrée conformément au règlement n° 539/2001* ». Toutefois, le texte finalement adopté ajoute une disposition relative à la célérité avec laquelle doivent être traitées les demandes de visa. Le visa doit être délivré dans *les meilleurs délais* et dans le cadre d'une *procédure accélérée*. Il est regrettable que les États aient abandonné la proposition faite par le Parlement européen sur la délivrance du visa au plus tard « *dans les cinq jours* »[125] ouvrables suivant l'introduction de la demande. La jurisprudence MRAX est transposée dans la directive puisque l'absence de document requis pour l'accès au territoire peut être « compensée » par la preuve, dans un délai raisonnable, de la qualité de l'étranger, membre de famille communautaire, du droit de circuler et de séjourner[126].

Le statut du « quasi-communautaire » illustre une fois encore la complexité du droit des étrangers : les ressortissants de pays tiers membres d'une famille communautaire sont soumis au statut général du ressortissant de pays tiers puisqu'ils sont soumis à l'obligation de visa, mais pas entièrement, puisque la délivrance de ce visa doit être facilitée. Ce statut intermédiaire brouille le droit commun prévu pour les étrangers.

§ II : Des garanties communautaires liées au séjour et aux mesures d'éloignement

Tant pour les conditions du séjour (A) que pour les mesures d'éloignement (B) octroyées aux quasi-communautaires, le statut des étrangers membres d'une famille communautaire est très proche de celui des ressortissants communautaires auxquels ils sont liés.

---

[123] Jurisprudence récemment confirmée par le CE 9 juillet 2003, *M. Afrim X.*, req. n° 244395, rec. Lebon.
[124] Article 5 § 2.
[125] Article 6 § 2 alinéa 2 de la proposition de mai 2003, *op. cit.*
[126] Article 5 § 4 de la directive 2004.

A/ Les conditions de séjour du ressortissant « quasi-communautaire »

La CJCE a eu à se prononcer sur le droit au séjour d'un ressortissant de pays tiers membre d'une famille communautaire. Le 23 septembre 2003, dans l'affaire Akrich[127], la CJCE a estimé qu'un ressortissant d'un pays tiers, marié à une citoyenne européenne, a le droit de séjourner dans l'État membre de son épouse lorsque celle-ci y retourne avec lui, après avoir fait usage de son droit à la libre circulation dans un autre État membre, à condition qu'il ait séjourné légalement dans cet autre État membre[128]. Cette solution est très importante pour le droit au séjour des étrangers membres d'une famille européenne. La Cour a rappelé ainsi que les autorités compétentes des États membres doivent prendre en compte le droit au respect de la vie privée et familiale prévu par l'article 8 de la CEDH, pour apprécier la demande d'entrée et de séjour d'un ressortissant de pays tiers membre d'une famille communautaire.

Les conditions de séjour du ressortissant privilégié sont proches de celles du ressortissant communautaire. Avant la réforme du 26 novembre 2003, l'étranger membre d'une famille communautaire recevait en France une carte de séjour[129] identique à celle du ressortissant communautaire auquel il était lié. Aujourd'hui, il reçoit un titre de séjour alors que le ressortissant communautaire en est dispensé. Ce titre de séjour a une valeur déclarative, un acte qui constate des droits existants. Comme cela vient d'être démontré, l'arrêt MRAX de la CJCE exclut le refus de titre de séjour basé exclusivement sur l'irrégularité des conditions d'entrées, ce motif de refus étant insuffisant. La directive de 2004 a inséré partiellement cette garantie dans son article 5 § 4. La jurisprudence française devra alors se mettre en conformité. Une autre jurisprudence de CJCE de 2005[130] a confirmé les droits au séjour du ressortissant tiers membre d'une famille communautaire. Le simple lien établissant la qualité de membre de famille d'un ressortissant communautaire suffit pour entraîner la délivrance du titre de séjour.

Des mesures « intégratives » sont prévues dans la directive de 2004. Elle crée notamment un *droit de séjour permanent*[131] pour les étrangers membres d'une famille communautaire. Ce droit est acquis après cinq ans de résidence légale et ininterrompue dans un État membre d'accueil.

---

[127] CJCE, 23 septembre 2003, *Akrich*, C-109/01, § 58 ; *AJDA*, 2004, p. 320 ; PLENDER R., Quo vadis ? : nouvelle orientation des règles sur la libre circulation des personnes suivant l'affaire Akrich », *CDE*, 2004, p. 261-288. CJCE, 27 septembre 2003, *Queen c. Secretary of State for the Home Department*, C-235/99, § 90 ; CJCE, 11 juillet 2002, *Carpenter*, C-60/00, § 42 ; CJCE, 20 mai 2003, aff. jointes, C-465/00, C-138/01, c-139/01, § 70 et ss.

[128] Depuis 1989, M. Akrich, citoyen marocain, alors qu'il séjournait illégalement au Royaume-Uni, a en 1996, épousé une citoyenne britannique et, en sa qualité de conjoint, a demandé une autorisation de séjour. En août 1997, il a suivi sa femme à Dublin où il s'est établi. Il y a été admis au titre de conjoint d'un ressortissant communautaire. Sa conjointe a ensuite obtenu un emploi au Royaume-Uni. M. Akrich a donc demandé aux autorités britanniques une autorisation d'entrée et de séjour en tant que conjoint d'une ressortissante européenne (britannique) établie au Royaume-Uni. Saisi sur la base d'une question préjudicielle, la CJCE a basé notamment son raisonnement sur l'arrêt Singh et sur l'interprétation, l'article 10 du règlement du 15 octobre 1968 n°1612/68 relatif à la libre circulation des travailleurs et surtout l'article 8 de la CEDH. Elle a conclu qu'un État membre doit autoriser l'entrée et le séjour sur son territoire du conjoint, quelle que soit sa nationalité, d'un ressortissant de cet État membre qui s'est rendu, avec ce conjoint, sur le territoire d'un autre État membre pour y exercer une activité salariée, et qui revient s'établir sur le territoire de l'État dont il a la nationalité.

[129] Article 5 alinéa 2 du décret du 11 mars 1994.

[130] CJCE 14 avril 2005, Affaire C-157/03 *Commission c./ Espagne*.

[131] Chapitre IV droit de séjour permanent. Article 16 § 2 et 18.

La simplification des formalités d'enregistrement[132] et la protection (sous certaines conditions) des membres de famille communautaire en cas de décès[133] de leur conjoint ou de divorce, annulation de partenariat[134] sont également proposées dans le projet de directive.

De plus, ces ressortissants tiers « quasi-communautaires » bénéficient d'une dispense d'autorisation pour exercer une activité professionnelle salariée ou non salariée[135]. Il leur est également possible de bénéficier du regroupement familial applicable aux ressortissants communautaires. Ce droit a marqué « *une première ouverture vers une conception moins étroitement économiste des migrations de main d'œuvre que celle du traité de Rome.(...) Il fait apparaître un droit au regroupement familial qui était resté ignoré des rédacteurs du traité de Rome* »[136]. Le régime des ressortissants communautaires bénéficiaires du droit au regroupement familial est posé par le règlement du 15 octobre 1968 n° 1612/68[137] et la directive du 29 avril 2004[138]. Ce régime a posé le principe d'égalité de traitement pour le travailleur et sa famille[139]. Ce droit au regroupement familial est ouvert aux membres de familles communautaires *« quelle que soit leur nationalité »*[140]. Les bénéficiaires du regroupement familial des membres de familles communautaires sont plus nombreux que ceux prévus par le droit commun[141]. En effet, les titulaires sont tous les ayants droits de la libre circulation du ressortissant communautaire (le conjoint[142], les descendants à charge ou de moins de vingt et un ans et les ascendants à charge[143]) alors que seule la famille nucléaire de l'étranger de droit commun (conjoint et enfant de moins de 18 ans) est autorisée à venir. De plus, la communauté de vie[144] n'est pas exigée pour eux contrairement aux étrangers soumis au statut général. Leurs ressources ne sont pas prises en compte à la différence du ressortissant tiers soumis au droit commun qui doit bénéficier d'un salaire au moins égal au SMIC[145]. En somme, le ressortissant de pays tiers membre de

---

[132] Article 10 pour le droit au séjour de plus de six mois et 19 pour le droit au séjour permanent.

[133] Article 12 § 2.

[134] Article 13 § 2.

[135] Article 8 alinéa 3 du décret du 11 mars 1994.

[136] RODIÈRE P., *Droit social de l'Union européenne*, 2ème éd. LGDJ, 2002.

[137] Règlement 1612/ 68 du 15 octobre 1968, relatif *à la libre circulation des travailleurs à l'intérieur de la Communauté*, JOCE L 257/2, 19 octobre 1968.

[138] Directive 2004/38/CE du Parlement européen et du Conseil du 29 avril 2004 relative au droit des citoyens de l'Union et des membres de leurs familles de circuler et de séjourner librement sur le territoire des États membres, modifiant le règlement (CEE) n° 1612/68 et abrogeant les directives 64/221/CEE, 68/360/CEE, 72/194/CEE, 73/148/CEE, 75/34/CEE, 75/35/CEE, 90/364/CEE, 90/365/CEE et 93/96/CEE, JOUE du 30 avril 2004, L 158/ 77.

[139] Article 10 à 12 du règlement 1612/68 traite du regroupement familial et article 1er de la directive 73/148 du 21 mai 1973 relative *à la suppression des restrictions au déplacement et au séjour des ressortissants des États membres à l'intérieur de la Communauté en matière d'établissement et de prestations de service*, JOCE L172/14, du 28 juin 1973.

[140] Article 10 §1 du règlement 1612/68, Cf. CJCE 7 juillet 1992, *Singh*, C 370/90.

[141] DE SCHUTTER O., « Le droit au regroupement familial au croisement des ordres juridiques européens », *RDE*, n° 90, 1996, p. 531-547 ; IDOT L., « Le regroupement familial en droit communautaire à la lumière du décret du 11 mars 1994 », *Europe*, mai, 1994, p. 1 ; KAYSER P. « Le regroupement familial dans le droit communautaire, la Convention européenne des droits de l'Homme et le droit interne français », *JCP*, 1993, Éd. G, n° 31-22, 3679, p. 235.

[142] Le conjoint marié, CJCE 17 avril 1986, *Reed*, 59/85, rec. p. 1283 ; mais le ressortissant communautaire a le droit de faire venir son partenaire non marié si ce droit est accordé aux nationaux.

[143] Article 1 n) du décret du 11 mars 1994.

[144] CJCE 13 février 1985, *Diatta*, C 267/83, rec. p. 567. Le lien conjugal ne peut être dissout que par l'autorité compétente.

[145] Article 29 § I 1° de l'ordonnance du 2 novembre 1945 modifiée.

la famille d'un citoyen de l'UE n'est pas soumis[146] à la directive du 22 septembre 2003 relative au regroupement familial, applicable aux étrangers soumis au statut général.

Cependant, une limite importante restreint les droits des membres de famille du regroupement familial : ils ne sont que les ayant-droits du ressortissant communautaire et ne bénéficient donc pas d'une liberté totale de circulation ou d'un droit de séjour autonome.

B/ L'éloignement du ressortissant de pays tiers membre de famille communautaire

S'agissant de la fin du séjour, la directive 64/221 du 25 février 1964[147], et désormais la directive de 2004 (qui la remplace), prévoient de permettre aux États membres d'émettre des mesures d'éloignement pour des raisons liées à l'ordre public, à la sécurité publique et à la santé publique[148].

Si l'étranger quasi-communautaire dispose de certains droits du ressortissant communautaire en matière de séjour, il en est de même s'agissant de la fin du droit au séjour. En effet, la CJCE estime que l'État membre peut mettre fin à ce droit si « *le comportement personnel de l'individu qui en fait l'objet* » le justifie. Le caractère de prévention générale de l'ordre public ou la dissuasion[149] ne justifient pas une mesure d'expulsion. De même, la condamnation pénale n'entraîne pas à elle seule une mesure d'éloignement[150]. Les États membres ne peuvent au seul motif de la possession ou pas d'un visa prononcer une mesure d'éloignement[151]. Il faut une menace *réelle et grave* qui trouble l'ordre public[152] pour expulser le ressortissant communautaire ou le membre de famille communautaire n'ayant pas la nationalité d'un État membre. Le membre de famille communautaire pourra alors utiliser toutes les garanties de procédures[153] et de recours disponibles en droit communautaire[154]. Dans ce cas précis, les mesures d'expulsion répondent à des critères moins restrictifs que ceux définis pour les ressortissants de pays tiers soumis au droit commun[155].

La directive de 2004 rassemble tous ces éléments dans son chapitre VI intitulé « *limitation du droit d'entrée et de séjour pour des raisons d'ordre public, de sécurité publique ou de santé publique* ». Ainsi, les mesures d'éloignement doivent respecter « le *principe de proportionnalité et être fondées sur le comportement personnel de l'individu concerné. L'existence de condamnations pénales antérieures ne peut à elle seule motiver de*

---

[146] Article 3 § 3 de la Directive.

[147] Directive du 25 février 1964, *pour la coordination des mesures spéciales aux étrangers en matière de déplacements et de séjour justifiés par des raisons d'ordre public, de sécurité et santé de publiques*, JOCE n° 56, 4 avril 1964.

[148] Chapitre VI de la directive de 2004.

[149] CJCE 26 février 1975, *Bonsignore*, rec. 1975, p. 297 ; *Droit Social*, 1975, p. 354.

[150] CJCE 8 avril 1976, *Royer*, rec. 1976, p. 497.

[151] CJCE 25 juillet 2002, Mouvement contre le racisme, l'antisémitisme et la xénophobie ASBL (MRAX), C-459/99.

[152] CJCE 15 octobre 1969, *Ugliola*, aff. 15/69 rec. p. 363., CJCE 7 mars 1991, *Margio*, aff. C 10/90, rec. p. 1134.

[153] CJCE 25 juillet 2002, Mouvement contre le racisme, l'antisémitisme et la xénophobie ASBL (MRAX), C-459/99.

[154] Cf, RODIÈRE P., *Op. cit.*, p. 177-179 ; DUBOUIS L. et BLUMANN C., *Droit communautaire matériel*, éd. Montchrestien, Domat droit public, 2ème éd. 2001, p. 59-60.

[155] DE SCHUTTER O., « La proportionnalité de l'éloignement d'étrangers pour des motifs d'ordre public », *RDE*, 1997, n° 93, p. 187.

telles mesures. Le comportement de la personne concernée doit représenter une menace réelle et actuelle et suffisamment grave pour un intérêt fondamental de la société. Des justifications non directement liées au cas individuel ou tenant à des raisons de prévention générale ne peuvent être retenues »[156]. La directive prévoit également des garanties minimales contre l'éloignement telles que la prise en compte de la durée habituelle de résidence, de l'âge de l'intéressé, de son état de santé et de sa situation familiale, économique, sociale et culturelle[157].

L'étranger membre d'une famille communautaire qui a acquis un droit de séjour permanent ne peut être éloigné qu'en cas de raison impérieuse d'ordre public ou de sécurité publique[158]. Cette limite confirme l'assimilation progressive du citoyen communautaire et de sa famille au ressortissant national. En droit français, la seule mesure d'éloignement qui devrait être applicable à cet étranger est l'expulsion au sens de l'article 23 et 25 bis de l'ordonnance de 1945. L'étranger membre d'une famille communautaire ne devrait plus faire l'objet d'une reconduite à la frontière (qui sanctionne une atteinte à la législation relative à l'entrée et au séjour des étrangers), la mesure de reconduite étant, à notre avis, disproportionnée lorsque l'étranger dispose d'un droit au séjour permanent.

Des garanties procédurales sont aussi prévues par la directive de 2004. Les recours juridictionnel et administratif sont imposés et la suspension de la mesure d'éloignement doit être possible[159].

En France, la jurisprudence du Conseil d'État est constante sur ce point : elle ne tient pas compte de cet alignement des droits en matière de reconduite à la frontière. Dans l'arrêt du 8 octobre 1997 Naili[160], une reconduite à la frontière a été rendue possible pour une ressortissante de pays tiers sans visa, mariée avec un ressortissant portugais vivant régulièrement en France. Cette attitude est regrettable. Comme le souligne très pertinemment Claire Rodier « *la reconduite à la frontière ne sanctionne qu'une infraction au droit au séjour, or en vertu d'une jurisprudence constante de la Cour de justice, le droit des ressortissants communautaires (et de leur famille) d'entrer et de séjourner sur le territoire d'un autre État membre est un droit conféré directement par le Traité et acquis indépendamment de la délivrance du titre, lequel n'a qu'une valeur déclarative (CJCE Royer, 1976). En conséquence, dès lors qu'un ressortissant d'État tiers justifie relever du principe de libre circulation en France et être marié à une ressortissante communautaire travaillant dans ce pays, il ne devrait pas pouvoir lui être opposé le fait qu'il est dépourvu de titre de séjour* »[161].

---

[156] Article 27.
[157] Article 28.
[158] Article 28 § 2.
[159] Article 31.
[160] CE 8 octobre 1997, *Préfet de L'Essonne c./ Naili*, req. n° 181858.
[161] RODIER C., *op. cit.*, p. 165-166.

Le Conseil d'État devra donc se mettre en harmonie et actualiser sa jurisprudence. La vision trop restrictive des droits de ces ressortissants quasi-communautaires est fâcheuse. Elle n'est pas conforme à l'esprit de la libre circulation et elle montre surtout que le droit français garde ses vieux réflexes de lutte contre l'irrégularité de séjour des étrangers, qu'ils soient membres de famille communautaire ou pas.

❖

CONCLUSION DU TITRE I

Ce premier titre a permis de démontrer les différents enchevêtrements et imbrications de normes supranationales et nationales relatives au statut du ressortissant de pays tiers (migrant, résident et étranger « indésirable »). Les normes communautaires prennent de plus en plus d'importance dans le statut général de l'étranger (ordonnance de 1945). Les dispositions communautaires mises en place sont globalement plus restrictives que le droit français. Sur le fond, l'harmonisation n'a pas apporté de garanties ou de protections particulières aux étrangers. Bien au contraire, tout au long de nos développements, il a été souvent constaté des modifications parfois très dommageables pour le statut de l'étranger.

Pendant cette première « phase » de communautarisation (1999-2004), une importante « masse juridique » communautaire s'est constituée. Des mutations conséquentes ont débuté dans le statut interne de l'étranger, ces transformations ont été inégales selon que ces instruments communautaires harmonisaient l'entrée, le séjour ou la sortie de l'étranger.

Les règles concernant l'accès et l'entrée sur le territoire de l'étranger ont été modifiées par les normes communautaires. Un système de visa unique à tous les États membres, a notamment été mis en place pour les séjours de courte durée. Ce premier mouvement de communautarisation a eu pour ambition de réaliser une unification des pratiques des visas dans tous les États de l'Union, et de permettre une gestion commune des flux migratoires entrant dans l'espace européen. On s'est interrogé sur la pertinence d'un tel mécanisme commun qui renvoie sans aucun doute à une rationalisation des flux migratoires à l'échelon régional (Europe). Cette gestion commune des visas d'entrée sur le territoire commun a été corroborée par une sophistication des moyens de contrôle du ressortissant de pays tiers. L'instauration du Système d'Information Schengen (SIS) a institué un système commun de gestion des identités autorisées à pénétrer sur le territoire commun. L'ampleur et la nature de ce fichier informatique est une nouveauté dans le statut de l'étranger ; on trouve ici le désir des États membres de créer « un statut sous surveillance ». Le SIS semble être le premier des futurs fichiers informatiques puisqu'il est question de mettre en place un Système d'Information Visa. L'emprise communautaire est plus limitée sur le plan du séjour du migrant, même si un certain nombre d'instruments de droit dérivé ont été adoptés ou sont en cours d'adoption. En effet, les instruments communautaires relatifs au regroupement familial, au travail des ressortissants de pays tiers, aux étudiants, aux chercheurs, aux stagiaires étrangers, aux résidents de longue durée (etc.) ont rencontré d'importantes difficultés pendant les négociations. Trop attachés à leurs législations nationales, les États membres n'ont pas montré de véritable volonté politique pour harmoniser ces droits. Ceci se retrouve dans le contenu des textes communs. En effet, si cet ensemble d'actes trace les grandes lignes d'un futur statut du résidant d'État tiers, celui-ci est loin d'être harmonisé dans son ensemble ; les normes de droit communautaire ne sont que les bases minimales d'un statut en construction. La rédaction des règlements et des directives témoigne des nombreuses limites atteintes pendant les négociations : les dérogations ou les clauses de *Stand still,* insérées dans les normes communautaires dérivées, mettent à mal les efforts d'harmonisation minimale du statut du ressortissant de pays tiers. Néanmoins, certains instruments communautaires ont été transposés. Ils posent des difficultés d'application et d'interprétation en droit interne.

Les conditions de sortie de l'étranger ont représenté très tôt une préoccupation des États membres. Dès mai 2001, une directive sur les mesures communes en matière de reconnaissance mutuelle des mesures d'éloignement a été adoptée. Cette directive est l'une des premières entérinées, mais le contenu de ce premier acte est extrêmement décevant car il traite des problèmes de forme et d'exécution des mesures d'éloignement avant de définir les questions de fond. Les objectifs de cette directive ont été récemment transposés dans l'ordonnance de 1945. Ils laissent d'ailleurs présager de futurs problèmes d'interprétation. De surcroît, quatre accords communautaires de réadmission des ressortissants de pays tiers ont été adoptés par la Communauté pour accélérer le renvoi, mais ces accords ne concernent pas des pays à forts risques migratoires. Ces diverses tentatives d'harmonisation de la sortie du ressortissant de pays tiers illustrent les priorités obsessionnelles des États membres à régler la question de l'immigration clandestine.

Nos analyses ont montré que le *régime migratoire supranational* se trouve au stade de l'émergence et souffre des négociations difficiles de la politique communautaire. Les résistances manifestées par certains États ont énormément influencé le contenu des actes communautaires.

Ce régime migratoire supranational n'est pas encore *général ;* des diversités de traitements supranationaux subsistent pour traiter le cas de certains ressortissants de pays tiers ; ainsi existe-t-il encore un traitement bilatéral de certains ressortissants en France (les Algériens), de même qu'un traitement communautaire qui privilégie, et donc particularise, les « ressortissants de pays tiers membres de familles communautaires » et les étrangers dont le statut est organisé par un accord d'association avec la Communauté européenne. Un autre exemple de traitement bilatéral a été développé entre les ressortissants de pays tiers en transit en France à destination du Royaume-Uni. Ceci crée des disparités dans le traitement des ressortissants de pays tiers. Pour faire face à ces anomalies, un ensemble de règles bilatérales régissant l'entrée des ressortissants de pays tiers dans les deux pays s'est développé, en marge de la politique communautaire. Le droit bilatéral issu de ces deux pays témoigne d'une intégration communautaire à deux vitesses, qui multiplie les normes juridiques et complexifie le droit des étrangers. Ce traitement d'exception a conduit à des aberrations et le Centre de Sangatte a été le symbole des limites de ce traitement différencié. Ainsi, si la construction communautaire est sur le point de faire émerger les bases d'un statut *commun* et *général* pour le ressortissant de pays tiers, des statuts particuliers supranationaux le tempèrent.

Ces analyses démontrent que le droit des étrangers est un ensemble de normes hétérogènes, variant selon la situation irrégulière, économique, familiale, ou bilatérale de l'étranger. Cette masse juridique supranationale importante constitue un régime migratoire supranational complexe. En effet, elle n'est pas toujours intelligible. Certaines normes sont parfois sans valeur juridique contraignante ; d'autres ont une portée générale et posent des difficultés de transposition au législateur français ou créent des exceptions au statut général, ce qui ne facilite pas la compréhension du droit des étrangers. Les autorités internes (juge, législateur et préfecture) doivent « composer » avec ce régime migratoire supranational inabouti.

TITRE II : UN STATUT LARGEMENT COMMUNAUTAIRE POUR LE DEMANDEUR D'ASILE

La libre circulation des individus doit coexister avec le principe du respect des souverainetés étatiques. Ainsi, à travers l'image « *du pas suspendu de la cigogne, l'oiseau migrateur au-dessus de la frontière*», Jean-Yves Carlier estime que le demandeur d'asile est enfermé dans la logique des souverainetés nationales. En effet, lorsque le demandeur d'asile quitte son pays d'origine, il perd la protection de son État, il doit alors chercher, la protection d'une autre souveraineté étatique[1]. Or si l'article 13 § 2 de la Déclaration Universelle des Droits de l'Homme[2] ou l'article 12 du Pacte international des droits civils et politiques[3] stipulent que chacun a le droit de quitter librement son pays, en revanche aucun instrument international n'oblige un État à accepter un demandeur d'asile. Ainsi, si le demandeur d'asile en quête de protection peut quitter son pays, rien dans l'ordre juridique international n'oblige un État à accepter son entrée. Le droit d'entrée sur le territoire est un monopole réservé à chaque autorité étatique ; il fait partie des prérogatives bien gardées des États souverains. L'autorisation d'entrée des ressortissants étrangers est l'expression même du pouvoir territorial de l'État et donc de l'affirmation de sa souveraineté nationale. L'État choisit qui peut entrer ou non sur son territoire, et à qui il octroie discrétionnairement sa protection. Le demandeur d'asile est celui qui demande l'accès au territoire ; « l'asile »[4] constitue le lieu de protection que l'État lui offre. L'asile est donc la protection qu'accorde un État sur son territoire à un individu ayant fui son pays en raison des risques qu'il encourt pour sa vie ou sa liberté.

Cette protection existait déjà[5] dans les temps très anciens : chez les Grecs[6] ou les Romains. Elle s'est transformée au cours des siècles : ainsi l'asile religieux[7] est devenu

---

[1] BEAUD O., « Propos inactuels sur le droit d'asile : asile et théorie générale de l'État », *LPA*, n° 123, 13 oct. 1993, p. 16-21.

[2] Article 13 § 2 « *Toute personne a le droit de quitter tout pays, y compris le sien, et de revenir dans son pays* », L'article 14 « *Devant la persécution, toute personne a le droit de chercher asile et de bénéficier de l'asile en d'autres pays* ».

[3] L'article 12 du Pacte international relatif aux droits civiques et politiques : « §*1. Quiconque se trouve légalement sur le territoire d'un État a le droit d'y circuler librement et d'y choisir librement sa résidence, 2. Quiconque est libre de quitter n'importe quel pays, y compris le sien* ».

[4] Asile vient du mot grec *asulon*, (un refuge inviolable).

[5] ALLAND D. et TEITGEN-COLLY C., *Traité sur le droit d'asile*, éd. PUF, 2002, p. 17-54.

[6] Cf. analyses de ALLAND D., « Le dispositif international du droit d'asile », Colloque de Caen, Société Française pour le Droit International, *Droit d'asile et des réfugiés*, éd. Pédone, Paris, 1997, p. 16-31.

asile politique[8] avec l'apparition de l'institution étatique aux XVe et XVIe siècle. C'est à partir de la Révolution française que le concept d'« asile » prend sa signification moderne : droit qui protège l'exilé des menaces de son pays d'origine et substitue un État accueillant et protecteur à l'État d'origine, défaillant.

Aujourd'hui, le statut du demandeur d'asile est réglementé essentiellement par la loi du 25 juillet 1952[9] qui organise à la fois les droits attachés au dépôt et à la recevabilité de la demande et les protections octroyées aux demandeurs d'asile.

Les droits entourant le dépôt et la recevabilité de la demande d'asile ont été tardivement régis par les normes supranationales. En effet, depuis les années quatre-vingt-dix, face à l'effondrement des pays de l'Est et aux migrations de nombreux ressortissants de pays en crise, les États membres de l'Union européenne ont entrepris une gestion collective de la délicate question du droit d'asile[10]. Dans un premier temps, les États membres ont émis des actes peu contraignants ; mais depuis quelques années ils élaborent un véritable système commun pour traiter les demandes d'asile ; ainsi, la communautarisation récente du droit d'asile instaure un statut supranational pour le demandeur d'asile. Celui-ci pose des règles communes afin que l'exilé voit sa demande traitée de manière identique dans tous les pays membres, et surtout, que les États, par un mécanisme de rationalisation des demandes d'asile, se répartissent la « charge du fardeau ».

Ce statut commun de l'asile a d'abord concerné l'ensemble des *droits procéduraux* qui réglementent la phase du dépôt et celle de la recevabilité de la demande d'asile. Il conviendra de dégager la logique de ces standards procéduraux communautaires encore en construction et d'en dégager leur philosophie dissuasive pour en évaluer l'impact dans le statut français du demandeur d'asile.

L'harmonisation européenne a ensuite concerné la protection octroyée au demandeur d'asile. Toutefois, il convient de préciser que la protection offerte au demandeur d'asile a été longtemps réduite à celle de la Convention de Genève[11] relative au statut de réfugié du 28 juillet 1951 et du Protocole de New York de 1967[12]. En effet, la Convention de Genève a créé un statut international du réfugié, c'est-à-dire un statut pour le demandeur

---

[7] GAZZANIGA J-L., « Le droit d'asile religieux : évolution historique », *in droit d'asile, devoir d'accueil*, VIIIe colloque de la fondation Jean-Rodhain, Paris, Desclée de Brouwer, 1995, p. 77-85. Voir aussi SÉGUR P., « L'asile religieux dans la modernité », *Migrations et Société*, 1997, septembre-octobre 1997, p. 61- 79.

[8] SÉGUR P., *La crise du droit d'asile*, éd. PUF, 1998, p. 13-85 ; CREPEAU F., *Droit d'asile, de l'hospitalité aux contrôles migratoires*, éd. Bruylant, Bruxelles, 1995, p. 29-45.

[9] Loi n°52-893 du 25 juillet 1952 *(*JO du 27 juillet 1952) *relative au droit d'asile* (modifiée en dernier lieu par la loi n°2003-1176 du 10 décembre 2003). Aujourd'hui dans le livre VII du Code de l'entrée et du séjour des étrangers et du droit d'asile (entré en vigueur le 1er mars 2005).

[10] DIAS URBANO DE SOUSA C. et DE BRUYCKER P., *L'émergence d'une politique européenne d'asile*, ULB, Bruylant, Bruxelles, 2003 ; PIÇARRA P., « Le développement d'une politique communautaire en matière d'asile », *L'émergence d'une politique européenne d'asile*, ULB, Bruylant, Bruxelles, 2003, p. 15-21 ; VAN KESSEL G.-C.-J., « The evolution of asylum application in EU member states », *L'émergence d'une politique européenne d'asile*, ULB, Bruylant, Bruxelles, 2003, p. 23-32 ; GORTÁZA C., « Asylum procedure », *in L'émergence d'une politique européenne d'asile*, ULB, Bruylant, Bruxelles, 2003, p. 87-106.

[11] Adoptée le 28 juillet 1951 par une conférence de plénipotentiaires sur le statut des réfugiés et des apatrides ; convoquée par l'Organisation des Nations Unies en application de la Résolution 429 (V) de l'Assemblée générale en date du 14 décembre 1950. Entrée en vigueur le 22 avril 1954, conformément aux dispositions de l'article 43.

[12] Protocole relatif au statut des réfugiés, entré en vigueur le 4 octobre 1967 conformément aux dispositions de l'article VIII.

d'asile ayant été reconnu comme réfugié au sens de la définition posée par la Convention de Genève. Ce texte à vocation universelle a permis de poser les critères d'éligibilité du réfugié ainsi qu'une série de droits devant lui être octroyés par les États. Le statut de réfugié a donc constitué la première protection internationale offerte au demandeur d'asile. Ainsi, depuis le milieu des années soixante-dix, la notion de demandeur d'asile a été abusivement assimilée et limitée aux seules personnes qui revendiquaient la qualité de réfugié, au sens de l'article 1er de la Convention de Genève. Cette corrélation des notions d'asile et de réfugié était très discutable. En effet, il existait des demandeurs d'asile qui ne pouvaient prétendre à la protection conventionnelle de la Convention de Genève, mais qui étaient en droit de recevoir une protection sur la base d'un autre fondement. La dissociation « demandeur d'asile » et « candidat à la qualité de réfugié » ne s'est réalisée en droit interne que très tardivement. C'est la loi du 11 mai 1998 qui en instituant une nouvelle forme d'asile (l'asile territorial) a permis de distinguer le concept de demandeur d'asile de celui du candidat au statut de réfugié. Dans certains pays membres, des protections subsidiaires, des permis humanitaires, des statuts B sont venus également compléter la protection conventionnelle, des nouvelles formes d'asile ont été institutionnalisées de manière très différente d'un État membre à l'autre. Dès lors, pour faire face aux nombreuses définitions retenues par plusieurs États membres, la Communauté s'est lancée dans une harmonisation des « *protections complémentaires* »[13] offertes au demandeur d'asile. Au plan communautaire, la « diversification » des formes d'asile n'a été que très récemment organisée. Au côté de la protection conventionnelle, les demandeurs d'asile peuvent aujourd'hui prétendre à deux nouvelles formes d'asile : *une protection subsidiaire* et une *protection temporaire*. Ces protections ainsi que les statuts qui en découlent sont définis par deux directives communautaires. Ces deux nouvelles formes d'asile apparaissent comme des protections alternatives au statut conventionnel. Leur complémentarité avec le statut conventionnel ainsi que leur impact en droit interne feront l'objet de notre étude. Par ailleurs, la définition conventionnelle du réfugié a été précisée par une directive communautaire. Ainsi, les États membres ont abouti à une définition harmonisée du « réfugié statutaire » afin d'éviter les différentes interprétations d'un État à l'autre. En conséquence, le contenu et la portée de cette communautarisation de la définition du réfugié seront analysés. Cette nouvelle approche du réfugié témoigne de l'ébauche d'une définition *régionale* du réfugié.

En définitive, tant les droits procéduraux que les différentes protections offertes aux demandeurs d'asile ont été appréhendés par le droit communautaire.

Il conviendra d'étudier successivement les standards procéduraux communautaires et les protections, à la fois communautaires et conventionnelles délivrées aux demandeurs d'asile.

---

[13] JULIEN-LAFERRIÈRE F., « Le statut des personnes protégées », *in L'émergence d'une politique communautaire d'asile*, ULB, Bruylant Bruxelles, p. 198.

SOUS TITRE I : DES STANDARDS PROCÉDURAUX COMMUNAUTAIRES

En 2004, 65 600 demandes d'asile[1] ont été déposées en France et pas moins de 380 000 dans l'ensemble des États membres. Dès lors, la politique commune de l'asile constitue un enjeu important.

La communautarisation du droit d'asile a permis aux États membres d'harmoniser les droits et procédures qui entourent le parcours administratif du demandeur d'asile. Cette harmonisation des droits procéduraux s'explique par le désir de lutter contre l'augmentation des demandes d'asile en Europe mais aussi par celui de faire face aux « demandes multiples » au sein des divers États membres.

Les initiatives de coopérations internationales ont émergé d'abord dans un cercle restreint de pays membres, à l'abri de tout contrôle démocratique. Puis, suite à la réforme engagée par le Traité de Maastricht, les États membres ont exprimé le désir de transformer ce laboratoire d'expérimentation en normes communes. La tâche s'est révélée délicate non seulement au point de vue institutionnel[2] mais également par rapport au contenu des mesures envisagées. Enfin, le Traité d'Amsterdam[3] a communautarisé « partiellement »[4] la politique d'asile et plusieurs actes communautaires dérivés ont réglementé le traitement des demandes d'asile.

La première démarche entreprise par les États membres afin de lutter efficacement contre les « demandes multiples » a été d'instituer un système de détermination des demandes d'asile, basé sur un principe d'unicité des demandes. Ce modèle, mis en place par la Convention d'application Schengen et ensuite par la Convention de Dublin[5], a une

[1] Cf. Rapport d'activité de l'OFPRA année 2004, mars 2005, p. 8.

[2] Voir les excellentes analyses de BOUTEILLET-PAQUET D., *L'Europe et le droit d'asile et ses conséquences sur les pays d'Europe centrale*, éd. L'Harmattan, Logiques juridiques, 2001, p. 131-165 ; Cf. aussi BERGER N., *La politique de l'immigration et de l'asile en Europe*, éd. Bruylant, Bruxelles, 2000.

[3] BOUTEILLET-PAQUET D., *op. cit*, p. 167-196.

[4] « Communautarisation partielle » puisque les questions relatives au droit d'asile ont été adoptées à l'unanimité jusqu'à la mise en place de la codécision lorsque le Conseil a arrêté préalablement une législation communautaire définissant les règles communes et les principes essentiels régissant ces matières (article 67 TCE). Cette période s'est achevée en mai 2004. Depuis la décision n° 2004/927/CE du Conseil, 22 décembre 2004, JOUE n° L396 du 31 décembre 3004, désormais deux domaines de la politique d'immigration et d'asile sont encore soumis à la procédure de l'unanimité : -l'immigration légale (entrée, séjour, titre de séjour de longue durée et regroupement familial) et -le droit des ressortissants de pays tiers résidant légalement dans un État membre à séjourner dans les autres États membres). Le projet de Constitution impose le passage à la majorité qualifiée et à la procédure de codécision pour toute la politique d'asile et d'immigration.

[5] Convention signée le 15 juin 1990 à Dublin, *relative à la détermination de l'État responsable de l'examen d'une*

double fonction : celle de déterminer l'État membre responsable de la demande d'asile grâce à des critères objectifs, et celle de réguler les flux de demandes, au sein des différents pays membres. Ainsi, avec la Convention de Dublin, les États membres ont cherché à réduire le nombre de demandes d'asile en augmentation depuis quinze ans, et à accélérer leur traitement.

La récente communautarisation (« règlement de Dublin » couramment appelé Dublin II)[6] de cette Convention confirme la logique des États membres. Il conviendra d'exposer le mécanisme instauré par le règlement en relevant les lacunes importantes de ce système de détermination des demandes d'asile. Celui-ci a été intégré très rapidement dans le droit français, il fait partie du statut interne du demandeur d'asile : en premier par la Convention d'application Schengen, ensuite par la Convention Dublin et aujourd'hui communautarisé par le règlement communautaire (Dublin II).

L'adoption de la Convention de Dublin[7] a marqué la première étape juridique contraignante du traitement commun de l'asile en Europe. A partir de là, l'influence des instruments communs successifs sur le statut interne du demandeur d'asile n'a cessé d'augmenter ; les réformes multiples de la loi du 25 juillet 1952 et de l'ordonnance du 2 novembre 1945 ont progressivement transposé les avancées communes ; en adoptant les actes communs, le statut du demandeur a changé en peu de temps. Le statut interne actuel est donc en grande part le résultat de toutes ces mesures communes.

Les États membres ont également choisi d'harmoniser plusieurs étapes du long parcours administratif du demandeur d'asile : -celle de la recevabilité ou de l'admission de la demande d'asile par les États membres, -celle des garanties entourant la procédure de l'octroi de la qualité de réfugié ; et enfin -celle des conditions matérielles d'accueil du demandeur d'asile. Les conditions d'accueil intègrent, selon nous, parfaitement les droits procéduraux du demandeurs d'asile. En effet, sans les facilités d'accueil, le demandeur d'asile ne pourrait mener jusqu'à bout sa requête. Les obligations qui pèsent sur les États en matière d'accueil sont essentielles dans le parcours administratif du demandeur d'asile.

Il conviendra d'analyser successivement le mécanisme commun de détermination du pays responsable de l'examen de la demande d'asile (Chapitre I) et le système commun de recevabilité et d'accueil des demandeurs d'asile (Chapitre II).

---

demande d'asile présentée dans l'un des États membres des Communautés européennes, entrée en vigueur le 1er septembre 1997, JOCE n° C 254 du 19/08/1997 p. 1-12.

[6] Règlement (CE) n°343/2003 du Conseil du 18 février 2003 établissant les critères et mécanismes de détermination de l'État membre responsable de l'examen d'une demande d'asile présentée dans l'un des États membres par un ressortissant d'un pays tiers, JOUE L 50 du 25 février 2003, L50/1.

[7] Convention signée le 15 juin 1990 à Dublin, mais entrée en vigueur le 1er septembre 1997, JOCE n° C 254 du 19/08/1997 p. 1-12.

CHAPITRE I : UN MÉCANISME COMMUN DE DÉTERMINATION DU PAYS RESPONSABLE DE L'EXAMEN DES DEMANDES D'ASILE

Afin de mettre fin aux « demandes multiples » au sein de l'espace commun, la Convention de Dublin[1] a déterminé les États responsables du traitement des demandes. La principale nouveauté de ce texte supranational est qu'il prive le demandeur d'asile du choix du pays où il souhaite déposer sa demande. Ce choix est désormais organisé et imposé par la Communauté. L'esprit même du dépôt de la demande et son traitement s'en trouvent ainsi totalement modifiés. Ceci a entraîné de nombreuses critiques contestant un changement de philosophie et de procédure. Mais bien que nombreuses et pertinentes, elles n'en ont pas pour autant empêché la laborieuse adoption d'un règlement communautaire en 2003[2] ; l'objectif de celui-ci est de communautariser la Convention de Dublin et de dynamiser la détermination des demandes d'asile. Ce règlement ne modifie en rien les principes même de la Convention de Dublin ; en revanche son ambition est de rendre plus efficace le système de détermination, qui n'avait pas donné jusqu'alors de résultat à la hauteur des espérances des États membres.

Le système de détermination a été doublé et renforcé par des moyens techniques comme l'informatisation des données nominatives des demandeurs d'asile : l'identification de tous les demandeurs d'asile est rendue possible par un système commun de fichage informatique « de masse » (EURODAC). Le parcours du demandeur d'asile est alors observé et contrôlé. Ce système technique de fichage entre dans le statut proprement dit du demandeur d'asile car il entraîne des conséquences non négligeables sur son « parcours administratif ». Par ailleurs, les États européens ont mis en place un principe de réadmission des demandeurs d'asile entre les États membres. Ces deux types de mesures ont modifié le statut interne du demandeur d'asile, puisque le système EURODAC, comme le principe de réadmission[3], sont intégrés en droit interne.

Le « système »[4] commun de détermination du pays responsable de l'examen des demandes d'asile (Section I) et les différents instruments techniques instaurés pour rendre

---

[1] La Convention d'application Schengen a été remplacée par la Convention de Dublin.

[2] Règlement (CE) n° 343/2003 du Conseil du 18 février 2003 *établissant les critères et mécanismes de détermination de l'État membre responsable de l'examen d'une demande d'asile présentée dans l'un des États membres par un ressortissant d'un pays tiers,* JOUE L 50 du 25 février 2003, L50/1.

[3] Le principe de réadmission au sein du Règlement (Dublin II) est différent de celui des accords communautaires de réadmission précédemment étudié, il s'agit ici de réadmettre les seuls demandeurs d'asile qui ont déposé une demande d'asile dans une des pays membres lorsqu'il n'est pas présent sur le territoire du pays responsable du traitement de cette demande. La réadmission se fait entre les États membres et non avec le concours des pays tiers.

[4] BOUTEILLET-PAQUET D., L'Europe et le droit d'asile et ses conséquences sur les pays d'Europe centrale, éd.

efficace le principe de détermination des demandes d'asile (Section II) seront successivement analysés.

Section I : Un système commun de détermination du pays responsable peu efficace

La politique commune relative au droit d'asile a débuté avec l'accord de Schengen le 14 juin 1984 et l'Acte Unique du 27 février 1986. En contre partie de l'instauration de l'espace de libre circulation dans les États Schengen, les contrôles migratoires extérieurs devaient être renforcés. Ces contrôles des « flux » ont été envisagés dans le cadre d'une coopération internationale[5] pour éviter de heurter les États très attachés à leurs prérogatives en la matière. C'est en ce sens, qu'en 1990, un chapitre relatif au traitement des demandes d'asile a été adopté dans la Convention d'application Schengen. Cette coopération intergouvernementale a été très critiquée en raison de son opacité au moment de son élaboration et de son manque de contrôle démocratique. Ensuite, la Convention de Dublin adoptée le 15 juin 1990 a remplacé[6] le système Schengen en instituant un texte international traitant essentiellement de la question de l'asile.

Le mécanisme mis en place par la Convention de Dublin est simple : les États partenaires déterminent leur responsabilité pour le traitement des demandes d'asile grâce à des critères objectifs. Leur but étant de gérer en commun le « fardeau » que constitue le traitement des demandes d'asile et surtout de dissuader les demandes d'asile multiples. Toutefois, la Convention de Dublin a très vite fait apparaître des insuffisances. Souffrant de lacunes importantes dans son fonctionnement, ce système de détermination a très tôt connu des limites d'application.

Avec le traité de Maastricht, le droit de l'asile devient une question d'intérêt commun[7], placé dans le troisième pilier « Justice et Affaires Intérieures » (JAI)[8]. Cette forme institutionnelle de coopération n'a pas entraîné d'harmonisation sur la question du traitement des demandes d'asile en raison de ses lacunes[9] structurelles. Seule une série de Résolutions a été adoptée.

La « communautarisation » du droit d'asile apportée par le Traité d'Amsterdam a permis de lancer véritablement les bases institutionnelles[10] d'un régime européen de l'asile. Néanmoins, s'agissant du système de détermination des demandes d'asile, il a fallu attendre février 2003 pour que soit adopté un des premiers instruments communs : un règlement

---

L'Harmattan, Logiques juridiques, 2001, p. 201.

[5] *Ibid.*, p. 136 et s.

[6] En 1997 avec l'entrée en vigueur de la Convention de Dublin, le Chapitre VII du Titre II de la Convention d'application de l'accord de Schengen a été remplacé par la Convention de Dublin.

[7] Voir sur cette question les analyses BOUTEILLET-PAQUET D., *op. cit.*, p. 153 et s. ; BERGER N., *La politique européenne d'asile et d'immigration, enjeux et perspectives*, Bruylant, Bruxelles, 2000 ; BORN R., « Demandeurs d'asile et réfugiés, Quel niveau de protection leur apporte l'harmonisation européenne des droits nationaux ? », *Annales de Droit de Louvain*, vol. 59, 1999, n° 3, p. 244-338 ; FARIA C. et CORRADO L., « Vers une politique européenne en matière d'asile et de migration », *Eipascope*, n° 2001/2, p. 2-15.

[8] Inscription dans le titre IV (article K1 à K9).

[9] BOUTEILLET-PAQUET D., *op. cit*, p. 160 et s.

[10] Article 63 du TCE.

communautaire[11]. Après, des évaluations du « système Dublin » très laborieuses, le règlement a finalement été mis en place pour communautariser et remplacer la Convention de Dublin en tentant de l'améliorer. Ce règlement s'impose en droit interne, il fait partie intégrante du statut du demandeur d'asile en France.

Il conviendra de s'intéresser à ce « mécanisme Dublin »[12] et à ses critères de détermination ainsi qu'aux récentes modifications apportées par le règlement communautaire (Dublin II) (§ I). Il faudra s'interroger sur l'avenir de ce système en analysant les réformes et les perspectives d'efficacité (§ II).

§ I : Un principe de détermination basé sur des critères objectifs hiérarchisés

La demande d'asile a toujours été définie très strictement par les divers instruments juridiques des États membres. La Convention d'application des accords de Schengen comme la Convention de Dublin la définissaient comme « *toute demande présentée par écrit, oralement ou autrement, par un étranger à la frontière extérieure ou sur le territoire d'une partie contractante en vue d'obtenir sa reconnaissance en qualité de réfugié conformément à la Convention de Genève du 28 juillet 1951* »[13]. Autrement dit, la demande d'asile était celle qui sollicitait exclusivement la protection « conventionnelle » de la qualité de réfugié issue de la Convention de Genève. Que faire des autres demandes d'asile présentées en France (asile constitutionnel, autres formes d'asile...) ?

Il convient de relever que cette définition était très réductrice étant donné qu'elle ne tenait pas compte des autres demandes de protections existantes dans certains pays membres tels que les statuts B[14], les statuts humanitaires ou encore l'asile territorial[15]. D'autant que les demandeurs d'asile bénéficiant de ces statuts sont plus nombreux que les « candidats » à la Convention de Genève. En Europe, près de trois demandeurs sur quatre[16] sont protégés par des statuts subsidiaires et non par la Convention de Genève. La majorité des demandeurs d'asile n'étant pas concernée par la définition posée par la Convention de Dublin, on pouvait anticiper le manque d'efficacité de cette Convention. Plusieurs États s'inquiétèrent du fait que la Convention de Dublin ne réglait pas le cas des personnes qui, « *retirent leurs demandes d'asile pour solliciter une protection à un autre titre, ou bien ne*

---

[11] Règlement (CE) n°343/2003 du Conseil du 18 février 2003 *établissant les critères et mécanismes de détermination de l'État membre responsable de l'examen d'une demande d'asile présentée dans l'un des États membres par un ressortissant d'un pays tiers*, JOUE L 50 du 25 février 2003, L50/1. Pour une analyse du règlement et de son application : BRANDEL U., « Distribution of asylum seekers in Europe ? Dublin II regulation determining the responsibility for examining an asylum application », L'émergence d'une politique européenne d'asile, ULB, Bruylant, Bruxelles, 2003, p. 33-69.

[12] Voir analyse HURWITZ A., « Commentaire sur la détermination de l'État responsable de l'examen d'une demande d'asile et la répartition des charges entre États membres », *L'émergence d'une politique européenne d'asile*, ULB, Bruylant, Bruxelles, 2003, p. 71-86. Pour plus d'informations cf. sa these : *Responsibility-sharing arrangements for the protection of refugees, with particular reference to Europe and the determination of claims for refugee status*, Université d'Oxford, thèse de doctorat, 2002.

[13] La Convention de Dublin propose une définition identique dans son article 1 b).

[14] Statut humanitaire offert dans certains pays membres à des demandeurs d'asile qui ne pouvaient bénéficier de la protection conventionnelle.

[15] TA Lille 20 mai 1999, n° 9864363, publié au recueil Lebon.

[16] Intervention de Daphné BOUTEILLET-PAQUET au Colloque du GISTI « L'Europe face à l'asile et l'immigration : quelles politiques communes ? Actes et journées d'études du 22 janvier 2003 », *Europe de rejet, Revue Plein Droit*, juin, 2003, p. 21.

présentent jamais une demande d'asile et ne sollicitent dès le départ qu'une forme subsidiaire de protection »[17].

Le règlement ne revient pas sur cette définition étroite du demandeur d'asile. Son article 2 c) définit la demande d'asile comme « *la demande présentée par un ressortissant d'un pays tiers qui peut être comprise comme une demande de protection internationale par un État membre en vertu de la Convention de Genève. Toute demande de protection internationale est présumée être une demande d'asile, à moins que le ressortissant d'un pays tiers concerné ne sollicite explicitement une autre forme de protection pouvant faire l'objet d'une demande séparée* ». Toutefois, en France il existe depuis la réforme du 10 décembre 2003[18] modifiant la loi du 25 juillet 1952, un système de guichet unique de traitement des demandes d'asile, le règlement s'applique en conséquence à toutes les demandes d'asile (conventionnelle, constitutionnelle[19], subsidiaire[20]).

Depuis 1997, avec l'instauration du mécanisme de Dublin, le demandeur ne peut déposer qu'une seule demande d'asile dans un seul État membre. Ainsi, la détermination de la responsabilité du traitement de la demande d'asile s'effectue grâce à des critères objectifs et hiérarchisés qui déterminent la compétence de l'État (A). Il existe des critères d'exception qui assouplissent l'application parfois trop « rigide » de ces critères (B).

A/ Des critères objectifs modifiés par le Règlement (Dublin II)

Le caractère procédural du mécanisme de Dublin se retrouve dans l'utilisation des critères de responsabilité du traitement des demandes d'asile. Ces critères de détermination de la responsabilité de l'État s'établissent autour d'une même logique : l'État désigné est celui qui a la plus grande part de responsabilité dans la présence du demandeur d'asile en Europe.

Avec cette procédure de détermination, le choix du pays dans lequel le demandeur d'asile voudrait déposer sa demande disparaît en raison du principe d'unicité de l'examen des demandes. Depuis l'instauration de la Convention de Dublin, le choix relève désormais de critères prédéterminés. Ce transfert de choix ou plutôt cette suppression de liberté de choisir son pays, a été la première solution adoptée par les États membres, pour mettre fin « aux demandes sur orbite », à l'« asylum shopping », des demandeurs qui jusque là déposaient plusieurs demandes dans divers États membres, allant d'un État à l'autre, d'un refus à l'autre.

La Convention de Dublin et désormais le Règlement prévoient tout d'abord un critère familial permettant de regrouper la famille du demandeur. Ce critère respectueux des

---

[17] Document de travail de la Commission, réexamen de la Convention de Dublin : « Élaboration d'une législation communautaire permettant de déterminer quel État membre est responsable de l'examen d'une demande d'asile dans l'un des États membres », Bruxelles, le 22 mars 2000, sec (2000) 522, p. 19-20.

[18] Loi du 10 décembre 2003 modifiant la loi n° 52-893 du 25 juillet 1952 relative *au droit d'asile*, JORF n° 286 du 11 décembre 2003, p. 21080. DC n° 485-2003, du 4 décembre 2003, JORF du 11 décembre 2003, p. 21085.

[19] Le juge des référés s'était prononcé sur cette question avant l'adoption du Règlement (Dublin II) et la mise en place du guichet unique cf. CE référé 2 mai 2001, *Ministre de l'Intérieur c./ Dziri*, req. n° 232997.

[20] Avant la réforme du 10 décembre 2003, la demande conjointe de l'asile conventionnel et asile territorial, suspendait la demande d'asile territorial. Dans le cas où un autre État membre était responsable de l'asile conventionnel, il fallait attendre sa responsabilité auquel cas, le Préfet pouvait autoriser provisoirement au séjour le demandeur pour le seul examen de la demande d'asile territorial. CE référé 4 septembre 2003, *Mme Thanattikul*, req. n° 259821.

droits de l'Homme est en réalité très restrictif. Il conviendra d'en apprécier la portée et les récentes modifications entérinées par le Règlement (1). Il faudra s'intéresser ensuite au « *critère d'autorisation* »[21] qui engage la responsabilité de l'État accueillant pour une demande d'asile d'un ressortissant de pays tiers entré régulièrement sur le territoire (2). Il s'agira enfin de déterminer le critère de « *l'entrée irrégulière* »[22], qui engage la responsabilité d'un pays défaillant dans la surveillance de ses frontières (3).

1/ Le critère du regroupement de la famille

En raison de lacunes importantes, le critère de départ institué dans la Convention de Dublin (a) a subi des modifications mises en place par le Règlement (b).

a) Les lacunes de la Convention de Dublin

L'article 4 de la Convention de Dublin prévoyait que lorsqu'un demandeur d'asile avait un membre de sa famille qui avait obtenu la qualité de réfugié dans un État membre, ce dernier était responsable pour traiter la demande. Ce critère assurait la conformité avec les exigences du droit international des Droits de l'Homme qui imposent la protection de l'unité de famille des réfugiés. En France, l'unité de famille des réfugiés a été consacrée par le juge administratif lors de sa célèbre décision Agyepong[23] en 1994. Ce principe permet d'étendre la qualité de réfugié à la famille du réfugié. Dans la Convention de Dublin, le critère familial permet seulement de prédéterminer l'État qui traitera la demande d'asile en vue de la réunification de la famille. Ce critère n'attribue aucun droit particulier au demandeur hormis celui de voir sa demande examinée dans le pays où séjourne sa famille.

L'alinéa 2 de l'article 4 de la Convention définissait très strictement les membres de la famille du demandeur d'asile : c'étaient uniquement le conjoint, les enfants mineurs, ou encore le père et la mère lorsque le demandeur est mineur. Cette stricte définition des membres de la famille correspondait parfaitement à celle du principe général du droit dégagé par le juge administratif français. La Commission de Recours des réfugiés avait admis la possibilité de regrouper les ascendants, mais le Conseil d'État n'a jamais confirmé cette approche large. Comme la Convention de Dublin, le juge administratif retient une définition de la famille « nucléaire » du réfugié.

Ce critère était très peu utilisé dans la pratique des États membres en raison de la définition restrictive de la famille. A titre d'illustration, le document de travail des services de la Commission d'évaluation de la Convention de Dublin[24], relève, qu'en deux ans, le critère familial n'a concerné qu'un cas sur 286 au Portugal, 16 sur 961 en Belgique, 20 sur 295 au Royaume-Uni et 64 sur 1464 au Pays-Bas. Il semble que les familles aient plutôt recours aux voies régulières du regroupement familial des pays membres qui octroient des protections identiques aux membres de la famille du réfugié.

---

[21] BOUTEILLET-PAQUET D., *L'Europe et le droit d'asile*, op. cit, p. 211.

[22] *Ibid.*, p. 212.

[23] CE ass. 2 décembre 1994, *Mme Agyepong*, rec. CE p. 523 ; Conclusions DENIS-LINTON, *RFDA*, 1995, p.86 ; TOUVET L. et STAHL J.H., *AJDA*, décembre, 1994, p. 878 ; BONNOT F., « Les principes généraux du droit applicables aux réfugiés et le principe de l'unité familiale », *RDP*, 1996, p. 1379.

[24] Document de travail des services de la Commission, *Évaluation de la Convention de Dublin*, Bruxelles, 13 juin 2001, SEC (2001) 756, p. 5.

Face à cette lacune, en 2000, le Comité Dublin a énoncé une décision[25] relative au transfert de la responsabilité de l'examen des demandes d'asile émanant des membres de la famille. Cette décision rappelle les exigences qui incombent aux États, exigences posées par l'article 8 de la Convention européenne des droits de l'Homme. Elle précise ensuite des possibilités de rapprochement pour les membres d'une famille, non prévues par l'article 4 de la Convention de Dublin. Ainsi, si des raisons humanitaires exigent le rapprochement de la famille, l'État responsable est celui qui traite déjà les demandes des autres membres de la famille du demandeur d'asile. Il convient de remarquer que cette précision, en apparence séduisante, a une application limitée : c'est une possibilité prévue par la clause dérogatoire et humanitaire, mais qui est appliquée discrétionnairement par les États membres. Ce faisant, aucune obligation ne s'impose à ces derniers s'agissant du rapprochement familial.

b) Les modifications apportées par le Règlement

Le critère familial a été modifié par le Règlement. Son article 7 prévoit la possibilité du regroupement de la famille alors même que le couple n'a pas été préalablement formé dans le pays d'origine. L'article 8 insiste sur l'utilisation du critère de l'unité de famille pour les membres de la famille du demandeur d'asile même s'ils n'ont pas encore obtenu la qualité de réfugiés. Autrement dit, même si la demande du membre de famille « *n'a pas encore fait l'objet d'une première décision sur le fond* », sa demande en cours d'instruction suffit à appliquer le critère familial au demandeur d'asile. Avec cette nouvelle possibilité apportée par le Règlement, le critère du rapprochement de la famille est relativement élargi.

Toutefois, ces dispositions ne permettent pas de protéger le demandeur d'asile et ne le dispensent pas, au fond, de l'examen de sa demande d'asile. Le critère familial du Règlement permet seulement d'éviter de séparer les familles des demandeurs d'asile au sein des différents États membres. Il prévient ainsi « les mouvements secondaires » de certains demandeurs d'asile en permettant le « rapprochement » de leur famille.

Enfin, l'article 6 prévoit le cas spécifique des demandeurs d'asile mineurs non accompagnés ou isolés. Si le mineur ne dispose d'aucune famille en Europe, l'État responsable sera celui dans lequel, le mineur a introduit sa demande d'asile. Cette disposition permet d'apporter une réponse au douloureux problème[26] de la migration des mineurs isolés ou non-accompagnés, qui n'avait jusqu'alors jamais fait l'objet d'une harmonisation contraignante[27]. Cet article témoigne donc d'une récente prise en compte de l'arrivée de plus en plus fréquente de mineurs isolés demandant l'asile en Europe. Il permet

---

[25] Décision n°1/2000 du 31 octobre 2000 du Comité institué par l'article 18 de la Convention de Dublin, relative au transfert de la responsabilité de l'examen des demandes d'asile émanant de membres de la famille conformément à l'article 3§ 4 et à l'article 9 de ladite Convention, (2000/677/CEM), JOCE 7 novembre 2000, L281/1.

[26] Cf. JULINET S., « L'accueil aux frontières, mineurs isolés en danger », *Revue Plein Droit*, n° 52, mars, 2002, p. 11-14. CNCDH, Avis *relatif à la situation des mineurs isolés*, 21 septembre 2000 ; Rapport SSAE, *Les mineurs demandeurs d'asile entrés sur le territoire français sans représentants légaux*, mars 1992 ; COSSY S., *Le statut du requérant d'asile mineur non accompagné dans la procédure d'asile*, thèse de licence et de doctorat, Université de Lausanne, Lausanne, 2000 ; DERHY N., « Les mineurs isolés en Europe : le cas de la France », *in Les mesures relatives aux étrangers à l'épreuve de la Convention européenne des droits de l'Homme*, (Sous la direction de LAMBERT P. et PETTITI C.), collection Droit et Justice, n° 46, Bruylant, Bruxelles, 2003, p. 38-51.

[27] Une seule Résolution du Conseil du 26 juin 1997 *concernant les mineurs non accompagnés ressortissants de pays tiers* JOCE n° C 221 du 19 juillet 1997, p. 23-27.

ainsi de mettre fin à des situations d'attente, lors de la détermination de la responsabilité de l'État, particulièrement intolérables pour ce type de population.

En définitive, ces trois dispositions élargissent le champ *rationae personae* du critère familial et permettent d'anticiper les situations difficiles rencontrées lors de l'application de la Convention de Dublin.

Pourtant, malgré ces dispositions, il convient de remarquer que le Règlement n'est pas allé au bout de la logique d'extension de l'unité de famille. En effet, même s'il est remarquable que le règlement ait intégré d'autres liens familiaux dans la définition des membres de famille (les partenaires non mariés engagés dans une relation stable, les enfants mineurs du partenaire ou les enfants adoptés[28]), les « partenaires non mariés » ne sont reconnus comme « membre de famille » que lorsque « *la législation ou la pratique de l'État membres concerné réserve aux couples non mariés un traitement comparable à celui réservé aux couples mariés, en vertu de sa législation sur les étrangers* »[29]. Autrement dit, les États ne reconnaissent le « partenaire non marié » que si la législation interne relative aux étrangers le prévoit. Cette définition n'harmonise absolument pas les différentes législations ; bien au contraire, elle laisse la porte ouverte aux traitements différenciés entre les États membres ; ce qui risque d'entraîner des mouvements migratoires vers des législations plus libérales. Or certains États européens ne sont pas prêts à élargir ou à reconnaître les « unions alternatives » (concubinage, union libre, couple de même sexe...) dans leur législation relative aux étrangers puisqu'ils ne les ont pas encore admises pour leurs propres ressortissants.

La France reconnaît les unions alternatives (Union libre, concubinage, PACS) dans sa législation, mais elle ne les a toutefois pas encore étendu dans le droit des étrangers. En effet, par exemple, le regroupement familial tout comme le principe général du droit relatif à l'unité de famille des réfugiés, enferment la famille dans une définition étroite puisqu'ils ne retiennent qu'une définition du couple « institutionnalisé » ainsi qu'une approche restrictive du lien familial. Cette réforme, non aboutie à nos yeux, rappelle combien la problématique de la migration et de l'asile reste enfermée dans une approche limitée de la notion de famille.

La pratique récente du nouveau Règlement n'a pas encore fait l'objet d'étude d'ensemble. Il convient d'attendre l'utilisation de ce critère qui en sera faite par les États membres et notamment la France.

2/ Critère de responsabilité de l'État qui a autorisé l'entrée

Ce critère (ancien article 5 de la Convention de Dublin, article 9 du Règlement) oblige les États membres à se répartir les demandes d'asile en examinant lequel d'entre eux a autorisé l'entrée régulière du demandeur d'asile : la participation de l'État dans l'entrée du demandeur d'asile fait de lui le responsable. Autrement dit, « *le degré de responsabilité des États membres est lié à leur degré d'implication dans l'autorisation d'entrée sur le*

[28] Article 2 i) du Règlement.
[29] *Ibid.*

territoire de l'une des parties contractantes »[30]. Ce critère concerne 50 % des demandes adressées à la France en 1999[31].

Plusieurs indices établissent la responsabilité de l'État. Ainsi, un titre de séjour ou un visa en cours de validité entraînent assez facilement la responsabilité de l'État qui les a émis. Si le demandeur d'asile dispose de plusieurs documents, c'est celui qui a la plus longue échéance[32] ou la plus lointaine[33] émission, qui entraîne la responsabilité de l'État. Lorsque le titre de séjour de moins de deux ans ou le visa de moins de six mois est périmé, l'État responsable sera celui qui a émis les titres et ce aussi longtemps que le demandeur n'aura pas quitté le territoire des États membres[34]. En revanche, passés ces deux délais (plus de deux ans pour les titres de séjour et plus de six mois pour les visas), l'État membre dans lequel la demande a été introduite est responsable[35].

L'évaluation de la Convention de Dublin montre que ce critère est d'un emploi relativement aisé. En effet, « *il ne peut guère y avoir de contestations lorsque le support matériel (titre de séjour ou visa) est disponible, bien que certains cas de fraude (usurpation d'identité, falsification du document) aient donné lieu à des interprétations divergentes* »[36]. Dans le cas, où le demandeur ne dispose pas de ces supports, les États ont la possibilité de consulter leur base de données de délivrance de visas. En revanche pour ce qui est des titres de séjour, la recherche est plus délicate car les États ne disposent pas tous d'une base de données informatiques commune, la pertinence de la preuve dépend alors des différences d'organisation des États membres.

Comme le souligne avec justesse Daphné Bouteillet-Paquet, le paradoxe de ce critère est qu'il a pour conséquence de dissuader les États d'appliquer une politique libérale en matière de visa[37]. En effet, plus les États délivrent de visas plus leur responsabilité est susceptible d'être engagée. D'autant que, comme cela vient d'être démontré, le visa valide ou périmé, est un critère « sans appel », pour entraîner la responsabilité de l'État membre.

Néanmoins, ce critère se heurte à la destruction fréquente des documents d'identité par les demandeurs d'asile souvent encouragée par les réseaux de passeurs. La date de l'entrée régulière est alors difficile à prouver.

3/ Critère de l'entrée irrégulière ou de la responsabilité de « l'État défaillant »

Le dernier critère[38] est relatif à l'entrée irrégulière du demandeur d'asile sur le territoire commun. Ce critère joue également un rôle dans la responsabilisation des États membres. Il n'est plus question ici de délivrance de visa ou de titre de séjour mais de contrôle des frontières ; chaque État doit être capable d'empêcher l'entrée irrégulière de demandeurs d'asile sur son territoire.

---

[30] BOUTEILLET-PAQUET D., *op. cit.*, p. 211.
[31] Document de travail des services de la Commission, *Évaluation de la Convention de Dublin*, Bruxelles, 13 juin 2001, SEC (2001) 756, p. 4.
[32] Article 9 §3 a) du Règlement.
[33] Article 9 §3 b) et c) du Règlement.
[34] Article 9 §4 alinéa 1 du Règlement.
[35] Article 9 §4 alinéa 2 du Règlement.
[36] Document de travail des services de la Commission, 2001, *op. cit.* p. 5 et s.
[37] BOUTEILLET-PAQUET D., *op. cit.*, p. 211.
[38] Ancien article 6 de la Convention de Dublin et nouveau article 10 du Règlement.

L'État défaillant est responsable lorsqu'il est établi sur la base de preuves (notamment grâce à EURODAC) ou d'indices que « *le demandeur d'asile a franchi irrégulièrement par voie terrestre, maritime, ou aérienne, la frontière d'un État membre dans lequel il est rentré en venant d'un État tiers* »[39]. La « défaillance » de cet État ainsi que sa responsabilité sont limitées dans le temps, puisque douze mois après le franchissement irrégulier de la frontière sa responsabilité cesse ; c'est l'État dans lequel a été déposée la demande d'asile qui devient alors responsable. De même, le fait de séjourner pendant au moins cinq mois dans un État membre avant de déposer la demande (alors que l'entrée du demandeur d'asile était irrégulière, ou non établie), entraîne la responsabilité de l'État dans lequel cette demande est effectuée. Le Règlement a réduit d'un mois le délai, qui était de six[40] auparavant, activant ainsi la responsabilité des États dans leur défaut de surveillance de leur territoire. Cette mesure incite les États membres à durcir leur contrôle aux frontières ainsi qu'à l'intérieur de leur territoire.

Une décision du Conseil d'État rendue le 24 mars 2005[41] rend compte de l'application du critère de la défaillance de l'État grec dans la surveillance de ses frontières. Il a été déclaré responsable de l'examen de la demande d'asile d'un ressortissant soudanais arrivé par bateau et ce même si le requérant soudanais avait déposé ultérieurement des demandes d'asile en France. Aussi, la réadmission du demandeur d'asile dans cet État ne constitue pas une atteinte grave au droit d'asile.

Ce critère est plus fréquemment utilisé étant donné que la majeure partie des demandeurs d'asile traverse irrégulièrement les frontières de l'Europe. Il a été très critiqué par les États membres ayant des frontières avec des pays tiers, particulièrement exposées aux pressions migratoires. En effet, la charge qui pèse sur ces pays est plus lourde que celle des pays (comme la France) qui n'ont qu'à surveiller leurs frontières maritimes. Ainsi, en raison de sa situation géographique, l'Allemagne a constitué le premier pays par lequel les demandeurs d'asile venant de l'Est et de l'Asie ont pénétré. Aujourd'hui, c'est sur les nouveaux États membres que pèse ce critère.

Par conséquent, force est de constater que contrairement aux idées communément admises, la Convention de Dublin n'institue pas un système de partage égal de l'accueil des demandes d'asile, puisqu'elle ne permet pas de répartir les demandes d'asile sur un mode de calcul fixe[42]. Les statistiques du document de travail de la Commission sur l'évaluation de la Convention de Dublin révèlent l'inégalité de la répartition des charges. Elles montrent le poids que représente l'accueil de demandeurs d'asile dans les pays membres « *récepteurs-nets* »[43]. On est loin des exigences du Traité d'Amsterdam qui avait introduit « *la promotion d'un équilibre entre les efforts consentis par les États membres pour l'accueil des réfugiés* »[44].

Ce critère soulève aussi des difficultés d'application en raison de la difficulté d'apporter la preuve de l'entrée irrégulière. En effet, « *le rôle fondamental dans la capacité d'un État membre à établir la responsabilité d'un autre État revient dans la plupart des cas au demandeur d'asile lui-même. Le demandeur d'asile peut fort bien, par son mutisme et/ou la suppression des éléments de preuve, priver l'État membre auquel il s'adresse de tout*

[39] Article 10 § 1.
[40] Ancien article 6 alinéa 2 de la Convention de Dublin.
[41] CE 24 mars 2005, M. Adel X., req. n° 278805 publié au Lebon.
[42] Par exemple par des quotas de demandes d'asile.
[43] Document de travail des services de la Commission, *Évaluation de la Convention de Dublin*, p. 6.
[44] Article 63 § 2 point b) du TCE.

moyen d'agir dans le cadre de la Convention de Dublin »[45]. Face aux difficultés rencontrées, le Comité exécutif a dressé des listes d'indices et de preuves pouvant aider les États membres à déterminer leurs responsabilités[46]. L'instauration du système EURODAC[47] devrait également renforcer le système Dublin[48].

Malgré cela, il est facile de contourner l'application de Dublin. En effet, il existe de nombreux cas dans lesquels la responsabilité de l'État n'est jamais déterminée. Ainsi, en l'absence de toute preuve concernant l'entrée sur le territoire, la responsabilité de l'État dans lequel l'étranger a déposé sa demande d'asile est engagée. Selon l'article 13 du Règlement « *lorsque l'État membre responsable de l'examen de la demande d'asile ne peut être désigné sur la base des autres critères énumérés dans le présent règlement, le premier État membre auprès duquel la demande d'asile a été présentée est responsable de l'examen* ». Notons que si cet article a été introduit au départ comme une exception aux critères de détermination des responsabilités, il en est aujourd'hui devenu le principe. L'utilisation de ce critère montre l'échec du mécanisme de la Convention de Dublin.

Les modifications amenées par le Règlement et par son règlement d'application[49] ont précisé les listes de preuves et d'indices qui permettent d'aider les États membres dans leurs difficultés. L'absence fréquente de documents d'identité des demandeurs d'asile oblige les États à se servir d'un véritable faisceau d'indices pour retracer leur itinéraire. La liste A du règlement d'application de Dublin, propose une série d'exemples de preuves tels que le cachet d'entrée, le signalement positif à EURODAC, les titres de transport, etc. La liste B pose une série d'indices telles que les billets de train, les notes d'hôtel, les cartes de rendez-vous chez un médecin, ou encore les déclarations circonstanciées du demandeur d'asile. Ces documents sont autant d'éléments à partir desquels l'État doit prouver l'itinéraire du demandeur afin de savoir quel est le premier pays membre franchi ou depuis quand il se trouve en situation irrégulière sur le territoire.

Même si on ne dispose pas encore d'assez de recul sur ce nouveau système, il convient de s'interroger sur l'efficacité future du Règlement. Les indices fournis par ce règlement ne changent pas la logique de preuve et il est probable que les États rencontreront encore des difficultés pour déterminer leurs responsabilités. On peut émettre des doutes légitimes sur l'efficacité de ce système basé sur la preuve de l'entrée irrégulière.

En guise de dernière remarque, il convient de préciser que cet ensemble de critères fonde tout le système Dublin basé sur le principe de « *l'extraterritorialité des décisions négatives sur l'asile* »[50]. Le Règlement prévoit que le rejet de la demande d'asile dans l'un

---

45 Document de travail des services de la Commission, 2001, *op. cit.*

46 Décision n° 1/97 du 9 septembre 1997 du comité institué par l'article 18 de la Convention de Dublin du 15 juin 1990 *relative à certaines dispositions pour mettre en œuvre la convention*, JOCE, L 281 14 octobre 1997 p.1 ; Décision n° 1/98 du 30 juin 1998 du comité institué par l'article 18 de la Convention de Dublin du 15 juin 1990 *relative à certaines dispositions pour mettre en œuvre la convention*, JOCE L 196 14 juillet 1998, p.49.

47 Règlement n°2725/2000 du Conseil du 11 décembre 2000 concernant la création du système « Eurodac » pour la comparaison des empreintes digitales aux fins de l'application efficace de la convention de Dublin, JOCE L 316 du 15 décembre 2000.

48 Cf. § II de Chapitre.

49 Règlement (CE) n°1560/2003 du Conseil du 2 septembre 2003 portant modalité d'application du règlement (CE) 343/2003 du Conseil *établissant les critères et mécanismes de détermination de l'État membre responsable de l'examen d'une demande d'asile présentée dans l'un des États membres par un ressortissant d'un pays tiers*, JOUE L 50 du 25 février 2003, L50/1.

50 HURWITH A., « Commentaire sur la détermination de l'État responsable de l'examen d'une demande d'asile et la répartition des charges entre États membres », *L'émergence d'une politique européenne d'asile*, ULB, Bruylant, Bruxelles, 2003, p. 75-77.

des pays membre entraîne le rejet dans l'ensemble des pays membres, et ce, en raison du principe de confiance mutuelle mis en place par le système Dublin. Ce « principe-clef » évite que les demandeurs d'asile essuient des refus d'un État à l'autre. Autrement dit, il permet d'éviter les demandes multiples en Europe.

B/ Les clauses dérogatoires et les exceptions au principe de détermination

La Convention de Dublin avait prévu des cas exceptionnels de non-application des critères de détermination. Deux clauses « *d'opting-out* » sont organisées par la Convention de Dublin et le Règlement. La première concerne les dérogations possibles pour raisons humanitaires. La seconde laisse une certaine latitude aux États pour traiter des demandes d'asile alors qu'ils ne sont pas, au départ, responsables selon les critères de Dublin : c'est la clause du traitement national. Il conviendra d'examiner ces deux types de clauses (1) et d'en évaluer la pratique française (2).

1/ La clause humanitaire et la clause de souveraineté

a) La clause humanitaire et le critère du « rapprochement familial »

L'article 9 de la Convention de Dublin prévoyait une exception au principe de responsabilité lorsqu'il existait « *des raisons humanitaires, fondées notamment sur des motifs familiaux et culturels (...)* ». Cette clause écartait la possibilité d'une « *application mécanique* »[51] des critères. Comme le rappelle Daphné Bouteillet-Paquet, cette disposition tentait de mettre en conformité le système Dublin avec une conclusion du HCR relative à la réunion de famille[52].

Toutefois, cette clause était utilisable exclusivement sur la base de raisons humanitaires ; elle était laissée à la discrétion des États et le demandeur ne pouvait en aucun cas l'invoquer puisqu'il n'appartenait qu'aux États membres de la mettre en œuvre.

Afin de faciliter son utilisation et surtout d'éviter les divergences d'application entre les États membres, cette disposition a très vite fait l'objet de précisions par le Comité Dublin : la décision du 31 octobre 2000[53] a institué le principe du « *rapprochement familial et du maintien de la cellule familial* ». Il convient alors de s'interroger sur les raisons de ces précisions. Pourquoi cette décision a t-elle insisté sur le maintien de la cellule familiale alors qu'un critère relatif à l'unité de famille existait déjà dans l'article 4 de la Convention ? Il est évident que cette précision a été insérée en raison de l'étroitesse du champ d'application *rationae personnae* du critère de l'unité de famille de la Convention de Dublin. En effet, comme cela a été constaté précédemment, les États ont, très vite, observé qu'il existait, en dehors des cas prévus par le critère de l'unité familiale, des demandeurs d'asile qui ne devaient pas être séparés en raison de leurs liens familiaux. C'est dans cette perspective que la décision du Comité Dublin a institué la notion de « rapprochement familial ».

---

[51] BOUTEILLET-PAQUET D., *op. cit.*, p. 216.

[52] Conclusions EXCOM n° 24 (XXXII), *concernant la réunion de famille*, adoptées lors de la 32° session de 1981.

[53] Cf. article 2 de la Décision n°1/2000 du 31 octobre 2000 du Comité institué par l'article 18 de la Convention de Dublin, relative *au transfert de la responsabilité de l'examen des demandes d'asile émanant de membres de la famille conformément à l'article 3§ 4 et à l'article 9 de ladite Convention,* (2000/677/CEM), JOCE 7 novembre 2000, L 281/1.

Selon la décision du Comité, le rapprochement de la famille devait être mis en œuvre uniquement pour des raisons humanitaires, l'examen des liens familiaux devait être effectué au cas par cas et aucune obligation n'était imposée aux États membres. C'est discrétionnairement que les États décidaient de se servir de cette clause dérogatoire. Ce critère a donc été très peu utilisé par les États membres et sa mise en œuvre diffère[54] d'un État à l'autre.

Le Règlement a intégré les exigences de la décision du Comité exécutif de Dublin dans le critère de l'unité familiale ; de ce fait il a élargi le champ *rationae personae* du principe du regroupement des familles. Ainsi des hypothèses[55] de rapprochement familial, facultatives dans la Convention de Dublin, sont devenues obligatoires dans le Règlement grâce à une acception plus large de la notion de membre de la famille du demandeur d'asile. De plus, l'article 14 du Règlement permet le rapprochement de la famille, lorsque plusieurs membres d'une même famille ont déposé leur demande d'asile simultanément ou à des dates suffisamment rapprochées dans un même État membre. Cette possibilité n'existait pas dans la Convention de Dublin, elle permet donc plus de souplesse et évite surtout les situations difficiles qu'ont rencontré certaines familles de migrants demandant l'asile en Europe.

Toutefois, d'autres possibilités de rapprochement pour raisons familiales restent dans la clause humanitaire de l'article 15 § 1 du Règlement. En effet, il est prévu de rapprocher le demandeur d'asile des « *membres d'une même famille, ainsi que d'autres parents pour des raisons humanitaires fondées* ». On remarque que malgré cette prise en compte des membres de la famille dans la clause humanitaire, il est regrettable que le Règlement n'ait pas étendu le critère de l'unité familiale (aux ascendants, aux enfants majeurs, aux collatéraux, etc.) et qu'il ait maintenu cette clause dérogatoire exceptionnelle et discrétionnaire.

D'autres raisons humanitaires permettent d'assouplir l'utilisation trop mécanique des critères de détermination, la décision du Comité et surtout le Règlement les ont précisé : ainsi, lorsque le demandeur d'asile se trouve dans une situation de dépendance, suite à une grossesse, un enfant nouveau né, une maladie grave, un handicap sérieux ou par vieillesse, l'État peut décider de le rapprocher d'un membre de sa famille ou d'une autre personne[56].

b) La clause du traitement national

La clause du traitement national ou « réserve de souveraineté » ou encore « clause dérogatoire »[57], permet à un État d'examiner lui-même la demande d'asile *« pour des raisons tenant au droit national »* et ce, quelle que soit l'application des critères de

[54] CREACH X., « La protection de la famille dans la Convention d'application de l'accord de Schengen et la Convention de Dublin », avril, 1997, HCR, Paris, non publiée.

[55]Article 7, « *Si un membre de la famille du demandeur d'asile, que la famille ait été ou non préalablement formée dans le pays d'origine, a été admis à résider en tant que réfugié dans un État membre, cet État membre est responsable de l'examen de la demande d'asile, à condition que les intéressés le souhaitent* ». *Article 8 « Si le demandeur d'asile a, dans un État membre, un membre de sa famille dont la demande n'a pas encore fait l'objet d'une première décision sur le fond, cet État membre est responsable de l'examen de la demande d'asile, à condition que les intéressés le souhaitent* ».

[56] Article 15 § 2 du Règlement.

[57] Article 3 alinéa 4 de la Convention de Dublin et l'article 3 § 3 du Règlement.

responsabilité posés par la Convention de Dublin. Comme le rappelle Daphné Bouteillet-Paquet, l'introduction de cette clause permettait un peu de souplesse dans le mécanisme mais surtout elle « *visait à éviter la censure des juridictions suprêmes des États membres en raison de la valeur constitutionnelle de l'asile dans certains États membres* ». En effet, en France, le préambule du 27 octobre 1946 pose une « *obligation positive d'accueil* »[58] en matière d'asile lorsque « *tout Homme est persécuté en raison de son action en faveur de la liberté* ». Or, la clause dérogatoire de Schengen[59] a soulevé des interrogations quant à sa conformité avec le préambule. Cette clause issue de l'article 29 § 4[60] de la Convention d'application de Schengen a très vite donné lieu à une première décision du Conseil constitutionnel le 25 juillet 1991[61]. Après avoir examiné la loi[62] autorisant l'approbation de la Convention d'application de l'accord de Schengen au regard de la Constitution, le juge constitutionnel a estimé que l'obligation, pour les autorités françaises, d'examiner les décisions prises à l'égard de demandeurs d'asile ayant transité par un autre État membre, n'était pas contraire à la Constitution. Deux ans plus tard, la question était de nouveau posée. Une fois encore, le juge constitutionnel aborda le problème en examinant « la loi de transcription »[63] en droit interne de la Convention de Schengen. Sa décision du 13 août 1993[64] fut très controversée. En effet, le juge constitutionnel confirma son interprétation de la clause de traitement national, estimant que les juridictions françaises ont obligation[65] de traiter la demande d'asile lorsque celle-ci relève du quatrième alinéa du Préambule de 1946. Cette décision démontre que la clause issue de l'article 29 § 4 n'offre pas de réel choix aux États mais qu'elle constitue bel et bien une obligation[66] relevant du droit constitutionnel.

Elle a fait l'objet de nombreux débats[67] en France, étant donné qu'elle établissait pour les autorités françaises une obligation de traitement de la demande d'asile ouvrant droit au séjour provisoire, ce qui remettait plus ou moins en cause le principe même de la détermination des demandes d'asile issu de la Convention de Schengen. Comme le souligne

[58] Cité par ROSSETTO J., « La Convention de Schengen controverses et incertitudes françaises sur le droit d'asile », *RMCUE*, n° 378, mai, 1994, p. 320. : GENEVOIS B., *La jurisprudence du Conseil constitutionnel*, éd. STH, 1988, p. 265.

[59] Jusqu'à l'entrée en vigueur de la Convention de Dublin en 1997, c'est la Convention d'application Schengen qui réglait la question des demandeurs d'asile avec la même logique.

[60] Identique aux articles 3 alinéa 4 de la Convention de Dublin et 3 § 3 du Règlement.

[61] Voir en ce sens la Décision n° 91-294 DC du 25 juillet 1991 « Accord de Schengen » JORF 27 juillet 1991 p. 10001. Comme la Convention de Dublin, la Convention d'application de Schengen prévoyait cette clause de souveraineté dans son article 29 alinéa 4. Cf. aussi la loi constitutionnelle du 25 novembre 1993, LUCHAIRE F. « Le droit d'asile et la révision de la Constitution », *RDP*, 1994, n°1, p. 5 ; MASSON P., Rapport n°74 au nom de la Commission des Lois du Sénat ; PHILIBERT J.-P., n° 646 au nom de la Commission des lois de l'Assemblée Nationale.

[62] Loi n° 91-737 du 30 juillet 1991 autorisant l'approbation de la Convention d'application de l'accord de Schengen du 14 juin 1985 relatif à la suppression graduelle des contrôles aux frontières.

[63] L'article 31 bis de l'ordonnance, devenu l'article 10-1 de la loi du 25 juillet 1952 est la transcription en droit interne de l'article 29 de la Convention de Schengen.

[64] Décision n°325-DC du 13 août 1993, Recueil, p. 224. RJC, p. I-539, JORF du 18 août 1993, p. 11722. À propos de la loi relative à la maîtrise de l'immigration et aux conditions d'entrée, d'accueil et de séjour des étrangers en France.

[65] Cf. § 88.

[66] Cette décision a permis de redécouvrir le préambule de 1946 en le consacrant comme un droit fondamental à caractère constitutionnel (§ 84).

[67] FAVOREU L., « Révision de la Constitution et justice constitutionnelle-France », *AJIC*, 1994, p. 111-118 ; ROSSETTO C., « Les restrictions contemporaines apportées au droit d'asile », *Mélanges offerts à J. CAMPINOS*, PUF, Paris 1996, p. 96 ; TEITGEN-COLLY C., « Le droit d'asile : la fin des illusions », *AJDA*, 1994, p. 97.

François Julien-Laferrière : « *cohérent avec lui-même et dans le droit fil de sa décision du 25 juillet 1991-à laquelle il se réfère d'ailleurs-, le Conseil constitutionnel prive donc la Convention de Schengen de la portée que voulaient lui donner les autorités françaises, mais qu'elle n'avait jamais eu pour lui : fermer la porte de l'OFPRA aux demandeurs d'asile dont la demande incombe à un autre État membre* »[68].

A la suite de cette décision, le gouvernement a décidé de modifier la Constitution pour en annihiler la portée. La loi constitutionnelle[69] du 25 novembre 1993 a introduit un nouvel[70] article 53-1[71] ; qui a neutralisé[72] la décision d'août 1993 en validant les dispositions législatives censurées par le juge constitutionnel et surtout en « constitutionnalisant »[73] le principe de responsabilité des États. Autrement dit, il a permis de constitutionaliser la possibilité « *de rétablir l'irrecevabilité de la saisine de l'OFPRA par les demandeurs d'asile dont la demande d'asile n'incombe pas à la France en vertu de Schengen* »[74] ou de Dublin. Cette réforme ne laisse que très peu de place à l'application de la clause dérogatoire, le choix offert aux autorités françaises ménage peu d'espoir sur l'utilisation de cette clause de souveraineté.

2/ Le contentieux français relatif au système Schengen-Dublin

Le mécanisme de Schengen a été « transcrit » dans les lois du 6 juillet 1992[75] et du 24 août 1993. Ces dernières ont permis d'intégrer les exigences communes de Schengen dans le statut interne de l'étranger (dans l'ordonnance du 2 novembre 1945 et la loi du 25

---

[68] JULIEN-LAFERRIÈRE J., « Le droit d'asile enterré à peine découvert », *in Le préambule de 1946, antinomies juridiques et contradictions politiques*, Centre universitaire administratif et politique de Picardie, PUF, 1996, p. 214.

[69] Cf. quelques articles sur la révision : ALLAND D., « Droit constitutionnel et droit international, droit d'asile », Note sous CC n° 93-325 du 13 août 1993, *RGDIP*, 1994, p. 210 ; BURGORGUE-LARSEN L., « La politique de l'asile au service de la réglementation des flux migratoires », *GP*, 15 novembre 1994 GAÏA P., « Droit d'asile et Constitution », *RBDI*, 1994, p. 203 ; GAUTIER Y., « Les accords de Schengen et le droit d'asile à l'épreuve du débat constitutionnel », *Europe*, décembre 1993, p. 1 ; GENEVOIS B., « Un statut constitutionnel pour les étrangers. A propos de la décision du Conseil constitutionnel n° 3-325 DC du 13 août 1993 », *RFDA*, 1993, p. 871 ; JULIEN-LAFERRIÈRE F., « Le statut des demandeurs d'asile : droit de l'Homme et police des étrangers », *Documentation Réfugiés*, 9/22 novembre 1993, p. 229 ; LUCHAIRE F., « Le droit d'asile et la révision de la Constitution », *RDP*, 1994, p. 5 ; LABAYLE H., « Le droit d'asile en France : normalisation ou neutralisation ? », *RFDA*, 1997, p. 242 ; MATHIEU B., et VERPEAUX M., « Les étrangers en France : de la décision du Conseil constitutionnel au droit d'asile », *LPA*, 9 septembre 1994 (108), p. 4.

[70] Voir les arguments d'inutilité de cet article : JULIEN-LAFERRIÈRE F., « Le droit d'asile enterré à peine découvert », *op. cit.*, p. 215.

[71] L'article 53-1, « *La république peut conclure avec les États européens qui sont liés par les engagements identiques aux siens en matière d'asile et de protection des Droits de l'Homme et des libertés fondamentales, des accords déterminant leurs compétences respectives pour l'examen des demandes d'asile qui leur sont présentées. Toutefois, même si la demande n'entre pas dans leur compétence en vertu de ces accords, les autorités de la République ont toujours le droit de donner asile à tout étranger persécuté en raison de son action en faveur de la liberté ou qui sollicite la protection de la France pour un autre motif* ».

[72] JULIEN-LAFERRIÈRE F., *op. cit.*, p. 209-216.

[73] ONDOUA A., *Étude des rapports entre le droit communautaire et la Constitution en France, L'ordre juridique constitutionnel comme guide au renforcement de l'intégration européenne*, éd. L'Harmattan, Logiques juridiques, 2001, p. 108 et s. ; ROSSETTO J., « La Convention de Schengen controverses et incertitudes françaises sur le droit d'asile », RMCUE, n° 378, mai 1994, p. 322.

[74] JULIEN-LAFERRIÈRE F., « Le droit d'asile enterré à peine découvert », *op. cit.*, p. 216.

[75] Loi n° 92-625 du 6 juillet 1992 *sur les zones d'attentes des ports et aéroports portant modification de l'ordonnance du 2 novembre 1945.*

juillet 1952). Une circulaire du 21 mars 1995[76] a ainsi précisé les conditions d'application du principe d'unicité des demandes d'asile, des clauses dérogatoires et des modalités de réadmission. Malgré cet important bouleversement dans le statut du demandeur d'asile, il convient de signaler qu'aucune étude chiffrée sur l'asile n'a été menée en France à propos de l'application de la Convention de Schengen ou de celle de Dublin. Le contentieux français relatif à l'application des clauses humanitaires par les préfets ne permet de rendre compte que partiellement de la pratique française de la Convention de Dublin.

Plusieurs espèces ont permis d'illustrer l'application du système Schengen-Dublin en France. Ainsi en 1996, une première affaire[77] a fait apparaître le juge administratif comme le « contrôleur » des pouvoirs d'appréciation du préfet pour l'utilisation des clauses dérogatoires. Pour le juge, le préfet se doit d'analyser avec rigueur la situation personnelle de l'individu afin de déterminer l'application possible de la clause humanitaire ou de la clause de souveraineté. Il a le devoir de procéder à une analyse « *casuelle et non superficielle* »[78] afin d'admettre, provisoirement ou pas, le demandeur pour des raisons dérogatoires. Ce faisant, l'utilisation mécanique de la Convention de Schengen est « *rectifiée* »[79] par la censure du juge administratif. Ainsi, celui-ci contribue t-il « *à corriger la perversion du droit d'asile induite par le dispositif sécuritaire de cette Convention en annulant différentes mesures d'éloignement prises à l'encontre d'étrangers en application du principe d'unicité de l'État responsable du traitement de la demande d'asile* »[80].

Toutefois, si le contrôle de la situation personnelle doit être apprécié *in concreto* par les autorités préfectorales, ces dernières se montrent très rigoureuses pour retenir l'application des clauses dérogatoires[81] en France. Les affaires Ministre de l'Intérieur c/ Kanoté[82] et M. Chabni[83] rendues par des Cours administratives d'appel en témoignent : M. Kanoté invoquait le fait d'être francophone et d'avoir suivi des stages de formation militaire, dans le cadre de la légion étrangère en France pendant plusieurs mois au cours de l'année 1981 ; M. Chabni lui, prétextait avoir effectué toute sa scolarité en langue française et disposer d'attaches familiales et de soutien matériel en France. Dans les deux espèces, ni les autorités préfectorales, ni le juge administratif n'ont retenu les arguments pourtant pertinents des requérants. Les arguments de la langue ou ceux des moyens de ressources n'ont pas convaincu le juge administratif, et ce, alors que la Convention de Dublin[84] insistait

---

[76] Circulaire relative aux modalités d'application de la Convention Schengen concernant le traitement des demandes d'asile, BO INT n° 1/ 95.

[77] TA de Lille du 7 novembre 1996, *Mme Jeanne d'Arc Gasarabwe*, req. n° 9563587 ; CÉLÉRIER T., « La Convention de Schengen, le droit d'asile et le Préfet », *LPA*, 25 avril 1997, p. 20-22 ; AUBIN E., « La rectification par le juge administratif de la perversion induite par la Convention de Dublin. », *RRJ*, 1998-2, p, 773-784.

[78] AUBIN E., *ibid.*, p. 780-782.

[79] Ibid.

[80] AUBIN E., « Le juge administratif français face à l'application de la Convention de Schengen dans ses dispositions sur le droit d'asile. Bilan juridictionnel de l'application en France des accords de Schengen », *RDP*, n° 3, 2000, p. 833.

[81] Article 8 § 4 de la loi du 25 juillet 1952 modifiée.

[82] CAA de Nantes du 29 avril 1999, *Ministre de l'Intérieur c./ M. Konaté* ; Cf. ONDOUA A., « Le droit au séjour provisoire des demandes d'asile à l'épreuve des accords européens en France, à propos de l'arrêt de la 3eme chambre de la CAA de Nantes du 29 avril 1999, Ministre de l'Intérieur c./ M. Konaté », *RRJ*, 2001, p. 324.

[83] CAA Marseille 28 septembre 1998, *M. Chabni*, req. n° 96MA02696 ; M. DUCHON-DORIS, Commissaire du Gouvernement ; ROUX A., note, *RFDA*, 1999, p. 1097-1098.

[84] Article 9 alinéa 1 de la Convention de Dublin.

sur la possibilité de retenir le lien culturel[85] pour admettre la clause humanitaire. En revanche, dans l'espèce du Tribunal Administratif de Lille rendue 17 décembre 1998, Ticherafi[86], on constate que les juges du fond retiennent la présence de membres de famille (père et sœur résidant en France) pour appliquer la clause humanitaire.

À partir de ce contentieux, on peut dégager deux types de conséquences : -les clauses dérogatoires permettent l'expression de la compétence discrétionnaire des autorités préfectorales et -cette compétence laisse très peu d'espoir sur les chances d'utilisation de ces clauses. Aussi, de nombreux commentateurs tels Franck Moderne[87] ou André Roux[88] ont estimé avec raison que ces dispositions sont de véritables « *clauses de style* » ou des « *faveurs du Prince* ». Par conséquent, dans ce type d'affaires, la logique des critères de responsabilité des demandes l'emporte et d'autant plus qu'en France il est très difficile pour les demandeurs d'asile non seulement de bénéficier de ces clauses dérogatoires ou même de les contester.

Cependant, récemment le juge des référés s'est prononcé sur la mise en œuvre de ces clauses dérogatoires, notamment sur la clause humanitaire. Dans une espèce du 25 novembre 2003[89] rendue par le Conseil d'État, un demandeur d'asile vivant en France avec sa famille devait être réadmis en Autriche, pays responsable de sa demande, alors que, sa femme sur le point d'accoucher, ne pouvait le suivre. La réadmission d'office du requérant soulevait des interrogations quant au respect de la clause humanitaire. Deux alternatives s'offraient : -soit le demandeur partait en Autriche soutenir sa demande, auquel cas il quittait sa famille et le préfet portait atteinte au respect de la vie familiale. -Soit il restait en France, et sa demande d'asile était examinée en son absence pendant une durée indéterminée ce qui est contraire aux garanties procédurales. Face à ces deux alternatives insatisfaisantes, le juge administratif a estimé que la clause humanitaire était applicable, (ce qui permet aux autorités françaises (l'OFPRA) d'examiner la demande d'asile du requérant).

Cette clause dérogatoire est très peu souvent retenue par les préfectures qui préfèrent renvoyer aux autres États la charge des demandes d'asile. Cette décision est très importante car le référé liberté offre aux demandeurs d'asile une possibilité de recours très rapide face au refus d'application des clauses dérogatoires. Les demandeurs bénéficient alors d'un recours effectif avant la possible réadmission vers le pays responsable. Cependant, si les conditions de l'espèce ci-dessus induisaient bien l'application de la clause humanitaire, il faut attendre de voir sur quels critères se basera le juge des référés pour l'utiliser dans des espèces moins évidentes.

§ II : Bilan et perspectives du système commun

Le bilan du « système Dublin » effectué par la Commission européenne est sans appel : la lenteur du mécanisme et son coût élevé l'ont rendu inefficace. En 1998 et 1999, la Convention de Dublin n'a été utilisée que pour 6 % du nombre total des demandes d'asile

---

[85] La langue faisant partie de la culture d'un pays.

[86] TA de Lille rendue 17 décembre 1998, *Ticherafi*, req. n° 97-4291, rec. Lebon.

[87] MODERNE F., *Le droit constitutionnel de l'asile dans les États membres de l'Union européenne*, Economica-PUAM, 1998, p. 112.

[88] ROUX A., *op. cit.*, p. 1098.

[89] CE 25 novembre 2003, *M. Nikoghozyan*, req. n° 261913.

effectuées dans les pays membres de l'UE. 69, 8 % des demandes de prise en charge retenues ont reçu une réponse positive mais seulement 27,8 % des demandeurs d'asile concernés ont été finalement effectivement transférés, soit 1,7 % du nombre total des demandes d'asile au sein de l'UE. Cet échec cuisant a conduit à des changements de la Convention de Dublin. Toutefois, force est de constater que les modifications n'apportent aucune solution radicale aux lacunes du système. Le Règlement apparaît comme un « toilettage » de la Convention de Dublin. Les modifications qu'il apporte ne paraissent pas combler les manques de la Convention de Dublin. Les logiques des deux textes sont les mêmes : la gestion des flux est toujours sous-jacente au système de détermination des demandes d'asile (A), la difficulté de la preuve est un problème récurrent (B), enfin le passage à vingt-cinq pays membres soulève de nouvelles inquiétudes (C).

A/ Gestion des flux et le Règlement (Dublin II)

Dans le mécanisme de la Convention de Dublin et du règlement (Dublin II), on observe que l'approche européenne de l'asile a été envisagée, en premier, de manière procédurale et non substantielle. Comme cela vient d'être démontré ci-dessus, les États membres ont préféré engager des négociations et des actes communs sur les modalités d'examen des demandes d'asile, et ce, avant même de se mettre d'accord sur les définitions ou les types de protection à octroyer. Les droits et les protections substantielles des demandeurs n'ont fait que très récemment l'objet de projets d'harmonisation.

En réalité, ce choix de commencer par l'harmonisation des procédures reflète la volonté des États membres de rationaliser le parcours du demandeur d'asile. Le mécanisme de Dublin a pour but de dissuader les candidats au refuge d'émettre des demandes multiples. De même l'harmonisation de la définition de la demande d'asile manifestement infondée ou frauduleuse[90] a eu pour but de trier les demandes d'asile, et ce, avant la procédure de reconnaissance de la qualité de réfugié. Il est évident que le Règlement, comme les harmonisations européennes qui entourent la recevabilité de la demande d'asile, confirment cette logique ayant pour objectif l'exclusion des demandes non fondées avant leur examen approfondi. Tout ceci montre combien la rationalisation des flux migratoires « contamine » la problématique de l'asile.

Tout au long de son parcours, le demandeur d'asile est menacé « de pièges » destinés à rationaliser les entrées irrégulières d'étrangers indésirables. Ainsi, les accords de réadmission à la frontière, les contrôles intégrés des frontières extérieures de l'Europe, la pénalisation des transporteurs[91] et le signalement informatique montrent combien le demandeur d'asile est inséré dans un système sophistiqué de rationalisation des flux migratoires, et ce, au prix de l'atteinte au droit d'asile. A ce propos, rappelons que le système EURODAC est particulièrement révélateur de ce désir de détecter les entrées illégales des ressortissants de pays tiers. Selon les chiffres du Ministre de l'Intérieur en 2003[92], le système EURODAC aurait permis de signaler plus de 9000[93] personnes partant de la France vers différents États de l'Union européenne.

---

[90] Cf. Partie I, Titre II, Sous Titre I, Chapitre II, Section I, § I.
[91] LE BOURHIS K., *Les transporteurs et le contrôle de flux migratoires*, éd. L'harmattan, Paris, 2001.
[92] Communiqué du 12 novembre 2003.
[93] Journal de Forum réfugiés, Newsletter, n°25.

Il est regrettable que la rationalisation des flux migratoires ait « contaminé » la question de l'asile alors que l'on sait combien la problématique de l'asile est différente de la lutte contre l'immigration clandestine. Or, au plan européen, ces deux questions sont traitées concurremment et liées depuis le début des premiers travaux communs. En France, il faut rappeler que la question de l'asile a été abusivement liée à celle de l'immigration. Il a fallu attendre que la loi du 11 mai 1998 transfère les dispositions de l'ordonnance de 1945, consacrée à l'asile, dans la loi du 25 juillet 1952 modifiée relative au droit d'asile[94]. (Il subsiste toutefois encore quelques dispositions de l'ordonnance concernant les demandeurs d'asile). Cette séparation « symbolique » n'est pas d'actualité au sein de la politique communautaire[95]. Le statut interne du demandeur d'asile continuera donc de souffrir de ce mélange de genres...

B/ L'apport difficile de la preuve dans le système Dublin II

Le Règlement, comme la Convention de Dublin, souffrent de la difficulté insoluble de l'apport de la preuve. En effet, les demandeurs d'asile détruisent leurs documents de voyage et d'identité (passeport, cachets d'entrée, visas, permis de séjour, etc.) pour empêcher toute présomption de responsabilité de l'État chargé d'examiner leur demande. Par conséquent « *non seulement cette destruction gêne l'application des critères de la Convention mais elle peut aussi entraîner d'autres difficultés ailleurs dans les systèmes prévus en matière d'asile et d'immigration. Dans certains cas, l'existence de doutes quant à la nationalité du demandeur peut gêner l'examen de sa demande. La destruction des documents complique aussi l'éloignement des demandeurs d'asile dont la demande a finalement été rejetée* »[96].

C'est le système dans son ensemble qui est mis à mal par la destruction des preuves. Même si le système EURODAC peut permettre dans certains cas d'identifier, très rapidement, le parcours du demandeur, ce dispositif informatisé d'empreintes est surtout efficace pour connaître les déplacements secondaires entre pays membres et identifier les étrangers arrêtés à la frontière. Pour ceux qui ne sont pas arrêtés à la frontière, la preuve de l'entrée irrégulière est toujours aussi difficile à apporter même par ce système basé sur la responsabilisation des États. Il est évident que le Règlement souffre aussi de ce problème.

Force est de constater que cet outil est tenu en échec et trouve ici, une limite difficile à dépasser. On peut exprimer des réserves légitimes sur l'application de ce règlement qui n'apporte pas de modifications radicales aux principes directeurs de la Convention de Dublin.

---

[94] Aujourd'hui dans le livre VII du Code de l'entrée et du séjour des étrangers et du droit d'asile (entré en vigueur le 1er mars 2005).

[95] « *Les conclusions du Sommet de Thessalonique mélangent sous un même chapitre trois notions différentes « Immigration, frontières et asile », revenant sur les conclusions du Sommet de Tampere au cours duquel ces questions ont été jugées « étroitement liées mais distinctes »*. Avis relatif à l'élaboration du droit communautaire concernant le droit d'asile, adopté le 22 janvier 2004.

[96] Document de travail de la Commission, réexamen de la Convention de Dublin : « Élaboration d'une législation communautaire permettant de déterminer quel État membre est responsable de l'examen d'une demande d'asile dans l'un des États membres », Bruxelles, le 22 mars 2000, sec (2000) 522, p. 18

C/ Les conséquences de l'élargissement de l'Union européenne sur le système Dublin

Le passage de quinze à vingt-cinq États membres en mai 2004 risque de comporter à moyen terme des conséquences très importantes en terme de gestion des demandes d'asile. Les dix nouveaux États ont de fortes chances de subir très vite un véritable engorgement des demandes d'asile. Leur situation géographique en Europe les place comme les nouveaux « États-récepteurs » de migrants venants de l'Est et d'Asie. De plus, l'efficacité croissante du système EURODAC va permettre d'identifier de plus en plus rapidement les demandeurs d'asile qui se déplacent d'un État à un autre et la responsabilité de ces nouveaux États membres risque d'être de nombreuses fois établie.

Par ailleurs, les nouveaux États ont tout juste mis en place le système d'harmonisation européenne et n'ont pas encore les moyens financiers et matériels nécessaires pour traiter ces nouvelles demandes d'asile. Il est probable comme l'a souligné, dès octobre 2003, M. Lubbers[97] du HCR qu'il existe « *un danger d'effondrement des procédures harmonisées dans ces nouveaux pays, effondrement qui conduirait à davantage, et non à moins, de mouvements irréguliers entres les États de l'Union* ». Lors de la réunion à Dublin en janvier 2004, M. Lubbers a suggéré des mesures pour renforcer le système d'harmonisation européenne de l'asile : il a alors proposé la mise en place d'un véritable mécanisme de répartition du fardeau entre les États européens avec une priorité accordée au rapprochement des familles, l'établissement d'un système collectif de renvoi rapide des personnes, et la création d'une agence européenne de l'asile... Ces propositions n'ont eu aucun écho dans le travail d'élaboration des normes. Aucune mesure précise n'est pour le moment venue accompagner, les nouveaux États, dans la gestion d'un possible engorgement du système de l'asile. Il reste à attendre les futures propositions des États membres. L'entrée de ces nouveaux membres va probablement changer les données de la question de l'asile en Europe. Les États de « l'intérieur de l'Europe » vont-ils laisser le système en l'état, risquant ainsi d'engorger les nouveaux pays membres ? Ou lanceront-ils une série de mesures pour répartir les demandes d'asile entre tous les pays membres sur la base de quotas ?

Section II : Des instruments juridiques et techniques au service d'une accélération de la détermination des demandes d'asile

Deux « outils » communautaires ont été mis en place pour accélérer la détermination des demandes d'asile. Ainsi, lorsque l'État responsable a été déterminé en vertu des critères du Règlement susmentionnés, une procédure de prise en charge est instaurée pour réadmettre le demandeur dans le pays membre concerné. Cette réadmission « infra-européenne » est organisée en commun grâce aux critères posés dans le système Dublin qui régulent et rendent plus efficace la gestion des demandes d'asile (§ I).

Le système EURODAC participe à la détermination de l'État compétent pour le traitement de la demande d'asile. Le pays responsable de la demande peut être découvert plus rapidement grâce au système de comparaison des empreintes digitales des demandeurs

[97] Communiqué du HCR 1er octobre 2003.

d'asile d'EURODAC. Ce dernier détecte les demandes multiples et par voie de conséquence participe à la détermination des demandes (§ II).

§ I : Les procédures de prise et reprise en charge des demandeurs d'asile ou les cas de réadmission infra-européenne

Les modalités de transfert des demandeurs d'asile d'un État membre à l'autre sont très strictement définies par le Règlement. Deux types de réadmission sont possibles : D'abord, la prise en charge du demandeur par l'État membre responsable selon le critère de détermination du règlement (A). Ensuite, la possibilité d'une « re-prise » en charge d'un demandeur d'asile qui séjourne dans un autre État que celui dans lequel est examinée sa demande d'asile et qui n'est, de ce fait, pas responsable de la demande (B).

A/ La prise en charge des demandeurs d'asile présents sur le territoire dans lequel ils ont déposé leur demande

La procédure de « prise en charge » du demandeur d'asile comprend la demande de transfert effectué par l'État qui n'est pas responsable, selon les critères du Règlement (Dublin II), la réponse de l'État concerné, ainsi que la réadmission proprement dite du demandeur d'asile.

Lorsque l'État dans lequel la demande d'asile a été faite n'est pas responsable de cette demande selon les critères de détermination, il dispose de trois mois maximum[98] pour demander à l'État responsable de prendre en charge le demandeur ; passé ce délai il devient responsable à son tour. Ce bref délai est dissuasif, il oblige les États à agir au plus vite pour ne pas se voir déclarer responsables. Le délai initialement prévu dans la Convention de Dublin était de six mois[99] mais il a été critiqué car il laissait les demandeurs d'asile dans des situations précaires, en attente de leur sort. Toutefois, il existe une possibilité de demande de prise en charge en urgence (délai d'au moins une semaine) dans les hypothèses de refus d'entrée ou de séjour, d'arrestation pour séjour irrégulier, de mise à exécution d'une mesure d'éloignement, ou de placement en rétention[100]. Le demandeur d'asile se voit donc notifier une décision motivée signifiant que sa demande est irrecevable dans l'État où elle a été présentée et indiquant dans quel État membre elle doit être introduite. Cette décision est susceptible de recours.

Par ailleurs, l'État membre requis est tenu de procéder aux contrôles nécessaires et de répondre à la demande qui lui est adressée le plus rapidement possible, dans un délai maximum de deux mois[101] (sauf en cas d'urgence où le délai est ramené à un mois). Ici encore le délai a été réduit par le Règlement (trois mois[102] dans la Convention de Dublin), ce qui s'explique par le désir des États membres de transférer les demandeurs d'asile avec de

---

[98] Article 17 § 1 du Règlement.

[99] Décision 1/ 97 du 9 septembre 1997du Comité institué par l'article 18 de la Convention de Dublin du 15 juin 1990 relative à *certaines dispositions pour mettre en œuvre la Convention*, JOCE L n° 281 du 14 octobre 1997, p. 0001-0025. Ancien article 11 de la Convention de Dublin.

[100] Article 17 § 2 du Règlement.

[101] Article 18 du Règlement.

[102] Article 11 § 4.

plus en plus de célérité. Le défaut de réponse de l'État requis vaut acceptation de la demande d'asile.

A partir de l'acceptation de la responsabilité, l'État membre dans lequel a été introduite la demande d'asile informe le demandeur de l'obligation de son transfert. Il doit lui indiquer, le cas échéant, les délais et les possibilités de recours, et surtout l'informer de la date et du lieu où il devra se présenter à son arrivée dans le deuxième État membre. Le transfert proprement dit doit être organisé « *dès qu'il est matériellement possible et, au plus tard, dans un délai de six mois à compter de l'acceptation de la demande de prise en charge ou de la décision sur le recours ou la décision en cas d'effet suspensif* »[103], dans ce dernier cas la responsabilité revient à l'État dans lequel la demande d'asile a été introduite. Ce délai de transfert a été modifié par le Règlement car la Convention de Dublin prévoyait un délai d'un mois après l'acceptation de la demande de prise en charge ou d'un mois après l'issue de la procédure contentieuse si celle-ci était suspensive. La brièveté du délai a été critiquée par les États et la Commission[104]. Les États avaient, dans la pratique, énormément de difficultés à procéder au renvoi effectif du demandeur.

Le délai de six mois pour le transfert du demandeur d'asile a fait l'objet d'un récent contentieux devant le juge des référés français[105]. Madame et M. Y.X. de nationalité russe et originaire de Tchétchénie, étaient entrés avec leur fils en France, en août 2003. Ils ont déposé une demande d'asile conventionnel, mais au cours de l'instruction il a été constaté que les autorités autrichiennes étaient responsables du traitement de leur demande d'asile en application du Règlement. La responsabilité de leur demande d'asile a été acceptée le 17 octobre 2003 par l'Autriche. Néanmoins, c'est seulement le 19 avril 2004 que les requérants ont été mis en possession de laissez-passer et ont été informés des modalités de réadmission vers l'Autriche par le Préfet. Il s'est donc écoulé un peu plus de six mois entre l'accord de la responsabilité par les autorités autrichiennes et la mise à exécution de la reprise par le préfet français. Le délai de six mois de transfert prévu par l'article 19 du Règlement était écoulé, et désengageait de ce fait la responsabilité de l'Autriche. La France a toutefois refusé d'assumer sa responsabilité, et ce, bien qu'elle n'ait pas respecté le délai de transfert. Le juge des référés a estimé que le refus des autorités françaises d'assurer le traitement des demandes d'asile portait une atteinte grave, et manifestement illégale, aux droits des requérants de solliciter le statut de réfugié, et que la mise en œuvre du transfert après le délai de transfert écoulé était de nature à caractériser une situation d'urgence au sens de l'article L 521-2 du Code de justice administrative. La reconnaissance de l'urgence ainsi que la censure du juge des référés illustrent parfaitement l'importance du juge administratif dans ces situations extrêmes. Cette décision incitera probablement l'administration française à accélérer le transfert des demandeurs d'asile afin d'éviter de se retrouver responsable après un délai de transfert écoulé.

Le transfert du demandeur d'asile peut s'effectuer de trois manières différentes : à l'initiative du demandeur (une date maximale lui est imposée pour rejoindre le pays responsable), sous forme d'un départ contrôlé (de l'embarquement à l'arrivée dans l'État

---

[103] Article 19 § 3, le délai de six mois peut passer à un an si le demandeur est emprisonné ou dix-huit mois si le demandeur a pris la fuite. Cf. article 19 § 4.

[104] Commission européenne, *Evaluation de la Convention de Dublin* (SEC (2001) 756 (final)), 13 juin 2001, p. 9.

[105] CE 14 mai 2004, *Mme YX*, req. n° 267360, rec. Lebon.; cf. CE 24 mars 2005, M. Adel X., req. n° 278805 publié au Lebon, sur la responsabilité de la demande de l'asile de l'État grec et donc la réadmission d'un ressortissant soudanais arrivé en Grèce par bateau même s'il avait demandé l'asile ultérieurement en France. Cf. aussi CE 15 juillet 2004, M. X. req. n° 265822.

responsable) ou sous escorte. L'État concerné doit donc évaluer les intentions du demandeur (partira t-il de son plein gré ou pas ?) afin de déterminer si le transfert sera volontaire ou non. À partir de la notification expresse ou implicite de l'acceptation de l'État membre responsable, le délai maximum imparti au demandeur d'asile pour quitter le territoire est d'un mois. Ce délai écoulé, s'il ne s'est pas présenté spontanément il peut se voir transféré d'office.

La plupart du temps, le transfert d'office est préféré par le premier État membre. Certains transferts d'office ont soulevé des critiques car, selon l'étude du Danish Refugee Council[106], il semble que les États agissent dans la précipitation sans respecter les droits de l'Homme. Ainsi, des analyses d'Amnesty international relèvent qu'« *en France, comme dans presque tous les autres États membres, des cas ont été rapportés de transferts effectués immédiatement après que l'intéressé ait été informé de la réponse favorable de l'État responsable, sans que lui soit laissé le temps de récupérer ses bagages ou d'exercer un recours contre cette décision »*[107].

Le Règlement organise également une série de modalités pratiques relatives à la prise en charge du demandeur (notification des décisions, délais, vérifications nécessaires…). Pour les mettre en œuvre, les États membres coopèrent entre eux (disponibilités sur les vols, laissez-passer, documents de voyage, etc.), afin d'exécuter le plus rapidement possible la réadmission du demandeur d'asile.

Le taux d'exécution des transferts semble être différent d'un État à l'autre. En France par exemple, en 2001, pour 47 291 demandes d'asile enregistrées, 718 ont fait l'objet d'une demande de prise en charge par un autre État membre, 347 d'entre elles ont été acceptées soit 48,3 %[108]. Selon le document de travail des services de la Commission sur l'évaluation de la Convention de Dublin[109], pour l'année 98/99, en Europe, il n'y a eu que 30 % de transferts effectifs au regard du nombre total de demandes de prise en charge, soit près de 10998 demandeurs d'asile qui ont été réadmis par un État membre. Ce taux n'est pas très important par rapport aux 39521 demandes de transferts présentées au sein des États membres. Il existe un écart important entre le nombre de cas ayant fait l'objet d'un accord en vue d'un transfert et le nombre des transferts effectivement opérés ou enregistrés. Cet écart est particulièrement accentué en France.

En résumé, lorsqu'on examine les résultats des transferts sous la Convention de Dublin, on s'aperçoit que le système de réadmission infra-européen n'est pas très efficace. Plusieurs raisons à cela : les lourdeurs administratives mais aussi la disparition des demandeurs d'asile lorsque le transfert est volontaire. En effet, les demandeurs d'asile préfèrent souvent rester dans la clandestinité plutôt que de voir leur demande d'asile examinée régulièrement dans un pays qu'ils n'ont pas choisi, et ce d'autant plus que, selon les critères du Règlement, la présence irrégulière sur le territoire douze mois après l'arrivée irrégulière du demandeur d'asile entraîne la responsabilité de l'État défaillant…

---

[106] Danish refugee council, The Dublin Convention : Study on its implementation in the 15 member states of the European Union, Copenhagen : Danish Refugee Council, 2001 (Borgergade 10 - 1300 Copenhagen K - www.drc.dk).

[107] A propos de l'étude de Conseil des réfugiés danois, in Rapport d'Amnesty international sur l'asile dans l'union européenne commentaire et articles, juin 2003, SF03R32, p. 36.

[108] Les États membres ont saisi la France de 2 662 dossiers dont 1 604 ont été acceptés.

[109] Commission européenne, *Évaluation de la Convention de Dublin* (SEC (2001) 756 (final), 13 juin 2001, p. 2.

B/ Organisation des « reprises en charge »

La procédure de « reprise en charge » est une technique de réadmission mise en place pour lutter contre l'absence du demandeur d'asile sur le territoire de l'État chargé d'examiner la requête. Elle est organisée au profit de l'État membre responsable dans les trois cas suivants :

- Lorsque le demandeur d'asile dont la demande est en cours d'examen se trouve, sans permission, sur un autre État membre[110].
- Lorsque le demandeur d'asile a retiré sa demande en cours d'examen pour formuler une demande d'asile dans un autre État membre[111].
- Lorsque le ressortissant de pays tiers dont l'État responsable a rejeté la demande se trouve, sans autorisation, dans un autre État membre[112].

En droit interne, le juge administratif a eu l'occasion d'appliquer cette procédure de reprise en charge[113]. Un ressortissant turc avait fait l'objet d'une reconduite à la frontière après que sa demande ait été rejetée par l'OFPRA et par la Commission de recours des réfugiés. Parti, peu après, en Allemagne et intercepté par les autorités allemandes, celles-ci demandèrent à l'État français de le reprendre en charge puisque les autorités françaises étaient responsables de sa demande d'asile. Le ressortissant turc fut donc réadmis vers la France.

Dans ces trois hypothèses particulières, l'État membre requis (celui dans lequel se trouve le demandeur sans en avoir l'autorisation) doit donner sa réponse d'acceptation du transfert dans un délai d'un mois, délai ramené à deux semaines maximum lorsque la demande est basée sur des données obtenues à partir du système EURODAC[114]. Force est de constater que le système de comparaison des données accélère le délai de détermination et donc celui de reprise en charge des demandeurs d'asile. Le système EURODAC se montre particulièrement efficace dans ces hypothèses puisque le demandeur a ses empreintes saisies dès le dépôt de sa demande d'asile ; il est ainsi aisé de déterminer quel est l'État responsable. D'ailleurs, le document d'évaluation de la Convention de Dublin montre que la reprise en charge de ces demandeurs d'asile concerne entre 50% à 20 % des transferts organisés. Ce taux s'explique, selon la Commission, par le fait que la preuve de la reprise en charge est plus aisée à fournir que celle de la responsabilité initiale d'un État membre. Aujourd'hui, le rôle essentiel d'EURODAC est de faciliter les cas de reprise et la Commission compte d'ailleurs beaucoup sur l'efficacité de ce nouvel instrument dont la technique de comparaison des empreintes est presque infaillible[115].

Qu'il s'agisse « d'une prise » ou « d'une reprise » en charge, les demandeurs doivent être réadmis. Or ces deux types de transferts entre États membres répondent à la même logique que les accords de réadmission conclus avec les pays tiers. La coopération

---

[110] Article 16 § 1 c).
[111] Article 16 § 1 d).
[112] Article 16 § 1 e).
[113] CE 18 décembre 2002, *Préfet de la Seine-Saint-Denis c./ M. Dogan*, req. n° 209366, rec. Lebon.
[114] Article 20 du Règlement.
[115] Commission européenne, *Evaluation de la Convention de Dublin* (SEC (2001) 756 (final), 13 juin 2001, p. 7.

entre États est très importante dans ce type de procédure, pour faciliter les pratiques administratives, convenir de laissez-passer communs, rédiger des formulaires uniformes[116], s'accorder sur les documents types de transfert. Ces renvois entre États européens démontrent avec éclat, une fois de plus, que la liberté de circulation du demandeur d'asile est limitée par le principe d'unicité des demandes posé par le Règlement.

Par ailleurs, cette procédure de prise et de reprise en charge a soulevé des interrogations quant au respect des droits de l'Homme et du principe de non-éloignement. Dans une affaire de 2000[117], La Cour européenne des droits de l'Homme a eu l'opportunité de s'exprimer sur les transferts des demandeurs d'asile entre États parties, et sur les risques de refoulement vers des pays tiers. Elle a estimé que « *l'éloignement indirect (...) vers un pays intermédiaire, qui est également un État contractant, n'affecte pas la responsabilité du Royaume-Uni de s'assurer que le requérant ne sera pas, suite à la décision de l'expulser, exposé à des traitements contraires à l'article 3 de la convention* ».

§II : La technique du système EURODAC[118] au service de la gestion des demandes d'asile

Depuis les années quatre-vingt-dix, avec la signature de la Convention de Dublin, les États membres se sont lancés dans la création d'un projet de « mutualisation » des informations concernant les étrangers, et notamment des demandeurs d'asile qui ont déjà présenté une demande d'asile dans un État membre.

Très tôt, il est apparu que le « fichage informatique » était le système le plus perfectionné pour détecter les demandes multiples sur le territoire commun. L'idée de mettre en place un système communautaire de comparaison des empreintes digitales des demandeurs d'asile pour permettre leur identification a très vite émergé. En effet, lors de la réunion de La Haye, en décembre 1991, les États se sont mis d'accord pour élaborer une Convention « EURODAC »[119] à partir des exigences de l'article 15 de la Convention de Dublin. Celui-ci émettait la possibilité de procéder à un échange d'informations sur les demandes d'asile et les données personnelles de l'étranger. Le projet a été abandonné avec l'entrée en vigueur du traité d'Amsterdam. Il a laissé place à la création d'un acte communautaire dérivé, prévoyant la création d'un véritable instrument communautaire de comparaison des empreintes des demandeurs d'asile.

Le règlement EURODAC[120] constitue l'un des premiers actes de la politique commune de l'asile, il pose les bases d'un fichage massif des demandeurs (A). Ce système

---

[116] Cf. Annexe I du Règlement (CE) n° 343/2003 du Conseil du 18 février 2003.

[117] CEDH 7 mars 2000, *T.I. c. / Royaume Uni*, req. n° 43844/98.

[118] EURODAC est la contraction des mots « européen » et « dactyloscopie ».

[119] Projet de Convention portant création du système « EURODAC » pour l'échange et la comparaison des empreintes digitales des demandeurs d'asile conformément à l'article 15 de la Convention relative à la détermination de l'État responsable de l'examen de la demande d'asile présentée dans l'un des États membres de la Communauté européenne, non publié.

[120] Règlement n° 2725/2000 du Conseil du 11 décembre 2000 concernant *la création du système « EURODAC » pour la comparaison des empreintes digitales aux fins de l'application efficace de la Convention de Dublin* JOCE L 316 du 15.12.2000 ; Règlement (CE) n° 407/2002 *du Conseil du 28 février 2002 fixant certaines modalités d'application du règlement (CE) n° 2725/2000 concernant la création du système « EURODAC » pour la comparaison des empreintes digitales aux fins de l'application efficace de la Convention de Dublin* JOCE L 62 du 05.03.2002 ; Communication de la Commission *relative à la mise en œuvre du règlement* (CE) n° 2725/2000 « EURODAC », JOCE C 5 du 10 janvier 03.

de comparaison des empreintes a très vite été opérationnel en France : il est désormais présent dans le déroulement de la procédure interne de l'asile (B).

A/ Fichage massif des demandeurs d'asile

L'identification rapide du demandeur d'asile participe à la détermination de la demande d'asile (1) mais on peut d'interroger sur ce mécanisme qui identifie les étrangers en situation irrégulière (2).

1/ Principe de l'identification rapide du demandeur d'asile rentrant en Europe

Depuis le 15 janvier 2003, avec l'entrée en vigueur du règlement « EURODAC » tous les demandeurs d'asile ont leurs empreintes digitales relevées lorsqu'ils présentent une demande d'asile dans les États[121] européens. Le système EURODAC est un instrument technique au service de la politique commune de l'asile. L'objectif affiché d'EURODAC est d'identifier tous les demandeurs d'asile afin de détecter les « demandes d'asile multiples ». Ainsi, ce mécanisme participe à la détermination de l'État responsable de la demande d'asile conformément au mécanisme mis en place par le Règlement. Il est donc un maillon indispensable au régime commun du demandeur d'asile. Les demandes multiples sont détectées grâce aux comparaisons des « récoltes » d'empreintes de chaque État membre. Le système EURODAC est le premier système d'identification d'empreintes digitales, automatisé et commun au sein de l'Union. L'utilisation de données biométriques[122] à partir d'empreintes digitales[123] a été choisie car il semble qu'elle soit la plus fiable « *pour contrer les récidives dans les tentatives d'entrée sur le territoire Schengen* »[124] D'autres techniques biométriques (iris, reconnaissance faciale et vocale, contour de la main,[125] empreintes génétiques[126]) sont à l'étude[127] pour d'autres procédures, notamment pour le système d'information des visas (VIS[128]). Le système EURODAC est

---

[121] A l'exception du Danemark, la Norvège et l'Islande.

[122] « La *biométrie est la science qui étudie, à l'aide des mathématiques, les variations biologiques à l'intérieur d'un groupe déterminé. Pratiquement, la biométrie permet l'identification d'une personne sur la base de caractères physiologiques ou de traits comportementaux automatiquement reconnaissables et vérifiables* » in GUERRIER C., « Les cartes d'identité et la biométrie : l'enjeu sécuritaire », *Revue Communication Commerce électronique*, mai 2004, p. 19.

[123] La biométrie consiste à transformer les caractéristiques physiques d'une personne (iris ou rétine, voix, empreintes digitales, forme de la main ou du visage) en une empreinte numérique. Cf. Assemblée Nationale n° 938 Sénat n° 355, Enregistré à la présidence de l'Assemblée nationale, le 16 juin 2003, Office parlementaire d'évaluation des choix scientifiques et technologiques des choix scientifiques et technologiques, Rapport, *sur les méthodes scientifiques d'identification des personnes et les données biométriques et les techniques mise en œuvre* par M. Christian CABAL.

[124] Rapport N °1 du Sénat, COURTOIS J.-P., 2003/2004, p. 64.

[125] PREUSS-LAUSSINOTTE S., *Les fichiers et les étrangers au cœur des nouvelles politiques de sécurité,* éd. LGDJ, bibliothèque de droit public, tome 209, 2000, p. 39-40.

[126] *Ibid*, p. 58-62.

[127] Cf. Proposition *de la Commission concernant l'intégration d'éléments d'identification biométriques dans les visas et titres de séjour des ressortissants de pays tiers*, 24/ 09/ 2003.

[128] Voir aussi la Décision du 8 juin 2004 portant création du système d'information visa (VIS), 2004/512/CE, L 213/5 JOUE du 15 juin 2004.

d'une efficacité redoutable puisqu'il peut procéder à plus de 500 000 comparaisons par seconde.

Le choix du règlement plutôt que de la directive s'explique par la technicité du mécanisme à mettre en place. En effet, le règlement EURODAC institue une unité centrale chargée d'enregistrer et de conserver les empreintes digitales des demandeurs d'asile. Mais c'est dans chaque État membre (notamment dans les préfectures en France) que sont saisies les empreintes digitales de tous les demandeurs d'asile ayant au moins 14 ans. Ces données sont ensuite transmises à l'unité centrale sous le contrôle de la Commission[129]. Si le demandeur d'asile ne se trouve pas dans l'État membre qui est responsable de sa demande, la procédure de prise en charge ou reprise en charge du demandeur d'asile peut débuter.

Ainsi, l'efficacité du système EURODAC va certainement contribuer à augmenter le nombre de transferts de demandeurs d'asile vers les États responsables, les principes du Règlement (Dublin II) vont être renforcés.

2/ De l'identification au contrôle détourné des flux migratoires ?

Il convient de remarquer que le relevé des empreintes ne concerne pas seulement celles des demandeurs d'asile. Le règlement a étendu le « fichage informatique » aux étrangers se trouvant irrégulièrement à la frontière d'un État membre[130] ou ayant été appréhendés à l'occasion du franchissement irrégulier d'une frontière extérieure[131]. Cette possibilité a été très discutée et a causé des divergences entre la Commission et le Parlement européen[132]. En effet, la prise en compte des étrangers irréguliers dans ce système de comparaison des empreintes suscite des inquiétudes quant à l'utilisation réelle des données d'EURODAC. Cet amalgame permet d'envisager qu'EURODAC serve aussi à la lutte contre l'immigration irrégulière. En théorie, selon le règlement EURODAC, les données des étrangers irréguliers ne devraient pas être enregistrées mais seulement comparées avec celles relatives aux demandeurs d'asile déjà enregistrés dans l'unité centrale. On peut quand même émettre des doutes sur les possibles croisements d'informations avec d'autres fichiers nationaux notamment avec les fichiers policiers. A ce titre, Sylvia Preuss-Laussinotte rappelle que « *l'objectif officiel de ce projet était à l'origine de pouvoir accélérer l'examen des demandes d'asile grâce à l'identification des demandeurs d'asile par leurs empreintes digitales. Mais il est vite apparu que la finalité principale d'EURODAC était de repérer les tentatives d'obtention frauduleuse du statut de réfugié »*[133]. *(...) « il est clair que dès l'origine , l'objectif n'a pas été lié à l'asile, mais à la lutte contre l'immigration clandestine »*[134].

---

[129] L'unité centrale compare les empreintes provenant des différents pays membres, procède aux vérifications et transmet les résultats à chacun des pays. Le « HIT » qu'émet l'unité centrale signifie que la personne a déjà introduit une demande d'asile. Les données sont alors transmises vers les pays concernés et le demandeur doit aller séjourner dans le pays responsable de sa demande d'asile. Plusieurs informations confidentielles concernant le demandeur d'asile accompagnent la saisie d'empreintes.

[130] Article 11 du Règlement.

[131] Article 8 du Règlement.

[132] Deux avis du Parlement européen, des 7 juillet et 21 septembre 2000.

[133] PREUSS-LAUSSINOTTE S., *Les fichiers et les étrangers au cœur des nouvelles politiques de sécurité,* éd. LGDJ, bibliothèque de droit public, tome 209, 2000, p. 58.

[134] *Ibid.*, p. 56.

Le Règlement EURODAC affirme le respect des instruments juridiques essentiels relatifs à la protection des données (Convention de Strasbourg du 28 janvier 1981, la directive 95/46/CE relative à la protection des personnes physiques à l'égard des traitements des données à caractère personnel et à la circulation de ces données). Cependant, même si la procédure de ce système est peu complexe, son utilisation soulève des interrogations juridiques[135] et trois points importants peuvent notamment être critiqués. Le premier concerne la conservation des empreintes des demandeurs d'asile qui ont obtenu la qualité de réfugiés : elles sont verrouillées cinq ans[136] après le début de l'activité d'EURODAC. Le deuxième touche à la saisine des empreintes des mineurs de plus de 14 ans qui, à nos yeux, n'est pas conforme à l'esprit de la Convention internationale des droits de l'enfant (même si le règlement y fait référence). Le dernier point a trait à la méthode de collecte des données biométriques. En effet, parallèlement à l'enthousiasme unanime des États face au système EURODAC, des études récentes d'experts[137] font apparaître que la méthode d'identification que ce système apporte n'est pas aussi fiable qu'on le pensait. Ainsi, Philippe Wolf estime, que non seulement il est faux de penser que la biométrie apporte une sécurité supérieure aux autres procédés, mais qu'au contraire, elle peut s'avérer bien plus dangereuse… Tout dépend de l'utilisation qui en est faite.

Notons enfin que le fichage informatique des demandeurs d'asile est en train de se diversifier et de se généraliser[138] puisque, depuis peu, le système EURODAC est renforcé par le système Dublinet. Ce nouveau réseau « sûr » permet aux autorités nationales de se transmettre les données des demandeurs d'asile par communications électroniques. Créé en six mois seulement après le Règlement et opérationnel depuis le 1er septembre 2003, ce réseau constitue une accélération des échanges d'informations entre les États et apparaît, selon ces mêmes États, comme une infrastructure fiable d'authentification et de protection des données relatives aux demandeurs d'asile. La question de l'identification et authentification des individus prend une place très importante dans la politique communautaire de l'asile.

B/ Le système EURODAC et sa pratique française

Le système EURODAC est entré en application en France, ses modalités pratiques sont précisées dans une circulaire à l'attention des préfectures[139]. L'objectif du système leur est clairement affirmé : « *la mise en place de ce nouveau dispositif permettra de mieux fonder en droit et en fait les demandes de prise en charge que vous adressez aux autres États membres de l'Union européenne concernant des demandeurs d'asile ayant transité*

---

[135] TOUSSAINT M., « Un système informatisé européen de comparaison des empreintes digitales des demandeurs d'asile », *Revue du marché commun et de l'Union européenne*, n°429, juin 1999, p. 421-425 ; PREUSS-LAUSSINOTTE S., *Les fichiers et les étrangers au cœur des nouvelles politiques de sécurité,* éd. LGDJ, bibliothèque de droit public, tome 209, 2000, 56-58.

[136] Article 12 du règlement.

[137] Cf. notamment : WOLF P., « De l'authentification biométrique », *in Infosécu (CNRS)*, n°46, octobre 2003. http://www.cnrs.fr/Infosecu/num46.pdf.

[138] Voir sur la question des fichiers informatiques et des étrangers, l'excellente thèse de PREUSS-LAUSSINOTTE S., *Les fichiers et les étrangers au cœur des nouvelles politiques de sécurité,* éd. LGDJ, bibliothèque de droit public, tome 209, 2000.

[139] Circulaire 31 décembre 2002 *relative au Système européen « EURODAC » et la mise en place du dispositif français de collecte et transmission des empreintes digitales des demandeurs d'asile politique*, n° NOR/INT/D/02/00219/C.

par leur territoire. Elle sera par ailleurs de nature à améliorer l'efficacité du système de relevé des empreintes digitales ».

Toutefois, si le système est opérationnel depuis le 1er janvier 2003 en France, son intégration dans le droit interne soulève des interrogations sur sa conformité à la Constitution française. En effet, dans sa décision[140] n° 97-389, le Conseil constitutionnel a dégagé un principe important à valeur constitutionnelle relatif à « *la confidentialité des éléments d'information détenus par l'office français de protection des réfugiés et des apatrides relatifs à la personne sollicitant en France la qualité de réfugié* ». Ce principe constitue une garantie essentielle du droit d'asile et il impose *« que les demandeurs du statut de réfugié bénéficient d'une protection particulière* ». Le Conseil constitutionnel a estimé sans appel que « *seuls les agents habilités à mettre en œuvre le droit d'asile, notamment par l'octroi du statut de réfugié, peuvent avoir accès à ces informations, en particulier aux empreintes digitales des demandeurs du statut de réfugié ; que dès lors, la possibilité donnée à des agents des services du ministère de l'intérieur et de la gendarmerie nationale d'accéder aux données du fichier informatisé des empreintes digitales des demandeurs du statut de réfugié créé à l'office français de protection des réfugiés et apatrides, prive d'une garantie légale l'exigence de valeur constitutionnelle posée par le Préambule de la Constitution de 1946* ». Dès lors, si les agents de l'OFPRA peuvent seuls accéder aux données, on peut légitimement s'interroger sur la conformité du système EURODAC qui permet, notamment aux préfectures, et ensuite à une autorité supranationale, la comparaison des empreintes des demandeurs d'asile avec les données d'autres États dont trois pays tiers (Suisse, Norvège, Islande). Le droit communautaire paraît ici contraire à la jurisprudence du Conseil constitutionnel.

Le système EURODAC offre un fichier supplémentaire aux préfectures. Elles disposaient déjà du fichier des personnes recherchées, de ceux de l'AGDREF[141] et de l'OFPRA[142] ; elles ont désormais une collection d'empreintes digitales à leur disposition. Cette surenchère de consultations, de comparaisons et de saisines de données montre à quel point le demandeur d'asile est « suspect ». Le système EURODAC n'est qu'un élément parmi le vaste arsenal commun mis en place pour lutter contre les détournements de procédure. Notons que le règlement d'application du système « EURODAC » pose un délai de 24 heures[143] pour le traitement des demandes d'asile. La phase d'analyse est ainsi accélérée et les États, notamment la France, se félicitent de cette accélération des procédures d'asile.

---

[140] Décision 97-389 DC du 22 avril 1997, *loi portant diverses dispositions relatives à l'immigration*, Recueil, p. 45. *RJC*, p. I-707, JORF du 25 avril 1997, p. 6271 ; MÉLIN-SOUCRAMANIEN F., *D.*, 1999, somm., p. 237 ; HAMMJE P., « Immigration », *RCDIP*, 1998, somm., p. 683 ; LECUCQ O., *RFDC*, 1997, p. 571 ; MATHIEU B., *LPA*, 17 octobre 1997 (125), p. 18 ; TURPIN D., « La loi n° 97-396 du 24 avril 1997 portant diverses dispositions relatives à l'immigration : de l'ajustement au durcissement », *RCDIP*, 1997, p. 447 ; LUCHAIRE F., « Le Conseil constitutionnel et la loi du 24 avril 1997 sur l'immigration », *RDP*, 1997, p. 931 ; GUIMEZANES N., « Aperçu rapide sur la loi n° 97-396 du 24 avril 1997 portant diverses dispositions relatives à l'immigration », *JCP*, 1997, Act., 21 mai 1997 ; ZARKA J.-C., *JCP*, 1997, II, 22890 ; GUIMEZANES N., « Commentaire d'une loi dont la mort est annoncée. La loi Debré n° 97-396 du 24 avril 1997 portant diverses dispositions relatives à l'immigration », *JCP*, 1997, I, 4040 ; PELLISSIER G., « Le statut constitutionnel des droits et libertés des étrangers », *LPA*, 27 juin 1997 (77), p. 4 ; JULIEN-LAFERRIÈRE F., « Le Conseil constitutionnel et la loi Debré », *AJDA*, 1997, p. 524.

[141] PREUSS-LAUSSINOTTE S., *op. cit.*, p. 71-79 : sur l'historique et l'organisation de AGDREF.

[142] *Ibid.*, fichiers dactyloscopiques des demandeurs d'asile, p. 48-53.

[143] Article 3 § 2.

Hormis le chiffre de neuf milles demandes d'asile déjà enregistrées depuis janvier 2003, nous ne disposons pas d'assez de recul pour analyser la pratique française. Ainsi, il est difficile d'apporter plus d'éléments sur la pratique voire le contentieux relatif aux inscriptions des demandeurs d'asile dans le fichier EURODAC.

Le système EURODAC montre déjà des résultats probants en terme de collecte de données et donc de détermination des demandes. En effet, selon le 2ème rapport du 21 juin 2005, EURODAC a relevé 232 205 empreintes de demandeurs d'asile et que dans 13 % du nombre total de cas, une même personne avait déjà introduit au moins une autre demande d'asile dans un autre État pour l'année 2004 (demandes dites multiples)[144].

[144] Cf. Memo/05/214, du 21 juin 2005. Cf. également le 1er rapport du 5 mai 2004. Selon ce 1er rapport, EURODAC a relevé que dans 17287 cas (7% du nombre total des cas) une même personne avait déjà introduit au moins une autre demande d'asile dans un autre État pour l'année 2003, *Staff working paper, first annual report to the council and the European parliament and the activities of the EURODAC central Unit*, Bruxelles, 5 mai 2004.

CHAPITRE II : L'HARMONISATION DIFFICILE DU SYSTÈME COMMUN DE RECEVABILITÉ ET D'ACCUEIL DES DEMANDES D'ASILE

L'effondrement du « bloc communiste », les multiplications des demandes d'asile émanant de victimes de guerres civiles, ou encore l'augmentation des demandes d'asile « détournées » à vocation économique, ont poussé les États membres à réagir politiquement et juridiquement en modifiant la procédure d'asile. Dans le précédent Chapitre, il a été explicité le principe de détermination du pays responsable de la demande d'asile selon le règlement. Une fois la France reconnue comme étant le pays responsable, elle doit respecter un ensemble de procédures d'asile pour admettre la requête du demandeur. L'étude de ce Chapitre couvre à la fois les conditions de recevabilité de la demande, la procédure entourant le dépôt, l'examen de la demande et les modalités d'accueil du demandeur d'asile.

Les conditions de recevabilité des demandes d'asile ont été imprégnées très tôt par les Résolutions de 1992, décidées dans la plus grande opacité, par quelques États en marge de tout cadre communautaire[1]. Les notions « *demande manifestement infondée* », « *pays d'origine sûr* », « *pays tiers d'accueil* », « *premier pays d'asile* » ou encore « *asile interne* » ont influencé le statut de l'étranger. Ces conceptions communes établissent les hypothèses d'irrecevabilité des demandes d'asile ou des cas de traitement accéléré. Les étrangers ont alors leur demande d'asile étudiée en urgence ou écartée vers un pays sûr. L'harmonisation de ces causes d'irrecevabilité a abouti à un accord politique entre les États Membres sur un projet de directive, le 19 novembre 2004[2] ; elles vont devenir de véritables actes communautaires. Les États ont eu d'importantes difficultés pour se mettre d'accord mais cela n'a pas empêché le gouvernement français de transposer dans la réforme du 10 décembre 2003[3] les notions développées dans une proposition de directive non encore adoptée.

Par ailleurs, à côté de l'harmonisation des cas de non-recevabilité des demandes, les États membres tentent de se mettre d'accord sur les garanties qui entourent le dépôt et l'examen de la demande d'asile : les possibilités de recours, l'assistance juridique, la traduction des procédures, etc. Il n'existe actuellement qu'un acte non contraignant adopté

[1] Résolution du 30 novembre 1992 *sur les demandes d'asile manifestement infondées* ; Résolution du 30 novembre 1992 sur une approche harmonisée des questions relatives aux pays tiers d'accueil ; Conclusions du 30 novembre 1992 concernant les pays où, en règle générale, il n'existe pas de risque sérieux de persécution ; THÉRON J.-P., *Évolutions récentes du droit des réfugiés en Europe*, Presse de l'institut d'études politiques de Toulouse, 1995.

[2] Proposition modifiée de directive du Conseil relative *à des normes minimales concernant la procédure d'octroi et de retrait du statut de réfugié dans les États membres*, après accord général du 9 novembre 2004, doc., 2000/0238, 1403/04, (document non officiel). Levée de la réserve des Pays Bas, le 19 novembre 2004.

[3] Loi du 10 décembre 2003 modifiant la loi n° 52-893 du 25 juillet 1952 relative au droit d'asile, JORF n° 286 du 11 décembre 2003, p. 21080.

sur cette question puisque seul l'accord politique sur la proposition de directive a été entériné suite à des négociations très ardues. Une comparaison des futures mesures communes avec le droit interne sera réalisée.

Le troisième volet du régime européen de l'asile concerne l'harmonisation des conditions d'accueil des divers États membres. En effet, la régulation des demandes d'asile en Europe n'est garantie que si les conditions matérielles, telles que le logement, le droit au travail, les droits sociaux, la formation, sont quasi identiques dans tous les pays membres. La disparité des conditions d'accueil entre les pays membres entraîne, dans une certaine mesure un « asylum shopping » et des « migrations secondaires », les demandeurs d'asile choisissant leur pays selon les prestations matérielles proposées. C'est pourquoi les États ont entrepris une harmonisation des normes minimales pour l'accueil des demandeurs d'asile dans les États membres par l'adoption de la directive[4] du 27 janvier 2003. On évaluera l'impact de cette coordination dans le statut interne.

Il conviendra dans une première section d'analyser l'harmonisation des cas d'irrecevabilité des demandes d'asile, puis dans une deuxième section, nous expliciterons les garanties entourant la demande d'asile. La troisième section aura trait à l'ébauche d'un système commun d'accueil des demandeurs d'asile.

Section I : Un système commun de recevabilité et de rationalisation des demandes d'asile

Après la détermination du pays responsable du traitement de la demande d'asile, la requête du demandeur doit être recevable et ensuite examinée par l'OFPRA. Ainsi, si la qualité de réfugié est reconnue par l'OFPRA depuis la loi du 25 juillet 1952, le dépôt et la recevabilité de la demande d'asile ne sont confiés aux préfectures que depuis la loi du 24 août 1993. Avant 1993, les formalités de dépôt des demandes étaient variables d'un département à l'autre. Les lois du 6 juillet 1992[5] et du 24 août 1993[6] ont permis de compléter le dispositif de dépôt et de recevabilité des demandes. Or ces deux lois ont été partiellement inspirées par des travaux préparatoires communs relatifs aux conditions de recevabilité des demandes d'asile. Au plan européen, c'est à l'occasion de réunions informelles que l'harmonisation de l'admission ou de la recevabilité des demandes d'asile a débuté sous forme de Résolutions[7] adoptées en 1992 à Londres. L'impact de ces Résolutions sur les législations internes est loin d'être négligeable, et ce, malgré l'absence de valeurs juridiques contraignantes. Certaines législations se sont inspirées d'une partie de

[4] Directive 2003/9/CE du Conseil, du 27 janvier 2003, relative *à des normes minimales pour l'accueil des demandeurs d'asile dans les États membres* JOUE, L 31 du 6 février 2003.

[5] La loi n° 92-625 du 6 juillet 1992 sur *la zone d'attente des ports et des aéroports et portant modification de l'ordonnance n° 45-2658 du 2 novembre 1945 relative aux conditions d'entrée et de séjour des étrangers en France* ; TURPIN D., « La loi du 6 juillet 1992 sur la zone d'attente des ports et aéroports », LPA, 6 novembre 1992, p. 11 ; LOCHAK D., JDI, 1992, p. 677 ; JULIEN-LAFERRIÈRE F., « De l'application des accords de Schengen au statut des « zones d'attente » : chronique d'une loi annoncée », AJDA, 1992, p. 656 ; GENEVOIS B., « L'entrée des étrangers en France : le rappel des exigences constitutionnelles », RFDA, 1992, p. 185.

[6] Loi du 24 août 1993 relative à *la maîtrise de l'immigration et aux conditions d'entrée, d'accueil et de séjour des étrangers en France.*

[7] Résolution du 30 novembre 1992 sur *les demandes d'asile manifestement infondées*. Résolution du 30 novembre 1992 sur une *approche harmonisée des questions relatives aux pays tiers d'accueil*. Conclusions du 30 novembre 1992 concernant *les pays où, en règle générale, il n'existe pas de risque sérieux de persécution*.

ces Résolutions en retenant des conceptions restrictives des conditions de recevabilité des demandes d'asile. Ces instruments ont posé la base d'une coopération dans les conditions de recevabilité des demandes. Les cas d'irrecevabilité ou les procédures d'examen accélérées des demandes d'asile ont été coordonnés autour des notions suivantes : « demande manifestement non fondée », « pays tiers sûr » ou encore « pays d'origine sûr »... Toutefois ces notions ont été interprétées différemment selon les États membres. Aujourd'hui, les États membres tentent de communautariser ces concepts qui font l'objet d'applications très disparates. Un consensus sur ces questions fut très difficile à obtenir, la proposition de directive[8] relative aux procédures minimales ayant été modifiée plusieurs fois. De cette proposition se dégagent plusieurs concepts-clefs relatifs aux procédures d'asile. Mais ces concepts ne s'imposent[9] que pour les procédures relatives aux demandeurs du statut de réfugié, l'harmonisation du traitement et de la recevabilité des autres types d'asile n'est pas encore à l'ordre du jour. Toutefois, en France, étant donné que depuis la réforme du 10 décembre 2003 la procédure d'asile est organisée sous forme de guichet unique, l'ensemble des mesures transposées s'applique à tous les types de demandes d'asile (subsidiaire, conventionnelle et constitutionnelle).

Les notions de « demande manifestement infondée », de « pays d'origine sûr », de « premier pays d'asile », d'« asile interne », de « pays tiers d'accueil » et de « premier pays d'asile » occupent une place importante dans la recevabilité de la demande d'asile car leur utilisation peut entraîner des conséquences considérables pour le demandeur d'asile. La demande peut faire l'objet d'un examen accéléré lorsqu'elle est infondée (§I). Dans certaines hypothèses, la demande peut être irrecevable et donc examinée en priorité dans un État membre lorsque le demandeur d'asile vient d'un « pays sûr » ou que le candidat au refuge est passé par un État tiers d'accueil ou d'asile (§II).

§I : L'harmonisation de la « demande manifestement infondée » ou la présomption de demandes abusives

Si la demande manifestement infondée a fait l'objet d'une Résolution entre quelques États en 1992, l'adoption d'un texte communautaire reste très difficile mais il semblerait qu'un accord politique puisse mettre fin aux mésententes. Le contour et le contenu de la notion (A) ont posé des problèmes dans les négociations. En France, cette notion est très vite entrée dans le statut du demandeur d'asile et il conviendra d'analyser le contentieux qu'elle entraîne ainsi que ses conséquences en droit interne (B).

A/ Les contours de la notion au regard de l'harmonisation communautaire

---

[8] Proposition de directive du Conseil relative *à des normes minimales concernant la procédure d'octroi et de retrait du statut de réfugié dans les États membres* COM (2000) 578 final - JOCE C 62 E du 27 février 2001 ; Proposition modifiée de directive du Conseil relative *à des normes minimales concernant la procédure d'octroi et de retrait du statut de réfugié dans les États membres* COM (2002) 326 final - JOCE C 291 E du 26 novembre 2002 ; Proposition après accord général du 9 novembre 2004, doc., 2000/0238, 1403/04, (document non officiel). Levée de la réserve des Pays Bas, le 19 novembre 2004.

[9] Il est toutefois possible pour les États qui le désirent d'utiliser les mêmes procédures pour les autre demandes d'asile.

La Résolution de novembre 1992 a posé les bases de la notion : « demande manifestement infondée » (1) ; la proposition de directive tente de communautariser le concept (2).

1/ La Résolution de 1992[10]

L'idée de « demande manifestement infondée »[11] était présente dans quelques États européens dès le début des années quatre-vingts. Néanmoins, c'est le HCR, qui le premier en 1983, a tenté de systématiser une définition de la demande d'asile manifestement infondée dans une de ses conclusions[12].

La notion de « demande infondée » issue de la Résolution de novembre 1992 retenue par les États partie à la Convention de Schengen diffère, elle est bien plus restrictive. En effet, la mise en place d'un système commun de détermination des demandes a nécessité que soit réalisée, en parallèle, une coordination des cas de recevabilité des demandes. Cette coordination a été souhaitée par les États membres afin d'opérer un tri visant à écarter les demandes abusives. Ainsi, la demande d'asile est déclarée manifestement infondée dans deux types d'hypothèses :

-lorsqu'il est évident *qu'elle ne répond à aucun des critères définis par la Convention de Genève.* Comme, par exemple, lorsque la crainte d'être persécuté dans le pays d'origine est dénuée de fondement ; soit parce que les persécutions invoquées par le demandeur n'entrent pas dans la liste de celles définies par la Convention de Genève ; soit parce qu'il n'apporte pas la preuve que ses craintes de persécution sont fondées, circonstanciées et personnelles. L'absence de fondement peut également se justifier par l'existence d'une protection sur place ou encore par l'absence de risque sérieux de persécutions dans le pays d'où vient le demandeur d'asile (pays d'origine sûr).

-lorsqu'il existe une *fraude délibérée* ou un *recours abusif* à la procédure d'asile. Plusieurs exemples illustrent ces demandes infondées : celles bâties sur une fausse identité ou des documents falsifiés, celles accompagnées de fausses déclarations, celles dans lesquelles les documents ont été détruits ou endommagés, permettant ainsi de brouiller l'identité, celles où des informations sont délibérément omises, celles présentées en vue de prévenir une mesure d'éloignement. En résumé, on prend en compte tous les « *éléments évidents de mauvaise foi* »[13] du demandeur d'asile.

Face à ces deux types d'hypothèses, les États peuvent selon la Résolution soumettre ces demandes à « *une procédure accélérée (...) qui ne doit pas nécessairement comporter un examen complet à chaque stade de la procédure* », mais également appliquer « *des procédures d'admissibilité en vertu desquelles des demandes peuvent être rejetées très rapidement pour des raisons objectives* ».

A la lecture de la Résolution, on constate que la demande manifestement infondée renvoie à des hypothèses très variées et surtout à des définitions très différentes les unes des

---

[10] Résolution du 30 novembre 1992 *sur les demandes d'asile manifestement infondées* adoptée par les Ministres chargés de l'immigration, Londres, 30 novembres-1er décembre 1992, document 10579/92 IMMIG 2.

[11] Cf. analyse de BERGER N., *La politique européenne d'asile et d'immigration*, Bruylant, Bruxelles, 2000, p.179-188.

[12] Conclusions EXCOM n° 30 (XXXIV) relatives *au problème des demandes d'asile manifestement infondées ou abusives*, adoptées lors de la 34ème session, 1983.

[13] BERGER N., *op. cit.*, p. 187.

autres. Des mélanges de concepts apparaissent dans cette définition, tels que celui de « *pays où il n'existe pas de risque sérieux de persécution* »[14], ou de « *pays tiers d'accueil* »[15] ou encore la notion de « *protection efficace dans une autre partie de son propre pays* »[16]. La demande d'asile manifestement infondée, telle qu'elle est définie par cette Résolution, laisse donc la place à une grande diversité d'hypothèses de présomption de demandes frauduleuses ou mal fondées. L'aspect extensif de cette Résolution a entraîné bon nombre de critiques pertinentes. En effet, le champ qu'elle offre a permis aux États de l'utiliser comme un outil de rationalisation des demandes d'asile ; ils ont ainsi opéré un tri entre les demandes recevables et celles qui ne le sont pas, ces dernières ne faisant pas l'objet d'un examen approfondi.

2/ Les apports de la future directive[17]

L'adoption d'un premier acte communautaire sur l'harmonisation des normes minimales concernant la procédure d'octroi de la qualité de réfugié, a posé d'importantes difficultés aux États membres. Après l'échec de la première proposition de directive en 2000, une deuxième tentative de texte a été proposée en 2002. Finalement, le 19 novembre 2004, les États sont parvenus à une orïentation générale tardive en raison des disparités de définitions.

La proposition de directive retenue en 2004 prévoit dans l'article 23 § 4 c) une procédure *accélérée* lorsque la demande d'asile est manifestement infondée. Dans l'article 29, plusieurs hypothèses sont définies pour qualifier expressément ce type de demande manifestement infondée : -« *les États membres ne peuvent considérer une demande d'asile comme infondée que si l'autorité responsable de la détermination a établi que le demandeur ne remplit pas les conditions requises pour prétendre au statut de réfugié en vertu de la directive 2004/83/CE du Conseil* ». -« *(...) les cas de demande d'asile infondée correspondant à l'une des situations, quelle qu'elle soit, énumérées à l'article 23, §4, a) et c) à o)*[18]*, les États membres peuvent également considérer une demande comme manifestement infondée, si elle est définie comme telle dans la législation nationale.* »

---

[14] Article 8.

[15] Article 1 a).

[16] Article 7.

[17] Proposition modifiée de directive du Conseil relative *à des normes minimales concernant la procédure d'octroi et de retrait du statut de réfugié dans les États membres*, après accord général du 9 novembre 2004, doc., 2000/0238, 1403/04, (document non officiel). Levée de la réserve des Pays Bas, le 19 novembre 2004.

[18] « *c) la demande d'asile est considérée comme infondée: -parce que le demandeur provient d'un pays d'origine sûr au sens des articles 30, 30 bis et 30 ter de la présente directive; ou -parce que le pays qui n'est pas un État membre est considéré comme un pays tiers sûr pour le demandeur sans préjudice de l'article 29, paragraphe 1;ou d) le demandeur a induit les autorités en erreur en ce qui concerne son identité et/ou sa nationalité et/ou l'authenticité de ses documents, en présentant de fausses indications ou de faux documents ou en dissimulant des informations pertinentes qui auraient pu influencer la décision dans un sens défavorable; ou e) le demandeur a introduit une autre demande d'asile mentionnant d'autres données personnelles; ou f) le demandeur n'a produit aucune information permettant d'établir, avec une certitude suffisante, son identité ou sa nationalité, ou s'il est probable que, de mauvaise foi, il a procédé à la destruction ou s'est défait de pièces d'identité ou de titres de voyage qui auraient aidé à établir son identité ou sa nationalité; ou g) la demande formulée par le demandeur est manifestement peu convaincante en raison des déclarations incohérentes, contradictoires, peu plausibles ou insuffisantes qu'il a faites sur les persécutions dont il prétend avoir fait l'objet (...); ou h) le demandeur a introduit une demande ultérieure dans laquelle il n'invoque aucun élément nouveau pertinent par rapport à sa situation personnelle à la situation dans son pays d'origine; ou i) le demandeur n'a pas introduit plus tôt sa demande, sans*

La définition est extrêmement extensive puisqu'on y retrouve les demandes provenant d'un pays d'origine sûr, d'un pays tiers sûr, la fraude sur l'identité du demandeur, la mauvaise foi, les fausses déclarations, l'absence de faits nouveaux pertinents, le danger pour la sécurité et même le délai tardif pour déposer sa demande d'asile après un séjour irrégulier prolongé sur le territoire, le refus de donner les empreintes digitales, etc. Certaines hypothèses ainsi définies sont très critiquables, elles font peser des soupçons « de fraudeur » sur le demandeur d'asile. En effet, ces définitions extensives relèvent du désir des États de lutter contre les abus des procédures d'asile. La suspicion est présente dans la définition des cas de demandes manifestement infondées, cette liste de cas de demande infondée donne aux États les moyens de détecter les détournements de procédure. De plus, ces hypothèses constituent une liste d'exemples prédéterminés à partir desquels les États vont procéder à des analyses moins poussées ; l'objectif étant d'éliminer une partie des demandes d'asile avant leur examen au fond. Cette procédure de prédétermination pose alors des questions de légitimité notamment sur sa compatibilité avec la Convention de Genève.

Ce système accéléré de traitement des demandes, sans garantie pour les demandeurs, est celui que les États membres cherchent à mettre en place. Il permettra, à terme, l'alignement communautaire des critères de recevabilité des demandes ce qui devrait diminuer considérablement l'attention et l'étude des dossiers de nombreuses demandes d'asile.

B/ La notion de demande manifestement infondée en droit interne

Le législateur français a entériné très tôt la notion de demande manifestement infondée dans l'ordonnance du 2 novembre 1945 par les réformes de 1992 et de 1993. Avant même l'adoption de la Résolution de 1992, le législateur s'était inspiré des travaux communs en cours et des conclusions du HCR. Aujourd'hui, cette notion est présente dans deux cas de procédure d'asile : -pour refuser l'entrée des demandeurs d'asile arrivant aux frontières, on parle de *demande manifestement infondée* (1) et -pour refuser le séjour aux demandeurs d'asile déjà entrés sur le territoire, on invoque alors le cas de *fraudes délibérées ou recours abusifs* aux procédures d'asile (2).

---

motif valable, alors qu'il avait la possibilité de le faire; ou j) le demandeur ne dépose une demande qu'afin de retarder ou d'empêcher l'exécution d'une décision antérieure ou imminente qui entraînerait son expulsion; ou k) sans motif valable, le demandeur n'a pas rempli les obligations qui lui incombent en vertu de l'article 4, paragraphes 1 et 2, de la directive 2004/83/CE du Conseil, ou de l'article 9 bis, paragraphe 2, points a)et b),et de l'article 20, paragraphe 1, de la présente directive; ou l) le demandeur est entré ou a prolongé son séjour illégalement sur le territoire de l'État membre et, sans motif valable, ne s'est pas présenté aux autorités et/ou n'a pas introduit sa demande d'asile dans les délais les plus brefs compte tenu des circonstances de son entrée sur le territoire; ou m) le demandeur représente un danger pour la sécurité nationale ou l'ordre public de l'État membre; ou le demandeur a fait l'objet d'une décision d'éloignement exécutoire pour des motifs graves de sécurité nationale ou d'ordre public au regard du droit national; ou n) le demandeur refuse de se conformer à l'obligation de donner ses empreintes digitales conformément à la législation communautaire et/ou nationale pertinente; ou o) la demande a été introduite par un mineur non marié auquel l'article 5, paragraphe 4, point c), s'applique après que la demande déposée par le ou les parents responsables du mineur a fait l'objet d'une décision de rejet et aucun élément nouveau pertinent n'a été apporté en ce qui concerne la situation personnelle du demandeur ou la situation dans son pays d'origine ».

1/ La notion de « demande manifestement fondée » à la frontière

Le terme même de « demande manifestement fondée » n'apparaît que dans le cas où les demandeurs arrivent en France dans une zone d'attente. Ils doivent tout d'abord être autorisés à entrer sur le territoire pour déposer leur requête. Or l'admission sur le territoire français du demandeur d'asile dépend du caractère fondé de sa demande d'asile. Légalement, c'est le Ministre de l'Intérieur après consultation de l'OFPRA[19], qui autorise ou refuse l'entrée[20] sur le territoire français, mais, en pratique, c'est la police aux frontières qui apprécie la demande et décide de l'admission du demandeur sur le territoire, et c'est donc elle qui juge du caractère fondé ou non de la demande[21].

L'entrée peut être refusée en raison de plusieurs hypothèses directement influencées par la Résolution de 1992 ou des conclusions du Comité exécutif du HCR. Ainsi, la demande d'asile est déclarée dénuée de tout fondement, lorsqu'elle ne répond pas aux critères prévus par la Convention de Genève ou lorsque le demandeur ne fait état d'aucun risque pour sa vie ou sa liberté dans son pays d'origine. La demande d'asile manifestement infondée est également celle qui ne fait apparaître aucun élément circonstancié et personnel ou qui est dépourvue de toute crédibilité. Il est regrettable que les autorités policières examinent le caractère de la demande d'asile pour déterminer si elle correspond aux critères de la Convention de Genève. En effet, les autorités policières ne sont pas compétentes, la prise de décision étant le rôle de l'OFPRA, mais dans la pratique, la police effectue un premier tri en déterminant le caractère manifestement fondé ou non de la demande. Elle prédétermine ainsi la qualité de réfugié avant même que l'OFPRA ne se prononce. L'analyse de la demande manifestement infondée au moment de l'admission sur le territoire entraîne un insidieux transfert de compétences au profit des autorités policières.

En intégrant cette notion de demande manifestement fondée le législateur français a donc réorganisé la phase de l'admission au titre de l'asile. Cela fut d'autant plus facile que dans la Résolution de 1992, rien n'avait été prévu pour déterminer les autorités compétentes chargées d'examiner le caractère fondé des demandes d'asile. Les États se sont appropriés la notion et en « *ont fait un instrument de régulation des demandes d'asile à la frontière en permettant aux autorités de polices d'imposer sur son fondement soit une procédure accélérée de la demande, soit son rejet immédiat, et en toute hypothèse le refoulement rapide du demandeur* »[22].

Toutefois, lorsqu'un recours[23] est intenté par le demandeur d'asile non-admis, le juge administratif intervient pour poser des exigences strictes au Ministre de l'Intérieur lors de l'examen à la frontière de la demande d'admission au titre de l'asile. Il exige ainsi une

---

[19] Avant ce rôle appartenait au Ministre des affaires étrangères, désormais à l'OFPRA. Cf. Décret n° 2004-739, du 21 juillet 2004, article 1er, JORF 28 juillet 2004, p. 13430.

[20] Le taux d'admission au titre de l'asile sur le territoire des demandeurs d'asile s'élève à 75,2 % en 2002, alors qu'il était de 94 % en 2001 ; *DPE*, 1er septembre 2003, p. 2467.

[21] ANAFÉ, *La Roulette russe de l'asile à la frontière ?, Zone d'attente : qui détourne la procédure ?*, Rapport sur la procédure d'admission sur le territoire au titre de l'asile, novembre 2003.

[22] ALLAND D. et TEITGEN-COLLY C., *Traité sur le droit d'asile*, éd. PUF, 2002, p. 242-243.

[23] Il n'y a aucun recours spécial pour ce type de refus, c'est donc le recours de droit commun que peuvent exercer les demandeurs d'asile, or le demandeur d'asile qui s'est vu refusé l'entrée, est refoulé dans un délai d'un jour franc, il ne peut que faire le recours depuis son pays d'origine. Ce recours n'a pas de caractère suspensif. Le demandeur peut intenter aussi un référé-liberté : CE juge des référés 12 janvier 2001, *Mme Hyacinthe,* req. n° 229039 ; MORRI J. et SLAMA S., *AJDA*, 2001, p. 589.

étude attentive des éléments dont il dispose, sans considérer a priori que les déclarations des demandeurs d'asile pourraient être suspectes[24]. Dans une espèce du 25 mars 2003[25], le juge des référés a considéré que le simple doute sur l'appartenance tchétchène et la résidence de plusieurs mois en Jordanie ne permettaient pas par elles-mêmes de refuser le statut de réfugié. Il estima également que la résidence dans un autre pays ne présume pas de la protection des demandeurs d'asile. Le juge administratif a donc censuré l'appréciation trop restrictive de la notion de demande d'asile infondée en zone d'attente.

2/ La fraude délibérée ou le recours abusif aux procédures d'asile

Avant de déposer la demande d'asile à l'OFPRA, l'étranger doit demander l'admission au séjour en Préfecture. C'est au moment de la demande d'admission au séjour du demandeur d'asile en Préfecture, que l'on retrouve, sans qu'il soit nommé ainsi, l'examen du caractère fondé de la demande.

La réforme de 1993 a institué cette nouvelle étape dans la procédure de l'asile qui constitue un « filtre » supplémentaire. En effet, l'article 8[26] de la loi du 25 juillet 1952 relative à l'asile, dispose que les autorités préfectorales sont compétentes pour examiner la demande d'admission au séjour des étrangers se trouvant à l'intérieur du territoire. Pour ce faire, le préfet doit vérifier : que la demande ne relève pas d'un autre État membre selon l'application du Règlement, que le demandeur ne constitue pas une menace pour l'ordre public, qu'il ne vient pas d'un pays sûr[27], enfin et surtout, que la demande ne repose pas sur une « *fraude délibérée* »[28], qu'elle ne constitue pas « *un recours abusif* »[29], ou qu'elle n'est présentée qu'en vue de faire échec à une mesure d'éloignement prononcée ou imminente[30].

L'examen des demandes frauduleuses, abusives ou celles en vue de faire échec à une mesure d'éloignement consiste en fait à analyser le caractère fondé de la demande d'asile. Toutes ces hypothèses étaient déjà présentes dans la Résolution de 1992, et furent reprises par la réforme de 1993.

La loi du 10 décembre 2003[31] confirma le dispositif dans l'article 8 alinéa 4[32] de la loi du 25 juillet 1952 ; mais en y rajoutant une hypothèse de recours abusif qui constitue

---

[24] TA Paris 14 janvier 2000, *Besume*, req. n° 9801710/4.

[25] CE 25 mars 2003, juge des référés, *M. X.*, req. n° 255237 ; LECUCQ O., « Le juge du référé-liberté, protection des demandeurs d'asile », *AJDA*, 22 septembre 2003, p. 1662.

[26] Ancien article 10.

[27] Cf. Partie I, Titre I, Sous Titre I, Chapitre II, Section I, § II, B.

[28] C'est-à-dire les demandes multiples présentées sous plusieurs identités, demandes simultanées dans le but de bénéficier des allocations versées aux demandeurs d'asile ou successivement dans le but de se maintenir en France après un rejet définitif du statut de réfugié, cf. circulaire du 8 février 1994.

[29] Ce sont les demandes de réexamen dénuées de tout élément nouveau, faites auprès de l'OFPRA après un premier rejet définitif de la demande de statut de réfugié, cf. circulaire du 8 février 1994. CE 4 mars 2002, *Tinor*, req. n° 243653. L'article 8 alinéa 4 de la loi du 25 juillet 1952 modifiée dispose qu'un recours abusif peut être « *la présentation frauduleuse de plusieurs demandes d'admission au séjour au titre de l'asile sous des identités différentes* ».

[30] Cf. circulaire du 8 février 1994, lors de son interpellation en situation irrégulière sur le territoire, l'exposant à une reconduite à la frontière (...) ou lors de la notification d'une mesure administrative d'éloignement prise à son encontre (...) après un refus la notification d'une décision refusant la délivrance ou le renouvellement d'un titre de séjour (...) ; CE 8 mars 2002, *Préfet du Bas-Rhin c./ Khochmane*, req. n° 234048.

[31] Sur ce point cf. CHETAIL V., « La réforme française de l'asile prélude à la banalisation européenne du droit des réfugiés », *JDI*, 3, 2004, p. 824 et s.

[32] Ancien article 10 alinéa 4.

une extension de l'application du Règlement aux collectivités d'outre-mer, oubliées jusqu'alors. En effet, « *la demande d'asile présentée dans une collectivité d'outre-mer s'il apparaît qu'une même demande est en cours d'intrusion dans un autre État membre de l'Union* »[33] constitue un recours abusif aux procédures d'asile.

On constate que le dispositif actuel coïncide avec la future directive harmonisant la notion de demande manifestement infondée. Les cas explicités dans la loi du 25 juillet 1952 recouvrent certaines hypothèses très extensives de la future directive.

Sur le plan du contentieux, la jurisprudence administrative s'est surtout prononcée[34] sur des refus d'admission fondés sur des demandes d'asile visant à faire échec à une mesure d'éloignement, c'est-à-dire des demandes considérées comme dilatoires[35]. Le juge administratif a eu aussi l'occasion de se prononcer sur le refus d'admission au séjour basé sur des demandes abusives, frauduleuses ou dilatoires et de clarifier ces notions[36].

Ce filtre instauré au stade des préfectures a considérablement précarisé le statut du demandeur d'asile, il a transformé l'esprit du traitement des demandes. En effet, lorsque la demande est considérée comme abusive ou frauduleuse, elle sera examinée en priorité devant l'OFPRA. La procédure est simplifiée et accélérée, la décision est prise dans un délai de quarante-huit heures. Selon la Commission Nationale Consultative des Droits de l'Homme, la procédure prioritaire est de plus en plus utilisée : elle concernait près de 516 personnes en 1994 et 3414 demandeurs en 2000.

§ II : L'harmonisation des notions d'« asile interne », « pays tiers sûr », « premier pays d'asile » et de « pays origine sûr »

Ces notions sont très controversées depuis les Résolutions de 1992 car elles posent de nombreuses difficultés d'harmonisation en raison des approches très diverses qui ont été retenues par les États membres. Aujourd'hui les États membres tentent de les accorder. La loi du 10 décembre 2003 a intégré le concept de « protection sur une partie du territoire de son pays d'origine » par anticipation (A). En revanche, les autres concepts de « pays d'origine sûr », de « pays tiers sûr » ou de « pays de premier asile » et « pays tiers d'accueil » ne sont pas tous intégrés dans l'ordre interne (B).

A/ L'harmonisation de la protection sur une partie du territoire de son pays d'origine

Cette notion a été développée dans les différents travaux communs (1). Elle est communautarisée depuis sur la directive[37] relative au statut de réfugié et à la protection subsidiaire adoptée le 29 avril 2004, ce qui n'a pas empêché la France de s'inspirer des travaux préparatoires pour la « transposer » dans son droit interne en décembre 2003 (2).

---

[33] *Ibid.*

[34] Cf. DPE, Demandeurs d'asile.

[35] CE 12 juillet 2002, *Oulai Doue*, req. n° 245141 ; CE 31 janvier 2005 *Jasharaj*, req. n° 262460 (non dilatoire).

[36] CE 9 juillet 2003, *M X.*, req. n° 253170 ; CE 30 septembre 2002, *Préfet de Moselle c./ Abdallah X*, req. n° 238182.

[37] Directive 2004/83/CE du Conseil, du 29 avril 2004, *concernant les normes minimales relatives aux conditions que doivent remplir les ressortissants des pays tiers ou les apatrides pour pouvoir prétendre au statut de réfugié ou les personnes qui pour d'autres raisons, ont besoin d'une protection internationale, et relatives au contenu de ces statuts*, JOUE, 30 septembre 2004, L 304/ 12.

1/ Portée des travaux communs

La notion de « *protection sur une partie du territoire de son pays d'origine* » a connu différentes appellations dans les multiples documents communs[38]. Les notions de « *pays où les risques de persécutions sont clairement délimités à une aire géographique précise* », « d'asile interne », ou encore de « *protection sur une partie du territoire de son pays d'origine* » ont fait très tôt l'objet d'harmonisation au plan européen. Dès 1992, dans l'article 7 de la Résolution relative aux demandes manifestement infondées, on trouve la notion « *pays où les risques de persécutions sont clairement délimités à une aire géographique précise* ». Ce concept est lié à celui de la demande d'asile manifestement infondée. Ainsi, ce « mélange » de notions a consisté à faire de « l'asile interne » une hypothèse d'examen accélérée de la demande d'asile. Or, comme le relevait Daphné Bouteillet-Paquet, même si la procédure accélérée n'entraînait pas le rejet immédiat de la requête, l'asile interne soulevait des interrogations. D'une part, le caractère peu précis de la Résolution laissait « *un champ d'appréciation relativement large aux autorités chargées d'examiner ces demandes* »[39], d'autre part, il était fréquent que les demandeurs d'asile aient des réticences à communiquer leur récit en raison de certains traumatismes subis, et l'examen accéléré ne permettait pas de prendre en compte cette situation psychologique[40].

Aussi, l'asile interne est une notion à manier avec beaucoup de prudence, le HCR en a d'ailleurs précisé les limites en réservant son utilisation à des zones de sécurité stable auxquelles les demandeurs d'asile peuvent facilement accéder.

La communautarisation de la politique d'asile a poussé les États membres à harmoniser l'asile interne dans un acte dérivé : La directive du 29 avril 2004 « *concernant les normes minimales relatives aux conditions que doivent remplir les ressortissants des pays tiers et les apatrides pour pouvoir prétendre au statut de réfugié ou de personne qui, pour d'autres raisons, a besoin d'une protection internationale, et relatives au contenu de ces statuts* » a précisé le contenu de « *la protection à l'intérieur du pays* »[41].

D'abord, il convient de constater que la « protection à l'intérieur du pays » ne se trouve plus au stade de la procédure d'examen de la demande d'asile infondée, mais lors de l'analyse de la demande par l'autorité compétente pour délivrer la qualité de réfugié (OFPRA en France). Ainsi, après l'analyse de la crainte d'être persécuté, l'autorité compétente doit chercher si cette crainte se limite à une certaine partie du territoire du pays d'origine. Auquel cas précis, le demandeur peut être renvoyé par l'État membre vers son pays d'origine étant donné qu'il n'a « *pas besoin de protection internationale* »[42] lorsqu'il

---

[38] Résolution du 30 novembre 1992 *sur les demandes d'asile manifestement infondées* adoptée par les Ministres chargés de l'immigration, Londres, 30 novembres-1er décembre 1992, document 10579/92 IMMIG 2 ; Position Commune du 4 mars 1996 définie par le Conseil sur la base de l'article K3 du traité sur l'Union européenne, concernant *l'application harmonisée de la définition du terme réfugié au sens de l'article 1er de la Convention de Genève, du 28 juillet 1951 relatif au statut de réfugié* ; Cf. article 8. La proposition de directive concernant *les normes minimales relatives aux conditions que doivent remplir les ressortissants des pays tiers et les apatrides pour pouvoir prétendre au statut de réfugié ou de personne qui, pour d'autres raisons, a besoin d'une protection internationale, et relatives au contenu de ces statuts,* Com/2001/0510 final - CNS 2001/0207, JOCE n°C051 E du 26/ 02/2002, p. 325-334.

[39] BOUTEILLET-PAQUET D., *op. cit.*, p. 224.

[40] Cf. analyses BOUTEILLET-PAQUET D. *ibid.*

[41] JOUE, 30 septembre 2004, L 304/ 12.

[42] Article 8 § 1 de la directive.

n'y a « *aucune raison de craindre d'être persécuté ni aucun risque réel de subir des atteintes graves et qu'il raisonnable d'estimer que le demandeur peut rester dans cette partie du pays* »[43].

Ensuite, la future directive ne pose que la limite de *« l'existence d'obstacle technique »*[44] au renvoi dans le pays d'origine. Les négociations ont été très difficiles sur ce point, puisque dans son second projet, la Commission proposait une *présomption de non-refoulement* lorsque le persécuteur était le gouvernement national[45]. Elle prévoyait également que les États avaient l'obligation de tenir compte de la sécurité et des conditions politiques et sociales dans la « partie sûre » du pays d'origine et de la situation personnelle du demandeur (âge, sexe, état de santé, situation familiale, liens techniques, culturels et sociaux)[46]. Or la directive du 29 avril 2004 insiste seulement sur le fait que « *les États membres tiennent compte, au moment où ils statuent sur la demande, des conditions générales dans cette partie du pays et de la situation personnelle du demandeur* »[47], et ce, sans plus de précision, alors que l'on sait que l'analyse de la situation du pays du demandeur nécessite, de la part des organismes chargés d'attribuer la qualité de réfugié, une bonne connaissance de la situation concrète des pays d'origine, ce qui est loin d'être toujours le cas...

Enfin, la « protection à l'intérieur du pays » peut exister lorsque des organisations internationales[48] offrent des garanties dans le pays d'origine[49]. Ainsi les camps de réfugiés organisés dans certaines parties du territoire d'un pays tiers pourront désormais permettre de dispenser les États membres de traiter les demandes d'asile qui viennent de ces régions. Ces « poches humanitaires » serviront de lieux de protection dans le pays d'origine, les demandeurs d'asile de ces pays verront alors leur demande écartée au sein de tous les États membres. Ce qui est regrettable quand on sait l'absence de situation sécurisée dans ces camps. Cette mesure a fait l'objet de vives réactions dans les associations de défense des droits de l'Homme.

Dès lors, avec cette définition posée par la directive, une partie des demandes d'asile ne sera plus recevable en Europe. Avec cette idée d'asile possible dans le pays du lieu des persécutions, on assiste à une mise à distance européenne de l'asile et on constate une sorte d'« externationalisation »[50] du droit d'asile, hors des frontières de l'Europe. Par

---

43 Ibid.

44 Article 8 § 3 de la directive.

45 Article 10 § 1 alinéa 2 de la proposition 2001.

46 Article 10 § 2 de la proposition 2001.

47 Article 8 § 2 de la directive.

48 La proposition de directive de 2001 précisait que les types d'organisation internationale (Nations Unies, OTAN ou une autorité permanente s'apparentant à un État), article 9 § 3 de la proposition. Rien de tel n'est mentionné dans le directive.

49 Article 7 § 2 « *Une protection est généralement accordée lorsque les acteurs visés au § 1 prennent des mesures raisonnables pour empêcher la persécution ou des atteintes graves, entre autres lorsqu'ils disposent d'un système judiciaire effectif permettant de déceler, de poursuivre et de sanctionner les actes constituant une persécution ou une atteinte grave, et lorsque le demandeur a accès à cette protection* ». *§3 « Lorsqu'ils déterminent si une organisation internationale contrôle un État ou une partie importante de son territoire et si elle fournit une protection au sens du paragraphe 2, les États membres tiennent compte des orientations éventuellement données par les actes du Conseil en la matière.* »

50 Ici il s'agit d'une « externalisation » indirecte, mais certains États membres (Royaume-Uni) ont proposé en juin 2003 au Conseil européen de Thessalonique, qu'une réflexion soit menée sur la délocalisation des procédures de traitement des demandes d'asile hors du territoire européen (centre de traitement de demandes, installés au-delà des frontières de l'Union). Cette initiative a été rejetée par la France et par la Commission européenne, mais

conséquent, on peut dire qu'avec cette logique de protection à l'intérieur du pays, c'est une interprétation très stricte de la Convention de Genève qui est retenue. L'asile interne s'était déjà développé dans certains pays européens désireux de restreindre le taux de reconnaissance du statut de réfugié. Ce concept est maintenant généralisé dans tous les États membres. Ce concept devra être manipulé avec précaution pour ne pas entraîner des rejets systématiques des demandes d'asile.

2/ La conception interne

Encore très récemment la France faisait exception[51] en excluant l'asile interne mais depuis la réforme du 10 décembre 2003, la notion de « *protection sur une partie du territoire* » a fait son apparition en droit français. Elle est directement influencée par les travaux préparatoires communautaires. Il est d'ailleurs intéressant de constater que le législateur, par une sorte d'excès de zèle, a « transposé » ce concept, avant même l'adoption de la directive. À ce titre, dans un Avis du 24 avril 2003[52], la Commission Nationale Consultative des Droits de l'Homme s'est étonnée du choix du gouvernement, d'introduire dans la législation française, des notions figurant dans des propositions de directive mais n'ayant pas encore été adoptées par le Conseil de l'Union européenne. La Commission Nationale a d'ailleurs recommandé, en vain, au gouvernement de ne pas l'intégrer dans la loi. Cette « transposition par anticipation » montre le désir du législateur français de mettre en place très rapidement le système commun de l'asile surtout lorsque cela permet de réduire le taux de reconnaissance du statut de réfugié... Cette nouvelle notion risque d'entraîner, dans de nombreuses hypothèses le refus de la qualité de réfugié, selon l'utilisation qui en sera faite.

L'article 3 alinéa 3 de la loi du 25 juillet 1952 précise que l'OFPRA « *peut rejeter la demande d'asile d'une personne qui aurait accès à une protection sur une partie du territoire de son pays d'origine* »[53]. Ce dispositif institue une protection alternative qui peut *dispenser* l'OFPRA de reconnaître la qualité de réfugié dans des hypothèses bien spécifiques.

Cet « asile interne alternatif »[54] fut soumis à l'appréciation du Conseil constitutionnel. Ce dernier a d'abord rappelé que le législateur n'a pas fait de l'asile interne une « *obligation* » de refus du statut de réfugié mais une simple « *faculté* » offerte à l'OFPRA. Il insista également sur les deux conditions cumulatives qui permettent de refuser le statut : -absence de crainte de persécution ou d'atteinte grave -possibilité raisonnable pour le demandeur de demeurer dans cette partie du pays. Ensuite, le Conseil constitutionnel souligna que l'OFPRA se doit de tenir compte, après un *examen de la situation personnelle* du demandeur, de l'origine des persécutions, selon qu'elles

---

depuis certains États (RU, Italie) relancent l'idée. Cf. Sommet à La Haye 1er octobre 2004.

[51] ALLAND D., TEITGEN-COLLY C., *Traité du droit d'asile*, p. 382-387. Cf. Allemagne, Canada, USA. Hormis quelques décisions de la Commission de recours des réfugiés (CRR SR, 22 juillet 1994 *Elkébir*, CRR 19 juillet 1996 *Bouhali*, req. n° 279729, CRR 6 mai 1997 *Bazil*) et pour le Kosovo, CE CRR 18 avril 2003, *Adem Morina*, CRR 3 septembre 2003, *Cerivoku*, CRR 3 septembre 2003, *Hasani*. Mais la notion était explicitement absente du droit interne jusqu'à la loi du 10 décembre 2003.

[52] Avis sur le projet de loi modifiant la loi n° 52-893 relative au droit d'asile, adopté le 24 avril 2003.

[53] Article 3 alinéa 3 de la loi du 25 juillet 1952 modifiée.

[54] Appelé par les députés et sénateurs qui ont saisi le Conseil constitutionnel.

proviennent ou non des autorités de l'État. Dans une réserve[55] d'interprétation, le Conseil a posé une « *obligation* »[56] pour l'OFPRA qui devra s'assurer que le demandeur pourra « *en toute sûreté, accéder à une partie substantielle de son pays d'origine, s'y établir et y mener une existence normale* »[57]. Certes le Conseil pose des « garde-fous », mais ces conditions seront dans la pratique difficiles à déterminer. Comment peut-on établir que l'étranger vivra une existence normale dans son pays ? Il est possible que l'OFPRA tienne compte des rapports de certaines organisations non gouvernementales qui connaissent mieux la réalité du terrain.

Prudent, le Conseil constitutionnel a repris les garanties proposées par le « guide des procédures et critères à appliquer pour déterminer le statut de réfugié »[58] du HCR ; il a eu raison de préciser que l'analyse de la protection à l'intérieur du pays d'origine nécessite l'examen de la situation personnelle du demandeur, car incontestablement cette protection ne peut pas être déterminée par une étude abstraite et accélérée comme le prévoyait la Résolution de 1992. Des juridictions étrangères ont développé une jurisprudence importante sur cette notion en essayant d'analyser le plus rigoureusement possible la situation individuelle du demandeur à la lumière de la situation dans le pays d'origine[59].

Toutefois, il convient de rappeler ici les inquiétudes[60] de la Coordination française pour le droit d'asile (CFDA) soulevées pendant les travaux préparatoires de la loi du 10 décembre 2003 à propos de « l'asile interne ». La CFDA a indiqué que l'utilisation de cette notion allait annihiler la possibilité concrète pour de nombreux demandeurs d'obtenir la protection de la Convention de Genève. Elle relève aussi que des exemples récents (les poches humanitaires en Bosnie, la zone humanitaire au Rwanda) ont montré que, « *même sous la protection d'une force internationale, la possibilité d'une option d'asile interne n'est pas une forme de protection suffisante et durable* ». Reste à voir comment l'OFPRA et le juge administratif préciseront les contours de la notion d'asile interne et surtout ceux de l'idée « d'existence normale ».

---

[55] DC n° 485-2003, du 4 décembre 2003, JORF du 11 décembre 2003, p. 21085, loi du 10 décembre 2003 modifiant la loi n° 52-893 du 25 juillet 1952 relative au droit d'asile ; LUCHAIRE F., « Le droit d'asile devant le Conseil constitutionnel (Conseil constitutionnel, 4 décembre 2003, loi relative au droit d'asile) », *RDP*, 2004 (2), p. 565-582 ; LE BOT O., « Constitutionnalité de la loi modifiant la loi n° 52-893 du 25 juillet 1952 relative au droit d'asile », *D.*, 2004 (18), p. 1279-1280 ; TURPIN D., « La loi du 10 décembre 2003 relative au droit d'asile : d'une exception française mal assumée à un alignement européen trop bien assuré ! » *D.*, 2004 (15), p. 1034-1041 ; CHAGNOLLAUD D., « Sherlock Holmes et le mystère de l'effet cliquet (après la décision n° 2003-485 DC du Conseil constitutionnel du 4 décembre 2003) », *LPA*, 23 février 2004 (38), p. 3-9 ; SCHOETTL J.-E., « La nouvelle loi relative au droit d'asile est-elle constitutionnelle ? (1ère partie) », *LPA*, 4 février 2004 (25), p. 3-7 ; « La nouvelle loi relative au droit d'asile est-elle constitutionnelle ? (2ème partie et fin), *LPA*, 5 février 2004 (26), p. 12-20 ; GUIMEZANES N., « Le droit d'asile », *JCP*, 2004 (3), p. 57-58 ; BRONDEL S., « Le Conseil constitutionnel valide la loi sur l'asile sous deux réserves d'interprétation », *AJDA*, (43) 2003, p. 2287.

[56] LUCHAIRE F., *op. cit.*, p. 567.

[57] Considérant 17.

[58] Point 91 du Guide des procédures et critères à appliquer pour déterminer le statut de réfugié du HCR, réédition Genève, janvier 1992.

[59] SCHOETTL J.-E., « La nouvelle loi relative au droit d'asile est-elle constitutionnelle ? (2ème partie et fin), *LPA*, 5 février 2004 (26), p. 14.

[60] CFDA, Projet de réforme de l'asile : commentaires et recommandations, 30 septembre 2003, p. 5.

B/ Les notions de « pays d'origine sûr », « pays tiers sûr », « pays tiers d'accueil », « premier pays d'asile »

Certains de ces concepts ont été développés dans les Résolutions de 1992. La future directive du Conseil relative aux procédures d'asile communautarisera les notions de « pays d'origine sûr » (1), « pays tiers sûr » (2), « premier pays d'asile » et « pays tiers d'accueil » (3). Aussi s'agira-t-il d'expliciter les contours de chaque notion en voie d'harmonisation communautaire, ainsi que les répercutions de chacune en droit interne.

1/ La notion de « pays d'origine sûr »

a) Le travail d'harmonisation au plan communautaire

Le pays « d'origine sûr » est défini comme un pays qui n'est pas « *potentiellement producteur de réfugiés* »[61]. Au plan européen, cette notion est pour la première fois formalisée dans les Conclusions du 30 novembre 1992 concernant les pays où, en règle générale, il n'existe pas de risque sérieux de persécution. Pour identifier ces pays, la Résolution précisait que les États membres devaient examiner les taux de reconnaissance de réfugiés et le respect des droits de l'Homme (c'est-à-dire les engagements internationaux en matière des droits de l'Homme ou les garanties offertes dans le droit national). Les institutions démocratiques, ainsi que la stabilité du pays, pouvaient être également étudiées pour conclure à l'absence de persécution dans le pays. De même, des organisations internationales, ou non gouvernementales, pouvaient aider les États dans leur évaluation des risques de persécutions.

Les conclusions prévoyaient qu'une procédure *prioritaire* (comme celle conçue pour les demandes manifestement infondées), était mise en place pour les demandeurs d'asile dont le pays d'origine était sûr. En instaurant cette procédure accélérée, les États pouvaient lutter ensemble contre l'augmentation du nombre de demandeurs d'asile.

Cette notion de « pays d'origine sûr » a été légitimement critiquée par la doctrine[62], elle s'appuie en effet sur le caractère a priori *démocratique* des États, caractère que l'histoire a souvent mis à mal. La prudence voudrait que l'on ne retienne qu'une présomption simple, renversable si le demandeur arrive à prouver qu'il existe une persécution personnelle dans son pays d'origine. De plus, cette notion de « pays sûr » est dangereuse car elle renvoie à la « pureté démocratique »[63], partiellement institutionnalisée en Europe par le Protocole Aznar[64] qui présume non-fondées toutes demandes d'asile émanant d'un pays membre.

Dès lors, la notion de « pays d'origine sûr » doit être maniée avec prudence. Il convient de rappeler que si certains pays de l'Est, « pays tampon » aux portes de l'Europe, peuvent être aujourd'hui considérés comme sûrs au regard de leurs institutions

---

[61] BOUTEILLET-PAQUET D., *op. cit.*, p. 227.

[62] GOODWIN-GILL S.-G., « Safe third country ? », *IJRL*, 1992, p. 283 ; BOUTEILLET-PAQUET D., *op. cit.*, p. 231 et s.

[63] Ibid.

[64] BRIBOSIA E., « Le Protocole sur le droit d'asile pour les ressortissants des États membres de l'Union européenne », *in Le traité d'Amsterdam, espoirs et déceptions*, (Études coordonnées LAJEUNE Y.) collection de l'IEE, Bruylant Bruxelles, 1998, p. 190-194 ; JULIEN-LAFERRIÈRE J., « Un Protocole « anti-asile » au Traité d'Amsterdam », *Lettre d'information FTDA*, décembre 1997, p. 12.

démocratiques et du respect des droits de l'Homme, il n'en demeure pas moins qu'il existait, il y a encore peu de temps, des cas ciblés de persécutions[65] contre des minorités ethniques, telles que les Roms Tziganes[66].

La disparité entre les définitions retenues par les États membres montre également l'aspect *aléatoire* de la notion. Ainsi, la France continue de délivrer le statut de réfugié[67] à des étrangers venant de pays que l'Angleterre considère comme sûr. Ce « traitement différencié » a d'ailleurs conduit les États à inclure cette notion dans un acte dérivé communautaire.

La longueur des négociations pour adopter la directive montre combien il est difficile pour les États de se mettre d'accord sur les pays dans lesquels il n'existe plus de risque réel de persécution. Le texte de l'accord politique de 19 novembre 2004[68] a intégré la notion de « pays d'origine sûr » dans ses articles 30, 30 bis et 30 ter[69]. Les États membres n'ont toutefois pas pu se mettre d'accord sur une liste commune de pays d'origine sûrs[70]. L'annexe (I B) du projet de directive explique que le pays d'origine est sûr : « *lorsque, sur la base de la situation légale, de l'application du droit dans le cadre d'un régime démocratique et des circonstances politiques générales, il peut être démontré que, d'une manière générale et uniformément, il n'y est jamais recouru à la persécution telle que définie à l'article 9 de la directive 2004/83/CE du Conseil, ni a la torture ni a des peines ou traitements inhumains ou dégradants et qu'il n'y a pas de menace en raison de violences indiscriminées dans des situations de conflit armé international ou interne* ». Des éléments sont fournis par le texte de l'accord pour parvenir à évaluer le caractère « sûr » du pays d'origine. Certains de ces indices étaient déjà présents dans les conclusions de 1992 précédemment analysées (évaluation du respect des droits et libertés de la CEDH et / ou du Pacte international des droits civils et politiques et / ou de la Convention contre la torture, le respect du principe de non-refoulement au sens de la Convention de Genève, et des sanctions efficaces contre la violation de ces droits et libertés)[71]. De plus, la logique de la future directive est la même que celle des Conclusions de 1992 : prévoir une procédure prioritaire pour les demandes émanant de « pays d'origine sûrs ».

La nouveauté réside dans le fait que la future directive prévoit la possibilité d'établir une liste commune minimale[72] des « pays d'origine sûrs ». Or des listes « nationales » existent déjà dans certains pays membres[73], elles sont assez différentes les

---

[65] Rapport du rapporteur spécial des Nations Unies en Hongrie (1999).

[66] L'OFPRA a reconnu comme réfugiés dix tsiganes hongrois, alors qu'à l'époque la Hongrie était un pays sûr, *Le Monde*, 11/12 et 16 mars 2001. Aujourd'hui ce pays fait partie des 25 pays de l'UE….

[67] Daphné Bouteillet-Paquet démontre qu'il y a des divergences entre les pays membres. Ainsi, si les demandeurs d'asile Sri Lankais obtiennent la qualité de réfugiés en France, ils ne l'obtiennent généralement pas en Grande Bretagne. Cette disparité dans les taux de reconnaissance dessert donc le concept au plan européen. Pour s'entendre sur cette notion, se développent des « marchandages » entre les organismes de reconnaissance de pays membres pour faire baisser les taux de reconnaissance à l'égard de certains pays afin de parvenir à une coordination des pays d'origine sûr au plan européen. *Op. cit*, p. 228-229.

[68] Cf. accord général du 19 novembre 2004.

[69] Nous nous référons au texte de la proposition amendée 14204/04 ASILE 64, datée du 9 novembre 2004.

[70] Le Conseil a renvoyé à une date ultérieure l'adoption d'une liste commune de « pays d'origine ».

[71] Annexe I B

[72] Cf. Article 30.

[73] Selon Amnesty International aucun accord n'a été atteint sur les pays à placer sur cette liste et le débat continue. Cela est du à un désaccord sur la « sûreté » supposée des dix pays devant figurer sur la liste : le Bénin, le Botswana, le Cap Vert, le Ghana, le Sénégal, le Mali, le Costa Rica, le Chili et l'Uruguay. Cf. Note Amnesty International, février 2005.

unes des autres. Ces approches divergentes du « pays d'origine sûr » ont retardé l'adaptation de la directive et ont poussé le Conseil à remettre à plus tard l'adoption d'une liste commune.

b) La notion de « pays d'origine sûr » en droit interne

L'article 35 de la loi du 11 mai 1998 a d'abord intégré *implicitement et partiellement* le principe de « pays d'origine sûr » avec le libellé suivant : « *l'admission en France d'un étranger qui demande à bénéficier de l'asile ne peut être refusée que si le demandeur d'asile a la nationalité d'un pays pour lequel ont été mises en œuvre les dispositions de l'article 1er C 5 de la Convention de Genève du 28 juillet 1951* »[74]. Les dispositions de la Convention de Genève ci-dessus mentionnées[75] font allusion aux pays dont la situation démocratique a évolué. Ceci évoque l'un des critères retenus par les Conclusions du 30 novembre 1992 ainsi que les termes du texte de l'accord politique de 2004. L'existence d'institutions démocratiques (élections, pluralisme politique, liberté d'expression, moyens juridiques de réparation et de protection) et la stabilité de l'État permettent de refuser l'admission des demandeurs d'asile. Cette disposition applique *implicitement* la notion de « pays d'origine sûr ». Pour ce faire, les autorités préfectorales se servent, en pratique, des listes[76] établies par l'OFPRA.

Mais c'est finalement la réforme du 10 décembre 2003 qui a instauré *explicitement* le concept de « pays d'origine sûr »[77] dans les hypothèses de non-admission au séjour des demandeurs d'asile (article 8 2° de la loi du 25 juillet 1952). L'objectif[78] du législateur était d'anticiper la notion en cours de communautarisation dans la proposition de directive[79]. La logique était donc d'instituer cette notion commune afin d'harmoniser les cas de procédure *accélérée* d'examen des demandes d'asile au sein des États membres.

Ainsi, le concept de « pays d'origine sûr » permet tout d'abord aux autorités préfectorales de refuser l'admission au séjour du demandeur[80], mais aussi, dans un deuxième temps, par la procédure accélérée l'OFPRA peut être amené à rejeter la demande de la personne qui pourrait avoir accès à une protection sur une partie du territoire de son pays d'origine et qui pourrait raisonnablement y être renvoyée (asile interne). À cet égard, la CFDA estime à juste titre que l'introduction de ce concept dans le statut interne constitue « *une grave entorse au principe de non-discrimination, énoncé par l'article 3*[81] *de la Convention de Genève, les demandes des ressortissants de ces pays étant examinées dans*

[74] Ex article 10 2° de la loi du 25 juillet 1952, nouvel article 8 2°.

[75] « Si, les circonstances à la suite desquelles elle a été reconnue comme réfugiée ayant cessé d'exister, elle ne peut plus continuer à refuser de se réclamer de la protection du pays dont elle a la nationalité ».

[76] La Pologne, la Bulgarie, la République Tchèque, la Slovaquie, le Chili, l'Argentine, l'Uruguay, Bénin, Cap Vert sont des pays répondant à l'article 1er C 5 de la Convention de Genève.

[77] Aujourd'hui c'est l'article 8-2° de la loi du 25 juillet 1952 modifiée par la loi du 10 décembre 2003.

[78]. Cf. Projet de loi modifiant la loi n° 52-893 du 25 juillet 1952 *relative au droit d'asile*, déposé à l'Assemblée nationale le 15 avril 2003, présenté au nom de M. Jean-Pierre Raffarin, et M. Dominique De Villepin.

[79] Proposition modifiée de directive du Conseil relative *à des normes minimales concernant la procédure d'octroi et de retrait du statut de réfugié dans les États membres* COM (2002) 326 final - JOCE C 291 E du 26 novembre 2002.

[80] Il peut se maintenir en France jusqu'à la décision de l'OFPRA si la décision est négative.

[81] Article 3 de la Convention de Genève, « Les États contractants appliqueront les dispositions de cette Convention aux réfugiés sans discrimination quant à la race, la religion ou le pays d'origine ».

la procédure prioritaire et ne bénéficiant alors que d'un examen rapide et sans recours suspensif »[82].

Le concept retenu en France ressemble à bien des égards à la conception commune. Le pays « d'origine sûr » est celui qui veille « *au respect des principes de la liberté, de la démocratie et de l'état de droit ainsi que des droits de l'Homme et des libertés fondamentales* »[83]. Cette définition est très générale, il reste à voir comment le juge administratif en déterminera les contours. Il convient d'espérer que l'analyse individuelle du demandeur compensera la généralité de la notion. Le Conseil constitutionnel ne s'est pas montré hostile à cette définition lacunaire, au contraire, pour lui, « *cette notion est strictement définie, (que) la procédure suivie ne dispense pas l'Office d'un examen particulier de chaque demande et (que) la liste des pays sûrs ne lie pas la Commission de recours des réfugiés* »[84]...

Par une décision de l'OFPRA rendue le 30 juin 2005, douze pays[85] ont été considérés comme pays d'origine sûr.

Notons pour finir, que l'exposé des motifs du projet de loi 2003 montre que l'ambition du gouvernement était également d'aboutir à la rédaction sur le plan européen, d'une «*liste commune qui s'imposera à l'ensemble des États membres, une liste facilement révisable pour tenir compte des évolutions de la situation internationale* »[86]. Le gouvernement français a d'ailleurs fait cette proposition au Conseil Justice et Affaire Intérieur le 2 octobre 2003.

2/ La notion de « pays tiers sûr »

La notion de « *pays où il n'existe pas de risque sérieux de persécution* » issue des Conclusions de 1992, a été différemment interprétée par certains États membres[87] : soit comme le pays d'origine du demandeur d'asile (pays d'origine sûr), soit comme le pays par lequel il a transité avant d'arriver sur le territoire de l'État membre (pays tiers sûr). La notion de pays tiers sûr est plus étendue et donc plus controversée. En effet, en utilisant le concept de « pays tiers sûr », ces États membres ont « *pour objectif de faire réadmettre des personnes en quête de protection internationale dans un pays de « transit »* »[88].

---

[82] CFDA, *op. cit.*, p. 10.

[83] Le DPE relève a cet égard que le pays sûr n'est pas défini sur la base d'une obligation de résultat, mais sur un simple obligation de moyens, ce qui n'offre pas de garanties réelles au demandeur d'asile, cf. bull. 1er janvier 2004, p. 7293.

[84] § 40.

[85] République du Bénin, République de Bosnie-Herzégovine, République du Cap-Vert, République de Croatie, Géorgie, République du Ghana, République de l'Inde, République du Mali, République de Maurice, Mongolie, République du Sénégal, l'Ukraine. Décision du 30 juin 2005 *fixant la liste des pays d'origine sûrs*, JORF 153 du 2 juillet 2005.

[86] Projet de loi modifiant la loi n° 52-893 du 25 juillet 1952 *relative au droit d'asile*, déposé à l'Assemblée nationale le 15 avril 2003, présenté au nom de M. Jean-Pierre Raffarin, et M. Dominique De Villepin.

[87] Voir études de la notion et des pratiques des États membres : Danish refugee council, *safe of country, policy in European countries*, 1997.

[88] Réseau UE d'experts indépendants en matière des droits fondamentaux, Observation thématique n° 2 Les droits fondamentaux dans l'action extérieure de l'Union européenne en matière de justice et d'asile et d'immigration, janvier 2004, p. 31.

Un des premiers pays européens a avoir instauré cette notion avec une logique de rationalisation des entrées des demandeurs d'asile a été l'Allemagne[89]. Dès 1992, la notion de « pays tiers sûr » a été insérée dans la Loi Fondamentale allemande[90]. Par la suite, des listes de « pays tiers sûr » ont été mises en place dans d'autres pays européens.

Très vite, il a été constaté que l'utilisation perverse de cette notion entraînait la violation du principe de non-refoulement posé par la Convention de Genève. Dans certains pays européens, le simple transit dans un « pays tiers sûr » a suffi pour constater l'irrecevabilité de la demande et pour renvoyer le requérant vers ce pays[91]. C'est pour éviter ce type de pratiques que le Conseil de l'Europe a édicté une Recommandation[92].

Le texte de l'accord du 19 novembre 2004[93] tente d'harmoniser cette notion au sein des États membres en posant une définition commune du « pays tiers sûr ». L'article 27 de la future directive indique que les États membres doivent avoir acquis « *la certitude* » que le pays est un « pays tiers sûr ». Ainsi, les États doivent vérifier que, dans ce pays, les demandeurs n'ont à craindre ni pour leur vie, pour leur liberté, en raison de leur race, de leur religion, de leur appartenance à un groupe social particulier ou de leur opinion politique. De même, le « pays tiers sûr » doit respecter le principe de non-refoulement et l'interdiction d'édicter des mesures d'éloignement pouvant entraîner des risques de tortures et de traitements cruels, inhumains ou dégradants. Enfin, ce pays doit permettre au demandeur de solliciter la reconnaissance du statut de réfugié.

L'article 27 précise ensuite des règles minimales que les États doivent s'imposer pour appliquer la notion de pays tiers d'asile et éviter ainsi les applications discrétionnaires de cette notion difficile à manipuler. Il doit exister un « *lien de connexion* » entre le demandeur d'asile et le « pays tiers sûr », la situation du pays nécessite un examen « *au cas par cas* » pour chaque demandeur d'asile[94].

Les conséquences de l'application de la notion de « pays tiers sûr » sont simples : l'État membre n'a pas à examiner la requête au fond. Le concept de « pays tiers sûr » met donc en place un motif commun d'*irrecevabilité*[95] des demandes d'asile, c'est-à-dire que les États membres rejètent les demandes d'asile lorsque les demandeurs viennent d'un « pays tiers sûr ».

Malgré les quelques garanties prévues par la future directive, l'harmonisation de ce concept soulève des inquiétudes[96] en raison de sa future utilisation commune. Ainsi, Amnesty International[97] estime, avec justesse, qu'adopter la notion de « pays tiers sûr » au plan européen constitue un moyen pour les États membres, de se décharger

---

[89] CREACH X., « La notion de « pays tiers sûr ou l'instrumentalisation des itinéraires par les États d'accueil », *Recherches et asile*, n° 2, 1997, p. 25-26 ; BERGER N., *op. cit.*, p. 185.

[90] Article 16.

[91] Législation de l'Autriche, Cf. Analyses de BOUTEILLET-PAQUET D., *op. cit.*, p. 282-282.

[92] Conseil de l'Europe, Comité des ministres, recommandations n° R (97) 22, du Comité des ministres énonçant des lignes directrices sur l'application de la notion de pays tiers sûr, (adoptée par le Comité des Ministres le 25 novembre 1997).

[93] Proposition modifiée après le 1er accord général du 29 avril 2004 annexe I et article 28.

[94] Article 27 § 2 a) b) c).

[95] Article 25 c).

[96] UNHCR, News, mise en garde du HCR lors des négociations de l'UE sur les concepts de « pays sûr », 1er octobre 2003.

[97] http://www.amnesty-eu.org/ : EU JHA Meeting Thursday 22 January 2004: Amnesty International warns proposals could lead to « refugees in orbit » (20/1/2004).

automatiquement de leur responsabilité. De plus, la future directive soulève des interrogations sur l'application de ce concept aux procédures d'asile à la frontière. « *Les personnes demandant l'asile à la frontière et en provenance de pays dits « sûrs » pourraient se voir refuser l'accès à la fois au territoire et à la procédure de demande d'asile, sans aucune vérification quant à leur future sécurité et à la possibilité de voir leur demande examinée ailleurs. En l'absence de tels garde-fous, il y a un risque de renvois en chaîne vers des situations dangereuses, ce qui irait à l'encontre même du droit international des réfugiés* »[98]. Le risque de demandeurs d'asile sur orbite aux portes de l'Europe est grand et ceci montre une fois encore, le désir des États membres « d'externationaliser » la question de l'asile en dehors du territoire européen.

La France a été l'un des rares pays européens à ne pas avoir intégré cette notion dans le statut du demandeur d'asile pendant les années quatre-vingt-dix. Elle a récemment confirmé son refus de transposer la notion[99]. L'adoption prochaine de la directive devrait la conduire à s'aligner.

3/ De la notion de « pays tiers d'accueil » à celle de « premier pays d'asile »

a) Notions communes

Les concepts de « premier pays d'asile », « pays tiers d'accueil », ou « premier pays d'accueil » sont des exemples utilisés par les États membres, pour faire réadmettre les demandeurs d'asile.

La notion de « premier pays d'asile » a été formalisée par les travaux du HCR qui estimait dans ses conclusions, que ce pays est celui dans lequel le demandeur a effectivement trouvé une protection[100]. Celle-ci n'est pas obligatoirement celle de la Convention de Genève, mais quelle qu'elle soit, elle doit être effective[101]. Le demandeur d'asile doit être protégé des mesures d'éloignement et être autorisé à séjourner dans ce pays.

En revanche, les pays européens ont préféré harmoniser la notion de « pays tiers d'accueil » dans la Résolution de 1992[102]. Plus strictement définie, cette appellation désigne le pays tiers dans lequel le demandeur d'asile ne fait pas l'objet de menaces contre sa vie ou sa liberté au sens de l'article 33 de la Convention de Genève[103]. Ainsi, par exemple, dans le cas où le demandeur d'asile a obtenu la *protection* de la Convention de Genève, ou bien a eu la possibilité de solliciter la protection des autorités à la frontière ou sur le territoire d'un pays tiers, avant d'adresser une demande d'asile à un État membre, alors ce dernier peut,

[98] http://www.amnesty-eu.org/

[99] Résolution du 20 juin 2003, sur la politique européenne d'asile, Assemblée Nationale.

[100] Conclusion EXCOM n° 58 (XL) concernant le problème des réfugiés et des demandeurs d'asile quittant de façon irrégulière un pays où la protection leur avait été accordée, 1989.

[101] Voir les analyses de BOUTEILLET-PAQUET D., *op. cit.*, p. 273-282.

[102] Résolution adoptée à Londres le 30 novembre 1992 sur *l'approche harmonisée des questions relatives aux pays tiers d'accueil* ; Voir Cf. de BORN R., « Demandeurs d'asile et réfugiés, Quel niveau de protection leur apporte l'harmonisation européenne des droits nationaux ? », *Annales de Droit de Louvain*, vol. 59, 1999, n° 3, p. 266-267.

[103] *Ibid.*, article 2, Sont considérés comme pays tiers d'accueil : les pays dans lesquels le demandeur d'asile bénéficie de toutes les garanties suivantes: -sa vie ou sa liberté n'y sont pas menacées; -il n'est pas exposé à la torture ou à des traitements inhumains et dégradants; -il a déjà obtenu la protection de ce pays ou peut manifestement y être admis; -il y bénéficie d'une protection efficace contre le refoulement.

selon la Résolution, éloigner le demandeur vers le « pays tiers d'accueil ». C'est donc au stade de la recevabilité de la demande d'asile que cet examen doit être effectué, avant même l'analyse au fond de l'éligibilité du demandeur d'asile à la qualité de réfugié. Combinée avec le principe de détermination de la Convention de Dublin, cette notion de « pays tiers d'accueil » est implacable, la demande est alors déclarée irrecevable, l'État se décharge alors de l'examen de la demande et peut reconduire le demandeur d'asile vers le « pays tiers d'accueil ».

Cette première harmonisation de « pays tiers d'accueil » ne correspond[104] pas à la définition donnée par le HCR de « premier pays d'asile ». D'ailleurs, l'utilisation de la notion par certaines législations de pays européens, a été très critiquée en raison de son application trop mécanique. La recherche de protection effective dans le « pays tiers d'accueil » est souvent formelle. Ainsi, certains pays européens[105] ont-ils abusé du concept en reconduisant des étrangers qui avaient simplement transité[106] dans un « pays tiers d'accueil ». L'obligation de protection effective perd alors tout son sens. De plus, avec l'utilisation des listes de « pays tiers sûr » ci-dessus mentionnées, le rejet de ces demandes devient automatique puisque la protection y est présumée.

Dans la future directive, il a été retenu la seule notion de « *premier pays d'asile* »[107]. Le « premier pays d'asile » est celui qui a reconnu le demandeur d'asile « *en qualité de réfugié et peut encore se prévaloir de cette protection* » ou encore celui qui offre au demandeur d'asile, « *une protection suffisante dans ce pays, y compris du bénéfice du principe de non-refoulement, à condition qu'il soit réadmis dans ce pays* ». Dans ces deux hypothèses, la demande d'asile est irrecevable[108] en Europe. La définition retenue par la future directive est lacunaire, reste à observer comment les États européens vont l'interpréter.

Dans tous les cas, la logique du « premier pays d'asile » prive le demandeur de sa destination, car si le principe de détermination des demandes d'asile ne permet déjà plus au demandeur de choisir son pays européen de refuge, ce concept de « premier pays d'asile » va plus loin car il présume du pays tiers d'asile. C'est une sorte « de détermination à priori » du pays d'asile à l'extérieur de l'Europe que les pays européens harmonisent. Ici encore, force est de constater qu'il s'agit « d'externationaliser » la charge de l'asile en prédéterminant le « premier pays d'asile ». L'Europe communautarise par conséquent un concept qui va inévitablement entraîner des « chaînes de renvoi »[109] vers les pays de « premier pays d'asile ». Dans les années quatre-vingt-dix, les dix nouveaux États membres ont constitué les pays tiers d'asile ou d'accueil des politiques restrictives d'immigration des premiers pays européens. Aujourd'hui, la mise à distance des demandeurs d'asile va bien au delà de ces anciens « pays tampons ». Les « cercles concentriques » des pays tiers d'asile reculent bien au delà des pays frontaliers à l'Europe. On peut alors se demander si ces États sont prêts à accueillir ces nouvelles demandes d'asile.

---

[104] LEBLANC V., « L'interprétation de la Convention de Genève relative au statut de réfugié à la lumière des positions du HCR sur les développements politiques récents en matière d'asile », *RDE*, 1993, p. 573.

[105] Cf analyses de la législation allemande : BOUTEILLET-PAQUET D., *op. cit.*, p. 280 et s.

[106] Parfois le seul fait de vérifier le passeport et de constater le transit dans un pays tiers suffit à reconduire le demandeur d'asile.

[107] Article 26.

[108] Article 25 b).

[109] CREACH X., *op. cit.*, p. 27-28.

Enfin, la mise en place de cette notion est la marque d'une « sophistication »[110] de plus en plus grande des politiques de lutte contre l'immigration clandestine en Europe. Xavier Creach souligne, avec justesse, que les États membres « instrumentalisent »[111] les itinéraires des demandeurs d'asile en harmonisant ces différentes notions.

b) Les notions de « pays tiers d'accueil » et de « premier pays d'asile » en droit interne

Il convient de rappeler que « l'esprit » de la notion de « pays tiers d'accueil », a été « repris » *implicitement* avec la loi du 24 août 1993. L'ancien article 31 bis 2° de l'ordonnance de 1945 permettait de refuser l'admission au séjour d'un demandeur d'asile déjà présent sur le territoire lorsque celui-ci « (était) *effectivement admissible dans un État autre que celui où il* (redoutait) *d'être persécuté, dans lequel il* (pouvait) *bénéficier d'une protection effective, notamment contre le refoulement »*[112]. Mais seule l'admission au séjour était refusée et non la recevabilité de la demande.

Toutefois, cette notion ne concernait que les demandeurs d'asile déjà présents sur le territoire. Ni le législateur, ni le juge administratif n'ont intégré la notion de « pays tiers d'accueil » au stade des demandes d'asile déposée à la frontière. En effet, dans l'arrêt du 18 décembre 1996, du Conseil d'État, Ministre de l'Intérieur c./ Rogers[113], le juge administratif s'est positionné pour la non-application de la notion de « pays tiers d'accueil » dans une espèce relative à une demande d'asile déposées à la frontière. Dans cette affaire, un ressortissant libérien, Monsieur Roger, s'appuyant sur les dangers auxquels il avait échappé dans son pays, a déposé une demande de statut de réfugié depuis un navire camerounais ancré à proximité des côtes françaises. Le Ministre de l'Intérieur lui a opposé un refus d'entrée étant donné que sa demande d'asile présentait un caractère manifestement infondé. Il estimait en effet que M. Roger avait omis de demander, au titre de la Convention de Genève, la protection au Cameroun, pays par lequel il avait transité. En retenant cet argument, le Ministre de l'Intérieur s'était servi du principe « de pays tiers d'accueil » de la Résolution de 1992 pour fonder son refus. Le juge administratif dut alors répondre à la question suivante : la notion de « pays tiers d'accueil » permettait-elle d'écarter une demande d'asile à la frontière au motif de son caractère infondé alors qu'aucune disposition légale ne le prévoyait ? Autrement dit, le Ministre de l'Intérieur pouvait-il se servir de la Résolution de 1992 pour écarter une demande d'asile manifestement fondée déposée à la frontière en raison de l'existence d'un « pays tiers d'accueil » ? Le juge administratif fut intransigeant dans sa réponse : les Résolutions de 1992 ne sauraient être retenues puisqu'elles sont dépourvues de valeur normative[114]. Le juge énonça avec clarté que le recours à la notion de « pays tiers d'accueil » n'était « *pas au nombre de celles dont le Ministre de l'Intérieur pouvait légalement tenir compte pour regarder comme*

[110] CREACH X., *ibid.*, p. 24.
[111] Ibid.
[112] Article 31 bis 2 de l'ordonnance de 1945, aujourd'hui cet article est supprimé.
[113] CE ass. 18 décembre 1996, *Ministre de l'intérieur c./ Rogers*, req. n° 160856, DELARUE J.-M., Conclusions, *RFDA*, 1997, p. 28, ALLAND D., *RGDIP*, 1997, 3, 781 ; JULIEN-LAFERRIÈRE F. et CREACH X., *D.*, 1997, p. 393 ; CHAPEZ J., *JDI*, 1997, 3, p. 783 ; NGUYEN VANTUONG, *LPA*, 28 mars 1997, n° 38, p. 21.
[114] La Résolution est « la simple expression d'un accord de vue entre les représentants - ministres d'abord, puis chefs d'État ou de gouvernement - des États membres des communautés européennes » ; Cf. JULIEN-LAFERRIÈRE F. et CREACH X., D., 1997, p. 396.

« manifestement infondée » la demande de l'intéressé ». Et que par conséquent la notion de « pays tiers d'accueil » ne pouvait entraîner un refus d'entrée.

S'il a été constaté que cette notion de « pays tiers d'accueil » a été insérée implicitement pour justifier un refus d'admission au séjour dans l'ancien article 31 bis 2° de l'ordonnance en 1945 (loi 1993), on peut remarquer qu'elle a disparu avec l'article 35 de la loi n° 98-349 du 11 mai 1998 relative à l'entrée et au séjour des étrangers en France et au droit d'asile.

Ainsi, les notions de « pays tiers d'accueil » et « premier pays d'asile » n'existent donc pas encore en droit interne et la loi du 10 décembre 2003 ne les a pas intégrées. Il est probable que la future directive conduira la France à transposer, en droit interne, cette notion de « premier pays d'asile ».

Section II : Un système commun de garanties minimales dans la procédure d'asile

Les précédentes analyses ont montré combien les travaux communs portaient sur le rétrécissement des conditions de recevabilité des demandes et sur l'accélération des procédures d'examen. Les premiers efforts entrepris par les États membres sur le traitement harmonisé des garanties entourant les procédures d'asile, formalisés dans une Résolution en 1995 ont suivi la même logique d'accélération des procédures (§I). Aujourd'hui, avec la future directive, les États communautarisent les garanties entourant les procédures d'asile dans un acte dérivé mais d'importantes difficultés ont été rencontrées. Il conviendra d'analyser le projet de directive à la lumière du statut interne du demandeur d'asile (§II).

§ I : Premier essai avec la Résolution de 1995[115]

L'objectif de la Résolution de 1995 a été d'aboutir à une protection identique des demandeurs d'asile au sein de tous les États membres dans les procédures d'asile.

D'abord, elle affirmait les principes généraux[116] relatifs aux procédures équitables et efficaces du droit d'asile avec notamment, le respect de la Convention de Genève, le principe de non-refoulement et la coopération avec le HCR. Le texte stipulait ensuite que les demandes d'asile devaient être examinées individuellement, objectivement, et impartialement[117] par une autorité pleinement qualifiée. Rien n'était précisé sur la compétence de cet organe ni sur son indépendance. La Résolution rappelait également que la « *reconnaissance de la qualité de réfugié* (n'était) *pas subordonnée à l'existence de moyens de preuves formelles* »[118], ce qui était conforme aux exigences de la Convention de Genève.

En cas de refus d'entrée, une simple « possibilité » était prévue, la Résolution n'imposait aucune obligation. Comme le relevait Nathalie Berger[119], ceci était

---

[115] Résolution du Conseil du 20 juin 1995 *sur les garanties minimales pour les procédures d'asile* JOCE C 274, 19 octobre 1996.
[116] § I de la Résolution.
[117] § III 4 de la Résolution.
[118] § III 5 de la Résolution.
[119] BERGER N., *op. cit.*, p. 176.

particulièrement regrettable au regard des exigences de l'article 13 de la Convention européenne des droits de l'Homme[120]. De même, elle n'imposait pas de recours suspensif. Toutefois, la Résolution rappelait qu'aucune mesure d'éloignement ne devait être édictée avant la décision sur la demande.

La Résolution insistait sur la protection des données qui devait être garantie par le droit national, ainsi que sur la possibilité pour le demandeur de rester sur le territoire de l'État dans lequel était examinée sa demande. Ici encore, aucune obligation n'était prévue, le choix était laissé à la discrétion des États. Le droit pour le demandeur d'asile de rester provisoirement sur le territoire étant une prérogative des souverainetés étatiques, il était difficile pour un acte de *soft law,* sans valeur contraignante d'imposer une telle obligation. A ce propos, on remarque qu'en France, le droit à l'admission provisoire au séjour a mis du temps à s'imposer dans le statut interne de l'étranger[121].

La Résolution insistait sur le fait que le demandeur d'asile devait être en mesure de comprendre la procédure, et pour ce faire pouvait avoir l'interprète mis à sa disposition. Un avocat agréé, ainsi que l'aide d'associations de défense des étrangers pouvaient aussi être prévus dans les États membres. La Résolution prévoyait surtout des protections particulières pour les mineurs non-accompagnés ainsi que pour les femmes. Ces dispositions étaient intéressantes puisque jusque là aucun instrument ne s'était intéressé à ce type de migration qui nécessitait une attention spécifique.

À côté de ces garanties, la Résolution posait une série d'exceptions, de dispenses de garanties notamment pour l'examen accéléré des demandes d'asile. Les principales garanties pouvaient être exclues lorsqu'une demande était manifestement infondée. Dans ce cas, il n'y avait pas d'obligation d'appel pour une décision de rejet d'une demande lorsqu'une autorité indépendante, distincte de l'autorité chargée de l'examen de la demande d'asile confirmait la décision. L'examen de la demande était simplifié, rapide et accélérée, sans comporter un examen complet au fond à chaque stade de la procédure. C'est cette partie de la Résolution qui a soulevé l'essentiel des critiques, puisqu'elle a confirmé les procédures prioritaires des Résolutions de 1992 et les pratiques déjà existantes dans certains pays européens. En résumé, elle a « harmonisé » la précarisation des procédures entourant les demandes d'asile. Comme son intitulé l'indique, la Résolution ne posait que des garanties minimales. Cet instrument imprégné de frilosité, a simplement marqué le premier pas d'une coordination européenne des procédures et garanties « élémentaires » du droit d'asile. Par ailleurs, la Résolution était très incomplète car elle ne prévoyait aucune garantie relative aux conditions de rétentions dans les zones internationales dans lesquelles les demandeurs d'asile attendent leur admission sur le territoire.

§ II : Les « futures » garanties minimales communes à la lumière du statut interne du demandeur d'asile

Après le Sommet de Tampere, la politique commune d'asile[122] a eu pour objectif la mise en place d'une procédure commune relative aux garanties minimales entourant la

[120] Cf. Partie II, Titre I, Sous Titre I, Chapitre II, Section II, § II.

[121] Cf. Partie II, Titre II, Sous Titre II, Chapitre II, § I, B.

[122] Communication de la Commission au Conseil et au Parlement européen : Vers une procédure d'asile commune et un statut uniforme, valables dans toute l'Union, pour les personnes qui se voient accorder l'asile COM (2000) 755 final - 22/11/2000.

demande d'asile. L'enjeu n'était pas l'instauration d'une politique uniforme dans tous les États membres mais une « procédure commune intégrée »[123]. Ainsi, le travail d'harmonisation porta essentiellement sur certaines garanties : le caractère et les compétences de la première instance, les instances d'appel, les droits essentiels, etc.

Le premier instrument d'harmonisation relatif aux procédures d'asile est le « *projet de directive relative à des normes minimales concernant la procédure d'octroi et de retrait du statut de réfugié dans les États membres* »[124]. Comme cela a été précédemment souligné, cette proposition fut plusieurs fois révisée et eu énormément de difficultés à obtenir un consensus. Cette future directive a notamment pour objectif[125] ambitieux de prévoir des garanties pour les demandeurs d'asile tout en conciliant l'efficacité des procédures d'asile. Pour ce faire, le projet prévoit des garanties minimales applicables lors de la procédure normale de l'asile (A) et des garanties « aménagées » pour la procédure accélérée (B) et la procédure à la frontière (C). Mais il convient de souligner que ces diverses procédures ne concernent que l'examen de la demande d'asile du candidat au statut de réfugié ou de la protection subsidiaire, l'application de ces garanties aux autres types de demandes d'asile reste optionnelle.

A/ Les garanties de base de la procédure normale

Les « principes de bases et les garanties fondamentales » sont beaucoup plus précis que celle de la Résolution de 1995. Le projet de directive prévoit des garanties selon le stade de la procédure d'asile : au moment de l'accès (1) pendant l'examen de la demande (2) et en rétention (3). Même si le projet de directive remanié en avril 2004, n'est pas le texte définitif, il nous permet de souligner les mesures essentielles de cette future directive à la lumière du statut interne.

1/ L'accès aux procédures

La future directive s'adresse aux candidats demandant le statut de réfugié (Convention de Genève), et à ceux demandant la protection subsidiaire[126]. Elle prévoit aussi la possibilité de laisser aux États qui le souhaitent, le choix d'appliquer ces garanties minimales à toutes les demandes de protection internationale. En France, le guichet unique[127] permettra d'appliquer ces futures garanties procédurales à l'ensemble des demandes d'asile (conventionnelle, constitutionnelle et subsidiaire).

Les garanties entourant l'accès aux procédures d'asile sont explicitées dans l'article 5 de la proposition :

-« *Les États peuvent exiger que les demandes d'asile soient déposées par le demandeur en personne et/ou dans un lieu désigné* »[128]. Le mineur peut être représenté[129] : sur ce point la

---

[123] *Ibid*, p. 8.

[124] Proposition modifiée *de directive du Conseil relative à des normes minimales concernant la procédure d'octroi et de retrait du statut de réfugié dans les États membres*, doc. 30 avril 2004, n° 8771/04.

[125] Cf. exposé des motifs de la proposition de directive.

[126] Article 3 § 3 de la proposition.

[127] Article 2 § II d) de la loi du 10 décembre 2003. Cf. CHETAIL V., « La réforme française de l'asile prélude à la banalisation européenne du droit des réfugiés », *JDI*, 3, 2004, p. 830 et s. à propos de l'unification des procédures d'examen.

[128] Article 5 § 1 de la proposition.

loi du 25 juillet 1952 est, depuis peu, conforme à l'exigence de représentation des mineurs non accompagnés, étant donné que la loi du 4 mars 2002[130] a prévu la possibilité qu'un administrateur *ad hoc* soit désigné pour représenter le mineur isolé. La future directive n'imposera aucun changement.

-« *Les États veillent à ce que l'examen d'une demande d'asile ne soit pas refusé ni exclu au seul motif que la demande n'a pas été introduite dans les plus brefs délais* »[131]. Cette disposition soulève des interrogations sur la compatibilité du droit français avec la future directive. En effet, le décret du 14 août 2004 impose désormais un délai de 21 jours[132] (au lieu d'un mois jamais appliqué) pour déposer la demande d'asile auprès de l'OFPRA. Ce délai a des conséquences juridiques importantes puisque le retard entraîne théoriquement[133] un refus d'enregistrement de la requête auprès de l'OFPRA. Il est en parfaite contradiction avec la proposition de directive, et cela compromet en pratique « *l'exercice effectif des droits des demandeurs* »[134]. Toutefois, il convient de relativiser notre propos étant donné que les termes de la directive ne semblent pas obliger l'État, mais offrent une simple liberté d'utilisation aux États.

2/ Le traitement de la demande

Comme pour la Résolution, le projet de directive prévoit un droit de rester pendant l'examen de la demande *« aussi longtemps que l'autorité responsable ne s'est pas prononcée »*[135]. Néanmoins, il indique que ce « droit de rester » ne constitue pas un droit à un titre de séjour. En France, l'article 9 de la loi du 25 juillet 1952 prévoit un droit provisoire de séjour jusqu'à la décision de la Commission de recours des réfugiés, si le demandeur a exercé un recours. Il n'est pas délivré un titre de séjour mais un récépissé tolérant le demandeur d'asile sur le territoire, le temps de l'examen de sa demande[136]. Toutefois, le statut interne est moins vague et plus protecteur que la simple exigence « de rester » ci-dessus posée par la proposition de directive, et ce, d'autant plus que cette dernière prévoit un certain nombre d'exceptions[137]. La garantie de la future directive est très minimale pour ce droit fondamental protégé en France, par le Conseil constitutionnel.

L'examen de la demande d'asile doit être effectué « *individuellement, objectivement et impartialement* »[138] par des autorités spécialement formées. Des

---

[129] Article 5 § 4 de la proposition.

[130] Loi n° 2002-305 du 4 mars 2002, Article 17-II.

[131] Article 7 § 1 de la proposition.

[132] Article 1er alinéa 2 du décret du 14 août 2004 n° 2004-814 relatif à l'OFPRA et à la CRR, JORF 191, du 18 août 2004.

[133] Rien n'est précisé dans le décret du 14 août 2004. Toutefois, dans la décision du CE 9 mars 2005, *Moinuddin*, n° 274509, le juge administratif semble estimer que le retard dans le dépôt de la demande d'asile entraîne l'irrecevabilité de celle-ci. La CRR n'est pas compétente pour juger des décisions de refus d'enregistrement de l'OFPRA.

[134] Avis de la CNCDH sur le projet de décret relatif à l'OFPRA et la CRR, du 22 janvier 2004.

[135] Article 6 § 1 de la proposition.

[136] L'article 3 du décret n° 2004-813 du 14 août 2004 modifiant le titre III du décret n° 46-1574 du 30 juin 1946 *réglementant les conditions d'entrée et de séjour en France des étrangers*. La CNCDH s'inquiète que cette APS ne soit pas délivrée automatiquement, conformément à l'article 6-1 de la directive 2003/9 relatif à l'accueil des demandeurs d'asile ; Cf. CNCDH, Avis portant sur le projet de décret modifiant le titre III du décret n° 46-1574 du 30 juin 1946 *réglementant les conditions d'entré et de séjour en France des étrangers*, adopté le 17 juin 2004.

[137] Article 6 § 2 de la proposition.

[138] Article 7 § 2 a).

informations précises et actualisées, obtenues auprès de différentes sources doivent permettre aux autorités compétentes de s'informer sur la situation des pays d'où proviennent les demandeurs d'asile[139]. La proposition de directive invite les États à rendre des décisions communicables par écrit et motivées en fait et en droit, avec des possibilités de recours contre une éventuelle décision négative. Tout ceci existe déjà, ces mesures sont des garanties de base déjà offertes par le droit interne. Dans tous les cas, les États membres ne peuvent abaisser les limites susmentionnées.

En revanche, la future directive prévoit une possibilité de non-motivation du refus du statut de réfugié lorsqu'une autre protection lui a été accordée en vertu du droit national. Cette limite au principe de motivation est particulièrement contestable, elle va créer des disparités entre les différentes protections de l'asile et surtout elle semble contraire aux droits de la défense.

Le demandeur d'asile *doit* pouvoir recourir à un interprète[140]. Mais la proposition de directive exige que ce dernier soit présent uniquement lors de l'entretien individuel avec les autorités compétentes et non tout au long de la procédure. Sur ce point, les garanties présentes en droit interne ne sont pas plus exigeantes que les garanties pourtant minimales de la future directive. En effet, depuis la loi du 10 décembre 2003, le dossier de la demande d'asile envoyé à l'OFPRA doit être rédigé en français[141]. Les demandeurs d'asile n'étant pas tous francophones et ne disposant que de 21 jours pour constituer leur dossier, il leur est désormais difficile, en pratique, de trouver de l'aide afin de remplir le dossier en français. Pour garantir l'exercice effectif du droit d'asile, il faudrait comme le propose la Commission Nationale consultative des Droits de l'Homme (CNCDH)[142] que les frais de traduction soient au moins pris en charge par l'OFPRA. Dans tous les cas, le bref délai imparti et l'exigence du formulaire rédigé en français réduisent inévitablement le nombre de demandeurs d'asile désireux d'accéder au statut de réfugié. Les garanties procédurales du droit interne comme de la future directive sont, à notre avis, insuffisantes sur ce point. Début septembre 2004, les premières espèces montrent les difficultés rencontrées par les demandeurs d'asile pour traduire, dans les temps, leur requête[143].

La proposition de directive insiste également sur la possibilité pour les demandeurs d'asile *« de consulter à leurs frais, un conseil juridique reconnu comme tel ou autorisé à cette fin en vertu du droit national sur des questions touchant à leur demande d'asile »*[144]. Cette disposition est peu contraignante et renvoie les États à leur droit national, ce qui est particulièrement regrettable s'agissant d'une question aussi fondamentale que l'assistance judiciaire.

En droit interne, l'assistance judiciaire est en pratique difficile à obtenir devant l'OFPRA ou la Commission de recours des réfugiés. La loi du 10 juillet 1991[145] relative à l'aide juridictionnelle autorise le conseil gratuit lorsque le demandeur d'asile possède des documents d'identité en règle, réside de manière régulière en France, et, est entré régulièrement sur le territoire, c'est-à-dire avec un passeport et un visa ou un sauf conduit délivré à la frontière. Or la plupart du temps, les demandeurs d'asile n'ont pas avec eux les

---

139 Article 7 § 1 b) c).
140 Article 9 b).
141 Article 1er alinéa 3 du décret n° 2004-814 du 14 août 2004
142 Avis du 22 janvier 2004.
143 DALAINE A., « Les demandeurs d'asile priés de savoir écrire le français », *Libération*, septembre 2004.
144 Article 13 § 1 de la proposition de directive.
145 Loi du 10 juillet 1991 *relative à l'aide juridictionnelle*, n° 91-647, JORF 13 juillet 1991, article 3 alinéa 2.

documents d'identité nécessaires pour accéder à cette assistance juridique gratuite. Dans son avis rendu le 22 janvier 2004 à propos du décret d'application de la loi sur l'asile, la CNCDH a demandé la création d'une véritable « assistance juridique gratuite » ainsi que la traduction gratuite des documents d'état civil, récits et autres pièces à fournir à l'OFPRA. Cependant, il n'y aura certainement pas d'amélioration sur l'assistance gratuite après l'adoption de la future directive étant donné que l'article 13 § 3 prévoit seulement quatre cas exceptionnels dans lesquels la gratuité peut être accordée. (Le cas le plus incompréhensible étant celui de la gratuité pour un recours juridictionnel ou administratif ayant des chances d'aboutir !)[146]. Dès lors, il est peu probable que la France modifiera, sur ce point, les conditions d'ouverture de l'aide juridictionnelle pour les demandeurs d'asile puisque la directive ne l'y oblige pas. Force est de constater, une fois de plus, que la directive n'apporte pas d'espoir en terme de garanties nouvelles pour le statut interne du demandeur d'asile.

L'article 10 de la proposition prévoit aussi une « simple » possibilité « *d'avoir un entretien personnel sur sa demande avec une personne compétente* »[147]. La proposition n'en fait pas une obligation ; ce qui est très regrettable car l'on sait combien est essentiel l'entretien personnel du demandeur d'asile pour que les autorités compétentes se fassent une opinion sur la situation du candidat au refuge. La proposition de directive n'a pas imposé cet entretien étant donné que certains États ne procèdent pas à cet examen individuel dans leur droit interne. Elle prévoit même de sérieuses exceptions : lorsque -« a) *l'autorité responsable de la détermination est en mesure de prendre une décision positive sur la base des éléments de preuve disponibles ;* ou -*b) l'autorité compétente a déjà eu une réunion avec le demandeur afin de l'aider à remplir sa demande et à fournir les informations essentielles concernant la dite demande, (...)* ; ou -*c) l'autorité responsable de la détermination, sur la base d'un examen exhaustif des informations fournies par le demandeur, considère la demande comme infondée (...)* »... Force est de constater que cette disposition n'harmonise pas vraiment les garanties procédurales puisque la directive fait « un pas en avant et deux en arrière » en posant un principe, et en le faisant suivre de possibles dérogations par les États membres.

En ce qui concerne la France, ce « droit à être entendu » a connu avec la réforme du 10 décembre 2003 de sérieuses limites[148]. L'article 2 de la loi du 25 juillet 1952 prévoit également des dispenses[149] de convocation individuelle du demandeur d'asile -« *lorsque ce dernier vient d'un pays dans lequel ont été mises en œuvre les stipulations du 5 du C de l'article 1er de la Convention de Genève* »; -« *lorsque les éléments fournis à l'appui de la demande sont manifestement infondés* ». Aucun élément clair et objectif n'a été apporté pour déterminer les cas de dispense de convocation lorsque la demande d'asile est infondée. L'apport de la future directive ne sera pas non plus d'un grand secours pour améliorer cette garantie essentielle.

En ce qui concerne les recours contre les décisions de refus, la proposition précise par une formule timide : les États font « *en sorte que* »[150] les demandeurs d'asile aient droit

---

146 Article 13 § 3 d) de la proposition.

147 Article 10 § 1 de la proposition.

148 Notons qu'avant la réforme, la CNCDH dans son rapport 2001 précise que trois demandes sur cinq sont traitées sans entretien mais le taux des entretiens individuels est en progression: 21,4 % en 1999 contre 31 % en 2001.

149 Il existe deux autres dispenses : quand des raisons médicales interdisent d'y procéder et lorsque l'OFPRA s'apprête à prendre une décision positive.

150 Article 38 de la proposition.

à un recours effectif devant une juridiction contre certaines décisions[151]. La future directive ne précise pas la nature des recours (suspensifs, à double juridiction, etc.). Elle est très incomplète sur ce point, elle a d'ailleurs soulevé des inquiétudes de la part des associations défense des droits de l'Homme et du HCR.

3/ La rétention

Le placement en rétention fait également pour la première fois, l'objet d'harmonisation[152]. La mise en rétention ne peut être possible du seul fait d'une demande l'asile par un étranger. Toutefois, le projet de directive révèle ses limites puisque que la future directive est muette sur les garanties entourant le placement proprement dit de l'étranger qui demande l'asile. Seul l'article 17 § 2, souligne par une vague formule que « *les États membres veillent à prévoir la possibilité d'un contrôle juridictionnel rapide* ». La future directive reste donc très incomplète alors que des garanties procédurales sont indispensables dans ces lieux « d'enfermement ». Cela montre, une fois encore, que ce futur acte communautaire dérivé réalise une harmonisation et un « alignement au rabais » des procédures d'asile.

En droit interne, depuis la loi du 13 décembre 2003, l'article 35 bis V de l'ordonnance de 1945 précise que l'étranger qui souhaite demander l'asile en rétention peut le faire dans un délai de 5 jours, à compter de la notification du placement en rétention administrative, auquel cas la demande sera irrecevable. Cette réduction du délai de dépôt de la demande d'asile témoigne d'une restriction des droits du demandeur d'asile en rétention.

B/ Une procédure accélérée avec peu de garanties

La proposition de directive confirme la Résolution de 1995 en prévoyant également une procédure prioritaire ou accélérée[153] lorsque : -le demandeur n'a soulevé que des questions sans pertinence ou insignifiantes au regard de la directive relative au réfugié, -la demande ne remplit manifestement pas l'un des critères de la directive relative au réfugié, -la demande est manifestement infondée (un « pays tiers sûr » ou un « pays d'origine sûr »), -le demandeur a induit les autorités[154] en erreur ; ou -en cas de « demandes ultérieures » (demande de réexamen), -de demandes tardives, -de demandes visant à retarder ou empêcher une mesure d'expulsion ; -ou bien si le demandeur présente un danger pour la sécurité nationale ou l'ordre public de l'État membre, -le demandeur refuse de se conformer à l'obligation de donner ses empreintes digitales, etc.

Les demandes « suspectes » doivent être ainsi écartées de la procédure normale. Un autre des objectifs de cette liste très extensive d'examens accélérés est que le

---

[151] -Décision d'irrecevabilité au sens de l'article 25, -les décisions prises en zone d'attente et en rétention, -les décisions de refus de procéder à un examen (article 35), -le refus de rouvrir l'examen d'une demande après que cet examen a été clos, -une décision de ne pas poursuivre l'examen de la demande ultérieure, une décision de refuser l'entrée, -une décision de retirer le statut de réfugié.

[152] Article 17 de la proposition.

[153] Article 23 § 4.

[154] Fausse identité, documents falsifiés etc., autre demande avec autres données personnelles, pas réussi à établir sa nationalité, mauvaise foi, déclarations contradictoires, incohérentes et insuffisantes etc. Ceci est regrettable puisque l'on sait que les déclarations de certains demandeurs d'asile sont décousues en raison des chocs psychologiques qu'ils ont subis.

demandeur ne puisse pas s'établir sur le territoire s'il n'est pas destiné à rester dans un État membre. La procédure prioritaire permet d'empêcher que ces demandeurs puissent créer des liens (familiaux, culturels, etc.) dans le pays d'accueil et ensuite les invoquer pour une régularisation éventuelle. Elle remplit le rôle d'efficacité voulu par la politique communautaire de l'asile : le traitement des demandes présumées abusives ou non fondées est rapidement expédié. Néanmoins aucun délai n'est imposé, c'est le droit national qui le prévoit.

Depuis la loi du 10 décembre 2003, la procédure prioritaire permet d'instruire la demande d'asile en moins de quinze jours[155]. Force est de constater que les exigences d'efficacité et de rapidité de la procédure accélérée sont déjà en conformité avec les travaux communs. On peut toutefois émettre de sérieux doutes[156] sur la qualité de l'instruction rendue dans de ce bref délai. Ajoutons que le droit interne prévoit que le délai d'instruction passe à 96 heures[157] lorsque le demandeur d'asile est maintenu en centre de rétention ou lorsqu'il s'agit « d'un nouvel examen ». Cela soulève une fois encore, le problème de l'absence probable d'examen approfondi de la demande d'asile. La proposition de directive n'apportera, sur ce point, aucune obligation, bien au contraire.

C/ Absence de garantie précise dans la procédure à la frontière

Dans l'article 35 de la proposition de directive, il est spécifié que les États membres peuvent prévoir, soit une procédure répondant aux principes de base précédemment analysés, soit, quand il n'existe aucune législation, les États membres peuvent « *maintenir des procédures dérogeant aux principes de base et aux garanties fondamentales (...) afin de se prononcer, à la frontière ou dans les zones de transit, sur l'octroi d'une autorisation d'entrée sur le territoire aux demandeurs d'asile qui sont arrivés et ont introduit une demande d'asile en un tel lieu* ». Cette disposition montre une fois encore la timidité de la future directive qui ménage les sensibilités des États sur cette question des demandes d'asile à la frontière, et ce, alors qu'il existe des « zones d'ombre » dans certains pays européens.

Le projet de directive prévoit toutefois des garanties telles que l'information des droits et obligations, l'accès aux services d'un interprète, une audition par une autorité compétente, la consultation d'un conseil juridique ou la désignation d'un représentant légal lorsque le demandeur est mineur. La proposition ne va pas au-delà, car les États membres ne sont pas encore prêts à se voir imposer davantage de droits dans les zones de transit. Dans la plupart des États membres, les zones d'attente, de transit ou zones internationales ont été des zones de non-droit. Cela ne fait qu'une dizaine d'années que les États ont institué d'infimes garanties[158]. Encore récemment, la France a été rappelée à l'ordre par le Comité européen pour la prévention contre la torture et les peines ou traitements inhumains ou dégradants[159], en raison des mauvaises conditions de rétention en zone d'attente à

[155] Article 3 du décret du 14 août 2004 n° 2004-814.

[156] ZAPPI S., « La loi Villepin les obstacles au droit d'asile en France », *Le Monde*, 16 septembre 2004.

[157] Article 3 du décret du 14 août 2004 n° 2004-814.

[158] Cf. Partie II, Titre I, Sous Titre I, Chapitre II, Section I.

[159] Rapport au Gouvernement de la République française relatif à la visite effectuée en France par le Comité européen pour la prévention de la torture et des peines ou traitements inhumains ou dégradants (CPT) du 17 au 21 juin 2002. Le Gouvernement de la République française a donné son accord à la publication du rapport susmentionné du CPT et de sa réponse. La réponse figure dans le document CPT/Inf (2003) 41. Strasbourg, 16

Roissy. Les États membres ne sont donc pas prêts à se laisser imposer plus d'obligations de garanties dans les procédures d'asile à la frontière. C'est pour cela que l'on peut dire que l'harmonisation communautaire n'est pas encore ambitieuse sur cette question.

Globalement, la future garantie n'apportera aucune protection dans le statut du demandeur d'asile, au contraire, ses définitions lacunaires et ambiguës permettront à certains États de remettre en cause leurs législations plus protectrices.

Section III : L'ébauche d'un système commun d'accueil des demandeurs d'asile et son impact limité en droit interne

Les conditions de recevabilité des demandes d'asile et les protections offertes aux demandeurs ne peuvent être effectives sans l'assurance d'un accueil proposé par l'État chargé d'examiner les demandes. Même si les conditions d'accueil ne sont pas à proprement des mesures procédurales relatives à l'asile, elles contribuent à l'effectivité des conditions de dépôts des demandes d'asile.

Les disparités importantes des conditions matérielles d'accueil rencontrées lors du traitement des demandes d'asile (les conditions de séjour, de logement, l'éducation, la formation professionnelles, la santé des migrants, etc.) ont encouragé les États membres à réfléchir sur de nouveaux instruments pour coordonner l'accueil des demandeurs d'asile afin de compléter et de rendre plus efficace le dispositif d'examen des demandes. Les conditions d'accueil sont différentes d'un État membre à l'autre. Ainsi, certains pays attirent plus de demandeurs d'asile en raison de leurs meilleures conditions matérielles d'accueil : la possibilité de trouver un logement facilement, le droit au travail, ou encore l'octroi de diverses allocations sont des facteurs attractifs. Ces mouvements migratoires vers les pays européens les plus accueillants créent des déplacements entre les États membres et ruinent les efforts de régulation. Ces mouvements, dits « secondaires », brouillent les efforts de la politique d'harmonisation. C'est pourquoi à côté des procédures d'asile, de recevabilité des demandes et des garanties procédurales, les États membres ont entrepris d'harmoniser les conditions minimales d'accueil afin de réduire les disparités les plus importantes entre les États et surtout de permettre que le traitement des demandes d'asile soit plus efficace.

Une directive garantissant des conditions d'accueil a été adoptée, il conviendra d'étudier le contenu de cet acte dérivé (§I) et d'en mesurer son impact en droit interne (§II).

§ I : Le contenu et les limites de la directive d'harmonisation minimale des conditions d'accueil du demandeur d'asile

Le premier instrument communautaire sur l'accueil des demandeurs est peu ambitieux au regard de son contenu consensuel (B), toutefois, il est l'un des seuls actes communs traitant de « l'intégration matérielle » des demandeurs d'asile (A).

---

décembre 2003.

A/ Une première directive « d'intégration » des demandeurs d'asile décevante

Dès 1995, sous la forme d'une Résolution[160], la question de l'accueil des demandeurs d'asile a été posée en Europe mais exclusivement pour ce qui concerne les personnes déplacées. Peu à peu, l'accueil des populations en quête de refuge a intégré la politique d'harmonisation européenne. Les modalités d'accueil sont apparues comme l'une des premières réflexions européennes sur « l'intégration » des demandeurs d'asile dans le pays membre. Ainsi, l'harmonisation des normes minimales de conditions d'accueil témoigne de l'intention d'assurer une intégration équivalente des demandeurs d'asile dans tous les États membres. En revanche, le contenu des objectifs minimaux que se sont fixés les États membres pour cette intégration est décevant.

En effet, la directive relative à des normes minimales pour l'accueil des demandeurs d'asile dans les États membres[161] adoptée le 27 janvier 2003, a deux objectifs principaux : « *suffire à garantir un niveau de vie digne* » et offrir « *des conditions de vie comparables dans tous les États membres* »[162] afin de limiter les mouvements secondaires des demandeurs d'asile motivés par la diversité des conditions matérielles d'accueil.

Le champ de la directive est relativement large, elle oblige les États à offrir les normes minimales d'accueil à tous les candidats au statut de réfugié, que leurs demandes aient été déposées ou non à la frontière. L'article 3 § 4 autorise les États à étendre cette directive aux autres demandes d'asile. En France, le guichet unique permet d'appliquer cette directive à toutes les demandes d'asile (conventionnelle, constitutionnelle et subsidiaire). Toutefois, la directive prévoit une seule exception pour les demandeurs d'asile bénéficiant de la protection temporaire selon la directive relative au cas d'afflux massif de personnes déplacées[163]. On peut s'étonner du fait que ces bénéficiaires ne puissent pas profiter des structures d'accueil comme les autres demandeurs, d'autant que les premiers efforts communs relatifs à l'accueil avaient jusqu'ici concerné les personnes déplacées[164]. Cette exception crée une rupture d'égalité de traitement entre les demandeurs d'asile.

Par ailleurs, les conditions d'accueil s'adressent aux demandeurs d'asile et à leur famille (conjoint, partenaire non marié, et enfants mineurs) à condition qu'ils soient couverts par cette demande d'asile conformément au droit national. L'intégration particulière de populations sensibles est aussi prise en compte par la directive. Ainsi, les États membres doivent faire en sorte de prévoir des traitements spécifiques pour les mineurs isolés[165], les personnes victimes de tortures, viols et violences[166]. Toutefois, hormis la protection de l'intérêt supérieur de l'enfant qui est d'ailleurs déjà proclamé par la

---

[160] Résolution du Conseil 95/C 262/01, du 25 septembre 1995 *sur la répartition des charges en ce qui concerne l'accueil et le séjour à titre temporaire des personnes déplacées.*

[161] Directive 2003/9/CE du Conseil du 27 janvier 2003 relative *à des normes pour l'accueil des demandeurs d'asile dans les États membres,* JOUE L 31/18, 6 février 2003 ; Voir HANDOLL J., « Reception of asylum seekers », *in L'émergence d'une politique européenne d'asile*, ULB, Bruylant, Bruxelles, 2003, p. 113-148.

[162] *Ibid.* (7) exposé des motifs.

[163] Partie I, Titre II, Sous Titre II, Chapitre II, Section II.

[164] Résolution du Conseil 95/C 262/01, du 25 septembre 1995 *sur la répartition des charges en ce qui concerne l'accueil et le séjour à titre temporaire des personnes déplacées* ; Décision du Conseil 96/198/JAI, du 4 mars 1996, relative *à une procédure d'alerte et d'urgence pour la répartition des charges en ce qui concerne l'accueil et le séjour, à titre temporaire, des personnes déplacées.*

[165] Article 18.

[166] Article 20.

Convention internationale des droits de l'enfant, la directive ne pose pas de mesure concrète pour le traitement particulier des mineurs ou des victimes de violence.

B/ Une directive peu ambitieuse aux objectifs consensuels

Si cette directive est relativement large quant au champ des bénéficiaires, l'analyse des dispositions laisse perplexe, d'une part en raison de la généralité de ses objectifs, d'autre part en raison des moyens mis en œuvre pour atteindre les buts fixés.

Plusieurs thèmes sont abordés par la directive : l'information[167], le séjour et la liberté de circulation[168], la santé[169], la scolarisation et l'éducation des mineurs[170], l'emploi et la formation professionnelle[171] et les conditions matérielles d'accueil. Ces dernières incluent à la fois le logement, la nourriture et l'habillement, fournis en nature, sous forme d'allocations financières ou de bons, ou par des allocations journalières[172].

A titre d'illustration, s'agissant de la question de l'hébergement, la directive impose aux États membre « *de faire en sorte* » que les demandeurs d'asile soient accueillis :

-« *dans des locaux spécialement aménagés lorsque les demandes sont présentées à la frontière* ».

-« *dans des centres d'hébergement offrant un niveau de vie suffisant* ».

-« *dans des maisons, des appartements, des hôtels privés pour les demandeurs déjà présents sur le territoire* ».

La directive énonce, ensuite, des recommandations que les États sont tenus de mettre en œuvre : ils doivent veiller particulièrement à la prévention contre la violence dans les centres d'hébergement, vérifier la qualité de formation du personnel de ces centres, s'assurer de la possibilité de loger le demandeur et sa famille, garantir la possibilité de communiquer et de contacter des conseillers juridiques (ONG, représentants du UNHCR).

Hormis les trois types d'hébergement susmentionnés, qui existent déjà dans la plupart des États membres, la directive ne donne aucune précision sur la mise en œuvre des conditions de logement. La généralité des termes laisse une grande latitude aux États membres, par conséquent l'objectif d'harmonisation est loin d'être atteint. Autrement dit, sans obligation précise et chiffrée, les États membres ne sont pas trop contraints de mettre à exécutions les objectifs de la directive. Ils continueront d'organiser les conditions de logement comme ils l'entendent, et il est donc peu probable que les mouvements secondaires disparaissent au regard de la généralité des dispositions de la directive.

On retrouve le même flou sur la question de l'emploi des demandeurs d'asile. Ainsi, si la directive autorise les États membres à instituer une période durant laquelle les demandeurs n'ont pas accès au marché de travail (la première année de séjour provisoire dans le pays d'accueil), par contre elle prévoit que dans le cas où une décision de première instance n'aurait pas été rendue un an après le dépôt de la demande d'asile, les États décident des conditions dans lesquelles l'accès au marché du travail est autorisé. Ces

---

[167] Article 5.

[168] Article 7.

[169] Article 9, 13 et 15.

[170] Article 10.

[171] Article 11, 12.

[172] Article 2 J) de la directive.

dispositions témoignent des divergences relatives au droit au travail, rencontrées lors des négociations : certains pays membres n'autorisent aucun demandeur d'asile à travailler mais leur octroient des bons alimentaires ou des allocations financières. D'autres pays, au contraire, autorisent assez rapidement les demandeurs à accéder au marché de l'emploi. La logique retenue par la directive montre une position intermédiaire et non tranchée sur l'emploi, elle est le fruit d'un véritable compromis. En effet, selon le rapport[173] Mariani *« les États membres ne sont pas parvenus à se mettre d'accord, l'accord politique obtenu sur ce point ayant finalement été remis en cause par la délégation allemande, au motif que cette question relève, en Allemagne, de la compétence des Länder »*. On aurait pourtant espéré que la directive retienne une approche plus ambitieuse de l'intégration des demandeurs d'asile en affirmant un droit au travail avant six mois.

L'harmonisation de l'accès à une formation professionnelle n'a pas non plus abouti et la directive apparaît comme une tentative « avortée » d'harmonisation des conditions d'accueil.

Le chapitre III prévoit des limites et des cas de retrait du bénéfice des conditions d'accueil. Ces limites sont pour la plupart liées aux hypothèses de fraudes rencontrées dans les États membres. Le retrait des prestations d'accueil, du logement ou des allocations est possible lorsque le demandeur a volontairement caché des moyens financiers personnels, qu'il abandonne le logement, qu'il ne se présente pas aux autorités, ne répond pas aux demandes d'informations, etc. La directive exige donc en contrepartie des prestations fournies, un comportement respectueux de la part du demandeur d'asile. Sous la pression du Royaume-Uni, une autre limite à l'accueil du demandeur d'asile a été ajoutée : lorsque la demande n'a pas été introduite dans les meilleurs délais raisonnables[174]. Par ailleurs, la directive prévoit une disposition très restrictive qui n'existe pas en France : celle de limiter la circulation du demandeur d'asile sur le territoire d'accueil si l'État le décide[175]. Il s'agit d'un exemple « d'harmonisation vers le bas » très préjudiciable pour le demandeur d'asile. L'ensemble de la directive manque d'ambition, les droits offerts ne sont que de vagues principes énoncés sans perspective réelle d'harmonisation.

§II : Le faible impact de la directive en droit interne

L'étude portera uniquement sur les deux points les plus importants de la directive : l'emploi du demandeur pendant le traitement de sa demande (A) et son logement (B).

A/ Le droit au travail des demandeurs d'asile à la lumière de la directive

En France, le droit au travail « automatique » des demandeurs d'asile a été supprimé par la circulaire du 26 septembre 1991[176], les demandeurs d'asile sont désormais soumis au droit commun applicable « aux étrangers ordinaires » : la situation de l'emploi

---

[173] MARIANI T., Rapport d'information déposé par la délégation de l'AN pour l'UE, *sur la politique européenne d'asile*, le 29 avril 2003, p. 39.

[174] Article 16 § 2.

[175] Article 7 § 3.

[176] Cf. circulaire du 26 septembre 1991, JORF 27 septembre 1991, *relative à la situation des demandeurs d'asile au regard du marché du travail*. Suppression de l'autorisation de travail, jusqu'alors automatiquement délivrée aux demandeurs d'asile en attente d'une réponse de l'OFPRA.

leur est opposable. En contrepartie, une allocation d'insertion[177] (uniquement pour les demandeurs non hébergés en CADA) et une allocation d'attente[178] sont attribuées aux demandeurs d'asile, selon le montant de leurs ressources.

La directive pose une interdiction de travail pendant une période d'un an. Pendant ce délai, les États membres peuvent invoquer « la situation de l'emploi » pour refuser l'autorisation de travail. Passé ce délai, si la décision en première instance n'a pas été prise après la présentation de la demande d'asile, l'accès au travail des étrangers est organisé par l'État. Or depuis l'adoption de la directive, aucune mesure interne n'a organisé l'accès au travail prévu à l'article 11. Même la réforme du 10 décembre 2003 n'a prévu aucune ouverture du marché du travail pour les demandeurs d'asile en attente de décision de première instance. Notons que, théoriquement, la réforme a été instituée pour réduire les délais d'attente des décisions d'octroi de la qualité de réfugié. Le délai moyen d'examen des demandes d'asile était d'environ sept à huit mois fin 2002 et aujourd'hui, l'objectif affiché de l'OFPRA est de parvenir à un délai moyen de deux mois. Suivant cette logique, le législateur pense qu'il n'y aura pas de demandes d'asile en attente de décision de première instance au-delà d'un an, en conséquence la possibilité d'introduire l'accès au travail n'a pas été jugée nécessaire puisque le traitement des demandes est accéléré.

Cet exemple est révélateur de l'échec de l'objectif d'harmonisation de la directive. La recherche d'un consensus n'a entraîné qu'un semblant d'harmonisation, un accord minimal sans enjeu réel. En ce sens, la Coordination française pour le droit d'asile regrette que la directive ait été adoptée « *au prix d'un grand nombre de clauses facultatives là où la version initiale de la Commission européenne prévoyait des normes contraignantes* »[179]. La directive a fixé des objectifs tellement bas qu'ils ne produisent aucun effet dans le statut interne. La Commission le reconnaît dans sa communication du 26 mars 2003 : « *l'harmonisation sur la question de l'accès au marché du travail est minimale* »[180]. Les États ont montré une fois de plus qu'ils conservaient leurs prérogatives.

La directive n'a entraîné « aucune réaction normative », en conséquence, les mouvements secondaires ne sont pas prêts d'être stoppés en Europe et ce, d'autant plus que les facilités d'emploi sont réellement déterminantes dans l'attractivité d'un État. La « clause facultative » relative à l'emploi n'apportera aucune changement particulier sur la résorption des mouvements secondaires.

---

[177] 9, 69 € par jour depuis le 1er janvier 2004.

[178] « *Tous les demandeurs d'asile ont droit à l'allocation d'attente, d'un montant de 304,9 € par adulte et 106,7 € par enfant de moins de 16 ans. Elle fait l'objet d'un versement unique et est destinée à couvrir les premières dépenses des demandeurs d'asile, dans l'attente des autres prestations. Elle est versée, après l'obtention d'un certificat de dépôt de dossier à l'OFPRA et d'un titre de séjour provisoire de trois mois, par le Service social d'aide aux émigrants (SSAE). Son coût était de 13,2 millions d'euros en 2002.* », extrait de l'Avis au nom de la commission des Affaires étrangères, de la défense et des forces armées (1) sur le projet de loi, adopté par l'AN modifiant la loi n° 52-893 du 25 juillet 1952 relative au droit d'asile, M. Dubrule, 16 octobre 2003.

[179] CFDA, *Lourdes menaces sur le droit d'asile en Europe : un bilan de quatre ans de rapprochement des politiques d'asile*, février 2004.

[180] Communication de la Commission du 26 mars 2003, COM (2003) Final, p. 18.

B/ Les possibilités d'hébergements et de formations en France conformes aux objectifs de la directive ?

Comme cela vient d'être vu, la directive fixe trois types de logements que l'État doit proposer pour l'accueil des demandeurs d'asile. S'agissant des logements à la frontière, la France a été, maintes fois, rappelée à l'ordre par le Comité européen pour la prévention de la torture depuis les années quatre-vingt-dix pour mauvais traitement[181]. Des changements ont depuis été effectués, mais il reste encore des efforts à fournir d'autant que le délai d'attente (20 jours) dans ces structures peut atteindre 24 jours lorsque l'étranger dépose sa demande d'asile entre le seizième et le vingtième jours du maintien (l'article 50 de la loi du 26 novembre 2003). Toutefois, la directive ne prévoit pas de dispositions détaillées sur les conditions concrètes de l'accueil. Aucune mesure ne précise comment doit être organisé l'accueil des demandeurs à la frontière : nombres de lits, type de restauration, visites, rien n'est n'imposé, les États disposent d'une entière liberté. Sur ce point, la directive est nettement insuffisante, elle n'est qu'un texte général, énonçant seulement des dispositifs vagues.

Le deuxième type de logement prévu par la directive est le logement des candidats au refuge en centre d'hébergement (en France notamment dans les Centres d'accueil des demandeurs d'asile (CADA)). Jusqu'à la réforme de l'asile du 10 décembre 2003, seuls les demandeurs d'asile conventionnels pouvaient prétendre à l'hébergement en centre CADA, les autres demandes, d'asile territorial et conventionnel, étaient exclues de ce type d'accueil. Désormais, le guichet unique institué par la réforme de 2003 permet de ne plus faire de différence entre les demandes, tous les demandeurs d'asile peuvent être logés en CADA[182]. Sur ce point, la réforme a permis de satisfaire l'article 3 de la directive, qui exige que les conditions d'hébergement s'adressent à tous les demandeurs d'asile (exception faites des demandes émanant de personnes déplacées). Si cet aspect de la réforme 2003 a permis la mise en conformité du droit interne par rapport à la directive, on peut s'interroger en revanche sur sa mise en pratique[183]. En effet, avant décembre 2003, l'accueil des demandeurs de l'asile conventionnel était déjà difficile[184] en CADA car les places y manquaient énormément. Avec la prise en compte de *toutes*[185] les demandes d'asile, la situation d'hébergement devient très délicate. Malgré la création prochaine de places supplémentaires[186] et la circulaire du 19 décembre 2003[187] réorganisant le dispositif d'accueil des CADA au plan régional, il est peu probable que la situation s'améliore. En conséquence, un certain nombre de demandeurs d'asile sont en attente de logement, sans pouvoir bénéficier des droits élémentaires prévus par la directive (formation, habillement,

[181] Cf. Partie II, Titre I, Sous Titre II, Chapitre II, Section III, §II.

[182] Cf. Circulaire du 24 février 2005, (non publiée) sur les nouveaux critères juridiques et priorités sociales d'admission en CADA, elle remplace la circulaire du 8 juillet 1999.

[183] En mai 2003 le dispositif d'accueil national comprenait 10769 prises en charge CADA répartie sur 162 centres et malgré la création de 2800 places supplémentaires en 2002, le dispositif est insuffisant. Beaucoup de demandes sont en attente de placement en CADA.

[184] FTDA et le réseau d'accueil des demandeurs d'asile et des réfugiés, *Livre blanc du dispositif d'accueil en centres des demandeurs d'asile et des réfugiés*, janvier 1999.

[185] Selon la circulaire en 1998, il y a eu 22000 demandes d'asile et 83000 demandes en 2002.

[186] 17000 places annoncées d'ici 2005.

[187] Circulaire DPM/ ACI3/ n°2003/ 605 du 19 décembre 2003 *relative à la déconcentration de la programmation des ouvertures de places de CADA au niveau régional et de la gestion des admissions en CADA.*

suivi social et sanitaire). L'absence de moyens mis en œuvre pour le logement en CADA créé, de fait, des inégalités entre les demandeurs d'asile. Ceci ne peut être amélioré sans une volonté forte de l'État français. La directive n'est d'aucun secours ici, puisqu'elle se contente d'exiger l'existence de ces lieux d'hébergement sans réclamer aucune obligation de résultat, en matière d'accueil dans les États membres. Au regard de la pratique, force est de constater, une fois de plus, que les objectifs d'harmonisation de la directive ne produiront aucun effet concret dans les pays membres.

La formation des étrangers et notamment des demandeurs d'asile tend à se développer par le biais de la mise en place du *contrat d'accueil et d'intégration*[188] à titre expérimental depuis le 1er juillet 2003 et s'étendra au 1er janvier 2006[189] à l'ensemble des départements français. Des journées civiques, linguistiques sont proposées aux étrangers. Toutefois, on constate un faible taux de participation aux formations. De même les moyens matériels mis en place pour ces programmes de formation ne semblent pas être à la hauteur des réels besoins. Ainsi, certaines journées civiques sont proposées sans la présence d'interprètes. Sur ce point, la directive est aussi très lacunaire puisque l'information ne concerne que l'accès aux procédures d'asile et non les enseignements généraux (droits, protection sociale, nationalité, etc.) relatifs au pays accueillant.

---

[188] Sur cette question voir article BISSON A., « Le contrat d'accueil et d'intégration », *Regard sur l'actualité,* La Documentation Française, mars 2004, p. 41.

[189] Circulaire DPM/ACII/2005/23, 13 janvier 2005 (non publiée), cette circulaire étend à l'ensemble des départements français le service public d'accueil des demandeurs d'asile et le contrat d'accueil et d'intégration. Selon le rapport au Parlement sur les orientations de la politique d'immigration, mars 2005, plus de 40 000 personnes primo-immigrantes ont souhaité signer le contrat d'accueil et d'intégration.

SOUS TITRE II : DES PROTECTIONS SUBSTANTIELLES

Après les analyses relatives aux procédures d'asile, il conviendra de s'intéresser plus spécifiquement à la protection offerte au demandeur d'asile, après son admission sur le territoire d'accueil. Contrairement aux procédures d'asile, le droit international a très rapidement instauré une protection pour le candidat à l'asile. Celle-ci s'appuie sur les critères de reconnaissance posés par la Convention de Genève du 28 juillet 1951, elle a vocation « universelle » puisqu'elle a été ratifiée par la plupart des États du monde. En France, elle est entrée en vigueur par la loi du 17 mars 1954. Le droit français reconnaît donc la qualité de *réfugié* au demandeur d'asile qui répond aux critères de l'article 1er A de la Convention de Genève. Mais depuis les années quatre-vingt-dix, cette protection conventionnelle souffre des interprétations variables et restrictives qu'en font les différents États européens. En effet, si les critères de définition du réfugié sont internationaux, l'examen des demandes d'asile et la reconnaissance de la qualité de réfugié sont nationaux. Les critères conventionnels sont donc utilisés différemment d'un État à l'autre. Pour mettre fin à cette diversité, les États membres ont décidé d'harmoniser l'interprétation des critères posés par la Convention de Genève pour obtenir la qualité de réfugié. Dans un premier temps la politique européenne s'est attachée à mettre en place une Position commune[1]. Dans un deuxième temps les pays membres ont édicté un acte dérivé communautaire pour préciser ou « re-définir » les critères de la Convention de Genève. Cette harmonisation communautaire provoque de nombreuses critiques d'autant que les indices communs sont plus restrictifs que certains critères de la Convention de Genève.

La protection conventionnelle n'est pas la seule protection possible pour le demandeur d'asile. En dehors de toute exigence internationale, les États peuvent, en vertu de leur souveraineté territoriale, accueillir discrétionnairement les demandeurs d'asile. Ces protections constituent « l'asile territorial ». Ce sont des prérogatives étatiques, des mesures de « fait du Prince », dans lesquelles n'entre aucune obligation internationale. Cette forme d'asile permet aux États d'admettre le demandeur d'asile sur leur territoire, bien qu'aucune obligation ne s'impose à eux. De même, une fois admis sur le pays d'accueil, aucun droit particulier n'est obligatoirement délivré au bénéficiaire de « l'asile territorial », l'État peut

[1] Position commune 96/196/JAI, du 4 mars 1996, définie par le Conseil sur la base de l'article K.3 du traité sur l'Union européenne, *concernant l'application harmonisée de la définition du terme « réfugié » au sens de l'article 1er de la convention de Genève, du 28 juillet 1951, relative au statut des réfugiés*, JOCE n° L 63 du 13 mars 1996.

simplement tolérer le demandeur d'asile sur son territoire. C'est pour remédier à cela que les États ont tenté de définir « l'asile territorial » en droit international. La Convention sur l'asile territorial[2] a essayé, sans résultat, d'imposer des normes contraignantes minimales s'imposant aux États en matière « d'asile territorial », mais ceux-ci, trop désireux de conserver leurs prérogatives, n'ont pas adopté cet instrument. Ainsi, hormis les rares protections régionales[3], la Convention de Genève apparaissait jusque récemment encore comme la seule norme internationale concernant la protection du demandeur d'asile. A tel point que la qualité de réfugié était indissociable de celle de demandeur d'asile. Aujourd'hui, le demandeur d'asile n'est plus uniquement celui qui demande la protection issue de la Convention de Genève. Cette approche jusqu'ici exclusive de l'asile est désormais concurrencée par d'autres formes « alternatives » de protection au plan communautaire et national.

Depuis l'émergence de la politique communautaire de l'asile, les États membres ont adopté des instruments régionaux définissant des protections nouvelles pour les demandeurs d'asile. Ils doivent donc concilier deux types de protections supranationales, de contenu complètement différent : la protection conventionnelle et les protections communautaires. Cette diversification des formes d'asile des demandeurs d'asile constitue une démarche inédite au plan européen. On s'intéressera aux raisons qui ont poussé les États membres à adopter deux protections communautaires complémentaires pour le demandeur d'asile alors que la protection conventionnelle existait déjà. La *protection subsidiaire* et la *protection temporaire en cas d'afflux massif de personnes déplacées* constituent aujourd'hui les bases du statut communautaire substantiel du demandeur d'asile. Le droit français a intégré ces deux types de protections communes, il faudra en expliciter les grandes lignes tout en analysant leur portée dans le statut interne du demandeur d'asile.

Dès lors, dans un premier chapitre, il conviendra de montrer les nouvelles imbrications de la norme conventionnelle et des normes communautaires relatives à la définition du réfugié. Dans un second chapitre, les deux nouvelles formes de protections communautaires des demandeurs d'asile, protections instituées en marge de la protection conventionnelle, seront analysées.

---

[2] Projet de Convention sur l'asile territorial, des Nations Unies, 1977, non adopté. Voir aussi la Déclaration des Nations Unies sur l'asile territorial, Adoptée le 14 décembre 1967, par une Résolution de l'assemblée générale des Nations Unies, n° 2312 (XXII).

[3] Convention de l'OUA régissant *les aspects propres aux problèmes des réfugiés en Afrique,* Convention de la Havane sur l'asile, la Convention de Montevideo sur l'asile politique, Déclaration de Carthagène etc.

CHAPITRE I : COEXISTENCE DE DÉFINITIONS SUPRANATIONALES DU RÉFUGIÉ : LE STATUT CONVENTIONNEL ET LA « DÉFINITION COMMUNAUTAIRE »

La Convention de Genève[1] a posé un statut juridique international pour le réfugié. Elle constitue depuis l'après-guerre, l'instrument de référence pour protéger les exilés. Fruit du droit international classique, cette protection conventionnelle n'est effective que si les États l'intègrent et l'appliquent dans leur législation nationale. La reconnaissance de la qualité de réfugié s'effectue dans chaque État grâce aux critères internationaux. Cette reconnaissance nationale a parfaitement fonctionné jusque dans les années quatre-vingt-dix. Depuis la chute du mur de Berlin et la multiplication des conflits ethniques, la plupart des États membres ont connu une augmentation importante des demandes d'asile. « L'explosion » de ces demandes a conduit les États européens à adopter une interprétation réductrice des critères conventionnels. C'est le cas de la France qui déploie une véritable « politique jurisprudentielle » en ne respectant pas l'esprit de la Convention de Genève. La détermination nationale de la qualité de réfugié effectuée par chaque État limite la portée de la Convention de Genève. Le statut conventionnel n'a d'international que la définition du réfugié et les obligations posées par la Convention de Genève. Cette limite inhérente au droit international a réduit l'impact de la Convention de Genève. L'exemple français en est une parfaite illustration.

Par ailleurs, en Europe, les critères conventionnels ne sont pas interprétés de la même façon par tous les États. La variabilité des interprétations entraîne des « appels d'air » vers les pays les plus souples dans l'utilisation des critères conventionnels. Par conséquent, peu après, les États membres ont harmonisé le statut du réfugié, ils souhaitaient agir ainsi sur les différentes interprétations. Les travaux d'harmonisation entrepris s'orientèrent vers une approche commune de la définition du réfugié. Ce travail de « redéfinition » des critères conventionnels fait désormais partie des objectifs de la politique communautaire.

Il conviendra de montrer à la fois l'extraordinaire instrument international que constitue la Convention de Genève mais aussi ses limites infranchissables dues à son interprétation nationale (section I). Puis il faudra analyser les travaux communautaires relatifs à la définition du réfugié en appréciant leur portée au regard des critères conventionnels et de la pratique française (section II).

---

[1] CHETAIL V., (Sous la direction de), La Convention de Genève du 28 juillet 1951 relative au statut des réfugiés 50 ans après : bilan et perspectives, Bruylant, Bruxelles, 2001.

Section I : Portée et limites du statut international du réfugié

Le droit international a été le premier à s'intéresser à la protection offerte au demandeur d'asile. Ainsi, le demandeur d'asile devient réfugié une fois reconnu comme tel au sens de la Convention de Genève.

La Convention de Genève a d'abord concerné un nombre restreint de réfugiés puisqu'elle s'adressait aux seuls réfugiés européens ayant fui leur pays en raison des évènements survenus avant le 1er janvier 1951. Ces limitations spatiales et temporelles ont ensuite été levées grâce au Protocole de 1967 qui a étendu la protection conventionnelle à tous les réfugiés. Depuis, la Convention de Genève constitue le socle de la protection internationale du réfugié (§ I). Si ce texte pose une définition internationale du réfugié, il laisse aux États la compétence pour la reconnaissance de la qualité de réfugié. Depuis quelques années, certains États européens dont la France ont une lecture si restrictive de la Convention de Genève qu'ils en pervertissent le contenu (§ II).

§ I : Une protection internationale du réfugié

La définition internationale du réfugié telle qu'elle est posée par la Convention de Genève est le fruit de la réaction du Droit face à l'Histoire des migrations. La protection internationale des réfugiés s'est progressivement adaptée aux phénomènes migratoires. Ainsi, elle a d'abord été marquée par la migration des étrangers dépossédés de leur nationalité ou ayant fui des régimes dictatoriaux (russes, arméniens, juifs allemands). Le droit international protégeait alors des groupes, des ressortissants de même nationalité, la reconnaissance de ces candidats au refuge restait donc collective. Puis progressivement, le droit international classique a glissé vers une protection individuelle et unificatrice, en raison de la multiplication des causes d'exils.

La Convention de Genève et le Protocole de 1967 sont progressivement devenus les instruments juridiques les mieux adaptés pour répondre aux différents types d'exil. Il conviendra de rappeler brièvement[2] les étapes que le droit international a franchies pour protéger les réfugiés (A), pour étudier ensuite la définition internationale du réfugié de la Convention de Genève (B).

A/ Prémices d'une protection internationale du réfugié

La doctrine du droit des gens abordait déjà la question de l'asile, Denis Alland[3] relève que Grotius plaçait l'asile dans « *les droits communs à tous les Hommes* ».

---

[2] Pour un historique complet cf. ALLAND D., « Le dispositif international du droit d'asile », Colloque de Caen, Société Française pour le Droit International, *Droit d'asile et des réfugiés,* éd. Pédone, Paris, 1997, p. 13-81 ; TURPIN J., *Nouveaux aspects juridiques de l'asile politique*, Maisonneuve, éd. 1937 ; NOIRIEL G., *La tyrannie du national le droit d'asile en Europe (1793-1993) en 1991,* éd. Calmann Levy, Paris, 1997 ; NOIRIEL G., *Sans papiers, la République face au droit d'asile*, XIX-XXe siècle, éd. Pluriel, 1998 ; BACLET-HAINCQUE R., *Réfugiés et asile politique en France depuis la III° République*, Thèse Paris, 1985 (dact.) ; HATHAWAY J. C., « The evolution of refugee Status in international Law : 1920-1950 », *ICLQ*, 1984, p. 348-380 ; CHANDELIER P., *Le droit d'asile : essai sur l'évolution du droit international en matière d'asile à l'époque contemporaine*, thèse, 1947 ; JAEGER G., « On the history of the international protection of refugees », *RICR*, septembre 2001, Vol. 83, n° 843, p. 727-737.

[3] ALLAND D., « Le dispositif international du droit d'asile », Colloque de Caen, Société Française pour le Droit

Toutefois, il faut attendre la naissance du droit international moderne pour voir émerger une protection internationale du réfugié.

Dès le XXe siècle, le droit international s'est intéressé à la situation du candidat au refuge. La protection internationale a réellement débuté avec la Révolution russe en raison de l'exil que celle-ci a suscité (près d'un million de réfugiés). La multiplication des réfugiés dans le monde a poussé les États à adopter, dans le cadre de la Société des Nations Unies, des normes spécifiques pour les réfugiés ou les apatrides. Plusieurs Conventions internationales ont été conclues au cas par cas pour régler le sort de certains exilés. Une Conférence intergouvernementale a abouti à la conclusion d'un arrangement le 5 juillet 1922 qui a permis de délivrer un document de voyage aux réfugiés russes. Ce premier texte a marqué selon Denis Alland « *la première reconnaissance d'un statut juridique pour les réfugiés* »[4].

Les arrangements du 12 mai 1926 et du 30 juin 1928 ont protégé les Arméniens qui fuyaient la Turquie, puis les Assyriens Assyro-Chaldéens[5]. Ces premiers instruments internationaux constituent les prémices de la protection internationale du réfugié basée sur une reconnaissance collective selon les nationalités ou les groupes d'exilés. A ce stade comme le souligne Denis Alland, la protection n'était pas unifiée, elle était simplement étendue[6] selon les migrations du moment.

Peu après, le 28 octobre 1933, une première Convention internationale relative au statut du réfugié[7] (Convention Nansen) a été adoptée avec un objectif louable : unifier les protections des différents réfugiés du moment (Arméniens, Assyro-Chaldéens, Sarrois, Russes, kurdes et Syriens). L'office international Nansen octroyait notamment le passeport Nansen qui était un titre de voyage justifiant l'identité des réfugiés. Néanmoins, cette Convention n'a pas eu l'effet escompté puisqu'elle ne fut signée que par quatorze États et fut très vite été dépassée par l'importance des réfugiés allemands.

C'est pour ces derniers qu'ont été adoptées de nouvelles Conventions, le 4 juillet 1936 et le 10 février 1938. Denis Alland rappelle que cette dernière prenait en compte, pour la première fois « *les motifs du départ du pays d'origine* ». Par la suite, elle s'appliqua également aux réfugiés espagnols et autrichiens.

Ce rapide historique des conventions internationales montre la manière « *empirique* »[8] et circonstancielle dont s'est construite la protection internationale des réfugiés.

Jusqu'à la fin de la deuxième guerre mondiale, le droit international a traité la question des réfugiés sans « *véritable stratégie de protection* »[9] et sans adopter une approche globale du problème du refuge. Convaincu que la question des migrations pouvait se régler de façon conjoncturelle, le droit international tenait compte de l'origine, de la nationalité du candidat au refuge pour octroyer une protection. Cette approche

---

International, *Droit d'asile et des réfugiés,* éd. Pédone, Paris, 1997, p. 21.

[4] *Ibid*, p. 26.

[5] *Ibid.* et Cf.. TURPIN J., Nouveaux aspects juridiques de l'asile politiques, Maisonneuve, éd. 1937.

[6] *Ibid.*, p. 26 et s.

[7] Convention de Genève relative *au statut international des réfugiés* du 28 octobre 1933 entrée en vigueur le 13 juin 1935, approbation par la France par la loi du 20 octobre 1936, JO du 21 octobre 1936, promulguée par décret du 3 décembre 1936, JO du 5 décembre 1936.

[8] ALLAND D., *op. cit.*

[9] BOUTEILLET-PAQUET D., *L'Europe et le droit d'asile et ses conséquences sur les pays d'Europe centrale*, éd. L'Harmattan, Logiques juridiques, 2001, p. 51.

« *pragmatique* »[10] par groupe de réfugiés a caractérisé cette première période de l'histoire de la protection internationale du réfugié. Le droit international ne fournissait aucune définition « universelle » du réfugié, il n'accordait aucun statut ou aucun droit attaché au refuge puisque seuls des titres d'identité et de voyage étaient octroyés aux réfugiés ou apatrides. En somme, cette approche partielle du refuge a très vite montré ses limites en raison de l'émergence de nouveaux conflits et de nouvelles situations d'exils.

« *La deuxième guerre mondiale constitue un tournant dans l'histoire du droit d'asile, à la fois parce qu'elle se traduit par l'affaiblissement général des États européens, mais aussi parce qu'elle contribue à mettre en branle le mouvement de réfugiés le plus massif que le monde ait jamais connu* »[11]. En effet, après la deuxième guerre mondiale, la question des personnes déplacées et des réfugiés prend une autre dimension.

L'organisation internationale pour les réfugiés (OIR) est instaurée pour régler les problèmes ponctuels[12] rencontrés par les populations déplacées à cause de la guerre. Cet organisme a été le premier chargé d'étudier les demandes individuelles des réfugiés au plan international[13]. Néanmoins, cet instrument retenait une définition circonstanciée du réfugié. En effet, étaient considérés comme réfugiés, au sens de la constitution de l'OIR, les victimes du nazisme, les républicains espagnols et les personnes déclarées réfugiées avant la Seconde Guerre mondiale. Cette protection internationale restrictive montra très vite ses limites. La Communauté internationale réagit en lançant des travaux internationaux pour la rédaction d'un instrument unique protégeant tous les réfugiés. C'est dans ces circonstances que la Convention de Genève le 28 juillet 1951 est née. La Communauté internationale choisit une Convention posant une large définition du réfugié. Elle abandonna ainsi le système d'éligibilité international pour laisser place à une reconnaissance nationale de la qualité de réfugié basée sur des critères internationaux[14]. Le système de la Convention de Genève mit fin au morcellement des textes internationaux adoptés jusqu'alors.

B/ Définition et statut du réfugié posés par la Convention de Genève

La définition[15] et le statut conventionnel ayant été largement analysés par la doctrine[16], il s'agira ici d'en montrer les grandes lignes posées par la Convention de

---

[10] ALLAND D., *op. cit.*, p. 26.

[11] NOIRIEL G., *Réfugiés et sans papiers, la République face au droit d'asile, XIX*ème*- XX*ème *siècle, 1998*, éd Pluriel, p. 118.

[12] ALLAND. D., *op. cit.*, p. 32 et s., même auteur : « Les organisations internationales et les réfugiés », *in* (Sous la direction de DUPUY J.-P.), *manuel sur les organisations internationales*, Académie de droit international de la Haye, 1997.

[13] JULIEN-LAFERRIÈRE F., « Réflexion sur la création d'une juridiction internationale compétente pour la détermination de la qualité réfugié », *in Asile-Europe, la lettre d'information FTDA*, n° 98, Trimestriel, Mars 1997, p. 13-18.

[14] La Conférence des Bermudes (1943) avait aussi désigné le réfugié par des critères.

[15] CARLIER J-Y., « Et Genève sera ... La définition du réfugié : bilan et perspectives », *in La Convention de Genève du 28 juillet 1951 relative au statut des réfugiés 50 ans après : bilan et perspectives*, Bruylant, Bruxelles, 2001, p. 63-90.

[16] WEISS P., « Le statut international des réfugiés et apatrides », *JDI*, 1956, p.4., « Le concept de droit en droit international », *JDI*, 1960, n° 4, p. 928 ; CARLIER J.-Y., VANHEULE D., HULMANN, PENAGALLIANO C., *Qu'est qu'un réfugié ?*, éd. Buylant, Bruxelles, 1998 ; *Les réfugiés en France et en Europe, quarante ans d'application de la Convention de Genève*, actes du colloque, 1992 ; ALLAND D. et TEITGEN-COLLY C., *Traité du droit d'asile*, PUF, collection droit fondamental, 2002 ; BOUTEILLET-PAQUET D., *L'Europe et le droit d'asile et ses conséquences sur les pays d'Europe centrale*, éd. L'Harmattan, Logiques juridiques, 2001 ;

Genève. Ce texte est essentiel pour le réfugié car, non seulement il détermine les critères internationaux qui entraînent la reconnaissance de la qualité de réfugié (1), mais aussi il fixe les droits liés à cette qualité, créant ainsi un véritable statut de réfugié (2).

1/ Définition internationale du réfugié

L'article 1er A de la Convention de Genève définit le terme de « réfugié » : le réfugié est celui qui a bénéficié des accords internationaux passés (Arrangement 1926, 1928, des Conventions du 28 octobre 1933 et du 10 février 1938, etc.) ou celui qui a fui son pays à la suite d'événements survenus avant le premier janvier 1951. Cette première définition montre l'aspect unificateur qu'entendait jouer cet instrument international, rôle qui auparavant ne se dégageait pas des précédentes conventions susmentionnées. Par contre, la Convention de Genève fixait des limites temporelles et spatiales, (le statut de réfugié ne s'appliquait qu'aux réfugiés européens), limites ensuite supprimées par le Protocole de 1967.

La définition principale du réfugié est présente dans l'article 1er A 2) de la Convention de Genève : le réfugié est la personne qui, craignant « *avec raison d'être persécutée du fait de sa race, de sa religion, de sa nationalité, de son appartenance à un groupe social ou de ses opinions politiques, se trouve hors du territoire du pays dont elle a la nationalité et qui ne peut ou, du fait de cette crainte, ne veut se réclamer de la protection de ce pays, ou qui, si elle n'a pas de nationalité et se trouve hors du pays dans lequel elle avait sa résidence habituelle à la suite de tels événements, ne peut ou, en raison de ladite crainte, ne veut y retourner* »[17]. C'est essentiellement à partir de cette définition

---

CHASSIN C-A., *Le droit d'asile en France*, thèse Paris II, 2000 ; BETTATI M., *L'asile politique en question*, éd. PUF, Paris, 1985 ; CARLIER J.-Y et VAN HEUL D, *Europe et réfugiés : un défi ?*, éd. KLUWER LAW international, London, Boston, The Hague, 1997; JEANNIN, L., MENEGHINI, PAUTI C., POUPET R., *Le droit d'asile en Europe, étude comparée*, Préface F. Moderne, Logiques juridiques, éd. L'Harmattan, 1999 ; TIBERGHEIN F., *La protection des réfugiés en France*, éd. Économica-PUAM, Paris, 1988 ; HCR, *les réfugiés dans le monde*, l'enjeu de la protection, Éd. La Découverte, 1993 ; THÉRON J.-P., *Évolutions récentes du droit des réfugiés en Europe*, Presse de l'institut d'études politiques de Toulouse 1995 ; LASSAILLY-JACOB V., MARCHAL J. Y., QUESNEL A., *Déplacés et réfugiés, la mobilité sous contrainte*, éd. IRD, collection colloques et séminaires, Paris, 1999 ; SEGUR P., *La crise du droit d'asile*, éd. PUF, 1998., Colloque de Caen, Société Française pour le Droit International, *Droit d'asile et des réfugiés*, éd. Pédone, Paris, 1997 ; CRR, *Le droit des réfugiés en France*, éd. Économica, Paris, 2000 ; LEBLANC V., « L'interprétation de la Convention de Genève relative au statut de réfugié à la lumière des positions du HCR sur les développements politiques récents en matière d'asile », *RDE*, 1993, p. 573 ; RIGAUX F., « les réfugiés aujourd'hui, Quels problèmes, quelles perspectives », *Expression*, n° 72, avril - mai 1993, p. 21-26 ; JACKSON I. C., « Évolution historique de la population internationale des réfugiés : défis de la situation actuelle », *in Asile, violence, exclusion en Europe, Histoire, analyse, prospective, groupe de Genève* (Sous la direction de CALOZ TSCHOPP M.-C., CLEVENOT A, TSCHOPP M.-P.), Genève 1994, Genève 1994, p. 243-251 et « The 1951 Convention relating to the status of refugee : A universal basis for protection », *IJRL*, vol. III, n° 3, 1991, p. 403 ; GUIMEZANES N., « Le statut des réfugiés », *RIDC*, n°2, 1994, p 606-628 ; BOSSUYT M., « La protection des réfugiés à la lumière de la Convention de Genève relative au statut et de la Convention européenne des droits de l'Homme », *in La Convention de Genève du 28 juillet 1951 relative au statut des réfugiés 50 ans après : bilan et perspectives*, Bruylant, Bruxelles, 2001, p. 239-256 ; FLAUSS J.-F., « Les droits de l'Homme et la Convention de Genève du 28 juillet 1951 au statut des réfugiés », *in La Convention de Genève du 28 juillet 1951 relative au statut des réfugiés 50 ans après : bilan et perspectives*, Bruylant, Bruxelles, 2001, p. 91-131.

[17] Article 1er A 2 de la Convention de Genève. Sur la perte du statut : ALÉDO L.-A., « La perte du statut de réfugié en droit international public », *RGDIP*, 1991, p. 371-404 ; COMBARNOUS M., « Les clauses d'exclusion et de cessation de la qualité de réfugié dans la jurisprudence de la Commission des recours des réfugiés en France », *in La Convention de Genève du 28 juillet 1951 relative au statut des réfugiés 50 ans après : bilan et perspectives*,

internationale très succincte du réfugié que les États interprètent souverainement les critères conventionnels à la lumière de chaque cas qui se présente à eux. C'est-à-dire que la tâche la plus essentielle lors de l'examen des requêtes leur incombe.

Plusieurs remarques peuvent être faites sur cette définition du réfugié.

D'abord les motifs de persécution sont définis de manière exhaustive, les requêtes doivent donc être analysées individuellement avant que soit déterminée ou non la qualité de réfugié. C'est pour cela que la détermination nationale se justifie et que les États procèdent, selon leur interprétation nationale, à la reconnaissance de la qualité de réfugié. Signalons que la logique individuelle de reconnaissance n'est plus exclusive, puisque récemment a été mise en place une protection communautaire basée sur la reconnaissance collective (*prima facie*) d'un groupe d'individus, ceci pour faire face à un éventuel afflux de personnes[18].

Ensuite, la notion de persécution est l'élément essentiel de la définition du réfugié. Comme le note Daphné Bouteillet-Paquet dans sa thèse, la persécution telle qu'elle est posée dans la Convention de Genève a un caractère « *abstrait et générique* » [19]. Aucune définition précise n'est apportée dans le texte. Cette lacune a d'ailleurs entraîné d'importantes divergences d'interprétations. En revanche, les motifs de crainte de persécutions sont eux détaillés (race, religion, nationalité, appartenance à un groupe social ou opinions politiques). Contrairement aux idées reçues, ils ne concernent pas seulement les persécutions politiques, mais aussi ethniques, religieuses, raciales, etc. La notion « d'appartenance à un groupe social »[20] constitue la menace de persécution la plus floue et la plus difficile à interpréter pour les États parties. En raison de son caractère résiduel, ce motif permet surtout aux États d'intégrer des persécutions que la Communauté internationale n'avait pas prévues au moment de la rédaction de la Convention de Genève (violences sur les homosexuels[21], les transsexuels[22] ou les femmes[23], etc.). L'exhaustivité des critères permet d'écarter plusieurs motifs de persécutions échappant aux critères susmentionnés, par exemple les motifs d'ordre privé[24] ou les motifs d'ordre général[25] (guerre civile[26], instabilité politique ou économique, famine, catastrophe naturelle, etc.).

En France, le législateur a complété la définition du réfugié. La loi relative à l'asile a ajouté deux types de définition pour lesquelles le statut de réfugié est délivré. D'une part, dès 1952, la loi relative à l'asile reconnaît comme réfugié : « *toute personne sur laquelle le HCR exerce son mandat aux termes des articles 6 et 7 de son statut tel qu'adopté par les*

Bruylant, Bruxelles, 2001, p. 367-396.

[18] Cf. Partie I, Titre II, Sous Titre II, Chapitre II, Section II.

[19] BOUTEILLET-PAQUET D., *op. cit.*, p. 64.

[20] ALLAND D. et TEITGEN-COLLY C., *Traité du droit d'asile*, PUF collection droit fondamental, 2002, p. 418-422.

[21] CRR SR, 12 mai 1999, *Djellal*.

[22] CE 23 juin 1997 *O.*

[23] La CRR et le CE ont admis *implicitement* que la pratique de l'excision constituait une persécution expliquant la fuite d'une malienne, CRR 18 septembre 1991, CE 29 juillet 1998, *Melle Diop ;* CRR 7 décembre 2001, *Mme A*, n° 369776 ; CRR 7 décembre 2001, *S.*, n° 361050. A propos des mariages imposés au Pakistan, CRR, SR, 24 septembre 2004, *Nazia*, req. n° 444000. Mariage imposé en Turquie, CRR 11 février 2005, Melle T., req. n° 489014. LE BERRE C., « Les cas de femmes qui entendent se soustraire à des mariages forcés », *Revue mensuelle jurisclasseur, droit administratif*, juin 2005, p. 25.

[24] CRR 4 mai 1993, *Mbizi Bandou*, rec. p. 107.

[25] Cf. ALLAND D. et TEITGEN-COLLY C., *Traité du droit d'asile*, PUF collection droit fondamental, 2002, p. 398-400.

[26] CRR 13 juillet 1976, *Nadjarian*, n° 8436.

Nations Unies le 14 novembre 1950[27] »[28]. D'autre part, depuis la loi du 11 mai 1998[29], le législateur accorde le statut de réfugié « *à toute personne persécutée en raison de son action en faveur de la liberté* »[30]. Ce dernier ajout correspond à l'insertion de « l'asile constitutionnel »[31] posé par l'alinéa 4 du Préambule de 1946 qui est demeuré longtemps sans application effective.

En France, la définition du réfugié recouvre donc à la fois une définition internationale et une définition interne. Cette complémentarité des sources internationales/nationales est également présente dans le statut du réfugié.

2/ Le statut du réfugié et les droits et obligations des États d'accueil

Une des principales innovations de la Convention de Genève réside dans l'attribution de droits liés à la reconnaissance de la qualité de réfugié. Avant ce texte fondateur, les droits et obligations octroyés aux réfugiés étaient très sommaires et se limitaient à délivrer des documents de voyages et à offrir aux réfugiés quelques droits identiques à ceux des étrangers ordinaires. La Convention de Genève marque une réelle rupture puisqu'elle propose un ensemble de droits et obligations spécifiques que les États d'accueil doivent mettre en œuvre et satisfaire.

Dans son article 33, la Convention de Genève pose tout d'abord une obligation impérative pour les États, celle de garantir une protection au réfugié en ne l'expulsant ou en ne le refoulant pas vers un pays dans lequel il risque de subir des persécutions[32]. Cette « *obligation de non-refoulement est la pierre angulaire du système de protection internationale des réfugiés* »[33].

Ensuite, la Convention énonce une série de droits de différentes natures que les États doivent accorder au réfugié. Les contraintes imposées aux États varient selon les droits à octroyer, trois types de traitement sont prévus :

- La Convention de Genève exige que les réfugiés reconnus comme tels reçoivent sur le territoire d'accueil un traitement égal à celui des étrangers ordinaires (clause de la nation la plus favorisée). C'est-à-dire que le réfugié est au minimum soumis au droit commun des étrangers. C'est notamment le cas des droits « sensibles » tels que la liberté syndicale ou le droit d'association[34] et le droit au travail (activité salariée)[35] qui peut être limité pour des raisons de conjoncture économique.
- Un traitement « intermédiaire » est évoqué par la Convention de Genève, qui « *ne saurait être (en tout cas) moins favorable que celui qui est accordé dans les mêmes circonstances aux étrangers en général* ». Il concerne le droit au logement[36], celui

[27] Résolution n° 428 (U).
[28] Article 2 § II d) 1° de la loi du 25 juillet 1950.
[29] Loi n°98-349 du 11 mai 1998. Pour une analyse jurisprudentielle complète cf. DPE : Feuillets 19, Réfugié.
[30] Ibid.
[31] DODET-CAUPHY., « La difficile reconnaissance du droit d'asile constitutionnel », *RFDA,* mai-juin 1999, p. 469 et s. ; BERNARD P., « Asile « constitutionnel » et asile « territorial » », *Le Monde*, du 17 déc. 1997, p. 9.
[32] Voir les analyses de BOUTEILLET-PAQUET, D. pour la portée et la valeur de cette obligation, p. 99-108.
[33] BOUTEILLET-PAQUET, D., *op. cit.*, p. 99. Sur le principe CHETAIL V., « Le principe de non-refoulement et le statut de réfugié en droit international » *in La Convention de Genève du 28 juillet 1951 relative au statut des réfugiés 50 ans après : bilan et perspectives*, Bruylant, Bruxelles, 2001, p. 3-62.
[34] Article 15.
[35] Article 17.
[36] Article 21.

d'acquérir une propriété[37], le droit à l'enseignement autre que primaire[38], le droit de circuler librement sur le territoire d'accueil[39], d'exercer une activité libérale[40] ou non salariée[41].

- En revanche, la clause d'assimilation au national impose aux États d'appliquer aux réfugiés les mêmes conditions qu'aux ressortissants nationaux pour : l'enseignement primaire[42], l'assistance publique et de secours publics[43], les charges fiscales[44], le droit d'ester en justice[45], l'exercice d'une religion[46]. Cette égalité de traitement concerne en particulier certains aspects du droit au travail[47] (rémunération salaire, heures supplémentaires, congés payés, allocations familiales, sécurité sociale, etc.)

L'ensemble de ces droits permet de constater que la Convention de Genève a posé les conditions essentielles pour que l'intégration des réfugiés soit garantie dans le pays d'accueil. Le principe de non-discrimination des réfugiés ainsi que les clauses d'assimilation au ressortissant national font de ce texte un instrument particulièrement complet en terme de protection. Il a créé un statut protecteur et spécifique à cette catégorie particulière d'étrangers. De surcroît, au regard du contenu de la Convention de Genève, l'État d'accueil doit jouer un rôle très important dans la délivrance des droits et obligations, il doit véritablement se substituer à l'État persécuteur.

Le droit français a transposé ces droits et obligations dans le statut du réfugié, il est même allé au-delà des obligations posées par la Convention de Genève. Ainsi, depuis le décret du 21 novembre 1975, on n'oppose plus au réfugié les difficultés du marché comme pour les étrangers ordinaires. De même, le droit interne applique la clause d'assimilation nationale à tous les niveaux d'enseignement contrairement à la Convention de Genève qui assimile le réfugié au national uniquement dans l'enseignement primaire. Depuis la loi du 9 octobre 1981, la liberté d'association de tous les étrangers (donc des réfugiés) est alignée sur celle des nationaux, alors que la Convention suggérait seulement de l'aligner[48] sur celle des étrangers ordinaires, etc.

Le droit communautaire a également participé à l'enrichissement du statut du réfugié en accordant à celui-ci, sous certaines conditions, le bénéfice des prestations sociales non contributives, et ce, depuis l'interprétation extensive de la Cour de justice des communautés européennes[49] et du règlement communautaire n°1408/ 71 du 14 juin 1971 relatif à l'application des régimes de sécurité sociale aux travailleurs et à leur famille[50].

---

[37] Article 13.
[38] Article 22 § 2.
[39] Article 26.
[40] Article 19.
[41] Article 18.
[42] Article 22 § 1.
[43] Article 23.
[44] Article 29.
[45] Article 16.
[46] Article 4.
[47] Article 24.
[48] GUIMEZANES N., « Le statut des réfugiés », *Revue internationale de droit comparé*, n° 2, 1994, p. 621.
[49] CJCE, 21 octobre 2001, affaire Jtes C-95/ 99 à C-98/ 99 et C 180/99, *Mervett Khalil et a. c./ Bundesanstalt für Arbeit et a.*
[50] Depuis le Règlement n° 859/ 2003 du 14 mai 2003, les ressortissants de pays tiers résidant légalement dans un État membre de l'UE vont pouvoir bénéficier de l'application intégrale du règlement communautaire 1408/ 71. Ils bénéficient en conséquence d'une égalité de traitement avec les ressortissants communautaires en cas de mobilité

On a pu constater au regard de la définition et du statut du réfugié que se mêlent et s'imbriquent le droit international, le droit national et même parfois le droit communautaire. Ceci tient au fait que le réfugié est au croisement de tous ces droits, puisqu'il est en quête d'une nouvelle protection étatique.

§ II : Définition internationale dépendante d'une reconnaissance nationale

Si le droit international a défini le réfugié, le droit interne des États, ayant ratifié la Convention de Genève, a la compétence d'organiser comme il le souhaite la procédure d'éligibilité des réfugiés (A). Ce traitement national a des conséquences inévitables sur l'interprétation des critères internationaux. Depuis 1979, il existe un guide[51] établi par le HCR relatif aux procédures et aux critères de la Convention de Genève dont le but est de faire converger les interprétations des États pour l'utilisation des critères conventionnels. Toutefois, ce guide n'a aucune valeur juridique, il permet seulement de donner « une ligne directrice » aux États pour la reconnaissance de la qualité de réfugié. La France a pour sa part développé une véritable « politique jurisprudentielle » relative à l'interprétation des critères conventionnels. Depuis une vingtaine d'année, cette interprétation française des critères conventionnels s'est durcie. Il faudra montrer les points qui ne sont plus fidèles à l'esprit de la Convention de Genève (B).

A/ Reconnaissance conditionnée par une procédure d'éligibilité nationale

Le droit international aurait pu avoir une place importante dans la reconnaissance de la qualité du réfugié comme cela avait été le cas avec l'office international des réfugiés qui a constitué, juste après la deuxième guerre mondiale, le premier organisme international d'éligibilité des réfugiés. Pourtant, cette solution n'a pas été retenue au moment de la rédaction de la Convention de Genève en 1951. L'éligibilité du réfugié fut laissée aux États parties. Plusieurs raisons peuvent être données pour expliciter ce choix.

D'abord, au moment de la rédaction du texte de la Convention de Genève, les États se sont montrés hostiles à des obligations qu'ils jugeaient trop contraignantes et intrusives dans leurs prérogatives étatiques. La question de la procédure d'éligibilité des réfugiés n'a donc pas du tout été abordée dans la Convention, les États ont pu ainsi facilement s'approprier les compétences pour mener à bien la reconnaissance du statut de réfugié.

Ensuite, le Comité exécutif du HCR a certes posé des précisions sur les procédures d'éligibilité de la qualité de réfugié dans ses rapports annuels, mais celles-ci ne sont pas juridiquement contraignantes. Par conséquent les États parties ont eux-mêmes organisé la procédure d'éligibilité en interprétant le texte à leur guise. Ainsi, hormis la définition internationale posée par la Convention de Genève, le droit international n'occupe qu'une place « *marginale* »[52] dans la procédure d'élection. Comme le soulève Denis Alland, le droit des réfugiés constitue « *(...) une sorte d'agrégation, au sein des droits nationaux, des dispositions de droit interne relatives à l'asile, au mécanisme de reconnaissance de la*

intracommunautaire.

[51] Guide des procédures et critères à appliquer pour déterminer le statut de réfugié.

[52] Cf. analyses du DPE, Feuillet 19, Réfugié.

qualité de réfugié, lui même déterminé nationalement mais à partir de textes internationaux »[53].

La loi du 25 juillet 1952 organise les modalités et la procédure de reconnaissance de la qualité de réfugié en France. Un établissement public[54], l'Office Français de Protection des Réfugiés et Apatrides a été chargé d'interpréter le texte international pour reconnaître la qualité de réfugié ; les recours sont examinés devant la Commission des recours des réfugiés et le pourvoi en cassation devant le Conseil d'État. La procédure d'éligibilité a subi des modifications, la dernière date de la réforme du 10 décembre 2003 et institue notamment une nouvelle composition de l'OFPRA[55] et de la CRR[56].

Par ailleurs, rappelons que les États membres ont entrepris d'harmoniser la procédure d'éligibilité. Plusieurs instruments communs se sont intéressés aux différentes procédures d'éligibilité des États membres. D'abord issu des Résolutions de 1992, le « droit mou », a abordé succinctement la question des modalités d'éligibilité en s'intéressant notamment aux autorités compétentes. Ensuite, la proposition de directive[57] relative aux normes minimales concernant la procédure d'octroi et de retrait du statut de réfugié dans les États membres a posé les garanties procédurales essentielles pour l'éligibilité des réfugiés. Cette directive a été largement analysée dans le précédent chapitre.

B/ Politique jurisprudentielle d'interprétation ou les cas de non-respect de la Convention de Genève par la France

Sur des points bien précis, les interprétations rendues par l'OFPRA, la CRR et le Conseil d'État sont conformes à l'esprit des critères conventionnels. Il ne s'agira pas ici de faire une analyse des jurisprudences qui ont d'ailleurs fait l'objet de nombreuses études[58] approfondies, il faudra simplement illustrer, à l'aide de brefs exemples, les décalages rencontrés entre l'interprétation nationale et les critères conventionnels.

Deux points importants posent problème en France : l'approche restrictive de la crainte de persécution (1) et l'analyse « déformée » des agents de persécution (2).

---

[53] ALLAND D., « Le dispositif international du droit d'asile », *in* Colloque de Caen, Société Française pour le Droit International, *Droit d'asile et des réfugiés*, éd. Pédone, Paris, 1997, p. 16.

[54] Article 1er de la loi du 25 juillet 1952.

[55] Article 3 de la loi du 25 juillet 1952.

[56] Article 5 de la loi du 25 juillet 1952.

[57] Proposition modifiée de directive du Conseil relative *à des normes minimales concernant la procédure d'octroi et de retrait du statut de réfugié dans les États membres*, après accord général du 29 avril 2004, doc., 2000/038, 877/04.

[58] ALLAND D. et TEITGEN-COLLY C., *Traité du droit d'asile*, PUF collection droit fondamental, 2002 ; FOUGEROUSE J., RUCCI R., « Le contentieux de reconnaissance du statut de réfugié devant la commission des recours des réfugiés », *RDP*, n° 1 1998, p. 178-224 ; THOUVENIN J.-M., « La jurisprudence récente de la Commission des recours des réfugiés : entre continuité, rigueur et effort d'adaptation », *RTDH*, oct. 1997, n°32, p.599 à 653 et janv. 1998, n°33, p. 37 à 63 ; RODRIGUE R., *Les procédures de détermination du statut : le droit et la pratique*, *FTA*, n°82 ; De BRESSON J.-J., « Le droit des réfugiés : pratique française », *in Colloque de Caen, Droit d'asile et des réfugiés*, *op. cit.*, p. 339.

1/ Approche restrictive de la notion de crainte de persécution

Il n'y a pas de définition « *universellement* »[59] reconnue de la persécution. Elle peut être ressentie de manière très différente suivant la sensibilité et la capacité de « résistance » des victimes. Ainsi « *en raison de la diversité des structures psychologiques individuelles et des circonstances de chaque cas, l'interprétation de la notion de persécution ne saurait être uniforme* »[60].

De même, la notion de « crainte » de persécution renvoie à un « *élément objectif* »[61] (« la crainte avec raison ») et à un « *élément subjectif* »[62] que les autorités compétentes doivent analyser au cas par cas, en fonction du récit du candidat au refuge et des motifs du départ du pays d'origine. L'interprétation française de la notion de crainte de persécution est conforme à celle de la Convention de Genève et du Guide du HCR puisqu'elle considère que la simple crainte de persécution suffit pour reconnaître la qualité de réfugié à partir du moment où les craintes alléguées sont crédibles. Les persécutions peuvent être physiques (atteinte à la vie, tortures, mutilation, etc.) mais aussi psychologiques (harcèlement, menaces de mort, etc.). A titre d'exemple, la condamnation à une peine privative de liberté prononcée par un tribunal du pays d'origine, ayant un aspect discriminatoire[63], des agressions répétées[64], des menaces antisémites[65], sont qualifiées de persécutions. Les persécutions peuvent être plus ou moins graves et de plusieurs natures[66].

Le caractère individuel de la qualité de réfugié posé par la Convention de Genève écarte les menaces générales et diffuses de persécution, seule la crainte de persécutions *personnelles* est retenue. La jurisprudence française est stricte sur ce point puisqu'elle refuse le statut de réfugié aux victimes de persécutions catégorielles, fondées sur la persécution d'une ethnie, d'une communauté[67] ou d'un groupe déterminé. Il faut que le candidat arrive à démontrer qu'il est personnellement menacé pour que le statut lui soit délivré[68]. Ainsi, conformément au Guide du HCR, la jurisprudence française admet qu'une loi pénale[69] instaurant des peines générales puisse entraîner des persécutions personnelles.

Cette analyse de la crainte personnelle de persécution laisse une marge d'appréciation très importante aux États, modulable selon les types de craintes. Ainsi, par exemple, la jurisprudence française refuse de reconnaître le statut de réfugiées aux femmes chinoises victimes de la législation sur les naissances pour cause d'absence de personnalisation des craintes, alors qu'en Chine des sanctions de stérilisation forcée sont prévues par la loi et que les craintes de ces chinoises les ont poussé à fuir pour s'y soustraire. Il en est de même pour certaines espèces relatives aux législations algériennes[70]

---

[59] Guide HCR, point 51.
[60] *Ibid.* point 52.
[61] Guide HCR, *op. cit.*, point 42.
[62] *Ibid.*, p. 40.
[63] CRR section 30 septembre 1993, *Singh*, req. n°243169, rec. p.101
[64] CRR section 18 mars 1994, *Okkolava*, req. n° 179198, rec. p.50
[65] CRR section 5 octobre 1994, *Rajvkines*, req. n° 269445, rec. p.93
[66] Cf. les analyses du DPE classe au premier rang les atteintes aux droits fondamentaux et au deuxième rang les difficultés ou tracasseries administratives, pressions ou vexations.
[67] CRR 19 octobre 1995, *Horvat* (tziganes).
[68] CRR, 21 octobre 1991, req. n°184991, persécuté directement par les autorités publiques légales pendant la guerre civile au Liban.
[69] CRR 6 janvier 1993, *Guberac*, rec. CRR, p. 97.
[70] CRR 22 juillet 1994, *Melle Elkébir*.

ou afghanes[71] particulièrement discriminatoires envers les femmes. La simple appartenance à une catégorie ou à un groupe social ne suffit pas, le demandeur doit apporter la preuve du caractère personnel des risques qu'il encourt. En revanche, l'OFPRA et la Commission de Recours des Réfugiés prennent en compte « *les craintes des femmes maliennes dès lors qu'elles « entendent se soustraire » à l'excision à laquelle elles ont été personnellement exposées contre leur volonté* »[72], situation pourtant semblable à celle des femmes ayant fui la Chine pour se soustraire à la législation des stérilisations forcées.

Ces exemples mettent en relief le caractère aléatoire et contestable, au regard des standards internationaux, de l'interprétation nationale. Tout ceci ne facilite pas la compréhension du droit et soulève des interrogations quant à la concordance de la jurisprudence française avec les exigences de la Convention de Genève.

2/ Interprétation technique et « déformée » des agents de persécution

La persécution n'entraîne la reconnaissance du statut de réfugié que s'il existe une « *absence de protection* » dans le pays d'origine. Cette expression a été abusivement interprétée par les États comme celle de la recherche des agents de persécutions[73]. Or, la Convention de Genève ne fait référence qu'à « l'absence de protection » et non aux « agents de persécution ». Denis Alland et Catherine Teitgen-Colly rappellent à ce propos qu'il y a une raison historique à cela. En effet, *« la Convention était à l'origine un instrument tourné vers le passé, et se demander qui avait persécuté n'avait pas de sens en soi. Aussi à l'époque la seule question pertinente était-elle « pourquoi une personne craint-elle des persécutions ? » et non « qui persécute ou risque de persécuter une personne ? »*[74]. Les auteurs estiment que : *« ce que l'on appelle l'exigence relative à l'agent de persécution recouvre donc une interprétation de la Convention, qui a notamment été repérée dès les origines par la jurisprudence française »*[75]. En somme, ils considèrent, avec raison, que la délivrance du statut de réfugié ne découle pas de « l'agent des persécutions » mais qu'elle est liée au fait de savoir si « *la recherche des agissements qui ne sont pas originairement imputables à l'État s'accompagnent d'une absence de protection de la part des autorités. C'est cette absence de protection - qui prend le relais du comportement fautif de personnes privées - qui doit être regardée comme constitutive d'une persécution* »[76].

L'émergence de la notion « d'agents de persécutions » reflète l'opposition de deux thèses relatives à l'interprétation de la notion « d'absence totale de protection ». La première est celle du Guide du HCR qui estime que cette absence se déduit très simplement à partir des faits (conception objective[77]). C'est-à-dire que « *la simple incapacité de l'État à assurer la protection suffit à justifier la protection internationale* »[78]. Même lorsque les persécutions viennent d'une partie de la population, l'État a donc une *obligation de*

---

[71] CRR 23 novembre 1998, *Ayoubi*.
[72] ALLAND D., TEITGEN-COLLY C., *op. cit.*, p. 357.
[73] Pour une analyse complète des agents de persécutions cf. ALLAN D. et TEITGEN-COLLY C. *op. cit.*, p. 447-472.
[74] *Ibid.*, p. 449.
[75] *Ibid.*
[76] *Ibid.*
[77] Conception retenue par le Danemark, les Pays-Bas ou le Royaume-Uni.
[78] DPE, Réfugié, feuillet 19, p. 1722.

résultat[79] envers ses ressortissants. Il importe peu que les persécutions soient le résultat d'« *une action qui est le fait des autorités d'un pays* »[80] ou « *des actions qui peuvent être le fait de groupe de la population qui ne se conforment pas aux normes établies par les lois du pays* ».

L'interprétation de la France[81] n'a pas retenu cette approche pourtant simple. Au contraire, la Commission de recours des réfugiés et le Conseil d'État ont adopté une approche technique entraînant des raisonnements très complexes (conception subjective). Ainsi, lorsque les persécutions émanent des autorités publiques (directement de l'État) la qualité de réfugié est reconnue car l'absence de protection de l'État est aisée à démontrer. Par contre, lorsque les persécutions émanent de groupes ou de particuliers, la persécution ne sera reconnue que si les autorités ont toléré volontairement ou encouragé les actes des personnes privées. Le principe a été posé par l'arrêt du Conseil d'État du 27 mai 1983 Dankha[82]. Le bénéfice du statut de réfugié n'est accordé que si les autorités publiques n'ont pas les moyens d'assurer la protection : soit parce qu'elles étaient elles-mêmes les persécutrices, soit parce qu'elles les ont encouragées[83] ou encore parce qu'elles ont toléré[84] les persécutions de groupes privés. C'est donc une « obligation de moyens » qui pèse sur les États vis-à-vis de leurs ressortissants. Ainsi, les persécutions émanant des groupes privés sont par principe prises en compte mais elles restent strictement encadrées par le juge administratif. La tolérance volontaire ou les encouragements des autorités publiques permettent de démontrer l'absence de protection de l'État et conduisent ainsi à la reconnaissance de la qualité de réfugié. Paradoxalement, si les autorités publiques se montrent impuissantes ou incapables[85] de protéger leurs ressortissants face aux persécutions, le statut n'est pas accordé. Pour apprécier si les autorités sont tolérantes encourageantes ou simplement incapables, la jurisprudence française a déployé un important arsenal de critères et d'indices permettant de déterminer par exemple les conditions dans lesquelles intervient le refus de protection de l'État (non-enregistrement d'une plainte[86], etc.). Des difficultés[87] apparaissent souvent lorsque le candidat au refuge n'a pas pu ou pas voulu entamer des démarches pour demander la protection des autorités étatiques et qu'il doit justifier de son absence de demande de protection étatique. Comme Daphné Bouteillet-Paquet, on estime que l'approche subjective retenue par la France est restrictive, et n'est pas conforme à l'esprit général de la Convention de Genève[88].

En guise d'ultime remarque, il convient de nuancer les analyses précédentes en raison des modifications apportées par la loi du 10 décembre 2003. En effet, le nouvel article 2 III de la loi du 25 juillet 1952, élargit et surtout clarifie la notion d'agents de persécutions retenue jusqu'ici par les autorités compétentes. La rédaction de l'article 2 III

---

[79] *Ibid.*, p. 451.
[80] Guide HCR, point 65.
[81] TIBERGHEIN F., « Statut de réfugié et persécution par les agents non publics », *RFDA*, mars avril 1998, p. 244.
[82] CE 27 mai 1983, *Dankha*, rec. CE p. 247 ; GENEVOIS B., Conclusions, *AJDA*, 1983, p. 481.
[83] CRR SR 10 novembre 1993, *Thevarajah* (Tamoul persécuté pat le PLOTE lequel est soutenu par les autorités sri lankaises)
[84] CRR, 20 janvier 1994, *Benzerga.*
[85] CRR SR 10 mars 1993, *Marolès Carlos.*
[86] CRR SR, 17 février 1995, *Melle Meziane*, req. n° 267462 (enregistrement de la plainte d'une avocate algérienne refusée par la police).
[87] Cf. analyses ALLAND D. et TEITGEN-COLLY C., *op. cit.*, p. 458-261.
[88] BOUTEILLET-PAQUET D., *op. cit.*, p. 245.

est inspirée de l'article 9 de la proposition de directive de 2001[89]. Ainsi, les persécutions prises en compte dans l'octroi de la qualité de réfugié « *peuvent être le fait des autorités de l'État, de partis ou d'organisations qui contrôlent l'État ou une partie substantielle du territoire de l'État, ou d'acteurs non étatiques dans les cas où les autorités définies à l'alinéa suivant refusent ou ne sont pas en mesure d'offrir une protection* ». Le critère désormais retenu est celui de *l'incapacité de l'État à protéger* le demandeur d'asile. Plus simple et plus large, ce critère permet de mettre fin à la jurisprudence restrictive de la France en matière d'agents de persécutions. Toutefois, le problème d'interprétation des *acteurs de persécutions* risque de se déplacer vers celui de l'analyse de la protection sur place *des acteurs de protections*[90].

En toute hypothèse, l'exemple donné par la jurisprudence française montre combien la complexité et la technicité des interprétations nationales des critères conventionnels conduisent à s'éloigner du sens premier des critères conventionnels. On peut d'ailleurs s'interroger sur le pourquoi de cette technicité juridique et sur les raisons de la complexité des interprétations des critères conventionnels ; ne cherche t-on pas ainsi à dissimuler une politique jurisprudentielle visant à réduire le nombre de statuts de réfugiés ? La rigueur avec laquelle la notion « d'agent de persécution » a été interprétée par un bon nombre de pays européens n'était-elle pas destinée à dissuader les candidats au refuge ? Ce qui est sûr c'est que les refus de statut sont de plus en plus fréquents car il est souvent difficile d'apporter la preuve de l'absence de protection dans les pays d'origine. L'exigence avec laquelle sont examinées les persécutions met en évidence le poids de la preuve qui pèse sur les candidats au refuge. Chaque État européen a déployé sa politique jurisprudentielle des critères conventionnels. Dès lors, pour construire un régime commun de l'asile, les États membres se sont lancés dans l'harmonisation du concept de « réfugié ».

Section II : Une harmonisation communautaire des motifs d'éligibilité du réfugié : vers une « définition » régionale du réfugié ?

Les divergences d'interprétation du concept de réfugié entre les États membres ont incité ceux-ci à poser une définition commune du réfugié. Ainsi, depuis 1996, dans le cadre institutionnel offert par le Traité de Maastricht, ils ont tenté de coordonner la définition du réfugié grâce à l'adoption d'une Position commune[91]. Cette dernière a fait l'objet d'importantes critiques en raison de la rigueur avec laquelle le réfugié y était défini.

Il conviendra de montrer en quoi ce premier travail a constitué les prémices d'une interprétation commune du réfugié[92] (§ I). Une directive adoptée le 29 avril 2004[93] vient

---

[89] La proposition de directive établissant *des normes minimales relatives aux conditions que doivent remplir les ressortissants des pays tiers et les apatrides pour pouvoir prétendre au statut de réfugié, conformément à la Convention de 1951 relative au statut de réfugié et au Protocole de 1957, ou aux personnes qui pour des raisons, ont besoin d'une protection internationale, et relatives au contenu de ce statut* COM (2001) 510, 2001/ 0207 (CNS) Bruxelles le 12/09/2001 JOCE C 51 E du 26 février 2002.

[90] Il convient de préciser que si la loi du 10 décembre 2003 a élargi la notion d'acteur de persécution, elle a d'un autre côté, limité sa portée, en créant le critère « d'absence de protection » article 2 III alinéa 2 de la loi de 1952.

[91] Position commune 96/196/JAI, du 4 mars 1996, définie par le Conseil sur la base de l'article K.3 du traité sur l'Union européenne, *concernant l'application harmonisée de la définition du terme « réfugié » au sens de l'article 1er de la convention de Genève, du 28 juillet 1951, relative au statut des réfugiés*, JOCE n° L 63 du 13 mars 1996.

[92] En plus de leurs recherches d'harmonisation à propos de la définition et le statut de réfugié, les États membres

d'instituer une « définition communautarisée » du réfugié au sens de la Convention de Genève. Cet acte dérivé a pour objectif de faire converger l'ensemble des applications de la Convention de Genève des pays membres. On assiste avec ces nouvelles orientations à l'émergence d'une sorte de « redéfinition » du réfugié. Il faudra analyser ces travaux communs et en évaluer sur les impacts dans le droit français (§II).

§ I : Prémices d'une interprétation commune

Grâce à leur « *tradition humanitaire commune* »[94] et sur la base de l'article K3 du Traité sur l'Union européenne, les États ont engagé une harmonisation relative à l'application des critères de détermination de la qualité de réfugié. La Position commune adoptée le 4 mars 1996 n'a pas créé de nouveaux critères pour définir le réfugié, bien au contraire, elle a porté uniquement sur l'harmonisation des différentes interprétations des autorités nationales chargées de reconnaître la qualité de réfugié. Ce premier acte est donc un ensemble d'orientations ou de principes directeurs communs, adoptés afin de guider les États dans leur utilisation des critères conventionnels. A ce propos, dans le préambule de la Position commune, il est précisé que ces orientations doivent simplement influencer les autorités compétentes pour la reconnaissance et l'admission des réfugiés, sans lier les organes législatifs ni affecter les décisions des autorités judiciaires des États membres. Par conséquent, la portée ou l'influence de la Position commune est très réduite d'autant que

---

se sont dotés des moyens financiers permettant de réaliser l'accueil de ces derniers dans des conditions décentes, le fonds européen pour les réfugiés a été crée en 2000 dans cette intention : Pour les décisions adoptées : Décision du Conseil établissant *le Fonds européen pour les réfugiés pour la période 2005-2010*, n° 2004/904/CE du 2 décembre 2004, JOUE n° L 381 du 28 décembre 2004. ; Décision de la Commission du 20 mars 2001 portant modalités d'exécution de la décision 2000/596/CE du Conseil *en ce qui concerne l'éligibilité des dépenses et les rapports de mise en œuvre dans le cadre des actions cofinancées par le Fonds européen pour les réfugiés* 2001/275/CE, JOCE n° L 095 du 05 avril 2001 p. 27-40. Décision de la Commission du 18 décembre 2001 *portant modalités d'exécution de la décision 2000/596/CE du Conseil en ce qui concerne les systèmes de gestion et de contrôle ainsi que les procédures de mise en œuvre des corrections financières dans le cadre des actions cofinancées par le Fonds européen pour les réfugiés*, 2002/307/CE, JOUE n° L 106 du 23 avril 2002 p. 11-27. Décision du Conseil du 28 septembre 2000 *portant création d'un Fonds européen pour les réfugiés* 2000/596/CE, JOCE n° L 252 du 06 octobre 2000 p. 12-18. Pour les propositions et les travaux antérieurs : Proposition modifiée de décision du Conseil concernant une action commune adoptée par le Conseil sur la base de l'article K.3 du traité sur l'Union européenne, *établissant des mesures destinées à soutenir concrètement l'accueil et le rapatriement volontaire de réfugiés, de personnes déplacées et de demandeurs d'asile, y compris une aide d'urgence aux personnes ayant fui le Kosovo en raison des derniers événements* COM/99/0181 ; Proposition de décision du Conseil concernant une action commune adoptée par le Conseil sur la base de l'article K.3 du traité sur l'Union européenne, *établissant des mesures destinées à soutenir concrètement l'accueil et le rapatriement volontaire de réfugiés, de personnes déplacées et de demandeurs d'asile*, COM/98/0733 final, JOCE n° C 037 du 11 février 1999, p. 4 ; Proposition de décision du Conseil établissant *un programme d'action communautaire pour promouvoir l'intégration des réfugiés*, COM/98/0731 final - CNS 98/0356, JOCE n° C 036 du 10 février 1999, p. 20. Décision du Conseil du 28 septembre 2000 portant *création d'un Fonds européen pour les réfugiés* 2000/596/CE, JOCE n° L 252 du 06 octobre 2000, p. 12-18 ; Proposition de Décision du Conseil établissant le Fonds européen pour les réfugiés pour la période 2005-2010 SEC (2004) 161/ COM/2004/0102 final - CNS 2004/0032.

[93] Directive 2004/83/CE du Conseil, du 29 avril 2004, *concernant les normes minimales relatives aux conditions que doivent remplir les ressortissants des pays tiers ou les apatrides pour pouvoir prétendre au statut de réfugié ou les personnes qui pour d'autres raisons, ont besoin d'une protection internationale, et relatives au contenu de ces statuts*, JOUE, 30 septembre 2004, L 304/ 12.

[94] Position commune 96/196/JAI, du 4 mars 1996 *op. cit.*

cet acte n'a pas d'effet contraignant en droit interne. Puisque les États n'ont apporté aucun élément commun sur *les droits* découlant du statut de réfugié, l'étude de la Position commune portera sur les points les plus importants relatifs à l'interprétation de la *notion* de réfugié. Ainsi, pour rendre compte de la tentative de coordination, on examinera les types de persécutions retenues pour l'attribution de la qualité de réfugié (A), on étudiera ensuite le concept « d'autorité de fait » (B) puis l'accord sur les clauses de cessation et d'exclusion du statut de réfugié (C).

A/ Une lecture restrictive de la persécution au sens de la Convention de Genève

La Position commune rappelle la nature *individuelle*[95] de la détermination de la qualité de réfugié, et ce, même « *s'il peut arriver qu'un groupe soit exposé à des persécutions* »[96]. Comme la Convention de Genève, la Position commune estime que l'élément essentiel est *la crainte de persécutions* pour l'un des motifs définis à l'article 1er A de la Convention. La crédibilité[97] ainsi que les détails des craintes de persécutions doivent être amenés par le candidat au refuge, mais la *simple crainte* de persécution peut suffire à entraîner la reconnaissance de la qualité de réfugié.

Si la Position Commune indique que la *crainte de persécution* est l'élément central de l'harmonisation, elle précise toutefois qu'il n'existe pas[98] de définition de la notion de *persécution.* La position commune ne saurait d'ailleurs en apporter une, elle se contente de préciser deux éléments indispensables pour qualifier la crainte de persécution :

- Il faut d'abord établir la *gravité* de la menace soit en fonction de sa nature, soit en fonction de son caractère répétitif[99]. La Position commune reconnaît par exemple la gravité de la persécution lorsque celle-ci constitue une atteinte aux droits de l'Homme (la vie, la liberté ou l'intégrité physique sont menacées) c'est-à-dire quand la menace est telle qu'elle empêche la poursuite de la vie dans le pays d'origine. Avec Nathalie Berger, on peut remarquer qu'il était impossible d'établir une liste des persécutions[100]. Le degré de contrainte sur les individus étant très variable, la Position commune se contenta donc de fixer des indices établissant la gravité de la crainte de persécutions.

-En plus de la gravité de la persécution, la Position commune insiste sur les *motifs sérieux* (article 1er A de la Convention de Genève) qui seuls permettent de reconnaître la qualité de réfugié. La menace de persécution peut correspondre à un ou plusieurs des motifs de la Convention de Genève.

Une fois ces deux points caractérisant la persécution établis, la Position commune s'intéresse à la notion *d'origine des persécutions.* Comme la jurisprudence française, les États membres retiennent une approche restrictive de cette notion en distinguant deux types d'agents de persécutions : l'État et les tiers.

-La persécution étatique recouvre les persécutions émanant des organes centraux ou fédéraux de l'État mais aussi celles des autorités administratives ou judiciaires. Des

---

[95] *Ibid.* § 2
[96] *Ibid.* §2
[97] *Ibid.* § 3
[98] *Ibid.* § 4.
[99] *Ibid.* § 4.
[100] BERGER N., *La politique de l'immigration et de l'asile en Europe*, éd. Bruylant, Bruxelles, 2000, p. 191.

exemples de persécutions sont donnés : les mesures générales destinées à dissimuler des mesures d'ordre privé portant atteintes aux ressortissants, les mesures catégorielles qui persécutent un groupe de personnes en leur imposant des restrictions particulières, les mesures individuelles qui peuvent émaner des autorités étatiques à condition qu'elles présentent un caractère intentionnel et répété, les mesures judiciaires en apparence légales (par exemple les peines discriminatoires ou les peines disproportionnées, etc.). Ces exemples recouvrent pour partie la jurisprudence française (avant la réforme de 2003 relative aux acteurs de persécutions).

-Les persécutions émanant de tiers sont très strictement définies. Elles correspondent sur bien des points à la définition retenue par la jurisprudence française avant la réforme de 2003. Leur premier critère est la « personnalisation » de la crainte. La Position commune ne retient la persécution émanant de tiers que si elle est *encouragée ou autorisée* par les pouvoirs publics. C'est-à-dire que, lorsque ces derniers demeurent inactifs, le statut de réfugié ne sera délivré que si l'examen de la requête fait apparaître le caractère *volontaire* de l'autorité étatique. Autrement dit, comme pour la jurisprudence française, la passivité des autorités compétentes ne permet pas de retenir la qualité de réfugié dans des hypothèses entrant pourtant sous la protection de la Convention de Genève. Une partie importante des persécutions émanant des tiers n'est donc pas reconnue pour accorder la qualité de réfugié. Que deviennent alors ces candidats menacés qui n'obtiennent pas le statut ?

En résumé, cette conception commune entraîne la délivrance du statut aux personnes persécutées, directement par l'État ou par des tiers, mais avec la complicité de l'État qui encourage ou tolère les persécutions. Par contre, si les autorités publiques tentent de combattre les auteurs des persécutions sans y parvenir, lorsque la protection s'avère insuffisante ou inefficace, le statut de réfugié n'est pas accordé. Le HCR a vite contesté cette approche restrictive de *l'origine des persécutions*. Il estime qu'il est regrettable qu'avec ce type de définition restrictive, les États ne prennent pas en compte « *les critères d'agression extérieure, d'occupation, de domination extérieure ou d'évènements mettant en péril l'ordre public dans tout ou partie du pays* »[101]. Avec le HCR, on peut constater que la définition retenue par la position commune n'est pas vraiment fidèle à l'esprit de la Convention de Genève et qu'elle exclut de nombreuses personnes persécutées.

Les États membres qui n'avaient pas jusque là retenu cette interprétation stricte de la persécution (le Danemark, les Pays-bas et le Royaume-Uni), ont été tentés de modifier leur législation généreuse, pour la remplacer par l'analyse technique et étriquée des persécutions émanant de tiers. Pourtant, comme Daphné Bouteillet-Paquet[102] le remarque dans sa thèse, la rédaction de la Position commune est ambiguë puisqu'elle retient à la fois le concept restrictif des agents de persécutions et la conformité aux jurisprudences nationales. Cette situation montre que cet acte d'harmonisation n'est pas parvenu à un accord sur la notion de persécution, le renvoi aux jurisprudences nationales laisse la porte ouverte à une application hétéroclite de la Position commune, « *ce qui rend par conséquent aléatoire l'accès à la protection selon que le requérant arrive dans un État membre plutôt que dans un autre* »[103].

---

[101] 32ème session du Comité exécutif du HCR, n° 22.
[102] BOUTEILLET-PAQUET D., *op. cit.*, p. 245-246.
[103] *Ibid.* p. 246.

Les États membres ont délibérément retenu une définition technique et restrictive à mettre en place. Comme cela a été démontré précédemment, la technicité et la rigueur l'évaluation de *l'origine des persécutions* permettent de réduire le nombre d'attribution de statut de réfugié. Les États ont donc sciemment choisi une politique limitative pour l'application des critères conventionnels. C'est en ce sens que Daphné Bouteillet-Paquet évoque l'« *érosion de la protection conventionnelle* »[104].

B/ Concept « d'autorité de fait »

Après *l'origine des persécutions*, la Position commune précise que la qualité de réfugié ne peut être requise sur « *la seule référence de guerre civile ou de conflit interne violent ou généralisé et aux dangers* »[105] qu'ils présentent. Seule, la référence à un motif sérieux de l'article 1er A de la Convention de Genève est déterminante. Comme la jurisprudence française, la Position commune estime que le réfugié est victime « *d'un conflit personnel avec les autorités de son pays d'origine* »[106] ce qui exclut les victimes de guerre civile ou de violence généralisée.

La jurisprudence française a été l'une des premières à relever que la seule situation de guerre civile ne suffisait pas à caractériser la persécution au sens de la Convention de Genève[107]. De même, l'OFPRA ne reconnaît pas la qualité de réfugié aux victimes de persécutions dans les pays où il n'existe plus d'autorité[108] ou dans lesquels la situation politique est devenue anarchique.

Lorsqu'il existe encore une « autorité » dans le pays du demandeur d'asile, la Position commune retient la possibilité de reconnaître la qualité de réfugié lorsque des persécutions émanent *d'autorités de fait*. Ce concept a d'abord été utilisé par la Commission de Recours de Réfugiés française en 1993[109], il a été très vite repris par la jurisprudence allemande, puis il a été intégré dans l'harmonisation européenne. Ainsi, le concept « d'autorités de fait » permet de reconnaître la qualité des réfugiés aux demandeurs d'asile qui craignent des persécutions d'autorités qui « *exercent un pouvoir stable sur un territoire déterminé avec les attributs ordinaires du pouvoir* »[110]. Par conséquent, la qualité de réfugié est refusée au demandeur d'asile venant d'un pays où il y a un climat généralisé d'insécurité ou d'anarchie[111], dans lequel des clans, des sous clans et des factions s'affrontent sans pour autant qu'il existe un pouvoir organisé, une autorité de fait[112]. Depuis 1993, la jurisprudence française a identifié des autorités de fait au Liban sud (1993), au Libéria (1993), en Yougoslavie (1993), en Afghanistan (1994), etc.

---

[104] BOUTEILLET-PAQUET D., *op. cit.*, p. 241 et s.
[105] Position commune, *op. cit.*, § 6.
[106] JEANNIN L., MENEGHINI M., PAUTI C., POUPET R., *Le droit d'asile en Europe, étude de droit comparé*, L'Harmattan, Logiques juridiques, 1999, p. 41.
[107] CRR 21 novembre 1985, *Melle Nazet*, req. n° 35 657.
[108] CRR SR 27 juin 1997, *Jama Shide*, req. n° 300986.
[109] ALLAND D. et TEITGEN-COLLY C., *op. cit.*, p. 466-472.
[110] TIBERGHIEN F., « Statut de réfugié et persécutions par les agents non publics », *RFDA*, mars avril, 1998, p. 244 et s.
[111] CRR 3 mai 1996, *Maxamed Xasan Maxamud*, req. n° 276383.
[112] CRR 26 novembre 1993, *Ahmed Abdullah*, req. n° 229 619.

Comme pour le concept d'acteurs de persécutions, la notion *d'autorité de fait* a été très critiquée par la doctrine[113] et le HCR. L'application de ce concept dans la Position commune incite tous les États membres à adopter cette analyse complexe des persécutions. Les autorités compétentes doivent en effet apprécier au cas par cas la présence ou non de groupes ou de milices ayant un pouvoir de fait dans des pays en plein conflit interne. Or, ces données sont très délicates à obtenir et à appliquer pour la reconnaissance de la qualité de réfugié. L'exemple français est révélateur, les décisions de l'OFPRA et de la CRR montrent le caractère aléatoire[114] de l'utilisation du concept *d'autorité de fait*. La jurisprudence française ne le définit pas, seules les espèces permettent d'en donner une définition sommaire : *un pouvoir stable avec un minimum d'organisations et d'autorité sur un territoire déterminé*, (les attributs ordinaires du pouvoir et une organisation minimale). La Position commune est plus que lacunaire à ce sujet puisqu'elle *définit l'autorité de fait* comme un groupe d'individus qui contrôlent une partie du territoire à l'intérieur de laquelle l'État ne peut accorder sa protection à ses ressortissants[115].

Une fois de plus, le texte européen montre l'axe choisi par les États membres, l'interprétation « régionale » du réfugié retenue y est très restrictive.

C/ Harmonisation de l'application des conditions de cessation ou d'exclusion du statut de réfugié

La partie la plus étonnante de la Position commune est celle qui concerne l'harmonisation des clauses de cessation et d'exclusion de la qualité de réfugié. Si l'harmonisation des interprétations conduisant à la qualité de réfugié est compréhensible, en raison des difficultés qu'elle soulève, l'alignement des critères de déchéance du statut de réfugié est surprenant. Il est vrai qu'on pouvait s'attendre à ce que la Position commune ne s'intéresse qu'à l'harmonisation des conditions d'attribution du statut qui pose réellement des problèmes aux États membre et non pas au retrait de celui-ci.

Le travail des États membres a d'abord porté sur les cas de *cessation* de l'article 1 C de la Convention de Genève. Une personne ayant été reconnue réfugiée peut voir son statut retiré « *si les circonstances à la suite desquelles elle a été reconnue comme réfugiée ayant cessé d'exister, elle ne peut plus continuer à refuser de se réclamer de la protection du pays dont elle a la nationalité* »[116]. Dans cette hypothèse, les États membres doivent échanger leurs informations sur les évolutions démocratiques des pays concernés afin d'aboutir à une harmonisation des clauses de cessation.

La Position commune rappelle les cas de *refus* du statut prévus à l'article 1er F de la Convention de la Genève. Ces clauses « *d'exception* »[117] ou « d'exclusion » concernent les personnes bénéficiant déjà d'une protection internationale (article 1er D), elles s'appliquent également aux candidats ayant eux-mêmes commis des crimes entraînant le

---

113 TIBERGHIEN F., *op. cit.*

114 Cf. DPE, feuillet 19, Réfugié. L'autorité de fait est apparue en 1991 pour deux factions du Liberia. CRR 27 juin 1991, *Arthur, req.* n° 173787 ; CRR SR, 6 octobre 2000, *Sheik Wali*, req. n° 351257 pour la Somalie. En 1993 pour la guerre d'ex-Yougoslavie, à propos de la milice de la « République serbe autoproclamée de Bosnie », CRR SR 12 février 1993, *Dzebric* ; CRR SR, 12 février 1993, *Dujic*, rec. CRR, p. 118, en Irak les autorités kurdes, CRR 21 septembre 2001, *Kacem*, req. n° 370407, etc.

115 Position commune, point 6.

116 Article 1 C 5 de la Convention de Genève.

117 ALLAND D. et TEITGEN-COLLY C., *op. cit.*, p. 515.

rejet de leur demande (Article 1 F). Cette dernière disposition s'étend aussi au réfugié puisque le statut peut être retiré lorsque les faits sont découverts après la délivrance du statut. La Position commune se contente de rappeler aux États membres d'utiliser les instruments internationaux pour les clauses d'exclusion relatives aux crimes contre l'humanité (article 1 F a). L'harmonisation ne va pas au-delà, il est vrai que ces hypothèses ont été très peu rencontrées dans les États membres, hormis les quelques espèces isolées relatives aux rwandais Hutus ayant participé au génocide de 1994[118].

La Position évoque un dernier critère d'exclusion relatif aux actes contraires « *aux buts et principes des Nations Unies* »[119]. Le texte européen explicite ces termes en estimant qu'il s'agit d'« *obligations relatives au respect des droits de l'Homme et aux libertés fondamentales et à la préservation de la paix* »[120].

À partir des éléments susmentionnés, force est de constater que les enjeux de l'harmonisation de l'application de la Convention de Genève sont importants. Même s'il est vrai que la position commune est un acte de « droit mou », non contraignant pour les États membres, il constitue toutefois les bases et le point de départ de l'harmonisation entreprise dans la directive adoptée le 29 avril 2004.

§ II : Une « re-définition régionale » du réfugié et l'impact de l'harmonisation en droit interne

S'il est exact que certains États, l'Autriche[121] notamment, avaient un temps envisagé de remplacer les systèmes étatiques de reconnaissance de la qualité de réfugié par un système propre à l'Union européenne, aujourd'hui, les États membres ont choisi d'harmoniser l'ensemble des interprétations nationales des critères de la Convention de Genève dans un acte communautaire dont la portée est obligatoire. On peut s'interroger sur ce choix qui consiste à aligner au plan communautaire les différentes interprétations nationales. Il s'agit d'étudier ce nouvel instrument : ne va-il pas participer en réalité à une « définition » régionale des critères de la Convention de Genève en figeant des lignes d'interprétation au plan communautaire ? (A) Notre étude explicitera les mesures communautaires retenues par la directive, cette dernière constituant les prémices d'un « statut communautaire du réfugié » qui s'impose en droit interne (B).

A/ Les enjeux et les risques d'une définition « régionalisée » du réfugié

Comme le soulignent très justement les commentateurs du Dictionnaire permanent des étrangers[122], la logique commandait de commencer le chantier de l'asile par le statut de réfugié, mais, de façon surprenante, la directive relative au statut de réfugié est l'une des dernières adoptées sur la question de l'asile. Le contenu de la Position commune de 1996

---

[118] Pour la France, CRR SR, 16 Juin 1996, *Mbarushimana*, req. n° 280634.

[119] Article 1er c) Qu'elles se sont rendues coupables d'agissements contraires aux buts et aux principes des Nations Unies.

[120] Article 13. 3 de la Position commune.

[121] Pendant la présidence autrichienne en 1998, Strategy paper on Immigration and asylum policy, document 9809/98 ASIM 170, 1er juillet 1998.

[122] DPE, feuillet 19, Réfugié.

ci-dessus analysée annonçait déjà les difficultés qu'allaient rencontrer les États membres dans les négociations d'un acte communautaire de droit dérivé. Une proposition de directive « *établissant des normes minimales relatives aux conditions que doivent remplir les ressortissants des pays tiers et les apatrides pour pouvoir prétendre au statut de réfugié, ou les personnes qui, pour d'autres raisons, ont besoin d'une protection internationale, et relatives au contenu de ces statuts* » [123] a été adoptée le 12 septembre 2001, mais il a fallu attendre le 29 avril 2004 pour mettre fin aux négociations difficiles.

Cette directive marque la première étape du traitement commun de l'asile. Elle propose un régime « *mixte* » de l'asile : une protection internationale au sens de la Convention de Genève et une protection subsidiaire[124]. L'enjeu de cette protection « bicéphale » est d'aboutir à un niveau minimal de protection en Europe, mais aussi de réduire les divergences d'application entre les États membres, tout en luttant contre les mouvements secondaires de migration et les abus des procédures d'asile.

Dans l'exposé des motifs, la directive précise que la Convention de Genève est « *la pierre angulaire du régime juridique international de protection des réfugiés* »[125]. La proposition de directive de 2001 émise par la Commission se référait, également, à plusieurs autres textes internationaux pour définir la protection internationale relative au statut de réfugié (la Position commune de 1996 susmentionnée, le Guide des procédures et critères à appliquer pour déterminer le statut de réfugié du HCR et les conclusions du Comité exécutif du HCR). Ces mentions ont disparu dans le texte adopté le 29 avril 2004. Le maintien de ces multiples références aurait créé une confusion dans la compréhension des sources internationales relative à la protection du réfugié.

S'il est vrai que le contenu de la directive s'inspire pour une grande part de la Convention de Genève, on y relève néanmoins des disparités par rapport aux critères conventionnels.

Tout d'abord, le texte de la directive établit une limite *rationae personae* en excluant les réfugiés communautaires[126] de la protection conventionnelle. Si cette exclusion des ressortissants européens confirme le Protocole Aznar, elle va à l'encontre de la portée universelle de la Convention de Genève et du Protocole de 1967. Cette dérogation permet de considérer la définition retenue ici comme une « re-définition » du réfugié conventionnel limitée à une espace géographique particulier. Il s'agit donc d'une définition « régionalisée » du réfugié. Force est de constater que cette première divergence avec le texte international n'est pas des moindres puisqu'elle exclut une catégorie de ressortissants de la protection internationale.

Ensuite, il convient de souligner que la plupart des dispositions relatives à la *reconnaissance* et à *l'exclusion* du statut de réfugié sont interprétées, commentées et précisées. Le sens de certaines dispositions conventionnelles est par conséquent remanié. Une question peut alors se poser : un texte de droit dérivé communautaire, peut-il interpréter des dispositions posées par un traité international, sans respecter forcément l'esprit posé par le texte conventionnel ?

Enfin, Ruud Lubbers du HCR a exprimé dans un communiqué ses inquiétudes générales face à cette directive. Il relève que la législation européenne, telle qu'elle est

---

[123] COM (2001) 510, 2001/ 0207 (CNS), Bruxelles le 12 septembre 2001, JOCE C 51 E du 26 février 2002.
[124] Cf. Partie I, Titre II, Sous Titre II, Chapitre II, Section I.
[125] § 3 de la directive.
[126] Tout ressortissant d'un pays tiers ou tout apatride cf. article 2 c) de directive.

engagée, contrevient au droit international, car « *les dispositions pourraient conduire à une érosion du système de l'asile mondial, mettant en péril la vie des futurs réfugiés* »[127]. Il va même plus loin en estimant que les deux projets de directives (relatives au statut de réfugié et aux procédures d'asile) créent « *un précédent négatif pour d'autres régions du monde où elles seraient perçues comme une tentative de se débarrasser du fardeau sur les pays en voie de développement, qui accueillent déjà la vaste majorité des réfugiés dans le monde entier* »[128].

Toutes ces remarques générales montrent combien la directive relative au statut de réfugié est discutable. Malgré cela elle fait partie intégrante du futur régime de l'asile. De surcroît, elle constitue la première pierre du régime commun de l'asile et a vocation de se substituer aux statuts internes.

B/ « Guide » communautaire des critères conventionnels au regard du droit interne

Après de laborieuses négociations, le texte finalement adopté n'est pas aussi ambitieux que la proposition de directive du 12 septembre 2001, il est le résultat de divers consensus. Malgré cela, la directive constitue une avancée essentielle dans le processus d'émergence d'un régime commun de l'asile. La directive porte à la fois sur la définition et sur les droits découlant du statut du réfugié. Seuls les points importants de la directive seront étudiés pour apprécier la portée de la définition et du statut du réfugié sur lesquels doit s'aligner la France. Les critères de reconnaissance (1) ainsi que les droits découlant de la qualité de réfugié (2) seront successivement analysés.

1/ Critères de reconnaissance

Il conviendra d'aborder à la fois les principales dispositions relatives à l'interprétation de la persécution (a), à la protection à l'intérieur du pays (b) et aux « motifs sérieux » selon l'article 1er A 2) de la Convention de Genève (c).

a) La notion de persécution

Les États membres ont tenté une approche plus ouverte de la notion de persécution que celle retenue par la Position Commune de 1996. Ainsi, dans la directive, les États ne retiennent plus la disposition très contestée relative à « l'origine des persécutions ». Le texte européen la remplace par celle « d'auteurs des persécutions ». Les persécutions peuvent émaner : *« -a) de l'État, -b) des partis ou organisations qui contrôlent l'État ou une partie importante du territoire de celui-ci, -c) des acteurs non étatiques, s'il peut être démontré que les acteurs visés aux points a) et b), y compris les organisations internationales, ne peuvent pas ou ne veulent pas accorder une protection contre les persécutions ou les atteintes graves (...) »*[129]. Une avancée sensible est ici perceptible puisque la directive s'écarte de l'approche technique et restrictive de l'origine des persécutions définie par la Position commune. La directive retient les acteurs de

[127] UNHCR, News, 29 mars 2004.
[128] *Ibid.*
[129] Article 6 a) b) c) de la directive.

persécutions non étatiques et oblige donc les États membre à abandonner leur interprétation limitée de la notion d'agents ou d'acteurs de persécutions.

Avant même l'adoption de la directive en avril 2004, avec la loi du 10 décembre 2003, la France a transposé cette nouvelle définition des acteurs de persécution dans l'article 2 III de la loi du 25 juillet 1952. Le droit interne est conforme aux objectifs de la directive et offre ainsi une définition plus souple et plus claire de la notion d'acteurs de persécution[130]. Les travaux communautaires ont donc poussé la France à revoir sa politique jurisprudentielle très contestée pendant les années quatre-vingt-dix.

Toutefois, une nuance doit être apportée. Si la définition des acteurs de persécutions s'est élargie, la directive exige que le statut de réfugié ne soit reconnu que s'il n'existe aucune protection d'un État, d'un parti ou d'une organisation internationale qui contrôlent l'État ou une partie du territoire du pays d'origine du demandeur d'asile. Cette précision est lourde de sens, elle crée un nouveau critère : celui « *des acteurs de protection* »[131] ou « *des équivalences de protection »*[132]. S'il est possible que la protection de l'État soit conforme à la Convention de Genève, on peut émettre des doutes sur la compatibilité des protections offertes par les partis et les organisations internationales : la Convention de Genève ne mentionne que « *l'absence de protection d'État* ».

Le droit interne a également intégré la théorie des équivalences de protection dans l'article 2 III alinéa 2 de la loi du 25 juillet 1952 : « *les autorités susceptibles d'offrir une protection peuvent être les autorités de l'État, et des organisations internationales et régionales ».* Contrairement à la directive, le droit interne ne mentionne pas « les partis », en revanche, il retient en plus de la protection des organisations internationales, celle des organisations régionales.

Comme François Julien-Laferrière, on peut regretter que cette « théorie de l'équivalence des protections » ait été intégrée ; d'une part parce que *« la protection d'une organisation internationale ou régionale n'est pas de la même nature et n'a pas la même portée que la protection étatique : l'obligation dans laquelle se sont souvent trouvés le HCR et le CICR de quitter du jour au lendemain les lieux où ils opéraient, en raison de l'insécurité qui y règne, montre qu'ils ne peuvent assurer une protection sûre aux personnes exposées à des persécutions ou des risques pour leur intégrité, cette protection pouvant cesser brusquement sans qu'une autre s'y substitue. Ensuite parce que, en tant qu'elle peut être appliquée au demandeur de la qualité de réfugié, elle paraît contraire à la Convention de Genève. Celle-ci énonce en effet, parmi les conditions de la reconnaissance de la qualité de réfugié, celle tenant à ce que l'intéressé, qui se trouve hors de son pays d'origine, ne peut ou, en raison de [ses] craintes, ne veut se réclamer de la protection de ce pays. Or, si l'intéressé ne peut se réclamer de la protection étatique mais pourrait ou aurait pu se placer sous protection d'une organisation internationale ou régionale, le statut de réfugié lui sera refusé contrairement à la Convention de Genève. Si l'OFPRA et la CRR appliquent cette théorie de l'agent de protection, il reviendra au Conseil d'État, en sa qualité de juge de cassation, de décider s'il y a lieu d'écarter l'application de la loi pour faire primer la Convention, qui a une valeur supérieure à celle de la loi* »[133]. Pourtant, avec

[130] Cf. étude de CHETAIL V., « La réforme française de l'asile prélude à la banalisation européenne du droit des réfugiés », *JDI*, 3, 2004, p. 843 et s.

[131] Article 7. Cf. CHETAIL V., *op. cit*, p. 849 et s.

[132] JULIEN-LAFERRIÈRE F., « La loi Villepin relative au droit d'asile », *Regard sur l'actualité* La Documentation Française, mars, 2004, p. 29 et s.

[133] *Ibid*., p. 34.

la récente adoption de la directive, le juge administratif sera confronté aux contradictions entre une Convention internationale et une loi transposant une directive, à charge pour lui de régler ce problème.

b) L'alternative de la protection à l'intérieur du pays

La disposition relative à la « *protection à l'intérieur du pays* »[134] est également préoccupante. Cette notion a été analysée dans le chapitre précédent, il convient de retracer les principes et les conséquences de l'« asile interne ». Rappelons que, si au départ cette notion avait été envisagée dans la phase d'admissibilité au séjour des demandeurs d'asile, elle est aujourd'hui intégrée dans la procédure de reconnaissance de la qualité de réfugié. Ainsi, les autorités compétentes doivent chercher si la menace de persécution n'est pas limitée à une certaine partie du territoire du pays d'origine. Dans cette hypothèse, le demandeur peut être renvoyé par l'État membre, c'est donc une approche *localisée* et *exclusive* de la protection conventionnelle que les États ont retenue. En effet, en plus de l'exclusion des ressortissants communautaires, en consacrant cette notion, les États membres évincent les candidats au refuge pouvant trouver une protection dans leur pays d'origine. La directive entérine cette notion au plan européen et l'étend à l'ensemble des États membres qui ne l'appliquaient pas tous dans leur droit national. C'est une fois de plus une interprétation très limitée de la Convention de Genève qui est retenue. Avec ce concept, on retrouve ici encore le désir de réduire le taux de reconnaissance de statuts de réfugié en Europe.

Ainsi, les deux nouvelles notions (« protection à l'intérieur du pays » et « acteurs de protection » (État, parti, organisation internationale)) créent une forme alternative de refuge dans le pays d'origine du demandeur d'asile et le privent de recevoir une protection internationale dans un pays européen. Dans la directive comme dans le droit interne qui la transpose, la Convention de Genève est donc interprétée dans un sens peu libéral. Les associations de défenses des droits de l'Homme ainsi que le HCR jugent ces protections alternatives préoccupantes car elles restreignent le nombre de personnes pouvant se réclamer de la protection internationale dans un autre pays que celui dans lequel elles craignent des persécutions.

c) Les motifs sérieux de persécution

La prise en compte de persécutions perpétrées sur des catégories d'individus fragiles est une nouveauté, elle constitue un effort louable de la part des États membres. La référence aux mineurs[135] ainsi qu'aux femmes démontre que les États ne sont pas restés insensibles à ces catégories fortement fragilisées.

Les mineurs font l'objet d'un article spécifique[136]. Les États membres insistent sur la mise en place d'une tutelle pour les mineurs non accompagnés. La prise en compte des mineurs à ce stade de la procédure est primordiale. La législation française est conforme à cette nouvelle exigence communautaire puisque un administrateur *ad hoc* est désigné avant la décision de mise sous tutelle : il assure la « *représentation dans le cadre des procédures*

[134] Article 8 de la directive.
[135] § 20 et article 30 de la directive.
[136] Article 30 de la directive.

administratives et juridictionnelles relatives à la demande d'asile »[137]. Dans la directive, les États membres sont allés jusqu'à poser des exigences relatives aux conditions d'intégration des mineurs : l'accueil, l'hébergement spécialisé, ainsi que l'intérêt supérieur des enfants doivent être garantis par les États membres.

Les femmes font l'objet d'une attention moins précise que les mineurs, néanmoins les persécutions qu'elles peuvent subir sont spécifiées. Ainsi, les aspects liés à l'égalité entre les hommes et les femmes peuvent être pris en considération. Toutefois, les négociations ont été difficiles sur ce point, la directive est moins ambitieuse que le projet de directive de 2001. Cette dernière stipulait « *que la persécution, au sens de la Convention de Genève, peut être causée par l'intermédiaire de violences sexuelles ou par d'autres moyens utilisés spécifiquement dans le cas des femmes* »[138]. Cette disposition aurait eu le mérite de consacrer la jurisprudence de certains pays membres qui a reconnu la qualité de réfugié aux femmes menacées d'excision, de violences sexuelles ou venant de pays où la législation est particulièrement discriminatoire (Afghanistan, Algérie, Pakistan, etc.). La simple évocation « *des aspects liés à l'égalité entre les hommes et les femmes* » de l'article 10 d) de la directive est moins évocateur et ne permettra certainement pas de consacrer les jurisprudences ambitieuses de certains pays européens.

En France, la jurisprudence relative aux violences ou aux discriminations faites aux femmes n'est pas clairement établie : la CRR a reconnu le risque d'excision[139] et a permis dans des espèces isolées de reconnaître la qualité de réfugié, mais le Conseil d'État n'a pas consacré cette solution explicitement. Pour les affaires concernant les risques de persécutions envers les femmes issues d'une législation discriminante, la CRR a accepté dans des affaires isolées[140] de reconnaître la qualité de réfugié à ces femmes. En raison de son manque de précision, la directive ne « rendra » pas la jurisprudence française plus libérale sur cette question.

La directive fait également référence à un autre type de persécutions spécifiques, subies par les homosexuels ou les transsexuels. Ces derniers semblent être implicitement abordés dans l'article 10 § d) de la directive qui stipule qu'en « *fonction des conditions qui prévalent dans le pays d'origine, un groupe social spécifique peut être un groupe dont les membres ont pour caractéristique commune une orientation sexuelle. L'orientation sexuelle ne peut pas s'entendre comme comprenant des actes réputés délictueux d'après la législation nationale des États membres* ». En droit interne, la jurisprudence de la CRR et du Conseil d'État ont « timidement » reconnu des persécutions subies par les transsexuels[141] et les homosexuels[142].

Enfin, la définition « *du groupe social* » donnée par la directive est relativement étendue puisque *« ses membres partagent une caractéristique innée ou une histoire commune qui ne peut être modifiée, ou encore une caractéristique ou une croyance à ce*

---

[137] Article 11 de la loi du 25 juillet 1952.
[138] Article 7 d) et article 18.
[139] CRR 18 septembre 1991, CE 29 juillet 1998 *Melle Diop* (implicite) ; CRR 7 décembre 2001, *Mme A*, n° 369776 ; CRR 7 décembre 2001, *S.*, req. n° 361050.
[140] CRR 15 janvier 1997, *Daoui*, req. n° 302501 ; CRR 18 septembre 2000, *Menad*, req. n° 357946 ; CRR 23 novembre 1998, *Ayoudi.* et CRR 15 avril 1999, *Berang*, req. n° 334606 (femmes afghanes) ; CRR SR 22 juillet 1994, *Melle Elkébir*, rec. CRR, p. 66 (femme algérienne), CRR, SR, 15 octobre 2004, *Nazia*, req. n° 444000 (des mariages forcés au Pakistan).
[141] CE 23 juin 1997, *O.*, req. n° 171858 ; CRR 15 mai 1998, *O.*, rec. CRR, p. 37
[142] CRR SR, 12 mai 1999, *Djellal.*

point essentielle pour l'identité ou la conscience qu'il ne devrait pas être exigé d'une personne qu'elle y renonce » ce groupe a son identité propre dans le pays en question parce qu'il est perçu comme étant différent par la société environnante »[143]. Cette re-définition communautaire du « groupe social » est plus précise que celle de la Convention de Genève. Rappelons que l'un des objectifs de la directive est « *d'adapter une nouvelle définition commune du motif de persécution que constitue l'appartenance à un groupe social* »[144]. La précision de cet article guidera certainement les États dans leur interprétation de ce critère délicat de l'appartenance au groupe social.

2/ Émergence de droits communs découlant de la reconnaissance de la qualité de réfugié

La principale innovation dans la directive communautaire réside dans l'harmonisation du statut proprement dit du réfugié. En effet, la Position commune avait jusqu'ici harmonisé uniquement l'interprétation de la définition du réfugié. Dans la directive, un chapitre entier est réservé au statut du réfugié et au bénéficiaire de la protection subsidiaire[145].

Parmi les droits découlant de la reconnaissance du statut de réfugié, le plus important est celui de « l'unité familiale »[146]. Le principe d'unité familiale n'est pas explicitement précisé dans la Convention de Genève, seul l'acte final de la Conférence des Nations Unies sur le statut des réfugiés annexé à la Convention y fait référence[147]. L'harmonisation de ce principe est un progrès pour le statut international du réfugié. En effet, si au plan interne les États membres[148] ont reconnu ce droit en interprétant la Convention de Genève, aucune protection supranationale ne le consacrait explicitement[149]. Ainsi, les États membres veillent à ce que l'unité familiale soit maintenue pour les membres de la famille du réfugié. Notons que s'il est remarquable que les États membres aient posé ce principe, on peut néanmoins souligner leur manque de courage dans la rédaction de l'article. Le verbe « *veiller* » ne contraint pas les États membres. Cette harmonisation n'est donc, au final, pas très astreignante et ne va certainement pas entraîner un alignement des différentes législations européennes.

En revanche, les membres de la famille sont assez largement définis puisque l'article 2 h) de la directive retient le conjoint[150], ou le partenaire non marié engagé dans une relation stable (s'il est assimilé à un couple marié dans le droit national), les enfants[151] des conjoints ou ceux des partenaires ainsi que les autres parents proches. Sur ce point la

---

[143] Article 10 d).
[144] § 21.
[145] Cf. Partie I, Titre I, Sous Titre II, Chapitre II, Section I.
[146] Article 23.
[147] « L'unité de famille est un droit essentiel dont il convient d'assurer le maintien ».
[148] En France c'est le Conseil d'État qui a fait émerger ce principe en principe général du droit.
[149] ALLAND D. et TEITGEN C., *op. cit.*, p. 482 et s.
[150] « *Le conjoint du bénéficiaire du statut de réfugié ou du statut conféré par la protection subsidiaire ou son partenaire non marié engagé dans une relation stable, si la législation ou la pratique en vigueur dans l'État membre concerné assimile la situation des couples non mariés à celle des couples mariés dans le cadre de son droit sur les étrangers* ».
[151] Les enfants du couple du réfugié ou bénéficiaire de la protection subsidiaire, à condition qu'ils soient non mariés et à sa charge sans tenir compte du fait qu'ils sont légitimes, nés hors mariage ou adoptés selon les définitions du droit national.

directive est ouverte puisqu'elle permet aux États d'étendre l'unité familiale au partenaire non marié et à ses enfants ainsi qu'à des parents proches.

En droit interne, même si le législateur français a reconnu d'autres unions à côté du mariage (PACS, union libre, concubinage), il n'en a tiré aucune conséquence sur le plan de l'unité familiale étrangers et très peu en droit des étrangers (aucune conséquence sur le regroupement familial). Les « membres de la famille » sont simplement le conjoint ou la personne ayant une liaison suffisamment stable et continue avec le réfugié pour former avec lui une famille[152], les enfants mineurs, et l'ascendant incapable[153] selon la jurisprudence du Conseil d'État[154].

La seconde disposition particulièrement importante dans le statut est la protection contre le refoulement qui est rappelée comme un principe que doivent respecter les États membres[155]. Ce principe souffre de deux limites importantes : -lorsqu'il y a des raisons sérieuses de considérer que le réfugié est une menace pour la sécurité de l'État membre où il se trouve; -ou que, ayant été condamné en dernier ressort pour un crime particulièrement grave, il constitue une menace pour la société de cet État membre. Ces limitations ne sont que la reproduction de l'alinéa 2 de l'article 33 de la Convention de Genève. Elles n'amènent aucune obligation supplémentaire pour les États membres qui appliquaient déjà ces exceptions en vertu du texte conventionnel. Cet article a rappelé surtout que le réfugié reste un étranger, toujours menacé d'éloignement s'il porte atteinte à l'ordre public ou à la sécurité de l'État membre accueillant.

Ensuite, la directive lie le statut de réfugié à la délivrance d'un permis de séjour[156]. L'octroi d'un droit au séjour au réfugié est d'autant plus important que la Convention de Genève ne le reconnaît pas explicitement (sans pour autant s'en « désintéresser »[157]). Ainsi selon la directive, un titre de séjour doit être accordé au réfugié et à sa famille. Notons que le droit au séjour a subi des modifications depuis la première proposition de directive de 2001. Les États membres ont retenu dans la directive un permis de séjour de *trois ans* renouvelables alors que la proposition de 2001 prévoyait un titre de *cinq ans* renouvelables. Les États membres ont revu à la baisse la durée du permis de séjour des réfugiés, le consensus n'ayant pu aboutir à cinq ans en raison des diverses dispositions plus ou moins protectrices dans les États membres. Ce rabaissement du seuil illustre la difficulté d'harmonisation des législations, le standard choisi étant toujours le moins contraignant, donc le moins protecteur. En effet, cette limitation est particulièrement préjudiciable pour les réfugiés qui devraient pourtant bénéficier d'une protection durable et d'une stabilité de séjour. De plus, il est décevant de constater que les États n'ont pas aligné le permis de séjour des réfugiés sur celui des résidents de longue durée. En effet, la directive de

---

[152] CE 21 mai 1997, *Gomez Botero*, Lebon, p. 868.

[153] « *Un ascendant incapable, dépendant matériellement et moralement du réfugié à la double condition que cette situation particulière de dépendance ait existé dans le pays d'origine du réfugié avant l'arrivée de celui-ci en France et qu'elle ait donné lieu à une mesure de tutelle plaçant l'intéressé sous la responsabilité du réfugié* » ; Cf. CE 28 juillet 2004, *Mme Yin Trin épouse Mer*, req. n° 229053 ; Conclusions, DONNAT F., *AJDA*, 2004, p. 1875.

[154] CE ass. 2 décembre 1994, *Mme Agyepong*, rec. 523 ; Conclusions DENIS-LINTON, *RFDA*, 1995, p.86 ; TOUVET L. et STAHL J.-H., *AJDA* décembre 1994 p. 878 ; BONNOT F., « Les principes généraux du droit applicables aux réfugiés et le principe de l'unité familiale », *RDP*, 1996, p. 1379. Cf. Partie II, Titre II, Sous Titre II, Chapitre II, Section I, §I, C.

[155] Article 21.

[156] Article 24.

[157] ALLAND D. et TEITGEN-COLLY C., *op. cit.*, p. 564.

novembre 2003[158], relative au statut des ressortissants de pays tiers résidents de longue durée, exclut de son champ les réfugiés alors qu'elle délivre un permis de séjour de cinq ans aux ressortissants tiers résidents de longue durée. Au même titre que les autres résidents de longue durée, les réfugiés sont des ressortissants légaux et méritent une attention identique.

Cette distinction effectuée par les États membres entre les réfugiés et les ressortissants de longue durée ne se retrouve pas en droit interne qui reste plus protecteur. Depuis la loi du 17 juillet 1984, la législation française[159] offre une carte de résident valable dix ans, et depuis janvier 2004, l'OFPRA ne délivre plus de certificat de réfugié validant le statut de réfugié. La qualité de réfugié est désormais accordée jusqu'à ce que l'OFPRA prenne la décision d'y mettre fin conformément aux clauses de cessation. Le système français est donc extrêmement protecteur : la carte de résident assure la stabilité du séjour puisqu'elle est renouvelée de « plein droit »[160]. Sur ce point une fois encore, la directive n'amène qu'une harmonisation minimale des droits. Le consensus sur lequel les États membres se sont engagés n'est qu'un minimum, il n'apporte qu'un statut en deçà duquel les États ne peuvent légiférer.

Par ailleurs, la directive énonce des dispositions relatives aux droits qu'ils reçoivent. Ici encore, ces mesures sont inédites, la Position commune n'était pas allée aussi loin. Le texte communautaire prévoit l'accès au travail[161], aux formations professionnelles, à la libre circulation[162]. Cette dernière liberté est limitée aux restrictions habituelles[163] prévues pour les autres étrangers (comme dans l'article 26 de la Convention de Genève). La proposition de directive de 2001 énonçait pourtant une disposition *d'égalité de traitement*[164] pour la libre circulation (comme en droit français). Cette disposition a été rendue plus restrictive en raison des réticences de certains pays qui ont posé, depuis longtemps, des limites à la libre circulation pour les étrangers (au Royaume-Uni par exemple). De même, la rémunération, l'accès au régime de sécurité sociale, ainsi que les autres conditions relatives à l'emploi doivent être garantis par la législation nationale[165]. Toutefois la directive ne mentionne pas non plus l'égalité de traitement dans ce domaine. En revanche, l'article 27 accorde l'égal accès au système d'éducation pour les mineurs sans distinction de niveau primaire ou supérieur comme l'établit la Convention de Genève. La directive est donc plus libérale que cette dernière[166] sur ce point. La directive recommande enfin aux États de veiller aux soins médicaux des réfugiés (mais ceci n'est pas une obligation).

Signalons enfin que le législateur français devra transposer les dispositions relatives à l'évaluation du récit du demandeur d'asile. En effet, l'article 4 relatif à l'évaluation des faits et circonstances, pose un ensemble de faisceau d'indices permettant d'évaluer la véracité du récit du demandeur d'asile mais aussi de rechercher les preuves de ses allégations. Cette sorte de « guide commun » servira surtout aux États membres pour détecter les demandeurs d'asile fraudeurs. Les États membres devront également tenir

---

[158] Directive relative *au statut des ressortissants de pays tiers résidents de longue durée*, du 25 novembre 2003, JOUE, L 16/44, du 23 janvier 2004.

[159] Article 15 alinéa 10.

[160] Réserve de non atteinte à l'ordre public, d'absence de polygamie etc. Cf. article 16 de l'ordonnance de 1945.

[161] Article 26.

[162] Article 32 de la directive.

[163] « *Dans les mêmes conditions et avec les mêmes restrictions que celles qui sont prévues pour les ressortissants d'autres pays tiers résidant légalement sur leur territoire* ».

[164] « *Dans des conditions identiques à celles des ressortissants des États membres* ».

[165] Article 26 § 5.

[166] Article 22 de la Convention.

compte des définitions données par la directive sur les clauses de cessation[167], d'exclusion[168] mais aussi de révocation[169] du statut de réfugié. La directive ne reprend pas toutes les dispositions relatives au statut de réfugié posées par la Convention de Genève. Les États membres n'ont pas cherché la logique d'harmonisation de l'ensemble du statut des réfugiés. Il s'agit bien là d'un premier acte dérivé communautaire qui marque le début d'un statut communautaire de l'asile encore en construction.

Cette première étape est loin d'être satisfaisante au regard du texte conventionnel et des législations internes relativement protectrices en la matière. L'harmonisation communautaire ne devrait pas niveler vers le bas la protection du réfugié, au contraire, la construction d'un statut commun devrait constituer un enjeu pour imposer une protection à la hauteur des exigences de la Convention de Genève.

Si la France a déjà anticipé certaines dispositions de cette directive, le législateur français devra transposer l'ensemble des objectifs de la directive. L'article 3 de la directive précise que des normes plus favorables pourront être adoptées ou maintenues. On sait que l'harmonisation entreprise dans la directive ne porte que sur des normes minimales ; il ne faudrait pas que les États revoient « à la baisse » leur législation avec l'adoption de cette directive. En effet, on a eu l'occasion de montrer que *l'alibi* de l'harmonisation a permis au législateur français de revenir sur certaines dispositions internes plus protectrices.

En plus de leurs recherches d'harmonisation à propos de la définition et du statut de réfugié, les États membres se sont dotés des moyens financiers[170] permettant de réaliser l'accueil de ces derniers dans des conditions décentes, le fonds européen pour les réfugiés a été crée en 2000 dans cette intention.

---

[167] Article 11.

[168] Article 12.

[169] Article 14.

[170] Décision du Conseil du 28 septembre 2000 *portant création d'un Fonds européen pour les réfugiés* 2000/596/CE, JOCE n° L 252 du 06 octobre 2000 p. 12-18. Proposition de Décision du Conseil établissant *le Fonds européen pour les réfugiés pour la période 2005-2010* SEC (2004) 161/ COM/2004/0102 ; Proposition modifiée de décision du Conseil concernant une action commune adoptée par le Conseil sur la base de l'article K.3 du traité sur l'Union européenne, *établissant des mesures destinées à soutenir concrètement l'accueil et le rapatriement volontaire de réfugiés, de personnes déplacées et de demandeurs d'asile, y compris une aide d'urgence aux personnes ayant fui le Kosovo en raison des derniers événements* COM/99/0181.

CHAPITRE II : DE NOUVELLES PROTECTIONS COMMUNAUTAIRES : DIVERSIFICATION DES FORMES D'ASILE

Depuis les années quatre-vingt-dix, la politique européenne de l'asile s'est développée en réaction à l'augmentation croissante des demandes d'asile. En dehors du regroupement familial, le droit d'asile a constitué, et constitue toujours, l'un des rares moyens de pénétrer légalement sur le territoire des États européens. Avec la chute du mur de Berlin et depuis la multiplication des conflits ethniques et l'importante misère dans de nombreux pays du Sud, les candidats au refuge sont de plus en plus nombreux à déposer des demandes d'asile auprès des États Européens[1]. Ces derniers ont été très rapidement « dépassés » par ces multiples demandes. Les structures compétentes chargées de gérer les dossiers, ainsi que les législations relatives à l'asile ont été modifiées pour faire face à cette augmentation importante des candidats au refuge. Parallèlement à ces réformes structurelles des procédures d'asile effectuées par la plupart des États membres, certains pays, notamment la France, ont adopté une interprétation restrictive de la Convention de Genève pour permettre de distinguer « les vrais » des « faux » demandeurs d'asile. Dans le chapitre précédent, il a été démontré combien la jurisprudence de l'OFPRA relative aux agents de persécutions a complexifié la reconnaissance de la qualité de réfugié. Ainsi, de nombreux candidats au refuge ont été « déboutés » du droit d'asile. Or certains de ces « réfugiés *de facto »* ne pouvaient être renvoyés dans leur pays d'origine puisqu'ils craignaient d'y subir des traitements inhumains et dégradants. Ces déboutés du droit d'asile n'étaient « ni expulsables, ni régularisables »[2], on les tolérait simplement sur le territoire grâce au principe de non-éloignement mais ils ne recevaient aucun titre de séjour spécifique.

Face à ces situations de non-droit, chaque État européen a institué ses propres protections alternatives : humanitaires, temporaires, tels que des statuts B, C ou « dulding » (tolérance), des autorisations de séjours exceptionnelles ou des statuts humanitaires. Ces protections « d'urgence » ne délivraient pas, en général, un statut « complet » contrairement à celui du réfugié conventionnel. Elles n'étaient que des « solutions de rechange » qui permettaient au cas par cas de régler les hypothèses les plus difficiles, selon le bon vouloir des États. La France a développé, assez tardivement, ce type de protection humanitaire légale, même s'il est vrai qu'elle octroyait déjà discrétionnairement des protections « régaliennes » pour des étrangers[3] en détresse. Ainsi « l'asile territorial » institué par la loi

[1] En 2002, en France 51087 demandes d'asile ont été déposées et en Europe 381912.

[2] Voir en ce sens les derniers chiffres sur les personnes déboutées du droit d'asile depuis 1998 restées sur le territoire français : 25000 personnes dont 18000 familles selon Le Figaro, mercredi 15 septembre 2004.

3 Cf. une circulaire du 30 juin 1976 relative aux ressortissants libanais ; AMIR A., « les réfugiés non statutaires : l'exemple des réfugiés libanais en France », *Les réfugiés en France et en Europe, quarante ans d'application de la Convention de Genève, actes du colloque*, p. 457. Pendant la guerre serbo-croate en 1992, un télégramme du 3 août 1992 du Ministère de l'intérieur, a garanti le maintien des ressortissants yougoslaves sur le territoire « en

du 11 mai 1998[4] a permis de délivrer une protection à « *l'étranger qui établit que sa vie ou sa liberté est menacée dans son pays ou qu'il est exposé à des traitements contraires à l'article 3 de la Convention européenne de sauvegarde des droits de l'Homme et des libertés fondamentales* »[5]. Cette garantie alternative a constitué la première protection subsidiaire, à côté du statut conventionnel, à intégrer le statut du demandeur d'asile en France.

Au plan européen, les États membres ont cherché à mutualiser leurs efforts en adoptant une véritable protection subsidiaire commune pour éviter les disparités[6] entre les États membres, et surtout, pour imposer, aux États qui n'en avaient pas, une protection complémentaire à celle de la Convention de Genève. Aussi, pour faire face à l'augmentation des demandes et à la situation de déboutés de l'asile, les États membres ont adopté, après plus de trois ans de discussion, une directive relative à une protection internationale subsidiaire le 29 avril 2004[7]. Il conviendra d'expliquer les raisons de la mise en place de cette protection ainsi que son contenu, mais surtout il faudra préciser son « intégration » dans le statut interne (section I).

Parallèlement, les États ont édifié une deuxième protection communautaire, très différente de la protection subsidiaire : une sorte de protection *prima facie* des personnes déplacées en grand nombre vers l'Europe. Les travaux communs relatifs aux afflux massifs de personnes ont débuté peu après la guerre de Yougoslavie au cours des années quatre-vingt-quinze. Puis, la crise du Kosovo et les migrations qui ont suivi, ont poussé les États membres à créer une véritable protection d'urgence commune. Après d'intenses négociations, une directive a édifié une protection temporaire lors d'afflux massifs de personnes déplacées. Cette protection apparaît comme une innovation en Europe puisqu'elle permet d'organiser au plan européen, une protection régionale en cas d'afflux massifs de migrants. Elle est par ailleurs inédite en raison de son objectif : peu d'États avaient jusqu'ici prévu des protections temporaires pour les personnes déplacées en grand nombre. Jusqu'ici ce type de protection n'existait que dans les pays particulièrement exposés aux migrations massives d'exilés, essentiellement les pays africains[8]. Cette protection temporaire permet de diversifier les formes d'accueil au sein des États membres. À côté de la protection conventionnelle et subsidiaire, elle constitue une troisième protection que le demandeur d'asile peut solliciter. Il s'agira d'expliciter les enjeux et les modalités d'application de cette nouvelle protection communautaire, ainsi que sa transposition dans le statut interne (Section II).

---

raison de la persistance d'une situation troublée dans plusieurs territoires de l'ex-Yougoslavie », etc.

[4] Article 36 de la loi n° 98-349 du 11 mai 1998, relative *à l'entrée et au séjour des étrangers en France et au droit d'asile,* JORF du 12 mai 1998, p. 7087, ancien article 13 de la loi du 25 juillet 1952 relative au droit d'asile.

[5] Ancien article 13 de la loi du 25 juillet 1952.

[6] BOUTEILLET-PAQUET D. (Sous la direction de), *La protection subsidiaire des réfugiés dans l'Union européenne : un complément à la Convention de Genève ?,* Bruylant, Bruxelles, 2002.

[7] Directive 2004/83/CE du Conseil, du 29 avril 2004, *concernant les normes minimales relatives aux conditions que doivent remplir les ressortissants des pays tiers ou les apatrides pour pouvoir prétendre au statut de réfugié ou les personnes qui pour d'autres raisons, ont besoin d'une protection internationale, et relatives au contenu de ces statuts,* JOUE, 30 septembre 2004, L 304/ 12.

[8] GUICHAOUA A., (Sous la direction de) *Exilés, réfugiés, déplacés en Afrique centrale et orientale*, Paris, éd. Karthala, 2004, 1070 p. ; DEGNI-SEGUI R., « L'action des institutions africaines en matière de réfugiés », *in Droit d'asile et des réfugiés,* colloque de Caen SFDI, éd. Pedone, Paris, 1997, p. 329-252

Section I : Une protection subsidiaire commune, garantie alternative au statut conventionnel

Les États membres ont choisi de construire une protection supplémentaire pour les demandeurs d'asile au lieu de défendre une interprétation plus ouverte de la Convention de Genève. L'objectif de l'étude sera de montrer que cette protection subsidiaire a été instituée pour faire face à une série de disfonctionnements juridiques rencontrés au sein des États membres, la nécessité d'une protection alternative étant apparue pour surmonter la crise de l'asile conventionnel. Il conviendra d'analyser l'ensemble des raisons qui ont poussé les États membres à communautariser une protection subsidiaire pour les demandeurs d'asile (§ I).

Au côté du réfugié conventionnel, le droit communautaire crée une protection alternative que le demandeur d'asile pourra solliciter. Un statut est délivré pour les bénéficiaires de la protection subsidiaire (§ II).

§ I : Les raisons d'une protection subsidiaire

Les faiblesses des instruments internationaux relatifs à l'asile ont poussé les États membres à organiser une protection complémentaire au plan communautaire (A). Les inadaptations de la Convention de Genève face aux nouvelles migrations et aux interprétations restrictives des États membres (B), ainsi que le désir d'harmonisation des différentes protections mises en place dans les États membres (C) ont amené la Communauté européenne à créer une protection subsidiaire communautaire.

A/ Les faiblesses des instruments internationaux relatifs à l'asile

Comme cela a été constaté, *l'obligation* pour un État d'accorder l'asile n'est pas reconnue par le droit international. Cette faculté est discrétionnairement octroyée par les prérogatives étatiques. Si l'article 14 de la Déclaration Universelle des droits de l'Homme prévoit que « *devant la persécution toute personne a le droit de chercher et de bénéficier de l'asile en d'autres pays* », ce texte n'a pas de force contraignante et ne peut s'imposer aux souverainetés étatiques. De plus, l'interprétation du contenu même de l'article 14 suscite des interrogations. Proclame t-il un véritable droit subjectif pour les demandeurs d'asile, impliquant alors une obligation d'accueil ? Ou au contraire affirme t-il que le droit d'asile est un droit objectif de l'État ? Cette dernière option semble davantage conforme à l'interprétation retenue par les États, elle « *correspond au schéma classique de droit international et fait « écran » entre les normes de droit international et les individus* »[9]. En somme, le droit international n'oblige pas les États à accorder l'asile, il n'impose qu'un simple devoir répondant aux principes « coutumiers » du droit international tel que l'article 14 de la DUDH.

De même, nous avons déjà souligné que la Convention de Genève adjoint simplement à l'État de reconnaître la qualité de réfugié (et le statut qui va avec) à un demandeur qui a déposé sa demande auprès des autorités compétentes selon les critères

[9] BOUTEILLET-PAQUET D., *op. cit.*, p. 91.

conventionnels. Par contre, le principe de non-refoulement[10] des réfugiés est une obligation que la Convention de Genève impose aux États parties. Son article 33[11] précise que le réfugié conventionnel (et non le candidat au refuge ou le demandeur d'asile) est l'unique bénéficiaire de cette garantie contre l'éloignement. Aujourd'hui, ce principe de non-éloignement s'interprète de façon extensive[12]. Il permet d'offrir une protection subsidiaire à tous les candidats au refuge. Cette obligation de non-éloignement est apparue avec les premières Conventions relatives aux réfugiés dans les années trente, néanmoins c'est véritablement la Convention de Genève qui lui a donné toute sa dimension. Les autres instruments relatifs des droits de l'Homme[13] ont repris cette obligation soit dans leur contenu, soit dans l'interprétation qui en est faite. Cette obligation de non-éloignement apparaît aujourd'hui comme un principe coutumier[14] de droit international.

Cependant, l'obligation de non-éloignement ne délivre pas au candidat au refuge un quelconque droit au séjour mais constitue uniquement une obligation minimale qui s'impose aux États. Cette simple tolérance sur le territoire ne permet pas de reconnaître un statut hormis la possibilité offerte par la Convention de Genève. Or comme, dans la plupart des cas, les États retiennent une approche restrictive du principe de non éloignement. À cet égard, la protection subsidiaire commune permettra donc, non seulement de confirmer l'obligation, mais surtout d'ouvrir le champ de protection à des personnes « inexpulsables », et ce, en leur garantissant un statut en marge de la protection conventionnelle. La nouvelle protection subsidiaire commune constitue donc une avancée car elle élargit le champ *rationae personnae* des catégories de victimes à protéger en leur offrant un statut à part entière.

Parallèlement à cela, les travaux de l'ONU ont tenté de légiférer sur l'asile. La Déclaration des Nations Unies sur l'asile territorial[15] a constitué la première initiative. Néanmoins son impact a été inexistant étant donné qu'elle ne constituait pas un acte contraignant et n'avait qu'une valeur déclarative. Comme la Déclaration Universelle des droits de l'Homme, ce texte complète l'ensemble des principes coutumiers internationaux relatifs à l'asile. Peu après en 1977, les organes de l'ONU ont proposé un projet de *Convention sur l'asile territorial*[16]. L'objectif était d'inclure les éléments essentiels de la Déclaration des Nations Unies relative à l'asile territorial dans un futur instrument contraignant. Faute d'accord, ce projet de Convention trop ambitieux a été abandonné.

---

[10] CHETAIL V., « Le principe de non-refoulement et le statut de réfugié en droit international » *in La Convention de Genève du 28 juillet 1951 relative au statut des réfugiés 50 ans après : bilan et perspectives*, Bruylant, Bruxelles, 2001, p. 3-62.

[11] « *Aucun des États contractants n'expulsera ou ne refoulera, de quelque manière que ce soit, un réfugié sur les frontières des territoires où sa vie ou sa liberté serait menacée en raison de sa race, de sa religion, de sa nationalité, de son appartenance à un certain groupe social ou de ses opinions politiques* ».

[12] Le Comité exécutif du HCR a étendu la portée de l'obligation de non-refoulement, dans ces Conclusions EXCOM n° 6 (XXVIII) relative au principe de non-refoulement, 28ème Session, 1977, recueil des conclusions du Comité exécutif du Haut Commissariat pour les Réfugiés des Nations Unies, p. 14. Toutefois ce texte n'a pas de valeur contraignante à l'égard des États.

[13] Cf. CEDH, CAT, PIDCP, Convention de l'OUA, Convention américaine des droits de l'Homme, Charte africaine du droit des peuples.

[14] Cf. débats sur la valeur coutumière du principe de non-refoulement, cf. analyses de BOUTEILLET-PAQUET D., *op. cit.*, p. 102-104 ; CHETAIL V., *op. cit.*, p. 3-62.

[15] Adoptée le 14 décembre 1967, par une Résolution de l'assemblée générale des Nations Unies, n° 2312 (XXII).

[16] LEDUC F., « L'asile territorial et la conférence des Nations Unies de Genève », *AFDI*, 1977, p. 221-265.

Grâce à son rôle de Conseil et à l'élaboration de ses principes directeurs, Recommandations, rapports, conclusions[17], et de son Comité exécutif, le HCR participe également à la construction de règles et de principes coutumiers sur l'asile et les réfugiés.

Au plan européen, la codification d'un droit d'asile n'a jamais été édifiée. Aucune protection juridique n'a été spécialement adoptée, hormis le récent article 18[18] de la Charte européenne des droits fondamentaux qui fait référence au droit d'asile, mais ici encore celui-ci n'a aucune valeur contraignante. Toutefois, la jurisprudence de la Convention européenne des droits de l'Homme a progressivement imposé des obligations de non-éloignement aux États parties. Cette protection « par ricochet » développée sur la base de l'article 3 de la CEDH[19] constitue une sorte d'« asile humanitaire »[20]. Grâce au caractère intangible et absolu de l'article 3 de la CEDH, la jurisprudence européenne a étendu l'obligation de non-éloignement à des étrangers qui ne pouvaient pas jusqu'ici en bénéficier. Néanmoins, dans certains États aucun statut ne leur est délivré, l'article 3 protège *in extremis*. La protection subsidiaire communautaire permettra d'imposer aux États membres *« de protéger ces personnes en leur conférant un statut accompagné d'un permis de séjour. Aussi minime soit-elle, cette disposition est une avancée du droit international car la jurisprudence actuelle de la Cour de Strasbourg se limite à interdire le refoulement* »[21].

Signalons, pour finir, que les États africains[22] ont élargi la notion de réfugié en introduisant les concepts d'« exil forcé », de « groupe de réfugiés » ou encore de « personnes déplacées ». Les États d'Amérique latine, qui n'ont certes pas connu les difficultés des pays africains en terme de réfugiés, ont fait de même en incluant dans la Déclaration de Carthagène[23], les « *victimes de violence généralisée, d'une agression étrangère, des conflits internes, d'une violation massive des droits de l'Homme* »[24]. Les termes de cette définition ont été partiellement repris dans la définition communautaire des personnes pouvant bénéficier de la protection subsidiaire.

---

[17] Voir notamment Conclusions du Comité exécutif du HCR, n° 8 sur « La détermination du statut de réfugié », n° 15 sur « réfugiés sans pays d'asile », n° 30 « sur le problème des demandes manifestement infondées », n° 58 « sur les problèmes des réfugiés et des demandeurs d'asile quittant de façon irrégulière un pays où la protection leur a déjà été accordée », n° 22 sur la « Protection des personnes en quête d'asile en cas d'arrivée massive », n° 44 sur « la détention des réfugiés et des personnes en quête d'asile ». n° 6 relative au principe de non-refoulement, 28ème Session, 1977, recueil des conclusions du Comité exécutif du Haut Commissariat pour les Réfugiés des Nations Unies, p. 14.

[18] « Le droit d'asile est garanti dans le respect des règles de la Convention de Genève du 28 juillet 1951 et du Protocole du 31 janvier 1967 relatifs au statut des réfugiés et conformément au traité instituant la Communauté européenne », Charte des droits fondamentaux de l'Union européenne, 2000/ C 364 / 01, 18 décembre 2000, JOCE C 364, p. 1.

[19] Cf. Partie II, Titre II, Sous Titre I, Chapitre I.

[20] FOURTEAU H., *L'application de l'article 3 de la Convention européenne des droits de l'Homme dans le droit interne des États membres*, éd. LGDJ, tome 85, Bibliothèque constitutionnelle et de science politique, Paris, 1996, p. 226.

[21] BOUTEILLET-PAQUET D., « Quelle protection subsidiaire dans l'Union européenne ? », *Hommes et Migrations*, n° 1238, juillet-août 2002, p. 80.

[22] 41 États membres de l'OUA ont adopté la Convention régissant les aspects propres aux problèmes africains, OUA, 10 septembre 1969, entrée en vigueur le 20 juin 1974.

[23] Déclaration de Carthagène sur les réfugiés latino-américains de novembre 1984.

[24] Partie III § 3.

B/ Nouveaux besoins de protection à côté du statut conventionnel

Les interprétations restrictives de quelques pays membres ont laissé de côté une partie des demandeurs d'asile (2) ; ainsi, certains d'entre eux, pourtant réellement persécutés n'ont pu obtenir le statut conventionnel. Les États ont fini par comprendre qu'il fallait prendre en compte des persécutions non prévues par la Convention de Genève (1) et les inclure dans une nouvelle forme de protection.

1/ Des persécutions non prises en compte par la Convention de Genève

La Convention de Genève souffre de l'évolution récente des migrations internationales[25]. Comme nous venons de l'analyser, le texte conventionnel correspondait aux besoins d'une époque, il a été ratifié dans un temps et un espace déterminés qui sont aujourd'hui bien différents. Les flux migratoires ne sont plus issus des affrontements des deux blocs mais résultent pour partie de l'effondrement des pays du Sud touchés par les guerres civiles, ethniques, religieuses, économiques ou écologiques. Par conséquent, les motifs de fuite des pays persécuteurs ont évolué[26]. D'importantes inadaptations juridiques ont été constatées dans les pays européens. Les dispositions de la Convention de Genève même largement interprétées ne peuvent plus répondre aux nouveaux types de persécutions.

Dans la plupart des États, les étrangers malades (SIDA et autres pathologies graves) sont protégés par la « protection par ricochet » de la Cour européenne des droits de l'Homme et sa jurisprudence relative à l'article 3. Ainsi, sous certaines conditions, la mesure d'expulsion d'un étranger souffrant d'une grave pathologie est considérée comme un traitement inhumain et dégradant[27]. La Convention de Genève ne peut évidement pas garantir une telle protection pour ces victimes. Jusqu'ici une régularisation médicale, plus ou moins protectrice, s'accomplissait par les États européens. En France, la régularisation médicale de l'étranger a fait l'objet d'une reconnaissance législative (article 26 I 5°[28] de l'ordonnance de 1945 protège de l'éloignement) et permet aujourd'hui, le cas échéant, de délivrer un titre de séjour (article 12 bis 11 de l'ordonnance de 1945). Mais tous les pays ne procèdent pas de la sorte, par conséquent un nombre important d'individus ayant besoin « d'asile sanitaire » reste dans des situations précaires. L'article 15 b) de la directive sur la protection subsidiaire fait référence aux traitements inhumains et dégradants. Les États qui n'ont pas protection spécifique appliqueront sans doute ce concept aux étrangers très malades.

A côté de cet « asile pour raison médicale », il existe des persécutions sexuelles ou des exactions tenant à la situation de la femme, qui n'entraînent pas toujours la reconnaissance du statut de réfugié dans certains pays européens. Certes on trouve des espèces où la Cour européenne des droits de l'Homme est intervenue pour annuler

---

[25] DE TAPIA S., *Les nouvelles configurations de la migration irrégulière en Europe*, éd. Conseil de l'Europe, décembre 2003, sp. 57 et s. ; HCR, *Les réfugiés dans le monde, cinquante ans d'action humanitaire*, Collection Autrement, 2000 ; WITHOL DE WENDEN C., « Migrations, de nouveaux visages, Flux et réseaux comprendre le Monde », Sciences Humaines, numéro spécial n° 2, mai-Juin 2003, p. 62.

[26] Sur la question voir « les mouvements migratoires de plus en plus complexes », *in HCR, les réfugiés dans le monde, op. cit.*, p. 280 et s.

[27] Cf. Partie II, Titre II, Sous Titre I, Chapitre I, Section I, § I, B.

[28] Ou ancien article 25-8° de l'ordonnance de 1945.

l'expulsion d'une iranienne menacée d'exécution dans son pays pour adultère[29]. La Cour a estimé que la renvoyer en Iran était contraire à l'article 3. Mais jusqu'ici ce type de victimes ne bénéficiait que de simples autorisations administratives, la protection subsidiaire leur permettra d'obtenir un véritable statut en généralisant et fixant la jurisprudence de la Cour européenne des droits de l'Homme dans un texte commun.

De la même façon, les personnes fuyant les catastrophes écologiques ou ayant été privées d'accès aux ressources naturelles et économiques n'entrent pas dans le champ de la protection conventionnelle. L'étude comparée[30] de Daphné Bouteillet-Paquet révèle qu'en 2002 quatre pays membres seulement (Grèce, Suède, Finlande et Italie) prévoyaient un mécanisme de protection dans leur législation, notamment sur les cas de force majeure et de catastrophes naturelles. Toutefois, l'auteur ajoute que ces protections sont théoriques voire illusoires, puisque pour les victimes concernées, les États préfèrent choisir les pratiques administratives (autorisations humanitaires temporaires). La protection subsidiaire aurait pu intégrer un type de demandeurs de « refuge écologique », mais les critères retenus pour octroyer cette nouvelle protection ne permettent pas de les inclure.

2/ Une jurisprudence restrictive en matière d'octroi des statuts de réfugiés

Comme cela a été expliqué dans le chapitre précédent, l'interprétation restrictive de la Convention de Genève par certains États membres a exclu du statut de réfugié quelques « catégories » de victimes. La France, quant à elle, s'est montrée particulièrement rigoureuse dans son appréciation des agents de persécution. C'est ainsi qu'au cours des années quatre-vingt-dix, les autorités françaises ont écarté bon nombre de demandeurs d'asile algériens, avec la jurisprudence particulièrement restrictive développée par l'OFPRA. La plupart des personnes menacées par le FIS se sont vues refuser le statut de réfugié, à tel point que le 11 janvier 1995, la Commission nationale consultative des droits de l'Homme[31] a dénoncé l'interprétation de la France et ses conséquences sur l'accueil réservé aux ressortissants algériens. En 1997, seuls 64 demandeurs d'asile algériens ont obtenu satisfaction soit 7,3% des demandes alors que le taux moyen est de 17%[32].

Un autre aspect de la politique restrictive de certains États a conduit à refuser le statut conventionnel aux personnes menacées de persécutions non ciblées dues à un conflit armé ou à une situation de violence généralisée. Le Danemark[33] et la France ont été particulièrement pointilleux dans l'analyse du critère *personnel* des persécutions et de l'autorité de fait. En France, les ressortissants algériens et somaliens[34] ont notamment subi cette pratique jurisprudentielle.

---

[29] CEDH 11 juillet 2000, *Jabary c./ Turquie*, req. n° 40035/98.

[30] BOUTEILLET-PAQUET D., « La protection subsidiaire : progrès ou recul du droit d'asile en Europe ? une analyse critique de la législation des États membres de l'Union européenne », *in La protection subsidiaire des réfugiés dans l'Union européenne : un complément à la Convention de Genève ?*, Bruylant, Bruxelles, 2002, p. 181 et s.

[31] Avis du 11 janvier 1995, concernant l'accueil en France des algériens menacés dans leur vie ou dans leur liberté.

[32] Chiffres du Ministère de l'Intérieur, rep. n° 3806, JO AN, question, 15 mars 1999, p. 1603.

[33] Cf. les analyses de BOUTEILLET-PAQUET D., « Évaluation de la proposition de directive européenne sur la notion de réfugié et la protection subsidiaire du point de vue de l'expérience des États membres », *in La protection subsidiaire des réfugiés dans l'Union européenne : un complément à la Convention de Genève ?*, Bruylant, Bruxelles, 2002, p.89.

[34] CRR du 26 novembre 1993, *Ahmed Abdullah*, req. n° 229 619.

Ces différentes interprétations développées par les États membres pourraient être compensées par la mise en place d'une protection subsidiaire commune, à condition que les États l'interprètent largement.

C/ Désir d'harmonisation des différentes protections internes mises en place par les États membres

Des protections subsidiaires ont été instituées dans la plupart des États membres, chaque pays a légiféré pu « à sa façon » face aux phénomènes migratoires nouveaux et à l'insuffisance des procédures conventionnelles. La multiplicité des approches retenues a poussé les pays membres à créer une protection subsidiaire commune (1). L'exemple français nous permettra de mesurer combien l'harmonisation de la protection subsidiaire est un formidable défi pour les États membres en raison de la variété de protections déjà existantes (2).

1/ Les variabilités des protections subsidiaires rencontrées en Europe

Une importante étude[35] de droit comparé sur l'asile en Europe, menée par Daphné Bouteillet-Paquet et le Réseau académique d'études juridiques, a montré les différentes protections internationales alternatives rencontrées dans les quinze États membres.

Les premières remarques que l'on peut tirer de ce travail concernent la mise en place par chaque pays européen de protections subsidiaires et la variabilité de celles-ci, le mot protection étant entendu au sens large c'est-à-dire comme « *une mesure humanitaire accordée aux personnes qui ne remplissent pas les critères de reconnaissance de la Convention de Genève* »[36]. La tendance générale constatée est la prise en compte, par quasiment tous les pays membres, de protections subsidiaires. En 2002, seuls trois pays membres (l'Irlande[37], la Belgique[38] et le Royaume uni[39]) ne disposaient pas de protection subsidiaire dans leur législation. Les autres États ont tous légiféré à des moments différents. À cela plusieurs explications :

-Les facteurs peuvent être *conjoncturels*[40] :

Ainsi l'Allemagne, la Suède, le Danemark ont adopté une protection subsidiaire dans les années soixante-dix « *afin de répondre à l'arrivée de ressortissants de l'ex-bloc soviétique, qui ne pouvaient se prévaloir de persécutions au sens de la Convention de Genève, ou de faire face à des crises ponctuelles et notamment l'arrivée de boat people du Sud Est asiatique* »[41]. La Finlande, la Grèce, l'Autriche, l'Espagne, ont pris des dispositions

---

[35] Cf. BOUTEILLET-PAQUET D., (Sous la direction de), *La protection subsidiaire des réfugiés dans l'Union européenne : un complément à la Convention de Genève ?*, Bruylant, Bruxelles, 2002. Notamment, « La protection subsidiaire : progrès ou recul du droit d'asile en Europe ? une analyse critique de la législation des États membres de l'Union européenne », p. 153-210.

[36] *Ibid.*, p. 154.

[37] Selon l'étude, l'Irlande est peu touchée par le phénomène migratoire, ceci explique sans doute l'absence de protection subsidiaire, *Ibid.*, p. 160.

[38] Selon l'étude, la Belgique a adopté une « attitude attentiste en raison du retard dans l'harmonisation européenne sur ce thème », ibid., p. 160.

[39] *Ibid.* Au Royaume-Uni c'est au contraire une pratique administrative qui fait office de protection subsidiaire.

[40] *Ibid.*, p. 161.

[41] *Ibid.*, p. 161.

pendant les années quatre-vingt-dix au moment de la crise de Yougoslavie[42]. La France, le Luxembourg, l'Italie ont légiféré à la suite des opérations de régularisation[43]. Parallèlement à ces situations touchant plusieurs États, chacun d'eux a dû traiter au coup par coup les arrivées de ressortissants exilés d'un même pays (pour la France : les Libanais, les Haïtiens, les Algériens par exemple).

-La mise en place de protections alternatives peut être due également à des facteurs *constitutionnels* ou *« jurisprudentiels »*[44]. Ainsi, le droit constitutionnel de certains États (France (préambule de 1946), Italie), ainsi que l'impact de la jurisprudence relative à l'article 3 de la Convention européenne des droits de l'Homme ont constitué autant d'influences internes ou internationales dans les pays membres.

Pour ce qui est de la *variabilité* des régimes de protections subsidiaires, l'étude de Daphné Bouteillet-Paquet dégage deux définitions : une qui part d'une vision *positive*[45] des bénéficiaires de protections subsidiaires, à partir de laquelle les protections sont : soit « englobantes » et libérales comme au Portugal, en Grèce ou en Italie ; soit strictement définies comme en France. La deuxième définition part d'un point de vue *négatif* et se limite à une simple exigence de non-refoulement.

À côté des définitions, l'étude comparée montre que les clauses d'exclusion[46], le régime procédural[47] ainsi que les droits[48] délivrés sont changeants d'un État à l'autre. S'agissant des droits attribués, les conclusions de l'étude relèvent que la durée des différentes protections varie. Hormis le cas particulier de la Suède et de la Finlande qui délivrent une protection équivalente à celle du statut de réfugié (protection permanente), les autres États ont mis en place des permis de séjour temporaire (valables environ une année)[49] souvent précaires, et ce, alors que la pratique montre que les bénéficiaires concernés ont généralement besoin d'une protection durable. Par ailleurs, les droits et avantages délivrés pour les bénéficiaires des protections subsidiaires sont dans la plupart des États membres beaucoup moins nombreux que ceux des réfugiés statutaires. Les bénéficiaires de régimes alternatifs ne jouissent pas d'un traitement privilégié semblable à celui du réfugié conventionnel, mais plutôt d'un traitement aligné sur celui du droit commun des étrangers. Ainsi, des différences de traitement ont été constatées entre les quinze États membres à propos du droit au travail, des conditions d'accueil (traitement discriminatoire constaté en France avant la réforme de décembre 2003 en ce qui concerne le refus d'accès en CADA pour les bénéficiaires de l'asile territorial, de l'accès au droit au regroupement familial[50] et aux prestations sociales…).

Le troisième bilan que livre l'étude comparée, c'est le nombre particulièrement important de bénéficiaires de protections subsidiaires en Europe : pendant l'année 1999 « *83860 personnes* (étaient) *sous statuts subsidiaires contre 22560 statuts de réfugiés*

---

[42] *Ibid.*, p. 161.
[43] *Ibid.* p. 161.
[44] *Ibid.*, p. 163.
[45] *Ibid.*, p. 171.
[46] *Ibid.*, p. 185-186.
[47] *Ibid.*, p. 187-200.
[48] *Ibid.*, p. 200-210.
[49] *Ibid.*, p. 200-201.
[50] Pour plus de détails cf. *ibid.*, p. 207-210.

statutaires, c'est-à-dire en moyenne un réfugié statutaire pour trois réfugiés de facto »[51]. Ces chiffres sont donc particulièrement révélateurs des enjeux que représente l'harmonisation de la protection subsidiaire dans l'émergence d'un régime commun de l'asile.

2/ La complexité et les enjeux du cas français

Avant la réforme du 10 décembre 2003 instituant la protection subsidiaire, la France a développé plusieurs formes de protections subsidiaires : un « *asile régalien* »[52] expression des prérogatives discrétionnaires de l'État, une protection alternative qui a consisté à légaliser *l'asile territorial* et *l'asile constitutionnel*[53]. Le développement de ces différentes formes de protections subsidiaires permet de montrer combien la multiplicité et la complexité des formes alternatives d'asile développées en France appelaient une harmonisation européenne.

-Les réfugiés *de facto* et la pratique des circulaires : *un asile régalien*

Par le biais de circulaires, notes, ou télégrammes rarement publiés, l'État français a octroyé au cas par cas des autorisations de séjour à des *réfugiés de facto* ou des « *quasi-réfugiés* »[54]. Pour la plupart, ces réfugiés non statutaires étaient des demandeurs d'asile « inclassables », c'est-à-dire qu'ils n'entraient pas dans les critères conventionnels ou étaient délibérément exclus des interprétations restrictives de l'OFPRA et de la CRR. On leur délivrait des « tolérances administratives » selon le bon vouloir du « Prince ». Cette pratique régalienne de l'asile, aussi appelée « *asile territorial* »[55], s'adressait à une multitude de bénéficiaires auxquels elle n'apportait qu'une protection très aléatoire. Ce fut le cas de « l'asile par circulaire » qui a concerné les ressortissants libanais fuyant leur pays en état de guerre civile. Leurs conditions particulières d'accueil ont été définies par une circulaire du 30 juin 1976[56]. De même, c'est par circulaire que l'accueil des haïtiens et des Boat People a été régi. C'est encore un télégramme du Ministère de l'Intérieur[57] du 3 août 1992 qui réglementa l'accueil des bosniaques lors de la crise yougoslave. Ou encore un télégramme non publié qui, le 22 décembre 1993, régularisa la situation de 2500 ressortissants algériens menacés par des mouvements intégristes islamistes dans leur pays. Enfin, alors que l'asile territorial était légalisé par la loi du 11 mai 1998, la situation des demandeurs d'asile kosovars fut une nouvelle fois réglée par des télégrammes[58] transmis aux préfectures durant l'année 1999[59].

---

[51] *Ibid.*, p. 158.

[52] ALLAND D. et TEITGEN-COLLY C., *Traité du droit d'asile*, PUF, 2002, p. 47-54.

[53] Si l'asile constitutionnel répond à une définition différente de celle contenue dans la Convention de Genève, les bénéficiaires de l'asile constitutionnel se voient attribuer le statut de réfugié et non une protection spécifique : CRR 24 octobre 2002, Akhter, req. n° 407 759 ; CRR 24 octobre 2002, Kesri, req. n° 398 814.

[54] BRINGUIER P., « Les quasi-réfugiés », *Immigrés et réfugiés dans les démocraties occidentales, défis et solutions,* (Sous la direction de TURPIN D.), Economica, Presse universitaire d'Aix-Marseille, 1989, p.299-309.

[55] ALLAND D. et TEITGEN-COLLY C., *op. cit.*, p. 39-54.

[56] AMIR A.-K., *op. cit.*, p. 457.

[57] Rapport d'Amnesty International et France Terre d'asile *Droit d'asile en France, « état des lieux »*, juillet 1997.

[58] Cf. Notes et télégrammes du Ministère de l'Intérieur, DJPAJ de 1999, voir aussi la circulaire du 18 janvier 1999.

[59] BERNARD P., « L'incertitude demeure sur l'accueil des réfugiés kosovars », *Le Monde*, 15 avril 1999, p. 6 ; « Les premiers réfugiés arrivent en France », *Le Monde*, le 16 avril 1999, p. 6.

-L'asile territorial issu de la loi 1998 : *la protection subsidiaire légalisée*

Après la vague de régularisation de juin 1997, encouragé par le Rapport[60] de Patrick Weil, Lionel Jospin s'était engagé à légaliser « l'asile régalien ». Pour cela il a introduit *l'asile territorial* dans la loi relative au droit d'asile du 25 juillet 1952.

L'asile territorial était délivré à tout étranger qui établissait que sa vie ou sa liberté étaient menacées dans son pays, ou qu'il était exposé à des traitements contraires à l'article 3 de la Convention européenne des Droits de l'Homme[61]. Le champ de cette protection était très strictement défini. La notion particulièrement vague de « *menace dans son pays* » ne permettait pas une protection très large. S'il est vrai que cet asile territorial délivrait un statut et mettait en partie fin à « l'asile par circulaire », la décision d'octroi du statut dépendait toujours de l'appréciation du Ministre de l'Intérieur. L'asile territorial de la loi du 11 mai 1998 était donc toujours discrétionnaire. La délivrance aléatoire ainsi que le statut précaire de cet asile montraient combien cette protection restait une *faveur* qu'accordait l'État français.

Les cinq ans d'application de l'asile territorial démontraient combien cette protection subsidiaire était une mesure d'exception puisque seuls 389 titres ont été délivrés, soit 6,1% des demandes favorables en 1999 et seulement 0,3 % en 2002. Le bilan de l'asile territorial est donc plus que mitigé.

Cette protection a disparu avec la réforme du 10 décembre 2003 au profit d'une protection subsidiaire reprenant le même nom que la protection définie par la directive du 29 avril 2004. Cette harmonisation des différentes formes d'asile est une avancée, tous les États membres auront la même protection complémentaire à offrir.

-L'asile constitutionnel[62]

La France est avec l'Italie, un des rares pays européens a avoir intégré une protection complémentaire à la Convention de Genève, dégagée à partir d'un fondement constitutionnel (l'alinéa 4 du préambule de 1946). Pour l'obtenir, les bénéficiaires de l'asile constitutionnel doivent prouver leur qualité de combattants en faveur de la liberté.

L'asile constitutionnel a créé un statut hybride puisque la qualité de « réfugié constitutionnel » est reconnue par l'OFPRA et que le bénéficiaire de l'asile constitutionnel bénéficie du statut de réfugié.

La pratique française est particulièrement révélatrice des protections subsidiaires mises en place pour compenser les insuffisances de la procédure conventionnelle. Ainsi, même si la directive relative à la protection subsidiaire n'institue que des garanties minimales[63], la généralisation et l'harmonisation d'une protection alternative au plan européen constituent déjà une avancée. En effet, les travaux communs ont permis d'influencer et de clarifier les procédures d'asile en France en instituant un guichet unique. Avec la réforme du 10 décembre 2003, la « protection subsidiaire » remplace l'asile territorial et entraîne l'unification des procédures, elle est désormais accordée par l'OFPRA (au même titre que l'asile constitutionnel ou conventionnel) et non plus par le Ministre de l'Intérieur.

---

[60] WEIL P., *Mission d'étude des législations de la nationalité et de l'immigration*, collection rapport officiel, La Documentation Française, 1997.

[61] Ancien article 13 du 25 juillet 1952.

[62] Pour un rappel de cet forme d'asile : ALLAND D. et TEITGEN-COLLY C., *op. cit.*, p. 179-197.

[63] Cf. p. 349 et s.

§ II : Les enjeux et la portée de la protection subsidiaire du demandeur d'asile

Après plus de trois ans de discussion, les États membres ont réussi à adopter la directive relative au statut de réfugié et à la protection subsidiaire le 29 avril 2004. Cette dernière a déjà été partiellement analysée dans le chapitre précédent, puisqu'elle traite à la fois de la protection internationale conventionnelle et de la protection subsidiaire. Il conviendra de s'interroger sur le choix et l'efficacité d'un régime mixte européen mis en place pour protéger les demandeurs d'asile (A). L'étude critique du contenu de cette nouvelle protection nous permettra de mesurer l'étendue de l'harmonisation communautaire (B) et par conséquent son impact dans notre législation (C).

A/ Un régime européen mixte pour protéger les demandeurs d'asile

L'idée d'instituer une protection subsidiaire est apparue relativement tôt[64] au sein des discussions européennes. Le constat des faiblesses et des inadaptations de la Convention de Genève a conduit les États à réfléchir à la mise en place d'une protection alternative plus efficace, et ce, afin de mettre fin à des situations humaines dramatiques au sein des États européens. Un projet de Résolution relatif aux formes de protection complémentaire[65] au statut de réfugié a été émis en 1998, mais finalement cette proposition a été abandonnée pour laisser place au projet de directive sur la protection subsidiaire.

La question est désormais de savoir si cette diversification des formes de l'asile, désirée par la plupart des États membres permet de mieux appréhender la question des nouvelles migrations internationales ? Autrement dit, si la diversification des garanties proposées aux demandeurs d'asile renforce la protection des exilés en Europe ? En France avec l'asile territorial, la multiplicité des formes d'asile n'a pas permis une meilleure protection des demandeurs d'asile. La communautarisation d'une protection subsidiaire au statut conventionnel relèvera-t-elle ce défi ? Ou au contraire réduira t-elle la portée de la Convention de Genève ?

La communautarisation d'une protection subsidiaire pour les candidats au refuge suscite d'autres interrogations. En effet, la création d'une protection complémentaire commune renvoie aux carences du texte conventionnel. Ce faisant, elle met en relief les inadaptations et les insuffisances de la Convention de Genève. Celle-ci d'ailleurs ne délivre plus qu'un quart[66] des protections octroyées en Europe et ce faible taux nous conduit à nous interroger sur son rôle d'instrument de référence : son application et son efficacité sont contestées, la question de sa pertinence est posée de manière récurrente dans les débats associatifs, doctrinaux, ou institutionnels. Pourquoi alors conserver cet instrument conventionnel ? En effet, il est permis de se questionner sur le maintien d'une protection internationale *bicéphale* pour les personnes ayant besoin de protection.

---

[64] La Résolution du Conseil du 14 octobre 1996 *portant fixation des priorités de la coopération dans les domaines de la justice et des affaires intérieures,* parlait déjà de protection subsidiaire. Cf. analyses de BERGER N., *op. cit.*, p. 230 et s.

[65] Projet de Résolution sur l'harmonisation des formes de protection complémentaire au statut de réfugié, 1998, JOCE C 150 du 28 mai 1999, p. 0203.

[66] Ce n'est pas le cas en France puisque le statut de réfugié reste la base de référence, ceci n'empêche pas qu'une grande partie des demandeurs d'asile soit déboutée.

N'aurait-il pas fallu engager des travaux sur l'élaboration d'un instrument régional permettant un système unique suffisamment ouvert pour englober l'ensemble des catégories de personnes ayant besoin d'une protection internationale ? L'argument de Ruud Lubbers[67] du HCR selon lequel la création d'une Agence européenne de l'asile permettrait une reconnaissance et une répartition collective des réfugiés prend ici toute sa dimension. En effet, l'inefficacité de la Convention de Genève tient en partie à l'interprétation restrictive des différentes autorités des États membres, la détermination collective d'une agence européenne permettrait peut-être d'aboutir à une interprétation unique et plus ouverte de la Convention de Genève. Depuis juillet 2004, des réflexions sont menées au Conseil Justice et Affaires intérieures sur un traitement unique des demandes d'asile en Europe.

La protection des demandeurs d'asile est certes bicéphale mais elle n'est pas pour autant un système *dyarchique équilibré*. Bien au contraire, la protection conventionnelle l'emporte sur la protection subsidiaire, cette dernière n'étant que « la solution de rechange » en cas de non-reconnaissance du statut conventionnel. Ce déséquilibre a des incidences sur le contenu des deux statuts qui ne délivrent pas le même type de protection[68]. Bien que l'on reconnaisse de la même façon les persécutions pour les réfugiés statutaires et pour les bénéficiaires du statut subsidiaire, ces derniers ne reçoivent pas les mêmes droits dans le pays d'accueil. On ne leur offre ni les mêmes garanties ni les mêmes chances d'intégration. Cette situation conduit implicitement à opérer une hiérarchie dans les protections. La différenciation des statuts entraîne des protections « à la carte » très variables.

En guise de dernière remarque, l'harmonisation de normes minimales relatives à la protection subsidiaire est loin de régler la question de l'asile et des protections délivrées aux demandeurs. En effet, comme le souligne très justement Daphné Bouteillet-Paquet « *des pans entiers de la protection subsidiaire, telles que les régularisations pour motifs médicaux ou familiaux, resteront dans le chef des États membres* »[69]. Par ailleurs, la directive n'organise pas les règles d'octroi de cette protection, ni la marche à suivre pour évaluer les persécutions des demandeurs d'asile. Un prochain instrument devra sans aucun doute être adopté sur ces questions afin d'éviter les disparités de traitement entre les États. Ce n'est donc que l'émergence d'une protection subsidiaire commune.

B/ La notion, les motifs d'octroi, le statut de la protection subsidiaire communautaire

Le contenu de la directive soulève des inquiétudes relatives à l'interprétation que les États membres vont en faire. Il conviendra de retracer brièvement les contours et les enjeux de cette protection (1), et d'évaluer les risques d'interprétations variées des pays pour délivrer ou non cette protection subsidiaire (2). À côté de ces problèmes, la directive suscite des critiques légitimes sur le contenu même du statut délivré aux bénéficiaires (3).

---

[67] Déclaration du 22 janvier 2004.

[68] Cf. p. 352.

[69] BOUTEILLET-PAQUET D., « Évaluation de la protection de directive européenne sur la notion de réfugié et la protection subsidiaire du point de vue de l'expérience des États membres », *La protection subsidiaire des réfugiés dans l'Union européenne : un complément à la Convention de Genève ?* (Sous la direction de BOUTEILLET-PAQUET D.), Bruylant, Bruxelles, 2002, p. 79.

1/ Les contours et les enjeux de la protection subsidiaire

Il faut rappeler que la base juridique de la protection subsidiaire trouve sa source dans l'article 63 du traité CE, « *(...) les normes minimales relatives à l'octroi d'une protection temporaire aux personnes déplacées en provenance de pays tiers qui ne peuvent rentrer dans leur pays d'origine et aux personnes qui, pour d'autres raisons ont besoin d'une protection internationale* ». Soulignons, avec Daphné Bouteillet-Paquet[70], que la rédaction de cet article est équivoque car elle ne fait pas apparaître explicitement le terme de « protection subsidiaire ». Le texte du projet de Constitution européenne est plus explicite sur cette question puisqu'il retient, lui, explicitement la protection subsidiaire dans son article III 266.

La directive du 29 avril 2004 est sans ambiguïté sur la place offerte à la protection subsidiaire : c'est une forme de protection complémentaire à celle de la Convention de Genève. Le statut conventionnel conserve donc sa place centrale dans le dispositif de protection internationale des demandeurs d'asile.

La principale innovation de cette directive réside dans la nouvelle définition de la *persécution* qu'elle donne, applicable autant pour le statut de réfugié que pour la protection subsidiaire. En effet, elle retient non plus seulement la notion d'auteur de persécutions mais aussi celle des auteurs de protection[71]. Ainsi, par exemple, la « protection d'État » peut être invoquée lorsque des organisations internationales protègent des personnes persécutées[72] sur une partie du territoire clairement définie. Ceci est regrettable étant donné qu'il est difficile pour les organisations internationales d'assurer un minimum de droits sur place, dans ces zones de protection. Il n'y a qu'à se souvenir des drames survenus en ex-Yougoslavie (Serbrenica) ou au Rwanda. A cet égard, la Commission nationale consultative des droits de l'Homme précise, qu'en France, des missions de maintien de la paix mises en place sur la base de l'article 6 de la Charte des Nations Unies n'ont jamais été prises en compte par l'OFRA ou la CRR. Ainsi, « *les génocides perpétrés au Rwanda ou en Bosnie en dépit de la présence de missions d'assistance des Nations Unies constituent des rappels impératifs aux obligations de protection* »[73].

Comme cela a été dit dans le chapitre précédent, cette directive intègre pour la première fois, dans un texte communautaire aux objectifs obligatoires, la notion de « protection à l'intérieur du pays »[74]. Elle évoque cette protection alternative lorsque l'État peut protéger le ressortissant dans une partie du territoire dans lequel celui-ci ne craint pas d'être menacé.

2/ Les motifs d'octroi de la protection subsidiaire

---

[70] Comme cela a été remarqué dans les excellentes analyses de BOUTEILLET-PAQUET D., *ibid.*, p. 80-81 ; la rédaction de l'article 63 TUE est confuse : il ne mentionne pas le terme de protection subsidiaire, mais l'adoption « *de normes minimales (...) aux personnes qui pour d'autres raisons, ont besoin d'une protection internationale* ». L'article 63 met sur le même plan la protection temporaire et subsidiaire et ne prévoit aucune possibilité d'octroyer un régime procédural à la protection subsidiaire.

[71] Article 7. Cf., *infra*, p. 327.

[72] Article 7 § 1 b).

[73] Avis sur le projet de loi modifiant la loi n° 52-893 relative au droit d'asile, adopté le 24 avril 2003.

[74] Article 8.

« Le projet de directive réussit le pari ambitieux d'assurer à la fois un niveau de protection assez élevé et de prévoir des dispositions qui ménagent les susceptibilités des États membres »[75]. La directive a confirmé des motifs de reconnaissance relativement protecteurs, ce qui permet de penser que la protection subsidiaire constitue une innovation importante pour les personnes ayant besoin d'une protection internationale. Pourtant, l'étude plus approfondie des critères soulève des inquiétudes notamment sur l'interprétation de ces motifs.

L'article 15 énonce trois motifs d'attribution de la protection subsidiaire :

- *« La peine de mort ou l'exécution »*
- *« la torture ou des traitements ou sanctions inhumains ou dégradants infligés à un demandeur dans son pays d'origine »*
- *« des menaces graves et individuelles contre la vie ou la personne d'un civil en raison d'une violence aveugle ou en cas de conflit armé interne ou international »*

On peut d'abord légitimement s'interroger sur le premier motif très explicite : l'individu menacé de peine de mort ou d'exécution ne relève t-il pas plutôt de la Convention de Genève ? Ce critère correspond en réalité aux exigences de l'article 1er du Protocole 6 de la CEDH concernant l'abolition de la peine de mort du 28 avril 1983. Il en est de même pour le second motif qui « communautarise » d'un point de vue matériel l'article 3 de la Convention européenne des droits de l'Homme et l'article 3 de la Convention contre la torture et autres peines ou traitements cruels, inhumains et dégradants du 10 décembre 1984[76]. De la sorte, la directive reconnaît non seulement des nouvelles catégories de victimes semblables à celles reconnues par la jurisprudence européenne, mais surtout elle permet de délivrer un statut à ces victimes qui jusqu'ici, par l'effet de la protection minimale de la Cour européenne des droits de l'Homme, n'étaient pas protégées pendant leur séjour dans certains pays membres. La Cour européenne des droits de l'Homme a eu l'occasion de protéger différents types des personnes menacées : celles renvoyées dans un pays où elles risquaient de subir des tortures, des traitements inhumains ou dégradants[77], ou celles atteintes de maladies incurables pour lesquelles le renvoi dans leur pays ne permettait pas d'apporter le traitement approprié à leur état de santé[78] ou encore les personnes extradées dans un pays où elles risquent de subir les « couloirs de la mort »[79], etc.[80]. Reste à voir comment les États membres interprèteront ces deux articles. Par contre, si pour la Cour européenne des droits de l'Homme il importe peu que la victime soit un trafiquant de drogue[81] ou un terroriste[82], la directive prévoit des clauses d'exclusion[83]

---

[75] BOUTEILLET-PAQUET D., « Évaluation de la protection de directive européenne sur la notion de réfugié et la protection subsidiaire du point de vue de l'expérience des États membres », *La protection subsidiaire des réfugiés dans l'Union européenne : un complément à la Convention de Genève ?* (Sous la direction de BOUTEILLET-PAQUET D.), Bruylant, Bruxelles, 2002, p. 86.

[76] Cf. Partie II, Titre II, Sous Titre II, Chapitre I, Section I.

[77] CEDH, 2 mai 1997, *Affaire D./ Royaume-Uni*, req. n°30240/96.

[78] Ibid.

[79] CEDH 7 juillet 1989, *Soering c./ RU*, série A n° 161

[80] Cf. Partie II, Titre II, Sous Titre I, Chapitre I.

[81] CEDH, 29 avril 1997, *H.L.R. c. France*, req. n° 24573/94.

[82] CEDH, 15 novembre 1996, *Chahal c./ RU*, req. n° 22414/93.

[83] Article 17 de la directive : on retient les mêmes catégories d'exclusion que celles de la protection temporaire et celles prévues dans la définition communautarisée du réfugié (article 14).

(comme la Convention de Genève). Sur ce point, la protection subsidiaire risque d'être plus étroite que la large portée *rationae personnae* de la jurisprudence de Cour européenne.

Le troisième critère retient les persécutions dues à des « *violences aveugles ou en cas de conflit armé interne ou international* ». Ce dernier motif constitue une avancée dans le champ de protection des demandeurs d'asile. Les termes de la directive sont d'ailleurs relativement proches de ceux issus de la Déclaration de Carthagène[84], protégeant les « *victimes de violence généralisée, d'une agression étrangère, des conflits internes, d'une violation massive des droits de l'Homme* »[85]. Néanmoins, si la prise en compte d'une violence générale constitue un premier pas, la directive exige dans le même temps, que cette violence menace gravement et *individuellement* le demandeur d'asile. Cette dernière condition réduit le champ de ce premier pas, elle renvoie à la preuve de la menace personnelle qui est extrêmement délicate à apporter dans une situation de conflit généralisé. On ne peut que regretter cette limite qui affaiblit considérablement la portée de ce dernier motif. De surcroît, cette disposition, ainsi rédigée, n'amène pas beaucoup d'informations sur la façon de l'interpréter, il faudra certainement attendre que les États membres « s'approprient ce motif » pour en savoir davantage.

3/ Un statut mitigé

Les difficultés rencontrées pendant les négociations n'ont pas permis de retenir certains droits particulièrement protecteurs posés par la proposition de directive de 2001[86]. L'égalité des droits entre le réfugié et le bénéficiaire de la protection subsidiaire n'a pas été retenue. Seuls deux États membres (Suède et Finlande) délivrent les mêmes droits aux réfugiés conventionnels et subsidiaires. Pourtant, le maintien de discrimination sur certains droits fondamentaux est inacceptable. L'égalité de traitement dans un texte communautaire aurait pourtant permis de gommer[87] les différences importantes constatées[88] dans de nombreux pays membres, d'autant qu'il n'existe aucune raison de maintenir des discriminations fondées sur la nature de persécutions, craintes ou subies. Dans le même sens, force est de constater que le principe de non-discrimination fondé sur « *le sexe, la race, la nationalité, l'appartenance à un certain groupe social, la santé, la couleur, les origines ethniques ou sociales, les caractéristiques génétiques, la langue, la religion, ou les convictions politiques ou toute autre opinion, l'appartenance à une minorité nationale, la fortune, la naissance, un handicap, l'âge ou l'orientation sexuelle* »[89], défini dans la proposition de directive de 2001 a disparu. Ceci est également le résultat de négociations difficiles, la directive a été adoptée au prix de nombreux droits supprimés pour les bénéficiaires de la protection subsidiaire.

L'un des seuls droits sur lequel la directive ne fait pas de distinction entre le statut de réfugié et la protection subsidiaire est l'obligation de non-refoulement[90]. De même, la

---

[84] Déclaration de Carthagène sur les réfugiés latino-américains du 22 novembre 1984.

[85] Partie III § 3.

[86] Pour l'analyse de la proposition cf. JULIEN-LAFERRIÈRE F., « Le statut des personnes protégées », *in L'émergence d'une politique communautaire d'asile*, ULB, Bruylant Bruxelles 2003, p. 198.

[87] BOUTEILLET-PAQUET D., *op. cit.* p. 91.

[88] *Ibid.*, p. 205 et s.

[89] Article 35 de la proposition de 2001.

[90] Article 21 de la directive.

directive pose un accès général à l'information[91], à la liberté de circulation[92], au logement[93], et à l'éducation[94], sans distinction entre le réfugié et le bénéficiaire de la protection subsidiaire.

La directive est lacunaire sur le droit fondamental de l'unité familiale ; l'article 23 précise que les États « *veillent à ce que les membres de la famille du bénéficiaire du statut de réfugié ou du statut conféré par la protection subsidiaire qui, individuellement, ne remplissent pas les conditions nécessaires pour obtenir ce statut puissent prétendre aux avantages visés aux articles 24 à 34 (...)* ». Cette disposition ne renvoie à aucune *obligation* pour les États membres. Certes cet article concerne les deux protections internationales, mais les réfugiés conventionnels bénéficient déjà dans tous les États membres du droit à l'unité familiale, ce qui n'est pas le cas actuellement des bénéficiaires de protections alternatives dans les différents pays européens. La directive aurait mérité sur ce point d'imposer aux États une obligation du droit à l'unité familiale.

Les différences entre les droits octroyés aux réfugiés et ceux accordés aux bénéficiaires de la protection sont manifestes. Ainsi, la plus flagrante de toute est celle constatée sur la durée (minimale) de la protection subsidiaire puisque le titre de séjour que les États doivent attribuer est valable seulement un an[95], alors que les réfugiés conventionnels reçoivent un titre de séjour de trois ans[96]. Comme le souligne l'étude de Daphné Bouteillet-Paquet, ceci est particulièrement contestable puisque l'on codifie la pratique restrictive des États membres et on harmonise « vers le bas » la durée de séjour des bénéficiaires de la protection subsidiaire, et ce, alors que la pratique montre que les statuts subsidiaires sont renouvelés plusieurs fois[97] en raison de la durabilité des persécutions que craignent ces personnes menacées. Une fois encore, il est inadmissible de justifier cette discrimination par la nature des persécutions, craintes ou subies. Ceci renforce l'idée que les États membres assimilent la protection subsidiaire à une protection de courte durée, à une protection temporaire. De plus, les États créent ainsi un troisième titre de séjour, au côté de celui délivré aux résidents de longue durée valable cinq ans et de celui accordé aux réfugiés (trois ans). Cela ne clarifie guère le droit des étrangers, il aurait été préférable de ne retenir qu'une durée pour tous, étrangers résidents de longue durée, réfugiés conventionnels, ou bénéficiaires de la protection subsidiaire.

D'autres dérogations plus ou moins importantes sont prévues dans l'attribution de certains droits aux bénéficiaires de la protection subsidiaire ainsi qu'aux membres de leurs familles. Notons que la plupart de ces droits sont laissés à la discrétion des États (l'accès à l'emploi[98], la délivrance de soins de santé[99], la protection sociale[100] et enfin, l'accès aux programmes d'intégration dans le pays d'accueil[101]).

---

[91] Article 22 de la directive.
[92] Article 32 de la directive.
[93] Article 31 de la directive.
[94] Article 27 de la directive.
[95] Article 24 § 2 de la directive.
[96] Article 24 § 1 de la directive.
[97] BOUTEILLET-PAQUET D., *op. cit.*, p. 93.
[98] Article 26 § 3 et 4 de la directive.
[99] Article 29 § 2 de la directive.
[100] Article 28 § 2 de la directive.
[101] Article 33 de la directive.

C/ La protection subsidiaire dans le statut interne du demandeur d'asile

En guise de remarque préliminaire, on peut souligner la méthode peu orthodoxe utilisée par le législateur français pour « intégrer » la protection subsidiaire à la place de l'asile territorial dans le statut du demandeur d'asile. En effet, la réforme du 10 décembre 2003 a inclus la « protection subsidiaire » dans la loi du 25 juillet 1952, alors même que la directive n'avait pas encore été adoptée par les États membres. Cela n'est pas exactement une transposition, étant donné que le projet de directive était encore en discussion au moment de la réforme de décembre 2003, néanmoins, la protection subsidiaire a bien été intégrée dans la loi relative au droit d'asile pour anticiper l'adoption des futurs travaux communs[102].

Avec la Commission nationale consultative des droits de l'Homme, on « *salue l'unification des procédures de protection et le remplacement de la procédure d'asile territorial, qui jusque là relevait de la compétence discrétionnaire du ministre de l'Intérieur, par une procédure de protection subsidiaire confiée à l'OFPRA, sous le contrôle contentieux de la Commission des recours des réfugiés »*[103]. La Commission fait également remarquer, que ce remplacement permet d'amener une importante garantie à la personne à protéger, puisque « *l'octroi de la protection subsidiaire est obligatoire*[104]*, contrairement à l'asile territorial qui «* (pouvait) *être accordé » par le Ministre de l'intérieur «dans les conditions compatibles avec l'intérêt du pays »* »[105]. De même, « *la motivation des décisions de refus de la protection subsidiaire s'imposera désormais, en application de la loi du 11 juillet 1979 relative à la motivation des actes administratifs, alors que la motivation des décisions de refus d'asile territorial avait été écartée par la loi du 11 mai 1998* ». Par ailleurs, la loi du 10 décembre 2003, confirme le caractère accessoire de la protection subsidiaire puisque l'article 2 II d) 2° de la loi du 25 juillet 1952, « *accorde le bénéfice de la protection subsidiaire à toute personne qui ne remplit pas les conditions d'octroi du statut de réfugié* ». De même, les termes de la loi de 1952 et du décret du 14 août 2004[106] confirment la « survivance » de la nature régalienne de cette protection complémentaire à la Convention de Genève. En effet, le bénéfice de la protection subsidiaire est *accordé* alors que la qualité de réfugié est *reconnue.*

Lorsque l'on examine les motifs[107] de reconnaissance de la protection subsidiaire, on constate que la loi retient des motifs relativement proches de ceux définis par la directive adoptée le 30 avril 2004. Ainsi, les trois motifs : « *a) peines de mort, b) torture ou peines ou traitement inhumains ou dégradants, et c) s'agissant d'un civil, menace grave, directe et individuelle contre sa vie ou sa personne en raison d'une violence généralisée résultant d'une situation de conflit armé interne ou international* »[108], recoupent en partie les conditions retenues par la directive.

---

[102] Selon le Rapport d'information déposé par la délégation de l'AN pour l'UE, MARIANI T., *sur la politique européenne d'asile*, le 29 avril 2003, p. 48. C'est bien une transposition : « *Le projet de loi précité anticipe l'adoption de la directive en transposant cette définition (art. 1er)* », p. 48.

[103] Avis sur le projet de loi modifiant la loi n° 52-893 relative au droit d'asile, Adopté le 24 avril 2003.

[104] Article 2 II d) 2° « *il est accordé* ».

[105] MARIANI T., *op. cit.*, Rapport d'information déposé par la délégation de l'AN pour l'UE, *sur la politique européenne d'asile*, le 29 avril 2003, p. 48.

[106] Article 1er du décret du 14 août 2004 n° 2004-814.

[107] Article 2 II de la loi du 25 juillet 1952.

[108] Article 2 II 2° a) b) c) de la loi du 25 juillet 1952.

Le premier motif de la loi de 1952 ne retient que la « *peine de mort* » alors que la directive retient également *l'exécution*. Ce critère confirme la jurisprudence française qui considère la peine de mort comme contraire à l'ordre public français[109]. Le deuxième critère de la loi évoque la « peine » et non la « sanction » prévue dans la directive. Ce critère reprend la jurisprudence de la Cour européenne des droits de l'Homme.

Comme le souligne le dictionnaire permanent des étrangers dans son analyse de la réforme du 10 décembre 2003[110], la protection subsidiaire est sans doute un peu plus large que celle de l'asile territorial. En effet, ce dernier « *ne couvrait pas toutes les situations visées par la troisième hypothèse ouvrant droit à la protection subsidiaire, les situations de violence généralisée n'étant prises en compte que si elles s'accompagnaient de menace pour la vie ou la liberté ou de risque de traitements contraires à l'article 3 de la CEDH. Mais il convient de relativiser la nouveauté qu'apporte la loi (...). En effet, dès lors qu'il doit y avoir « menace grave, directe et individuelle contre la vie ou la liberté », il doit nécessairement y avoir menace pour la vie ou la liberté. On voit donc qu'il s'agit surtout de nuances et non de bouleversement* ». Par ailleurs, il est difficile de se rendre compte des hypothèses que recouvre ce dernier motif. L'interprétation revient à l'OFPRA, à la CRR ou au Conseil d'État qui vont éprouver certaines difficultés dans l'analyse des requêtes : en effet « *comment une situation « généralisée » peut-elle faire naître des menaces individualisées ?* »[111]. En effet, un nombre important de personnes qui fuient des régions de conflits ou d'insécurité générale ne seront pas couvertes par cette protection en raison de la difficulté de faire la preuve d'une menace directe et individuelle. Ces individus fuyant des pays en guerre demeurant inexpusables, il restera donc un certain nombre de déboutés du droit d'asile sans statut, simplement tolérés sur le territoire, laissés dans des situations d'extrême précarité puisqu'on ne peut ni les éloigner, ni les intégrer.

La durée d'un an du titre de séjour[112] de la protection subsidiaire s'aligne sur celle de la directive et confirme le précédent délai délivré par l'asile territorial de la loi du 11 mai 1998. Il convient de remarquer que si cette protection est renouvelable au bout d'un an, elle peut être également supprimée lorsque « *les circonstances ayant justifié son octroi ont cessé d'exister ou ont connu un changement suffisamment profond pour que celle-ci ne soit plus requise* »[113]. Ceci montre la précarité de cette protection et réaffirme l'insidieuse assimilation de la protection subsidiaire à la protection temporaire. On est donc très loin du droit permanent des réfugiés, la protection subsidiaire reste donc précaire par rapport à celle que l'on délivre aux réfugiés statutaires.

Enfin, la loi du 10 décembre 2003 a formulé des clauses d'exclusion de la protection subsidiaire, (beaucoup plus nombreuses que celles prévues pour les réfugiés dans la Convention de Genève). Ainsi la protection n'est pas accordée lorsque la personne –« *a commis un crime contre la paix, un crime de guerre ou un crime contre l'humanité ; -a commis un crime grave de droit commun ; - s'est rendue coupable d'agissements contraires aux buts et aux principes des Nations unies ; - que son activité sur le territoire constitue une menace grave pour l'ordre public, la sécurité publique ou la sûreté de l'État* »[114].

---

[109] Voir analyse DPE bul. janvier 2004, p. 7292, CE 27 février 1987 *Fidan*, req. n° 78665.

[110] *Ibid.*, Bulletin Janvier 2004, p. 7292.

[111] *Ibid*, p. 7292.

[112] Article 12 ter de l'ordonnance de 1945 délivre la carte de séjour temporaire au bénéficiaire de la protection subsidiaire, à son conjoint et à ses enfants.

[113] Article 2 IV dernier alinéa.

[114] Article 2 IV a) b) c) d) de la loi du 25 juillet 2004.

Notons que ces clauses d'exclusion peuvent aussi devenir des clauses de cessation de la protection subsidiaire lorsque l'OFPRA le décide ou que le représentant de l'État en fait la demande. Avec François Julien-Laferrière, on peut regretter ce « *« mélange des genres » ou du moins, cette confusion des notions* »[115] qui précarisent nettement la précaire.

Section II : Une protection temporaire en cas d'afflux massif de personnes, une protection régionale d'urgence et circonstancielle

Au côté de la communautarisation de la définition conventionnelle et de la protection subsidiaire commune, les États membres ont mis en place une protection temporaire en cas d'afflux massif de personnes déplacées. L'instauration de cette protection est le résultat de circonstances historiques et politiques. Durant les années quatre-vingt-dix, les pays membres ont été marqués par les deux crises de l'ex-Yougoslavie et du Kosovo. Ils ont dû faire face à des mouvements de populations très importants alors même que les systèmes européens de détermination de la qualité de réfugié étaient en crise et inadaptés pour cet important phénomène migratoire. Très vite, la nécessité d'une nouvelle protection pouvant faire face à l'urgence et à un important nombre d'exilés s'est faite ressentir dans les pays de l'Union (§ I).

Une directive « *relative à des normes minimales pour l'octroi d'une protection temporaire en cas d'afflux massif de personnes déplacées et à des mesures tendant à assurer un équilibre entre les efforts consentis par les États membres pour accueillir ces personnes et supporter les conséquences de cet accueil* » a très rapidement obtenu l'unanimité au sein des États ; elle a été adoptée le 20 juillet 2001[116]. Le contenu de cette directive est essentiel, il oblige les États membres à intégrer une nouvelle protection entièrement communautaire dans leur législation interne. En France, cette protection temporaire en cas d'afflux massif a été transposée en droit interne par la loi du 26 novembre 2003[117]. Cette nouvelle forme de refuge temporaire fera l'objet d'une analyse détaillée, ce qui nous permettra de comprendre à la fois ses enjeux et ses lacunes ainsi que sa portée en droit interne (§ II).

§ I : Les facteurs d'émergence d'une protection temporaire pour les personnes déplacées en grand nombre en Europe

Jusqu'ici, la protection des demandeurs d'asile se délivrait uniquement sur la base d'un examen individuel des persécutions subies par les victimes. Ainsi, dans tous les pays membres, les protections subsidiaires et conventionnelles étaient attribuées sur la base d'un

[115] « La loi Villepin relative au droit d'asile », *Regard sur l'actualité*, La Documentation Française, mars 2004, p. 36.

[116] Directive 2001/55/CE du Conseil, du 20 juillet 2001, *relative à des normes minimales pour l'octroi d'une protection temporaire en cas d'afflux massif de personnes déplacées et à des mesures tendant à assurer un équilibre entre les efforts consentis par les États membres pour accueillir ces personnes et supporter les conséquences de cet accueil*, JOCE L 212, 7 août 2001, p. 12-23.

[117] Article 44 de la loi n° 2003-1119 du 26 novembre 2003 *relative à la maîtrise de l'immigration, au séjour des étrangers en France et à la nationalité*, JORF du 27 novembre 2003, p. 20136.

système individuel de reconnaissance. Ce système a parfaitement fonctionné dans le contexte de la Guerre froide étant donné que les réfugiés fuyaient parcimonieusement leurs pays persécuteurs. Ces dix dernières années, les phénomènes migratoires changèrent et les mécanismes de protection des demandeurs d'asile connurent une crise face à l'afflux des demandes d'asile. La principale difficulté rencontrée par les États européens fut de s'adapter aux conséquences des conflits touchant les pays voisins. Les guerres successives en ex-Yougoslavie et au Kosovo entraînèrent d'importants mouvements de personnes ayant besoin de protection. Face à cette situation inédite d'afflux massif de personnes vers l'Europe, les pays membres engagèrent des travaux communs pour mettre en place une protection temporaire en cas de mouvement migratoire de masse (B).

Le mécanisme de reconnaissance individuel a été très vite dépassé pour résorber ces importants mouvements d'exils. Seul un système de reconnaissance collective (par groupe ou *prima facie)* permettait de répondre à ce type de mouvement migratoire d'urgence. Aucun mécanisme de reconnaissance collective n'existait en Europe, peu de textes internationaux traitaient d'ailleurs de la question, la nécessité d'un tel système s'imposait donc en Europe (A).

A/ Les faiblesses des textes internationaux

Comme le souligne très justement Daphné Bouteillet-Paquet, le texte conventionnel a très vite été dépassé dans les années 60-70, notamment sur le continent africain avec les exodes dus à la décolonisation. La Convention de l'OUA d'Addis-Abeba du 10 septembre 1969 a très tôt élargi les critères conventionnels, en instituant la possibilité de reconnaître le statut de réfugié à toute personne qui « *du fait d'une agression, d'une occupation extérieure, d'une domination étrangère ou d'événements troublant particulièrement l'ordre public dans une partie ou une totalité de son pays d'origine ou du pays dont elle a la nationalité* »[118]. Cette définition large a permis de mieux appréhender les situations de guerres civiles, et inter-ethniques et d'assurer une protection internationale dans des hypothèses d'afflux massifs de personnes déplacées. Toutefois, la réalité de l'accueil et de la protection délivrés à ces personnes en Afrique n'a pas été aussi aisée. Le nombre important de personnes déplacées et l'interprétation restrictive de ce texte (pourtant élargi) n'ont pas entraîné une large reconnaissance des statuts de réfugiés. Néanmoins, cette Convention a été l'une des premières « à formaliser » une protection pouvant garantir un statut aux personnes déplacées en grand nombre lors de crise grave.

La Convention de Carthagène du 22 novembre 1984 sur les réfugiés a également étendu considérablement le champ de la Convention de Genève, en instituant une protection pour les victimes de violence généralisée. Toutefois, cette Convention conserva le critère de reconnaissance individuelle, ce qui ne permettait pas de répondre efficacement à une situation d'afflux massif.

Les principales avancées effectuées en matière de reconnaissance des personnes déplacées furent réalisées par le Haut Commissariat aux réfugiés. Le rôle du HCR s'est considérablement adapté aux nouvelles situations de l'exil. Le mandat du HCR a été étendu[119], même si au départ, celui-ci était strictement limité à l'application du texte

[118] Article 1er § 2 de la Convention de l'OUA. cf. DEGNI-SEGUI R., « L'action des institutions africaines en matière de réfugiés », *in Droit d'asile et des réfugiés*, colloque de Caen SFDI, éd. Pedone, Paris, 1997, p. 231 et s.
[119] CRÉPEAU F., « L'évolution du HCR », *Relations*, novembre 1998, 645, p. 271-274.

conventionnel. Dans sa thèse, Daphné Bouteillet-Paquet souligne que l'établissement de la procédure des « bons offices »[120] a permis au HCR « *d'intervenir de manière flexible et d'étendre sa protection à des personnes qui n'(étaient) pas couvertes par la définition du statut de 1950* »[121]. Ces procédures ont protégé des victimes par milliers fuyant leurs pays pendant la décolonisation[122]. Cet élargissement de compétences[123] a constitué les premières tentatives internationales de gestion de « l'exil de masse ». La reconnaissance *prima facie* d'un groupe de réfugiés venant d'un même endroit est très vite apparue comme la solution la plus adaptée pour répondre en urgence à ce type de mouvement de populations.

L'extension[124] du mandat du HCR est aussi caractérisée par la prise en compte de l'ensemble des « *personnes ayant besoin d'une protection internationale* », et ce, grâce aux Résolutions n° 2956 (1972) et n° 3454 (1975) qui incluent *« la protection des personnes se trouvant dans une situation analogue à celles des réfugiés »*[125]. Peu à peu, la protection des personnes déplacées devint collective grâce à des critères plus exclusivement basés sur des motifs exhaustivement délimités mais aussi sur des raisons humanitaires[126]. Ces dernières ont d'ailleurs évoluées, puisqu'en 1985, « *le HCR a été autorisé à accorder son assistance et sa protection en Éthiopie aux personnes déplacées à la suite de la sécheresse et la famine, orchestrées par le gouvernement* »[127]. Le mandat s'est donc adapté aux nouveaux drames migratoires[128].

B/ Les prémices de l'émergence de la protection temporaire en Europe

Les crises successives rencontrées lors des conflits en ex-Yougoslavie (1) et au Kosovo (2) ont permis de sensibiliser les États membres à l'instauration d'une protection temporaire. Néanmoins, les nombreux obstacles rencontrés par les États membres pour

---

[120] Cf. analyses de AGA KHAN S., « refugee and displaced persons », *RCADI*, 1976, p. 376-343. D'origine coutumière, les « Bons Offices » ont fait l'objet d'une Résolution 2039 de l'Assemblée des Nations Unies en 1965.

[121] BOUTEILLET-PAQUET D., *op. cit.*, p. 81. Procédure mise en place pour les réfugiés ne répondant pas au critère de la Convention de Genève : pour aider les Chinois réfugiés à Hongkong e n1957, les Algériens réfugiés au Maroc et en Tunisie en 1960.

[122] Sur ce point, cf. chapitre 2 la décolonisation en Afrique, HCR, *Les réfugiés dans le monde, cinquante ans d'action humanitaire*, 2000, p.37.

[123] La Résolution de 2039 adoptée en 1965 va étendre les activités de « bon offices » dans la mission de protection internationale du HCR. Ceci marque une extension générale du mandat du HCR.

[124] AGA KHAN S., « Legal problems relating to refugee and displaced persons », *ACDI*, 1976-I, volume 149, p. 287-352 ; cf. aussi DURIEUX R.-J., « le rôle du Haut Commissariat des Nations Unies pour les réfugiés », *in Droit d'asile et des réfugiés*, colloque de la SFDI de Caen, Pedone, 1997, p. 185.

[125] BOUTEILLET-PAQUET D., *op. cit.*, p. 82.

[126] *Ibid.*, p. 83.

[127] *Ibidem.*

[128] La dernière évolution des compétences du HCR est celle de la protection interne des personnes déplacées (qui ne faisait pas partie du mandat du HCR à l'origine), le HCR a récemment défini les personnes déplacées à l'intérieur de leur territoire dans les principes directeurs relatifs au déplacement des personnes à l'intérieur de leur propre pays du HCR E/CN.4/1998/53/add.2. 11 février 1998. C'est une mission qui reste très difficile à réaliser.

résoudre le problème migratoire montrent combien il est difficile de mettre en place une protection commune, coordonnée et efficace face à ce type de migration massive.

1/ L'expérience de l'ex-Yougoslavie

Si la « protection temporaire » est relativement récente[129] dans les pays européens, le « *refuge temporaire* »[130] existe depuis la guerre civile d'Espagne de 1936-1939. Les réfugiés espagnols furent accueillis par milliers en France et au Royaume-Uni. Plus tard, à la suite des diverses crises pendant la Guerre Froide (Hongrie en 1956, Tchécoslovaquie en 1968) des personnes déplacées trouvèrent refuge surtout en Autriche.

Mais c'est le terrible conflit de l'ex-Yougoslavie qui accéléra une nécessaire instauration de conditions communes au plan européen. Le concept[131] de « protection temporaire » est né lors de la Réunion internationale sur l'aide humanitaire aux victimes du conflit en ex-Yougoslavie. Cette réunion s'est tenue à Genève en juillet 1992. Peu après, à la suite du Conseil de Londres du 1er décembre 1992, puis de celui de Copenhague[132] les 1er et 2 juin 1993, des conclusions ont abordé la question de l'harmonisation d'une protection temporaire.

En décembre 1992, dès le début de la guerre en Yougoslavie, près de 1 870 000 personnes ont été déplacées (810 000 en Bosnie-herzégovine, 627 000 en Croatie, 433 000 en Serbie)[133]. Si la plupart d'entre elles sont restées sur le territoire yougoslave, un certain nombre ont migré vers les pays d'Europe de l'Ouest. L'Allemagne, la Suède, l'Autriche et Suisse ont ainsi reçu environ 90 % des Bosniaques[134] fuyant leur pays. L'Europe a dû faire face à une importante crise migratoire à ses portes. En 1992, le HCR[135] a lancé un appel aux États membres pour qu'ils offrent une protection temporaire aux centaines de milliers de réfugiés d'ex-Yougoslavie. Cet appel a été reçu variablement selon les États membres[136]. En effet, certains d'entre eux se montèrent très réticents pour accueillir les réfugiés yougoslaves.

Dans un premier temps, ils se sont mis d'accord pour assurer dans des « zones de sécurité »[137] une protection « sur place » à ces populations. Toutefois, comme le relevait le

---

[129] Cit. par BERGER N., op. cit, p. 204, (note 11) « l'instauration d'une répartition des charges ne constitue pas une innovation de l'Union Européenne. Un précédent important peut être cité, le « comprehensive plan of Action » adopté par les Nations Unies de 1979 pour les réfugiés d'Asie de l'Est ».

[130] ARNOLD E., *Protection temporaire de personnes obligées de fuir leur pays*, rapport Conseil de l'Europe, doc. 7889, 18 juillet 1997. Cf aussi KÄLIN W., « Protection temporaire, l'expérience de la Suisse », in La Convention de Genève du 28 juillet 1951 relative au statut des réfugiés 50 ans après : bilan et perspectives, Bruylant, Bruxelles, 2001, p. 399-417.

[131] VAN HEULE D., « Considérations au sujet des mesures de protection temporaire », Journée d'étude du 9 février 1995, *RDE*, 1995, n° 85, p. 491-495.

[132] Conclusions relatives à certaines orientations communes concernant l'accueil de groupes de personnes en détresse particulièrement vulnérable, originaires de l'ancienne Yougoslavie.

[133] GISTI, « Ex-Yougoslavie, l'humanitaire en trompe l'œil », *Revue Plein Droit*, n° 20 février 1993.

[134] ALBERT S., *Les réfugiés bosniaques en Europe*, éd. Montchrestien, CEDIN-Paris, 1995, p. 48.

[135] HCR, *Les réfugiés dans le monde, cinquante ans d'action humanitaire*, Collection Autrement, 2000, p.167-168 ; voir aussi HCR, Position du HCR sur la question de l'application de la Convention de Genève aux demandeurs d'asile en provenance de l'ex-Yougoslavie, Paris, 2002. Notons toutefois, que le HCR s'est aussi occupé de la question des personnes déplacées à l'intérieur du pays alors que cela ne relève pas de sa compétence. Voir en ce sens, CREPEAU F., « L'évolution du HCR », Relations, novembre 1998, 645, p. 271-274.

[136] L'Italie ne prévoyait pas de visa pour les ressortissants yougoslaves, ils étaient de fait protégés par l'Italie.

[137] ALBERT S., *op. cit.* p. 130-131. La Slovénie a connu son plus grand nombre de réfugié en 1992 (47 000).

rapport du HCR[138], la sécurisation de ces espaces n'a pas été longtemps garantie car les forces serbes ont envahi ces zones. Après la découverte des charniers à Srebrenica, cette opération est apparue comme un désastre.

Dans un deuxième temps, la prolongation du conflit poussa la Communauté internationale à prendre des mesures en faveur de ces populations. Cela ne s'est pas fait sans difficulté. Près de 700 000 personnes[139] se réfugièrent dans les pays de l'Europe occidentale dont 345 000 en Allemagne. Les pays membres, submergés par ces demandes, ont pour la plupart décidé de suspendre les procédures classiques de détermination de la qualité de réfugié, jugées trop longues, au profit de la délivrance discrétionnaire d'autorisations provisoires de séjour de courte durée. A l'époque, même si le HCR cautionna la mise en place de cette protection temporaire dans les pays européens, il réagit vivement en rappelant aux États membres de respecter leurs obligations internationales pour permettre aux réfugiés ressortissants yougoslaves d'obtenir le statut de réfugié conventionnel.

Dès décembre 1995, la question du retour des réfugiés est très vite apparue sur la scène politique. Le retour de ces personnes déplacées devait-il être volontaire ? Fallait-il qu'elles restent dans les pays d'accueil ? En pratique, peu de retours volontaires ont eu lieu, un grand nombre de réfugiés ayant été régularisé et intégré dans les pays d'accueil.

L'expérience acquise durant cette crise a montré combien une protection temporaire coordonnée était difficile à mettre en œuvre. La concertation entre les États devait être primordiale pour instituer une protection commune équivalente, or les politiques des États membres sur le sujet n'étaient pas encore assez « mûres ». Faute de coopération, la répartition équitable du fardeau, ou « *burden sharing* », n'a pu être faite entre les différents pays européens.

Peu après ce conflit, les pays membres rédigèrent deux textes posant les fondements de la protection temporaire en Europe : une Résolution du 25 septembre 1995 « *sur la répartition des charges en ce qui concerne l'accueil et le séjour à titre temporaire des personnes déplacées* »[140] et une décision du 4 mars 1996 « *relative à une procédure d'alerte et d'urgence pour la répartition des charges en ce qui concerne l'accueil et le séjour à titre temporaire des personnes déplacées* »[141]. Plusieurs projets de textes traitant de la protection temporaire leur ont succédé[142], mais ils n'ont jamais été votés en raison de l'adoption du traité d'Amsterdam. Néanmoins, ces propositions de textes ont eu le mérite d'encourager les États à réfléchir, non seulement sur la mise en place d'une protection pour traiter les problèmes posés par l'afflux de réfugiés, mais aussi sur un partage futur des charges dans le domaine de l'aide humanitaire. Il a fallu attendre le Plan d'action de

---

138 HCR, op. cit., p. 168. Cf. aussi Étude sur la mise en place de la protection temporaire, Genève, mars 1995, Rapport sur la protection temporaire dans les pays européens, en Amérique du Nord et en Australie, Genève, 1995.
139 HCR, *op. cit*, p. 219.
140 JO C 262 du 7 octobre 1995, p. 1. cf. Analyse BERGER N., *op. cit.*, p. 204-206.
141 JO L 63 du 13 mars 1996, p. 10.
142 Résolution législative portant avis du Parlement européen sur une proposition en vue d'une Action commune fondée sur l'article K 3, §2 (b) du TUE concernant *la protection temporaire des personnes déplacées*, JOCE n° 339 du 10 novembre 1997, p. 146-151 ; Proposition modifiée d'Action commune *concernant la protection temporaire des personnes déplacées*, COM (98) 372 final, JOCE n° C 106 du 4 avril 1997, p. 13-16 ; Proposition d'Action commune *relative à la solidarité dans l'accueil et le séjour des bénéficiaires de la protection temporaire des personnes déplacées*, COM (98) 372 final, JOCE n° C 268 du 27 août 1998, p. 22-23. Pour une analyse de ces textes cf. BERGER N., *op. cit.*, p. 207-213.

Conseil et de la Commission du 3 décembre 1998 pour que soit fermement envisagée l'adoption de normes minimales relatives à l'octroi d'une protection temporaire aux personnes déplacées en provenance de pays tiers qui ne peuvent retourner dans le pays d'origine.

La « gestion » française du phénomène migratoire lié à la guerre de l'ex-Yougoslavie ne fut ni intelligible, ni transparente[143]. Près d'une vingtaine de textes régissaient la situation des personnes fuyant l'ex-Yougoslavie. Une succession de télégrammes[144], de notes et de circulaires non publiés ont organisé le refuge de ces personnes. Ces différents textes « infra-juridiques » ont précisé l'accueil des populations déplacées et ont empêché le refoulement des exilés vers les régions engagées dans le conflit. Des autorisations temporaires de séjour ont été délivrées, renouvelées seulement lorsque la région dont les ressortissants étaient originaires était encore troublée[145]. Le droit au travail a été offert dans certaines hypothèses. Une circulaire du 13 juin 1996 a aménagé les futurs retours volontaires des populations ayant fui l'ex-Yougoslavie.

Parallèlement aux avancées des États, le HCR[146], les ONG et les organisations internationales ont également nourri les réflexions sur la protection temporaire en Europe. C'est ainsi que le Conseil de l'Europe a dicté en 1997 une Recommandation relative à la protection temporaire de personnes obligées de fuir leur pays[147].

2/ L'expérience du Kosovo

Selon le rapport du Sénat relatif à la réforme du 26 novembre 2003, « *la directive* (sur la protection temporaire) *tire les conséquences de crises internationales récentes, notamment dans les Balkans, qui ont conduit des milliers de personnes à fuir momentanément leur pays. La crise du Kosovo fut la plus exemplaire au cours de laquelle la France accueillit environ 11000 personnes. Cette situation inédite appela des situations exceptionnelles* ».

Le HCR a joué un rôle important sur place au Kosovo, en organisant le programme d'évacuation humanitaire d'environ 900 000[148] personnes du Kosovo vers l'ex-Yougoslavie. Selon le HCR, 772 300 d'entre elles ont regagné leur région dès septembre 1999, après la fin des bombardements de l'OTAN. Toutefois, un nombre important d'exilés ont fui leur région pour trouver refuge en Europe de l'Ouest.

Les États membres ont d'abord décidé des engagements financiers très importants (150 millions) pour aider les pays d'accueil les plus touchés. En revanche, ils ont montré

[143] OFPRA, note : problématique posée par les demandeurs d'asile en provenance de l'ex-Yougoslavie, 11 décembre 1992, confidentiel. Cité par GISTI, « Ex-Yougoslavie, l'humanitaire en trompe l'œil », *Revue Plein Droit*, n° 20 février 1993.

[144] Télégramme du 3 août 1992 du Ministère de l'Intérieur ; note du 16 novembre 1992 ; circulaires des 3 août 1993, 14 septembre 1993 et 7 octobre 1993.

[145] Ibid.

[146] Conclusion n° 19 du Comité exécutif (XXXI) sur l'asile temporaire, adoptée en 1980 lors de la 31e session.

[147] N° 1348 et la Recommandation n° R (2000) 9, du Comité des ministres aux États membres *sur la protection temporaire*, 3 mai 2000.

[148] BERGER N., *op. cit.*, p. 214.

des réticences[149] pour accueillir les personnes persécutées. Certains États ont été plus hospitaliers que d'autres. Alain Morice, rappelait récemment que « *le gouvernement de M. Lionel Jospin décréta, sous les applaudissements discrets de l'opposition parlementaire (droite), que donner le statut de réfugié aux minorités du Kosovo reviendraient à entériner « le fait accompli » des exactions serbes* »[150]. De même, un télégramme du 12 avril 1999 exigeait que les préfectures « sélectionnent» les ressortissants venant du Kosovo en acceptant ceux qui avaient des parents résidant en France[151]. Après plusieurs déclarations contradictoires, l'État français accepta d'accueillir près de 11 000 ressortissants du Kosovo. Le Gouvernement eu recours majoritairement à l'asile territorial régalien (et non à l'asile territorial prévu par la loi du 11 mai 1998), et à l'asile par circulaire, pour délivrer des autorisations provisoires de séjour, sorte de protections temporaires. Dans la majeure partie des cas, les préfets délivrèrent aux ressortissants du Kosovo, entrés irrégulièrement en France, une autorisation provisoire de trois mois[152], puis de six mois[153], assortie d'une autorisation de travail permettant l'accès aux droits sociaux[154]. Certains demandeurs d'asile obtinrent le statut de réfugié, d'autres retournèrent dans leurs pays d'origine après la fin de la protection temporaire.

Le conflit du Kosovo a révélé toutes les difficultés d'une coopération entre les États membres, en temps de crises migratoires aux portes de l'Europe forteresse. La gestion de la crise du Kosovo a été aussi « dysharmonique » que celle du conflit de l'ex-Yougoslavie. Malgré le désir des États membres d'organiser une répartition équitable de l'accueil, ces derniers ont privilégié une approche individuelle de l'accueil temporaire : aucune véritable protection commune n'a pu être mise en place.

En revanche, sur le plan juridique et politique, les États membres ont réagi collectivement, en adoptant le 27 mai 1999 des Conclusions qui reconnaissaient la protection temporaire relative aux personnes déplacées en provenance du Kosovo, ainsi qu'une action commune destinée à soutenir financièrement l'accueil et le rapatriement des ressortissants du Kosovo[155]. Toutefois, ces textes sans portée juridique n'eurent qu'un effet symbolique. Il aura fallu attendre les Conclusions du Sommet de Tampere en octobre 1999, pour que l'idée d'un futur acte communautaire relatif à une protection temporaire pour les personnes déplacées se concrétise[156]. A partir de là, assez rapidement, le 24 mai 2000, un

---

[149] Cf. analyse de la crise par BERGER N., *op. cit.*, p213-216.

[150] MORICE A., « L'Europe enterre le droit d'asile », *Le Monde diplomatique*, mars 2004, p. 14-15.

[151] Ibid.

[152] BERNARD P., *Le Monde* du 16 avril 1999, p. 6, cf. note du Ministère de l'Intérieur, DJPAJ, le 14 avril 1999.

[153] Télégramme du 26 mars 1999, cf. aussi télégramme du 28 avril 1999 concernant l'accueil ; RODIER C., « Du provisoire par circulaires », *Revue Plein Droit*, n° 44 décembre 1999.

[154] GISTI, « Quel asile pour les Kosovars », *Revue Plein Droit*, n° 44 décembre 1999,

[155] Position commune du 26 avril 1999, n° 99/290/JAI, concernant une action adoptée par le Conseil sur la base de l'article K 3 du traité de l'Union européenne, *établissant des projets et* des *mesures destinées à soutenir concrètement l'accueil et le rapatriement volontaire des réfugiés, de personnes déplacées et de demandeurs d'asile, y compris une aide d'urgence aux personnes ayant fui des événements récents qui se sont produits au Kosovo*, JOCE L 114, 01 mai 1999, p. 2.

[156] Les États-unis ont eux aussi été sensibles à cette situation d'afflux massif en prévoyant pour les personnes déplacées fuyant le Kosovo, une protection temporaire « *statute protection temporary* » applicable pour une période de conflit armé, de tremblement de terre, d'inondation et de sécheresse, empêchant le départ des ressortissants des États Unis d'Amérique a été organisée pour les ressortissants fuyant le Kosovo. Celle-ci était limitée dans le temps du 06 septembre 1998 au 6 août 2000.

projet[157] de directive relative à la protection temporaire en cas d'afflux massif de personnes déplacées a été proposé à la discussion et a été adopté le 20 juillet 2001.

§ II : La mise en œuvre et la portée en droit interne de la protection temporaire

Avant l'instauration de la protection temporaire, les États membres appliquaient soit leur législation relative aux réfugiés, soit des mesures *ad hoc* créées spécifiquement en cas d'afflux de personnes déplacées. La directive relative à la protection temporaire[158] commune constitue une rupture sur ce point, puisque désormais les États européens ont l'obligation d'intégrer les normes minimales découlant de ce texte, aux objectifs obligatoires. C'est véritablement une nouvelle page qui s'est écrite avec la protection temporaire pour les personnes fuyant des conflits. Les deux points essentiels de cette protection sont : son caractère exceptionnel et la nature provisoire de sa mise en œuvre (A). Cette protection temporaire est une parfaite illustration de la communautarisation du droit des étrangers, la procédure est « *entièrement communautaire* »[159]. Dès lors, il s'agira de soulever la place ambiguë que le législateur français a réservé à cette nouvelle protection (B).

A/ Le caractère exceptionnel[160] et provisoire de la protection temporaire

L'aspect exceptionnel et provisoire se retrouve dans les objectifs et la mise en œuvre de la protection temporaire (1) mais aussi dans les droits et les obligations (2) délivrés aux bénéficiaires de cette protection.

1/ Les objectifs, la définition et la mise en œuvre de la protection temporaire

a) Objectifs et définition

La directive met en place uniquement des normes minimales pour l'accueil des personnes déplacées. Son objectif est d'offrir une protection temporaire pour ces

---

[157] Proposition de directive relative à *des normes minimales pour l'octroi d'une protection temporaire en cas d'afflux massif de personnes déplacées et des mesures tendant à assurer un équilibre entre les efforts consentis par les États membres pour accueillir ces personnes et supporter les conséquences de cet accueil.* COM (2000) 303 final, 24 mai 2000 ; Voir TENENBAUM J., « Vers une protection coordonnée des personnes déplacées au sein de l'Union européenne », *Europe*, janvier 1999, p. 5-7.

[158] Directive 2001/55/CE du Conseil, du 20 juillet 2001, *relative à des normes minimales pour l'octroi d'une protection temporaire en cas d'afflux massif de personnes déplacées et à des mesures tendant à assurer un équilibre entre les efforts consentis par les États membres pour accueillir ces personnes et supporter les conséquences de cet accueil*, JOCE L 212, 7 août 2001, p. 12-23 ; MASSON P., *Rapport d'information sur les normes pour l'octroi d'une protection temporaire en cas d'afflux massif de personnes déplacées du Sénat*, Délégation pour l'Union européenne, Session ordinaire de 2000-2001, 19 p.

[159] COURTOIS J.-P., *Rapport sur le projet de loi adopté en urgence par l'AN déclaration d'urgence, relatif à la maîtrise de l'immigration et au séjour des étrangers en France*, n° 1, 1er octobre 2003, p. 152

[160] JULIEN-LAFERRIÈRE F., « Le statut des personnes protégées », *in L'émergence d'une politique communautaire d'asile*, ULB, Bruylant Bruxelles 2003, p. 198.

populations en déclenchant un mécanisme de solidarité entre les États membres tant sur le plan de l'accueil que sur le plan financier. La directive n'impose que des mesures minimales puisque les États ont toujours la possibilité d'accorder des mesures internes plus protectrices à ces étrangers déplacés. La directive cherche à instaurer une protection « *encadrée et harmonisée garantissant une répartition équitable des charges financières* »[161], c'est-à-dire qu'elle veut parvenir à un équilibre entre les efforts consentis.

Le caractère « *exceptionnel* »[162] de cette protection temporaire s'explique par la nature et l'ampleur du phénomène migratoire. En effet, « *l'afflux massif de personnes déplacées en provenance de pays tiers* »[163] est une situation suffisamment grave et inaccoutumée pour qu'on la traite par une procédure exceptionnelle et unique. L'enjeu de cette protection commune inédite est d'offrir un niveau adéquat de protections, d'obligations et de droits équitables à tous les bénéficiaires au sein des différents pays européens.

La directive définit l'afflux massif de personnes comme « *l'arrivée dans la Communauté d'un nombre important de personnes déplacées, en provenance d'un pays ou d'une zone géographique déterminée, que leur arrivée dans la communauté soit spontanée ou organisée par exemple dans le cadre d'un programme d'évacuation* »[164]. La notion « d'afflux massif » retenue n'est pas un critère aussi généreux qu'il y paraît. En effet, si *l'afflux* de personnes déplacées peut être facilement constaté (départ de réfugiés de pays en guerre ou en crise grave, cf. Irak, Afghanistan), leur arrivée massive dans les pays membres est beaucoup plus rare. En effet, la plupart du temps, lorsqu'un conflit entraîne une migration massive d'exilés, la majorité des personnes déplacées se réfugie dans les pays frontaliers. Seuls certains d'entre eux migrent vers des pays plus lointains pour demander une protection internationale durable et souvent sans espoir de pouvoir rentrer dans leur pays d'origine. Il semble que cette protection temporaire ne s'appliquera qu'aux migrations venant de pays voisins de l'Europe (comme le conflit d'ex-Yougoslavie ou du Kosovo). Par ailleurs, le GISTI relève que ce concept « d'afflux massif », pourtant essentiel dans le déclenchement de la protection temporaire, n'est pas très rigoureusement quantifiable. A partir de combien de personnes peut-on dire qu'il existe un afflux massif ? Rien n'est mentionné dans la directive, la pratique le montrera certainement. Le GISTI estime donc que l'un des critères principal de l'afflux massif est notamment que *« le système d'asile risque de ne pouvoir traiter cet afflux sans provoquer d'effets contraires à son bon fonctionnement »*[165].

---

[161] *Ibid.*
[162] §13 du préambule de la directive.
[163] Article 1er.
[164] Article 2 d).
[165] GISTI, *op. cit.*

La directive définit aussi la notion de « *personnes déplacées* »[166] qui n'a été que très rarement précisée par les instruments internationaux et encore moins par les textes européens. On désigne par-là les « *ressortissants de pays tiers ou apatrides qui ont dû quitter leur pays ou leur région d'origine ou ont été évacués, notamment à la suite d'un appel lancé par des organisations internationales, dont le retour dans des conditions sûres et durables est impossible en raison de la situation régnant dans ce pays, et qui peuvent éventuellement relever du champ de l'article 1 A de la Convention de Genève ou d'autres instruments internationaux ou nationaux de protections internationales* »[167]. Plusieurs exemples illustrent cette définition : « *-les personnes qui ont fui des zones de conflit armé ou de violence endémique et -les personnes qui ont été victimes de violations systématiques ou généralisées des droits de l'Homme ou sur lesquelles pèsent de graves menaces* »[168]. Autrement dit, les personnes déplacées doivent provenir de tous *pays tiers* dans lesquels elles ne peuvent momentanément retourner. Cette définition est large : elle permet d'englober toutes les victimes et ce quels que soient les agents de persécution. En revanche, la protection temporaire n'est offerte qu'aux ressortissants de pays tiers, ce qui confirme une fois de plus l'exclusion de toute protection pour un demandeur d'asile émanant d'un pays membre, et ce, conformément au Protocole Aznar.

b) Mise en œuvre

C'est par une décision[169] du Conseil que l'*afflux massif*[170] de personnes entrant dans la communauté peut être décrété. Cela constitua le point de départ de la mise en œuvre de la protection temporaire. Cette décision est primordiale, elle est prise à la majorité qualifiée par l'ensemble des États membres ce qui permet de répondre assez rapidement au besoin d'une protection temporaire, et cela sans attendre que les États établissent un consensus pris à l'unanimité. C'est donc sur la base d'une proposition de la Commission, ou sur une proposition d'un État membre, que la Commission propose au Conseil de mettre en œuvre la protection temporaire[171]. Force est de constater que le Parlement européen est écarté de la procédure, il ne sera que simplement informé[172].

Dans cette décision, les États doivent décrire les groupes spécifiques de personnes à protéger, fixer la date du point de départ de la protection, évaluer leur capacité d'accueil, transmettre les informations du HCR, et autres Organisations internationales. L'ampleur de la situation, l'opportunité d'une protection temporaire et les informations communiquées

[166] Sur cette notion cf. ALBERT S., « Réfugiés de l'intérieur, droits, protection et assistance aux personnes déplacées », *in Déplacées et réfugiés, la mobilité sous contrainte*, (Sous la direction de LASSAILLY-JACOB V. MARCHAL J. Y., QUESNEL A.)., éd. IRD, collection colloques et séminaires, Paris, 1999.p.49-69 ; BARUTCIKI M., « Le droit international des réfugiés et le rapatriement involontaire », *in Population réfugié, de l'asile au retour*, (Sous la direction de LASSAILLY-JACOB V., COMBREZY L.), éd. IRD, collection colloques et séminaires, Paris 2001, p. 323-336 ; BUGNION F., « Réfugiés, personnes déplacées et droit international humanitaire », *Revue Suisse de droit international et droit européen*, 2001, p. 277-288 ; Conseil de l'Europe et HCR, acte du 2ème colloque sur la Convention européenne et la protection des réfugiés des demandeurs d'asile et des personnes déplacées, Strasbourg, 2000, 171 p.

[167] Article 2 c).

[168] Article 2 c) i) ii).

[169] Article 5 § 1, la décision a une portée obligatoire (§ 14 de la directive).

[170] Article 2.

[171] Article 5 § 1.

[172] Article 5 § 5.

par les organismes spécialisés seront déterminantes pour la mise en place de la protection temporaire.

La directive est peu explicite sur la répartition des réfugiés parmi les États membres de la communauté. La distribution doit se faire sur la base « *d'une solidarité physique par le biais de déclaration de capacité d'accueil que doit présenter chaque État membre* »[173]. Or, les crises de l'ex-Yougoslavie et du Kosovo ont montré combien la mauvaise foi des États à évaluer leurs capacités d'accueil avait entraîné des dissensions politiques. Il est à craindre que cela perdure puisque aucun autre critère précis de répartition n'est encore fixé : ni la langue, ni la culture des réfugiés ne sont prises en compte.

Une fois l'afflux décrété et les capacités d'accueil de chacun déterminées, durant toute la période de la protection temporaire, une procédure de reprise[174] (calquée sur celle posée par le règlement (Dublin II) peut être organisée entre les États membres[175] lorsqu'une personne cherche à entrer ou à séjourner sur le territoire d'un autre État membre.

Selon l'article 4 la protection temporaire dure une année. Toutefois, il est possible d'y mettre fin prématurément par une décision du Conseil à la majorité qualifiée[176]. On peut aussi la prolonger automatiquement par périodes de six mois, pour une année supplémentaire. S'il subsiste des raisons de maintenir cette protection[177], les États peuvent la faire proroger un an de plus, soit une durée maximale de trois ans[178].

La protection temporaire ne prive pas les bénéficiaires de l'accès à la procédure d'asile puisque selon la directive, la personne déplacée peut à tout moment déposer une demande d'asile[179]. L'indépendance entre la procédure d'asile et celle de la protection temporaire est donc affirmée par la directive puisque « *la protection temporaire ne préjuge pas de la reconnaissance du statut de réfugié au titre de la Convention de Genève* »[180]. Les critères de Dublin sont applicables dans l'hypothèse d'un dépôt de demande d'asile dans un pays membre. L'État responsable sera celui qui a accepté le transfert de la personne sur son territoire[181]. Relevons toutefois que l'article 19 de la directive laisse un large champ de manœuvres aux États. Il fixe également une sérieuse limite puisque les États membres peuvent prévoir que le bénéfice de la protection temporaire ne sera pas cumulé avec le statut de demandeur d'asile pendant l'instruction.

Comme Daphné Bouteillet-Paquet[182], on relève deux types d'exclusion de la protection temporaire précisées par la directive : une exclusion *personnelle* en raison de fautes commises par le candidat : -crimes contre la paix, -crimes de guerre ou contre l'humanité, -crimes graves de droit commun en dehors du pays membre d'accueil, -d'agissements contraires aux buts et aux principes des Nations Unies, -danger pour la sécurité nationale ou -objet d'un crime ou délit particulièrement grave[183]. Cette clause d'exclusion est calquée sur celle de la Convention de Genève et de la protection subsidiaire communautaire. Pourtant la présence de ce type de clause est surprenante ici puisque la

---

[173] Rapport MASSON, *op. cit.*, p. 12.
[174] Article 11.
[175] Sauf accord bilatéral contraire.
[176] Article 6 § 1 b).
[177] Article 4.
[178] Alors que les instruments précédents avaient prévu une protection de cinq ans.
[179] Article 17.
[180] Article 3 § 1.
[181] Article 18.
[182] BOUTEILLET-PAQUET D., *op. cit.*, p. 251-252.
[183] Article 28.

protection est octroyée à toutes les personnes fuyant les pays d'origine en crise, c'est-à-dire sur la base d'une reconnaissance collective (*prima facie*). Comment alors reconnaître les personnes qui ont commis de tels crimes (si ce n'est sur la base d'un examen individuel) ? La deuxième clause d'exclusion est *temporelle* étant donné qu'elle exclut les personnes accueillies au titre de régimes de protection temporaire avant l'entrée en vigueur[184] de la protection temporaire commune, et ce, alors qu'elles viennent d'un même pays en crise. Ceci est particulièrement regrettable puisqu'on va « *perpétuer la coexistence de régimes disparates concernant des personnes dans une situation humanitaire identique* »[185], et maintenir une multitude de régimes temporaires au sein des différents États membres pour des personnes ayant migré pour des raisons similaires.

La fin anticipée de la protection temporaire peut être déclarée à tout moment lorsque « *le retour est sûr et durable* »[186] dans le pays d'origine. Le chapitre V de la directive précise les conditions de ce retour. Le droit commun des étrangers s'applique lorsque la protection temporaire prend fin. Deux types de retour sont prévus dans la directive : soit les États prennent les mesures nécessaires pour organiser un retour volontaire des bénéficiaires dans le « *respect de la dignité humaine* »[187], soit le retour forcé est organisé en l'absence de « *raisons humanitaires impérieuses qui pourraient rendre le retour impossible* »[188]. Soulignons que l'absence de danger dans le pays d'origine au moment du retour peut être difficile à évaluer. Comment les États vont-ils faire ? Vont-ils coopérer en échangeant les informations qu'ils possèdent sur les régions concernées ? Ou bien chacun d'eux va t-il évaluer la situation des régions, des villes, des villages en question ? Ici encore les expériences du Kosovo[189], de l'Afghanistan et de l'Irak, où les bombardements alliés et l'insécurité règnent encore, montrent que les retours volontaires ou forcés, sont difficiles à organiser.

Pour ce qui est de l'ajournement du retour, l'article 23 tient compte néanmoins de l'état de santé de l'ex-bénéficiaire de la protection temporaire qui poursuit un traitement médical dont l'interruption est impossible. La législation française assure déjà cette garantie contre l'éloignement pour des raisons sanitaires. De même, la directive prévoit une sorte « de sursis à exécution » pour le renvoi des familles ayant des enfants mineurs scolarisés, leur éloignement étant suspendu jusqu'à ce que ces derniers aient achevé leur période scolaire.

2/ Des droits et des obligations imposés aux États membres

a) Obligations des États membres

Cette directive est relativement précise puisqu'elle fixe un certain nombre de dispositions favorables aux bénéficiaires de la protection temporaire. La première obligation qui s'impose aux États membres est celle du non-refoulement[190] (comme pour toute autre garantie offrant le refuge à des personnes en quête d'asile).

---

184 Article 3 § 4.
185 BOUTEILLET-PAQUET D., *op. cit.*, p. 251.
186 Article 6 § 2.
187 Article 21 § 1.
188 Article 22.
189 Amnesty International et CERE, *Position sur les retours vers le Kosovo*, juin 2000.
190 Article 3 § 2.

Une fois la protection temporaire mise en place par les États membres, les États accueillants doivent faciliter la délivrance de visas[191] ainsi que l'accès à leur territoire. Une fois entrées, les personnes déplacées reçoivent des titres de séjour ou documents équivalents[192] pendant toute la durée de la protection temporaire. Les États membres doivent en conséquence adapter leur législation interne en prévoyant un titre de séjour spécifique pour les bénéficiaires de la protection temporaire. De même, un devoir d'information leur est imposé afin qu'ils remettent au bénéficiaire « *un document rédigé en langue susceptible d'être comprise par les personnes déplacées* »[193] dans lequel sont expliquées toutes les dispositions relatives à la protection temporaire. Enfin, comme pour l'ensemble des autres statuts protégeant les personnes persécutées, les États membres doivent garantir la protection des données personnelles[194] des bénéficiaires de la protection temporaire.

b) Droits et statuts délivrés

La directive a édicté un ensemble de droits et obligations formant les bases d'un statut pour les bénéficiaires de la protection temporaire. Les États membres délivrent des autorisations de travail[195] qui se limitent à la durée de la protection. Ils organisent des formations éducatives, professionnelles et des stages en entreprises. De même, les États veillent à ce que les bénéficiaires de la protection temporaire aient droit à des logements appropriés, à ce qu'ils reçoivent des ressources suffisantes, à ce qu'ils aient accès aux soins médicaux, à ce qu'une protection spécifique soit accordée aux mineurs et la protection temporaire s'adresse aussi à ceux qui ont subi des violences psychologiques, physiques ou sexuelles[196]. Les États membres offrent aux familles[197] la possibilité de se regrouper lorsqu'elles ont été séparées dans différents États membres. Mais si le regroupement est possible, il ne s'accompagne d'aucun droit particulier pour les membres de la famille. Pour les enfants mineurs seuls, les États membres doivent prévoir une tutelle ou une organisation chargée de l'assistance pour leur placement. La précision de ces différents droits et obligations posés par la directive laisse très peu de latitude aux États membres dans la mise en œuvre de ses objectifs.

B/ L'ambiguïté de la transposition de cette protection dans le statut interne

C'est avec plus d'un an de retard que la transposition[198] de la directive relative à la protection temporaire a été réalisée en France avec la réforme du 26 novembre 2003 (la date limite de transposition posée par la directive était fixée au 31 décembre 2002). Nous avons montré que la protection temporaire est entièrement communautaire, elle est l'un des résultats les plus aboutis de la politique européenne. Sa transposition dans les législations de chaque État est son aspect le plus novateur.

---

[191] Article 8 § 3.
[192] Article 8 § 1.
[193] Article 9.
[194] Article 10.
[195] Des limitations peuvent exister pour des motifs tenant aux politiques du marché de l'emploi, cf. article 12.
[196] Article 13.
[197] Définition large : englobe le partenaire si la législation de l'État membre lui a reconnu des droits équivalents, les proches parents, les enfants adoptés etc. cf. article 15.
[198] Avec l'article 44 de la loi du 26 novembre 2003 relative *à la maîtrise de l'immigration, au séjour des étrangers en France et à la nationalité*, JORF du 27 novembre 2003, p. 20136.

La place choisie par le législateur est révélatrice de la portée que l'État français a voulu donner à cette protection temporaire communautaire. Assez curieusement, la protection temporaire des personnes déplacées en cas d'afflux massif fut insérée dans l'article 32 de l'ordonnance de 1945 et non dans la loi de 1952 relative au droit d'asile, même s'il est vrai qu'elle est incluse dans un chapitre nouveau (VII) de l'ordonnance, intitulé *« des demandeurs d'asile et des bénéficiaires de la protection temporaire »*[199]. Ce choix délibéré d'introduire une protection temporaire pour des personnes déplacées, dans le statut de l'étranger ordinaire, est très équivoque puisqu'il semble mettre dans la même catégorie les étrangers ordinaires qui migrent le plus souvent « par choix », et les personnes fuyant leur pays en pleine crise. Ceci est d'autant plus critiquable que la directive est très claire sur ce point : elle précise bien que le droit commun des étrangers ne s'applique que lorsque la protection temporaire prend fin[200]. La protection temporaire a été codifiée dans le livre VIII « *dispositions communes et dispositions diverses* »[201], ceci confirme la place résiduelle que l'on a souhaité donner à cette nouvelle protection.

L'article 32 II de l'ordonnance de 1945 rappelle les modalités de mise en œuvre de la protection temporaire en se référant directement aux articles de la directive. Il reprend les termes de « *groupe spécifique de personnes bénéficiaires de la protection temporaire* » ce qui confirme la reconnaissance collective (*prima facie*) des bénéficiaires de la protection temporaire. C'est une première en France. Il retrace fidèlement les exigences assez précises de la directive. Toutefois, s'agissant du droit au séjour, il semble que le législateur ait interprété trop strictement les termes de la directive même s'il est vrai que ces derniers sont flous, voire même contradictoires sur ce point. En effet, la directive exige dans son article 8 § 1 que les « *États membres adoptent les mesures nécessaires afin que les bénéficiaires disposent des titres de séjour pendant toute la durée de la protection temporaire* ». Si cette première exigence est très claire, la suite de l'article ne l'est pas, puisque « *des documents ou d'autres pièces justificatives équivalentes sont délivrés à cette fin* ». Que faut-il entendre par documents administratifs ? Cartes de séjour temporaire ou simples autorisations administratives de séjour ? Le législateur français a une interprétation « minimale » puisqu'il précise dans l'article 32 II que le bénéficiaire de la protection temporaire « *est mis en possession d'un document provisoire de séjour assorti le cas échéant d'une autorisation provisoire de travail. Ce document provisoire de séjour est renouvelé tant qu'il n'est pas mis fin à la protection temporaire* ». Le GISTI estime en ce sens que « *la protection temporaire reconnue aux bénéficiaires est matérialisée par une autorisation de séjour qui peut être assortie d'une autorisation de travail (ce qui signifie a contrario que l'accès au travail peut être refusé !), pour une durée d'un an, pouvant être renouvelée par l'État membre dans la limite maximale de trois années* »[202]. Autrement dit, le législateur français n'a pas choisi de créer une carte spécifique, il a préféré utiliser la technique administrative plus souple de l'autorisation administrative de séjour. Ceci ne modifie guère les pratiques qui ont existé jusqu'ici.

En guise de remarque finale, il convient de préciser que le législateur français a émis des hypothèses supplémentaires aux clauses d'exclusion de la protection temporaire

[199] Article 43 de loi du 26 novembre 2003.
[200] Article 20 de la directive.
[201] Titre 1er L 811-1 à L 811-9 du Code de l'entrée et du séjour des étrangers et du droit d'asile.
[202] GISTI, *Contrôler, surveiller et punir, 4ème éd., Analyse de la réforme Sarkozy loi n° 2003-1119 du 26 novembre 2003*, décembre 2003, p. 30. Cf. TURPIN D., « Les nouvelles lois sur l'immigration et l'asile dans le contexte de l'Europe et de la mondialisation », *RCDIP*, avril-juin 2004, p. 311-393.

prévues par la directive. L'article 32 IV de l'ordonnance de 1945 ajoute aux différents crimes mentionnés à l'article 28 de la directive entraînant l'exclusion du réfugié, les notions de menaces pour l'ordre public, sécurité publique. Ces précisions confirment la logique même de la législation relative aux étrangers qui sont toujours soumis au respect de l'ordre public.

La protection temporaire n'a jamais été déclenchée par les États membres jusqu'ici. L'absence d'éléments rend difficile l'évaluation des difficultés possibles d'application de cette nouvelle protection communautaire en France.

❖

CONCLUSION DU TITRE II

Les mesures concernant la détermination de l'État responsable des demandes d'asile furent régies d'abord par la Convention d'application de l'accord de Schengen, ensuite par la Convention de Dublin. Elles ont organisé un système de traitement unique des demandes d'asile. Depuis 2003, le nouveau règlement communautaire relatif à la modification de la Convention de Dublin confirme la logique engagée par les États membres en *communautarisant* les règles de détermination du pays responsable des demandes d'asile. L'analyse critique de ce règlement a montré la logique perverse de ce mécanisme qui est loin d'être à la hauteur des ambitions affichées par les États membres. Toutefois, la récente mise en place du mécanisme EURODAC devrait permettre d'accélérer la recherche de l'État responsable des demandes d'asile mais aussi de réadmettre au plus vite des demandeurs d'asile dans l'État chargé de traiter leur requête. Par ailleurs, ce nouveau fichier d'empreintes digitales renforce la gestion commune des identités des demandeurs d'asile et montre une fois de plus la sophistication des mesures relatives à l'asile. Le droit interne a transposé l'ensemble de ces instruments dans le statut du demandeur d'asile et le juge administratif censure les applications trop mécaniques de ce système commun. Parallèlement à cela, les États membres ont cherché à rendre plus efficaces les procédures de recevabilité et de traitement des demandes d'asile. Après une variété de textes communs sans valeur juridique, les États adopteront prochainement une directive relative aux procédures d'asile. Ce futur texte européen mettra en place des notions et procédures clefs pour accélérer la recevabilité et le traitement des demandes d'asile. Nos démonstrations illustrent qu'avec ces nouveaux concepts communs, c'est toute notre tradition d'hospitalité qui est mise à mal. Le droit interne a déjà ancipité la future directive : le statut du demandeur d'asile connaît des modifications restrictives sans précédent.

Au côté des procédures d'asile, les États membres ont élaboré deux directives sur les protections des demandeurs d'asile. Ainsi, ils ont harmonisé la définition du réfugié (garantie par la Convention de Genève) et ont crée deux nouvelles formes de protections complémentaires pour le demandeur d'asile (protection subsidiaire et protection temporaire en cas d'afflux massif de personnes). Ces deux nouvelles formes d'asile sont communes à tous les États membres. Leurs modalités et les droits qu'elles posent ont été transposés dans le statut interne du demandeur d'asile. Nos analyses montrèrent que leur transposition a entraîné des changements très importants pour le statut interne, mais des changements peu protecteurs pour le demandeur d'asile.

Conclusion du Titre II

Cette première « phase de communautarisation » s'est achevée le 30 avril 2004. Le bilan de la politique européenne de l'asile est mitigé puisqu'il pose des normes minimales restrictives pour le régime commun de l'asile par rapport au statut interne du demandeur d'asile. De surcroît, on constate que ce régime souffre de limites importantes. Par exemple, si les États membres ont mis en place une définition harmonisée du réfugié conventionnel, celle-ci ne les empêchera pas d'interpréter de façons différentes la Convention de Genève. De même, le statut du demandeur d'asile est loin d'être identique dans tous les États membres. Enfin, à côté de l'émergence de ces textes, des problèmes d'application se posent : la transposition des directives dans le droit français laisse ainsi prévoir des difficultés d'interprétation.

Espérons que la deuxième phase de communautarisation engagée depuis le 1er mai 2004, corrigera les lacunes les plus importantes de ces premiers instruments communs. La mode d'adoption de ces textes n'étant plus l'unanimité, l'approbation de futurs textes risque d'être plus rapide et moins consensuelle. Il faudra toutefois tenir compte d'une difficulté supplémentaire : les dix nouveaux États membres particulièrement exposés à l'arrivée des demandeurs d'asile auront certainement leur mot à dire dans l'adoption des instruments communautaires à venir.

❖

CONCLUSION DE LA PREMIÈRE PARTIE

L'analyse des statuts de l'étranger « ordinaire » et du demandeur d'asile a montré une floraison de textes supranationaux qui a modifié ou va prochainement modifier l'ordonnance de 1945 et la loi de 1952. Si nos recherches ont affirmé que des textes bilatéraux ou universels (Convention de Genève) ont changé le droit des étrangers et des demandeurs d'asile, la « masse juridique » la plus importante développée ces dernières années est le résultat de la politique communautaire de la Communauté européenne. Même si cette politique commune souffre d'importantes lacunes[1] que l'on a essayé d'esquisser tout au long de nos développements, de nombreuses directives et règlements ont été adoptés ou sont en voie d'adoption. Leurs impacts, leurs transpositions ou leurs influences touchent le « cœur » de la législation des étrangers et du demandeur d'asile.

Nos analyses en « va-et-vient » de la norme supranationale vers la norme interne ont insisté sur ces changements. Les avantages et les inconvénients de ces nouvelles règles ont été largement abordés. Cet exercice a permis de clarifier le droit positif souvent rendu complexe en raison de l'enchevêtrement de normes nationales et supranationales. Nos démonstrations ont également souligné les conséquences, protectrices ou non, de ces normes supranationales. L'examen précis des directives, règlements et autres normes ont surtout exposé des restrictions importantes dans les garanties et libertés des étrangers. La plupart des modifications causées par la transposition de ces textes ont extrêmement durci les statuts du demandeur d'asile et du ressortissant de pays tiers. Cette tendance générale se retrouve dans quasiment toutes les composantes du statut interne. Ceci s'explique par le fait que la politique commune ne repose que sur la mise en place de normes minimales communes : les États ne sont pas encore prêts à se voir imposer des mesures protectrices pour l'étranger trop contraignantes.

L'ensemble de ces démonstrations a surtout permis de mesurer l'impact du droit international et communautaire dans le statut de l'étranger et du demandeur d'asile. En effet, ces normes sont en train de prendre une place considérable dans le droit interne : presque toutes les phases du statut du demandeur d'asile et du ressortissant de pays tiers sont « saisies » par une norme supranationale. Ces normes témoignent de l'émergence *d'un régime migratoire supranational.*

---

[1] 3ème Congrès européen sur la Politique d'immigration et d'asile (évaluation 1999-2004), Assemblée Nationale, 10 et 11 juin 2004, (à paraître aux éditions de l'université de Bruxelles, Bruylant). LABAYLE H., « L'Union européenne et l'immigration, une véritable politique commune ? », *in Mouvement du droit public, Mélange en l'honneur de Franck Moderne*, Dalloz, 2004, p. 1217-1233.

Ce régime migratoire traite à la fois du ressortissant de pays tiers et du demandeur d'asile. Le premier a son statut en voie d'harmonisation communautaire puisqu'un statut général pour le ressortissant de pays tiers commun à tous les États membres est en train de se constituer. Il demeure cependant des exceptions qui particularisent ce statut général. Certaines d'entres elles existaient déjà (accords bilatéraux), d'autres sont le résultat de la « communautarisation à plusieurs vitesses » (les lacunes de l'intégration différenciée, le traitement favorisé du ressortissant turc et la quasi-assimilation au citoyen européen de l'étranger membre d'une famille de ressortissants communautaires). Le statut du demandeur d'asile est, lui aussi, largement appréhendé par les normes supranationales (communautaire et universelle). Ces normes (largement communautaires) abordent à la fois les procédures d'obtention de l'asile (pays responsable de la demande, identité du demandeur d'asile, dépôt et recevabilité des demandes) et celles délivrées aux demandeurs d'asile (statut de réfugié, protection subsidiaire et protection temporaire).

Toutefois, les normes supranationales n'ont toujours pas « réglementé » tout le statut du demandeur d'asile et de l'étranger et les États restent largement maîtres des nombreuses dispositions et surtout de l'application de ces normes supranationales.

DEUXIÈME PARTIE : DES GARANTIES SUPRANATIONALES COMPLÉMENTAIRES

Les spécificités de l'entrée du migrant ou du demandeur d'asile, ses conditions de séjour particulières, ainsi que celles de sa sortie du territoire ont été démontrées. Ces droits de « nature régalienne » (même si aujourd'hui la plupart de ces derniers commencent à être décidés au plan communautaire) sont fortement marqués par l'affirmation d'une souveraineté territoriale. L'étranger y est toujours défini par la négative, par opposition au national ou au ressortissant communautaire. Les normes communautaires et les accords bilatéraux participent également à cette définition d'un « statut régalien » de l'étranger.

Un autre ensemble de normes internationales se superpose au statut général de l'étranger et complète son contenu prédéfini. L'intégration récente des droits internationaux des droits de l'Homme dans la problématique du droit des étrangers apporte une vision nouvelle du statut de l'étranger. Le développement et l'intégration de ces droits internationaux dans notre système juridique ont entraîné des conséquences essentielles dans la compréhension du statut de l'étranger. Contrairement au « statut régalien » qui cantonne l'étranger à une place inférieure, ces normes internationales atténuent certaines différences de traitement auxquelles étaient soumis les étrangers pour obtenir des garanties matérielles et procédurales.

Par conséquent, autour du « statut régalien » de l'étranger, s'est formé un ensemble de droits et de libertés issus de ces normes supranationales. En se « greffant » sur le statut général, ces normes ont entraîné des conséquences juridiques importantes. Elles forment une sorte de « Charte de droits et de libertés » pour l'étranger. Depuis une quinzaine d'années, un véritable « statut-liberté » émerge et constitue un ensemble « vivant » de normes juridiques, évolutives et changeantes, selon les interprétations des différents juges.

Le principal intérêt de ces droits internationaux des droits de l'Homme tient au fait qu'ils protègent l'étranger contre l'arbitraire des États. Par exemple, la Cour européenne des droits de l'Homme a dégagé une jurisprudence protégeant la personne, sans se préoccuper du fait qu'elle soit étrangère ou non. Les droits et les garanties procédurales ou matérielles dégagés par la Cour se sont ainsi avérés souvent très efficaces pour protéger l'étranger. De la même façon, en permettant une bonne application des Pactes Internationaux des droits civils et politiques, le Comité des Droits de l'Homme des Nations Unies a instauré des garanties qui protègent les étrangers.

Le système français, d'abord réticent à l'intégration de ces normes supranationales, a peu à peu pris en compte la jurisprudence de la Cour européenne des droits de l'Homme, certaines constatations des Comités des Nations Unies et les autres textes internationaux des droits de l'Homme. Cette introduction du droit international s'est effectuée de différentes façons.

- Soit par une réception de « l'autorité jurisprudentielle »[1] de la Cour européenne des droits de l'Homme. Il s'agit alors d'une «réception jurisprudentielle» et casuistique, effectuée par les juges ordinaires lors de l'exercice du contrôle de conventionnalité.

---

[1] LAMBERT E., *Les effets des arrêts de la Cour européenne des droits de l'Homme, contribution à une approche pluraliste du droit européen des droits de l'Homme*, Bruylant, Bruxelles, 1999, p. 289-394 ; Cf. aussi, ANDRIANTSIMBAZOVINA J., *L'autorité des décisions de justice constitutionnelles et européennes sur le juge administratif*, LGDJ tome 192, 1998, p. 70 et s.

- Soit par une « transcription législative » des normes internationales dans le statut général de l'étranger. Les normes internationales sont alors incorporées et font partie intégrante du statut.
- Soit par une simple influence des textes internationaux.
- Soit par des circulaires dans lesquelles les autorités administratives exigent que leur personnel prenne en compte ces garanties supranationales.

Au regard de ces différents types d'insertion des normes supranationales, il conviendra de montrer l'implication de ces normes supranationales sur le statut de l'étranger. Elles agissent de deux façons.

D'une part, les normes supranationales viennent confirmer et accentuer une protection déjà existante dans le droit interne. Ainsi, l'article 8 de la Convention européenne de sauvegarde des droits de l'Homme concernant la protection de la « vie privée et familiale » a complété le respect de la vie familiale normale de l'étranger, précédemment développé par le Conseil d'État. L'apparition des normes supranationales a eu dans ce cas des conséquences fondamentales, puisqu'elle a permis de « corriger » et mettre fin à certaines atteintes à la vie familiale de l'étranger. La « correction » sera entendue dans le sens d'un renforcement ou d'une amélioration du droit des étrangers. Ainsi, la jurisprudence de la Cour européenne des droits de l'Homme se présente comme un mécanisme subsidiaire de protection[2] qui pallie les défaillances du système national. Toutefois, cette fonction de correction du statut interne n'est pas sans limite. Si les protections se heurtent à certaines contraintes inhérentes au « statut régalien » de l'étranger, elles voient ainsi leur champ d'action réduit par la condition indépassable de l'étranger. En somme, ces normes supranationales ont une fonction de correction, mais elles sont parfois dérisoires en raison des limites inhérentes au statut de l'étranger. Le contrôle de l'entrée des frontières, la souveraineté territoriale et des politiques d'immigration fixent des limites inamovibles, et ce, même lorsque la vie familiale[3] de l'étranger doit en pâtir.

D'autre part, l'incorporation des normes supranationales dans le statut de l'étranger joue un rôle innovateur ou rénovateur. Certaines normes supranationales ont une action cruciale sur la protection de l'étranger, en y apportant dans certains cas des protections dont l'étranger ne disposait pas dans le statut interne. Quant aux autres normes supranationales, elles confèrent une portée et une interprétation rénovées du statut de l'étranger en dépassant parfois ses limites existantes. Ainsi, de nouvelles garanties issues de sources internationales se sont introduites dans le statut de l'étranger. Elles offrent des garanties novatrices ou rénovatrices que ne permettait pas le statut interne. Des protections inédites contre les traitements inhumains et dégradants permettent à tous les étrangers d'être protégés contre une mesure d'expulsion. L'article 3 de la Convention européenne de sauvegarde des droits de l'Homme est devenue une protection absolue pour l'étranger menacé d'expulsion lors de situations d'urgence, humainement intolérables. Cette protection dépasse la problématique classique, étranger/national, pour consacrer une protection de la personne humaine. De même, l'influence des droits internationaux des droits de l'Homme est particulièrement significative pour ce qui est de l'égalité de traitement étranger/nationaux en matière de prestations sociales. Dans ce domaine, l'égalité de traitement n'ayant jamais abouti dans le droit interne, la conséquence essentielle de ces normes supranationales a été de rénover ce principe en développant une approche « quasi-

---

[2] Cf. BRACONNIER S., Jurisprudence de la CEDH et du droit administratif français, Bruylant, Bruxelles, 1997.

[3] L 'article 8 n'est pas une protection absolue : ceci est une autre limite à l'application du principe.

absolue » de l'égalité de traitement, pour toutes les prestations contributives (sous réserve que l'étranger ait une résidence stable et régulière). Toutefois, d'autres protections innovantes issues des principes généraux du droit d'inspiration supranationale ou encore celles découlant des Pactes et Conventions des Nations Unies n'ont pas amené des protections aussi efficaces au droit des étrangers. Même si ces normes supranationales sont novatrices, elles n'ont pas toutes entraîné des protections absolues. Des mesures inhérentes au statut de l'étranger viennent ici encore limiter leur portée.

Par conséquent, il conviendra d'étudier dans un premier Titre : la fonction « correctrice » du droit international des droits de l'Homme sur le statut de l'étranger et dans un second Titre : la fonction « innovatrice » ou « rénovatrice » des normes internationales des droits de l'Homme sur le statut de l'étranger.

TITRE I : LA FONCTION « CORRECTRICE » DU DROIT INTERNATIONAL DES DROITS DE L'HOMME SUR LE STATUT INTERNE DE L'ÉTRANGER

Un nombre important de normes supranationales des droits de l'Homme protège indirectement l'étranger. Bien que souvent absent des grands textes universels[1], il est quand même protégé, par ricochet, grâce aux interprétations extensives des juges internationaux. L'exemple le plus significatif est celui du droit issu de la Convention européenne de sauvegarde des droits de l'Homme. L'influence de la jurisprudence de la Cour européenne des droits de l'Homme sur le statut de l'étranger est d'ailleurs étonnante. L'autorité jurisprudentielle de la Cour a contraint le juge et le législateur français à accepter une autre vision de certains droits des étrangers. Le système subsidiaire[2] du droit européen permet ainsi de compléter le droit interne, afin de garantir un minimum de droits issus de la Convention européenne de sauvegarde des droits de l'Homme. L'influence de la Cour européenne a entraîné des modifications sur le statut de l'étranger. Plusieurs types de corrections se dégagent. Ainsi, des corrections préventives[3] influencées par la jurisprudence de la Cour ont permis de modifier le droit interne des étrangers. De même, des changements internes ont été réalisés grâce à l'effet « d'orientation » du droit et de la jurisprudence européenne. Toutes ces transformations sont des « anticipations normatives » basées sur la jurisprudence européenne. Enfin, après la constatation d'une violation du droit européen, des corrections « rectificatives », ont mis en conformité le droit des étrangers. La portée considérable de ce droit européen et les corrections qu'il a suscitées, ont permis de dégager des garanties complémentaires au statut interne de l'étranger. Ces garanties tempèrent une application parfois trop abusive du « statut régalien » de l'étranger. C'est pourquoi Henri Labayle estime que *« ce droit apparaît tout d'abord comme un droit de l'individu, et son exercice entame la compétence régalienne de l'État de définir qui il admet ou pas sur son*

---

[1] Aucune référence explicite n'est présente dans la Déclaration Universelle des droits de l'Homme de 1948 et ni dans la Convention européenne de sauvegarde des droits de l'Homme et des libertés fondamentales. Il a fallu attendre l'article 4 du quatrième Protocole additionnel à la Convention européenne pour que soit mentionnée l'interdiction des expulsions collectives. Cf. en sens l'étude de SUDRE F., *Droit international et européen des droits de l'Homme*, 3ème éd., PUF, coll. Droit fondamental, Paris, 1997, p. 264-265. L'adoption le 7 décembre 2000 à Nice de la Charte des droits fondamentaux de l'Union européenne, JOCE n° C364 18 décembre 2000, inscrit, quant à elle, deux articles spécifiques aux étrangers (article 18 et 19).

[2] LAMBERT E., *op. cit.*, p. 21- 22.

[3] Avant d'être condamné par la Cour européenne des droits de l'Homme, le législateur français modifie son droit, pour le mettre en conformité avec le droit européen.

territoire »[4]. La complémentarité de ces droits européens se retrouve dans presque toutes les phases du statut de l'étranger. Notre intention n'est pas tant de décrire une liste complète des droits et des garanties introduits par le droit européen dans le statut interne de l'étranger, que de s'intéresser à des droits-clefs de l'étranger, particulièrement bien renforcés par les apports du droit européen. Le droit à la «vie privée et familiale» et les garanties procédurales accordées par les articles 5, 6, 8 et 13 de la Convention européenne de sauvegarde des droits de l'Homme illustrent cette influence correctrice des normes supranationales.

À côté de l'imposante jurisprudence européenne, l'impact de la Convention internationale des droits de l'enfant (CIDE) n'est cependant pas à exclure, et ce, même s'il est vrai que la jurisprudence de la CIDE est non seulement quantitativement et qualitativement limitée, mais aussi concurrencée sérieusement par la jurisprudence européenne.

D'autres instruments internationaux ont également influencé le législateur national dans son approche du droit des étrangers. Cela s'est fait de manière plus ou moins directe. Ainsi, le droit issu de la Convention européenne des travailleurs migrants ou de la Charte européenne des droits fondamentaux n'apporte pas de garanties contraignantes. Ce droit participe cependant à une prise de conscience des pays européens plus protectrice du droit des étrangers. Il en est de même des Résolutions sans valeur contraignante du Conseil de l'Europe, censées sensibiliser les États européens. Cette influence n'est pas déterminante, mais elle contribue dans une certaine mesure à la correction du statut de l'étranger, correction cependant limitée. L'impact des différentes normes supranationales sur le droit interne est bien inférieur à celui du droit européen des droits de l'Homme. D'une part, parce que certaines de ces normes se rapprochant des droits de la Convention européenne de sauvegarde des droits de l'Homme, le juge ou le législateur choisit alors l'approche européenne. D'autre part, parce que ces normes sont sans force juridique et n'ont, par conséquent, qu'une influence relative sur la correction du statut de l'étranger.

Ainsi, il conviendra de montrer dans un premier Sous Titre : les protections « correctrices » amenées par l'autorité jurisprudentielle européenne et dans un second Sous Titre : les « corrections » ponctuelles amenées par les autres instruments internationaux.

---

[4] LABAYLE H., « Le droit de l'étranger à mener une vie familiale normale, lecture nationale et exigences européennes », *RFDA*, 9 (3) mai-juin, 1993, p. 513.

SOUS TITRE I : LES PROTECTIONS « CORRECTRICES » ÉMANANT DE L'AUTORITÉ JURISPRUDENTIELLE EUROPÉENNE

La Convention européenne de sauvegarde des droits de l'Homme est devenue un « *rempart et (une) arme ultimes des droits de l'Homme (...)* »[1]. En effet, le travail d'interprétation effectué par le juge européen a contribué à l'émergence de garanties européennes protégeant, par ricochet, l'étranger. De nombreuses requêtes concernant des étrangers ont été soumises aux juges européens, donnant naissance à une abondante jurisprudence européenne relative aux droits des étrangers. Des solutions jurisprudentielles ont précisé, peu à peu, les garanties relatives à leur entrée, à leur admission, à leur séjour et à leur sortie du territoire.

Aujourd'hui, la protection de la «vie privée et familiale» de l'article 8 de la Convention est l'exemple, par excellence, de l'influence de la jurisprudence européenne sur le statut interne de l'étranger. Par capillarité, le droit à la « vie privée et familiale » s'est imposé dans le statut de l'étranger. Ainsi, l'article 8 produit des effets en cas de refus du regroupement familial, de visa, de titre de séjour ou encore pour l'exécution des mesures d'éloignement. Cette protection de la « vie privée et familiale » de l'article 8 complète les garanties internes similaires souvent encore trop timidement exploitées par les juges ordinaires. Le droit européen a permis au juge ordinaire et ensuite au législateur français de compléter davantage ce droit essentiel pour tous et donc pour les étrangers. La protection amenée par l'article 8 de la Convention européenne de sauvegarde des droits de l'Homme est pour une large part à l'origine des avancées juridiques relatives au respect de la « vie privée et familiale » des étrangers. Toutefois, cette protection supranationale connaît aussi des limites indépassables, certaines sont inhérentes au droit interne de l'étranger, d'autres tiennent au texte même de l'article 8 de la Convention européenne.

D'autres articles de la Convention complètent l'arsenal déjà existant en droit interne des garanties procédurales, dont bénéficient les étrangers en cas de recours contre une mesure d'éloignement. Le demandeur d'asile débouté ou le ressortissant de pays tiers placé en rétention a vu ces droits procéduraux renforcés grâce à la contribution du droit européen. Cependant, l'influence des articles 5, 6, et 13 de la Convention européenne de sauvegarde des droits de l'Homme sur le statut interne de l'étranger est moins « flagrante et

[1] PACTEAU B., « Le juge administratif français et l'interprétation européenne », *in Colloque du 13 et 14 mars 1998, L'interprétation de la Convention européenne des droits de l'Homme*, éd. Bruylant, Bruxelles, 1999, p. 252.

visible » que celle amenée par l'article 8. En effet, les garanties procédurales de l'étranger ont évolué grâce à une interaction des normes juridiques internes et internationales.

Quel que soit le degré de contribution de ces droits européens dans le statut de l'étranger, leur apport est indéniable. Ces droits complètent positivement le statut des étrangers en renforçant des droits déjà existants jusqu'ici peu exploités dans notre droit interne.

Par conséquent, il conviendra de s'intéresser dans un premier chapitre à la contribution de la jurisprudence européenne à la protection de la « vie privée et familiale » de l'étranger et, dans un second chapitre, aux garanties procédurales européennes dans le contentieux des étrangers.

CHAPITRE I : CONTRIBUTION DE LA JURISPRUDENCE EUROPÉENNE À LA PROTECTION DE LA «VIE PRIVÉE ET FAMILIALE» DE L'ÉTRANGER

Le concept de « vie privée et familiale » est né avec la jurisprudence européenne. Cependant, il existait déjà en droit interne un principe général du droit protégeant la vie familiale normale de l'étranger ; toutefois sa portée était limitée. L'article 8 de la Convention européenne de sauvegarde des droits de l'Homme a permis d'imposer des garanties plus importantes. Les organes de Strasbourg ont développé et étendu ce droit à toutes les situations juridiques dans lesquelles l'étranger peut se trouver. Le juge administratif a repris cette formulation et l'utilise dans le contentieux des étrangers. Ce droit à la « vie privée et familiale » s'est ensuite constitutionnalisé. Le juge constitutionnel en a fait un principe à valeur constitutionnelle. Cette protection de la « vie privée et familiale » est le fruit du dialogue[1] de plusieurs juges. Dans cet échange, l'énorme travail du juge européen a contribué pour beaucoup à l'élaboration du concept car le principe est né au sein de la jurisprudence européenne ; les juges ordinaires et le juge constitutionnel n'ont eu qu'à l'intégrer et à se l'approprier dans leur raisonnement juridique.

Le contenu du droit de la « vie privée et familiale » s'est construit devant le juge européen, les décisions de la Cour européenne ont permis de dresser une grille d'analyse et de compréhension de ce principe. Dans l'ensemble, le juge administratif a adopté un contenu assez proche de celui développé par le juge européen. Toutefois, cela n'a pas toujours été le cas. Aujourd'hui le contenu de la « vie privée et familiale » de l'étranger par le juge administratif est presque semblable à celle du juge européen, seules des nuances d'interprétation du principe demeurent puisque le juge administratif garde une part d'autonomie dans l'appréciation de ce droit. Une approche comparée est donc nécessaire pour mesurer et mettre en exergue l'influence de l'autorité jurisprudentielle de la Cour européenne sur la jurisprudence administrative, pour ce qui est du contenu et de l'appréciation de la « vie privée et familiale » de l'étranger.

L'analyse du contenu de la « vie privée et familiale » conduit à s'intéresser à l'impact de ce principe européen sur le statut de l'étranger. Autrement dit, il convient de montrer les modifications effectives entraînées par le respect de la « vie privée et familiale » sur les refus d'admission, de séjour ou encore sur les mesures d'éloignement. Les « modifications correctrices » existent, mais leurs portées sont très inégales selon la mesure administrative à laquelle l'étranger est soumis. Les corrections se heurtent aux limites de l'ordre public[2] ou à celles de la souveraineté nationale exprimée dans le choix discrétionnaire de l'État de faire rester ou pas sur son territoire un ressortissant étranger. Il

---

[1] Cf. thèse ANDRIANTSIMBAZOVINA J., *L'autorité des décisions de justice constitutionnelles et européennes sur le juge administratif*, LGDJ tome 192, 1998, p. 459-463.
[2] Limite textuelle à l'article 8 de la CEDH.

conviendra donc d'examiner tous les cas dans lesquels la correction est efficace et ceux dans lesquels l'article 8 connaît des limites, afin d'apprécier la portée effective de la correction amenée par l'autorité jurisprudentielle de la Cour européenne.

Ainsi, on analysera, dans une première section, l'émergence et les modes de réception en droit interne de la protection de la « vie privée et familiale » de l'étranger, dans une deuxième section, le contenu de la « vie privée et familiale » des étrangers à la lumière de la jurisprudence européenne et, dans une troisième et dernière section, l'impact des « corrections » amenées par l'article 8 sur le statut de l'étranger.

Section I : L'émergence et les modes de réception en droit interne de la protection de « vie privée et familiale » de l'étranger

L'article 8 de la Convention européenne de sauvegarde des droits de l'Homme et des libertés fondamentales dispose que « 1. *Toute personne a droit au respect de sa «vie privée et familiale» (...). 2. Il ne peut y avoir ingérence d'une autorité publique dans l'exercice de ce droit que pour autant que cette ingérence est prévue par la loi et qu'elle constitue une mesure qui, dans une société démocratique, est nécessaire (...) à la défense de l'ordre et à la prévention des infractions pénales, à la protection de la santé (...)* »[3]. La force de l'autorité jurisprudentielle de la Cour européenne a conduit les juges ordinaires, et plus spécifiquement le juge administratif, à s'approprier ce principe. La création et l'utilisation de ce principe se sont affinées grâce à un véritable « dialogue »[4] entre juridictions de différents ordres juridiques, pour devenir un véritable « *droit générique* » né d'une pluralité de sources protectrices de la famille, comme le démontre Éric Millard dans sa thèse[5]. L'émergence du droit de la «vie privée et familiale» de l'étranger s'est trouvé renforcée par de multiples modes d'insertion et de réception de ce principe dans le droit interne. Le juge administratif fait une « réception jurisprudentielle », au cas par cas, par voie d'exception, en confrontant le principe au statut interne, pour annuler des refus de séjour, de regroupement familial, de visa ou une mesure d'éloignement. Ce n'est cependant pas le seul mode de réception puisque le législateur et les autorités administratives ont, elles aussi, repris à leur compte ce principe.

Il conviendra de montrer, dans un premier paragraphe, l'émergence d'un « droit générique » et, dans un second paragraphe, les différents modes de réception de la jurisprudence européenne de la « vie privée et familiale » dans le statut interne.

---

[3] REINO C., « Article 8 § 1 », *in La CEDH commentaire article par article*, (Sous la direction L.-E., PETTITI, E. DECAUX, P.-H. IMBERT*)*, 2ème éd., 1999, p. 307-321 ; COUSSIRAT-COUSTÈRE V., « L'article 8 § 2 », *in La CEDH commentaire article par article,* (Sous la direction L.-E., PETTITI, E. DECAUX, P.-H IMBERT), 2ème éd., 1999, p. 323-351.

[4] PACTEAU B., « Le juge administratif français et l'interprétation européenne », *in Colloque du 13 et 14 mars 1998, L'interprétation de la Convention européenne des droits de l'Homme*, éd. Bruylant, Bruxelles, 1999, p. 258.

[5] MILLARD E., *Famille et Droit public, recherches sur la construction d'un objet juridique*, bibliothèque de droit public, tome 182, LGDJ, 1995, p. 128 et s.

§ I : L'émergence d'un « droit générique », combinaison de plusieurs sources juridiques

Plusieurs étapes ont été nécessaires avant d'invoquer le principe du respect de la «vie privée et familiale», tel qu'il est entendu, aujourd'hui, devant le juge administratif. Des luttes d'influences entre ordres juridictionnels ont permis de faire émerger un principe à valeur constitutionnelle (C) alors qu'au départ seul le principe général du droit au respect de la vie familiale normale (A) (de valeur infra-législative) protégeait l'étranger. L'influence décisive de l'autorité jurisprudentielle de la Cour européenne des droits de l'Homme a permis d'être « ce trait d'union juridique » et d'élargir le fondement (B).

A/ Existence d'un fondement juridique interne imparfait

Le juge administratif a découvert dans l'arrêt du Conseil d'État du 8 décembre 1978, GISTI[6], un principe général du droit relatif au droit de mener une vie familiale normale. Cette décision a été rendue à propos de la suspension, par le décret du 10 novembre 1977[7], du regroupement familial, sauf à l'égard des membres de la famille d'un étranger résidant en France qui ne demandaient pas l'accès au marché du travail. Ce décret a été considéré comme illégal car il portait atteinte à un principe général du droit, tiré de l'alinéa 10 du préambule de la Constitution du 27 octobre 1946[8]. Le Commissaire du Gouvernement Philippe Dondoux estimait dans ses conclusions « *qu'il existe (...) un principe qui a trait à l'existence même de la famille et qui reconnaît à tout individu le droit de mener une existence et une vie familiale normale* »[9].

Ce principe du respect de la vie familiale normale des étrangers est né à partir d'une référence interne ; toutefois, le Commissaire Philippe Dondoux notait que d'autres références, notamment supranationales[10], pouvaient également justifier la découverte de ce principe général du droit. La Charte sociale européenne signée peu avant[11] par la France aurait pu également servir de « *norme de rattachement* »[12]. Pourtant, le juge a préféré la référence constitutionnelle : ainsi, le droit interne l'a emporté sur la référence supranationale. Il est vrai que le juge avait, en droit interne et dans la norme constitutionnelle, assez de « matière première juridique » pour dégager ce principe général du droit, puisque le droit positif français possédait déjà des dispositions et des institutions pour protéger la vie familiale des étrangers[13]. De plus, en 1978, le rattachement

---

[6] CE ass., 8 déc. 1978 *GISTI, CFDT et CGT*, rec. CE p. 493 ; DONDOUX P., Conclusions, *Droit social*, 1979, p. 57 ; *AJDA*, 1979 (3) 38, chr., DUTHEILLET DE LAMOTHE O. ET ROBINEAU ; *D.*, 1979, p. 661, Note HAMON L. ; *D.*, 1979, IR. 94, obs., P. DELVOLVE ; *Droit ouvrier* 1979, Note BONNECHÈRE M. ; LONG M., WEIL P., BRAIBANT G., DELVOLVE P., GENEVOIS B., *GAJA*, n° 92, 14ème éd., Dalloz, 2003, p. 636.

[7] Dans la lignée de la suspension de l'immigration de travail en 1974, le décret du 10 novembre 1977 attaqué suspendait pour une durée de trois ans, l'admission en France des étrangers au titre du regroupement familial.

[8] « *La nation assure à la famille les conditions nécessaires à son développement et garantit notamment à l'enfant et à la mère la sécurité matérielle* ».

[9] DONDOUX P., Conclusions, *Droit social*, 1979, p. 60.

[10] La Charte européenne sur le statut du travailleur migrant de 1977, les conventions bilatérales qui unissent la France aux anciennes colonies, la Convention européenne des droits de l'Homme...

[11] Du 12 octobre 1961, signée et publiée en France au JO 9/10/ 1974, Voir article 6 et 19 § 6.

[12] LABAYLE H., *op. cit.*, *RFDA*, 1993, p. 515.

[13] Voir l'étude de MASSOT J., « L'immigré et sa famille : le regroupement familial », *RDSS*, 1987, p. 238 ; Le rôle de l'office national de l'immigration chargé de gérer l'introduction des familles, Cf. KISSANGOULA J., *La*

international aurait peut-être été prématuré et peu compris dans la politique jurisprudentielle du juge administratif.

Éric Millard analyse et compare la formule « vie familiale normale » retenue par le juge administratif et celle utilisée par les organes de Strasbourg, en vertu du principe du respect de la privée et familiale défini par l'article 8 de la Convention européenne de sauvegarde des droits de l'Homme. Pour Éric Millard, la référence de l'alinéa 10 du préambule de 1946 est un rattachement relativement formel[14] ; il estime en effet, à juste titre, que « (...) *matériellement, l'identité de raisonnement avec les juges du Conseil de l'Europe est parfaite. En accolant l'adjectif « normale » à l'expression « vie familiale », les juges du Palais Royal conceptualisent la méthode des juges européens (...). Il y a une concordance nette entre la norme appliquée par le Conseil d'État et celle résultant de la jurisprudence de la Cour européenne des droits de l'Homme* »[15]. Comme Éric Millard, il est loisible de penser alors que l'article 8 de la Convention européenne de sauvegarde des droits de l'Homme a influencé la rédaction du principe. La formule retenue dans l'arrêt GISTI est finalement plus proche de celle de l'article 8 de la CEDH que de celle de l'alinéa 10 du préambule de 1946. Avec cette élaboration prétorienne du principe au respect de la vie familiale normale, le juge administratif trouve une justification normative au regroupement familial pour pallier l'absence de consécration législative du regroupement familial[16]. L'arrêt GISTI a ainsi permis « *de cadrer toute intervention ultérieure de l'administration* »[17].

La valeur de ce principe général du droit a suscité des interrogations[18]. Le rattachement à la norme constitutionnelle n'a pas suffi à lui délivrer une valeur constitutionnelle[19]. Il conservait donc une valeur supra-décrétale. Mais, l'importance de la valeur constitutionnelle n'était pas, au début, essentielle ; il s'agissait simplement de connaître l'efficacité de ce principe à l'égard des autres mesures administratives concernant les étrangers, et, notamment, des mesures d'éloignement.

Très vite, des limites d'application de ce principe sont apparues concernant des mesures d'éloignement. Le juge administratif refusait de l'appliquer et donnait la primauté à la mesure d'éloignement sur la vie familiale normale, estimant ainsi que la mesure d'éloignement *« n'était pas susceptible par son objet de porter atteinte à la vie familiale de l'étranger »*[20]. Il était alors impossible d'invoquer le principe général du droit lors d'une

---

constitution française et les étrangers, recherches sur les titulaires des droits et libertés de la constitution sociale, Thèse LGDJ, Bibliothèque constitutionnelle et de science politique, tome 2, 2001, p. 175 ; cf. l'article 3 du décret du 24 décembre 1945 prévoyait déjà l'établissement familial des étrangers, voir aussi LABAYLE H., « Le droit de l'étranger à mener une vie familiale normale, lecture nationale et exigences européennes », *RFDA*, 9 (3) mai-juin, 1993, p. 514 et s.

[14] MILLARD E., *Famille et Droit public, recherches sur la construction d'un objet juridique, bibliothèque de droit public,* tome 182, LGDJ, 1995, p. 141.

[15] *Ibid.*, p. 141.

[16] Il a fallu attendre l'arrêt du CE ass. 1er avril 1988, *Bereciartua-Echarri*, rec. 135, *JCP*, 1988. II, 20071, Conclusions VIGOUROUX, pour qu'un principe général du droit soit rattaché explicitement à une norme internationale : la Convention de Genève.

[17] LABAYLE H., *op. cit., RFDA*, 1993, p. 515.

[18] BOCKEL A., « La Constitution française et les étrangers », *in le droit des immigrés, tome 1 Actes du colloque droit et immigration, 29-30 janvier 1982,* Association des juristes pour la reconnaissance des droits fondamentaux des immigrés, Edisud, Aix en Provence, 1983, p. 37-44.

[19] LABAYLE H., *op. cit., RFDA*, 1993, p. 515.

[20] *Ibid.*, p. 522.

expulsion ou d'une reconduite à la frontière. Ainsi, jusqu'en 1991[21], date de reconnaissance de l'article 8 de la CEDH, le principe du respect de la vie familiale normale a été très peu utilisé. L'absence de valeur constitutionnelle de ce principe avait, à l'époque, probablement incité le juge administratif à chercher une référence supra-législative pour protéger, au mieux, l'étranger.

Pour remédier au manque d'effectivité du principe général du droit face aux mesures d'éloignement, des recours ont été tentés pour « tester » l'efficacité du principe de l'article 8 de la Convention européenne de sauvegarde des droits de l'Homme. En 1980, le juge administratif, avec sa jurisprudence Touami Ben Abdeslem[22], a fermement refusé d'appliquer les dispositions de l'article 8 aux mesures d'éloignement. Avec ce refus, le juge administratif se démarqua de la jurisprudence européenne : il s'agissait d'une querelle d'ordre juridique. Cette querelle ne sera dépassée que dix ans plus tard, avec la reconnaissance par le juge administratif de l'article 8 dans l'appréciation des mesures d'éloignement. Celle-ci s'est effectuée grâce à une première étape essentielle qui préparait « le terrain » du revirement jurisprudentiel. En effet, dans la décision « Préfet du Doubs c/ Olmos Quintero et M. Imambaccus »[23] du 29 juin 1990, le Commissaire du gouvernement Jean-Paul Faugère a proposé de prendre en compte dans l'examen de la légalité de la reconduite à la frontière, « *la vie personnelle et familiale de l'étranger* ». Le Commissaire du gouvernement justifiait notamment cette nouveauté par le poids de la jurisprudence de l'article 8 des organes de Strasbourg. De la sorte, il signalait au juge administratif que « *cette référence à la Convention européenne des droits de l'Homme vous fournit a contrario un argument en faveur d'un contrôle par le juge français de l'appréciation des circonstances particulières dans lesquelles sont décidées les reconduites à la frontière* »[24]. Ces circonstances particulières consistaient à examiner la vie personnelle et familiale de l'étranger. Avec cette décision, une nouvelle étape était franchie grâce, en partie, à l'influence de la jurisprudence de la Cour européenne sur l'article 8. Une évolution vers le revirement de jurisprudence était amorcée dans l'arrêt Préfet du Doubs. « *Cette décision extrêmement progressiste* »[25], selon Henri Labayle, a emprunté le chemin déjà tracé par la jurisprudence européenne. Cet arrêt du Conseil d'État était annonciateur d'un revirement de jurisprudence imminent.

---

[21] CE sec., 18 janvier 1991, *Beldjoudi*, req. n° 99201 et CE ass., 19 avril 1991, *Belgacem*, rec. p. 152.

[22] CE 25 juillet 1980, *Touami Ben Abdeslem*, rec. CE p. 820 ; PACTEAU B., *JCP*, 1981, II 19613. Cette jurisprudence a été confirmée et étendue à l'ensemble des mesures d'éloignement, ainsi qu'aux refus de demande ou de renouvellement de titre de séjour, CE 6 décembre 1985, *Chrouki*, req. n° 55 912 ; CE 15 janvier 1990, *Manssouri*, req. n° 99357 ; CE 6 avril 1990, *Malik Liaquat*, req. n° 94 320 ; CE 10 octobre 1990, *Guiouna*, req. n° 92 857.

[23] FAUGERE J.-P., Conclusions sous « CE 29 juin 1990 Préfet du Doubs c./ Mme Olmos Quintero et M. Imambaccus », *RFDA*, 1990, 6 (4), juillet-août, p. 536

[24] FAUGERE J.-P., Conclusions sous « CE 29 juin 1990 Préfet du Doubs et M. Imambaccus », *RFDA*, 1990, 6 (4), juillet-août, p. 536 ; HONORAT E. et SCHWARTZ R., chronique, *AJDA*, 1990, p. 709.

[25] LABAYLE H., « L'éloignement des étrangers », in Actes du colloque de Montpellier, 14 et 15 décembre 1990, Le juge administratif et la Convention européenne des droits de l'Homme, RUDH, 30 septembre 1991, vol 3 n° 7-9, p. 311.

B/ Élargissement du fondement par l'influence décisive de l'autorité jurisprudentielle européenne

La reconnaissance de la jurisprudence européenne n'a pas été rapide ; il a fallu attendre 1991 pour que le juge administratif consente à contrôler la « vie privée et familiale » de l'étranger au regard des mesures d'éloignement. Ce refus d'appliquer l'article 8 de la CEDH s'explique par plusieurs raisons (1). Le revirement de jurisprudence a eu des conséquences inédites au regard du droit interne existant (2).

1/ Du refus à l'acceptation de la jurisprudence européenne par le juge administratif

Le refus du juge administratif d'appliquer la jurisprudence de la Cour s'explique tout d'abord par sa réticence à faire appliquer la norme internationale[26]. Celle-ci se traduisait, notamment, par son opposition à exécuter un contrôle de conventionnalité sur les lois postérieures en raison de la jurisprudence de « l'écran législatif ». Par conséquent, le revirement de jurisprudence opéré par l'arrêt Nicolo[27] a probablement été un élément déterminant dans le changement d'attitude du juge. Pourtant, comme l'a très justement souligné Ronny Abraham, cette théorie de la loi écran « *n'était pas susceptible d'expliquer l'arrêt Touami ben Abdeslem puisque celui-ci a été rendu sous l'empire de l'ordonnance du 2 novembre 1945 dans sa version d'origine, c'est-à-dire antérieure à la ratification* (en 1950) - *et même à la signature - de la Convention européenne des Droits de l'Homme* »[28].

L'acceptation de l'application entière du droit international, notamment celle de la Convention européenne de sauvegarde des droits de l'Homme, a placé le juge administratif face à une autre obligation : celle de sa responsabilité face aux recours individuels devant la Cour européenne. En effet, avec la suppression de l'écran législatif, le poids du recours individuel[29] devant la Cour européenne a pris une autre dimension : il astreignait le juge administratif à utiliser la jurisprudence de la Cour européenne, sous peine d'être condamné par cette dernière. Pourtant de 1981[30], date à laquelle la France a reconnu le recours individuel devant la Cour européenne, jusqu'en 1991 le juge a maintenu sa jurisprudence Touami.

---

[26] ANDRIANTSIMBAZOVINA J., *op. cit.*, p. 481 et s.

[27] CE Ass., 20 octobre 1989, *Nicolo*, rec. Lebon p. 190, concl. FRYDMAN, *JCP*, 1989. II. 21371 ; *RFDA*, 1989, p. 812 ; *RTDE*, 1989, p. 771 ; *RGDIP*, 1989, p. 1041 ; CHABANOL, *GP*, 12-14 novembre 1989 ; HONORAT E. et BAPTISTE E., *AJDA*, 1989, p. 756 ; FAVOREU, *RFDA*, 1989, p. 993. ; GENEVOIS B., *RFDA*, 1989, p. 824 ; GRUBER, *LPA*, 15 novembre 1989 ; *GAJA*, n° 98, 14ème éd., 2003, p. 695 ; RUZIE, *RFDA*, 1990, p. 267 ; LEBRETON, *LPA*, 11 déc. 1989 ; FLAUSS, *LPA*, 7 février 1990 ; CALVET, *JCP*, 1990, I, 3429 ; FOYER, *Vie judiciaire*, 29 janvier 1990 ; ISSAC G., *RTDE*, 1989, p. 787 ; KOVAR, *D.*, 1990, chr. 57 ; DEHAUSSY, *JDI*, 1990, p. 5 ; BOULOUIS, *RGDIP*, 1990, p. 91 ; LAGARDE, *RCDIP*, 1990, p. 139 ; LACHAUME, *RMC*, 1990, p. 384 ; TOUCHARD, *RDP*, 1990, p. 801 ; RAMBAUD, *AFDI*, 1989, p. 91.

[28] La CEDH de 1950 étant postérieur à l'ordonnance de 1945, la théorie de l'écran législatif n'a pas lieu d'être. Cf. ABRAHAM R., « Conclusions du Commissaire du gouvernement, jurisprudences du CE 19 avril 1991, req. n° 107470, M. Belgacem, -n°117 680, Mme Babas », *RUDH*, 1991, p. 245.

[29] Le rôle pédagogique et de confiance de l'article 25 de la Convention européenne incite les États à mieux protéger la Convention, cf. ANDRIANTSIMBAZOVINA J., *L'autorité des décisions de justice constitutionnelle et européenne sur le juge administratif*, LGDJ tome 192, 1998, p. 79 et s.

[30] Décret 81-917 9/09/1981, portant publication de la date d'acceptation du droit au recours individuel en application de l'article 25 de la CEDH et l'article 6 du Protocole 4, JORF, 14 octobre 1981, p. 2783.

Une autre explication aux réticences du juge administratif tenait dans le fait qu'en 1981, au moment de l'affaire Touami, la jurisprudence de la Cour concernant l'article 8 et le droit des étrangers était embryonnaire. Il a fallu attendre le 21 juin 1988, et la décision Berrehab[31] de la Cour européenne, pour que le juge administratif soit en contrariété[32].

Enfin, le juge administratif considérait que le droit à une vie familiale normale ne pouvait s'opposer à une mesure d'expulsion et remettre en cause sa légalité[33].

Toutes ces réticences ont été balayées en 1991 par l'acceptation de la jurisprudence européenne, avec les arrêts Beldjoudi[34] et Belgacem[35]. Dans l'arrêt Belgacem, le juge administratif reprend, mot pour mot, l'article 8 de la CEDH et l'applique pour annuler une mesure d'expulsion, après une analyse fine de la « vie privée et familiale » de l'étranger. En effet, M. Belgacem est né en France en 1958, y a toujours vécu, en conservant sa nationalité algérienne ; il aidait sa mère à subvenir aux besoins de ses douze frères et sœurs. Il avait été condamné pénalement à deux reprises : la première fois, en 1983 par le tribunal correctionnel de Nanterre, à dix mois d'emprisonnement pour vol avec effraction ; la deuxième fois, en janvier 1985, à six ans de réclusion criminelle pour vol à main armée. Le 16 mars 1988, peu après sa libération, le Ministre de l'Intérieur a pris à son encontre un arrêté d'expulsion qu'il déféra au Tribunal administratif de Paris. Sa requête ayant été rejetée, M. Belgacem fit appel devant le Conseil d'État en soutenant, notamment, que son expulsion avait été prononcée en violation de l'article 8 de la Convention européenne de sauvegarde des droits de l'Homme. Le juge administratif répondit favorablement à sa requête : « *considérant que M. Belgacem, ressortissant algérien, n'a aucune attache familiale avec le pays dont il possède la nationalité; qu'il réside depuis sa naissance en 1958 en France où demeure sa famille composée de douze frères et sœurs dont il a, avec son frère aîné, assumé une partie de la charge à la suite du décès de son père en 1976; que, si l'intéressé s'est rendu coupable de plusieurs vols en 1980 et 1982, il ressort des pièces du dossier que, compte tenu de son comportement, postérieurement aux condamnations prononcées à raison de ces faits, la mesure d'expulsion prise à l'encontre de M. Belgacem a, eu égard à la gravité de l'atteinte portée à sa vie familiale, excédé ce qui était nécessaire à la défense de l'ordre public; que, dans ces conditions, elle a été prise en violation de l'article 8 de la convention précitée* ».

---

[31] CEDH 21 juin 1988, *Berrehab c./ Pays Bas*, req. n° 10730/84, série A n° 138.

[32] BRACONNIER S., Jurisprudence de la CEDH et du droit administratif français, Bruylant, Bruxelles, 1997, p. 170.

[33] PACTEAU B., « Note sous CE 25 juillet 1980 Touami Ben Abdeslem », JCP, 1981, II 19613. « Il écarte l'éventualité même du raisonnement proposé par le requérant (...) aux yeux du juge, les droits privés et singulièrement le droit à la vie familiale normale, sont inopposables à une censure d'expulsion et ne peuvent en remettre en cause la légalité »

[34] CE sec. 18 janvier 1991, *Beldjoudi*, req. n° 99201. Il accepte la recevabilité de l'article 8 de la CEDH mais rejette sur le fond la requête.

[35] CE ass. 19 avril 1991, *Belgacem*, rec. p. 152 ; ABRAHAM R., « Conclusions du Commissaire du gouvernement, jurisprudences du CE, 19 avril 1991, n° 107470, M. Belgacem, -n° 117 680, Mme Babas », *RUDH*, 1991, p. 242 ; JULIEN-LAFERRIÈRE F., « Note de jurisprudence, CE ass., 19 avril 1991, Belgacem et Babas », *AJDA*, 20 juillet/ 20 août 1991, p. 551 ; PRETOT X., *D.*, 1991, J., p. 399 ; RUIZ-FABRI H., « Étrangers, expulsion, droits de l'Homme, jurisprudence administrative », *RA*, 1991, n° 259 264, p. 239 ; TURPIN D., *RCDIP*, 1991, p. 677 ; REYDELLET M., *LPA*, 8 juillet 1991 ; NGUYEN VAN TUONG, « Commentaire de l'arrêt Belgacem et Babas, CE ass., 19 avril 1991, req. 107470 et 117680 », *JCP*, G, n° 46, 21756-21757, p. 393 ; MIGNON E., « L'expulsion d'un étranger : atteinte au droit à la vie privée ou atteinte au droit à la vie familiale ? », *RDE*, 1991, n° 92, p. 8-9.

Ce revirement de jurisprudence est essentiel car il vient contrebalancer une mesure régalienne, et ce, grâce à l'application de normes supranationales des droits de l'Homme. L'appréciation de la «vie privée et familiale» de l'étranger devient alors déterminante dans l'analyse de la légalité de la mesure d'éloignement. Le jour même de l'arrêt Belgacem, le Conseil d'État a rendu une décision sur la reconduite à la frontière[36] et, peu après, il a étendu cette jurisprudence à toutes les mesures administratives qui concernaient l'étranger.

2/ Les conséquences de la réception de la jurisprudence européenne

Comme le signalait, Bernard Pacteau dans sa note sous l'arrêt Touami ben Abdeslem, à propos de la possible acceptation de l'article 8 de la CEDH au sein du droit des étrangers : « *il y a là, une voie ouverte vers un bouleversement plus que vers un aménagement du régime juridique de l'expulsion* »[37]. La principale conséquence de ce revirement est que l'article 8 s'est s'appliqué très rapidement à l'ensemble des mesures concernant les étrangers. Ainsi, peu de temps après l'arrêt Belgacem, le juge a accepté l'application de l'article 8 de la CEDH aux refus de visa[38]. L'application de l'article 8 a montré l'amélioration apportée par le droit international des droits de l'Homme sur les mesures régaliennes opposables aux étrangers. Les refus ou les non-renouvellements de titres de séjour sont aussi devenus opposables à l'article 8[39].

À partir de ces jurisprudences, le principe du respect de la « vie privée et familiale » de l'article 8 s'est immiscé, « par contagion », dans tout le statut interne de l'étranger, en imposant l'analyse de la vie familiale de l'étranger dans les mesures administratives. Il est devenu un « article protecteur » pour l'étranger. Cette garantie supranationale constitue désormais le « *talisman* »[40] de l'étranger. Avec cette obligation des droits de l'Homme, le pouvoir discrétionnaire de l'État se voit contraint de prendre en compte la vie privée et familiale de l'étranger, avant de lui infliger une mesure administrative.

Une autre conséquence de l'utilisation de l'article 8 tient au contenu de la protection de la vie familiale de l'étranger. Désormais, le champ juridique du respect de la « vie privée et familiale » a une valeur supra-législative et, surtout, un contenu matériel plus large que le principe général du respect à la vie familiale normale. En effet, le principe du respect de la « vie privée et familiale » issu de la Convention européenne de sauvegarde des droits de l'Homme englobe dans sa définition un élément supplémentaire par rapport au principe général du droit : celui de la vie privée de l'étranger. Bien que cet élément ait eu du mal à trouver une application intégrale et autonome à celle de la vie familiale[41], il permet aujourd'hui d'élargir le principe dégagé dans l'arrêt GISTI. Plus complet et plus

[36] CE 19 avril 1991, *Mme Babas*, req. n° 117 680 ; pour une espèce annulant la reconduite à la frontière au titre de l'article 8 de la CEDH du 16 juillet 1991, *Préfet de la Moselle c./ Hadad*.
[37] PACTEAU B., *op. cit.*
[38] CE Sect. 10 avril 1992, *M. Aykan*, req. n° 75006.
[39] CE Sect. 10 avril 1992, *M. Marzini*, req. n° 120573. Rec. CE Leb. p. 154 ; *AJDA*, 1992, p. 323 ; *RFDA*, 1993, p. 541 ; *RA*, 1992, RUIZ-FABRI H., *JCP*, 1992 IV 1769 ; *LPA* 8 juillet 1992, p. 14 ; Voir aussi CE sec. 10 avril 1992, *Minin*, sur l'abrogation d'un arrêté d'expulsion ; CE 2 juillet 1999, *M. et Mme Najem*, req. n° 188 673 ; CE 7 juin 1999, Melle *Begun Shahanni*, req. n° 197 607 sur le refus de visa et l'insuffisance des ressources.
[40] PACTEAU B., « Le juge administratif français et l'interprétation européenne », *in Colloque du 13 et 14 mars 1998, L'interprétation de la Convention européenne des droits de l'Homme*, éd. Bruylant, Bruxelles, 1999, p. 251.
[41] Cf. dans ce Chapitre, Section II, § II, B.

contraignant du fait de sa place dans la hiérarchie normative, le principe issu de l'article 8 vient protéger l'étranger des insuffisances du principe général du droit.

Enfin, la recevabilité de l'article 8 de la CEDH devant le juge administratif a obligé celui-ci à modifier le degré de son contrôle sur l'appréciation de la vie familiale de l'étranger. Ici encore, influencé par la jurisprudence européenne, il a opté pour un contrôle approfondi[42], un contrôle de proportionnalité, comme celui de la théorie du bilan.

C/ Le « relais constitutionnel » et la consécration constitutionnelle de la protection de la vie familiale normale

Comme le rappelle Éric Millard, « *le droit à la vie familiale normale a été dégagé, en ces termes, comme principe général du droit par le Conseil d'État. Celui-ci, en se ralliant ensuite à l'applicabilité de la Convention européenne des droits de l'Homme bien que ne faisant pas toujours sienne la jurisprudence européenne, a abandonné sa référence au principe. C'est à ce moment que le Conseil constitutionnel est intervenu : refusant implicitement un contrôle de conventionnalité, il a repris à son compte la formulation nationale, pourtant abandonnée par son auteur, et lui a donné valeur constitutionnelle* ». En définitive, c'est par un dialogue entre les juges qu'a émergé le principe à valeur constitutionnelle.

La décision du 13 août 1993[43] du Conseil constitutionnel a parachevé l'évolution de ce « droit générique » en faisant figurer parmi les libertés et les droits fondamentaux le respect de la vie familiale normale de l'étranger[44]. Cette décision représente une étape fondamentale. Sous l'influence de l'autorité jurisprudentielle européenne, le Conseil constitutionnel a constitutionnalisé un droit dont les sources juridiques sont variées. C'est en ce sens qu'Éric Millard parle de « droit générique ».

En définitive, cette constitutionnalisation traduit « *une convergence de vues entre les trois juridictions, constitutionnelle, administrative et européenne. A partir de textes différents, un travail et une inspiration communs des juges ont permis de dégager une norme générique identique (...)* »[45]. Cette « *complémentarité inconsciente*»[46] des juges a permis de dégager un principe à valeur constitutionnelle. Ce *«mouvement de conventionnalisation/constitutionnalisation »*[47] a enrichi le principe initial développé sous

[42] La grande nouveauté de cette jurisprudence est que le juge administratif effectue un double contrôle lors de la mesure de reconduite à la frontière ou de l'expulsion, un contrôle de l'erreur manifeste d'appréciation sur la situation personnelle de l'étranger et un contrôle « maximum » sur l'atteinte à l'article 8.

[43] Décision n°325-93 du 13 août 1993, rec. p. 224 ; JORF du 18 août 1993, p. 11722. À propos de la loi relative à la maîtrise de l'immigration et aux conditions d'entrée, d'accueil et de séjour des étrangers en France

[44] *Ibid.* § 3. KISSANGOULA J., *op. cit.*, rappelle que « le principe de la vie familiale a bien été réceptionné par le Conseil constitutionnel quasi-subrepticement dans sa décision du 3 septembre 1986 et plus ouvertement dans sa décision du 28 juillet 1989 » mais la limite posée par sa conciliation avec la nécessité de l'ordre public avait causé des interrogations quant à sa valeur. Pour l'analyse de la décision du 5 août 1993 cf. GENEVOIS B., « Un statut constitutionnel pour les étrangers. A propos de la décision du Conseil constitutionnel n° 3-325 DC du 13 août 1993 », *RFDA*, 1993, p. 871 ; ALLAND D., « Note sous CC n° 93-325 du 13 août 1993 », *RGDIP*, 1994, p. 210 ; FAVOREU L., « Chronique, de jurisprudence constitutionnelle, n° 93-323 DC du 5 août 1993 », *RFDC*, n°16, 1993, p. 835-843 ; WACHSMANN P., « Note sous CC n° 93-323 DC du 5 août 1993 », *ADJA*, 1993, p.815-819.

[45] MILLARD E., *op. cit.*, p. 147.

[46] KISSANGOULA J., *op. cit.*, p. 175.

[47] Ibid.

GISTI. Ce principe constitutionnel a été récemment réaffirmé dans la décision du Conseil constitutionnel du 20 novembre 2003[48].

Le caractère constitutionnel de cette norme générique renforce les garanties offertes aux étrangers, face aux mesures régaliennes auxquelles ils sont soumis. L'effectivité de ce droit en est confortée, et ce, d'autant plus que la réception de la «vie privée et familiale» va se traduire de multiples manières dans le statut interne de l'étranger.

§II : Les différents modes de réception de la protection de la « vie privée et familiale » dans le statut interne de l'étranger

Il vient d'être démontré que le juge administratif a participé à l'émergence du principe de « vie privée et familiale ». Il a, par conséquent, réceptionné cette jurisprudence européenne. C'est donc grâce à cette « réception jurisprudentielle » (A) que le principe a émergé dans tout le statut interne de l'étranger au delà de la simple question des mesures d'éloignement, mais aussi grâce au législateur (par une sorte de « transcription législative » du principe) (B) et enfin, par une réception des autorités administratives (C).

A/ « Réception jurisprudentielle » de la jurisprudence européenne ou la correction jurisprudentielle du statut de l'étranger par le juge administratif

La « réception jurisprudentielle » des décisions des organes de Strasbourg est quantitativement très importante. Depuis 1991, le contentieux des étrangers a explosé en raison, notamment, des recours basés sur l'article 8 de la CEDH. A titre d'exemple, en 1997, Bernard Pacteau a relevé 550 arrêts[49] du Conseil d'État concernant presque tous le contentieux des étrangers[50], dont la quasi-totalité portait sur des requêtes des étrangers où l'atteinte à l'article 8 était soulevée. Ceci prouve que le juge administratif est particulièrement exposé à ce type de contentieux et qu'il est essentiel pour lui d'avoir une jurisprudence très lisible.

S'il est difficile de systématiser l'analyse de cette « réception jurisprudentielle », il est vrai qu'aujourd'hui le juge administratif est un peu obligé, par « un dialogue réciproque »[51] de juges, d'aligner sa propre jurisprudence sur celle de la Cour européenne.

Toutefois, des disparités demeurent encore aujourd'hui, notamment pour les bénéficiaires[52] de l'article 8. Ces différences s'expliquent par la part d'autonomie[53] que garde le juge administratif à l'égard d'une jurisprudence européenne qui ne dispose que de l'autorité de la chose interprétée (une valeur déclarative). Il n'y a entre les deux ordres juridictionnels qu'un dialogue spontané[54], sans obligation. Par conséquent, la reconnaissance formelle de l'article 8 de la CEDH ne signifie pas que le juge souscrive forcément à l'ensemble des appréciations de la « vie privée et familiale » de la

---

[48] DC n° 2003-484 du Conseil constitutionnel du 20 novembre 2003, § 37 à propos de la loi du 26 novembre 2003.
[49] PACTEAU B., *op. cit.*, p. 252.
[50] Le rapport rendu en 2000 du Conseil d'État, précise que le contentieux des étrangers représente en 1999 près de 57% du total du contentieux.
[51] ANDRIANTSIMBAZOVINA J., *op. cit.*, p. 468 et s..
[52] Cf. dans ce chapitre Section II, § II.
[53] POTVIN SOLIS L., L'effet des jurisprudences européennes sur la jurisprudence du Conseil d'État français, éd. LGDJ, bibliothèque de droit public, 1999, p. 375-717.
[54] ANDRIANTSIMBAZOVINA J., *op. cit.*, p. 497.

jurisprudence européenne. Il accepte l'utilisation du principe de l'article 8 et garde une certaine marge d'autonomie dans son appréciation. Le juge administratif est « *maître formellement* »[55] de son interprétation ; une part d'initiative s'impose à lui. Pourtant, il doit respecter les effets externes des arrêts de la Cour européenne des droits de l'Homme ; il est soumis à « l'obligation internationale » de se conformer à un jugement international[56].

Le rôle du juge administratif est crucial, d'autant que sur le fond il va parfois plus loin que la jurisprudence européenne. Ainsi, Joël Andriantsimbazovina démontre que le juge administratif dépasse l'autorité de la chose interprétée par la Cour européenne, il appelle cela « *l'effet optimun de la chose interprétée* ». Il explique que le fait que « *la Cour a étendu aux étrangers le bénéfice du droit à la vie familiale garanti par l'article 8 de la Convention dans des espèces différentes - certaines concernant des décisions de refus de séjour et d'autres, concernant des mesures d'expulsion des étrangers - suffit à ce que les juridictions nationales appliquent ce principe à tout contentieux des étrangers, quelles que soient les particularités des espèces et des procédures nationales* »[57].

De surcroît, cette « réception jurisprudentielle » a un rôle essentiel dans la protection effective de l'étranger. En effet, le nombre important des contentieux développés devant le juge administratif permet de faire évoluer la protection de l'étranger et d'aboutir à une harmonisation européenne de la protection des droits de l'Homme. Mais surtout, ce contentieux a un « effet boule de neige » sur les autres modes de réception de la jurisprudence européenne. Le poids et les conséquences du contentieux sur le statut des étrangers ont poussé le législateur à intégrer l'article 8 ou ses effets dans le statut même de l'étranger. Ainsi, la réception « législative » du principe est le résultat de l'influence combinée des jurisprudences européennes et administratives. De même, le contentieux relatif à l'article 8 de la CEDH influence les autorités administratives, qui sont renseignées par circulaires de l'état du contentieux du juge administratif.

B/ Réception législative de la jurisprudence européenne ou l'adaptation législative du statut interne de l'étranger

L'adjonction de l'article 8 de la CEDH au statut interne de l'étranger se caractérise, d'une part, par « l'adaptation législative » du principe européen (1) et, d'autre part, par l'emprisonnement du principe dans une loi sujette à une interprétation stricte de la « vie privée et familiale » (2).

1/ « Transcription législative » de la jurisprudence européenne (article 12 bis 7 de l'ordonnance de 1945)

L'article 8 de la CEDH a fait l'objet d'une transcription législative au sein de la loi du 11 mai 1998[58]. Autrement dit, le législateur a complété les dispositions de l'ordonnance

---

[55] PACTEAU B., *op. cit.*, p. 263.

[56] LAMBERT E., *Les effets des arrêts de la Cour européenne des droits de l'Homme, contribution à une approche pluraliste du droit européen des droits de l'Homme*, Bruylant, Bruxelles, 1999, p. 101-142.

[57] ANDRIANTSIMBAZOVINA J., *op. cit.*, p. 471.

[58] Loi n° 98-349 du 11 mai 1998 relative *à l'entrée et au séjour des étrangers en France et au droit d'asile* et DC n° 98-399 du 5 mai 1998, rec. p. 245, JORF du 12 mai 1998, p. 7092 ; GUIMEZANES N., « Aperçu rapide. La loi n° 98-349 du 11 mai 1998 relative à l'entrée et au séjour des étrangers en France et au droit d'asile », *JCP*, 1998,

de 1945 en créant une nouvelle carte de séjour temporaire « *mention vie privée et familiale* », (article 12 bis 7 de l'ordonnance de 1945)[59], intégrant ainsi les exigences de l'article 8 de la CEDH. Cet article a été présenté comme une importante mesure de la « loi Chevènement ». Il n'est en réalité qu'une « disposition de régularisation permanente d'étrangers ». Pourtant, il convient de se demander ce qui a poussé le législateur à transcrire le principe de l'article 8 de CEDH dans l'ordonnance de 1945, alors que le juge administratif exerçait déjà un contrôle de l'article 8 sur les titres de séjour des étrangers par le biais de son contrôle de conventionnalité. En ce sens, Danièle Lochak estime qu'il ne s'agissait pas d'une mesure très innovante puisque « *depuis longtemps, le juge imposait à l'administration, saisie d'une demande de délivrance d'un titre de séjour, lorsqu'elle constatait que l'étranger ne remplissait pas les conditions prévues par les textes pour obtenir l'un ou l'autre des titres existants, de s'assurer qu'un éventuel refus ne porterait pas une atteinte disproportionnée à ce fameux droit garanti par l'article 8* »[60]. Toutefois, comme Danièle Lochak, il convient de se féliciter de cette « transcription législative », car l'administration ne respecte pas toujours l'article 8 lors des demandes ou des renouvellements de titres de séjour ; l'importance du contentieux le prouve. Désormais, l'article 12 bis 7 « fige » la protection de l'article 8 dans une loi et permet d'octroyer « *de plein droit* » une carte de séjour temporaire « *mention privée et familiale* » à l'étranger. En somme, cette transcription a eu le mérite de *légaliser* la jurisprudence de la Cour en lui donnant une portée *effective* par la délivrance d'un titre de séjour. Par conséquent, le législateur adapte par cette transcription le statut interne des étrangers. Il apparaît que cette modification législative est un excellent exemple de l'apport complémentaire de la jurisprudence européenne sur le statut interne de l'étranger.

Un autre exemple de « transcription législative » peut être relevé ; il semble, en effet, que la loi du 26 novembre 2003 relative à la maîtrise de l'immigration, au séjour des étrangers en France et à la nationalité ait transcrit *implicitement* certaines conséquences de la jurisprudence de l'article 8 de la CEDH. La transcription ne reprend pas les termes de « vie privée et familiale » comme dans l'article 12 bis 7, toutefois, le législateur a complété

Act., p. 1025 ; SCHOETTL J.-E., «Étrangers», *AJDA*, 1998, p. 489 ; PICARD E., « Petit exercice pratique de logique juridique. À propos de la décision du Conseil constitutionnel n° 98-399 DC du 5 mai 1998 « Séjour des étrangers et droit d'asile » », *RFDA*, 1998, p. 620 ; GUIMEZANES N., « La loi du 11 mai 1998 relative à l'entrée en France et au séjour des étrangers en France et au droit d'asile », *JCP*, 1998, I, 180 ; PENA-GAÏA A., *RFDC*, 1998, p. 634 ; TEITGEN-COLLY C. et JULIEN-LAFERRIÈRE F., « Chronique de législation. Étrangers. Loi n° 98-349 du 11 mai 1998 relative à l'entrée et au séjour des étrangers en France », *AJDA*, 1998, p. 1001 ; GOESEL-LE BIHAN V., « Petit exercice pratique de logique juridique : variation. À propos de la décision du Conseil constitutionnel n° 98-399 DC du 5 mai 1998 «Séjour des étrangers et droit d'asile» », *RFDA*, 1998, p. 1254 ; FULCHIRON H., « La réforme du droit des étrangers (Commentaire de la loi n° 98-349 du 11 mai 1998 relative à l'entrée et au séjour des étrangers en France et au droit d'asile, dite loi «Chevènement» ou loi « RESEDA » », *JDI*, 1999, p. 5 ; LUCHAIRE F., « La loi relative à l'entrée et au séjour des étrangers et au droit d'asile devant le Conseil constitutionnel », *RDP*, 1998, p. 1015 ; DODET-CAUPHY I., « La difficile reconnaissance du droit d'asile constitutionnel. Commentaire de la loi du 11 mai 1998 relative à l'entrée et au séjour des étrangers en France et au droit d'asile », *RFDA*, 1999, p. 469 ; PENA-GAÏA A., « La loi « Reseda » », *D.*, 2000, somm., p. 59 ; TURPIN D., « La loi n° 98-349 du 11 mai 1998 relative à l'entrée et au séjour des étrangers en France et au droit d'asile. « De la Rose (les promesses socialistes d'abrogation des lois Pasqua et Debré) à la « RESEDA » », *RCDIP*, 1998, p. 521.

[59] L'article 12 bis 7 est ainsi défini : *« la carte de séjour « mention vie privée et familiale » est octroyée à l'étranger ne vivant pas en état de polygamie, qui n'entre pas dans les catégories précédentes ou celles qui ouvrent droit au regroupement familial dont les liens personnels et familiaux en France sont tels que le refus d'autoriser son séjour porterait à son droit au respect de sa vie privée et familiale, une atteinte disproportionnée au regard des motifs du refus ».*

[60] LOCHAK D., « Les subtilités du Conseil d'État », *Revue Plein Droit*, n° 47-48, janvier 2001.

dans les articles 25 et 26 les catégories d'étrangers protégés de l'éloignement en raison de leur situation familiale.

2/ Les limites de la transcription législative

La rédaction même de l'article 12 bis 7 témoigne de la place réservée à cette carte de séjour temporaire. En effet, le titulaire de cette carte est défini par la négative : il ne doit pas être polygame, ne doit pas être bénéficiaire d'une autre catégorie de carte de séjour définie par l'ordonnance de 1945 et notamment celle ouvrant droit au regroupement familial. En résumé, les titulaires de cette carte « *mention vie privée et familiale* » apparaissent comme des étrangers à protéger en dernier ressort. Ils ne doivent entrer dans aucune catégorie pour bénéficier de la carte mention *« vie privée et familiale »*. La « *subsidiarité* »[61] de cette transcription législative offre, du fait même de sa place dans l'ordonnance de 1945, une application de « dernière chance » pour l'étranger. Cette transcription législative réduit le champ du principe de l'article 8 : il l'enferme dans une protection subsidiaire[62] de la vie privée et familiale. La carte de séjour ainsi obtenue a un caractère résiduel puisqu'elle complète les autres catégories de cartes.

De surcroît, cette transcription législative enferme le principe de l'article 8 dans sa référence à la loi. En créant cette carte, le pouvoir normatif du législateur place l'exigence de la « vie privée et familiale » sur un plan interne et sur un plan législatif. Désormais, le concept de vie privée et vie familiale est fixé par les critères définis par la loi française et non plus principalement par la jurisprudence européenne ou administrative. En transcrivant une « norme générique » aussi importante, le législateur entend aussi l'enfermer dans un cadre dont il aura la parfaite maîtrise. Ainsi, bloquée dans une loi et non plus dépendante du dynamisme de la jurisprudence de la Cour européenne des droits de l'Homme, la « vie privée et familiale » de l'article 12 bis 7 se trouve solidement « verrouillée »[63] par les autorités administratives. La jurisprudence européenne continuera donc d'être invoquée directement.

L'appréciation de l'article 12 bis 7 par les préfectures soulève d'autres interrogations quant à la portée de cet article. Comme le démontrent Olinda Pinto et Haoua Lamine, *« dans la majorité des cas, elles (les préfectures) estiment que la situation de l'intéressé ne relève pas de l'article 12 bis 7 et que, par conséquent, il n'y a pas d'appréciation de sa vie privée et familiale »*. Le texte de la circulaire d'application du 12 mai 1998 (complétée par la circulaire du 7 mai 2003)[64], précise le caractère « *exceptionnel* »[65] de l'utilisation de cet article : il parle d'une « présomption d'utilisation exceptionnelle », de l'article 12 bis 7 que les préfets peuvent renverser quand les étrangers

[61] Dans la circulaire du 12 mai 1998 NOR/INT/D/98/00108 C, le Ministre précise bien que cette carte doit « *conserver un caractère subsidiaire* ».

[62] PINTO O. et LAMINE H., « Une vie familiale subsidiaire », *Revue Plein Droit*, n° 47/48, p. 12-14.

[63] LOCHAK D., *op. cit.*; ALAUX J.-P., « Jeux de loi », octobre 1998; *site du GISTI*.

[64] Circulaire du 7 mai 2003 remplace la circulaire du 19 décembre 2002 et 10 janvier 2003 relative à l'entrée et au séjour des étrangers en France NOR INTD03000447C et complète la circulaire du 12 mai 1998.

[65] Circulaire NOR/ INT/ D/ 98/ 00108 C du 12 mai 1998 qui a été partiellement annulée par le Conseil d'État sur une requête du GISTI ; CE 30 juin 1998, *GISTI c./ Ministre de l'Intérieur*, req. n° 1999336 ; Conclusions HONORAT. Pour une étude point par point des raisons de l'annulation, Cf. l'article de LOCHAK D., *op. cit.* ; FOURNALÈS R., « La protection des situations personnelles et de la vie privée en droit des étrangers, prolégomènes à l'arrêt GISTI du Conseil d'État du 30 juin 2000 », *JDI*, 2, 2001, p. 448-486.

prouvent que leur vie familiale est atteinte. De même, les cas d'utilisation de l'article 12 bis 7 y sont très strictement définis. Comme le remarque Danièle Lochak, l'article 12 bis 7, « *Disposition libérale au départ, (...) qui a intégré, dans la législation sur les étrangers, le droit au respect de leur vie privée et familiale, a été sérieusement verrouillé par le Ministre de l'Intérieur dans sa circulaire d'application* »[66]. En effet, le Ministre ne retient qu'une définition réduite des bénéficiaires de la vie familiale, il limite celle-ci à la famille « nucléaire »[67] (étranger marié et leurs enfants mineurs ou les étrangers en concubinage). Il ne considère qu'à titre exceptionnel et subsidiaire : les collatéraux, l'adoption, les tuteurs, les grands-parents[68]. Danièle Lochak signale, par ailleurs, que la circulaire ne tient aucun compte de la vie privée. Pour le Ministre, seule la vie familiale doit être appréciée : « *la vie privée et familiale au titre de laquelle vous pourrez être conduit à délivrer un titre de séjour est limitée en principe à la seule famille nucléaire, à savoir une relation maritale et/ou une relation filiale* »[69]. Or, il sera démontré plus loin que la notion de vie privée[70] de l'étranger peut être néanmoins protégée par le juge administratif et qu'elle peut-être une condition d'atteinte au principe de l'article 8. Ainsi, les célibataires présents depuis longtemps sur le territoire, qui ont tissé un réseau d'amis, de connaissances professionnelles ou autres, sont exclus du champ de l'article 12 bis 7. Cette approche du principe de l'article 8 de la CEDH est incomplète puisqu'elle écarte tout l'univers social et amical que peut s'être construit l'étranger. Autrement dit, pour reprendre les propos de Jean Pierre Alaux[71], il peut être dit que la circulaire d'application neutralise les aspects libéraux de l'article 12 bis 7.

Pour finir, l'article 12 bis 7 doit s'exercer en dehors des hypothèses de regroupement familial, il ne peut alors résoudre les demandes exceptionnelles de « regroupement familial sur place ». Le caractère subsidiaire de l'article 12 bis 7 exclut cette protection. Dans la majorité des cas, le juge refuse l'octroi de la carte « vie privée et familiale » quand les bénéficiaires pourront prétendre légalement au regroupement familial[72] en rentrant dans leur pays le demander[73]. Pourtant, le retour vers le pays d'origine pourrait, à bien des égards, porter atteinte à la vie familiale, et ce, en raison des longueurs de délivrance du visa long séjour et des lenteurs des démarches administratives. Le couple sera alors condamné à rester séparé encore un temps.

---

[66] LOCHAK D., *op. cit.*

[67] JULIEN-LAFERRIÈRE F., « Les étrangers ont-ils le droit au respect de leur vie familiale? », *D.*, 1992, p. 291 et s.

[68] Cf. circulaire du 7 mai 2003, p. 10.

[69] *Ibid.* Cf. aussi : « *Cette première vérification de l'existence d'une vie familiale en France à laquelle une décision de refus de séjour serait susceptible de porter atteinte vous permettra, à ce stade, d'opposer déjà un refus aux demandes émanant de personnes* célibataires ou sans réelles attaches familiales *en France* » (souligné par le Ministre).

[70] CEDH 7 août 1996, C. c./ Belgique, la Cour définit une vie privée comme celle qui « englobe le droit pour l'individu de nouer et développer des relations avec ses semblables, y compris dans le domaine professionnel et commercial ».

[71] ALAUX J.-P., *op. cit.*

[72] La dernière circulaire du 7 mai 2003 rappelle le principe d'exclusion de la prise en compte des bénéficiaires du regroupement familial point § 2.2.4.

[73] CE 1er mars 2000, *Préfet Val d'Oise*, req. n° 205339.

C/ Réception de la jurisprudence européenne par les autorités administratives

Deux types de mesures administratives permettent de montrer la « correction » du statut interne de l'étranger grâce à la jurisprudence européenne. D'une part, les circulaires « explicatives » de la jurisprudence européenne complètent en amont le statut interne de l'étranger (1). D'autre part, la circulaire de régularisation de 1997[74] laissait aux autorités administratives la compétence de prendre en compte la «vie privée et familiale» pour régulariser certaines demandes d'étrangers, notamment sur la base des liens familiaux (2).

1/ Les circulaires explicatives de la jurisprudence européenne

Dans la circulaire du 8 août 1989 relative à l'application de la loi n° 89-548 du 2 août 1989 relative aux conditions d'entrée et de séjour des étrangers en France[75], les autorités administratives sont informées de l'importance « *de tenir compte de la situation personnelle de l'étranger en cause, de ses attaches familiales, de son comportement social habituel, de son comportement en détention et de ses chances de réinsertion familiale, sociale et professionnelle* »[76]. La référence à l'article 8 de la CEDH n'est pas explicitement faite ici, puisqu'en 1989, le juge administratif n'avait pas encore accepté d'intégrer cet article. Cependant, cette circulaire met déjà l'accent sur la nécessité de prendre en compte les conséquences du principe du respect de la «vie privée et familiale», elle avertit implicitement les autorités de l'incidence de son contenu sur les mesures d'éloignement.

Deux ans après, en 1991, une circulaire non publiée[77], permet au Ministre d'expliciter à ses services administratifs la portée de l'arrêt Belgacem, on peut alors penser que la réception de la jurisprudence européenne débute dans l'administration. En effet, cette circulaire avait pour objet de sensibiliser les services concernés, à la prise en compte du principe de l'article 8 de la CEDH, au moment de la délivrance d'une mesure d'éloignement. La circulaire est allée jusqu'à préciser des exemples de « motifs de droit » qui justifient les mesures d'éloignement au regard de l'article 8 de la CEDH. Quelles que soient les décisions des autorités administratives concernant les étrangers, elles entrent dans le champ d'application de l'article 8 de la CEDH. Avant de prendre toute mesure administrative, les autorités administratives doivent ainsi vérifier s'il y a atteinte à la « vie privée et familiale » de l'intéressé.

Une autre circulaire du 29 mars 1993[78] relative à l'interprétation de l'article 8 par les instances européennes apporte des compléments d'informations aux autorités administratives sur l'appréciation de l'attitude à adopter face aux diverses situations dans lesquelles les étrangers peuvent se trouver.

---

[74] Voir sur la régularisation THIERREY X., « Statistical report of the 1997 regularisation for illegal immigrants in France », *in Les régularisations des étrangers illégaux dans l'Union européenne*, (Sous la direction de DE BRUYCKER P.), éd. Bruylant, Bruxelles, 2000, p. 195-210.

[75] Circulaire du 8 août 1989 relative à l'application de la loi n° 89-548 du 2 août 1989 relative aux conditions de séjour et d'entrée des étrangers en France, NOR INTD0089 C, JO 8 août 1989.

[76] *Ibid.*, Titre II, expulsion des étrangers.

[77] Circulaire du 25 octobre 1991, *relative à la prise en compte de la jurisprudence récente du CE et de la CEDH en matière de mesures d'éloignement*, NORINTD900232C, non publiée.

[78] Circulaire du 29 mars 1993, relative *à l'interprétation de l'article 8 de la Convention européenne de sauvegarde des droits de l'Homme et des libertés fondamentales par les instances européennes*, INT/D/93/00102/C (non publiée).

Ultérieurement, deux circulaires du 20 décembre 1995[79] et du 5 avril 1996[80] viennent faire le point sur les évolutions de la jurisprudence de l'article 8 de la CEDH développée par le juge administratif. Elles proposent un bilan des jurisprudences rendues par le juge administratif, auxquelles les préfectures doivent se soumettre afin d'éviter de créer de possibles contentieux. Ces circulaires ont une fonction *pédagogique* auprès des autorités administratives en leur montrant l'importance des avancées[81] réalisées par le juge administratif. Plus récemment, une circulaire du 1er décembre 1999 du Ministre de l'Intérieur informe les préfets d'un Avis rendu par le Conseil d'État le 30 novembre 1998[82]. Cette circulaire précise aux préfets quel titre de séjour[83] accorder en cas d'annulation d'une mesure d'éloignement ou d'un refus de titre de séjour portant atteinte à l'article 8.

Ces diverses circulaires[84] montrent le bouleversement que représente l'introduction de l'article 8 de la CEDH dans le travail, au quotidien, des autorités administratives. Ces instruments ont permis de sensibiliser les autorités administratives à l'application concrète du respect de la «vie privée et familiale», pour anticiper et éviter d'ultérieurs recours contentieux devant le juge administratif.

2/ La circulaire de régularisation de 1997 des étrangers ayant des liens familiaux

Jusqu'ici les procédures collectives de régularisation avaient concerné des travailleurs étrangers[85] ou des déboutés du droit d'asile[86] ; la procédure de régularisation de 1997 a permis une régularisation d'étrangers ayant pour la plupart des liens familiaux en France.

Le soir même du second tour des élections législatives, le 1er juin 1997, le Gouvernement Jospin avait annoncé une opération de régularisation[87]. Cette régularisation à

[79] Circulaire du 20 décembre 1995, relative à l'exécution des jugements annulant un arrêté préfectoral de reconduite à la frontière pour violation de l'article 8 de la CEDH, conséquences à tirer de l'arrêt Mert (21 décembre 1994), NOR : INTD9500297C.

[80] Circulaire du 5 avril 1996 relative à l'État de la jurisprudence administrative sur l'application de l'article 8 de la Convention européenne de sauvegarde des droits de l'Homme et des libertés fondamentales, NOR : INTD9600058C, BOMI.

[81] L'arrêt *Mert* ou *Berrad* sur l'octroi d'un titre de séjour à l'étranger qui en fait la demande, en l'absence de circonstances nouvelles, en cas d'annulation d'une mesure de reconduite.

[82] Avis Berrad du Conseil d'État rendu en date du 30 novembre 1998 et publié au JO du 22 décembre 1998, p. 19392.

[83] La circulaire rappelle que depuis la loi du 11 mai 1998, et notamment l'article 12 bis 7, les préfectures doivent délivrer une carte de séjour temporaire portant la mention « vie privée et familiale » ou un certificat de résidence d'un an pour les Algériens.

[84] Une autre circulaire du 9 juillet 1996 relative *à la mise en œuvre des circulaires sur les parents d'enfants français*, NOR :INTD9600C, JO 4 avril 1996.

[85] Cf. MASSON P, Rapporteur BALARELLO J., *Rapport de la commission d'enquête chargée de recueillir des informations sur les régularisations d'étrangers en situation irrégulière opérées depuis le 1er juillet 1997*, n° 470, Sénat, 3 juin 1998, Tome I. « Plus de 95 % des étrangers régularisés en 1981-1982 avaient un emploi, pour l'essentiel dans le bâtiment et les travaux publics (30 %), les hôtels, cafés et restaurants (11,8 %), l'agriculture (10,7%) et les services domestiques (10,3 %). Les bénéficiaires étaient en majorité des hommes (82,5 %), jeunes (79,5 % avaient moins de 32 ans), célibataires (60 %) et sans enfant (64 %) ».

[86] La circulaire du 23 juillet 1991 concernait des demandeurs d'asile déboutés au terme d'une longue procédure, qui pouvaient arguer d'une insertion en France.

[87] « La *régularisation annoncée devait permettre la mise en œuvre de critères assez larges, s'appuyant sur ceux retenus le 12 septembre 1996 par la Commission nationale consultative des droits de l'Homme, lesquels*

« effet d'annonce » s'est réalisée, quelques jours après, par l'édiction d'une circulaire. Ainsi, la circulaire du 24 juin 1997[88] a été instituée pour attribuer un titre de séjour à des étrangers en situation irrégulière, et ce, avant la réforme annoncée[89] de l'ordonnance de 1945. Cette « session de rattrapage » proposée par le nouveau gouvernement de Gauche permettait aux étrangers, qui n'étaient pas rentrés dans les « cases » très strictes de l'ordonnance de 1945, de saisir, grâce à cette mesure particulière, une ultime chance de régularisation.

La « régularisation par critères » basée sur les liens familiaux était le leitmotiv de l'époque. En effet, dans son rapport d'information[90] rendu au gouvernement, Patrick Weil avait insisté sur ce droit fondamental qu'est le respect de la «vie privée et familiale» de l'étranger. Le gouvernement a jugé utile de régulariser des étrangers sur ces critères, avant d'instaurer une protection spécifique[91]. Autrement dit, avec cette régularisation, il convenait « d'absorber » les étrangers ayant des liens familiaux forts, jusqu'ici ignorés par le statut interne, avant de créer une nouvelle loi intégrant des mesures garantissant l'effectivité du respect de la « vie privée et familiale ». Sur les neufs critères proposés par la circulaire, six concernaient directement ou indirectement la protection de la «vie privée et familiale». Ces critères rappelaient, en partie, ceux demandés par le Collège des médiateurs des sans papiers de Saint Bernard :

- *Les conjoints de Français en situation irrégulière en France*[92]
- *Les conjoints d'étrangers en situation irrégulière entrés hors regroupement familial*[93]
- *Les conjoints de réfugiés statutaires mariés en dehors de l'unité familiale*
- *Les familles étrangères constituées de longue date en France et notamment les parents d'enfants de moins de seize ans nés en France*
- *Les enfants d'étrangers en situation régulière entrés hors regroupement familial*[94]
- *Étrangers (sans charge de famille) régularisables*[95] : seul ce critère renvoie aux liens personnels ou privés que peuvent avoir développés des étrangers célibataires ayant de nombreuses attaches sociales et professionnelles en France. 20,7 % des étrangers régularisés par la circulaire étaient des célibataires[96].

---

reprenaient, à quelques restrictions près, ceux établis par le « collège des médiateurs « constitué lors des manifestations des étrangers en situation irrégulière en 1996 ». Cf. analyse MASSON P., *op. cit.*

[88] Circulaire du 27 juin 1997, JORF du 26 juin 97, p. 9819-9822.

[89] Déclaration du 1er Ministre Lionel Jospin, le 15 mai 1997 au Zénith de Paris, à noter dans son discours de campagne électorale « *nous rétablirons les droits fondamentaux au mariage, à la vie en famille et le droit d'asile (...)* ». Cette réforme s'est traduite par la loi du 11 mai 1998.

[90] WEIL P., « Pour une politique plus juste et efficace », *Mission d'étude des législations de la nationalité et de l'immigration*, collection rapport officiel, La Documentation Française, 1997.

[91] Article 12 bis 7 intégré par la loi du 11 mai 1998.

[92] Ceux, par exemple, qui n'ont pas eu de visa long séjour.

[93] La circulaire fait référence au cas de « regroupement familial sur place » qui a été interdit par la loi Pasqua.

[94] Les enfants d'une précédente union ou les enfants majeurs.

[95] Circulaire du 27 juin 1997, « *S'agissant des étrangers célibataires et sans charge de famille, vous pourrez avoir une appréciation souple du critère de résidence en France figurant à l'article 12 bis de l'ordonnance de 1945, dès lors que l'intéressé a été au moins pendant une période en situation régulière. (...) Outre l'ancienneté de séjour, qui devra être appréciée avec souplesse mais n'être qu'exceptionnellement inférieure à sept ans, d'autres éléments seront pris en compte pour apprécier l'insertion dans la société française, tels que: l'existence de ressources issues d'une activité régulière; l'existence d'un domicile; le respect des obligations fiscales.* »

[96] FOURNALÈS R., « La protection des situations personnelles et de la vie privée en droit des étrangers, prolégomènes à l'arrêt GISTI du Conseil d'État du 30 juin 2000 », *JDI*, 2, 2001, p. 469.

Cette circulaire recouvrait, en réalité, des critères qui devaient mettre fin à des situations familiales dramatiques causées par les multiples modifications de l'ordonnance de 1945 et particulièrement celle des lois Pasqua-Debré. Le risque de contentieux administratif et le respect de la «vie privée et familiale» de l'article 8 de la CEDH avaient contraint le gouvernement à prendre en compte des situations familiales difficiles. Cette circulaire demeure une illustration de l'influence de la jurisprudence européenne et, plus largement, des droits de l'Homme dans les pratiques administratives. Elle a permis de protéger environ 75 000 étrangers[97] en leur octroyant une carte de séjour temporaire.

Section II : Le contenu de la protection de la « vie privée et familiale » des étrangers

Le contenu de la «vie privée et familiale» est différent selon l'interprétation du juge français ou du juge européen. Même si aujourd'hui, il s'agit plus de nuances d'interprétation d'un principe que de réelles contradictions, il demeure des différences de contenu sur les titulaires de cet article 8. Pourtant, les juges administratifs et européens utilisent la même méthode d'analyse des liens privés et familiaux des étrangers (hormis leurs divergences sur la place de la vie privée). Tous deux utilisent un faisceau d'indices très subtil pour apprécier l'existence, la réalité et l'effectivité de la «vie privée et familiale» des étrangers. Ainsi, il convient de démontrer, dans un premier paragraphe, les différents contenus européens et français de la « vie privée et familiale » et, dans un second paragraphe, les modes d'appréciation de ce contenu.

§I : Les différents contenus européens et français de la « vie privée et familiale »

Le juge européen a une conception élargie du principe (A) alors que l'ordonnance de 1945 a plutôt une conception très stricte de la « vie privée et familiale » de l'étranger. Toutefois, l'influence européenne a contribué à élargir le contenu de l'ordonnance (B).

A/ Le juge européen et sa conception élargie des bénéficiaires de la protection de la « vie privée et familiale »

L'appréciation du concept de la privée et familiale dépend de la conception de la famille communément admise en France et en Europe. Le juge européen ou administratif retient l'idée qui correspond à celle *« culturellement acceptable par la nation »*[98]. Ainsi, le rôle du juge est de reproduire cette normalité et de l'enfermer dans des motivations objectives[99]. Le juge doit également tenir compte des changements sociaux nationaux pour les intégrer dans sa conception de la famille.

---

[97] La moitié des 150 000 candidats à la régularisation ont été effectivement régularisés ; Cf. BANTMAN B., « Droit d'asile : des régularisations au compte gouttes », *Libération,* le 19 janv. 1999. Et l'analyse de THIERREY X., « Statistical report of the 1997 regularisation for illegal immigrants en France », *in Les régularisations des étrangers illégaux dans l'Union européenne*, éd. Bruylant, Bruxelles, 2000, p. 195-210.

[98] MILLARD E., *op. cit.*, p. 151 et s.

[99] *Ibid.*

Le juge européen a retenu, dans un premier temps, une conception stricte de la famille prenant en compte la seule famille légitime. Depuis la jurisprudence Marckx[100], la Cour européenne, consciente de l'évolution de la société et des nouveaux liens familiaux, a adopté une approche élargie de la famille. Pour elle, « *la vie familiale ne s'attache plus systématiquement au fait juridiquement enregistré (filiation, mariage) pour s'attacher à la réalité des liens vécus* »[101] ; elle inclut donc les proches parents : l'épouse (même en l'absence de cohabitation), les concubins, les parents[102], les grands-parents, les frères et sœurs[103], les enfants naturels[104] et les enfants adoptés[105]. La Cour a même considéré que des liens unissant un couple de transsexuels et leur enfant né par insémination artificielle avec donneur appartenaient à la notion de famille[106].

Les bénéficiaires de la « vie familiale », entendus largement par le juge européen, sont protégés des atteintes d'une mesure d'éloignement ou d'un refus de visa ou de séjour. Ainsi, l'épouse[107] d'un étranger menacé d'expulsion, victime indirecte, « *victime virtuelle ou potentielle* »[108], de la mesure d'éloignement peut se voir protéger. Puisque le renvoi de son époux dans le pays d'origine a des conséquences sur sa vie familiale en l'obligeant, notamment, à reconstituer sa vie d'épouse dans ce pays. Reconnaître que l'épouse de l'étranger peut être touchée par une mesure administrative, c'est comme l'écrit Henri Labayle, à propos de l'affaire Beldjoudi : *« en fait prendre conscience qu'au-delà de la personne de l'étranger, c'est aussi la famille en tant qu'entité qui est touchée par un tel refus et que le droit de mener une vie familiale peut être invoqué également par les membres de la famille. C'est-à-dire que la « famille » quelle qu'en soit la définition légale*

---

[100] CEDH 13 juin 1979, *Marckx c./ Belgique*, série A n° 31, p. 21 § 45. « *Aux yeux de la Cour, la «vie familiale» au sens de l'article 8 (art. 8) englobe pour le moins les rapports entre proches parents, lesquels peuvent y jouer un rôle considérable, par exemple entre grands-parents et petits-enfants. Le « respect » de la vie familiale ainsi entendu, implique, pour l'État, l'obligation d'agir de manière à permettre le développement normal de ces rapports (cf., mutatis mutandis, le paragraphe 31 ci-dessus). Or, l'épanouissement de la vie familiale d'une mère célibataire et de son enfant reconnu par elle peut se voir entraver si le second n'entre pas dans la famille de la première et si l'établissement de la filiation ne produit d'effets qu'entre eux deux* ».

[101] MILLARD E., *op. cit.*, p. 171.

[102] CEDH 21 juin 1988, *Berrehab*, req. n° 10730/84 ; COHEN-JONATHAN G., « Sur quelques aspect récents de l'activité de la Cour européenne des droits de l'Homme », *RIDE*, 1989, p. 173-175 ; PETTITI L.-E. et TEITGEN F., « Droits de l'Homme », *RSCDPC*, 1988, p. 845-846 ; ROLLAND P. et TAVERNIER P., « Chronique de jurisprudence de la Cour EDH », *JDI*, 1990, p. 822-823.

[103] Pour apprécier les liens familiaux de l'immigré de seconde génération, la Cour retient les relations parents-frères-sœurs, dès lors que rien ne montre que les relations sont rompues, *CEDH* 26 mars 1992, *Beldjoudi c./ France*, série A, n° 234-A ; CARLIER J.-Y., « Vers l'interdiction d'expulsion des étrangers intégrés ? », *RTDH*, 1993, 1993, p. 449-466 ; COUSSIRAT-COUSTERE V., « La jurisprudence de la CEDH en 1992 » *AFDI*, 1992, p. 696 et s. ; LESCENE P., « L'affaire Beldjoudi c./ France », *Cahiers du CREDHO*, n° 1, 1994, p. 81-94 ; CEDH 24 avril 1996, *Boughanemi c./ France*, rec. 1996 II, p. 607-608 ; CEDH 26 septembre 1997, *El Boujaïdi c./ France*, rec. 1997-IV ; CEDH 21 octobre 1997, *Boujlifa c./ France*, rec. 1997-VI ; CEDH 30 novembre 1999, *Baghli c./ France*. Le juge administratif retient aussi les relations fraternelles : CE 21 octobre 1994, *Mohamedi*, req. n° 148563.

[104] Application au droit des étrangers : le 6 décembre 1991, n° 1567/89, *Abbas c./ France*, rapport Commission, 7 juillet 1992, article 28 § 2.

[105] CEDH 10 juillet 1975, *X c./ Belgique et Pays Bas*, req. n° 6482/74, DR 7, p. 5 ; CEDH 5 octobre 1982, *X c./ France*, req. n° 9993/82, DR 31, p. 241.

[106] CEDH 22 avril 1997, *X,Y,Z c./ RU*, DR 12, p. 32.

[107] CEDH 26 mars 1992, *Beldjoudi c./ France*, série A, n° 234-A,

[108] RENUCCI J.-F., sommaire commenté, *Dalloz*, 1993, p. 388.

ou la composition, est le siège de ce droit et qu'il n'est pas possible de l'ignorer dans sa globalité »[109].
En ce sens, les conséquences d'une expulsion sur l'enfant d'un étranger sont aussi à considérer : l'enfant[110], également victime indirecte de la mesure d'éloignement, peut être déraciné dans un autre pays, dont il ne connaît ni la langue, ni la culture. Élise Corouge relève que « *l'appréciation du juge repose sur une appréciation presque subjective du degré de déracinement ressenti par la personne privée* »[111]. Le juge européen examine le contexte familial et extra-familial, afin d'apprécier, au mieux, les dommages qu'entraîne une mesure administrative. Ainsi, ce droit individuel, qu'est la vie familiale, s'exerce et s'apprécie dans un contexte collectif[112].

Ces approches évolutives des liens multiples de la «vie privée et familiale» montrent la préoccupation du juge européen de protéger effectivement et concrètement les droits de l'Homme. Toutefois, certaines situations familiales ne rentrent pas dans la définition de la Cour européenne. Il en est ainsi de la polygamie, union non admise par les juges européens. (A la différence du juge administratif qui avait accepté pendant un certain temps la relation polygamique, dans son arrêt Montcho[113] ; mais la loi « Pasqua » du 6 août 1993 a interdit cette conception de la famille. Le juge administratif s'est donc plié[114] aux exigences de la « *normalité normative* »[115]). De même, les relations homosexuelles ne sont pas retenues par la Commission européenne dans le concept de « vie familiale »[116]. En effet, les juges européens (et français) reconnaissent ces relations sur le terrain de la « vie privée » et non sur celui de la « vie familiale », et ce, en dépit des changements des mentalités sur l'homosexualité.

En guise d'ultime remarque, signalons qu'un autre article de la Convention européenne protège la famille et, plus particulièrement, la formation du couple. L'article 12 proclame le droit au mariage. Le droit au mariage des étrangers a subi une évolution essentielle grâce à l'influence de la Convention[117]. Le décret-loi du 12 novembre 1938[118] prévoyait une autorisation préalable de mariage pour les étrangers[119] et ce jusqu'en 1981.

---

[109] LABAYLE H., « L'article 8 de la CEDH et le droit de l'étranger au respect de sa vie familiale », *in* Colloque de Lyon, 1997, *Les étrangers et convention européenne de sauvegarde des droits de l'Homme et des libertés fondamentales*, (Sous la direction de FULCHIRON H.), éd. LGDJ, Paris, 1999, p. 89.

[110] CEDH 28 novembre 1996, *Nsona c./ Pays Bas*, req. n° 23366/94, ; CEDH *Ahmut c./ Pays Bas*, req. n° 21702/93, 28/11/1996 ; CEDH 19 février 1996, *Gül c./ Suisse*, rec. 1996-1, req. n° 53/1995/559/645 ; CEDH 26 septembre 1996, *Mehemi c./ France*.

[111] COROUGE E., « Le respect de la vie familiale, expulsion des étrangers et article 8 de la Convention européenne des droits de l'Homme », *RFDA*, 13 (2), mars -avril 1997, p. 320.

[112] FERRAN N., *op. cit.*, p. 48.

[113] En France, jusqu'à la loi de 1993, un arrêt du CE admettait que le droit de la vie familiale devait être apprécié au regard de la loi personnelle de l'étranger considéré. (CE 11 juillet 1980, *Montcho* ; *RCDIP*, 1981, p. 658). Depuis la loi de 1993, la polygamie est interdite dans le cadre du regroupement familial. Voir étude DPE, feuillet 13, Regroupement familial, Polygamie ; RUDE-ANTOINE E., « La polygamie face au droit positif français », *Migration et Société*, Vol 6, n° 35, septembre 1994.

[114] CE 29 décembre 2000, *Mme Sacko*, req. n° 210895.

[115] MILLARD E., *op. cit.*

[116] Comm. EDH 3 mai 1983, *X. et Y c./ RU*, req. n° 9369/31, DR 32, p. 320 ; MEYER C.-A., « L'homosexualité dans la jurisprudence de la Cour et de la Commission EDH », *in homosexualité et droit*, PUF, 2ème éd. 1999, 155.

[117] VASSEUR-LAMBRY F., La famille et la Convention européenne des droits de l'Homme, L'Harmattan, 2000, p. 106-121

[118] JO 13 nov. 1938, p. 12920

[119] Voir étude de PESENTI X., « Les couples mixtes et étrangers au regard de la Convention européenne des droits de l'Homme », *in Les étrangers et convention européenne de sauvegarde des droits de l'Homme et des libertés*

Deux semaines après la soumission de la France au recours individuel devant la Cour européenne en octobre 1981, la France a accepté de mettre en conformité sa législation[120] avec le droit européen, afin d'éviter les contrariétés législatives. Désormais, sans autorisation particulière pour les étrangers, ce droit est néanmoins soumis à l'épreuve de la politique migratoire, des règles d'entrée et de séjour de l'ordonnance de 1945. Les « futurs conjoints » sont soumis au droit commun relatif à l'entrée des étrangers, rien ne leur permet d'entrer effectivement sur le territoire[121], d'assister à la cérémonie du mariage[122] ou d'être autorisés à s'établir en France. Dans ce sens, la loi du 26 novembre 2003 a inséré des dispositions dans l'ordonnance de 1945 pour rendre plus difficiles[123] les mariages d'étrangers, afin de lutter contre les mariages de complaisance.

B/ La conception stricte de la « vie privée et familiale » de l'ordonnance de 1945 mais élargie grâce à l'influence européenne

Dans l'ordonnance de 1945, le législateur n'a pas retenu une approche extensive de la « vie privée et familiale ». En effet, les articles 12 sur les titulaires des cartes de séjour temporaire, 15 sur les cartes de résidents, 25 et 26 sur l'interdiction de l'éloignement de certains étrangers, 29 sur les bénéficiaires du regroupement familial de l'ordonnance de 1945 ont une vision restrictive des catégories à protéger. Seuls les enfants mineurs, le conjoint et dans certaines hypothèses rares leurs ascendants (c'est-à-dire la famille légitime et la proche famille) sont protégés par la loi. D'ailleurs, toute la politique migratoire est basée sur cette approche stricte de la famille. Ainsi, l'influence de la conception européenne de la famille permet de protéger, grâce à la « réception jurisprudentielle » des décisions de la CEDH du juge administratif, d'autres catégories d'étrangers ignorées par le statut interne.

En général, le statut interne ne protège pas les autres formes de couple ; seul l'article 12 bis 7 de l'ordonnance de 1945 prend en compte assez rarement les relations de concubinage, d'union libre ou de PACS, sous réserve de leur durée et de leur effectivité.

C'est pour cela que la protection du juge administratif par la réception de l'autorité jurisprudentielle de la CEDH est très importante. Grâce à son contrôle de conventionnalité et à l'article 8 de la CEDH, il met à l'abri des catégories d'étrangers non protégés de l'expulsion ou de la reconduite dans le statut interne de l'ordonnance de 1945. Les décisions jurisprudentielles sur l'article de 8 de la CEDH permettent de compléter les catégories des étrangers protégés par le statut interne. Ainsi, le concubin (non couvert par l'article 25 ou 26 de l'ordonnance) est protégé de l'éloignement grâce au juge administratif

---

fondamentales, Colloque de Lyon, 1997, (Sous la direction de FULCHIRON H.), éd. LGDJ, Paris, 1999, p. 142 et s. La valeur constitutionnelle de la liberté de mariage a été consacrée en 1993, DC n° 325-DC du 13 août 1993, Recueil, p. 224. RJC, p. I-539. Publiée au JORF du 18 août 1993, p. 11722.

[120] Article 9 de la loi n° 81-973 du 29 octobre 1981 relative aux conditions d'entrée et de séjour des étrangers en France.

[121] PESENTI X., *op. cit.*, p. 147 et s.

[122] CE 10 juillet 1995, *Préfet des Bouches du Rhône c./ Menassa* ; cf. JULIEN-LAFERRIÈRE F., *D.*, 1996, somm. p. 101 ; VASSEUR-LAMBRY F., *op. cit.*, p. 236 et s.

[123] Article 63 du Code Civil, certaines parties de la réforme ont d'ailleurs été censurées par le Conseil constitutionnel, (article 76 de la loi). DC n° 484-2003, du 26 novembre 2003, JORF du 27 novembre 2003, p. 20154, Loi relative à la *maîtrise de l'immigration, au séjour des étrangers en France et à la nationalité* ; LECUCQ O., « La liberté de mariage des étrangers en situation irrégulière », *D.*, 2004 (20), p. 1405-1408.

et à l'article 8 de la CEDH. Il incombe alors de prouver le caractère effectif de sa relation, l'ancienneté de sa vie privée et familiale (attestée par le maire de la commune de résidence) afin de convaincre le juge que cette vie familiale ou privée est réelle. Cependant, les annulations[124] des mesures administratives demeurent assez rares[125] dans la jurisprudence administrative.

Par ailleurs, le juge administratif dissocie désormais la vie privée et la vie familiale, protégeant ainsi le couple homosexuel[126]. La prise en compte de la vie privée et des liens personnels dans l'appréciation de l'article 8 permet au juge administratif d'aller plus loin que la Cour européenne. Celle-ci protège surtout la vie familiale de l'étranger, or les relations homosexuelles appartiennent à la vie privée (selon les deux juges). On voit, ici encore, la complémentarité des deux juges. Le juge administratif montre ici les possibilités de cet article 8 lorsqu'il est entendu largement. Les couples homosexuels deviennent une catégorie d'étrangers qui peuvent invoquer la protection de l'article 8.

Finalement, ces degrés variés d'appréciation de la vie familiale de l'étranger entre les deux ordres entraînent des disparités dans le profil des individus à protéger. Il est vrai que la différence d'appréciation du juge administratif n'est pas flagrante. S'expliquant par l'autonomie dont dispose le juge administratif, cette position est l'illustration des résistances que revendiquent le juge et le législateur. Le juge administratif affine sa jurisprudence et va parfois plus loin que le juge européen sur certaines questions en accentuant la protection des organes de Strasbourg. Au contraire, parfois réticent sur des questions sensibles, le juge administratif ne tire pas toutes les conséquences de l'article 8 et limite alors sa portée, réduisant ainsi la protection des étrangers. Si l'aspect le plus « *visible et spectaculaire* »[127] de l'alignement a été opéré par le juge administratif en 1991 avec l'arrêt Belgacem, des discordances d'appréciation subsistent encore.

Le travail des juges européens reste malgré tout un véritable instrument de « prévention et de promotion » des droits de l'Homme. Il est vrai que même si le juge peut protéger au cas par cas des catégories d'étrangers absentes des dispositions législatives internes, cette protection reste fragile. Il faut espérer que le législateur inscrira dans le statut interne des protections nouvelles conformes à la jurisprudence de la Cour européenne. Cette transcription législative a déjà été réalisée pour le titre de séjour, ceci a été étudié précédemment avec l'article 12 bis 7. Cet article demeure cependant limité dans sa portée et son application. La réforme du 26 novembre 2003 a intégré des catégories nouvelles d'étrangers à protéger de l'éloignement en raison de leur lien familial. Ainsi, l'étranger résidant habituellement en France depuis qu'il a atteint au plus l'âge de treize ans ; l'étranger résidant régulièrement depuis plus de vingt ans en France ; l'étranger résidant régulièrement en France, marié depuis au moins trois ans avec un ressortissant français ou un ressortissant étranger ; et l'étranger résidant régulièrement en France, père ou mère d'un enfant mineur français, bénéficient d'une protection de l'expulsion[128]. Il reste toutefois des étrangers qui ne sont pas protégés de l'éloignement par l'ordonnance de 1945 tels que les étrangers ayant souscrit un PACS, les étrangers en concubinage ou en union libre, les

---

[124] CE 30 mars 2001, *Alibay*, req. n° 218181.

[125] TA Marseille 9 janvier 2001, *Tidjara*, req. n° 003755, caractère insuffisant de la durée de la relation.

[126] Cf., *Supra*, p. 421.

[127] BRACONNIER S., *Jurisprudence de la CEDH et du droit administratif français*, Bruylant, Bruxelles, 1997.

[128] Articles 25 et 26 de l'ordonnance de 1945.

étrangers célibataires, etc. Il est peu probable que le législateur aille jusqu'à protéger par voie législative cette catégorie d'étrangers.

§II : L'appréciation de la protection de la « vie privée et familiale »

Le juge européen comme le juge administratif ont surtout développé des analyses du lien familial de l'étranger. Mais la notion de « vie familiale » s'est considérablement élargie et des aspects de la « vie privée sociale » de l'étranger ont aussi été examinés. L'article 8 permet de retracer l'intégration familiale (A) et l'intégration personnelle (B) de l'étranger.

A/ L'appréciation de la « vie familiale » de l'étranger et l'analyse de « l'intégration familiale » de l'étranger

Il est pertinent de retenir plusieurs critères pour montrer que les juges européen et administratif s'efforcent, en réalité, de chercher si l'étranger est bien intégré dans l'État d'accueil et, ainsi, s'il est parfaitement inclus dans un contexte familial. Les juges recherchent la présence des liens familiaux et affectifs (1), l'ancienneté de ces liens (2), la nécessité du maintien dans le pays d'accueil grâce à l'appréciation effective du lien juridique de la nationalité (3).

1/ La réalité et l'effectivité des liens familiaux et affectifs

Le lien familial recouvre « *un ensemble de faits et de réalités tout à la fois d'ordre biologique, sociologique, juridique et social. Le lien est divers et diversifié : lien avec les parents, avec le conjoint, avec les enfants avec la fratrie, avec des amis ...* »[129].

Les juges européens (comme le juge administratif) ont donc une approche très large du respect de la «vie familiale» grâce à leur interprétation « dynamique »[130] et évolutive[131]. Comme cela a été examiné précédemment, le concept européen de « vie familiale » ne renvoie pas seulement à la famille mais recouvre un ensemble de situations très disparates. En ce sens, Frédéric Sudre estime que la notion de « vie familiale » se dilate[132] en plusieurs hypothèses familiales et se dilue avec le concept de « vie privée ». Ainsi l'analyse de la « vie privée sociale » des étrangers de seconde génération a « *incontestablement brouillé l'usage de la notion de « vie privée » mais aussi par contre coup, celle de la « vie familiale* »[133]. Un « *concept-gigogne de la « vie privée et familiale* »[134]

---

[129] ANDRIANTSIMBAZOVINA J., « Le maintien du lien familial des étrangers » *in Le droit au respect de la vie familiale au sens de la Convention européenne des droits de l'Homme*, Droit et justice n° 38, Bruylant, Bruxelles, 2002, p. 213.

[130] SUDRE F., « La construction par le juge européen du droit au respect de la vie familiale », *in Le droit au respect de la vie familiale au sens de la Convention européenne des droits de l'Homme*, Droit et justice n° 38, Bruylant, Bruxelles, 2002, p. 12 et s.

[131] Prise en compte du concubinage hétérosexuel et relation extraconjugale, enfant naturel, ou d'une famille monoparentale, ou né d'une relation adultérine, enfants sans lien de parenté biologique etc. ; Cf. LEVINET M., « Couple et vie familiale », *in Le droit au respect de la vie familiale au sens de la Convention européenne des droits de l'Homme*, Droit et justice n° 38, Bruylant, Bruxelles, 2002, p. 107-160.

[132] *Ibid.*, p. 17 et s.

[133] *Ibid.*, p. 27.

s'est alors développé devant la Cour européenne. De plus, Frédéric Sudre relève que la Cour européenne fait une confusion conceptuelle des concepts de « vie privée » et de « vie privée et familiale », lorsqu'elle procède à l'analyse de la « vie privée sociale » de l'étranger. Ainsi, la Cour opère deux glissements conceptuels. Selon Frédéric Sudre, le premier glissement concerne la « vie privée » vers la « vie privée et familiale ». C'est-à-dire que la Cour retient la « vie privée et familiale » comme « *base juridique exclusive, alors même que la vie familiale, à la date de la mesure incriminée, paraît très douteuse, le juge marque ici sa préférence pour une expression enveloppante qui atteste sont refus de dissocier vie privée et familiale* »[135]. Le deuxième glissement est celle de « la « vie privée » vers « la vie familiale » dans les arrêts Baghli c./ France du 30 novembre 1999 et Ezzoudhi c./ France du 13 février 2001 ». En effet, pour Frédéric Sudre, la Cour européenne choisit une « *approche finaliste qui accorde la protection la plus favorable à l'étranger, en l'occurrence la protection de la vie familiale qui est la seule qui peut faire échec à une mesure d'éloignement* »[136]. Ainsi, il y a une extension de la « vie familiale » à des situations qui relèvent plutôt de la « vie privée ».

Le juge administratif tout comme le juge européen, examine l'authenticité de la « vie familiale ». Ainsi, s'il y a un lien juridique (le mariage[137]) encore faut-il qu'une vie commune existe. Si l'absence de vie commune est constatée par le juge, la vie familiale n'existe pas ou plus[138], la mesure administrative est alors justifiée[139]. S'il n'y a pas de lien juridique (concubinage ou union libre), le juge va au-delà de cette absence dans un souci de protection effective de la vie familiale et sous réserve de la vie commune. Le caractère épisodique[140] ou instable des relations doit être apporté par l'administration. Il en est de même dans le cas d'un père célibataire avec son enfant, le juge doit alors apprécier si le père subvient bien à l'entretien de son enfant[141].

L'étude des liens familiaux peut concerner les relations avec les frères et sœurs[142] et la famille. Dans de très rares cas[143], ces relations sont déterminantes, mais la plupart du temps, l'examen de ces liens permet au juge d'estimer l'importance des attaches familiales de l'étranger. La seule présence des frères et sœurs dans le pays d'accueil ne suffit pas à établir l'existence d'une vie familiale.

Hormis ces liens familiaux, le juge recherche si l'étranger a un réseau de soutien, d'amis, qui l'encadre. Les juges administratifs et européens complètent la notion de « famille » par d'autres relations extra-familiales. Ceci leur permet de se faire une idée de l'étendue de l'intégration de l'individu. Ainsi, l'examen de l'étendue de la « vie privée et familiale » conduit à l'étude du champ social dans lequel l'étranger évolue. A titre d'illustration, la Cour européenne est allée assez loin dans l'analyse de la «vie privée et

[134] *Ibidem.*
[135] *Ibid.* p. 30.
[136] *Ibid.*
[137] CE 24 mars 2004, *Uzum*, req. n° 260772.
[138] Refus de considérer la vie familiale d'un étranger en instance de divorce, CE 14 février 1992, *Préfet du territoire de Belfort c./ M Sais*, req. n° 127931.
[139] CE 23 septembre 1992, *Tarbane*, req. n° 152388.
[140] CE 7 décembre 1992, *Souaq*, req. n° 121831.
[141] CE 31 juillet 1992, *Sehibi*, req. n° 134941.
[142] CE 10 mars 2004, *Boudjadja*, req. n° 255012.
[143] CE 7 juin 1995, *Préfet du Val de Marne c./ Nkunga*, req. n° 148446 ou devant la CEDH 13 juillet 1995, *Nasri c./ France*, req. n° 19465/92.

familiale» puisqu'elle a retenu, dans un cas[144] un peu isolé, les capacités de l'individu (un handicapé mental) à évoluer dans la société. Il s'agit, d'un glissement de la vie familiale vers la « dignité » selon Henri Labayle[145].

La variété des liens examinés par les juges européens ou administratifs montre la complexité à apprécier les faits, qu'ils relèvent des liens familiaux ou de la vie privée. Edmond Honorat[146] souligne « *le caractère factuel du travail du juge* », pour lui, ces indices « *servent à appréhender, de manière très pragmatique, une extrême variété de situations et conduisent à prendre en considération un grand nombre d'éléments de faits* ».

2/ L'ancienneté des liens

Il est évident que l'ancienneté des liens est un critère déterminant non seulement pour apprécier la qualité de la vie familiale de l'étranger, mais aussi pour évaluer le degré de son « intégration familiale » dans le pays d'accueil. Ainsi, le juge (administratif comme européen) retient souvent la présence d'une vie familiale lorsque l'étranger est arrivé en bas âge ou lorsqu'il est né sur le territoire d'accueil[147]. En revanche, le juge administratif est particulièrement réticent lorsque l'étranger est arrivé récemment dans le pays d'accueil[148], même s'il est marié à une française et a un enfant français[149]. Par ailleurs, le caractère récent des liens familiaux permet souvent au juge d'écarter le recours à l'article 8 de la CEDH[150]. La durée du concubinage[151], du mariage[152] et du PACS[153] éclaire le juge administratif pour apprécier l'ancienneté des relations.

---

[144] CEDH 13 juillet 1995, *Nasri c./ France,* req. n° 19465/92 ; CEDH 6 février 2001, *Bensaïd c./ RU,* req. n° 44599/98 montre que l'aspect de la santé de l'individu peut aussi rentrer dans la vie privée de l'article 8.

[145] LABAYLE H., *op. cit.*, p. 95 et s.

[146] HONORAT E., Commissaire du gouvernement sous CE Sect. 11 juin 1999, *Ministre de l'Intérieur c./ M. El Mouhaden,* req. n° 185545.

[147] La protection des étrangers nés en France, mariés ou concubins avec un Français ou ayant des enfants français. CE 10 juillet 1994, *Benamar,* req. n° 127961 ; CEDH 26 mars 1992, *Beldjoudi c./ France*, série A, n° 234-A.

[148] GRATALOUP S., « L'étranger né ou résidant depuis sa naissance en France », in Colloque de Lyon 1997 Les étrangers et convention européenne de sauvegarde des droits de l'Homme et des libertés fondamentales, éd. LGDJ, Paris, 1999, p. 128 et s.

[149] CE 12 septembre 1994, *Oulamine,* req. n° 145598 non publié ; CE 16 décembre 1994, *Ajarrav,* req. n° 153852 ; non publié. Cf. MONEGER F., « L'étranger parent d'un enfant français, le droit des étrangers au respect de leur vie privée et familiale (article 8 de la CEDH) », *in Les étrangers et convention européenne de sauvegarde des droits de l'Homme et des libertés fondamentales*, éd. LGDJ, Paris, 1999, p. 187-199.

[150] CE 10 mars 2004, *Kaci,* req. n° 252269.

[151] CE 10 juillet 1995, *Ministre de l'Intérieur c./ M Ben Achour,* req. n° 144 132 ; CE 28 janvier 2004, *Troh,* req. n° 256086.

[152] Cela dépend de la durée du mariage. Sur la brièveté du mariage : CE 26 février 2001, *Préfet de police c./ Tarek,* req. n° 215870 le projet de mariage insuffisant pour montrer la réalité de la vie familiale ; CE 17 janvier 1996, *Préfet de Doubs,* req. n° 151452 ; le mariage postérieur à la mesure contestée ; CE 23 février 2001, *Mechem,* req. n° 217160 ; CE 6 octobre 1999, *Préfet de l'Essonne c./ M. Dekkiche,* req. n° 203343 ; « *Considérant que M. Dekkiche fait valoir qu'il s'est marié le 11 avril 1998 avec une ressortissante française avec laquelle il vivait en concubinage depuis mars 1994 ; qu'il est constant que ce mariage datait de moins d'un an lorsque l'arrêté ordonnant sa reconduite à la frontière a été pris ; qu'il ressort des pièces du dossier que, compte tenu de la durée et des conditions de séjour en France de M. Dekkiche* ». LECUCQ O., « Le PACS et l'octroi d'un titre de séjour », *AJDA*, 14 février 2005, p. 327.

[153] CE 27 février 2004, *Préfet de police c./ Sahnoun,* req. n° 241609.

Michel Levinet[154] démontre que la Cour européenne tend à minorer les liens de l'intéressé et à faire une analyse souvent approximative des éléments de faits permettant de conclure à son maintien dans le pays d'accueil. Cette minoration des liens laisse souvent place à une analyse déterminante de l'atteinte à l'ordre public[155]. Le juge administratif se montre également de plus en plus strict sur l'ancienneté des relations dans le pays d'accueil. Dans l'arrêt du 14 mars 2001 M. Ben Zid[156], le Conseil d'État a estimé que la reconduite à la frontière d'un étranger ayant fait une reconnaissance prénatale de son enfant et projeté de se marier avec une Française ne constituait pas une atteinte à sa vie familiale. Pourtant, comme le signale Maryam Golestanian, « *le Conseil d'État aurait pu se préoccuper du vide engendré dans la vie familiale d'un enfant et de celle de sa mère qui était de surcroît une ressortissante française. Il aurait été raisonnable de donner à cette famille une chance d'avoir une vie familiale normale* »[157].

Outre leur ancienneté[158], l'intensité des liens est importante dans l'étude des juges européens ou administratifs. De même, ils placent la scolarité dans les éléments essentiels à l'intégration car elle permet d'acquérir la langue du pays. Des analyses sociologiques étayent son jugement pour mesurer le degré d'intégration d'un individu dans la société d'accueil. Une fois encore, les juges dépassent le simple cadre de l'examen de la vie familiale ; les analyses de la personnalité de l'individu : la scolarité, la langue, le travail et la volonté de devenir français[159], les guident dans leur évaluation de la «vie privée et familiale».

3/ La nécessité du maintien dans le pays d'accueil et « la relativisation » [160] du lien juridique de la nationalité

L'analyse de la réalité et de l'ancienneté des liens familiaux permet au juge de considérer que, malgré le lien juridique de la nationalité qui relie l'étranger à un autre pays, celui-ci peut posséder des liens intenses privés ou familiaux dans le pays d'accueil. L'effacement du lien juridique de la nationalité ou la « relativisation » de ce lien par le juge montre qu'il protège effectivement la «vie privée et familiale». Le juge s'en tient à la réalité des faits et non à la réalité juridique.

Toutefois, il tient compte de la nationalité puisque c'est parce que l'étranger est « étranger » qu'on exerce ce contrôle de sa «vie privée et familiale». Dans cette vérification, le juge s'attache à l'existence de faits qui pourraient compenser le lien juridique. En ce sens, M. Duffar[161] rappelle qu'en 1955 la Cour internationale de Justice

---

[154] LEVINET M., « La confirmation de l'infléchissement de la jurisprudence européenne relative aux mesures d'éloignement dans les premières décisions en la matière de la « nouvelle » Cour européenne des droits de l'Homme », *JCP*, n° 13, 28 mars 2001, II 10 503, p. 667.

[155] Dans ce Chapitre, Section III, § II, p. 441.

[156] CE 14 mars 2001, *Préfet du Rhône c./ Ben Zid*, *AJDA*, 2002, p. 50.

[157] GOLESTANIAN M., « La légalité de la reconduite à la frontière d'un étranger père d'un enfant français à naître », *AJDA*, janvier, 2002, p. 51.

[158] CE 15 avril 1992, *Préfet de la Haute-Loire c./ Cifci*, req. n° 128610

[159] Voir étude détaillée de GRATALOUP S., « L'étranger né ou résidant depuis sa naissance en France », *in Colloque de Lyon, 1997, Les étrangers et Convention européenne de sauvegarde des droits de l'Homme et des libertés fondamentales*, éd. LGDJ, Paris, 1999, p. 110-137.

[160] DE SCHUTTER O., « La souveraineté de l'État et les droit de la personne immigrée », *RDE*, 1995, n° 84, p. 261.

[161] DUFFAR J., « La protection du respect de la vie familiale des étrangers », *LPA*, 24 mai 1991, n° 62, p. 33.

posait la définition de la nationalité suivante « *un lien juridique ayant à sa base un fait social de rattachement, une solidarité effective de l'existence, d'intérêts de sentiments, joints à une réciprocité de droits et de devoirs* »[162].

La relativisation du lien de la nationalité a été reprise et analysée par les opinions dissidentes européennes et par la doctrine[163]. Dans ces opinions dissidentes, après l'arrêt Beldjoudi, le juge Pettiti parlait de *« quasi-nationaux, notion inconnue du droit international »* ou M. Costa de « *quasi-français* » dans l'affaire Baghli[164]. Beldjoudi était un étranger de « deuxième génération », autrement dit un étranger né en France ou arrivé très jeune en France et ayant acquis toute sa culture et ses liens affectifs sur le territoire français. La doctrine a beaucoup discuté sur la question de l'éloignement de « ces quasi nationaux »[165]. Fallait-il les considérer comme des « inexpulsables » en raison de leur fort rattachement et de leurs liens très intenses avec leur pays d'accueil ? Les juges européen et français n'ont pas choisi cette voie ; ils ont préféré étudier chaque cas pour déterminer, en fonction de l'atteinte à l'ordre public ou des infractions commises dans le pays d'accueil, s'il était possible de renvoyer l'étranger dans son pays d'origine pour qu'il y reconstitue sa vie. La recherche du maintien dans le pays d'accueil permet au juge d'évaluer si l'étranger est complètement intégré et si un retour dans le pays d'origine fait obstacle à sa « vie privée et familiale »[166]. Les juges administratifs[167] et européens cherchent les raisons qui font obstacle au retour dans le pays d'origine. Ainsi, le fait que la conjointe d'un étranger ne connaisse pas la langue du pays de son époux ou qu'elle éprouve des difficultés d'adaptation et d'intégration dans ce pays sont autant d'éléments que les juges vont examiner[168] et prendre en compte. La nationalité française de certains membres de la famille de l'étranger peut aussi peser dans la balance[169].

Cet ensemble d'indices dessine une véritable grille d'analyse mêlant éléments familiaux, personnels et culturels, que le juge utilise pour mettre en avant les obstacles au retour dans le pays d'origine. L'utilisation de cette grille d'analyse pose le problème de l'efficacité de l'article 8. En s'éloignant du simple cadre de la vie familiale, le juge sort de l'étude des liens familiaux. Il est permis de s'interroger, en voyant la prégnance de la vie privée dans les indices retenus par le juge européen et le juge administratif, sur la place que ceux-ci lui réservent.

---

[162] CJI 4 avril 1955, *Notteböhm*, rec. CIJ, p. 4.

[163] La doctrine et les juges français se sont beaucoup interrogés sur la question, FLAUSS J-F., *AJDA*, 20 octobre 1995, p. 34 ; CARLIER J.-Y, « Vers l'interdiction d'expulsion des étrangers intégrés ?, Commentaire de l'arrêt Beldjouli c. France, CEDH, 26 mars 1992 », *RTDH*, 1993, p. 445 ; Le Commissaire au gouvernement sous l'arrêt CE du 23 janvier 1997, *Ministre de l'Intérieur c./ M. Hamlaoui*, *RDP*, p. 1165-1178. Le juge Martens s'est demandé si cette prohibition ne devait pas s'étendre aux étrangers ayant grandi dans un État membre, ou s'y étant autrement, par la force d'une longue résidence, totalement intégrés (donc complètement détachés de leur pays d'origine…).

[164] CEDH 30 novembre 1999, *Baghli c./ France*, req. n° 34374/97.

[165] DEMBOUR M.-B., « Étrangers ou quasi-nationaux ? Le choix des droits de l'Homme », *RTDH*, 2002, p. 963-981.

[166] CE 19 mars 2001, *Halfaoui*, req. n° 223987.

[167] CE 28 avril 2000, *Mboume*, req. n° 211323, non suffisant pour le maintien en France : CE 30 juin 2000, *Préfet du Jura c./ Toufik Daatcha*, req. n° 203533 ; CE 15 décembre 2000, *Chebira*, req. n° 220157.

[168] Le juge cherche les intérêts de la présence de l'intéressé pour sa famille, CE 15 janvier 2001, *N'Djip*, req. n° 216276.

[169] CE 10 janvier 2001, *Lakhdar*, req. n° 211531.

B/ La vie privée et l'intégration personnelle de l'étranger ou les insuffisances de la protection jurisprudentielle européenne ?

La jurisprudence européenne a adopté une approche familiale de la «vie privée et familiale». Même si le juge européen examinait des éléments de la vie privée de l'étranger, elle ne permettait pas, à elle seule, de retenir la protection de l'article 8 face aux éloignements d'étrangers (1). Le juge administratif procède différemment : afin d'effectuer une analyse plus approfondie de l'intégration de l'étranger, il considère sa vie privée comme un élément autonome ce qui ouvre de nouvelles protections et permet d'apprécier le degré d'intégration personnel dans le pays d'accueil (2).

1/ L'appréciation de la « vie privée » par le juge européen

Des nuances ont été constatées dans l'appréciation du concept de « vie privée » par les juges administratif et européen. Ces nuances entraînent des catégories différentes d'étrangers protégés. Ainsi, si la Cour européenne utilise des analyses séparées de la vie privée et de la vie familiale de l'étranger, il demeure que, dans la quasi-totalité de ses décisions, c'est uniquement la « vie privée ou familiale » ou le seul lien familial qui servent de fondement final (a). Toutefois, il semble que la « vie privée » devienne autonome en matière d'éloignement depuis une décision rendue en octobre 2003 (b)

a) L'analyse séparée mais non autonome de la « vie privée »

La notion de « vie privée » représente pour la Cour européenne toutes les relations humaines, c'est-à-dire *« le droit d'établir et d'entretenir des relations avec d'autres êtres humains, notamment dans le domaine affectif, pour le développement et l'épanouissement de sa propre personnalité »*[170]. L'arrêt Boughanemi[171] et surtout l'arrêt Chorfi c./ Belgique (du 7 août 1996) ont défini la vie privée de l'étranger comme celle qui *« englobe le droit pour l'individu de nouer et développer des relations avec ses semblables, y compris dans le domaine professionnel et commercial »*. La Cour européenne utilise souvent dans ses démonstrations des indices de la « vie privée », mais en les rattachant au concept de « vie privée et familiale ». Elle examine ainsi la « vie privée » afin d'enrichir son étude du lien familial déterminant pour la prise de décision en matière d'éloignement des étrangers. En somme, comme on l'a précédemment précisé, elle réalise une « analyse enveloppante » de la «vie privée et familiale», sans détacher une notion de l'autre. L'article 8 de la CEDH forme un *« bloc d'éléments inséparables où la distinction entre les deux aspects serait inopérante »*[172]. Comme le signale M. Levinet, le caractère « *englobant* » de la «vie privée

[170] L'arrêt *Niemietz c. Allemagne* du 16 décembre 1992, série A, n° 251-B, p. 33, § 29. L'arrêt *Botta c./ Italie* du 24 février 1998, concilie la dimension personnelle et sociale de la vie privée § 32. Voir étude de SUDRE F., « Les aléas de la notion de vie privée dans la jurisprudence de la Cour européenne des droits de l'Homme », *in Mélange Louis Edmond Pettiti*, éd. Bruylant, Bruxelles, 1997, p. 687-705.

[171] CEDH 24 avril 1996, *Boughanemi c./ France*, rec. 1996 II, p. 607-608. Considérant 43 et opinion dissidente du juge Martens.

[172] VAN MUYLDER C., « Le droit au respect de la vie privée des étrangers, une application novatrice de l'article 8 de la Convention européenne des droits de l'Homme dans le contentieux des étrangers », *RFDA,* 17, (4) juillet-août 2001, 799.

et familiale» vient aussi de la rédaction de l'article 8. Cette rédaction alambiquée entraîne d'inévitables interférences[173].

L'exemple de l'affaire Beldjoudi illustre parfaitement la « sous-utilisation » de la « vie privée ». La Cour européenne, contrairement à la Commission européenne[174], a uniquement retenu l'argument de la vie familiale : « *§79. Eu égard à ces diverses circonstances, il apparaît, quant au respect de la vie familiale des requérants, que la décision d'expulser M. Beldjoudi, si elle recevait exécution, ne serait pas proportionnée au but légitime poursuivi et violerait donc l'article 8 (art. 8). §80. Pareille conclusion dispense la Cour de rechercher si l'expulsion méconnaîtrait aussi le droit des intéressés au respect de leur vie privée* ». Le juge Martens a très justement souligné, que la Cour aurait pu plaider et axer sa décision sur une atteinte au respect de la vie privée[175], en stipulant que « *les étrangers intégrés, menacés d'expulsion ne sont pas tous mariés, mais tous ont une vie privée* »[176]. La prise en compte du lien familial de l'étranger, alors que la réalité fait apparaître l'importance de sa vie privée, rend très imprécis et confus le contenu du principe de l'article 8 de la CEDH devant le juge européen. La décision Nasri[177] est une autre affaire montrant que l'exécution de la mesure d'éloignement constitue une ingérence dans l'exercice du droit au respect de sa vie familiale. Pourtant, dans son opinion dissidente, le juge Morenilla avait évoqué qu'il aurait été préférable de retenir une atteinte à sa « vie privée »[178]. Cette absence d'examen indépendant de la « vie privée » est regrettable puisque l'étude de la « vie privée » offre souvent une vision plus stable et plus réaliste des liens que peuvent entretenir les étrangers. Le juge européen a conservé cette approche dans la plupart des décisions[179] rendues, notamment pour les immigrés de deuxième génération ; la « vie familiale » l'emportant toujours sur la « vie privée ». Pourtant comme le fait remarquer Frédéric Sudre, dans quelques affaires[180] le raisonnement englobant de la « vie privée et familiale» paraît douteux, et ce, au regard de la réalité de la vie familiale des intéressés. De

---

[173] LEVINET M., « L'éloignement des étrangers délinquants et l'article 8 de la CEDH », *RTDH*, janvier n° 37, 1999, p. 110

[174] « *Nous comprenons l'importance humaine de ces éléments; sous l'empire de la législation postérieure à 1981, ils auraient peut-être mis M. Beldjoudi, en dépit de la gravité des faits commis par lui, à l'abri d'une mesure d'expulsion. Mais ils nous paraissent étrangers à la notion de « vie familiale » protégée par l'article 8 (art. 8), et tout autant à celle de « vie privée » sur laquelle deux membres de la Commission, dans une opinion concordante mais séparée, annexée au rapport, ont proposé de fonder de préférence le constat d'une violation de l'article 8 (art. 8). En réalité, ce que la Commission a entendu protéger, c'est non pas la « vie familiale » ou la « vie privée » mais plutôt la vie personnelle, la vie sociale du requérant. Mais cela nous paraît sortir du cadre de la disposition invoquée* ».

[175] Voir sur ce point les remarques de Ronny ABRAHAM, « Le juge administratif français et la Cour de Strasbourg », *in Quelle Europe pour les droit de l'Homme*, éd. Bruylant, Bruxelles, 1996, p. 240.

[176] Cf. opinion dissidente sous l'arrêt Beldjoudi.

[177] CEDH 13 juillet 1995, *Nasri c./ France*, req. n° 19465/92.

[178] Ibid, opinion dissidente, « *Finalement, j'ai voté avec la majorité pour la violation de l'article 8 (art. 8) de la Convention dans cette affaire, même si je ne partage pas le raisonnement fondé sur la condition de non-national de M. Nasri et sur la responsabilité de celui-ci pour «mauvaise conduite» (paragraphes 22-25 et 43). Devant la poignante situation du requérant, je trouve cependant trop formelle la démarche de la majorité (paragraphe 46) qualifiant juridiquement l'expulsion de M. Nasri d'ingérence dans sa vie familiale plutôt que dans sa vie privée, concept plus générique dont la vie familiale est un aspect* ».

[179] CEDH 29 janvier 1997, *Bouchelkia c./ France* ; CEDH 26 septembre 1997, *El Boujaïdi c./ France* ; CEDH 21 octobre 1997, *Boujlifa c./ France*.

[180] CEDH 26 septembre 1996, *Mehemi c./ France ;* CEDH 19 février 1998, *Dalia c./ France* ; MENDEL-RICHE F., « L'éloignement des étrangers entre défense de l'ordre public et impératifs humanitaires », *CREDHO*, n° 5, 1999, p. 135.

plus, il relève à juste titre, que dans le droit relatif aux étrangers, cette notion de « vie privée » se trouve très souvent mêlée à la « vie familiale »[181].

Toutefois, plusieurs jurisprudences[182] de la Cour européenne illustrent l'analyse séparée mais non autonome de la « vie privée ». L'espèce Chorfi c/ Belgique[183] a fait l'objet d'un examen strictement séparé de la vie familiale et de la vie privée : « *§ 25 (...) En outre, M. C. a tissé en Belgique de réels liens sociaux : il y a habité depuis l'âge de onze ans, y a reçu une formation scolaire puis professionnelle et y a travaillé pendant plusieurs années. Il y a donc établi aussi une vie privée au sens de l'article 8* ». De même dans l'affaire Ezzouhdi c./ France[184] l'analyse de la vie privée est séparée, mais elle n'est pas suffisante : la vie familiale renforce le raisonnement de la Cour. En effet, le requérant avait fait valoir qu'il était arrivé en France à l'âge de cinq ans et qu'il y vivait depuis. Toute sa famille résidait en France, il y avait suivi toute sa scolarité et avait occupé plusieurs emplois en qualité de travailleur intérimaire. Il exposa qu'il n'avait pas d'attaches avec son pays d'origine, dont il ne parlait même pas la langue. Le gouvernement français estima alors qu'il y avait bien des éléments de la « vie privée », puisqu'il était un étranger « de deuxième génération » établi depuis longtemps en France ; en revanche, il conclut qu'il n'y avait pas de « vie familiale » puisqu'il était célibataire et sans enfant. Le gouvernement tentait ainsi, de rendre inefficace l'application de l'article 8 de la CEDH en montrant l'absence de « vie familiale », condition déterminante devant la Cour européenne. Pourtant le juge européen a dépassé le seul argument de la « vie familiale », puisqu'il a retenu les deux arguments successifs (celui de la vie privée et celui de la vie familiale) et a estimé que l'atteinte était portée aux deux : « *§ 26 La Cour observe que le requérant est entré en France en 1975, à l'âge de cinq ans et y réside depuis lors. Il y a suivi toute sa scolarité et travaillé pendant plusieurs années. En outre, sa mère, ses frères et sœurs y résident. En conséquence, la Cour ne doute pas que la mesure litigieuse d'interdiction temporaire du territoire français s'analyse en une ingérence dans le droit du requérant au respect non seulement de sa vie privée mais également de sa vie familiale* ». L'affaire Mokrani[185], rendue en juillet 2003, confirme cette analyse séparée des liens personnels particulièrement développés chez les étrangers de seconde génération.

L'examen de la « vie privée » a le mérite de séparer le champ d'appréciation en axant la décision sur *l'intégration*[186] de l'étranger dans le pays d'accueil. Des éléments tels que le domicile, les amis, le travail, la façon de vivre, le rôle dans la société de l'étranger sont autant d'indices que le juge européen analyse. Mais la « vie privée » de l'étranger n'a jamais jusqu'ici permis à elle seule de faire annuler une mesure d'éloignement. Ainsi, des étrangers n'ayant pas de famille mais ayant développé une multitude de liens personnels dans le pays d'accueil sont exclus de la protection de l'article 8 (les célibataires étrangers). De même, les relations homosexuelles, qui ne relèvent que de la « vie privée » selon la

---

[181] SUDRE F., *op. cit.*, p. 697 et s.

[182] CEDH 07 août 1996, *Chorfi c./ Belgique*, req. n° 21794/93 ; CEDH 30 novembre 1999, *Baghli c./ France*, req. n° 34374/97 ; CEDH 13 février 2001, *Ezzouhdi c./ France*, req. n° 47160/99.

[183] CEDH 07 août 1996, *Chorfi c./ Belgique*, req. n° 21794/93.

[184] CEDH 13 février 2001, *Ezzouhdi c./ France*, req. n° 47160/99 ; cf. JARREAU B., « Le respect de la vie privée et familiale, l'éloignement des étrangers, interdiction définitive du territoire français », *site du CREDHO*.

[185] CEDH 15 juillet 2003, *Mokrani c./ France*, req n° 52206/99.

[186] Voir l'excellente étude sur l'intégration et la «vie privée et familiale» ; FERRAN N., *La contribution du Conseil Constitutionnel à la protection de la vie privée et familiale des étrangers*, Mémoire de DEA (Sous la direction de Rousseau D.), Université de Montpellier I, septembre 1998, p. 59 et s.

Cour européenne (et le juge administratif), ne peuvent protéger un étranger d'une mesure d'éloignement. En effet, seule l'atteinte à la notion « enveloppante » de « vie privée et familiale » ou à des liens familiaux peut entraîner l'annulation d'une mesure d'éloignement. Cette jurisprudence a été critiquée puisque la Cour semble confondre les notions de « vie privée » et de « vie familiale ». L'analyse autonome des deux notions aurait le mérite de rendre plus lisible la jurisprudence de la Cour européenne. D'autant qu'elle s'est lancée dans des « analyses de types sociologiques »[187] alors que l'on pourrait exiger d'elle, un peu plus de rigueur dans ces motivations.

b) Vers un examen autonome de la « vie privée » devant le juge européen en matière d'éloignement des étrangers ?

Dans une affaire très particulière relative à un éloignement d'étrangers en raison des faits de l'espèce, il semble que la Cour ait procédé à une analyse autonome de la « vie privée » dans une espèce. En effet, l'affaire Slivenko c./ Lettonie du 9 octobre 2003[188] traitait de l'expulsion de la Lettonie de deux membres d'une famille de militaires d'origine russe. Cette expulsion se justifiait par la signature, en 1994, d'un traité relatif au retrait des forces armées russes. Selon la Cour, la première requérante était arrivée en Lettonie à l'âge d'un mois et y avait vécu jusqu'à l'âge de 40 ans ; elle avait effectué toute sa scolarité, avait travaillé et s'était mariée en Lettonie. L'autre requérante y était née et y avait vécu jusqu'à 18 ans. De ce fait, les deux requérantes avaient noué des relations personnelles, sociales et économiques dans ce pays d'accueil. La Cour a considéré que ces relations relevaient de la « vie privée ». Ainsi les mesures d'éloignement dont elles ont été victimes constituaient une ingérence dans leur « vie privée » ainsi qu'une violation dans leur domicile puisqu'elles ont été privées de leur appartement. De plus, selon la Cour, leur éloignement n'a pas brisé leur famille puisque l'expulsion concernait l'ensemble de la famille. Comme la CEDH ne confère pas le droit de choisir le pays dans lequel on poursuit une vie familiale, c'est uniquement sur le volet de la « vie privée » que la Cour a conclu à des atteintes.

Si l'atteinte à la « vie privée » était évidente, la Cour devait ensuite examiner si celle-ci se justifiait au regard d'une mesure d'éloignement censée préserver l'ordre public. Ainsi, le juge européen a successivement constaté que les expulsions étaient d'abord prévues par une loi et ensuite qu'elles visaient à protéger la sécurité nationale de la Lettonie. Selon la Cour, cet intérêt public primait donc sur l'intérêt des requérantes à rester en Lettonie. Le départ de militaires étrangers et de leurs familles était en conséquence nécessaire à la sécurité nationale et n'était pas en soi contraire à l'article 8.

Néanmoins l'administration lettonne se devait d'apprécier, au cas par cas, les risques de dangers pour la sécurité nationale ou pour l'ordre public. Autrement dit, la prise en compte de la situation de chaque personne à expulser devait être examinée. En l'espèce, la Cour estima que les requérantes étant intégrées à la société lettone, elles ne pouvaient constituer une menace pour la sécurité nationale. Ainsi la Cour européenne jugea « *qu'eu égard à l'ensemble des circonstances* », la mesure d'éloignement prise à l'encontre des deux femmes ne pouvait passer pour nécessaire dans une société démocratique.

---

[187] LABAYLE H. « (...) *elle démontre surtout que le juge européen s'est enfermé dans le piège en refusant de faire du droit et en s'engageant dans des considérations sociologiques mal maîtrisées* », in « *L'article 8 de la CEDH et le droit de l'étranger au respect de sa vie familiale* », in *Les étrangers et convention européenne de sauvegarde des droits de l'Homme et des libertés fondamentales*, éd. LGDJ, Paris, 1999, p. 99.

[188] CEDH 9 octobre 2003, *Slivenko c./ Lettonie*, req. n° 48321/ 99.

Le raisonnement final de la Cour n'est pas assez clair pour affirmer que l'atteinte à la « vie privée » a permis d'annuler les mesures d'éloignement puisque la Cour a estimé que c'était un ensemble de circonstances qui lui a permis de conclure à la violation de l'article 8. Mais cette affaire a le mérite de faire avancer l'analyse de la « vie privée » dans les espèces traitant de l'expulsion des étrangers. Il est probable que dans un avenir proche, la Cour européenne franchira plus clairement la même étape que le juge administratif.

Le 16 juin 2005, la Cour européenne a rendu une décision importante sur une espèce similaire à l'affaire Slivenko, le juge européen a eu l'occasion de réaffirmer son examen séparé de la vie privée. Il a estimé que les requérants avaient « *noué des relations personnelles, sociales, et économiques qui sont constitutives de la vie privée* »[189] et a même invoqué la « *vie privée normale* ». Il a alors jugé que le refus prolongé des autorités Lettonnes de reconnaître au requérant le droit de résider en Lettonie à titre permanent constituait une ingérence dans l'exercice de leur droit au respect de la vie privée. Les autorités lettonnes « *n'ont pas ménagé un juste équilibre entre le but légitime que constitue la défense de l'ordre public et l'intérêt des requérants à voir protéger leurs droits au titre de l'article 8* ». Le juge semble avoir confirmé le premier pas déjà engagé dans l'affaire Slivenko.

2/ L'autonomie de la vie privée de l'étranger devant le juge administratif et l'ouverture de nouvelles protections

La prise en compte progressive de la « vie privée » devant le juge administratif apporte des protections pour de nouvelles catégories d'étrangers. Grâce au juge administratif des protections apparaissent notamment pour les couples homosexuels, les étrangers célibataires de « deuxième génération » (a) et pour les étrangers bénéficiaires d'un PACS (b) jusqu'ici exclus par l'approche « globale » de la « vie privée et familiale » de l'article 8.

a) Appréciation autonome de la vie privée de l'article 8 de la CEDH par le juge administratif (l'exemple des couples homosexuels et des étrangers célibataires de deuxième génération)

Le concept global de « vie privée et familiale » a été longtemps utilisé en France puisque comme le juge européen, le juge administratif axait son interprétation de l'article 8 sur le lien familial[190]. Plusieurs raisons expliquent ce choix :

En premier lieu, parce qu'il correspondait à celui de la Cour européenne qui ne souhaitait pas s'intéresser exclusivement à la « vie privée » dont l'analyse semblait complexe. Deuxièmement, en raison de la nature même du contrôle exercé par le juge administratif. En plus de l'examen des conséquences des mesures d'éloignement sur la vie

---

[189] CEDH 16 juin 2005, *Affaire Sisojeva et autres c./ Lettonie*, req. n° 60654/00.

[190] CE 31 octobre 1996, *Bidar*, l'expulsion d'un célibataire, sans charge de famille, ayant vécu vingt-sept ans en France ne porte pas atteinte à sa «vie privée et familiale». On voit bien ici que le juge opère une analyse exclusive de l'absence de vie familiale, sans s'intéresser à l'intégration de l'étranger, à sa vie privée. Voir analyses des arrêts CE 29 décembre 1995, *Chergui*, req. n° 163038 ; CE 30 octobre 1996, *Mohammedi*, req. n° 148563, p. 418 ; CAA Paris, 23 janvier 1997, *Hamlaoui*, req. n° 96PA01237 Conclusions, *RDP*, 1997, p. 1165 ; Cf. VAN MUYLDER C, *op. cit.*, p. 800 et s.

familiale, il existe un contrôle restreint de l'erreur manifeste d'appréciation sur les liens personnels de l'étranger[191]. L'examen de ces liens personnels étant, pour le juge, une approche de la « vie privée » de l'étranger. Ainsi, l'étude des liens personnels souffrait d'un contrôle moins approfondi que celui exercé sur la « vie familiale » de l'étranger. Cette dualité de contrôle se répercutait sur l'appréciation et donc sur la protection de la « vie privée ». Troisièmement, la difficulté principale du contrôle de la « vie privée » est, qu'en pratique, très peu[192] de décisions avaient été annulées sur les liens personnels. Le juge exigeait en effet « *une gravité exceptionnelle* » de la situation personnelle[193]. Ceci limitait considérablement la protection de l'étranger et surtout l'appréciation d'une partie importante de son intégration.

Enfin, pour ce qui est de l'octroi des titres de séjour, il a été constaté précédemment que la circulaire du 11 mai 1998 (complétée par la circulaire du 7 mai 2003) a été rédigée de telle sorte que peu de cartes mention *« vie privée et familiale »* soient délivrées par le biais de l'article 12 bis 7 en raison des liens personnels. La conception étroite de la circulaire empêchait l'émergence de la « vie privée » prévue par l'article 8 pour l'obtention d'un titre de séjour ; seule la « vie familiale » était prise en compte.

Comme le rappelle Céline Van Muylder, toute la politique migratoire a tendance à protéger le lien familial[194] (regroupement familial, catégorie d'étrangers protégés, circulaires de régularisation pour motifs familiaux, etc.). Cette approche restrictive du principe de l'article 8 lésait souvent les étrangers célibataires[195], présents en France depuis de longues années et qui ne pouvaient montrer une vie familiale. De même, les couples homosexuels ne pouvaient établir leurs relations par le biais de la vie familiale, puisque la Cour européenne et le juge administratif estimaient que ces relations relevaient de la vie privée[196], ils étaient donc également exclus de la protection de l'article 8 de la CEDH face à l'éloignement.

Cependant, malgré toutes ces raisons, le juge administratif a progressivement reconnu l'autonomie du respect de la vie privée, d'abord pour l'obtention du titre de séjour 12 bis 7 et ensuite pour les cas de reconduite à la frontière et d'expulsion.

En premier lieu, le GISTI a saisi le Conseil d'État pour demander l'annulation de la circulaire du 12 mai 1998 en raison de la place réduite réservée aux liens personnels dans l'octroi de la carte du 12 bis 7. Le 30 juin 2000, le Conseil d'État, sans censurer la disposition de la circulaire, retient que la notion de « vie privée » peut être distincte de la vie familiale et que l'administration ne saurait empêcher un étranger « *remplissant les conditions énoncées au 7° de l'article 12 bis de l'ordonnance du 2 novembre 1945 de présenter une demande de délivrance de la carte précitée au seul motif de son droit au respect de sa vie privée et l'administration de lui délivrer, le cas échéant, le dit titre de séjour* ». En somme, cette décision a consacré l'autonomie de la « vie privée » dans l'octroi de la carte 12 bis 7.

---

[191] CE 10 mars 2004, *Ben Khalloug*, req. n° 257037.

[192] Pour une analyse complète du contentieux basé sur la vie personnelle voir FOURNALÈS R., « La protection des situations personnelles et de la vie privée en droit des étrangers, prolégomènes à l'arrêt GISTI du Conseil d'État du 30 juin 2000 », *JDI*, 2, 2001, p. 452-466.

[193] Admission sur la base des liens personnels : CE 29 juillet 2002, *Sylla*, req. n° 242588 ; CE 29 juillet 2002, *Assouan*, req. n° 241829.

[194] VAN MUYLDER C., *op. cit.*, p. 801.

[195] CE 16 mai 2001, *Grem*, req. n° 225981.

[196] CEDH 23 octobre 1981, *Dudgeon c./ RU* ; CEDH 26 octobre 1988, *Norris c./ Irlande*.

Puis, le juge a amorcé une prise en compte spécifique de la « vie privée » s'agissant des mesures d'éloignement, et ce, dans les mêmes conditions que celles de la « vie familiale ». Les tribunaux administratifs[197], (plus à l'écoute des préoccupations des requérants), ont été les premiers à tenir compte de la « vie privée » pour les reconduites à la frontière. Ensuite, deux arrêts du Conseil d'État ont confirmé cette tendance ; ils ont ouvert la porte à l'appréciation autonome de la « vie privée » : les arrêts du 28 avril 2000 Préfet des Alpes maritimes c./ M. Maroussitch et du 28 juillet 2000[198] Préfet de police c./ M. Diaz Grozco[199] (relatifs à des relations homosexuelles). Le premier a admis clairement l'atteinte à la vie privée d'un étranger, compagnon d'un Français souffrant d'un handicap physique. Le Conseil d'État parlait d'un degré d'intégration suffisant, puisque l'étranger apportait un soutien affectif et moral indispensable à son compagnon. Nicolas Ferran estime à juste titre, que dans l'arrêt Maroussitch, « *il s'agissait (...) de déterminer dans quelle mesure le droit au respect de la vie privée garantit l'unité du couple homosexuel, unité comprise en l'espèce par l'éloignement attaqué* »[200]. Le second arrêt du Conseil d'État envisageait également la question de la vie privée mais refusait d'en reconnaître l'atteinte, puisque l'étranger disposait encore d'attaches dans son pays d'origine, et ce, malgré une vie commune datant de 1989. Le juge administratif s'est prononcé en utilisant un faisceau d'indices qu'il connaît bien, puisqu'il correspond à celui de l'examen de la « vie familiale ». En effet, la stabilité et l'ancienneté de la relation sont examinées pour apprécier le degré d'intensité de la « vie privée ». Toutefois, l'administration garde une marge de manœuvre importante dans l'appréciation de ces éléments.

Ces arrêts ont eu le mérite de distinguer la notion de « vie privée » tout en tentant de protéger des catégories d'individus jusqu'alors exclues. Les couples de même sexe pourront désormais invoquer exclusivement la notion de « vie privée » contre un refus de titre de séjour ou une mesure d'éloignement. Ces deux espèces ont renforcé une jurisprudence encore embryonnaire[201] à l'époque, portant sur la « vie privée ». Avant cela, seul l'arrêt Soudani du 19 mars 1997[202], avait clairement permis au juge administratif d'annuler une mesure d'éloignement sur le motif de la « vie privée ».

---

[197] TA Rouen 28 novembre 1998, *Madou Seys* ; TA Toulouse 27 août 1999, *Foutou* ; TA Lyon 2 novembre 1998, *Hajjej ;* TA Rouen 30 juillet 1997, *Konaté ;* Cf. les analyses de VAN MUYLDER C., *op. cit.*, p. 804.

[198] Req. 208925.

[199] Req. 212729. « *Considérant que si M. Diaz Orozco soutient que, depuis son entrée en France en 1988, il vit en couple avec un ressortissant colombien, qui a bénéficié d'une mesure de régularisation en 1991 et qui est titulaire d'une carte de résident, il ne conteste pas avoir conservé des liens familiaux en Colombie ; qu'il ne produit, en outre, aucun document établissant son insertion durable dans la société française ; qu'il résulte ainsi des pièces du dossier que, compte tenu de l'ensemble des circonstances de l'espèce, et notamment de la durée et des conditions de séjour de l'intéressé, et eu égard aux effets d'une mesure de reconduite à la frontière, l'arrêté du Préfet de police n'a pas porté aux droits de l'intéressé* ***au respect de sa vie privée*** *une atteinte disproportionnée aux buts en vue desquels a été pris ledit arrêté* ».

[200] FERRAN N., « Les étrangers ont-ils une vie privée ? », *Revue Plein Droit*, n° 47/48, janvier 2001, p 20.

[201] TA Rouen 28 novembre 1998, *Madou Seys* ; TA Toulouse 27 août 1999, *Foutou* ; TA Lyon 2 novembre 1998 *Hajjej* ; TA Rouen 30 juillet 1997, *Konaté* ; TA Rouen 31 décembre 1991, req. n° 97746-97747 ; Voir analyses VAN MUYLDER C., *op. cit.*, p. 804. ; Cf., TA Paris 19 juin 1998, *Tandjigora c./ Préfet de police de Paris* ; *Revue Plein droit*, n° 44, décembre 1999.

[202] CE 19 mars 1997, Soudani, req. n° 139876, p. 820 ; « *que Mr Soudani, ressortissant tunisien, est né en France en 1966 et y a toujours vécu, que toute sa famille réside en France et il n'a aucune attache familiale avec le pays dont il possède la nationalité , que par suite, si l'intéressé s'est rendu coupable de plusieurs vols avec effraction ou à main armée, la mesure d'expulsion prise à son encontre a, eu égard à la gravité de l'atteinte* ***portée à sa vie privée****, excédé ce qui était nécessaire à la défense de l'ordre public, que dans ces conclusions, elle a été prise en violation de l'article 8 de la Convention précitée* ». ; CE 27 octobre 2000, Préfet de la Loire c./ M. Hamlaoui, req.

Avec l'arrêt Maroussitch, récemment confirmé[203], le juge accentue sa protection de l'étranger et érode un peu plus les prérogatives de l'État en matière d'éloignement des étrangers. En effet, en sanctionnant les mesures d'éloignement au motif de l'atteinte à la seule « vie privée » de l'étranger, le juge administratif élargit considérablement les cas dans lesquels l'étranger peut être protégé. Ainsi, l'étranger de « deuxième génération » sans famille mais bien intégré en France, les couples homosexuels et les couples unis par le PACS[204] qui remplissent les exigences de stabilité, sont préservés par l'utilisation autonome de la « vie privée ». Il apparaît clairement que cette extension de la protection est le fruit du travail du juge administratif. Certes, la Cour européenne lui a offert les conditions essentielles de cette jurisprudence mais c'est lui qui a permis cette nouvelle protection de l'étranger, en mettant l'accent sur l'examen de l'intégration personnelle de l'étranger en France, par le biais de la « vie privée » issue de l'article 8 de la CEDH. Ce dialogue continu, cette collaboration entre ordres juridictionnels, construisent un véritable rempart contre les mesures d'éloignement trop rigoureuses des États.

b) L'influence du Pacte Civil de Solidarité dans l'examen de la vie privée de l'étranger

Le PACS, qui permet (entre autres) de lier deux personnes de même sexe, sert le juge administratif dans son appréciation de la « vie privée ». La loi du 15 novembre 1999[205] relative au PACS prévoit dans son article 12[206] « *la conclusion d'un PACS constitue l'un des éléments d'appréciation des liens personnels en France, au sens du 7° 12 bis de l'ordonnance du 2 novembre 1945 relative aux conditions d'entrée et de séjour des étrangers en France, pour l'obtention d'un titre de séjour* ». Cette loi ouvre notamment la voie aux couples homosexuels et reconnaît le concubinage homosexuel. Jusqu'ici exclue du droit des étrangers, cette catégorie d'individus peut être désormais protégée au titre de la « vie privée » découlant de l'article 8 de la CEDH ; il en est de même pour les couples de sexes différents unis par un PACS.

Cet article 12 de la loi, comme le souligne Renaud Fournalès, consacre « *l'autonomie des deux notions de vie privée et familiale, puisque la délivrance d'un titre de séjour peut désormais être envisagée au seul vu des liens personnels établis en France, à l'exclusion de toute référence à la sphère familiale* »[207]. Même si cette possibilité est laissée à une large appréciation des autorités administratives, l'entrée du PACS dans les éléments permettant d'examiner les liens personnels pour l'octroi d'un titre de séjour est une avancée considérable.

Une première décision du tribunal administratif de Toulouse a illustré cette nouveauté, en retenant comme éléments d'appréciation le fait « *qu'un étranger arrivé et hébergé depuis 1997, par son partenaire qui subvient à ses besoins, qu'ils vivent une vie de*

---

n° 212517. ; Voir aussi décision du TA de Besançon, 12 janvier 1995, Mme Esther c./ Préfet du territoire de Belfort.

[203] CE 9 février 2004, *Préfet de Police c./ Dante*, req. n° 243514.

[204] CE 27 février 2004, *Préfet de police c./ Sahnoun*, req. n° 241609.

[205] Loi du 15 novembre 1999, JO 16 novembre 1999, p. 16959 ; HAUSER J. « Aujourd'hui et demain le PACS, *RJPF*, 1999 8/ 12, et 1999 9/12.

[206] Voir l'article PANSIER F.-J., « Obtention d'une carte de séjour « vie privée et familiale » par le signataire d'un PACS : une réponse ministérielle restrictive », *RJPF*, n° 5, mai 2000, p. 10-11.

[207] FOURNALÈS R., « La protection des situations personnelles et de la vie privée en droit des étrangers, prolégomènes à l'arrêt GISTI du Conseil d'État du 30 juin 2000 », *JDI*, 2, 2001, p. 480.

couple stable et notoire, et ont conclu un PACS en décembre 1999 »[208]. Toutefois, la circulaire du 10 décembre 1999[209], qui précise la loi du PACS, souligne que l'octroi du titre de séjour (12 bis 7 de l'ordonnance de 1945) dépend de « *la stabilité et de l'ancienneté* » de la relation. Cette condition était déjà exigée pour ce qui est des relations familiales de concubinage[210], elle a naturellement été intégrée dans l'étude des relations qui découlent du PACS. Ces conditions ont été particulièrement critiquées par Hugues Fulchiron qui estimait qu'elles allaient réduire les cas de délivrances de cartes pour les bénéficiaires du PACS[211]. Les tribunaux de Toulouse[212], de Lyon[213] et Clermont Ferrand[214] prouvent que ces craintes étaient justifiées ; la jurisprudence du Conseil d'État le confirme aussi puisqu'elle refuse de retenir l'atteinte à la « vie privée », compte tenu de la durée et des conditions de séjour de l'intéressé en France et eu égard au caractère récent noué dans le cadre du PACS[215]. Dans tous les cas, la relation qui découle du PACS exige « *stabilité et notoriété* » et la mesure d'éloignement ou le refus de titre de séjour doivent entraîner « *des conditions manifestement excessives sur la vie privée* » au regard de l'article 8[216].

De plus, la circulaire du 10 décembre 1999 posait des conditions de délais pour apprécier la stabilité de la relation : cinq ans[217] pour le ressortissant d'État tiers « pacsé » à un autre ressortissant tiers ; trois ans pour un ressortissant d'État tiers « pacsé » à un Français ou un ressortissant communautaire. Peu avant l'annulation partielle de la circulaire, le Ministre est revenu sur ces délais dans un télégramme[218]. Ainsi, le délai exigé pour l'étranger « pacsé » avec un ressortissant français ou un ressortissant communautaire est passé à un an de vie commune, et ce, quelle que soit la date à laquelle le PACS a été conclu. L'annulation partielle de la circulaire grâce à l'arrêt du Conseil d'État du 29 juillet 2002[219], a étendu la condition d'un an d'ancienneté de vie commune aux couples d'étrangers

---

[208] TA 10 juillet 2000, *Abderrahim Zahri c./ Préfet Haute Garonne*, req. n° 00/ 2410 ; *Le Monde*, 12 juillet 2000.

[209] Circulaire du 10 décembre 1999, relative à l'application de l'article 12 bis 7 de l'ordonnance n°45-2658 du 2 novembre 1945 modifiée aux partenaires d'un pacte civil de solidarité (PACS), n° NORINT/D/00251/C. La circulaire a été partiellement annulée par le Conseil d'État, le 22 juillet 2002, GISTI, LDH, Femme de la terre, req. n° 231158.

[210] Cf. Circulaire du 12 mai 1998, NOR/ INT/ D/ 98/ 00108 C.

[211] FULCHIRON H., note sur TA Lyon, 6 avril 2000, rec. 0001402, JCP 2000, II, 10349.

[212] La décision casse la décision TA Toulouse 10 juillet 2000, n°00/2410 *Abderrahim Zahri c./ Préfet Haute Garonne* : « *Considérant qu'eu égard à la circonstance que M. Zahri ne justifie pas d'une relation d'une stabilité suffisante avec la personne avec laquelle il a conclu un pacte civil de solidarité et compte tenu des effets d'une mesure de reconduite à la frontière, l'arrêté préfectoral du 30 juin 2000 n'a pas porté au droit de l'intéressé au respect de sa vie privée une atteinte disproportionnée aux buts en vue desquels il a été pris ; que c'est dès lors à tort que, pour en prononcer l'annulation, le conseiller délégué par le président du tribunal administratif de Toulouse s'est fondé sur ce qu'il avait méconnu les stipulations de l'article 8 de la convention européenne de sauvegarde des droits de l'Homme et des libertés fondamentales (...)* ».

[213] TA Lyon 6 avril 2000, *Nadir Oucia c./ Préfet du Rhône*, req. n° 0001402

[214] TA Clermont Ferrand 11 octobre 2000, *Rached Arfa c./ Préfet du Puy de Dôme*, req. n° 0001732.

[215] CAA du 17 février 2004, *Melle X.*, req. n° 01BX02617.

[216] CE 27 février 2004, *Préfet de police c./ Sahnoun*, req. n° 241609 ; CE 9 février 2004, *Préfet de Police c./ Dante*, req. n° 243514.

[217] Délai exigé pour prouver la stabilité du concubinage.

[218] Confère le télégramme du Ministre de l'Intérieur, 4 avril 2002, DPE, bul. 94, mai 2002, p. 7779. Ce télégramme a été abrogé par la circulaire du 30 octobre 2004, NOR INTD0400134C.

[219] CE 29 juillet 2002, GISTI, LDH, req. n° 231158. « *Considérant, en revanche, que la circulaire attaquée indique que la stabilité du lien personnel dont se prévaut le demandeur d'un titre de séjour doit notamment être regardée comme établie lorsque celui-ci justifie d'une ancienneté de vie commune avec son partenaire de trois ans si ce dernier a la nationalité française ou la nationalité de l'un des États membres de l'Union européenne et de cinq ans dans les autres cas ; que l'article 12 de la loi du 15 novembre 1999 n'introduit aucune distinction entre*

liés par un PACS, et ce, en application du principe de l'égalité de traitement. Ce résultat témoigne une fois encore du résultat des actions concordantes de diverses instances : convergences de jurisprudences, de luttes associatives… qui ont conduit à rendre plus efficace la portée du principe de l'article 8 de la CEDH. Ce délai unique est une excellente initiative ; passée cette durée d'un an, l'étranger pourra invoquer l'examen de sa vie privée (conclusion d'un PACS) pour solliciter un titre de séjour[220] ou faire annuler une mesure d'éloignement[221]. Néanmoins, si le PACS sert d'élément d'appréciation de la « vie privée », il ne permet pas de délivrer de plein droit un titre de séjour et n'ouvre aucun droit particulier. Il ne participe et ne sert qu'à l'analyse de la « vie privée » et ne constitue qu'un élément dans l'appréciation[222] du cas.

Ces nouvelles catégories ouvrent une protection jusqu'ici ignorée par les juges administratif et européen. Cette correction du statut de l'étranger grâce à l'article 8 permet de compléter les conditions d'intégration de l'étranger et de le protéger à ce titre.

Section III : L'impact des « corrections » amenées par l'article 8 sur le statut de l'étranger

L'analyse de l'impact des « corrections » apportées par l'article 8 de la Convention européenne de sauvegarde des droits de l'Homme conduit à s'interroger sur l'effectivité des protections qu'elles apportent au statut de l'étranger. Ainsi, le juge administratif a été amené à examiner toutes les situations administratives dans lesquelles peut se trouver l'étranger au regard de l'article 8 de la CEDH. Il conviendra d'étudier, dans un premier paragraphe, l'impact de l'article 8 sur le refus de visa et de titre de séjour et, dans un second paragraphe, l'annulation des mesures d'éloignement et de l'article 8.

§ I : L'impact de l'article 8 sur le refus de visa et de titre de séjour

Le refus de visa (A) ou le refus du titre de séjour (B) connaissent tous deux des limites infranchissables inhérentes aux souverainetés des États Nations à disposer et à organiser librement leur droit d'accès et de séjour. Mais dans certaines hypothèses, l'article 8 peut contraindre l'État à respecter un équilibre entre la « vie privée et familiale » et les exigences de la souveraineté étatique.

A/ Une « correction » limitée sur les refus de visa

L'article 8 est invoqué pour tous les types de visa : les « visas Schengen » (2) et les autres types de visas (1)

---

les demandeurs de carte de séjour selon la nationalité de leur partenaire ; qu'ainsi, le Ministre de l'Intérieur a ajouté aux termes de la loi en prévoyant une telle distinction ; que les associations requérantes sont, dès lors, recevables et fondées à demander l'annulation des paragraphes a) et b) ainsi que des deux premiers alinéas du c) du I de la circulaire attaquée, dont les dispositions sont indivisibles ».

[220] Pour le séjour Cf. les assouplissements de la circulaire du 30 octobre 2004, NOR INTD0400134C (non publiée).

[221] Pour une reconduite à la frontière, CE 29 juillet 2002, *Préfet de police c./ Groza*, req. n° 238906.

[222] FULCHIRON H., « Le PACS et le droit des étrangers », Hors série 1999, *Revue Droit de la famille*, p. 44-45.

1/ Divers impacts selon le type de visa demandé ou selon les bénéficiaires du visa

Lors d'un refus de visa de court[223] ou de long séjour[224], le juge administratif vérifie que le rejet ne porte pas une atteinte disproportionnée au droit à la vie « privée et familiale » d'un étranger. L'arrêt de principe qui marque la première utilisation de l'article 8 de la CEDH dans le contentieux des visas est la décision du Conseil d'État du 10 avril 1992 Aykan[225].

Le juge tient compte de la « nature » du visa. Il est plus attentif au refus du visa long séjour[226] qui permet souvent la réunion d'une famille, comme c'est le cas pour la procédure d'introduction au regroupement familial ou pour la carte de séjour temporaire (12 bis 7).

La « conditionnalité » de l'article 8 n'apporte pas de protection absolue aux familles qui demandent un visa. L'État a le choix de faire entrer qui il souhaite sur son territoire, il exprime ainsi l'expression de sa souveraineté territoriale ; un visa peut donc être refusé à un étranger conjoint d'un ressortissant français[227], ou à un étranger bénéficiaire du regroupement familial[228]. Néanmoins, il est vrai que pour ces deux catégories, depuis la loi du 11 mai 1998, les autorités doivent motiver les raisons qui les ont poussées à refuser le visa[229]. Mais les autorités consulaires ont un large pouvoir d'appréciation pour accorder ou refuser un visa à un étranger désirant se rendre en France ; elles peuvent, notamment, se fonder sur toutes considérations d'intérêt général ou de bien-être économique (article 8 alinéa 2) pour le rejeter.

Toutefois, le droit à la vie familiale contenu dans l'article 8 de la CEDH offre des possibilités intéressantes pour compléter le statut interne (celui-ci ne prend pas en compte toutes les situations familiales). Dans l'arrêt Begum Shahanaz[230], l'application par le juge administratif de l'article 8 de la CEDH est particulièrement significative : « *Mlle Begun ayant son père, réfugié politique en France, et handicapé, étant la seule fille de la famille à ne pas avoir obtenu le statut de réfugié en raison de sa majorité, peut légalement prétendre au visa long séjour pour rendre visite à sa famille, lui refuser le visa est une atteinte à l'article 8* ». Cette espèce montre la subsidiarité de l'article 8 et son caractère protecteur par rapport au droit interne. En effet, la rigueur souvent péremptoire du regroupement familial pour les enfants majeurs du réfugié est ici tempérée par l'utilisation de l'article 8. Grâce à l'article 8 de la CEDH, le visa est octroyé à l'enfant-majeur du réfugié alors que ce dernier lui avait été refusé. Ainsi la protection jurisprudentielle de l'article 8 est plus large et plus pertinente que le statut interne du réfugié. Il est loisible de montrer ici l'effet « complément-protecteur » de l'article 8 sur le statut interne.

---

[223] CE 17 novembre 2000, *M Ajdal*, req. n° 208591.

[224] CE 29 décembre 2000, *M Khalis*, req. n° 215413 ; CE 20 décembre 2000, *M et Mme Guendaoui*, req. n° 209825.

[225] CE 10 avril 1992, *Aykan*, req. n° 75006, rec., CE p.152.

[226] CE 30 juillet 2003, *Sefioune*, req. n° 240093.

[227] CE 11 juin 1997, *Talipoglu*, req. n° 163633.

[228] CE 22 février 1999, *Hazer*, req. n° 188440.

[229] L'article 5 alinéa 1° de l'ordonnance de 1945.

[230] CE 7 juin 1999, *Begum shahanaz*, req. n° 197607. Confirmé pour un visa long séjour d'une ascendante à charge dont les enfants avaient le statut de réfugié ; CE 13 octobre 2000, *Mme Wang*, req. n° 210858.

Le juge administratif tire des conséquences concrètes de l'article 8 de la CEDH. En cas de violation du respect de la « vie privée et familiale » lors d'un refus de visa, il peut, si des circonstances nouvelles n'ont pas changé la situation de l'intéressé, enjoindre l'administration d'octroyer le visa[231]. Si des circonstances nouvelles viennent modifier la situation de l'intéressé, il ordonne aux autorités consulaires de se prononcer à nouveau, dans un délai imparti[232].

2/ Correction du statut communautaire grâce à l'impact de l'article 8 de la CEDH sur le « visa Schengen » :

Deux affaires (l'arrêt Cucicea-Lamblot du 25 octobre 2000[233] et Mme El Abd du 20 décembre 2000), illustrent parfaitement l'enchevêtrement de normes supranationales avec le statut interne auquel le juge administratif doit souvent faire face. Ces arrêts dévoilent l'influence de l'article 8 de la CEDH sur le nouveau statut supranational de l'étranger le statut commun issu de la Convention d'application Schengen[234], et plus particulièrement sur le visa Schengen. Dans l'arrêt Cucicea-Lamblot, le mari de la requérante s'était vu refuser le visa court séjour en raison d'un signalement au fichier du Système d'Information Schengen[235]. Face à ce refus, la requérante (son épouse) a contesté cette décision sur la base de l'atteinte à l'article 8. Le juge administratif a d'abord cherché à contrôler le signalement au SIS. Il a ensuite trouvé qu'une disposition de la Convention d'application de Schengen permettait de passer outre ce signalement «*pour des motifs humanitaires ou d'intérêt national ou en raison d'obligations internationales* » [236]. Ces « *obligations internationales* » pouvaient-elle permettre d'invoquer la protection de l'article 8 de la CEDH face à un refus de visa Schengen ? Le juge administratif a tranché en acceptant d'effectuer le contrôle entre ces deux normes supranationales. Le Conseil d'État a renvoyé l'examen de la motivation du signalement au fichier SIS, pour pouvoir ensuite apprécier le refus eu égard à l'atteinte ou non à l'article 8 de la CEDH. Il s'est abstenu de statuer jusqu'à ce que le Ministre des Affaires Étrangères ait délivré le motif du signalement et qu'il soit possible d'en tirer toutes les conséquences à la lumière de l'article 8. Dans l'arrêt Mme El Abd du 20 décembre 2000, le refus du visa pour visite familiale a obligé les autorités consulaires à examiner l'atteinte excessive à la vie privée et familiale à la lumière de l'article 8 de la CEDH.

Il convient d'indiquer que ces arrêts « (…) *marquent le début d'un nouveau rôle du juge, un rôle de « répartiteur et de conciliateur » de la norme applicable. (...) Le juge administratif ressort enrichi et dispose d'un rôle clef et autonome dans le contrôle des enchevêtrements des normes supranationales. Ainsi, par le biais de ces espèces, le juge administratif corrige les effets trop tranchants des dispositions du système Schengen. (...) Il*

---

231 CE 4 juillet 1997, *Bourezak* ; *AJDA*, 1997, p. 636. Note p. 584 ; Conclusions ABRAHAM R., *RFDA*, 1997, p. 815 ; WACHSMANN P., note, *RDP*, 1998, p. 271-283 ; CE 30 juillet 2003, *Sarikaya*, req. n° 2427057.

232 TA Nantes 6 novembre 1997, *Cherigui*, req. n° 971103.

233 CE 25 novembre 2000, *Cucicea-Lamblot*, req. n° 212315 ; MAUGÜÉ, Conclusions, *AJDA*, n° 3, mars 2001, p. 285 ; AUBIN E., *Droit administratif*, 2001, comm. n° 91, juris data, n° 2000-061734 ; COURNIL C., « Le dispositif Schengen à l'épreuve de la convention européenne des droits de l'Homme », *LPA*, 23 octobre 2001, n° 211, p. 13-18.

234 Publiée par le décret du 21 mars 1995.

235 L'article 5§1 de la Convention d'application de l'accord de Schengen.

236 L'article 5 §2.

est utile de constater que cette communautarisation du statut du migrant extra-communautaire qui modifie l'ordonnance de 1945, subit aujourd'hui comme cela l'a été au début des années 1990, le contrôle de l'article 8 de la CEDH. Cet article se greffe sur des fractions du statut général du migrant et ce, qu'importe qu'il soit de nature interne ou communautaire »[237]. La subsidiarité de l'article 8 est essentielle, elle apporte la « touche européenne » au dispositif communautaire. Elle permet de limiter les abus en matière de refus de « visas Schengen », et ainsi de protéger la « vie privée et familiale » des ressortissants de pays tiers[238].

B/ Des corrections aléatoires selon les titres de séjour demandés

L'article 8 joue un rôle dans l'attribution ou le refus des titres de séjour des étrangers. L'influence de l'article 8 a permis d'instaurer en 1998 une protection légale : un titre de séjour « mention vie privée et familiale » (l'article 12 bis 7 de l'ordonnance de 1945). De plus, dans certains cas (soit après une annulation de refus de titre de séjour ou après l'annulation d'une reconduite à la frontière) le pouvoir d'injonction du juge administratif permet d'obliger les préfets à délivrer ce titre de séjour. L'article 12 bis 7 a permis une protection effective du droit de séjour. Le pouvoir d'injonction du juge est venu ainsi renforcer et concrétiser ce droit dans les limites qui lui sont imparties (1). L'influence de l'article 8 se retrouve également sur les titres de séjour des étrangers soumis aux accords bilatéraux, notamment l'accord franco-algérien. Malgré, l'enchevêtrement de ces normes internationales, l'article 8 se combine avec cet accord (2). Cependant, l'article 8 n'a qu'une portée relative sur l'admission au séjour au titre du regroupement familial des membres de la famille (3).

1/ Délivrance d'un titre de séjour dans les limites du pouvoir d'injonction du juge

Dans l'arrêt Mert[239], le Conseil d'État s'appuyant sur le principe de l'article 8 de la CEDH a tiré des conséquences indispensables sur le séjour de l'étranger. Il a estimé que l'annulation d'un refus de titre de séjour pour atteinte à la « vie privée et familiale » pouvait entraîner un droit au séjour pour l'intéressé. Pour y parvenir, le juge administratif a dû constater qu'aucune menace de l'ordre public n'existait et, qu'en l'absence d'éléments nouveaux[240] faisant cesser la « vie familiale » de l'étranger, il pouvait lui être délivré une autorisation de séjour. Cet arrêt Mert est une application *effective* du droit à la « vie privée et familiale » de l'article 8.

Avant la création de la carte temporaire « mention vie privée et familiale » en 1998, le juge administratif était contraint de délivrer une autorisation de séjour pour rendre effectif le droit à la vie familiale et pour assurer à l'intéressé les moyens de vivre décemment cette vie familiale. En effet, l'autorisation de séjour permettait à l'étranger de

---

[237] COURNIL C., « Le dispositif Schengen à l'épreuve de la convention européenne des droits de l'Homme », *LPA*, 23 octobre 2001, n° 211, p. 13-18 ; Voir aussi GAUTIER M., « Les conflits entre conventions internationales devant le juge administratif français », *DA*, mai 2002, p. 4-13.

[238] CE 30 juillet 2003, *Sarikaya*, req. n° 223074 ; CE 29 décembre 2004, *Jabri*, req. n° 205511.

[239] CE 21 décembre 1994, *Mert*, req. n° 143868 ; *RFDA*, 1995, p. 222.

[240] L'absence de modification des circonstances de droit et de fait, CE 10 novembre 1995, *Colondavaloo*.

rester sur le territoire sans être inquiété. Le juge dégageait alors un droit jurisprudentiel au séjour pour l'étranger pour lequel le refus d'un titre de séjour portait atteinte à sa vie familiale. Ainsi, l'absence de dispositions législatives poussait le juge administratif à anticiper. L'influence et les conséquences de l'article 8 de la CEDH incitaient déjà le juge à agir, en délivrant un titre de séjour « innommé »[241] sur la base de la vie privée et familiale. Avec l'arrêt Mert, le juge administratif a donné un véritable effet utile à l'article 8 de la CEDH et a posé toutes les conditions nécessaires pour que cet article s'accomplisse effectivement ; toutefois, il convient de nuancer les effets, puisque le titre octroyé était laissé à la discrétion de l'administration. Celle-ci délivrait selon les cas de contentieux soit une carte de séjour temporaire « innommée », soit une autorisation provisoire de séjour[242], et ce, jusqu'en 1998.

Peu après, ce « droit au séjour jurisprudentiel » a été étendu par le juge au cas d'annulation d'une reconduite à la frontière, à l'expulsion[243] et aux refus de visa. Dans cette dernière hypothèse, le juge a exigé que soit délivré un visa[244] à l'intéressé.

Avec la mise en place en 1998 de la carte de séjour temporaire « mention vie privée et familiale », l'autorisation provisoire de séjour ou la carte « innommée » délivrée en cas d'annulation de refus de séjour ont cédé la place à la nouvelle carte (12 bis 7) de l'ordonnance de 1945. En effet, la circulaire du 1er décembre 1999[245] rappelle dans ses instructions aux préfectures que le titre délivré devra désormais être la carte de séjour temporaire « mention vie privée et familiale » en cas « *de demande de titre de séjour faisant suite à un jugement administratif d'une décision préfectorale de refus de séjour ou de reconduite à la frontière, quand cette annulation a été prononcée pour violation de l'article 8 de la CEDH* ». Le droit au séjour proposé par cette carte achève le processus. L'effet de l'article 8 de la CEDH a permis au juge et ensuite au législateur d'exploiter toutes les possibilités de cet article, en délivrant un véritable titre de séjour à l'étranger.

Il convient d'ajouter que la « transcription législative » de l'article 8 de la CEDH dans l'article 12 bis 7 de l'ordonnance de 1945 va au-delà des exigences de l'article 8. En effet, si le respect de la vie privée et familiale de l'article 8 de la CEDH exige un titre de séjour pour son accomplissement, le législateur français a complété ce droit en le couplant avec une autorisation de travail. L'article 12 bis 7 donne le droit au travail à l'étranger, sans condition. Ce droit au travail posé par le législateur, est une garantie supplémentaire pour la réalisation de la « vie privée et familiale » de l'étranger.

Néanmoins, la délivrance du titre de séjour n'est possible qu'après que le juge administratif ou les autorités administratives ont reconnu le caractère opérant de l'article 8 de la CEDH au regard du titre de séjour demandé. Comme l'exprime Christophe Guettier[246], le Préfet chargé d'examiner une demande de délivrance d'autorisation de séjour au titre d'une qualité particulière (étudiant, résident, salarié, commerçant, etc.) n'est pas tenu d'examiner si l'étranger peut prétendre à une carte d'un autre titre[247] (notamment par le biais

---

[241] PIVETEAU D., *AJDA*, 1997, p. 625.

[242] Confère circulaire du 20 décembre 1995 *relative à l'exécution des jugements annulant un arrêté préfectoral de reconduite à la frontière pour violation de l'article 8 de la CEDH*, NOR INT D9500297 C.

[243] CAA Paris 23 janvier 1997, *Hamlaoui*.

[244] CE 4 juillet 1997, M. *Bourezak*, req. n° 156268 ; *AJDA*, 1997, p. 584-575 ; WACHSMANN P., note, *RDP*, 1998, p. 271-283.

[245] Circulaire du 1er décembre 1999, NOR INT D9900235 C.

[246] GUETTIER C., Note, *RFDA*, 15 (3), mai-juin 1999, p. 522.

[247] Voir l'arrêt CE 29 juillet 1998, *Reghdi*.

du 12 bis 7). Ainsi « *l'étranger doit situer sa demande sur le terrain de la vie privée ou familiale pour pouvoir ensuite se prévaloir de l'article 8 de la CEDH devant le juge en cas de refus de l'administration* »[248]. Ainsi, deux décisions administratives ont établi le caractère inopérant de l'article 8. La première concerne le contentieux du non-renouvellement d'un titre de séjour « étudiant » [249], le juge a considéré que la prise en compte de la « vie familiale » n'avait aucune incidence sur l'appréciation de la réalité et du sérieux des études poursuivies[250]. Dans le deuxième cas, l'arrêt Rezli[251] énonçait que l'article 8 était « *sans incidence sur l'appréciation par l'administration de la qualité de commerçant* ». Ainsi pour ces deux titres de séjour, le juge administratif a estimé que les ressortissants étrangers ne pouvaient motiver leur contestation en s'appuyant sur l'article 8. Ce que confirme le Commissaire du Gouvernement Francis Lamy, sous l'arrêt Berrad du Conseil d'État le 30 novembre 1998[252], lorsqu'il écrit que « *le moyen tiré de la violation de l'article 8 de la CEDH soulevé à l'encontre d'un refus de séjour n'est opérant que lorsque l'étranger s'est fondé sur sa qualité de membre de famille pour solliciter ledit titre* ».

Par ailleurs, l'article 8 de la CEDH et le pouvoir d'injonction du juge administratif[253] ont permis d'apporter une garantie effective au respect de la « vie privée et familiale » de l'étranger. Cette combinaison de dispositions permet au juge administratif de construire, ici encore, une protection au cas par cas de la « vie privée et familiale » du ressortissant d'un pays tiers. Les articles L. 911-1 et L 911-2[254] du Code de justice administrative permettent de compléter l'effectivité de ce droit au séjour. Ces articles autorisent le juge à exercer son pouvoir d'injonction dans trois types de situation :

- Lors d'une annulation d'un refus de titre de séjour portant atteinte à l'article 8 de la CEDH.
- En cas de reconduite à la frontière (dans le cas où l'étranger ne remplissait pas de plein droit les conditions d'entrée et de séjour).
- Lors d'un refus de visa portant atteinte à l'article 8.

Après beaucoup d'hésitations de la part du juge administratif à propos des annulations des titres de séjour basées sur l'article 8 de la CEDH, le pouvoir d'injonction a abouti à la délivrance d'un titre de séjour et non à l'obligation de réexaminer la demande dans un certain délai[255]. L'arrêt Berrad et l'avis[256] qui l'a suivi ont permis de trancher la question en optant pour la délivrance d'un titre de séjour. Les juges ont désormais

---

[248] GUETTIER C., *op. cit.*, p. 522-523.

[249] Par contre l'article 8 a une incidence sur l'insuffisance des ressources, CE 29 décembre 1999, *Ministre de l'Intérieur c./ Melle Adjili*, req. n° 197522.

[250] CE 15 avril 1996, *Mme Rakotomavo*, req. n° 136079.

[251] CE 20 juin 1997, *Rezli*, req. 151493 ; PIVETEAU D., Conclusions, *AJDA*, juillet-août 1997, p. 621-627 ; note *AJDA*, p. 627-629.

[252] CE 30 novembre 1998, *M. Berrad ;* Conclusions LAMY F., *RFDA*, 15 (3), mai-juin 1999, p. 511-519 ; GUETTIER C., Note, *RFDA*, 15 (3), mai-juin 1999, p. 520-530.

[253] DURMARQUE Y., « L'injonction de la loi du 8 février 1995 et le droit des étrangers », *LPA*, 22 juin 1998, n° 74 p. 4.

[254] Issus de la loi n° 95-125 du 8 février 1995 relative à *l'organisation des juridictions et à la procédure civile, pénale et administrative* (art 62 et 77) (ex L 8-2 des Codes des tribunaux administratifs et des Cours Administratives d'Appel)

[255] CE 23 janvier 1998, *M. Boutaleb*, req. n° 170 127.

[256] Avis sous l'arrêt M. *Saïd Berrad*.

compétence liée pour imposer la carte de séjour temporaire mention « vie privée et familiale » dans les limites du respect des changements de circonstances qui pourraient remettre en cause la vie familiale[257].

Le pouvoir d'injonction du juge administratif n'est pas sans limite[258], notamment pour les annulations de reconduite à la frontière. Cette faculté doit avoir été demandée expressément dans les conclusions, car le pouvoir d'injonction ne saurait être relevé d'office par le juge[259]. Le pouvoir d'injonction n'est possible que si, dès le début du contentieux, l'étranger a adressé à l'autorité administrative une demande de même nature que celle que doit enjoindre le juge administratif.

Une fois que le juge administratif est compétent pour enjoindre un titre de séjour « mention vie privée et familiale », il doit s'assurer qu'aucune circonstance n'est venue modifier la situation de l'intéressé. Comme le souligne Christophe Guettier, le juge d'injonction doit faire preuve de réalisme à la date de sa décision, « *(...) l'effectivité de la mesure, dont la prescription s'impose « normalement », reste conditionnée* »[260]. Ce pouvoir d'injonction est tributaire des changements de circonstances postérieurs. En effet, les autorités administratives doivent examiner[261] les circonstances nouvelles présentes. Depuis l'arrêt Bourezak[262], l'initiative des recherches des changements de fait appartient au juge. Il incombe au juge administratif de vérifier la réalité de la situation et de noter à quel moment interviennent d'éventuels changements de circonstances[263]. Pour ce faire, il ordonne une mesure d'instruction afin de déterminer si un changement de circonstances de droit ou de fait[264] est intervenu depuis le jugement d'annulation du refus et, par conséquent, il peut statuer en toute connaissance de cause sur les conclusions à fin d'injonction s'il n'y a pas eu de changement de circonstances. Il délivre lui-même le visa dans le délai d'un mois (dans l'espèce Bourezak) ou la carte de séjour temporaire mention « vie privée et familiale » en cas d'annulation d'un titre de séjour.

Cependant, une limite subsiste en matière d'annulation de reconduite à la frontière (justifiée par un possible droit au séjour de l'intéressé). La jurisprudence du Conseil d'État reste floue à ce sujet, il apparaît qu'après avoir autorisé l'octroi d'une carte de séjour 12 bis 7 et non une simple autorisation provisoire de séjour[265], le juge administratif soit revenu sur ses jurisprudences « Réghis[266] » et « Ben Guertouh épouse Zairag »[267]. En effet, depuis l'arrêt

---

[257] Pour un réexamen CAA Lyon 16 juillet 1997, *M. Tahraoui*, req. n° 96 LY01994, pour une injonction CAA 28 octobre 1997, *Mme Liata*, req. n° 96PA02081 ; TA de Lyon 7 février 1996, *M. Sadi Hocini*, *RFDA*, 1996, p. 351.

[258] « La loi du 8 février 1995 ne peut donc être interprétée comme ayant habilité le juge administratif à prononcer des injonctions à titre principal », AJDA, 1997, p. 585.

[259] CAA Lyon 23 novembre 1998, *Melle Adjili*, req. n° 96LY02008.

[260] GUETTIER C., *op. cit.*, p. 529.

[261] Depuis, la jurisprudence du CE 9 novembre 1992, Melle Boni ; le Conseil d'État a jugé que « *le Préfet pouvait prétendre à un nouvel arrêté de reconduite après une annulation dès lors qu'il était établi que, contrairement à ce qui avait été retenu lors du jugement de l'affaire, l'enfant étrangère ne possédait pas la nationalité française* ».

[262] CE 4 juillet 1997, *Bourezak*, *AJDA*, 1997, p. 636. Note p. 584 ; Conclusions ABRAHAM R., *RFDA*, 1997, p. 815 ; WACHSMANN P., note, *RDP*, n° 6 1998, p. 271-283. Atténuation du principe posé par l'arrêt CE 18 octobre 1995, *Reghis*, critiqué par la doctrine (ABRAHAM R.).

[263] CAA Lyon 17 septembre 1998, *Ministre de l'Intérieur c./ M. Bendahmane*, req. n° 97LY20920. L'intéressé avait été incarcéré en raison de sa participation présumée à un trafic de stupéfiants.

[264] CE 4 juillet 1997, *M. Leveau*, *RFDA*, 1997, p. 815.

[265] CE 29 octobre 2001, Attia, req. n° 209315.

[266] CE 18 octobre 1995, *Reghis* ; *AJDA*, n° 2, 1996, p. 115 ; STAHL J. et CHAUVAUX D. Critiquée par la doctrine (ABRAHAM R.), cette décision vide de sens la portée de l'article L 8-2.

[267] CE 3 novembre 1997, Préfet de police c./ Mme Ben Guertouh Zairag.

du 8 février 2002 M. Dieng[268] confirmé par celui du 3 avril 2002 Mme Owusu[269], le juge administratif se contente d'inviter le préfet à se prononcer à nouveau sur le droit de séjour de l'intéressé. Un récépissé[270] est délivré, il vaut alors abrogation de l'arrêté de reconduite à la frontière. Il est pertinent de dire avec Xavier Vandendriessche que cette jurisprudence spécifique aux annulations de reconduite à la frontière complique le contentieux du droit des étrangers. D'autant que, lorsque la reconduite à la frontière est annulée sur « le fond », c'est-à-dire sur la base d'un refus de titre de séjour 12 bis 7 ou sur la base de l'article 8 de la CEDH, le juge peut enjoindre un titre de séjour[271] (conformément à l'avis Berrad et à la circulaire du 1er décembre 1999).

2/ Les « corrections » de l'article 8 sur le séjour des Algériens

L'accord franco-algérien, de valeur internationale, a été apprécié à la lumière de la Convention européenne des droits de l'Homme. En effet, dans la décision Mme Larachi[272], le juge a du faire coexister deux normes de nature internationale : l'accord franco-algérien et les dispositions de l'article 8 de la CEDH. Madame Larachi demandait dans un premier temps un titre de séjour sur la base de l'article 15-3 de l'ordonnance de 1945. Cet article était plus protecteur pour les parents d'enfants français que l'article 7 de l'accord franco-algérien. Cependant, comme l'article 7 de l'accord franco-algérien s'appliquait en l'espèce, puisque le traité international prime sur l'ordonnance de 1945, elle invoqua donc sa situation familiale par le biais de l'article 8 de la CEDH. Pour la première fois, le juge accepta « la complémentarité » et la coexistence de ces deux traités, alors que sa jurisprudence traditionnelle[273] la refusait. En l'espèce, le juge administratif a appliqué l'article 8 de la Convention européenne et non la disposition de l'accord franco-algérien.

Cette approche complémentaire (et non conflictuelle[274]) des deux normes supranationales a permis de rendre effectives les garanties de l'article 8 au statut de l'Algérien ce qui était exclu jusqu'alors car il bénéficiait d'un statut particulier supranational. La jurisprudence Larachi a montré la « force » de la protection de l'article 8 de la CEDH, puisqu'il était invocable et applicable même pour le statut spécifique des Algériens soumis aux accords bilatéraux. Ainsi, le rôle du juge administratif a été déterminant puisqu'il devenait un « répartiteur et conciliateur » de la norme en cas de cumul de plusieurs dispositions internationales. Cette jurisprudence a confirmé

---

[268] CE 8 février 2002, *M. Dieng*, req. n° 224446 ; CHAUVAUX D., « Conclusions, reconduite à la frontière et pouvoir d'injonction », *RFDA*, novembre-décembre, 2002, p. 1080. Site *AJDA*, note VANDENRIESSCHE X.,

[269] CE 3 avril 2002, *Mme Owusu*, req. n° 231033 ; site *AJDA*, note TAVERNIER L.

[270] Circulaire du 7 mai 2003 relative aux conditions d'application de la loi du 11 mai 1998, point 1.3.1.

[271] Cependant, il semble que cette règle connaisse des limites : cf. CE 15 décembre 1997, *Lusukamu Ngudiankama Mftulila.*

[272] CE sec. 22 mai 1992, *Larachi*, rec. 203 ; *RDP*, 1992. p. 1793 ; concl. R. ABRAHAM ; pour un exemple récent de l'utilisation de l'article 8 sur l'accord franco-Algérien ; CE 15 décembre 2000, *M. Chebira*, req. n° 220157.

[273] CE 5 juin 1989, *Ministre de l'Intérieur c./ Mme Abdi ;* CE 15 novembre 1989, *Ministre de l'Intérieur c./ Mme Khaled-Khadja*, req. n° 106412 ; CE 22 novembre 1989, *Mme Beferlou*, req. n° 101001. A propos de l'article 12 de la CEDH, CE 2 février 1990, *Benouisse* ; LAFAY F., *JCP*, G, II, 22004, p.73-76 ; PICARD E., *JCP*, G, 1993, I, 3670.

[274] « *Par une lecture complémentaire et pas contradictoire* » LABAYLE H., « Le droit à mener une vie familiale normale et exigences européennes », *RFDA*, 1993, p. 524.

« l'acceptation par le Conseil d'État de s'engager dans la voie d'un contrôle de compatibilité entre les conventions et d'autres accords »[275].

L'absence de référence à la « vie privée et familiale » dans ce statut a permis au juge de protéger les ressortissants algériens par le biais de l'article 8. A titre d'illustration, une décision de la Cour administrative d'appel de Paris, du 11 juillet 2001[276] montre bien la protection amenée par l'article 8. Un ressortissant algérien, né d'un père français, ayant résidé régulièrement en France, marié à une ressortissante tunisienne titulaire d'une carte de résident mais ne disposant que du RMI, et père de trois enfants de nationalité française, s'était vu refuser un certificat de résidence en qualité de salarié. Cette décision, selon la Cour d'appel avait violé les exigences de l'article 8 de la CEDH.

Cette fonction de « complément-protecteur » de l'article 8 est apparue comme une réelle avancée en terme de garanties mais aussi en terme d'uniformisation des statuts. Les ressortissants algériens avaient été exclus de cette protection, cela aurait aggravé encore les inégalités de traitement qu'ils subissaient déjà à l'époque. En effet, jusque dans les années quatre-vingts, l'accord bilatéral franco-algérien était plus protecteur pour le ressortissant algérien que les dispositions du statut général de l'ordonnance de 1945 applicable aux autres étrangers. Toutefois, à partir des années quatre-vingt-dix, avec les modifications dues aux avenants successifs, le ressortissant algérien était moins protégé et parfois même discriminé puisqu'il n'avait pas droit à certaines dispositions plus protectrices, présentes dans l'ordonnance mais absentes de l'accord. A titre d'exemple, l'application aux ressortissants algériens de l'article 12 bis 7 n'est devenue possible qu'après l'arrêt du Conseil d'État du 14 avril 1999, Ministre de l'Intérieur c./ Ijgua[277]. En s'imposant sur l'ordonnance de 1945 et sur les statuts spécifiques supranationaux, l'article 8 de la CEDH garantit la même protection à tous les étrangers. Il harmonise ainsi les statuts particuliers en imposant la protection universelle de la « vie privée et familiale ». Autrement dit, la protection de l'article 8, applicable même sur les statuts spécifiques, montre que la « vie privée et familiale » l'emporte sur les particularismes du statut migratoire supranational.

Aujourd'hui, avec le nouvel avenant du 11 juillet 2001 de l'accord franco-algérien, une place à part a été faite aux droits privés et familiaux de l'article 8. Un certificat de résidence « mention vie privée et familiale »[278] a été inséré dans le statut algérien. En définitive, il est intéressant d'établir que l'influence de l'article 8 de la CEDH a contraint à aligner le statut algérien sur l'ordonnance de 1945. Avec l'introduction du certificat de résidence d'un an, « mention vie privée et familiale », les autorités algériennes et françaises ont aligné le statut de l'Algérien sur le statut général de l'étranger. Le certificat de résidence « mention vie privée et familiale » est la « transcription de l'article 8 de la CEDH » dans le statut supranational des ressortissants algériens, son introduction met fin à une situation qui a longtemps été défavorable à cette population.

---

[275] POTVIN-SOLIS L., *Les effets des jurisprudences européennes sur la jurisprudence du Conseil d'État français*, éd. LGDJ, bibliothèque de droit public, 1999, p. 88.

[276] CAA Paris, 11 juillet 2001, req. n° 99PA02278.

[277] Req. n° 153468.

[278] Article 3 de l'avenant du 11 juillet 2001 ; cf. décret de publication du 20 décembre 2002, JORF n° 300 du 26 novembre 2002 p. 21614.

3/ Une correction subsidiaire apportée par l'article 8 sur l'admission au titre du regroupement familial

L'article 8 de la CEDH n'a qu'une portée limitée sur l'admission au séjour des familles (a). En droit interne, les bénéficiaires du regroupement familial ne peuvent être que ceux prévus par l'ordonnance de 1945. Toutefois, le juge administratif peut, dans des cas extrêmes, affirmer un droit « jurisprudentiel au regroupement de la famille » grâce à la protection amenée par l'article 8 (b).

a) Une appréciation stricte de l'article 8 du juge européen

Le principe posé par la décision Abdulaziz, Cabales et Balkandali c./ RU[279] et confirmé par l'affaire Gül c./ Suisse du 19 février 1996, montre que l'article 8 ne saurait s'interpréter comme « *comportant pour un État contractant l'obligation générale de respecter le choix, par des couples mariés, de leur domicile commun et d'accepter l'installation de conjoints non nationaux* ». Autrement dit, il n'y a aucune obligation générale d'accepter le regroupement familial, si l'étranger ne prouve pas qu'il existe des obstacles l'empêchant de poursuivre sa vie familiale dans son pays d'origine. En effet, si le droit de réunir la famille est protégé par les droits et libertés fondamentaux, il n'est pas absolu puisqu'il entre souvent en opposition avec les intérêts découlant des politiques migratoires restrictives. Le droit international garantit une libre circulation et la liberté de choisir sa résidence, mais l'État peut toujours opposer, en raison de sa souveraineté, un refus à l'installation d'une famille sur son territoire.

Devant la Cour européenne, l'article 8 de la CEDH n'impose pas d'obligations en matière de refus d'admission au séjour au titre du regroupement familial. La Cour observe si le refus est prévu par la loi, s'il a un but légitime et s'il est nécessaire à une société démocratique. L'arrêt Gül c./ Suisse[280] a tracé les limites de l'article 8 en matière de refus de regroupement familial[281]. Cette affaire concernait deux enfants turcs séparés de leurs parents à la suite du départ de leur père et de leur mère vers la Suisse. Après avoir été déboutés du droit d'asile, les parents bénéficiaient d'un titre humanitaire en Suisse. Ils avaient une troisième enfant née en Suisse et placée dans un foyer, en raison de l'incapacité de la mère victime d'un grave accident. Le couple voulait faire venir les enfants restés en Turquie. L'aîné ne pouvait venir par le biais du regroupement familial étant donné qu'il avait atteint sa majorité, condition d'exclusion du regroupement familial. Le problème posé à la Cour européenne concernait le deuxième enfant. Bien que le regroupement ne soit pas autorisé pour les bénéficiaires de titre de séjour humanitaire, la Cour européenne estimait que les obligations de l'article 8 exigeaient qu'on examine la possibilité et les conséquences d'un regroupement de la cellule familiale en Suisse. Il convenait de « *déterminer dans quelle mesure la venue d'Ersin en Suisse* (constituait) *le seul moyen pour M. Gül de développer une vie familiale avec son fils* ». La Cour européenne a estimé que, l'enfant ayant toujours vécu en Turquie, M Gül était l'unique responsable de la séparation avec ses enfants ; sa femme était gravement malade, raison pour laquelle un titre de séjour humanitaire avait été accordé ; et le séjour du couple n'était pas très ancien. Pour l'ensemble de ces raisons, la

[279] 28 mai 1985, série A n° 94.

[280] CEDH 19 février 1996, *Gül c./ Suisse,* rec. 1996-1, req. n° 53/1995/559/645.

[281] LABAYLE H et SUDRE S., « Jurisprudence de la Cour européenne des droits de l'Homme et droit administratif », *RFDA*, 14 (6), nov.-déc. 1998, p. 1211-1219.

Cour a jugé que le retour dans le pays d'origine, même s'il apparaissait encore difficile, était possible et que le refus du titre de séjour au titre du regroupement familial ne constituait pas une atteinte à l'article 8. Ainsi, la Cour européenne a mis en balance la politique d'immigration du pays et l'intérêt de l'enfant et a conclu à l'absence d'atteinte à la vie familiale de la famille Gül. La grille d'analyse a tenu compte de la situation du demandeur et du bénéficiaire du regroupement familial. Le transfert de la cellule familiale en Turquie permettait que les liens se rétablissent dans ce pays sans que l'enfant qui y vivait et y avait tous ses repères linguistiques, sociaux et culturels, soit perturbé. La réunion de la famille en Suisse pouvait donc être refusée.

Avec cette affaire sur le regroupement familial, la Cour européenne s'est lancée dans des analyses particulièrement strictes de l'article 8. Ici, la mise en balance de la « vie privée et familiale » devait être faite au regard du bien être économique, du « climat » des politiques migratoires dans le pays d'accueil, notions particulièrement vastes[282] et contingentes. La démonstration de l'obstacle dans le pays d'origine est difficile car elle ne laisse aucun autre choix au requérant que celui de l'abandon des conditions de résidence développées en Suisse ou celui de la renonciation à l'enfant resté en Turquie. Ce contrôle aboutit à une analyse « sophistiquée » qui conduit le juge européen à prendre une position qui oblige le requérant à faire un choix « inhumain »[283]. Les droits fondamentaux qui protègent la « vie familiale » tel que l'article 8 de la CEDH, ne laissent pas le choix du lien le plus approprié pour développer cette vie familiale. Comme le signale Olivier De Schutter, la Cour ne s'est même pas interrogée sur « *l'existence de motifs de nature à justifier la restriction apportée à la vie familiale et sa nécessité* »[284]. De plus, le juge Martens dans ses opinions dissidentes estime à juste titre que la Cour européenne a omis de parler de l'enfant né en Suisse « *dont l'intérêt aurait presque certainement commandé qu'on le laissât en Suisse* ». L'état de santé de la mère et celui du père invalide auraient mérité que la Cour apprécie davantage la « vie privée et familiale » de la famille Gül. Avec cette affaire, il convient de montrer combien la jurisprudence européenne[285] a une conception étriquée[286] de la vie familiale face aux intérêts des États lorsqu'il s'agit d'admission au séjour des étrangers[287]. Il sera d'ailleurs constaté ultérieurement que la Cour fait peser dans la balance davantage d'éléments de la « vie privée et familiale » face au poids de l'ordre public. A ce propos, l'attitude de la Cour, qui consiste à établir une telle différence d'appréciation lorsque l'étranger est menacé d'expulsion ou lorsqu'il demande un titre de séjour, paraît peu compréhensible.

En partie confirmé par l'arrêt Sen[288] de la Cour européenne, l'obstacle à la reconstitution de la vie familiale dans le pays d'origine semble l'élément déterminant pour le juge européen. En l'espèce, il retient pour la première fois une atteinte à l'article 8 pour

[282] La notion d'ordre public étant plus précise pour l'examen de l'atteinte des mesures d'éloignement au regard de l'article 8.

[283] Cf. opinions dissidentes du juge Martens.

[284] DE SCHUTTER O., « Le droit au regroupement familial au croisement des ordres juridiques européens », *RDE*, n° 90, p. 546.

[285] Affaire CEDH 19 février 1996, *Gül c./ Suisse*, rec. 1996-1, req. n° 53/1995/559/645 ; CEDH 28 novembre 1996, *Ahmut c./ Pays-Bas*, req. n° 21702/93.

[286] Dans l'affaire Ahmut, la Cour fait une analyse sévère de la vie privée et familiale de Salah Ahmut dans le pays d'accueil. Bien que possédant la nationalité néerlandaise, cela ne l'empêche pas de reconstituer sa vie familiale au Maroc. L'article 8 ne garantit pas le droit de choisir le lieu le plus approprié pour développer une vie familiale…

[287] CEDH 28 novembre 1996, *Ahmut c./ Pays-Bas*, req. n° 21702/93.

[288] CEDH 21 décembre 2001, *Sen c./ Pays Bas*, req. n° 31465/96.

un refus de regroupement familial d'un enfant mineur. Pour ce faire, le juge européen a déployé une série d'indices pour examiner la situation de la famille Sen : l'intérêt de l'individu, l'âge de la personne concernée ; la situation dans le pays d'origine et le degré de dépendance de l'enfant. Le juge européen est allé particulièrement loin dans la comparaison des intérêts de l'individu victime du refus, et ceux de l'État. Il a été obligé de rechercher si la reconstitution de la cellule familiale dans le pays d'origine n'entraînerait pas le déracinement des deux enfants élevés dans le pays d'accueil. Cette analyse devient kafkaïenne puisqu'il a fallu évaluer le déracinement des deux enfants dans le pays d'accueil face à celui de l'enfant resté dans le pays d'origine. En l'espèce, la venue de l'enfant constituait pour la Cour « *le moyen le plus adéquat pour développer une vie familiale avec celle-ci d'autant qu'il existait, vu son jeune âge, une exigence particulière à favoriser son intégration dans la cellule familiale de ses parents* »[289].

b) Rôle subsidiaire mais limité de l'article 8 devant le juge administratif

Comme nous l'avons démontré précédemment, le statut légal (ordonnance de 1945) prévoit des catégories restreintes d'étrangers admissibles au titre du regroupement familial (article 29). De même, les bénéficiaires admissibles au titre de l'article 12 bis 7 ne sauraient être des étrangers pouvant prétendre au regroupement familial.

Ainsi, lorsque l'étranger ne remplit pas les conditions légales (l'article 29) du regroupement familial[290], le juge administratif ne retient pas le moyen de l'article 8. Il en va de même lorsque la reconduite à la frontière et le refus de délivrer la carte « vie privée et familiale » sont confirmés par le juge administratif, quand l'étranger est venu rejoindre sa famille en France en dehors de toute procédure de regroupement familial alors qu'il pouvait prétendre au regroupement dans les conditions légales[291]. En effet, dans la majorité des cas, lorsque l'intéressé peut prétendre au regroupement familial, même si ce dernier est sous l'effet d'une reconduite à la frontière après un refus de séjour, le juge estime que la « vie familiale » n'est pas atteinte.

Toutefois, une nuance peut être apportée par certaines espèces rendues par le juge administratif. En effet, certaines espèces[292] montrent le caractère supplétif et protecteur de l'article 8 sur le statut interne en matière de refus de titre de séjour et de reconduite alors même que l'individu peut prétendre au regroupement familial. Ainsi, dans l'affaire Owusu[293], une ressortissante ghanéenne a fait l'objet d'une reconduite à la frontière alors qu'elle s'était maintenue sur le territoire malgré un refus de séjour. Contestant la mesure, elle a fait valoir qu'elle était mariée depuis 3 ans, antérieurement à la notification de la reconduite, avec un compatriote titulaire d'une carte de résident de 10 ans avec qui elle avait eu deux enfants nés en France. Le juge a estimé « *qu'alors même que l'intéressée peut bénéficier du regroupement familial, l'arrêté attaqué a porté à son droit au respect de la vie privée et familiale une atteinte disproportionnée au but en vue duquel il a été pris, qu'il*

---

289 § 40.

290 CAA Nancy 25 juin 1997, *El Kheir* ; CE 20 octobre 1997, *Soussi*, req. n° 160224.

291 CE 1 mars 2000, *Préfet du Val d'Oise*, req. n° 205339 ; CE 21 novembre 2001, *Préfet de Val d'Oise c./ M. Fazlul Hoque*, req. n° 223535.

292 CE 2 octobre 2002, *Rafaliarizako*, req. n° 240908 ; CE 23 octobre 2002, *Préfet de Savoie c./ Aït Irhi*, req. n° 236965.

293 CE 3 avril 2002, *Mme Owusu*, req. n° 231033.

a méconnu les dispositions de l'article 8 ». Les hypothèses[294] selon lesquelles le juge administratif retient la violation de l'article 8 alors que l'étranger peut bénéficier du regroupement familial, s'expliquent souvent par le fait que l'étranger vit depuis longtemps[295] en France. De même, il arrive que l'article 8 protège des membres de la famille qui n'ont pu bénéficier du regroupement familial en raison de l'approche restrictive des catégories de bénéficiaires définies par le statut interne de l'ordonnance de 1945, (par exemple les enfants majeurs[296] exclus du regroupement familial). Ainsi, l'arrêt du Conseil d'État du 7 juillet 2000[297] laisse apparaître une protection *subsidiaire* de l'article 8 pour certains membres de la famille jusque là exclus du regroupement familial. Dans cet exemple précis, l'étranger majeur se retrouvait sans aucune attache familiale dans son pays d'origine puisque toute sa famille avait obtenu le regroupement familial. Nul ne sait si c'est l'absence de « vie familiale » dans le pays d'origine ou le fait que toute la famille ait obtenu le regroupement[298] en France qui a déterminé la décision du juge. Cet étranger a été protégé par l'article 8 et a pu obtenir la carte de séjour temporaire « mention vie privée et familiale » du 12 bis 7. L'article 8 protège aussi les concubins[299], écartés par les dispositions légales du regroupement familial. Mais il a été établi précédemment que cette protection est limitée car le juge exige une longue vie commune et une longue période de concubinage[300]. Enfin, très récemment, grâce à l'article 8 de la CEDH, le juge administratif[301] a étendu des possibilités de regroupement familial pour un enfant ayant été placé par une décision marocaine sous tutelle (Kafala marocaine). Le juge atténue la rigueur de l'ordonnance de 1945 et élargit les critères légaux (article 29) qui imposent l'existence d'un lien de filiation pour autoriser le regroupement familial, ce qui n'est pas le cas de la Kafala marocaine. L'article 8 permet au juge administratif de reconnaître une « vie privée et familiale » même en l'absence d'un lien de filiation entre l'étranger regroupant et l'enfant.

Il se dessine une approche *complémentaire* de la protection de la cellule familiale par l'article 8. La garantie amenée par l'article 8 contraint le juge à examiner la « vie familiale » *effective* et à en mesurer les atteintes, en protégeant immédiatement l'intéressé de la reconduite à la frontière. Cette approche courageuse du juge n'est pas toujours utilisée. C'est au cas par cas que le juge utilise cette arme. Il préfère parfois renvoyer les

---

[294] Dans circulaire du 10 janvier 2003 NOR/INI/D/03/00003/L, le Ministre parle de cas exceptionnels (2.2.4) ; CE 28 décembre 2001, *Bacha* ; CE 28 décembre 2001, *Fadiga*.

[295] CE 30 mars 1998, *Benlabbas*, req. n° 133386, (vie en France depuis 1952) ; CE 11 mars 1998, *Boulkkhrachef*, req. n° 168920 (vie en France depuis 10 ans), CE 13 novembre 1996, *Manesri*, req. n° 161054 ; JULIEN-LAFERRIÈRE F., *D.*,1998, sommaire, p. 17 ; CE 30 juillet 2003, *Préfet de Savoie c./ Messiliti*, req. n° 252747.

[296] La circulaire du 10 janvier 2003 précise aussi que dans des cas exceptionnels, les enfants majeurs isolés dans leur pays d'origine, pourront obtenir la carte de séjour temporaire (12 bis 7) : CE 28 décembre 2001, *Zanor*.

[297] CE du 7 juillet 2000, *Préfet du Rhône*, req. n° 213901 ; CE 11 janvier 1999, *Melle Salhi*.

[298] Une décision semblable a octroyé un visa à une enfant majeure exclue de l'unité familiale mais protégée par l'influence complémentaire de l'article 8 : CE 7 juin 1999, *Begum*, req. n° 197607.

[299] CE 30 avril 2004, *Préfet de Police c./ Bayouloula*, req. n° 249120 ; CE 8 mars 2004, *Préfet de police c./ Talgasduwage*, req. n° 252981.

[300] CE 5 décembre 2001, *Ministre de la Haute Garonne c./ Aissat*, req. n° 222592 et CE 28 janvier 2004, *Troh*, req. n° 256086 : deux ans de vie maritale et un enfant à naître ont été insuffisants pour annuler une reconduite à la frontière.

[301] CE 24 mars 2004, *Ministre des Affaires sociales, du travail et de la solidarité c./ Mme Boulouida.*, req. n° 249369 ; TOURNEPICHE A.-M., « Extension des possibilités du regroupement familial », *AJDA*, n°26/2004, p. 1425-1426 ; DUBOS O., « Droit au regroupement familial et Kafala », *JCP*, n° 26, 21 juin 2004, p. 865 ; CE 24 mars 2004, *Dra*, req. n° 220434 ; BOULANGER F., « La sauvegarde des effets de la « Kafala » par l'appel à l'article 8 de la CEDH », *Dalloz*, 2005, N° 2, p. 129-131.

intéressés devant les obligations des dispositions légales du statut interne en leur rappelant qu'ils relèvent de la « case légale » du regroupement familial. Cette dernière démarche a été rappelée dans les circulaires du 7 mai 2003[302] et du 30 octobre 2004[303] mais ceci n'empêche pas le juge administratif de continuer de protéger un étranger alors même qu'il était susceptible de bénéficier du regroupement familial[304].

§ II : L'annulation des mesures d'éloignement et l'article 8, des corrections sous conditions

L'influence de l'article 8 sur les mesures d'éloignement ne remet pas en cause la souveraineté des États. En revanche, les autorités administratives ne peuvent délivrer des mesures d'éloignement dans n'importe quelles conditions. Elles doivent établir un équilibre entre les droits de l'étranger, tels que la « vie privée et familiale », et les nécessités d'ordre public ou de protection de la société dans le cas d'une mesure d'expulsion ou d'une interdiction définitive du territoire à un l'étranger (A). L'influence de l'article 8 sur la reconduite entraîne assez peu d'annulations puisque la reconstitution de la vie familiale dans le pays d'origine est souvent possible (B).

A/ La protection aléatoire de la « vie privée et familiale » de l'étranger sous l'effet d'une expulsion ou d'une interdiction du territoire

Lorsqu'un étranger est sous l'effet d'une expulsion ou une interdiction du territoire alors qu'il a développé une vie familiale, les conséquences sont telles que l'administration doit les contrebalancer par des raisons graves : menace importante à l'ordre public, danger pour la société, etc.

Les arrêts de principe dans lesquels le juge administratif a reconnu les effets de l'article 8 sont les arrêts Beldjoudi[305] et Belgacem de 1991[306]. Les juges français et européens estiment que la mesure d'expulsion comme l'interdiction du territoire rendent difficile le retour en France. C'est pourquoi, ils examinent minutieusement la « vie privée et familiale » de l'étranger et les atteintes à l'ordre public ou les dangers pour la société qui justifient l'expulsion ou l'interdiction du territoire (1). Pourtant, leurs analyses de l'atteinte à l'ordre public et des dangers pour la société sont parfois aléatoires[307] (2). Il sera montré

---

[302] Point 2.2.4.

[303] La circulaire du 30 octobre 2004, NOR INTD0400134C

[304] CE 8 mars 2004, *Préfet de police c./ Doumbia*, req. n° 252076.

[305] CE sec., 18 janvier 1991, *Beldjoudi*, req. n° 99201.

[306] CE ass., 19 avril 1991, *Belgacem*, rec. p. 152, req. n° 107 470 ; ABRAHAM R., « Conclusions du Commissaire du gouvernement, jurisprudences du CE, 19 avril 1991, n°107 470, M. Belgacem-n° 117 680, Mme Babas », *RUDH*, 1991, p. 242 ; REYDELLET M., *LPA*, 8 juillet 1991 ; JULIEN-LAFERRIÈRE F., « Note de jurisprudence, CE ass., 19 avril 1991, Belgacem et Babas », *AJDA*, 20 juillet/ 20 août 1991, p. 551 ; PRETOT X., *D.*, 1991, J., p. 399 ; RUIZ-FABRI H., « Étrangers, expulsion, droits de l'Homme, jurisprudence administrative », *RA*, 1991, n° 259 264, p. 239-244 ; TURPIN D., *RCDIP*, 1991, p. 677 ; NGUYEN VAN TUONG, « Commentaire de l'arrêt Belgacem et Babas, CE ass., 19 avril 1991, req. 107470 et 117680 », *JCP*, G, n° 46, 21756-21757, p. 393 ; MIGNON E., « L'expulsion d'un étranger : atteinte au droit à la vie privée ou atteinte au droit à la vie familiale ? », *RDE*, 1991, n° 92, p. 8-9.

[307] DOCQUIER P.-F., « Droit à la privée et familiale des ressortissants étrangers : vers la mise au point d'une protection floue du droit au séjour ? », *RTDH*, 2004, n° 6°, p. 921-949.

que l'impact de l'article 8 est difficile à évaluer en raison de la place subsidiaire qu'il occupe face au statut légal (3).

1/ L'analyse de la vie « privée et familiale » et de l'atteinte à l'ordre public ou des dangers pour la société

La Cour européenne a développé une importante jurisprudence sur les annulations des mesures d'expulsion[308] et les interdictions du territoire[309] lorsqu'elles entraînent des perturbations disproportionnées dans la « vie privée et familiale » des étrangers, notamment ceux de la seconde génération.

La Cour européenne comme le juge administratif[310] vérifient que la mesure d'expulsion a respecté un juste équilibre entre le respect de la « vie privée et familiale » et la protection de l'ordre public ou la prévention des infractions pénales[311]. Pour parvenir à ce subtil équilibre, la Cour cherche les réponses à plusieurs questions : « *Y a-il une ingérence étatique dans la vie privée ou familiale du requérant ? Cette ingérence est-elle prévue par la loi ? Cette ingérence poursuit-elle un but légitime ? Cette ingérence est-elle nécessaire dans une société démocratique ?* »[312]. Le juge européen est particulièrement attentif au moment où la vie familiale s'est développée. Mais il est plus compréhensif des intérêts de l'État quant la vie familiale s'est constituée dans une situation d'irrégularité. Ainsi,

---

[308] CEDH 18 février 1991, *Moustaquin c./ Belgique*, série A, n° 193 ; DUFFAR J., « La protection du droit au respect de la vie familiale des étrangers », *LPA*, 24 mai 1991, n° 62, p. 32-34 ; RENUCCI J.-F., « Droit européen des droits de l'Homme », *D.*, 1992, Sommaires commentés, p. 326-327 ; SUDRE F., « Chronique de la jurisprudence de la Cour EDH-1991 », *RUDH*, 1992, n° 1-2, p. 1 et s. ; ADAMOVICH L., « Commentaire de l'arrêt Moustaquin c./ Belgique, CEDH 18 février 1991 », *RTDH*, 1991, p. 377 ; MARTENS P., Observation, *RTDH* 1991, p. 385-394 ; CEDH 26 mars 1992, *Beldjoudi c./ France*, série A, n° 234- A, n° 16152/90 ; CARLIER J.-Y., « Vers l'interdiction d'expulsion des étrangers intégrés ? », *RTDH*, 1993, 1993, p. 449-466 ; COUSSIRAT-COUSTERE V., « La jurisprudence de la CEDH en 1992 », *AFDI*, 1992, p. 696 et s. ; LESCENE P., « L'affaire Beldjoudi c./ France », *Cahiers du CREDHO*, n° 1, 1994, p. 81-94 ; Comm. EDH 13 octobre 1992, *Lamguindaz c./ RU* ; CEDH 13 juillet 1995, *Nasri c./ France*, série A, n° 320-B ; CEDH 24 avril 1996, *Boughameni c./ France*, rec. 1996-II ; CEDH 7 août 1996, *Chorfi c./ Belgique*, rec. 1996 III ; CEDH *Boulchelkia c./ France*, 29 janvier 1997, rec. 1997-I, LEVINET M., *JCP*, II, 22922-229924, 1997, p. 441 ; CEDH 21 octobre 1997, *Boujlifa c./ France*, rec. 1997-VI ; CEDH 8 décembre 1998, *Benrachid c./ France*, req. n° 39528/28 ; CEDH 24 août 1999, *Farah c./ Suède* ; CEDH *Yilmaz c./ Allemagne*, 17 avril 2003, n° 52853/99 ; CEDH 15 juillet 2003, *Mokrani c./ France*, req n° 52206/99.

[309] CEDH 26 septembre 1997, *El Boujaïdi c./ France*, rec. 1997-VI ; CEDH 26 septembre 1997, *Mehemi c./ France* rec. 1997-VI, CEDH 30 novembre 1999, *Baghli c./ France*, req. n° 34374/97 ; GRATALOUP S., « La Cour européenne des droits de l'Homme maintient sa jurisprudence en matière d'éloignement du territoire des étrangers », *Droit de la famille*, mai 2001, p. 9-11 ; TAVERNIER P., *JDI*, 2000, p. 137 ; SUDRE F., *JCP*, G I, 203, n° 23 ; CEDH 19 janvier 1998, *Dalia / France*, req. n° 26102/95 ; MENDEL-RICHE F., « L'éloignement des étrangers entre défense de l'ordre public et impératifs humanitaires », *CREDHO*, n° 5, 1999, p. 135 ; CEDH, 9 mars 1999, *Djaïd c./ France*, req. n° 38687/97 ; CEDH 13 février 2001, *Ezzouhdi c./ France*, req n° 47160/99 ; CEDH 21 février 2001, *Abdouni c./ France*, req. n° 37838/970 ; CEDH 6 février 2003, *Jakupovic c./ Autriche*, req. n° 36757/97 ; CEDH 17 avril 2003, *Yilmaz c./ Allemagne*, req. n° 52853/99 ; CEDH 10 juillet 2003, *Benhebba c./ France*, req. n° 53441/99.

[310] VIGROUX M., « Le contrôle de la qualification des faits dans le contentieux de l'expulsion des étrangers », *RTDH*, 2000, p. 479.

[311] DE SCHUTTER O., « La proportionnalité de l'éloignement d'étrangers pour motif d'ordre public », *RDE*, 1997, n° 93, p. 177-189.

[312] VASSEUR-LAMBRY F., *La famille et la Convention européenne des droits de l'Homme*, L'Harmattan, 2000, p. 111.

l'appréciation de la vie familiale s'analyse jusqu'à ce que la mesure d'éloignement soit définitive[313].

Au fur et à mesure de ses différentes jurisprudences, la Cour européenne a établi une liste de critères permettant de mener à bien l'analyse de la « vie privée et familiale » et de l'atteinte à l'ordre public. Ainsi « - *la nature et la gravité de l'infraction commise par le requérant ; - la durée de son séjour dans le pays d'où il va être expulsé ; - la période qui s'est écoulée entre la perpétration de l'infraction et la mesure litigieuse, ainsi que la conduite de l'intéressé durant cette période ; - la nationalité des diverses personnes concernées ; - la situation familiale du requérant, par exemple la durée de son mariage, et d'autres éléments dénotant le caractère effectif de la vie familiale d'un couple ; - le point de savoir si le conjoint était au courant de l'infraction au début de la relation familiale ; - la naissance d'enfants et, le cas échéant, leur âge ; - la gravité des difficultés que risque de connaître le conjoint dans le pays d'origine de son époux ou épouse* »[314] sont autant d'éléments que le juge européen utilise pour examiner les requêtes des étrangers de deuxième génération ou ceux arrivés très jeunes dans le pays d'accueil et qui ont fondé une famille. Il faut également ajouter à cette liste les « *liens particuliers que ces immigrés ont tissé avec le pays d'accueil où ils ont passé l'essentiel de leur existence, (où) ils ont reçu leur éducation, y ont noué la plupart de leurs attaches sociales et y ont développé leur identité propre* ». Pour les autres étrangers arrivés tardivement dans le pays d'accueil, seuls les trois premiers critères susmentionnés sont retenus par le juge européen. L'importance de la « vie privée et familiale » étant moins déterminante face au poids de l'infraction commise et à celui de l'ordre public ou des dangers pour la société.

2/ Le poids de l'infraction commise : une appréciation subjective et parfois aléatoire de l'atteinte à l'ordre public ou des dangers pour la société

Après avoir constaté la présence d'une vie familiale, les juges s'intéressent à la nature de l'infraction commise qui justifie l'expulsion. Cette mesure doit être nécessaire dans une société démocratique, c'est-à-dire justifiée par un besoin social impérieux et proportionnée au but légitime poursuivi. La gravité de l'infraction commise devient l'élément essentiel pour apprécier la nécessité de l'expulsion ou de l'interdiction du territoire. En ce sens, les juges européens et administratifs ont établi une « grille de dangerosité » des infractions qui conditionnent la proportionnalité de la mesure d'éloignement. Ainsi le meurtre[315], le terrorisme[316], le viol[317], le vol armé[318], la prise d'otage[319] ou le trafic de drogue[320] sont des infractions qui pèsent en faveur de la protection de l'ordre public.

---

[313] CEDH 15 juillet 2003, *Mokrani c./ France*, req n° 52206/99 ; CEDH 29 janvier 1997, *Boulchelkia c./ France*.

[314] CEDH 15 juillet 2003, *Mokrani c./ France*, req n° 52206/99 § 30.

[315] CE 21 février 1997, *M. Lahmar*, req. n°167839.

[316] CE 29 décembre 1997, *M. Karker*, req. n° 168042 ; CE 24 octobre 1997, *M Benkhaled*, req. n° 172414.

[317] CE 3 février 1992, *Ministre de l'Intérieur c./ El Baied*, req. n°107597 ; CE 30 juillet 1997, *M. Abaidia*, req. n° 163710 ; CEDH 29 janvier 1997, *Boulchelkia c./ France*, rec. 1997-I.

[318] CAA Nancy 7 février 2002, *M. Hargous*, req. n° 98NC00466 : une longue série de vols, de violence et d'infractions diverses.

[319] CE 8 décembre 1998, *Benrachid c./ France*, req. n° 39528/28.

[320] CEDH 19 janvier 1998, *Dalia c./ France*, req. n° 26102/95.

À titre d'illustration, la Cour européenne s'est montrée particulièrement sévère pour le trafic de drogue sur les affaires Dalia[321], El boujaïdi[322], Baghli[323], Farah[324]. Il était question de trafics de cannabis et d'héroïne. Le juge européen s'est montré intraitable. Il est particulièrement virulent sur ce type de trafic « *compte tenu des ravages provoqués dans la population* »[325] et du fléau qu'il représente. Face à ces décisions très sévères, certains auteurs[326] ont pu dire que la Cour paraissait opérer un infléchissement de positions sur les expulsions des immigrés de seconde génération. En effet, depuis 1997, avec les arrêts Dalia, Boujlifa, Boughanemi, Bouchelkia, Baghli, la tendance très protectrice de la Cour européenne au profit de la vie familiale a semblé s'être atténuée, allant vers plus de rigueur. La Cour paraissait renouer avec une jurisprudence plus drastique conforme aux souhaits des États, sévère en matière d'immigration. Ainsi la Cour renverrait davantage aux motifs d'ordre public ou encore au « bien être économique ». Cette analyse ne paraît pas tout à fait exacte si on examine de plus près la *gravité* des infractions, la *mesure* à laquelle est soumis l'étranger et l'importance *des liens familiaux et personnels*. De plus, cette jurisprudence de la Cour européenne est encore récente sur cette question pour qu'on puisse en tirer des conséquences. Au regard des derniers arrêts, comme le signale Mme Jarreau[327], il ne s'agit pas « d'un changement de cap » mais d'une subtilité, opérée par la Cour, dans l'appréciation de la gravité des infractions et, plus particulièrement, dans les différences que fait le juge européen entre les notions de trafic et d'usage de drogue[328] :

Le juge européen (rejoint sur ce point par le juge administratif) semble retenir la gravité de l'infraction commise en laissant de côté la peine encourue. Dans l'affaire Dalia, le juge européen estime que la gravité de l'infraction est un élément déterminant dans l'analyse indépendamment de la faible peine de prison. La Cour a jugé nécessaire l'interdiction définitive à la frontière étant donné que Mme Dalia avait été condamnée à une peine de douze mois d'emprisonnement ferme pour *infractions à la législation sur les stupéfiants* (acquisition, détention et cession d'héroïne). Dans l'affaire El Boujaïdi, l'intéressé a déclaré revendre de l'héroïne depuis le mois de novembre 1986 pour financer sa propre consommation ; il a même précisé au cours d'une audition qu'il revendait trois grammes chaque fois qu'il en achetait cinq. Différents acheteurs de M. El Boujaïdi ont confirmé, au cours de l'enquête, qu'ils s'étaient procuré auprès de lui des quantités variables d'héroïne durant toute la période visée, soit de septembre 1986 à avril 1987, et qu'il était connu comme fournisseur dans le milieu des toxicomanes de Saint-Étienne. Il y avait ici

---

321 CEDH 19 janvier 1998, *Dalia c./ France*, req. n° 26102/95.

322 CEDH 26 septembre 1997, *El Boujaïdi c./ France*, rec. 1997-VI.

323 CEDH 30 novembre 1999, *Baghli c./ France*, req. n° 34374/97.

324 CEDH 24 août 1999, *Farah c./ Suède*.

325 *Ibid.*, § 54.

326 LEVINET M., « La confirmation de l'infléchissement de la jurisprudence européenne relative aux mesures d'éloignement dans les premières décisions en la matière de la « nouvelle » Cour européenne des droits de l'Homme », *JCP*, n° 13, 28 mars 2001, II 10 503, p. 667 ; MARGUÉNAUD J.-P., « Reflux du droit au respect de la vie familiale des étrangers, *RTDC*, (4), octobre décembre 1996, p. 1025-1026 ; LABAYLE H., « L'éloignement des étrangers devant la Cour européenne des droits de l'Homme », *RFDA*, 13 (5) sept.-oct. 1997, p. 990 et s. ; ANDRIANTSIMBAZONVINA J., « Jurisprudence administrative et Convention européenne des droits de l'Homme 1995-1996 : l'adaptation progressive au droit européen des droits de l'Homme 1995-1996 », *RFDA*, 1997, p. 1246-1260.

327 JARREAU B., « Le respect de la vie privée et familiale, l'éloignement des étrangers, interdiction définitive du territoire français », *site du CREDHO*.

328 Dans Beldjoudi, il s'agissait d'infractions (série de vols avec violence), moins importantes pour le juge européen que le trafic de stupéfiant, et ce, malgré les huit ans de réclusion criminelle.

consommation mais aussi *trafic*, donc commerce, d'héroïne. La Cour a été sensible à ce commerce illicite qui a prévalu face à la vie familiale pourtant dense de l'intéressé. En effet, celui-ci faisait valoir qu'il était arrivé en France en 1974 à l'âge de sept ans, qu'il y avait habité jusqu'au 26 août 1993 (date de l'exécution de l'interdiction du territoire) et que ses parents, ses trois sœurs et son frère y résidaient régulièrement. Il a ajouté qu'il était père d'un enfant né dans ce pays le 6 juillet 1993 ; il aurait rencontré la mère française de celui-ci en janvier 1992 puis vécu en concubinage avec elle. Pourtant, face au danger que représentait le commerce d'héroïne pour l'ordre public, ces attaches familiales ont été jugées insuffisantes. De même dans l'affaire Baghli, le requérant était revendeur de drogue. L'information permit d'établir qu'il vivait en concubinage avec Mme C. à qui il fournissait du haschich et de l'héroïne, et avec laquelle il s'était livré à un *commerce illicite d'héroïne*. Alors qu'il faisait également valoir qu'il était arrivé en France à l'âge de deux ans, qu'il était l'aîné de la famille, que tous ses frères et sœurs avaient obtenu la nationalité française et qu'il avait toujours vécu en France, la Cour n'a pas retenu l'atteinte à la « vie privée et familiale » de cet immigré de deuxième génération : il a fait l'objet d'une interdiction *temporaire* de dix ans du territoire. Cette espèce a été confirmée en 2003 par l'affaire Benhebba[329], dans laquelle le juge européen a confirmé l'interdiction *temporaire* du territoire (dix ans) de l'étranger de deuxième génération, ayant détenu, transporté et acquis deux kilos de résine de cannabis. En somme, le principe de la « double peine »[330] est donc toléré devant la Cour[331] ; celle-ci accepte complètement le fait d'expulser ou d'interdire le territoire à un étranger même de seconde génération, alors qu'il a déjà purgé sa « peine » en prison.

En revanche, dans l'affaire Ezzouhdi[332], la Cour a dû se prononcer sur une affaire de *consommation* de drogue. L'intéressé a démontré qu'il n'y avait pas eu commerce mais uniquement consommation personnelle de cannabis et de haschisch. Le poids des liens privés familiaux a poussé le juge à relativiser cette infraction, étant donné qu'il y avait absence de commerce ; il a estimé par conséquent que la mesure d'interdiction *définitive* de territoire[333] n'était pas justifiée au regard des liens familiaux. Il semble qu'avec les jurisprudences Ezzouhdi et Boultif[334], le juge européen ait eu une approche moins excessive

---

[329] CEDH 10 juillet 2003, *Benhebba c./ France*, req. n° 53441/99.

[330] FAURE M., *Voyage au pays de la double peine, l'esprit frappeur*, 2000 ; GISTI, Double peine, *Revue Plein Droit*, Mai 2000. Sénat, *Double peine*, document de travail n° LC 117, février 2003 ; VADERMEEREN, « La double peine : diversité des ordres juridiques et pluralité des systèmes répressifs », *AJDA*, 2003, p. 1854 ; HUET I., « La double peine et la Convention européenne des droits de l'Homme », *in Les mesures relatives aux étrangers à l'épreuve de la Convention européenne des droits de l'Homme*, Bruylant Bruxelles, 2003, p. 59.

[331] S'agissant des mesures d'expulsion et des interdictions du territoire des étrangers ayant commis des infractions, des opinions dissidentes ont estimé que « *les lois pénales du pays d'accueil devraient normalement suffire à punir les actes délictueux des étrangers intégrés, de la même façon qu'elles sont réputées suffisantes pour les punir dans le cas d'un national* » (juge Foighel sous l'arrêt El Boujaïdi). Le juge Morenilla a considéré « *L'État qui a pour des raisons de convenance accueilli les travailleurs immigrés ; en cas d'échec de socialisation de ces étrangers, il devrait être tenu d'assurer leur réintégration sociale au lieu de les renvoyer dans leur pays d'origine dans lequel ils n'ont aucune attache* ». Autrement dit, toute société a les délinquants qu'elle mérite. D'autant que ces étrangers ont purgé leur peine en prison et qu'a leur sortie : ils sont renvoyés dans leur pays. C'est une double peine, en d'autre terme un bannissement légal.

[332] CEDH 13 février 2001, *Ezzouhdi c./ France*, req. n° 47160/99.

[333] Dans l'affaire Baghli, l'intéressé a eu une interdiction du territoire mais seulement de 10 ans. Le requérant Ezzouhdi a été condamné approximativement à la même peine de prison que M. Baghli, le caractère définitif de l'interdiction du territoire de M. Ezzouhdi a été déterminant, en plus de la moindre gravité de l'infraction.

[334] CEDH 2 août 2001, *Boultif c./ Suisse*, req. n° 54273/00.

de l'ordre public puisqu'il a estimé que les infractions étaient beaucoup moins graves que les arrêts Dalia, Boujlifa c. / France, Boughanemi, Bouchelkia, Baghli, Djaïd. Il n'était question que de « simple » consommation de cannabis[335] ou de brigandage et d'atteinte aux biens[336]. Ainsi malgré des attaches familiales comparables à M. Ezzouhdi ; M Djaïd, récidiviste et ayant reconnu tardivement son enfant (mais vivant en France depuis quasiment sa naissance), a été inculpé pour trafic international de drogue et de ce fait l'atteinte à l'article 8 n'a pas été retenu.

La Cour examine donc en profondeur la question de l'atteinte à la vie familiale, mais son impact varie selon -l'*infraction*, -la *mesure administrative* et -l'*étranger* en cause. Il apparaît qu'en général, la vie familiale d'un étranger (même de deuxième génération) n'est d'aucun poids dans la balance face à une infraction liée au commerce de stupéfiants ou aux crimes sur des individus ou encore lorsque la mesure litigieuse concerne une interdiction temporaire du territoire[337]. En revanche, la Cour européenne relativise le poids de l'atteinte à l'ordre public quand la mesure infligée à l'étranger de deuxième génération a des *effets radicaux*. Ainsi les effets irrémédiables de l'interdiction *définitive* du territoire ou d'une expulsion amènent la Cour à faire « primer » la « vie privée et familiale » de l'intéressé. Dans l'arrêt Yilmaz c./ Allemagne[338] , le juge a considéré que l'expulsion et l'interdiction illimitée du territoire étaient une atteinte à la vie familiale puisque le requérant avait une vie familiale dense et n'avait été condamné qu'à une peine globale de trois ans. Cette espèce a été confirmée par l'affaire Mokrani c./ France en juillet 2003 puisque l'expulsion d'un ressortissant algérien (né en France et ayant établi ses attaches familiales et personnelles en France) portait atteinte à l'article 8 alors même que ce requérant avait été condamné pour trafic de stupéfiant. L'intensité des liens personnels, ainsi que l'impossibilité pour son épouse d'aller poursuivre la vie familiale en Algérie, ont poussé le juge européen à retenir une atteinte disproportionnée de la mesure d'expulsion à la lumière de l'article 8. Dans le même sens, dans une autre espèce[339], le mariage avec une ressortissante du pays d'accueil ainsi que l'impossible poursuite de la vie familiale en Iran a permis au juge européen de relativiser l'atteinte à l'ordre public.

« *De la règle dépend l'appréciation subjective du juge* »[340], certaines jurisprudences européennes laissent la doctrine[341] sceptique, celle-ci propose que « *plutôt que l'approximation de ces argumentaires et de tels calculs d'apothicaire, le vrai courage de la Cour serait sans doute de fixer enfin clairement le droit de l'article 8 à l'égard des mesures telles que celle de l'interdiction du territoire tant leur conventionnalité de principe peut être discutée* »[342]... Comme Xavier Pesenti, il est opportun de manifester combien la

---

[335] CEDH 13 février 2001, *Ezzouhdi c./ France*, req. n° 47160/99.

[336] CEDH 2 août 2001, *Boultif c./ Suisse*, req. n°54273/00.

[337] Sauf dans l'affaire CEDH 6 février 2003, *Jakupovic c./ Autriche*, req. n° 36757/97 ; où l'interdiction temporaire du territoire de dix ans et l'expulsion d'un mineur de seize ans ont été considérées comme disproportionnées par la Cour européenne.

[338] CEDH 17 avril 2003, *Yilmaz c./ Allemagne*, req. n° 52853/99.

[339] CEDH 11 juillet 2002, *Amrollahi c./ Danemark*, req. n° 56811/00.

[340] ANDRIANTSIMBAZOVINA J. « Droit administratif et CEDH », *RFDA*, novembre-décembre 2002.

[341] *Ibid.*

[342] *Ibid.*

protection de l'article 8 montre ici toute « *la force et la faiblesse de la jurisprudence de la Cour européenne* »[343].

Le juge administratif, et plus spécifiquement le juge d'appel, ont repris cette démarche particulièrement sévère à propos du trafic de drogue[344]. Il convient de montrer que « *les grandes tendances sont partagées par les deux juges, contrôles de proportionnalité, acceptation des mesures d'éloignement à l'égard de certains étrangers délinquants. Il n'y a pas d'incompatibilité au sens fort. C'est ainsi que l'on peut parler de communauté de vue entre la jurisprudence du Conseil d'État et de celle de la juridiction de Strasbourg* »[345].

Ainsi, l'attitude de la Cour rejoint celle développée par le Conseil d'État[346] qui porte aussi une grande attention à la gravité des infractions commises par l'étranger. Il est possible de dire que la gravité des atteintes à l'ordre public constitue souvent la limite infranchissable, l'article 8 est donc un article « conditionnel », (contrairement à l'article 3 de la CEDH qui a une portée absolue). La Cour européenne n'a d'ailleurs pas hésité à protéger un trafiquant de drogue de l'expulsion en raison des traitements inhumains et dégradants qu'il pouvait subir de la part des « mafias colombiennes »[347] en cas de retour[348]. Toutefois, comme le juge européen, le juge interne procède parfois à des annulations d'expulsion[349] ou d'interdiction de territoire lorsque l'étranger a commis des infractions même très graves ; dans ce cas précis, l'étranger doit être né en France ou être arrivé tôt en France. Des éléments complémentaires d'appréciation (les gages de réinsertion familiale et professionnelle) sont souvent inefficaces pour atténuer la gravité des infractions[350]. La conduite exemplaire en prison ou la réinsertion sociale et professionnelle ont davantage d'impact lorsqu'il s'agit d'une infraction moins grave[351] ou lorsque l'étranger demande l'annulation d'un refus d'autorisation de séjour[352] ; le juge est dans ce cas plus attentif.

Enfin, quand il y a annulation d'une mesure d'expulsion, le juge administratif tire, là encore, des conséquences essentielles de l'article 8 en permettant d'abroger la mesure d'expulsion quand celle-ci porte atteinte au respect de la vie privée et familiale[353]. L'article 8 de la CEDH entraîne l'abrogation de la mesure d'expulsion[354].

---

[343] PESENTI X, *op. cit.*, p. 186.

[344] CE 6 avril 2001, *M. Djerrar*, req. n° 212106 ; CE 6 mars 2001, *Ministre de l'Intérieur c./ M. Sezer*, req. n° 227001 ; CAA de Nancy 16 mai 2002, *M. Sen*, n° 99NC02404 ; CAA Lyon 14 février 2002, *Ministre de l'Intérieur c./ Viegas*, req. n° 98LY00413 ; CAA Nantes 3 mai 2001, *Ministre de l'Intérieur c./ Dicko*, req. n° 99NT00114 ; CAA Marseille 20 novembre 2000, *Ministre de l'Intérieur*, req. n° 97MA11612 ; CE 19 mars 2003, *M. Maurice S.*, req. n° 216909 ; CE 19 mars 2003, *M. Luigi A.*, req. n° 235605.

[345] KLOEPFER W., Contribution à l'étude des rapports interjuridictionnels dans le domaine des droits fondamentaux, le Conseil d'État dans ses rapports au Conseil Constitutionnel et aux Cours européennes, Thèse de doctorat de droit public, (dact.), Toulouse, 2002, p. 260.

[346] ANDRIANTSIMBAZOVINA J., « L'enrichissement mutuel de la protection des droits fondamentaux au niveau européen et au niveau national, vers un contrôle de fondementalité ? », *RFDA*, janvier-février 2002, p. 132.

[347] CEDH 29 avril 1997, *HLR c./ France ; Cahiers du CREDHO*, n° 4, 1998, p. 65-79.

[348] Cf. Partie II, Titre II, Sous Titre I, Chapitre I, Section I, § I, A.

[349] CE 17 novembre 1997, *Zekraoui*, req. n° 171260 ; CE 28 juillet 2004, *M. Abdelrachid X.*, req. n° 251813.

[350] CAA Nantes 3 mai 2001, *Ministre de l'Intérieur c./ M. Dicko*, req. n° 99NT00114.

[351] CA 30 juin 1997, *Chatira*, req. n° 153384.

[352] CEDH 2 août 2001, *Boultif c./ Suisse*, req. n° 54273/00.

[353] CE 10 avril 1992, *Minin*, req. n° 76945 ; MAUGÜE C. et SCHWARTZ, *AJDA*, 1992, p. 454 ; DENIS-LINTON M., Conclusions, *RFDA*, 1993, p. 541.

[354] CE 10 juin 1994, *Benamar*, req. n° 127961, CE 22 juin 1994, *Amamra*, req. n° 148185, TA Dijon 9 juillet 2002, *Adil Faudil c./ Ministre de l'intérieur*, req. n° 020456 : l'intéressé était entré à l'âge d'un an en France, il a fait quatre ans de prison pour des faits isolés, il n'avait aucun lien avec son pays d'origine, il n'a pas reconstruit sa vie là-bas et son état de santé justifie l'abrogation de l'expulsion sur le fondement de l'article 8 de la CEDH.

3/ Mécanisme subsidiaire au statut interne de l'ordonnance (article 25 et 26)

Le législateur interne a déjà prévu « un système de protection » dans lequel des catégories sont exemptées de l'expulsion, dans les articles 25 et 26 de l'ordonnance de 1945. Mais ces interdictions ne sont pas totales : par exemple l'article 26 pose des protections quasi-absolues qui ne sont pas applicables lorsque les étrangers menacés d'expulsion ont des « *comportements de nature à porter atteinte aux intérêts fondamentaux de l'État, ou liés à des activités à caractère terroriste* », ou ont commis « *des actes de provocation explicite et délibérée à la discrimination, à la haine ou à la violence contre une personne déterminée ou un groupe de personnes* »[355]. La liste des étrangers protégés a été allongée par la loi du 26 novembre 2003 qui avait pour ambition de mettre fin à la situation des « doubles peines ». En réalité, cette loi ne supprime pas le système de la « double peine », puisqu'un étranger ayant commis des actes de délinquance peut toujours, en plus d'une peine de prison, faire l'objet d'un arrêté ministériel d'expulsion et d'une interdiction du territoire. Comme le GISTI[356], on constate que les nouveaux étrangers protégés par l'article 26 doivent remplir d'importantes conditions, par conséquent un nombre très réduit d'étrangers pourront bénéficier de la protection légale. Comme ces hypothèses légales sont définies de façon exhaustive, elles laissent entrevoir des faiblesses. Il faut espérer que grâce à l'article 8, le juge administratif protégera (comme il l'a toujours fait) l'étranger menacé d'expulsion dans certaines hypothèses inhumaines non prises en compte par les catégories légales. Le juge administratif apporte ainsi une protection « quasi-humanitaire ». La jurisprudence de l'article 8 du juge administratif en matière d'annulation des mesures d'expulsion apparaît alors comme *subsidiaire*. Les faibles annulations du juge administratif en matière d'expulsion s'expliquent sans doute par le statut légal (articles 25 et 26), qui « fausse » l'impact de l'application de la jurisprudence de l'article 8, et ce, d'autant plus que le juge administratif va rarement plus loin que les catégories d'étrangers protégés par l'ordonnance.

B/ La reconduite à la frontière et la protection limitée de l'article 8 de la CEDH

Le juge administratif a accepté le contrôle du respect de la vie privée et familiale de l'article 8 de la CEDH sur la reconduite à la frontière avec l'arrêt Babas rendu en 1991. Depuis, l'utilisation de l'article 8 est devenue quasi systématique, de ce fait le juge a développé une méthode d'analyse : des faisceaux d'indices qui permettent d'évaluer l'atteinte à la vie privée et familiale de l'étranger. Ces faisceaux sont évalués différemment de ceux utilisés pour l'expulsion puisque la reconduite entraîne un possible retour dans le pays d'accueil. Il est assez difficile d'aboutir à une systématisation du contentieux de

---

[355] Cf. loi n° 2004-735 du 26 juillet 2004 relative aux conditions permettant l'expulsion des personnes visées à l'article 26 de l'ordonnance de 1945, JO 28 juillet 2004, p. 13418.

[356] GISTI, La réforme de la double peine : les mesures transitoires (après la loi du 26 novembre 2003), juin 2004.

l'article 8 de la CEDH[357]. En raison d'une part de la diversité et de l'immensité du contentieux, d'autre part du caractère lacunaire et parfois elliptique des décisions du juge administratif[358]. Il convient cependant de constater que le juge retient une atteinte excessive de la vie privée et familiale lorsque l'étranger a établi toute sa famille en France[359], que tous ses intérêts[360] sont en France et qu'il n'a plus de liens avec son pays d'origine[361], qu'il doit suivre un traitement lourd[362], que le statut de réfugié a été obtenu par un membre de sa famille, en raison d'un long séjour en France[363]. Par contre, il n'estime pas fondé l'atteinte au respect du droit à la vie familiale lorsque l'étranger n'a pas de situation maritale (célibataire sans enfant[364] ou célibataire ayant gardé des attaches avec son pays d'origine[365]), qu'aucun obstacle n'empêche le retour de la famille[366] dans le pays d'origine, qu'il a un passé pénal, et que la durée de son séjour en France est courte ou irrégulière[367].

En résumé, la durée de résidence, l'intérêt du maintien sur le territoire et l'absence de lien avec le pays d'origine[368] semblent être les critères les plus pertinents pour le juge. A titre d'exemple, l'étranger en situation irrégulière, conjoint de ressortissant français récemment marié n'est pas protégé par l'article 8 de la CEDH, il n'est pas à l'abri d'une reconduite à la frontière. Lorsque le mariage est trop récent[369], le juge n'admet pas l'atteinte au respect de la vie privée ou familiale (la reconduite à la frontière est légale quand le mariage avec un ressortissant français date de mois de 8 mois[370]), étant donné que l'ordonnance de 1945 ne protège l'étranger marié avec un ressortissant français qu'au bout de deux ans de mariage (depuis la loi du 26 novembre 2003, article 25 2°). Cela montre bien la volonté du juge administratif de refuser toute protection aux couples mixtes avant l'expiration du délai légal prévu. Le champ de l'article 8 est donc conditionné par le délai légal[371].

En définitive, le juge administratif annule peu les reconduites à la frontière sur le fondement de l'article 8, il n'est pas très regardant sur les atteintes au respect de la « vie familiale ». Cette attitude est contestable car les reconduites à la frontière sont souvent accompagnées d'interdictions du territoire entraînant, par conséquent, une rupture importante du lien familial. De surcroît, ici aussi l'article 25 de l'ordonnance vient fausser l'impact de l'article 8 de la CEDH. Puisque beaucoup de situations familiales sont protégées, « en amont », par cet article. Comme pour l'expulsion, ces dispositions internes prévoient des protections de la « vie privée et familiale » formalisées sous forme de listes

---

[357] Voir un bilan de la jurisprudence D'HAËM R., « Le contrôle du juge administratif et le contentieux de la reconduite à la frontière », *LPA*, 17 novembre 1995, n° 135, p. 5-12.

[358] Henri LABAYLE estime à ce propos qu'il est difficile de déceler précisément selon quel critère la durée et les conditions de séjour d'un étranger peuvent s'opposer à l'exécution d'un arrêté de reconduite à la frontière, *RFDA*, 1998, p. 1215.

[359] CE 29 septembre 1997, Préfet des Hauts de Seine c./ Melle Ziyouti, req. n° 184723.

[360] CE 5 novembre 1997, *Préfet de Police c./ Mme Chen*, req. n° 182220.

[361] CE 29 décembre 1997, *Préfet des Yvelines c./ Mme Ebtedaei*, req. n° 180063.

[362] CE 38 avril 2004, *Préfet de Police c./ Yang*, req. n° 254326.

[363] CE 30 juillet 1997, *Mme Ye*, req. n° 184972.

[364] CE 7 avril 1999, *Baradji*, req. n° 201130 ; CE 26 mai 1997, *M El Mentra*, req. n° 150776.

[365] CE 28 mai 2001, *Diakhite*, req. n° 205450.

[366] CE 10 septembre 1997, *Préfet des Yvelines c./ M. Natalba*, req. n° 170528.

[367] CE 12 février 1997, *M. Chooraman*, req. n° 167248.

[368] CE 23 mai 1997, *Mme Li et autres*, req. n° 158469 à 158471.

[369] CE 26 février 2001, *Préfet de Police c./ Tarek, req.* n° 215870.

[370] CE 2 octobre 1995, *M. Nachate*, req. n°163143.

[371] CE 6 octobre 1999, *Préfet de l'Essonne c./ Dekkiche*, req. n° 203343.

dans les articles 25 et 26. L'article 8 vient compléter cette liste et le juge ne censure que les cas extrêmes qui n'entrent pas dans ces articles.

CHAPITRE II : LES GARANTIES PROCÉDURALES EUROPÉENNES ET LE CONTENTIEUX DES ÉTRANGERS

L'ancienne Commission et la Cour européenne des droits de l'Homme ont développé une importante jurisprudence sur les garanties procédurales ou juridictionnelles. Certaines d'entres elles directement concernent les ressortissants étrangers. L'article 5 § 1 f)[1] de la CEDH apporte des garanties aux cas de refoulement, d'expulsion ou d'extradition[2] des étrangers sous l'angle de la privation de liberté. Progressivement, les organes de Strasbourg ont montré comment la privation de liberté en rétention administrative ou en zones internationales devait se dérouler pour être conforme au standard conventionnel.

Les garanties amenées par le juge européen apparaissent comme complémentaires à celles déjà existantes dans le statut interne. D'autres dispositions de la CEDH procurent une « *protection indirecte* »[3] aux étrangers grâce à l'apport de nouvelles garanties procédurales que le texte initial n'avait pas prévues. Ainsi, le recours effectif, le droit à un tribunal et bien d'autres droits de la défense ont émergé et renforcé les garanties procédurales du statut interne de l'étranger.

Grâce à un dialogue jurisprudentiel entre les juridictions européennes, constitutionnelles et administratives, les garanties procédurales européennes ont confirmé celles déjà existantes en France. La jurisprudence européenne est venue encadrer la privation de liberté des étrangers en instance d'éloignement ou de refoulement. Plus volontariste, elle a conforté « par ricochet » l'essentiel des garanties juridictionnelles issues du contentieux des étrangers.

Il conviendra d'analyser dans une première section la privation de liberté de l'étranger encadrée par la jurisprudence européenne et dans une seconde section l'influence relative des garanties juridictionnelles européennes dans le contentieux des étrangers.

---

[1] « *Toute personne a droit à la liberté et à la sûreté. Nul ne peut être privé de liberté, sauf dans les cas suivants et selon les voies légales : (...) f) S'il s'agit de l'arrestation ou de la détention régulière d'une personne pour l'empêcher de pénétrer irrégulièrement dans le territoire, ou contre laquelle une procédure d'expulsion ou d'extradition est en cours* » ; MURDOCH J. L., *L'article 5 de la convention européenne des droits de l'Homme, la protection de la liberté et de la sûreté de la personne*, éd. Conseil de l'Europe, n° 12, 1996 ; DE MEYER J., « Article 5§1 », in La CEDH : commentaire article par article, (Sous la direction L.-E., PETTITI, E. DECAUX, P.-H IMBERT), 2ème éd., 1999, p. 188-201 ; KOERING-JOULIN R., « Article 5 § 4 », in La CEDH : commentaire article par article, (Sous la direction L.-E., PETTITI, E. DECAUX, P.-H IMBERT), 2ème éd., 1999, p. 229.

[2] Sur cette question voir les arrêts CEDH 22 mars 1995, *Quinn c./ France*, A 311 ; L.-E, PETTITI, *RSC*, 1995, p .643 ; KOERING-JOULIN R., *RSC*, 1996, p. 466 ; RENUCCI J.-F., *D.*, 1996, som. Comm., p. 198 ; CEDH 24 septembre 1992, *Kolompar c./ Belgique*, A-235 C ; CEDH 21 octobre 1986, *Sanchez-Reisse*, A-107.

[3] RENUCCI J.-F., *Droit européen des droits de l'Homme*, 2ème éd. 2001, LGDJ, p. 252 et s.

Section I : La privation de liberté de l'étranger encadrée par la jurisprudence européenne

Deux types de privation de liberté sont autorisés à condition qu'ils respectent strictement « *les voies légales* ». Tout d'abord, la privation momentanée de liberté est possible dans les zones d'attente (zones de transit ou internationales), c'est-à-dire dans les ports, les gares et les aéroports, pour permettre aux autorités de décider de l'entrée ou du refoulement des étrangers. Ce temps passé en zone d'attente a d'abord fait l'objet d'un encadrement procédural suite à une décision du Conseil constitutionnel. Peu après, la jurisprudence européenne a posé les garanties nécessaires pour que cette privation de liberté soit respectueuse des droits de l'Homme. La Cour européenne a *corroboré* les garanties internes posées par le Conseil constitutionnel. Il y a donc une influence entre les ordres juridiques pour aboutir à la protection de l'étranger maintenu en zone d'attente. Ensuite, la privation de liberté est possible lors d'une rétention administrative à condition qu'elle soit liée à une procédure d'éloignement en cours. Le juge européen a pris des dispositions favorables à la rétention administrative complétant ainsi les garanties posées par les juges constitutionnels et administratifs. Le droit des étrangers s'en est trouvé enrichi.

La confirmation conventionnelle des garanties procédurales lors du maintien de l'étranger en zone d'attente (§I) et les garanties conventionnelles confirmatives lors de privation de liberté d'un étranger en instance d'éloignement (§II) seront successivement analysées.

§ I : Confirmation conventionnelle des garanties procédurales lors du maintien d'un étranger en zone d'attente

La « zone internationale »[4] ou la « zone de transit » appelée aujourd'hui « zone d'attente »[5] a longtemps été un espace[6] de non-droit[7], sans existence juridique[8]. Les étrangers y étaient retenus sans protection et dans des conditions inhumaines[9]. L'hôtel

[4] Voir article de DECAUX E., « L'approche du droit international : zone internationale, zone frontière, zone de transit, zone franche, zone géographique et aménagements juridiques », *in ANAFÉ, frontières du droit, frontières des droits, l'introuvable statut de la « zone internationale*, éd. L'Harmattan, 1993, p. 31-43.

[5] ANAFÉ, Zone d'attente : 10 ans après, les difficultés persistent, visites quotidiennes à Roissy en mai 2002, mars 2003 ; ANAFÉ, La Roulette russe de l'asile à la frontière ?, Zone d'attente : qui détourne la procédure ? ; Rapport sur la procédure d'admission sur le territoire au titre de l'asile, novembre 2003.

[6] La zone d'attente est délimitée depuis la loi du 6 juillet 1996 modifiée par celle de 27 décembre 1994 à l'article 35 *quater* I 3° « *par le représentant de l'État dans le département. Elle s'étend des points d'embarquement et de débarquement à ceux où sont effectués les contrôles des personnes. Elle peut inclure, sur l'emprise ou à proximité de la gare, du port ou de l'aéroport, un ou plusieurs lieux d'hébergement assurant aux étrangers concernés des prestations de type hôtelier* ».

[7] ANAFÉ, Frontières du droit, frontières des droits, l'introuvable statut de la « zone internationale, (Sous la direction de JULIEN-LAFERRIÈRE F.), éd. L'Harmattan, 1993.

[8] Sur l'absence de statut propre de cette zone et les divergences d'appréciation : voir la jurisprudence du CE 27 janvier 1984, *Eksir et autres*, rec. Lebon, p. 30; ROBERT J., *RDP*, 1984, p. 801, et celle de la Cour de cassation : Cass. crim. 28 octobre 1987, *Procureur général de Paris et Youssef*, JULIEN-LAFERRIÈRE F., *D.*, 1989. som., p. 137.

[9] Au regard des divers rapports associatifs, les conditions ne se sont pas beaucoup améliorées aujourd'hui en raison du nombre grandissant d'étrangers retenus dans ces zones. Rapport ANAFÉ, Zone d'attente en marge de l'État de droit, mai 2001 ; RODIER C., « Zone d'attente de Roissy : à la frontière de l'État de droit », *Hommes et*

« Arcade » à Roissy constituait cette zone d'infra-droit où les autorités françaises retenaient sans aucun fondement juridique les étrangers, jusqu'à ce qu'une place dans un avion leur soit trouvée pour les renvoyer dans leur pays. En 2003[10], 15 498 étrangers ont été maintenus en zone d'attente.

Si la protection conventionnelle s'est développée dans le droit des étrangers retenus en zone d'attente, ce n'est pas elle qui a apporté les premières garanties dans le statut interne de l'étranger. Le Conseil constitutionnel a été précurseur en la matière, puisqu'il a posé le cadre juridique que doit respecter le législateur (A). La Cour européenne a eu ensuite à se prononcer sur la privation de liberté d'étrangers retenus en zone de transit (avant l'entrée en vigueur de la loi du 6 juillet 1992 sur les zones d'attente). Le juge européen a *confirmé* les garanties procédurales en zone de transit grâce à un intéressant mécanisme de « mimétisme jurisprudentiel » (B).

A/ Délimitation constitutionnelle des garanties procédurales en cas de privation de liberté en zone de transit

Depuis la loi du 6 juillet 1992[11], dans la zone d'attente, les étrangers disposent de certaines garanties juridiques[12]. Dans les ports, les aéroports, les gares ou dans tous lieux à proximité d'un débarquement[13], les autorités décident du sort des étrangers entrés illégalement sur le sol français, dans le respect de ces garanties. Un tri aux frontières s'organise : lorsqu'un candidat à l'asile présente sa demande, elle est sommairement examinée par les autorités françaises qui décident si ce dernier peut rester sur le territoire (sa demande d'asile est alors fondée[14]) ou s'il doit être refoulé (la requête est dans ce cas manifestement non fondée). Théoriquement, tous les autres étrangers ne doivent pas rester sur le territoire puisqu'ils y sont entrés irrégulièrement, ils sont alors rapatriés vers leur pays d'origine. La zone d'attente permet ainsi aux autorités d'effectuer le tri entre les étrangers autorisés ou non à rester sur le territoire et ainsi de renvoyer ceux qui se trouvent en situation irrégulière.

Migrations, n° 1238, juillet-août, 2002, p. 23-21 ; ANAFÉ, « Frontière et zone d'attente, une liberté de circulation sous contrôle », Colloque au Sénat 19 et 20 octobre 2001, éd. L'harmattan, 2002 ; ROTMAN C., « Zones d'attente, zones violentes, Deux rapports dénoncent les brutalités policières «courantes et nombreuses» envers les étrangers retenus à Roissy », *Libération*, 7 mars 2003. Et surtout : *La zone d'attente de Roissy, une zone de non-droit*, rapport de Médecin du Monde, 2002, *Violences policières en zone d'attente*, rapport de l'ANAFÉ, 2002, *Zone d'attente : 10 ans après, les difficultés persistent. Visites quotidiennes à Roissy en mai 2002.* Cf. communiqué d'ANAFÉ du 23 février 2005 sur de graves violences en zone d'attente. ANAFÉ, *La frontière et le droit : la zone d'attente de Roissy sous le regard de l'ANAFÉ, bilan de six mois d'observation associative*, (avril-octobre 2004), novembre 2004.

[10] Ce chiffre est en baisse entre 2001 (23 072) et 2002 (15 498) et de moins 25 % en 2002 et 2003.

[11] Loi n° 92-625 du 6 juillet 1992 sur *les zones d'attente des ports et aéroports* portant modification de l'ordonnance n° 45-2658 du 2 novembre 1945 *relative aux conditions d'entrée et de séjour des étrangers en France*. Ministre de l'Intérieur et de la sécurité publique, *Zone d'attente des ports et des aéroports, bilan d'application de la loi du 6 juillet 1992*, 1993, non publié.

[12] BOURGUET C., « Les garanties en droit interne », in ANAFÉ, Frontières du droit, frontières des droits, l'introuvable statut de la « zone internationale, éd. L'Harmattan, 1993, p. 189-204.

[13] Loi du 26 novembre 2003 qui a légalisé la pratique de février 2001 à la suite du débarquement d'un millier de Kurdes sur les plages de Fréjus.

[14] JULIEN-LAFERRIÈRE F., « Le traitement des demandeurs d'asile en zone d'attente », *Hommes et Migrations*, n° 1238, juillet-août 2002, p. 32-44.

La première initiative tendant à légiférer sur la zone internationale date de l'amendement « Marchant » du 22 janvier 1992[15]. Cet amendement répondait à un désir d'accélérer les décisions de refoulement ou de rapatriement pour des étrangers auxquels l'accès au territoire était refusé. Après avoir été longuement discutée et modifiée[16], la disposition « Marchant » a finalement été invalidée par le Conseil constitutionnel le 25 février 1992[17] (1). À cette occasion, le juge constitutionnel a émis des réserves sur les dispositions de l'article 8 du projet de loi du 26 février 1992 réglementant « les zones de transit ». Le Conseil constitutionnel a pris là une décision importante qui a modifié les conditions de détention des étrangers en zone de transit et leurs garanties procédurales, façonnant ainsi le statut juridique actuel (2).

1/ Le « poids » de l'invalidation de la loi sur la réglementation des zones de transit

L'article 8 de la loi du 22 janvier 1992 prévoyait de maintenir l'étranger en zone de transit pour une période ne dépassant pas vingt jours[18], c'est-à-dire *« pendant le temps strictement nécessaire à son départ ou à l'examen de sa demande d'admission sur le territoire »*[19]. Cette décision de maintien devait être *« prononcée par une décision écrite et motivée du chef du service de contrôle aux frontières ou d'un fonctionnaire désigné par lui, titulaire du grade d'inspecteur »*[20]. De plus, l'article 8 posait le principe selon lequel *« l'étranger est libre de quitter à tout moment la zone de transit pour toute destination étrangère de son choix »*[21]. Enfin, l'assistance d'un interprète, d'un médecin et d'une personne pouvant l'informer de ces droits au moment de son maintien étaient les seules garanties procédurales instaurées dans ce premier texte[22]. L'ensemble de ces garanties face à la contrainte de la privation de liberté en zone de transit a été jugé insuffisant par le juge constitutionnel. Il a soulevé des arguments majeurs pour invalider la loi.

Dans un premier temps, le juge constitutionnel a émis une réserve d'interprétation sur les zones de transit et le maintien des demandeurs d'asile. Il rappelle les exigences françaises en matière d'asile[23] pour conclure « *qu'un étranger qui a sollicité son admission*

---

[15] Loi n° 92-190 du 22 janvier 1992.

[16] JULIEN-LAFERRIÈRE F., « De l'application des accords de Schengen au statut des « zones d'attente » : chronique d'une loi annoncée », *AJDA*, 1992, p. 656 et s ; TURPIN D., « La loi du 6 juillet 1992 sur la zone d'attente des ports et aéroports », *LPA*, 6 novembre 1992, p. 11.

[17] Décision n° 92-307 du 25 février 1992, JORF 27 février 1992, rec. p. 48 ; ROUAULT M.-C., *D.*, 1993, p. 225 ; TURPIN D., « La loi du 6 juillet 1992 sur la zone d'attente des ports et aéroports », *LPA*, 6 novembre 1992, p. 11 ; VAN TUONG N., *JCP.*, 1992, II, 21848., LOCHAK D., *JDI*, 1992, p. 677 ; JULIEN-LAFERRIÈRE F., « De l'application des accords de Schengen au statut des « zones d'attente » : chronique d'une loi annoncée », *AJDA*, 1992 », p. 656 ; GENEVOIS B., « L'entrée des étrangers en France : le rappel des exigences constitutionnelles », *RFDA*, 1992, p. 185. GAIA P., *RFDC*, 1992, p. 311 ; BONNECHÈRE M., *Droit ouvrier*, 1992, p. 146 ; AVRIL P. et GICQUEL J. *Pouvoirs*, 1992 (62), p. 173, 189-192 ; G.E.R.J.C., *AIJC*, 1992, p. 516-519.

[18] Article 8-1 de la loi du 22 janvier 1992.

[19] Ibidem.

[20] Article 8-2 de la loi du 22 janvier 1992.

[21] Cet argument sera repris par le gouvernement français pour se défendre devant la Commission et la Cour européenne des droits de l'Homme dans l'affaire *Amuur c./ France*.

[22] Article 8-3 de la loi du 22 janvier 1992.

[23] Le préambule de la Constitution du 27 octobre 1946, la Convention de Genève du 28 juillet 1951 relative au statut des réfugiés, modifiée par le Protocole de New York du 31 janvier 1967, font obstacle à ce que les documents en cause puissent être exigés des personnes qui, demandant à entrer sur le territoire français, peuvent

en France au titre de l'asile ne saurait faire l'objet d'un maintien en zone de transit le temps nécessaire à son départ, moyennant des garanties adéquates, que s'il apparaît que sa demande d'asile est manifestement infondée ; que, sous cette réserve d'interprétation, l'article 8 de la loi ne méconnaît pas le quatrième alinéa du préambule de la Constitution de 1946 »[24]. Cette réserve d'interprétation a été très importante car elle a permis de limiter, dans la durée, le maintien des demandeurs d'asile. Néanmoins, François Julien-Laferrière s'interrogeait à juste titre sur l'absence de précision concernant la signification de la « demande d'asile infondé »[25]. Par ailleurs, les autres étrangers en transit qui n'ont pas l'intention de déposer une demande d'asile fondée doivent être non-admis par les autorités puisqu'ils se trouvent en situation irrégulière (sans titre de circulation sur le territoire). De plus, aucune précision n'a été apportée par le juge constitutionnel sur le sens de « garanties adéquates ». Dans son considérant suivant, il apporte une précision partielle en ne s'intéressant qu'aux garanties procédurales.

Dans un deuxième temps, le juge s'est attaché aux carences des garanties procédurales. Il a tout d'abord signalé le degré de privation de liberté en zone d'attente. Pour ce faire, le juge a utilisé un argument (argument que les organes de Strasbourg utilisaient déjà dans la jurisprudence européenne relative à l'article 5[26] : « *la privation et la simple restriction de liberté* ») : celui de « *la différence de degré de contrainte* » entre la rétention administrative et le maintien en zone d'attente[27]. Pour le Conseil constitutionnel, la privation de liberté en zone de transit est moindre comparée à celle de la rétention administrative ; l'étranger n'y est ni détenu ni retenu mais simplement maintenu[28].

Ensuite, l'argument décisif qu'a soulevé le juge est celui de la garantie des libertés individuelles en zone d'attente : « *Considérant que, quelles que soient les garanties dont les dispositions de l'article 35 quater entourent le maintien en zone de transit des étrangers, ces dispositions ne prévoient pas l'intervention de l'autorité judiciaire en vue d'autoriser, s'il y a lieu, la prolongation du maintien, et en lui permettant ainsi d'apprécier, de façon concrète, la nécessité d'une telle mesure ; qu'en tout état de cause, sa durée ne saurait excéder un délai raisonnable; Considérant qu'il suit de là qu'en conférant à l'autorité administrative le pouvoir de maintenir durablement un étranger en zone de transit, sans réserver la possibilité pour l'autorité judiciaire d'intervenir dans les meilleurs délais, l'article 35 quater ajouté à l'ordonnance du 2 novembre 1945 par l'article 8-I de la loi déférée est, en l'état, contraire à la Constitution* ». Le juge constitutionnel a censuré

---

prétendre à la qualité de réfugié politique.

[24] Décision n° 92-307 du 25 février 1992.

[25] JULIEN-LAFERRIÈRE J., *op. cit.*, p. 656 et s.

[26] Rapport Chypre c./ Turquie du 10 juillet 1976, p. 82. § 25 et p. 100 § 286. CEDH 6 novembre 1980, *Guzzardi c./ Italie*, A-39 § 92 ; COHEN-JONATHAN G., *CDE*, 1982, p. 188 ; PELLOUX R., *AFDI*, 1981, p. 291 ; ROLLAND P., *JDI*, 1982, p. 204. (Assignation à résidence sur une petite île considérée comme une privation de liberté).

[27] Le juge Constitutionnel rappelle la différence de contrainte entre la rétention administrative et la zone de transit. Il avait à invalider comme étant contraire à la constitution la rétention administrative pour une durée de dix jours, même placée sous le contrôle du juge, des étrangers ayant fait l'objet d'un arrêté d'expulsion ou d'une mesure de reconduite à la frontière. DC 3 septembre 1986, relative à la «loi Pasqua». 28 juillet 1989 - DC n° 89-261 sur la loi relative aux conditions de séjour et d'entrée des étrangers en France rec. p. 81, JORF 1er août 1989 (et rectificatif 5 août 1989) ; PRÉTOT X., *D.*, 1990, Jur., p. 161 ; OSMAN F., « Le juge judiciaire gardien de la liberté individuelle, mythe ou réalité ? », *GP*, 25-27 février 1990, p. 2 ; GENEVOIS B., *AIJC*, 1989, p. 510 ; GENEVOIS B., « La compétence constitutionnelle du juge administratif et la police des étrangers », *RFDA*, 1989, p. 691 ; CHEVALLIER J., *AJDA*, 1989, p. 619.

[28] Cf. DPE, « Zones d'attente ».

l'article 8-1 en raison de l'absence du juge judiciaire dans la procédure de maintien en zone de transit ; ce manque entache d'inconstitutionnalité l'ensemble de l'article, sur le fondement de l'atteinte à l'article 66[29] de la Constitution. Cette importante garantie a été peu après vivement rappelée par la Cour Européenne.

2/ L'influence de l'invalidation sur les garanties actuelles en zone d'attente

Peu après ce désaveu constitutionnel, une nouvelle loi[30] a vu le jour. Elle modifiait la réserve d'interprétation sur les demandeurs d'asile et l'invalidation constitutionnelle en insérant, notamment, le contrôle de l'autorité judiciaire[31] pour la prolongation du maintien en zone d'attente ou pour son renouvellement. A partir de là, le juge judiciaire devait faire respecter les règles de procédure relatives à la tenue de l'audience et à l'exercice des voies de recours prévues à l'article 35 *quater*. Il lui incombait également de vérifier que l'étranger placé en zone d'attente était traité dignement[32].

De plus, une série de garanties minimales furent instituées par la loi de 1992: - nécessité pour l'administration d'exposer les raisons pour lesquelles l'étranger n'a pu être rapatrié dans les quatre jours, possibilité pour l'étranger -de bénéficier d'une assistance[33], d'un interprète[34] afin de comprendre les raisons pour lesquelles le placement a été décidé ; - de désigner un conseil d'office ; -de faire appel de cette décision. Le législateur a aussi prévu des dispositions permettant plus de transparence dans cet espace longtemps resté opaque. Ainsi, le Procureur de la République doit visiter « *chaque fois qu'il estime nécessaire et au moins une fois par an* »[35] la zone d'attente, des représentants d'associations humanitaires et le délégué du Haut Commissariat des Nations Unies pour les réfugiés peuvent également accéder à la zone dans des conditions prévues par décret[36] et, depuis la loi du 25 juin 2000[37], les parlementaires ont eux aussi accès à la zone. De plus, depuis

---

[29] « *Mais considérant que le maintien d'un étranger en zone de transit, en raison de l'effet conjugué du degré de contrainte qu'il revêt et de sa durée, a néanmoins pour conséquence d'affecter la liberté individuelle de la personne qui en fait l'objet au sens de l'article 66 de la Constitution ; que si la compétence pour décider du maintien peut être confiée par la loi à l'autorité administrative, le législateur doit prévoir, selon des modalités appropriées, l'intervention de l'autorité judiciaire pour que celle-ci exerce la responsabilité et le pouvoir de contrôle qui lui reviennent* ».

[30] Loi n° 92-625 du 6 juillet 1992 *sur les zones d'attente des ports et aéroports portant modification de l'ordonnance n° 45-2658 du 2 novembre 1945 relative aux conditions d'entrée et de séjour des étrangers en France.*

[31] TRASSOUDAINE S., *L'intervention judiciaire dans le maintien en zone d'attente des étrangers en rétention administrative et en zone d'attente*, Bull, info C. Cass., n° Hors série, 1er juillet 2001.

[32] CASS 29 décembre 2001, n° 2402Q01.

[33] Civ. 2e 25 janvier 2001, pourvoi n° 99-50.067.

[34] Civ 2e 5 juillet 2001, pourvoi n° 99-50.72.

[35] Loi du 26 novembre 2003, article 35 quater V.

[36] Décret n° 95-507 du 2 mai 1995, JORF 4 mai 1995 modifié par décret n° 98-510 du 17 juin 1998, JORF 25 juin 1998. CE 5 mai 1999, *Comité rhodanien d'accueil des réfugiés et de défense du droit d'asile* ; CE 3 octobre 1997, *ANAFÉ*, rec. CE p. 328.

[37] Loi du 15 juin 2000 renforçant la protection de la présomption d'innocence et le droit des victimes a créé dans le code de procédure pénale un nouvel article 720 1 A ; circulaire 2 janvier 2001 *relative à la visite des locaux en zones d'attente et des centres de rétention par les députés et sénateurs ;* cf. aussi les visites de la nouvelle Commission nationale de contrôle des centres et locaux de rétentions administrative et des zones d'attente *: décret n° 2005-616 du 30 mai 2005 relatif à la Commission nationale de contrôle des centres et locaux de rétentions administrative et des zones d'attente pris en application de l'article 35 nonies de l'ordonnance n° 45-2658 du 2*

quelques années, avec l'augmentation des mineurs en zone d'attente, le gouvernement français a imposé la présence d'un administrateur *ad hoc* pour assurer la représentation du mineur dans les procédures administratives et juridictionnelles afférentes à son entrée sur le territoire[38].

Malgré ces nouvelles dispositions, la zone d'attente n'est pas, pour autant, exempte de critiques. L'étranger détenu en zone d'attente est souvent soustrait à tout contrôle pendant quatre jours (quarante-huit heures renouvelables une fois). Malgré les demandes faites par de nombreuses associations, l'étranger ne dispose toujours pas de recours suspensif[39] face à la décision de refus d'entrée sur le territoire. Toutefois, s'il demande l'asile, il peut, depuis la réforme du 30 juin 2000[40], grâce à l'article L 521-2 du Code de justice administrative, utiliser le référé-liberté devant le juge des référés[41], lors d'un refus d'entrée prononcé par le Ministre de l'Intérieur après l'avis de l'OFPRA.

En pratique les étrangers ont du mal à contacter un avocat dans le temps imparti pour faire les recours nécessaires. De plus, cette « *phase administrative* » est contestée par la doctrine[42] même si la décision du maintien est portée à la connaissance du procureur de la République[43]. Le délai moyen de maintien en zone d'attente avant le renvoi est de moins de quatre jours[44]. Les étrangers ont très peu de temps pour saisir le juge et préparer leur défense. La plupart d'entre eux n'ont pas la possibilité de faire un recours devant le juge pour contester la décision initiale de maintien ou le caractère fondé de leur demande d'asile, puisqu'ils sont souvent renvoyés avant même que les conditions du maintien soient examinées par le juge judiciaire.

En conclusion, si des garanties procédurales ont été exigées par le juge constitutionnel, il est regrettable, comme le signale très justement François Julien-Laferrière[45], que le législateur n'ait toujours pas défini la situation juridique des étrangers dans les zones d'attente, ni quels types d'étrangers peuvent être détenus en zone d'attente.

Ces garanties minimales étant dégagées par le juge constitutionnel, le juge européen a pris « le relais » en posant certaines garanties quasi identiques. Le juge européen a donc affirmé des garanties confirmatives semblables à celle développées par le juge constitutionnel.

---

novembre 1945 modifiée, JORF 125 du 31 mai 2005.

[38] Loi n° 2002 4 mars 2002, article 17-I, article 35 quater § XI de l'ordonnance du 2 novembre 1945 ; JULIEN-LAFERRIÈRE F., « Le statut du mineur étranger retenu en zone d'attente », *D.*, 2001, 2773 ; MARTINI J.-F., « Halte garderie en zone d'attente ? », *Revue Plein Droit*, n° 50, juillet 2001, p. 34.

[39] La décision d'un refus d'entrée est susceptible de recours pour excès de pouvoir dans les deux mois, CE 27 mars 1997, *M. Kasmi*, req. n° 152789 sans suspension CE 27 janvier 1984, *Ekir*, rec. CE p. 30.

[40] Loi n° 2000-597 du 30 juin 2000, article L 521-1 et 521-2.

[41] CE, juge des référés, 25 mars 2003, *M. X.*, req. n° 255237.

[42] JULIEN-LAFERRIÈRE F., *op. cit.*, p. 656 et s.

[43] Article 35 *quater* II.

[44] Les chiffres de 2002 délivrés par le Ministre de l'Intérieur sont de 70 heures pour les non-admis.

[45] JULIEN-LAFERRIÈRE J., *Droit des étrangers*, éd. PUF, 2000, p. 67.

B/ Mimétisme jurisprudentiel dans l'affaire Amuur[46] rendue par le juge européen

La jurisprudence Amuur[47] est l'exemple de la confirmation conventionnelle des bases constitutionnelles posées par le juge dans sa décision sur les zones de transit[48]. Dans cette affaire, par une sorte de « mimétisme jurisprudentiel », le juge européen a répété quasiment à l'identique les termes du juge constitutionnel issus de sa décision du 25 février 1992. Dans cette décision, la France avait été condamnée en raison des conditions de détention d'étrangers demandeurs d'asile dans la zone internationale à Roissy, avant la réforme réalisée par la loi du 6 juillet 1992 sur les zones d'attente. La Cour européenne a rappelé les droits et les garanties qui entourent « *la détention régulière d'une personne pour l'empêcher de pénétrer irrégulièrement dans le territoire* », prévue à l'article 5 § 1 f) de la CEDH. Cette jurisprudence de la Cour européenne a marqué la confirmation de l'application de l'article 5 aux étrangers et des garanties qui en découlent (1). Devant le juge administratif, ces garanties conventionnelles ont été opposées au statut interne de l'étranger. (2).

1/ Les obligations conventionnelles lors d'une détention régulière

L'affaire Amuur concernait la consignation de demandeurs d'asile somaliens, du 9 mars 1992 au 29 mars 1992 dans un hôtel transformé en zone internationale. Les autorités aux frontières ont refusé leur admission sur le territoire français et les ont maintenus vingt jours en zone internationale pour ensuite les renvoyer vers la Syrie (pays qui n'a pas ratifié la Convention de Genève). La Commission avait été saisie sur le fondement de l'atteinte à l'article 5-1 f) de la CEDH. Adoptant les arguments du gouvernement français[49], elle a estimé qu'il n'y avait pas privation de liberté au sens de l'article 5. Pour elle, en zone internationale, l'étranger avait toujours la possibilité de repartir vers son pays d'origine et il n'était pas, par conséquent, privé de sa liberté de circulation. Cet argument était fortement

---

[46] CEDH 25 juin 1996, *Amuur c./ France*, recueil 1996–III, n° 11 ; PEREZ S., *D.*, 1997, sommaire commenté, p. 203 ; SUDRE F., *JCP*, 1997, I, 4000, n° 11 ; KOERING-JOULIN R., *RSC*, 1997, p. 457 ; FLAUSS J.-F., *AJDA*, 1996, p. 1016 ; DUFFAR J., « L'arrêt de la CEDH, 25 juin 1996 Amuur c./ France », *in « Libertés », Mélanges J. ROBERT*, Montchrestien, 1998, p. 345 et s. ; DE SCHUTTER O., « Privation de liberté et maintien en zone internationale. Observation sous Cour européenne des Droits de l'Homme, *Amuur c./ France*, 25 juin 1996 », *RDE*, 1996, n° 89. ; TAVERNIER P., *JDI*, 1997, p. 223 ; KAZATCHKINE N., obs., *RTDH*, 1997, p. 665 ; TEITGEN-COLLY C., « L'éloignement des étrangers et les articles 5 et 6 de la CEDH », *Les étrangers et Convention européenne de sauvegarde des droits de l'Homme et des libertés fondamentales*, éd. LGDJ, Paris, 1999, p. 243-320.

[47] Une première requête concernant des Tamoules maintenus en 1991 dans la zone internationale dans l'Hôtel Arcade, avait été portée devant la Commission pour violation de l'article 5. (Décision 16 octobre 1992, req. n° 18560/91, *RUDH*, 1993, p. 74) Celle-ci avait accepté la recevabilité de la demande. Mais cette affaire avait été finalement radiée en 1994. Requête n° 18560/91 *D.S., S.N. et B.T. c./ France*, rapport de la Commission adopté le 5 septembre 1994.

[48] Cf. GAÏA P., « Les interactions entre la jurisprudence de la CEDH et le Conseil constitutionnel », *RFDC*, 1996, p. 725. L'affaire *Amuur* est l'exemple d'une influence diffuse de la jurisprudence du Conseil constitutionnel sur le juge européen. La Cour européenne marque par deux fois les motifs de la décision du Conseil constitutionnel et va même jusqu'à citer partiellement l'un des considérants (15) du Conseil.

[49] Débats à l'Assemblé Nationale à propos de l'article 8 de la loi 1991 selon lequel les demandeurs d'asile sont toujours libres de quitter les zones de transit, JO déb. AN, 19 décembre 1991, p. 8256, repris par la Commission européenne dans son rapport du 10 janvier 1995, § 49.

contestable puisqu'il est difficile, voire théorique, pour certains étrangers d'être acceptés dans un pays qu'ils viennent de fuir pour chercher asile ailleurs. La Commission s'était prononcée sur le maintien en zone internationale, considérant qu'il s'agissait d'une simple restriction de liberté et non d'une privation de liberté au sens de l'article 5-1 f) de la CEDH. De son côté, la Cour européenne a adopté, à l'unanimité, un raisonnement inverse. Elle a développé trois séries d'arguments se rapprochant considérablement des dispositions constitutionnelles.

D'une part, le juge européen a soulevé, comme le Conseil constitutionnel français, la problématique de l'asile dans les zones internationales. Dans sa démonstration, il a indiqué son attachement à la protection du demandeur d'asile dans cette zone internationale. Cette attention particulière au droit d'asile est très constructive et dynamique puisque rien dans les textes ne l'obligeait à la faire. En agissant ainsi, il apparaissait comme le véritable garant du droit d'asile et des obligations de la Convention de Genève. En conséquence, le maintien en zone internationale ne devenait acceptable que pour permettre aux États de mieux contrôler l'immigration clandestine. Cependant, ni ce contrôle, ni la lutte contre l'immigration irrégulière ne devaient priver les demandeurs d'asile de la possibilité de réclamer le statut de réfugié. A cet égard, M. Flauss estimait que cet arrêt de principe esquissait « *un statut européen minimal du demandeur d'asile* »[50]. Il protège « par ricochet » le droit d'asile qui est absent des principes de la CEDH. Le juge européen devient le gardien du droit d'asile en adoptant le même contrôle de proportionnalité que celui qu'il utilise pour l'appréciation des atteintes à l'article 8 de la CEDH. Il recherche si la mesure privative de liberté n'a pas porté une atteinte disproportionnée à la liberté des requérants garantie par l'article 5-1[51] de la CEDH eu égard à l'objectif des États qui est de combattre l'immigration irrégulière.

D'autre part, le juge européen a rappelé que si les étrangers ne disposaient pas d'un droit d'entrée garanti par la CEDH, les États devaient respecter les dispositions de la CEDH. Le juge européen estimait que l'étranger maintenu en zone internationale était privé de liberté au sens de l'article 5-1 f) de la Convention européenne, par conséquent, les États parties devaient respecter les garanties qui en découlent.

Pour déterminer si la privation de liberté existait en zone internationale au sens de l'article 5-1 f), le juge européen s'est servi d'un faisceau d'indices inspiré de sa jurisprudence traditionnelle[52] sur la privation de liberté. Il a ainsi montré sa capacité à contrôler effectivement le degré de contraintes en zone d'attente en prenant en compte un ensemble de critères comme le genre, la durée, les effets et les modalités d'exécution de la mesure considérée. Ces critères ont permis au juge européen de conclure à la privation de liberté en raison des restrictions excessives subies[53] : maintien excessif sans contrôle du juge judiciaire, sous surveillance policière stricte et constante ; étrangers livrés à eux-mêmes, sans aucune assistance juridique et sociale pour accomplir les formalités de demande du statut de réfugié politique ; aucun contrôle sur la durée et les motivations du maintien.

Il convient de rappeler que le juge constitutionnel avait repris cet argument du degré de contrainte à propos des zones de transit. Le juge constitutionnel s'était, lui aussi, borné à

---

[50] FLAUSS J.-F, *op. cit.*, p. 1016 et s.

[51] Cf. études de KAZATCHKINE N., *op. cit.*, p. 679 et s.

[52] CEDH 6 novembre 1980, *Guzzardi c./ Italie,* série A n° 39, p. 33, §. 92.

[53] Arrêt *Amuur*, §49.

étudier le degré de contrainte de la privation de liberté par rapport à la rétention administrative qu'il jugeait, comme la Cour européenne, plus privative de liberté. Dans l'affaire Amuur, le juge européen a raisonné à l'identique, reprenant des parties de la démonstration du Conseil constitutionnel. C'est bien le fruit d'un dialogue jurisprudentiel et d'un échange réciproque entre les juges conventionnels et constitutionnels qui a permis d'étendre la protection supranationale de l'article 5-1 de la Convention européenne aux zones internationales. La Cour est parvenue à la conclusion que la « *détention à l'aéroport* » de demandeurs d'asile pendant vingt jours équivalait en pratique, eu égard aux restrictions subies, à une « *privation de liberté* » et qu'en conséquence les garanties de l'article 5 étaient applicables.

Enfin, la privation de liberté étant démontrée, encore fallait-il qu'elle soit régulière, c'est-à-dire exercée dans le respect des « *voies légales* » et sans porter atteinte de façon arbitraire à la liberté individuelle de l'individu. Pour ce faire, le juge européen s'est lancé dans l'analyse du droit français, pour examiner le statut interne de la zone internationale. En mars 1992, le statut de la zone internationale à Roissy était inexistant. Seul un décret du 27 mai 1982 et une circulaire du 26 juin 1990 non publiée, réglementaient sommairement la zone internationale. La première tentative législative venait d'être invalidée par le Conseil constitutionnel. Cet état du droit a été jugé incomplet par la Cour européenne qui estima que la réglementation de l'époque ne constituait pas *« une « loi » d'une « qualité » suffisante au sens de la jurisprudence de la Cour »* (C'est-à-dire offrir une protection adéquate et la sécurité juridique nécessaire pour prévenir les atteintes arbitraires de la puissance publique aux droits garantis par la Convention (CEDH du 2 août 1984, Malone c. Royaume-Uni, série A, n° 82, p. 32, par. 67, CEDH du 27 novembre 2003, Shamsa c./ Pologne, req. n° 45355/99 et 45357/99)). *« Au demeurant, le décret du 27 mai 1982 ne porte pas sur le maintien d'étrangers dans la zone internationale. En ce qui concerne la circulaire susmentionnée, elle constitue, de par sa nature même, des instructions données par le Ministre de l'Intérieur aux préfets et aux préfets de police en matière de non-admission d'étrangers aux frontières ; elle est destinée à guider l'action des services de contrôle dans les ports et aéroports ; de plus, la section succincte qu'elle consacre au dit maintien et aux droits des étrangers ne contient pas des garanties comparables à celles instituées par la loi du 6 juillet 1992* ». Après cette « démonstration sous influence constitutionnelle » la Cour européenne a pu conclure à la violation de l'article 5-1 de la Convention par le système français de l'époque. Par ce considérant essentiel, le juge européen a posé ses exigences en matière de régularité de privation de liberté. Mais surtout, par comparaison au statut antérieur, le juge européen a estimé la réforme du 6 juillet 1992 conforme à la CEDH. Il est allé jusqu'à reprendre à son compte les garanties posées par le Conseil constitutionnel et celles prévues par la loi du 6 juillet 1992 :

- « *Au moment des faits, aucun de ces textes ne permettait au juge judiciaire de contrôler les conditions de séjour des étrangers ni, au besoin, - d'imposer à l'administration une limite à la durée du maintien litigieux*[54] *- et ne prévoyait un accompagnement juridique, humanitaire et social ni ne fixait les modalités et les délais d'accès à une telle assistance afin que soient assurées les démarches des demandeurs d'asile* ».

---

[54] Le délai du maintien de 20 jours de l'espèce était le même que celui qui avait été censuré par le Conseil constitutionnel dans la première loi sur les zones de transit.

Toutefois, selon Catherine Teitgen-colly, ce « *certificat de conformité à la convention* »[55] est critiquable. Elle s'est interrogé sur le fait de savoir s'il n'y avait pas là « *(...) dans la façon de mesurer l'intensité de la contrainte en mettant l'accent sur les garanties et en refusant de prendre en compte la réalité de l'enfermement dans un espace clos, alors même que la Cour refuse de souscrire à l'idée d'une ouverture de la zone vers l'extérieur laissant place à la liberté, un risque réel de dérive observable au demeurant aussi dans la jurisprudence nationale relative aux atteintes à la liberté individuelle, dérive que pourtant le texte même de l'article 5-1 f) semble interdire en visant les cas dépourvus d'ambiguïté « d'arrestation ou de détention » c'est-à-dire d'enfermement dans un espace sans liberté pour en sortir* »[56].

Pour conclure, l'article 5-1 f) autorise la privation de liberté des étrangers aux fins de refoulement comme c'est le cas dans les zones internationales. Le juge européen est le garant de la régularité de la détention et du respect du droit d'asile dans ces zones de maintien. Comme le juge constitutionnel, le juge européen a accepté le principe même de la « détention aux frontières » des étrangers (« *ce droit indéniable* ») puisqu'il fait partie des prérogatives de contrôle des entrées des étrangers, exercées par toutes les autorités étatiques. Néanmoins, ce contrôle n'est plus sans limite, puisque grâce à l'affaire Amuur le juge a posé des standards minimums que les autorités étatiques doivent respecter.

L'acceptation par les juges européen et constitutionnel du principe même du maintien en zone d'attente tient à la condition même de l'étranger : il est soumis aux exigences du contrôle national, condition *sine qua non* pour pénétrer sur le territoire d'un État dont il n'est pas le ressortissant.

2/ Des garanties internes introduites en zone d'attente conformes aux exigences conventionnelles

Le juge administratif a eu à se prononcer sur l'application de l'article 5 de la Convention européenne à propos du décret du 2 mai 1995[57] réglementant l'assistance humanitaire en zone d'attente (décret intervenant presque trois ans après la loi du 6 juillet 1992 instituant les zones d'attentes et les garanties des étrangers maintenus.). Ce décret déterminait les conditions d'accès à la zone d'attente du délégué du Haut-Commissariat des Nations unies pour les réfugiés ou de ses représentants, ainsi que des associations humanitaires. Les questions posées au juge administratif visaient à savoir si l'absence de représentation permanente des associations dans la zone d'attente et si la présence d'agents des services de sécurité lors des entretiens avec des étrangers avec ces associations, satisfaisaient les droits et les obligations découlant de l'article 5 de la CEDH.

Pour la première fois, le juge administratif exerça son contrôle de conventionnalité sur le régime d'accès aux zones d'attente prévu par la loi du 6 juillet 1992 et le décret du 5 mai 1995, au regard de l'article 5 de la CEDH. En effet, l'article 9 du décret du 2 mai 1995 limitait l'accès de la zone d'attente aux associations à une fois par trimestre entre huit

[55] KAZATCHKINE N., *op. cit.*, p. 682.
[56] TEITGEN-COLLY C., *op. cit.*, p. 253.
[57] Décret n° 95-507 du 2 mai 1995, *déterminant les conditions d'accès du délégué du Haut-Commissariat des Nations Unies pour les réfugiés ou de ses représentants ainsi que des associations humanitaires à la zone d'attente, et portant application de l'article 35 quater de l'ordonnance n° 45-2658 du 2 novembre 1945, relative aux conditions d'entrée et de séjour des étrangers en France*, JORF n° 105, du 4 mai 1995.

heures et vingt heures, et l'article 12 § 3 imposait qu'un agent des services de contrôle aux frontières accompagne le représentant des associations dans la zone d'attente. Dans son arrêt du 3 octobre 1997[58], le Conseil d'État estimait que la possibilité d'accéder à la zone d'attente et la présence d'un agent de contrôle, prévu par le décret en application de l'article 35 *quater* de l'ordonnance de 1945, étaient conformes aux dispositions de l'article 5 de la Convention européenne. Il justifiait cela par le fait que « *toute personne arrêtée* (est) *informée, dans le plus court délai et dans une langue qu'elle comprend, des raisons de son arrestation et de toute accusation portée contre elle* » (sans méconnaître le caractère confidentiel des entretiens entre l'étranger et le représentant de l'association).

En acceptant le recours à l'article 5 à propos du maintien en zones d'attente, le juge provoquait une avancée méritoire dans son contrôle de conventionnalité, néanmoins, sur le fond, le juge n'y a vu aucune contrariété avec les dispositions du décret. Le respect de l'article 5 n'impose pas la présence *permanente* des associations, leur venue une fois par trimestre dans les zones d'attente lui a paru suffisante, ce qui a réduit considérablement la portée et l'efficacité de l'obligation d'assistance exigée par le Conseil constitutionnel et surtout par la jurisprudence de la Cour européenne dans l'arrêt Amuur. Cette interprétation a réduit considérablement les dispositions de l'article 5 et les obligations posées par la jurisprudence européenne Amuur. En définitive, cette vision restrictive des obligations d'assistance de la part du juge administratif s'éloigne de celle du juge européen, qui interprète avec un désir de protection effective les droits et les obligations découlant des articles de la CEDH. En somme, il est regrettable que le juge administratif ne soit pas allé plus loin dans son interprétation des garanties, d'autant que ce contrôle de conventionnalité lui donnait « l'occasion rêvée » d'enrichir les garanties procédurales et le statut interne des zones d'attente. Il a fallu attendre l'année 2004 pour que certaines associations puissent obtenir un accès et une aide juridique permanente dans les zones d'attente[59].

§ II : Des garanties conventionnelles confirmatives lors de la privation de liberté d'un étranger en instance d'éloignement

En France, la privation de liberté d'un étranger en instance d'éloignement se manifeste par son placement en centre de rétention. Cette nécessité administrative résulte de l'empêchement de la mise à exécution immédiate de la mesure d'éloignement. En effet, les États éprouvent des difficultés au moment de renvoyer l'étranger ; des problèmes surgissent au moment de l'embarquement pour le renvoi dans le pays d'origine : absence d'identité de l'intéressé, détermination de la nationalité et attente de places disponibles pour le pays de renvoi. La rétention administrative permet alors de maintenir sur place l'étranger le temps nécessaire à une bonne exécution de la mesure d'éloignement. L'article 5-1 f) de la CEDH autorise cette faculté exceptionnelle de privation de liberté à condition qu'elle remplisse toutes les garanties de régularité exigées (A).

---

[58] CE 3 octobre 1997, *ANAFÉ*, req. n° 170527 ; JULIEN LAFERRIÈRE F., *AJDA*, n° 11, 1997, p. 916.

[59] Convention signée le 6 octobre 2003 par la Croix Rouge pour une assistance humanitaire et le 5 mars 2004 pour que l'ANAFÉ puisse exercer une assistance juridique permanente à Roissy. Cf. ANAFÉ, *La frontière et le droit : la zone d'attente de Roissy sous le regard de l'ANAFÉ, bilan de six mois d'observation associative*. (avril-octobre 2004), novembre 2004. Cf. article 11 du Décret n° 2005-617 du 30 mai 2005 relatif *à la rétention administrative et aux zones d'attente pris en application des articles* L 111-9, L 551-2, L 553 et L 821 du Code de l'entrée et du séjour des étrangers et du droit d'asile, JORF 125 du 31 mai 2005.

Depuis, le 29 octobre 1981[60], l'article 35 *bis* de l'ordonnance du 2 novembre 1945 (article largement modifié par la loi du 26 novembre 2003) organise les conditions de rétention administrative des étrangers en France. Cette pratique ancienne[61] avait défrayé la chronique à propos du centre de rétention d'Arenc à Marseille[62]. Les rapports du Comité européen pour la prévention de la torture et des peines et traitements inhumains[63] et dégradants et la CIMADE[64] y dénonçaient, encore récemment les conditions de rétention. Aujourd'hui, les conditions de maintien[65] sont contrôlées par le juge administratif et le juge judiciaire[66]. Mais c'est le Conseil constitutionnel qui a posé les bases essentielles des garanties internes, elles corroborent celles de la jurisprudence européenne (B).

A/ Les garanties conventionnelles entourant la privation de liberté des étrangers en instance d'éloignement

L'article 5 de la Convention européenne n'est opposable que pour la mise à exécution des mesures d'éloignement et non pour apprécier la légalité de ces mesures. Lorsque l'étranger est enfermé, le juge européen opte pour un contrôle *effectif* de la détention au sens de l'article 5-1 f). D'une part, il examine la régularité de la détention (1) en appréciant la législation interne et l'absence d'arbitraire, d'autre part, il contrôle les garanties qui entourent la détention (2).

1/ La détention régulière d'étrangers en attente d'éloignement

La première[67] affaire française portée devant la Cour européenne était relative à la privation de liberté d'un étranger sous l'effet d'un arrêté d'expulsion. L'affaire Bozano du 18 décembre 1986[68] constitue une excellente illustration de privation de liberté d'un étranger au sens de l'article 5-1 f) de la CEDH.

---

[60] Loi n° 81-973 du 29 octobre 1981, relative à l'article 35 bis de l'ordonnance de 1945 instituant des locaux particuliers (ne relevant pas des locaux pénitentiaires) pour la rétention administrative des étrangers.

[61] DPE, éditions législatives, Rétention.

[62] JULIEN-LAFERRIÈRE F., « La situation des demandeurs d'asile dans les zones d'attentes et dans les lieux de la rétention administrative en France », *in Circuler, enfermer, éloigner : zones d'attente et centres de rétention des démocraties,* (Sous la direction de BIGO D.), *Cultures et conflits*, éd. L'Harmattan, 1996, p. 7-44.

[63] Rapport 2000 du CPT, visite dans les locaux français, du 14 au 16 mai 2000, www.cpt.int/fr/etats/fra.htm.

[64] CIMADE, Centre et locaux de rétention administrative, rapport 2003, Juillet 2004.

[65] CIMADE, *Centre de rétention administrative*, rapport 2001, Hors série Causes communes, septembre 2002. Voir aussi sur les autres centres de rétention en Europe VALLUY J., (Sous la direction de) *L'Europe des camps : la mise à l'écart des étrangers*, Cultures et Conflits, N° 57, avril 2005.

[66] BOYER J., « Le juge judiciaire et l'étranger en rétention administrative : la nouvelle donne constitutionnelle », *Gazette du Palais*, 1er mars 2005, 77/2, doctrine, p.2 ; BONNOTTE C., « La contestation des décisions de maintien en rétention administrative et en zone d'attente devant le juge judiciaire et le juge administratif », *AJDA*, 5 avril 2004, p. 694-703 ; JULIEN-LAFERRIÈRE F., « La délimitation des compétences de la juridiction administrative et de la juridiction judiciaire en matière de rétention administrative et de maintien en zone d'attente », *RCDIP*, 2002, p. 256.

[67] La Commission considérait que sa tâche constituait à vérifier si une personne était détenue aux fins d'être expulsée et si le droit interne faisait dépendre la régularité de la détention de la légalité de la mesure d'expulsion. Comm. EDH 25 janvier 1985, *Zamir c./ RU*, req. n° 9174/80, cf. rapport 11 octobre 1983, DR, 40, p. 42.

[68] CEDH 18 décembre 1986, *Bozano c./ France*, A-111 § 54 ; COHEN-JONATHAN G., Obs., *CDE*, 1988, p. 441 ; COHEN-JONATHAN G., « La France et la convention européenne des droits de l'Homme, l'arrêt Bozano c./ France », *RTDE*, 1987, p. 255 ; COUSSIRAT-COUSTÈRE V., Obs., *AFDI*, 1987, p. 239 ; PETTITI L.-E. et TEITGEN F., Obs., *RSC*, 1987, p. 487 ; ROLLAND P et TAVERNIER P., Obs, *JDI*, 1987, p. 807 ; SUDRE F.,

Ressortissant italien, M. Bozano a été condamné par contumace à la réclusion à vie dans son pays, le 22 mai 1975. L'Italie a demandé l'extradition du requérant séjournant en France. La Cour administrative d'appel de Limoges n'a pas accepté cette extradition. Emprisonné en France pour des faits mineurs, il a été mis en liberté provisoire sous contrôle judiciaire, le 19 septembre 1979. Peu après, M. Bozano a été interpellé par des policiers en civil et s'est vu notifier un arrêté d'expulsion, datant de plus d'un mois. Suite à cela, il fut retenu dans la nuit du 26 au 27 octobre 1979 le temps nécessaire pour le conduire jusqu'à la frontière franco-suisse, d'où il fut envoyé vers l'Italie.

Le juge européen a recherché s'il existait une privation de liberté au sens de l'article 5-1 f) (c'était le cas) et si celle-ci était régulière[69] et non arbitraire. Autrement dit, était-elle respectueuse des « voies légales »?

Comme l'ont remarqué Frédéric Sudre[70] et Henri Labayle[71], le contrôle par le juge européen du système français juridictionnel d'expulsion a été bâclé[72], ce dernier préférant relever l'arbitraire et les incohérences de la procédure d'expulsion du requérant Bozano : il s'était vu notifié l'arrêté d'expulsion plus d'un mois après sa sortie de prison, il a été interpellé soudainement et les circonstances de son transport forcé vers la frontière suisse étaient douteuses. En somme, après un raisonnement laborieux[73], la Cour européenne a estimé que la procédure d'expulsion n'avait pas été prise selon sa « *finalité naturelle* »[74]. Optant pour une analyse globale[75] de la réglementation nationale, selon un faisceau d'éléments concordants, le juge européen a quand même déduit que « *la détention de M. Bozano n'était pas nécessaire dans le cadre d'une procédure d'expulsion mais constituait en réalité une mesure d'extradition déguisée, destinée à tourner l'avis défavorable que la chambre d'accusation de la Cour d'appel de Limoges avait examiné le 15 mai 1979* ». Autrement dit, les autorités françaises auraient commis un détournement de procédure. L'arrestation et la détention de M. Bozano étaient irrégulières.

La Cour a procédé (comme elle l'a fait plus tard pour l'affaire Amuur en 1996 à propos des zones de transit) à un contrôle d'ensemble de la législation nationale pour apprécier *in concreto* les conditions de détention de l'étranger. Elle a réitéré cette démarche dans les affaires Dougoz du 6 mars 2001, *Shamsa c./ Pologne* du 27 novembre 2003[76], *Singh c./ République tchèque* du 25 janvier 2005[77]. En effet, la Cour a repris la même analyse de la législation nationale, en utilisant ses exigences d'accessibilité et de précision de la « loi » nationale. Comme elle l'avait fait dans la décision Amuur, dans la décision Dougoz, la Cour a estimé « *que l'avis d'un procureur de rang élevé - concernant l'applicabilité par*

« La première affaire française devant la Cour européenne des droits de l'Homme : l'affaire Bozano », *RGDIP*, 1986, p. 533 ; LABAYLE H., « Le contrôle du contentieux des « expulsions dirigées » ou les prolongements de la jurisprudence Bozano au Palais Royal », *RFDA*, 1989, p. 3.

[69] Jurisprudence traditionnelle de la Cour européenne : *Engel et autres* 8 juin 1976 § 68 et *Winterwerp* 24 octobre 1976 § 39.

[70] SUDRE F., *op. cit.*, p. 533 et s.

[71] LABAYLE H., *op. cit.*, p. 7-8.

[72] Sans « *certitude absolue* », la Cour émet des doutes très sérieux sur la compatibilité de la détention litigieuse avec les normes juridiques. On ne saurait se satisfaire d'un raisonnement aussi approximatif de la part de la Cour européenne.

[73] Voir les observations de SUDRE F., *op. cit.*, p. 533 et s.

[74] *Ibid.*

[75] CEDH Bozano c./ France § 60.

[76] CEDH 27 novembre 2003, *Shamsa c./ Pologne*, req. n° 45355/ 99 et 45357/99.

[77] CEDH 25 janvier 2005, *Singh c./ République tchèque*, req. n° 60538/00.

analogie ministérielle sur la détention de personnes exposées à une expulsion en vertu d'une décision administrative - ne constitue pas une loi de qualité suffisante au sens de sa jurisprudence » et que par conséquent il y avait violation de l'article 5-1.

Ces jurisprudences européennes montrent une fois encore que si les États ont le pouvoir d'expulser ou de refouler les étrangers de leur territoire, ils doivent respecter le standard conventionnel. Ces limites conventionnelles permettent de diminuer les retentions irrégulières ou l'exécution des mesures d'éloignement sans garanties juridictionnelles. Grâce à son rôle subsidiaire, le juge européen apparaît comme le gardien des rétentions irrégulières.

L'apport de ces jurisprudences est d'autant plus important que seuls l'article 5 de la CEDH et l'article 9 § 4 du Pacte international relatif aux droits civils et politiques protègent la détention des étrangers. Aucune mesure sur la rétention des étrangers n'est encore envisagée au plan communautaire. Ainsi, la protection européenne vient compléter le statut interne de l'étranger déjà protégé par les garanties constitutionnelles.

En 1997 dans l'affaire Ali contre Suisse[78], l'ancienne Commission devait se prononcer sur une affaire sanctionnant l'irrégularité de la détention d'un étranger. L'internement administratif avait eu lieu suite à la non-exécution de la mesure d'expulsion, pour défaut de documents de voyage. Cette privation de liberté en vue d'un refoulement débuta le 22 janvier 1994, pour se terminer cinq mois et un jour plus tard, le 23 juin 1994. Le requérant contestait cette rétention administrative. La Commission a d'abord examiné les « *voies légales* » par lesquelles la décision de rétention avait été prise. La loi suisse permettait l'internement pour une période de six mois, période qui pouvait être rallongée jusqu'à deux ans lorsque l'exécution de l'expulsion n'était pas possible ou ne pouvait pas être raisonnablement exigée. La législation était conforme, mais le but de la privation de liberté se justifiait-il ? La Commission estima en l'espèce, que les autorités suisses avaient été informées de l'impossibilité du renvoi du requérant, faute de documents de voyage. Elles avaient donc conscience de l'impossibilité d'exécution de la mesure d'éloignement. La Commission considéra, à juste titre, que cet internement administratif ne saurait être regardé comme « *une détention entrant dans le cadre d'une procédure d'expulsion qui est en cours* ». Elle ne se justifiait pas au regard de l'article 5-1 f). La Commission a montré qu'elle souhaitait vérifier de manière effective les conditions *sine qua non* du maintien : - les démarches qui entourent la mise à exécution de la mesure d'éloignement (manifestement très longues en espèce) et -les mobiles de l'internement.

L'affaire Conka[79] en 2002 a révélé aussi l'analyse précise qu'effectue la Cour pour apprécier les conditions juridiques qui ont entraîné la privation de liberté. En effet, à la suite d'une manœuvre de la police belge, des tziganes slovaques déboutés de l'asile, sous l'effet d'une invitation à quitter le territoire, ont été invités à se présenter au commissariat pour compléter le dossier de leur demande d'asile. Au commissariat, dupés, se sont vus opposer un ordre de quitter le territoire, accompagné d'une remise à la frontière datée du 29 septembre 1999. Quelques tsiganes ont été conduits au centre fermé de transit. Le 5 octobre, ils étaient renvoyés, avec un chiffre inscrit sur la main, pour leur attribuer un siège

---

[78] Comm. EDH 26 février 1997, *Ali c./ Suisse*, req. n° 24881/94.

[79] CEDH 5 février 2002, *Conka*, req. n° 51564/99 ; CARLIER J.-Y, « La détention et l'expulsion collective des étrangers », *RTDE*, n° 53, 2003, p. 198-222 ; GILLIAUX P., « L'arrêt Conka et l'effectivité des recours devant le Conseil d'Etat », *RDE*, 2002, n° 118, p. 313 ; LEJEUNE J., « L'arrêt Conka c./Belgique : la procédure d'asile belge à l'aune des droits de l'Homme », *RDE*, 2002, n° 118, p. 298.

dans l'avion. Parmi les multiples questions posées à la Cour, la première concernait la privation de liberté et plus particulièrement les conditions dans lesquelles elle s'était réalisée. La Cour retint que l'exigence de l'article 5 de la Convention européenne devait « *se refléter dans la fiabilité des communications telles qu'adressées aux requérants, que les intéressés se trouvent en séjour légal ou non. Elle déduit qu'il n'est compatible avec l'article 5 que dans un cadre d'une opération planifiée d'expulsion et dans un souci de facilité ou d'efficacité, l'administration décide consciemment de tromper des personnes même en situation illégale, sur le but de leur convocation, pour mieux pouvoir les priver de liberté* ».

Ce strict examen de la procédure en cours d'exécution permet au juge européen d'apparaître, ici encore, comme l'ultime rempart contre les abus des États en matière de lutte contre l'immigration clandestine. Pourtant, la protection de l'article 5 § 1 f) connaît des limites.

2/ Les limites du standard conventionnel

L'affaire[80] Chahal a montré les limites des exigences des organes de Strasbourg lors des détentions d'étrangers en attente d'éloignement. Cette espèce concernait des militants sikhs séjournant au Royaume-Uni. Le requérant M. Chahal, participant à des activités terroristes, avait fait l'objet d'un arrêté d'expulsion. Pour mettre à exécution cette mesure d'éloignement, M. Chahal avait été placé en détention. Il contestait la *durée* de la détention (du 16 août 1990 au 3 mars 1994), et l'*arbitraire* de sa détention qui ne paraissait pas respecter les exigences de l'article 5-1 f) de la CEDH. Le juge européen a axé son contrôle à la fois sur les raisons de la mesure privative et sur sa durée. Si la détention de M. Chahal se justifiait par la loi britannique de 1971 sur l'immigration, la Cour exigeait que la procédure d'expulsion soit en cours et qu'elle se déroulât avec *diligence*. Elle chercha alors si la durée de détention était excessive. La Cour européenne constata qu'une série de procédures particulièrement complexes s'était enchaînée (les recours du refus d'asile). Ces dernières avaient été soigneusement examinées par les autorités compétentes : il n'y avait pas de manque de diligence dans la procédure interne, le délai de détention ne fut pas jugé excessif. Enfin, pour relever l'absence d'arbitraire dans la détention, la Cour nota que le maintien de l'étranger était entouré de garanties suffisantes (le Comité consultatif garantissait un recours contre le refus de sa mise en liberté). Cette décision a été critiquée par les opinions dissidentes[81] en particulier sur l'absence de diligence et sur le délai considéré comme non excessif. Le juge Pettiti a noté, très justement, que la logique de la Cour était perverse. Elle justifiait la détention par le fait que le requérant avait effectué des recours qui se prolongeaient. Il a rappelé que la Cour avait estimé excessive la détention de vingt jours en zone de transit dans l'affaire Amuur, alors même qu'elle considérait le maintien en zone internationale moins privatif que la rétention administrative. Ainsi, dans l'affaire Chahal, la durée excessive de la détention aurait du être reconnue par la Cour, en raison de la contrainte plus importante qui pèse sur les étrangers en rétention

[80] CEDH 15 novembre 1996, *Chahal c./ Royaume-Uni*, *RUDH*, 1997, p. 365 ; TAVERNIER P., Chronique, *JDI*, 1997, p. 261 ; PETTITI L.-E., *RSC*, 1997, p. 687 ; SOROLEA S., « La jurisprudence récente de la Cour européenne des droits de l'Homme en matière d'éloignement des étrangers au départ de l'arrêt Chahal », *RDE*, 1997, p. 27-30.
[81] Opinion partiellement dissidente du Juge PETTITI.

administrative. Il est vrai que si la Cour n'a pas été très « courageuse » dans son évaluation, la régularité de la détention et les garanties suffisantes lui ont suffi pour ne pas considérer ce délai comme excessif. D'ailleurs, la Cour s'est gardée de donner un délai raisonnable de détention. Elle ne s'est pas engagée sur ce terrain, probablement parce que chaque pays du Conseil de l'Europe dispose de délais de rétention administrative différents. Le délai maximal de rétention des étrangers en France était, jusqu'à la réforme du 26 novembre 2003, de douze jours ; aujourd'hui, le délai maximal est de trente-deux jours. Ce délai n'est pas apparu excessif pour le Conseil constitutionnel qui estime que la rétention peut durer le temps nécessaire au départ de l'étranger, « *l'administration, devant exercer toute diligence à cet effet* »[82].

De surcroît, il faut préciser que la Cour n'a posé aucune obligation quant au lieu de détention. Ceci est regrettable car celui-ci est essentiel pour garantir des conditions décentes d'enfermement. La détention dans une prison (comme c'était le cas pour M. Chahal), n'est pas la même que celle organisée dans un lieu prévu à cet effet, comme le centre fermé de transit belge (le « 127 *bis* » dans l'affaire Conka[83]) ou bien un centre de rétention en France. La Cour européenne n'impose pas un lieu distinct des locaux pénitentiaires, contrairement au droit français. En effet, depuis le 29 octobre 1981, la législation française a marqué une rupture avec le passé en mettant fin aux détentions dans n'importe quel endroit. Un décret[84] est venu réglementer le statut des centres de rétention à la suite de la proposition de Patrick Weil dans son rapport d'information[85].

B/ Les garanties conventionnelles et le contentieux des mises à exécution des mesures d'éloignement

Avant le juge européen, le juge constitutionnel avait déjà posé des garanties constitutionnelles entourant la privation de liberté dans un centre de rétention (1). Le juge administratif sanctionne peu les mises en rétention administrative au moyen de l'article 5 de la Convention européenne (2).

1/ Les garanties conventionnelles corroborent les garanties constitutionnelles relatives à la rétention administrative

Depuis la première loi sur la rétention administrative, le juge constitutionnel s'est positionné sur les droits entourant une rétention administrative régulière[86]. A ce propos,

---

[82] Réserve d'interprétation, DC n° 484-2003, du 26 novembre 2003, JORF du 27 novembre 2003, p. 20154, Loi *relative à la maîtrise de l'immigration, au séjour des étrangers en France et à la nationalité.*

[83] CEDH 5 février 2002, *Conka*, req. n° 51564/99 ; CARLIER J.-Y., « La détention et l'expulsion collective des étrangers », *RTDE*, n° 53, 2003. p. 198-222 ; GILLIAUX P., « L'arrêt Conka et l'effectivité des recours devant le Conseil d'État », *RDE*, 2002, n° 118, p. 313 ; LEJEUNE J., « L'arrêt Conka c. Belgique : la procédure d'asile belge à l'aune des droits de l'Homme », *RDE*, 2002, n° 118, p. 298.

[84] Décret du 19 mars 2001, n° 2001-239, 19 mars 2001, JO 20 mars 2001, p. 4344.

[85] WEIL P., *Mission d'étude des législations de la nationalité et de l'immigration*, collection rapport officiel, La Documentation Française, 1997.

[86] DC n°79-109 du 9 janvier 1980, rec., p. 29. JORF du 11 janvier 1980, p. 84 ; DC n° 86-216 du 3 septembre ; DC n° 89-261 du 28 juillet 1989 ; DC n° 92-307 du 25 février 1992, DC n° 93-325 DC du 13 août 1993 ; DC n° 97-389 du 22 avril 1997 ; DC n° 97-389 du 22 avril 1997.

Catherine Teitgen-Colly[87] estime que lors de son contrôle de constitutionnalité des lois, le juge a requis les deux mêmes exigences que celles retenues par le juge européen lors de la privation de liberté d'un étranger en instance d'éloignement.

La première concerne le respect du *principe de légalité* : le législateur doit poser les procédures instituant la rétention et l'administration doit, par conséquent, respecter ces voies légales. Comme les organes de Strasbourg dans leur jurisprudence traditionnelle sur l'article 5, le juge constitutionnel a également exigé très tôt des garanties légales pour « compenser » la privation de liberté en centre de rétention. Ainsi, la rétention administrative ne doit avoir lieu qu'en cas de nécessité, et, dès le début du maintien, l'étranger doit pouvoir demander l'assistance d'un interprète, d'un médecin, et d'un conseil[88].

La deuxième exigence est celle du *gardien des libertés individuelles*. Dès 1980[89], le juge constitutionnel a exigé la présence d'un juge judiciaire intervenant dans les plus courts délais[90] et devant lequel l'étranger peut présenter sa défense permettant ainsi d'éviter « *le caractère d'un internement arbitraire* »[91]. Comme l'a démontré la Cour européenne dans sa jurisprudence, le juge judiciaire doit être présent pour garantir contre l'arbitraire la privation de liberté. La présence forcée de l'étranger sur le territoire français et l'atteinte importante à sa liberté d'aller et de venir conditionnent l'intervention du juge judiciaire, protecteur de la liberté individuelle. A l'instar de Justin Kissangoula[92], il est intéressant de relever que la constitutionnalisation de la liberté individuelle des étrangers a été faite dans le but d'éviter que les rétentions administratives des étrangers en instance d'éloignement du territoire ne se transforment en mesure d'internement arbitraire proscrit par les dispositions de l'article 66 de la Constitution. Seules les mesures conservatoires d'internement administratif prises, ou susceptibles d'être prises, dans l'attente de l'exécution d'une mesure d'éloignement sont considérées comme ne portant pas atteinte à la liberté individuelle. Les mesures d'éloignement sont des mesures de police, soumises au pouvoir discrétionnaire de l'administration, elles sont donc compatibles avec le respect de la liberté individuelle. En définitive, seule la mesure connexe, détachable de la mesure d'éloignement proprement dite, est visée par la liberté constitutionnelle au même titre que celle défendue par l'article 5 de la CEDH. Les garanties constitutionnelles et conventionnelles ne protègent pas directement l'étranger des mesures d'éloignement mais elles lui garantissent une privation régulière de liberté lors de leur mise à exécution.

Au fil de ces décisions, le juge constitutionnel a démontré qu'il acceptait le principe même des internements administratifs et qu'ils n'étaient pas contraires à l'article 66 de la Constitution. Toutefois, ils le deviennent à partir du moment où la prolongation de

---

[87] TEITGEN-COLLY C., « L'éloignement des étrangers et les articles 5 et 6 de la CEDH », *in Les étrangers et la CEDH*, 1999, p. 278-282.

[88] DC n° 79-109, 9 janvier 1980.

[89] DC n° 79-109, 9 janvier 1980, rec., p. 29, JORF du 11 janvier 1980, p. 84 ; HAMON L., *GP*, 1980, p. 258-260 ; VINCENT J.-Y., *RA*, 1980, p. 363 ; TURPIN D., *Annales de Clermont*, 1979, fasc. 16, p. 203., *RGDIP*, 1980, p. 31 ; AUBY J.-B., *D.*, 1980, p. 249 ; FRANCK C., *AJDA*, 1980, p. 356 ; AVRIL P., *Pouvoirs*, 1980 (13), p. 203 ; FAVOREU L., *RDP*, 1980, p. 1631.

[90] Le juge constitutionnel ne précise pas de délai pour l'intervention du juge. Dans sa décision de 1997, il censure le délai supplémentaire de 24 h (nouveau délai de 48 h). DC n° 97-389 du 22 avril 1997.

[91] DC n° 79-109 du 9 janvier 1980, rec. 29.

[92] KISSANGOULA J., *La Constitutionnalisation et les étrangers, recherches sur les titulaires des droits et libertés de la constitution sociale*, Bibliothèque de droit constitutionnel et science politique, tome 102, éd. LGDJ, 2001, p. 362-398.

la rétention est « déguisée ». Aussi, le juge constitutionnel exige-t-il une durée maximale légale de rétention[93]. Cette limitation vient cadrer l'internement et permet d'éviter les prolongations et les abus. Toutefois, dans la décision du 20 novembre 2003, le Conseil constitutionnel n'a rien eu à redire à propos de l'allongement considérable du délai maximum de rétention.

De surcroît, pour éviter les abus de l'administration, le juge constitutionnel a axé son contrôle sur l'intervention du juge judiciaire. Celle-ci est « *graduée* »[94] selon la privation de liberté, elle intervient plus tard en matière de zone d'attente qu'en centre de rétention en raison du degré de contrainte plus important. L'urgence absolue ou une menace d'une particulière gravité pour l'ordre public peuvent justifier la prolongation de l'internement. Le juge constitutionnel a posé un ensemble de garanties entourant la prolongation de la rétention administrative (les mesures de l'administration peuvent être prolongées après une ordonnance du juge des libertés et de la détention, l'étranger peut alors s'adresser à une juridiction pénale pour contester un internement arbitraire, la prolongation ou l'annulation du maintien devant être décidées dans les plus brefs délais). Le juge judiciaire peut interrompre à tout moment la prolongation du maintien en rétention, si celle-ci a été décidée de façon irrégulière, par exemple si le préfet n'a pas pris les précautions suffisantes pour obtenir du consulat les documents nécessaires à l'exécution de la mesure d'éloignement[95].

Le juge constitutionnel a, ainsi, bâti un socle minimal de conditions pour éviter les privations arbitraires de liberté lors des mises à exécution des mesures d'éloignement. Tout comme le juge européen, les exigences sont limitées au contrôle de la régularité des détentions. Le statut interne de l'étranger est doublement garanti par le standard conventionnel et par la constitutionnalisation de la liberté individuelle.

2/ L'utilisation limitée des garanties européennes devant le juge administratif

Le recours à l'article 5 a été tenté plusieurs fois, notamment par voie d'exception, pour contester directement une reconduite à la frontière[96]. Le juge administratif a estimé, à juste titre, que l'arrêté préfectoral de reconduite à la frontière en tant que tel ne saurait être une privation de liberté au sens de l'article 5 de la CEDH. Par conséquent, ce moyen n'est pas applicable aux contentieux des reconduites à la frontière. En France, l'utilisation de l'article 5 ne concerne que les étrangers privés de liberté en instance d'éloignement, autrement dit, les étrangers maintenus en centre de rétention.

Si le recours à l'article 5 de la CEDH est possible pour contrôler la décision préfectorale de mise en rétention administrative, l'article 5 de la CEDH n'est pas déterminant. Un arrêt de la Cour administrative d'Appel[97], à propos d'un membre de l'ETA

---

[93] *Ibid.*, p. 380 et s.

[94] MATHIEU B. et VERPEAUX M., *Contentieux constitutionnel des droits fondamentaux*, LGDJ, 2002, p. 440-441.

[95] Civ. 2e 23 mai 2001, pourvoi n° 00-50.065.

[96] CE 21 novembre 1994, *M. Popescu*, req. n° 147193, rec. Lebon ; JULIEN-LAFERRIÈRE F., « L'article 5 de la CEDH n'est pas applicable au contentieux des reconduites à la frontière », Som. Com., *D.*, 1995, p. 176 ; CE 26 juin 2000, *M. Francisco*, req. n° 205332., inapplicabilité au refus d'admission : CE 20 mai 1998, *M. Sow*, req. n° 167558 ; CE 3 mars 1997, *M. Llanos Vizcarra*, req. n° 152510.

[97] CAA, Paris, 1ère chambre, 2 mai 2001, *Ministre de l'Intérieur*, req. n° 99PA03059.

renvoyé en Espagne, illustre l'inefficacité du recours à cet article. En effet, le juge administratif a rappelé les limites inhérentes aux dispositions de l'article 5 de la CEDH, qui ne s'applique pas dans un tel cas, l'essentiel étant de préserver l'ordre et la sécurité publics selon les « voies légales ». Catherine Teitgen-Colly[98] estime à ce propos, que le juge administratif neutralise l'article 5 en préférant d'autres références juridiques.

Plusieurs tentatives ont été faites, sans succès, à propos de ressortissants contestant leur « expulsion dirigée » ou leur « extradition déguisée ». Parmi ces affaires, certaines concernaient des ressortissants basques espagnols[99], militants de l'ETA emprisonnés en France et reconduits directement à la frontière franco-espagnole à leurs sorties de prison. L'utilisation de ce procédé rappelle l'affaire Bozano, censurée devant la Cour européenne sur la base de l'article 5-1 f). En effet, les organes de Strasbourg établissent une différence entre les procédures d'expulsion et celles d'extradition, elles ne sont pas de même nature et n'ont pas la même finalité[100]. Dans l'affaire Bozano, une mesure d'expulsion avait remplacé une mesure d'extradition qui avait échoué. Par conséquent, l'objectif de la détention pour la mise à exécution de la mesure d'éloignement n'était pas régulier. Il semble, comme l'a remarqué Didier Rouget[101], que l'influence de cet arrêt soit aujourd'hui isolée, tant devant les juges européens que pour le juge administratif français. En effet, deux affaires[102] similaires portées devant la Commission ont été jugées irrecevables en raison de l'absence d'éléments prouvant une remise concertée pour contourner la procédure d'extradition. Il est souvent très délicat de démontrer la concertation entre les États, d'autant plus que dans les deux affaires, il n'existait pas de décision judiciaire interne constatant l'irrégularité de la procédure comme c'était le cas dans l'affaire Bozano.

Par ailleurs, deux décisions[103] portées devant le juge administratif ont également montré combien il est difficile d'invoquer l'article 5-1 f) lorsque l'étranger a été renvoyé par une procédure d'expulsion vers un État dans lequel il va comparaître pour des délits qu'il a commis. Le juge administratif estime que, comme il n'y a pas eu de demande d'extradition du pays de renvoi, il n'y a pas de détournement de procédure et par conséquent la remise est régulière. Le contrôle du juge administratif est dans ce cas réduit[104]. Il considère que les dispositions de l'article 5 de la CEDH permettent de priver l'étranger de sa liberté dans le but de préserver, selon « les voies légales », l'ordre et la sécurité publics.

A l'instar de Catherine Teitgen-Colly, il est ici intéressant de souligner l'application timorée de cet article. Cette jurisprudence n'a pas prospéré contrairement à la jurisprudence de l'article 8 de la CEDH dans le statut interne. La concordance des garanties conventionnelles et constitutionnelles explique sans doute cette application réduite de l'article 5 de la CEDH.

---

[98] TEITGEN-COLLY C., *op. cit.*, p. 278.

[99] Cf. le cas de José Aizpuru Aizpuru expulsé le 2 juin 1994 vers l'Espagne (TA 7 juillet 1995) ; cf. analyses de ROUGET D., « Le respect du droit extraditionnel et les « extraditions déguisées » », *RUDH*, 1999, p. 169-197.

[100] Comm. EDH, 11 octobre 1973, *Amekrane* c./ RU, req. n°5961/72 ; CEDH 21 avril 1986, *Bozano.*

[101] ROUGET D., « Le respect du droit extraditionnel et les « extraditions déguisées » », *RUDH*, 1999, p. 169-197.

[102] Comm. EDH 5 décembre 1996, *José Antonio Urrutikoetxea c./ France*, req. n° 31113/96 DR 87, p. 151 ; Comm. EDH 12 janvier 1998, *Luis Iruretagoyaena c./ France*, req. n° 32829/96.

[103] CAA, Paris 1ère chambre A, 2 mai 2001, *Ministre de l'Intérieur*, req. n° 99PA03059 ; CAA 22 mars 2001, *Ministre de l'Intérieur,* req. n° 00PA03056 ; MASSIA N., « L'expulsion d'un étranger peut-elle constituer une extradition déguisée ? Conclusions sur la Cour administrative de Paris, 22 mars 2001, Lopez de la Calle Gauna », *RFDA*, septembre-octobre 2001.

[104] CAA 22 mars 2001, *Ministre de l'Intérieur*, req. n° 00PA03056,

Section II : L'influence relative des garanties juridictionnelles européennes dans le contentieux des étrangers

Tout comme la protection « par ricochet » apportée par les articles 8 ou 3 de la Convention européenne des droits de l'Homme, la protection des garanties juridictionnelles européennes existe pour les ressortissants étrangers. Toutefois, si cette protection est moins spectaculaire que celle introduite pour le respect de la vie privée et familiale de l'étranger, elle n'en est pas pour autant négligeable. Les garanties juridictionnelles sont assez développées en droit interne. Le juge constitutionnel a contraint le législateur à intégrer une série de garanties spécifiques[105] au contentieux des étrangers. A ce propos, il est intéressant d'analyser les exigences européennes en la matière, pour en apprécier la portée en droit interne.

Ainsi, il sera d'abord démontré que les droits de la défense dévolus aux ressortissants étrangers souffrent de l'inapplication de l'article 6[106] de la CEDH. Cette carence réduit considérablement le potentiel de la Convention européenne à l'égard du contentieux des étrangers (§ I). Ensuite, il conviendra de montrer que cette carence est compensée par les exigences des articles 5 et 13 de la Convention européenne. Le droit à être informé lors d'une détention dans sa langue et dans un délai raisonnable, ainsi que le recours effectif, ont été étendus à des espèces concernant des ressortissants étrangers (§ II).

§ I : Les droits de la défense des étrangers affaiblis par l'inapplicabilité de l'article 6 de la CEDH

L'inapplication de l'article 6 par la Cour semble désormais irrémédiable, malgré les quelques espoirs soulevés par la doctrine (A). En revanche, dans des cas particuliers, les juges européens et administratifs appliquent l'article 6 de la CEDH aux contentieux des étrangers victimes d'un déni flagrant de justice en raison d'une expulsion ou d'une interdiction de territoire (B).

---

[105] Certaines d'entres elles n'apportent pas pleinement satisfaction sur le plan de l'efficacité et de la réalité juridique du contentieux.

[106] Article 6 – Droit à un procès équitable.

1- Toute personne a droit à ce que sa cause soit entendue équitablement, publiquement et dans un délai raisonnable, par un tribunal indépendant et impartial, établi par la loi, qui décidera, soit des contestations sur ses droits et obligations de caractère civil, soit du bien-fondé de toute accusation en matière pénale dirigée contre elle. Le jugement doit être rendu publiquement, mais l'accès de la salle d'audience peut être interdit à la presse et au public pendant la totalité ou une partie du procès dans l'intérêt de la moralité, de l'ordre public ou de la sécurité nationale dans une société démocratique, lorsque les intérêts des mineurs ou la protection de la vie privée des parties au procès l'exigent, ou dans la mesure jugée strictement nécessaire par le tribunal, lorsque dans des circonstances spéciales la publicité serait de nature à porter atteinte aux intérêts de la justice.

2- Toute personne accusée d'une infraction est présumée innocente jusqu'à ce que sa culpabilité ait été légalement établie.

3- Tout accusé a droit notamment à : a) être informé, dans le plus court délai, dans une langue qu'il comprend et d'une manière détaillée, de la nature et de la cause de l'accusation portée contre lui; b) disposer du temps et des facilités nécessaires à la préparation de sa défense; c) se défendre lui-même ou avoir l'assistance d'un défenseur de son choix et, s'il n'a pas les moyens de rémunérer un défenseur, pouvoir être assisté gratuitement par un avocat d'office, lorsque les intérêts de la justice l'exigent; d) interroger ou faire interroger les témoins à charge et obtenir la convocation et l'interrogation des témoins à décharge dans les mêmes conditions que les témoins à charge; e) se faire assister gratuitement d'un interprète, s'il ne comprend pas ou ne parle pas la langue employée à l'audience.

A/ L'intransigeance de la jurisprudence européenne sur la non-application de l'article 6 de la CEDH aux mesures d'éloignement

L'article 6 est pourtant l'article le plus souvent invoqué devant les organes de Strasbourg ; il donne lieu à une jurisprudence abondante et évolutive mais, paradoxalement, ni le juge européen (1) ni le juge français ne retiennent son application dans le contentieux des étrangers (2).

1/ L'inapplicabilité de l'article 6 au contentieux des étrangers par le juge européen

La doctrine[107] et les associations de défense des étrangers ont longtemps espéré que l'article 6 de la CEDH s'applique au contentieux des étrangers, même si la Commission[108] a toujours refusé son application. Les juges européens retiennent plusieurs critères pour l'application de l'article 6 : le caractère civil « *des droits et obligations* »[109] contestés et « *les accusations en matière pénale* »[110].

Le premier critère, relatif au « *caractère civil des droits et des obligations contestés* »[111] fait défaut au contentieux des étrangers selon les juges européens. De même, une partie non négligeable du contentieux public est exclue par ce critère[112]. Cependant, le juge européen a étendu l'application de l'article 6 de la CEDH à certains litiges de nature publique en retenant le critère patrimonial[113] pour établir le caractère civil du litige. Ce critère « fonctionnel » pourrait s'appliquer au contentieux d'une expulsion, mais il n'a jamais été retenu par la Commission. En effet, l'admission ou l'expulsion du territoire sont considérées comme relevant de l'exercice de la puissance publique[114].

Le second critère de « *l'accusation en matière pénale* » n'est pas non plus établi dans le contentieux des étrangers. La Commission européenne a depuis longtemps[115] montré

---

[107] BERNARD F. et BERTHE A., « Les garanties procédurales en matière de reconduite à la frontière au regard de la Convention européenne des droits de l'Homme », *RTDH*, 1997, p. 17 ; SAROLÉA S., « Les droits procéduraux du demandeur d'asile au sens de l'article 6e et 13 de la Convention européenne des droits de l'Homme », *RTDH*, 1999, p. 118.

[108] Comm. EDH 17 décembre 1976, *Agee c./ RU*, req. n° 7729/76, DR 7 p. 164 ; Comm.EDH 5 décembre 1996, *Urrutikoetxea c./ France*, req. n° 31113/ 96, DR 87, p. 151 ; Comm. EDH déc. 25 octobre 1996, *Kareem c./ Suède*, req. n° 32025/96, DR 87, p. 174.

[109] PETTITI C., « La notion autonome de droit de caractère civil : vers une conception restrictive ? », in Le procès équitable et la protection juridictionnelle du citoyen, Colloque organisé pour le 50ème anniversaire de la CEDH, 29 et 30 septembre 2000, Bruylant, Bruxelles, 2001, p. 23-42.

[110] CEDH 8 juin 1976 Engel ; TAGARAS H., « La notion d'accusation en matière pénale et les droits de l'accusé », in Le procès équitable et la protection juridictionnelle du citoyen, Colloque organisé pour le 50ème anniversaire de la CEDH, 29 et 30 septembre 2000, Bruylant, Bruxelles, 2001, p. 43-56.

[111] MATSCHER F., « La notion de décision d'une contestation sur un droit ou une obligation de caractère civil au sens de l'article 6 §1 de la Convention européenne des droits de l'Homme », *in mélange Wiarda*, p. 395.

[112] Litiges concernant l'état des personnes, le droit de propriété, le droit à réparation, le droit à indemnisation en cas de détention, contestation ayant un but patrimonial, la jurisprudence l'a étendu au domaine social, administratif et disciplinaire etc. RENUCCI J.-F., *Droit européen des droits de l'Homme*, 2ème éd., LGDJ, 2001, 191-193.

[113] CEDH 8 décembre 1999, *Pellegrin c./ France ;* LAMBERT P., Obs., *GP*, Spécial droits fondamentaux de l'institut de formation en droits de l'Homme, p. 35 ; PETTITI C., *Cahiers du CREDHO*, n° 6-2000 ; MELLERAY F., *LPA*, 17 mai 2000, n° 98.

[114] Comm. EDH 17 décembre 1976, *Agee c./ RU*, req. n° 7729/76, DR 7 p. 164 ; Comm. EDH 2 mai 1979, *Uppal Singh c./ RU*, DR 17, p. 149.

[115] L'affaire Philip Burnett Franklin Agee c./ Royaume-Uni.

que l'expulsion d'un étranger constituait une procédure distincte des poursuites ou des condamnations pénales, affirmant ainsi que « *la nature de l'infraction, la nature de la sanction et sa gravité* »[116] ne relevaient pas de l'application de l'article 6. Alors que, dans certains cas, les effets de l'expulsion entraînent des conséquences graves sur le ressortissant étranger, la Commission n'est jamais revenue sur ce refus d'application. Ainsi l'inapplication de l'article 6 s'étend aux mesures d'éloignement des étrangers au titre du volet pénal[117], des procédures d'extradition[118] et des mesures d'expulsion[119].

La Cour s'est prononcée tardivement sur la question de l'application de l'article 6§1 au contentieux des étrangers[120]. L'extension et l'application progressives de l'article 6 à des pans entiers du droit français a suscité un espoir[121] d'application prochaine au contentieux des étrangers. Pourtant, la Cour européenne n'a pas choisi cette direction. Au contraire, en 2000, l'affaire Maaouia[122] a exclu avec clarté l'application de l'article 6 de la CEDH au contentieux des étrangers. Pourtant, cette jurisprudence Maaouia n'est pas exempte de critiques tant sur le fond que sur la forme.

M. Maaouia, entré en France à l'âge de 22 ans et marié à une Française avait été condamné à un an d'emprisonnement et à une peine de dix ans d'interdiction du territoire. Le Ministre de l'Intérieur avait pris à son encontre un arrêté d'expulsion qu'il a réussi à faire annuler pour vice de procédure. Il demandait, par conséquent, le relèvement de l'interdiction du territoire introduite le 12 août 1994. Cette procédure s'est achevée le 26 janvier 1998 soit trois ans plus tard. Aussi, M. Maaouia estima-t-il que la procédure avait dépassé les délais raisonnables prévus à l'article 6§1 de la CEDH. La question posée pour la première fois à la Cour concernait le délai raisonnable d'une procédure en relèvement d'une interdiction du territoire et, plus largement, l'application de l'article 6 au contentieux des étrangers.

Le gouvernement[123] plaidait pour l'inapplication de l'article 6§1 au relèvement d'une interdiction du territoire, puisque la procédure ne portait pas sur des droits et des obligations de caractère civil mais sur des considérations d'ordre public. Cet argument reprenait celui retenu jusqu'ici par la Commission[124]. Dans sa solution, la Cour a rappelé

---

[116] CEDH 21 février 1984, *Özturk c./ RFA*.

[117] TEITGEN-COLLY C., *op. cit.*, p. 261 et s.

[118] Comm. DEH 12 mars 1984, *E .M. Kirkwood c./ RU*, req. n° 10479/83,.

[119] Comm. EDH 25 janvier 1985, *Zamir c./ RU*, req. n° 9174/80.

[120] Dans l'affaire CEDH 29 septembre 1999, *M. Djaid c./ France*, la Cour avait eu à trancher une question relative à la durée excessive d'une procédure pénale pour trafic de drogue d'un étranger, devant la Cour de cassation. La procédure devant la Cour de cassation avait été déclarée non conforme à l'article 6§1, l'obligation de célérité n'ayant pas été respectée. De plus, M. Djaid a fait l'objet d'une interdiction du territoire. Aucune question n'avait été posée à la Cour sur l'interdiction du territoire au regard de l'article 6 de la CEDH.

[121] SAROLÉA S., « Les droits procéduraux du demandeur d'asile au sens de l'article 6e et 13 de la Convention européenne des droits de l'Homme », *RTDH*, 1999, p. 118 et s.

[122] CEDH 5 octobre 2000, *Maaouia c./ France*, req. n° 39652/98 ; DE SCHUTTER O., « Les garanties procédurales dans le cadre du contentieux de l'accès au territoire du séjour de l'éloignement », *RDE*, 2000, n° 110, p. 522- 530 ; BITTI G, « La champ d'application de l'article 6 CEDH en matière d'éloignement des étrangers », *cahiers du CREDHO* n° 7, 2001, p. 58-65 ; TIGROUDJA H., « L'applicabilité de l'article 6 § 1 de la CEDH à la procédure de relèvement d'une interdiction du territoire », *RTDH*, 2002, p. 433 ; Confirmée par l'arrêt CEDH 31 mai 2001, *Fatgan Katani c./ Allemagne*, req. n° 67679/01.

[123] CEDH *Maaouia*, § 28.

[124] Comm. EDH 17 décembre 1976, *Agee c./ RU* ; Comm. EDH déc. 25 octobre 1996, *Kareem c./ Suède*, req. n° 32025/96, DR 87, p. 174 ; Comm.EDH 5 décembre 1996, *Urrutikoetxea c./ France*, req. n° 31113/ 96, DR 87, p. 151 ; Comm. EDH 13 janvier 1997, *Gérard Adams et Tony Benn* c./ RU, req. n° 28979/95 et 30343/96 ; Comm. EDH 12 septembre 1997, Mc *Cullough c./ RU*, req. n° 24889/94.

tout d'abord la jurisprudence classique de la Commission pour ensuite l'approuver. Puis, au regard des dispositions de la CEDH, des Protocoles additionnels et surtout du rapport explicatif du Protocole n° 7 relatif aux procédures applicables en cas d'expulsion d'étrangers, la Cour a estimé qu'il n'y avait pas lieu d'appliquer l'article 6 §1 aux procédures d'expulsion. Elle est arrivée à cette conclusion grâce à une « *interprétation contextuelle* »[125] de l'ensemble des dispositions de la Convention européenne et de ses Protocoles. L'article 6 était inapplicable aux procédures d'expulsion puisque les États auraient estimé ainsi que « *si l'article 6 s'appliquait aux procédures d'expulsion, ils n'auraient pas jugé nécessaire de consacrer un article spécifique aux garanties procédurales en la matière lors de l'adoption du Protocole n° 7* »[126]. De plus, pour renforcer cet argument, la Cour a déclaré que la procédure en relèvement n'avait pas de caractère civil au sens de l'article 6§1, même si elle reconnaissait que cette mesure pouvait entraîner, accessoirement, des conséquences importantes sur la vie privée et familiale de l'intéressé[127]. Le juge a estimé que ces conséquences n'étaient pas suffisamment graves pour justifier le caractère civil des droits et obligations contestés. Enfin, pour répondre au principal argument du requérant, la Cour a ajouté que la procédure en relèvement ne portait pas sur le bien-fondé d'une accusation pénale en raison du caractère préventif que constituait la mesure de police d'interdiction de territoire, et ce, même si elle avait été prononcée dans le cadre même d'une procédure pénale[128].

Il est regrettable que la Cour n'ait pas cherché l'autre critère exigé dans la détermination du bien-fondé d'une accusation pénale. En effet, la Cour n'a pas relevé le caractère *sévère* de la sanction d'interdiction du territoire. La Cour a minimisé les atteintes familiales, sans se pencher *in concreto* sur l'interdiction de dix ans du territoire qui constitue une sanction particulièrement grave pour l'intéressé (marié avec une Française). D'autant que, comme le souligne Olivier De Schutter, cette peine s'ajoute à la peine d'emprisonnement. Selon le juge Costa[129], l'interdiction du territoire apparaît comme une « *double peine* » non pas au sens juridique de la règle *ne bis in idem* mais au sens humain du terme.

Cette décision a été critiquée tant par les opinions dissidentes[130] que par la doctrine[131]. La rigueur du raisonnement de la Cour, comme la solution retenue, ont entraîné de vives réactions. Pas moins de trois opinions concordantes et une opinion dissidente se sont exprimées après l'arrêt.

Dans la première opinion concordante, le juge Rozakis précisait que l'article 6 était inapplicable puisque la procédure de relèvement n'impliquait aucune décision sur une accusation en matière pénale car elle entrait davantage dans l'exécution de la peine. Le juge Costa a rappelé que la peine d'interdiction du territoire est une « *peine accessoire* » et que, par conséquent, elle relevait de la matière pénale puisqu'elle disposait d'un caractère à la fois préventif et répressif[132]. Il a estimé que cette procédure devait entrer dans le champ

---

125 DE SCHUTTER O., *op. cit.*, p. 534.
126 *Ibidem.*
127 § 38.
128 § 39.
129 Cf. opinion concordante du juge Costa.
130 Opinions concordantes des juges Costa, Hedigan et Pantiru, Rozakis, Bratza, opinions dissidentes des juges Loucaides, Traja.
131 DE SCHUTTER O., *op. cit.*, p. 534.
132 Il rappelle à ce propos que c'est le cas de toutes les sanctions pénales.

d'application de l'article 6. Néanmoins, en l'espèce, il souhaitait l'écarter en raison de l'absence « *du bien fondé de toute accusation en matière pénale* ». En effet, il soulignait que le requérant, en sollicitant le relèvement de l'interdiction du territoire, ne demandait pas qu'on juge l'accusation à l'origine de cette peine mais qu'il voulait seulement supprimer les effets de l'interdiction du territoire, sans remettre en cause les motifs du jugement à l'origine de l'interdiction du territoire.

Dans son opinion dissidente, le juge Loucaides est revenu sur la question des « *droits et obligations de caractère civil* » retenue par la Cour. Il considérait que la Commission et la Cour avaient une approche restrictive et peu libérale du problème puisqu'elles ne retenaient que les droits et les obligations relevant du droit privé ; alors que lui-même définissait comme « civils » tous les droits et les obligations dépourvues de caractère pénal. Par ailleurs, il contesta l'argument de l'inapplication de l'article 6 aux mesures d'éloignement en raison d'une disposition *lex specialis* (le Protocole additionnel n° 7). En effet, il releva avec justesse que le Protocole n° 7 renvoie « *manifestement à des garanties procédurales vis-à-vis des autorités administratives qui n'affectent en rien les garanties judiciaires dont ces personnes peuvent d'ores et déjà bénéficier de par la Convention* ». Autrement dit, ce n'est pas parce que des garanties administratives spéciales ont été prévues pour les étrangers que ceux-ci ne peuvent pas revendiquer des garanties judiciaires lorsqu'ils sont amenés à revendiquer leurs droits et obligations. *« Les deux séries de garanties peuvent coexister parce qu'elles servent des objectifs différents* ». Olivier De Schutter a estimé, qu'en agissant ainsi, la Cour a abouti à une interprétation « *soustractionnelle* » du Protocole alors qu'il s'agit d'un Protocole additionnel.

Par ailleurs, dans son commentaire de l'arrêt, Olivier De Schutter estimait que l'inapplication de l'article 6 sous son volet civil était contestable sur plusieurs points. Notamment sur le fait que l'exclusion totale de l'article 6 du contentieux des étrangers conduit à faire l'impasse sur leurs droits fondamentaux (la vie privée et familiale (article 8) ; la protection contre le refoulement entraînant un traitement inhumain et dégradant (article 3)) dont peuvent se prévaloir certaines catégories d'étrangers. Sylvie Saroléa[133] rappelle que l'article 6 n'est pas invocable pour les demandeurs d'asile, la Commission ne fait donc pas de différence entre l'étranger « de droit commun » et le demandeur d'asile. Sylvie Saroléa estime avec raison que cette jurisprudence *« pêche donc pour défaut de nuances, puisqu'elle englobe sous la même réalité les étrangers ne bénéficiant d'aucun droit subjectif au séjour et ceux qui ont un droit au séjour sur la base du droit national, du regroupement familial, de l'article 8 (...) et articl*e 3 »[134].

Au terme de ces analyses, il est utile de souligner que l'argumentation de la Cour n'était pas très convaincante et qu'elle s'est montrée moins dynamique qu'en matière de protection de la « vie privée et familiale » des étrangers. On est en droit de se demander si ce ne sont pas les réticences des États à l'application de l'article 6 au contentieux des étrangers qui ont conduit la Cour à adopter cette approche frileuse. D'autant qu'il est clair qu'un revirement de jurisprudence entraînerait des conséquences inédites dans le contentieux des étrangers.

---

[133] SAROLÉA S., « Les droits procéduraux du demandeur d'asile au sens de l'article 6 et 13 de la Convention européenne des droits de l'Homme », *RTDH*, 1999, p. 130.

[134] *Ibidem.*

2/ Le juge français et l'inapplicabilité logique de l'article 6 au contentieux des étrangers

La jurisprudence du Conseil d'État est claire sur la question : ni la reconduite à la frontière[135], ni la procédure d'expulsion[136], ni un refus de séjour[137] ne sont susceptibles d'être contestés devant le juge administratif par le biais de l'article 6 de la CEDH. Le juge administratif, en suivant la même argumentation que les juges européens, refuse d'appliquer cet article à des domaines qui touchent « *l'imperium étatique* »[138] : le pouvoir discrétionnaire[139] de l'État. De plus, ni l'expulsion ni la reconduite à la frontière ne sont considérées comme des sanctions.

Si l'inapplication de l'article 6 est partiellement compensée par le recours à d'autres articles de la CEDH, on est en droit de s'interroger sur l'opportunité de ce refus. Les juges européens et nationaux craignent-ils que l'utilisation de l'article 6 entraîne des recours massifs des étrangers ? En effet, on peut craindre que l'examen au titre de l'article 6 dans le contentieux n'emporte d'importantes conséquences. Ainsi le délai raisonnable, le temps et les facilités nécessaires à la préparation de la défense exigés par l'article 6§1 ne seraient probablement pas satisfaits dans une procédure de reconduite à la frontière, lors d'une expulsion ou d'un refus d'entrée, ou encore lors d'une décision de mise en rétention ou en zone d'attente. Si ces recours sont considérés comme effectifs au sens de l'article 13 de la CEDH, il n'est pas avéré qu'ils rempliraient les exigences de l'article 6 de la CEDH.

La loi du 26 novembre 2003 a modifié le régime de la mise en rétention et en zone d'attente soulevant des interrogations relatives au respect du droit de la défense. Ainsi par exemple, la possibilité de tenir des audiences avec des moyens de communication audiovisuelle ou bien les salles d'audiences ad hoc dans lesquelles l'étranger ne verrait pas le juge, soulèvent des inquiétudes sur le déroulement d'un « procès rendu à distance ». De même, comme le souligne très justement le GISTI, l'instauration des salles d'audience dans les zones d'attente peut faire craindre que l'étranger ne bénéficie pas d'une réelle indépendance et impartialité du juge[140]. La non publicité des débats et l'accès difficile à ces salles ainsi que l'isolement des avocats ne garantissent pas les droits des étrangers. Enfin, la procédure d'appel suspensif[141] des décisions du juge des libertés et de la détention, déclenchée uniquement par le Ministère public lors d'une rétention, soulève un problème d'égalité des armes, puisque l'étranger ne dispose pas de ce droit. Tous ces points n'ont pourtant pas inquiété le Conseil constitutionnel. Néanmoins, certaines garanties de l'article

---

[135] CE 8 avril 1994, *M et Mme Sadick Yalgin*, req. n° 142334 ; Conclusions de M. Marais ; CE sect. 22 mars 1991, *Mme Sti, Leb.* p. 100 ; *RFDA*, 1991, p. 530 ; CE. sect. 12 octobre 1994, *Amadou N'Diaye* ; CE 14 juin 2000, *Mme Zatout*, req. n° 211117 ; CE 28 avril 2004, *M. Jamaa X.*, req. n° 260349.

[136] CE 20 janvier 1988, *Elgfenzi*, rec. CE p. 17 ; CE 31 juillet 1996, *Sasorith*, req. n° 169703 ; CE 27 février 1987, *Ministre de l'Intérieur c./ Urrate Riallos*, req. n° 71714 ; CE 31 juillet 1992, *Kacak*, req. n° 119104 ; CE 31 juillet 1992, *Ministre de l'Intérieur c./ Laffaoui*, req. n° 128188.

[137] CE 5 juillet 2004, *Mme YX*, req. n° 248069.

[138] SOYER J.-C., et DE SALVIA M., « Article 6 », *in La convention européenne des droits de l'Homme, commentaire article par article*, Economica, 1999.

[139] GROTRIAN A., *L'article 6 de la Convention européenne des droits de l'Homme*, éd. Conseil de l'Europe, 1994.

[140] GISTI, *Contrôler, surveiller et punir, 4ème éd., Analyse de la réforme Sarkozy loi n° 2003-1119 du 26 novembre 2003*, décembre 2003, p. 50 ; Cf. URPIN D., « Les nouvelles lois sur l'immigration et l'asile dans le contexte de l'Europe et de la mondialisation », *RCDIP*, avril-juin 2004, p. 311-393.

[141] Article 35 bis IV.

6 se retrouvent dans les procédures d'éloignement. Par exemple, lors de l'édiction d'un arrêté de reconduite à la frontière, l'étranger peut demander l'assistance d'un interprète[142] et être assisté d'un conseil de son choix[143].

B/ Les cas exceptionnels d'application de l'article 6 de la CEDH

Les juges européens et français ont été amenés à appliquer dans quelques cas particuliers et peu fréquents les exigences de l'article 6 à l'égard des étrangers[144].

Le juge européen a estimé recevable une requête dont l'exécution a eu pour conséquence d'exposer l'étranger à des procédures ou des pratiques en contradiction flagrante avec les exigences de l'article 6. Catherine Teitgen-Colly relève deux situations dans lesquelles on estime que l'article 6 aurait des conséquences sur un litige concernant un ressortissant étranger.

D'abord, le juge européen accepte le recours à l'article 6 lorsque les procédures suivies dans l'État de destination sont contraires aux exigences de cet article. Ainsi, comme pour l'application de l'article 3 (traitement inhumain et dégradant), les juges européens ont accepté l'application extraterritoriale de la Convention pour éviter les dangers qui guettent les étrangers expulsés vers un pays dans lequel ils seraient privés d'un procès équitable[145]. Dans ce cas, l'étranger peut invoquer à son profit le risque d'un déni de justice flagrant et demander une application extraterritoriale des dispositions processuelles de la Convention. A ce propos, Jean-François Flauss, a soulevé que « *la consécration à la charge des États parties à la Convention d'une responsabilité internationale du fait de l'édiction d'actes ayant pour conséquence d'exposer à l'étranger un individu à des pratiques ou procédures entrant en contradiction flagrante avec les exigences essentielles des articles 5 et 6 constituait une innovation de taille* ». Jean-François Flauss[146] relève, par ailleurs, que cette jurisprudence a créé une situation paradoxale. En effet, le juge retient l'article 6 au delà des États parties à la Convention mais refuse son application sur le territoire aux contentieux des décisions d'expulsion.

Ensuite, le juge européen a admis l'application de l'article 6 lorsque l'étranger était dans l'impossibilité d'obtenir un laissez-passer des autorités françaises et qu'il était exposé de ce fait à un jugement par défaut en raison de l'exécution de sa mesure d'expulsion[147]. Ainsi, le requérant Youcef Ayadi, avait demandé à la Commission européenne d'examiner l'atteinte au droit de la défense issu de l'article 6 de la CEDH, en raison d'un jugement par défaut rendu alors qu'il n'avait pas pu comparaître suite à

---

142 L'étranger peut demander au président du tribunal ou à son délégué le concours d'un interprète et la communication du dossier CE 3 février 1999, *Samba Yero*, req. n° 199872.

143 Article 22 bis §I alinéa 4 ; CE 19 septembre 1994, *Mme Kikonda*, req. n° 155031.

144 Cf. analyses de TEITGEN-COLLY C., *op. cit.*, p. 264 et s.

145 Comm. EDH 16 janvier 1996, *Mar c./ RU*, req. n° 28038/95 ; voir aussi CEDH 7 juillet 1989, *Soering* ; cette décision concernait les règles de procédure pénale applicables aux États-Unis. Plus précisément, le requérant avait fait valoir que son extradition méconnaissait l'article 6-3 c, faute d'assistance judiciaire en Virginie pour l'introduction de divers recours. Or, la Cour n'exclut pas qu'une décision d'extradition puisse exceptionnellement soulever un problème sous l'angle de l'article 6 dans le cas où le fugitif risquerait de subir un déni de justice flagrant dans le pays de destination. Toutefois, elle estime qu'en l'espèce les faits en cause ne révélaient pas un tel risque. Comm. 20 janvier 1994, *Joy Aylor Davis c./ France*, 22742/43, DR 76, 164 ; Comm. DH, 28 mai 1991, *Oleg Kozlov c./ Finlande*, DR 69, 321.

146 FLAUSS J.-F., « Convention européenne des droits de l'Homme et droit Administratif », *AJDA*, 1997, p. 977.

147 Comm. EDH 2 décembre 1992, Youcef Ayadi c./ France, req. n° 18000/91.

l'exécution d'une expulsion. La Commission a estimé recevables les griefs de l'intéressé sur la base du non-respect du droit à être entendu et à comparaître, exigé par l'article 6 de la CEDH.

Le juge français a eu à se prononcer dans l'affaire du même type de M. Madaci et Youbi[148]. Les requérants, ressortissants algériens, avaient invoqué l'application de l'article 6 de la CEDH car ils avaient été renvoyés dans leur pays et n'avaient pu se présenter devant le Tribunal correctionnel pour répondre des faits dont ils étaient accusés d'avoir commis lors de la manifestation « anti-CIP » en 1994. Il s'agissait de savoir si l'exécution forcée des arrêtés d'expulsion avait constitué ou non une voie de fait[149] en les privant de la liberté de comparaître. Le Tribunal de grande instance avait estimé que cela était le cas puisque les intéressés avaient été empêchés de se défendre devant la juridiction répressive et de faire valoir leurs arguments devant la juridiction administrative. En effet, le Tribunal de grande instance considérait que, même autorisée par la loi, l'exécution forcée de l'expulsion avait été irrégulière pour non respect des articles 6 et 13[150] de la Convention européenne des droits de l'Homme. Moins audacieux, le Tribunal des conflits a accepté la recevabilité du moyen mais l'a considéré comme non-fondé en l'espèce. Par un considérant très alambiqué, il a estimé « *qu'en ordonnant à l'administration de prendre les mesures ci-dessus énoncées le Tribunal de grande instance de Lyon, statuant en référé, a fait obstacle à l'exécution d'une décision administrative qui, même à supposer cette exécution forcée illégale au regard, notamment, des articles 6 et 13 de la Convention européenne de sauvegarde des droits de l'Homme et des libertés fondamentales, a été prise dans l'exercice d'un pouvoir conféré à l'administration par l'ordonnance du 2 novembre 1945 modifiée et dont l'exécution forcée, autorisée par l'article 26 bis de ce texte, ne saurait constituer une voie de fait* ». Pour écarter le problème de la conventionnalité de la voie de fait, le Commissaire du gouvernement[151] rappelait que si l'article 6 stipule que toute personne doit pouvoir être présente à l'audience pénale où elle est accusée afin d'y exercer ses droits de la défense, l'expulsion n'y fait pas nécessairement échec, puisque rien n'empêche que l'étranger expulsé soit muni, le jour venu, d'un sauf-conduit lui permettant de comparaître à l'audience correctionnelle. L'atteinte à l'article 6 n'était pas reconnue, car insuffisamment, importante, avait fallu qu'apparaisse un déni flagrant de justice et non une privation temporaire de comparaître pour qu'elle soit constituée.

Au regard de cette espèce, Catherine Teitgen-Colly[152] considère que l'application exceptionnelle de l'article 6 est doublement encadrée. Horizontalement d'abord, puisque

---

[148] Tribunal des conflits 20 juin 1994, *MM. Madaci et Youbi* ; *AJDA*, juillet 1994 p. 556 ; MAUGÜE C. et TOUVET L., *AJDA*, 1994, p. 496 ; Conclusions ABRAHAM R. et Note PETIT S., *GP*, 1994, 1, p. 571 ; GROS L., *LPA*, 20 mai 1996, p. 7 ; DIDIER, *D.*, 1995, 193.

[149] L'exécution forcée irrégulière d'une décision administrative, même légale, est une voie de fait lorsqu'elle a porté atteinte à une liberté fondamentale. Alors qu'elle doit en principe saisir l'autorité judiciaire pour que soient infligées des sanctions pénales à ceux qui refusent d'exécuter ses décisions, l'administration n'a le droit de les faire exécuter par la force que dans trois hypothèses : soit en cas d'urgence, soit en l'absence de sanction pénale, soit en cas d'autorisation expresse donnée par la loi. C'est dans cette troisième hypothèse que se trouve l'administration quand elle procède à l'expulsion d'étrangers.

[150] Quant à l'article 13, il aurait, selon les magistrats judiciaires, interdit aux intéressés de former un recours devant la juridiction administrative. Or la jurisprudence du Conseil d'État donne les garanties nécessaires, puisque l'exécution matérielle d'un arrêté d'expulsion ne prive pas l'intéressé d'en demander et d'en obtenir non seulement l'annulation, mais aussi le sursis à exécution (CE Ass. 18 juin 1976, *Moussa Konaté, Leb.* p. 321).

[151] ABRAHAM R., *GP*, 1994, 1, p. 571.

[152] TEITGEN-COLLY C., *op. cit.*, p. 264 et s.

l'article 6 est appliqué en amont ou en aval de l'éloignement de l'étranger mais non pendant la procédure même de l'éloignement. Verticalement ensuite, puisque le juge exige un déni flagrant de justice et non une simple méconnaissance de l'article 6.

Un autre arrêt[153] est venu confirmer cette hypothèse, mais cette fois il s'agissait d'un jugement rendu par défaut, en raison de l'absence de l'étranger sous l'effet d'une interdiction du territoire. Le Tribunal de grande instance considérait que le Ministre des Affaires Étrangères devait délivrer un visa à M. Boussadar pour lui permettre d'assister, en personne, à l'audience de la Cour d'appel de Paris. De son côté, le préfet de police estimait qu'il ne pouvait se prononcer sur la légalité d'un visa, l'intéressé ne se trouvant pas dans l'obligation d'être présent, en personne, à l'audience. Le préfet considérait par conséquent qu'il n'y avait aucune atteinte à l'article 6 de la CEDH et que la simple représentation par son conseil suffisait. La réponse du Tribunal des conflits fut identique à celle faite dans l'affaire Madaci. Il évacua la question de la conventionnalité pour s'en tenir à la compétence de l'autorité consulaire, cette dernière agissant en l'espèce en vertu d'un pouvoir conféré à l'administration par l'article 5 de l'ordonnance de 1945, sans que sa décision de refus du visa, même entachée d'illégalité au regard de l'article 6 de la CEDH, ne soit constitutive d'une voie de fait. Le Tribunal des conflits renvoyait ainsi la question devant le juge administratif. La logique du juge a été, ici encore, d'écarter la question de la conventionnalité de cette décision de refus, entraînant de ce fait un jugement par défaut et non un déni flagrant de justice.

Peu après cette affaire, dans l'arrêt du Conseil d'État du 15 novembre 2000 M. Amri[154], le juge administratif a admis la nécessité de délivrer un visa[155] à un étranger, frappé d'une peine d'interdiction du territoire, lorsqu'une obligation lui était faite de comparaître personnellement devant une juridiction française. Que recouvre cette obligation à la lumière de l'article 6 de la CEDH ? Est-ce une obligation générale et systématique qui impose la présence physique de l'étranger au jugement ? Ou bien est-ce plutôt une obligation de comparution dépendante des faits en cause ?

La Cour européenne exige que le droit d'être présent à son procès soit une garantie essentielle ; ceci permet à l'accusé, même représenté par un avocat de se défendre lui-même[156]. La Cour a estimé que la renonciation à ce droit devait être sans équivoque[157]. L'obligation de comparution oblige les États à agir positivement dans ce sens et à mettre en œuvre tous les moyens pour qu'il y ait égalité des armes. Cependant, lorsque le droit d'être présent n'est pas respecté, l'accusé conserve le droit d'être représenté[158]. Le droit de comparution est d'ailleurs limité lorsque l'étranger est correctement représenté par son avocat. Sa défense doit être assurée de manière concrète et effective[159]. La question qui se pose alors est : comment un avocat peut-il correctement représenter un ressortissant resté dans son pays d'origine ?

Toutefois, récemment le juge européen a fait preuve d'un contrôle effectif des conditions d'équité dans une procédure pénale. En effet le 29 mars 2005[160], la Cour

---

[153] TC 23 octobre 2000, *Préfet de police c./ M. Boussadar* ; *AJDA*, 1991, p. 143-145.

[154] CE 15 novembre 2000, *Amri ; DA*, mars 2001, n° 62, p. 19.

[155] Req. 434/58 déc. 30 juin 1959, annuaire CEDH, 2, p. 355.

[156] QUILLERÉ-MAJZOUD F., *La défense du droit à un procès équitable*, 1999, Bruylant, Bruxelles, p. 115 et s.

[157] CEDH 12 février 1985, *Colozza c./ Italie*, A n° 89, p. 14.

[158] CEDH 23 novembre 1993, *Poitrimol c./ France*, série A n° 227-A.

[159] CEDH 9 avril 1984, *Goddi c./ Italie*, série A n° 76.

[160] CEDH, 29 mars 2004, Harizi c./ France, req. n° 59480/00.

européenne des droits de l'Homme a rendu une décision importante sur l'atteinte à l'article 6 § 1 et 3 c) de la CEDH en raison du manque de connaissance suffisante de la procédure conduite en l'absence d'un étranger algérien éloigné qui n'avait pu recevoir de laissez-passer pour comparaître.

§ II : Les garanties procédurales des étrangers renforcées par l'application complémentaire des articles 5 et 13 de la CEDH

L'article 5 de la CEDH prévoit des exigences procédurales en cas de privation de liberté, même si celle-ci est régulière. L'article 13 de la Convention européenne pose, également, des garanties procédurales applicables au contentieux des étrangers. Les garanties amenées par ces deux articles compensent la non-application de l'article 6 (A). Toutefois, les articles 5 et 13 n'apportent pas de nouveautés processuelles au statut interne de l'étranger. Celui-ci possède déjà les dispositions procédurales minimales pour les recours contre les mesures d'éloignement ou leur mise à exécution (B).

A/ Les garanties relatives amenées par les articles 5 et 13 dans le contentieux des étrangers

Les dispositions des articles 5 et 13 apportent des garanties procédurales proches de celles qui découlent de l'article 6 de la CEDH. Ainsi, le droit d'être entendu dans un bref délai, dans une langue que l'on comprend, est assez proche des exigences de l'article 6. L'article 5§2[161] impose des conditions de forme, lors de la privation de liberté en zone d'attente ou en rétention administrative, pour permettre à l'étranger de comprendre les faits reprochés et ainsi préparer sa défense (1). Les articles 13 et 5§4[162] insistent sur les exigences européennes en matière d'efficacité des recours (2).

1/ Une appréciation européenne modulable sur le droit à être informé, dans les plus brefs délais, dans une langue que l'on comprend

Le droit à l'information est une « *garantie élémentaire* »[163] en cas d'atteinte à une liberté fondamentale[164]. L'individu maintenu en zone d'attente ou en rétention doit être informé, en temps utile, des raisons de sa privation de liberté. Cette exigence essentielle permet à l'intéressé de préparer, dans les meilleures conditions, sa défense. En effet, le droit

---

[161] Article 5§2 « *Toute personne arrêtée doit être informée, dans le plus court délai et dans une langue qu'elle comprend, des raisons de son arrestation et de toute accusation portée contre elle* » ; DE GOUTTES R., « L'article 5§2 », *in La Convention européenne des droits de l'Homme commentaire article par article*, (Sous la direction de L.-E. *PETTITI, DECAUX E. et IMBERT P.-H.), 1999, 2ème éd. Economica, p. 203-210.*

[162] *Article 5§4 « Toute personne privée de sa liberté par arrestation ou détention a le droit d'introduire un recours devant un tribunal, afin qu'il statue à bref délai sur la légalité de sa détention et ordonne sa libération si la détention est illégale* » ; KOERING-JOULIN R., « l'article 5§4 », *in La Convention européenne des droits de l'Homme commentaire article par article*, (Sous la direction de L.-E. PETTITI, DECAUX E. et IMBERT P.-H.), 1999, 2ème éd. Economica, p. 229-233.

[163] CEDH 5 février 2002, *Conka*, req. n° 51564/99 §50.

[164] CEDH *Fox, Campell et Hartley c./ Royaume-uni*, 30 août 1990, A n° 182. Détention de personnes soupçonnées de terrorisme sans avoir été avisées des raisons de leur arrestation.

à l'information nécessite la connaissance des motifs de l'arrestation pour satisfaire l'égalité des armes. Cette garantie est un élément indispensable des droits de la défense.

Ce droit à l'information impose des critères rigoureux de clarté et d'accessibilité des motifs de la détention. L'information doit être *complète, rapide et intelligible*[165].

Aucune forme particulière d'information n'est exigée par la jurisprudence de la Cour européenne, elle peut très bien être verbale. Néanmoins, quel que soit le support de la communication, il doit être indiqué les motifs factuels et juridiques du maintien et les délais de l'inculpation. La Cour européenne n'exige pas une énumération exhaustive des accusations. S'agissant de la *rapidité*, l'information doit être fournie dans les plus courts délais[166]. Il convient de noter que la jurisprudence de la Cour n'a donné aucune précision sur ce qu'elle entend par « délai raisonnable ». L'appréciation du délai tardif[167] s'effectue selon les circonstances de l'espèce, *in concreto.* Le caractère *intelligible* correspond à la traduction dans un langage compris de tous[168], en particulier de l'inculpé, des motifs de sa privation de liberté. Cette exigence d'information rappelle celle définie par l'article 6§3 a). Comme pour cet article, le juge européen estime que l'individu privé de liberté a droit à l'assistance gratuite d'un interprète pendant la détention. Toutefois, l'exigence de l'article 5§2 ne va pas très loin puisqu'elle n'oblige pas à ce que le libellé du maintien soit écrit dans la langue de l'étranger, il suffit que, lors de l'interrogation, la langue utilisée soit comprise par l'étranger ou qu'il bénéficie de l'assistance gratuite d'un interprète[169].

L'affaire Conka[170] portée devant la Cour européenne des droits de l'Homme a récemment conduit le juge européen à s'exprimer sur les conditions d'information de l'article 5§2 lors des détentions des étrangers. En l'espèce, le fait que les intéressés aient eu accès à « *un interprète maîtrisant la langue slovaque dans le but notamment de renseigner les intéressés sur le contenu des communications orales ou écrites qui leur étaient faites, et en particulier du document ordonnant leur arrestation* » suffisait pour remplir les conditions de l'article 5§2. Ces conditions d'information sont relativement souples, elles laissent une grande latitude d'action et d'organisation aux États, pour aménager ce type de garanties procédurales. Si ces exigences européennes laissent apparaître une appréciation modulable selon les États, elles n'en constituent pas moins une approche minimale des droits de la défense pour les étrangers, un standard minimum conventionnel.

---

[165] CEDH 30 août 1990, Fox, Campell et Hartley c./ Royaume-uni, §40.

[166] *Ibid.* « Promptly ».

[167] *Ibid.*, Comm. EDH 16 juillet 1980, *X. c./ Royaume-Uni* ; 28 octobre 1994, *Murray c./ Royaume-Uni*, série A n° 300-A, p. 31, §72.

[168] Comm. EDH 7 avril 1967, req. n° 34040/67.

[169] C'est le cas aussi en France, puisque le décret n° 2005-617, 30 mai 2005 JORF, 31 mai 2005, précise qu'en dehors des cas de l'éloignement et de non-admission, les frais d'interprète sont à la charge de l'étranger (en rétention par exemple).

[170] CEDH 5 février 2002, *Conka*, req. n° 51564/99 ; CARLIER J.-Y, « La détention et l'expulsion collective des étrangers », *RTDE*, n° 53, 2003, p. 198-222 ; GILLIAUX P., « L'arrêt Conka et l'effectivité des recours devant le Conseil d'État », *RDE*, 2002, n° 118, p. 313 ; LEJEUNE J. « L'arrêt Conka c./ Belgique : la procédure d'asile belge à l'aune des droits de l'Homme », *RDE*, 2002, n° 118, p. 298.

2/ Une appréciation concrète du juge européen sur le droit d'introduire un recours en cas de privation de liberté devant un tribunal (article 5§4) et sur le recours effectif (article 13)

L'accès à un tribunal pour apprécier la légalité d'une détention est une garantie essentielle du droit de la défense. Une fois l'étranger maintenu, il doit avoir accès à un organe impartial et indépendant du pouvoir de l'exécutif. La notion de « tribunal » est très largement entendue par la Cour. Il suffit notamment que l'organe ne soit pas consultatif. Ainsi, dans l'affaire Chahal[171], le Comité consultatif n'avait aucun pouvoir de décision ; l'avis transmis au ministre n'avait pas non plus de caractère contraignant et n'était pas public. Dès lors, ledit tribunal ne pouvait être qualifié de tribunal au sens de l'article 5§4[172].

Par ailleurs, dans l'affaire Conka, la Cour insista sur son désir de garantir, non pas des droits théoriques ou illusoires, mais concrets et effectifs[173], ceci impliquant, notamment, que « *les circonstances volontairement créées par les autorités soient telles que les intéressés aient une possibilité réaliste d'intenter un recours* »[174]. Les renseignements fournis aux intéressés ne suffisent pas à eux seuls, encore faut-il que l'État ait mis les requérants en situation de pouvoir utilement saisir le tribunal.

De plus, le juge européen requiert que le contrôle de légalité ne soit pas un simple examen de la légalité formelle, par conséquent le tribunal doit s'interroger sur la proportionnalité et sur la *régularité* de la privation de liberté. Le contrôle doit être assez « *ample pour s'étendre à chacune des conditions indispensables à la régularité de la détention d'un individu* »[175]. La régularité de la détention est alors examinée sous l'angle du droit interne et au regard des principes généraux que consacre la CEDH[176].

En outre, l'article 5§4 impose que l'examen de la légalité du maintien se fasse dans « *le plus bref délai* ». Ici encore, la Cour se contente d'apprécier *in concreto* selon les circonstances de l'espèce[177], la célérité avec laquelle l'affaire doit être jugée. Dans l'affaire Sanchez-Reisse[178], le juge européen a retenu que la procédure de l'article 5§4 exigeait que le contrôle de la légalité soit apprécié dans un bref délai, tout en respectant le principe du contradictoire. Les durées de vingt jours devant l'office et vingt-six jours devant le tribunal fédéral avaient été jugées excessives par la Cour qui estimait qu'elles violaient l'article 5§4 de la CEDH.

Il est intéressant de remarquer que les exigences procédurales de l'article 5§4 sont très proches, malgré quelques divergences, de celles de l'article 6. Dans tous les cas, l'article 5§4 apporte une protection indispensable sur le plan procédural. Il compense, pour partie, les lacunes laissées par l'inapplication de l'article 6 de la Convention européenne aux contentieux des étrangers.

---

171 CEDH 15 novembre 1996, *Chahal c./ Royaume-Uni*, *RUDH*, 1997, p. 365, §132.
172 *Ibid.*
173 CEDH 19 février 1999, *Matthews c./ Royaume-Uni*, req. n° 24833/94, §34.
174 CEDH 5 février 2002, *Conka*, req. 51564/99, §46.
175 Arrêt *Chahal* § 127 et CEDH 6 mars 2001, *Dougoz c./ Grèce*, req. n° 40907/98, § 61.
176 CEDH 6 mars 2001, *Dougoz c./ Grèce*, req. n° 40907/ 98.
177 CEDH 21 octobre 1986, *Sanchez-Reisse*, A-107, §55, CEDH 25 janvier 2005, *Singh c./ République tchèque*, req. n° 60538/00, § 76-§ 77.
178 CEDH 21 octobre 1986, *Sanchez-Reisse*, A-107.

L'article 13[179] est apparu comme un article très prometteur en terme de garanties pour le contentieux des étrangers (en dehors du maintien en zone d'attente ou en rétention administrative où l'article 5§4 - *lex specialis*- s'applique). L'article 6 ne s'appliquant pas aux contentieux des étrangers, les garanties de l'article 13 apportent une protection procédurale « *par ricochet* ». Grâce à cet article, des arrêts[180] ont été censurés devant la Cour européenne. Pour que cet article offre tous ses effets positifs, certaines conditions sont nécessaires.

En premier lieu, l'article 13 consacre « *un droit doublement secondaire, sa violation est tributaire de celle d'un droit substantiel* »[181]. Il doit garantir l'existence d'un recours permettant de se prévaloir des droits et des libertés de la Convention européenne. Par conséquent, le recours à l'article 13 doit toujours s'appuyer sur un droit protégé par la CEDH[182] et être lié à un grief fondé. L'affaire G.H.H contre la Turquie[183] en est une excellente illustration. La Cour estimait que les requérants n'avaient, à aucun moment, énoncé « *un grief défendable aux termes duquel leurs droits garantis par les articles 2, 3 et 8 seraient violés s'ils devaient être expulsés vers l'Iran, la Cour estimait qu'il n'y avait pas eu violation de l'article 13 de la Convention* »[184].

Ensuite, la jurisprudence européenne exige que le recours effectif au sens de l'article 13 assure à l'intéressé d'obtenir la sanction du droit garanti. Ce recours doit se faire devant une « *instance nationale compétente à connaître le contenu du grief fondé sur la Convention et à offrir le redressement approprié, même si les États jouissent d'une latitude quant à la manière de se conformer aux obligations que leur fait cette disposition* »[185]. En définitive, la jurisprudence européenne a défini le « recours effectif » comme celui devant lequel le requérant peut se faire représenter par un avocat, et dans lequel le simple exposé sommaire des motifs sur lequel se fonde l'avis d'expulsion ne saurait suffire[186]. L'organe devant lequel est porté le recours doit offrir des garanties suffisantes pour remplir les exigences posées par l'article 13 de la CEDH. Dans l'affaire Chahal, le Comité consultatif n'exerçait pas le même contrôle lorsqu'il devait apprécier une mesure d'expulsion ou une demande d'asile. Ainsi, contrairement à l'affaire Vilvarajah[187], où le requérant se plaignait d'un recours non-effectif contre sa demande d'asile, le recours dans l'affaire Chahal

---

[179] « *Toute personne dont les droits et libertés reconnus dans la présente Convention ont été violés, a droit à l'octroi d'un recours effectif devant une instance nationale, alors même que la violation aurait été commise par des personnes agissant dans l'exercice de leurs fonctions officielles* ».

[180] -Violation de l'article 13 : CEDH 15 novembre 1996, *Chahal c./ Royaume-Uni*, *RUDH*, 1997, p. 365 ; CEDH 11 juillet 2000, *Jabari c./ Turquie*, req. n° 40035/98 ; CEDH 5 février 2002, *Conka* c./ Belgique, req. n° 51564/99 ; Non violation : CEDH 6 février 2001, *Bensaïd c./ Royaume-Uni*, req. n° 44599/98 ; CEDH 11 juillet 2000, *G.H.H. et autres c./ Turquie*, req. n° 43258/98, CEDH 6 mars 2001, *Hilal c./ Royaume-Uni*, req. n° 45276/99 ; CEDH 30 octobre 1991, *Vilvarajah et autres c./ Royaume-Uni*, A-215, CEDH *D. c./ Royaume-Uni*, 2 mai 1997, rec. 1997-II.

[181] ANDRIANTSIMBAZOVINA J., « Splendeurs et misères de l'ordre public européen, les trois dernières années de l'ancienne Cour européenne des droits de l'Homme », (1996, 1997, 1998) », *CDE*, 2000, n° 5-6, p. 680-681.

[182] FLAUSS J.-F., « Le droit à un recours effectif. L'article 13 de la CEDH », *in le juge administratif et la CEDH, colloque de l'institut de droit européen des droits de l'Homme*, Montpellier, 14-15 décembre 1990, *RUDH*, 1991.

[183] CEDH 11 juillet 2000, *G.H.H. et autres c./ Turquie*, req. n° 43258/98.

[184] *Ibid.*, § 39.

[185] *Ibid.*, § 36.

[186] CEDH *Chahal*, §154.

[187] CEDH 30 octobre 1991, *Vilvarajah et autres c./ Royaume-Uni*, A-215 ; COUSSIRAT-COUTÈRE V, obs., *AFDI*, 1991, 589 ; DECAUX E., et TAVERNIER P., Obs., *JDI*, 1992, p. 801 ; SUDRE F., obs., *RUDH*, 1992, p. 1 ; BOSSUYT M. et LAMMERANT I., Obs., *RTDH*, 1993, p. 417.

concernait une mesure d'expulsion dont les conséquences étaient particulièrement graves. Dans cette dernière affaire, la Cour a estimé que le Comité consultatif n'apportait pas un recours effectif au sens de l'article 13. En effet, aucune analyse des éléments de preuve, ni aucune évaluation des risques encourus lors de l'exécution de l'expulsion, n'avait été faite sur la base de l'article 13 devant le Comité consultatif. En revanche, cet examen aurait pu avoir lieu dans le cadre de l'examen de la demande d'asile de M. Vilvarajah.

L'effectivité du recours nécessite aussi que les États ne l'entravent pas de manière injustifiée par des actes ou des omissions[188], même si ceux-ci correspondent à un souci de sécurité nationale.

Enfin, l'effectivité du recours passe par la suspension de la mesure d'éloignement. Or le sursis à exécution n'est pas tout le temps imposé par le juge européen. Il ne l'est qu'en fonction de la nature du grief invoqué. Il existe alors « une définition à géométrie variable » de l'effectivité, conditionnée par le grief invoqué. Ainsi, lorsque l'article 3 et 13 sont évoqués devant la Cour, elle déploie un arsenal d'exigences afin que le recours soit effectif, notamment pour ce qui est de la suspension de la mesure d'expulsion. A cet égard, dans l'arrêt Jabari[189], la Cour européenne a montré que le défaut de sursis à exécution de la décision d'expulsion et l'absence d'examen de l'allégation de l'intéressé, selon laquelle l'expulsion le mettait en péril au regard de l'article 3 de la CEDH, ne remplissaient pas les exigences de l'article 13. Dans ce cas, la Cour a estimé que le caractère irréversible du dommage susceptible d'être encouru (le risque de tortures ou de mauvais traitements) constituait une violation de l'article 13.

La Cour ne réclamait qu'une simple *possibilité* de suspension et non une obligation de suspension. Il est simplement nécessaire, « *qu'en pratique* », l'autorité nationale ne procède pas au refoulement de l'étranger avant la fin de la procédure[190]. Ceci est regrettable car l'article 13 ne garantit pas un double degré de juridiction. L'éloignement peut être effectué avant le recours en appel ou en cassation, sans que la jurisprudence européenne considère ce recours comme non-effectif. La Cour laissait la faculté aux États d'organiser ce recours. Depuis la décision Conka, la Cour laisse apparaître une condition supplémentaire en matière de suspension des mesures d'expulsion lorsque le sursis à exécution de la mesure d'expulsion n'est pas accordé pendant le référé d'extrême urgence. Le juge européen a estimé que les conditions de ce recours étaient trop aléatoires pour satisfaire les exigences de l'article 13. Pourtant, les opinions partiellement concordantes du juge M. Velaers et celles dissidentes de M. Kuris ont montré, avec raison, qu'il existait un effet suspensif « *en pratique* » du référé d'extrême urgence. Par cette décision, le juge européen semble aller plus loin que la simple exigence suspensive « en pratique » et imposer de la sorte un recours suspensif de *plein droit* pour les recours d'extrême urgence. Autrement dit, la Cour affirme qu'en matière de recours, « *à supposer même que le risque d'erreur soit négligeable, les exigences de l'article 13, tout comme celles des autres dispositions de la Convention, sont de l'ordre de la garantie, et non plus du simple bon vouloir ou de l'arrangement pratique. C'est là l'une des conséquences de la prééminence*

[188] CEDH 18 décembre 1996, *Askoy c./ Turquie* ; CEDH 25 septembre 1997, *Aydin c./ Turquie ;* CEDH 19 février 1998, *Kaya c./ Turquie.*

[189] CEDH 11 juillet 2000, *Jabari c./ Turquie*, req. n° 40035/98.

[190] CEDH 30 octobre 1991, *Vilvarajah et autres c./ Royaume-Uni*, A-215, §125.

du droit, l'un des principes fondamentaux d'une société démocratique, inhérent à l'ensemble des articles de la Convention »[191].

Le juge européen a démonté par le biais de ces affaires concernant le contentieux des étrangers qu'il existait une protection « par ricochet » des droits procéduraux pour les étrangers. L'absence d'application de l'article 6 ne prive pas le ressortissant étranger du respect des droits de la défense puisque la Cour s'est montrée particulièrement exigeante dans son appréciation concrète des recours octroyés.

B/ Des garanties procédurales internes qui corroborent les exigences minimales européennes

Les articles 5 et 13[192] n'offrent pas de garanties procédurales supplémentaires dans le statut interne, tant en matières de maintien en zone d'attente ou en rétention administrative (1) qu'en cas de recours contre les mesures d'éloignement (2). Sous quelques réserves, le droit interne est conforme aux exigences conventionnelles.

1/ Les garanties internes entourant la privation de liberté sont conformes aux articles 5 et 13 de la CEDH

a) Le droit à l'information dans une langue comprise par l'étranger

Depuis la réforme du 26 novembre 2003[193], l'article 35 bis[194] de l'ordonnance du 2 novembre 1945 prévoit qu'en rétention administrative, l'étranger est « *informé dans une langue qu'il comprend et dans les meilleurs délais, que pendant toute la période de rétention, il peut demander l'assistance d'un interprète, d'un conseil ainsi que d'un médecin, et communiquer avec son consulat et avec une personne de son choix* ». De même, en zone d'attente, l'article 35 *quater* de cette ordonnance exige que l'étranger maintenu soit « *informé dans les meilleurs délais qu'il peut demander l'assistance d'un interprète et d'un médecin, communiquer avec un conseil ou toute personne de son choix et quitter à tout moment la zone d'attente* »[195].

Il convient de noter que la loi du 26 novembre 2003 a revu à la baisse le *délai* du droit à l'information. La loi du 11 mai 1998 prévoyait une information « *immédiate* »[196] des droits en rétention et en zone d'attente, alors que la loi du 26 novembre 2003 exige une information « *dans les meilleurs délais* ». De même, cette loi de 2003 a précarisé l'information de l'étranger en dispensant de produire au dossier la justification de l'avis transmis au Parquet censé informer l'étranger de la décision de maintien en zone d'attente.

En dehors de ces deux restrictions du droit à l'information, la réforme de 2003 a renforcé le contenu de ce droit à l'information, rendant ainsi le statut interne conforme aux

---

[191] DPE, feuillet 18, p. 523

[192] Cf. analyses générales sur l'article 13 de la CEDH : SINKONDO M., « Le fabuleux destin de l'article 13 de la CEDH et ses suites heureuses pour les garanties individuelles », *RRJ*, 2005-1, p. 251 et s.

[193] Cf. décret d'application sur les articles 35 bis et 35 quater, décret 2004-1215 du 17 novembre 2004, JORF n° 268 du 18 novembre 2004, p. 19426.

[194] CIMADE, *L'article 35 bis*, éd. Les guides de Causes communes, 1999.

[195] Civ. 2, 16 nov. 2000, *M. Naméla c./ Préfet des Yvelines*, pourvoi n° 99-50.077, (inédit).

[196] La Cour de cassation a eu l'occasion de vérifier que les droits de l'étranger placé en zone d'attente lui ont été immédiatement (loi 1998) notifiés, elle a estimé qu'un retard de 1 heure 15 n'était pas excessif, CASS civ. 2e 15 mars 2001, pourvoi n° 00-50002.

exigences de l'article 5 de la CEDH. En plus de vérifier si l'étranger avait bien été informé de ses droits au moment de son placement en rétention, le législateur a inséré l'obligation de lui rappeler ses droits et de lui indiquer les possibilités et les délais de recours contre toutes les mesures d'éloignement. Dans son analyse de la loi du 26 novembre 2003, le GISTI énumère les diverses informations que doivent obtenir les étrangers en rétention : *« -sur le dépôt d'une demandes d'asile, -sur son obligation de quitter le territoire en cas de libération alors que la mesure d'éloignement dont il fait l'objet est toujours exécutoire, -sur « toutes les prévisions de déplacement le concernant », -sur « les droits de l'étranger au cours de la procédure d'éloignement et de rétention, ainsi que de leurs conditions d'exercice » au moyen d'un document en plusieurs langues* »[197]. Cet ensemble d'obligations d'information paraît compatible avec les exigences de l'article 5§ 2 de la CEDH et surtout avec la protection *effective* de ce droit que défend la Cour européenne.

Le droit à l'information de l'article 5§2 est satisfait lorsque l'étranger comprend l'information. Le statut interne organise l'assistance d'un *interprète*[198] en cas de maintien en zone d'attente ou de rétention administrative (articles 35 *quater* et *bis* de l'ordonnance du 2 novembre 1945). Il appartient à l'administration d'apporter la preuve que l'étranger est informé « *dans une langue qu'il comprend* », et ce, à tous les stades de la procédure. L'interprète est présent -dès la garde à vue[199] qui précède la mise en rétention administrative (pour la notification[200] de la garde à vue et en cas prolongation[201] de celle-ci) ; -pendant la procédure de maintien en rétention administrative ou en zone d'attente. De plus, la loi du 26 novembre 2003 a précisé que toutes les informations sur les droits offerts à l'étranger (contacter une personne de son choix et son consulat, recours à un médecin et à un interprète[202], assistance d'un conseil) doivent être effectivement comprises. A ce propos, le GISTI estime que la réforme de 2003 a mis en place un droit plus *effectif,* plus concret, « *moins virtuel* »[203]. Ceci confirme une fois de plus la compatibilité du statut interne au regard des exigences européennes. En revanche, le GISTI regrette avec raison que la pratique de l'interprétariat par téléphone ait été validée par la loi 2003 alors que la Cour de cassation la sanctionnait. De même, l'étranger qui refuse d'indiquer sa langue se verra informé en français, ce qui limite la portée du droit à l'interprète énoncé par la loi du 26 novembre 2003. Le juge judiciaire est aussi le garant de ce « droit à comprendre » prévu dans l'article 5§ 2. En effet, il a estimé que l'article 5§ 2 avait été violé puisque toute la procédure de placement en rétention administrative s'était déroulée en français alors que l'étranger d'origine malienne n'avait compris ni la procédure, ni la notification de ses droits et devoirs en zone d'attente. Le juge a estimé que le droit d'être assistée d'un interprète lors de la procédure prévu à l'article 5§ 2 de la CEDH[204] a été méconnu. La Cour de Cassation précisait que même si le Mali est un pays francophone, l'étranger était non instruit et ne

---

[197] GISTI, *op. cit.*, p. 46.

[198] Cf. Article 35 sexies de l'ordonnance du 2 novembre 1945 et son décret d'application n° 2005-214 du 3 mars 2005, JORF, 5 mars 2005. Voir les analyses du DPE sur les insuffisances de ce décret : DPE Bulletin, 132, avril 2005, p. 6947.

[199] L'article 63-1, alinéa 3, du Code de procédure pénale prévoit que « les informations mentionnées au premier alinéa de ce texte doivent être communiquées à la personne gardée à vue dans une langue qu'elle comprend ».

[200] Civ. 2, 11 janv. 2001, Préfet de Police de Paris c./ Mlle Bisha, bull. n° 3, p. 3.

[201] Civ. 12 nov. 1997, *Préfet de l'Ariège c./ M. Dmutriev*, pourvoi n° 96-50093, (inédit).

[202] Une liste d'interprètes est d'ailleurs mise à la disposition de l'étranger

[203] GISTI, *op. cit*, p. 50.

[204] CASS civ. 2, 13 mars 2003, n° 01-50080.

comprenait pas le français. Elle a procédé à une analyse concrète de « ce droit de comprendre ».

Le droit au conseil est aussi une exigence des articles 5 et 13 de la CEDH. Une légère amélioration a été réalisée avec la loi du 26 novembre 2003. Elle légalise les jurisprudences du Conseil d'État (arrêt du CE 20 décembre 2002, Ordre des avocats de la Cour de Paris, n° 234415 et CE 30 juillet 2003, Syndicat des avocats du Conseil). Le législateur s'est ainsi soucié de la mise en œuvre *effective* du conseil lors de la rétention. Depuis la loi de 2003, un espace permettant aux avocats de s'entretenir confidentiellement avec les étrangers retenus doit être prévu dans les centres de rétention. La Cour de cassation a eu l'occasion de s'exprimer sur ce droit[205] en sanctionnant la violation des articles 5, 6 et 13 de la CEDH pour une ordonnance de remise en liberté ayant été rendue en l'absence d'assistance d'un avocat commis d'office lors de la comparution d'un étranger en rétention administrative suite à une grève du barreau[206].

b) Un recours devant un tribunal

Le droit interne est en accord avec les dispositions de l'article 5§4 pour ce qui est du recours à un tribunal afin d'apprécier la légalité du maintien de l'étranger. Ainsi, l'article 35 quater (maintien en zone d'attente) ou l'article 35 bis (rétention) de l'ordonnance du 2 novembre 1945 prévoient que le juge des libertés et de la détention est saisi après quatre jours (96 heures) après la décision initiale de mise en zone d'attente ou quarante-huit heures après la décision de mise en rétention. Ils statuent par ordonnance, après l'audition de l'étranger sur l'une des mesures suivantes : prolongation du maintien ou assignation à résidence dans le cas de rétention.

Grâce à une véritable construction prétorienne, le gardien des libertés individuelles dispose des pouvoirs nécessaires pour vérifier que les conditions prévues par la loi ne portent pas atteinte à la liberté individuelle de l'étranger. L'étendue de cette construction prétorienne permet au juge judiciaire de contrôler, non seulement la régularité[207] de la saisine, mais également de s'assurer de celle des actes[208] qui sont à son origine. Il fait

---

[205] Le refus d'admettre l'entrée d'un avocat dans la zone d'attente en application d'horaire interdisant durant 12 heures consécutives les visites, porte atteinte au droit de l'étranger à l'assistance d'un conseil de son choix, Civ. 2e 25 janvier 2001 pourvoi n° 99-50067.

[206] Cass civ. 10 octobre 2002, n° 00650122.

[207] -La condition de délai de 48 h 00.

En rétention administrative : Civ. 2, 31 janvier 1996, *Préfet de Police de Paris c./ Mme Kabamba,* Bull. n° 21, p. 14, ; Civ. 2, 22 mai 1996, *M. Taty c./ Préfet du Calvados,* Bull. n° 104, p. 65 ; Civ. 2, 4 mai 2000, pourvoi n° 99-50.018, *Préfet de Police de Paris c./ M. Huang* (inédit) , Civ. 2, 10 juin 1999, *M. Khalfi c./ Préfet du département de la Corrèze et procureur général près la Cour d'appel de Limoges,* Bull. n° 115, p. 84 ; Civ. 2, 22 mars 1995, *Préfet de la Seine-et-Marne c./ M. Ma*rtins Bull. n° 97, p. 56 ; Civ. 2, 31 janv. 1996, *Préfet de Police de Paris c./ M. Kherrab,* Bull. n° 23, p. 15.

En zone d'attente : Civ. 2, 15 mars 2001, pourvoi n° 99-50.097, *Ministre de l'Intérieur c./ M. Maloumby* ; pourvoi n° 99-50.098, *Ministre de l'Intérieur c./ M. Conteh* ; pourvoi n° 99-50.099, *Ministre de l'Intérieur c./ M. Tshicay Taty* ; pourvoi n° 99-50.100, *Ministre de l'Intérieur c./ M. Kikwata Mubiala* ; pourvoi n° 99-50.101, *Ministre de l'Intérieur c./ M. Ebuka* ; pourvoi n° 99-50.102, *Ministre de l'Intérieur c./ M. Malele* ; pourvoi n° 99-50.103, *Ministre de l'Intérieur c./ Mme Barro* (inédit).

-La forme de la saisine et les pièces justificatives requises.

[208] -Le contrôle du juge judiciaire porte sur l'interpellation, l'arrêt civ. 28 juin 1995, *Bechta,* bull. civ. 211, p. 122) par exemple en cas de contrôle d'identité pris sur la base de l'article 78-1 et suivants du Code de procédure pénale). -Le contrôle porte aussi sur la garde à vue précédant immédiatement un maintien en rétention ou en zone d'attente (Cass civ. *Mpinga* du 28 juin 1995*).* Le rôle du juge ne se limite pas à vérifier que les droits ont été

également respecter les règles de procédure relatives à la tenue de l'audience et à l'exercice des voies de recours. Ainsi, le juge judiciaire vérifie qu'il n'y a pas eu de détournement de procédure. Il lui appartient également d'examiner les raisons qui empêchent la mise à exécution de la mesure d'éloignement. Enfin, il s'assure que la perte, la destruction, la dissimulation ou l'obstruction volontaire des documents de voyage sont bien à l'origine de l'empêchement du refoulement[209].

On peut toutefois émettre des doutes sur la compatibilité de la création du tribunal *ad hoc* aménagé spécialement en zone d'attente pour juger rapidement les étrangers (créé par la loi du 26 novembre 2003) face aux exigences européennes. En effet, cette « justice d'exception » soulève des inquiétudes sur l'indépendance et l'impartialité d'un tel tribunal (article 6 et 13 de la CEDH). De même, l'audience qui autorise le maintien de l'étranger peut se dérouler à l'aide de moyens de télécommunication audiovisuelle, ce qui soulève également des interrogations sur la compatibilité avec les exigences européennes.

c) Le recours effectif et les autres garanties juridictionnelles

Le recours contre les refus d'entrée en zone d'attente comme cela a été précédemment précisé relève du droit commun (deux mois pour saisir le juge administratif). Ce recours n'est pas suspensif. On peut s'interroger sur cette absence fondamentale de garantie pour un étranger arrivé à la frontière (qui peut-être menacé dans son pays d'origine). L'effectivité de ce recours ne semble pas garantie, même à la lumière des exigences de l'article 13 de la CEDH. Dans la jurisprudence Conka, la Cour européenne s'était montrée particulièrement sévère face à la législation belge qui ne respectait pas le droit au recours suspensif. Les associations de défense des droits de l'Homme revendiquent ce droit de suspension depuis l'institutionnalisation des zones d'attente.

La décision initiale de maintien en zone d'attente et en rétention peut être contestée devant le juge administratif dans les conditions de droit commun. Ce recours est peu efficace puisqu'il est limité (surtout en rétention administrative) étant donné que 48 h après le juge judiciaire intervient sur la prolongation de rétention (quatre jours en zone d'attente). De plus il n'existe pas de recours suspensif d'une décision de placement en centre de rétention[210] lors d'une mise à exécution d'une reconduite à la frontière.

Enfin, en rétention, l'appel des décisions du juge des libertés et de la détention en matière de rétention administrative n'est pas suspensif sauf dans le cas où le Ministère public le demande lorsqu'il apparaît que l'intéressé ne dispose pas de garanties de représentation effective ou en cas de menace grave pour l'ordre public. Comme le relève le GISTI, le Conseil constitutionnel a validé cette inégalité des armes, cette « asymétrie entre

---

immédiatement notifiés à la personne gardée à vue. Son contrôle s'étend aussi aux autres obligations légales, comme celle qui est faite à l'officier de police judiciaire d'informer dans les meilleurs délais le procureur de la République (Civ. 2, 11 juin 1997, *Préfet des Hauts-de-Seine c./ M. Dembélé*, Bull. n° 174, p. 103).
Avec l'arrêt Civ. 28 juin 1995, *Massamba*, la position jurisprudentielle prise pour le contrôle de l'interpellation faisant suite à un contrôle d'identité et pour le contrôle de la garde à vue précédant immédiatement un maintien en rétention a été étendue au contrôle portant sur cette détention. -Le contrôle peut porter sur l'information au Procureur de la République.

[209] Civ. 2e 13 déc. 2001, pourvoi : n° 00-50.061.

[210] CE 26 mai 1995, *Mme Yilmaz*, JULIEN-LAFERRIÈRE F., *D.*, 1996, Som. comm., p. 96, *DA*, 1995, p. 501 ; *LPA*, 9 avril 1995, p. 11.

les parties au procès »[211]. On peut toutefois s'interroger sur sa compatibilité avec les articles 6 et 13 de la CEDH.

2/ Le recours contre les mesures d'éloignement et les exigences européennes

a) La reconduite à la frontière

Le Conseil d'État a estimé conforme à l'article 13 de la Convention européenne la spécificité du régime contentieux de la reconduite à la frontière, tant pour les recours contre l'arrêté préfectoral de reconduite à la frontière[212] que pour ceux de la décision fixant le pays de destination[213].

Pourtant, la décision de reconduite à la frontière n'est soumise à aucune consultation préalable de l'étranger[214]. L'article 8 du décret du 28 novembre 1983 (article 24 de la loi du 12 avril 2000) ne s'applique pas au contentieux de la reconduite à la frontière[215]. Ce défaut d'application montre la faiblesse des garanties pré-contentieuses dans la procédure de reconduite à la frontière[216]. Toutefois, si le principe contradictoire fait défaut, la motivation de la reconduite est une obligation, étant donné qu'elle est une mesure de police individuelle défavorable[217].

Dans la phase contentieuse, un autre problème peut se poser en terme de garanties procédurales : le temps laissé à l'avocat pour préparer la défense de l'étranger. En effet, le ressortissant étranger dispose d'un délai de quarante-huit heures (ou de sept jours quand la notification est postale) pour demander l'annulation de la reconduite à la frontière au juge administratif. L'avocat doit alors travailler dans l'urgence.

La Commission européenne[218] a eu l'occasion de donner son avis sur la question, elle n'a pas pour autant condamné la brièveté du délai[219] du recours de l'arrêté de reconduite, elle a relevé toutefois « *la carence du système français* ». Pourtant, aucun texte ne prévoit d'hypothèses de suspension de ce délai de quarante-huit heures, hormis dans les cas de demande d'aide juridictionnelle.

---

[211] DPE, p. 7347.

[212] CE 29 juin 1992, *Mme Ghunsum*, rec. CE p. 981 ; CE 9 décembre 1996, *Hafrad ;* CE 11 juin 1999, *Préfet du Tarn c./ Avakian* ; respect de l'article 13 de la CEDH lors d'une décision de reconduite à la frontière alors que le délai de deux mois de recours d'une mesure de régularisation n'était pas fini. CE 14 mars 1997, *Melle Epee Moulena*, la notification postale avec avis de passage, comportant les voies de recours ne porte pas atteinte à l'article 13 de la CEDH. CE 14 mars 1997, *Mme Amponsah*, req. n° 181776, même si la requérante ne lit ou ne comprend pas la langue française, la notification de l'arrêté de reconduite à la frontière ne porte pas atteinte à l'article 13 de la CEDH.

[213] CE 24 juin 2002, Préfet de la Haute Garonne c./ M. Terzout-Yettou, req. n° 215400,

[214] CE sec. 19 avril 1991, *Préfet de police c./ Demir* ; ISARD P., « La procédure administrative préalable à une décision de l'administration est-elle applicable en matière de reconduite à la frontière ? », *JCP*, n° 16, 15 avril 1992, 218832,

[215] CAA Nancy 15 novembre 2004, *Boulmedais*, n° 04NC00518.

[216] REYDELLET M., « L'étranger reconduit a-t-il le droit d'être entendu ?, *LPA*, 3 avril 1992, n° 41, p. 21.

[217] Loi 11 juillet 1979, n° 79-587 ; CE 6 juillet 1990, *Lhassine*, req. n° 115842.

[218] Comm. Rapport du 5 septembre 1991, V. et P.

[219] Délai qui était avant la loi du 11 mai 1998 de 24 h.

Le jugement du Tribunal administratif doit être rendu dans le délai de 72 heures[220]. La brièveté de ce laps de temps pose la question de l'efficacité et l'effectivité du prononcé, et ce, même si le dépassement du délai n'entache pas le jugement d'irrégularité. Le caractère « expéditif »[221] du jugement (à défaut d'être confronté à l'article 6§3 b) de la Convention européenne), soulève des problèmes de conformité au regard de l'article 13 de la CEDH. En effet, cette durée brève limite la possibilité d'échange des mémoires entre les parties, comme cela se fait dans le droit commun administratif. Si ce délai de 72 heures est véritablement très court (même si ce délai a été allongé par la loi du 26 novembre 2003) pour le juge interne, cette rapidité semble compensée par la présence de garanties procédurales : -l'assistance d'un conseil[222] qui peut être désigné d'office, -le concours d'un interprète[223] ou -la suspension des effets de la reconduite à la frontière. Dès lors, grâce à cette dernière mesure, le juge administratif considère tout le dispositif du recours contre l'arrêté de reconduite à la frontière conforme à l'article 13 de la CEDH. L'appel d'un mois à la section du contentieux du Conseil d'État n'est pas suspensif, mais cela ne va pas à l'encontre des exigences minimales de l'article 13 de la Convention qui ne l'impose pas.

Le référé-suspension n'est pas opposable aux arrêtés de reconduite à la frontière puisque le recours contre l'arrêté est déjà suspensif[224]. Par contre, il est possible d'effectuer un référé-liberté lorsqu'il porte atteinte de manière grave et manifestement illégale à une liberté fondamentale[225]. Le référé garantit donc une certaine effectivité du recours contre l'arrêté préfectoral de reconduite à la frontière.

Tout ceci montre combien les convergences de vues entre le juge national et le juge européen existent sur la garantie des formes.

b) L'expulsion

La décision d'expulsion prise en urgence absolue[226] ne répond à aucune obligation de forme, elle n'impose aucune garantie de procédure : le droit à être entendu n'existe pas[227]. Seule subsiste l'obligation de motiver la mesure d'expulsion[228], l'urgence absolue ne peut pas priver l'étranger de cette garantie fondamentale.

Les autres hypothèses[229] d'expulsion présentent également cette obligation de motivation. Les motifs de droit et de fait circonstanciés[230] doivent être mentionnés. Toutefois, comme pour le juge européen, ces motifs de droit et de fait n'ont pas à être nécessairement énumérés de façon détaillée[231].

---

220 Article 22 bis aliéna 2, le délai avant la réforme 2003 était de 48 heures.

221 BERNARD F. et BERTHE A., « Les garanties procédurales en matière de reconduite de la convention européenne des droits de l'Homme », *RTDH*, 1997, p. 25.

222 CE 19 septembre 1994, *Mme Kikonda*, req. n° 155031.

223 CE 3 février 1999, *Samba Yero*, req. n° 199872.

224 CE 26 janvier 2001, *Cetin Gunes*, req. n° 229565.

225 Ibid.

226 Article 25 bis 1er de l'ordonnance du 2 novembre 1945.

227 CE 4 mars 1994, *Moussaoui*, req. n° 144769.

228 CE 13 janvier 1988, *Abina*, *AJDA*, 1988, p. 225 ; WAQUET P. et JULIEN-LAFERRIÈRE F., *D.*, 1989, somm. p. 115 ; MORAND-DEVILLIER J., *LPA*, 9 septembre 1989, p. 10.

229 Article 25 bis 2e et 3e

230 La simple énonciation du texte de l'ordonnance de 1945 ne saurait être une motivation suffisante, CE 11 juin 1982, *Ministre de l'Intérieur c./ Rezzouk*, rec. CE p. 226 ; LASSERRE et TIBERGHEIN, *AJDA*, 1982, p. 583 ; PACTEAU B., *RA*, 1982, p. 390.

231 CE 24 juillet 1981, *Belasri*, *AJDA*, 1981, p. 473.

De plus, dans la décision Conka[232], la Cour européenne impose un droit d'information « loyale » lors de la notification de l'arrêté d'expulsion, afin de ne pas révéler des moyens détournés de privation de liberté. Le principe du contradictoire de l'article 8 du décret du 28 novembre 1983 (article 24 de la loi du 10 avril 2000) n'existe pas pour les mesures d'expulsion. Une procédure particulière organise l'information préalable de l'étranger avant l'édiction de la mesure d'expulsion. L'article 24 de l'ordonnance de 1945 a prévu l'obligation de prévenir l'étranger, quinze jours avant la réunion de la commission d'expulsion, par la notification d'un bulletin spécial contenant toutes les informations juridiques nécessaires. Les exigences européennes sont alors satisfaites en droit interne.

Le recours contre la mesure d'expulsion est un recours de droit commun de deux mois, donc plus long que celui de la reconduite à la frontière. En revanche, ce recours n'est pas suspensif ; le caractère exécutoire de la mesure d'expulsion, dès sa notification, rend bien souvent illusoire le caractère effectif du recours offert à l'étranger. L'étranger peut être renvoyé dans son pays avant que la mesure soit déclarée illégale, le recours s'avère alors inutile. Toutefois, dans la décision Conka, la Cour européenne a déclaré que le principe même du recours effectif exige qu'aucune mesure ne soit exécutée avant même que les autorités nationales aient vérifié la compatibilité de la mesure avec la Convention. L'exécution trop rapide de la mesure ne semble donc pas conforme aux exigences européennes.

Même si, en pratique, le recours est difficile en raison de l'exécution rapide de la mesure d'expulsion, ce dernier peut être accompagné d'une demande de référé-suspension[233] ou d'un référé-liberté[234] lorsque l'expulsion crée une situation qui porte atteinte gravement à une liberté fondamentale et une situation d'urgence[235]. Ainsi, à l'exception de quelques hypothèses, le droit interne corrobore les exigences minimales posées par la jurisprudence européenne.

---

[232] CEDH 5 février 2002, *Conka c./ Belgique*, req. n° 51564/99.

[233] CE 6 mars 2002, *Kansoy*, req. n° 233877.

[234] CE 20 décembre 2001, *Chikh*, req. n° 241154 ; CE 29 septembre 2001, *Ministre de l'Intérieur c./ Tilba, AJDA*, p. 1054, *RFDA*, 2002, p. 324.

[235] CE 2 octobre 2002, *M Hakkar*, req. n° 243685, rec. Lebon.

SOUS TITRE II : LES « CORRECTIONS » PONCTUELLES ÉMANANT DES AUTRES INSTRUMENTS INTERNATIONAUX

Si la protection régionale de la Convention européenne des droits de l'Homme est particulièrement développée en droit des étrangers, il existe aussi des garanties plus limitées émanant d'autres instruments internationaux. Un ensemble de textes universels ou régionaux concerne directement ou indirectement l'étranger, sa famille, ses enfants ou le travailleur étranger. Ces textes ont des contenus plus ou moins intéressants ; certaines des dispositions internationales ou européennes apportent même des garanties qui pourraient s'avérer très protectrices pour l'étranger. Pourtant, ces dispositions supranationales n'ont pas l'impact attendu en terme de protection.

C'est le cas de la Convention internationale des droits de l'enfant qui nous paraît être une illustration pertinente. En effet, cet instrument universel affirme les droits et les obligations des États pour la protection des intérêts des enfants. L'enfant étranger est directement visé par ce texte. Malgré cela, l'effet de cette norme supranationale dans le statut interne de l'étranger est très réduit puisque les juges nationaux ont refusé l'applicabilité directe et intégrale de cette Convention. Ce texte oblige les États à modifier leur législation mais il n'a pas d'effet direct sur les particuliers. Dans quelques cas très réduits, la Convention internationale des droits de l'enfant a permis d'éviter la séparation d'enfants étrangers de leur famille. Si les droits accordés par cet instrument sont quantitativement faibles, ils renforcent qualitativement, la protection supranationale du statut interne de l'étranger. Le droit international vient ici aussi corriger et compléter le droit interne existant, en apportant une « protection humanitaire » dans des situations familiales difficiles et exceptionnelles. La protection de la Convention internationale des droits de l'enfant est, en ce sens, très « casuistique ».

Parallèlement à cet instrument international protégeant l'enfant, il existe d'autres textes internationaux et plus spécifiquement européens qui enrichissent le statut interne de l'étranger. Il s'agit notamment de la Convention européenne des travailleurs migrants, de la Charte sociale européenne, des Recommandations du Conseil de l'Europe ou encore de la Charte européenne des droits fondamentaux (même si elle n'a pas encore de valeur juridique) mais aussi des conventions de l'Organisation internationale du travail, etc. Les droits issus de ces instruments corroborent largement l'ordonnance de 1945, et certains d'entre eux sont assez intéressants dans leur contenu. Ils pourraient apporter par petites touches des améliorations au statut interne de l'étranger. Mais leur impact en terme de garanties est très réduit. Cela tient en partie à leur « sous-exploitation » par le juge et le législateur national ou encore, à leur absence de force contraignante en droit interne (textes de *Soft Law* ou simples déclarations ou Recommandations sans valeur juridique).

Il faudra s'intéresser dans un premier Chapitre à la protection « casuistique » de l'enfant étranger apportée par la Convention internationale des droits de l'enfant et dans un second Chapitre au faible impact des autres instruments internationaux.

CHAPITRE I : LA PROTECTION « CASUISTIQUE » DE L'ENFANT ÉTRANGER ISSUE DE LA CONVENTION INTERNATIONALE DES DROITS DE L'ENFANT

La Convention internationale des droits de l'enfant (CIDE) adoptée le 20 novembre 1989, est entrée en vigueur le 2 septembre 1990[1]. Elle fait suite à la Déclaration des droits de l'enfant approuvée par l'Assemblée des Nations Unis en 1959. En Europe, il existe aussi une Convention européenne sur l'exercice des droits des enfants adoptée le 25 janvier 1996[2], celle-ci reprend la plupart des garanties de la Convention des Nations Unies.

Pour la première fois, un instrument international consacre l'enfant comme « un sujet de droit ». L'enfant est « *tout être humain âgé de moins de dix-huit ans, sauf si la majorité est atteinte plus tôt en vertu de la législation qui lui est applicable* »[3]. La CIDE concerne tous les enfants du monde. Elle dresse un statut juridique qui recoupe à la fois les droits civils et politiques, les libertés publiques et les droits économiques et sociaux des enfants[4].

L'enfant étranger entre bien dans le cadre de cette Convention internationale[5]. Quelques articles font référence à la place de l'enfant dans la migration. Ainsi, l'enfant dont les parents sont réfugiés doit être protégé au même titre qu'eux par la Convention de Genève[6]. Les autorités nationales sont tenues de s'efforcer de réunir la famille et l'enfant s'ils ont été séparés pendant leur fuite[7]. L'article 10 de la CIDE permet par exemple aux enfants de quitter leur État d'origine et de rejoindre leur famille dans un autre État. La réunion de la famille est un droit fondamental posé par la Convention.

Cet instrument international est assez ambitieux dans son contenu mais le statut interne de l'étranger n'y fait pas explicitement référence. Néanmoins, ces dernières années, il a été inséré dans l'ordonnance de 1945 des mesures protégeant directement l'enfant étranger alors que pendant longtemps cette catégorie d'étranger ne faisait l'objet d'aucune disposition spéciale. En effet, l'enfant étranger n'a pas de statut propre en droit interne, seuls quelques articles de l'ordonnance de 1945 s'y réfèrent.

L'enfant étranger est donc soumis aux conditions communes d'entrée sur le territoire : il doit posséder un passeport et le visa requis par l'article 5 alinéa 1er de l'ordonnance de 1945. Depuis la loi du 11 mai 1998, le refus de visa à un enfant de moins de vingt et un an doit être motivé. La plupart du temps l'enfant étranger entre sur le

[1] En France, elle est publiée et entrée en vigueur par le décret n° 90-917 du 8 octobre 1990, JORF 12 octobre 1990. Cf. BENNOUNA M., « La Convention des Nations Unies relative au droit de l'enfant », *AFDI*, 1989, p. 433-445.
[2] Cette convention est née d'une recommandation n° 1121 de l'Assemblée parlementaire du Conseil de l'Europe adoptée le 1er février 1990.
[3] Article 1.
[4] MEUNIER G., *L'application de la Convention des nations unies relative aux droits de l'enfant dans le droit interne des États parties*, Logiques juridiques, L'Harmattan, 2002.
[5] GISTI, *La protection des étrangers par les Conventions internationales*, Cahiers juridiques, septembre 1999.
[6] Article 22 §1.
[7] Article 22 § 2.

territoire français par le biais du regroupement familial ou pour faire des études en France. Toutefois, depuis une dizaine d'années, des mineurs isolés[8] arrivent en France pour demander l'asile. Le législateur français a récemment pris en compte cet état de fait. Ainsi, l'article 17-I de la loi du 4 mars 2002[9] permet à l'étranger mineur retenu en zone d'attente d'être représenté par un administrateur *ad hoc* qui l'assiste. Hormis le regroupement familial et l'assistance en zone d'attente, aucun autre droit spécifique pour l'entrée ne concerne directement l'enfant étranger.

L'étranger mineur ne reçoit pas de titre de séjour avant sa majorité. Seul un document de circulation[10] lui est délivré pour lui permettre de revenir d'un voyage hors de France sans être considéré comme un primo-arrivant. L'enfant né en France de parents étrangers titulaires d'un titre de séjour se voit également délivrer un titre d'identité républicain[11]. En revanche, « *indépendamment de la régularité de sa situation, (l'enfant étranger) bénéficie d'un certain nombre de droits : droit d'être scolarisé, droit d'être soigné, droit de bénéficier des mesures de protection administrative et judiciaire de l'enfance* »[12].

S'agissant de la sortie du territoire, l'enfant est protégé de l'expulsion : il est la seule catégorie d'étrangers bénéficiant d'une protection absolue dans l'ordonnance de 1945. Toutefois, il est pertinent de relever que si l'enfant étranger n'a pas de statut juridique spécifique, ses droits dépendent en réalité de la situation juridique de ses parents. Ainsi l'expulsion ou la reconduite à la frontière des parents étrangers ne peut être empêchée par le seul fait d'avoir des enfants scolarisés en France. Si l'enfant ne suit pas ses parents expulsés ou reconduits, le lien familial est alors rompu. Le statut interne trouve ici sa principale limite.

L'absence de mention spécifique relative aux étrangers dans l'ordonnance 1945, nous conduit à analyser le contentieux des étrangers et la protection complémentaire qu'amène ou non la Convention internationale des droits de l'enfant.

Il convient de préciser que dans le contentieux des étrangers, les droits de la Convention internationale n'ont pas été directement applicables[13]. La Cour de cassation[14] a été la première à estimer que la CIDE ne créait aucune obligation pour les individus. Les obligations que fixe la CIDE ne pèsent que sur les États parties. La Cour de cassation a donc estimé inapplicable directement la totalité des articles de la Convention devant les tribunaux judiciaires. En effet, pour elle, la CIDE ne peut pas être invoquée devant les

---

[8] Rapport SSAE, *Les mineurs demandeurs d'asile entrés sur le territoire français sans représentants légaux*, mars 1992 ; PENNARUN S., *L'enfant de parents étrangers*, Thèse de droit privé, Université des Sciences sociales, Toulouse I, 2001, p. 226 et s. ; COSSY S., *Le statut du requérant mineur non accompagné dans la procédure d'asile*, Thèse de licence et de Doctorat, Université de Lausanne, 2000.

[9] Loi n° 2002-305 du 4 mars 2002, article 17-1 modifie l'article 35 *quater* de l'ordonnance de 1945.

[10] Institué par le Décret n° 99-179 du 10 mars 1999, JORF 12 mars 1999 et circulaire du 19 avril 1999, NORINT/D/99/00094/C.

[11] Article 9 de l'ordonnance de 1945, décret du 20 août 1998, n° 98-721. Ce titre permet selon le rapport français du 9 octobre 2003 pour le Comité pour les droits de l'enfant de l'ONU CRC/C/65/ add. 26, de se conformer aux exigences de la CIDE, (environ 25000 jeunes ont vocation chaque année à devenir français).

[12] FULCHIRON H., « L'enfant étranger a t-il un droit à vivre en France ? », *LPA*, n°53, du 3 mai 1995, p. 37.

[13] OLINGA A.-D., « L'applicabilité directe de la Convention internationale des droits de l'enfant devant le juge français », *RTDH*, 1995, p. 678 ; Avis de la CNCDH sur *l'application effective en France de la CIDE*, 5 mai 2000.

[14] Cass. 1re civ. 10 mars 1993, « Le Jeune » bull. civ. I, n° 103 ; MASSIP J., note, *D.*, 1993, p. 361. ; LAGARDE P., note, *RCDIP*, 1996, p. 449 ; MONEGER F., note, *RDSS*, 1993, p. 553. 2 juin 1993 bull. civ. I, n° 195 ; Cass. 1re civ., 4 janv. 1994, *JCP, éd. G.*, 1995, IV, 518 ; MASSIP J., *D.*, 1994, p. 191 ; BENHAMOU Y., *JCP, éd. G*, 1994 II 22219.

juridictions internes puisque la formulation de ses articles est insuffisamment précise pour être immédiatement applicable à des particuliers. La doctrine[15] s'est opposée avec virulence à l'exclusion de la CIDE du droit interne. Toutefois si la Cour de cassation n'a pas retenu l'applicabilité directe de la Convention internationale des droits de l'enfant, certains Tribunaux de Grande Instance[16] ont appliqué au cas par cas des articles de la CIDE. Cependant l'application de la Convention devant le juge judiciaire reste très réduite. Le juge administratif a choisi une autre alternative pour appliquer[17] directement la CIDE. Il a examiné le caractère *self executing*[18] (auto exécutoire) des différents articles en analysant séparément leur degré de précision, et donc leur caractère directement applicable[19]. Le « *critère rédactionnel* » a permis au juge administratif d'admettre l'applicabilité de certains articles de la Convention. Cette utilisation partielle a considérablement réduit la portée de la CIDE en droit interne et particulièrement en droit des étrangers. Néanmoins, seul l'article 3-1[20] de la CIDE, semble sortir du lot en accordant une protection intéressante aux enfants étrangers. Ainsi, l'intérêt supérieur de l'enfant « prime » sur le statut interne de l'ordonnance de 1945.

Dans une première section, il sera abordé l'application réduite de la CIDE dans le contentieux administratif relatif aux étrangers, et dans une seconde section, il conviendra d'analyser l'intérêt supérieur de l'enfant étranger, seule garantie déterminante de la Convention internationale des droits de l'enfant dans le contentieux des étrangers.

Section I : Une application réduite de la Convention internationale des droits de l'enfant dans le contentieux des étrangers

Il est intéressant de rechercher si la portée de la Convention internationale des droits de l'enfant qui protège le lien familial apporte des garanties supranationales supplémentaires dans le contentieux de l'éloignement des étrangers. A cette première

---

[15] NEIRINCK C. et MARTIN P.-M., *JCP*, 1993, éd. 1993, I, 3677 ; RONDEAU-RIVIER, *D.*, 1993, chron. 203 ; HAUSER J., *RTDC*, 1993, p. 341 ; RUBELLIN-DEVICHI J., *JCP*, 1994, 1994, I 3729 ; DEKEUWER-DEFOSSER F., *D.*, 1994, somm. 34, III ; CHABERT C., « Pour un examen de la question de l'applicabilité directe de la Convention de New York du 26 janvier 1990 relative aux droits de l'enfant », *JCP*, G, n° 18, 30 avril 2003, p. 761. Cf. Rapport Assemblée nationale au nom de la commission d'enquête (1) *sur l'état des droits de l'enfant en France, notamment au regard des conditions de vie des mineurs et de leur place dans la* cité, n° 871, 6 mai 1998 et notamment p. 19-36.

[16] MONEGER F., « Le recours à la Convention des droits de l'enfant pour apprécier la légalité d'un arrêté préfectoral de reconduite à la frontière, note sous Tribunal de grande instance de Rennes, 13 juin 1994 Ministère public c./ Martine Doua », *RDSS*, 30 (3), juill-sept., 1994, p. 503-508.

[17] MOSLER H., « L'application du droit international public par les tribunaux nationaux », *RCADI*, 1975 1, p. 625-711.

[18] La norme fait naître directement dans l'ordre interne des droits au bénéfice des personnes privées, physiques ou morales.

[19] ALLAND D., « L'applicabilité directe du droit international considérée du point de vue de l'office du juge : des habits neufs pour une vieille dame ? », *RGDIP*, 1998, vol. 1, p. 203 et « Le juge français et le droit d'origine internationale », *in Droit international et droit interne dans la jurisprudence du Conseil constitutionnel et du Conseil d'État*, Droit international et relations internationales, (Sous la direction de DUPUY P.-M.), éd. Panthéon Assas, 2001, p. 47.

[20] « *Dans toutes les décisions qui concernent les enfants, qu'elles soient le fait des institutions publiques ou privées de protection sociale, des tribunaux, des autorités administratives ou des organes législatifs, l'intérêt supérieur de l'enfant doit être une considération primordiale* ».

question il faut malheureusement répondre que la protection supranationale ne comble pas les lacunes du droit interne. De même, la protection du lien familial est mise à l'épreuve si l'administration refuse un titre de séjour aux parents d'enfants étrangers. Il faut alors mesurer l'impact de la CIDE face à ce refus. A t-elle la même force juridique que l'article 8 de la CEDH ? Permet-elle de régulariser la situation des parents d'enfants étrangers ? Ici encore, les réponses laissent peu d'espoir : la Convention internationale des droits de l'enfant n'a pas le pouvoir nécessaire pour censurer beaucoup de refus de titre de séjour. Enfin, la situation du mineur isolé[21] en zone d'attente est plus que jamais préoccupante. Le maintien de l'enfant étranger en zone d'attente soulève des interrogations à la lumière de la CIDE.

Il conviendra d'étudier successivement trois cas - les parents d'enfants étrangers sous l'effet d'une mesure d'éloignement, - le refus de séjour du parent d'enfants étrangers - les mineurs isolés placés en zone d'attente à l'aune de la CIDE.

§ I : La Convention internationale des droits de l'enfant et les parents d'enfants étrangers sous l'effet d'une mesure d'éloignement

L'enfant étranger n'a pas de statut spécifique, le droit des étrangers n'y fait que très peu référence. Toutefois, l'enfant étranger est l'étranger le plus « protégé » puisque aucune mesure d'éloignement[22] n'est possible contre lui. L'article 26 II[23] de l'ordonnance de 1945 interdit depuis les lois du 29 octobre 1981[24] et du 2 août 1989[25] toute expulsion d'un enfant mineur de moins de dix huit ans même en cas d'urgence. Cette dernière loi a annulé la disposition de la loi de 1986 qui prévoyait la possibilité d'expulser un enfant étranger lorsque la mère et le père, subvenant à ses besoins, étaient reconduits et quand personne ne pouvait le prendre en charge[26] en France. Il s'agissait alors d'un éloignement indirect du mineur étranger.

Toutefois en pratique cette protection absolue de l'article 26 II n'est pas parfaite. En effet, l'article 26 II perd de son intérêt en raison de la situation dans laquelle peuvent se trouver les parents de l'enfant étranger. Ainsi une mesure d'éloignement prise à l'encontre de parents d'enfants étrangers a souvent pour conséquence de séparer l'enfant de sa famille. Autrement dit, le sort des enfants *étrangers* est conditionné par le statut des parents. En revanche, le statut interne avec l'article 25 1° protège le parent d'un enfant *français* de la reconduite à la frontière[27] et l'article 26 4°[28] protège le parent résidant depuis plus de dix en France d'enfant français.

---

[21] CNCDH Avis relatif à la situation des mineurs isolés, 21 septembre 2000 ; DERHY N., « Les mineurs isolés en Europe : le cas de la France », in Les mesures relatives aux étrangers à l'épreuve de la Convention européenne des droits de l'Homme, (Sous la direction de LAMBERT P. et PETTITI C.), collection Droit et Justice, n° 46, Bruylant, Bruxelles, 2003, p. 38-51.

[22] PENNARUN S., *L'enfant de parents étrangers*, Thèse de droit privé, Université des Sciences Sociales, Toulouse I, 2001, p. 175 et s. ; GUARDIOLA J.-P., « L'éloignement des mineurs étrangers », *Droit de l'enfance et de la famille*, p. 78 ; MONEGER F., « La protection de l'enfant étranger après la loi du 24 août 1993 sur la maîtrise de l'immigration », *RDSS*, (2) avril juin 1994, p. 329-338.

[23] « L'étranger mineur de dix-huit ans ne peut faire l'objet ni d'un arrêté d'expulsion, ni d'une mesure de reconduite à la frontière prise en application de l'article 22 ».

[24] Instauré par la loi du 29 octobre 1981, n° 81-973.

[25] Loi n° 89-548 du 2 août 1989.

[26] JO 12/09/ 1986, *JCP*, 1986 III 59212.

[27] Ne peut faire l'objet d'une reconduite : « *L'étranger, ne vivant pas en état de polygamie, qui est père ou mère*

La jurisprudence du Conseil d'État estime que les enfants étrangers ne peuvent pas empêcher l'éloignement de leurs parents. Les arrêts du Conseil d'État du 26 juillet 1991, Préfet de la Seine et Marne c/ Mme Ciftci[29] et du 29 novembre 1991, Mme Balkan[30] retiennent que « *la circonstance que les mineurs ne puissent pas faire l'objet de mesure de reconduite à la frontière ne fait pas obstacle à ce que les parents d'enfants mineurs étrangers fassent l'objet d'une telle mesure* ». Dans la pratique, l'enfant étranger est alors obligé de suivre ses parents dans le pays d'origine, il est victime en définitive d'un éloignement indirect.

L'article 8 de la CEDH ne permet pas toujours de faire obstacle à « un éloignement indirect » de l'enfant étranger. Quelques arrêts du Conseil d'État montrent que dans des hypothèses bien particulières, l'article 8 de la CEDH est efficace. Un exemple est celui des enfants étrangers que leur mère soumise à un éloignement ne peut emmener avec elle dans son pays d'origine. Ils sont alors placés par l'aide sociale à l'enfance[31]. Mais il est vrai que la plupart du temps, le juge administratif estime que les parents ne sont pas dans l'impossibilité d'amener leurs enfants avec eux dans le pays d'origine[32]. Cette jurisprudence se justifie par le fait que la reconduite à la frontière n'entraîne pas une séparation importante ou définitive du lien familial. La reconduite à la frontière n'interdit pas le ressortissant étranger de revenir légalement sur le territoire en demandant un visa et ensuite un nouveau titre de séjour. De plus, la mesure de reconduite à la frontière est accordée quand la vie familiale dans le pays d'origine est possible. L'enfant et ses parents peuvent toujours rentrer dans le pays d'origine s'il n'existe aucune raison liée à la santé de l'enfant empêchant son départ. La scolarisation[33] de l'enfant n'est pas toujours un paramètre pouvant annuler la reconduite à la frontière.

Il existe des exemples où le juge administratif ne peut pas invoquer la CIDE pour s'opposer à la reconduite des parents d'enfants étrangers. C'est le cas de l'arrêt du Conseil d'État Abdelmoula c./ Préfet de la Seine Maritime[34]. En l'espèce, le requérant avait invoqué l'article 9[35] de la CIDE pour faire échec à la mesure de reconduite. Cet article interdit toute

---

d'un enfant français mineur résidant en France, à condition qu'il établisse contribuer effectivement à l'entretien et à l'éducation de l'enfant dans les conditions prévues par l'article 371-2 du code civil depuis la naissance de celui-ci ou depuis au moins un an »

[28] Ne peut faire l'objet d'une reconduite : « *L'étranger qui réside régulièrement en France depuis plus de dix ans et qui, ne vivant pas en état de polygamie, est père ou mère d'un enfant français mineur résidant en France, à condition qu'il établisse contribuer effectivement à l'entretien et à l'éducation de l'enfant dans les conditions prévues par l'article 371-2 du code civil depuis la naissance de celui-ci ou depuis au moins un an* ».

[29] CE 26 juillet 1991, *Préfet de la Seine et Marne c./ Mme Ciftci*, rec. CE p. 941.

[30] CE 29 novembre 1991, *Mme Balkan*, req. n° 124826.

[31] CE 3 novembre 1997, *Préfet de police c./ Mme Ben Guertouh* ; CE 4 septembre 1998, *Préfet Haut-Rhin c./ Melle Rhabmia*, req. n° 187001.

[32] CE 29 juillet 1998, *Préfet du Territoire de Belfort c./ M. Karaduman*, req. n° 191123 ; CE 2 février 1998, *Faouzi*, req. n° 182769.

[33] CE 29 juin 1992, *M et Mme Yesil*, req. n° 127827 ; CE 12 mars 1992, *Préfet de la Savoie c./ Mme Urgulu*, req. n° 140367.

[34] CE 29 juillet 1994, *Préfet de la Seine Maritime c./ M et Mme Abdelmoula*, req. n° 143866 ; DENIS-LINTON M., Conclusions, *AJDA*, 20 novembre 1994, p. 841. Confirmé par CE 10 mars 1999, *M. Kai*, req. n° 200677 , CE 21 juin 2002, *Wang*, req n° 240239.

[35] Article 9-1. « *Les États parties veillent à ce que l'enfant ne soit pas séparé de ses parents contre leur gré, à moins que les autorités compétentes ne décident, sous réserve de révision judiciaire et conformément aux lois et procédures applicables, que cette séparation est nécessaire dans l'intérêt supérieur de l'enfant. Une décision en ce sens peut être nécessaire dans certains cas particuliers, par exemple lorsque les parents maltraitent ou négligent l'enfant, ou lorsqu'ils vivent séparément et qu'une décision doit être prise au sujet du lieu de résidence de*

séparation (contre son gré) de l'enfant de ses parents. L'utilisation de l'article 9 avait déjà été tentée dans la décision du 28 juillet 1993 Camara[36] sans que le juge administratif n'apporte une solution très tranchée sur le caractère auto exécutoire ou non de l'article. Dans ses conclusions sur l'arrêt Abdelmoula, la Commissaire du Gouvernement Martine Denis-Linton incitait le juge administratif à retenir comme la Cour de Cassation l'absence de caractère « auto-exécutoire » de cet article. Toutefois, elle précisait que cela ne signifiait pas pour autant que d'autres dispositions de la CIDE n'étaient pas directement invocables[37]. Au final, le Conseil d'État a choisi de suivre son Commissaire du gouvernement en ne retenant pas l'application directe de l'article 9. L'article 9 de la CIDE ne peut donc faire échec à une reconduite à la frontière concernant un parent d'enfant étranger. Il est regrettable que cet article n'ait pas été déclaré directement applicable[38], des conséquences juridiques auraient pu naître de ce type de contentieux. Toutefois, il y a tout lieu de croire que si l'article 9 avait été jugé directement applicable, le juge aurait sans doute estimé que la reconduite à la frontière était justifiée dans la mesure où pour lui, il n'y a pas de séparation entre les parents et les enfants lorsque la famille peut se regrouper ailleurs.

D'autres tentatives ont été faites pour appliquer la CIDE aux contentieux des étrangers. Plusieurs articles ont été invoqués devant le juge administratif. Mais très peu d'entre eux ont le caractère « auto-exécutoire ». Ainsi, les articles 6 et 28 sur les droits élémentaires de l'enfant (droit à la vie et à l'éducation, droits économiques et sociaux) n'ont pas été jugés « auto-exécutoires » dans l'arrêt du Conseil d'État du 29 décembre 1997 M. et Mme Soba[39]. De même les articles 24. 1[40], 26. 1 et 27.1 (le droit de l'enfant à un niveau de vie suffisant, le droit à la sécurité sociale, etc.) ont été déclarés inapplicables dans l'arrêt du Conseil d'État du 23 avril 1997, GISTI[41]. Ces différents exemples montrent que la CIDE est un instrument quasi stérile pour ce qui concerne les enfants étrangers.

Pourtant, dans certaines espèces, les juges de fond administratifs et judiciaires ont utilisé des articles jugés inapplicables par le Conseil d'État ou la Cour de Cassation. Ainsi, le Tribunal de Grande Instance de Renne[42] a admis l'application de l'article 9 pour relaxer une Ivoirienne poursuivie pour refus d'exécution d'un arrêté de reconduite à la frontière. Elle avait résidé très peu de temps sur le territoire français mais elle avait donné naissance à un enfant qui avait été placé auprès de l'aide sociale à l'enfance. De même, des juges du Tribunal administratif[43] ont accepté l'application de l'article 27 relatif au niveau de vie

---

l'enfant ».

[36] CE 28 juillet 1993, *Camara*, rec. Lebon p. 778.

[37] DENIS-LINTON M., *op. cit.*, p. 842.

[38] Récente confirmation de non-applicabilité de l'article 9, CE 20 avril 2005, *Chaloulais*, req. n° 261219.

[39] CE 29 décembre 1997, *M. et Mme Soba*, req. n° 170098, n° 173011, n° 173012., *GP*, 5-6 août 1998, pan., p. 122.

[40] CE 28 avril 2004, *Mme X.*, req. n° 253365.

[41] CE 23 avril 1997, *GISTI*, req. n° 163043, rec. CE p. 42 ; concl. ABRAHAM R., *AJDA*, 20 mai 1997, p. 482 ; *RJS*, 1/97, n° 877, p. 567 ; *JCP*, éd. G 15 octobre 1997, IV, n° 2091, p. 327. Il y a aussi l'inapplicabilité de l'article de 2-1 CE 10 juillet 1996, *Aghane*, req. n° 162098 et CE 9 juin 1999, M. *Guichard*, req. n° 191232 ; article 10 et 4 de la CIDE : CE 29 juillet 1997, *Torres*, req. n° 173470 ; article 6, CE 26 décembre 1997, *M et Mme Soba ;* article 8 de la CIDE : CE 21 octobre 1996, *Hemaizia*, req. n° 165080 ; article 37 de la CIDE : CE 14 février 2001, *Nezdulkuis*, req. n° 220271, etc.

[42] MONEGER F., « Le recours à la Convention des droits de l'enfant pour apprécier la légalité d'un arrêté préfectoral de reconduite à la frontière, note sous Tribunal de grande instance de Rennes, 13 juin 1994 Ministère public c./ Martine Doua », *RDSS*, 30 (3), juill-sept. 1994, p. 503-508.

[43] TA Versailles, 31 mai 1996, *Mialebama c./ Préfet du Val-D'oise.* Le tribunal a reconnu l'application de l'article 27 qui proclame le droit à un niveau de vie suffisant.

suffisant pour permettre le développement physique, mental, spirituel, moral et social de l'enfant. Les relations de proximité des juges de première instance avec les requérants étrangers laissent penser que les premiers sont plus sensibles aux situations difficiles et cèdent plus volontiers sur l'application des droits de l'Homme quitte à se mettre en conflit avec la jurisprudence du Conseil d'État ou de la Cour de cassation. Cette attitude se retrouve également avec l'application de l'article 8 de la CEDH dans le contentieux des reconduites à la frontière ou des mesures d'expulsion. La réalité des situations familiales des ressortissants étrangers retient bien plus souvent l'attention des juges de première instance.

§ II : Une application limitée de la Convention internationale des droits de l'enfant au refus de séjour du parent d'enfants étrangers

L'enfant étranger dont le père ou la mère est privé de séjour et reconduit à la frontière, voit son lien familial se briser s'il ne suit pas le parent qui s'en va. Classiquement, les requérants déboutés du séjour se tournaient vers l'article 8 de la CEDH. Ce dernier était d'ailleurs souvent inefficace pour protéger l'enfant de la rupture du lien familial par le retour de ses deux parents ou d'un seul dans le pays d'origine en raison d'un refus de séjour. En effet, selon le juge administratif, le refus de séjour entraîne moins de conséquences sur le lien familial qu'un éloignement. Face à cette insuffisance de l'article 8 de la CEDH, quelques requérants ont pensé à invoquer la CIDE pour mettre en avant l'atteinte aux intérêts de l'enfant.

Depuis l'arrêt Demirpence du 10 mars 1995[44], le recours à la CIDE est devenu possible pour faire annuler un titre de séjour. M. Demirpence, ressortissant turc marié avec une compatriote et ayant un enfant, s'est vu refuser par le préfet sa demande de séjour sur le territoire français. Après un recours devant le Tribunal administratif, il a saisi en appel le Conseil d'État. Il fondait sa requête sur l'atteinte à sa vie familiale sur la base de l'article 8 de la CEDH ainsi que sur les articles 16 de la CIDE et 17 du Pacte International sur les droits civils et politiques. Ces deux derniers articles rédigés de la même manière expriment la même idée : ainsi l'article 16 de la CIDE indique que « *1. Nul enfant ne fera l'objet d'immixtions arbitraires ou illégales dans sa vie privée, sa famille, son domicile ou sa correspondance, ni d'atteintes illégales à son honneur et à sa réputation. 2. L'enfant a droit à la protection de la loi contre de telles immixtions ou de telles atteintes* ». L'utilisation de cet ensemble d'articles avait pour objectif de maximiser les chances d'annulation du refus de séjour. La référence à la Convention internationale des droits de l'enfant permettait d'inciter les juges administratifs à constater l'atteinte aux intérêts de l'enfant qui risquait d'être la victime indirecte du refus de séjour.

Ce contentieux est à replacer dans son contexte. En 1995, très peu d'articles de la Convention internationale des droits de l'enfant avaient été jugés invocables directement par les particuliers. L'arrêt Abdelmoula c./ Préfet de la Seine Maritime avait écarté l'applicabilité directe de l'article 9 sur les cas de reconduite à la frontière. L'article 16 n'avait jamais été invoqué devant le Conseil d'État. Les requérants avaient donc tout intérêt

[44] CE 10 mars 1995, *Demirpence*, ROUAULT M.-C., Obs., *JCP*, G 1997, IV, 2279 ; BENHAMOU Y., « Le Conseil d'État et Convention de New York sur les droits des enfants (à propos de l'application en droit français de l'article 16 de la Convention de New York) », D., 1995, Jurisprudence, p. 617 ; ALLAND D., *RGDIP*, 1995, p. 1013.

à invoquer, à côté de l'article 8 de la CEDH, de nouveaux articles de la CIDE jamais examinés auparavant, et ainsi pousser le juge administratif à se positionner grâce à l'appréciation du caractère *self executing* de ces articles. De plus, il était intéressant de savoir si cet article de la CIDE confronté à un refus de séjour allait apporter une protection autonome et différente de celle de l'article 8 de la CEDH. L'article 8 de la CEDH perdait-il son monopole en cas de refus de séjour lorsqu'il était question d'atteinte à la famille et donc aux intérêts d'un enfant ?

Finalement, dans l'arrêt Demirpence, le juge administratif a accepté l'application directe de l'article devant un refus de séjour. Mais l'article 16 de la CIDE n'a pas suffi à constater sur le fond, l'atteinte aux intérêts de l'enfant.

L'arrêt du 21 février 1997 du Conseil d'État Mme Douad[45] a confirmé l'applicabilité directe de l'article 16. Madame Douad s'était vu refuser le séjour. Elle a fait l'objet d'une reconduite à la frontière et elle a alors invoqué les articles 3-1 et 16 de la CIDE. Ces articles ont été jugés opérants sur le refus de séjour et la reconduite à la frontière. En revanche, ils n'ont pas permis de censurer la décision administrative édictée à Mme Douad. On ne trouve aucun exemple d'application positive devant le Conseil d'État de l'article 16[46] de la Convention internationale des droits de l'enfant. On le voit à la lecture de cette espèce et de quelques autres cas ultérieurs, l'article 16 de la CIDE n'apporte aucune protection supplémentaire vraiment efficace. La portée de celui-ci étant réduite, la présence d'un enfant ne pèse pas lourd face à la souveraineté des États. Le statut interne a prédéfini des conditions de séjour, si l'étranger ne les remplit pas, la CIDE n'impose aucune admission au séjour pour un enfant étranger. La condition inhérente à l'étranger, « au non national », se retrouve ici : la CIDE est prise dans l'étau du libre choix des États dans leur compétence en matière d'entrée et de séjour des étrangers sur le territoire. Il convient d'ajouter que si cette Convention a un organe de contrôle, le Comité des droits de l'enfant[47] (article 43 de la CIDE), ce contrôle passe par l'examen des rapports que les États lui soumettent sur les mesures qu'ils ont adoptées. De plus, même si ce Comité peut recevoir des plaintes et des communications, la portée de ces sanctions est symbolique. Le Comité des droits de l'enfant avait émis dans ses directives la possibilité que les dispositions de la Convention soit directement invoquées devant les tribunaux[48], elles n'ont pas été suivies par les États parties.

§ III : Les mineurs isolés placés en zone d'attente et la Convention internationale des droits de l'enfant

Selon le programme du HCR en faveur des enfants isolés[49] en Europe, le mineur isolé est « *l'enfant de moins de 18 ans se trouvant en dehors de son pays d'origine, séparé de ses parents ou de son répondant autorisé par la loi ou par la coutume* ». En 2001, selon la Police de l'air et des frontières, « *1070 mineurs isolés demandeurs d'asile sont entrés sur*

---

[45] CE 21 février 1997, *Mme Douad*, req. n° 171893.

[46] Récent refus CAA de Nancy 7 août 2003, n° 01NCO1194.

[47] Voir ZANI M., La Convention internationale des droits de l'enfant, portée et limites, éd. Publisud, 1996., p. 49-84., MEUNIER G., L'application de la Convention des Nations Unies relative aux droits de l'enfant dans le droit interne des États parties, Logiques juridiques, L'Harmattan, 2002., p. 159-168.

[48] *Ibid.*, p. 169.

[49] JULINET S., « L'accueil aux frontières, mineurs isolés en danger », *Revue Plein Droit*, n° 52, mars 2002, p. 11-14.

le territoire français après un passage par la zone d'attente de Roissy, soit la quasi-totalité (95 %) des mineurs arrivés à l'aéroport de Roissy »[50].

Dans le statut juridique de l'étranger, l'enfant étranger protégé est celui qui réside régulièrement sur le territoire, rien n'est prévu pour celui qui se présente aux frontières[51] sans visa. Avant la loi du 4 mars 2002, il n'existait aucune disposition légale concernant les mineurs isolés arrivant en zone d'attente[52]. L'administration ne faisait aucune différence entre les majeurs ou les mineurs étrangers que ce soit pour le maintien en zone d'attente ou pour le refus d'admission sur le territoire.

Face à cela, les décisions des juges judiciaires concernant le sort des mineurs isolés en cas de maintien en zone d'attente étaient variables[53] : certains les traitaient comme des étrangers majeurs[54] , d'autres au contraire les considéraient comme des mineurs et mettaient fin à leur maintien en zone d'attente[55]. De 1998 à 2002, il semble que les juges aient appliqué la jurisprudence du 12 août 1998 de la Cour d'appel de Paris[56]. Grâce à elle, ils considéraient que la procédure de maintien en zone d'attente pour des mineurs était nulle, étant donné que ceux-ci n'ont pas la capacité d'ester en justice[57]. L'étranger mineur ne peut alors exercer de recours contre la décision lui refusant l'accès au territoire français. Une pratique juridique s'est alors développée afin que les mineurs restent en zone d'attente grâce à l'assistance d'un administrateur *ad hoc*[58]. Mais les délais très brefs du maintien en zone d'attente limitent cette possibilité, réservée normalement aux cas de conflits entre les parents et les enfants.

La loi du 4 mars 2002[59] est venue légaliser cette pratique et la jurisprudence de la Cour d'appel de Paris, non pas en interdisant la présence pure et simple des mineurs isolés en zone d'attente mais en leur permettant d'ester en justice par le biais d'un administrateur *ad hoc*[60]. À aucun moment, le législateur n'a envisagé la possibilité de saisir le juge des enfants. En décembre 2004, la Cour d'Appel de Paris[61] a affirmé la compétence du juge des enfants pour les mineurs placés en zone d'attente.

Il est permis ici de s'interroger sur cette mesure qui autorise, sous certaines conditions, le maintien en zone d'attente des mineurs isolés. Ainsi, l'article 37-2 de la CIDE déclare que « *Les États parties veillent à ce que - b) Nul enfant ne soit privé de*

[50] Rapport annuel de Forum réfugiés, *L'asile*, Juillet 2002, p. 45.
[51] JULIEN-LAFERRIÈRE F., « Le statut du mineur étranger maintenu en zone d'attente », *D.*, 2001, p 2773.
[52] Ibid. cf. Analyses de l'ANAFÉ du 1er janvier 2004 au 30 septembre 2004, La zone des enfants perdus. Mineurs isolés en Zone d'attente de Roissy, novembre 2004.
[53] Cf. DPE, Jeunes.
[54] CA Paris 24 septembre 1994.
[55] Juge délégué de Bobigny, 31 octobre 1994, *Kamba*.
[56] CA Paris 12 août 1998.
[57] Article 117 du nouveau Code de Procédure Civile.
[58] SIRE-MARIN E., « Le rôle de l'institution judiciaire, mineurs isolés en danger », *Revue Plein Droit*, mars 2002, p. 28.
[59] Loi n° 2002-305 du 4 mars 2002, article 17-1 modifie l'article 35 quater de l'ordonnance de 1945. Cf. Décret du 2 septembre 2003, relatif aux modalités de désignation et d'indemnisation des administrateurs ad hoc instituées par l'article 17 de la loi n° 2002-305 du 4 mars 2002, JORF n° 204 du 4 septembre 2003, p. 15171.
[60] Cf. Décret du 2 septembre 2003, relatif *aux modalités de désignation et d'indemnisation des administrateurs ad hoc instituées par l'article 17 de la loi n° 2002-305 du 4 mars 2002*, JORF n° 204 du 4 septembre 2003, p. 15171. Avis de CNCDH sur *le projet relatif aux modalités de la désignation et l'indemnisation des administrateurs ad Hoc représentant les mineurs étrangers isolés*, 24 avril 2003 ; Réponse ministre n° 2691, JOAN, Q., 2 décembre 2002, p. 4664.
[61] CA Paris, 7 décembre 2004, Procureur de la République c./ N.-H.

liberté de façon illégale ou arbitraire. L'arrestation, la détention ou l'emprisonnement d'un enfant doit être en conformité avec la loi, n'être qu'une mesure de dernier ressort, et être d'une durée aussi brève que possible ». La loi du 4 mars 2002 organise également les conditions du maintien en zone d'attente de l'étranger mineur. Ce n'est pas une procédure d'exception mais bien le droit commun auquel est soumis le mineur isolé. Le maintien en zone d'attente n'est alors pas une mesure de dernier ressort. Cette loi n'est donc pas conforme aux exigences de l'article 37-2. Il serait intéressant d'apprécier la conventionnalité du statut interne sur cette question au regard de l'article 37 de la Convention internationale des droits des enfants, d'autant que cet article est applicable directement aux particuliers depuis la décision du Conseil d'État du 14 février 2001 Nezdulkuis[62]. Le Comité pour les droits de l'enfant des Nations Unies a estimé que cet article 37-2 s'appliquait à « *toutes les formes de privations de liberté y compris dans les établissements de santé ou de protection de l'enfance, aux enfants demandeurs d'asile et aux jeunes réfugiés* »[63].

Même avec l'administrateur *ad hoc*[64], le mineur isolé risque de se voir refuser l'entrée comme un majeur. Le renvoi dans le pays d'origine suscite des inquiétudes légitimes. De même, le mineur isolé placé en zone d'attente est soumis à un traitement différent de celui des autres enfants étrangers, il devient une catégorie de mineur spécifique. Par conséquent, si cette loi 2002 permet de résoudre la question de « *la régularité des notifications faites aux mineurs* », elle n'apporte « *aucune solution utile à la situation sociale du mineur empêché d'entrer* »[65]. Ceci montre bien la souveraineté territoriale de l'État en matière d'admission sur le territoire, l'expression de cette souveraineté ne fait pas exception pour les mineurs. D'ailleurs, comme le rappelle avec justesse François Julien-Laferrière[66], selon la Cour européenne des droits de l'Homme[67] « *rien n'empêche en principe un État de refuser à un enfant mineur l'accès à son territoire, pourvu que pareil refus ne méconnaisse pas les obligations souscrites par cet État au titre de la Convention européenne des droits de l'Homme* ». Le droit des États membres va également dans ce sens puisque la Résolution du Conseil du 26 juin 1997 concernant les mineurs non accompagnés ressortissants de pays tiers[68] a confirmé la possibilité de refuser l'entrée à un mineur.

En définitive, l'influence des normes supranationales est en général sans effet sur l'éloignement des enfants étrangers et sur les refus d'admission ou le maintien des mineurs isolés. Toutefois, l'article 3-1 de la CIDE peut se révéler assez protecteur dans des hypothèses exceptionnelles.

---

[62] CE 14 février 2001, *Nezdulkuis*, req. n° 220271.

[63] ANAFÉ, « Lettre ouverte à Dominique Versini sur les mineurs étrangers isolés », juillet 2003.

[64] Cf. Circulaire du 14 avril 2005, n° CIV/01/05 sur les missions de l'administrateur *ad hoc* et les demandeurs d'asile mineurs.

[65] JULIEN-LAFERRIÈRE F., *op. cit.*, p. 2776.

[66] *Ibid.* p. 2775.

[67] CEDH 28 novembre 1996, *Nsona c./ Pays Bas*, req. n° 23366/94.

[68] Résolution du Conseil, du 26 juin 1997 *concernant les mineurs non accompagnés ressortissants de pays tiers*, 97/C221/03, JOCE n° C221, 19 juillet 1997, p. 23 et s.

Section II : « L'intérêt supérieur de l'enfant étranger », seule garantie déterminante de la Convention internationale des droits de l'enfant dans le contentieux des étrangers

La protection conférée par l'article 3-1[69] apparaît comme une garantie exceptionnelle au regard de la faible application contentieuse de la CIDE. Dans des cas très limités, elle permet de faire primer l'intérêt supérieur des enfants d'étrangers. Cette garantie d'exception n'apporte en réalité qu'une protection « humanitaire » lorsqu'on leur a opposé un refus de séjour au titre du regroupement familial. Dans des cas peu nombreux l'article 3-1 protège les enfants étrangers de « l'éloignement indirect ».

Il faudra étudier dans un premier paragraphe les garanties internes renforcées par l'article 3-1 de la Convention internationale des droits de l'enfant, c'est-à-dire la protection exceptionnelle de l'enfant étranger contre un refus de séjour opposé à ses parents, et dans un second paragraphe il conviendra d'analyser l'application difficile de l'article 3-1 aux parents d'enfant étranger sous l'effet d'une mesure d'éloignement.

§ I : Des garanties internes renforcées par l'article 3-1 de la CIDE ou la protection exceptionnelle de l'enfant étranger contre un refus de séjour

Par sa décision du 22 septembre 1997 Mme Cinar[70], le Conseil d'État a accepté pour la première fois de censurer un refus de séjour en se fondant sur la violation de l'article 3-1 de la CIDE. Le recours à l'intérêt supérieur de l'enfant a apporté une protection plus efficace que celle de l'article 8 de la CEDH concernant les refus de regroupement familial sur place (A). L'utilisation indépendante de cet article n'offre cependant qu'un droit au séjour en marge du statut interne légal (B).

A/ Une protection plus large que celle développée par l'article 8 de la CEDH

Peu avant l'arrêt Mme Cinar, l'arrêt Douad[71] de février 1997 admettait pour la première fois l'application directe de l'article 3-1 de la CIDE, en déclarant : « *dans toutes les décisions qui concernent les enfants, qu'elles soient le fait des institutions publiques ou privées de protection sociale, des tribunaux, des autorités administratives ou des organes législatifs, l'intérêt supérieur de l'enfant doit être une considération primordiale* ».

Comme l'écrit Christine Denoyer[72], dans l'arrêt Cinar le juge administratif applique de façon rigoureuse l'article 3-1. Il apprécie, selon sa méthode casuistique, l'effet

---

[69] « *Dans toutes les décisions qui concernent les enfants, qu'elles soient le fait des institutions publiques ou privées de protection sociale, des tribunaux, des autorités administratives ou des organes législatifs, l'intérêt supérieur de l'enfant doit être une considération primordiale* ».

[70] CE 22 septembre 1997, *Cinar c./ Préfet de la Moselle*, req. n° 161364 ; ABRAHAM R., Conclusions, *RFDA*, 14 (3), mai-juin, 1998, p. 562-564 ; GISTI, « Au nom de l'intérêt supérieur de l'enfant … », *Revue Plein Droit*, n° 38, avril 1998 ; MONEGER F., « Le Conseil d'État met en avant l'intérêt supérieur de l'enfant contenu dans la Convention des Nations Unis sur les droits de l'enfant », *RDSS*, (1), janvier-mars, 1998, p. 157-179 ; MURAT P., Note, *Droit de la Famille*, avril 1998, p. 19-21 ; GOUTTENOIR-CORNUT A., Note, *JCP, éd. G.*, n° 14 1er avril 1998, p. 606-609 ; DESNOYER C., Note, *D.*, 1998, Som. Comm., p. 297 ; REYDELLET M., Note, *LPA*, 26 janvier 1998, p. 17.

[71] CE 27 février 1997, *Mme Douad*, req. n° 171893.

[72] *Op. cit.*, p. 297.

direct des stipulations de la CIDE. Il a une lecture littérale de cet article qui devient ainsi « auto-exécutoire ». Pourtant, le concept d'intérêt supérieur est vague[73] et surtout subjectif[74]. C'est d'ailleurs ce qu'a considéré le juge judiciaire en n'estimant pas l'article 3-1 comme *self executing*, et ce, alors que le Code civil se réfère plusieurs fois à « *l'intérêt supérieur des enfants* ». Cet arrêt montre ici encore la divergence d'application de la Convention internationale par les juges administratifs et judiciaires.

L'affaire Melle Cinar concernait une ressortissante de nationalité turque entrée en France en 1992 par le biais du regroupement familial. Elle avait obtenu quelques mois après sa majorité une carte de résident. En janvier 1993, elle fit entrer, en dehors de toute procédure de regroupement familial, son fils Tolga de 4 ans qui vivait encore en Turquie. Elle saisit le Préfet pour faire une demande de regroupement familial sur place. Cette procédure était autorisée au moment du dépôt de la demande mais la réforme du 24 août 1993 l'interdit peu après. La demande de régularisation fut rejetée par le Préfet en raison de l'entrée irrégulière de l'enfant. Le préfet invita donc Mme Cinar à renvoyer son fils en Turquie afin qu'il revienne régulièrement sur le territoire français sous peine d'être dépossédée de son titre de séjour pour aide au séjour irrégulier d'un étranger. Melle Cinar contesta ce refus de séjour devant le Tribunal administratif et en appel devant le Conseil d'État. Ce dernier annula la décision du Préfet sur le fondement de l'atteinte à l'article 3-1 de la CIDE. L'argumentation du Conseil d'État était simple : il examina la possibilité pour l'enfant de vivre en Turquie, même temporairement, le temps nécessaire pour que la mère puisse mener à bien la procédure de regroupement familial. Comme l'article 8 de la CEDH, l'article 3-1 permet au juge administratif d'analyser et d'apprécier la continuité du lien familial dans le pays d'origine. Dans le cas que l'on vient d'évoquer, le juge administratif a estimé que le préfet n'avait pas tenu compte de l'intérêt supérieur de l'enfant dans sa décision.

Cette décision marque la fin du « monopole » de l'article 8 de la CEDH pour des demandes de régularisation sur la base de la vie familiale lorsqu'il s'agit d'enfants étrangers. Comme l'article 8 de la CEDH, l'article 3-1 de la CIDE permet d'examiner l'atteinte à l'intérêt des enfants lorsqu'ils sont séparés de leurs parents[75]. Il donne la liberté d'invoquer l'atteinte à la vie familiale grâce à un moyen détourné.

L'inefficacité[76] de l'article 8 de la CEDH dans les procédures du regroupement familial tient notamment à la jurisprudence européenne[77]. Ainsi, dans les décisions Gül c/ Pays Bas du 19 février 1996 ou Ahmut c./ Pays Bas du 28 novembre 1996, la Cour européenne des droits de l'Homme s'est montrée particulièrement sévère à l'égard de l'application de l'article 8 face au refus du regroupement familial[78]. L'article 8 de la CEDH montre ici l'une de ses limites due à l'absence d'obligation générale de respecter le choix de la résidence commune des couples d'étrangers[79]. Comme Françoise Moneger l'a

---

[73] « *L'intérêt de l'enfant permet de dégager l'individualité et la spécificité de l'enfant, de l'étreinte possessive de sa famille, de ses parents qui ont tendance à confondre ses intérêts avec les leurs* », Cf. COSSY S., op. cit., p. 209.

[74] GOUTTENOIR-CORNUT A., *op. cit.*, p. 606-609.

[75] MONEGER F., *op. cit.* p. 178.

[76] En l'espèce ce moyen a été jugé inefficace par le Commissaire du Gouvernement R. Abraham, il a écarté l'article 8 de la CEDH en proposant de ne retenir que le moyen de l'article 3-1 face au refus du regroupement familial.

[77] Cf. Partie II, Titre I, Sous Titre I, Chapitre I, Section III, § I.

[78] Cf. Partie II, Titre I, Sous Titre I, Chapitre I, Section III, § I.

[79] CEDH 19 février 1996, *Gül* c./ Suisse, rec. 1996-1, req. n° 53/1995/559/645.

exprimé, cette limite d'application conduit à relever les insuffisances de l'article 8 de la CEDH face au regroupement familial. Dans l'arrêt Cinar, l'article 8 n'est même pas examiné par le juge, puisque l'article 3-1 de la CIDE est plus efficace. Selon la jurisprudence européenne, l'article 8 de la CEDH ne pouvait suffire à faire primer la réunion de la famille face aux exigences du contrôle de l'immigration. Néanmoins, la dernière jurisprudence de la Cour européenne (l'arrêt Sen[80] de décembre 2001) semble adoucir la position péremptoire de cette instance en matière de regroupement familial. Elle retient pour la première fois l'atteinte à la vie familiale pour un refus de regroupement familial opposé à un enfant étranger. L'intérêt de l'individu et l'âge de l'enfant ainsi que sa situation dans le pays d'origine et son degré de dépendance ont été des éléments déterminants dans l'annulation du refus de regroupement familial. La Cour européenne a apprécié la possibilité de reconstituer la cellule familiale dans le pays d'origine et l'impact que cela provoquerait sur les deux enfants élevés dans le pays d'accueil. Son principal souci a été de chercher le moyen le plus sûr pour permettre le développement de la vie familiale et favoriser l'intégration des enfants au sein de la cellule familiale constituée par les parents[81]. Cette jurisprudence Sen montre une approche plus compréhensive des intérêts des enfants. La Cour européenne paraît ici adopter une jurisprudence plus proche de celle développée par le juge administratif à propos de l'article 3-1 de la CIDE dans l'arrêt Cinar. Le juge européen s'est peut être inspiré de la jurisprudence Cinar sur l'article 3-1 de la CIDE[82].

B/ Une jurisprudence humanitaire et exceptionnelle en marge du statut interne légal

Si dans son contenu l'article 8 semble s'intéresser davantage aux droits de la famille que l'article 3-1[83] de la CIDE, dans la pratique le second se montre plus efficace. Ainsi dans l'arrêt Cinar il pose un véritable droit pour l'enfant de ne pas être séparé de ses parents. De même dans L'affaire Hellal[84] du 9 novembre 1998, il montre ses potentialités vis-à-vis des exigences législatives en matière de regroupement familial. Le regroupement familial avait été refusé au fils âgé de 14 ans de M. Hellal au motif qu'il n'avait pas effectué de contrôle médical en Algérie avant d'arriver en France au titre du regroupement familial. Le juge administratif a estimé que ce refus de délivrer le titre de séjour sur ce seul motif portait atteinte à l'intérêt supérieur de l'enfant selon l'article 3-1 de la CIDE. Cet exemple montre combien l'article 3-1 permet de censurer les décisions trop intransigeantes de l'administration. Cet article instaure une protection de dernière chance en faveur de l'enfant mineur pour qui l'intérêt supérieur est de vivre au sein de sa famille. De la même façon, le juge des référés a admis pour la première fois l'atteinte à l'intérêt supérieur de l'enfant au titre de l'article 3-1 sur le refus d'autorisation de séjour d'un mineur algérien

[80] CEDH 21 décembre 2001, *Sen c./ Pays Bas*, req. n° 31465/96.
[81] § 40.
[82] En ce sens M. GOUTTENOIR-CORNUT avait écrit que le juge européen pourrait s'inspirer de l'approche de l'article 3-1 de la CIDE dans sa jurisprudence sur les refus de regroupement familial et l'article 8 de la CEDH.
[83] Article 3-1 « *dans toutes les décisions qui concernent les enfants, qu'elles soient le fait des institutions publiques ou privées de protection sociale, des tribunaux, des autorités administratives ou des organes législatifs, l'intérêt supérieur de l'enfant doit être une considération primordiale* ».
[84] CE 9 novembre 1998, *M. Hellal*, req. n° 169952, rec. Lebon.

dont le grand-père, qui vivait en France, avait la charge légale de l'enfant, alors que sa mère ne pouvait subvenir à ses besoins en raison de son état de santé[85].

Toutefois, il ne faut pas en déduire pour autant que cette protection a une portée générale. Il semble que ce droit ne soit, en réalité, qu'une protection limitée à des espèces similaires, c'est-à-dire dans les cas où le préfet n'avait pas de compétence liée, lorsqu'il disposait d'un pouvoir discrétionnaire de régularisation. Ce pouvoir discrétionnaire permet au Préfet d'adopter une approche casuistique dans son analyse de la vie familiale. Il a pu ainsi apprécier en toute opportunité le respect de la CIDE dans un cas où un refus de regroupement familial entraînait la séparation de l'enfant de sa famille. Cette application de l'article 3-1 sert alors d'instrument modérateur[86] face aux décisions trop tranchantes des dispositions légales. L'application dans l'arrêt Cinar de l'intérêt supérieur de l'enfant témoigne plus d'une régularisation exceptionnelle du séjour que d'une affirmation d'un droit à part entière, une sorte de « supra droit »[87] dans le statut interne de l'étranger.

Par ailleurs, dans ses conclusions sur l'arrêt Cinar, le Commissaire du gouvernement Ronny Abraham proposait de chercher l'atteinte possible à l'intérêt de l'enfant. Cette atteinte est analysée très finement. Ainsi, l'absence du père dans le pays d'origine ou même l'absence de toute personne pouvant garder, même temporairement, l'enfant sont des éléments déterminants pour le juge administratif. Or si on raisonne a contrario, il est possible de déduire que si l'enfant avait encore de la famille proche dans le pays d'origine, l'article 3-1 n'aurait aucun effet[88]. Le pouvoir modérateur de cet article 3-1 trouve ici sa principale limite.

Ainsi, si le contenu de l'article 3-1, par son libellé, semble ouvrir des possibilités d'annulations importantes en droit des étrangers, le contentieux postérieur à l'arrêt Cinar montre qu'il n'a pas eu l'impact que l'on aurait pu espérer de lui. C'est en ce sens que M. Murat précise que si la CIDE instaure une obligation de « corriger » la décision préfectorale, c'est uniquement dans les hypothèses où le Préfet dispose d'un pouvoir discrétionnaire. En effet, le juge administratif accepte rarement la censure du regroupement familial lorsque rien ne s'oppose à ce que le requérant reparte faire la demande de regroupement familial dans le pays d'origine[89].

Il convient toutefois de mentionner trois possibilités nouvelles relatives à l'impact de l'article 3-1 de la CIDE dans le contentieux des étrangers.

Une application particulièrement intéressante de l'article 3-1 de la CIDE a été rendue par la Cour administrative d'Appel de Marseille (sous réserve qu'elle soit confirmée) qui a jugé contraire à « *l'article 3-1 de la CIDE le refus de la demande de regroupement familial formée par une Algérienne pour son fils de dix ans déjà présent en France, en estimant que, « alors même qu'elle n'entraînerait pas l'éloignement de l'enfant, [cette décision] a eu pour effet, pendant toute la période où elle est demeurée en vigueur, de faire obstacle à la régularisation de sa situation* » »[90].

---

[85] TA Rennes 3 août 2002, *Nercisyan alias Arutunjan*, req. n° 02-2379. Autre exemple sur le regroupement familial demandé par les grands parents qui ont la garde des petits enfants. TA Limoges 14 novembre 2002, *Baahmed c./ Préfet de la Haute Vienne*, req. n° 991096.

[86] MURAT P., *op. cit.*, p. 20.

[87] *Ibid.*

[88] CE 27 mars 2002, *Préfet du Cher c./ M. Arikan*, req. n° 230599.

[89] CE 28 mai 2002, *Alloui*, req. n° 240001 ; CE 3 mars 2003, *Aït Benali*, req. n° 248655.

[90] Extrait *DPE*, p. 1780. CAA Marseille 19 décembre 2002, *Bessegheir*, req. n° 00MA0595.

Une seconde application de l'article 3-1 concerne une décision du Tribunal administratif de Limoges, du 18 septembre 2003[91] qui a permis d'accepter le regroupement familial pour trois petits enfants confiés par « kafala » à leur grand-père résidant en France. Depuis cette espèce, l'article 3-1 de la CIDE permet d'élargir les possibilités de regroupement familial posées par le statut légal de l'ordonnance de 1945. Cette espèce a été implicitement[92] confirmée par le Conseil d'État le 24 mars 2004[93]. Le premier considérant du juge montre le rôle complémentaire de l'article 3-1 face aux dispositions légales de l'ordonnance de 1945 : « *Considérant que si les dispositions combinées de l'article 15 et de l'article 29 de l'ordonnance du 2 novembre 1945 prévoient que l'enfant pouvant bénéficier du regroupement familial est l'enfant légitime ou naturel ayant une filiation légalement établie ainsi que l'enfant adopté, il appartient à l'autorité administrative de s'assurer, sous le contrôle du juge de l'excès de pouvoir, qu'une décision refusant le bénéfice du regroupement familial demandé pour un enfant n'appartenant pas à l'une des catégories ainsi mentionnées ne porte pas une atteinte excessive aux droits des intéressés au respect de leur vie privée et familiale et ne méconnaît pas les stipulations de l'article 3-1 de la convention relative aux droits de l'enfant du 26 janvier 1990 selon lesquelles dans toutes les décisions qui concernent les enfants (...) l'intérêt supérieur de l'enfant doit être une considération primordiale* ». Dans le même sens, une espèce de la Cour administrative d'Appel de Paris[94] a élargi les catégories du regroupement familial à un enfant étranger ayant fait l'objet d'un *recueil légal* et non d'une adoption comme le stipule seulement l'article 29 de l'ordonnance de 1945 relatif aux catégories d'enfants admis au titre du regroupement familial.

Enfin, dans une troisième possibilité, le Tribunal administratif[95] a eu à se prononcer sur des dispositions de l'article 4 de l'accord franco-algérien à la lumière de la CIDE. Le juge administratif a reconnu au nom de l'article 3 de la CIDE que même si les parents d'un enfant algérien ne remplissaient pas les conditions de ressources exigées en matière de regroupement familial, ils n'étaient pas pour autant dépourvus de moyen et justifiaient d'un logement.

En définitive, la protection de la Convention internationale apporte « au compte gouttes » des garanties pour l'enfant étranger. Elles viennent *compléter* les quelques dispositions légales parfois trop sévères. En effet, si ces garanties supranationales corrigent le statut légal de l'étranger, elles ne le font qu'au cas par cas, dans des hypothèses humanitaires. C'est en ce sens que l'on peut estimer que ces garanties supranationales jouent un rôle très relatif dans le statut interne de l'étranger.

En revanche, la CIDE risque de jouer un rôle important en Europe. En effet, la directive communautaire relative au regroupement familial laisse la possibilité aux États de

---

[91] TA Limoges 18 septembre 2003, *Kada*, req. n° 0111617.

[92] Le juge se fonde sur l'article 8 de la CEDH mais il rappelle dans son premier considérant les exigences de l'article 3-1 de la CIDE à la lumière du regroupement familial.

[93] CE 24 mars 2004, *Ministre des Affaires sociales, du travail et de la solidarité c./ Mme Boulouida.*, req. n° 249369 ; TOURNEPICHE A.-M., « Extension des possibilités du regroupement familial », *AJDA*, n°26/2004, p. 1425-1426 ; DUBOS O., « Droit au regroupement familial et Kafala », *JCP*, n° 26, 21 juin 2004, p. 865 ; CE 24 mars 2004, *Dra*, req. n°220434., BOULANGER F., « La sauvegarde des effets de la « Kafala » par l'appel à l'article 8 de la CEDH », *Dalloz*, 2005, N° 2, p. 129-131.

[94] CAA Paris 29 janvier 2002, n° 01PA00557 et 01PA03481. Cf. *DPE*, p. 1780.

[95] TA Marseille 9 mars 2005, *Siaf*, req. n° 0103707, *DPE*, Bulletin 133, mai 2005, p. 6932.

limiter le regroupement familial. Ainsi des dérogations sont possibles « *lorsqu'un enfant a plus de 12 ans et arrive indépendamment du reste de sa famille, l'État membre peut, avant d'autoriser son entrée et son séjour au titre de la présente directive, examiner s'il satisfait à un critère d'intégration prévu par sa législation existante à la date de la mise en œuvre de la présente directive* » ou lorsque « *les États membres peuvent demander que les demandes concernant le regroupement familial d'enfants mineurs soient introduites avant que ceux-ci n'aient atteint l'âge de 15 ans, conformément aux dispositions de leur législation en vigueur à la date de la mise en œuvre de la présente directive* ». Ces dispositions de la directive soulèvent des interrogations sur sa conformité à la CIDE.

§ II : L'application difficile de l'article 3-1 aux parents d'enfants étrangers sous l'effet d'une mesure d'éloignement

La plupart des décisions relatives à l'article 3-1 de la CIDE concernent des hypothèses de reconduite à la frontière. En effet, les parents d'enfants étrangers qui sont sous l'effet d'une mesure d'expulsion invoquent l'article 3-1 de la CIDE pour que l'intérêt de l'enfant prime sur l'atteinte à l'ordre public[96]. L'argument de l'intérêt supérieur de l'enfant est utilisé par les parents d'enfants étrangers menacés d'éloignement comme une arme de la dernière chance.

Un important contentieux concerne les épouses[97], les concubines[98] d'étrangers et leurs enfants qui ne peuvent rejoindre leurs maris ou leurs concubins reconduits à la frontière. Elles invoquent alors l'article 3-1 sans grand succès[99], à moins que l'étranger resté en France établisse qu'il ne pourra pas rejoindre la famille dans le pays de renvoi[100]. Au regard de ce contentieux, il est utile de remarquer que le champ d'application de la CIDE ne se limite pas aux enfants en tant que tels. Le lien familial rentre dans son champ de protection, ainsi les parents d'enfants étrangers peuvent invoquer les articles de la CIDE.

L'arrêt Mme Useyin et M. Useyin du 22 février 1999[101] montre pour la première fois que l'article 3-1 peut être invoqué à l'appui d'une reconduite à la frontière et plus exactement sur la décision du pays d'éloignement. Madame et monsieur Useyin craignaient d'être renvoyés en Bulgarie en raison de leur appartenance à la minorité turque et de leur opposition au régime en place. Ils invoquaient les risques d'enlèvement de leur enfant en cas de retour dans leur pays. Le juge administratif a déclaré recevable l'argument de l'article 3-1 sans le retenir sur le fond de l'affaire.

Le juge a affiné sa jurisprudence[102] en ne retenant pas l'atteinte à l'article 3-1 lorsque l'enfant n'avait pas commencé une scolarité. Comme pour l'article 8 de la CEDH, le juge administratif a estimé que la vie familiale peut se reconstruire dans le pays

---

[96] CAA Nantes 5 octobre 2001, *Ministre de l'Intérieur*, req. n° 99NTO1006 ; CAA Paris 26 juin 2001, *M. Ali Abed*, req. n° 98PA02255.

[97] CE 21 juin 2002, *Mme Begum*, req. n° 241067 ; CE 11 janvier 2002, *Mme Benali épouse Dani*, req. n° 235845.

[98] CE 3 juin 2002, *Craciun*, req. n° 220342 ; CE 10 avril 2002, *Préfet Val d'Oise c./ Mme Alakhava*, req. n° 237420 ; CE 29 décembre 2000, *Chaibi*, req. n° 219083.

[99] CE 13 mars 2001, *Mme Ebote épouse Molabi*, req. n° 217 364, Cf. le cas d'une mère seule avec 3 enfants abandonnés par leur père, ceci n'empêche pas le retour dans le pays d'origine.

[100] CE 2 juin 2003, *Préfet de police c./ Swieca*, req. n° 236148.

[101] CE 22 février 1999, *Mme et M. Useyin*, req. n° 197243, 197244, rec. Lebon.

[102] CE 29 janvier 2001 Préfet de la Région Poitou-Charentes, Préfet de la Vienne c./ M. et Mme Cisse, req. n° 217162, n° 217163.

d'origine, l'enfant n'étant pas encore scolarisé, le déracinement est moins important. En revanche, lorsque l'enfant étranger a appris la langue du pays d'accueil et qu'il s'est parfaitement intégré socialement, l'atteinte paraît en général justifiée. Pourtant, la jurisprudence administrative n'est pas toujours constante sur cette question, et le juge est parfois sévère dans l'appréciation de l'intégration. Ainsi, le fait qu'une femme[103] élève seule ses deux enfants de 4 et 6 ans scolarisés en France et qu'on lui ait refusé la qualité de réfugiée, n'a pas suffi à faire annuler la reconduite à la frontière sur la base de l'article 3-1. Cette jurisprudence sibylline s'explique par le fait, là encore, l'article 3-1 de la CIDE comme l'article 8 de la CEDH conduit le juge administratif à adopter un raisonnement de type sociologique pour annuler les décisions de l'administration. La CIDE a été plus ou moins appliquée face aux mesures d'éloignement.

Un arrêt du Conseil d'État[104] illustre également l'application *humanitaire* de l'article 3-1 sur une reconduite à la frontière d'une mère étrangère d'un enfant étranger. Le juge administratif a en autre apprécié la situation médicale de l'enfant comme il le fait pour les étrangers majeurs malades menacés d'éloignement[105]. À partir de la gravité de la maladie de l'enfant, des complications que pourraient entraîner l'interruption d'un traitement médical ainsi que de l'absence de traitement médical approprié dans le pays de renvoi de sa mère, le juge administratif a estimé que la mère de l'enfant malade devait rester près de son enfant en France. La mesure de reconduite à la frontière prise à son encontre violait l'intérêt supérieur de l'enfant au titre de l'article 3-1 de la CIDE. C'est un autre exemple d'application complémentaire de l'article 3-1 par rapport au statut légal. Cet article vient protéger une hypothèse non prévue par l'ordonnance (enfant étranger malade) grâce à l'application de l'article 3-1.

Il convient de relever que l'article 3-1 fait partie des éléments primordiaux que le juge doit apprécier lors d'une reconduite à la frontière d'une étrangère mère d'un enfant étranger. Si le juge s'abstient de procéder à une telle analyse, il commet une erreur de droit[106].

Dans les autres pays membres cet article n'est pas toujours appliqué. Par exemple, au Royaume-Uni[107], l'article 3-1 est infructueux car le Royaume-Uni se garde la possibilité d'appliquer la législation sur l'immigration qu'il désire en matière d'entrée, de séjour, et de sortie. En revanche, dans sa thèse, Sylvie Cossy, souligne les influences de la CIDE dans la

---

[103] CE 19 juin 1999, *Mme Matache*, req. n° 199673.

[104] CE 10 décembre 2003, *Préfet de Police c./ Mabaya*, req. n° 250631.

[105] Cf. article 3 de la CEDH ou article 12 bis 11 ou 26-I-5° de l'ordonnance°, Partie II, Titre II, Sous Titre I, Chapitre I, Section I, § I, B.

[106] TA Rennes 8 octobre 2003, *Mata Wumba*, req. n° 03-3469.

[107] MEUNIER G., *L'application de la Convention des nations unies relative aux droits de l'enfant dans le droit interne des États parties*, Logiques juridiques, L'Harmattan, 2002, p. 186 et s.

procédure d'asile Suisse[108] (droit de visite du parent qui n'a pas la garde ou droit de ce dernier à être entendu lors du divorce de ses parents).

En guise d'ultime remarque, il convient de se rallier aux propos de Jean-Pierre Rosenczveig (Président du tribunal pour enfants de Bobigny) : l'enfant étranger est pris en étau entre les droits des enfants et le statut fait aux étrangers en France.

[108] COSSY S., *op. cit.*, p. 207.

CHAPITRE II : LE FAIBLE IMPACT DES AUTRES INSTRUMENTS INTERNATIONAUX

Différents instruments juridiques universels ou régionaux relatifs aux droits de l'Homme traitent directement ou indirectement des questions relatives à l'immigration ou à l'asile. Pourtant, s'agissant de la protection des droits de l'Homme, la Communauté internationale ne s'est pas tout de suite intéressée à la question des étrangers. Hormis la Convention de Genève relative au statut du réfugié et les Conventions et Recommandations relatives aux travailleurs migrants[1] de l'Organisation internationale du travail, les Conventions ou les Déclarations élaborées après la Deuxième Guerre mondiale n'abordaient pas précisément la question du statut juridique de l'étranger ou plus largement du phénomène migratoire. Ce domaine était intouchable car appartenant au fonctionnement de chaque État. Le droit international ne l'abordait qu'avec précaution afin de ne pas heurter les États. « L'appropriation » par les instruments internationaux de cette problématique des migrations et plus particulièrement de celle du travailleur migrant est relativement récente.

Le droit international a suivi l'évolution des migrations internationales. En effet, si le phénomène migratoire a toujours existé, la mondialisation du phénomène est récente[2]. Les textes internationaux ou régionaux se sont, en conséquence, adaptés. Cette approche particularisée (ou catégorielle) des droits de l'Homme a influencé l'élaboration de nouveaux textes universels ou régionaux relatifs aux étrangers. Notre étude a choisi d'examiner certains de ces textes supranationaux, articles de Convention ou Recommandation, en essayant de montrer leur influence relative dans le droit interne.

Une des premières préoccupations de la Communauté internationale a été de réglementer la question des migrations économiques des travailleurs migrants. L'importation de main d'œuvre étrangère s'est développée après la Deuxième Guerre mondiale pour la reconstruction des États. La Communauté internationale a alors engagé des travaux pour établir un statut international du travailleur migrant. La Convention européenne relative aux travailleurs migrants de 1977 marque une approche nouvelle des droits de l'Homme en faveur des étrangers. D'autres instruments tels que la Charte sociale européenne, entrée en vigueur le 26 février 1965, protège le statut du travailleur migrant ou de sa famille. Ces instruments universels ou régionaux confirment globalement les garanties déjà existantes dans le droit interne, mais elles ont une faible portée dans le statut interne car les juges ou les législateurs nationaux les utilisent peu ou pas du tout. (Le législateur français n'a d'ailleurs jamais crée de statut propre au travailleur étranger,

---

[1] Convention OIT n° 97 de 1949, ratifiée par la France le 29 mars 1953. La Convention sur des dispositions complémentaires n° 143 et la Convention sur les contrats de travail (travailleurs indigènes) de 1947, la France ne l'a pas ratifié.

[2] WITHOL DE WENDEN C., « Migrations, de nouveaux visages, Flux et réseaux comprendre le Monde », *Sciences Humaines*, numéro spécial n° 2, Mai-Juin, 2003, p. 62.

l'ordonnance de 1945 est le statut général des étrangers sur lequel se superposent les garanties complémentaires relatives aux droits de l'Homme).

Au niveau communautaire, la Charte des droits fondamentaux de l'Union européenne est le dernier instrument[3] relatif aux droits de l'Homme. Elle traite notamment du droit d'asile et en fait pour la première fois en Europe un droit fondamental. Toutefois, si ce texte est encourageant sur le plan du contenu des droits, il ne vient pas bouleverser le statut de l'étranger dont les droits proclamés existent déjà dans la Constitution française et dans le droit interne. De plus, la valeur normative de la Déclaration étant symbolique, l'impact juridique sur le statut interne est alors inexistant.

Au plan européen, les Protocoles additionnels à la CEDH, les Recommandations et plus généralement l'ensemble des travaux du Conseil de l'Europe s'intéressent depuis longtemps aux droits fondamentaux des étrangers. Si les articles des protocoles additionnels relatifs aux étrangers ont une valeur juridique, les Recommandations et les autres actes du Conseil de l'Europe ne sont que des normes supranationales de *Soft Law*. Notre étude s'intéressera toutefois aux deux types de normes. Sans poser un statut prédéfini comme le droit communautaire est en train de le faire, ces différentes normes sont révélatrices d'une prise de conscience pragmatique européenne des problèmes relatifs aux droits de l'Homme. Le Conseil de l'Europe est devenu un « organe de surveillance » de ces normes. En réaction aux événements dramatiques liés aux migrations, le Conseil édicte des normes supranationales pour que les États parties s'en inspirent et les incorporent dans leur droit interne. Bien que la plupart de ces normes supranationales n'aient pas d'effets juridiques contraignants, il convient de remarquer qu'elles sensibilisent les gouvernements à la question de la protection des droits de l'Homme grâce aux Recommandations de l'Assemblée parlementaire, du Comité des Ministres du Conseil de l'Europe ou de celles du Comité européen de prévention contre la torture. Cette « fonction de sensibilisation » peut conduire le législateur français à « corriger » certaines parties du statut interne de l'étranger.

Au regard de la multitude d'instruments universels ou régionaux, il a été fait le choix de n'analyser que quelques textes sélectionnés en raison des problématiques majeures relatives aux étrangers. Trois axes très différents mettant en lumière l'influence (limitée) des normes supranationales sur le droit des étrangers ont donc été choisis. Le premier axe concerne une des principales préoccupations de la Communauté Internationale : celle de l'immigration économique, c'est-à-dire le droit supranational relatif aux travailleurs migrants (Section I). Le second axe s'intéresse au dernier instrument relatif aux droits de l'Homme adopté par l'Union européenne : la Charte des droits fondamentaux. La richesse de cet instrument impose également que l'on y consacre une étude malgré son absence de valeur juridique (Section II). Enfin, un important ensemble d'actes européens ont nécessité une étude particulière relative à l'influence des travaux du Conseil de l'Europe (Recommandations et articles de protocoles additionnels à la CEDH) sur le statut interne des étrangers (Section III).

---

[3] JOCE C 364, p. 1 du 18 décembre 2000.

Section I : Les limites des instruments supranationaux protégeant les travailleurs migrants

La Convention européenne relative au statut du travailleur migrant est le premier instrument régional relatif au statut du travailleur étranger. Ce texte n'a toutefois pas influencé le droit interne qui était largement conforme à ces exigences. De même, aucun statut spécifique n'a été aménagé pour le travailleur migrant en droit interne. Les Nations Unies ont aussi élaboré une Convention spécifique : la Convention internationale sur la protection des droits de tous les travailleurs migrants et des membres de leurs familles. Si ce texte est prometteur, il ne peut entraîner aucun effet étant donné que la France ne l'a ni signé ni ratifié[4]. La Charte sociale européenne s'intéresse au cas de certains travailleurs migrants. Mais son champ d'application n'est pas très extensible, elle n'apporte donc pas les garanties escomptées. Enfin, l'Organisation internationale du travail a beaucoup plus œuvré pour les droits des travailleurs migrants. Mais ses Conventions n'ont pas toutes été ratifiées et elles sont largement corroborées par le droit interne de l'ordonnance de 1945.

Il faudra étudier successivement -la Convention européenne relative au statut juridique du travailleur migrant et son faible impact dans le statut interne, - la Charte sociale européenne qui assure une protection limitée à certains travailleurs étrangers, -les Conventions relatives aux travailleurs migrants de l'Organisation internationale du travail qui représentent une production normative importante largement corroborée par le droit interne.

§ I : La Convention européenne relative au statut juridique du travailleur migrant, un instrument de faible impact dans le statut interne

Le contenu du texte témoigne d'un désir nouveau de la part des États parties de protéger une catégorie particulière de personnes (A). Cette protection s'adresse aux travailleurs migrants définis de manière restrictive, ce premier instrument est par ailleurs peu ambitieux dans ses champs d'application (B). Cette frilosité rédactionnelle ne permet pas de corriger le statut interne de l'étranger (C).

A/ L'esprit du texte européen

L'idée d'élaborer un traité international concernant les travailleurs migrants est née en 1966, période de forte migration économique qui justifiait pleinement un tel texte. Pourtant, ce n'est qu'en 1977[5] que la Convention européenne relative aux travailleurs migrants[6] fut ouverte à la signature des États. Une fois encore, le contexte économique joua un rôle dans la ratification du texte. En effet, une période de grave crise débuta et stoppa temporairement l'immigration économique. La nécessité du texte paraissant moins urgente, seuls douze États le signèrent et huit d'entre eux le ratifièrent. La Convention européenne

---

[4] Partie II, Titre II, Sous Titre II, Chapitre I, Section III.

[5] Le 24 novembre 1977.

[6] GOLSONG H., « La Convention européenne relative au statut juridique du travailleur migrant », *in Les travailleurs étrangers et le droit international,* in Acte du XIIe Colloque de la SFDI, Clermont-Ferrand, les 25-26-27 mai 1978, Pédone, p. 233.

relative au statut du travailleur migrant est finalement entrée en vigueur en 1983, soit près de vingt ans après son projet initial.

Cet instrument est intéressant car il marque le point de départ d'une prise de conscience européenne sur le problème particulier des migrants dans une optique de protection des droits de l'Homme. Même s'il est vrai que cette première approche européenne est économique puisqu'elle concerne le travailleur étranger, elle montre l'attention grandissante des États européens aux problèmes généraux des migrations. La question des migrations n'avait jamais été traitée séparément dans un texte des droits de l'Homme au plan européen. Ce n'est que « par ricochet » que la Convention européenne des droits de l'Homme est venue protéger l'étranger. La Convention européenne relative au statut du travailleur migrant, comme les Protocoles additionnels 4 et 7 relatifs à la Convention européenne des droits de l'Homme, la Convention sur la nationalité[7] et la Convention sur la participation des étrangers à la vie publique au niveau local[8] sont des instruments européens relativement récents relatifs aux droits de l'Homme et traitant directement des étrangers. Avec ces différents textes, force est de constater que la question du statut de l'étranger devient un domaine à part entier sous le contrôle des droits de l'Homme et non plus laissée à la seule discrétion des souverainetés nationales. Ainsi, un seuil minimal de garanties supranationales s'impose désormais aux États parties du Conseil de l'Europe.

Le premier objectif de cet instrument spécialisé est l'égalité de traitement, droit fondamental de la personne. Pour les rédacteurs de la Convention, le texte doit fournir des garanties minimales pour un traitement acceptable des travailleurs migrants dans les États parties. L'objectif visé est l'élimination de la discrimination fondée sur la nationalité pour les travailleurs migrants et leurs familles, quel que soit leur lieu de résidence à l'intérieur de l'espace des États parties. Aussi, « *l'un des objectifs de la Convention est de réduire ces disparités et de jeter les bases d'une véritable égalité de traitement pour les travailleurs et les membres de leur famille en matière sociale et éducative. Il s'agit là d'un domaine qui n'est pas non plus couvert par les Accords d'association entre l'Union européenne et les pays d'Europe centrale et orientale (PECO). Bien que l'on y accorde aux travailleurs migrants issus de certains PECO un droit limité de s'installer à leur compte, la situation des membres de la famille n'est pas traitée* »[9].

Comme le souligne Elizabeth Guild[10] dans son étude sur la Convention, le second objectif est « *de faciliter la promotion sociale et le bien être des travailleurs migrants et des membres de leur famille* »[11]. Ceci renvoie au regroupement familial qui dans certains pays membre du Conseil de l'Europe connaît encore des obstacles. Ainsi, les conditions de vie et de travail, la promotion sociale et le bien-être des travailleurs migrants et des membres de leurs familles sont les principaux droits développés dans la Convention.

Les autres dispositions de la Convention sont assez disparates : elles prévoient l'accueil[12], le séjour[13], l'emploi, le logement[14], la formation[15], les formalités administratives et l'assistance aux travailleurs migrants, etc.

---

[7] Du 6 novembre 1997.

[8] Du 5 février 1992.

[9] GUILD E., *La Convention européenne relative au statut juridique du travailleur migrant, une analyse de son champ d'application et de sa portée actuelle*, éd. Conseil de l'Europe, 1999. Mig/docs/99/cdmg (99) 11 f., p. 5.

[10] GUILD E., *ibid.*

[11] Préambule de la Convention européenne relative aux travailleurs migrants.

[12] Article 10.

B/ Une définition restrictive des travailleurs migrants et un champ d'application réduit

L'article 1er de la Convention montre que seul est protégé le migrant régulier, c'est-à-dire l'étranger salarié qui séjourne de manière régulière sur le territoire. Le salarié dépourvu de tout titre de séjour donc en situation irrégulière, ne reçoit aucune protection. Par ailleurs, le terme « emploi salarié » exclut une catégorie importante de travailleurs : les travailleurs frontaliers, les artistes, les sportifs, les personnes employées pour une courte durée, les professions libérales, les gens de la mer, les stagiaires et les travailleurs ayant un emploi dans une autre partie contractante pour le compte d'une entreprise ayant son siège social en dehors du territoire de cette partie contractante[16].

Le travailleur migrant est également défini comme celui qui migre d'un État partie à un autre État partie. Le champ d'application est donc réduit d'une part par le nombre des États l'ayant ratifiés (ils sont huit ce qui limite les objectifs à atteindre), d'autre part parce que ces objectifs font double emploi avec ceux du droit communautaire. Les droits de la Convention européenne relative au statut juridique du travailleur migrant sont vivement concurrencés puisque le droit communautaire a légiféré sur l'égalité de traitement et sur le regroupement familial. Sur les huit États qui ont ratifié la Convention, seules la Norvège et la Turquie ne sont pas des États membres de l'Union européenne. Néanmoins la Norvège est associée à l'Union européenne grâce à l'Accord sur l'Espace Économique européen. Cet accord permet aux ressortissants norvégiens d'être quasiment soumis au droit communautaire sur la question de la circulation des personnes. De son côté la Turquie n'appartient pas à l'Union européenne mais elle y est affiliée par un important Accord d'Association qui traite essentiellement de la question des travailleurs turcs[17]. Finalement, ces doubles limites réduisent considérablement les objectifs de cet instrument.

C/ Un statut interne conforme aux exigences de la Convention européenne relative au statut du travailleur migrant

Comme le fait remarquer Élisabeth Guild dans son étude[18], aucune jurisprudence n'a été rendue en France sur la base de la Convention européenne relative au travailleur migrant. Une décision[19] du Conseil d'État rappelle même la limite géographique de cet instrument : le juge administratif avait été saisi à la suite de l'annulation de la carte de résident d'un ressortissant pakistanais. Celui-ci invoquait l'article 1er § 1er de la Convention européenne relative au statut juridique du travailleur migrant. Le juge administratif a rappelé que le terme « travailleur migrant » désigne le ressortissant d'une partie

---

[13] Article 8 et 9.
[14] Article 13.
[15] Article 14.
[16] Article 1 § 2.
[17] Partie I, Titre I, Sous Titre II, Chapitre II, Section I.
[18] GUILD E., *La Convention européenne relative au statut juridique du travailleur migrant, une analyse de son champ d'application et de sa portée actuelle*, éd. Conseil de l'Europe, 1999. Mig/docs/99/cdmg (99) 11 f.
[19] CE 29 juillet 1994, *M. Zaman*, req. n° 111061 et 152110.

contractante à la Convention. Le requérant étant un ressortissant pakistanais, il ne pouvait pas invoquer les stipulations de cette Convention.

Toutefois même si la jurisprudence n'existe pas sur cette Convention, le contenu des droits de la Convention semble matériellement déjà présent dans le droit interne[20]. En ratifiant la Convention, la France s'est engagée à respecter le texte et particulièrement l'article 12 sur le regroupement des familles des travailleurs migrants. Sa déclaration[21] précise que « *soucieux d'assurer à la population immigrée en France la stabilité à laquelle elle peut légitimement prétendre, le Gouvernement français entend favoriser au maximum la possibilité pour le travailleur migrant - conformément aux dispositions de l'article 12 de la Convention européenne relative au statut juridique du travailleur migrant - de se faire rejoindre par sa famille. Ce regroupement familial ne peut toutefois être réussi que dans la mesure où le travailleur migrant dispose d'un permis de séjour et de travail réguliers, ainsi que d'un logement adéquat et de ressources stables. Dans ces conditions, le Gouvernement français déclare que tout regroupement familial en France est subordonné aux dispositions définies à l'article 12.2 de la Convention, à savoir « que le travailleur migrant dispose de ressources stables, suffisantes pour subvenir aux besoins de sa famille* » ». Ainsi, la France confirme son désir de se conformer aux exigences de la Convention sur ce point précis même si aucune référence spécifique n'est faite dans l'ordonnance de 1945.

D'après les rapports du Comité consultatif[22] sur l'application de la Convention, le droit français est conforme aux exigences du texte[23] en ce qui concerne la réunion sur un même document des autorisations de travail et des permis de séjour, le renouvellement de plein droit de la carte de résident[24], le retrait du permis après avis de la Commission[25] et le recours contre ce retrait[26]. Il en est de même à propos du non-renouvellement du permis de travail en raison de la mauvaise conjoncture économique[27]. Élisabeth Guild estime à ce sujet que le Comité fait preuve d'une grande souplesse dans l'interprétation de la Convention. En effet, il laisse une marge de manœuvre aux États pour organiser les droits issus de la Convention dans leurs droits internes. Enfin le regroupement familial[28] tel qu'il est organisé en France a été également déclaré conforme aux exigences de la Convention par le Comité consultatif.

Au final, il convient de remarquer que cette Convention pose un standard minimum de droits en deçà duquel les États ne peuvent aller. Aujourd'hui la France est en conformité avec cette norme européenne. Cette dernière ne fait que corroborer les droits existants en droit interne et elle leur donne une assise supranationale.

---

[20] GUILD E., *op. cit.*, p. 19.
[21] 22 septembre 1983.
[22] Article 33.
[23] Deuxième rapport périodique au Comités des ministres, T-MG (86) 8 déf., 29 octobre 1986, Strasbourg, p. 7.
[24] Cinquième rapport périodique p. 7.
[25] *Ibid.* p. 8
[26] *Ibid.*
[27] Deuxième rapport périodique p. 7.
[28] Cinquième rapport périodique p. 9.

§ II : La protection limitée de la Charte sociale européenne

La Charte sociale européenne a été signée le 18 octobre 1961. Elle est entrée en vigueur le 25 février 1965. La France l'a ratifiée le 9 mars 1973 puis révisée le 7 avril 1999. Cette Charte a probablement influencé quelques dispositions du statut interne de l'étranger. Il est cependant assez difficile d'en évaluer l'impact précis. En toute hypothèse, l'ordonnance de 1945 n'a fait l'objet d'aucune référence à la Charte sociale européenne.

En revanche, dans la décision du Conseil d'État du 8 décembre 1978 GISTI[29] sur le regroupement familial, le Commissaire du gouvernement Philippe Dondoux a évoqué les sources internes et internationales relatives à la vie familiale. Le juge administratif a retenu la référence interne du préambule de 1946. Le Commissaire du gouvernement français avait rappelé les exigences internationales auxquelles étaient soumises la France, en particulier la Charte sociale européenne. De même, dans une espèce ancienne, le Conseil d'État avait eu à juger que le retrait d'une carte de séjour était conforme à la Charte sociale européenne[30].

La Charte a notamment pour objectif d'assurer l'exercice effectif du droit[31] des travailleurs migrants et de leurs familles, l'article 19 en particulier prévoit des dispositions spécifiques : l'assistance[32], le regroupement familial[33], les garanties contre l'expulsion[34], un traitement non moins favorable que les nationaux en matière de rémunération[35], de logement[36]. Les gouvernements établissent des rapports pour démontrer la conformité du droit national par rapport à la Charte. Dernièrement, dans son rapport[37], le gouvernement a montré la conformité de sa législation sur l'article 19 relatif au regroupement familial de la Charte.

Si cet instrument européen est séduisant en terme de garanties offertes aux travailleurs migrants, il faut signaler que deux limites d'importance restreignent sa portée.

Comme la Convention européenne relative au statut juridique du travailleur migrant, la Charte sociale européenne a un champ d'application *rationae personae*[38] limité. En effet, les travailleurs migrants concernés par la Charte sociale européenne sont les seuls travailleurs des États parties à la Charte. Seuls les Turcs (ressortissants extra communautaires) sont protégés par la Charte. Les autres ressortissants des États tiers ne sont pas protégés par le champ limité de la Charte sociale européenne. Ce qui réduit considérablement l'impact de cet instrument. Les États parties à la Charte sociale européenne sont pour la plupart des pays membres de l'Union européenne ou associés à elle. Les droits sociaux de la Charte sont aussi largement protégés par le droit

---

[29] CE Ass. 8 décembre 1978, *GISTI*, rec. 493 ; Conclusions du Commissaire du gouvernement DONDOUX P., *Droit social*, 1979, p. 58.
[30] CE 27 janvier 1978, *Association des Marocains en France*, req. n° 02417.
[31] BOUCAUD P., *Les travailleurs migrants et leurs familles, protection dans la charte sociale européenne*, Cahiers de la charte sociale n° 4, éd. Conseil de l'Europe, 1997, 126 p.
[32] Article 19 § 10.
[33] Article 19 § 6.
[34] Article 19 § 8.
[35] Article 19 § 4 a).
[36] Article 19 § 4 c).
[37] 1er rapport sur l'application de la Charte sociale européenne révisée soumis par le gouvernement français, (pour la période du 1er janvier 1999 au 31 décembre 2000, Strasbourg, 31 juillet 2001 RAP/RCha/FR/I(2001) i, p. 105-115.
[38] LECLERC S., « Les restrictions et limitations à l'application de la Charte sociale », *in La Charte sociale européenne*, Bruylant Bruxelles, 2001, p. 71-74.

communautaire[39]. Même si cette Charte est entrée assez tôt en vigueur, la construction européenne a accéléré la protection de certains de ces droits. En définitive, la Charte sociale européenne confirme les droits déjà protégés. Elle pose un « *standard minimum social* »[40].

Par ailleurs, il convient de relever que la Convention européenne des droits de l'Homme a adopté une approche plus large que la Charte s'agissant de la protection des droits fondamentaux. Elle protège tout individu quelle que soit sa nationalité. La Charte sociale européenne est loin d'apparaître comme le pendant de la Convention européenne des droits de l'Homme s'agissant des droits sociaux. De plus, la Charte sociale européenne ne dispose que d'un mécanisme de recours collectif[41] contre une atteinte aux droits sociaux. Le mécanisme de contrôle juridictionnel de la Convention européenne des droits de l'Homme est plus performant que le système de réclamation collective[42], même si ce dernier est déjà une avancée juridique considérable. De plus, la Charte est assez peu invoquée, elle offre plutôt une influence incitative[43] à l'égard des États.

La deuxième limite est celle de la « *subordination de la garantie des droits à la condition du séjour régulier sur le territoire des États parties* »[44]. Daniel Cohen du GISTI rappelle que cette condition de régularité pouvait se justifier au moment où la Charte sociale européenne a été ratifiée. En effet, en 1961, la régularité des travailleurs migrants allait de soi, « *puisqu'il suffisait de vouloir s'installer sur le territoire d'un État partie pour se voir reconnaître un droit au séjour* »[45]. Les conditions ont bien changé puisqu'« *aujourd'hui il est courant de passer de la situation régulière à la catégorie infamante et pleine de dangers d'étrangers en situation irrégulière* ». A l'instar du GISTI, il convient de remarquer que la Charte sociale européenne présente des faiblesses importantes qui n'ont d'ailleurs pas été corrigées lors de la dernière modification de la Charte en 1999.

Au final, la Charte sociale européenne crée des disparités entre les différents types de travailleurs migrants et entraîne des traitements variés selon le pays d'origine ou la régularité du séjour des étrangers. En somme, « *elle institue, juridiquement, deux catégories de personnes : les bénéficiaires et les exclus de la Charte* »[46]. Ce texte est loin de remplir l'objectif d'indivisibilité, condition indispensable pour garantir les droits de l'Homme.

---

[39] AKANDJI-KOMBÉ J.-F., « Charte sociale et droit communautaire », *in La Charte sociale européenne*, Bruylant Bruxelles, 2001, p. 162 et s.

[40] PANCRACIO J.-P., « Charte sociale et droit international public », *in La Charte sociale européenne*, Bruylant Bruxelles, 2001, p. 188.

[41] Protocole additionnel du 9 novembre 1995, entré en vigueur le 1er juillet 1998, ratifié par la France le 7 mai 1999.

[42] SUDRE F., « Le Protocole additionnel à la Charte européenne prévoyant un système de réclamations collectives », *RGDIP*, 1996, p. 715.

[43] BONNECHÈRE M., « Charte sociale et droits nationaux », *in La Charte sociale européenne*, Bruylant Bruxelles, 2001, p. 117.

[44] COHEN D., « Discussion », *in La Charte sociale du XXI° siècle*, éd. Conseil de l'Europe, 1997, p. 175.

[45] Ibid.

[46] LECLERC S., *op. cit.*, p. 74.

§ III : La production normative importante de l'Organisation internationale du travail confirmée en droit interne

Depuis le Traité de Versailles[47] et la création de l'Organisation internationale du travail en 1919, la protection des travailleurs migrants occupe une place importante. La Recommandation n° 2 de 1919 sur la réciprocité de traitement envisageait déjà « *des possibilités de formations et des moyens propres à faciliter le transfert de travailleurs, y compris les migrations de main d'œuvre et de colons* ».

A la différence du Conseil de l'Europe ou des Nations Unies, l'Organisation internationale du travail n'a pas choisi d'élaborer une convention de portée générale ou un pacte rassemblant tous les droits qu'elle veut protéger. Au contraire, elle a développé une multitude d'instruments normatifs qui réglemente le droit international[48].

S'agissant des travailleurs migrants, l'organisation internationale du travail s'est fixé deux objectifs : l'un se préoccupe de l'égalité de traitement, l'autre s'intéresse à la concertation entre États pour la politique migratoire[49]. La réglementation sur les travailleurs migrants a fait l'objet de normes internationales spécifiques de deux types : des conventions et des Recommandations. Sur l'égalité de traitement entre nationaux et étrangers, quatre conventions[50] et deux Recommandations en matière de sécurité sociale ont vu le jour. Sur la politique migratoire, l'Organisation internationale du travail a développé une série de Conventions[51] réglementant les importations de main d'œuvre et les politiques générales d'immigration.

Les Conventions n° 97[52] et n° 143[53] sont les plus importantes en terme de droits offerts aux travailleurs migrants. La première est née après la Deuxième Guerre mondiale, elle avait pour objet de faciliter le déplacement des excédents de main d'œuvre d'un continent à l'autre. Le travailleur migrant y est défini comme « *une personne qui émigre*

---

[47] Article 427 du Traité de Versailles du 28 juin 1919 « (...) *Les règles édictées dans chaque pays au sujet des conditions de travail doivent assurer un traitement économique équitable à tous les travailleurs résidant légalement dans le pays* ».

[48] LAVIEC J.-P. « La protection des droits économiques et sociaux par l'organisation du travail », *RUDH*, 1991, p. 61.

[49] Ces deux objectifs sont toujours d'actualité, Conférence Internationale du Travail le 18 juin 1998.

[50] La convention (n° 19) et la recommandation (n° 25) sur l'égalité de traitement (accidents du travail), 1925; la convention (n° 48) sur la conservation des droits à pension des migrants, 1935; la convention (n° 118) sur l'égalité de traitement (sécurité sociale), 1962; et la convention (n° 157) et la recommandation (n° 167) sur la conservation des droits en matière de sécurité sociale, respectivement de 1982 et 1983.

[51] En 1926, elle a adopté la Convention (n° 21) sur l'inspection des émigrants et la Recommandation (n° 26) sur la protection des émigrantes à bord des navires; en 1939, la Convention (n° 66) et la Recommandation (n° 61) sur les travailleurs migrants, et la Recommandation (n° 62) sur les travailleurs migrants (collaboration entre États); en 1947, la Convention (n° 82) sur la politique sociale (territoires non métropolitains). La Convention n° 66 n'étant jamais entrée en vigueur, faute de ratification, il a été décidé de la réviser en 1949, date à laquelle furent adoptées la Convention (n° 97) et la Recommandation (n° 86) sur les travailleurs migrants (révisée). En 1955, la Conférence a adopté la Recommandation (n° 100) sur la protection des travailleurs migrants (pays insuffisamment développés) ; en 1958, la Convention (n° 110) et la recommandation (n° 110) sur les plantations ; en 1962, la convention (n° 117) sur la politique sociale (objectifs et normes de base). Enfin, en 1975, la Conférence a complété les instruments de 1949 par l'adoption de la Convention (n° 143) et de la Recommandation (n° 151) sur les travailleurs migrants (dispositions complémentaires). Voir MICHELET K., *Les droits sociaux des étrangers*, Logiques juridiques, éd. L'Harmattan, 2002, p. 59 et s.

[52] 1er juillet 1946 ratifiée par la France le 29 mars 1954.

[53] Convention sur les migrations dans des conditions abusives et sur la promotion de l'égalité de chances et de traitement des travailleurs migrants 26 juin 1975, la France ne l'a pas ratifiée.

d'un pays vers un autre, en vue d'occuper un emploi, autrement que pour son compte, et admise régulièrement ». À travers ses 12 articles, la Convention n° 97 énonce le respect de l'égalité de traitement[54], le droit au logement, à la sécurité sociale, à la santé[55] des migrants et de leur famille, etc. Mais les travailleurs migrants y sont définis limitativement, puisque des catégories entières de migrants en sont exclues comme les travailleurs frontaliers, les artistes, les personnes exerçant une profession libérale pour une courte période et les gens de la mer[56]. Les principaux absents de cette Convention sont les travailleurs dépourvus de titre de séjour. Cet oubli est volontaire, il permet de créer un instrument *flexible* qui accorde, dans le plus grand nombre d'États, des droits minimums aux seuls travailleurs étrangers réguliers. Toutefois, alors que la majorité des instruments de l'Organisation internationale du travail est soumise à la condition de réciprocité, cette Convention n° 97 s'applique à tous les étrangers sans discrimination de nationalité, de race ou de religion puisqu'il n'est pas nécessaire que le travailleur migrant soit ressortissant d'un État qui ayant ratifié la Convention ou garantissant l'égalité de traitement aux ressortissants des États qui ont ratifié la Convention.

Pour ce qui est de la Convention n° 143 de 1975, elle a été adoptée dans un contexte économique bien différent : « *il ne s'agissait plus de faciliter le déplacement des excédents de main d'œuvre vers d'autres parties du monde, mais de maîtriser les flux migratoires, et donc de mettre l'accent sur l'élimination des migrations illégales et de lutter contre les activités des organisateurs de mouvements de migrations clandestines et de leurs complices* »[57]. Composée de trois parties, cette Convention a posé les bases d'un statut pour le travailleur migrant et sa famille. Elle traite également de la situation des migrations clandestines. Elle prévoit des garanties contre l'expulsion[58], en faveur de l'égalité de traitement[59] et des mesures de lutte contre l'immigration illégale[60]. Cette Convention n'a malheureusement pas été signée et ratifiée par la France. En fait, très peu de pays d'immigration ont signé ce texte.

Aujourd'hui les Conventions de l'OIT sont un peu « dépassées » sur le plan de certains droits offerts aux travailleurs migrants. En effet, les droits proclamés par la Convention internationale sur la protection des droits de tous les travailleurs migrants et les membres de leur famille (de l'ONU) sont plus larges[61], notamment sur la question des migrants dépourvus de tout titre de séjour. La situation d'irrégularité n'est pas abordée par les instruments de l'organisation internationale du travail hormis la Convention n° 97. Une partie importante des travailleurs en situation irrégulière[62] est exclue du champ d'application des Conventions et des Recommandations de l'OIT.

Ces Conventions et les autres instruments produits par l'Organisation internationale du travail témoignent d'un important travail normatif de cette organisation spécialisée. Dans le droit interne, l'impact de ces conventions est cependant très limité

[54] Article 6.
[55] Article 5.
[56] Article 11 § 2.
[57] Conférence internationale du travail, 87ème session, *Travail migrants*, éd. Bureau international du travail, Genève, 1999, p. 48.
[58] Article 9.
[59] Article 8.
[60] Article 6.
[61] Cf. Partie II, Titre II, Sous Titre II, Chapitre I, Section III.
[62] Article 11 de la Convention n° 97 n'inclut que les travailleurs réguliers.

s'agissant de l'entrée, du séjour et de la sortie des travailleurs migrants. En effet, d'une manière générale comme cela été rappelé dans la conférence internationale du travail, les dispositions françaises sur les migrations ont une portée plus grande que celle des instruments précédemment cités[63]. D'ailleurs, qu'ils soient ou non travailleurs migrants, cela n'a pas d'importance, puisque l'ordonnance de 1945 ne traite pas spécifiquement du travailleur étranger. Cependant, ces instruments ont eu le mérite de construire une définition internationale du travailleur migrant en prévoyant des droits minimums à respecter par les États.

Section II : Des droits relatifs aux étrangers dans la Charte des droits fondamentaux de l'Union européenne, un instrument « symbolique »

Des textes relatifs aux droits de l'Homme adoptés par les États de l'Union européenne ont précédé la Charte des droits fondamentaux de l'Union européenne. Il y a eu la Déclaration des droits et des libertés fondamentaux du Parlement européen parue le 12 avril 1989 et la Charte communautaire des droits sociaux du 9 décembre 1989. Mais ces textes n'ont eu aucun impact.

Après un long processus d'élaboration[64], la Charte des droits fondamentaux a été insérée dans un instrument dit accord interinstitutionnel, annexée à l'Acte final de la Conférence de Nice et publiée le 18 décembre 2000[65].

Cette Charte n'a pas de valeur juridique, toutefois elle a le mérite de « figer » dans un texte juridique des principes fondamentaux communs à tous les États membres. Avec la Constitution européenne, la Charte aura une valeur juridique[66] puisqu'elle sera ratifiée par les États membres, elle prendra sans doute une autre ampleur. Mais dès à présent, l'absence de valeur juridique ne permet pas d'impacts en droit des étrangers.

Fidèle à la logique de la construction européenne, la Charte des droits fondamentaux rappelle dans son préambule qu'elle a pour but de promouvoir un développement équilibré et durable et qu'elle assure la circulation des personnes. Certains

---

[63] Conférence Internationale du Travail, *op. cit*, p. 55.

[64] DE KERCHOVE G., « L'initiative de la Charte et le processus de son élaboration », *in La charte des droits fondamentaux de l'Union européenne, son apport à la protection des droits de l'Homme*, (Sous la direction de CARLIER J.-Y. et DE SCHUTTER O.), éd. Bruylant, Bruxelles, 2002, p. 29. BURGORGUE-LARSEN L., « Ombres et lumières de la constitutionnalisation de la Charte des droits fondamentaux de l'Union européenne », *CDE*, 2004, p. 669.

[65] JOCE C 364, p. 1 du 18 décembre 2000.

[66] Préambule de la Charte précise qu'elle sera interprétée par les juridictions de l'Union des États membres. Le titre VII du projet de Constitution, article II 111 énonce que « *1. Les dispositions de la présente Charte s'adressent aux institutions, organes et organismes de l'Union dans le respect du principe de subsidiarité, ainsi qu'aux États membres uniquement lorsqu'ils mettent en œuvre le droit de l'Union. En conséquence, ils respectent les droits, observent les principes et en promeuvent l'application, conformément à leurs compétences respectives et dans le respect des limites des compétences de l'Union telles qu'elles lui sont conférées dans les autres parties de la Constitution.* » et l'article II 112 « *5. Les dispositions de la présente Charte qui contiennent des principes peuvent être mises en œuvre par des actes législatifs et exécutifs pris par les institutions, organes et organismes de l'Union, et par des actes des États membres lorsqu'ils mettent en œuvre le droit de l'Union, dans l'exercice de leurs compétences respectives. Leur invocation devant le juge n'est admise que pour l'interprétation et le contrôle de la légalité de tels actes. 6. Les législations et pratiques nationales doivent être pleinement prises en compte comme précisé dans la présente Charte* ». Cf. Traité établissant une constitution européenne pour l'Europe, Bruxelles, 6 août 2004, CIG 87/ 04.

articles englobent les étrangers puisqu'ils utilisent les expressions « toute personne », « tout résident ». Mais, il convient ici d'analyser les dispositions qui touchent spécifiquement les étrangers : l'article 18 qui concerne le droit d'asile et l'article 19 qui met en place les protections contre l'éloignement. Signalons simplement que le Conseil d'État a eu l'occasion dans deux affaires récentes d'apprécier d'autres articles[67] de la Charte dans le contentieux des étrangers, mais ces derniers n'ont été retenus.

Il faudra étudier dans un premier paragraphe le droit d'asile issu de la Charte : une consécration symbolique et dans un second paragraphe les garanties contre l'éloignement, l'article 19 confirmant et figeant la jurisprudence européenne.

§ I : Le droit d'asile issu de la Charte, consécration symbolique

L'article 18 dispose que « *le droit d'asile est garanti dans le respect des règles de la Convention de Genève du 28 juillet 1951 et du Protocole du 31 janvier 1967 relatif au statut des réfugiés et conformément au traité instituant la communauté européenne* ».

Comme l'écrit Guy Braibant, cet article 18 était à la fois « *nécessaire et difficile* »[68]. En effet, l'asile est l'un des défis et des enjeux de ce siècle. La gravité du problème en Europe a obligé les États de l'Union européenne à réagir sur cette question. La nécessité d'un tel texte était donc évidente mais sa rédaction s'est avérée difficile en raison de l'ampleur de la tâche.

L'élaboration de cet article apparaissait comme indispensable en raison même de l'absence de textes relatifs aux Droits de l'Homme traitant directement du droit d'asile tant au plan européen que sur le plan international. En effet, en dehors de la Déclaration universelle des droits de l'Homme[69], aucune consécration du droit d'asile n'existe dans un texte relatif aux droits de l'Homme. Si le droit d'asile est protégé rétroactivement par le statut de réfugié garanti par la Convention de Genève, il n'existe pas d'instrument international des droits de l'Homme qui aborde le droit d'asile, en tant que droit de l'individu. Ni la Convention européenne des droits de l'Homme, ni ses pactes additionnels n'ont envisagé explicitement la protection du demandeur d'asile. Cette dernière protège par ricochet le demandeur d'asile et de son côté, la Convention de Genève ne reconnaît que le principe de non-refoulement[70].

C'est en ce sens que Jean-Yves Carlier parle de la portée symbolique[71] de la Charte. A propos de ce texte, l'auteur relève également que le droit d'asile y est garanti et non simplement « proclamé » ou « reconnu », ce qui implique une action des gouvernements pour le rendre effectif. Jean-Yves Carlier indique enfin que la garantie du droit d'asile se fait, non seulement dans le respect de la Convention de Genève, mais également en fonction d'autres références comme la protection constitutionnelle. C'est le

[67] CE 27 février 2004, *M. X.*, req. n° 259239, (l'étranger n'est pas fondé à soutenir que la décision refusant de renouveler son titre de séjour est contraire aux dispositions 3-1 de la Charte) ; CE 25 février 2004, *M. X*, req. n° 258738 (idem pour les articles 47 et 48).

[68] BRAIBANT G., La Charte des droits fondamentaux de l'Union européenne, éd Point Essai, p. 145.

[69] Article 13 et 14.

[70] CARLIER J.-Y, *in La charte des droits fondamentaux de l'Union européenne, son apport à la protection des droits de l'Homme*, (Sous la direction de CARLIER J.-Y. et DE SCHUTTER O.), éd. Bruylant, Bruxelles, 2002, p. 186 et « L'État du droit international », *in* RIGAUX F., *Droit d'asile*, Bruxelles, Story Scientia, 1988, p. 52.

[71] *Ibid.*, p. 185. Cf. aussi BURGORGUE-LARSEN L., « Ombres et lumières de la constitutionnalisation de la Charte des droits fondamentaux de l'Union européenne », *CDE*, 2004, p. 669.

cas en France où le droit d'asile est abordé dans l'alinéa 4 du préambule de 1946. Ainsi, même s'il est vrai que cette Charte n'a pas, pour le moment, de valeur juridique contraignante, la présence de cet article ainsi rédigé pose un véritable « garde fou » supranational commun à tous les États membres. Cet article complète en conséquence nos références constitutionnelles[72] sur le droit d'asile.

Il convient cependant de s'interroger sur les destinataires de ce droit d'asile, rien n'étant précisé à ce sujet dans l'article 18. Pourtant la simple référence « *au traité instituant la Communauté européenne* » paraît exclure, de fait, les ressortissants des États membres qui ont adhéré au Protocole « Aznar »[73]. Ce Protocole « limite » l'examen des demandes d'asile venant des États membres. Il a été proposé par l'Espagne qui ne désirait plus voir les terroristes de l'ETA obtenir l'asile au sein de pays européens. Autrement dit, les bénéficiaires de ce droit semblent être les ressortissants de pays tiers[74] uniquement.

En définitive, cette déclaration pose un « socle » de dispositions communes à tous les États. Même si cette Charte n'a qu'une portée déclaratoire, elle permet toutefois de poser un texte que les États s'engagent à respecter.

§ II : L'article 19 confirme et fige la jurisprudence européenne relative aux garanties contre l'éloignement

L'article 19 s'intitule « *Protection en cas d'éloignement, d'expulsion et d'extradition* ». Le premier alinéa indique que « *les expulsions collectives sont interdites* ». Cet alinéa n'apporte rien de nouveau, il retient à l'identique les termes de l'article 4 du Protocole additionnel à la Convention européenne des droits de l'Homme n° 4. L'article 4 du Protocole n° 4 a fait l'objet d'une jurisprudence devant la Cour européenne des droits de l'Homme[75]. De ce fait, il est directement invocable par les particuliers. Autrement dit, il dispose de la force juridique qui manque à la Charte européenne. Toutefois, il faut se féliciter que cette référence ait été reprise dans la Charte, cela permet de rassembler dans un même texte les différents acquis jurisprudentiels ou textuels du droit européen en matière de droits des étrangers. Toutefois, on peut souligner que cette interdiction des expulsions collectives risque de soulever des problèmes d'incompatibilité avec les actuels actes communs relatifs aux « charters européens »[76].

Le deuxième alinéa dispose que « *Nul ne peut être éloigné, expulsé ou extradé vers un État où il existe un risque sérieux qu'il soit soumis à la peine de mort, à la torture ou à d'autres peines ou traitement inhumains ou dégradants* ». Ce dernier point fixe également dans la Charte la jurisprudence de la Cour européenne des droits de l'Homme développée depuis près de quinze ans sur l'article 3 de la Convention européenne des droits de l'Homme (Cf. jurisprudence Soering[77] qui a permis de ne pas extrader un étranger qui

---

[72] L'alinéa 4 du Préambule de 1946 et les décisions du Conseil constitutionnel notamment la décision du Déc. 325-DC du 13 août 1993.

[73] Protocole sur le droit d'asile pour les ressortissants des États membres de l'Union européenne, annexé au traité instituant la Communauté européenne.

[74] BRIBOSIA E., « Le Protocole sur le droit d'asile pour les ressortissants des États membres de l'Union européenne », *in Le traité d'Amsterdam, espoir et déceptions*, collection de l'IEE, Bruylant Bruxelles, 1998, p. 190-194.

[75] Dans ce Chapitre, Section III, § III.

[76] Partie I, Titre I, Sous Titre I, Chapitre II, section I, § II.

[77] CEDH 7 juillet 1989, *Soering c./ RU.*

risquait de subir des traitements inhumains et dégradants en raison de l'attente dans les couloirs de la mort). Le terme « risque réel » utilisée par la Cour européenne des droits de l'Homme est remplacé dans la Charte par « risque sérieux ». Comme le relève Jean-Yves Carlier, on regrettera « *l'idée même de fixer dans le texte de la disposition un niveau de risque alors que celui-ci devrait être laissé à l'appréciation évolutive d'un instrument vivant, de même que les notions de torture et de traitements inhumains et dégradants font l'objet d'une interprétation évolutive* »[78]...

Ici encore on peut relever l'effort symbolique que constitue la traduction juridique de l'importante construction jurisprudentielle de la Cour européenne des droits de l'Homme dans la Charte des droits fondamentaux de l'Union européenne. Toutefois, la Charte n'ayant qu'une valeur déclarative, elle n'apporte aucune garantie effective à l'étranger qui utilise la Convention européenne des droits de l'Homme pour revendiquer ses droits.

Section III : L'influence du Conseil de l'Europe

Le Conseil de l'Europe dispose de deux organes statutaires : l'Assemblée parlementaire et le Comité des Ministres, créés sur la base d'un traité intergouvernemental. L'Assemblée parlementaire et le Comité des Ministres sont les gardiens des valeurs qui fondent l'existence du Conseil de l'Europe, ils sont investis d'une mission de suivi du respect des engagements pris par les États membres. Grâce à des textes juridiques variés, essentiellement les Recommandations ou les Résolutions, ces deux organes ont une approche dynamique et très concrète de la protection des droits de l'Homme. Finalement, ils mènent des actions destinées à compléter ou à renforcer les garanties de la Convention européenne des droits de l'Homme. Ces actions sensibilisent les gouvernements et les incitent à modifier leur statut de l'étranger. Cette sorte de *Soft Law* que constituent les Recommandations et les Résolutions participent dans une certaine mesure aux évolutions législatives de l'ordonnance de 1945.

De même, au sein du Conseil de l'Europe, le Comité européen de prévention contre la torture (CPT) a instauré un mécanisme préventif contre la torture et les traitements inhumains et dégradants conformément à la Convention européenne pour la prévention de la torture et des peines ou traitements inhumains et dégradants[79]. Grâce à ses Recommandations, le Comité amène les États à « corriger » leur législation interne. En droit des étrangers, les Recommandations successives du Comité ont participé à l'évolution du statut interne.

Enfin, le Conseil de l'Europe a aussi contribué à l'actualisation de la Convention européenne des droits de l'Homme grâce à l'adoption de Protocoles contenant des dispositions relatives aux étrangers. Ces Protocoles ont une valeur juridique *contraignante* contrairement aux normes européennes de *soft Law*. Ces protocoles instituent une protection directe des étrangers contrairement à la « protection par ricochet » de la Convention européenne. Toutefois la portée de ces Protocoles est très limitée car les rares garanties qu'ils fournissent dans le droit interne français.

---

[78] CARLIER J.-Y., *op. cit.*, p. 191.

[79] Adoptée le 26 novembre 1987, révisé par Protocoles n° 1 et n° 2 entrés en vigueur le 1er mars 2002, JORF 29 juillet 2004, p. 13509.

Dans un premier paragraphe, il conviendra d'analyser le rôle incitatif des actes du Comité des Ministres et de l'Assemblée parlementaire au regard du droit interne. Dans un deuxième paragraphe, il conviendra de montrer l'influence préventive et non judiciaire sur le statut interne de l'étranger des Visites[80] et des Recommandations du Comité européen de prévention contre la torture. Dans un troisième paragraphe, il conviendra d'étudier l'impact limité des Protocoles additionnels relatifs aux étrangers sous l'effet d'une mesure d'éloignement.

§ I : Le rôle incitatif des actes du Comité des Ministres et de l'Assemblée parlementaire au regard du droit interne

Depuis une quarantaine d'années, le Comité des Ministres et l'Assemblée parlementaire du Conseil de l'Europe ont construit un ensemble d'instruments juridiques relatifs aux étrangers, aux réfugiés ou aux demandeurs d'asile. Au fil du temps, une série de Recommandations a permis de sensibiliser les États européens sur la question des droits de l'Homme. Ces Résolutions ou Recommandations sont des normes traditionnellement appelées *Soft Law*, « droit vert »[81] ou encore droit mou ; « *Non encore contraignantes, elles sont déjà suffisantes. (...) Elles constituent l'acte-condition qui fait passer la norme du plan de la légitimité à celle de la légalité* »[82]. « *En l'absence d'effet self executing, les différentes Recommandations et résolutions du Conseil de l'Europe s'apparentent aux textes de la plupart des organisations intergouvernementales qui ne possèdent aucune portée obligatoire pour les États membres ». Seule une intégration de ces textes dans les législations ou les réglementations (...) permet de leur donner une force contraignante* »[83] a posteriori.

Depuis plus de trente ans, le Comité d'expert *ad-hoc* sur les aspects légaux de l'asile territorial, des réfugiés et des apatrides (CAHAR) est à l'origine de nombreux textes relatifs aux étrangers et aux demandeurs d'asile adoptés par le Comité des Ministres du Conseil de l'Europe. Un grand nombre de ces Recommandations ou Résolutions traite de domaines multiples et variés tels que : le retour des travailleurs migrants[84], l'égalité de traitement entre nationaux et travailleurs migrants[85], le regroupement familial[86], les garanties contre les mesures d'éloignement, le droit d'asile[87], etc. Les apports des travaux du Comité des

---

[80] Les visites du Comité européen de la prévention contre la torture sont effectuées dans les zones d'attente et centres de rétention dans les pays parties à la Convention européenne pour la prévention contre la torture.

[81] Droit vert parce qu'il n'a pas atteint la maturité d'une norme contraignante.

[82] DUPUY R.-J., « Droit déclaratoire et droit programmatoire : de la coutume sauvage à la soft law », in Dialectiques du droit international, souveraineté des États, communauté des États, communauté internationale et Droits de l'Homme (déjà paru en 1975), éd. Pédone, 1999, p. 119.

[83] LARRALDE J.-M., « Le soft law européen comme promoteur des droits des personnes incarcérées », *in Question sur le droit européen* (Sous la direction de GREWE C.), PUF, Caen, 1996, p. 189-208.

[84] Résolution (69) 7 *relative au retour des travailleurs migrants dans leur pays d'origine*.

[85] Résolution (74) 15 rel*ative à l'égalité de traitement des travailleurs nationaux et migrants dans les domaines suivants : condition de travail, rémunération, licenciement, mobilité géographique et professionnelle* et Résolution (76) 11 relative à *l'égalité de traitement des travailleurs nationaux et migrants en matière d'orientation, de formation et rééducation professionnelle*.

[86] Recommandation n° R (99) 23 sur *le regroupement familial pour les réfugiés et les autres personnes ayant besoin de la protection internationale*.

[87] Recommandation N° R (81) 16, *sur l'harmonisation des procédures nationales en matière d'asile*, Recommandation N° R (84) 1 relative *à la protection des personnes remplissant les conditions de la Convention de Genève qui ne sont pas formellement reconnues comme réfugiés* ; Recommandation N° R (84) 21, relative à

ministres et de l'assemblée sont considérables. Ils affirment des principes relatifs au droit d'asile et aux réfugiés[88] ainsi que des garanties procédurales[89]. De même, le Comité des ministres et l'Assemblée parlementaire ont élaboré[90] des textes sur des problèmes rencontrés dans les pays parties tels que l'interprétation de la notion de « pays tiers sûr »[91] ou de réfugiés *de facto*[92].

Ces Résolutions et ces Recommandations interviennent souvent après une prise de conscience du Conseil de l'Europe d'un problème particulier et sensible, rencontré dans un ou plusieurs États européens. Avec ces Recommandations, le Comité des Ministres et l'Assemblée parlementaire fixent une ligne directrice[93] que les États s'engagent à respecter soit en modifiant leur législation, soit en prenant les mesures d'urgence nécessaires. Il en a été ainsi avec la Recommandation de l'Assemblée parlementaire sur l'arrivée des demandeurs d'asile dans les aéroports[94]. Cette Recommandation comportait des propositions adressées au Comité des Ministres, dont l'application était ensuite du ressort des gouvernements. Trois ans après, le Comité des Ministres a élaboré sa propre Recommandation N° R (94) 5 relative « aux lignes directrices devant inspirer la pratique des États membres du Conseil de l'Europe à l'égard des demandeurs d'asile dans les aéroports européens ». Sans entraîner directement la modification de l'ordonnance de 1945, la Recommandation de l'Assemblée parlementaire a permis d'attirer l'attention des États parties sur cette situation de non-droit, dans certains de leurs aéroports. Moins d'un an après, le gouvernement de l'époque a réformé l'ordonnance de 1945 en créant les zones d'attente.

---

l'acquisition par les réfugiés de la nationalité du pays d'accueil ; Recommandation N° R (94) 5 relative aux *lignes directrices devant inspirer la pratique des États membres du Conseil de l'Europe à l'égard des demandeurs d'asile dans les aéroports européens* ; Recommandation N° R (97) 22, *énonçant des lignes directrices sur l'application de la notion de pays tiers sûr* ; Recommandation N° R (98) 13, *sur le droit de recours effectif des demandeurs d'asile déboutés à l'encontre des décisions d'expulsion dans le contexte de l'article 3 de la Convention européenne des droits de l'Homme* ; Recommandation N° R (98) 15, *relative à la formation des fonctionnaires qui entrent les premiers en contact avec des demandeurs d'asile, en particulier aux postes frontières* ; Recommandation N° R (99) 12, sur *le retour des demandeurs d'asile déboutés ; Résolution (67) 14, sur l'asile en faveur des personnes menacées de persécution* ; Résolution (70) 2, *sur l'acquisition par les réfugiés de la nationalité de leur pays de résidence*, Déclaration relative à l'asile territorial, Conclusions du CAHAR sur le Kosovo, adoptées par le Comité des Ministres (27 avril 1999) ; Recommandation (2003) 5, *sur les mesures de détention des demandeurs d'asile ; Résolution, (2000) 15, sur la sécurité de résidence* des immigrés de longue durée.

[88] Recommandation 293 (1961), consacrée au droit d'asile (Assemblée parlementaire) ; Résolution (67) 14 relative *à l'asile en faveur des personnes menacées de persécutions* ; Recommandation 817 (1977) *relative à certains aspects du droit d'asile.*

[89] Recommandation n° R (81) 16 du 5 novembre 1981 sur *l'Harmonisation des procédures nationales en matière d'asile* (Comité des ministres) ; Recommandation 1336 (1994) relative *à l'asile* et 1309 (1996) relative à la formation du personnel accueillant les demandeurs d'asile (Assemblée parlementaire).

[90] Sur l'œuvre du Conseil de l'Europe cf. AVELINE A., *L'œuvre du Conseil de l'Europe dans le domaine du droit d'asile et des réfugiés*, Mémoire de DEA de droit public fondamental, 1998, Paris II.

[91] Recommandation n° R (97) *énonçant les lignes directrices sur l'application de la notion de pays sûr.*

[92] Recommandation 817 (1977) relative *à certains aspects du droit d'asile.*

Déclaration relative à l'asile territorial. Recommandation N° R (84) 1 relative *à la protection des personnes remplissant les conditions de la Convention de Genève qui ne sont pas formellement reconnues comme réfugiés.* etc.

[93] Recommandation N° R (94) 5 relative *aux lignes directrices devant inspirer la pratique des États membres du Conseil de l'Europe à l'égard des demandeurs d'asile dans les aéroports européens*

[94] Recommandation de l'assemblée parlementaire 1163 (1991) *sur l'arrivée des demandeurs d'asile dans les aéroports.*

Il est évident que ces Recommandations et Résolutions n'ont pas de force juridique contraignante envers les États parties. Pourtant, leur rôle n'est pas dénué d'importance. Même si ces normes n'atteignent pas leur maturité juridique puisqu'elles ne sont pas invocables devant un juge ou susceptibles d'engager la responsabilité internationale ; elles créent des expectatives[95] et exercent une influence certaine auprès des États. En effet, il y a lieu de penser que les Recommandations participent indirectement aux modifications du statut interne des États membres en incitant les gouvernements à effectuer des réformes. « *Ainsi même si les textes n'ont aucune force juridique exécutoire, ils sont revêtus d'une force morale et politique et permettent de se rendre compte des évolutions des États* »[96] face aux droits des étrangers.

En résumé, le Comité des Ministres propose d'aligner vers le haut les droits et les garanties que les États membres doivent insérer dans leur législation. Il fait ressortir les atteintes aux droits des étrangers et suggère les garanties que les États parties doivent mettre en place pour les combattre. Ces Résolutions ou ces Recommandations sont des normes « quasi-juridiques » même si elles n'atteignent pas la plénitude de la normativité, « *elles constituent néanmoins des normes embryonnaires ou en gestation* » [97] qui inspirent les réformes des gouvernements. En effet, « *tendant à orienter les pays dans certaines voies, elles proclament des principes dont le respect n'est pas encore acquis dans la pratique* »[98]...

§ II : L'influence préventive (et non judiciaire) sur le statut interne de l'étranger des visites et des Recommandations du Comité européen de prévention contre la torture

Outre la jurisprudence développée par la Cour européenne des droits de l'Homme sur le traitement inhumain et dégradant, le Conseil de l'Europe a déployé des garanties supplémentaires dans la Convention européenne pour la prévention de la torture et des peines ou traitements inhumains ou dégradants[99]. Ainsi, l'article 1er de cette Convention prévoit un mécanisme non judiciaire à caractère préventif afin de protéger les droits de tous les détenus, et notamment des étrangers en centre de rétention ou en zones d'attente. Le Comité européen de prévention contre la torture[100] effectue ce travail de surveillance préventif.

---

[95] WEIL P., « Vers une normativité relative en droit international ? », *RGDIP*, 1982, p. 10 ; CASTANEDA J., « Le concept général de Résolutions internationales », *RACDI*, 1970, 129, p. 205-332 ; THIERRY H., « L'évolution du droit international », *RCADI*, III, 222, p. 9 et s. ; SCELLE G., « Essai sur les sources formelles du droit international », Gény, tome III Sirey 1934, p. 400 et s. ; VIRALLY M., « La valeur juridique des recommandations des Organisations internationales », *in Le droit international en devenir essais écrits au fils des ans*, IUHEI, PUF, Genève, 1990.

[96] AVELINE A., *op. cit.*, p. 13.

[97] *Ibid.*, 10-11.

[98] DUPUY R.-J., *op. cit.*, p. 117.

[99] Le 26 novembre 1987 entrée en vigueur le 1 février 1989 ; DECAUX E., « La Convention européenne pour la prévention contre la torture », *AFDI*, 1988, p. 618 ; CASSESE A., « Une nouvelle approche des droits de l'Homme : la Convention européenne pour la prévention de la torture », *RGDIP*, 1989, p. 7-43.

[100] Le comité s'inspire des activités du Comité international de la Croix Rouge, Jean Jacques Gautier avait proposé en 1976 l'élaboration d'une convention instaurant un système de visites dans tous les lieux de détention. Le Comité est composé d'experts indépendants impartiaux dont le nombre est égal à celui des États parties., Voir ROUGET D., *Le guide de la protection internationale des droits de l'Homme*, éd La pensée sauvage, 2000, p.

Pour ce faire, ce Comité effectue des visites périodiques ou *ad hoc*[101] dans un pays partie[102] à la Convention. Ces visites sont suivies d'un rapport dans lequel le Comité émet des Recommandations ou des demandes d'informations aux États. Les Recommandations du Comité n'ont aucune force juridique, leur normativité n'est pas évidente. Elles semblent n'être que des normes de *Soft Law*. Pourtant, en étant partie à la Convention européenne pour la prévention de la torture et des peines ou traitements inhumains ou dégradants, les États doivent coopérer le plus vite possible avec le Comité en lui fournissant les informations qu'il demande. Lorsque des Recommandations sont émises, l'État en cause doit s'engager dans un « rapport de réponse » à améliorer les conditions matérielles (dimension des cellules, lumière, salubrité, hygiène…), ou le régime de détention (activités de détente ou visites de l'extérieur…), ou encore les garanties juridiques des détenus (accès aux avocats, lecture des droits, etc.).

La France a reçu sept visites[103] du Comité européen de prévention contre la torture. La première date de 1991[104], c'est-à-dire avant la réforme de 1992 sur les zones d'attente. Cette première visite a fait l'objet d'un rapport publié dans lequel le Comité fait une série d'importantes Recommandations à l'État français :

-Concernant les conditions matérielles de détention, le Comité a constaté de graves déficiences en matière d'hygiène et de salubrité dans les centres de rétention administrative au dépôt de la Préfecture de Police de Paris, à Nice et à Mesnil-Amelot[105].

-Au sujet du régime de détention le Comité a recommandé que soit organisée une promenade d'au moins une heure en plein air tous les jours dans l'enceinte de l'hôtel Arcade qui faisait office de zone de transit à l'époque.

-Il a également suggéré que le règlement intérieur soit distribué aux « retenus » dans leur langue d'origine afin de leur garantir le maximum d'informations juridiques.

-Enfin, le Comité a posé la question du sort des étrangers non-admis sur le territoire, et maintenus en rétention au même titre que les étrangers sous l'exécution d'une mesure d'éloignement. Aucun régime spécifique de recours n'étant prévu pour eux, le Comité a fait remarquer le manque de tout contrôle judiciaire et l'absence de limites légales de durée de séjour.

En définitive, il a été le premier à soulever le problème crucial du « no man's land » qui existait avant les zones d'attente et de son absence de statut.

---

231 ; ROUGET D., *Le Comité européen pour la prévention de la torture*, thèse Lille, dact., 1995 ; FOURTEAU H., *L'application de l'article 3 de la CEDH dans le droit interne des États*, Thèse de droit public, bibliothèque de droit constitutionnel, tome 85, 1996, p. 285-298.

[101] Exigée par les circonstances, article 7 de la Convention.

[102] La Convention a été ratifiée par les 44 États membres. Depuis le 1er mars 2002 date d'entrée en vigueur du Protocole n° 1, le Comité des Ministres du Conseil de l'Europe peut inviter tout État non-membre de l'organisation à adhérer à la Convention. C'est une extension considérable du champ géographique du comité de prévention contre la torture.

[103] Visites du 27/10/1991 au 08/11/1991, 03/07/1994 au 07/07/1994, 20/07/1994 au 22/07/1994, 06/10/1996 au 18/10/1996, 15/05/2000 au 26/05/2000, 17/06/2002 au 21/06/2002, 11/06/2003 au 17/03/2003.

[104] Les 21 octobre et 8 novembre 1991.

[105] Extrait du rapport 1991, publié le 19/01/1993, « L'état général de ces cellules était tout à fait insatisfaisant. Elles étaient très sales et le matériel de nettoyage faisait défaut. L'état de la literie laissait aussi fortement à désirer. Même si, en principe, le retenu recevait un drap et une couverture propres à son arrivée au centre, la délégation a vu nombre de personnes sans draps, et le manque de propreté des couvertures et des matelas était flagrant. De plus, certains retenus ont allégué qu'aucun nécessaire de toilette ne leur avait été fourni à leur arrivée (savon, serviette, etc.) et qu'ils n'avaient pas accès à leur linge de rechange. ».

A la suite de cette visite et de ce rapport, la France a réagi très vite sur la question de la zone de transit, avec l'élaboration de la loi n° 92-625 du 6 juillet 1992 relative aux zones d'attentes[106]. On ne peut affirmer à coup sûr que les Recommandations du Comité de prévention ont « obligé » le gouvernement à prendre ses responsabilités en réformant le droit interne, mais il est raisonnable de penser qu'en plaçant l'État dans cette position délicate (si celui-ci n'avait pas coopéré, le Comité était en droit de faire une déclaration publique[107]), le rapport du Comité a joué un rôle politique qui a provoqué la modification rapide d'une législation insuffisante et défaillante. Ainsi, lors de sa deuxième visite en 1994[108], le Comité releva que les conditions matérielles s'étaient améliorées, notamment en matière d'hygiène et de salubrité des centres de rétention, mais quelques déficiences subsistaient encore en 1996[109] et même en 2000[110]. De la même façon, des promenades ont été organisées à la suite de la Recommandation de 1991. Ainsi, grâce à ces remarques récurrentes, le Comité a obtenu des résultats, dont certains très rapides. Toutefois des zones d'ombres demeurent encore aujourd'hui[111].

En 2000, le Comité a visité plusieurs zones d'attente en France. Ayant recueilli des dénonciations[112] de mauvais traitements du personnel sur les étrangers, le Comité a exigé des éclaircissements de la France. Il lui a recommandé de « *clairement rappeler au personnel de surveillance affecté aux zones d'attente et centres de rétention que les comportements irrespectueux, agressifs ou insultants ne sont pas tolérés et seront sévèrement sanctionnés* »[113].

Un autre exemple permet de mesurer la « force politique et quasi juridique » de ces visites. En 2000, le Comité a relevé un vide juridique dans l'accueil des mineurs isolés en zones d'attente. Il a vivement recommandé au gouvernement de l'époque de revoir d'urgence la prise en charge de ces mineurs. Comme pour les mesures susmentionnées, le gouvernement s'est empressé de mettre en place une procédure adéquate : un administrateur *ad hoc* pour représenter ces mineurs. Dans son rapport d'observation du 19 juillet 2001, le gouvernement annonçait la future législation et la réforme du statut interne. Une fois encore, on constate une mise en conformité à la suite des Recommandations du Comité.

Les 17 et 26 juin 2002, le Comité a de nouveau effectué une visite en France. Dans son rapport publié en décembre 2003[114], il a recommandé au gouvernement français de mieux former les agents chargés de l'exécution des mesures d'éloignement forcé, notamment par l'abandon de pratiques dangereuses pour les personnes reconduites de force. De plus, le Comité a constaté le surpeuplement des locaux de détention des aérogares.

---

[106] Cf. Partie II, Titre I, Sous Titre I, Chapitre II, Section I.

[107] Article 10 §2 de la Convention. Voir FOURTEAU H., *L'application de l'article 3 de la CEDH dans le droit interne des États*, Thèse de droit public, bibliothèque de droit constitutionnel, tome 85, 1996, p. 285-288.

[108] Visite les 20 et 22 juillet 1996, rapport publié le 23 janvier 1996.

[109] Visite les 6 et 18 octobre 1996, rapport publié le 14 avril 1998.

[110] Visite les 14 et 25 avril 2000, rapport publié le 19 juillet 2001.

[111] Rapport au Gouvernement de la République française relatif à la visite effectuée en France par le Comité européen pour la prévention de la torture et des peines ou traitements inhumains ou dégradants (CPT) du 17 au 21 juin 2002. Le Gouvernement de la République française a donné son accord à la publication du rapport susmentionné du CPT et de sa réponse. La réponse figure dans le document CPT/Inf (2003) 41. Strasbourg, 16 décembre 2003.

[112] Voir en ce sens, *Violences policières en zone d'attente*, rapport de l'ANAFÉ, 2002.

[113] Rapport publié le 19 juillet 2001.

[114] Rapport sur la visite de 2002, rendu public le 16 décembre 2003.

S'agissant des conditions de maintien dans les zones d'attente[115], le Comité souhaitait une plus grande présence du personnel médical soignant, une meilleure prise en charge de leur part des allégations de mauvais traitements et la généralisation des contrôles médicaux à l'encontre des personnes maintenues. Enfin, le Comité désirait plus d'informations sur les droits et garanties offerts par la France en cas de refus d'admission des très jeunes enfants étrangers.

Avec ses visites et surtout avec ses Recommandations aux États parties, le Comité de prévention contre la torture produit une sorte de « *droit-programme* »[116] qui incite les États à se conformer à leurs engagements internationaux en matière de lutte contre la torture ou les traitements inhumains et dégradants. Ces Recommandations participent aux changements opérés par le gouvernement français sur l'ordonnance du 2 novembre 1945. En effet, même si ce *soft law* n'a aucune force juridique contraignante, l'effet politique des accusations du Comité pousse les États à agir. Ainsi, le gouvernement français a acquis « *le réflexe CPT* »[117].

En définitive ce mécanisme «*proactif*»[118] permet d'instaurer un « *dialogue permanent actif*»[119] entre un organe supranational et un gouvernement. Son rôle d'accompagnement[120] et de coopération grâce à des Recommandations concrètes place les États sur la voie des changements nécessaires. Cette entreprise ne réussit pas toujours. Si certains rapports accompagnent les États dans le changement, d'autres restent sans effet et des déficiences subsistent. Mais dans tous les cas, l'activité normative[121] des Recommandations du Comité est une source d'inspiration tant pour les gouvernements que pour les autres organes du Conseil de l'Europe[122].

La « normativité » de ces Recommandations est difficile à évaluer. Même si elles ne sont pas adoptées par une assemblée parlementaire ou un Comité des Ministres et qu'elles apparaissent comme des normes « imparfaites » ou comme des directives qui fixent la ligne de conduite à suivre, elles doivent normalement déboucher sur l'harmonisation des législations nationales[123]. Ainsi, l'effectivité de ces contrôles extra-

---

[115] Rapport ANAFÉ, Zone d'attente en marge de l'État de droit, mai 2001 ; RODIER C., « Zone d'attente de Roissy : à la frontière de l'État de droit », *Hommes et Migrations*, n° 1238, juillet-août 2002, p. 23-21 ; ANAFÉ, « Frontière et Zone d'attente, une liberté de circulation sous contrôle », Colloque au Sénat 19 et 20 octobre 2001, éd. L'harmattan, 2002 ; ROTMAN C., « Zones d'attente, zones violentes, Deux rapports dénoncent les brutalités policières «courantes et nombreuses» envers les étrangers retenus à Roissy », *Libération*, 7 mars 2003 ; JULIEN-LAFERRIÈRE F., « Le traitement des demandeurs d'asile en zone d'attente », *Hommes et migrations*, n° 1238, juillet-août 2002, p. 32-44 ; *La zone d'attente de Roissy, une zone de non-droit*, rapport de Médecin du Monde, 2002, *Violences policières en zone d'attente*, rapport de l'Anafé, 2002 ; *Zone d'attente : 10 ans après, les difficultés persistent. Visites quotidiennes à Roissy en mai 2002*, rapport de l'ANAFÉ, 2002.

[116] DUPUY R.-J., *op. cit.*, p. 118.

[117] MAYER G., « Le Comité européen pour la prévention de la torture ou traitements inhumains ou dégradants : l'initiative du Conseil de l'Europe dans le domaine des mauvais traitement de personnes privées de liberté », *in Panorama de la prison,* (Sous la direction de J.-P. CÉRÉ), Sciences criminelles éd. L'Harmattan, p. 27.

[118] *Ibid.*, p. 7.

[119] *Ibid.*, p. 15.

[120] *Ibid.* p. 16.

[121] En plus des recommandations prononcées aux États, le Comité émet des rapports généraux d'activités dans lesquels il fait le point sur la législation d'un pays. Par exemple le rapport (97) 10, concerne la France, Comité européen pour la prévention de la torture et les peines de traitements inhumains et dégradants, *les Normes du CPT, Chapitres des rapports généraux consacrés à des questions de fond*, 2002.

[122] *Ibid.*, p. 26. Le Comité a toujours soutenu que la Zone de transit avant la réforme de 1992 était une privation arbitraire de liberté, la Cour européenne des droits de l'Homme a confirmé ses dires.

[123] DUPUY R.-J., *op. cit.*, p. 118.

procéduraux et des Recommandations est importante sur le plan de la production normative interne. L'interprétation dynamique et extensive des dispositions européennes influent donc sur le droit interne, d'autant que la collaboration du gouvernement est particulièrement révélatrice en droit des étrangers[124].

Cet organe supranational n'est pas concurrent des autres organismes en place, notamment de la Cour européenne des droits de l'Homme. Au contraire le système de visites et les Recommandations sont complémentaires[125] au système individuel de recours. D'autant que la Cour européenne se sert des rapports du Comité pour établir les cas de traitements inhumains et dégradants[126]. Dans la décision du 27 juillet 2004 Slimani c./ France[127] de la Cour européenne, le juge européen s'est servi des rapports du CPT et des réponses du gouvernement français à propos des conditions d'assistances médicales dans le centre de rétention Marseille-Arenc.

§ III : L'impact limité des Protocoles additionnels de la CEDH relatifs aux étrangers sous l'effet d'une mesure d'éloignement

Certains articles des Protocoles additionnels annexés récemment à la Convention européenne offrent des garanties aux étrangers menacés d'expulsion et de renvoi collectif. Ces Protocoles amènent une « protection directe » aux étrangers. Les exigences inhérentes aux souverainetés étatiques limitent la portée de ces Protocoles, d'autant qu'ils n'apportent pas de protections nouvelles pour le statut interne.

Toutefois, avec ces Protocoles, la Convention européenne a créé un « garde-fou » pour protéger spécifiquement les ressortissants étrangers. Le premier Protocole concerne l'interdiction des expulsions collectives, qu'il convient de confronter à la récente reprise des « charters » en France et l'instauration prochaine des charters européens (A). Le deuxième évoque les garanties entourant les expulsions individuelles des étrangers résidant régulièrement dans le pays (B).

A/ La protection européenne contre l'expulsion collective à la lumière de la pratique française des « vols groupés » ou des futurs charters européens

L'article 4[128] du Protocole 4 est destiné spécifiquement aux ressortissants étrangers. Ce Protocole additionnel est entré en vigueur après la Convention européenne[129]. Il est né du désir de mettre fin à une pratique appliquée dans les années soixante : le renvoi en groupe[130]

---

124 FOURTEAU H., *op. cit.*, p. 290.

125 ROUGET D., *op. cit.*, p. 231

126 CEDH 19 avril 2001, *Peers c./ Grèce*, requête n° 28524/95, § 60 et s., MOLE N., *Le droit d'asile et la Convention européenne des droits de l'Homme*, éd. Conseil de l'Europe, dossier sur les droits de l'Homme, n° 9 (révisé), 2000. p. 53 et s.

127 CEDH, 27 juillet 2004, *Slimani c./ France*, req. n° 57671/00.

128 « *Les expulsions collectives d'étrangers sont interdites* » ; LOCHAK D., « L'article 4 du Protocole 4 », *in La CEDH commentaire article par article,* (Sous la direction L.-E. PETTITI, E. DECAUX, P.-H. IMBERT), 2ème éd., 1999, p. 1057-1059.

129 Le 16 septembre 1963.

130 PERRUCHOUD R., « L'expulsion en masse des étrangers », *Annuaire français de droit international*, 1988, p. 678 ; REYDELLET M., « La dignité des étrangers », *in Mélanges BOLZE C., Ethnique droit et dignité de la personne,* Economica, 1999, p. 254-256.

de ressortissants étrangers. On se souvient en particulier du rapatriement de 199 enfants vietnamiens qui a posé le problème du renvoi groupé et du renvoi de mineurs, problématique d'autant plus importante que la Convention ne prévoit pas de protection spécifique.

Peu de jurisprudences ont précisé l'application de cet article 4. Les quelques arrêts européens concernant cet article ont été déclarés irrecevables devant la Cour ou la Commission européenne des droits de l'Homme. Néanmoins, il se dégage une définition de l'expulsion collective : *« Toute mesure de l'autorité compétente contraignant des étrangers, en tant que groupe à quitter un pays, sauf dans les cas où une telle mesure est prise à l'issue et sur la base d'un examen raisonnable et objectif de la situation particulière de chacun des étrangers qui forment le groupe »*[131]. Autrement dit, l'article 4 n'interdit pas les expulsions groupées à condition qu'elles soient édictées à la suite de l'examen individuel et attentif de chaque étranger concerné. Dans l'affaire Andric, le juge européen a estimé *« qu'il n'y avait pas d'expulsion collective lorsque la situation de l'étranger requérant a fait l'objet d'un examen individuel et objectif lui permettant d'avancer ses arguments contre l'expulsion »* [132]. Le juge européen a donné dans ces affaires une définition *restrictive* de l'expulsion collective, entendue seulement comme une seule décision collective d'expulser et non comme la « *mise en œuvre collective, par l'exécution d'un rapatriement collectif, fût-ce à la suite de décisions individuelles* »[133].

Cette définition étroite de l'expulsion collective a sensiblement évolué avec l'affaire Conka, la Cour a choisi une interprétation extensive de la notion d'expulsion collective. En effet, dans cette affaire (seule espèce où il y a eu violation de l'article 4), un faisceau d'indices a permis à la Cour de comprendre les réelles intentions des autorités belges et d'apprécier les circonstances entourant l'exécution ou « *la mise en œuvre* »[134] de la décision d'expulsion. Ainsi, l'examen de l'annonce d'opérations de renvoi collectif par les instances politiques, des convocations collectives et simultanées des étrangers, de la similitude des libellés des ordres de quitter le territoire, des difficultés rencontrées par les requérants pour trouver des avocats, des procédures d'asile interrompues, ont conduit la Cour à considérer qu'il y avait violation et que l'analyse individuelle de chaque cas n'avait pas été faite objectivement[135]. Ce glissement très net[136] de l'analyse de la décision vers celle de la mise à œuvre de l'expulsion consolide la définition de l'expulsion collective.

Une affaire récente[137] a également illustré la pratique en matière de renvois groupés des étrangers des États européens. Il s'agissait de la plainte de quatre ressortissants de l'ex-Yougoslavie d'origine tzigane. Ils étaient installés au camp Casilino 700 situé dans la Commune de Rome (camp spontané où vivaient 927 nomades). Par une ordonnance du 22 mars 2000, la Préfecture de police de Rome ordonna d'effectuer des contrôles dans ce camp en vue de vérifier toute situation illégale. Le jour prévu, les requérants furent réveillés par des policiers et conduits au poste de police compétent pour des vérifications. Une fois

[131] CEDH 16 décembre 1988, *Alikabs c./ Pays bas*, req. n° 14209/88, DR 59, p. 274.
[132] CEDH 23 février 1999, *Vedran Andric c./ Suède*, , req. n° 45917/99.
[133] CARLIER J.-Y., « La détention et l'expulsion collective des étrangers », *RTDE*, n° 53, 2003, p. 207.
[134] *Ibid.*, p. 208.
[135] CEDH 5 février 2002, *Conka c./ Belgique*, req. n° 51564/99, § 60-63.
[136] En ce sens voir l'analyse de CARLIER J.-Y., « La détention et l'expulsion collective des étrangers », *RTDE*, n° 53, 2003. p. 208 et s.
[137] CEDH 8 novembre 2002, *Sulejmanovic et autres et Sejdovic c./ Italie*, req. n° 57574/00 et 57575/00, Radiation du rôle par arrangement du gouvernement.

identifiés comme étrangers, privés de titre de séjour et sous le coup d'une mesure d'expulsion, ils furent renvoyés à Sarajevo munis d'un laissez-passer délivré par le Consul de Bosnie-Herzégovine. Les décrets d'expulsion, rédigés en italien et en anglais, mentionnaient la possibilité pour les requérants d'introduire un recours dans les trente jours auprès de l'autorité judiciaire et précisaient que celui-ci pouvait être demandé depuis l'État de destination, par le biais des autorités diplomatiques et consulaires. Mais, les requérants ont déclaré ignorer jusqu'au moment d'embarquer dans l'avion leur lieu de destination. L'éloignement de ces tziganes a concerné vingt nomades provenant du Casilino 700. Le Gouvernement a fait observer au juge européen que les expulsions avaient été ordonnées individuellement et qu'elles se fondaient sur des raisons inhérentes à la situation de chacun d'entre eux. Il ne s'agissait que d'un éloignement simultané de plusieurs personnes par un moyen de transport collectif. De plus, le gouvernement, a ajouté que « *seulement vingt nomades sur les presque mille habitants du Casilino 700 ont été éloignés, (...) il ne s'agissait ni d'une expulsion collective ni d'une déportation* » et que « *s'il est vrai que le libellé des décrets d'expulsion notifiés le 3 mars 2000 était plus ou moins identique pour tous les requérants, ceci n'est pas suffisant pour conclure à l'absence d'expulsion individuelle* ». Pourtant, face à ces arguments, le juge européen a accepté la recevabilité de la demande des requérants au titre de l'article 4 du Protocole 4. Il souhaitait apprécier cette pratique exceptionnelle et non exempte de critiques au regard de l'article 4. Au final, cette affaire s'est terminée par un arrangement à l'amiable. Craignant une condamnation et malgré une défense bien construite, le gouvernement a finalement accepté de délivrer des titres de séjour humanitaire aux requérants.

Ce renvoi collectif d'étrangers rappelle l'affaire « des charters » : le renvoi des 101 Maliens de France, en 1986. Mais aussi, plus récemment la pratique des « renvois groupés » selon les termes de l'ancien Ministre de l'Intérieur (M. Sarkozy). Depuis début 2003, plusieurs avions spécialement affrétés ont renvoyé collectivement des étrangers vers la Chine[138], le Sénégal[139] et la Côte d'Ivoire. Il est opportun de s'interroger sur cette pratique que ce Ministre a généralisée[140]. Si le gouvernement assure que ces expulsions sont prises après l'examen individuel de tous les ressortissants, le projet de renvoi collectif annoncé et planifié montre la volonté affichée du gouvernement français d'expulser collectivement des ressortissants étrangers. Dans l'affaire Conka la Cour européenne a condamné la Belgique pour sa politique de renvoi, très médiatisée et a conclu à la violation de l'article 4. Les autorités belges avaient en effet annoncé « *un projet de rapatriement collectif* » tendant à « *donner un signal aux autorités slovaques* » afin d'éloigner un grand nombre d'illégaux. Le juge européen a considéré que ce n'était pas parce que les situations des individus avaient été examinées objectivement que les circonstances entourant la mise en œuvre des décisions d'expulsion ne jouaient plus aucun rôle dans l'appréciation du respect de l'article 4 du Protocole n° 4[141]. À partir de là, il est légitime de douter de la conventionnalité de la nouvelle pratique appelée pudiquement « *vols groupés spécialement affrétés* » de M.

---

138 Le 26 février 2003, 15 Chinois ont été envoyés par vol régulier vers Pékin.

139 « Amnesty et le MRAP dénoncent les charters de Sarkozy », *Libération*, 3 mars 2003 ; ZAPPI S., *Le Monde* du 4 mars 2003 ; ROTMAN C., « Troisième charter », *Libération*, 26 mars 2003, 55 Ivoiriens et 10 Sénégalais renvoyés, le 25 mars par « un vol groupé spécialement affrété ».

140 Lors des questions à l'Assemblée Nationale, le mercredi 26 mars 2003, M. Sarkozy a annoncé qu'il mettrait en œuvre un « vol groupé » par semaine.

141 CEDH 5 février 2002, *Conka c./ Belgique*, req. 51564/99, § 60-63 ; CARLIER J.-Y, « La détention et l'expulsion collective des étrangers », *RTDE*, n° 53, 2003. p. 198-222.

Sarkozy et aujourd'hui de M. de Villepin, puisque d'ores et déjà, leur intention de renvoyer massivement est affichée clairement. Les modalités d'expulsion semblent être collectivement organisées. D'autant que le récit par la presse des circonstances des expulsions témoigne des conditions pénibles faites aux étrangers, contrairement aux dires des autorités. Si l'on en croit les associations de défense des droits de l'Homme et les médias, il semblerait que « *les personnes expulsées auraient (...) été embarquées avec des étiquettes, avec des numéros, dans le dos et sur leurs bagages ; du sparadrap sur la bouche, les jambes et les mains ligotées. Les femmes auraient été également victimes de coups portés par les policiers. L'une d'elle aurait perdu, dans cette violence, son pagne, et aurait été embarquée à demi nue* »[142].

Le renvoi groupé soulève également la question de la discrimination d'une catégorie de ressortissants d'une même nationalité ou d'une même appartenance ethnique[143], comme c'était le cas dans l'affaire Conka, l'affaire Sulejmanovic et Sejdovic. Dans cette dernière affaire, les requérants avaient signalé que l'expulsion collective dont ils avaient fait l'objet était prohibée par l'article 4 du Protocole et avait été effectuée dans un but discriminatoire au sens de l'article 14 de la Convention[144]. Le juge européen a accepté le grief alors que dans l'affaire Conka le juge européen avait écarté cet argument dès la recevabilité. Toutefois, le juge européen n'a malheureusement pas eu à se prononcer sur cette question puisque l'affaire Sulejmanovic a été radiée du rôle. Comme Jean-Yves Carlier[145], il convient de regretter que le juge ne soit pas allé plus loin dans l'analyse de la discrimination du groupe ethnique des Tziganes[146].

En guise d'ultime remarque, il faut s'interroger sur la conventionnalité des futurs charters européens qui vont être mis en place par les États membres. En effet, les États membres se sont très vites accordés sur l'organisation de charters communs. Les modalités administratives, techniques et financières ont déjà fait l'objet d'un texte commun[147]. L'organisation de ce type de renvoi soulève l'inquiétude des associations de défense des droits de l'Homme. Il est légitime de se demander si le renvoi de ressortissants de pays tiers d'une même nationalité vers un même pays tiers dans un charter commun ne porte pas atteinte au principe de non-discrimination de l'article 14 et 4 du Protocole 4 susmentionné.

B/ Une protection directe et limitée des étrangers résidant régulièrement sous l'effet d'une mesure d'éloignement

L'article 1er du Protocole 7 dispose qu'un « *étranger résidant régulièrement sur le territoire d'un État ne peut en être expulsé qu'en exécution d'une décision prise*

---

[142] ZAPPI S., « Des Ivoiriens expulsés par « charter » racontent les « méthodes atroces » de la police », *Le Monde*, du 14 mars 2003.

[143] Par exemple, 33 Tziganes (roms) ont ainsi été renvoyés de Lyon à Bucarest, en juin 1995, par un vol spécial. Récemment le gouvernement français voulait expulser 56 Tziganes, mais en raison d'un vice de procédure les a remis en liberté. BISSUEL B., *Le monde*, 8 décembre 2002.

[144] Première section, décision de recevabilité 14 mars 2002, *Sulejmanovic et autres et Sejdovic c./ Italie*, req. n° 57574/00 et 57575/00.

[145] CARLIER J.-Y., *op. cit.*, p. 211-212.

[146] CAHN C. et VERMEERSCH P., « The group expulsion of Slovak Roma by the Belgian Government : A case study of treatment of Romani refugees in Western countries », *Cambridge review of international affairs*, 2000, vol. XIII, n° 2, p. 75.

[147] Directive adoptée le 25 novembre 2003 relative *à l'assistance au transit dans le cadre des mesures d'éloignement par voie aérienne*, JOUE, L 321, 6/ 12/ 2003.

conformément à la loi et doit pouvoir : a) faire valoir les raisons qui militent contre son expulsion, b) faire examiner son cas, et c) se faire représenter à ces fins devant l'autorité compétente ou une ou plusieurs personnes désignées par cette autorité (...) ». Cet article a été inséré tardivement dans l'ordre juridique européen. Il fait partie du Protocole additionnel n° 7 (entré en vigueur le 22 octobre 1984). En effet les années quatre-vingts ont été marquées par une augmentation importante de l'immigration irrégulière et par conséquent par la croissance des pratiques d'éloignement. Tout ceci a incité le Conseil de l'Europe à adopter un article spécialement consacré aux garanties procédurales des étrangers sous l'effet d'une mesure d'éloignement.

L'article 1er § 1 pose les garanties procédurales minimales applicables aux contentieux des étrangers. Toutefois, ces garanties sont de portée limitée puisque leur application est réservée aux étrangers résidants régulièrement, le juge administratif a eu l'occasion de le préciser. Cet article 1er est donc inefficace dans le contentieux des étrangers irréguliers[148]. Autrement dit, l'étranger qui n'est pas en conformité avec la législation interne sur le droit des étrangers n'entre pas dans le champ d'application de cet article. Ni l'étranger débouté de l'asile ni celui entré irrégulièrement ne peuvent bénéficier de ces garanties minimales[149]. Or, il est fréquent que les expulsions s'adressent à des étrangers entrés irrégulièrement ou s'étant maintenus irrégulièrement sur le territoire.

Des requérants résidant régulièrement ont tenté, en vain, d'invoquer cet article face à la législation française sur l'immigration. Aucun des recours[150] n'a été déclaré recevable sur la base de cet article. En effet, l'alinéa 2 de ce même article prévoit une exception de taille : l'État peut renvoyer l'étranger lorsque cela est « *nécessaire dans l'intérêt de l'ordre public ou sur des motifs de sécurité nationale* » et avant qu'il ait exercé les droits garantis par l'article 1er § 1er. Or toutes les mesures d'éloignement en France sont prises sur ces motifs. L'effet suspensif de garanties de l'article 1er n'a alors qu'une portée réduite. Dans ce sens, le juge administratif a estimé que le requérant menacé d'une expulsion selon la procédure d'urgence absolue n'était pas fondé à se prévaloir de l'article 1er du Protocole 7, l'expulsion de ce dernier intervenant dans l'intérêt de l'ordre public. En revanche, l'article 1er § 1er exige que l'étranger soit autorisé à faire valoir ses droits après son expulsion.

Récemment, dans l'affaire Mokrani c./ France[151], la Cour européenne a établi que le requérant avait pu contester l'arrêté d'expulsion devant le tribunal administratif de Marseille et la Cour administrative d'appel de Lyon et qu'il avait pu bénéficier de « *toutes les garanties prévues aux lettres a), b) et c) de l'article 1er du Protocole n° 7. Il a également pu introduire une requête en annulation de l'arrêt de la cour administrative d'appel devant le Conseil d'État Il avait aussi préalablement eu la possibilité de faire valoir les raisons qui militaient contre son expulsion dans le cadre de la procédure devant la commission d'expulsion du département des Bouches-du-Rhône* ».

---

[148] CE 1er Mars 2000, M. *Oula*, req. n° 193954.

[149] CEDH 8 février 1993., *T. c./ France*, req. n° 20649/ 92.

[150] *Madaci et Youbi c./ France*, 21/10/1994, n° 23785/94 et req. n° 23786/94, Irrecevable ; *Abdouni c./ France*, 05/04/1995, n° 25750/94 Irrecevable ; *Naceur c./ France*, 05/04/1995, req. n° 25913/94 (Partielle) Partiellement irrecevable ; *Abdelbaki c./ France*, 05/04/1995, req. n° 26062/94, irrecevable ; *Benkhelouf c./ France*, 06/09/1995, req. n° 26587/95, irrecevable, *Mezghichec c./ France*, 09/04/1997, irrecevable, *Saricam c./ France*, 25/09/2001, req. n° 47085/99, irrecevable ; *Mokrani c./ France*, 12/11/2002, req. n° 52206/99, décision Partiellement recevable.

[151] *Mokrani c./ France*, Décision Partiellement recevable, 12/11/2002 52206/99.

Le système procédural français semble particulièrement conforme aux exigences de l'article 1er du Protocole 7 de la Convention européenne. Cette disposition n'apporte pas de garanties supplémentaires à celles qui existent déjà dans le statut interne, elle ne fait que rappeler les garanties minimales exigées par le système européen.

❖

CONCLUSION DU TITRE I

Les textes internationaux (régionaux ou universels) relatifs aux Droits de l'Homme favorisent la prolifération de garanties supranationales directes ou indirectes pour l'étranger. Ces normes permettent une correction du statut, c'est-à-dire qu'elles confirment ou améliorent une protection déjà existante dans l'ordonnance de 1945.

L'impact de ces normes supranationales en droit interne est plus complexe que celui du droit communautaire, il diffère selon la nature de la norme supranationale. En effet, si certains traités confirment globalement le droit interne des étrangers, ils n'ont pas fait l'objet de référence explicite dans l'ordonnance de 1945. Ceci est fort regrettable car la proclamation de ces différents textes aurait été opportune (par exemple dans un Préambule annexé à l'ordonnance de 1945 et à la loi du 25 juillet 1952). De même, certaines de ces normes supranationales sont peu invoquées par les justiciables en droit interne étant donné qu'elles n'apportent pas de garanties nouvelles dans le droit français.

En revanche, l'article 8 de la CEDH est constamment invoqué par les étrangers devant les juges internes. Cet article est devenu un véritable « standard » que doit respecter l'administration lorsqu'elle prend une mesure administrative pour un étranger. En effet, c'est grâce à un « dialogue de juges » que le contentieux interne a été enrichi de références relatives à la « vie privée et familiale ». De même, le législateur français a pris le relais du travail effectué par le juge administratif. Il est allé ainsi au bout de la logique d'intégration du droit européen en transcrivant le contenu de l'article 8 dans l'ordonnance de 1945 (article 12 bis 11 qui « traduit » les effets de l'article 8 au plan du séjour et implicitement dans les articles 25 et 26 relatifs aux catégories d'étrangers protégés). De même, la jurisprudence européenne relative aux articles 5 et 13 de la CEDH a confirmé globalement les droits posés par le statut interne. Le statut de l'étranger en ressort enrichi même si cette protection n'est pas complète.

Par ailleurs, si la protection du respect de « la vie privée et familiale » issue de l'article 8 de la Convention européenne des droits de l'Homme a complété le droit interne, ce n'est pas le cas des autres textes supranationaux analysés. Ainsi, la Convention internationale relative aux Droits de l'enfant (article 3-1), la Charte sociale européenne, la Convention européenne relative au statut juridique du travailleur migrant, la Charte des droits fondamentaux, les Conventions de l'OIT, les Résolutions ou Recommandations des organes du Conseil de l'Europe ont posé des garanties supranationales pour l'étranger sans grande conséquence dans le statut interne. En effet, la portée de la Convention internationale relative aux droits des enfants, mais surtout des Recommandations du Conseil de l'Europe est limitée. Même si ces textes enrichissent la garantie internationale de l'étranger ou du demandeur d'asile, nos démonstrations ont mis en évidence les difficultés d'application directe du droit international et surtout de l'influence relative des normes de *Soft Law* dans le droit interne. Toutefois, ces normes constituent un ensemble de droits et de libertés supranationales qui protège l'étranger et sensibilise plus ou moins les législations des États.

Par ailleurs, le rôle nouveau de certaines normes supranationales face à l'émergence du statut communautaire de l'étranger et du demandeur d'asile a été démontré. En effet, les problèmes de compatibilité du statut communautaire face aux différents textes universels ou régionaux relatifs aux droits de l'Homme se multiplient et vont certainement augmenter. Ainsi, on a pu relever le rôle de l'article 8 de la CEDH face aux refus de visas en raison d'un signalement au SIS. L'impact de l'article 8 de la CEDH peut être déterminant grâce au juge administratif qui analyse les deux normes supranationales « concurrentes ». De surcroît, la directive sur le regroupement familial qui limite l'admission des enfants âgés de plus de douze ans risque d'entraîner des contrariétés avec la Convention internationale relative aux droits des enfants. Il est en de même avec les futurs charters communs face aux exigences de l'article 4 du Protocole 4 de la CEDH...En conséquence, les garanties complémentaires relatives aux droits de l'Homme auront certainement un rôle pertinent à jouer avec la construction progressive du statut communautaire du ressortissant de pays tiers et du demandeur d'asile.

TITRE II : LA FONCTION « INNOVATRICE » OU « RÉNOVATRICE » DU DROIT INTERNATIONAL DES DROITS DE L'HOMME SUR LE STATUT INTERNE DE L'ÉTRANGER

Contrairement aux garanties précédemment étudiées qui améliorent le statut de l'étranger, les garanties ci-après analysées ne confirment pas une protection déjà existante dans le statut des étrangers, mais elles y apportent une protection nouvelle ou une protection très largement rénovée. Grâce aux jurisprudences ou aux textes internationaux, des garanties nouvelles ont été insérées dans le statut de l'étranger. Le « *statut d'infra-droit* »[1] de l'étranger des années soixante-dix s'est amélioré grâce aux influences directes et indirectes du droit international. Ainsi, la juridicisation et juridictionnalisation du droit international des droits de l'Homme a permis de donner naissance à des garanties jusqu'alors non envisagées dans le statut interne de l'étranger. L'impact le plus direct et le plus impressionnant est celui amené par l'autorité jurisprudentielle de la Cour européenne des droits de l'Homme. La jurisprudence européenne a apporté des garanties nouvelles à l'étranger. Ces diverses protections forment une véritable « Charte vivante » des droits et des libertés qui s'infiltre par capillarité dans le statut interne de l'étranger. L'ensemble de ces garanties se superpose au statut interne en y véhiculant des droits qui, encore embryonnaires dans le statut interne, apparaissent comme des protections totalement rénovées par le droit supranational. D'autres jurisprudences ou textes internationaux amènent des garanties novatrices, cependant, leur impact n'est pas aussi efficace que celui de l'autorité jurisprudentielle de la Cour européenne. Si leur portée est limitée en terme d'effet ou de « transcription » dans le statut interne, leurs contenus matériels demeurent intéressants. Il convient d'analyser successivement les garanties rénovées par la Cour européenne des droits de l'Homme (Sous Titre I) ; puis les autres garanties qui ont une portée plus limitée (Sous Titre II).

---

[1] MOURGEON J., « Barbares et métèques », *AJDA*, mai 1978, p. 243-247.

SOUS TITRE I : DES GARANTIES « RÉNOVÉES » PAR LA COUR EUROPÉENNE DES DROITS DE L'HOMME

Depuis une quinzaine d'années, les juges européens ont montré leur capacité à interpréter la Convention européenne pour apporter des protections nouvelles et fondamentales, quelle que soit la personne à protéger.

Le statut de l'étranger a longtemps été considéré comme un « infra-statut », laissant les intéressés sans protection particulière, à la merci de la souveraineté de l'État. Aujourd'hui, certaines garanties apportées par la Cour européenne s'imposent aux souverainetés.

Ainsi, la Cour a développé une protection contre la torture, les peines ou traitements inhumains ou dégradants grâce à l'article 3[1] de la CEDH. De tels actes peuvent concerner les étrangers lorsqu'ils sont renvoyés dans certains pays d'origine ou lorsque les conditions de leur renvoi portent atteinte à leur dignité humaine. Cette protection était absente du statut interne de l'étranger puisque la règle était la mise en œuvre -sans exception- du principe international du respect des souverainetés des États. Certes, le principe international de non-refoulement[2] ou non-expulsion[3] des réfugiés, principe issu de la Convention de Genève existe, mais celui-ci n'a cependant pas une portée générale. Il empêche l'éloignement ou le refoulement d'une seule catégorie d'étrangers. En effet, il concerne uniquement les « persécutés » au sens de la définition de la Convention de Genève. De plus, son champ d'application est très restrictif en raison de l'interprétation qui en est faite. Par conséquent, l'article 3 offre une vision rénovée du principe de non-refoulement : son champ élargi dépasse le cadre déjà défini par la Convention de Genève, il transcende les séparations classiques d'étrangers « ordinaires » et de réfugiés. Pour ces raisons, cette protection européenne constitue une approche nouvelle du principe du non-refoulement. En effet, la Cour européenne a développé une protection « absolue » pour toute personne victime d'actes de torture, de traitements inhumains ou dégradants.

---

[1] « *Nul ne peut être soumis à la torture ni à des peines ou traitements inhumains ou dégradants.* »

[2] Ce principe vise à la fois le refoulement à l'entrée et l'éloignement du territoire. Voir ALLAND D. et TEITGEN-COLLY C., *Traité du droit d'asile*, PUF, 2002, p. 224-232 ; CHETAIL V., « Le principe de non-refoulement et le statut de réfugié en droit international » *in La Convention de Genève du 28 juillet 1951 relative au statut des réfugiés 50 ans après : bilan et perspectives*, Bruylant, Bruxelles, 2001, p. 3-62.

[3] Article 33 de la Convention de Genève « *Aucun des États cocontractants n'expulsera ou ne refoulera, d'aucune manière que ce soit un réfugié sur les frontières des territoires où sa vie ou sa liberté serait menacée en raison de sa race, de sa religion, de sa nationalité, de son appartenance à un certain groupe social ou de ses opinions politiques* ».

L'étranger est naturellement concerné, car l'article 3 apporte une garantie rénovée, de portée générale et universelle à toute personne victime de tels actes.

Par ailleurs, la Cour européenne a déployé une jurisprudence ambitieuse sur l'égalité de traitement, notamment en matière de droits sociaux. Cette protection faisait cruellement défaut dans le statut interne : la non-appartenance à la Nation française justifiait des discriminations en matière de droits sociaux, en particulier, sur les prestations non contributives. L'influence du droit international, du droit communautaire et surtout de la décisive jurisprudence européenne, ont permis d'apporter une protection nouvelle en matière de droits sociaux. Cette jurisprudence marque la fin des discriminations fondées sur la nationalité du ressortissant.

Le premier chapitre concernera donc « l'étranger protégé de la torture, des peines ou traitements inhumains ou dégradants : un nouveau principe de refoulement » ; le second traitera de « l'égalité de traitement des droits sociaux des étrangers et de l'influence décisive de la jurisprudence européenne ».

CHAPITRE I : L'ÉTRANGER PROTÉGÉ CONTRE LA TORTURE, LES PEINES OU LES TRAITEMENTS INHUMAINS OU DÉGRADANTS : UN NOUVEAU PRINCIPE DE NON-REFOULEMENT

La lutte contre la torture, les peines ou traitements inhumains ou dégradants est l'une des préoccupations majeures du droit international des droits de l'Homme[1]. Ce principe fondamental n'avait jamais été envisagé dans le statut général de l'étranger. Ce sont les espèces soulevées devant la Cour européenne, mais aussi devant le Comité contre la torture des Nations Unies[2], qui ont permis de mettre en lumière les atteintes possibles à ce principe dans le contentieux des étrangers.

La Cour européenne a interprété largement l'article 3 car celui-ci a une définition laconique[3] de la torture et des autres actes inhumains ou dégradants. Le juge européen a fourni un véritable effort pour envisager les conditions du refoulement ou d'éloignement d'un étranger dans un pays dangereux à la lumière de l'article 3. La Cour a fait émerger une protection « humanitaire » de l'étranger en cas d'éloignement. La jurisprudence de la Cour et de l'ancienne Commission permet aujourd'hui de s'interroger sur la portée de ce principe en droit des étrangers et d'en mesurer l'apport dans le statut interne de l'étranger. Il conviendra donc de démontrer la portée de cette influence européenne inédite sur le statut interne de l'étranger en appréciant les conditions de réception et d'application de cette jurisprudence par le législateur ou par le juge français.

Il conviendra d'examiner successivement les conditions d'application de la protection « humanitaire » de l'étranger devant la Cour européenne (Section I) et l'impact de l'article 3 sur le statut interne de l'étranger (Section II).

Section I : Les conditions d'application de la protection « humanitaire » de l'étranger devant la Cour européenne

Le champ d'application de l'article 3 de la CEDH aux contentieux des étrangers est très vaste. La plupart du temps, cet article permet à la Cour européenne de protéger l'étranger d'un éloignement grâce à une protection « humanitaire ». Cette protection est inédite étant donné qu'elle crée un nouveau champ d'application du principe de non-refoulement étendu à tous les étrangers et non pas seulement aux demandeurs d'asile.

---

[1] Article 5 de la Déclaration universelle des droits de l'Homme et l'article 7 du pacte relatif aux droits civils et politiques, article 3 § 1 de la Convention des Nations Unies contre la torture de 1984 et la Convention européenne pour la prévention de la torture de 1987.

[2] Cf. Partie II, Titre II, Sous Titre II, Chapitre I, Section I.

[3] FOURTEAU H., *L'application de l'article 3 de la Convention européenne des droits de l'Homme dans le droit interne des États membres*, éd. LGDJ, tome 85, Bibliothèque constitutionnelle et de science politique, Paris, 1996, p. 9-10.

Si les champs matériels et personnels de l'article 3 peuvent s'appliquer à un grand nombre de situations concernant les étrangers, les conditions d'engagement de cette protection sont en revanche strictes.

Il conviendra de démontrer tout d'abord le nouveau champ d'application du principe de non-refoulement grâce à une protection humanitaire de l'étranger (§ I), et les conditions de mise en œuvre de cette protection devant la Cour européenne (§ II) afin d'appréhender au mieux son impact dans le statut interne.

§ I : La protection « humanitaire » de l'étranger, nouveau champ d'application du principe de non-refoulement

Au fil des espèces, on découvre différentes situations qui permettent à l'étranger d'invoquer la protection de l'article 3 de la CEDH. Dès lors, cette protection apparaît plus large que celle de l'article 33 de la Convention de Genève tant sur le plan des bénéficiaires que sur celui de la variété des cas auxquels elle s'applique.

La première garantie concerne l'étranger sous l'effet d'une mesure d'éloignement ou de refoulement, menacé d'être renvoyé dans un pays où il risque de subir des actes contraires à l'article 3 de la CEDH. Cette protection ressemble au principe du non-refoulement de la Convention de Genève mais, il a une portée plus générale et plus ambitieuse : l'article 3 apporte une sorte « d'asile humanitaire »[4] à l'étranger menacé, qu'il soit demandeur d'asile ou non (A). Le deuxième type de garantie de l'article 3 est une protection humanitaire et sanitaire de l'étranger gravement malade, qui ne peut pas être soigné convenablement dans son pays de renvoi. L'article 3 apporte ici un « asile sanitaire », même si le ressortissant est sous le coup d'une mesure d'éloignement (B). Enfin, la dernière garantie concerne la protection contre la mesure d'éloignement telle qu'elle a été organisée (C).

A/ « Un asile humanitaire » pour l'étranger menacé de torture, de peines ou de traitements inhumains ou dégradants dans le pays de renvoi

La jurisprudence européenne de l'article 3 a montré ses capacités extensives de protection des étrangers renvoyés dans des pays où ils risquent d'être menacés par des actes de torture ou de traitements inhumains ou dégradants. Cette protection est absolue, elle concerne tous les types de persécutions émanant de particuliers ou des autorités étatiques (1). Elle agit ensuite sur toutes les mesures de refoulement (non-admission, mesure d'éloignement ou extradition) et ce quel que soit l'étranger (2).

1/ Un large champ matériel

« L'asile humanitaire » imposé par l'article 3 de la CEDH assure une large protection contre des persécutions qui n'est pas abordée par l'interprétation française de la Convention de Genève. La jurisprudence européenne a connu une extension récente de l'asile humanitaire. Elle protège l'étranger menacé par l'État dans lequel il va être renvoyé (a). Elle prend également en compte les persécutions émanant de groupes particuliers, qui,

[4] FOURTEAU H., *op. cit.*, p. 226.

en l'absence de protection de l'État, peuvent faire subir à l'étranger des actes de torture, de peines, des traitements inhumains ou dégradants (b).

a) La protection de l'étranger persécuté par l'État dans lequel il va être renvoyé

En premier lieu, la Cour européenne s'est intéressée à l'étranger sous le coup d'une mesure d'extradition. En effet, la Commission[5] et ensuite, la Cour européenne ont posé une jurisprudence fondamentale sur les risques sérieux de tortures ou traitements inhumains ou dégradants en cas d'extradition. L'affaire Soering[6] est l'espèce la plus exemplaire puisque pour la première fois la Cour admet la violation de l'article 3 lorsque l'étranger extradé risque d'être exposé au « syndrome du couloir de la mort ». La Cour a estimé que la période d'attente très longue dans les couloirs de la mort atteignait le seuil de gravité nécessaire pour engager la protection européenne et que, de ce fait, l'exécution de la mesure d'extradition violait l'article 3 de la CEDH. Ainsi, les ressortissants étrangers peuvent invoquer l'article 3 de la CEDH qu'ils soient coupables de meurtre[7] ou non, dans un pays signataire ou non de la Convention européenne. Dans l'affaire Soering, le pays de renvoi était les États-Unis. Malgré la qualité du requérant et son pays non concerné par la Convention européenne, la Cour a retenu la violation de l'article 3. Ceci montre le champ absolu et indérogeable de la jurisprudence européenne, et ce, contrairement aux limites posées par la Convention de Genève. De plus, la protection de l'article 3 s'étend à des cas de persécutions émanant de l'État de renvoi de l'étranger, même si ce dernier n'est pas son pays d'origine. Enfin, l'application de cet article 3 à des États tiers montre « l'universalité externe »[8] de ce principe fondamental.

En second lieu, cette jurisprudence Soering s'est étendue aux mesures d'éloignement des étrangers[9]. Ainsi, dans sa décision Cruz Varaz c./ Suède[10], la Cour européenne a reconnu la recevabilité de l'article 3 pour des ressortissants chiliens déboutés du statut de réfugié en Suède et menacés d'expulsion. En revanche, elle n'a pas admis la

---

[5] Comm.EDH 3 mai 1983, *Altun c./ Rép. Féd. All*, req. n° 10308/83.

[6] CEDH 7 juillet 1989, *Soering c./ RU*, série A n° 161 ; GAN VAN DER MEERSCH W., « L'extradition et la Convention européenne des droits de l'Homme, L'affaire Soering », *RTDH*, 1990, p. 5-24 ; LABAYLE H., « Droit de l'Homme, traitements inhumains et peine capitale : réflexion sur l'édiction d'un ordre public européen en matière d'extradition par la Cour européenne des Droits de l'Homme », *JCP*, 20 juin 1990, n° 3452, p. 6 ; SUDRE F., « Extradition et peine de mort : arrêt Soering », *RGDIP*, 1990, p. 103-121 ; ROLLAND P. et TAVERNIER P., « Chronique de la Cour européenne des droits de l'Homme », *JDI*, 1990, p. 734-737 ; PETTITI F.-C., « Droit de l'Homme » *RSCDPC*, 1989, p. 786-792. Sur l'extradition cf. CEDH 6 février 2003, *Mamatkulov et Abdurasulovic c./ Turquie* ; TIGROUDJA H., « La force obligatoire des mesures provisoires indiquées par la Cour européenne des droits de l'Homme, observation sous l'arrêt du 6 février 2003, Mamatkulov c./ Turquie », *RGDIP*, 2003-3, p. 601-632.

[7] CEDH 7 juillet 1989, *Soering c./ RU.*

[8] CALLEWAERT J., « L'article 3 de la Convention européenne : une norme relativement absolue ou absolument relative ? », *Mélanges Marc-André Eissen*, Bruylant, 1995, p. 23-24.

[9] La commission a reconnu l'atteinte à l'article 3 en raison de l'éloignement d'un étranger dans une affaire du 30 septembre 1974, *X. c./ RFA*, req. n° 6315/ 73, DR 1 p. 73.

[10] CEDH 20 mars 1991, *Cruz Varaz c./ Suède*, req. n° 46/1990/237/307 ; COHEN-JONATHAN G., « De l'effet juridique des « mesures provisoires dans certaines circonstances et de l'efficacité du droit de recours individuel : à propos de l'arrêt de la Cour de Strasbourg Cruz Varas du 20 mars 1991 », *RUDH*, 1991, p. 205 ; BERGER V., Jurisprudence de la Cour européenne des droits de l'Homme, 8ème éd., 2002, p. 43.

violation de l'article 3 en l'espèce. Il en a été de même dans l'affaire Vilvarajah et autres c./ Royaume-Uni [11] en 1991 où le seuil de gravité n'avait pas été atteint[12].

A ce stade, la jurisprudence européenne n'avait pas encore montré la totalité de son potentiel. L'extension de la protection aux ressortissants étrangers menacés dans leur pays de renvoi par des persécuteurs autres que les autorités étatiques marque un réel tournant. Ceci permet de donner une tout autre dimension à cet outil juridique précieux.

b) Extension de la protection aux menaces non-étatiques

L'article 3 de la CEDH est devenu un instrument indispensable pour les étrangers. Ainsi, avec les récentes jurisprudences de la Cour européenne des droits de l'Homme, on assiste à la « banalisation »[13] de la jurisprudence européenne et particulièrement de l'article 3 dans le contentieux des étrangers. La Cour a traité une série d'affaires concernant l'éloignement des étrangers. Ces espèces ont permis d'élargir le champ d'application de l'article 3 et d'affiner la jurisprudence européenne notamment sur la question des traitements non-étatiques.

Ainsi, la jurisprudence Ahmed c. / Autriche[14] est la première qui a permis de protéger de l'éloignement un ressortissant somalien menacé dans son pays par un clan de Généraux. L'absence de pouvoir institutionnel a conduit la Cour à chercher l'autorité de fait qui pouvait inquiéter le requérant en cas de renvoi.

La décision de la Cour européenne HLR c./ France[15] a apporté des éléments fondamentaux pour cet « asile humanitaire » prévu par l'article 3. En effet, la Cour a examiné la requête d'un trafiquant de drogue sous le coup d'une expulsion vers la Colombie, pays dans lequel il estimait être menacé par des groupes particuliers (des mafias locales de narcotrafiquants[16]). En acceptant la recevabilité de la requête, la Cour a innové et a étendu sa propre jurisprudence en admettant les risques de persécutions non-étatiques.

---

[11] CEDH 30 octobre 1991, *Vilvarajah et autres c./ Royaume-Uni,* A-215 ; COUSSIRAT-COUTÈRE V, obs. *AFDI,* 1991, 589 ; DECAUX E., et TAVERNIER P., Obs., *JDI* 1992, p. 801 ; SUDRE F., obs., *RUDH,* 1992, p. 1 ; BOSSUYT M. et LAMMERANT I., « La conformité à la Cour européenne des droits de l'Homme des mesures d'éloignement du territoire des demandeurs d'asile déboutés », *RTDH,* 1993, p. 417.

[12] Pour des exemples de violation de l'article 3 et non-éloignement d'étranger :

-CEDH 15 novembre 1996, *Chahal c./ Royaume-Uni, RUDH,* 1997, p. 365 ; TAVERNIER P., Chronique, *JDI,* 1997, p. 261 ; PETTITI L.-E., *RSC,* 1997, p. 687 ; SOROLEA S., « La jurisprudence récente de la Cour européenne des droits de l'Homme en matière d'éloignement des étrangers au départ de l'arrêt Chahal », *RDE,* 1997, p. 27-30.

-CEDH 11 juillet 2000, *Jabary c./ Turquie,* req. n° 40035/98.

-CEDH 24 avril, 28 juin 27 novembre 1996, *Ahmed c./ Autriche,* req. n° 71/1995/577/663.

-CEDH 6 mars 2001, *Hilal c./ RU,* req. n° 452751/ 99.

-CEDH 6 mars 2001, *Dougoz c./ Grèce,* req. n° 40907/ 98.

[13] SUDRE F., « Le renouveau jurisprudentiel de la protection des étrangers par l'article 3 de la Convention européenne des droits de l'Homme », *in Les étrangers et la Convention européenne de sauvegarde des droits de l'Homme et des libertés fondamentales,* (Sous la direction de FULCHIRON H.), éd. LGDJ 1999, p. 61.

[14] CEDH 17 décembre 1996, *Ahmed c./ Autriche,* req. n° 71/1995/577/663.

[15] CEDH 29 avril 1997, *HLR c./ France, RUDH,* 1997, p. 60 ; RENUCCI J.-F., *D.,* 1997 som. Com., p. 358 ; SUDRE F., *JCP,* 1998-I-107, n° 9 ; KOERING-JOULIN R., Obs., *RSC,* 1998, p. 380 ; CHAUVIN N., « L'interprétation de l'article 3 de la CEDH, réelle avancée ou restriction déguisée ?, l'affaire HLR c./ France », *RUDH,* 1997, p. 347 ; LO G., « L'expulsion des étrangers : Quid novi ? L'article 3 et les risques de tortures ou traitements inhumains, affaire HLR (29 avril 1997) », *Cahiers du CREDHO,* n° 4, 1998, p. 35.

[16] La Cour a été en revanche particulièrement rigoureuse sur la preuve de la menace de mauvais traitements : le requérant doit établir que le risque réel existe et que les autorités de l'État de destination ne sont pas en mesure d'obvier à une protection appropriée.

Cette jurisprudence inédite élargit la protection retenue par l'interprétation française de la Convention de Genève[17] faite par l'OFPRA. Elle permet d'octroyer une protection à des demandeurs d'asile qui ne pouvaient prétendre à la Convention de Genève telle qu'elle était interprétée par les autorités françaises[18].

En définitive, même si la décision de la Cour dans l'affaire HLR n'a finalement pas empêché l'expulsion de l'étranger en raison de l'absence de preuves des persécutions encourues, elle a toutefois permis de redéfinir et d'intégrer un « asile humanitaire » extrêmement large dans le statut interne de l'étranger. En effet, le juge administratif et le législateur français ont repris à leur compte cette jurisprudence européenne et l'ont appliquée aux étrangers menacés[19] (qui n'ont pas obtenu le statut de réfugié par exemple)[20].

Cette jurisprudence montre que la Cour a institué un véritable droit d'asile européen, né du travail constructif de la Cour européenne, alors que le texte de la Convention n'y fait aucunement référence.

2/ L'absence de limitation ratione personnae

Depuis la décision Altun[21], la Commission estime que le ressortissant étranger extradé, même s'il a commis des crimes particulièrement graves, a droit à la protection européenne. Avec l'affaire Soering, la Cour a confirmé cette position : quel que soit le passé pénal de l'étranger, il est protégé. Ce champ *ratione personae* de l'article 3 de la CEDH élargit considérablement le principe de non-refoulement.

Ceci est parfaitement illustré par l'affaire HLR, dans laquelle la Cour européenne envisage de protéger un étranger trafiquant de drogue menacé dans son pays d'origine alors que par ailleurs, en l'absence de risques dans le pays de renvoi, elle accepte l'expulsion d'autres trafiquants de drogue, et ce, même s'ils ont une vie familiale développée dans le pays d'accueil. L'article 3 de la CEDH a une portée absolue étant donné que la Cour est même allée jusqu'à protéger un étranger suspecté d'être un terroriste[22] dans son pays d'origine.

La Cour met ainsi fin à une distinction jusqu'alors fondamentale entre « l'étranger ordinaire » peu protégé de l'expulsion, et le réfugié dont le refoulement était exclu. Agissant ainsi, la jurisprudence européenne augmente les garanties : que le requérant soit « étranger ordinaire », demandeur d'asile ou encore réfugié n'a plus d'importance, l'article 3 le protège de façon absolue.

L'article 3 est d'autant plus important qu'il permet aussi de protéger concrètement les demandeurs d'asile déboutés de la Convention de Genève. L'interprétation française de

[17] Cf. D/ RU rapport CEDH 1997-III, n°37, § 49 « (...) *a jusqu'ici été appliqué par la Cour dans des contextes dans lesquels le risque pour un individu d'être soumis à l'une des formes de traitements interdits est imputable à des actes infligés délibérément par les autorités publiques du pays d'accueil ou des actes d'organes non-étatiques de ce pays là où les autorités sont incapables d'assurer une protection adéquate* ». (Traduction libre).

[18] Cf. Partie I, Titre II, Sous Titre II, Chapitre I, Section I, § II, B.

[19] Pour une récente illustration : CE 30 juillet 2003, *M. X.*, req. n° 231678 ; CE 5 juin 2002, *Mlle X.*, req. n° 228635.

[20] Cf. dans ce Chapitre Section II.

[21] Commission 3 mai 1983 *Altun c./ Rép. Féd. All*, req. n° 10308/83, vol 36, p. 209,.

[22] CEDH 15 novembre 1996, *Chahal c./ Royaume-Uni, RUDH* 1997, p. 365. Tony Blair a émis le souhait de modifier les obligations de la jurisprudence de l'article 3 de la CEDH, http://www.proasyl.de/texte/franz/Blair_asile.htm.

la Convention de Genève étant particulièrement stricte, l'article 3 apporte une protection complémentaire au statut de réfugié. Toutefois cette protection est à relativiser sur le plan du séjour, puisqu'elle permet une simple tolérance de séjour sans octroi de droit particulier. Cet asile de la « dernière chance » se retrouve dans les arrêts de la Cour européenne : Varaz[23], Vilvarajah[24], Kalantari[25], Jabary[26], Chahal[27], S. D. c./ Allemagne[28], Ahmed c/ Autriche[29]. Cette « protection préventive »[30] contre les mesures d'éloignement permet aux demandeurs d'asile déboutés de ne pas être renvoyés dans un pays où ils craignent pour leur vie.

B/ « L'asile sanitaire » de l'étranger ou la protection humanitaire dans un statut de police

Dans les années quatre-vingt-dix, le juge européen[31] a dû faire face à des hypothèses peu banales fondées sur l'article 3 de la CEDH. En effet, des étrangers atteints de graves maladies ont invoqué l'article 3 pour ne pas être éloignés dans un pays où ils risquaient de mourir rapidement en raison de l'absence de soins prodigués dans ce pays de renvoi. La Cour européenne a accepté ce type de recours en délivrant un « asile sanitaire » dans des hypothèses exceptionnelles et bien délimitées.

En effet, en 1997, la Cour européenne a consacré cette protection sanitaire de l'étranger avec l'affaire D. c./ Royaume Uni[32]. Le renvoi d'un étranger atteint du SIDA (en phase terminale) dans un pays où il n'existait aucune structure d'accueil pour ce type de pathologie a été considéré par la Cour comme un traitement inhumain[33]. La Cour n'a fait aucune difficulté pour examiner le risque réel que subirait cet étranger gravement malade menacé d'expulsion dans un pays qui ne pouvait correctement le soigner. Pour ce faire, la Cour a d'abord apprécié l'état de santé dans lequel se trouvait l'étranger : en l'espèce, M. D. était dans un « *stade critique de sa maladie fatale* »[34]. Ensuite, la Cour a recherché la capacité d'accueil du pays à faire face à la maladie du ressortissant à expulser : l'absence de soins adéquats[35] et la dépendance au « *système sophistiqué de soin au Royaume-Uni* »[36] a permis à la Cour de mettre en lumière l'existence du risque sérieux des conditions défavorables qui attendaient l'étranger malade à Saint Kitts[37]. L'île ne pouvait accueillir le

---

[23] CEDH 20 mars 1991, *Cruz Varaz c./ Suède*, req. n° 46/1990/237/307.
[24] CEDH 30 octobre 1991, Vilvarajah et autres c./ Royaume-Uni, A-215.
[25] CEDH 28 septembre 2000, *Kalantari c./ Allemagne*, req. n° 51342/99.
[26] CEDH 11 juillet 2000, *Jabary c./ Turquie*, req. n° 40035/98.
[27] CEDH 15 novembre 1996, *Chahal c./ Royaume-Uni*, *RUDH*, 1997, p. 365.
[28] CEDH 30 mars 1999, *S. D. c. / Allemagne*, req. n° 45139/98.
[29] CEDH 24 avril, 28 juin 27 novembre 1996, *Ahmed c./ Autriche*, req. n° 71/1995/577/663.
[30] FOURTEAU H., *op. cit.*, p. 210 et s.
[31] Le 19 mai 1994 dans l'espèce *Tanko c./ Finlande*, la commission avait examiné la demande d'un étranger atteint d'un glaucome qui avait invoqué l'article 3 pour annuler son expulsion. La Commission n'a pas estimé que l'article 3 était violé.
[32] CEDH 2 mai 1997, *D. c./ RU*, req. n° 30240/96. Voir aussi CEDH 6 juillet 2000, *Tatete c./ Suisse*, req. n° 41874/ 98. Voir aussi Commission 11 janvier 1993, *Belbachir c./ Belgique*, non publiée ; comm.EDH 19 mai 1994, *Tanko c./ Finlande*, DR 77-B, p. 133.
[33] CEDH 2 mai 1997, *D. c./ RU*, § 53.
[34] CEDH 2 mai 1997, *D. c./ RU*, § 53.
[35] CEDH 25 novembre 2001, *Karagoz c./ France*.
[36] CEDH 2 mai 1997, *D. c./ RU*, §53.
[37] *Ibid.* § 52.

malade dans de bonnes conditions, d'autant que le requérant était en phase critique de sa maladie. L'expulsion était alors apparue à la Cour comme contraire à l'article 3 de la CEDH.

A l'instar de Jean-François Flauss, il convient de retenir qu'« *en se prononçant de la sorte, la Cour innove. En effet, jusqu'alors, la protection assurée aux étrangers « éloignés » concernait des affaires dans lesquelles le risque que la personne soit soumise à un quelconque des traitements interdits découlait d'actes intentionnels des autorités publiques du pays de destination ou de ceux d'organismes indépendants de l'État contre lesquels les autorités n'étaient pas en mesure de lui offrir une protection appropriée. Or, au nom de l'importance fondamentale de l'article 3 dans le système de la Convention, la Cour s'estime légitimée à élargir cette protection à d'autres cas de figure, considérés, en raison de leur caractère exceptionnel, comme particulièrement dignes d'intérêt* »[38].

Toutefois, la Cour n'admet la violation que si le gouvernement prononce effectivement une mesure d'expulsion ou une reconduite à la frontière. Dans le cas où l'État d'accueil impose une assignation à résidence, la Cour considère qu'il n'y a pas violation de l'article 3 de la CEDH puisqu'il n'y a pas renvoi de l'étranger malade[39]. Pourtant, l'assignation à résidence laisse l'étranger dans une situation administrative très précaire, à la merci de l'administration qui peut, quand elle le veut, mettre en œuvre l'éloignement.

La Cour a affiné sa jurisprudence et a pris position sur d'autres types de maladie pouvant ou non entraîner la suspension de l'éloignement d'un étranger. Ainsi, dans l'affaire Bensaïd c./ Royaume-Uni[40], un ressortissant algérien, atteint de schizophrénie et menacé d'expulsion demandait l'annulation de cette mesure car il estimait que son éloignement entraînerait des conséquences graves sur sa santé mentale. Le juge européen examina de très près tous les paramètres de façon à évaluer la situation personnelle du requérant. Celui-ci, bien que ne pouvant plus être soigné à l'Olanzapine en Europe pouvait en Algérie, près de chez lui (à quatre-vingts kilomètres) suivre une médication certes moins efficace[41], mais convenant à sa pathologie. Ensuite, la Cour releva qu'il avait un soutien familial dans son pays, contrairement à l'affaire D. c/ RU. « Les circonstances exceptionnelles » prévues pour l'application de l'accueil sanitaire n'étaient pas réunies. En conséquence, le juge n'a pas accordé la protection de l'article 3 de la CEDH.

Globalement, cette jurisprudence est une réelle avancée pour le statut interne de l'étranger. Elle permet de protéger de l'éloignement les étrangers se trouvant dans des situations dramatiques. Le juge administratif et le législateur français se sont d'ailleurs montrés réceptifs à cette jurisprudence, même s'il est vrai que le juge administratif effectuait depuis longtemps ce contrôle « sanitaire » par le biais de l'examen de la situation personnelle de l'étranger. Ainsi, dès 1996, peu avant la décision D. c./ RU de la Cour européenne, le Tribunal Administratif de Versailles[42] avait censuré une décision de

---

[38] FLAUSS J.-F., « Convention européenne des droits de l'Homme et droit administratif », *AJDA*, 1998 n° 1, p. 37 et s.

[39] CEDH 7 septembre 1998, *B.B. c./ France*, req. n° 47/ 1998/ 950/ 1165 (radiation).

[40] CEDH 6 février 2001, *Bensaïd c./ RU*, req. n° 44599/ 98. Voir aussi la décision de recevabilité de la Comm.EDH 8 septembre 1996, *Bambam Bambam c./ France*, req. n° 30930/ 96 ; CEDH 25 novembre 2001, *Karagoz c./ France*.

[41] La seule différence de soins entre la France et le Sénégal ne saurait être considérée comme relevant d'un traitement inhumain ou dégradant au regard de l'article 3 : Comm. 13 avril 1996, *Omar Kebe c./ France*, non publiée ; Comm. EDH 23 janvier 1997, *Mohamed Achbab c./ France*, req. n° 31362.

[42] TA Versailles, 26 septembre 1996, *affaire B. B.*, req. n° 963227 et 963328 ; Concl. M. KRULIC, *RFDA*, 13 mars avril 1997, p. 315 ; *AJDA*, n° 1, 1997, p. 110 ; Affaire soumise à la CEDH 7 septembre 1998, *B.B. c./*

reconduite à la frontière pour violation de l'article 3 de la CEDH en raison des risques que pouvait encourir un étranger atteint du SIDA. Le législateur français a aussi tenu compte de la jurisprudence administrative relative à la situation personnelle de l'étranger et de celle de la Cour européenne, en créant en 1998 une carte de séjour temporaire (article 12 bis 11[43] de l'ordonnance de 1945) pour les étrangers atteints de lourdes pathologies. Jusqu'alors, les autorités administratives délivraient discrétionnairement des autorisations provisoires de séjour pour raisons médicales[44].

Par ailleurs, dans une affaire unique, l'ancienne Commission avait tenu compte des circonstances particulièrement graves qu'entraînerait l'expulsion d'un individu handicapé. Elle a considéré que l'isolement sensoriel et les sentiments d'angoisse provoqués par l'éloignement étaient susceptibles d'atteindre le seuil de gravité de l'article 3[45]. Mais, la Cour a examiné cette affaire sur la base de l'article 8 et a estimé qu'elle ne relevait donc pas de l'article 3.

C/ Non-éloignement de l'étranger lorsque l'exécution de la mesure constitue en elle-même un traitement prohibé

La dernière protection amenée par l'article 3 est moins fréquente, elle concerne la façon dont les États d'accueil procèdent à l'éloignement ou au refoulement des ressortissants étrangers. Cette protection est plus difficile à admettre puisqu'elle met en cause la politique même de « l'État expulseur » et non plus les persécutions encourues dans le pays de renvoi. Trois hypothèses se dégagent de l'ensemble de la jurisprudence européenne. Tout d'abord, des étrangers ont invoqué l'article 3 en estimant que l'exécution même de la mesure d'éloignement pouvait constituer un traitement prohibé (1). Ensuite, la Cour a estimé que l'absence de contrôle rigoureux de « l'État expulseur » sur la décision d'éloignement pouvait entraîner un traitement incompatible avec l'article 3 (2). Enfin, une récente jurisprudence montre que la Cour exige, désormais, des conditions de rétentions décentes, sous peine de constituer un traitement contraire à l'article 3 (3).

1/ L'exécution de la mesure d'éloignement et le traitement contraire à l'article 3 de la CEDH

Plusieurs essais ont été tentés en vain pour censurer les mesures d'éloignement en raison de leur exécution particulièrement difficile. D'abord, il convient de souligner que les expulsions collectives n'ont jamais été censurées sur le fondement de l'article 3 (sans doute

---

France, req. n° 47/1998/ 950/ 1165, radiée du rôle ; TA Marseille 15 octobre 1996, M. *Benchaabane*, req. n° 96-3733 et 96-3735.

[43] Article 12 bis 11 « *La carte mention temporaire portant la mention « vie privée et familiale » est délivrée de plein droit : à l'étranger résidant habituellement en France dont l'état de santé nécessite une prise en charge médicale dont le défaut pourrait entraîner pour lui des conséquences d'une exceptionnelle gravité, sous réserve qu'il puisse effectivement bénéficier d'un traitement approprié dans le pays dont il est originaire* ». Voir circulaire du 5 mai 2000, rép. Min. Int. juin 2000, relative à la délivrance du titre de séjour en application de l'article 12 bis 11 de l'ordonnance de 1945.

[44] En décembre 1996, 1924 étrangers étaient titulaires d'une autorisation provisoire de séjour pour raison médicale, (JOAN 13 décembre 1997, p. 7483).

[45] DPE, fascicule Convention européenne des droits de l'Homme, Section II « *la situation créée par la mesure d'éloignement peut constituer une violation de l'article 3* ».

en raison de l'article 4 du Protocole 4 qui traite spécifiquement de la question). Dans l'affaire Conka où plusieurs tziganes ont été reconduits dans des conditions ambiguës, la Cour rejeta l'argument de l'article 3 de la CEDH. En effet, « *en l'espèce, le Gouvernement a expliqué que l'apposition d'un numéro au stylo à bille a eu lieu sur la main de chaque requérant, avant l'embarquement à l'aéroport, afin d'identifier le siège attribué à chaque passager. Même si l'on peut y voir une maladresse, le procédé a été rendu nécessaire en raison de l'absence d'infrastructures usuelles d'embarquement, dans le but de rassembler les membres d'une même famille et de sécuriser les passagers en apposant sur leurs bagages, le même numéro que celui dont ils étaient chacun porteurs. Aucune intention d'humilier n'aurait animé les autorités. D'ailleurs, le même procédé aurait été utilisé lors de transports humanitaires de réfugiés kosovars vers la Belgique* »[46]. Après cette argumentation, la Cour estima que le seuil de gravité exigée par la jurisprudence de l'article 3 n'était pas atteint, et que, par conséquent, le grief était manifestement mal fondé.

De même, l'expulsion d'une femme enceinte a soulevé la question de sa conformité à l'article 3. La requérante[47] demandait à la Commission de suspendre cette mesure en raison de sa grossesse et des conséquences que cela allait engendrer sur sa santé physique et psychologique ainsi que sur celle de son enfant à naître. Mais elle n'apportait aucune preuve réelle. La Cour a donc estimé, ici encore, que le seuil de gravité de l'article 3 n'était pas atteint et que, rien n'empêchait l'exécution de la mesure.

En droit interne, plusieurs requérantes ont invoqué l'ex article 25-8° de l'ordonnance de 1945 (nouvel article 26-I-5°) pour éviter l'éloignement (l'article 3 n'étant opérant que sur le pays de renvoi -et non sur les raisons de l'éloignement-, seule l'analyse de la situation personnelle de l'étrangère permet d'examiner le cas d'une étrangère enceinte au regard de son éloignement). Le juge administratif estime que l'étrangère enceinte doit montrer que son état de santé s'oppose à la reconduite, ce qui est rarement retenu par le juge[48].

2/ L'absence d'examen rigoureux de la mesure d'expulsion peut constituer un traitement prohibé

L'affaire Jabary c./ Turquie[49] a prouvé le travail dynamique et constructif de la Cour à propos de l'article 3. En effet, dans cette affaire, la Cour s'est montrée particulièrement audacieuse en estimant que l'État d'accueil avait violé l'article 3 : au moment de la procédure d'expulsion proprement dite, la Turquie n'avait pas examiné de façon rigoureuse les allégations de l'étrangère et ses craintes d'être renvoyée. Par sa prise de position, la Cour contestait la législation turque, qui de façon trop stricte, ne laissait que cinq jours au demandeur d'asile pour déposer sa demande. La Cour rappelait ici les obligations des États face à l'éloignement de l'étranger et elle a estimé que « *l'application automatique et systématique du délai aussi bref pour soumettre une demande d'asile doit être jugée incompatible avec la protection de la valeur fondamentale de l'article 3 de la*

---

[46] CEDH décision sur la recevabilité 13 mars 2001, *Conka c./ Belgique*, req. n° 51564/99.

[47] Comm. 15 mai 1996, *Ama Poku et autres c./ RU*, req. n° 26985/95, Comm. 22 juin 1999, *Théodora Ajayai c./ RU*, req. n° 27663/95.

[48] CE 30 décembre 2003, *Melle X.*, req. n° 243718 ; CE 21 mai 2003, *Melle Zohra* YX Y, req. n°251553.

[49] CEDH 11 juillet 2000, *Jabary c./ Turquie*, req. n° 40035/98.

Convention »[50]. Le non-respect du délai de cinq jours n'avait pas permis à l'étrangère d'exposer ses craintes d'où le constat de violation de l'article 3.
Cette protection est, ici encore, très audacieuse car elle conduit la Cour à apprécier la législation des « États expulseurs » pour en juger la cohérence et la conformité au regard des valeurs de l'article 3. Cette jurisprudence approfondie est un excellent contrôle préventif des législations internes relatives aux droits des étrangers des États parties.

Le droit français est muet sur cette question.

3/ La rétention de l'étranger avant la mise à exécution de la mesure d'éloignement peut être incompatible avec l'article 3

Une espèce européenne a clairement sanctionné au regard de l'article 3 de la CEDH les conditions de rétention avant l'exécution de la mesure d'éloignement des « pays expulseurs ». L'affaire Dougoz c./ Grèce[51] est l'exemple révélateur d'une pratique de certains pays d'Europe qui retiennent les étrangers dans des conditions déplorables[52]. Ainsi, la rétention d'un étranger sous le coup d'une mesure d'éloignement, peut constituer un traitement dégradant, en raison des conditions sanitaires et du taux d'occupation du centre qui ne sont pas adaptés aux longues périodes de rétention. La Cour s'est servie des rapports du Comité pour la Prévention de la Torture (CPT) qui avait visité les centres de rétention de Grèce et qui connaissait parfaitement les mauvaises conditions de rétention et pouvait ainsi apprécier les modalités de détention.

Cet arrêt récent entre dans le cadre d'une nouvelle évolution jurisprudentielle dont le point de départ est la décision Kudla c./ Pologne du 26 octobre 2000[53] qui concernait la détention des détenus. Cet élargissement prétorien de l'article 3 aux rétentions des étrangers constitue une décision audacieuse. Le ressortissant étranger est parfois soumis, en centre de rétention ou en zone d'attente, à des privations de liberté. Le nouveau champ d'application de l'article 3 permet d'imposer des obligations positives[54] aux États afin d'assurer des conditions de détentions les plus décentes possibles.

En définitive, les mesures d'éloignement doivent être conformes à l'article 3, tant sur le plan de la procédure d'exécution de l'éloignement (rétention), que sur les risques encourus dans le pays de destination de l'étranger expulsé. La situation personnelle de l'étranger doit primer pour éviter de le renvoyer dans un pays dans lequel il risque des mauvais traitements. Dans le même temps, « l'État expulseur » doit également s'engager à prendre toutes les mesures nécessaires pour que la mise en rétention avant l'expulsion vers le pays de renvoi s'effectue dans le respect des valeurs fondamentales de l'article 3.

---

[50] *Ibid.* § 40.
[51] CEDH 6 mars 2001, *Dougoz c./ Grèce*, req. n° 40907/ 98.
[52] Le requérant ressortissant syrien s'est réfugié en Grèce. Il y a été condamné à plusieurs reprises. Avant d'être expulsé vers la Syrie, il a été détenu plusieurs mois dans un commissariat de Drapetzona au sein d'une cellule surpeuplée et sale, dépourvue de tout matériel de couchage et d'installations sanitaires suffisantes, et plus tard dans le Commissariat général de la police où les conditions de rétention n'étaient pas meilleures. La Cour a estimé que ces conditions de rétention étaient constitutives d'un traitement dégradant au sens de l'article 3 de la CEDH.
[53] CEDH 26 octobre 2000, *Kudla c./ Pologne* ; MARGUENAUD J.-P., *RTDciv.*, 2001, p. 442 ; SUDRE F., *JCP, G*, 2001, I 291, n° 6 ; FLAUSS J.-F., *RTDH*, 2002, p. 169 ; ECOCHARD B., « L'émergence d'un droit à des conditions de détention décentes garanti par l'article 3 de la Convention européenne des droits de l'Homme », *RFDA*, janvier février 2002, p. 98.
[54] *Ibid.*, p. 104 et s.

L'application de cette jurisprudence européenne est, pour l'instant, peu envisageable dans les centres de rétention français puisque la récente visite[55] du Comité contre la torture n'a pas relevé de traitements inhumains ou dégradants dans les centres de rétention, même s'il a été constaté des manquements liés, notamment, à l'hygiène. Toutefois, il convient de rappeler que les conditions de rétention ont été modifiées par la nouvelle loi : l'allongement des délais de rétention risque d'entraîner des conditions de rétention plus difficiles pouvant conduire à des traitements inhumains ou dégradants. La jurisprudence européenne pourrait alors s'appliquer aux centres de rétention français. La CIMADE chargée d'une mission d'accompagnement social et juridique dans les centres de rétention, a très récemment souligné des tensions dans les centres depuis les modifications des conditions de rétention[56]. En effet, selon elle, les conditions matérielles de rétention se sont largement dégradées du fait de la surpopulation endémique (par exemple le Centre Mesnil Amelot a vu sa capacité d'accueil passer de 70 à 140 personnes en quelques jours). Cette situation risque de se dégrader encore davantage puisque les aménagements matériels prévus en 2001 pour améliorer les conditions de rétention ont été reportés pour 2005. Il y a donc tout intérêt à rester vigilant sur ce terrain, la jurisprudence européenne relative à l'article et aux conditions de rétention pourrait se confirmer avec le cas français. Les mêmes remarques peuvent être faites pour les zones d'attente[57].

À cet égard, la Cour européenne a rendu une espèce relative à la mort suspecte d'un ressortissant tunisien dans le centre de rétention de Marseille-Arenc (affaire *Slimani c./ France*, 27 juillet 2004, req. n° 57671/00). Les conditions d'équipement et d'encadrement médicaux du centre de rétention étaient en cause, mais la Cour n'a pas pu se prononcer sur le fond de l'espèce puisque la requérante disposait au plan interne d'un recours *« accessible et susceptible de lui offrir le redressement des griefs (...) et présentant des perspectives raisonnables de succès »*[58].

En guise de remarque terminale, il faut rappeler que dans une espèce rendue en octobre 2003[59], le juge administratif a eu à se prononcer sur l'application de l'article 3 de la CEDH à la lumière des conditions inhumaines de séjour dues à un placement en centre de rétention sans pour autant avoir eu d'éléments suffisants pour en apprécier le bien fondé.

§ II : Les difficiles conditions jurisprudentielles d'engagement de la protection de l'article 3 de la CEDH

La Commission et la Cour se sont efforcées de développer une jurisprudence cohérente dans l'interprétation de l'article 3 de la CEDH. La Cour porte une attention particulière sur les motifs ou les craintes de peines, de traitements dégradants ou inhumains. Elle apprécie un faisceau d'indices qui lui permet de conclure à la violation de l'article 3. Ainsi, la recherche du risque réel et avéré est capitale dans l'analyse de la Cour (A). Toutefois, la Cour demande aux requérants des preuves importantes sur le risque encouru en contrepartie de l'extension du champ d'application de l'article 3 (B).

---

[55] Cf. rapport des visites 1996 et 2002 cf. rapport sur la visite de 2002, rendu public le 16 décembre 2003, p. 30.
[56] CIMADE, *Centre et locaux de rétention administrative*, rapport 2003, juillet 2004.
[57] Comité européen pour la prévention de la torture, rapport sur la visite de 2002, rendu public le 16 décembre 2003 ; cf. Partie II, Titre I, Sous Titre II, Chapitre II section III, § II.
[58] CEDH 27 juillet 2004, *Slimani c./ France*, req. n° 57671/00 ; § 41.
[59] CAA Nancy 23 octobre 2003, *M. Vevra X.*, req. n° 01NC00366.

A/ Les motifs réels et avérés et la gravité du risque encouru sont strictement encadrés par le juge européen

Le requérant doit mettre en relief la gravité du risque qu'il craint de subir en cas d'éloignement afin de pouvoir espérer que soit déclarée la violation de l'article 3 de la CEDH (2). Mais la victime potentielle doit avant tout démontrer que le traitement qu'elle redoute de subir est avéré, réel et personnel afin de prétendre à la protection de l'article 3 (1). Parfois, le traitement ne peut être contraire à l'article 3 en raison d'une présomption simple de non-violation (3).

1/ Un risque avéré, réel et personnel

La Cour européenne examine un ensemble d'indices qui permet de conclure à un risque réel encouru afin d'entraîner le constat de la violation de l'article 3. La victime doit démontrer tout d'abord l'existence d'un réel danger, d'un danger objectif qui peut émaner du pays de destination ou du pays d'accueil. Puis la Cour exige que soit apportée la preuve que le risque concerne personnellement l'étranger. Cette condition a notamment conduit à exclure de la protection certains demandeurs d'asile, déboutés en raison du caractère général des violences qu'ils craignaient dans leur pays de renvoi. Ainsi, dans l'affaire Vilvarajah, les cinq Tamouls du Sri Lanka ayant demandé la protection de l'article 3 n'ont pu exposer leurs craintes personnelles[60] puisque la situation de violence dans leur pays d'origine s'exerçait sur l'ensemble de leur minorité[61]. En droit interne, le juge administratif évalue de la même manière le risque personnel sérieux. Plusieurs espèces ont été censurées[62] en raison de l'absence de risques réels pour la personne requérante.

Par ailleurs, le risque encouru peut avoir eu lieu ou être probable. Ainsi, la « violation possible » permet de protéger l'étranger des risques de persécutions avant qu'il ne soit renvoyé. Cette protection est très intéressante, car elle est effective et permet surtout d'éviter les protections posthumes[63]. La victime potentielle d'éloignement est donc apte à voir sa requête recevable devant la Cour sur la base de l'article 3, d'autant que « l'État expulseur » doit respecter les mesures provisoires qui découlent de l'article 39 du règlement de la Convention européenne, et ce, afin que l'étranger bénéficie d'une protection effective le temps nécessaire à l'examen de sa requête par la Cour[64].

---

[60] La Cour réaffirme sa position sur les craintes personnelles dans l'espèce : CEDH 26 avril 2005, *Affaire Müslim c./ Tuquie*, req. n° 53566/ 99, § 66.

[61] CEDH 30 octobre 1991, *Vilvarajah et autres c./ Royaume-Uni*, A-215.

[62] CE 9 juin 2004, *M. X*, req. n° 252624 ; CE 17 mai 2004, M. *Souad YX.*, req. n° 251745 ; CE 1er décembre 1997, *M. X.*, req. n° 184053, rec Lebon.

[63] Rapport de la commission 19/7/1974, affaire réglée à l'amiable du 11 octobre 1973, *Amekrane c./ RU,* req. n° 5961/72.

[64] CEDH 6 février 2003, *Mamatkulov et Abdurasulovic c./ Turquie* ; TIGROUDJA H., « La force obligatoire des mesures provisoires indiquées par la Cour européenne des droits de l'Homme, observation sous l'arrêt du 6 février 2003, Mamatkulov c./ Turquie », *RGDIP*, 2003-3, p. 601-632. cf. aussi COHEN-JONATHAN G., « De l'effet juridique des « mesures provisoires dans certaines circonstances et de l'efficacité du droit de recours individuel : à propos de l'arrêt de la Cour de Strasbourg Cruz Varas du 20 mars 1991 », *RUDH,* 1991, p. 205 ; GARCIA DE ENTERRIA E., « De la légitimité des mesures provisoires prises par la Commission et la Cour européenne des droits de l'Homme », *RTDH,* 1992, p. 251-280. Cf. récente confirmation CEDH, 12 avril 2005, *Chamaïev et a c./ Géorgie et Russie,* req. n° 36378/02.

La Cour s'efforce ensuite de vérifier le caractère sérieux et avéré du risque encouru. Le critère sérieux est très strictement apprécié par la Cour européenne. L'affaire Cruz Varaz [65] illustre parfaitement les exigences du juge européen en ce qui concerne, notamment, la véracité des allégations du requérant. Le juge européen peut même mettre en doute le caractère sérieux et avéré des craintes lorsqu'il existe une amélioration des droits de l'Homme[66] dans le pays de renvoi (présomption de non-violation cf. *infra*).

Même si le risque « réel, sérieux et personnel » est établi, l'étranger n'est pas forcément protégé par la Cour. Le juge européen exige un certain degré de gravité pour engager la protection de l'article 3 (le simple mauvais traitement n'entraîne pas forcément la violation de l'article 3[67]). Un minimum de gravité[68] est requis. Ce seuil a évolué au fil des jurisprudences, il doit être apprécié au regard des « conditions actuelles ». Il y a peu de temps encore, la Cour optait pour « une appréciation relative » de la gravité du risque : elle analysait les « circonstances de la cause » (difficultés de l'espèce, durée, rigueur et effets sur la victime...), et la qualité de la victime (âge, sexe, santé ...). Cette dépendance aux données de l'affaire emprisonnait la protection de l'article 3 dans une sorte de contrôle de proportionnalité[69], ce qui était regrettable[70] à l'égard d'une protection qui se voulait absolue. Toutefois, Frédéric Sudre estime que depuis la jurisprudence Tomasi[71], le juge européen a abandonné ce contrôle de l'appréciation relative. Depuis cette affaire Tomasi (comme depuis l'espèce Chahal concernant les étrangers), la Cour opte pour une appréciation absolue du risque réel, ce qui lui permet d'engager la protection de l'article 3 sans analyser les difficultés indéniables que peuvent rencontrer les États dans des espèces délicates. Dans l'affaire Tomasi, la Cour a utilisé uniquement des rapports médicaux provenant d'experts indépendants, « *sans se préoccuper des nécessités de l'enquête et des indéniables difficultés de la lutte contre la criminalité* ». Les difficultés rencontrées « *ne sauraient la conduire à limiter la protection due à l'intégrité physique de la personne* »[72]. Depuis cette jurisprudence, le juge européen semble[73] avoir effectivement rendu absolue la protection de l'article 3, et ce, en l'ayant émancipé des intérêts de l'État. La protection de l'article 3 est, dès lors, devenue « absolument absolue »[74] : aucune exception ne saurait exclure son

[65] CEDH 20 mars 1991, *Cruz Varaz c./ Suède*, § 80.

[66] CEDH 19 février 1998, *Dalia c./ France*, rec. 1998 I pour l'Algérie et pour l'ex-URSS : CEDH 28 mai 1991, *Kozlov c./ Finlande*, DR 69, p. 321.

[67] Rapp. 18 novembre 1969, affaire grecque, p.196.

[68] CEDH 18 janvier 1978, *Irlande c./ RU*, série A n° 25, p. 65, § 162.

[69] cf., analyse de SUDRE F., « Le renouveau jurisprudentiel de la protection des étrangers par l'article 3 de la Convention européenne des droits de l'Homme », *in les étrangers et la Convention européenne de sauvegarde des droits de l'Homme et des libertés fondamentales*, (Sous la direction de FULCHIRON H.), 1999, LGDJ, p. 77. Voir Affaire Soering, § 110 « juste équilibre (...) entre les intérêts en jeu ».

[70] Ceci a beaucoup été critiqué par F. SUDRE dans « La notion de « peines et traitements inhumains ou dégradants » dans la jurisprudence de la Commission de la Cour européenne des droits de l'Homme », *RGDIP*, 1984, p. 846. « *On mesure évidemment le danger majeur de ce système de l'échelle mobile pour la protection des droits fondamentaux : celui de voir le seul intérêt de l'État être déterminant dans la fixation des limites « du nécessaire » en matière d'atteintes aux droits de l'Homme* ».

[71] CEDH 27 août 1992, *Tomasi c./ France*, série A n° 241-A.

[72] BERGER V., *op. cit.* p. 30.

[73] SUDRE F., « Le renouveau jurisprudentiel de la protection des étrangers par l'article 3 de la Convention européenne des droits de l'Homme », *in les étrangers et la Convention européenne de sauvegarde des droits de l'Homme et des libertés fondamentales*, (Sous la direction de FULCHIRON H.), 1999, LGDJ, p. 76, (cf. L'abandon incertain de l'appréciation relative).

[74] *Ibid*., p. 82. Cf. La Cour l'a récemment réaffirmé : CEDH 26 avril 2005, *Affaire Müslim c./ Turquie*, req. n° 53566/ 99, § 66.

application. De surcroît, cette disparition du contrôle de proportionnalité montre, une fois encore, l'étendue de l'article 3, car elle le différencie du principe international du non-refoulement de la Convention de Genève. Ainsi, cet abandon de l'appréciation relative permet d'élargir l'application de l'article 3 à tous les étrangers indépendamment de leurs situations. En définitive, « *la garantie de l'article 3 joue, dès lors que la mesure d'éloignement du territoire fait courir à l'étranger un risque réel de subir un traitement quelle que soit sa nature ou l'origine de ce risque* »[75].

2/ Le risque encouru : tortures, peines, traitements inhumains ou dégradants

Au fil des espèces, la Cour a construit une jurisprudence complexe sur les différents types de traitements prohibés par l'article 3. Elle a établi, grâce à l'exigence de seuil de gravité, une différence entre les simples mauvais traitements non prohibés par l'article 3[76] et les peines ou traitements dégradants qui violent l'article 3. Le juge européen a ainsi défini une classification hiérarchique des divers degrés de souffrance au sein des différents concepts « de peines ou traitements dégradants », « de traitements inhumains » et enfin de « torture ». Dans l'affaire Tyrer c./ RU[77], le juge européen a montré le « palier inférieur »[78] de l'article 3. En l'espèce, la gravité des faits n'avait pu déclencher la protection, ni sur la base de la « torture », ni sur celle des « traitements inhumains ». Le juge européen avait donc cherché si les faits litigieux (châtiments corporels de fustigation infligés dans l'île de Man) n'engageaient pas l'article 3 sur la base des « traitements dégradants ». Pour ce faire, la Cour avait défini ce qu'elle entendait par « traitement dégradant » : ainsi « *l'humiliation ou l'avilissement doit atteindre un niveau particulier et différer en tout cas de l'élément habituel d'humiliation que comportent d'ordinaire et presque inévitablement les châtiments judiciaires* »[79]. Les simples brutalités et mauvais traitements sont par conséquent exclus. Les traitements inhumains (palier intermédiaire) sont définis par la Cour comme des actes provoquant volontairement des souffrances mentales et physiques atteignant ainsi un certain degré de gravité. Enfin, depuis l'affaire Askoy[80], la Cour a caractérisé la torture (seuil supérieur) comme « *une spéciale infamie des traitements inhumains délibérés provoquant de fort graves et cruelles souffrances* »[81].

Toutefois, au regard des récentes espèces, la Cour ne semble plus établir de différence bien nette entre « inhumain » et « dégradant ». La distinction entre ces concepts apparaît aujourd'hui plus floue. En effet, la Cour préfère utiliser indifféremment les termes génériques de traitement « incompatibles », « interdits »[82], ou « contraires »[83] à l'article 3,

---

[75] SUDRE F, MARGUENAUD J.-P., GOUTTENOIRE A., LEVINET M., *Les grands arrêts de la Cour européenne des droits de l'Homme*, Thémis, PUF droit, Paris, 2003, p. 125.

[76] CEDH 18 janvier 1978, *Irlande c./ RU*, série A n° 25, p. 65, § 162 : un mauvais traitement doit atteindre un minimum de gravité.

[77] CEDH 25 avril 1978, *Tyrer c./ RU*, série A n° 26.

[78] SUDRE F., « L'article 3 » *in La CEDH commentaire article par article*, (Sous la direction L.-E., PETTITI, E. DECAUX, P.-H IMBERT*)*, 2ème éd., 1999, p. 157.

[79] CEDH 25 avril 1978, *Tyrer c./ RU*, série A n° 26 § 29 et 30.

[80] CEDH 18 décembre 1996, *Askoy c./ Turquie*, rec. 1996-V.

[81] § 63.

[82] CEDH 6 février 2001, *Bensaïd c./ RU*, req. n° 44599/ 98, § 34.

[83] CEDH 11 juillet 2000, *Jabary c./ Turquie*, req. n° 40035/98, § 42.

ou bien elle reprend simplement l'ensemble des termes de « tortures, de peines ou traitements inhumains ou dégradants » ou encore « traitements inhumains ou dégradants » sans les distinguer[84]. Comme on l'a démontré, le juge européen a condamné une multitude de « peines ou traitements » aussi disparates les uns que les autres, infligés aux étrangers : les conditions de détention[85] de requérants menacés d'extradition, le renvoi d'une étrangère risquant de subir une peine de lapidation pour adultère en Iran[86], ou encore celui du renvoi vers la Tanzanie[87] violent les valeurs fondamentales de l'article 3. Récemment, les conditions de rétention en Grèce dans des conditions déplorables des étrangers en attente d'expulsion ont été reconnues comme des « traitements dégradants »[88]. Enfin, le renvoi d'un étranger en phase terminale du SIDA a lui aussi été jugé comme un traitement contraire à l'article 3. Toutes ces affaires illustrent l'étendue de l'article 3 dans le contentieux des étrangers.

Le juge administratif français utilise l'ensemble des termes de l'article 3 dans ses analyses des atteintes à l'article 27 bis de l'ordonnance de 1945, sans distinguer la torture des traitements inhumains et des traitements dégradants. En revanche, l'OFPRA va certainement construire une jurisprudence précise en la matière avec l'instauration de la protection subsidiaire qui est délivrée à un étranger ayant subi des actes de torture ou des peines ou traitements inhumains ou dégradants. A suivre.

3/ Présomption simple de non-violation de l'article 3 en cas d'éloignement ou d'extradition vers un pays partie à la Convention

Le juge européen a posé une sorte de présomption *simple* de non-violation de l'article 3 en cas d'éloignement d'un étranger vers un État partie. En général, la Cour ne déclare pas recevable les requêtes qui invoquent l'article 3 dans le cas d'éloignement d'un étranger vers un pays partie à la Convention, lorsque le pays a adopté le système de recours individuel[89] de l'article 25 de la Convention. Le juge européen présume le respect de la Convention et l'absence de violation de l'article 3 de la CEDH par ce pays.

Cette présomption soulève des interrogations : notamment le problème des différences de traitement entre les étrangers renvoyés vers les pays extérieurs, qui eux, sont soumis au contrôle de l'article 3 et les autres, expulsés vers les pays parties. Cette approche « *manichéenne* »[90] du juge européen est pour le moins simpliste surtout pour des requêtes d'expulsion vers la Turquie pays dans lequel subsiste des actes de torture ou encore les « extraditions délicates » des détenus basques vers l'Espagne. Cette présomption simple du respect des droits de l'Homme rappelle, dans ses objectifs, le Protocole Aznar sur l'absence de droit d'asile pour les ressortissants communautaires.

Le juge administratif français suit la Cour européenne puisqu'il pose également une sorte de présomption de violation de l'article 3 de la CEDH lorsque le pays (l'Espagne) a

---

[84] CEDH 6 mars 2001, *Hilal c./ RU*, req. n° 452751/ 99, § 68.
[85] CEDH 7 juillet 1989, *Soering c./ RU*, série A n° 161.
[86] CEDH 11 juillet 2000, *Jabary c./ Turquie*, req. n° 40035/98.
[87] CEDH 6 mars 2001, *Hilal c./ RU*, req. n° 452751/ 99.
[88] CEDH 6 mars 2001, *Dougoz c./ Grèce*, req. n° 40907/ 98.
[89] Comm.EDH 14 avril 1986, *Altun c./ Suisse*, DR vol 46, p. 257 et Comm.EDH 26 octobre 1995, *A. G. et autres c./ suède*, DR, vol. 83 B, p. 101.
[90] KARAGIANNIS S., « Expulsion des étrangers et mauvais traitements imputables à l'État de destination ou à des particuliers : vers une évolution de la jurisprudence européenne ? », *RTDH*, 1999, p. 92.

« souscrit aux engagements internationaux de protection des droits de l'Homme, notamment à la Convention européenne de sauvegarde des droits de l'Homme et des libertés fondamentales et au Pacte international des Nations Unies relatif aux droits civils et politiques, (le pays) est un État démocratique (...) »[91].

B/ Les difficultés liées à l'apport de preuve des exactions ou les limites de la protection de l'article 3 de la CEDH

La protection de l'article 3, comme celle de l'OFPRA, connaît des difficultés d'application en raison de la charge que représente la réunion des preuves pour les étrangers appartenant à des sociétés dans lesquelles l'écrit a peu de place (société à tradition orale). La récente extension du champ de l'article 3 augmente cette difficulté. En effet, comme cela a été démontré précédemment, l'élargissement de la protection de l'article 3 a entraîné, en contre partie, un alourdissement des preuves à apporter pour déterminer les risques encourus.

A l'instar de Frédéric Sudre[92], il convient d'examiner les différents types de preuves demandés aux requérants devant la Cour européenne. Celles-ci diffèrent selon que les risques soient -de mauvais traitements des autorités du pays de destination ou -de particuliers, ou -émanent de l'absence de soins convenables dans le pays de renvoi dans le cas de maladie grave. Ces trois situations ont des exigences propres en matière de preuves.

- Lorsque les risques émanent des autorités du pays de destination ou d'accueil, l'étranger doit établir la preuve par tous les moyens que ces risques existent et sont contraires à l'article 3. Toutefois, si la charge de la preuve incombe à l'étranger, la Cour cherche à se faire sa propre opinion en corroborant les preuves apportées par l'étranger et celles de « l'État expulseur » qui doit offrir des assurances en cas de renvoi de l'étranger dans un pays à risque. Dans ce type d'affaire, pour apprécier le caractère sérieux et avéré du traitement prohibé, le juge européen utilise les rapports établis par les organisations internationales (ONU, HCR, CPT ...), les documents émanant des ONG (Amnesty international...) ou encore les décisions chargées d'apprécier les demandes de statut d'asile politique[93].

Il en est de même dans la décision toute particulière Dougoz où l'étranger craignait des traitements contraires à l'article 3 dans le « pays expulseur ». La Cour européenne a apprécié les conditions de rétention des étrangers au regard des visites et des Recommandations effectuées par le Comité européen pour la prévention de la torture[94]. On mesure alors la complémentarité de ces deux organes européens qui n'ont pourtant pas le même rôle : la Cour exerce une fonction juridictionnelle alors que le Comité a un objectif de prévention contre la torture. Cette collaboration juridique montre l'unification des normes européennes[95] mais elle témoigne surtout de l'effectivité des Recommandations du Comité rendue possible grâce à l'appropriation par la Cour européenne de ce *Soft Law*.

---

[91] CAA 2 mai 2001, *M. Iruretagoyena*, req. n° 01PA00206.

[92] SUDRE F., « Le renouveau jurisprudentiel de la protection des étrangers par l'article 3 de la Convention européenne des droits de l'Homme », *op. cit.*, p. 73-75.

[93] CEDH 8 février 1993, *T. c./ France*, req. n° 206449/92.

[94] Voir aussi Comm. EDH 5 décembre 1996, *José Antonio Urrutikoetxea c./ France*, req. n° 31113/ 96.

[95] ECOCHARD B., *op. cit.*, *RFDA*, janvier février 2003, p. 102 et s.

-Les craintes émanant de groupes particuliers non étatiques sont plus difficiles à prouver pour l'étranger. Il doit non seulement démontrer par tous les moyens, l'existence des possibles traitements prohibés ce qui est délicat dans le cas de groupes mafieux qui agissent dans l'ombre, mais encore apporter un élément supplémentaire : l'absence de protection de l'autorité de l'État dans lequel il va être renvoyé. Dans l'affaire HLR, le juge pose cette condition complémentaire en exigeant la preuve de l'absence de « *protection appropriée* »[96] de l'État de destination. Comme le relève Frédéric Sudre, cette double exigence de preuves rend la protection de l'article 3 illusoire[97]. D'ailleurs, l'espèce HLR montre bien la difficulté d'établir l'existence de traitements incompatibles avec l'article 3 lorsqu'il s'agit d'une mafia de narcotrafiquants. Gourmo Lo a estimé, lui aussi, que « *la Cour n'est pas exempte du reproche de subjectivisme car, quel devrait être le niveau d'assurance nécessaire et surtout quels faits pourraient étayer le défaut de protection de l'État dans une situation manifeste incertaine et insécuritaire pour la généralité des Colombiens, à plus forte raison pour un individu, dont il n'est pas nié qu'il a apporté à des autorités étrangères, un appui décisif pour démanteler un réseau de trafic dont l'âme est précisément située dans le pays d'expulsion ou l'implication de certaines au moins des autorités de police et de renseignement sont de notoriété publique dans cette activité criminelle ?* ». À propos de la décision HLR, le juge Pekkanen suivi par les juges Thór Vilhálmsson, Lopes Rocha et Lohmus, ont exprimé une opinion dissidente, en raison de la difficulté pour le requérant de fournir les preuves des dangers qui le menaçaient en cas d'expulsion. Ainsi « *les preuves concrètes montrant que HLR risquerait sa vie s'il était refoulé sont, il est vrai, assez maigres. Cela n'a, cependant, rien d'étonnant : en effet, les tueurs préviennent rarement avant de passer à l'acte. Selon moi* (le juge Pekkanen), *exiger des preuves concrètes plus fournies d'un requérant dont il est établi qu'il est un « informateur » revient à lui imposer une charge irréaliste. Des « informateurs » ont, avant lui, connu un sort fatal en Colombie* » ...

- Enfin, la charge de la preuve est moins lourde lorsque l'étranger est atteint d'une maladie incurable et risque un traitement dégradant s'il est renvoyé. Dans ce cas, la Cour s'appuie sur des paramètres objectifs (état médical dans le pays de renvoi, médicaments, prise en charge familiale du malade...). Comme la protection de l'autorité de l'État de destination n'entre pas en jeu, la preuve est alors plus aisée. Frédéric Sudre[98] soulève, avec raison, le paradoxe suivant : c'est curieusement à l'occasion d'affaires dans lesquelles l'application de l'article 3 a été particulièrement étendue que l'exigence de la preuve est plus souple à apporter pour l'étranger...

Il convient de remarquer que pour l'ensemble de ces hypothèses, l'étranger est souvent une victime « potentielle ». Les traitements prohibés sont « probables », le côté incertain complexifie grandement la charge de la preuve.

Le juge administratif est aussi sévère[99] que la Cour, il retient des justifications probantes[100] et suffisantes des risques auxquels l'étranger est personnellement soumis[101].

---

[96] § 40 et § 43.

[97] SUDRE F., « Le renouveau jurisprudentiel de la protection des étrangers par l'article 3 de la Convention européenne des droits de l'Homme », *op. cit.*, p. 74.

[98] *Ibid.* p. 75.

[99] Sur la difficulté de la preuve : CE 28 juillet 2004, *M. X*, req. n° 256646 ; pas de justifications suffisantes CE 28 juillet 2004, M. X, req. n° 264089 ; pas de justifications suffisantes pour établir l'existence de tels risques en Algérie (activité de groupes islamistes), ni déclarations faites par l'intéressé, ni documents produits tant auprès de

Section II : L'impact de l'article 3 dans le statut interne de l'étranger

L'article 3 de la CEDH a fait son entrée dans le statut interne de l'étranger de manière progressive. Comme l'article 8, l'article 3 s'est « greffé » au cas par cas dans le contentieux des étrangers en apportant une protection subsidiaire. Son intégration formelle dans l'ordonnance de 1945 s'est réalisée plus tôt que celle de l'article 8 sans doute parce qu'il répondait à des attentes plus importantes. En revanche, il s'est moins « propagé » dans le contentieux, étant donné que l'article 3 n'est pas invocable face à un refus de titre de séjour ou une mesure d'éloignement contrairement à l'article 8, mais il est seulement utilisé pour faire annuler la décision fixant le pays de renvoi.

Le législateur a modifié l'ordonnance de 1945 rapidement, ce qui lui a permis d'intégrer les conséquences de la jurisprudence européenne et même de les anticiper. Mais si cet apport législatif est séduisant sur le plan formel, il n'est pas très efficace en terme de protection « effective » des étrangers. La protection de l'article 3 de la CEDH souffre de lacunes qui tiennent à la fois à son intégration législative dans le statut interne, mais aussi aux limites inhérentes de la jurisprudence européenne relative à l'article 3 de la CEDH précédemment analysée.

Dans un premier paragraphe, il conviendra d'analyser l'intégration de la protection de l'article 3 dans le statut interne, dans un second paragraphe, les lacunes de cette protection.

§ I : Les innovations et les lacunes de l'intégration de la protection de l'article 3 de la CEDH dans le statut interne

L'intégration de la jurisprudence de l'article 3 a pris des formes multiples dans l'ordonnance de 1945 avec des références plus ou moins explicites. Plusieurs modifications de cette ordonnance ont apporté par touches successives des « transcriptions législatives » de l'article 3 au sein du statut légal. Ces réformes ont, pour certaines, entraîné de véritables innovations juridiques en protégeant les étrangers menacés. Il conviendra d'adopter une démonstration chronologique de l'intégration de la jurisprudence européenne dans le statut interne de l'étranger. Ainsi, la première étape concerne l'instauration d'un article spécifique dans l'ordonnance de 1945 : l'article 27 bis. Celui-ci oblige les autorités à ne pas renvoyer l'étranger dans un pays à risque, au moment du choix du pays de destination, lors d'un éloignement (A). Ensuite, l'ex article 25-8° (aujourd'hui l'article 26-I-5°) de l'ordonnance 1945 et l'article 12 bis 11° complètent le dispositif en corroborant la jurisprudence européenne qui protège les étrangers gravement malades (B). Enfin, le législateur institue une protection subsidiaire pour le demandeur d'asile à côté de celle de la Convention de Genève, en tirant notamment les conséquences de la jurisprudence de l'article 3 de la CEDH. Il institutionnalise ainsi l'asile territorial devenu aujourd'hui la protection subsidiaire (D).

---

l'OFPRA et la CRR ne permettent de tenir pour établis les risques allégués : CE 23 juin 2004, *M. X.*, req n° 262123.

[100] CE 31 mai 1999, *M. Sao*, req. n° 202799, rec. Lebon.

[101] CE 28 juillet 2000, *M. Sarr*, req. n° 206525, rec Lebon.

A/ Une transcription formelle et intégrale de l'article 3 de la CEDH dans le statut interne de l'étranger (article 27 bis)

Il convient de retracer la prise en compte progressive de l'article 3 dans le statut interne de l'étranger jusqu'à l'instauration de l'article 27 bis en 1993 (1). Depuis, le juge a suivi la jurisprudence de la Cour européenne mais il s'en est aussi démarqué en faisant preuve d'innovations pour protéger par exemple les étrangères menacées d'excision (2).

1/ L'article 27 bis « transcription législative » directe de l'article 3 de la CEDH

Jusqu'à la loi du 24 août 1993, seule la circulaire du 2 août 1989[102] instaurait des dispositions sur les modalités de sélection des pays de renvoi lors d'un éloignement tandis que la circulaire du 25 octobre 1991[103] prenait seule en compte les conséquences de l'article 3 de la CEDH en matière d'éloignement. Aucune loi ne régissait alors la question de la détermination du pays de renvoi, ni celle des précautions à prendre au moment de l'éloignement d'un étranger dans un pays à risque. Aucune disposition législative ne réglait donc les modalités formelles et matérielles du renvoi de l'étranger.

La circulaire du 2 août 1989 précisait aux autorités administratives leurs obligations en cas de renvoi d'un étranger. D'une part, elle reprenait l'importante jurisprudence Buayi[104] du Conseil d'État qui permettait, pour la première fois, de contester dans les mêmes conditions que l'arrêté de reconduite ou d'expulsion la décision de détermination du pays de renvoi. En conséquence, cette jurisprudence Buayi, insérée dans la circulaire de 1989, « officialisait » la faculté du juge administratif d'exercer un contrôle effectif sur la décision du pays de renvoi et d'examiner les traitements prohibés que l'étranger craignait de subir. D'autre part, la circulaire conseillait aux autorités administratives de contrôler les risques que pouvaient subir l'étranger, (alors même qu'il n'avait pas le statut de réfugié), s'il faisait état de l'existence de dangers pour sa vie ou sa liberté en cas de renvoi vers son pays d'origine, et s'il était d'accord pour être éloigné vers ce pays.

Quant à la circulaire du 25 octobre 1991[105], elle permettait d'intégrer la jurisprudence de l'article 3 sur les risques encourus dans un pays de renvoi. Elle était ainsi le premier acte obligeant les autorités administratives à prendre en considération l'article 3 de la CEDH dans le contentieux des étrangers. Concrètement, elle invitait les autorités administratives à tenir compte des évolutions de la jurisprudence européenne lors des notifications des arrêtés ministériels d'expulsion et des arrêtés de reconduite à la frontière. Par ailleurs, elle relevait la large protection de l'article 3 de la Convention européenne au

[102] Circulaire du 2 août 1989 relative à l'application de la loi n° 89-548 du 2 août 1989 relative aux conditions de séjour et d'entrée des étrangers en France, NOR: INTD8900247C, JORF, 8 août 1989, p. 9977.

[103] Circulaire du 25 octobre 1991 relative *à l'éloignement des étrangers et aux conséquences à tirer de la jurisprudence récente du Conseil d'État et de la Commission européenne des droits de l'Homme* NOR/INT/D/91/00232/C. Voir aussi circulaire du 16 décembre 1992 NOR/INT/D/92/333/C.

[104] CE 6 novembre 1987, *Mantumone Buayi* ; CE 17 décembre 1990, *Ouedjedi*.

[105] Cette circulaire a déjà été étudiée s'agissant de l'article 8 de la CEDH.

regard de celle de la Convention de Genève[106]. Les autorités administratives devaient désormais apprécier les risques de renvoi de tous les étrangers et non plus seulement des étrangers qui avaient demandé la protection de la Convention de Genève. Enfin, la circulaire insistait sur le caractère sérieux des risques de traitements prohibés, reprenant à l'identique les termes même de la jurisprudence européenne.

C'est le projet de loi de 1993[107] n° 267 qui, le premier, a énoncé le désir d'intégrer dans une loi, les conséquences de l'article 3 de la CEDH en cas de risques dans le pays de destination[108]. Ce projet souhaitait inclure les exigences des circulaires de 1989 et 1991, ainsi que celles de la jurisprudence européenne relative à l'article 3 dans un nouvel article : l'article 27 bis (2ème alinéa) de l'ordonnance de 1945.

Cet article 27 bis de l'ordonnance de 1945 a intégré entièrement l'énoncé de l'article 3 de la CEDH dans le statut interne : « *l'étranger qui fait l'objet d'un arrêté d'expulsion ou qui doit être reconduit à la frontière est éloigné - à destination d'un autre pays dans lequel il est légalement admissible. Un étranger ne peut être éloigné à destination d'un pays s'il établit que sa vie ou sa liberté y sont menacées ou qu'il y est exposé à des traitements contraires à l'article 3 de la convention européenne de sauvegarde des droits de l'Homme et des libertés fondamentales du 4 novembre 1950* ». L'intégration complète de l'article 3 de la CEDH était une innovation importante. L'énoncé de l'article 3 a permis d'insérer la jurisprudence européenne dans le statut général de l'ordonnance de 1945. En définitive, le législateur a abouti à la transposition intégrale de l'autorité de la Convention européenne et a légalisé ainsi, la pratique administrative[109]. Cette innovation est d'autant plus considérable qu'elle est rare puisque, comme nous l'avons relevé dans nos développements précédents, beaucoup de normes supranationales confirment les dispositions de l'ordonnance de 1945 sans pour autant être insérées dans celle-ci. Même les termes de l'article 8 n'ont pas fait l'objet d'une intégration complète (référence à l'article et au contenu de l'article) dans le statut interne de l'étranger.

Avec cette prise en compte du droit européen, on mesure combien l'influence de la jurisprudence européenne a été déterminante dans le contentieux des étrangers. Le rôle subsidiaire des arrêts de la Cour montre surtout l'aspect supplétif des garanties de l'article 3 sur la construction du statut interne de l'étranger, mais aussi, le rôle innovant de cette protection. Avec cette intégration législative de l'article 3, c'est toute la jurisprudence européenne susmentionnée qui est implicitement intégrée dans le statut interne.

Par ailleurs, l'article 27 bis est une protection bien distincte de la procédure de l'OFPRA. Ainsi, si un débouté de l'asile conventionnel invoque l'article 27 bis, le juge ne sera pas lié[110] par la décision de l'OFPRA. La protection dépend donc entièrement de son propre champ d'interprétation.

---

[106] Circulaire du 25 octobre 1991 *relative à l'éloignement des étrangers et aux conséquences à tirer de la jurisprudence récente du Conseil d'État et de la Commission européenne des droits de l'Homme* NOR/INT/D/91/00232/C.

[107] Loi 93-1027 du 24 août 1993 *relative à la maîtrise de l'immigration et aux conditions d'entrée, d'accueil et de séjour des étrangers en France.*

[108] Rapport Assemblée Nationale fait au nom de la commission des lois relative à la loi *sur la maîtrise de l'immigration et aux conditions d'entrée, d'accueil et de séjour des étrangers en France*, PHILIBERT J.-P., n° 346, p. 86 et s.

[109] Circulaire du 8 septembre 1993 relative à l'application de la loi n° 93-1027 du 24 août 1993 *relative à la maîtrise de l'immigration et aux conditions d'entrée, d'accueil et de séjour des étrangers en France* NOR: INTD9300210C, BO Ministre de l'Intérieur et de l'Aménagement du territoire, n° 3 troisième trimestre 1993.

[110] CE 2 février 2001, *Préfet de police c./ Topyurek*, req. n° 209717.

2/ L'interprétation pertinente de cet article par le juge administratif : l'exemple du risque d'excision

Le juge administratif a réalisé un important travail constructif pour établir sa propre définition des traitements prohibés[111], en adoptant une démarche à la fois autonome et suiviste par rapport à la jurisprudence européenne.

En effet, dans une espèce exceptionnelle, en 1996, dans sa décision Condé[112], le juge administratif a étendu le champ de l'article 3 de la CEDH au cas de risques d'excision dans le pays de renvoi. Il a accepté qu'une mère menacée d'une reconduite à la frontière puisse bénéficier de la protection de l'article 3 en raison du risque d'excision qui menaçait ses deux filles, victimes par ricochet de son éloignement.

Cette qualification est audacieuse puisqu'elle constitue une excellente illustration d'une des interprétations personnelles du juge administratif. En effet, la Cour européenne n'avait jamais eu recours à cette qualification de l'article 3. C'est en toute autonomie et par un travail dynamique que le juge administratif a qualifié l'excision comme étant contraire à l'article 3 de la CEDH. Cela n'était pourtant pas évident. (Il convient de rappeler qu'en 1991, la Commission des recours des réfugiés[113] avait estimé que la menace d'excision pouvait apparaître comme une persécution, au sens de la Convention de Genève. Le Conseil d'État l'a implicitement confirmé[114] en posant des limites d'application).

L'excision est, pour certains, un rite qui permet de « purifier » et « d'intégrer » la femme dans le groupe, pour d'autres c'est un acte de barbarie. Comme Michel Levinet, il convient de souligner combien « *la persistance de l'excision témoigne de la difficulté de concilier universalité des droits de l'Homme et droit à l'identité culturelle. Alors que la première conduit à la juger anachronique, sinon barbare, en tout cas intolérable, le second alimente la critique de l'ethnocentrisme qui prétend mesurer les droits et les libertés à l'aune des conceptions occidentales* »[115]... Loin de prendre position sur cette question, le juge administratif s'en est tenu à la qualification de l'excision à la lumière du texte et de la jurisprudence européenne. Il a utilisé la protection « par ricochet » déjà très développée par le juge européen en 1996. Il a examiné les risques réels, personnels, sérieux et avérés d'excision en Guinée. Puis, il a procédé à l'étude de la place de l'excision en Guinée. En effet, le Commissaire du Gouvernement M. Bourrachot a démontré l'ambivalence de la Guinée sur la question de l'excision. Si la Guinée a ratifié des textes internationaux tels que la Convention des Nations Unies sur l'élimination de toutes les formes de discrimination à l'égard des femmes ou la Convention des Nations Unies sur les droits de l'enfant, en

---

[111] Sur des risques religieux : CE 16 mai 2003, *Préfet du Jura c./ Mirzorev*, req. n° 248548 ; sur les femmes : CE 3 mars 2003 *Mehalli*, req. n° 242803 ; sur les persécutions sexuelles : CE 28 avril 2004, *Préfet de police c./ M. Kamal B*, req. n° 252621 etc. Cf. *DPE*, Reconduite à la frontière.

[112] TA 12 juin 1996, *Condé*, n° 95-00127 ; FOURTEAU H., « L'annulation d'un arrêté de reconduite à la frontière fondée sur la menace d'excision constitutive d'un traitement contraire à l'article 3 de la CEDH », *LPA* 16 octobre 1996, n° 126, p. 18-24 ; LEVINET M., « L'article 3 de la Convention européenne des droits de l'Homme et l'excision », *RTDH* octobre 1996, p. 695-720 ; VASSEUR F., « Une étrangère ne peut être renvoyée dans son pays d'origine où ses filles risqueraient d'être excisées », *D.*, 1998, Som. Com., p. 304 ; JULIEN-LAFERRIERE F., notes, *D.*, 1998, Som. Com., p. 16.

[113] CRR 17 juillet 1991, *Melle Aminata Diop*, req. n° 164078.

[114] CE 29 juillet 1998, *Melle Diop*, req. n° 131711, publié au Lebon.

[115] LEVINET M., « L'article 3 de la Convention européenne des droits de l'Homme et l'excision », *RTDH*, octobre 1996, p. 700.

revanche, elle n'a institué aucune incrimination pénale à l'égard de cette pratique[116]. En conséquence, le juge administratif a estimé que la Tribu à laquelle appartenait les jeunes filles menacées pratiquait encore l'excision rendant le risque qu'elles soient excisées à leur tour bien réel.

Comme le juge européen, le juge administratif s'est efforcé de montrer le degré de souffrance que pouvait provoquer l'excision. Comme la Cour de Cassation, qui l'avait définie comme une mutilation consistant en l'ablation du clitoris résultant de violences volontaires sur mineures de moins de quinze ans[117], le juge administratif a considéré qu'il s'agissait d'une mutilation du corps des femmes, pratiquée contre leur volonté, qui génère des souffrances intenses et constitue en conséquence un traitement inhumain ou dégradant au sens de l'article 3 de la CEDH.

Cette qualification de l'excision en un traitement prohibé par l'article 3 montre l'autonomie du juge administratif dans l'appréciation de cet article. Le juge administratif prend le relais de l'application de l'article 3 de la CEDH. Il y a donc une complémentarité fonctionnelle entre le juge européen et administratif qui, atteste une fois encore que les normes européennes ont imposé avec succès leurs exigences.

Cette prise de position sur l'excision est audacieuse mais elle reste exceptionnelle. La pratique de l'excision est discrète, en apporter la preuve reste difficile d'autant plus que c'est à l'éventuelle victime de la démontrer. Comment arriver à prouver une pratique clandestine ? De plus, le juge tient compte très précisément du lieu de résidence de l'étrangère. Ainsi dans une espèce du 20 décembre 2000[118], il a admis la pratique de l'excision en Côte d'Ivoire mais il a estimé qu'il ne possédait aucun élément prouvant qu'elle se pratiquait sur le lieu de résidence des femmes concernées. On constate donc que si le champ d'application de l'article 3 s'est élargi, en contre partie le juge administratif est très pointilleux sur les preuves déterminant les risques. Ce n'est pas sans rappeler l'attitude de la Cour européenne dans sa décision HLR c./ France.

B/ Les articles 26-I-5° (ex article 25-8°) et 12 bis 11 relatifs aux étrangers gravement malades

Les articles 26-I-5° et 12 bis 11 ne sont pas exactement des « transcriptions législatives » de l'article 3 puisque la protection de l'étranger malade existait déjà devant le juge administratif. Toutefois, on peut dire que l'ex article 25-8° (aujourd'hui 26-I-5°) a anticipé les effets de la jurisprudence européenne (1) et que l'article 12 bis 11° est allé plus loin que les exigences européennes minimales en matière d'étrangers gravement malades (2).

---

[116] *Ibid.*, 717.

[117] CAS crim. 20 août 1983, bull. crim., n° 229, *RSC*, 1984, p. 47.

[118] CE 20 décembre 2000, Préfet de l'Essonne c./ Mme Minata Ouattara, req. n° 202555.

1/ Anticipation des effets de l'article 3 de la CEDH

Avant l'instauration de la loi du 24 avril 1997[119], le juge administratif sanctionnait les mesures d'éloignement pour des motifs liés à l'état de santé de l'étranger. Au regard de la *situation personnelle* de l'étranger, le juge administratif constatait des erreurs manifestes d'appréciation, fondées sur la gravité de l'état de santé du requérant[120] menacé de renvoi dans un pays dans lequel il ne pouvait recevoir aucun traitement approprié. Ainsi, la prise en compte médicale dans le contentieux des étrangers n'était pas une spécificité du juge européen, bien au contraire le juge administratif l'avait considérée bien avant lui.

Toutefois, le juge administratif a, parfois, utilisé la jurisprudence de l'article 3 pour trancher des décisions relatives à des étrangers malades. Ainsi, en 1996, le Tribunal administratif de Versailles[121] a censuré une décision de reconduite à la frontière pour violation de l'article 3 de la CEDH en raison des risques que pouvait encourir un étranger atteint du SIDA[122].

Dès 1997, l'article 10 de la loi du 24 avril 1997[123] (dite loi Debré) a pris en compte les effets de cette jurisprudence administrative relative aux étrangers malades et a aussi anticipé la jurisprudence européenne (D c./ RU 1997) en insérant dans l'article 25-8° une protection pour les étrangers malades, protection qui faisait défaut en droit interne. On ne peut parler de transcription législative puisque la jurisprudence européenne était en avril 1997 encore embryonnaire. Seule la jurisprudence de la Commission[124] européenne avait eu l'occasion d'accepter d'examiner les requêtes d'étrangers malades sur le fondement de l'article 3 ; la Cour ne s'est prononcée qu'en mai 1997 dans l'espèce D. c./ Royaume-uni[125], juste après l'adoption de la loi française.

---

[119] Décision 97-389 DC du 22 avril 1997, loi *portant diverses dispositions relatives à l'immigration*, Rec., p. 45, JORF du 25 avril 1997, p. 6271 ; MÉLIN-SOUCRAMANIEN F., *D.*, 1999, somm., p. 237 ; HAMMJE P., « Immigration », *RCDIP*, 1998, somm., p. 683 ; LECUCQ O., *RFDC*, 1997, p. 571 ; MATHIEU B., *LPA*, 17 octobre 1997 (125), p. 18 ; TURPIN D., La loi n° 97-396 du 24 avril 1997 portant diverses dispositions relatives à l'immigration : de « l'ajustement » au durcissement, *RCDIP*, 1997, p. 447 ; LUCHAIRE F., « Le Conseil constitutionnel et la loi du 24 avril 1997 sur l'immigration », *RDP*, 1997, p. 931 ; GUIMEZANES N., « Aperçu rapide sur la loi n° 97-396 du 24 avril 1997 portant diverses dispositions relatives à l'immigration », *JCP*, 1997, Act., 21 mai 1997 ; ZARKA J.-C., *JCP*, 1997, II, 22890 ; GUIMEZANES N., « Commentaire d'une loi dont la mort est annoncée. La loi Debré n° 97-396 du 24 avril 1997 portant diverses dispositions relatives à l'immigration », *JCP*, 1997, I, 4040 ; PELLISSIER G., « Le statut constitutionnel des droits et libertés des étrangers », *LPA*, 27 juin 1997 (77), p. 4 ; JULIEN-LAFERRIÈRE F., « Le Conseil constitutionnel et la loi Debré », *AJDA*, 1997, p. 524.

[120] CE 28 septembre 1990, *M. Ermiser*, CE 22 mars 1991, *Epmeski*, CE 14 octobre 1991, *Soares- Samedo.*

[121] TA Versailles, 26 septembre 1996, *affaire B. B.*, req. n° 963227 et 963328 ; Concl. M. KRULIC, *RFDA*, 13 mars avril, 1997, p. 315 ; *AJDA*, n° 1, 1997, p. 110 ; Affaire soumise à la CEDH 7 septembre 1998, *B.B. c./ France*, req. n° 47/ 1998/ 950/ 1165, radier du rôle ; TA Marseille 15 octobre 1996, *M. Benchaabane*, req. n° 96-3733 et 96-3735.

[122] Sur le SIDA et les migrants Cf. FASSIN D., « Une double peine. La condition sociale des immigrés malades du sida », *Revue française d'Anthropologie*, 2001, 160, p. 137-162 ; « Les immigrés et le sida. Une question mal posée », *in Sida et vie psychique*, S. Hefez éd., La Découverte, Paris, 1996, p. 81-90.

[123] Loi n° 97-396 du 24 avril 1997 portant diverses dispositions relatives à l'immigration NOR: INTX9600124L JORF n° 97 du 25 avril 1997 p. 6268. Cf. la circulaire du 30 avril 1997 relative à l'application de la loi n° 97-396 du 24 avril 1997, INTD9700080 non publiée.

[124] Le 19 mai 1994 dans l'espèce *Tanko c./ Finlande*, la commission avait examiné la demande d'un étranger atteint d'un glaucome qui avait invoqué l'article 3 pour annuler son expulsion. La Commission n'a pas estimé que l'article 3 était violé.

[125] CEDH 2 mai 1997, *D. c./ RU*, req. n° 30240/96.

Toujours est-il que la protection de l'étranger malade est désormais dans l'ordonnance de 1945 et permet de garantir une protection légale à l'étranger malade sous l'effet d'une mesure d'éloignement en accord avec la jurisprudence de la Cour européenne. Cet article 26 5° institue une protection *matériellement* conforme aux exigences de la Cour européenne, même s'il est vrai que celle-ci ne fait pas explicitement référence à l'article 3 de la CEDH.

L'article 26-I-5° (ex article 25-8° avant la loi du 26 novembre 2003) stipule que l'étranger « *résidant habituellement en France « dont l'état de santé nécessite une prise en charge médicale »*[126] *dont le défaut pourrait entraîner pour lui des conséquences d'une exceptionnelle gravité, sous réserve qu'il ne puisse effectivement bénéficier d'un traitement approprié dans le pays de renvoi* » est protégé de la reconduite à la frontière et de l'expulsion. Cet énoncé n'est pas sans rappeler les « considérants de principes » des décisions de la Cour précédemment étudiées.

Aujourd'hui, c'est sur la base de cet article que le juge administratif a établi une jurisprudence intéressante. Ainsi au cas par cas[127] et selon les pays, il précise les possibilités et la qualité du traitement offert au requérant[128]. L'étranger doit apporter plusieurs éléments déterminants pour obtenir cette protection : il lui faut prouver que l'interruption du traitement en raison de l'éloignement entraîne des conséquences d'une exceptionnelle gravité[129] et qu'il soit établi que le défaut de traitement adéquat dans le pays d'origine[130] le mettra en danger.

La loi du 11 mai 1998 (loi Chevènement) a modifié le contenu de l'article 25-8°. L'expression *« dont l'état de santé nécessite une prise en charge médicale »* a remplacé celle initialement instituée par la loi du 24 avril 1997 « *atteint d'une pathologie grave nécessitant un traitement médical* ». Par son « flou », la nouvelle formule offre un champ plus large, les termes « pathologie grave » renvoyant à des maladies inéluctables connues. L'expression « *état de santé nécessitant une prise en charge médicale* » permet de considérer non seulement les états pathologiques mais également, les opérations et les blessures consécutives à des accidents. Cependant, la pratique montre que les préfectures retiennent essentiellement les pathologies inscrites sur la liste des affections de longue durée.

La réforme du 26 novembre 2003 modifiant l'ordonnance de 1945, a renforcé la protection des étrangers malades puisqu'elle en fait une protection « quasi absolue » ; c'est-à-dire qu'en dehors de cas très graves (terrorisme, actes de provocation explicites et délibérés à la discrimination,, à la haine ou à la violence (Cf. loi du 26 juillet 2004)), l'étranger malade bénéficie d'une protection contre l'expulsion.

---

[126] Terme modifié par la loi du 11 mai 1998 a remplacé les termes initiaux de la loi du 24 avril 1997 « *atteint d'une pathologie grave nécessitant un traitement médical* ».

[127] CE 30 novembre 1999, *N' Satou*, req. n° 200065 (sur le diabète au Congo) ; TA Rennes 18 mars 2002, *Lukas Bajger*, req. n° 02-719, (la méthadone traitement approprié utilisé en Pologne) ; CE 15 avril 2005, *Said*, req. n° 265795 (hépatite C évolutive) ;

[128] COURNIL C., « A quelles conditions un étranger suivant une hormonothérapie féminisante peut-il être protégé contre une mesure de reconduite à la frontière », *RDSS*, N° 4, 2004, p. 872-884.

[129] CE 17 février 1999, *Préfet de l'Essonne c./ M. Samba Pene*, req. n° 200096.

[130] CE 8 juillet 1998, *Préfet des Alpes-Maritimes c./ M. Ben Chora*, req. n° 187441 et CEDH 25 novembre 2001 *Karagoz c./ France*, req. n° 47531/99.

2/ Prolongement des effets de la jurisprudence européenne avec la création d'une carte de séjour spécifique

Le législateur français est néanmoins allé plus loin que les simples exigences de la jurisprudence européenne (non-éloignement et simple tolérance sur le territoire).

En effet, dans le point 1§7 de la circulaire du 24 juin 1997 relative au réexamen de la situation de certaines catégories d'étrangers en situation irrégulière[131], le gouvernement Jospin avait d'abord prévu un motif de régularisation[132] sur la base de la gravité de l'état de santé. Puis, la loi du 11 mai 1998 offre plus qu'une simple « tolérance » au séjour (article 26-I-5° ou ex 25-8°) pour les étrangers malades menacés ou non d'expulsion. Pour la première fois, l'article 12 bis 11 permet d'aller plus loin que la jurisprudence de la Cour et de l'article 26-I-5°, et ce, grâce à l'insertion d'une « obligation positive » pour les autorités administratives. L'article 12 bis 11 précise que « *sauf si sa présence constitue une menace pour l'ordre public, la carte de séjour temporaire portant la mention « vie privée et familiale » est délivrée de plein droit à l'étranger résidant habituellement en France dont l'état de santé nécessite une prise en charge médicale, dont le défaut pourrait pour lui entraîner des conséquences d'une exceptionnelle gravité, sous réserve qu'il ne puisse effectivement bénéficier d'un traitement approprié dans le pays dont il est originaire* ». Cette obligation se traduit donc, par l'insertion dans le statut interne d'une carte de séjour temporaire offrant un véritable droit au séjour, en raison de la gravité exceptionnelle de son état de santé. Cette carte spécifique consacre l'intégration des effets de la jurisprudence européenne. Elle va même plus loin en offrant un droit au séjour et un droit au travail pour l'étranger malade. Il s'agit là d'un véritable « accueil sanitaire » institué grâce à l'influence constructive des juges administratif et européen (surtout du juge administratif qui a été le véritable précurseur en la matière grâce à son analyse de la situation personnelle de l'étranger).

Concrètement, l'étranger qui séjourne en France depuis plus d'un an[133] se voit octroyer la carte temporaire d'un an renouvelable[134]. Cependant, cette carte temporaire est très difficile à obtenir en raison des obstacles que constitue la production de preuves du caractère exceptionnel de la gravité de l'état de santé et en raison également des problèmes que pose l'examen des traitements existant dans le pays de renvoi. Par contre, le requérant séjournant depuis moins d'un an sur le territoire ne reçoit qu'une autorisation provisoire d'une durée de six mois[135]. Il est à préciser que cette autorisation étant l'expression de l'exercice discrétionnaire de l'administration, sa durée est fréquemment réduite à trois mois.

L'article 12 bis 11 a fait l'objet de critiques de la part du gouvernement Raffarin en raison des nombreux abus. Ainsi, Nicolas Sarkozy (Ministre de l'Intérieur) a, dans un premier temps, énoncé dans sa circulaire du 7 mai 2003 une application stricte de la loi,

---

[131] Circulaire du 24 juin 1997 relative *aux réexamens de la situation de certaines catégories d'étrangers en situation irrégulière*, NOR : INTD9700104 C, JO 26 juin 1997, rec. 17 juillet 1997.

[132] FASSIN D., « Quand le corps fait loi : la raison humanitaire dans les procédures de régularisation des étrangers », *Sciences sociales et santé*, no. 4, vol. 19, 2001, p. 5-34.

[133] Il existe une pratique contraire à la loi qui consiste à délivrer des APS ou lieu des cartes d'un an : cf. Rapport 2003 de l'observatoire du droit à la santé des étrangers p. 14-18.

[134] Pour une application positive de l'article 12 bis 11 : TA Besançon 30 septembre 1999, *M. El Kebir Ouadié c./ Préfet du Doubs*, req. n° 990304.

[135] Cf. circulaire du 5 mai 2000 n° 2000-248 relative *à la délivrance d'un titre de séjour en application de l'article 12 bis 11*, NOR INTD0000103C, BO MES 2000/21, 22-28 mai 2000.

c'est-à-dire une application restrictive du caractère exceptionnellement grave de l'état de santé[136]. Son objectif était de lutter contre les « dérives graves » constatées dans l'utilisation de l'article 12 bis 11. Cette circulaire a été suivie, dans un deuxième temps, d'une réforme substantielle de l'ordonnance de 1945 en novembre 2003.

Pourtant, les délivrances de carte de séjours temporaires pour des raisons de santé ne se font qu'au compte gouttes[137], étant donné que les requérants sont confrontés à l'exigence de la gravité exceptionnelle de l'état de santé et à la difficulté de démontrer qu'il n'existe pas de preuve du traitement approprié dans le pays de renvoi. La jurisprudence administrative, comme celle de la Cour européenne, est particulièrement stricte. Par exemple : une affection cardiaque sans plus d'indication sur sa dangerosité ne suffit pas pour octroyer à l'étranger la carte de séjour temporaire[138]. L'étranger doit prouver également que les traitements ne peuvent se poursuivre « *effectivement* »[139] dans le pays de renvoi ou d'origine.

C/ De l'asile territorial à la protection subsidiaire ou l'intégration de « l'asile humanitaire » issu de l'article 3 de la CEDH

L'asile territorial (1) institué par la loi 1998 et la protection subsidiaire (2) qui le remplace depuis le 10 décembre 2003, ont repris la protection de 3 de la CEDH.

1/ L'asile territorial, deuxième transcription législative « directe » de l'article 3 de la CEDH

Selon le rapport fait au nom de la Commission des lois sur le projet de loi n° 327 relative à l'entrée et au séjour des étrangers du 20 novembre 1997, l'asile territorial, tel qu'il est défini dans ce projet, traduit « *l'influence du droit conventionnel européen sur la détermination du droit au séjour des étrangers, la même empreinte de la Convention européenne des droits de l'Homme se retrouve d'ailleurs dans la définition du droit d'asile opérée par l'article 16 de la loi fondamentale allemande qui vise ces mêmes critères* »[140].

En effet, la loi du 11 mai 1998 a légalisé l'asile territorial[141] qui existait jusqu'ici sous forme de circulaires, sans définition précise. Cet asile territorial avait un double champ d'application : l'étranger pouvait en bénéficier s'il établissait que « *sa vie ou sa liberté était menacée dans son pays* et *lorsqu'il était exposé à des traitements contraires à l'article 3 de la CEDH* »[142]. Il a donc fallu attendre 1998 pour que le législateur instaure un titre de séjour spécifique pour les étrangers qui craignent de subir des actes contraires à l'article 3 de la

---

136 Circulaire du 7 mai 2003 remplace la circulaire du 19 décembre 2002 et 10 janvier 2003 relative *à l'entrée et au séjour des étrangers en France* NOR INTD03000447C.

137 Rapport de juin 2003 de l'observatoire du droit à la santé des étrangers.

138 CE 30 décembre 2002, *Préfet de Police c./ M. Rajinder*, req. n° 241029.

139 CE 20 décembre 2000, *M. Rahimi*, req. n° 220458 ou CE 28 juillet 2000, *Préfet des Hauts de Seine c./ M. Ben Hachen*, req. n° 205999, CAA Douai 28 février 2002, *Mme Fanta c. /Préfet de la Seine Maritime*, n° 01DA00015, sur les troubles psychiques, espèce semblable à la décision *Bensaïd* de la Cour européenne.

140 Assemblée Nationale, rapport, GOUZES G., n° 451, tome I et II, 20 novembre 1997, p. 169.

141 La loi du 11 mai 1998, n° 98-349 a modifié la loi du 25 juillet 1952, n° 52-893.

142 Article 13 de la loi du 25 juillet 1952 n° 52-893.

CEDH[143]. La définition de l'asile territorial a donc constitué la deuxième « transcription législative directe » de l'article 3 de la CEDH (référence à l'article 3 et à son contenu).

Jusqu'en 1998, ces étrangers menacés ne pouvant obtenir le statut conventionnel en raison de la particularité de leurs craintes, restaient dans la clandestinité ou étaient régularisés, au coup par coup, selon le bon vouloir des circulaires, des notes ou des télégrammes confidentiels des autorités administratives[144]. Alors que certains autres États européens avaient déjà mis en place des mesures intermédiaires au statut conventionnel, tels que des statuts humanitaires, des statuts B ou « dulding » (tolérance), la France a réagi à son tour en créant cet asile territorial censé délivrer un statut aux personnes craignant des actes contraires à l'article 3 de la CEDH. Toutefois, l'octroi de l'asile territorial a été marqué par une délivrance discrétionnaire et régalienne puisqu'il était laissé à la discrétion du Ministre de l'Intérieur et qu'il était soumis à « *l'intérêt du pays* »[145]. Dès lors, l'article 3 de la CEDH était enfermé dans les dispositions restrictives de l'ordonnance de 1945 de portée législative ; par conséquent, il ne permettait pas d'offrir une protection à la hauteur de son potentiel.

Le seul mérite de la légalisation de l'asile territorial a été de créer un titre de séjour pour des étrangers craignant des traitements contraires à l'article de la 3 de la CEDH, laissés jusque là dans la clandestinité, sans possibilité de régularisation. Mais cette carte de séjour a été délivrée avec parcimonie[146].

2) La protection subsidiaire et la disparition de la référence explicite à l'article 3

L'asile territorial a été remplacé par la loi du 10 décembre 2003 qui a instauré la protection subsidiaire. L'article 2 II 2° b) de la loi du 25 juillet 1952 ne fait plus référence explicitement à l'article 3 de la CEDH mais il a repris le contenu de la définition de l'article 3 de la CEDH. Ainsi, l'étranger se voit accorder la protection subsidiaire lorsqu'il établit qu'il est exposé dans son pays à « *la torture ou des peines, des traitements inhumains ou dégradants* ». Ces termes reprennent à l'identique l'article 3 de la CEDH. On peut dès lors se réjouir que les étrangers menacés pour ces raisons bénéficient d'une carte de séjour spécifique, carte désormais attribuée par l'OFPRA. L'attribution n'est plus discrétionnairement octroyée par le Ministre de l'Intérieur. La protection de l'étranger en ressort donc enrichie. Comme la jurisprudence relative à la protection subsidiaire n'est encore qu'embryonnaire, il est difficile d'évaluer le travail effectué par l'OFPRA et de savoir s'il est directement influencé par le travail de la Cour européenne sur l'article 3 de la CEDH. Ce travail a également influencé d'autres pays européens qui ont accordé plus ou

---

[143] JOSSERAND-JAILLET D., « L'asile territorial pour les traitements inhumains et dégradants infligés par les groupes armés », *RFDA*, 17 (4), juillet-août 2001, p. 813-816.

[144] Circulaire dans les années 1970 sur les Libanais ; AMIR A.-K., « Les réfugiés non statuaires : l'exemple des réfugiés libanais en France », *in Les réfugiés en France et en Europe, quarante ans d'application de la Convention de Genève, actes du Colloque*, p. 457 ; Télégramme du 3 août 1992 pour les ressortissants yougoslaves, télégramme du 22 décembre 1993 non publié sur les ressortissants algériens menacés, télégramme du 26 mars 1998 note du 14 avril 1999 sur les Kosovars.

[145] Article 13 de la loi du 25 juillet 1952 n° 52-893.

[146] Cf. Partie I, Titre II, Sous Titre II, Chapitre I.

moins de place à la jurisprudence européenne (Cf. sur ce point l'analyse relative à la protection subsidiaire de Daphné Bouteillet Paquet[147]).

§ II : Les lacunes de l'intégration de l'article 3 de la CEDH dans le statut interne

Sur le plan contentieux, l'impact de ces « transcriptions législatives » montre un constat contrasté. Des obstacles réduisent considérablement la portée de la protection. Les « transcriptions législatives » de l'article 3 de la CEDH dans le statut interne apportent des résultats très nuancés en terme de garanties effectives pour les étrangers. La protection de l'article 27 bis ne délivre aucun droit au séjour, mais seulement, la possibilité de séjourner irrégulièrement sur le territoire (A). L'instauration de l'asile territorial (puis de la protection subsidiaire) est décevante car il ne délivrait qu'un statut précaire et difficile à obtenir du moins pour l'asile territorial (B). « L'asile sanitaire » a été récemment modifié en raison d'une suspicion qui pèse sur d'éventuels abus. Cette protection est désormais sous « surveillance » (C).

A/ L'article 27 bis et la simple tolérance de séjour

S'il existe des risques de traitements prohibés dans le pays fixé pour le renvoi, le choix du pays de destination est annulé. L'étranger se retrouve alors dans une sorte de « vide juridique ». En effet, sur le plan du séjour, l'étranger pourra demander la protection subsidiaire (si cela n'a pas déjà été fait). Pendant ce temps, l'étranger reste souvent assigné à résidence, avec un pointage mensuel. Parfois, on lui délivre une autorisation provisoire de travail, mais cela reste exceptionnel. Il convient de mesurer alors la limite principale de la protection de l'article 27 bis. L'article est, certes, une approche rénovée du principe du non-refoulement, il permet de protéger les étrangers des différentes mesures d'éloignement pour des raisons très variées, mais il ne délivre aucune obligation au plan du séjour. Paradoxalement, ces étrangers sont irréguliers sur le plan du séjour mais légaux sur le plan de l'éloignement (non expulsables). Ce sont des « irréguliers légaux », des « non expulsables, non régularisables ». Les États drapés dans leur souveraineté ne désirent pas produire d'effort supplémentaire sur le plan du séjour car cela entraînerait pour eux une gestion trop importante de nouveaux étrangers à protéger.

La protection de l'article 27 bis souffre également des difficultés rencontrées par les étrangers pour apporter la preuve des menaces. En effet, comme la jurisprudence européenne, le juge administratif est exigeant en matière de preuve en contrepartie de l'extension du champ de protection de l'article 3 de la CEDH. Il tient compte de tous les éléments du dossier et des autres moyens de preuve (témoignages, décisions de justices étrangères, coupures de presse, etc.)[148]. Cette difficulté de preuve est inhérente à la protection de l'article 3 de la CEDH, dès lors, le juge administratif est particulièrement strict dans l'analyse de la preuve du risque sérieux, personnel et avéré des menaces[149].

---

[147] BOUTEILLET-PAQUET D., (Sous la direction de), *La protection subsidiaire des réfugiés dans l'Union européenne : un complément à la Convention de Genève ?*, Bruylant, Bruxelles, 2002.
[148] DPE p. 1657.
[149] CE 14 mars 2001, *M. Hajam*, req. n° 206121 ; CE 31 mai 1990, *M. Sao*, req. n° 202799.

B/ Un statut précaire pour les bénéficiaires de l'asile territorial et de la protection subsidiaire

Les droits délivrés pour protéger l'étranger menacé de traitements contraires à l'article 3 de la CEDH au titre de l'asile territorial ou de la protection subsidiaire sont bien inférieurs en terme de garanties, à ceux du statut de réfugié de la Convention de Genève. En effet, le statut du bénéficiaire de l'asile territorial comme celui de la protection subsidiaire est bien moins protecteur en terme de séjour, de droits, d'avantages sociaux que la protection statutaire de la Convention de Genève[150].

C'est surtout l'approche « temporaire » de la protection de l'asile territorial et de la protection subsidiaire qui crée une discrimination à l'égard des étrangers statutaires. Avec la création de cet asile complémentaire, une sorte de « refuge au rabais » ou « d'asile de seconde zone » s'est installée à côté d'une protection statutaire, déjà en crise. Cette protection temporaire et précaire de l'asile subsidiaire s'inscrit dans la tendance européenne actuelle, qui tend à privilégier les statuts ponctuels pour les étrangers qui fuient leur pays d'origine. Cette logique, basée sur la rationalisation de la politique d'asile, organise une protection à durée limitée en vue de renvoyer les étrangers une fois que les risques auront disparu dans leur pays.

En guise de dernières remarques, il convient de relever que le taux d'admission au titre de l'asile territorial a été très faible : en 1998 sur 1339 demandes, seuls 155 étrangers ont obtenu l'asile territorial (soit 11,6%), en 1999, 6984 demandes pour 320 octrois soit 4,6 %, et en 2000, 11810 demandes pour seulement 351 octrois, soit 3% des demandes ; enfin, en 2001, seules 289 cartes de séjours temporaires ont été attribuées. L'asile territorial a rencontré des difficultés d'application en raison notamment de la nature de la décision prise par le Ministre de l'Intérieur. En effet, celui-ci dispose d'un large champ de manœuvre pour octroyer l'asile territorial. Il peut invoquer à tout moment les intérêts du pays face à l'étranger menacé. « *L'intérêt du pays* » est une notion nébuleuse qui englobe des exigences diverses tant économiques que politiques. Cette référence imprécise a permis au Ministre de se dérober notamment, à ses obligations européennes. Rappelons que selon la jurisprudence européenne, la protection d'étrangers menacés par des traitements contraires à l'article 3 de la CEDH ne doit souffrir d'aucune exception. L'encadrement ministériel de la décision de l'asile territorial était une limite considérable. Le caractère discrétionnaire de la décision de l'asile territorial a emprisonné la portée de la jurisprudence de la Cour européenne sur l'article 3. L'encadrement législatif de l'article 3 dans l'asile territorial a ainsi réduit l'impact de la jurisprudence européenne. Le faible nombre d'attributions du statut s'explique également par la difficulté à réunir les preuves à fournir. Si l'OFPRA délivre le statut de réfugié sur la base de l'« intime conviction », c'est-à-dire à partir des dires et des éléments de preuves des demandeurs d'asile, le Ministre lui ne se satisfaisait pas d'éléments de preuves circonstanciés[151], il exigeait des arguments probants[152]. Par ailleurs, les décisions du Ministre de l'Intérieur n'avaient pas à être motivées. La seule mesure susceptible d'annuler une décision du Ministre était la possibilité pour le juge administratif de signaler des erreurs manifestes d'appréciation dans cette décision. Cette possibilité de recours n'était cependant pas suspensive, les étrangers pouvaient donc être renvoyés à tout moment.

---

[150] Cf. Partie I, Titre II, Sous Titre II, Chapitre I.

[151] CE 16 juin 2003, *Préfet du Jura*, req. n° 252379, CE 12 mai 2003, *Préfet de police*, req. n° 247034.

[152] CE 10 avril 2003, *Préfet de L'Essonne*, req. n° 237527.

Il y a eu néanmoins des exemples dans lesquels le juge a usé de son pouvoir d'annulation : ainsi, il est intervenu dans le cas d'une Algérienne ayant subi de graves violences alors qu'elle militait au sein d'une association de défense des droits des Femmes[153].

Il faut espérer que la mise en place de la protection subsidiaire permettra d'attribuer une appréciation plus humaine. L'OFPRA étant désormais compétente pour apprécier les violations de l'article 3 de la CEDH, elle sera sans doute plus souple dans l'analyse des menaces des étrangers persécutés.

C/ Un « asile sanitaire » sous surveillance

En raison de l'augmentation (relative) d'attribution de cartes de séjours temporaires pour les étrangers malades, en juillet 2003, un amendement tendant à modifier l'article bis 12 bis 11 a été inséré au projet de loi « Sarkozy » par le rapporteur Thierry Mariani. L'article 17 de la loi du 26 novembre 2003 a donc sensiblement modifié l'article 12 bis 11° de l'ordonnance[154]. Cette modification prévoit que le préfet peut saisir une commission médicale régionale pour établir une contre-expertise, contestant ainsi l'avis du médecin inspecteur compétent. Comme l'association Act Up l'énonce, il est évident que cette modification de l'article 12 bis 11 repose *« sur un soupçon de fraude pesant sur le demandeur, son médecin traitant, mais aussi sur les médecins inspecteurs des DDASS ayant à traiter ce type de demande. Ce n'est pas la première fois que les compétences des médecins inspecteurs des DDASS sont remises en cause par ce Gouvernement. En décembre 2002 déjà, Nicolas Sarkozy diffusait une circulaire, amendée en janvier 2003, dans laquelle il accusait explicitement ces fonctionnaires de « complaisance »*. Cet amendement est donc « *l'aboutissement logique de cette politique qui, sous prétexte de lutter contre de prétendues dérives d'un dispositif, restreint l'accès à un titre de séjour pour soins, et remet en cause les compétences professionnelles des médecins inspecteurs des DDASS* »[155]...

En définitive, la modification de l'article 12 bis 11 témoigne surtout de la tendance des politiques d'immigration à rationaliser les abus des procédures d'accès au séjour. Il est regrettable que cet article ait été modifié en suivant cette logique, d'autant plus que la procédure du nouvel article ne fait que compliquer le processus de délivrance de la carte et fait peser sur l'étranger malade un fort soupçon de fraude[156]. Cette modification est d'autant plus regrettable qu'elle touche une liberté de l'étranger protégée par la Cour européenne des droits de l'Homme. Paradoxalement, la protection de l'étranger gravement malade est rendue plus difficile d'accès alors que le rapport 2003 de l'observatoire du droit à la santé

[153] CE 7 mars 2001, *Préfet du Val d'oise c./ Meddour*, req. n° 225417

[154] « *La décision de délivrer la carte de séjour est prise par le Préfet ou, à Paris, le Préfet de police, après avis du médecin inspecteur de santé publique de la direction départementale des affaires sanitaires et sociales compétent au regard du lieu de résidence de l'intéressé ou, à Paris, du médecin, chef du service médical de la Préfecture de police. Le médecin inspecteur ou le médecin chef peut convoquer le demandeur pour une consultation médicale devant une commission médicale régionale dont la composition est fixée par décret en Conseil d'État.* »

[155] ACT UP, à propos de l'amendement de l'article 21 bis 11 « Lettre ouverte aux médecins inspecteurs des DDASS », 15 juillet 2003, http ://www.actupparis.org/article ; Voir aussi le communiqué de l'Observatoire du droit à la santé des étrangers, 7 juillet 2003.

[156] Sur la fraude et le droit des étrangers voir FERRÉ N., « Un récurrent soupçon de fraude », *Revue Plein Droit*, Mars 2004, p. 7-10.

des étrangers faisait état d'une série de dysfonctionnements rencontrés par les étrangers depuis le début de la procédure jusqu'à l'obtention de la carte de séjour 12 bis 11.

CHAPITRE II : L'ÉGALITÉ DE TRAITEMENT EN MATIÈRE DE DROITS SOCIAUX DES ÉTRANGERS ET L'INFLUENCE DÉCISIVE DE LA JURISPRUDENCE EUROPÉENNE

La deuxième illustration choisie pour souligner le caractère innovant ou rénovant des normes supranationales dans le statut interne de l'étranger est l'évolution du principe d'égalité de traitement des étrangers[1] et des nationaux.

Les droits sociaux qui font partie intégrante du statut de l'étranger intéressent particulièrement notre étude puisqu'une multitude de normes supranationales ont trait aux droits sociaux des étrangers. Des Traités, Conventions, Déclarations, Pactes internationaux affirment l'égalité de traitement en matière de droits sociaux[2] directement par la proclamation de prestations sociales ou indirectement par l'énonciation d'un principe général d'égalité ou d'un principe de non-discrimination. Toutefois, si ces normes supranationales constituent, par leur nombre, un important socle international de droits sociaux pour les étrangers, il n'en demeure pas moins que ce dispositif souffre de multiples limites liées à l'applicabilité du droit international. Par conséquent, la portée réelle de la plupart des normes supranationales est réduite et n'entraîne qu'une influence relative[3] dans le statut interne de l'étranger.

Par ailleurs, au plan interne, le droit constitutionnel a tardivement[4] consacré le principe d'égalité de traitement entre étrangers et nationaux, en matière de prestations sociales. On aurait pu croire que la question de l'égalité de traitement était réglée puisqu'elle était consacrée par la plus haute juridiction. Pourtant, cette jurisprudence constitutionnelle n'a pu entraîner une égalité parfaite en matière de prestations sociales entre les nationaux et les étrangers. En pratique, malgré la décision constitutionnelle du 22 janvier 1990[5], certaines prestations sociales n'étaient toujours pas octroyées aux étrangers

---

[1] DENAJAR S., *Le statut de l'étranger : entre égalité et discrimination*, Mémoire de DEA de droit public interne, Paris, 1998.

[2] MICHELET K., *Les droits sociaux des étrangers*, L'Harmattan, Logiques juridiques, Paris 2002.

[3] Voir l'étude très complète de MICHELET K., *op. cit.*, p. 104 et s.

[4] DC n° 89-269, 22 janvier 1990, loi portant *diverses dispositions relatives à la sécurité sociale et à la santé*, Rec., p. 33. SIMON-DEPITRE M., *RGDIP*, 1990, p. 497 ; PRÉTOT X., « La conformité à la Constitution de la loi portant diverses dispositions relatives à la sécurité sociale et à la santé », *Droit social*, 1990, n° 4, p. 352 ; PRÉTOT X. « L'application du principe d'égalité à l'étranger résidant en France », *RDSS*, 1990, p. 437 ; GENEVOIS B., « Du dédoublement de la convention nationale des médecins aux droits des étrangers », *RFDA*, 1990, p. 406 ; FAVOREU L., *RFDC*, 1990, p. 330 ; DUBOUIS L., *RDSS*, 1990 (4), p. 637 ; ROHMER-BENOIT F., *AJDA*, 1990, p. 471 ; AVRIL P. et GICQUEL J. *Pouvoirs*, 1990 (54), p. 196 et 199.

[5] DC n° 89-269, 22 janvier 1990, Loi portant diverses dispositions relatives à la sécurité sociale et à la santé, Rec.,

en raison du maintien de dispositions discriminantes non corrigées par le législateur. La consécration de ce principe constitutionnel est dès lors « viciée » dans ses effets concrets, notamment, dans l'octroi de certaines prestations sociales non contributives.

Le droit international et, plus spécifiquement, le droit de la Cour européenne des droits de l'Homme, a « libéré » le principe d'égalité de traitement en permettant l'octroi de toutes les prestations sociales aux étrangers. En effet, après des luttes contentieuses devant les tribunaux judiciaires et administratifs ayant pour but de faire primer le droit international plus protecteur et surtout après une jurisprudence fondamentale[6] de la Cour européenne des droits de l'Homme, la portée du principe d'égalité de traitement en matière de prestations sociales est devenue complètement effective. Grâce à son principe de non-discrimination, la Cour européenne a développé une jurisprudence innovante concernant les droits sociaux. L'impact essentiel de cette jurisprudence a été de « rénover » le principe d'égalité de traitement qui jusque là n'était pas véritablement appliqué dans le statut social de l'étranger. La jurisprudence européenne a été parfaitement reprise par les juges judiciaires et administratifs, de telle sorte que des espèces ont consacré le principe d'égalité de traitement pour des prestations sociales qui étaient jusqu'alors exclues par le droit interne pour l'étranger. C'est une véritable « renaissance » du principe d'égalité de traitement en matière sociale pour les étrangers qui a été consacrée grâce à l'autorité jurisprudentielle de la Cour européenne des droits de l'Homme. Le droit européen montre, ainsi, une nouvelle fois son influence déterminante dans le respect des droits aux étrangers.

Avant de montrer la portée de la jurisprudence européenne en matière de droits des étrangers, il faudra insister sur les limites des autres normes internationales mais aussi il conviendra de faire ressortir les phases de « résistance »[7] du droit interne face à l'égalité de traitement en matière de droits sociaux. A partir de ce double échec, il faudra mettre en exergue les récentes évolutions du droit européen qui constituent une phase « d'attraction »[8] du droit international.

Il conviendra de démontrer tout d'abord les limites d'applicabilité des normes supranationales et internes relatives à l'égalité de traitement en matière de droits sociaux des étrangers (section I) ; ceci nous conduira ensuite à analyser les évolutions inédites de la jurisprudence européenne qui ont permis de « rénover » le principe de l'égalité de traitement en matière de prestations sociales pour les étrangers (section II).

Section I : Les limites de la superposition de normes supranationales et internes relatives à l'égalité de traitement en matière de droits sociaux des étrangers

Si le droit international offre un ensemble assez important de normes universelles et régionales relatives aux droits sociaux et applicables aux étrangers, ce dispositif connaît des limites liées à la difficulté d'appliquer le droit international dans notre système juridique. Ce droit exerce une influence modérée sur le droit interne, son potentiel est en définitive « sous-exploité ». De même, en droit interne, le principe d'égalité de traitement

p. 33.

[6] CEDH, 16 septembre 1996, *Gaygusuz c./ Autriche*, req. n° 17371/90.

[7] DAUGAREILH I., « La Convention européenne de sauvegarde des droits de l'Homme et des libertés fondamentales et la protection sociale », *RTDE*, 37 (1) janvier mars 2001, p. 131.

[8] Ibidem.

en matière de prestations sociales consacré par le juge constitutionnel n'a pas eu la portée escomptée puisque les autorités administratives n'ont pu l'appliquer effectivement.

Par un état des lieux critique sur la portée des normes internationales et internes, il conviendra de montrer que les sources supranationales sont des normes riches mais imparfaites (§I), et que l'application du principe constitutionnel a souffert d'importantes lacunes (§II).

§ I : La richesse et l'imperfection des normes supranationales relatives à l'égalité de traitement en matière de droits sociaux des étrangers

Il s'agira de rappeler brièvement[9] l'importance universelle et régionale du principe d'égalité de traitement en matière de droits sociaux des étrangers en montrant les limites inhérentes à cette proclamation. Il existe des dispositifs supranationaux spécifiques octroyant des droits sociaux pour les réfugiés ou les ressortissants de pays tiers privilégiés (B). D'autres normes, plus générales, consacrent un principe d'égalité de traitement qui s'applique à ces droits sociaux (A).

A/ Superposition et inefficacité des normes supranationales relatives à l'égalité de traitement en matière de droits sociaux

Trois organismes internationaux ont particulièrement œuvré pour l'égalité de traitement en matière de droits sociaux : l'Organisation des Nations Unies, l'Organisation International du Travail et le Conseil de l'Europe. Ainsi, les Conventions négociées sous l'égide de l'ONU (1), de l'OIT (2), comme celles du Conseil de l'Europe (3) posent un principe d'égalité de traitement applicable aux droits sociaux des étrangers.

1/ Les limites des instruments adoptés sous l'égide de l'ONU

Longtemps envisagés comme des « *droits pauvres* »[10], les droits sociaux n'ont pas été considérés comme des droits fondamentaux « contraignants ». De ce fait, la force obligatoire de la plupart de ces normes internationales en a longtemps supporté les conséquences[11]. De même, on constate avec Karine Michelet que les dispositions internationales sur l'égalité de traitement souffrent d'ambiguïtés textuelles, les termes employés étant souvent peu clairs. Les formules utilisées sont « *rarement convaincantes et souvent trop timides* »[12]. L'ambivalence des termes ou des expressions employés dessert l'application des textes. Ainsi, l'expression « *d'origine nationale* », utilisée dans de

---

[9] Pour une approche plus approfondie Cf. GISTI, *La protection sociale des étrangers par les textes internationaux*, Les Cahiers juridiques, février 2004 (voir annexe 1, p. 30).

[10] IMBERT P.-H., « Droits des pauvres, pauvres droits ? Réflexion sur les droits économiques, sociaux et culturels », *RDP*, 1989, p. 739.

[11] C'est pour cela que Frédéric Sudre souligne que ces droits souffrent d'une double infirmité matérielle et juridique, étant donné que « *la réalisation de ces droits suppose la mise en œuvre des moyens économiques financiers et sociaux qui font largement défaut dans un grand nombre d'États.* (En somme), *ces droits sont donc contingents, subordonnés aux possibilités matérielles d'une société donnée à un moment donné de son histoire* », Cf. SUDRE F., *Droit international et européen des droits de l'Homme*, collection droit fondamental droit international, 5e mise à jour, éd. PUF, Paris, 2001.

[12] *Ibid.*, p. 104.

nombreux textes universels de l'ONU, est peu explicite[13]. Ces expressions floues freinent l'application concrète des principes supranationaux.

La Déclaration Universelle des Droits de l'Homme est l'un des premiers instruments à poser les principes fondamentaux relatifs au droit à la sécurité sociale[14], au droit à la santé[15] ou à un niveau de vie suffisant[16]. Ces principes s'appliquent à tous les individus quelle que soit leur nationalité[17]. Néanmoins, ces droits n'ont qu'une valeur déclarative et ne peuvent être invoqués dans l'ordre interne.

Le Pacte international relatif aux droits économiques, sociaux et culturels[18] énonce dans son article 9 que « *les États parties (...) reconnaissent le droit de toute personne à la sécurité sociale, y compris les assurances sociales* ». Les droits[19] issus du Pacte sont de portée universelle, valent pour toutes les prestations sociales[20] et s'appliquent aussi à tous les individus quelle que soit leur nationalité[21]. À titre d'illustration, les articles 2, 9, 10 relatifs à la Sécurité sociale[22] du Pacte international des droits économiques, sociaux et culturels n'ont pas de caractère *self executing* en droit français. Pourtant, comme le souligne très justement Karine Michelet, la jurisprudence des juges internes est discutable car subjective[23]. Elle rappelle donc que cette démarche jurisprudentielle casuistique limite et complexifie l'incorporation des normes supranationales dans l'ordre interne.

La Convention internationale des droits de l'enfant[24] insiste également sur la protection sociale des mineurs. Les articles 26 et 27 assurent à l'enfant (étranger ou non) le droit de bénéficier de la sécurité sociale et le droit de jouir d'un niveau de vie suffisant. De même, dans des espèces isolées, l'article 3-1 relatif à l'intérêt de l'enfant a permis d'attribuer des prestations familiales à l'enfant étranger bénéficiaire du regroupement familial sur place[25]. Cependant la majorité des articles de la Convention ne sont pas directement invocables[26].

La Convention internationale sur la protection des droits de tous les travailleurs migrants et des membres de leurs familles, adoptée le 18 décembre 1990 et entrée en vigueur le 1er juillet 2003, apporte des éléments importants pour les travailleurs étrangers en situation irrégulière. L'article 7[27] prévoit, notamment, l'égalité de traitement pour tous les

---

[13] Ibidem.
[14] Article 22.
[15] Article 25.
[16] Article 23.
[17] L'article 1er du PIDCP mentionne « *tous les êtres humains* ».
[18] Signé le 16 décembre 1966 et entré en vigueur en France le 4 février 1981.
[19] Voir aussi les articles 2-2, article 10 sur la protection et l'assistance spéciale pour la famille et article 11-1 sur le niveau de vie suffisant.
[20] GISTI, *La protection sociale des étrangers en France après la création de la CMU*, septembre, 2000, p. 19.
[21] Article 2 « *Chacun peut se prévaloir de tous les droits et de toutes les libertés proclamés dans la présente Déclaration, sans distinction aucune, notamment de race, de couleur, de sexe, (...) d'origine nationale ou sociale, (...)* ».
[22] CE Ass. 5 mars 1999, *M. Rouquette et Mme Lipietz et autres*, req. n° 194658 et n° 196116, *AJDA*, 1999, p. 46.
[23] MICHELET K., *op. cit.*, p. 141-148.
[24] Signée à New York le 20 novembre 1989 et entrée en vigueur en France, le 6 septembre 1990.
[25] TA Lyon 12 novembre 1997, *Fannan c./ Préfet du Rhône*.
[26] Cf. Partie II, Titre I, Sous Titre II, Chapitre I.
[27] Article 7 « *Les États parties s'engagent, conformément aux dispositions des instruments internationaux relatifs aux droits de l'Homme, à respecter et à garantir à tous les travailleurs migrants et aux membres de leurs familles se trouvant sur leur territoire et relevant de leur juridiction, les droits reconnus dans la présente Convention sans distinction aucune, notamment de sexe, de race, de couleur, de langue, de religion ou de conviction, d'opinion politique ou de toute autre opinion, d'origine nationale, ethnique ou sociale, de nationalité, d'âge, de situation*

étrangers, même en situation irrégulière ; de même l'article 27 garantit l'égalité de traitement en matière de sécurité sociale entre les travailleurs migrants en situation régulière et les nationaux. Toutefois, ce traité n'a aucune conséquence sur le statut interne de l'étranger car il n'a pas été encore ratifié par la France.

Enfin, la Convention internationale sur l'élimination de toute forme de discrimination raciale du 21 décembre 1965 prohibe expressément « *toute distinction, exclusion, restriction ou préférence fondées sur la race, la couleur, l'ascendance ou l'origine nationale ou ethnique* »[28]. A l'instar de Karine Michelet, force est de constater que ce texte fait « *de façon on ne peut plus générale, la promotion des principes d'égalité et de non-discrimination* »[29], ce qui réduit ses chances d'application aux particuliers.

En définitive, pour que l'incorporation du droit international soit effective le droit français exige la condition de *self executing*. Or, le caractère programmatoire des droits sociaux n'incite pas le juge administratif ou judiciaire à leur faire produire des effets directs à l'égard des particuliers. Ainsi, comme cela a été démontré pour la Convention internationale relative aux droits de l'enfant, l'effet direct est rarement retenu par le juge national. Les droits sociaux sont considérés à tort comme des droits trop imprécis qui nécessitent une réglementation nationale complémentaire. Les recours contentieux intentés par les particuliers montrent donc les limites de l'applicabilité directe du droit international.

2/ Les limites matérielles des Conventions de l'Organisation Internationale du Travail

Plusieurs Conventions[30] de l'OIT notamment les n° 19, n° 62, n° 102[31] n° 118[32] énoncent l'égalité de traitement et certaines d'entre elles insistent sur l'égalité de traitement entre nationaux et étrangers pour le bénéfice des prestations sociales (les pensions d'accident du travail, les soins, les indemnités de maladies professionnelles et les prestations familiales…). En effet, les Conventions internationales n° 97[33] du 1er juillet 1949 et n° 143 de 1975 relatives aux travailleurs migrants posent une obligation d'appliquer « *sans discrimination de nationalité aux immigrants se trouvant sur son territoire un traitement qui ne soit pas moins favorable que celui qu'elle applique à ses propres ressortissants* »[34].

Toutefois, ces Conventions connaissent des limitations importantes puisque leur applicabilité est réduite par la condition de la résidence régulière ou habituelle de l'étranger. Elles connaissent également des limites imposées par la clause de réciprocité. La condition de réciprocité relativise considérablement l'application des instruments de l'OIT. Certaines Conventions de l'OIT ne sont parfois jamais appliquées en raison du défaut de réciprocité. Les Conventions de l'OIT possèdent également des limites matérielles puisque

---

économique, de fortune, de situation matrimoniale, de naissance ou de toute autre situation. »

28 Article 1er.

29 MICHELET K., *op. cit.*, p. 67.

30 Pour une analyse des droits sociaux des étrangers et des Conventions de l'OIT ; MICHELET K., *op. cit.*, p. 58-61.

31 Convention n° 102 du 25 juin 1952, relative *à la norme minimum de Sécurité Sociale*.

32 Voir les articles 3, 4, 7 de la Convention n° 118 sur *l'égalité de traitement en matière de Sécurité sociale* de 1962, ratifiée par la France le 13 mai 1974, décret n° 75-403, 21 mai 1975, JO 28 mai 1975.

33 Cette Convention a été ratifiée par la France le 29 mars 1954, décret n° 54-794, 4 août 1954, JO 7 août 1954.

34 Article 6.

l'égalité de traitement des prestations sociales ne concerne que les « branches » que l'État a ratifiées.

Les conventions de l'OIT sont néanmoins soumises à un système de contrôle propre grâce au système des Recommandations et des Plaintes et aux Rapports d'experts. Toutefois, ces contrôles n'incitent pas davantage les États à intégrer cette norme internationale.

3/ Les limites « personnelles » des Conventions du Conseil de l'Europe

Hormis la Convention européenne des droits de l'Homme, le Conseil de l'Europe a adopté une série de Conventions traitant de l'égalité de traitement en matière de droits sociaux concernant plus ou moins directement les étrangers. Les accords intérimaires européens et la Convention d'assistance sociale et médicale[35] du 11 décembre 1953 ont été les précurseurs en matière de proclamation de droits sociaux et d'égalité de traitement entre les États parties. D'autres textes[36] ont également confirmé le désir des organes du Conseil de l'Europe de coopérer et d'aboutir à une égalité de traitement entre les États européens. La Charte Sociale Européenne du 18 octobre 1961[37] a instauré ensuite des dispositions relatives aux droits sociaux. La situation des migrants et l'égalité de traitement entre nationaux et étrangers sont abordées de façon succincte dans l'article 19. En outre, la Convention européenne sur les travailleurs migrants du 24 novembre 1977 a pris le relais en matière de droits sociaux en énonçant très clairement sa volonté *d'aboutir à un traitement non moins favorable que les nationaux*[38], notamment s'agissant des conditions de vie et de travail[39]. Enfin, le Protocole n° 12[40] de la Convention européenne des droits de l'Homme laisse beaucoup d'espoir pour une protection européenne de l'égalité de traitement dans la jouissance d'un droit social[41].

La plupart de ces instruments connaissent des limites d'application. La Charte Sociale Européenne ou encore la Convention européenne relative au statut du travailleur migrant ont une portée *rationae personae* limitée[42]. Seuls les ressortissants des pays parties aux Conventions bénéficient des avantages sociaux.

---

[35] Entrée en vigueur le 1er juillet 1954, elle lie les États membres qui les ont ratifiée : Belgique, Danemark, France, RFA, Islande, Italie, Luxembourg, Norvège, RU, Turquie, Espagne, Malte.

[36] Convention européenne de Sécurité sociale des travailleurs européens du 9 juillet 1956, la Convention de Sécurité sociale de la Batellerie Rhénane du 30 novembre 1979, le Code européen de Sécurité sociale du 6 avril 1964, la Convention européenne de sécurité sociale (signée, mais pas ratifiée par la France) et la Convention européenne de Sécurité sociale des travailleurs des transports internationaux du 9 juillet 1956.

[37] Entrée en vigueur le 26 février 1965 et entrée en application à partir du 8 avril 1974. Elle a été ratifiée par la France, le 9 mars 1973 en vertu de la loi n° 72-840 du 4 octobre 1974, JO 9 octobre 1974 ; (applicable en Autriche, RFA, Chypre, Danemark, Espagne, Irlande, Islande, Italie, Pays Bas, RU, et Suède). La Charte a été révisée le 1er juillet 1999, publiée par décret en France n° 2000-110 du 4 février 2000.

[38] Article 9.

[39] Article 10, 13, 14, 16, 18, 19, 28 etc.

[40] GONZALEZ G., « Le Protocole n° 12 à la Convention européenne des droits de l'Homme portant sur l'interdiction générale de discriminer », *RFDA*, 2002, p. 113.

[41] SUDRE F., « La protection des droits sociaux par la Cour européenne des droits de l'Homme : un exercice de « jurisprudence fiction » », *RTDH*, n° 55, 2003, p. 769 et s.

[42] GOLSONG H., « La Convention européenne relative au statut juridique du travailleur migrant », *in Les travailleurs étrangers et le droit international,* in Acte du XIIe Colloque de la SFDI, Clermont-Ferrand, les 25-26-27 mai 1978, Pédone, p. 233. ; MICHELET K., op. cit., p. 114-116.

Par ailleurs, la plupart des normes européennes affirmant l'égalité de traitement des droits sociaux ne sont pas soumises à un contrôle juridictionnel. Ainsi, si la Charte sociale européenne dispose d'un système de contrôle collectif, il impose peu d'obligations pour les États.

En définitive, la simple proclamation des droits ne suffit pas, il faudrait un mécanisme qui assure une protection effective comme c'est le cas devant la Cour européenne des droits de l'Homme ou la Cour de justice des Communautés[43].

B/ Les droits sociaux des étrangers « privilégiés »

L'accès aux droits sociaux n'est pas le même pour tous les ressortissants de pays tiers. Au cas par cas, des Conventions bilatérales[44] relatives à la sécurité sociale[45] prévoient des arrangements en matière d'égalité de traitement entre les ressortissants des pays signataires. Le droit applicable à ces étrangers n'est donc pas celui du statut général de l'étranger.

De surcroît, La Convention de Genève du 28 juillet 1951 relative au statut des réfugiés, et celle de New York du 28 septembre 1954[46], relative au statut des apatrides, posent des dispositions intéressantes concernant l'accès aux droits sociaux et notamment à l'égalité de traitement. À titre d'illustration, la Convention de Genève institue pour les réfugiés résidant régulièrement sur leur territoire d'accueil « *le traitement le plus favorable accordé, dans les mêmes circonstances, aux ressortissants d'un pays étranger en ce qui concerne l'exercice d'une activité professionnelle salariée* »[47], un « *traitement aussi favorable que possible et en tous cas un traitement non moins favorable que celui accordé dans les mêmes circonstances aux étrangers en général* » en matière d'activités professionnelles non salariées et libérales[48], en matière de logement[49] et un « *traitement identique* » pour l'octroi de bourses, les mêmes droits à l'éducation, à l'assistance et aux secours publics[50]. Mais surtout, la Convention de Genève consacre dans son article 24 1 b) « *l'égalité de traitement entre les réfugiés et les nationaux* » en matière de sécurité sociale. Ce principe pose le socle d'une totale égalité de traitement, sans condition de nationalité.

Certains ressortissants de pays tiers bénéficient de droits sociaux communautaires[51] à la différence des autres étrangers soumis au statut général. En effet, ces « privilégiés » jouissent ponctuellement[52] d'un accès non-discriminatoire aux droits sociaux. C'est le cas

---

[43] AKANDJI-KOMBÉ J.-F., « Les droits des étrangers et leur sauvegarde dans l'ordre communautaire », *CDE*, 1995, n° 3-4, p. 351-380.
[44] Exemple du système bilatéral franco-canadien ou franco-américain.
[45] Voir DPE, Protection sociale.
[46] Convention publiée en France sous le décret n° 60-1066 du 9 avril 1960, JORF 6 octobre 1960.
[47] Article 17.
[48] Article 18 et 19.
[49] Article 21.
[50] Article 22, 23, 24.
[51] Les ressortissants communautaires ont acquis énormément de droits sociaux. Voir le Traité de Rome, modifié par le Traité d'Amsterdam, la Charte communautaire des droits sociaux fondamentaux des travailleurs du 9 décembre 1989, La Charte des droits fondamentaux de l'UE du 7 décembre 2000, les règlements relatifs à la Sécurité sociale, 1408/71 du 14 juin 1971, n° 574/72 du 21 mars 1972, n° 1408/71 du 14 juin 1971, voir aussi les décisions de la CJCE, cf. *DPE*, protection sociale, sources internationales.
[52] MICHELET K., *op. cit.*, p. 91.

des ressortissants de pays tiers (membres d'une famille de citoyens communautaires[53] par exemple), qui, en raison de leur lien familial profitent d'un large accès aux droits sociaux communautaires.

D'autres étrangers « privilégiés » sont ceux qui se trouvent liés par un accord d'association[54] ou un accord de coopération économique[55]. Dans ce cas les prestations[56] auxquelles ils ont droit varient et dépendent de l'accord[57]. Grâce au « *phénomène de communautarisation des travailleurs* »[58], les ressortissants d'États tiers ont bénéficié d'une extension de certains droits sociaux communautaires. La Cour de Justice[59] a particulièrement œuvré sur ce terrain du fait de son interprétation constructive des accords d'association ou de coopération. A titre d'exemple, les ressortissants turcs bénéficient de l'accès aux prestations maladie, maternité, invalidité, vieillesse, accident de travail et maladie professionnelle, aux allocations de décès, de chômage, aux prestations familiales et aux prestations contributives ou non contributives[60]. Force est de constater que l'étendue de ces droits est considérable grâce à l'adhésion de certains pays tiers au principe de libre circulation de la Communauté européenne. Cependant, l'octroi de ces droits reste la plupart du temps théorique, les États membres se cachent souvent derrière le défaut d'application des décisions de ces accords.

Toutefois, il convient de signaler que la Communauté a récemment adopté un règlement n° 859 du 14 mai 2003[61] qui étend à certains ressortissants de pays tiers[62] des droits sociaux communautaires prévus par les dispositions des règlements (CEE) n° 1408/71 et (CEE) n° 574/ 72.

Ainsi, depuis l'adoption de ce règlement du 14 mai 2003, les ressortissants de pays tiers résidant légalement dans un État membre de l'UE peuvent bénéficier de l'application intégrale du règlement communautaire 1408/ 71. Ils bénéficient, en conséquence, d'une

---

[53] Cf. notre étude Partie I, Titre I, Sous Titre II, Chapitre II, Section II.

[54] Cf. l'accord d'association avec la Turquie du 12 septembre 1963.

[55] La Convention de Lomé entre les pays ACP du 15 décembre 1989 est entrée en vigueur le 1er septembre 1990, les accords de coopération conclus entre la Communauté européenne et l'Algérie signés le 26 avril 1976, le Maroc signés le 27 avril 1976 et la Tunisie signés le 25 avril 1976, voir aussi les accords de coopération avec les pays PECO.

[56] Voir notre étude Partie I, Titre I, Sous Titre II, Chapitre II. ; Cf. MICHELET K., op. cit., p. 91-100, « § 2 la consécration ponctuelle d'un accès non discriminatoire aux droits sociaux conclue entre la communauté et les pays tiers » et LANFRANCHI M.-P., *Droit communautaire et travailleurs migrants des États tiers, Entrée et circulation dans la Communauté européenne*, éd. Economica, Centre d'Études et de recherches internationales et communautaires, Université d'Aix-Marseille III, 1994.

[57] Sur l'accord du Maghreb : CJCE 3 octobre 1996, *Hallouzi-Choho*, C 126/95, *Droit Social*, 1997, p. 510, Chr. S. VAN RAEPENBUSH.

[58] BONNECHÈRE M., « Quelle garantie des droits sociaux fondamentaux en droit européen ? », *Europe*, juillet 2000, p. 4.

[59] Cf notre étude Partie I, Titre I, Sous Titre II, Chapitre II.

[60] Voir Décision n° 3/ 80 du Conseil d'Association du 19 décembre 1980 relative *à l'application des régimes de Sécurités sociales des États membres des Communautés européennes aux Travailleurs turcs*, JOCE n° C 110, 25 avril 1983, p. 60. Voir Article 4.

[61] Règlement (CE) n° 859/2003 du Conseil du 14 mai 2003 visant à étendre les dispositions du règlement (CEE) n° 1408/71 et du règlement (CEE) n° 574/ 72 aux ressortissants de pays tiers qui ne sont pas couverts par ces dispositions uniquement en raison de leur nationalité, JOUE 20 mai 2003, L 124/2 ; OMARJEE I., « Nationalité et droit de la libre circulation, La division « national/ étranger » à l'épreuve du droit communautaire », LPA, n° 17, 27 août 2004, p. 7.

[62] Ce sont les ressortissants de pays tiers qui ne sont pas déjà couverts par les dispositions du règlement (CEE) n° 1408/71 et du règlement (CEE) n° 574/ 72 uniquement en raison de leur nationalité ainsi qu'aux membres de leurs familles et à leurs survivants.

égalité de traitement avec les ressortissants communautaires en cas de mobilité intracommunautaire[63]. Cette avancée juridique permet concrètement l'application de l'article 34 § 2 de la Charte des droits fondamentaux de l'Union européenne. Toutefois, ce règlement ne s'applique qu'aux ressortissants de pays tiers qui ont exercé leur droit à la libre circulation dans l'Union.

Ce « *formidable potentiel* »[64] n'a pas grandement influencé le droit interne. Ainsi, « *l'instrument international se révèle beaucoup moins porteur de progrès qu'il n'y paraît a priori* »[65]. Des difficultés juridiques qui tiennent à la délicate intégration du droit international ont réduit la portée de ces instruments, pourtant unanimes, sur l'égalité de traitement.

§ II : Les lacunes de la consécration constitutionnelle de l'égalité de traitement en matière de droits sociaux des étrangers

L'égalité en matière de prestation sociale entre étrangers et nationaux a été consacrée par le Conseil constitutionnel dans sa décision du 22 janvier 1990[66] à propos de la modification de l'article 815-5 du Code de la sécurité sociale sur l'octroi de l'allocation supplémentaire du Fond National de Solidarité (FNS). Le juge constitutionnel a soulevé d'office l'inconstitutionnalité de l'article 24 du projet de loi du 23 janvier 1990[67] en raison de l'atteinte au principe d'égalité entre étrangers et nationaux en matière de prestations sociales.

Cette décision est apparue fondamentale, tant dans le contentieux constitutionnel que dans le mouvement de constitutionnalisation[68] du droit des étrangers (A). Pourtant, sur le plan pratique, lorsqu'on évalue la portée concrète du principe constitutionnel de l'égalité de traitement en matière de prestation sociale, on constate qu'il n'a pas résolu les difficultés d'obtention de certaines prestations sociales par les étrangers. Ceux-ci n'en ont retiré aucun bénéfice. Les lacunes du système juridique et les carences du législateur ont anéanti la formidable portée du principe constitutionnel (B).

A/ La consécration constitutionnelle de l'égalité de traitement entre Français et Étrangers en matière de prestations sociales

---

[63] Cf. DPE, juillet 2003, p. 7473.

[64] MICHELET K., *op. cit.* p. 101.

[65] *Ibid.*, p. 103.

[66] DC n° 89-269, 22 janvier 1990, loi portant diverses *dispositions relatives à la Sécurité sociale et à la santé*, Recueil, p. 33 ; SIMON-DEPITRE M., *RGDIP*, 1990, p. 497 ; PRÉTOT X., « La conformité à la constitution de la loi portant diverses dispositions relatives à la sécurité sociale et à la santé », *Droit social*, 1990, n° 4, p. 352 ; PRÉTOT X. « L'application du principe d'égalité à l'étranger résidant en France », *RDSS*, 1990, p. 437 ; GENEVOIS B., « Du dédoublement de la Convention nationale des médecins aux droits des étrangers », *RFDA*, 1990, p. 406., FAVOREU L., *RFDC*, 1990, p. 330 ; DUBOUIS L., *RDSS*, 1990 (4), p. 637 ; ROHMER-BENOIT F., *AJDA*, 1990, p. 471 ; AVRIL P. et GICQUEL J. *Pouvoirs*, 1990, (54), p. 196 et 199.

[67] Loi n° 90-86 du 23 janvier 1990 portant diverses dispositions relatives *à la Sécurité sociale et à la santé*, JORF 25 janvier 1990.

[68] KISSANGOULA J., *La Constitutionnalisation et les étrangers, recherches sur les titulaires des droits et libertés de la constitution sociale, Bibliothèque de droit constitutionnel et science politique*, tome 102, éd. LGDJ, 2001.

En consacrant le principe d'égalité entre étrangers et nationaux en matière d'octroi de prestations sociales, le Conseil constitutionnel n'a pas précisé la source ou la disposition qui lui permettait de déduire ce nouveau principe. Pourtant, il est permis de penser que le juge constitutionnel a été largement influencé par les normes supranationales (1).

La consécration de ce principe constitutionnel conduit la haute juridiction à conférer des prestations sociales à tous les étrangers sans condition de réciprocité ou spécificité communautaire. Par conséquent, si tous les étrangers sont concernés au même titre que les nationaux, la condition de nationalité n'est théoriquement plus une barrière pour la délivrance des prestations sociales (2).

1/ Une consécration « sous influence »

C'est probablement d'abord grâce au chemin tracé par les risques d'« *inconventionnalités communautaires* »[69] que le Conseil constitutionnel a pu relever d'office l'inconstitutionnalité de la disposition de la loi portant sur l'allocation supplémentaire du FNS. En effet, c'est à la suite d'un arrêt de la Cour de justice des Communautés européennes que le législateur a décidé d'actualiser le Code de la Sécurité sociale. Dans son arrêt du 24 février 1987 Dame Gilletti[70], la CJCE a admis que l'allocation supplémentaire du FNS était une prestation sociale selon l'article 4 du règlement communautaire 1408/71[71]. La CJCE complétait et confirmait ainsi les précédentes jurisprudences communautaires[72] et nationales[73] développées en la matière. Par conséquent, les ressortissants communautaires avaient droit à cette allocation supplémentaire du FNS. Cette espèce mettait en cause l'article L 815-5[74] du Code de la Sécurité sociale qui attribuait l'allocation « *aux seuls étrangers liés par des Conventions internationales de réciprocité* ». Ainsi, l'article 24[75] du projet de loi avait le mérite d'intégrer la jurisprudence de la CJCE en attribuant l'allocation supplémentaire aux étrangers qui relevaient de « *l'application des règlements communautaires* » et non plus seulement à ceux liés par les Conventions internationales de réciprocité. En définitive, la CJCE a obligé le législateur à élargir l'application de l'allocation supplémentaire, et, comme Justin Kissangoula le souligne, « *par cela, elle a ouvert la brèche dans laquelle le Conseil constitutionnel a pu s'engager, conformément à sa politique jurisprudentielle en matière de droits des étrangers* »[76].

---

[69] PRETOT X., « La conformité à la Constitution de la loi portant diverses dispositions relatives à la Sécurité sociale et à la santé », *Droit social*, n° 4 avril 1990, p. 356.

[70] PRÉTOT X., « Note sous CJCE, 24 février 1987, 4 espèces », *Droit Social*, 1987, p. 476-478 ; CHENILLET, « Note sous CJCE du 24 février 1987, Mme Gilletti et autres », *RDSS*, 1988, p. 618. Voir aussi CHENILLET P., « Note sous l'arrêt de la CJCE, 12 juillet 1990, Commission européenne c./ République française, *RDSS*, 1991, p. 138-149.

[71] Règlement modifié par le règlement (CE) n° 859/2003 du Conseil du 14 mai 2003 visant à étendre les dispositions de règlement (CEE) n° 1408/71 et du règlement (CEE) n° 574/ 72 aux ressortissants de pays tiers qui ne sont pas couverts par ces dispositions uniquement en raison de leur nationalité, JOUE 20 mai 2003, L 124/2.

[72] CJCE affaire n° 24-174, rec. CJCE , p. 199.

[73] CASS ch. Soc. du 20 janvier 1988, bull. civ. V, p. 35.

[74] Rédaction initiale instituée par la loi n° 56-639 du 30 juin 1956. (L 815-5 « *L'allocation supplémentaire n'est due aux étrangers que sous réserve des conventions internationales de réciprocité* »).

[75] Article 24 du projet de loi « L'allocation supplémentaire n'est due aux étrangers qu'en application des règlements communautaires ou de conventions internationales de réciprocité ».

[76] KISSANGOULA J., *op. cit.*, p. 210.

Toutefois, cette réforme était inaboutie puisqu'elle ne tenait pas compte des *autres* normes supranationales, précédemment étudiées, notamment celles qui sont issues des textes universels des droits de l'Homme. En effet, le législateur n'est pas allé au bout de sa logique d'actualisation. S'il a inséré une disposition spéciale pour les ressortissants communautaires, c'est que la simple mention « *en application de convention internationale de réciprocité* » ne permettait pas d'inclure automatiquement le droit communautaire, non subordonné à la condition de réciprocité. Le même raisonnement aurait pu être tenu pour les traités relatifs aux droits de l'Homme qui n'ont pas, non plus, besoin de cette condition. Comme pour le droit communautaire, la condition de réciprocité ne s'applique pas aux traités de nature humanitaire. L'article 60§5 du traité de Vienne dispense de la condition de réciprocité les traités universels protégeant les droits de l'Homme[77]. Or le projet de loi était trop limitatif et ne prévoyait pas de dispense de réciprocité pour ces traités universels qui consacrent l'égalité de traitement. Ainsi en relevant d'office l'inconstitutionnalité de l'article 24 du projet de loi, le Conseil constitutionnel a eu l'occasion de montrer que « *(...) les instruments européens de protection des droits de l'Homme participent également très activement au développement du mouvement de constitutionnalisation du droit des étrangers, amorcé par (...) les instruments juridictionnels européens des droits de l'Homme* »[78]. Cette inconstitutionnalité soulevée par le Conseil constitutionnel est apparue « *logique* »[79]. Le Conseil souhaitait que « *toute personne* » bénéficie des prestations sociales comme le précise beaucoup d'instruments internationaux tels que le Pacte international des droits économiques, sociaux et culturels, ou la Charte européenne. Enfin, le juge constitutionnel estimait que limiter l'allocation supplémentaire aux seuls ressortissants communautaires et aux étrangers soumis à des conventions internationales de réciprocité portait une atteinte grave au principe constitutionnel d'égalité reconnu peu avant dans sa décision du 9 janvier 1990[80]. Ainsi, « *le législateur peut prendre à l'égard des étrangers des dispositions spécifiques, à la condition de respecter les engagements internationaux souscrits par la France et les libertés et droits fondamentaux de valeur constitutionnelle reconnus à tous ceux qui résident sur le territoire de la République* »[81].

2/ La fin de la condition de nationalité pour le bénéfice des prestations sociales

La décision du Conseil constitutionnel a posé le principe d'égalité en matière de prestations sociales. La condition de nationalité ne doit plus apparaître comme un obstacle à l'attribution d'une allocation de prestation sociale. La décision du 22 janvier 1990 a permis de confirmer et constitutionaliser la jurisprudence développée peu avant par le Conseil

---

[77] PINTO R., « L'application du principe de réciprocité et des réserves dans les conventions interétatiques concernant les droits de l'Homme », *in Mélanges Georges Levasseur*, LITEC, Paris, 1992, p. 83-84.
[78] KISSANGOULA J., *op. cit.*, p. 210
[79] *Ibid.*, p. 208.
[80] Décision n° 89-266 DC du 9 janvier 1990, loi modifiant l'ordonnance n° 45-2658 du 2 novembre 1945 relative *aux conditions d'entrée et de séjour des étrangers en France*. Rec., p. 15, publiée au JORF du 11 janvier 1990 ; RENOUX T., *RFDC*, 1990, p. 326 ; PRÉTOT X ; « L'application du principe d'égalité à l'étranger en France », *RDSS*, 1990, p. 437 ; GUIMEZANES N., *JCP*, 1990, II, 21591 ; FIALAIRE J., « Conditions d'entrée et de séjour des étrangers en France », *RA*, 1990, p. 40 ; AVRIL P. et GICQUEL J., *Pouvoirs*, 1990 (54), p. 196.
[81] DC n° 89-266 du 9 janvier 1990.

d'État dans la décision Mairie de Paris c./ Lévy, du 30 juin 1989[82], où, pour la première fois, le juge administratif avait appliqué le principe d'égalité aux étrangers.

Dans sa décision du 22 janvier 1990, grâce à une démarche de constitutionnalisation[83] des droits des étrangers, le Conseil constitutionnel a repris à son compte le principe d'égalité en matière de prestations sociales entre les étrangers et les nationaux. A partir de là, on aurait pu penser que le législateur modifierait aussitôt l'article L 815-5 du Code de la Sécurité sociale (ainsi que les autres articles[84] dans lesquels est maintenue la condition de nationalité) pour se conformer à la décision du Conseil constitutionnel. Mais, le législateur n'a rien modifié pendant huit ans[85]. Après les résistances des juges internes face aux normes internationales relatives à l'égalité de traitement des droits sociaux, c'est au tour du législateur de maintenir dans l'ordre juridique des dispositions législatives contraires à la jurisprudence constitutionnelle. Le principe d'égalité sera donc vicié dans sa portée pendant encore quelques années.

B/ Une égalité de traitement tronquée

Bien que le principe d'égalité en matière de prestations sociales soit constitutionalisé, l'attribution des différentes prestations sociales (notamment les prestations non contributives) ne s'est pas réalisée au lendemain de la décision constitutionnelle. L'absence de « réaction normative » du législateur a paralysé la mise en œuvre d'une égalité effective pour l'attribution des prestations non contributives (1). Le juge administratif ne pouvait apprécier la conformité de la loi à la Constitution pour contester le maintien de l'article L 815-5, pourtant inconstitutionnel. Les étrangers se sont alors tournés vers le contrôle de conventionnalité pour censurer, au cas par cas, cette disposition inconstitutionnelle et inconventionnelle (2).

1/ Les carences du législateur et les obstacles juridiques à l'application du principe avec le maintien des discriminations en matière de prestations non contributives

Comme Jean Mouly et Jean-Pierre Marguénaud l'ont fait remarquer, « *ni le droit communautaire (et) ni le droit constitutionnel n'avaient pu venir à bout d'un texte (l'article L 815-5), pourtant parfaitement contraire à un principe fondamental consacré aussi bien par l'un que par l'autre* »[86]. En effet, après la censure du juge constitutionnel, le législateur n'a pas réécrit l'article 24 de la loi de 1990, il l'a simplement supprimé de la loi. De ce fait, il n'a pris aucune mesure permettant de modifier ou d'actualiser l'article L. 815-5 du Code

---

[82] PRETOT X., « L'illégalité de la subordination à condition de nationalité de l'attribution des prestations sociales facultatives, note sous CE 30 juin 1989, ville de Paris et autres c./ M. Levy », *Droit social*, n° 11, 1989, p. 767-769 ; RICHER L., « Note sous TA, 19 mars 1986, Mairie de Paris », *AJDA*, 1986, p. 389-391 ; LEVIS, Conclusions, *RFDA*, 1990, n° 4.

[83] KISSANGOULA J., *op. cit.*, p. 213.

[84] L 821-1 du Code de la Sécurité sociale pour l'allocation aux adultes handicapés, L 815-1 allocation spécifique aux personnes âgées.

[85] Article 42 I et 42 II de la loi du 11 mai 1998 qui insère les articles 816-1 et 821-9 dans le Code de la Sécurité sociale.

[86] MOULY J. et MARGUEAUD J.-P., « Protection sociale et nationalité : un nouvel exemple de l'influence de la Convention européenne sur le droit social », *D.*, 1998, JP, p. 438.

de la Sécurité sociale. Pourtant, il suffisait de supprimer la condition de nationalité du Code de la Sécurité sociale. Ceci est particulièrement révélateur des résistances des autorités françaises de l'époque. De plus, les importants enjeux financiers que représentait cette réforme n'ont pas incité les autorités à modifier rapidement le Code de la Sécurité sociale. En ne se conformant pas à la décision de la Haute assemblée, le législateur a laissé dans l'ordre interne des dispositions législatives inconstitutionnelles. Ces dispositions ont privé les étrangers de l'attribution de certaines prestations non contributives en raison de la « théorie de la loi écran ». En effet, les étrangers n'ont pu déposer de recours devant le juge administratif contre la disposition législative inconstitutionnelle puisque cette dernière « faisait écran » à toute contestation. Les ressortissants étrangers n'avaient d'autre solution que d'exercer un contrôle de conventionnalité qui permettait d'écarter les dispositions inconstitutionnelles du Code de Sécurité sociale, au profit d'un texte international.

En définitive, durant cette période, les prestations étaient délivrées aux seuls étrangers qui intentaient un recours contentieux ; cette situation paradoxale était très contestable du point de vue du respect de la hiérarchie des normes et de la protection des droits et libertés.

2/ L'ultime solution du contrôle de l'inconventionnalité des dispositions législatives inconstitutionnelles

Les années quatre-vingt-dix ont été marquées par des batailles juridiques tendant à faire primer les textes internationaux afin d'appliquer effectivement l'égalité de traitement entre les étrangers et les nationaux.

La Cour de Cassation a été la première à se positionner en faveur de l'égalité de traitement à l'égard de ressortissants de pays tiers « privilégiés ». Avec la décision Marzari[87] du 7 mai 1991, les ressortissants algériens ont eu droit à l'allocation supplémentaire du FNS. Néanmoins, suite à ce jugement, les Caisses d'assurance maladie et les juges de première instance n'ont pas tous attribué l'allocation supplémentaire du FNS[88], ou l'allocation aux adultes handicapés, aux ressortissants étrangers dont les pays avait signé des accords avec la Communauté ou des Conventions de l'OIT[89]. Une grande disparité de solutions s'est manifestée devant les différents tribunaux des affaires de la Sécurité sociale.

---

[87] CASS soc. 7 mai 1991, *Mazari*, Bull civ. V, n° 231, Voir aussi : Cour de cassation 17 octobre 1996, Bull. civ. V n° 330 et 331. 3 juillet 1997 bull. civ. V, n° 246, 22 janvier 1998, arrêt n° 322 P.

[88] Les juridictions qui acceptent l'allocation : CA Riom février 1995, CPAM *Auvergne c./ Chergui*, CA Lyon 8 février 1995, *Souaci c./ CRAM Rhône Alpes*, CA Paris 17 février 1995, *Oudjoudi c./ CRAM Ile de France*. Celles qui refusent CA Dijon 27 novembre 1994 ; *CRAM de Bourgogne Franche-Comté c./ Allalm* ; CA Douai 30 novembre 1994, *Lakehal c./ CPAM de Lille* ; CA Nîmes *23 septembre 1994, Kadri c./ CPAM du Gard*.

[89] TASS Caen, 27 février 1995, *TOK c./ CAF du Calvados* ; TASS Le Mans 18 janvier 1995, *Turkem c./ CPAM*, TASS Metz, 6 mars 1996, *NAS* ; Cf. étude de GACON-ESTRADA H., « Étrangers : la sécurité sociale se moque de la justice », *Droit social*, n° 7/8, juillet-août 1996,p. 713.

Par ailleurs, en 1995 avec la décision Kird[90], la Cour de justice des Communautés européennes a été saisie d'une question préjudicielle. Elle s'est positionnée en faveur de l'attribution de l'allocation supplémentaire du FNS, confirmant ainsi ses positions antérieures[91]. A partir de cette décision, un État membre ne pouvait plus, en théorie, refuser d'accorder une prestation d'allocation supplémentaire du FNS aux ressortissants communautaires ni aux étrangers dont l'État avait conclu un accord avec la Communauté. Malgré cela, les résistances ont continué ; certains juges ont persisté à défier la jurisprudence de la Cour de cassation et celle de la CJCE en n'attribuant pas certaines prestations non contributives (notamment l'allocation aux adultes handicapés (AAH), l'allocation supplémentaire du fonds de solidarité vieillesse (FSV), l'allocation supplémentaire du fond de solidarité invalidité (FSI)) à des étrangers « privilégiés ».

L'administration[92] a également nié[93] les décisions de la Cour de cassation et de la Cour de justice des Communautés européennes. Les autorités administratives ont considéré l'arrêt Mazari comme une espèce isolée afin de ne pas retenir la solution de l'arrêt. Peu après, à la suite d'une question parlementaire[94], la Ministre de la Santé a pris officiellement en compte les conséquences de la décision constitutionnelle du 22 janvier 1990 et de la CJCE. Toutefois, cela ne s'est pas retrouvé dans ses actes puisque dans une circulaire de 1995[95], la Ministre a adopté une position ambiguë en estimant que la bataille était perdue « *du point de vue des principes car elle* (préconisait) *la poursuite des refus et* (indiquait) *qu'il* (convenait) *de verser l'allocation (...) à ceux qui « ont obtenu gain de cause à la suite d'une action contentieuse*[96] *»* ». L'administration pouvait continuer à traiter les cas selon son bon vouloir. Il a fallu attendre l'arrêt du Conseil d'État du 14 janvier 1998[97] pour que cette circulaire soit annulée.

En définitive, cette « cacophonie jurisprudentielle » a complexifié l'état du droit. Les étrangers ont été forcés d'exercer des recours contentieux pour obtenir leurs prestations. Certains étrangers ne pouvaient d'ailleurs pas le faire. De même, les ressortissants d'États tiers non-signataires d'accords avec la Communauté ne pouvaient exercer un contrôle de conventionnalité avec succès en raison de l'invocabilité relative et de l'effectivité limitée du droit international. Ces étrangers étaient alors privés des prestations non-contributives.

---

[90] CJCE 5 avril 1995, aff. *Kird ;* CHAUVET B., « La justice des Communautés européennes précise les conditions d'application des accords de la CEE avec des pays tiers en matière de sécurité sociale », *D*, 1996, JP, p. 105. Voir aussi CJCE 31 janvier 1991, *Kziber*, aff. C-18/90, rec. p. I-199, CJCE 20 avril 1994, *Yousfi*, aff. C-58/93, rec. p. I-1363.

[91] PRÉTOT X., « Note sous CJCE, 24 février 1987, 4 espèces », *Droit Social*, 1987, p. 476-478 ; CHENILLET, « Note sous CJCE du 24 février 1987, Mme Gilletti et autres », *RDSS*, 1988, p. 618 ; voir aussi CHENILLET P., « Note sous l'arrêt de la CJCE, 12 juillet 1990, Commission européenne c./ République française, *RDSS*, 1991, p. 138-149.

[92] LOCHAK D., « Quand la Sécu ignore les décisions de justice », *Revue Plein Droit*, n° 28, septembre 1995, p. 9-10.

[93] LOCHAK D., « Quand l'administration fait de la résistance, les prestations non-contributives et les étrangers », *In Drôle de droit(s) Mélanges en l'honneur d'Élie Alfandari, D.*, 2000, Paris, p .405-416.

[94] JO, Assemblée nationale, 25 décembre 1995.

[95] GACON-ESTRADA H., *op. cit.*, p. 716.

[96] Recueil CNAMTS, fiche n° 365, publiée le 31 janvier 1996 ; Circulaire DSS/AAF/A1 n° 95-11 du 17 février 1995.

[97] CE 14 janvier 1998, *GISTI*, req. n° 174219.

Au final, c'est une véritable « anomalie »[98] juridique que les autorités publiques ont laissée subsister dans l'ordre interne. Cette différence de traitement entre les ressortissants de pays tiers était extrêmement regrettable, elle reflétait surtout l'état d'esprit des gouvernements face à leur obligation et leur devoir envers l'intégration sociale des étrangers.

L'espoir d'une véritable égalité de traitement applicable à tous les étrangers est venu grâce à l'influence décisive de la Cour européenne des droits de l'Homme.

Section II : La « renaissance » du principe de l'égalité de traitement en matière de droits sociaux ou l'influence rénovatrice de la jurisprudence de la Cour européenne des droits de l'Homme

La Cour européenne a non seulement montré une jurisprudence « *perméable* »[99] aux droits sociaux, mais elle a surtout permis d'élargir le champ d'application de l'égalité de traitement en matière de droits sociaux à tous les étrangers. Les conséquences de cette jurisprudence européenne se sont répercutées en droit interne puisque le législateur a, enfin, modifié le Code de la Sécurité sociale. La jurisprudence européenne s'applique aujourd'hui à une multitude de droits sociaux, devant le juge judiciaire comme devant le juge administratif.

Il conviendra d'étudier successivement l'impact de la jurisprudence européenne en matière de protection des droits sociaux des étrangers et la force du principe européen de non-discrimination (§ I) ainsi que les conséquences de cette influence dans le statut interne de l'étranger (§II).

§ I : L'impact de la jurisprudence européenne en matière de protection des droits sociaux des étrangers et la force du principe européen de non-discrimination

La Cour européenne des droits de l'Homme n'a pas été le premier organe de contrôle des droits de l'Homme à être saisi sur la question des droits sociaux des étrangers. Dès 1989[100], le Comité des droits de l'Homme s'était intéressé à une Communication[101] relative à une discrimination en matière d'anciens combattants ayant perdu la nationalité française. Il estima que la différence de traitement entre les retraités français et ceux qui avaient perdu la nationalité portait atteinte au Pacte international des droits civils et politiques. Toutefois, la portée de la Constatation rendue par le Comité des droits de l'Homme n'a eu aucun effet juridique contraignant en droit interne (A). Il a fallu attendre la jurisprudence de la Cour européenne (Gaygusuz c/ Autriche de 1996) pour affirmer un

---

[98] DAUGAREILH I., *op. cit.*, *RDSS*, 1997.

[99] SUDRE F., « La perméabilité de la CEDH aux droits sociaux », *in Mélange Mourgeon, Liberté et Pouvoirs*, 1998, p. 410.

[100] Décision CDH 3 avril 1983, *Ibrahim Gueye c./ France*, RUDH 1989, p. 62-64 ; Cf. REYDELLET M., « La dignité des étrangers », *in Mélanges BOLZE C., Ethnique, droit et dignité de la personne*, Economica, 1999, p. 236.

[101] L'article 28 du Pacte des droits civils et politiques permet au Comité des droits de l'Homme d'examiner des communications émanant de particuliers qui se considèrent victimes d'une violation par un État de l'un des droits énoncés dans le Pacte.

principe européen de non-discrimination avec des effets *contraignants* dans l'ordre interne (B).

A/ Un travail déjà engagé par le Comité des droits de l'Homme

Avant l'affaire Gaygusuz de la Cour européenne, le Comité des droits de l'Homme avait eu l'occasion de rendre une Constatation très audacieuse sur les droits sociaux et plus particulièrement sur les pensions de retraites cristallisées des anciens combattants ayant perdu la nationalité française. En 1989, dans l'espèce Gueye, la question posée au Comité était de savoir si le « gel » des pensions[102], « anciens combattants français », ne portait pas atteinte au principe d'égalité de l'article 26 du Pacte. Ce dernier prohibe toute discrimination en raison « *de race, de couleur, de sexe, de langue, de religion, d'opinion politique ou de toute opinion, d'origine nationale ou sociale, de fortune, de naissance ou de toute autre situation* ». En effet, la différence de traitement pour l'attribution de la pension de retraite était basée sur la nationalité du retraité. La loi n° 51-561 du 18 mai 1951 permettait une égalité de traitement entre les pensions de retraite des ressortissants français et des ressortissants étrangers ayant combattu pour la France. Mais après l'indépendance, la loi de finance de décembre 1974 a institué une « cristallisation », un « gel » des pensions retraites des Sénégalais à compter du 1er janvier 1975. Autrement dit, le retraité qui a combattu ou a exercé une fonction pour la France mais qui n'a pas conservé la nationalité française ne touchait pas la même retraite qu'un ressortissant français ayant exercé dans les mêmes conditions.

Ainsi, dans l'espèce Gueye, le Comité des droits de l'Homme avait dû chercher « *le caractère raisonnable de la différence de traitement des anciens militaires de carrière résidant au Sénégal* ». Sa décision très implicite estima que « *le changement ultérieur de nationalité ne peut en soi être considéré comme une raison suffisante pour justifier une différence de traitement, vu que la base retenue pour l'octroi de la pension était les services identiques qu'avaient rendus (...) les militaires qui étaient demeurés français* »[103].

Cette constatation de rejet du Comité des Droit de l'Homme adressée à la France n'a pourtant eu aucun effet sur le droit interne puisqu'elle n'a pas permis de modifier la législation en vigueur. Au contraire, dans sa décision Veuve Doukouré[104] du 15 avril 1996, le Conseil d'État a même « défié » le Comité des droits de l'Homme en jugeant, dans une espèce similaire à l'affaire Gueye, que l'article 26 ne pouvait s'appliquer aux droits sociaux car il protégeait uniquement les droits contenus dans le Pacte international des droits civils

---

[102] « *L'accession à l'indépendance de leurs pays d'origine a eu pour conséquence de priver nombre de nos anciens combattants de la nationalité française. Leurs pensions d'invalidité, retraites militaires et retraites du combattant ont alors été transformées en allocations viagères, dont les montants ont été gelés depuis. La valeur actuelle du point d'indice est très variable : elle dépend de la date d'accession à l'indépendance des pays, mais aussi des revalorisations ponctuelles qui ont eu lieu. Aujourd'hui, lorsqu'un ancien combattant français perçoit 686 € par mois, un Camerounais en reçoit 103 € et un Tunisien 61 €* », M. BERTRAND X., Rapporteur spécial de la commission des finances - Session ordinaire de 2002-2003 - 22ème jour de séance, 57ème séance 1ère séance du mardi 12 novembre 2002.

[103] CDH Gueye, *op. cit.*

[104] CE 15 avril 1996, Veuve *Doukouré ;* MARTIN P., « Le pacte international relatif aux droits civils et politiques ne s'applique pas aux droits de pension », RFDA, 1996, p. 808 ; SUDRE F., « La portée du droit à la non-discrimination : de l'avis d'assemblée du Conseil d'État du 15 avril 1996, Mme Doukouré, à l'arrêt de la Cour européenne des droits de l'Homme du 16 septembre 1996 Gaygusuz c./ Autriche », *RFDA,* 13, (5), sept.-oct. 1997, p. 967-976. Cf. CE 17 novembre 1997, *Veuve Doukouré*, req. n° 188163.

et politiques. L'interprétation faite par le juge administratif a été qualifiée de « *cacophonie interprétative* »[105] étant donné qu'elle contredisait la « jurisprudence »[106] du Comité des droits de l'Homme.

Cette espèce Doukouré témoigne de plusieurs réticences de la part des juges français. D'abord sur le fond de l'affaire, le juge administratif a refusé la « décristallisation » des pensions qui soulevait un enjeu financier trop important pour y apporter une réponse jurisprudentielle, et ce, en totale opposition avec la Recommandation du Comité. Ensuite, la solution Doukouré a témoigné de la résistance du juge interne face à un organe supranational non juridictionnel, alors même que la France s'est engagée à prendre des obligations juridiques pour mettre en œuvre les mesures appropriées afin de donner un effet juridique aux Constatations du Comité[107]. En outre, cette décision reflète le refus exprès de reconnaître une portée effective aux droits sociaux encore considérés comme des droits « facultatifs ». Enfin, une quatrième résistance avancée par Frédéric Sudre montre que le juge administratif ne souhaitait pas donner une valeur à l'article 26 du Pacte car il coïncidait avec le principe constitutionnel d'égalité. Dès lors, faire un contrôle de conventionnalité de la loi s'apparentait de très près à un contrôle de constitutionnalité[108].

Cette jurisprudence à contre courant s'est finalement inclinée grâce à l'impact de l'audacieux arrêt Gaygusuz de la Cour européenne qui a affirmé l'égalité de traitement en matière de droits sociaux.

B/ La jurisprudence de la Cour européenne et l'exemple de non-discrimination dans l'octroi des droits protégés

Le 16 septembre 1996, la décision Gaygusuz c/ Autriche[109] de la Cour européenne (rendue six mois après la décision Doukouré) a changé les données en matière de protection des droits sociaux et particulièrement dans l'application de ces droits aux étrangers. Dans l'espèce Gaysuzuz, le requérant turc, résidant en Autriche de 1973 à 1987, s'est vu refuser l'attribution d'une allocation d'urgence de chômage. Pour contester ce refus, il a invoqué la combinaison de l'article 14[110] et de l'article 1er du premier Protocole additionnel de la CEDH, rattachant ainsi sa demande de prestation au droit de propriété et à la notion de « droit patrimonial ». La Cour a examiné la légitimité du but poursuivi[111] lors du refus d'attribution de l'allocation d'urgence. Pour être légitime, la différence de traitement devait

---

105 SUDRE F., *op. cit.*, p. 971.

106 Communication 172/1984 *Broeks ;* Communication 180/ 1984 *Danning* et Communication 182/ 1984 *Zwaan de Vries*, déc. 9 avril 1987. Voir avis du CDH du 9 novembre 1989.

107 Article 2 §1 du PIDCP.

108 SUDRE F., *op. cit.*, p. 972-973.

109 CEDH 16 septembre 1996, *Gaygusuz c./ Autriche*, req. n° 17371/90 ; SUDRE F., « La portée du droit à la non-discrimination : de l'avis d'assemblée du Conseil d'État du 15 avril 1996, Mme Doukouré, à l'arrêt de la Cour européenne des droits de l'Homme du 16 septembre 1996 Gaygusuz c./ Autriche », *RFDA*, 13, (5), sept.-oct. 1997, p. 967-976 ; MOULY J. et MARGUEAUD J.-P., « Protection sociale et nationalité : un nouvel exemple de l'influence de la Convention européenne sur le droit social », *D.*, 1998, JP, p. 438.

110 Article 14 « *La jouissance des droits et libertés reconnus dans la présente Convention doit être assurée, sans distinction aucune, fondée notamment sur le sexe, la race, la couleur, la langue, la religion, les opinions politiques ou toutes autres opinions, l'origine* nationale ou sociale, l'appartenance à une minorité nationale, la fortune, la naissance ou toute autre situation ».

111 CEDH 23 juillet 1968, *Affaire linguistique Belge*, série A n° 6§10.

se justifier par « *des considérations très fortes* ». Dans le cas présent, le juge européen n'a pas estimé fondée la différence de traitement basée sur la nationalité.

Grâce à l'interprétation dynamique de la Cour européenne, la combinaison de ces deux articles a permis d'apporter une protection européenne dans l'attribution des prestations sociales aux étrangers. Si jusqu'à présent la Cour européenne estimait que les droits sociaux faisaient partie des droits fondamentaux, elle n'avait pas eu l'occasion d'affirmer une protection spécifique étant donné que le texte de la Convention ne protège que les droits civils et politiques. La combinaison de l'article 14 sur l'interdiction des discriminations et de l'article 1er[112] du Protocole n° 1er témoigne d'un travail d'interprétation très audacieux de la part de la Cour européenne des droits de l'Homme. D'autant plus que cette combinaison d'articles fait entrer sous le contrôle de la Cour une multitude de droits sociaux[113] à protéger. En énonçant ce principe de non-discrimination dans la jouissance des droits sociaux, le juge européen a ouvert des perspectives très importantes dans le statut interne de l'étranger. Le juge européen ne souhaite aucune différence de traitement basée sur la nationalité dans l'octroi des droits sociaux ; le fait que le requérant étranger ait droit aux mêmes prestations sociales que le ressortissant national montre que le juge envisage la jouissance des droits sociaux comme un droit de l'Homme et non plus seulement comme un droit du Citoyen[114].

Par ailleurs, la solution Gaygusuz apporte une *solidité* au fondement de l'égalité de traitement des droits sociaux en droit des étrangers. En effet, le principe d'égalité des droits sociaux découlant des normes supranationales souffrait d'une limite *rationae personae* et *materiae.* Avec l'application du principe européen de non-discrimination, les droits sociaux s'appliquent à tous les étrangers, et plus seulement aux seuls étrangers soumis aux Conventions internationales de réciprocité ou au droit communautaire. En somme, la décision Gaygusuz permet d'élargir l'attribution des prestations sociales à tous les étrangers sans distinction. Cela rend l'attribution des droits sociaux aux ressortissants de pays tiers plus simple et cela met un terme à la juxtaposition des statuts en matière de prestations sociales. Cette protection européenne aboutit enfin à l'effectivité totale du principe d'égalité de traitement en matière de droits sociaux des étrangers. On assiste à une véritable « mutation » de la protection de l'étranger en matière de prestations sociales. « L'autorité de la chose interprétée » permet à la Cour européenne d'imposer au droit interne sa jurisprudence contraignante, contrairement aux Constatations du Comité des droits de l'Homme. De plus, aucune limite ne permet de réduire la portée du principe d'égalité en matière de prestations sociales. Grâce à cette décision européenne, la limite imposée par la « théorie de la loi écran » à l'égard du principe constitutionnel est dépassée. En définitive, avec le principe européen de non-discrimination « *ce qui a été perdu du côté du Conseil pourrait (ainsi) être reconquis sur le terrain conventionnel* »[115]. La décision européenne

---

[112] Article 1 « *Toute personne physique ou morale a droit au respect de ses biens. Nul ne peut être privé de sa propriété sauf pour cause d'utilité publique et dans des condition prévues par la loi et les principes généraux du droit international* ».

[113] CEDH 27 mars 1998, *Petrovic c./ Autriche,* et CEDH 21 février 1997, *Van Raalte c./ Pays-Bas ;* PRISO ESSAWE S.-J., « les droits sociaux et l'égalité de traitement dans la jurisprudence de la Cour européenne des droits de l'Homme », *RTDH,* 1998, p. 721-736.

[114] DAUGAREILH I., « La lutte contre les discriminations raciales : nouveau combat… nouvelles perspectives ? », *RDSS,* 35 (4), oct.-déc., 1999, p. 710.

[115] MOULY J. et MARGUENAUD J.-P., « Protection sociale et nationalité : un exemple de l'influence de la Convention EDH sur le Droit social », *D.*, 1998, JP, p. 438.

illustre cette « reconquête » qui permet une protection identique et effective pour l'ensemble des étrangers en matière de droits sociaux. C'est en ce sens qu'il est permis de dire que, grâce au droit européen, le principe d'égalité de traitement en matière des droits sociaux des étrangers « renaît » ou « s'émancipe » et trouve enfin une application conforme aux exigences constitutionnelles. Le droit européen permet de contourner les résistances de l'administration et des juges nationaux. Ainsi, les juges judiciaires et administratifs vont s'approprier cette jurisprudence et l'appliquer à l'ensemble des prestations sociales.

Le 30 septembre 2003, la Cour européenne a eu a se prononcer sur une espèce française (Koua Poirrez c./ France) relative à l'allocation aux adultes handicapés (L 821-1 Code de Sécurité sociale). La Cour a confirmé la jurisprudence Gaygusuz, en précisant que le bénéfice de l'allocation aux adultes handicapés constituait un droit patrimonial. Selon Frédéric Guimard, la Cour est allée même plus loin dans l'affaire Gaygusuz, « *l'arrêt Koua Poirrez franchit un pas supplémentaire : il qualifie de droit patrimonial un avantage qui est dépourvu de tout caractère contributif préalable. La seule condition posée est celle de l'octroi d'allocations ou de prestations dès lors que celles-ci constituent un droit pour les bénéficiaires. Tous les droits à prestations sociales sont désormais protégés par le droit européen* »[116].

Cette décision récompense le volontarisme des ressortissants étrangers ayant rencontré des réticences dans les administrations françaises. Elle n'a pourtant qu'un effet symbolique[117] puisque depuis la loi du 11 mai 1998 a mis en conformité le Code de Sécurité sociale et que les juges internes[118] ont déjà interprété les dispositions européennes. En toute hypothèse, la Cour européenne a le mérite de tirer des conséquences claires à partir du Code de sécurité Sociale français : « *la différence de traitement, en ce qui concerne le bénéfice des prestations sociales, entre les ressortissants français ou du pays ayant signé une Convention de réciprocité et les autres étrangers, ne reposait sur aucune justification objective et raisonnable* ».

§ II : La portée de l'influence européenne dans le statut interne de l'étranger ou « l'émancipation » d'égalité de traitement en droit interne

La jurisprudence européenne a accéléré la modification des dispositions législatives sur les prestations non-contributives contraires au principe européen de non-discrimination (A). Les juges judiciaires et administratifs ont appliqué largement le principe européen et ont étendu ainsi la protection européenne à d'autres prestations sociales (B).

A/ Consécration d'une égalité de traitement effective en matière de droits sociaux avec la modification du Code de la Sécurité sociale

« *Si la France a aujourd'hui le souci de mettre son droit en conformité avec les principes communautaires confortés également par une jurisprudence de la Cour européenne des droits de l'Homme (Affaire Gaygusuz c./ Autriche, 16 septembre 1996), les*

---

116 CEDH 30 septembre 2003, *Koua Poirrez c./ France*, req. n° 40892-98 ; GUIOMARD F., *D.*, 2004, n° 6, p. 375. (il s'agissait d'une Ivoirienne demandant l'AAH).

117 La décision la Cour de Cassation a été rendue le 22 janvier 1998, avant la modification apportée par la loi du 11 mai 1998, le requérant a donc saisi la Cour européenne pour faire valoir ses droits.

118 CASS Chambre sociale, bull. civ. V, n° 395, D, 1999, IR, p. 253.

enjeux financiers de ce problème expliquent aussi, plus prosaïquement, les réticences des organismes de Sécurité sociale à faire droit aux demandes des étrangers. »[119]. Voici comment dans le rapport de la commission sur le projet de loi n° 327 relatif à l'entrée et au séjour des étrangers en France et au droit d'asile du 20 novembre 1997, le gouvernement a exprimé très clairement les difficultés de la réforme du Code de la Sécurité sociale devant faciliter l'accès des étrangers aux prestations non-contributives. Pour ce faire, l'article 42 de la loi du 11 mai 1998 a inséré deux nouveaux articles (L 816-1 et L 821-9) tendant à supprimer la condition de nationalité pour les allocations aux personnes âgées et aux adultes handicapés. Il est regrettable que le gouvernement ait choisi de modifier les articles en cause au lieu de les abroger. En ce sens, Danièle Lochak souligne « *le caractère particulièrement malencontreux de la méthode choisie, qui revient à maintenir à plusieurs endroits l'exigence d'une condition de nationalité, tout en précisant in fine qu'il ne faut pas en tenir compte et que les étrangers en situation régulière ont bien droit à ce qui leur est apparemment refusé dans les articles précédents !* »[120].

Avec cette loi de 1998, le législateur a « *épuré les poches de résistance* »[121] au principe d'égalité en matière de prestations sociales des étrangers. Elle met fin aux « *anomalies* »[122] juridiques relatives à la « théorie de la loi écran » et se conforme, enfin, au jugement du Conseil constitutionnel[123]. L'égalité de traitement est appliquée totalement pour les prestations non-contributives et quel que soit l'étranger. La suppression de la nationalité permet de faire émerger un véritable « statut social international » pour le ressortissant étranger. Néanmoins, ce n'est pas pour autant un alignement complet entre les droits sociaux des étrangers et ceux des nationaux puisque seul l'étranger régulier bénéficie de l'égal accès en matière de prestations sociales.

B/ Élargissement du champ d'application du principe avec l'exemple des prestations non contributives et des pensions cristallisées

La jurisprudence européenne a permis d'unifier les positions des juges judiciaires (1) et administratifs (2). Chacun a repris, grâce à « l'autorité de la chose interprétée », les éléments importants de la jurisprudence Gaygusuz en élargissant, parfois, la protection à certaines prestations.

---

[119] Rapport fait au nom de la commission des lois, Doc. AN, n° 451, 20 novembre 1997, p. 186.

[120] LOCHAK D., « Quand l'administration fait de la résistance, les prestations non contributives et les étrangers », *in Mélanges en l'honneur de ALFANDARI E.*, éd. Dalloz, 2000, Paris, p. 415. Aujourd'hui, l'ordonnance du 24 juin 2004 (ordonnance n° 2004-605 du 24 juin 2004, article 1, JORF, 26 juin 2004 en vigueur le 1er janvier 2006) simplifiant le minimum vieillesse a modifié le fameux article L 815-5 et c'est désormais l'article L 815-1 (applicable à partir de janvier 2006 : « *La personne âgée et, le cas échéant, son conjoint ou partenaire lié par un pacte civil de solidarité doivent faire valoir en priorité les droits en matière d'avantages de vieillesse auxquels ils peuvent prétendre au titre de dispositions législatives ou réglementaires françaises ou étrangères, des conventions internationales, ainsi que des régimes propres aux organisations internationales* ») qui précise que toute personne justifiant d'une résidence stable et régulière ayant atteint l'âge minimum peut bénéficier de l'allocation de solidarité aux personnes âgées.

[121] DAUGAREILH I., « La loi 11 mai 1998 sur l'entrée et le séjour des étrangers en France. Les modifications apportées en droit de la protection sociale », *RDSS*, 34 (3), juill.-sept. 1998, p. 635.

[122] DAUGAREILH I., « Les prestations sociales non contributives et les étrangers non communautaires », *RDSS*, 1997, p. 189.

[123] *Ibid.*, p. 636.

1/ L'application du principe de non-discrimination par le juge judiciaire pour des prestations non-contributives

La décision M. Bozkurt[124] du 14 janvier 1999 de la Cour de Cassation illustre parfaitement la réception de la jurisprudence de Cour européenne par le juge judiciaire. En l'espèce, il s'agissait, d'un ressortissant turc titulaire d'une pension d'invalidité du régime français et ayant demandé une allocation supplémentaire du FNS. La Caisse primaire d'assurance maladie lui en avait refusé le bénéfice. A la suite de ce refus, il a intenté un recours mais le 21 mai 1996 la Cour d'appel de Lyon lui en a aussi refusé l'octroi. Il a alors saisi la Cour de Cassation, qui a cassé la décision de la Cour d'appel de Lyon et fait droit à sa demande. En effet, entre la décision de la Cour d'appel de 1996 et celle de la Cour de Cassation de 1999, la jurisprudence Gaygusuz est venue changer les données du litige. Elle a permis de mettre fin aux réticences du juge judiciaire et de l'encourager à reprendre à son compte la décision européenne pour la délivrance des prestations non-contributives. Ainsi, la Cour de cassation a repris le même raisonnement que celui développé par la Cour européenne et l'a appliqué à M. Bozkurt qui a finalement obtenu satisfaction. En conséquence, « *la Chambre sociale vient démontrer, si besoin en était, que le contrôle de conventionnalité fait office, pour le juge ordinaire de substitut au contrôle de constitutionnalité* »[125].

Pourtant, à la date de la décision Bozkurt en 1999 la loi du 11 mai 1998 avait modifié le Code de la Sécurité sociale ; on aurait pu, par conséquent, penser que l'on n'avait plus besoin de recourir directement à la jurisprudence européenne : les articles du Code de la Sécurité sociale auraient dû suffire. Mais la loi de 1998 et la circulaire d'actualisation[126] n'avaient rien précisé quant aux litiges nés entre la décision Gaygusuz et l'adoption de la loi de 1998, comme c'était le cas dans l'espèce Bozkurt. La décision Gaygusuz a alors montré ses potentialités, après l'adoption de la loi de 1998 pour les litiges nés avant l'adoption de cette dernière[127].

Une autre affaire, concernant cette fois l'allocation aux adultes handicapés, a confirmé cette application après l'adoption de la loi de 1998. Dans l'arrêt Diawara[128], le ressortissant qui demandait l'allocation venait d'un pays tiers « non privilégié » ; le litige concernait le non-versement des allocations pendant la période de septembre 1996 à juin 1998. Le juge judiciaire a appliqué la jurisprudence européenne permettant en l'espèce le bénéfice de l'allocation de 1996 à 1998.

---

[124] Cass soc., 14 janvier 1999, M. *Aboullah Bozkurt c./ Caisse primaire d'assurance maladie de Saint-Étienne*, bull. civ. V, n° 24, p. 17 ; FAVARD J., note, *droit social*, 1999, 215 ; BERNARD J., obs., *JCP*, 1999, II, 10082 ; SUDRE F., « Le droit à l'allocation supplémentaire du fonds national de solidarité et la Convention EDH », *JCP*, n° 18, 5 mai 199, II 10082, p. 869 ; MOULY J. et J.-P., MARGUENAUD J.-P., « Le droit des travailleurs étrangers à l'allocation du fonds national de nationalité : la chambre sociale de la Cour de cassation prend exemple sur la Cour européenne des droits de l'Homme », *D.*, 1999, JP, p. 334. Cf. aussi Cour de Cassation du 14 janvier 1999 *M. Gokce*.

[125] SUDRE F., *op. cit.*, *JCP*, n° 18, 5 mai 199, II 10082, p. 869.

[126] Circulaire du 17 novembre 1998, BOMES n° 98/98, qui remplace la circulaire 17 février 1995 censurée par le Conseil d'État.

[127] De 1996 à mai 1998.

[128] CASS soc. 31 janvier 2002, *Diawara*, arrêt n° 461 FS-P, pourvoi n° 00-18365, *RDSS*, juillet-septembre, 2002, p. 607-609. CASS 14 janvier 1999, *M. Gokce*. Cf. le cas d'un Bosniaque demandant l'AAH, Cass 2ème civ. 6 avril 2004, n° 03-30042.

On voit, une fois encore, que la protection de l'autorité de la chose interprétée est « un trait d'union » indispensable entre -les résistances administratives et juridictionnelles et -la transcription législative de la jurisprudence européenne. Ainsi, la jurisprudence Gaugusuz a permis « *de régler les litiges qui ont précédé l'élaboration de la loi puisque la loi 1998 n'avait pas prévu de règlement pour le litige né avant la loi* »[129]. Même après la modification du Code de Sécurité sociale, « l'autorité de la chose interprétée » a encore exercé une influence décisive en matière de pension de retraite pour les anciens ressortissants français de l'Union française.

2/ L'application du principe européen de non-discrimination par le juge administratif pour les pensions cristallisées des anciens combattants

Si la condition de la nationalité a disparu pour les prestations non-contributives dans le Code de la Sécurité sociale, il reste, néanmoins, le problème des pensions civiles et militaires et des pensions d'invalidité cristallisées des anciens ressortissants français. La problématique des pensions cristallisées avait déjà été portée devant le Comité des droits de l'Homme, mais elle n'avait pas été réglée devant les juridictions nationales. En effet, dans l'affaire Veuve Doukouré, le juge administratif n'avait pas voulu appliquer l'article 26 du Pacte international des droits civils et politiques, ni procéder à la « décristallisation » des pensions. Après l'affaire européenne Gaygusuz, les espoirs de revirement de jurisprudence étaient immenses, mais il a fallu attendre l'arrêt Diop[130] du 30 novembre 2001 pour que le principe européen s'applique, devant le Conseil d'État, aux pensions « cristallisées ».

Comme les affaires Gueye et Doukouré, l'espèce Diop concernait la réversion d'une pension de retraite d'un ancien militaire français, aujourd'hui sénégalais, ayant exercé de 1937 à 1959[131] dans l'armée française. Face au refus du Ministre de la défense de sa demande de revalorisation de sa pension de retraite « cristallisée » par les lois du 26 décembre 1959[132] et notamment son article 71, du 30 décembre 1974[133], du 21 décembre 1979[134] et du 31 décembre 1981[135], le requérant a intenté un recours devant le Tribunal administratif de Paris qui l'a débouté. En effet, le Tribunal administratif a rendu sa décision le 17 juillet 1996. Il a par conséquent appliqué la jurisprudence Doukouré, puisque la

---

[129] DAUGAREILH I, « Note », *RDSS*, 38, (3), juillet - septembre 2002, p. 607.

[130] CE 30 novembre 2001, *Ministre de la Défense c./ Diop*, req. n° 212179, *DA* janvier 2002, p. 29 ; COURTIAL, « Conclusions », *RFDA*, 2002, p. 573., DAUGAREILH I., Note, *RDSS*, 38, (3), juillet –Septembre 2002, p. 613-622., WACHSMANN P., « Les lois instituant des discriminations selon la nationalité devant le Conseil d'État français », *RTDH*, 2003, p. 303-318 ; GUYOMAR M et COLLIN P., « La « cristallisation » des pensions des militaires et fonctionnaires des anciennes colonies est-elle constitutive d'une discrimination ? », *AJDA*, 20 décembre 2001, p. 1039-1044 ; POIRAT I., « La « cristallisation » des pensions de retraite des anciens combattants de l'outre-mer et la Convention européenne des droits de l'Homme », *RGDIP*, 2002-1, p. 207-223 ; GISTI et CATRED, *Égalité des droits pour les anciens combattants et les fonctionnaires*, octobre 2002 ; SEGUES S. et THEVES L., « La République « Banania », quarante ans de discrimination », *Revue Plein Droit*, n° 56, mars 2003, p. 7 ; MATH A., « Basses manœuvres », *Revue Plein Droit*, n° 56, mars 2003, p. 16-19 ; SLAMA S., « L'arrêt « Diop » un long combat judiciaire », *Revue Plein Droit*, n° 56, mars 2003, p. 10-13 ; CAA 7 juillet 1999, *Diop* ; PHEMOLANT B., Conclusions, *RFDA*, 16(4) juillet-août, 2000, p. 843-849.

[131] Il a été engagé dans l'armée française à compter du 4 février 1937, a été titularisé comme auxiliaire de gendarmerie le 1er juillet 1947 et a été rayé des contrôles avec le rang de sergent-chef le 1er avril 1959.

[132] N° 59-1454.

[133] N° 74-1129.

[134] N° 79-1102.

[135] N° 81-1179.

jurisprudence européenne Gaygusuz ne sera rendue que deux mois plus tard par la Cour européenne. Ainsi, le requérant a fait un recours devant la Cour d'appel de Paris qui lui a donné satisfaction le 7 juillet 1999, en application de la jurisprudence européenne relative au principe de non-discrimination (CEDH Gaygusuz). Le Ministre de la Défense a exercé un recours en cassation devant le Conseil d'État. Cette occasion a permis au juge administratif de confirmer sa jurisprudence sur les pensions « cristallisées » en s'inspirant de la jurisprudence européenne Gaygusuz.

Cette décision confirme, une fois encore, l'influence décisive de la jurisprudence européenne sur le statut des étrangers et le rôle du juge administratif comme « *juge de droit commun de la Convention* »[136]. La jurisprudence européenne a permis, comme cela a été étudié précédemment, de modifier le Code de la Sécurité sociale s'agissant de certaines prestations non-contributives et de « dégeler », grâce à la décision Diop, les pensions militaires et les pensions d'invalidité « cristallisées ».

Dans la décision Diop, le juge administratif a tout d'abord qualifié les pensions de retraite comme « *des créances* »[137], au sens de l'article 1er du Protocole 1er de la Convention européenne. En effet, la pension est une rémunération du service rendu et le montant de cette pension doit tenir compte du niveau, de la durée et de la nature des services accomplis. Ensuite, le juge a déduit que la discrimination fondée sur la nationalité lors de la réversion de la pension était illégitime étant donné qu'une « *distinction entre des personnes placées dans une situation analogue est discriminatoire* » lorsque l'objectif du critère de discrimination ne peut être regardé comme reposant sur un critère en rapport avec cet objectif, au sens des articles 14 et 1er du Protocole 1er de la Convention européenne. En somme, la loi de 1959 avait pour « *objectif de tirer les conséquences de l'indépendance des pays et de l'évolution distincte de leurs économies et de celle de la France* », aucune justification objective et raisonnable ne légitimait cette discrimination fondée sur la nationalité. La censure du juge a confirmé l'inconventionnalité des pensions « cristallisées ».

Grâce à cette espèce essentielle, le Conseil d'État a « *obligé les autorités françaises à ne pas appliquer ces lois de décristallisation, quand bien même le législateur ne les avait pas formellement abrogées* »[138]. Le gouvernement n'a pas été vraiment pressé de « décristalliser » les pensions des anciens militaires ou fonctionnaires français en raison de l'enjeu financier que cela représentait. Environ 85 000 personnes (60 000 au titre de la retraite des combattants et 25 000 bénéficiaires d'une pension d'invalidité) pourraient prétendre à la revalorisation de leurs prestations, pour un coût de 0,44 milliards d'euros par an[139]. D'ailleurs, les administrations ont reçu des instructions pour ne pas donner suite aux demandes de revalorisation des anciens combattants[140], sauf en cas de contentieux. En somme, la « *néantisation* »[141] des décisions de justice a continué. Il a fallu attendre la loi de

---

[136] WACHSMANN P., *op. cit.*, *RTDH*, 2003, p. 309.

[137] Cf. les analyses de WACHSMANN P., op. cit., RTDH, 2003, p. 309-312., « L'aisance du Conseil d'État dans l'utilisation des jurisprudences dynamiques de la Cour de Strasbourg ».

[138] GISTI et CATRED, Égalité des droits pour les anciens combattants et les fonctionnaires, octobre 2002, p. 17.

[139] Rapport de M. BERTRAND sur le projet de loi de finances pour 2003, AN n° 256-10.

[140] GISTI et CATRED, Une publication pour forcer le gouvernement à « décristalliser » les pensions des anciens combattants et fonctionnaires étrangers. Site du GISTI.

[141] LOCHAK D., « Quand l'administration fait de la résistance, les prestations non contributives et les étrangers », *in Mélanges en l'honneur de ALFANDARI E.*, éd. Dalloz, 2000, Paris, p. 411.

finances rectificative de 2002[142] pour connaître la solution gouvernementale[143] sur la question des pensions.

Trois solutions s'offraient au gouvernement. La première était l'application du taux actuellement en vigueur pour les anciens combattants français aux ressortissants de pays étrangers[144]. La seconde concernait l'application de la parité du pouvoir d'achat fixé par l'ONU. Enfin, la troisième solution reprenait les taux définis par l'ONU, mais en les affectant d'un correctif, afin que leur application stricte n'aboutisse pas à ce que les ressortissants de certains pays voient leur pension diminuer[145]. C'est finalement la dernière proposition qui a été retenue dans la loi de finances rectificative pour 2002[146]. Le

---

[142] Une commission d'études chargée de proposer des « mesures d'ordre législatif et réglementaire permettant la revalorisation des rentes, des retraites et des pensions des anciens combattants de l'outre-mer » a remis son rapport le 17 avril 2002.

[143] Examen en Commission des finances, de l'économie générale et du Plan. Pour les anciens combattants Cf. M. Xavier BERTRAND, rapporteur spécial. ; vote sur les crédits des anciens combattants et sur l'article 62 rattaché à ce budget : réunion du mardi 5 novembre 2002 ; rapport spécial n° 256-10, Commission des affaires culturelles, familiales et sociales, M. COLOMBIER G., rapporteur pour avis n° 230 ; examen des crédits des anciens combattants : réunion du mardi 5 novembre 2002, avis n° 257-V, discussion en séance publique, 1ère séance du mardi 12 novembre 2002.

[144] « *Cette approche consisterait à verser, à tous les ressortissants de tous les pays, sans distinction et à compter de la date de mise en application de la réforme, des pensions et des retraites du combattant calculées sur la base de la valeur du point de pension militaire d'invalidité servi en France métropolitaine. Simple dans son principe, cette solution est d'un coût élevé pour l'État français et peut provoquer des effets d'aubaine dans certains pays en offrant aux pensionnés de ces États un pouvoir d'achat très supérieur à celui dont bénéficient, à taux égal, les pensionnés résidant en France. La dépense budgétaire d'une décristallisation totale - décristallisation des droits et des tarifs - s'élèverait à 152,2 millions d'euros pour les pensions militaires d'invalidité et la retraite du combattant et à 305 millions d'euros pour les pensions de retraite, soit une dépense globale de 457,5 millions d'euros. Enregistré à la Présidence de l'Assemblée nationale le 10 octobre 2002* ». Avis présenté au nom de la Commission des affaires culturelles, familiales et sociales sur le projet de loi de finances pour 2003, n° 230 par COLOMBIER G.

[145] Rapport de M. BERTRAND sur le projet de loi de finances pour 2003, n° 256-10, 10 octobre 2002. Pour une explication financière Cf. AVIS présenté au nom de la Commission des affaires culturelles, familiales et sociales sur le projet de loi de finances pour 2003, n° 230 par COLOMBIER G.

[146] Article 68 de la loi n° 2002-1576 du 30 décembre 2002 loi de finances rectificative pour 2002 NOR:ECOX0200157L « *I. Les prestations servies en application des articles 170 de l'ordonnance n° 58-1374 du 30 décembre 1958 portant loi de finances pour 1959, 71 de la loi de finances pour 1960 (n° 59-1454 du 26 décembre 1959) et 26 de la loi de finances rectificative pour 1981 (n° 81-734 du 3 août 1981) sont calculées dans les conditions prévues aux paragraphes suivants. II. - Lorsque, lors de la liquidation initiale des droits directs ou de réversion, le titulaire n'a pas sa résidence effective en France, la valeur du point de base de sa prestation, telle qu'elle serait servie en France, est affectée d'un coefficient proportionnel au rapport des parités de pouvoir d'achat dans le pays de résidence et des parités de pouvoir d'achat de la France. Les parités de pouvoir d'achat du pays de résidence sont réputées être, au plus, égales à celles de la France. La résidence est établie au vu des frontières internationalement reconnues à la date de la publication de la présente loi. Les parités de pouvoir d'achat sont celles publiées annuellement par l'Organisation des Nations Unies ou, à défaut, sont calculées à partir des données économiques existantes. III. - Le coefficient dont la valeur du point de pension est affectée reste constant jusqu'au 31 décembre de l'année suivant celle au cours de laquelle a eu lieu la liquidation des droits effectuée en application de la présente loi. Ce coefficient, correspondant au pays de résidence du titulaire lors de la liquidation initiale des droits, est ensuite réévalué annuellement. Le dispositif spécifique de revalorisation mentionné au II et au premier alinéa du présent III est exclusif du bénéfice de toutes les mesures catégorielles de revalorisation d'indices survenues depuis les dates d'application des textes visés au I ou à intervenir. Le montant des prestations qui résulterait de l'application des coefficients ne peut être inférieur à celui que le titulaire d'une indemnité a perçu en vertu des dispositions mentionnées au I, majoré de 20 %* ». Décret 2003-1044 du 3 novembre 2003, pris pour l'application de l'article 68 de la loi de finances rectificative pour 2002 instituant un dispositif de révision des prestations versées aux ressortissants des pays placés antérieurement sous la souveraineté française résident hors de France, JORF n° 255 du 4 novembre 2003, p. 18755. Voir pour une application de cette loi sur les pensions de réversion, la décision de la CAA de Bordeaux 2 novembre 2004, *Mounir Bouchaïb*, n° 01BX01030.

gouvernement souhaitait ainsi prendre en compte le niveau de vie du pays de résidence du retraité pour déterminer le montant de ses pensions, rentes et allocations[147].

Contrairement à ce qu'a annoncé le gouvernement, cette technique financière ne répond pas au principe d'égalité, ni même à celui de l'équité. La prise en compte du pouvoir d'achat moyen du pays dissimule à la fois un critère de résidence et de nationalité[148] contraire aux articles 14 et 1er du Protocole 1er de la CEDH. Cette réforme apparaît donc comme une « *décristallisation partielle* »[149], d'autant plus que les anciens fonctionnaires ont été oubliés par la réforme (seuls les pensions militaires d'invalidité, la retraite du combattant, les pensions civiles et militaires de retraite sont visées[150]).

Dans tous les cas, le gouvernement a tardé sur cette question ; les récentes décisions du Conseil d'État[151] en matière de pensions de retraite ont sans doute accéléré la prise de décision. Néanmoins, la « décristallisation partielle » engagée par la loi de finances n'est pas conforme aux exigences européennes et constitutionnelles. Il est fort regrettable que la loi de finances pour 2002 n'ait pas fait l'objet d'un contrôle de constitutionnalité, le juge aurait pu dénoncer la discrimination fondée sur la nationalité et la résidence du pays grâce aux outils constitutionnels que sont les articles 17 de la Déclaration des droits de l'Homme et du Citoyen et 1er de la Constitution sur l'égalité devant la loi[152]. Le gouvernement devra tôt ou tard céder lorsque cette réforme sera confrontée au droit européen devant le juge administratif. Le gouvernement ne pourra pas, une fois de plus, maintenir cette politique en opposition complète avec les objectifs des droits de l'Homme.

L'arrêt Diop « *paraît donc incontestable d'un point de vue « juridique » il ouvre un nouveau chapitre de l'Histoire de l'après décolonisation, celui de la dette et de son remboursement. Cette dette n'est plus seulement morale ; elle a désormais une assise juridique* »[153].

C/ Perspectives d'évolution sur la suppression de la condition de régularité : pour une effectivité totale en matière d'égalité de traitement des droits sociaux ?

Pour être en harmonie avec les exigences d'universalité, le principe d'égalité de traitement en matière de prestations sociales ne doit être subordonné à aucune condition, pas même celle de la résidence régulière. Pourtant, depuis les années quatre-vingts, lors de l'attribution des droits sociaux, la condition de résidence régulière a peu à peu remplacé celle de la nationalité. Par ses décisions du 22 janvier 1990 et du 13 août 1993, le Conseil

[147] SEGUES S et THEVES L., *op. cit.*, p. 8.
[148] SLAMA S., *op. cit.*, p. 12.
[149] MATH A., *op. cit.*, p. 17.
[150] Article 3 du décret 2003 op. cit., L'arrêté du 30 juillet 2004 (pris pour l'application de l'article 1er du décret n° 2003-1044 du 3 novembre 2003 *pris pour application de l'article 68 de la loi de finances rectificative pour 2002 instituant un dispositif de révision des prestations versées aux ressortissants des pays placés antérieurement sous la souveraineté française résidant hors de France*, JORF, n° 206 du 4 septembre 2004, p. 15672), a été publié près de deux ans après l'affaire Diop.
[151] DAUGAREILH I., *op. cit.*, *RDSS*, 2002, p. 620 ; CE 6 février 2002, *Mme N' Guyen Thi Lang*, n° 218953, 219970 ; CE 6 février 2002, *Mme Veuve Doukouré*, req. n° 216172 (pension de reversions) ; CE 6 février 2002, *M. Bab Hamed*, req. n° 219383 ; CE 28 décembre 2001, *Ministre de la défense c./ Diaw, Talletalii* (pension de retraite). CE 7 juillet 2004, *Tahar Hendiri*, req. n° 246277.
[152] GISTI, *op. cit.*, p. 55.
[153] DAUGAREILH I., *op. cit.*, p. 622.

constitutionnel a validé la condition de résidence régulière en l'estimant conforme à la Constitution. Ainsi, la plupart des droits sociaux s'adressent aux étrangers résidant régulièrement ou habituellement en France. Seules quelques prestations sociales[154] ou humanitaires s'appliquent aux étrangers en situation irrégulière.

La condition de résidence régulière est contestable à plusieurs égards. D'abord, elle n'est pas fidèle à la conception universaliste de la Sécurité sociale[155] qui renvoie à une « *démocratie économique et sociale* »[156]. En effet, l'idéologie d'après guerre relative à la sécurité sociale « *ne se prête pas a priori à l'exclusion d'une catégorie de population au seul motif de sa situation administrative* »[157]. Ensuite, la résidence relativise le principe de l'égal accès aux droits sociaux et elle demeure en « *inadéquation avec les principes assurantiels et assistantiels* »[158] des droits sociaux. Enfin, le remplacement de la condition de nationalité par celle de la résidence déplace le problème de l'attribution des droits sociaux : la discrimination n'est plus exercée entre nationaux et ressortissants étrangers mais désormais entre étrangers réguliers et irréguliers. La subordination de la régularité de la résidence à l'attribution des droits sociaux porte atteinte au principe même d'universalité des droits sociaux et témoigne surtout d'une instrumentalisation inacceptable des politiques sociales au service des politiques migratoires[159].

Au plan international, seule la Convention des Nations Unies sur les travailleurs migrants attribue les mêmes droits à tous les étrangers. Cette Convention n'étant pas ratifiée par la France, il reste à s'interroger sur les capacités de la Cour européenne à attribuer des droits sociaux aux étrangers irréguliers.

Le juge administratif a répondu de façon assez ambiguë sur la question de la régularité de résidence. Dans une décision GISTI du 6 novembre 2000[160], il a d'une part estimé conforme aux articles 14 et 1er du Protocole 1er de la CEDH la régularité de résidence pour le bénéfice des prestations sociales ; et d'autre part, paradoxalement dans l'espèce Diop, il semble avoir écarté la régularité de la résidence pour les pensions des anciens combattants. En effet, le GISTI estime que dans la décision Diop, il y a, « en germe », le refus de la condition de résidence pour les pensions des anciens combattants. Pour le GISTI, si le juge administratif a écarté la discrimination sur la base de la nationalité en raison de l'absence de justification raisonnable et objective, la condition de résidence ne se justifiait pas non plus, au regard du but de la loi de 1959. Par ailleurs, dans ses conclusions sur la décision Diop, le Commissaire du gouvernement[161] avait proposé de fixer une condition de résidence, à la place de la condition de nationalité. Le juge administratif n'a pas suivi le Commissaire du gouvernement, laissant penser que la résidence n'a pas sa

---

[154] L'étranger a droit sans condition de régularité aux prestations de l'aide sociale à l'enfance, aux prestations liées à l'admission dans un centre d'hébergement et à l'aide médicale d'État (depuis la réforme du 30 décembre 2003, l'aide médicale d'État n'est délivrée que si l'étranger est résident en France depuis au moins trois mois ininterrompus, sa résidence doit être stable). Cf. *Soins médicaux aux étrangers en situation irrégulière*, étude de l'Assemblée nationale, septembre 2004. De plus, une circulaire précise l'étendue de la prise en charge des soins urgents délivrés aux étrangers en situation irrégulière non titulaires de l'aide médicale d'État, circulaire du 16 mars 2005, DHOS/DSS/DGAS n° 141, non publiée.

[155] MICHELET K., *op. cit.*, p. 278 et s.

[156] *Ibidem.*

[157] *Ibidem.*

[158] *Ibid.*, p. 287 et s.

[159] *Ibid.*, p. 293.

[160] CE 6 novembre 2000, *GISTI*, req. n° 204784.

[161] Argument proposé en premier lieu par le Commissaire du Gouvernement, COURTIAL J., *concl. Préc.* p. 579.

place non plus face à l'importance de la « décristallisation » des pensions des anciens fonctionnaires ou militaires.

Le juge judiciaire[162], quant à lui, paraît avoir pris une position semblable à l'espèce GISTI du 6 novembre 2000 : il estime que la condition de régularité de résidence est non-discriminante au regard de l'article 8, 14 et de l'article 1er du Protocole 1er de la CEDH. Le raisonnement de la Cour de cassation s'explique par la subordination du contrôle de l'entrée ou du séjour de l'étranger à la délivrance de la prestation. La Cour a admis la discrimination effectuée sur la base de la régularité du titre de séjour de l'étranger, mais ce dernier doit avoir simplement sollicité le titre et non l'avoir obtenu. La Cour de cassation a donc une définition large de la régularité de résidence. Cette décision n'est « *pas complètement fermée ni complètement ouverte* »[163]. De même, en ce qui concerne les prestations familiales des enfants étrangers, le juge judiciaire[164] ne retient plus la régularité de l'enfant étranger ; la seule régularité administrative des parents suffit pour délivrer les prestations familiales à l'enfant étranger.

Somme toute, il reste à attendre la définition que retiendra la Cour européenne[165] pour savoir si, oui ou non, la condition de résidence régulière peut être discriminante, comme la condition de nationalité dans l'attribution des droits sociaux aux étrangers. L'enjeu est de taille puisque le juge européen devra concilier deux principes internationaux : le principe de droit international classique (principe des souverainetés des États) et le principe des droits internationaux des droits de l'Homme (principe de non-discrimination).

---

[162] CASS 19 décembre 2002, *M. Brahim Gagou c./ CPAM du VAL de Marne*, PRETOT X., « La Convention européenne des droits de l'Homme implique t-elle l'accès aux prestations sociales de l'étranger en situation irrégulière ? », *Droit social*, 2003, n° 4, p 420.

[163] DAUGAREILH I., Intervention au colloque du GISTI octobre 2003, Actes du colloque, GISTI, *Accès aux soins des étrangers : entre discrimination et inégalité*, février 2004.

[164] Une affaire portée devant la Cour de Cassation (CASS ass. Plén. 16 avril 2004 n°0230-157 *Lingouala*) a précisé sur les fondements combinés des articles 8 et 14 de la CEDH que l'enfant étranger ne peut souffrir d'une double condition de régularité (celle de ses parents et la sienne) pour le bénéfice des prestations familiales, l'exigence de la régularité de ses parents suffit. Cf. COEURET A., « Prestations familiales : la condition de résidence en France des enfants d'étrangers », *Droit social*, n° 7/8, juillet/ août 2004, p. 776-784. Cf. *DPE*, Bul. Juillet 2004 ; GISTI, *Les enfants entrées hors regroupement familial ont droit aux prestations familiales*, notes juridiques, mai 2005, 32 p.

[165] Elle a été saisie à la suite de la décision du 19 décembre 2002 de la Cour de cassation.

Toutefois, comme le précise Alain Cœuret[166], il convient de rappeler que la « nécessité démocratique » incluse dans la Convention européenne des droits de l'Homme ne facilitera pas la suppression de la condition de régularité en matière de prestations sociales. Il est possible que la Cour accepte une discrimination de traitement fondée sur la régularité de l'étranger. Le contrôle de la situation administrative de l'étranger par les États justifiera, sans doute, une discrimination fondée sur la régularité de l'étranger.

166 COEURET A., *op. cit, Droit social*, n° 7/8, juillet/ août 2004, p. 782-783.

SOUS TITRE II : LES AUTRES GARANTIES INTERNATIONALES : DES PROTECTIONS NOVATRICES MAIS LIMITÉES

Dans l'ordre international, certaines Conventions relatives aux droits de l'Homme s'intéressent directement ou indirectement à l'étranger ou à sa famille. La multiplication de ces Conventions sur les droits de l'Homme permet, aujourd'hui, de s'interroger sur la place de l'étranger dans la protection internationale des droits de l'Homme, et sur la place de ces normes supranationales dans la législation ou devant les juges français. On s'attachera aux seuls instruments internationaux des droits de l'Homme qui amènent une protection novatrice ; ainsi, seules certaines Conventions conclues sous l'égide de l'ONU seront abordées. Ces protections n'ont, toutefois, pas le même impact que les garanties européennes dans le statut interne de l'étranger. Elles ne présentent pas, pour certaines, la même force obligatoire et sont peu exploitées en droit interne ; elles conservent, néanmoins, une importance en raison des droits qu'elles affirment pour les étrangers au plan international.

Il conviendra d'insister sur certains droits du Pacte relatif aux droits civils et politiques, sur un article de la Convention des Nations Unies contre la torture et autres peines ou traitements cruels[1], ou encore, sur la récente Convention internationale relative à la protection des droits de tous les travailleurs migrants et les membres de leurs familles[2]. Le potentiel de ces droits supranationaux et la place particulièrement innovante qu'ils occupent seront analysés.

Sur le plan matériel, ces garanties internationales sont très séduisantes en raison des droits qu'elles affirment, mais elles n'ont qu'un très faible effet en droit interne. En effet, l'application de ces normes internationales est marginale tant dans le contentieux que dans la législation française. Ceci s'explique, d'une part, par un manque certain d'effectivité, mais aussi, par la concurrence importante des normes européennes qui protègent les mêmes droits, de façon plus contraignante.

---

[1] La Convention des Nations Unies contre *la torture et autres peines ou traitements cruels, inhumains ou dégradants*, adoptée par l'Assemblée générale le 10 décembre 1984 est entrée en vigueur le 26 juin 1987.

[2] La Convention internationale sur *la protection des droits de tous les travailleurs migrants et les membres de leurs familles*, adoptée le 18 décembre 1990 par l'Assemblée des Nations Unies est entrée en vigueur le 1er juillet 2003.

Au côté de ces droits émanant des Conventions internationales conclues sous l'égide de l'ONU, les principes généraux du droit, dégagés par le juge administratif, se devaient d'être analysés en raison de leur impact spécifique sur le statut interne de l'étranger. Ces principes ne sont pas des garanties internationales ; néanmoins, ils intéressent notre problématique en raison de la place qu'ils ont offerte aux normes internationales. Ils ont en effet proliféré, il y a une quinzaine d'années, grâce à l'introduction de références internationales (essentiellement la Convention de Genève). Ces principes ont permis une « intégration médiate du droit international ». Or, le recours à cette intégration indirecte a été nécessaire pendant toute la période durant laquelle les références internes ne suffisaient pas à protéger l'étranger. En effet, comme le droit international connaissait des limites d'application, le juge administratif avait alors dégagé des principes généraux du droit grâce à une interprétation constructive de la norme internationale. Ainsi, les insuffisances et les vides juridiques internes ont poussé le juge administratif à puiser des garanties inédites dans la sphère internationale, pour élaborer de nouvelles garanties protégeant l'étranger. Toutefois, l'effet de ces garanties est, aujourd'hui, limité.

Dans un premier chapitre, il conviendra de s'intéresser à la place des instruments internationaux des droits de l'Homme conclus sous l'égide de l'ONU, en démontrant leur caractère innovant, mais peu exploité, dans le statut interne de l'étranger. Dans un second chapitre, les garanties médiates du droit international, c'est-à-dire les principes généraux du droit spécifiques aux étrangers seront analysés ; il conviendra d'insister sur le côté innovant de la protection qu'ils offraient à leur début, contrairement à aujourd'hui.

CHAPITRE I : L'IMPACT DE CERTAINS TEXTES INTERNATIONAUX DES DROITS DE L'HOMME : DES GARANTIES INNOVANTES MAIS PEU EXPLOITÉES

Le travail relatif aux droits des étrangers effectué sous l'égide de l'ONU est considérable ; depuis quelques années, la problématique des migrants est devenue récurrente et trouve, aujourd'hui, une place à part dans le droit international des droits de l'Homme. La protection internationale des étrangers existe dans le contentieux des organismes de contrôle des droits de l'Homme, ainsi que dans les Conventions traitant directement ou indirectement du migrant ou de sa famille[1]. Ces droits internationaux sont renforcés par les activités des Rapporteurs spéciaux[2] ou des Groupes de travail, mais aussi, par les rapports d'activités, les enquêtes ou les visites[3] dans les États. Il conviendra de s'intéresser à la fois aux organismes de contrôle et aux droits découlant de certaines Conventions internationales. Les travaux effectués par les enquêtes des rapporteurs spéciaux ou les rapports d'activités ne seront pas abordés dans cette étude, leur portée juridique étant très limitée. Seules les constatations du Comité des droits de l'Homme[4] ou du Comité contre la torture[5], ainsi que les droits énoncés par la Convention internationale relative à la protection des droits de tous les travailleurs migrants et de leur famille seront analysés. Il faut préciser que ces organismes ne sont pas les seuls à s'être intéressés aux problématiques des étrangers : le Comité pour l'élimination de la discrimination raciale[6], le

---

[1] La Convention des Nations Unies contre la criminalité transnationale organisée et ses deux Protocoles additionnels entrés en vigueur le 29 septembre 2003. Signée par la France le 12 décembre 2000.

[2] Un Rapporteur spécial sur les droits de l'Homme des migrants a été créé récemment en 1999. Ainsi, la Rapporteuse spéciale Gabriela Rodriguez Pizarro a rendu dans un Rapport spécial du 16 février 2004 (p. 16 et s.) des informations concernant le traitement des migrants en France. Dans ce rapport, elle a examiné les arguments du gouvernement français. En effet, la Rapporteuse avait été saisie de plusieurs communications relatives à des décès d'étrangers en zone d'attente ou au moment de l'embarquement lors d'une expulsion. Le gouvernement français a dû fournir toutes les informations nécessaires pour expliquer les causes des décès.

[3] La technique de visite sur place est largement utilisée par les Rapporteurs spéciaux par thème ou par pays, ainsi que par les Groupes de Travail. Des appels urgents peuvent aussi être adressés aux gouvernements lorsqu'il y a une violation grave des droits de l'Homme. Voir ROUGET D., *Le guide de la protection internationale des droits de l'Homme*, éd. Pensée sauvage, 2000.

[4] Organisme de surveillance du Pacte international des droits civils et politiques grâce au Protocole facultatif se rapportant au Pacte international relatif aux droits civils et politiques, adopté et ouvert à la signature, à la ratification et à l'adhésion par l'Assemblée générale dans sa Résolution 2200 A (XXI) du 16 décembre 1966 et entré en vigueur le 23 mars 1976.

[5] On s'attachera aux constatations de violation de la Convention contre la torture et autres peines ou traitements cruels, inhumains ou dégradants (CCT) suite aux plaintes de particuliers déposées au Comité contre la torture (CAT) Cf. Article 22 de la Convention contre la torture et autres peines ou traitements cruels, inhumains ou dégradants.

[6] Convention internationale sur l'élimination de toutes les formes de discrimination raciale adoptée, ouverte à la signature et à la ratification par l'Assemblée générale le 21 décembre 1965 et entrée en vigueur le 4 janvier 1969. Son organe de surveillance est le Comité pour l'élimination de la discrimination raciale. Les particuliers peuvent le saisir (article 14 de la Convention) ; Cf. DE GOUTTES R., « Le rôle du Comité des Nations Unis pour l'élimination de la discrimination raciale », *in Le droit face au racisme*, (Sous la direction de DECAUX E.) éd.

Comité des droits économiques, sociaux et culturels[7] ou encore celui sur l'élimination de la discrimination à l'égard des femmes[8], ont également œuvré pour les migrants. Mais, dans un souci de clarté et de précision, cette étude a été volontairement limitée aux deux Comités de surveillance qui traitent de manière singulière et pertinente du droit des étrangers (son entrée sur le territoire, son droit d'y séjourner et son éloignement).
Au cours de cette étude, plusieurs types de normes supranationales seront étudiées : des normes impératives et des normes dépourvues de valeur juridique. Les différences de portée en droit interne seront donc précisées.

La première convention internationale que l'on étudiera est la Convention des Nations Unies contre la Torture[9]. Son organe de surveillance est le Comité contre la Torture. L'essentiel de son « contentieux » concerne l'éloignement des étrangers menacés de subir des actes de torture lors du renvoi dans le pays d'origine. Le Comité contre la torture a, peu à peu, construit une « jurisprudence » intéressante en raison des différents constats de violations des droits de l'Homme qu'il a rendus sur l'éloignement des étrangers. Comme la Cour européenne des droits de l'Homme, le Comité protège les étrangers risquant de subir des actes de torture, des peines ou traitements cruels, inhumains ou dégradants lors de l'éloignement. C'est sur ce point que la protection est novatrice, car, comme l'article 3 de la CEDH, elle assure une garantie absolue aux étrangers menacés en cas de renvoi. A l'instar de la Cour européenne des droits de l'Homme, la protection du Comité contre la torture a permis de suspendre certaines mesures d'éloignement et « d'inciter » les États à ne pas renvoyer les étrangers vers des destinations à risques. Pourtant, cette protection audacieuse n'a pas directement influencé le contentieux interne des étrangers et le législateur français. L'influence de « l'autorité de la chose interprétée » de la Cour européenne a été plus déterminante que celle de l'« autorité de la chose constatée » du Comité contre la torture. La protection onusienne a probablement souffert de la concurrence régionale de la Cour européenne des droits de l'Homme, ses constatations font « double emploi » dans la protection supranationale de l'étranger. Il n'en demeure pas moins que la protection du Comité contre la torture existe dans l'ordre international. Il apporte une protection innovante qui mérite une analyse à la lumière de la problématique du droit des étrangers, et ce, même si les garanties qu'il amène restent marginales.

Le Pacte international relatif aux droits civils et politiques et son Comité des droits de l'Homme ont également affirmé des droits relatifs aux étrangers. Le Comité des droits

---

Pédone, Paris, 1999, p. 67-101 ; DECAUX E., « La jurisprudence internationale et européenne en matière de non-discrimination raciale », *in Le droit face au racisme*, Pédone, Paris, 1999, p. 101-118.

[7] En l'absence de Protocole facultatif, le Comité n'a pas la possibilité d'être saisi par recours individuel ou collectif, les effets de cet instrument sont pour le moins limités. Il existe cependant dans le Pacte international des droits économiques, sociaux et culturels des droits qui intéressent les étrangers (article 2, 9 10 etc.) ; TEXIER P., intervention au 10ème colloque de droit des étrangers à Lille, Syndicat de France. Ordre des avocats au Barreau de Lille, *Les instruments de défense des étrangers hors Convention européenne des droits de l'Homme*, 9 mars 2002.

[8] Convention *sur l'élimination de toutes les formes de discrimination à l'égard des femmes* adoptée et ouverte à la signature, à la ratification et à l'adhésion par l'Assemblée générale le 18 décembre 1979, entrée en vigueur le 3 septembre 1981, dont l'organe de surveillance est le Comité pour l'élimination de la discrimination à l'égard des femmes. Il existe une possibilité de recours de particuliers ou de groupes de particuliers devant le Comité grâce au Protocole facultatif de la Convention sur l'élimination de toutes les formes de discrimination à l'égard des femmes, proclamé par l'Assemblée générale de l'Organisation des Nations Unies le 6 octobre 1999.

[9] La Convention des Nations Unies contre *la Torture et autres peines ou traitements cruels, inhumains ou dégradants*, adoptée par l'Assemblée générale le 10 décembre 1984 est entrée en vigueur le 26 juin 1987.

de l'Homme a rendu quelques constats de violations intéressants, mais moins spectaculaires que ceux du Comité contre la torture. Toutefois, ils n'ont pas eu la portée escomptée en droit interne. Notre étude s'intéressera à ce manque de prise en compte des constatations, pourtant inédites, amenées par le Comité des droits de l'Homme et par le Pacte international des droits civils et politiques.

Notre analyse portera, enfin, sur la Convention internationale relative à la protection des droits de tous les travailleurs migrants et des membres de leurs familles, adoptée en 1990 et entrée en vigueur le 1er juillet 2003. Cette Convention est l'aboutissement d'un ensemble de travaux et de réflexions, déjà menés au sein de l'ONU, du Conseil de l'Europe, de l'Organisme International du Travail, mais aussi, des organisations non gouvernementales. À la différence des autres Conventions internationales ou européennes relatives aux travailleurs migrants, cette Convention universelle affirme des garanties inédites puisqu'elle protège les travailleurs migrants en situation irrégulière, alors qu'ils étaient jusqu'ici exclus de la protection internationale[10]. Pourtant, cette Convention est loin d'amener une protection effective dans le statut interne de l'étranger, étant donné que ni la France ni d'ailleurs aucun pays de l'Union européenne, n'ont ratifié cet instrument très prometteur.

Dans une première section, la question de l'éloignement des étrangers sera abordée en insistant sur la protection innovante, à la fois concurrencée et limitée, de la Convention des Nations Unies contre la torture. Dans une deuxième section, il conviendra de montrer les quelques avancées innovantes issues du Pacte international des droits civils et politiques pour les ressortissants étrangers. La troisième section concernera les innovations de la Convention internationale sur la protection des droits de tous les travailleurs migrants et des membres de leurs familles ; convention malheureusement non encore ratifiée par la France.

Section I : La protection innovante mais limitée de la Convention des Nations Unies contre la torture

Le Comité contre la torture est l'organisme de surveillance de la Convention des Nations Unies contre la torture. Son organisation « *non-juridictionnelle* »[11] limite la portée de ses constats de violations. Les États parties à la Convention contre la Torture doivent tout de même se plier aux exigences de « l'effet déclaratoire » des constatations du Comité. Mais, ce dernier a une portée réduite par rapport à celle de la Cour européenne des droits de l'Homme. En conséquence, l'influence de « l'autorité de la chose constatée » du Comité contre la torture a peu de poids dans le droit des étrangers. Pourtant, les constatations rendues par le Comité contre la torture apparaissent comme de véritables décisions de justice tant sur la forme que sur le fond ; elles respectent de solides exigences de recevabilité et obéissent à une « jurisprudence » bien établie sur les risques encourus.

Il conviendra d'analyser successivement le contenu des constats de violations rendus par le Comité, afin d'apprécier leur pertinence pour protéger les étrangers (§I) et l'impact limité en droit interne des constatations du Comité contre la torture qui n'amène qu'une protection secondaire (§II).

[10] En dehors de la Convention de l'OIT n° 143.

[11] SUDRE F., *Droit international et européen des droits de l'Homme*, 6ème éd. refondue, PUF 2003, p. 592 et s.

§ I : Des « constatations » du Comité contre la torture pertinentes mais non exploitées en droit interne

La plupart des communications individuelles déposées au Comité contre la torture concernent le renvoi d'étrangers vers des pays dans lesquels ils risquent de subir des actes contraires à la Convention contre la torture. Face à cette abondance de communications émanant d'étrangers, le Comité a, peu à peu, révélé sa façon d'aborder ce « contentieux » singulier : il a développé une « jurisprudence » inédite au plan international sur la protection des étrangers éloignés (A). Toutefois, cette « jurisprudence » est mal connue et peu exploitée par les praticiens du droit, d'autant plus que la Cour européenne assure une protection quasi identique, le Comité est donc « délaissé » au profit de l'instrument juridictionnel régional (B).

A/ Un « contentieux » riche sur les risques encourus dans le pays de renvoi en cas d'éloignement

L'analyse des constatations rendues par le Comité portera à la fois sur le champ de la protection de la Convention contre la torture (1) et sur l'appréciation des risques de torture (2).

1/ Une protection matérielle et directe contre l'éloignement

La Convention contre la torture est l'un des rares instruments internationaux qui affirme *directement* des garanties *matérielles* pour l'étranger menacé d'éloignement. En effet, la plupart des autres instruments internationaux énoncent des garanties *procédurales* pour les étrangers menacés d'éloignement et n'interdisent pas aux États d'expulser les étrangers. Or, la Convention contre la torture va plus loin puisqu'elle pose une interdiction stricte d'éloignement en cas d'actes de torture.

Ainsi, l'article 3 de la Convention énonce « 1- *qu'aucun État partie n'expulsera, ne refoulera, ni n'extradera une personne vers un État où il y a des motifs sérieux de croire qu'elle risque d'être soumise à la torture. 2- Pour déterminer s'il y a de tels motifs, les autorités compétentes tiendront compte de toutes les considérations pertinentes, y compris, le cas échéant, de l'existence, dans l'État intéressé, d'un ensemble de violations systématiques des droits de l'Homme, graves, flagrantes ou massives* ». La Convention affirme donc une garantie directe contre le refoulement, l'expulsion ou l'extradition en cas de torture. Il ne s'agit pas ici d'une « protection par ricochet », née d'une interprétation constructive de la Convention, comme c'est le cas avec l'article 3 interprété par la Cour européenne. Au contraire, c'est une protection directe qui engage la responsabilité des États. C'est en cela que l'apport de l'article 3 § 1 de la Convention contre la torture est inédit. Cette garantie dépasse les limites imposées par le principe international relatif au respect des souverainetés étatiques concernant l'entrée, le séjour et la sortie de l'étranger.

Toutefois, à la différence de la protection européenne, l'article 3 § 1 de la Convention des Nations Unies ne s'adresse qu'à des cas extrêmes : elle ne mentionne que les seuls risques de tortures et n'aborde pas les risques de traitements et de peines inhumains ou dégradants, ce qui limite le champ d'application de la Convention. En ce sens, contrairement à la Cour européenne, le Comité[12] refuse la « protection sanitaire » à l'étranger sous l'effet d'une mesure d'éloignement[13]. Or, le Comité exerce une protection plus réduite, limitée aux actes graves (la torture[14]) et ce, en raison de la portée étroite du paragraphe 1er de l'article 3 de la Convention contre la torture.

Les bénéficiaires des garanties matérielles de la Convention contre la torture sont multiples. Toutes les « catégories » d'étrangers peuvent bénéficier de cette protection : les déboutés du droit d'asile[15], les réfugiés ayant perdu leur statut, les « primo-arrivants » menacés de refoulement, les étrangers « ordinaires » menacés d'expulsion[16]. A ce titre, la France a été récemment condamnée[17] par le Comité contre la torture pour l'exécution d'une mesure d'expulsion d'un ressortissant algérien menacé dans son pays d'origine. L'État français n'a pas respecté les mesures provisoires que le Comité contre la torture lui avait assignées (atteinte à l'article 22 de la Convention) et il a porté atteinte à l'article 3 de la Convention contre la torture, en expulsant l'étranger dans un pays à risque.

Sur le plan *rationae personae*, l'article 3 de la Convention contre la torture apporte une protection identique à celle de la Cour européenne. Cette dernière protège tout étranger, sans distinction, les terroristes présumés. La Convention dispose de cette même garantie absolue contre la torture. Sur ce point, la protection de la Convention contre la torture dépasse le champ du principe de non-refoulement de la Convention de Genève[18]. Il est intéressant de relever à cet égard que la plupart des constatations du Comité portent sur des communications d'étrangers déboutés du statut de réfugié de la Convention de Genève dans des pays européens. Il semble que pour ces étrangers, le Comité apparaisse comme un recours ultime.

Les limites de la protection sont les mêmes que celles de la Cour européenne ; en effet cette garantie contre l'éloignement n'entraîne ni une obligation de délivrance de titre de séjour de la part de l'État sanctionné, ni même la modification de la décision de l'État

---

[12] Communication n° 183/2001, Canada 17/05/2004, CAT/C/32/183/2001 : un ressortissant indien résidant au Québec, expulsé vers l'Inde alléguait que l'aggravation de l'état de santé d'un requérant suite à son expulsion portait atteinte à l'article 3. Le Comité a estimé que l'aggravation de l'état de santé ne constituait pas une forme de traitement cruel.

[13] Partie II, Titre II, Sous Titre I, Chapitre I, Section I, § I, B.

[14] Article 1er de la Convention « *Aux fins de la présente Convention, le terme « torture » désigne tout acte par lequel une douleur ou des souffrances aiguës, physiques ou mentales, sont intentionnellement infligées à une personne aux fins notamment d'obtenir d'elle ou d'une tierce personne des renseignements ou des aveux, de la punir d'un acte qu'elle ou une tierce personne a commis ou est soupçonnée d'avoir commis, de l'intimider ou de faire pression sur elle ou d'intimider ou de faire pression sur une tierce personne, ou pour tout autre motif fondé sur une forme de discrimination quelle qu'elle soit, lorsqu'une telle douleur ou de telles souffrances sont infligées par un agent de la fonction publique ou toute autre personne agissant à titre officiel ou à son instigation ou avec son consentement exprès ou tacite. Ce terme ne s'étend pas à la douleur ou aux souffrances résultant uniquement de sanctions légitimes, inhérentes à ces sanctions ou occasionnées par elles.* »

[15] Communication n° 34/1995, Suisse 29/05/1997, CAT/C/18/D/34/1995 ; Communication n° 149/1999, Suède, 15/02/2001, CAT/C/25/D/149/1999 ; Communication n° 41/1996 Suède 08/05/1996 CAT/C/16/D/41/1996 ; Communication n° 13/1993 Suisse 27/04/94, CAT/C/12/D/13/1993.

[16] Communication n° 63/1997, France 05/06/2000, CAT/C/23/D/63/1997, à propos d'un ressortissant espagnol d'origine basque qui, à sa sortie de prison, est sous l'effet d'une mesure d'expulsion.

[17] Communication du 24 mai 2005 n° 195/2002, *France c./ Brada*, CAT/C/34/D/195/2002.

[18] Cf. CRUZ A., « La convention européenne des droits de l'Homme et la Convention contre la torture sont-elles pour les demandeurs d'asile et les réfugiés, des instruments complémentaires à la Convention de Genève », *Recherches et Asile* n° 3, 1998, p. 15-17.

concernant l'octroi de l'asile[19]. C'est une « garantie minimale » d'éviter le départ de l'étranger menacé de torture dans son pays de renvoi.

2/ L'appréciation des risques de torture

Le Comité cherche, en premier lieu, les risques réels de torture pour l'étranger. L'appréciation de ces risques passe par l'analyse de la probabilité du caractère personnel et actuel[20] des risques encourus. Ceux-ci doivent apparaître comme « *une conséquence prévisible et inéluctable* »[21]. Pour se forger une opinion, le Comité analyse un ensemble d'informations concernant l'État soupçonné de tortures. Ainsi, les violences physiques, massives ou généralisées peuvent servir à orienter le Comité dans sa prise de décision. Mais, l'existence de ces violences ne saurait suffire à la prise de décision finale. Les violences généralisées doivent être complétées par les risques personnels et circonstanciés dont pourrait être victime l'auteur de la communication. Son origine ethnique[22], son affiliation politique[23], la désertion[24], l'histoire d'une détention[25] peuvent constituer des faisceaux d'indices sur lesquels le Comité s'appuie pour rendre sa constatation de violation. L'engagement politique du demandeur, sa crédibilité ainsi que l'évolution des droits de l'Homme jouent également un rôle dans l'analyse du Comité.

C'est à l'auteur de la Communication qu'il incombe d'apporter les preuves[26] des risques. Le Comité est particulièrement souple dans son appréciation des preuves et des témoignages amenés par ce dernier. Il estime que les personnes ayant été torturées et ayant fui leur pays sont souvent dans l'incapacité de retracer avec cohérence ce qu'elles ont vécu. Ainsi, dans l'affaire Muzonzo Paku Kisongi contre la Suède[27], le requérant n'amène que quelques détails vagues de son expérience vécue. Or, le Comité connaît et respecte les blocages psychiques que peuvent entraîner des situations traumatisantes ; par conséquent, il admet l'inexactitude des allégations.

Par ailleurs, à partir du moment où la victime fournit des indices indiquant l'utilisation de la torture dans le pays de renvoi, le Comité va en rechercher les preuves[28], même si ce pays a signé la Convention contre la torture ; la ratification de la Convention ne suffisant pas à le convaincre de la sincérité des États. Ainsi, dans une de ses constatations sur les risques de tortures en Turquie, pays qui a ratifié la Convention, le Comité a rappelé

---

[19] Communication n° 34/1995, Suisse 29/05/1997, CAT/C/18/D/34/1995.

[20] Communication n°182/2001, Suisse 17/05/ 2004 CAT/C/32/D/182/2001 : la condition du risque actuel n'était pas remplie.

[21] Communication n° 101/1997, Suède 16/12/1998, CAT/C/21/D/101/1997.

[22] Communication n° 15/1994, Canada 18/11/1994, CAT/C/13/D/15/1994, citoyen pakistanais originaire du Cachemire.

[23] Communication n° 41/1996, Suède, 08/05/96, CAT/C/16/D/41/1996, un ressortissant zaïrois membre actif de l'UDPS. Communication n° 21/1995, Suisse 08/05/96 CAT/C/16/D/21/1995, un citoyen turc d'origine kurde, sympathisant de KAWA, organisation kurde de tendance marxiste léniniste. Communication 101/ 1997, Suède 16/12/1998, CAT/C/21/D/101/1997. Communication n° 101/1997, Suède 16/12/1998 CAT/C/21/D/101/1997. Partisans actifs du PKK.

[24] Communication n° 88/1997, Suède 16/11/1998, CAT/C/21/D/88/1997.

[25] Communication n° 63/1997, France 05/06/2000, CAT/C/23/D/1997.

[26] Communication n° 229/2003, Suède 17/05/2004 CAT/C/32/D/229/2003 (Absence de tout moyen de preuve concordant), Communication n° 214/2002 Allemagne 17/05/2004 CAT/C/32/D/214/2002. (C'est au requérant qu'il incombe de présenter des arguments défendables).

[27] Communication n° 41/1996, Suède 08/05/96, CAT/C/16/D/41/1996.

[28] Communication n° 21/1995, Suisse 08/05/1996, CAT/C/16/D/21/1995.

« *que le premier objectif de la Convention est de prévenir la torture et non pas de réparer ce mal, une fois qu'il a été fait* »[29]. En conséquence, en Turquie, la possibilité reconnue de saisir le Comité ne saurait être une garantie suffisante pour la sécurité de l'auteur de la communication individuelle.

Pour le Comité, il n'existe pas de « pays sûr » dans lequel il ne subsisterait plus d'actes de torture. À la différence de certaines pratiques de pays européens[30], le Comité ne dispose et n'utilise pas de « liste de pays sûrs ». En effet, en posant une « présomption de non torture », certains pays communautaires refusent l'asile aux étrangers qui ont traversé ou sont arrivés par un « pays sûr ». Quel que soit le pays, le Comité cherche à savoir si l'étranger a effectivement été victime de torture ou s'il risque d'en subir. Ainsi, la constatation[31] relative à l'expulsion d'un ressortissant tunisien vers son pays d'origine montre que le Comité ne considère pas la Tunisie comme un « pays sûr », alors que la plupart des États membres n'octroient pas le statut de réfugiés aux Tunisiens menacés, et expulsent quasi systématiquement les ressortissants tunisiens. Le Comité semble passer outre cette notion réductrice de « pays sûr », en s'attachant à l'analyse concrète des faits et des expériences vécues qui lui sont adressés.

Le Comité a eu l'occasion de censurer une autre pratique contestable exercée par les pays européens : le « renvoi en chaîne » d'un étranger sous l'effet d'une expulsion. Ainsi, dans l'affaire Korban contre Suède[32], le Comité a interdit à l'État suédois d'expulser un ressortissant iraquien vers la Jordanie, pays dans lequel il risquait d'être aussitôt renvoyé vers l'Iraq où il subirait des actes de torture en raison de son opposition au régime en place. Par ailleurs la Jordanie n'ayant pas ratifié l'article 22 de la Convention contre la torture, le ressortissant iraquien ne pourrait saisir le Comité en Jordanie si une expulsion vers l'Iraq était mise à exécution.

B/ Des constatations complémentaires et concurrencées

Comme on l'a démontré précédemment à propos du contentieux européen relatif à l'article 3 de la CEDH, la concurrence de la Cour européenne dans les cas de torture est évidente (1). Toutefois, dernièrement des ressortissants espagnols d'origine basque se sont orientés vers le Comité qui leur a donné raison. Il semblerait donc ici qu'un contentieux spécifique se soit développé faisant du Comité contre la torture un organe complémentaire, voire alternatif, à la protection européenne en matière de protection des étrangers (2).

1/ La protection onusienne concurrencée et influencée par la jurisprudence régionale

Sur le terrain de la lutte contre la torture, la concurrence régionale est considérable. La jurisprudence européenne a un impact important puisque ses effets juridiques sont bien plus contraignants que ceux du Comité contre la torture. Plus médiatique et plus contraignante, la jurisprudence européenne a été transcrite ou reprise par le législateur ou les juges français dans le statut de l'étranger. « L'autorité de la chose constatée » n'a pas le

---

[29] Ibid.
[30] Cf. Partie I, Titre II, Sous Titre I, Chapitre II, Section I, § II, B.
[31] Communication n° 185/2001, Suède 25/05/2002, CAT/28/D/185/2001.
[32] Communication n° 88/1997, Suède 16/11/1998, CAT/C/21/D/88/1997.

même impact que « l'autorité de la chose interprétée » des décisions de la Cour européenne dans le statut de l'étranger.

Comme cela a été démontré, la Cour européenne a eu à se prononcer, très tôt, sur des affaires d'éloignement d'étrangers risquant des traitements inhumains et dégradants dans les pays de renvois. Or, la jurisprudence européenne est plus riche et plus connue par les juges internes et les praticiens du droit que celle du Comité contre la torture. Le Comité contre la torture est un instrument encore jeune et en plein devenir. Pour le moment, l'essor considérable de la Cour européenne a « fait de l'ombre » à la protection onusienne et ce, d'autant plus que la Cour est une véritable juridiction supranationale.

Cette influence de la Cour européenne se retrouve au sein même des décisions du Comité. Les arguments des auteurs des communications n'hésitent pas à utiliser la jurisprudence européenne comme argument de défense devant le Comité. Les auteurs font référence aux importantes affaires Soering[33] ou Jabary[34] rendues par la Cour européenne. A titre d'illustration, dans l'affaire A.S. contre Suède[35] relative aux risques de lapidation en Iran lors d'un adultère, le Conseil de l'auteur de la communication relève les similitudes de son affaire avec celle de la Cour européenne (Jabari c./ Turquie).

Dans ces délibérations le Comité se réfère également souvent aux décisions de la Cour européenne : ainsi dans l'affaire T.P.S c./ Canada[36], il a utilisé la décision Chahal C./ RU[37] pour rappeler que « *l'examen d'une réclamation ne doit pas tenir compte de ce que l'intéressé a pu faire pour justifier une expulsion, ni de la menace contre la sécurité nationale éventuellement perçue par l'État qui l'expulse* ». Il s'appuie aussi sur les rapports des visites du Comité européen pour la prévention contre la torture et s'inspire[38] du « Guide des procédures et des critères à appliquer pour déterminer le statut de réfugié » du Haut Commissariat aux Réfugiés pour ses démonstrations.

L'utilisation de ces multiples références montre combien les différentes « jurisprudences » des organes internationaux ou régionaux convergent.

2/ L'intérêt limité du Comité contre la torture pour quelques communications émanant de ressortissants espagnols d'origine basque

Le travail du Comité a été remarqué à propos de communications individuelles[39] émanant de ressortissants basques craignant d'être torturés lors de leur remise aux autorités espagnoles, à leur sortie de prison. Dans une affaire rendue le 5 juin 2000, le Comité a estimé que la France avait violé la Convention contre la torture en reconduisant à la frontière espagnole un militant basque[40] menacé de tortures par les autorités espagnoles. Il

[33] CEDH 7 juillet 1989, *Soering c./ RU*, série A n° 161.
[34] CEDH 11 juillet 2000, *Jabary c./ Turquie*, req. n° 40035/98.
[35] Communication n° 149/1999, Suède, 15/02/2001, CAT/C/25/D/149/1999.
[36] Communication n° 99/1997, Canada 04/09/2000, CAT/C/24/D/99/1997.
[37] CEDH 15 novembre 1996, *Chahal c./ Royaume-Uni*, *RUDH* 1997, p. 365.
[38] *Ibid.*
[39] Sur des mesures d'expulsion ou d'extradition de ressortissants espagnols d'origine basque : Communication n° 63/1997, France 05/06/2000 CAT/C/23/D/63/1997 ; Communication n° 219/2002, Suisse 12/05/2003, CAT/L/30/D/219/2002 ; Communication n°193/2001/ France, 19/12/2002, CAT/C/29/D/193/2001. Sur des cas de présence de torture en Espagne : Communication n° 10/1993 Espagne 21/11/1994, CAT/C//13/D/10/1993 ; Communication n° 6/1990 Espagne 06/06/1995, CAT/14/D/6/ 1990.
[40] Communication n° 63/1997, France 05/06/2000, CAT/C/23/D/63/1997.

semble que les militants basques aient plus de probabilité d'obtenir gain de cause devant le Comité contre la torture que devant la Cour européenne des droits de l'Homme.

En effet, dans plusieurs affaires[41], la Commission européenne a montré ses réticences à reconnaître des violations de l'article 3 de la CEDH perpétrées par des pays du « noyau dur » du Conseil de l'Europe, et ce, même si elle admet qu'il était prématuré de conclure à la suppression de la torture en Espagne puisque d'autres organismes internationaux, notamment le Comité des Nations Unies contre la torture et le Comité des Droits de l'Homme des Nations Unies, ont montré qu'il existait encore de telles pratiques. Ainsi, dans plusieurs affaires[42], la Commission européenne a conclu qu'il n'y avait pas de raisons sérieuses de croire que le requérant avait été soumis en Espagne à des traitements contraires à l'article 3 de la CEDH. Dans l'affaire Luis Iruretagoyena, comme pour se « dédouaner », la Commission a constaté que le requérant n'avait pas demandé à bénéficier du statut de réfugié politique en France et « *qu'il ne ressort pas du dossier que le requérant ait utilisé les voies de recours existantes en Espagne pour dénoncer les supposés mauvais traitements qu'il aurait subis à la suite de son expulsion en 1987* »[43]. Ces deux derniers points montrent que l'argumentation de la Commission européenne est fragile et très contestable. La Commission aurait pu s'interroger sur les risques de tortures, de traitements inhumains et dégradants : son analyse aurait été à la hauteur des exigences de la protection absolue de l'article 3 de la CEDH. La liaison entre la protection de l'article 3 et celle de la Convention de Genève ne devrait pas entrer en ligne de compte dans l'appréciation des risques encourus dans le pays de renvoi. De même, dans l'affaire Luis Iruretagoyena, Syméon Karagiannis rappelle très justement que la Commission s'est montrée assez sévère « *quand elle estime que le requérant n'avait pas fait état devant les autorités françaises, de circonstances particulières relatives à sa personne ou à ses activités en Espagne, qui auraient pu rendre probable l'infliction de la torture ou de tout autre traitement prohibé par l'article 3* »[44]. L'auteur précise que la Commission a posé une sorte de présomption de non-violation de la part d'un État partie au Conseil de l'Europe. Toutefois, au regard de la récente jurisprudence de la Cour européenne, il semble que cette présomption soit simple.

Par ailleurs, comme cela a été démontré précédemment avec le Protocole Aznar, la recevabilité des demandeurs d'asile espagnols d'origine basque dans les États membres de l'Union européenne est quasiment exclue. Ainsi, la jurisprudence européenne et le Protocole communautaire ont sans doute conduit les ressortissants d'origine basque à intenter leur recours vers un organe de surveillance internationale, plus neutre, qui n'utilise aucune présomption de non-violation dans l'analyse des Communications individuelles.

L'exemple très anecdotique de cette jurisprudence relative aux ressortissants espagnols d'origine basque montre le champ très étroit des potentialités des constations du Comité contre la torture.

---

[41] Com.EDH du 12 janvier 1998, *Luis Iruretagoyena c./ France*, req. n° 32829/96 ; Com.EDH 28 octobre 1998 *Iñaki Lopez de Bergara c./ France*, req. n° 43695/98 ; Com.EDH, 5 décembre 1996 *José Antonio Urrutikoetxea c./ France*, req. n° 31113/96 ; Comm. 4 février 1997, *José Luis Telletxea c./ France*, req. n° 34767/97, radiée du rôle ; CEDH 19 juin 2001, *Alberto Lopez de la Calle Gauna c./ France* req. n° 58481/00 (plainte non maintenue devant la Cour).

[42] Com.EDH du 12 janvier 1998, *Luis Iruretagoyena c./ France*, req. n° 32829/96 ; CEDH 28 octobre 1998, *Iñaki Lopez de Bergara c./ France*, req. n° 43695/98 ; Com.EDH, 5 décembre 1996 *José Antonio Urrutikoetxea c./ France*, req. n° 31113/96.

[43] Com.EDH 28 octobre 1998, *Iñaki Lopez de Bergara c./ France*, req. n° 43695/98.

[44] KARAGIANNIS S., « Expulsion des étrangers et mauvais traitements imputables à l'État de destination ou à des particuliers. Vers une évolution de la jurisprudence européenne », *RTDH*, 1999, p. 65.

§ II : L'impact limité en droit interne des constatations du Comité, une protection secondaire

La saisine du Comité contre la torture[45] est possible après épuisement des voies de recours des autorités juridictionnelles nationales. A l'instar de la Cour européenne, cet organisme se présente comme un organe subsidiaire de contrôle des droits internationaux des droits de l'Homme (A). Il rend des constats de violation, des Recommandations et des suggestions, mais ceux-ci n'ont qu'un « effet déclaratoire », ce qui limite toute influence directe en droit interne (B).

A/ Le Comité contre la torture est un organe subsidiaire de contrôle

Au regard de l'ensemble des organes de surveillance des Nations Unies, le Comité contre la torture détient les pouvoirs les plus étendus, il examine aussi bien les communications individuelles que celles émanant des États[46]. Il a compétence pour analyser les rapports des États parties, les « pétitions individuelles »[47], et sur sa propre initiative, il peut procéder à des enquêtes[48]. En ce sens, Frédéric Sudre estime qu'il cumule quatre fonctions de nature différente telles que la « *prévention, incrimination et sanction, extradition et poursuite, protection judiciaire des victimes et réparation* »[49].

Les modalités de la saisine du Comité par les particuliers répondent à une logique à peu près identique à celle de la Cour européenne des Droits de l'Homme : cet organe de surveillance exerce une sorte de contrôle des autorités nationales défaillantes. Ce n'est pas un organe d'appel mais un organe de constatation des droits. Ce pouvoir de simple constatation place le Comité contre la torture dans un rôle de contrôle « de la dernière chance » pour le requérant désirant sanctionner un État ayant violé les droits énoncés dans la Convention contre la torture. Le Comité apparaît comme une alternative à la protection régionale, souvent privilégiée en France. Autrement dit, il se révèle être un contrôle « *non-juridictionnel* »[50] complémentaire ou secondaire au système de la Cour européenne des droits de l'Homme.

La procédure des communications individuelles répond à des exigences strictes que le ressortissant étranger doit satisfaire pour que sa communication soit recevable. D'abord, le requérant doit être un particulier ou un groupe de particuliers pour pouvoir adresser une communication individuelle au Comité. La requête d'un particulier ne doit pas être anonyme et doit concerner les actes d'un État partie à la Convention qui a accepté la compétence du Comité en vertu de l'article 14 de la Convention contre la torture ; ce qui est le cas de l'État français qui, depuis le 26 juin 1987, a admis le système des communications individuelles. Ensuite, le particulier ne peut prétendre à la protection du Comité que si les

[45] CHANET C., « Le Comité contre la torture », *AFDI*, 1991, p. 553-560.
[46] Les plaintes étatiques, article 21 de la CCT.
[47] Article 22 de la CCT.
[48] Article 20 de la CCT, Le Comité peut charger un ou plusieurs de ses membres de procéder à une enquête confidentielle. Ce n'est qu'une fois l'enquête achevée que le Comité décide de rendre public les résultats sous forme d'un compte rendu. Quatre enquêtes ont été menées jusqu'à présent (Égypte, Pérou, Sri Lanka et Turquie) selon cette procédure.
[49] SUDRE F., *op. cit.*, p. 209. Voir aussi CHANET C., *op. cit.*, p. 553.
[50] SUDRE F., *Droit international et européen des droits de l'Homme*, 6ème éd. refondue, PUF 2003, p. 592 et s.

actes dont il est victime sont prohibés[51] par la Convention contre la torture et s'ils sont commis après son entrée en vigueur. Enfin, le requérant ne doit pas avoir déposé de plainte, encore en cours d'instruction, devant une autre instance internationale[52] et doit avoir épuisé toutes les voies de recours devant les juridictions internes. Le Comité émet une réserve lorsque le recours interne s'avère inefficace[53] ou que les procédures de recours excèdent les délais raisonnables[54].

À ce propos, le Comité contre la torture a estimé que le recours en appel contre un arrêté de reconduite à la frontière devant le Conseil d'État était un recours efficace, dans un cas où le requérant n'avait pas montré de circonstances indiquant *« que ce recours avait peu de chances d'aboutir »*[55]. Par contre, le Comité a estimé comme recevable[56] la communication d'un ressortissant espagnol d'origine basque dont *« l'éventuel recours contre son arrêté ministériel d'expulsion ne s'avérait ni efficace ni même possible, étant donné qu'il n'aurait pas d'effet suspensif et que la mesure d'expulsion a été effectuée immédiatement après sa notification, sans que l'intéressé* (ait eu) *le temps d'introduire un recours »*[57]. Ce dernier exemple montre que « l'expulsion dirigée » pratiquée par l'État français lors de remise aux autorités espagnoles de ressortissants d'origine basque, était implicitement condamnée sur le plan des garanties procédurales. Le Comité a considéré, en priorité, l'aspect expéditif de la mesure d'expulsion qui n'a pas permis au ressortissant de faire valoir ses droits à la défense ; à partir de là, le Comité a accepté la recevabilité de la communication avant de s'intéresser au fond de l'affaire : c'est-à-dire à l'existence possible d'actes de torture en Espagne.

Après avoir accepté la recevabilité de la Communication, l'État en cause doit fournir ses explications sur le fond de la requête. Pendant le temps nécessaire à sa prise de décision, le Comité peut demander des mesures provisoires avant même l'examen au fond. Ce procédé est très important lorsque l'éloignement d'un étranger le conduit dans un pays à risque. Le Comité a demandé très tôt aux États de prendre les mesures de suspension nécessaires dans le cas où une possible violation de la Convention existe. Comme la Cour européenne[58], le Comité a énoncé des mesures provisoires (Article 22).

---

[51] Communication n° 243/2004 Suède 07/05/2004 CAT/C/32/D/243/2004 (pas de griefs soulevés au regard de la Convention).

[52] A propos de l'irrecevabilité de la Communication portée devant le Comité contre la torture puisque la victime de l'expulsion avait également soumis une requête à la Commission interaméricaine des droits de l'Homme, Communication n° 26/1995 Canada 20/11/1995, CAT/C/15/D/26/1995. Même solution retenue pour une requête présentée à la Cour européenne des droits de l'Homme, Communication n° 140/1999, Suède, 09/10/2000, CAT/C/24/D/140/1999.

[53] Article 22 § 5 alinéa b).

[54] Pour une description des conditions de recevabilité des communications devant le Comité contre la torture. Cf. ROUGET D., *op. cit.*, p. 130-131.

[55] Communication n° 32/1995, France, 20/11/1995, CAT/C/15/D/32/1995. Même solution d'irrecevabilité de la requête d'un demandeur d'asile qui n'avait pas exercé de recours contre la décision de la Commission de recours des réfugiés, ni devant la juridiction administrative contre l'invitation à quitter le territoire, ni le tribunal administratif contre l'arrêté de reconduite à la frontière. Communication n° 45/1996, France, 10/11/1997 CAT/C/19/D/45/1996. *Idem* Communication n° 93/1997 France, 24/01/2000, CAT/C/23/D/93/1997.

[56] Dans une affaire similaire, la Commission européenne a adopté la même position sur la recevabilité de la demande du ressortissant basque n'ayant pas eu les moyens efficaces d'intenter des recours. Com 12 janvier 1998, *Luis Iruretagoyena c./ France*, n° 32829/96.

[57] Communication n° 63/1997 France 05/05/2000, CAT/C/23/D/63/1997.

[58] CEDH 20 mars 1991, *Cruz Varaz c./ Suède*, req. n° 46/1990/237/307 ; COHEN-JONATHAN G., « De l'effet juridique des « mesures provisoires dans certaines circonstances et de l'efficacité du droit de recours individuel : à propos de l'arrêt de la Cour de Strasbourg Cruz Varas du 20 mars 1991 », *RUDH*, 1991, p. 205 ; GARCIA DE

Le Comité ne rend sa décision qu'ensuite, il fait alors part de ces constatations à l'État partie. Ces dernières peuvent être accompagnées de Recommandations ou de suggestions à l'État en cause.

B/ L'effet déclaratoire de « l'autorité de la chose constatée » et la portée des Recommandations et des suggestions du Comité contre la torture

Les Constatations du Comité sont dépourvues de tout effet juridique et n'entraînent aucune obligation juridique pour l'État partie ; pourtant, il convient de rappeler qu'en acceptant la compétence du Comité pour examiner les communications individuelles, l'État partie s'engage aussi à prendre des mesures appropriées pour donner un effet concret aux constatations du Comité concernant l'interprétation et l'application de la Convention contre la torture. Selon le Comité, *l'effet déclaratoire* des constatations doit se traduire par « *la recherche des solutions qui permettront de prendre toutes mesures utiles pour se conformer aux dispositions (...) de la Convention* »[59].

Ainsi, si les constatations du Comité ont un effet déclaratoire sans obligation juridique contraignante, elles possèdent également une portée politique et même diplomatique dans les relations interétatiques. En effet, le constat d'actes de torture peut entraîner des retentissements politiques assez considérables, il en est de même des suggestions et des Recommandations qu'énonce le Comité après les rapports périodiques des États. Ainsi, en juin 2003, en Belgique, le Comité contre la torture a fait parler de lui en dénonçant les conditions de détention dans les prisons, la détention de mineurs et la politique d'expulsion. Dans son rapport repris par la presse[60], le Comité contre la torture a fait part de son inquiétude à propos de l'usage abusif de la force lors de l'expulsion d'étrangers en situation illégale, du caractère non suspensif des recours introduits par ces derniers devant le Conseil d'État belge contre la mesure d'éloignement, ainsi que de la possibilité de maintenir en détention de manière illimitée ceux qui refusent d'être expulsés. Le Comité a déploré, enfin, la détention de mineurs étrangers non accompagnés dans des centres fermés.

De même, en mai 1998, le Comité a examiné le deuxième rapport périodique[61] de la France et a adopté des Conclusions et Recommandations très intéressantes sur les droits des étrangers. D'abord, le Comité a constaté l'absence, dans le droit positif français, d'une définition de la torture strictement conforme à l'article 1er[62] de la Convention. (Les récentes

---

ENTERRIA E., « De la légitimité des mesures provisoires prises par la Commission et la Cour européenne des droits de l'Homme », *RTDH,* 1992, p. 251-280. La Cour européenne semble avoir posé des obligations plus contraignantes en matière de mesures provisoires Cf. CEDH 6 février 2003, *Mamatkulov et Abdurasulovic c./ Turquie ;* voir l'analyse de la RTDH, n° 56 ; TIGROUDJA H., « La force obligatoire des mesures provisoires indiquées par la Cour européenne des droits de l'Homme, observation sous l'arrêt du 6 février 2003, Mamatkulov c. Turquie », *RGDIP*, 2003-3, p. 601-632. Toutefois, le Comité contre la torture a récemment rappelé son attachement au respect des mesures provisoires : Communication du 24 mai 2005 n° 195/2002, *France c./ Brada,* CAT/C/34/D/195/2002.

[59] Communication ° 34/1995, Suisse 29/05/1997, CAT/C/18/D/34/1995.

[60] http://www.bouclier.org/article/1790.html.

[61] (CAT/C/17/Add.18) lors de ses 320ème , 321ème et 322ème séances tenues le 6 mai 1998 (voir CAT/C/SR.320, 321 et 322).

[62] « *Aux fins de la présente Convention, le terme « torture » désigne tout acte par lequel une douleur ou des souffrances aiguës, physiques ou mentales, sont intentionnellement infligées à une personne aux fins notamment d'obtenir d'elle ou d'une tierce personne des renseignements ou des aveux, de la punir d'un acte qu'elle ou une*

réformes apportées au Code pénal[63] sont cependant venues améliorer le droit français relatif aux actes de torture.) Ensuite, à propos des « expulsions dirigées » de ressortissants espagnols d'origine basque vers l'Espagne, il a estimé que « *la pratique des remises de police à la police d'un autre pays, alors même qu'une juridiction française avait déclaré illégales de telles pratiques et après qu'elle les eût déclarées illégales; ce qui est en porte à faux avec les obligations de l'État partie résultant des dispositions de l'article 3 de la Convention* »[64]. Enfin, le Comité a recommandé à l'État français d'être plus attentif aux dispositions de l'article 3 de la Convention qui s'appliquent indistinctement à l'expulsion, au refoulement ou encore à l'extradition, et comme le réclame la plupart des organisations de défense des droits de l'Homme, il a proposé qu'un refus d'entrée sur le territoire entraînant une mesure de refoulement puisse faire l'objet d'un recours suspensif.

De surcroît, les effets des constatations peuvent susciter « des réactions en chaîne » de la part du Comité. Ainsi, à la suite de la condamnation de la France[65], à propos du renvoi d'un ressortissant espagnol d'origine basque reconduit puis torturé en Espagne, le Comité a émis un rapport daté du 19 novembre 2002 sur l'état des tortures en Espagne envers les militants basques de l'ETA. Le Comité a exprimé sa *«profonde préoccupation»* quand au fait qu'une personne pouvait être détenue au secret jusqu'à cinq jours. « *Tout en étant conscient des difficultés que rencontre un gouvernement confronté à « des actes graves et fréquents de violence criminelle et de terrorisme», le Comité a déclaré que la détention au secret favorisait la torture et les autres formes de mauvais traitements. Enfin, il a également souligné la durée excessive des enquêtes menées sur les plaintes pour torture et mauvais traitements, la réticence des autorités à engager des procédures disciplinaires contre des représentants de l'État et les conditions éprouvantes auxquelles étaient soumis certains prisonniers* »[66]. Ce rapport a été rendu public et a mis le gouvernement espagnol devant le fait accompli. Près d'un an après, le Rapporteur spécial de la Commission des droits de l'Homme des Nations Unies chargé de la question de la torture, M. Théo Van Boven, entreprenait une mission en Espagne du 6 au 10 octobre 2003, à l'invitation du Gouvernement, afin de constater d'éventuels changements.

Le relais médiatique de ces constatations et de ces Recommandations a également une importance non négligeable. Ainsi, lorsqu'une constatation de violation est faite par le Comité, la décision est communiquée aux journalistes de façon à ce qu'ils puissent la diffuser largement. De même, en exerçant un travail très important dans le suivi des suggestions ou des Recommandations faites par le Comité, les ONG[67] participent à la publicité des constatations. De ce fait, les ONG nationales et internationales peuvent utiliser

---

tierce personne a commis ou est soupçonnée d'avoir commis, de l'intimider ou de faire pression sur elle ou d'intimider ou de faire pression sur une tierce personne, ou pour tout autre motif fondé sur une forme de discrimination quelle qu'elle soit, lorsqu'une telle douleur ou de telles souffrances sont infligées par un agent de la fonction publique ou toute autre personne agissant à titre officiel ou à son instigation ou avec son consentement exprès ou tacite. Ce terme ne s'étend pas à la douleur ou aux souffrances résultant uniquement de sanctions légitimes, inhérentes à ces sanctions ou occasionnées par elles. »

[63] Article 28 I JORF du 7 août 2004 ; Loi n° 2003-239 du 18 mars 2003 art 32 et 50, JORF 19 mars 2003 ; Ordonnance n° 2000-916 du 19 septembre 2000, JORF 22 septembre 2000.

[64] Ibid.

[65] Communication n° 63/1997 France 05/06/2000, CAT/23/D/63/1997.

[66] Site Amnesty international.

[67] Les ONG rendent des rapports alternatifs peu avant l'examen du rapport de l'État en cause, voir l'exemple : www.liguedh.org/actualites/torture.pdf.

ces Recommandations dans leur travail de suivi auprès des parlementaires[68]. Ce travail de lobbying participe aussi, indirectement, aux modifications législatives.

En tout état de cause, l'impact concret en droit interne de ces constatations et des suggestions n'a pas fait l'objet d'études approfondies. On ne sait comment les affaires de constats de tortures ont été réglées dans les pays « condamnés ». En toute hypothèse, il est certain que ces constatations de violations n'ont pas entraîné de « réactions juridiques » au plan interne. Le législateur n'a pas intégré ou transcrit les démonstrations du Comité contre la torture ou un article de la Convention contre la torture. Le juge administratif a fait très rarement référence à la Convention contre la torture dans ses visas au début de ses décisions[69]. Toutefois, le Conseil d'État[70] a accepté plusieurs fois le recours à l'article 3 de la Convention contre la torture (au côté de l'article 3 de la CEDH) à l'encontre d'une décision fixant le pays de renvoi de l'étranger lors d'une reconduite à la frontière. (L'article 3 de la Convention contre la torture est « concurrencé » par la référence explicite de l'article 3 de la CEDH dans l'article 27 bis de l'ordonnance de 1945[71]).

Ce faible impact du système onusien dans l'ordre interne a été relevé par le Comité. Ainsi, en réponse au deuxième rapport périodique de la France, le Comité a soulevé ce défaut de référence en droit positif, et ce alors que la France ne peut mettre en exergue aucun obstacle juridique à ce que la Convention ait une application effective ou un effet utile dans la législation interne.

En définitive, même si son impact concret est limité dans le statut interne de l'étranger, la Convention contre la torture reste un « *instrument conventionnel obligatoire* »[72] que les États doivent respecter.

Section II : Quelques garanties innovantes issues du Pacte international des droits civils et politiques

Dans le Pacte international des droits civils et politiques, un certain nombre d'articles traitent directement ou indirectement de l'entrée, du séjour et de la sortie des étrangers. La libre circulation[73] des étrangers, la protection de la vie familiale[74], la protection contre les expulsions arbitraires[75] ou contre les risques de tortures, les actes ou traitements cruels, inhumains ou dégradants[76] sont autant de garanties posées par ce Pacte. Dès lors, on constate l'énorme potentiel de ce traité international. Néanmoins, ce traité est peu invoqué ; le Pacte a souffert de la formidable jurisprudence européenne. Il pâtit surtout d'un manque certain d'effet utile[77] en France. L'organe de surveillance du Pacte, le Comité des droits de

[68] Cf. Site officiel d'Amnesty international ou le site de l'organisation mondiale contre la torture OMCT : www.omct.org

[69] CE 10 mars 2004, *M. X.*, req. n° 247236, CE 12 décembre 2003, *M. Ibrahim X.*, req. n° 256141.

[70] CE 15 octobre 2003, *M. Byound Gad*, req. n° 251442 ; CE 21 mars 2003, *M. Djamel Y. X*, req. n° 249882. Pour une référence en matière d'extradition : CE 6 décembre 2002, *M. Fernando*, req. n° 242578 ; CE 6 avril 2001, *Mme Lopez Riano*, req. n° 221105 ; CE 15 février 1999, *M. Sorinel Cimpoesu*, req. n° 196667.

[71] Cf. Partie II, Titre II, Sous Titre I, Chapitre I, Section II, § I, A.

[72] SUDRE F., Droit international et européen des droits de l'Homme, 6ème éd. refondue, PUF 2003, p. 591.

[73] Article 12 du PIDCP.

[74] Article 23 du PIDCP.

[75] Article 13 du PIDCP.

[76] Article 7 du PIDCP.

[77] FLAUSS J.-F., (Sous la direction de), « La France et le Pacte international relatif aux droits civils et

l'Homme, a, certes eu à se prononcer sur des communications individuelles émanant d'étrangers, mais ses constatations ont été décevantes.

Globalement, les constatations apportent peu d'innovations juridiques dans le droit de l'étranger, à côté de la riche jurisprudence européenne. En revanche, le Comité a rendu une décision clef dans un domaine où même la Convention européenne n'était pas encore allée : il a estimé illégale la différence de traitement entre étrangers et Français pour le calcul des pensions de retraite.

Il conviendra d'étudier successivement le principe d'égalité devant la loi découlant du Pacte international des droits civils et politiques au regard du statut interne des étrangers et certaines « constatations »[78] du Comité des droits de l'Homme concernant les étrangers qui n'apportent que d'infimes innovations juridiques tant sur le plan international que sur le plan interne.

§ I : L'égalité devant la loi et le statut de l'étranger : un constat précurseur rendu par le Comité des droits de l'Homme

Le Comité des droits de l'Homme[79] a rendu une constatation à propos d'une affaire concernant la cristallisation des pensions de retraite d'anciens combattants ayant obtenu la nationalité française. La position du Comité des droits de l'Homme a été innovante puisqu'elle a énoncé un principe d'égalité devant la loi en matière de pension de retraite des étrangers, principe à l'époque ignoré en droit interne (A). Malgré le caractère inédit de la constatation, ni le législateur français, ni le juge administratif n'ont modifié le droit interne, ce qui prouve bien la portée limitée des constatations du Comité des droits de l'Homme dans le domaine des étrangers (B).

A/ Le principe d'égalité devant la loi et les pensions de retraite des étrangers

M. Ibrahima Gueye et 742 autres Sénégalais avaient saisi le Comité des droits de l'Homme pour constater une violation de l'État français dans le mode de calcul de leur pension militaire. Ils se sentaient victimes à la fois d'une discrimination raciale et d'une rupture d'égalité portant atteinte à l'article 26[80] du Pacte. Aucune preuve n'a justifié l'accusation de discrimination raciale dans le calcul des pensions des Sénégalais ; par contre, l'analyse des lois imposant « la cristallisation » des pensions retraites a prouvé le bien-fondé de la plainte pour inégalité de traitement.

La loi n° 51-561 du 18 mai 1951 a instauré une égalité de traitement entre les pensions de retraite des ressortissants français et des ressortissants étrangers ayant combattu

---

politiques », *LPA*, 25 mai 2000.

[78] DHOMMEUX J., « La jurisprudence du Comité des droits de l'Homme, novembre 1987-juillet 1991 », *AFDI*, 1991, p. 515-547 ; DHOMMEUX J., « La jurisprudence du Comité des droits de l'Homme des Nations Unies, novembre 1991-juillet 1993 », *AFDI*, 1993, p. 657-679.,

[79] SUDRE S., (Sous la direction de), *La protection des droits de l'Homme par le Comité des droits de l'Homme des Nations Unies, les communications individuelles*, IDEDH, 1995.

[80] Article 26 « *Toutes les personnes sont égales devant la loi et ont droit sans discrimination à une égale protection de la loi. A cet égard, la loi doit interdire toute discrimination et garantir à toutes les personnes une protection égale et efficace contre toute discrimination, notamment de race, de couleur, de sexe, de langue, de religion, d'opinion politique et de toute autre opinion, d'origine nationale ou sociale, de fortune, de naissance ou de toute autre situation* ».

pour la France. Après l'indépendance, la loi de finances de décembre 1974 a institué une « cristallisation » des pensions de retraite des Sénégalais, c'est-à-dire un « gel » de leurs pensions à compter du 1er janvier 1975.

Cette affaire Gueye[81] a amené le Comité des droits de l'Homme à chercher le caractère objectif et raisonnable, ainsi que la légitimité, de cette différence de traitement au regard de l'article 26 du Pacte. Pour sa défense, le gouvernement français contestait l'application de l'article 26 aux pensions de retraite qui étaient, selon lui, des droits économiques et sociaux non garantis par le Pacte international des droits civils et politiques. C'était oublier la jurisprudence du Comité en la matière, puisque ce dernier avait considéré, dans sa constatation Broeks[82], que l'article 26 protégeait tous les droits présents ou non dans le Pacte. Les droits sociaux pouvaient donc être garantis par l'article 26, même s'ils n'étaient pas inclus dans le Pacte international des droits civils et politiques. Cette affaire Gueye a ainsi donné l'occasion au Comité de confirmer le caractère autonome de l'article 26, (c'est-à-dire qu'il n'est plus nécessaire de l'invoquer à côté d'un autre article du Pacte). Cette attitude a montré que le Comité avait une approche du principe de non-discrimination[83] plus extensive que celle retenue par la Cour européenne. En effet, cette dernière impose le couplage de l'article 14, relatif à la non-discrimination, avec un droit de la Convention européenne des droits de l'Homme ou un de ses Protocoles. Grâce à cette interprétation dynamique du Comité, l'article 26 bénéficie « *d'une applicabilité tous azimuts* »[84] ; le principe de non-discrimination peut alors s'émanciper en protégeant l'ensemble des droits.

Sur le fond de l'affaire, le Comité a constaté que, pendant quatorze ans, les Sénégalais avaient bénéficié de la même retraite que leurs homologues français et que ce n'est qu'à partir de 1975 qu'ils se sont vus traiter différemment. Plusieurs arguments ont été avancés par le Comité pour conclure à la violation de l'article 26. D'abord, pour le Comité, le changement de situation ne saurait être justifié et légitimé par les différences sociales et économiques entre le Sénégal et la France, contrairement à ce que prétendait le gouvernement français de l'époque. Ensuite, le Comité a estimé que la différence de traitement fondée sur la nationalité ne saurait être une justification objective et raisonnable puisque l'octroi de la pension était lié aux services qu'avaient rendus les militaires et non à la nationalité des soldats. C'est en ce sens que la discrimination basée sur la nationalité violait l'article 26 du Pacte. Il faut souligner qu'ici le Comité a adopté une interprétation extensive de l'article 26, en estimant que la nationalité est une cause de discrimination. Le Comité a ainsi montré la non-exhaustivité des cas de non-discrimination prévus dans l'article 26 du Pacte.

---

[81] Décision CDH 3 avril 1983, *Ibrahim Gueye c./ France*, *RUDH*, 1989, p. 62-64 ; COHEN-JONATAHAN G., « Note sur les décisions et constatations du Comité des droits de l'Homme des Nations Unies relatives à la France (1989) », *AFDI*, 1989, p. 424 ; DHOMMEUX J., « Le Comité des droits de l'Homme, 10 ans de jurisprudence (25 août 1977-9 juillet 1987) », *AFDI*, 1987, p. 447-477.

[82] Décision CDH 9 avril 1987, *Broeks et Van de Vries c./ Pays Bas*, req. n° 172/1984, n° 182/1984, R 1987.

[83] Voir observation Générale 18 du CDH sur la non-discrimination.

[84] SUDRE F., « Le droit à la non-discrimination dans la jurisprudence du Comité des droits de l'Homme des Nations Unis », *in La protection des droits de l'Homme par le Comité des droits de l'Homme des Nations Unies, les communications individuelles*, IDEDH, 1995, p. 40.

Cette constatation est essentielle puisqu'elle a permis de proclamer l'égalité de traitement[85] en matière de prestations sociales et, par conséquent, d'effacer la condition de nationalité toujours exigée en matière de droits sociaux des étrangers. Jusqu'ici deux limites principales bloquaient l'affirmation d'un principe international relatif à l'égalité de traitement en matière de prestations sociales des étrangers. Il était d'abord difficile d'apprécier la conventionnalité des droits sociaux internes, au regard des différents principes internationaux relatifs à l'égalité de traitement, et ce, principalement en raison de leur absence de normativité en droit interne[86]. Ensuite, on déplorait le manque de recours individuels[87] devant un organe de surveillance du Pacte international des droits économiques, sociaux et culturels qui ne permettait pas à celui-ci de constater l'inégalité de traitement en matière de droits sociaux.

Par conséquent, le large champ de protection du Pacte international des droits civils et politiques et la constatation Gueye ont permis d'ouvrir et d'étendre la protection des droits sociaux aux étrangers et, plus globalement, d'élargir la problématique de la protection internationale des droits économiques et sociaux. En somme, *« le Comité a procédé à une interprétation originale des dispositions du Pacte, conduite par le souci de leur donner tout leur effet utile »*[88].

B / La non-application des effets de la « constatation » du Comité des droits de l'Homme en droit interne

La conséquence immédiate de la constatation[89] aurait dû être l'annulation pure et simple de la « cristallisation » des pensions, pour satisfaire l'application du principe de l'égalité devant la loi posé par l'article 26 du Pacte. À la suite de la constatation Gueye, la France aurait dû se mettre en conformité avec les exigences internationales et modifier son droit interne relatif aux pensions militaires « cristallisées » des étrangers ayant combattu pour la France. Mais, le gouvernement français n'a pas choisi cette solution, il a préféré procéder uniquement à des réajustements des taux des pensions « cristallisées », sans changer l'esprit même de la loi, pourtant contraire au droit international des droits de l'Homme. C'est pourquoi, dans son rapport[90] de 1995, le Comité des droits de l'Homme n'a pas oublié de reprocher au gouvernement français ses manquements aux obligations internationales.

En définitive, ce n'est qu'en 1996 que la France a répondu explicitement au Comité sur l'affaire Gueye, en précisant qu'elle avait plusieurs fois ajusté[91] le taux des

---

[85] *Ibid*, p. 31-60.

[86] Partie II, Titre II, Sous Titre I, Chapitre II, Section I, §I.

[87] Actuellement, un projet relatif à un recours individuel auprès du Comité des droits économiques et sociaux est en réflexion.

[88] SUDRE F., « Le droit à la non-discrimination dans la jurisprudence du Comité des droits de l'Homme des Nations Unis », *op. cit.*, p. 35.

[89] Voir en ce sens SCHMIDT M. G., « Portée et suivi des constatations du Comité des droits de l'Homme des Nations Unies », *in La protection des droits de l'Homme par le Comité des droits de l'Homme des Nations Unies, les communications individuelles*, IDEDH, 1995, p. 157-169.

[90] A/50/40 1995, p. 98. Le Comité constate la violation et surtout l'absence de suite donnée par la France.

[91] Réajustement général de 8% avec effet le 1er juillet 1989, réajustement général de 8,2% avec effet le 1er janvier 1993, réajustement général de 4,5% des pensions d'invalidité avec effet au 1er janvier 1995. Cf. DHOMMEAUX J., « L'article 26 du Pacte international relatif aux droits civils et politiques et le droit des pensions », *RFDA*, nov.-déc. 1996, p. 1239-1241 ; BOUZIRI N., *La protection des droits civils et politiques par l'ONU, l'œuvre du Comité*

pensions retraites. Cette réponse française a été un véritable affront lancé au Comité des droits de l'Homme, au regard de la constatation de celui-ci qui était sans équivoque. Il est évident que les réajustements ne suffisaient pas à éliminer la discrimination criante constatée par le Comité. Cet affront a été peu après confirmé par le juge administratif qui, dans l'affaire Veuve Doukouré[92], a déclaré qu'il n'existait pas de violation de l'article 26 du Pacte à propos de la loi de « cristallisation » des pensions retraites.

Il a fallu attendre la jurisprudence Diop[93] du Conseil d'État pour qu'en France le juge interne reconnaisse la discrimination découlant de la « cristallisation » des pensions civiles et militaires des étrangers. Saisi sur un double moyen (les articles 14 et 1er du 1er Protocole 1er de la CEDH et sur l'article 26 du Pacte), le juge administratif a repris à l'identique la jurisprudence de la Cour européenne des droits de l'Homme relative à l'affaire Gaygusuz[94] ; sans toutefois se prononcer sur l'argument de l'article 26 du Pacte. Comme nous l'avons démontré précédemment, le juge administratif a retenu les arguments basés sur les articles 14 et 1er du Protocole 1er de la CEDH, suivant ainsi le raisonnement de la Cour européenne. L'influence déterminante de la protection européenne montre, une fois encore, toute sa force au regard des constatations des organes de surveillance onusiens. « *L'approfondissement du droit de la Convention (européenne) rend donc largement inutile le recours au Pacte* »[95]. Toutefois, même si la jurisprudence européenne a été déterminante pour opérer le revirement de jurisprudence devant le Conseil d'État, le Comité des droits de l'Homme a été le premier organe international de surveillance des droits de l'Homme à censurer les discriminations fondées sur la nationalité en matière de pensions de retraite des étrangers.

---

des droits de l'Homme, L'Harmattan, Paris, 2003, p. 156-159.

[92] CE 15 avril 1996, Veuve *Doukouré* ; MARTIN P., « Le pacte international relatif aux droits civils et politiques ne s'applique pas aux droits de pension », *RFDA*, 1996, p. 808 ; SUDRE F., « La portée du droit à la non-discrimination : de l'avis d'assemblée du Conseil d'État du 15 avril 1996, Mme Doukouré, à l'arrêt de la Cour européenne des droits de l'Homme du 16 septembre 1996 Gaygusuz c./ Autriche », *RFDA*, 13, (5), sept.-oct. 1997, p. 967-976 ; DHOMMEAUX J., « L'article 26 du Pacte international relatif aux droits civils et politiques et le droit des pensions », *RFDA*, nov.-déc. 1996, p. 1239-1241.

[93] CE 30 novembre 2001, *Ministre de la Défense c./ Diop*, req. n° 212179, *DA* janvier 2002, p. 29 ; COURTIAL, « Conclusions », *RFDA*, 2002, p. 573 ; DAUGAREILH I., Note, *RDSS*, 38, (3), juillet –Septembre 2002, p. 613-622 ; WACHSMANN P., « Les lois instituant des discriminations selon la nationalité devant le Conseil d'État français », *RTDH*, 2003, p. 303-318 ; GUYOMAR M et COLLIN P., « La « cristallisation » des pensions des militaires et fonctionnaires des anciennes colonies est-elle constitutive d'une discrimination ? », *AJDA*, 20 décembre 2001, p. 1039-1044 ; POIRAT I., « La « cristallisation » des pensions de retraite des anciens combattants de l'outre-mer et la Convention européenne des droits de l'Homme », *RGDIP*, 2002-1, p. 207-223 ; GISTI et CATRED, *Égalité des droits pour les anciens combattants et les fonctionnaires*, octobre 2002 ; SEGUES S. et THEVES L., « La république « Banania », quarante ans de discrimination », *Revue Plein droit*, n° 56, mars 2003, p. 7 ; MATH A., « Basses manœuvres », *Revue Plein Droit*, n° 56, mars 2003, p. 16-19 ; SLAMA S., « L'arrêt « Diop » un long combat judiciaire », *Revue Plein Droit*, n° 56, mars 2003, p. 10-13 ; CAA 7 juillet 1999, *Diop*, PHEMOLANT B., Conclusions, *RFDA*, 16 (4) juillet-août 2000, p. 843-849.

[94] CEDH 16 septembre 1996, *Gaygusuz c./ Autriche*, req. n° 17371/90 ; SUDRE F., « La portée du droit à la non-discrimination : de l'avis d'assemblée du Conseil d'État du 15 avril 1996, Mme Doukouré, à l'arrêt de la Cour européenne des droits de l'Homme du 16 septembre 1996 Gaygusuz c./ Autriche », *RFDA*, 13, (5), sept.-oct. 1997, p. 967-976 ; MOULY J. et MARGUEAUD J.-P., « Protection sociale et nationalité : un nouvel exemple de l'influence de la Convention européenne sur le droit social », *D.*, 1998, JP, p. 438.

[95] FLAUSS J.-F., « Le Pacte international relatif aux droits civils et politiques devant le juge administratif », *LPA*, 25 mai 2000, p. 38.

§ II : Les autres innovations amenées par les constations du Comité des droits de l'Homme

Le Comité des droits de l'Homme fait régulièrement l'objet de recours[96] émanant de ressortissants étrangers. Toutefois, à côté de l'imposant travail de la Cour européenne qui a développé une jurisprudence constructive relative au statut de l'étranger, les constatations du Comité n'apportent pas d'innovations[97] au statut interne de l'étranger. Néanmoins, sur quelques espèces, le Comité a eu des approches intéressantes sur la protection des étrangers. Nous nous limiterons à la notion de « propre pays » dégagée par le Comité (A) et aux constatations relatives aux mesures d'éloignement (B).

A/ La notion de « propre pays », une innovation théorique

La jurisprudence du Comité des droits de l'Homme s'est révélée innovante à propos de la notion de « propre pays », et ce, même si l'application de cette dernière s'avère très difficile. Dans la constatation Stewart contre Canada[98], le Comité a eu l'occasion d'interpréter de façon très audacieuse l'article 12 § 4 : « *Nul ne peut être arbitrairement privé du droit d'entrer dans son propre pays* ». Tout en constatant que cet article ne traitait pas de l'expulsion des étrangers, le Comité a retenu l'argument qui soutenait que l'expulsion du requérant britannique vers le Royaume-Uni lui interdirait ensuite le retour dans son « propre pays » entendu largement : c'est-à-dire dans son pays de résidence permanente. La notion de « propre pays » est donc considérablement élargie par le Comité et dépasse le « pays de nationalité »[99]. Ainsi, l'étranger qui a passé la plupart de sa vie dans un pays de résidence peut se voir protégé en raison des liens qu'il a tissés dans ce pays. Est-il pour autant à l'abri de l'éloignement ? La réponse à cette question n'est pas aisée. En effet, la constatation Stewart l'a montré : sur le fond, le Comité n'a souhaité retenir la notion de « propre pays » que lorsque l'étranger a rencontré de réelles difficultés à devenir ressortissant du pays d'accueil, par exemple en raison des règles restrictives relatives à l'obtention de la nationalité. Ainsi, dans l'affaire Stewart, le Canada facilitait l'acquisition de la nationalité donc le « propre pays » ne pouvait s'appliquer au requérant britannique Stewart. La notion de « pays de résidence permanente » ne pouvait pas être retenue dans cette espèce[100].

Cette constatation réduit quasiment à néant la portée de la notion innovante de « propre pays » pour un étranger vivant, depuis longtemps, dans un pays de résidence. Dans le cas Stewart, la conception de « propre pays » apparaît originale mais théorique en raison « du verrouillage » effectué par le Comité. Cette notion rappelle, à bien des égards, la notion de

---

[96] CDH 17 février 1991, *Ismet Celepli, c./ Suède*, n° 456/1991 ; CDH 12 novembre 2002, *M. L. Yama et M. N. Khalid c./ Solvaquie*, n°876/1999 ; CDH 15avril 2002, *M. Samba Jalloh c./ Pays Bas*, req. n°794/1998 ; CDH 7 janvier 1991, *Charles Chitat Ng c./ Canada*, req. n° 469/1991 ; CDH 30 octobre 2000, M. *Samira Karker c./ France*, n° 833/1998 ; CDH 18 novembre 1993 *Joseph Kindler c./ Canada*, n° 470/1991 ; Communication n° 1179/2003 France 16/07/2004, CCPR/C/81/D/1179/2003.

[97] Sur la vie familiale et l'article 17 : Communication n° 1179/2003 France 16/07/2004, CCPR/C/81/D/1179/2003.

[98] CDH 16 décembre 1996, *Charles E Stewart c./ Canada*, n° 538/1993.

[99] *Ibid.*, § 12.3

[100] Cf. voir les opinions dissidentes notamment celle de M. Prafullachandra Bhegwati qui estime qu'il y a violation de l'article 12 §4.

« quasi-nationaux »[101] que certains juges de la Cour européenne avaient tenté de développer un temps, pour l'abandonner peu après. Il n'existe aucune notion semblable en droit interne.

B/ L'éloignement des étrangers et les « constatations » du Comité des droits de l'Homme

Comme le rappelle Linos-Alexandre Sicilianos, « *il n'a jamais été contesté qu'en droit international général, l'État disposait d'un pouvoir discrétionnaire pour expulser un étranger de son territoire. Cependant, depuis le XIX siècle et surtout le début du XX siècle, il a été reconnu que le pouvoir en question n'était pas illimité et que les États devaient fonder un arrêté d'expulsion sur des motifs sérieux* »[102]. Ces « motifs sérieux » se retrouvent, non seulement en droit européen dans l'article 3 de la CEDH grâce à une protection par ricochet de l'étranger, mais aussi dans l'article 33 de la Convention de Genève ou encore dans l'article 3 de la Convention contre la torture. Le Pacte des Nations Unis prévoit, lui aussi, une protection « par ricochet » de l'étranger dans son article 7 qui interdit de soumettre toute personne à la torture ou à des traitements cruels, inhumains ou dégradants, ainsi que dans son article 6 relatif au droit à la vie. Des communications individuelles relatives à l'extradition[103] ou l'expulsion[104] dans les pays pratiquant la peine de mort ont fait l'objet de constatations devant le Comité des droits de l'Homme. Même si le champ de protection est plus large que celui de l'article 3 de la Convention contre la torture et que celui de la Cour européenne[105], le Comité des droits de l'Homme n'a pas adopté une protection extensive de l'étranger menacé d'extradition ou d'expulsion vers les couloirs de la mort[106]. Au contraire, le Comité des droits de l'Homme a plutôt choisi une approche restrictive[107] par rapport à celle développée par la Cour européenne. Ici encore, la Cour européenne a une conception plus dynamique et plus protectrice, ce qui limite la portée des innovations juridiques du Pacte et du Comité des droits de l'Homme.

Le Pacte se démarque aussi, grâce aux garanties procédurales de l'article 13 explicitement réservées aux étrangers. Ces garanties rappellent celles présentes dans l'article 1er du Protocole 7 de la Cour européenne qui s'est d'ailleurs largement inspiré de

---

[101] Dans l'arrêt Beldjoudi, le juge Pettiti parle de « quasi-français », les juges Costa et Tulken parlent de ressortissants qui sont virtuellement des nationaux Cf. Baghli c./ France. Le juge Morenilla se réfère à l'article 12 (4) du Pacte international relatif aux droits civils et politiques, pour les étrangers de deuxième génération nés dans le pays d'accueil ou dans lequel ils ont grandi.

[102] SCILIANOS L.-A. « L'expulsion des immigrés à la recherche d'un cadre normatif international », *in Nouvelles formes de discriminations internationales d'experts sur la prévention des discriminations à l'égard des immigrés*, des réfugiés, éd. Pédone, Paris, 1995, p. 92.

[103] CDH 18 novembre 1993, *Joseph Kindler c. Canada*, req. n° 470/1991.

[104] CDH *T. c./ Australie*, n° 706/19/96.

[105] « Nul ne sera soumis à la torture ni à des peines ou traitements cruels, inhumains ou dégradants. En particulier, il est interdit de soumettre une personne sans son libre consentement à une expérience médicale scientifique ». Le dernier alinéa montre que le Pacte a une définition plus large que la Cour européenne et que la Convention contre la torture.

[106] Comm. *Pratt et Morgan c./ Jamaïque*, (n° 210/1987) CDH 1989 (A/ 44/ 40) ; *Barett et Suteliffe c./ Jamaïque*, (n° 271/1988) ; CDH 18 novembre 1993 *Joseph Kindler c. Canada*, n° 470/1991. Cf. les analyses de BOUZIRI N., *La protection des droits civils et politiques par l'ONU, l'œuvre du Comité des droits de l'Homme*, L'Harmattan, 2003, p .256 et s.

[107] SCHABAS W.-A., « Le droit à l'intégrité physique », in La protection des droits de l'Homme par le Comité des droits de l'Homme des Nations Unies, les communications individuelles, IDEDH, 1995, p. 110-129.

l'article 13 du Pacte. Ainsi, ce dernier a été le premier instrument des droits de l'Homme, disposant d'une valeur juridique et de portée universelle, à prévoir des garanties procédurales internationales relatives à l'éloignement des étrangers. Toutefois, cet article n'impose pas une protection absolue contre l'éloignement, ses garanties ne servent qu'à atténuer le principe international du respect de la souveraineté des États en matière d'entrée et de sortie des étrangers. L'article 13 protège exclusivement l'étranger légalement installé sur le territoire d'accueil. Il semble, toutefois, que le Comité ait élargi, dans une observation générale[108], le champ de l'article 13 : en cas de contestations sur la régularité, les garanties procédurales seraient applicables. Pourtant, le juge administratif ne retient pas cette définition élargie de l'article 13. Le 29 juin 2001[109], le Conseil d'État a refusé le recours à l'article 13 du Pacte car le requérant était en situation irrégulière au moment où la décision qu'il contestait avait été prise. Une fois encore, le juge interne n'a pas tenu compte des observations et des constatations du Comité des droits de l'Homme.

Le terme « expulsion » de l'article 13 est entendu dans un sens très large par le Comité, puisqu'il renvoie à la fois à la non-admission, à l'extradition[110], à la reconduite à la frontière ou encore à la mesure d'expulsion[111]. Pour le Comité, ces mesures d'expulsion ne doivent être prises que dans les cas où il existe des raisons impérieuses de sécurité nationale. Or, dans la Constatation Hammel contre Madagascar[112], le Comité avait estimé que l'expulsion du requérant Hammel violait l'article 13 étant donné que l'éloignement n'était pas justifié par des motifs impérieux de sécurité nationale. Enfin, l'article 13 exige que les motifs de l'expulsion soient connus par l'étranger. Ce dernier doit pouvoir faire l'objet de recours et bénéficier d'une assistance juridique pour apprécier cet éloignement. Ainsi dans l'affaire Giry, l'État en cause n'a pas communiqué à l'intéressé le texte de sa décision de l'expulser du territoire de la République Dominicaine, de plus celui-ci « *n'a pas eu la possibilité, étant donné les circonstances dans lesquelles il a été expulsé, de faire valoir les raisons militant contre son expulsion, ni de faire examiner son cas par l'autorité compétente* »[113]. Sur ces derniers points, les garanties procédurales de l'article 13 existent en substance dans le statut interne.

Au moment de leur élaboration, les obligations de l'article 13 étaient inédites, elles ont pour la plupart été reprises dans le statut interne de l'étranger et par les autres textes internationaux. En définitive, même si quelques requérants ont utilisé le Pacte dans le contentieux des étrangers ; dans son ensemble[114], celui-ci n'a pas amené d'innovations[115]

---

[108] « *Les droits spécifiquement prévus par l'article 13 ne protègent que les étrangers qui se trouvent légalement sur le territoire d'un État partie. Il s'ensuit que les dispositions du droit national concernant les conditions d'entrée et de séjour doivent être prises en considération pour déterminer l'étendue de cette protection, et qu'en particulier les immigrés clandestins et les étrangers qui ont dépassé la durée de séjour prévue par la loi ou par l'autorisation qui leur a été délivrée ne sont pas protégés par l'article dont il s'agit. Toutefois, si la légalité de l'entrée ou du séjour d'un étranger fait l'objet d'un litige, toute décision pouvant entraîner l'expulsion de l'étranger doit être prise dans le respect de l'article 13.* », Observation générale 15/27, Rapport sur la Situation des étrangers au regard du Pacte du Comité des droits de l'Homme, AG, Doc A/4/40, 1986. Voir aussi décision CDH 18 novembre 1993, Joseph Kindler c./ Canada, n° 470/1991. § 6.6.

[109] CE 29 juin 2001, *M. Benchouya*, n° 227372.

[110] CDH 18 novembre 1993, *Joseph Kindler c./ Canada*, req. n° 470/1991.

[111] CDH 11 juillet 1988, *Pierre Giry c./ République Dominicaine*, n° 193/1985 ; CDH 5 septembre 1979, *Anna Maroufidou c./ Suède*, R13/58.

[112] CDH 3 avril 1987, *Hammel c./ Madagascar*, req n° 155/1983.

[113] Ibid.

[114] FLAUSS J.-F., (Sous la direction de) « La France et le Pacte international relatif aux droits civils et politiques », *LPA*, 25 mai 2000.

pertinentes en droit des étrangers ; seule la constatation Gueye aurait pu influencer le droit interne mais elle ne l'a pas fait.

Section III : La Convention internationale sur la protection des droits de tous les travailleurs migrants et des membres de leurs familles : une innovation internationale mais non ratifiée par la France

La Convention internationale sur la protection des droits de tous les travailleurs migrants et des membres de leurs familles a été adoptée le 18 décembre 1990 par l'Assemblée des Nations Unies. Son entrée en vigueur a été retardée en raison du nombre insuffisant de signatures. Cet instrument n'est entré en application[116] que le 1er juillet 2003, toutefois, aucun État membre de l'Union européenne ne l'a ratifié à ce jour.

Pourtant, cette Convention est ambitieuse sur la protection des droits des travailleurs étrangers. En effet, elle tente de remédier aux lacunes rencontrées jusque là dans les autres instruments internationaux. Cette Convention complète les instruments spécifiques de l'Organisation Internationale du Travail : les Conventions n° 97 et n° 143[117] sur les travailleurs migrants, mais aussi, les instruments européens tels que la Convention européenne sur le statut juridique des travailleurs migrants ou encore la Charte sociale européenne[118].

Les particularités de ce nouvel instrument onusien tiennent à la fois à sa vocation universelle et à son contenu très riche qui traite du statut de tous les travailleurs étrangers. C'est donc une Convention très complète tant sur le plan des bénéficiaires que sur les droits affirmés. Toutefois, cette Convention est loin d'être efficace puisque les pays les plus concernés (c'est-à-dire les pays qui accueillent beaucoup de travailleurs étrangers) ne l'ont pas ratifiée : c'est le cas de la France. L'impact de la Convention en droit interne est donc plus que limité, il est inexistant.

Les garanties inédites de cet instrument seront envisagées d'un point de vue théorique, il s'agira d'en identifier les atouts au plan international (§ I). Néanmoins, cette Convention n'existe pas en droit interne car elle n'a pas été ratifiée par la France (§ II).

§ I : Une Convention porteuse de garanties nouvelles au plan international

Il faut signaler qu'au plan international, la problématique des travailleurs migrants a été régie jusqu'ici par l'Organisation Internationale du Travail. Haritini Dipla[119] rappelle que les instruments élaborés par l'OIT concernaient, pour la plupart, les droits des travailleurs légalement installés dans un État étranger. Toutefois, elle ajoute que « *la*

---

[115] Les avancées amenées par le Pacte sont souvent les mêmes que celles de la CEDH, le juge administratif privilégie le droit européen. Cf. FLAUSS J.-F., « Le Pacte international relatif aux droits civils et politiques devant le juge administratif », *LPA*, 25 mai 2000, p. 31-38.

[116] Vingt-cinq pays ont adhéré à la Convention. Le traité est entré en vigueur le 1er juillet 2003.

[117] Convention de OIT n° 143 de 1975.

[118] BOUCOUD P., Les travailleurs migrants et leurs familles, protection dans la Charte Sociale Européenne, éd. Conseil de l'Europe, 1996.

[119] DIPLA H., « La Convention des nations Unies sur les droits des travailleurs migrants et de leurs familles face à la réalité », *in Nouvelles formes de discriminations internationales d'experts sur la prévention des discriminations à l'égard des immigrés, des réfugiés*, (Sous la direction de SICILIANOS L.-A.), éd. Pédone, Paris, 1995, p. 35.

prolifération normative qu'on a constatée ne signifie pas nécessairement une protection adéquate et suffisante au profit des travailleurs migrants et de leurs familles, surtout ceux qui sont en situation irrégulière. En effet, si la protection des travailleurs migrants en situation légale laisse encore à désirer, les travailleurs clandestins sont véritablement à la merci des sentiments de nationalisme et de xénophobie grandissants ainsi que des législations parfois incompatibles avec le minimum d'humanité faisant l'objet de consensus au sein de la Communauté internationale. Ces travailleurs clandestins constituent pourtant une main d'œuvre souvent utilisée dans des conditions moins favorables que les autres travailleurs, alors que leur travail aide à construire l'économie nationale de nombreux pays »[120].

Par ailleurs, cette Convention internationale s'inscrit dans le mouvement d'élaboration de Déclarations ou de Conventions « *catégorielles* »[121] à côté de celles, plus générales, adoptées après la Deuxième Guerre mondiale. Ce besoin d'un instrument « *parallèle* »[122] témoigne d'une prise de conscience de la problématique des migrations en droit international. Durant les trente dernières années, les mouvements migratoires se sont intensifiés en raison du développement des réseaux de communication et des drames que subissent les populations. De ce fait, la Communauté internationale a édifié un instrument universel permettant d'affirmer des droits à tous les travailleurs migrants et à leurs familles. La vocation universelle de cet instrument apporte une large définition internationale du travailleur migrant et de sa famille : celui-ci peut être en situation irrégulière ou régulière. La Convention protège tous les travailleurs, elle leur applique les mêmes droits sans exception, ce texte est un « tout » applicable à l'ensemble des travailleurs étrangers.

Si l'objectif de la Convention des Nations Unies est de lutter contre l'immigration économique irrégulière, elle vise également à garantir aux travailleurs irréguliers des droits fondamentaux, au même titre qu'aux travailleurs réguliers. Cette approche des travailleurs dépourvus de tout titre de séjour dans un texte international est un progrès[123]. En effet, auparavant, la Convention de l'OIT n° 143 protégeait certains cas précis et limités comme ceux de travailleurs ayant été privés de leurs droits en raison de la perte de leur emploi. La nouvelle Convention s'intéresse à tous les travailleurs, contrairement aux précédents instruments européens qui ne s'intéressaient qu'aux droits des travailleurs en règle.

Dans la Convention, le terme « travailleur migrant » recouvre une variété de fonctions beaucoup plus vaste que celles de la Convention européenne sur les travailleurs migrants. La liste des catégories de travailleurs apparaît dans l'article 2 : ce sont les personnes qui vont exercer, exercent, ou ont exercé une activité rémunérée dans un État dont elles ne sont pas ressortissantes, mais aussi les travailleurs frontaliers, les travailleurs saisonniers, les gens de mer, les travailleurs des installations en mer, les travailleurs

---

[120] *Ibid.* p. 37.

[121] SUDRE F., Droit international et européen des droits de l'Homme, 4ème éd., PUF, 1999, p. 94. Il estime que « les textes à portée générale procèdent d'une démarche globale et systématique, les présents textes relèvent d'une démarche analytique qui traduit une tendance à un morcellement de l'Homme : ce sont des droits particuliers ou des catégories particulières d'individus qui sont ainsi protégés ».

[122] RIVERO J., « Déclarations parallèles et nouveaux droits de l'Homme », *RTDH*, n° 4, 1990, p. 323-337.

[123] La Convention de l'OIT n° 143 prévoit aussi un chapitre sur les travailleurs migrants irréguliers mais des réserves pouvaient s'exercer sur ce chapitre et elle n'a pas fait l'objet de beaucoup de ratification. Elle dépasse les dispositions existantes des Conventions ou des Recommandations relatives aux travailleurs migrants de l'Organisation International du Travail.

itinérants, les travailleurs employés au titre de projets, les travailleurs admis pour un emploi spécifique et les travailleurs indépendants.

La Convention internationale sur la protection des droits de tous les travailleurs migrants consacre un chapitre « aux droits de l'Homme » des travailleurs migrants et de leurs familles. En outre, l'article 22 § 4[124] impose le droit de suspension de la mesure d'éloignement. Ceci est particulièrement ambitieux dans un texte universel, d'autant qu'en pratique la suspension de l'expulsion est essentielle : sans elle, toutes les autres garanties procédurales sont réduites à néant. Elle contient également un chapitre sur les droits des travailleurs dépourvus de tout titre de séjour, notamment un article sur l'égalité de traitement avec les autres travailleurs nationaux[125]. Cette disposition est inédite, surtout au regard du droit français qui ne prévoit pas de telles mesures. Par ailleurs, l'article 11 de la Convention rappelle la lutte contre l'esclavage, la servitude de certains travailleurs ou contre le travail forcé. Cette Convention est très complète sur l'ensemble des droits sociaux[126], économiques, culturels et sur les libertés fondamentales[127]. Ces droits seront probablement renforcés par les interprétations de l'organe de surveillance : le Comité pour la protection des droits de tous les travailleurs migrants et des membres de leurs familles[128].

Cette définition internationale du travailleur migrant ne souffre aucune restriction géographique. En effet, la deuxième nouveauté amenée par cet instrument est son champ d'application : il ne se limite pas aux travailleurs issus de pays faisant partie de la Convention, comme c'est le cas dans la Convention européenne sur les travailleurs migrants. De même, il n'est pas lié par des conditions de réciprocité comme certaines Conventions de l'OIT. La Convention internationale s'adresse donc vraiment à tous les travailleurs migrants quelle que soit leur nationalité[129]. Cette originalité lui donne une tout autre dimension.

La troisième nouveauté de cet instrument onusien est la présence de « *dispositions novatrices qui ne visent pas seulement les pays d'accueil* »[130] mais aussi les pays d'origine des migrants. En effet, la Convention traite de « *toutes les étapes de l'expatriation, depuis les préparatifs dans le pays d'origine jusqu'à une éventuelle réinstallation dans ce pays, en passant par la période de transit et le séjour dans les pays des employeurs* »[131].

Les ambitions surprenantes de cette Convention expliquent qu'elle ne soit pas encore adoptée par les États accueillant ou produisant de la main œuvre étrangère ; il y a fort à parier que sa ratification rencontrera d'autres obstacles. Pourtant, selon Amnesty

---

[124] 22 § 4. « *En dehors des cas où la décision finale est prononcée par une autorité judiciaire, les intéressés ont le droit de faire valoir les raisons de ne pas les expulser et de faire examiner leur cas par l'autorité compétente, à moins que des raisons impératives de sécurité nationale n'exigent qu'il en soit autrement. En attendant cet examen, les intéressés ont le droit de demander la suspension de la décision d'expulsion.* »

[125] Article 45.

[126] Article 27.

[127] Article 17, 18.

[128] Article 61-2. Voir analyse sur la question de BONNEAU N., *Le travail illégal des ressortissants de pays tiers dans l'Union européenne*, Thèse de doctorat de droit public, décembre 2001, p. 483-488.

[129] Article 1 « *A moins qu'elle n'en dispose autrement, la présente Convention s'applique à tous les travailleurs migrants et aux membres de leurs familles sans distinction aucune, notamment de sexe, de race, de couleur, de langue, de religion ou de conviction, d'opinion politique ou de toute autre opinion, d'origine nationale, ethnique ou sociale, de nationalité, d'âge, de situation économique, de fortune, de situation matrimoniale, de naissance, ou d'autre situation* ».

[130] De LARY H., « La Convention des Nations Unies sur la protection de tous les travailleurs migrants et des membres de leurs familles », *REMI*, Volume 8, n° 2, 1992, p. 66.

[131] Communiqué sur le site officiel d'Amnesty international.

international, elle est « *à l'heure actuelle l'instrument le plus complet en matière des droits des migrants et de leurs familles* »[132].

§ II : Un instrument non ratifié par la France sans effet sur le statut interne

Le projet de cette Convention a été lancé en 1973 à l'Assemblée Générale des Nations Unies par le Maroc, soutenu par les pays du tiers-monde. La Convention est entrée en vigueur en juillet 2003, elle existe donc dans l'ordre international et oblige les États qui l'ont ratifiée. Toutefois, pour l'instant, cette Convention n'a aucune influence dans le droit interne, alors qu'elle pourrait le compléter et le corriger, notamment sur les questions des travailleurs irréguliers et de l'égalité de traitement.

En effet, cette Convention apporte, comme cela vient d'être démontré, une nouvelle dimension à la protection des travailleurs étrangers ; elle impose des obligations aux souverainetés des États parties pour ce qui concerne des domaines jusqu'ici réservés aux contrôles étatiques relatifs à l'entrée, au séjour ou à la sortie des étrangers. Autrement dit, le principe classique de droit international du respect des souverainetés étatiques cèderait devant un autre principe international relatif aux droits de l'Homme. Cette Convention place en quelque sorte « un garde fou » en deçà duquel les États ne doivent pas légiférer.

Pourtant alors même que cet instrument apparaît comme prometteur[133] en terme de garanties ; l'importance des protections qu'il met en place ralentit les ratifications des États qui craignent que ce texte ne modifie trop leur législation. Les États européens ne sont pas prêts à se voir imposer des dispositions protégeant notamment les étrangers en situation irrégulière. Ceci explique que jusqu'à présent, ni la France, ni les autres pays européens ne l'ont ratifiée. Seuls les pays « exportateurs de main d'œuvre » l'ont signée. S'il est vrai que ces derniers ont un rôle important en terme de protection des migrants avant leur départ et après leur retour, il est regrettable qu'aucun pays industrialisé n'ait signé cette Convention car ce sont des pays de forte immigration. En 1998, à Genève, une campagne pour la ratification de cette Convention a été lancée, mais en vain ; la France n'a pas l'intention d'aller plus loin. « *L'approche globalisante* »[134] de la Convention consistant à appréhender les droits de tous les travailleurs en situation régulière ou irrégulière est loin des dispositions juridiques adoptées jusqu'ici par les pays européens ; par conséquent, ces derniers ne sont pas prêts à adopter une protection universelle de tous les travailleurs migrants.

Toutefois, le gouvernement flamand a récemment décidé de donner son accord à la ratification par le gouvernement fédéral belge de la Convention internationale sur la protection des travailleurs migrants et de leurs familles en juin 2004. Ce premier pas effectué par un pays européen est prometteur, il va peut être encourager d'autres États. Les ONG ont lancé en mai 2004 une campagne internationale pour la ratification de cette Convention internationale par les pays européens.

---

[132] *Ibid.*
[133] TARAN P. « Une nouvelle Convention pour les migrants », *Revue Plein Droit*, n° 59-60, Mars 2004, p. 66-68.
[134] DIPLA H., *op. cit.*, p. 39.

Le Comité économique et social européen soutient cette initiative[135]. Il reste à attendre que les États européens s'engagent à leur tour.

[135] Comité économique et social européen, Audition sur la Convention internationale des droits des migrants, 4 mai 2004, Bruxelles.

CHAPITRE II : LA PROTECTION MÉDIATE DU DROIT INTERNATIONAL : LES PRINCIPES GÉNÉRAUX DU DROIT APPLICABLES AUX ÉTRANGERS.

Au cours de nos analyses, le rôle important du juge administratif dans la protection des droits de l'Homme a été souvent souligné. L'accélération normative européenne et internationale en matière des droits de l'Homme a poussé le juge administratif à développer une jurisprudence dense et constructive relative aux droits des étrangers. La reconnaissance de principes généraux du droit a participé à cette protection des droits de l'Homme mais aussi à l'enrichissement du statut de l'étranger.

L'intégration de la norme internationale grâce à la déduction des principes généraux du droit par le juge administratif constituera notre dernière analyse. Ces principes sont devenus une véritable source de droit et ont permis de sanctionner les actes de l'administration.

Il existe plusieurs types de principes généraux du droit qui découlent de la norme internationale. Tout d'abord les principes généraux du droit qui appliquent directement[1] une norme internationale ou communautaire ; d'origine externe ils manifestent l'intégration immédiate d'une norme internationale, d'un principe de droit international, d'une coutume internationale, etc. Ils sont toutefois quasi inexistants en droit des étrangers. A notre connaissance, seule une espèce[2] a relevé un principe du droit international régissant le droit de la nationalité en vertu duquel le statut d'apatride ne peut résulter que de la renonciation volontaire de la citoyenneté d'origine. Ce principe général du droit a été dégagé grâce à l'application directe[3] d'une règle internationale non-écrite du droit des gens[4].

Les deuxièmes types de principes à intéresser particulièrement notre étude, sont les principes généraux du droit interne qui ont pour source d'inspiration la norme internationale. Ils constituent une « *influence indirecte des exigences supranationales* »[5]. En effet, la règle de droit international est alors « absorbée » à travers l'édiction d'un principe général de droit interne dégagé par le juge administratif. Certains de ces principes généraux du droit ont été dégagés en droit des étrangers, ils participent alors à l'influence « par ricochet » des exigences supranationales. Ainsi, ils viennent se « superposer » au statut des étrangers tout en complétant l'ordonnance de 1945. Il conviendra d'analyser cette intégration à « double détente » du droit international en recherchant les raisons qui ont

---

[1] MAILLOT J.-M., *La théorie administrative des principes généraux du droit, continuité et modernité*, Nouvelle bibliothèque de thèses, Dalloz, 2003, p. 147 et s. Cf. aussi JEANNEAU B., *Les principes généraux dans la jurisprudence administrative*, Thèse, Sirey, 1954, p. 281.

[2] TA Strasbourg 31 mars 1994, *Draopel c./ OFPRA* ; JULIEN-LAFERRIÈRE F., *D.*, 1994, sommaires commentés, p. 246.

[3] MAILLOT J.-M., *op. cit.*, p. 178.

[4] *Ibid.*, p. 178.

[5] *Ibid.*, p. 208 et s.

poussé le juge administratif à recourir à la technique du principe général du droit plutôt qu'à l'application directe du droit international.

Si ces principes généraux du droit relatifs aux étrangers sont des normes internes, pour certains d'entres eux, l'origine matérielle du principe est internationale. Ces principes illustrent une forme inédite d'intégration *médiate* du droit international. C'est en ce sens que notre étude démontrera que ces principes généraux du droit sont bien des garanties indirectes du droit international et que leur portée a été innovante en droit interne.

Depuis plus de dix ans, aucun nouveau principe général du droit n'a été dégagé concernant les étrangers. La déduction des principes généraux du droit relatifs aux étrangers semble s'être ralentie voire arrêtée. D'abord, les innovations amenées par les principes généraux du droit ont été peu à peu légalisées, et même constitutionnalisées. Ensuite, le recours direct à la norme internationale est devenu plus fréquent qu'il y a une quinzaine d'années ; les PGD spécifiques relatifs aux étrangers ont alors perdu leur audace et leur originalité. Il conviendra de s'intéresser à la portée actuelle des principes généraux du droit. En effet, le juge administratif les utilise toujours[6] mais il ne semble plus en dégager de nouveaux. La référence directe à la norme internationale est aujourd'hui privilégiée. L'impact des principes généraux du droit propres aux étrangers est aujourd'hui réduit, voire dépassé pour certains d'entres eux.

S'il est certain que ces dernières années les principes généraux du droit relatifs aux étrangers ont été influencés indirectement par le droit international (section I), leur utilisation reste limitée (section II).

Section I : L'imprégnation médiate du droit international avec les principes généraux du droit relatifs aux étrangers

L'influence de la Convention de Genève a été déterminante dans la justification des principes généraux du droit dégagés par le juge administratif. Il faudra démontrer combien ce traité international bien « qu'intégré » et donc applicable dans l'ordre interne (dans la loi du 25 juillet 1952 modifiée relative au droit d'asile), a servi de base au juge administratif pour le choix des principes généraux du droit relatifs aux étrangers. D'autres références internationales ont également inspiré le juge administratif dans la découverte d'autres principes généraux du droit. Elles sont moins explicites et plus diffuses que celle de la Convention de Genève.

Il conviendra d'étudier successivement l'influence déterminante de la Convention de Genève dans la « déduction » des principes généraux du droit applicables aux étrangers (§I) et les autres influences internationales utilisées par le juge administratif (§II).

---

[6] CE 24 octobre 2001, *M. Wingi Dimawete*, req. n° 211309, à propos de l'utilisation du principe général du droit applicable aux réfugiés relatif à l'unité familiale.

§ I : L'influence de la Convention de Genève dans la déduction des principes généraux du droit applicable aux étrangers

Trois grands principes généraux ont été déduits de la Convention de Genève. La référence au texte international est plus ou moins précise selon le principe dégagé. Il conviendra d'examiner :

- le principe général du droit de non-extradition d'un réfugié dans son pays d'origine (A)
- le principe général du droit au séjour provisoire du demandeur d'asile (B)
- le principe général du droit relatif à l'unité de famille du réfugié (C).

A/ Le principe général du droit de non-extradition d'un réfugié dans son pays d'origine, « complément »[7] aux dispositions de la Convention de Genève

Dans l'arrêt du 1er avril 1988 Bereciartua-Echarri[8], le juge administratif a fait preuve d'un esprit novateur en dégageant un principe général du droit spécifique aux réfugiés à l'aide d'une référence internationale (la Convention de Genève du 28 juillet 1951). Ce principe a permis de faire « *obstacle à ce qu'un réfugié soit remis, de quelque manière que ce soit, par un État qui lui reconnaît cette qualité, aux autorités de son pays d'origine* »[9].

Ce nouveau principe général du droit a été la première règle prétorienne découverte par le juge administratif à l'appui d'une norme internationale. Ce recours s'est effectué en raison d'un vide juridique sur la question de l'extradition d'un réfugié vers son pays d'origine. En effet, la difficulté à surmonter par le juge administratif, était l'absence de protection textuelle d'un réfugié face à une demande d'extradition par son pays d'origine[10]. Aucune affaire n'avait, jusqu'à ce jour, permis de trancher cette question. Des espèces[11] relatives à l'extradition de réfugiés avaient été traitées par le juge, qui avait retenu la possibilité d'une telle extradition ; mais pas une n'avait concerné des cas d'extraditions demandées par le pays d'origine.

Par ailleurs, dans la Convention de Genève aucune indication ne concerne explicitement le cas de l'extradition du réfugié à destination de son pays d'origine. En revanche l'article 33 pouvait aider le juge administratif à trancher. Ainsi, dans l'arrêt Bereciartua-Echarri, le juge s'est intéressé à l'application de l'article 33 qui stipule : « *qu'aucun des États contractants n'expulsera ou ne refoulera, de quelque manière que ce soit, un réfugié sur les frontières des territoires où sa vie ou sa liberté serait menacé en*

---

[7] MODERNE F., « Actualité des principes généraux du droit », *in Les règles et principes non écrits en droit public*, éd. Panthéon Assas, 2000, p. 67.

[8] CE 1er Avril 1988, *Bereciartua-Echarri*, req. n° 85234., VIGOUROUX, Conclusions, *JCP*, G. 1988, n° 40, JP, 21071 ; GENEVOIS B., « De l'usage judicieux des principes généraux du droit », *RFDA*, mai juin 1988, p. 499-507 ; LABAYLE H., « Note », *D.*, 1988, JP, p. 414-418 ; RUZIE D., note, *RFDA* juillet-août 1988, p. 723-724. AZIBERT et DE BOISDEFFRE, *AJ*, 1988, p. 322 ; JULIEN-LAFERRIÈRE F., *GP*, 1988, II, p. 549 ; ROUSSEAU C., *RGDIP*, 1990, p. 159.

[9] Article 33 de la Convention de Genève.

[10] Voir sur cette question : ALLAND D. et TEITGEN-COLLY C., *Traité du droit d'asile*, 2002, p. 634-640.

[11] Cass crim. 2 mars 1954, Bull. crim., n° 92, pour un apatride d'origine russe livré par la France à la Belgique, CE 25 janvier 1985, *Gutman*, pour un réfugié roumain livré par la France à la Suisse, CE 10 avril 1991, *Kilic*, req. n° 115836.

raison de sa race, de sa religion, de sa nationalité, de son appartenance à un certain groupe social ou à des opinions publiques ».

Le réfugié menacé d'extradition vers son pays d'origine pouvait-il bénéficier de cet article alors que, dans le texte, il n'existait aucune référence explicite à l'extradition ; le « *refoulement* » renvoyant à la non-admission sur le territoire et « *l'expulsion* » étant bien distinct de l'extradition.

Dans un premier temps de sa démonstration, le Commissaire du Gouvernement, M. Vigouroux[12], a rappelé le sens premier de cet article 33 et a soulevé une série d'arguments contre l'application de cet article à l'extradition. Malgré cela, dans un deuxième temps, il a proposé de passer outre cette approche trop restrictive de l'article 33 en insistant sur les termes « *de quelque manière que ce soit* » de l'article 33. En effet, ces termes permettaient selon lui de privilégier « *un critère matériel, c'est-à-dire l'interdiction de remise du réfugié aux autorités de son pays d'origine quelle que soit la procédure retenue* »[13].

Son argumentation sur l'extension de l'application extensive de l'article 33 était renforcée par les nombreuses analyses de la doctrine spécialiste de l'extradition : M. Vigouroux constatait que, peu de temps auparavant, la doctrine[14] avait montré ses réticences à propos de l'exclusion de l'extradition, du principe de non-refoulement et de non-expulsion issus de la Convention de Genève. Le Commissaire relevait également que les organes internationaux entendaient de manière très large le principe de non-éloignement du réfugié puisqu'ils l'estimaient applicable aux étrangers non encore reconnus comme réfugiés.

Enfin, le Commissaire du Gouvernement proposa de retenir « *l'effet utile* »[15] de la Convention de Genève ; il considérait que cette Convention, dans sa globalité, empêchait le retour forcé du réfugié vers son pays d'origine. En effet, « *si l'asile ne constitue pas l'objet direct de ce système de protection, il est néanmoins un préalable au statut de réfugié et une conséquence de ce statut. L'asile est un préalable en ce sens qu'il est nécessaire, sous peine de priver la Convention de 1951 de tout effet utile, d'accorder au candidat réfugié un droit au séjour pendant l'instruction de sa demande* »[16]. L'ensemble de ces arguments l'a conduit à dégager un principe général du droit en utilisant comme « norme de rattachement » la Convention de Genève dans sa totalité, sans utiliser directement l'article 33.

Par ailleurs, il est utile de rappeler que l'interprétation difficile de l'article 33 de la Convention de Genève à la lumière du cas de M. Bereciaruta-Echarri aurait dû contraindre le juge administratif à recourir à l'interprétation du Ministre des Affaires Étrangères (compétent avant l'arrêt GISTI de 1990[17] pour interpréter un texte international qui pose des difficultés au juge administratif). Or en consacrant un tel principe général du droit déduit à

[12] Cf. Conclusions *JCP*, G., 1988, n° 40, JP, 21071.
[13] Ibid.
[14] LABAYLE H., *RFDA*, mars 1985, p. 196 ; JULIEN-LAFERRIÈRE F., « L'évolution récente du droit français et de l'extradition », *RDP*, 1979, p. 833 ; LEDUC F., « L'asile territorial, conférence des Nations Unies de Genève 1977 », *AFDI*, 1977, p. 232. etc. Cf. Conclusions de VIGOUROUX sur la doctrine favorable.
[15] VIGOUROUX, Conclusions, *JCP*, G, 1988, n° 40, JP, 21071. Le droit belge a repris aussi l'esprit et non la lettre de la Convention de Genève, Cf., Avis, CE doc. Chambre n° 147/1, SE, 1979.
[16] BRIBOSIA E. et WEYEMBERG A., « Extradition et asile : vers un espace judiciaire européen ? », *RBDI*, 1997/1, p. 71.
[17] CE ass. 29 juin 1990, *GISTI*, rec. 171, concl. ABRAHAM.

partir de la Convention de Genève, le juge évitait ainsi le renvoi préjudiciel au Ministre. Le juge administratif, encouragé par son Commissaire du gouvernement, a préféré utiliser la technique des principes généraux du droit plutôt que l'application incertaine de la norme internationale. En ce sens, comme l'a souligné Henri Labayle, « *le silence ou l'ambiguïté du texte réclamait une intervention prétorienne du juge* »[18], en cela il relevait le « *caractère utilitaire de la technique des principes généraux du droit* »[19].

L'édiction d'une règle jurisprudentielle a permis de consacrer un principe relatif à la « non-livraison » du réfugié. Ce principe était particulièrement novateur dans le statut juridique du réfugié. Comblant ainsi un vide juridique, le juge a procédé à une intervention normative afin d'élargir la protection contre le retour forcé des réfugiés ; intervention normative d'autant plus audacieuse que, peu de temps avant, la Cour de Cassation[20] saisie sur le même type d'espèce s'était prononcée pour l'extradition du réfugié.

Face à cette solution innovante dégagée par le juge administratif, il convient de s'interroger sur la démarche de ce dernier. Deux analyses contradictoires peuvent être apportées.

D'une part, il est possible de penser que le recours aux principes généraux du droit exprime la réticence du juge administratif à appliquer directement la norme internationale. Le juge a, en quelque sorte, « repris à son compte », « *déinternationalisé* »[21] une norme internationale pour en maîtriser[22] l'application et la portée. Ainsi, dans l'affaire Bereciartua-Echarri, le principe général du droit a « *médiatisé* »[23] l'application de la Convention de Genève.

D'autre part, on peut considérer au contraire que, face aux insuffisances de la norme internationale, le juge souhaitait donner une portée plus pertinente et donc plus large à la Convention de Genève en consacrant un principe général du droit, plutôt qu'en appliquant directement la norme internationale qui se prêtait à diverses interprétations.

L'ambiguïté de cette application médiate du droit international a fait l'objet d'une excellente analyse[24] dans l'étude de Jean-Marc Maillot. Celui-ci estime, avec justesse, que l'influence indirecte des exigences supranationales, par le biais des principes généraux du droit, montre la part d'autonomie que le juge souhaite conserver dans l'application du droit international. Ce recours à la technique des principes généraux du droit traduit une tendance à « *nationaliser* »[25] les normes supranationales. Il convient de rappeler que cette nationalisation est compréhensible dans la mesure où, par son refus de faire primer les traités internationaux sur les lois postérieures, le juge administratif n'avait pas encore admis l'applicabilité directe de la norme internationale ; il le fera postérieurement à la jurisprudence Nicolo[26] en 1989.

---

[18] LABAYLE H., note, *D.*, 1988, JP, p. 415.

[19] *Ibid.*, p. 416.

[20] CASS chambre criminelle, 21 septembre 1984, *RFDA,* mars 1985, concl. M. CLERGET.

[21] MAILLOT J.-M., *op. cit.*

[22] PIERUCCI C., « Les principes généraux du droit spécifiquement applicables aux étrangers », *RTDH,* 1999, p. 7-32.

[23]. *Ibid.*

[24] MAILLOT J-M., *op. cit.* p. 210 et s.

[25] *Ibid.*, p. 209

[26] CE ass. 20 octobre 1989, *Nicolo*, rec. 190, concl. FRYDMAN, *JCP,* 1989 II 21371 ; CHABANOL, *Gazette du Palais*, 12-14 nov. 1989 ; HONORAT et BAPTISTE, *AJ,* 1989, p. 756., SIMON, *AJ,* 1989, p. 788 ; GENEVOIS B., *RFDA* 1989, p. 824 ; FAVOREU L., *RFDA* 1989, p. 993 ; DUBOUIS, *RFDA,* 1989, p. 1000 ; RUZIE, *RFDA,* 1990, p. 267 ; GRUBER, *LPA,* 15 novembre 1989 ; LEBRETON, *LPA*, 11 décembre 1989 ; FLAUSS J.-F., *LPA,*

Cependant, en consacrant ce principe général du droit, le juge semble avoir adopté une attitude de « complémentarité » plus qu'un refus total d'application de la norme internationale. En ce sens, le principe dégagé dans l'affaire Bereciartua-Echarri complète les dispositions de la Convention internationale ; il a également permis une application plus large du texte *stricto sensu* de la Convention de Genève, c'est en cela que le rôle du juge est très pertinent. Le recours au principe général du droit apparaît comme un « *relais* »[27] de l'application de la norme internationale.

B/ Un principe général du droit au séjour provisoire du demandeur d'asile et « l'ébauche »[28] d'un statut jurisprudentiel du demandeur d'asile

Les lacunes juridiques du droit interne et de la Convention de Genève sur la question du séjour des demandeurs d'asile ainsi que le rôle particulièrement créateur du juge administratif dans la déduction des principes généraux du droit, ont contribué à l'émergence d'un principe général du droit au séjour provisoire des demandeurs d'asile.

Jusqu'à la célèbre décision du Conseil d'État, Préfet de l'Hérault c./ M. Dakoury et M. Nkodia du 13 décembre 1991[29], il n'existait aucune garantie « effective » dans le droit positif permettant de protéger le demandeur d'asile durant l'examen de sa demande par l'OFPRA. En effet, comme le rappelle François Julien-Laferrière, le régime du séjour des demandeurs d'asile en France n'a donné lieu à aucune réglementation et a été laissé à la discrétion des préfectures d'un département à un autre ; il a fallu attendre la circulaire du 17 mai 1985[30] pour que ce régime soit unifié, mais le statut était encore bien incomplet. En effet, seul le réfugié bénéficiait d'une protection grâce à la combinaison des articles 31-2[31] et 33 de la Convention de Genève[32] ; s'il obtenait le statut de réfugié, il était protégé de l'éloignement ou du refoulement ; l'État d'accueil devait lui garantir cette protection. Or le demandeur d'asile n'ayant pas encore obtenu la qualité de réfugié ne pouvait prétendre à cette protection découlant de la Convention de Genève. Autrement dit, cette dernière permettait seulement d'attribuer une « protection rétroactive » au demandeur d'asile ayant obtenu la qualité de réfugié. De ce fait, le demandeur d'asile reconnu réfugié bénéficiait au nom de ce statut d'un droit au séjour rétroactif pour le temps de l'examen de sa demande

---

7 février 1990 ; *GAJA*, n° 98, 14ème éd., 2003, p. 695.

[27] MAILLOT J.-M., *op. cit.*, p. 227.

[28] MODERNE F., « L'actualité des principes généraux du droit », *in Les règles et principes non écrits en droit public* (Sous la direction de AVRIL P. et VERPEAUX M.), éd. Panthéon Assas, 2000, p. 67.

[29] CE ass. 13 décembre 1991, *M. Nkodia et Préfet de l'Hérault c./ M. Dakoury*, req. n° 119996 et n° 120560 ; ABRAHAM R., « La reconduite à la frontière des demandeurs d'asile, Conclusions », *RFDA*, 8 (1), janv.-févr., 1992, p. 90-103 ; JULIEN-LAFERRIÈRE F., « Note », *D.*, 1992, p.448-452 ; MAUGUË, *AJDA*, 1992, p. 114 ; PICARD, *JCP*, 1992, I 3575.

[30] Circulaire du 17 mai 1985, circulaire dite « Fabius », JORF 23 mais 1985 ; TIBERGHIEN F., « Les conditions d'entrée et de séjour des demandeurs d'asile en France », *RFDA*, 1985, p. 891-893.

[31] Article 31-2, « *Les États contractants n'appliqueront aux déplacements de ces réfugiés d'autres restrictions que celles qui sont nécessaires; ces restrictions seront appliquées seulement en attendant que le statut de ces réfugiés dans le pays d'accueil ait été régularisé ou qu'ils aient réussi à se faire admettre dans un autre pays. En vue de cette dernière admission, les États contractants accorderont à ces réfugiés un délai raisonnable ainsi que toutes facilités nécessaires* ». Voir les analyses sur la difficile interprétation de cet article : CREPEAU F., note de jurisprudence, RCDIP, juillet-août, 1992, p. 460 et s.

[32] De plus, il convient de souligner que la Convention de Genève ne reconnaît pas un droit au séjour au réfugié puisqu'elle autorise le refoulement dans un pays autre que le pays d'origine du réfugié ou dans le pays dans lequel il est menacé.

d'asile dans le pays d'accueil. Mais cette « protection rétroactive » du droit au séjour était très insuffisante puisqu'elle ne protégeait le demandeur d'asile qu'a posteriori et seulement si celui-ci obtenait l'asile conventionnel. Il existait donc une lacune importante dans le statut du demandeur d'asile puisqu'il ne bénéficiait d'aucune protection législative relative à son séjour, la « protection rétroactive » de la Convention de Genève étant théorique et inefficace.

Dans l'affaire du Conseil d'État Préfet de l'Hérault c./ M. Dakoury et M. Nkodia du 13 décembre 1991, le juge administratif s'est montré particulièrement audacieux dans son utilisation des principes généraux du droit. Les questions soulevées dans ces deux affaires étaient les suivantes :

- Un étranger ayant demandé le statut de réfugié pouvait-il être expulsé alors que l'OPFRA n'avait encore pas statué (affaire M. Dakoury) ?
- Un étranger débouté de l'OFPRA, puis de la Commission de recours des réfugiés, pouvait-il faire l'objet d'une reconduite à la frontière (affaire M. Nkodia) ?

Autrement dit, un demandeur d'asile pouvait-il prétendre à un droit au séjour, quel qu'il soit, pendant l'examen de sa demande d'asile et être ainsi protégé pendant ce même temps d'une mesure d'éloignement ?

Dans la première affaire, le requérant Dakoury invoquait à la fois l'article 33 de la Convention de Genève sur la non-expulsion des réfugiés, et l'article 3 de la CEDH en application de la jurisprudence Soering c./ Royaume-Uni[33]. Ce moyen ne pouvait être retenu puisque aucun pays de renvoi n'avait été fixé, seul l'arrêté de reconduite avait été édicté. M. Dakoury invoquait alors la méconnaissance de la circulaire du 17 mai 1985 organisant le statut des demandeurs d'asile. Cette circulaire imposait aux préfets de délivrer une autorisation provisoire de séjour aux étrangers qui avaient l'intention de demander l'asile. Cette autorisation devait être prorogée jusqu'à ce que la décision attribuant ou pas la qualité de réfugié ait été rendue ; autrement dit, jusqu'à la décision de la Commission de recours des réfugiés si celle-ci avait été saisie après l'OFPRA.

Pourtant, comme le rappelle le Commissaire du Gouvernement Ronny Abraham dans ses conclusions, si cette circulaire posait des règles à « *caractère législatif* »[34] relatives aux demandeurs d'asile et qu'elle prétendait protéger les demandeurs d'asile en attente de décision, elle n'était pas utilisable[35] par les étrangers qui ne pouvaient l'opposer à l'administration[36].

Face à cette nouvelle lacune juridique qui ne permettait pas de protéger effectivement le demandeur d'asile, le Commissaire du Gouvernement a soulevé l'existence d'un droit au séjour provisoire pour les demandeurs d'asile. Il a cherché des arguments de droit afin de démontrer la « préexistence » de ce droit au séjour provisoire, dans notre

---

[33] CEDH 7 juillet 1989, *Soering c./ RU,* série A n° 161 ; GAN VAN DER MEERSCH W., « L'extradition et la convention européenne des droits de l'Homme, L'affaire Soering » *RTDH,* 1990, p. 5-24 ; LABAYLE H., « Droit de l'Homme, traitements inhumains et peine capitale : réflexion sur l'édiction d'un ordre public européen en matière d'extradition par la Cour européenne des Droits de l'Homme », *JCP,* 20 juin 1990, n° 3452, p. 6 ; SUDRE F., « Extradition et peine de mort : arrêt Soering », *RGDIP,* 1990, p. 103-121 ; ROLLAND P. et TAVERNIER P., « Chronique de la Cour européenne des droits de l'Homme », *JDI,* 1990, p. 734-737 ; PETTITI F.-C., « Droit de l'Homme », *RSCDPC,* 1989, p. 786-792.

[34] ABRAHAM R., *op. cit.*, p. 95.

[35] « Que la circulaire du Premier ministre en date du 17 mai 1985 n'a pas de valeur réglementaire », CE sec. 19 juin 1991, Préfet de la Seine-Maritime c./ Mpululu, req. n° 122534.

[36] Voir en ce sens les analyses de JULIEN-LAFERRIÈRE F., qui émettent des doutes sur la non-application de la circulaire, *op. cit*, p. 449.

législation. Il a d'abord constaté qu'il n'existait pas explicitement de droit au séjour provisoire pour les demandeurs d'asile, dans les dispositions législatives internes. Néanmoins, il estimait qu'il était possible d'en déduire un, grâce à la « *combinaison des dispositions constitutionnelles, conventionnelles et législatives* »[37]. Ainsi, pour convaincre le juge administratif de l'existence d'un droit de séjour provisoire pour les demandeurs d'asile, il a tout d'abord rappelé l'attachement de la Constitution au droit d'asile dans l'alinéa 4 du préambule de 1946. Ensuite, il a souligné que même si la législation française et la Convention de Genève ne réglementaient pas directement le séjour du demandeur d'asile, il existait « *un principe sous-jacent qui s'en* (déduisait) *nécessairement et en vertu duquel celui qui* (réclamait) *la reconnaissance de sa qualité de réfugié* (avait) *le droit, en règle générale, de demeurer provisoirement sur le territoire jusqu'à ce qu'il ait* (été) *statué sur sa demande dans les formes légales* »[38]. Comme l'a estimé François Julien-Laferrière, « *la solution (...)* (retenue dans ces espèces a été cherchée) *non dans l'affirmation littérale de la règle de droit mais en déduisant celle-ci des textes dont elle constituerait, en quelque sorte, la conséquence nécessaire* »[39].

Ainsi, pour le Commissaire du Gouvernement et pour le juge administratif qui a suivi sa démarche, garantir un tel principe général du droit permettait de rendre effective la Convention de Genève. La démarche entreprise par le Commissaire du Gouvernement et le juge administratif est révélatrice d'un réel désir de renforcer le statut du demandeur d'asile. Grâce à la combinaison des articles 1er et 31-2 de la Convention de Genève et de la loi du 25 juillet 1952, le juge administratif a dégagé un principe qui implique que l'étranger qui sollicite la reconnaissance de la qualité de réfugié soit autorisé à demeurer provisoirement sur le territoire jusqu'à ce qu'on ait statué sur sa demande. Grâce à ce principe, le juge a compensé une des importantes lacunes du statut des demandeurs d'asile.

Cette construction jurisprudentielle appelle plusieurs explications. « *Le Conseil d'État se contente-t-il d'énoncer un principe prétorien, ou constate-t-il l'existence d'une obligation internationale ?* »[40]. Comme le rappelle Christophe Pierucci, « *le juge administratif n'a pas procédé à cette interprétation pour faire directement application du droit international, mais pour constater l'existence d'un principe général du droit* »[41]. Toutefois, la déduction de ce principe général du droit correspond « *matériellement à l'article 31-2* »[42], en ce sens, il permet de donner un véritable « effet utile » à la Convention de Genève. Ainsi, la déduction de ce principe général du droit met en application « l'esprit même » de la Convention de Genève et le prolonge. C'est-à-dire que ce principe général du droit garantit une protection du futur réfugié à partir du dépôt de sa requête jusqu'à la décision lui octroyant sa qualité de réfugié ; cette protection lui permet aussi d'exercer dans de bonnes conditions son droit à la défense.

En conséquence, ce principe général du droit pose une ébauche de statut pour le demandeur d'asile, tout en respectant la logique du texte international fondateur et même en le complétant. En effet, l'accès au séjour des demandeurs d'asile n'avait jamais fait l'objet

---

[37] ABRAHAM R., *op. cit.*, p. 96.
[38] *Ibid.*, p. 97.
[39] JULIEN-LAFERRIÈRE F., *op. cit.*, p. 450.
[40] CREPEAU F., note de jurisprudence, *RCDIP*, juillet-août, 1992, p. 460.
[41] PIERUCCI C., *op. cit.*, p. 18.
[42] *Ibid.* remarquons également que l'article 26 dispose que « tout État cocontractant accordera aux réfugiés se trouvant régulièrement sur son territoire le droit d'y choisir leur lieu de résidence (…) », cet article fait apparaître implicitement l'esprit du droit au séjour.

de textes internationaux spécifiques, la Convention de Genève était muette sur ce point précis. Cette question délicate de l'admission au séjour des demandeurs d'asile, touchant de trop près les prérogatives des souverainetés des États, avait jusqu'alors été liée au libre choix des États. En 1977, une Conférence des Nations Unies avait tenté en vain de légiférer sur l'asile territorial[43], mais en dehors de cette tentative l'admission provisoire au séjour avait toujours été laissée aux États souverains.

L'émergence de ce principe général du droit apparaît ici comme un « relais » indispensable à l'application effective de la Convention de Genève. L'autorisation provisoire de séjour constitue alors une « forme d'asile »[44], et ce, même si ce droit est « *limité et précaire* »[45]. La prise en compte indirecte de « l'effet utile » et des conséquences juridiques de la Convention de Genève permet de dire que l'attitude du juge n'est pas hostile à l'application du droit international, bien au contraire ; ainsi comme dans l'arrêt Bereciartua-Echarri, le juge s'est efforcé de pallier les limites du droit des étrangers en s'inspirant des références internationales. Il convient d'ajouter que le juge administratif a été suivi dans sa démarche par le juge constitutionnel qui, peu de temps après, à l'occasion de l'examen de la loi du 24 août 1993, a relevé l'importance du respect du droit d'asile en autorisant le demandeur d'asile à demeurer sur le territoire jusqu'à ce qu'on ait statué sur sa demande. Le Conseil constitutionnel estime pour sa part que ce droit permet « *d'exercer effectivement les droits de la défense* »[46].

---

[43] LEDUC F., « L'asile territorial, conférence des Nations Unies de Genève 1977 », *AFDI*, 1977, p. 232.

[44] ALLAND D. et TEITGEN-COLLY C., *op. cit.*, p. 257.

[45] *Ibid., p. 257 et 261.* Comme dans la décision Bereciartua-Echarri, le juge administratif pose des limites au principe général de l'admission au séjour provisoire qu'il dégage notamment dans le cas où la demande a manifestement pour seul objet de faire échec, dans un but non-dilatoire, à cette décision. Voir aussi les limites posées par les réformes législatives. Cf. article 8 de la loi du 25 juillet 1952 relative au droit d'asile : « *1° L'examen de la demande d'asile relève de la compétence d'un autre État en application des dispositions du règlement (CE) n° 343/2003 du Conseil du 18 février 2003 établissant les critères et mécanismes de détermination de l'État membre responsable de l'examen d'une demande d'asile présentée dans l'un des États membres par un ressortissant d'un pays tiers, ou d'engagements identiques à ceux prévus par ledit règlement avec d'autres États ; 2° L'étranger qui demande à bénéficier de l'asile a la nationalité d'un pays pour lequel ont été mises en œuvre les stipulations du 5 du C de l'article 1er de la convention de Genève susmentionnée ou d'un pays considéré comme un pays d'origine sûr. Un pays est considéré comme tel s'il veille au respect des principes de la liberté, de la démocratie et de l'état de droit, ainsi que des droits de l'Homme et des libertés fondamentales. La prise en compte du caractère sûr du pays d'origine ne peut faire obstacle à l'examen individuel de chaque demande ; 3° La présence en France de l'étranger constitue une menace grave pour l'ordre public, la sécurité publique ou la sûreté de l'État ; 4° La demande d'asile repose sur une fraude délibérée ou constitue un recours abusif aux procédures d'asile ou n'est présentée qu'en vue de faire échec à une mesure d'éloignement prononcée ou imminente. Constitue, en particulier, un recours abusif aux procédures d'asile la présentation frauduleuse de plusieurs demandes d'admission au séjour au titre de l'asile sous des identités différentes. Constitue également un recours abusif aux procédures d'asile la demande d'asile présentée dans une collectivité d'outre-mer s'il apparaît qu'une même demande est en cours d'instruction dans un autre État membre de l'Union européenne* ».

[46] DC-325 du 13 août 1993, Recueil, p. 224 ; RJC, p. I-539. Publiée au JORF du 18 août 1993, p. 11722, à propos de la loi relative à la maîtrise de l'immigration et aux conditions d'entrée, d'accueil et de séjour des étrangers en France. ALLAND D., « Droit constitutionnel et droit international, droit d'asile, Note, sous CC n° 93-325 du 13 août 1993 », *RGDIP*, 1994, p. 210 ; BURGORGUE-LARSEN L., « La politique de l'asile au service de la réglementation des flux migratoires », *GP*, 15 novembre 1994 ; FABRE-ALIBERT V., « Réflexions sur le nouveau régime juridique des étrangers en France », *RTDH*, 1994, p. 519 ; FAVOREU L., « Chronique, de jurisprudence constitutionnelle », n° 93-323 DC du 5 août 1993, *RFDC*, n°16, 1993, p. 835-843 ; GAÏA P., « Droit d'asile et Constitution », *RBDC*, 1994, p. 203 ; GAUTIER Y., « Les accords de Schengen et le droit d'asile à l'épreuve du débat constitutionnel », *Europe*, décembre 1993, p. 1 ; GENEVOIS B., « Un statut constitutionnel pour les étrangers. A propos de la décision du Conseil constitutionnel n° 3-325 DC du 13 août 1993 », *RFDA*, 1993, p. 871 ; GUIMEZANES N., « Commentaire de la loi n°93-1027 du 24 août 1993 relative à la maîtrise de

C/ Le principe général du droit à l'unité de famille et « l'effet utile » de la Convention de Genève

Comme les précédents principes généraux du droit spécifiques aux étrangers analysés ci-dessus, la jurisprudence Agyepong[47] rendue le 2 décembre 1994 par le Conseil d'État est, elle aussi, révélatrice de l'utilisation de la source internationale par le juge administratif. Si les deux autres principes ont trouvé leur source d'inspiration dans les articles de la Convention de Genève, le principe général du droit relatif à l'unité de famille du réfugié qui découle lui aussi de cette même Convention s'inspire également d'un texte annexe[48] : l'acte final de la Conférence plénipotentiaire.

Bien après la décision de 1978 consacrant le principe général du droit de mener une vie familiale normale, le juge administratif a dû recourir à un autre principe celui de l'unité familiale des réfugiés. Les raisons du recours à un nouveau principe général du droit concernant la famille des étrangers sont multiples.

D'abord, rien dans le statut du réfugié de la Convention de Genève ne faisait référence au regroupement de la famille. Comme le souligne Frédéric Bonnot[49], si l'article 12-2 de la Convention indiquait que le pays d'accueil devait respecter les droits du réfugié, et notamment celui du mariage, aucune mention ne précisait les mesures à mettre en place dans le pays d'accueil pour permettre le regroupement familial du réfugié.

Ensuite, si l'OFPRA et la Commission de Recours des Réfugiés ont utilisé très tôt le principe de l'unité de famille, le Conseil d'État (avant l'espèce Agyepong) n'avait jamais eu à se prononcer clairement sur le regroupement de la proche[50] famille du réfugié, par conséquent, il n'avait pas pu consacrer la jurisprudence de la Commission de recours des réfugiés. Certes, le Conseil d'État avait été saisi[51] pour des espèces dans lesquelles les

---

l'immigration et aux conditions d'entrée et de séjour des étrangers en France », *JCP*, 1994, I, 3728 ; JULIEN-LAFFERRIÈRE F., « Le statut des demandeurs d'asile : droit de l'homme et police des étrangers », *Documentation Réfugiés*, 9/22 novembre 1993 (229) ; LUCHAIRE F., « Le droit d'asile et la révision de la Constitution », *RDP*, 1994, p. 5 ; MATHIEU B., et VERPEAUX M., « Les étrangers en France : de la décision du Conseil constitutionnel au droit d'asile », *LPA*, 9 septembre 1994 (108), p. 4 ; PRETOT X et DUPEYROUX J.-J., « Le droit de l'étranger à la protection sociale », *Droit social*, Janvier 1994 (1), p. 69 ; LOCHACK D., « Les trompe-l'oeil du Palais-Royal », *Revue Plein Droit*, 22-23, octobre 1993-mars 1994, p. 6 ; ROSSETTO J., « La convention de Schengen : controverses et incertitudes françaises sur le droit d'asile », *RMCUE*, 1994, p. 315 ; ROUSSILLON H., « Révision : la chance du Conseil constitutionnel », *Vie judiciaire*, (2478) 4 octobre 1993 ; TEITGEN-COLLY C., « Le droit d'asile : la fin des illusions », *AJDA*, 1994, p. 97 ;TURPIN D., « La réforme de la condition des étrangers par les lois des 24 août et 30 décembre 1993 et par la loi constitutionnelle du 25 novembre 1993 », *RCDIP*, 1994, p. 1 ; WACHSMANN P., « Note sous CC n° 93-323 DC du 5 août 1993 », *ADJA*, 1993, p.815-819. Cf. aussi révision de la Constitution et Convention de Schengen.

[47] CE ass. 2 décembre 1994, *Mme Agyepong*, Conclusions Mme DENIS-LINTON, rec. 1994, p. 523-529 ; LOUVET L et STAHL J-H., Note, *AJDA*, n° 12, 1994, p. 878 ; BONNOT F., « Les principes généraux du droit applicables aux réfugiés et le principe de l'unité de famille », *RDP*, 1996, p. 1379 ; ALLAND D., jurisprudence, *RGDIP*, 1995-2, p. 473-487. Pour une récente application du principe de l'unité de famille : CE 24 octobre 2002, *M. Wingi Dimawete*, req. n° 211309.

[48] La Convention a été adoptée par la Conférence plénipotentiaire des Nations Unies sur le statut des réfugiés et des apatrides, qui s'est tenue à Genève du 2 au 25 juillet 1951. La Conférence a été réunie conformément à la Résolution 429 (V) adoptée par l'Assemblée générale des Nations Unies le 14 décembre 1950.

[49] BONNOT F., *op. cit.*, p. 1381.

[50] Pour les conjoints : CRR 12 mars 1957, *Baselga*, pour les enfants mineurs : CRR 27 mars 1958, *Atanasio Mejias* et aux ascendants à charge : CRR 3 décembre 1959, *Rubio*.

[51] CE 25 avril 1990, *Mme Francis*, req. n° 84036.

couples de réfugiés demandaient, l'un et l'autre, la qualité de réfugié ; mais leurs demandes étaient alors traitées séparément ; le conjoint n'obtenant le statut de réfugié que s'il démontrait qu'il avait des craintes personnelles rentrant dans la définition de l'article 1er A de la Convention de Genève.

Enfin, il a fallu attendre la loi du 2 août 1989 pour que l'article 15 de l'ordonnance de 1945 attribue de plein droit une carte de résident au conjoint et aux enfants du réfugié. De surcroît, le regroupement familial a été consacré tardivement dans la loi du 24 août 1993[52] et, s'agissant du regroupement de la famille du réfugié, la loi imposait des limites telles que la condition de régularité ou encore l'octroi de plein droit de la carte de résident dans la seule hypothèse où le mariage avait été célébré avant l'obtention de la qualité de réfugié.

Ces lacunes et ces imprécisions juridiques sur la possibilité du regroupement de la famille du réfugié ont poussé le juge administratif à découvrir un principe général du droit et à enrichir ainsi le « statut jurisprudentiel » du réfugié. Pour ce faire, il s'est inspiré des « *principes généraux du droit applicables aux réfugiés, résultant notamment de la Convention de Genève* »[53]. Alors même que le texte de la Convention de Genève ne fait aucune référence à l'unité de famille, le juge administratif s'est appuyé sur ce traité. En réalité, le juge administratif a suivi les conclusions de sa Commissaire du Gouvernement, Martine Denis-Linton ; cette dernière constatait que la seule allusion à « *l'environnement familial du réfugié figure dans l'acte final plénipotentiaire qui a adopté la Convention de Genève* »[54], permettait de dégager un principe général du droit relatif à l'unité de famille. Cet acte a la forme d'une Recommandation sans valeur juridique et son contenu précise que « *l'unité de la famille, cet élément naturel et fondamental de la société, est un droit essentiel du réfugié (...)* ». A ce propos, Martine Denis Linton relevait que cette référence internationale, sans force contraignante en droit interne, avait pourtant inspiré la Commission de recours des réfugiés dans une décision du 3 décembre 1953 Rueda, en consacrant un « *principe prétorien* »[55] relatif à l'unité de famille pour le réfugié. Il était donc logique que le Conseil d'État consacre ce principe et en dégage un principe général du droit applicable aux réfugiés déduit à partir de la Convention de Genève.

Une partie de la doctrine a estimé que les efforts entrepris par le Conseil d'État pour rattacher le principe général du droit à la Convention de Genève étaient excessifs. A ce propos, Laurent Louvet et Jacques-Henri Stahl[56] ont écrit que l'énoncé du principe général du droit relatif à l'unité de famille était « *disproportionné eu égard aux moyens qui auraient permis d'offrir à la famille du réfugié une protection équivalente, au prix d'un moindre effort* »[57]. En effet, ils estimaient que ce principe aurait pu trouver une base constitutionnelle (principe constitutionnel du droit de mener une vie familiale normale) voire législative. Comme pour l'énonciation du principe relatif à l'admission provisoire au séjour des demandeurs d'asile, le juge administratif a sans doute préféré la référence à la Convention de Genève pour consolider et compléter le « statut jurisprudentiel » du réfugié et du demandeur d'asile, amorcé depuis la décision Bereciaruta-Echarri.

---

[52] TEITGEN-COLLY C., « Le droit d'asile : la fin des illusions », *AJDA*, 1994, p. 97.
[53] CE ass. 2 décembre 1994, *Mme Agyepong*, rec. CE p. 523.
[54] DENIS-LINTON M, *op. cit.*
[55] *Ibid.*
[56] LOUVET L et STAHL J-H., *op. cit.*, p. 879.
[57] *Ibid.*

Par ailleurs, comme le signale Martine Denis-Linton dans ses conclusions sur l'arrêt Agyepong, en énonçant ce principe général du droit applicable aux réfugiés, le juge administratif témoigne de son désir d'accentuer la protection d'un étranger particulier, un étranger qui doit bénéficier de garanties renforcées. Ainsi, l'effectivité de ces garanties supplémentaires octroyées aux réfugiés découle de la Convention de Genève. Comme pour les précédents principes analysés, l'objectif de la déduction de ce principe général du droit applicable aux réfugiés est, une fois encore, celui de donner un « *effet utile* »[58] à la Convention de Genève, étant donné que « *le principe de l'unité de famille consiste à étendre le bénéfice de la Convention de Genève aux membres de la famille du réfugié, sans qu'il ait à établir qu'ils répondent personnellement à la définition du réfugié* »[59].

Néanmoins, l'énonciation de ce principe n'est pas sans limites. On constate d'ailleurs que celles-ci tiennent en partie à la nature de la source d'inspiration choisie par le juge administratif. En effet, en dégageant ce principe relatif à l'unité familiale, le juge administratif a également défini ses contours en délimitant son champ d'application. Comme le relèvent avec justesse Laurent Louvet et Jacques-Henri Stahl[60], les cas de non-application de ce principe montrent que le juge a bien tiré ce principe de l'esprit de la Convention de Genève et non du principe dégagé dans l'arrêt GISTI ou encore du respect de l'article 8 de la Convention européenne des droits de l'Homme. Par exemple, l'exclusion de l'unité familiale des conjoints ayant deux nationalités différentes montre que ce principe réservé aux réfugiés a été déduit des effets et de la logique juridique de la Convention de Genève. Il en est de même pour l'obligation de mariage ou de « *relation suffisamment stable et continue* »[61] avant la reconnaissance de la qualité de conjoint réfugié : ni l'article 8 de la Convention européenne des droits de l'Homme, ni le principe de la vie familiale normale dégagé dans l'arrêt GISTI ne sont aussi restrictifs que ce principe relatif à l'unité de famille du réfugié.

§ II : Une imprégnation plus diffuse des autres influences internationales

D'autres textes internationaux ont participé à l'émergence de principes jurisprudentiels développés par le juge administratif. Mais ces références ont une influence très indirecte voire « dissimulée ». Elles ne constituent pas la « norme de rattachement » utilisée par le juge administratif pour dégager le principe prétorien ; néanmoins on peut penser que ces normes supranationales ont participé indirectement à l'émergence du principe jurisprudentiel. Autrement dit, il s'agit davantage d'influences internationales « souterraines » qui ont aidé le juge administratif à dégager un principe général du droit, que de « normes de rattachement » que le juge administratif a utilisées pour justifier la consécration d'un principe général du droit.

Le premier principe général du droit applicable aux étrangers a été soulevé dans le célèbre arrêt GISTI du 8 décembre 1978[62]. Le juge administratif a dégagé le principe

---

[58] DENIS-LINTON M., *op. cit.*, p. 528.
[59] JULIEN-LAFERRIÈRE F., *Droits des étrangers*, PUF, Collection droit fondamental, 2000, p. 413-414.
[60] LOUVET L et STAHL J-H., *op. cit.* p. 879.
[61] CE 21 mai 1997, *Gomez Botero*, Lebon, tables p. 868 ; pour les autres membres de la famille du réfugié : CE 28 juillet 2004, *Mme Yin épouse Mer*, req. n° 229053 ; conclusions, DONNAT F., *AJDA*, 11 octobre 2004, p. 1874.
[62] CE 8 déc. 1978 *GISTI*, rec. CE, p. 493 ; DONDOUX P., Conclusions, *Droit social* 1979, p. 57 ; DUTHEILLET DE LAMOTHE ET ROBONEAU., *AJDA*, 1979, (3) p. 38 ; HAMON L., *D.*, 1979, p. 661 ; DELVOLVE P., *D.*, 1979, IR. p.94 ; BONNECHÈRE, *Droit ouvrier*, 1979, p. 1. ; LONG M., WEIL P., BRAIBANT G., DELVOLVE

général du droit de mener une vie familiale normale à partir de la référence constitutionnelle de l'alinéa 10 du préambule de 1946 selon lequel *« la Nation assure à l'individu et à la famille les conditions nécessaires à leur développement »*. Ce principe n'est pas tiré de la norme internationale, cependant on constate que, dans ses conclusions, Philippe Dondoux[63], Commissaire du Gouvernement, a fait référence à la conclusion d'accords internationaux relatifs au regroupement familial et au respect de la vie familiale. Autrement dit, c'est un ensemble de normes internationales relatives aux droits de l'Homme[64] qui a permis de « renseigner » le juge administratif sur l'état du droit international concernant la protection de la vie familiale. Ces indications ne sont pas neutres : elles ont constitué une source du droit et dans une certaine mesure, aidé le juge administratif à se forger une opinion. Ainsi, dans l'arrêt GISTI, il est permis de penser que l'adoption récente de la Charte sociale européenne[65] n'a pas été étrangère à la solution retenue par le juge administratif, et ce, même si au final la « norme de rattachement » utilisée est le préambule de 1946.

De même, le droit d'extradition a connu plusieurs émergences de principes généraux du droit ; certains d'entres eux sont rattachés matériellement à la Convention européenne des droits de l'Homme. En effet, dans les jurisprudences rendues le 25 septembre 1984[66], M. Lujambio Galdenao, le 27 février 1987 Fidan[67] et le 27 octobre 1989 M. Picabea Burunza[68], le Conseil d'État a consacré des principes prétoriens imposant de respecter notamment la procédure contradictoire et les droits et libertés fondamentaux de la personne humaine en cas d'extradition. Le contenu de ces principes rappelle à bien des égards la jurisprudence de l'article 3 et 6 de la CEDH. Même si ces principes généraux du droit de l'extradition n'ont pas été rattachés formellement à la Convention européenne des droits de l'Homme, on peut penser, avec François Julien-Laferrière[69], que la jurisprudence et l'esprit de la Convention ont participé de manière diffuse à l'émergence de ces principes généraux du droit. Le Conseil d'État n'a pas précisé leur rattachement international. En ce sens, Jean-Marc Maillot évoque le caractère subsidiaire de la Convention dans l'émergence de ces principes généraux du droit de l'extradition, et ce, même si « *le Conseil d'État a préféré accorder des garanties aux extradés par le biais de nouveaux principes généraux du droit au contenu proche voire matériellement identique aux droits consacrés par la Convention européenne des droits de l'Homme* »[70].

P., GENEVOIS B., *GAJA*, n° 92, 14ème éd., Dalloz, 2003, p. 636.

[63] DONDOUX P., Conclusions, *Droit social*, 1979, p. 57.

[64] La Charte européenne sur le statut du travailleur migrant de 1977, les Conventions bilatérales qui unissent la France aux anciennes colonies, la Convention européenne des droits de l'Homme, la Déclaration Universelle des droits de l'Homme…

[65] La Charte sociale européenne, signée le 18 octobre 1961, entrée en vigueur le 25 février 1965 (la France l'a ratifiée le 9 mars 1973), révisée le 7 avril 1999.

[66] CE ass. 25 septembre 1984, *Lujambio Galdenao*, rec. Lebon, p. 307 ; *AJDA*, 1984, p. 669 ; JCP, 1984, II 20346 ; LABAYLE H., *RFDA*, 1985, p. 183.

[67] CE 27 février 1987, *Fidan*, req. n° 78665. A propos du Protocole 6 de la CEDH.

[68] CE 27 octobre 1989, M. *Picabea Burunza*, *RFDA*, 1990, p. 571.

[69] JULIEN-LAFERRIÈRE F., *Droit des étrangers*, PUF, 2000, p. 450-451.

[70] MAILLOT J-M., *op. cit.*, p. 254.

Section II : L'application devenue limitée des principes généraux du droit spécifiques aux étrangers

Deux types de raisons expliquent l'absence de déduction récente de principes généraux du droit applicables aux étrangers. La première explication vient du fait que ces principes s'inclinent face à une loi qui leur est contraire. Leur place dans la hiérarchie des normes constitue une limite inhérente à leur utilisation (§ I).

Par ailleurs, l'utilisation ou le recours à de nouveaux principes généraux du droit sont concurrencés par l'emploi de principes directement dégagés de Conventions internationales. Le détour par le principe général du droit est, à bien des égards, devenu « superflu », il n'a toutefois pas disparu puisqu'il constitue toujours un standard de protection. Ainsi, l'utilisation directe de principes découlant des Conventions internationales des droits de l'Homme a permis, ces dernières années, de se substituer à l'emploi des principes généraux du droit (§ II).

§ I : Les limites inhérentes à la place des principes généraux du droit dans la hiérarchie des normes

Les principes généraux du droit dégagés à partir de la source internationale sont apparus comme doublement innovants. D'une part, en raison de la « technique de déduction » inédite à partir d'une base internationale, d'autre part à cause de la protection novatrice que le principe général du droit a amené dans le statut de l'étranger. Face à l'importance de cette double innovation, la doctrine[71] s'est interrogée sur la place et la portée de ces principes généraux du droit dans la hiérarchie des normes. Devait-on donner à ces principes la valeur juridique liée à la place de l'organe qui édicte le principe ?

En matière d'extradition, à première vue, à partir des espèces[72] rendues, le juge administratif semblait accorder aux principes généraux de l'extradition une valeur juridique supérieure à celle des lois, voire à celle des Conventions internationales ; mais dans un deuxième temps, dans l'arrêt Koné[73], le juge a montré qu'un principe général du droit ne saurait écarter une Convention internationale d'extradition (il a donc découvert un Principe Fondamental reconnu par les Lois de la République pour écarter une Convention internationale).

En revanche, en ce qui concerne les principes généraux du droit applicables aux réfugiés et aux demandeurs d'asile, leur valeur juridique est apparue plus clairement : en 1994, dans l'espèce Ministre de l'Intérieur c./ Ponnudurai[74], le juge administratif a précisé très vite que le principe général du droit à demeurer provisoirement sur le territoire ne

---

[71] Cf. position de René Chapus, de Bruno Genevois, voir les analyses de MAILLOT J-M., *op. cit.*, sur la valeur des PGD, p. 65-92.

[72] Cf. notamment CE ass. 7 juillet 1978 *Croissant.*

[73] CE ass. 3 juillet 1996, *Koné,* req. n° 169219 ; DELARUE J.M., « Conclusions sous l'arrêt Koné », *RFDA*, 12 (5) sept.-oct. 1996, p. 870 ; CHAUVAUX D. et GIRARDOT T.X., « CE ass. 3 juillet 1996, Koné, req. n° 169219 », *AJDA*, 20 octobre 1996, p. 722 ; DEHARBE D., « Les solutions Koné et Aquarone : un coup d'arrêt à la réception du droit international par le juge administratif ? », *LPA*, 7 août 1998, n° 94, p. 13 ; FAVOREU L., GAÏA P., LABAYLE H., « Trois points de vue sur l'affaire Koné », *RFDA,* 12 (5) sept.-oct. 1996, p. 882-907 ; PIERUCCI C., « Commentaire de l'arrêt Moussa Koné, CE ass., 3 juillet 1996 », *RTDH,* 1997, p. 747 ; *GAJA*, n° 105, 14ème éd., 2003, p. 757.

[74] CE sec. 7 octobre 1994, *Ministre de l'Intérieur c./ Ponnudurai.*

s'appliquait qu'en « *l'absence de stipulations contraires d'une loi ou d'un traité* »[75]. Selon l'interprétation classique de la doctrine[76], ces principes généraux du droit sont situés ainsi à un rang simplement infra-législatif ; les principes généraux du droit applicables aux étrangers ont rapidement souffert de cette place dans la hiérarchie des normes. Ils ont alors perdu de leur importance notamment en terme de protection. En effet, de même que l'ordonnance de 1945 a fait l'objet de nombreuses modifications législatives, les principes généraux du droit ont subi des changements multiples ; certains d'entres eux ont même été « neutralisés » par de nouvelles lois. C'est le cas du principe général du droit à demeurer provisoirement sur le territoire, qui a ainsi perdu de sa force d'impact peu après son apparition. En effet, en modifiant l'ordonnance du 2 novembre 1945[77], la loi du 24 août 1993 en a fortement limité les effets. Ces limites ont fragilisé[78] ce principe général du droit en refusant le séjour provisoire aux demandeurs d'asile qui rentrent dans les clauses de cessation de la Convention de Genève, pour des raisons d'ordre public, lorsque leur demande est manifestement infondée (frauduleuse, dilatoire, abusive) ou encore aujourd'hui en application du règlement[79] de Dublin.

Ces limites montrent la fragilité des principes généraux du droit pour garantir les droits et libertés des étrangers. La protection « directe » de la norme internationale (droit international des droits de l'Homme) n'est pas soumise aux modifications législatives de l'ordonnance de 1945, elle constitue par conséquent une garantie plus sûre pour le statut de l'étranger.

§ II : Les limites dues au développement de références directes aux normes internationales

Si les principes généraux de droit ont constitué un véritable mode de « réception » de la norme internationale, le recours à cette technique semble aujourd'hui « concurrencé » voire « dépassé ». Comme le relève Christophe Pierucci, il existe « *d'autres supports*

[75] *Ibid.* Voir aussi les conclusions de ABRAHAM R., *AJDA*, 7 octobre 1995, p. 49.

[76] CHAPUS R., *Droit administratif général*, Tome 1, 14 éd., 2000, p. 104 et s.

[77] Ancien Article 31bis. « L'examen de la demande d'admission au titre de l'asile présentée à l'intérieur du territoire français relève du *représentant de l'État dans le département et, à Paris, du Préfet de police. L'admission ne peut être refusée au seul motif que l'étranger est démuni des documents et des visas mentionnés à l'article 5. Sous réserve du respect des dispositions de l'article 33 de la Convention de Genève du 28 juillet 1951 précitée, modifiée par le Protocole de New York du 31 janvier 1967, l'admission en France d'un demandeur d'asile ne peut être refusée que si: 1°L'examen de la demande d'asile relève de la compétence d'un autre État, en application des stipulations de la Convention de Dublin du 15 juin 1990 relative à la détermination de l'État responsable de l'examen d'une demande d'asile présentée auprès d'un État membre des Communautés européennes, ou du chapitre VII du titre II de la convention signée à Schengen le 19 juin 1990, ou d'engagements identiques à ceux prévus par la Convention de Dublin souscrits avec d'autres États conformément à la déclaration annexée au procès-verbal de la conférence de signature de la convention du 15 juin 1990, à compter de leur entrée en vigueur; 2° Il est établi que le demandeur d'asile est effectivement admissible dans un État autre que celui où il redoute d'être persécuté, dans lequel il peut bénéficier d'une protection effective, notamment contre le refoulement ; 3° La présence en France de l'étranger constitue une menace grave pour l'ordre public ; 4° La demande d'asile repose sur une fraude délibérée ou constitue un recours abusif aux procédures d'asile ou n'est présentée qu'en vue de faire échec à une mesure d'éloignement prononcée ou imminente.* »

[78] TEITGEN-COLLY C., « Le droit d'asile : la fin des illusions », *AJDA*, 1994, p. 97.

[79] Règlement (CE) n°343/2003 du Conseil du 18 février 2003 *établissant les critères et mécanismes de détermination de l'État membre responsable de l'examen d'une demande d'asile présentée dans l'un des États membres par un ressortissant d'un pays tiers*, JOUE, L 50 du 25 février 2003, L50/1.

normatifs désormais susceptibles de garantir un standard de protection aussi élevé que celui qui résulte des principes généraux du droit, tout en bénéficiant d'une mise en œuvre pratiquement permanente »[80].

Ce détour à la référence directe de la norme internationale touche tous les principes généraux du droit applicables aux étrangers, dégagés ou pas de la norme internationale. Ils sont dans certains cas remplacés par l'utilisation directe de la norme internationale et parfois simplement complétés par le droit international.

Pour ce qui est du remplacement du principe, on peut citer le cas du principe général du droit de mener une vie familiale normale qui a largement perdu de son « impact » puisqu'il n'est plus sollicité par les étrangers. En effet, le respect du droit de mener une vie familiale normale passe désormais par l'utilisation de l'article 8 de la Convention européenne des droits de l'Homme. En 1978, le juge administratif ne s'était pas basé sur l'article 8 de la CEDH pour déduire le principe général du droit, il avait préféré se référer au Préambule de 1946. À cette époque, la jurisprudence de la Cour européenne n'était pas assez développée sur cette question et le droit au recours individuel devant la Cour européenne n'était pas encore reconnu en France. Il a fallu attendre l'arrêt Beldjoudi[81] du 18 janvier 1991 rendu par le Conseil d'État, pour que l'utilisation du principe général du droit devienne moins fréquente. Cette décision, (suivie par les arrêts Belgacem[82] et Babas), a constitué le point de départ du recours à l'article 8 de la CEDH pour faire respecter la vie familiale des étrangers. L'application directe de l'article 8 dans Beldjoudi a permis de remplacer progressivement[83] l'utilisation du principe général du droit de mener une vie familiale normale.

Jean-Marc Maillot fournit plusieurs explications à cette utilisation directe de l'article 8 de la CEDH.

- D'abord depuis les années quatre-vingts, la Cour a développé une « *jurisprudence cohérente* »[84] sur la vie familiale des étrangers. Le support normatif européen est devenu plus « sûr » que la déduction et l'utilisation du principe général du droit, et ce, même si le juge administratif conserve une part d'autonomie dans l'utilisation de la jurisprudence ou des articles de la Convention européenne des droits de l'Homme. A propos de cela, Jean-Marc Maillot, souligne que le recours à la norme internationale évite « *les critiques de type gouvernement des juges* »[85]. Aujourd'hui, le juge administratif n'utilise plus les principes qu'il a lui-même dégagés, mais ceux de la jurisprudence de la Cour européenne des droits de l'Homme.

---

[80] PIERUCCI C. *op. cit.* p. 27.

[81] CE 18 janvier 1991, *Beldjoudi*, req. n° 99201.

[82] CE ass. 19 avril 1991, *Belgacem et Babas*, rec. p. 152 ; ABRAHAM R., « Conclusions du Commissaire du gouvernement, jurisprudences du CE, 19 avril 1991, n°107 470, M. Belgacem, req. n° 117 680 Mme Babas », *RUDH*, 1991, p. 242 ; REYDELLET M., *LPA*, 8 juillet 1991 ; JULIEN-LAFERRIÈRE F., « Note de jurisprudence, CE ass., 19 avril 1991, Belgacem et Babas », *AJDA*, 20 juillet/ 20 août 1991, p. 551 ; PRETOT X., *D.*, 1991, J., p. 399 ; RUIZ-FABRI H., « Étrangers, expulsion, droits de l'Homme, jurisprudence administrative », *RA*, 1991, n° 259 264, p. 239 ; TURPIN D., *RCDIP*, 1991, p. 677 ; NGUYEN VAN TUONG, « Commentaire de l'arrêt BELGACEM et BABAS, CE ass., 19 avril 1991, req. 107470 et 117680 », *JCP*, G, n° 46, 21756-21757, p. 393 ; MIGNON E., « L'expulsion d'un étranger : atteinte au droit à la vie privée ou atteinte au droit à la vie familiale ? », *RDE*, 1991, n° 92, p. 8-9.

[83] Pour une utilisation confuse des deux références : CE 6 décembre 1985, *M Abdelatif Chrouki*, req. n° 55912., pour un amalgame entre les deux références : CE 2 juin 1995, *M Sari*, req. n° 138598.

[84] MAILLOT J.-M., *op. cit.*, p. 231.

[85] *Ibid.*, p. 231

- De plus, le recours à la Convention européenne protège mieux l'étranger puisqu'il permet, dans la hiérarchie des normes, de placer la protection de la famille à un niveau supérieur à celui qui lui était attribué par le principe général du droit. Le recours à la norme internationale met ainsi la famille de l'étranger à l'écart des réformes législatives[86].

-Enfin « *les évolutions des rapports entre l'ordre juridique interne et l'ordre juridique international ont incité le juge administratif à abandonner certaines de ses hésitations initiales dans l'application de la règle internationale* »[87]. La référence européenne apparaît alors comme une référence internationale suffisante. L'article 8 de la CEDH a pris « *le relais* »[88] du principe général du droit de mener une vie familiale normale.

Comme cela a été constaté dans nos analyses précédentes, la vie familiale de l'étranger a été protégée par l'application directe d'autres Conventions internationales, telles que le Pacte international des droits civils et politiques ou encore la Convention internationale des droits de l'enfant. Cette diversification des normes internationales plus contraignantes et plus protectrices pour l'étranger a favorisé le recul de l'utilisation de la technique de certains principes généraux du droit. Par exemple, le champ de protection de l'article 8 de la CEDH est plus large que celui du principe général du droit à l'unité de famille des réfugiés ou celui du droit de mener une vie familiale normale. Dans des hypothèses bien précises, l'article 8 de la CEDH permet de protéger les unions non maritales, telles que les unions libres ou homosexuelles[89]. En définitive, la protection amenée par l'article 8 de la CEDH a enrichi et complété le statut de l'étranger. À titre d'illustration, la Cour administrative d'appel de Paris a estimé que le refus d'un titre de séjour n'autorisant pas l'étranger à travailler portait atteinte au respect de sa vie familiale. L'article 8 de la CEDH nécessite que l'étranger *« puisse permettre à sa femme et à ses enfants, par des ressources issues d'une activité salariée, une insertion sociale et économique nécessaires à la préservation de l'unité de la famille eu égard aux dispositions de l'article 8 de la CEDH »*[90]. Cette espèce a montré l'élasticité de l'utilisation de l'article 8 de la CEDH faite par le juge administratif : il a utilisé l'article 8 pour préserver l'unité de famille d'un étranger « ordinaire » désirant travailler et faire vivre sa famille en France.

Par ailleurs, dans l'espèce Condé[91] rendu par le Tribunal administratif, le juge a parfaitement illustré l'extension du principe général du droit relatif à l'unité de famille grâce à l'utilisation de la jurisprudence de l'article 3 de la Convention européenne des droits de Homme. Dans cette espèce, le juge administratif a utilisé l'article 3 pour censurer la reconduite à la frontière d'une étrangère dont les deux petites-filles étaient menacées d'excision en cas de retour dans leur pays d'origine. Le juge a estimé que l'éloignement de la mère aurait exposé les deux petites-filles. L'esprit du principe de « l'unité de famille » est ici réutilisé et étendu grâce à la référence directe à l'article 3 de la CEDH. Cette unité

---

[86] Voir en ce sens LABAYLE H., « Le droit de l'étranger à mener une vie familiale normale, lecture nationale et exigences européennes », *RFDA,* 1993, p. 523.

[87] MAILLOT J-M., *op. cit.*, p. 228.

[88] LONG M., WEIL P., BRAIBANT G., DELVOLVE P., GENEVOIS B., *GAJA*, 14ème éd., 2003, p. 636 et s.

[89] Partie II, Titre I, Sous Titre I, Chapitre I, Section II, § II, B.

[90] CAA Paris, 11 juillet 2001, *M. Bedda,* req. n° 99PA02278.

[91] TA 12 juin 1996, *Condé*, req. n° 95-00127 ; FOURTEAU H., « L'annulation d'un arrêté de reconduite à la frontière fondée sur la menace d'excision constitutive d'un traitement contraire à l'article 3 de la CEDH », *LPA,* 16 octobre 1996, n° 126, p. 18-24 ; LEVINET M., « L'article 3 de la Convention européenne des droits de l'Homme et l'excision », *RTDH* octobre 1996, p. 695-720 ; VASSEUR F., « Une étrangère ne peut être renvoyée dans son pays d'origine où ses filles risqueraient d'être excisées », *D.,* 1998, Som. Com., p. 304 ; JULIEN-LAFERRIÈRE F., notes, *D.,* 1998, som. Com., p. 16.

familiale s'adresse non seulement au conjoint du réfugié, à la famille du réfugié, mais aussi à l'étranger qui risque de subir des traitements inhumains ou dégradants dans un pays de renvoi. Dans cette espèce, l'article 3 de la CEDH a élargi et complété le champ de protection du principe général du droit relatif à l'unité de famille. Toutefois, la protection du principe général du droit de l'unité de famille n'a pas disparu, elle constitue toujours un « standard de protection » très efficace pour les membres de la famille du réfugié et du demandeur d'asile[92]. L'article 3 de la CEDH est, en ce sens, complémentaire à l'emploi du principe général du droit à l'unité de famille.

Enfin, le principe général du droit relatif à la non-extradition du réfugié vers son pays d'origine a également perdu de sa pertinence. La Cour européenne a développé une jurisprudence[93] importante en matière d'extradition, de non-éloignement ou de non-refoulement d'étrangers qui craignent de subir des traitements inhumains ou dégradants dans leur pays d'origine ou dans un pays à risque. Comme cela a été démontré dans nos précédents développements, la protection de l'article 3 de la Convention européenne des droits de l'Homme dépasse celle de l'article 33 de la Convention de Genève et donc celle du principe général du droit qui en découle. Ici encore, la complémentarité de normes européennes dans le statut de l'étranger a eu pour conséquence de mettre à l'écart le premier principe général du droit dégagé sur la base d'une norme internationale. Ce nouveau support normatif montre, à bien des égards, que la technique de déduction des principes généraux sur la base de normes internationales n'est plus innovante et qu'elle est limitée en raison du recours direct à la norme internationale. Depuis la décision Bereciartua-Echarri de 1988 et comme le démontre l'ensemble de notre étude, le rôle du juge administratif a considérablement évolué en ce qui concerne l'utilisation de la norme internationale dans le contentieux des étrangers. Paradoxalement, en droit des étrangers, la technique des principes généraux du droit a perdu de « son influence ».

---

[92] Pour une utilisation du principe de l'unité familiale par le juge des référés CE 12 janvier 2001, *Hyacinthe*, req. n° 229039.

[93] CEDH 7 juillet 1989, *Soering c./ RU*, série A n° 161 ; CEDH 30 octobre 1991, *Vilvarajah et autres c./ Royaume-Uni*, A-215 ; CEDH 15 septembre 1996, *Chahal c./ Royaume-Uni*, *RUDH*, 1997, p. 365 ; CEDH 6 mars 2001, *Hilal c./ RU*, req. n° 452751/ 99 ; CEDH 29 avril 1997, *HLR c./ France*, *RUDH*, 1997, p. 60.

❖

CONCLUSION DU TITRE II

D'autres normes supranationales relatives aux droits de l'Homme apportent une protection complémentaire sur le statut de l'étranger. Ces garanties amènent une protection nouvelle à l'étranger contrairement aux normes internationales précédemment analysées qui renforcent ou améliorent des garanties préexistantes dans le statut de l'étranger.

Grâce au travail des juges interne et européen ainsi qu'au législateur français, l'article 3 de la CEDH a permis de créer une protection inédite en droit des étrangers. S'il existait déjà une protection contre le refoulement (issue de la Convention de Genève) applicable uniquement aux réfugiés, aucune protection n'était offerte aux étrangers déboutés du droit d'asile ou aux étrangers ordinaires. Ainsi, le formidable champ d'application de la jurisprudence européenne a apporté une garantie inédite pour l'étranger menacé par des actes de torture, des traitements inhumains ou dégradants dans un pays à risque. De même, la définition et le contenu de l'asile territorial et désormais de la protection subsidiaire coïncident exactement avec la jurisprudence de l'article 3 de la CEDH. La protection « par ricochet » de l'article 3 de la CEDH est innovante ; le législateur s'est approprié les jurisprudences de la Cour européenne afin de les intégrer dans le statut interne.

La Cour européenne a également développé une jurisprudence ambitieuse relative à la non-discrimination des étrangers, en raison de leur nationalité, en matière de droits sociaux. Cette construction jurisprudentielle a « émancipé » la jurisprudence interne en donnant une véritable portée effective au principe d'égalité de traitement en matière de droits sociaux. La combinaison des articles 1er Protocole 1er et 14 de la CEDH a permis au juge européen d'aller très loin dans son interprétation constructive du texte conventionnel. Sans la jurisprudence européenne, l'égalité concrète en matière de droits sociaux ne pouvait être atteinte en droit interne. Même si d'autres normes supranationales plus spécialisées affirmaient déjà une égalité de traitement, elles restent impuissantes pour garantir une égalité effective face aux résistances administratives internes. Dès lors, une fois encore, l'influence de la Cour européenne a été décisive pour instaurer et redécouvrir des garanties pour l'étranger.

D'autres textes supranationaux, tels que la Convention contre la torture ou les Pactes internationaux des Nations Unies, disposent d'un potentiel considérable pour protéger les étrangers et pourraient même apporter des garanties inédites dans le statut interne. Toutefois, l'impact de ces normes en droit interne ne s'est pas développé malgré leur ambitieux contenu. De même, l'exemple particulier de l'influence médiate du droit international sur le droit des étrangers (principes généraux du droit) a permis de montrer que l'internationalisation du droit des étrangers a considérablement progressé ces dernières années ; l'utilisation des principes généraux du droit n'est plus aussi efficace qu'au moment de leur édiction. La référence directe à la norme internationale est largement préférée tant par les requérants que par le juge. Le droit international constitue aujourd'hui une mine inépuisable de garanties dont l'étranger peut prévaloir.

❖

CONCLUSION DE LA PARTIE II

Les normes supranationales relatives aux droits de l'Homme n'ont pas la même influence en droit des étrangers. D'abord, parce que ces normes n'ont pas la même nature ni la même portée ; ensuite parce que certaines d'entre elles apportent des garanties plus conséquentes que d'autres.

Ces normes supranationales relatives aux droits de l'Homme assurent, dans la majorité des cas, une protection de la « personne humaine » ; c'est souvent une « protection indirecte » qui permet de découvrir des garanties relatives aux étrangers. Il existe toutefois des protections directes de l'étranger (les Conventions relatives aux travailleurs migrants, les articles directement adressés aux demandeurs d'asile ou à l'étranger (article 18 et 19 de la Charte européenne, article 3 de la Convention contre la torture, Recommandations du Conseil de l'Europe relatives aux étrangers, etc.).

Cet ensemble de droits et libertés supranationaux se scinde en deux groupes distincts en raison de leur impact sur le droit des étrangers. Ainsi, il existe - les garanties *correctrices* qui ont enrichi et complété des droits déjà existants dans le statut des étrangers et - les normes supranationales *innovantes* ou *« rénovatrices »* qui ont apporté des garanties jusqu'ici inédites dans le droit des étrangers ou des protections rénovées pour l'étranger.

Pour les deux types de normes, la Cour européenne des droits de l'Homme a joué un rôle essentiel. En effet, la jurisprudence européenne a été déterminante puisque la plupart des garanties européennes ont été intégrées implicitement ou explicitement dans le droit des étrangers. Ainsi, la considérable jurisprudence européenne relative à l'article 8 et 3 de la CEDH a permis de modifier l'ordonnance de 1945 et la loi du 25 juillet 1952 (création d'une carte mention vie privée et familiale, nouvelles catégories d'étrangers protégés pour raison familiale, article 8 et contentieux de l'éloignement, article 3 et retour dans un pays à risque, la protection subsidiaire, etc.). Grâce à la Cour européenne et au concours des juges internes ainsi que du législateur français, des protections « par ricochet » sont venues intégrer le statut des étrangers qui en ressort considérablement enrichi.

Toutefois, nos multiples analyses relatives aux normes correctrices et innovatrices ont exposé les nombreuses limites d'application de ces garanties supranationales dans le droit interne. Ainsi, l'ordre public constitue souvent une exception à l'application de la protection de la « vie privée ou familiale » de l'étranger. Cette limite, inhérente à la condition de l'étranger, réduit, dans de nombreuses hypothèses, la portée du droit supranational en droit interne. De même, l'effectivité de certaines normes supranationales (CIDE, Soft Law relatif aux droits de l'Homme, etc.) ou l'absence d'organe de contrôle juridictionnel freinent l'application de ces normes internationales en droit interne. Ainsi, une série de Recommandations, de Résolutions, d'articles de Conventions relatifs aux droits de l'Homme restent sans effet sur le statut des étrangers.

❖

CONCLUSION GÉNÉRALE

Deux axes complémentaires ont été mis en exergue. D'une part, les différentes normes supranationales (essentiellement communautaires) ont fait émerger un régime migratoire supranational. Un statut communautaire pour le ressortissant de pays tiers et pour le demandeur d'asile est en construction. D'autre part, à côté de la communautarisation du statut, d'autres normes supranationales, qui ont pour la majorité d'entre elles vocation à protéger la personne humaine que représente l'étranger, ont apporté des garanties complémentaires au statut de l'étranger. Deux types de garanties ont été systématisées : des protections correctrices confirmant des garanties déjà existantes dans le droit interne ou des garanties inédites.

Dans la première partie de cette recherche, nos démonstrations ont mesuré l'impact du droit international et communautaire sur le statut de l'étranger et du demandeur d'asile. Ces normes prennent une place considérable dans le statut interne de l'étranger. De nombreuses phases du statut du demandeur d'asile et du ressortissant de pays tiers sont « saisies » par une norme supranationale. Le droit communautaire y occupe une place essentielle. Il a d'ailleurs été souligné les dangers d'une harmonisation minimale communautaire pour le statut interne des étrangers et les lacunes de ces nombreux textes. Les négociations laborieuses ont souvent eu pour résultat d'adopter des actes législatifs, dans lesquels coexistent des mesures obligatoires et facultatives, des clauses de rendez-vous et des dérogations en touts genres créées spécifiquement pour répondre aux particularismes de chaque État membre. L'objectif d'harmonisation a été souvent oublié. La logique voudrait que les prochains actes contiennent des objectifs plus ambitieux et que les clauses dérogatoires disparaissent peu à peu. La politique commune d'asile et d'immigration gagnerait à ne plus se préoccuper des particularismes nationaux. De plus, à côté de l'émergence de ces textes communs, des problèmes d'application en droit interne ont été soulignés. Ainsi, la transposition des directives dans le droit français montre des difficultés d'interprétation des nouveaux concepts communs (protection subsidiaire, protection temporaire, etc.). Par ailleurs, les États membres ont multiplié les systèmes d'identification des étrangers (ressortissants de pays tiers ou demandeurs d'asile) réguliers ou non, à toutes les phases des procédures (dans le pays d'origine avec les visas, au passage de la frontière physique, dans les préfectures, au moment de l'éloignement, etc.). Avec ces instruments de plus en plus sophistiqués, les États ont l'impression de maîtriser, un peu mieux, les phénomènes migratoires en identifiant ou surveillant les étrangers entrés régulièrement ou non. Même le ressortissant de pays tiers régulier est suspect[1] puisqu'il peut toujours « devenir »[2] un étranger en situation irrégulière s'il reste au-delà de la durée impartie par son titre de séjour ou son visa. Sur l'ensemble de ces questions, le législateur français a intégré très vite tous ces axes communs qui ont durci le statut de l'étranger.

L'émergence du régime migratoire supranational semble s'être accélérée avec l'achèvement de la première phase de communautarisation. En effet, depuis le 1er mai 2004, la seconde phase de communautarisation (dotée de nouvelles procédures d'adoption[3] des actes législatifs) a débuté. Les États membres réfléchissent à de nouveaux projets relatifs au régime commun de l'asile et à de nouvelles orientations en matière d'immigration. Des réflexions nouvelles sont menées sur la création de « camps d'accueil »[4] aux portes de l'Europe afin d'empêcher les traversées des migrants et des demandeurs d'asile subsahariens. Ces derniers permettraient de déplacer le traitement des demandes d'asile aux frontières de l'Europe. Autrement dit, il s'agit ni plus ni moins « d'externationaliser »[5] les procédures d'asile dans des pays limitrophes et dans des régions en crise[6]. En matière d'immigration, l'élaboration de nouvelles normes minimales pour harmoniser le statut du ressortissant de pays tiers et l'accélération des mesures de lutte contre l'immigration clandestine sont en cours. Ainsi, l'organisation de charters européens[7], le durcissement des contrôles aux frontières extérieures, la présence de gardes communs aux frontières, les fichiers informatiques de visas sont les nouveaux axes choisis par les États membres. L'impact du droit communautaire se développe donc de plus en plus dans cette matière jusqu'à présent hostile aux intrusions du droit supranational.

Dans le traité instituant la Constitution européenne[8] (rejeté par référendum en France) confirmait aussi les volontés des États membres et l'accélération normative qui caractérise actuellement la politique communautaire de l'asile et de l'immigration. Les objectifs relatifs à la politique de l'asile[9] et de l'immigration[10] y étaient plus clairement

---

[1] A propos de la dernière réforme du 26 novembre 2003 : FERRÉ N., « Un récurrent soupçon de fraude », *Revue Plein Droit*, mars, 2004, p. 7-10.

[2] Voir en ce sens la Communication de la Commission au Conseil, au Parlement européen, au Comité économique et social européen et au Comité des régions, *études sur les liens entre immigration légale et immigration clandestine*, Bruxelles, 4 juin 2004, Com (2004) 412 final.

[3] Passage à la majorité qualifiée. Cf. tableau du passage différé à la majorité qualifiée : CONSTANTINESCO V., GAUTIER Y., SIMON S., *Le Traité de Nice : premières analyses*, CEIE, université Robert Schuman de Strasbourg, 2001, p. 57.

[4] On parle aussi de camps de rétention, de portail d'immigration, Cf. FERENCZI T., « Les vingt-cinq débattent de la création de camps de réfugiés hors de l'Union pour tirer les migrants », *Le Monde*, 30 septembre 2004. Cf. CALOZ-TSCOPP M.-C., *Les étrangers aux frontières de l'Europe et les spectres des camps*, éd. La dispute, 2004.

[5] Cf. GISTI, septembre, 2004 site officiel.

[6] Externationalisation des demandes d'asile par la création de camps aux frontières en Afrique (Libye) : initiative italo-allemande du 12 août 2004 « *qui vise à créer une institution européenne chargée du tri dans les camps situés hors des frontières de l'Union, des demandeurs d'asile et des migrants souhaitant accéder au territoire européen* ». Le Programme de La Haye (adopté le 4 et 5 octobre 2004) demande qu'une étude soit réalisée pour évaluer l'opportunité de traiter en dehors du territoire de l'Union européenne les demandes d'asile.

[7] 30 millions d'euros pour leur organisation au plan européen.

[8] Traité établissant une constitution européenne pour l'Europe, Bruxelles 6 août 2004, CIG 87/ 04, signature à Rome le 29 octobre 2004, entrée en vigueur prévue pour le 1er novembre 2006.

[9] « *Chapitre IV Espace de liberté, de sécurité et de justice, Section 2 Politiques relatives aux contrôles aux frontières, à l'asile et à l'immigration, Article III-266-1. L'Union développe une politique commune en matière d'asile, de protection subsidiaire et de protection temporaire visant à offrir un statut approprié à tout ressortissant d'un pays tiers nécessitant une protection internationale et à assurer le respect du principe de non-refoulement.*

énoncés que dans les traités précédents. Le projet de Constitution européenne contenait plus d'objectifs « d'intégration » pour les ressortissants de pays tiers, mais également de nombreuses dispositions relatives à la lutte contre l'immigration clandestine (développements des contrôles aux frontières[11]). Peu importe l'avenir des institutions européennes, il est certain que le volet « contrôles aux frontières » sera le premier « chantier » de la Communauté européenne et ce avant les actes relatifs à l'intégration du ressortissant de pays tiers ou du demandeur d'asile. De surcroît, une nuance doit être

---

Cette politique doit être conforme à la Convention de Genève du 28 juillet 1951 et au Protocole du 31 janvier 1967 relatifs au statut des réfugiés, ainsi qu'aux autres traités pertinents. 2. Aux fins du paragraphe 1, la loi ou loi-cadre européenne établit les mesures relatives à un système européen commun d'asile comportant: a) un statut uniforme d'asile en faveur de ressortissants de pays tiers, valable dans toute l'Union; b) un statut uniforme de protection subsidiaire pour les ressortissants des pays tiers qui, sans obtenir l'asile européen, ont besoin d'une protection internationale; c) un système commun visant, en cas d'afflux massif, une protection temporaire des personnes déplacées ; d) des procédures communes pour l'octroi et le retrait du statut uniforme d'asile ou de protection subsidiaire; e) des critères et mécanismes de détermination de l'État membre responsable de l'examen d'une demande d'asile ou de protection subsidiaire; f) des normes concernant les conditions d'accueil des demandeurs d'asile ou de protection subsidiaire; g) le partenariat et la coopération avec des pays tiers pour gérer les flux de personnes demandant l'asile ou une protection subsidiaire ou temporaire. 3. Au cas où un ou plusieurs États membres se trouvent dans une situation d'urgence caractérisée par un afflux soudain de ressortissants de pays tiers, le Conseil, sur proposition de la Commission, peut adopter des règlements ou décisions européens comportant des mesures provisoires au profit du ou des États membres concernés. Il statue après consultation du Parlement européen ».

[10] « *Chapitre IV Espace de liberté, de sécurité et de justice, Section 2 Politiques relatives aux contrôles aux frontières, à l'asile et à l'immigration, article III-267-1. L'Union développe une politique commune de l'immigration visant à assurer, à tous les stades, une gestion efficace des flux migratoires, un traitement équitable des ressortissants de pays tiers en séjour régulier dans les États membres, ainsi qu'une prévention de l'immigration illégale et de la traite des êtres humains et une lutte renforcée contre celles-ci. 2. Aux fins du paragraphe 1, la loi ou loi-cadre européenne établit les mesures dans les domaines suivants: a) les conditions d'entrée et de séjour, ainsi que les normes concernant la délivrance par les États membres de visas et de titres de séjour de longue durée, y compris aux fins du regroupement familial; b) la définition des droits des ressortissants des pays tiers en séjour régulier dans un État membre, y compris les conditions régissant la liberté de circulation et de séjour dans les autres États membres; c) l'immigration clandestine et le séjour irrégulier, y compris l'éloignement et le rapatriement des personnes en séjour irrégulier; d) la lutte contre la traite des êtres humains, en particulier des femmes et des enfants. 3. L'Union peut conclure avec des pays tiers des accords visant la réadmission, dans les pays d'origine ou de provenance, de ressortissants de pays tiers qui ne remplissent pas ou qui ne remplissent plus les conditions d'entrée, de présence ou de séjour sur le territoire de l'un des États membres. 4. La loi ou loi-cadre européenne peut établir des mesures pour encourager et appuyer l'action des États membres en vue de favoriser l'intégration des ressortissants de pays tiers en séjour régulier sur leur territoire, à l'exclusion de toute harmonisation des dispositions législatives et réglementaires des États membres. 5. Le présent article n'affecte pas le droit des États membres de fixer les volumes d'entrée des ressortissants de pays tiers, en provenance de pays tiers, sur leur territoire dans le but d'y rechercher un emploi salarié ou non salarié.* »

[11] « *Chapitre IV Espace de liberté, de sécurité et de justice, Section 2 Politiques relatives aux contrôles aux frontières, à l'asile et à l'immigration, Article III-265-1. L'Union développe une politique visant: a) à assurer l'absence de tout contrôle des personnes, quelle que soit leur nationalité, lorsqu'elles franchissent les frontières intérieures; b) à assurer le contrôle des personnes et la surveillance efficace du franchissement des frontières extérieures; c) à mettre en place progressivement un système intégré de gestion des frontières extérieures. 2. Aux fins du paragraphe 1, la loi ou loi-cadre européenne établit les mesures portant sur: a) la politique commune de visas et d'autres titres de séjour de courte durée; b) les contrôles auxquels sont soumises les personnes franchissant les frontières extérieures; c) les conditions dans lesquelles les ressortissants des pays tiers peuvent circuler librement dans l'Union pendant une courte durée; d) toute mesure nécessaire pour l'établissement progressif d'un système intégré de gestion des frontières extérieures; e) l'absence de contrôle des personnes, quelle que soit leur nationalité, lorsqu'elles franchissent les frontières intérieures. 3. Le présent article n'affecte pas la compétence des États membres concernant la délimitation géographique de leurs frontières, conformément au droit international* ».

apportée à la future politique européenne d'asile et d'immigration et à l'Europe des vingt-cinq. Les dix nouveaux États membres, qui ont participé jusqu'à présent au travail législatif en tant qu'observateurs, risquent de compliquer l'élaboration des directives et des règlements communautaires. Ces nouveaux États sont, en effet, confrontés directement aux mouvements migratoires en raison de leurs frontières extérieures avec des pays tiers. Les perspectives à vingt-cinq risquent certainement de ralentir les projets législatifs des pays membres.

L'ensemble des standards découlant de l'autorité jurisprudentielle de la Cour européenne des droits de l'Homme en deçà desquels les États ne peuvent légiférer a été évoqué dans la seconde Partie. De même, les constatations des organes des Nations Unies (CAT et CDH) ainsi que les nombreux textes internationaux des droits de l'Homme ont contribué à l'élaboration de droits et libertés pour l'étranger. Ils constituent, à cet égard, un espoir face aux durcissements du statut de l'étranger. Ces standards minimums permettent et permettront de poser des limites aux réformes restrictives de l'harmonisation communautaire et de l'ordonnance de 1945. De même, nos démonstrations ont permis de souligner les différentes influences des normes supranationales relatives aux droits de l'Homme dans le statut interne de l'étranger. Ces normes très variées n'ont pas la même nature ni la même portée. Les garanties européennes ont ainsi particulièrement enrichi le statut interne de l'étranger. En effet, la Cour européenne des droits de l'Homme a été déterminante dans la « découverte » de garanties pour l'étranger. La plupart des garanties européennes ont ensuite été intégrées implicitement ou explicitement dans le droit des étrangers.

Néanmoins, la précarisation générale du statut de l'étranger a aussi été illustrée par les différentes modifications législatives. Or, si cette fragilisation du droit des étrangers en France est inquiétante, elle l'est d'autant plus que le phénomène gagne toute l'Europe même dans des pays qui avaient jusqu'à présent des mesures relativement protectrices. C'est pour cela que les textes et décisions jurisprudentielles issus des différents textes internationaux relatifs aux droits de l'Homme apparaissent plus que jamais comme des « garde-fous » face à l'érosion du statut de l'étranger dans les États membres. Des problèmes de contradictions entre les normes supranationales relatives aux droits de l'Homme et le statut communautaire de l'étranger ont été soulignés dans nos analyses. Ainsi, le juge administratif effectue un contrôle entre les différentes normes supranationales dans le contentieux des visas par exemple (refus de visa en raison d'un signalement au SIS et article 8 de la CEDH). Les problèmes de contrariété entre les normes communautaires et la CEDH vont certainement se multiplier dans l'avenir. Le juge administratif ne sera pas le seul à effectuer ce contrôle entre les normes supranationales concurrentes, la Cour de Justice des Communautés européenne aura certainement un rôle fondamental à jouer. Celle-ci a d'ailleurs été saisie pour examiner la conformité de la directive sur le regroupement familial au regard de l'article 7 de la Charte des droits fondamentaux, mais, surtout, au regard de l'article 8 de la CEDH. Les prochaines jurisprudences développées par la CJCE seront déterminantes dans de nombreux domaines relatifs à l'immigration et à l'asile.

Pourtant, il convient d'émettre des doutes sur la potentialité des garanties complémentaires relatives aux droits de l'Homme retracées dans notre seconde partie. On peut d'abord s'interroger sur la jurisprudence constitutionnelle qui semble avoir atteint ses limites puisqu'elle a validé la quasi-totalité des mesures des deux dernières réformes (loi du 26 novembre 2003 et 10 décembre 2003) qui ont pourtant précarisé le statut de l'étranger. Ensuite, certaines jurisprudences supranationales connaissent des limites d'application inhérentes au statut de l'étranger. La protection de l'ordre public, les mesures restrictives de garanties justifiées par la montée du terrorisme et par la défense des intérêts nationaux touchent les étrangers mais aussi les citoyens de tous les États membres. La politique sécuritaire des États occidentaux se retrouve aussi au sein du droit des étrangers, dissimulée dans les clauses de cessation des protections du demandeur d'asile, dans les exceptions aux garanties contres les mesures d'éloignement, dans la création de fichiers informatiques, dans les conditions d'attribution des visas, etc. Ce recul des libertés publiques se répercute inévitablement sur le statut des étrangers. Il sera de plus en plus difficile de faire primer les garanties, les droits et libertés universels face aux menaces qui pèsent sur l'ordre public ou face aux intérêts nationaux.

Globalement les politiques relatives à l'immigration et au droit d'asile mises en place montrent l'échec du politique et du droit pour régler les flux de migrants ou de demandeurs d'asile. Depuis une vingtaine d'années, la sophistication des règles relatives aux étrangers ainsi que les durcissements du statut de l'étranger n'ont pas mis fin à l'immigration clandestine. Le taux d'immigrés clandestins n'a pas baissé avec l'entrée en vigueur des accords de réadmission, ni avec l'obligation de visa ou avec la multiplication des fichiers d'empreintes. De même, la Convention et le Règlement (Dublin II) ont montré le cuisant échec d'un système de détermination des demandes par un seul État. Les mesures d'éloignements communes n'apportent pas plus de résultats probants dans les États membres. Ce sont souvent les résidents légaux qui pâtissent le plus de ces réformes successives ainsi que de la communautarisation du statut de l'étranger. Rien ne pourra empêcher un étranger d'entrer illégalement en Europe. Les étrangers clandestins ne cesseront pas de venir et de vivre dans les pays membres, et ce d'autant moins que certains États tolèrent (sans le dire) cette population qui constitue une main d'œuvre corvéable.

Toutes ces remarques renvoient à des interrogations plus générales :

Les États membres et plus globalement les pays occidentaux vont-il persister dans cette logique restrictive alors que, notamment de l'autre côté de la méditerranée[12], les demandeurs d'asile et les candidats à l'immigration attendent de plus en plus nombreux pour pénétrer en Europe ? Les moyens matériels extrêmement sophistiqués ne semblent pas empêcher ces individus de pénétrer en Europe. De même, les États membres vont-ils poursuivre leur politique d'asile sélective[13] alors que le continent africain génère par milliers des réfugiés et personnes déplacées. Continueront-ils de se décharger du « fardeau » de l'asile en inventant des concepts juridiques complexes (pays tiers sûr, pays

---

[12] Lampedusa (île du Sud de la Sicile à 138 km de la Tunisie et 300 km de la Libye), débarquement record d'immigrants clandestins (650 personnes) les 11 et 12 septembre 2004 ; Cf. D'autres embarcations ont chaviré (août 2004). Voir aussi « L'afflux de clandestins relance le débat sur l'immigration », *Le Monde*, 28 juillet 2004. Cf. aussi les camps de Malte, Woomera en Australie.

[13] RODIER C., « Le processus a déjà commencé », Le Nouvel Observateur, 19 octobre 2004 : « L'UE accueille 5 % des réfugiés de la planète alors que l'Europe est parmi les plus prospères ».

tiers d'accueil, asile interne, etc.) pour ne pas examiner toutes les demandes d'asile qui se présentent ?

Tôt ou tard, les États membres devront faire un choix crucial entre la fermeture des frontières et les dépenses exorbitantes qu'elles nécessitent et l'appel de main d'œuvre étrangère pour faire face au déficit démographique des États. Une politique des quotas de travailleurs migrants est proposée par certains États membres en guise de solution intermédiaire. Le co-developpement ou le partenariat avec les pays d'émigrants peut également constituer une solution alternative.

Actuellement, aucune politique d'immigration et d'asile n'a été clairement proposée pour le long terme. Pourtant, les estimations relatives aux futurs migrants et demandeurs d'asile sur les cinquante prochaines années sont alarmantes puisque plus de 150 millions[14] de personnes seraient obligées de quitter leur région ou leur pays d'origine en raison notamment des prochains changements climatiques. Or l'étude du statut de l'étranger, et particulièrement celle du demandeur d'asile, n'a relevé aucune disposition concrète permettant de protéger les personnes fuyant des régions ou des pays touchés par des catastrophes écologiques. Aucun État membre n'a encore intégré une définition juridique du *réfugié écologique*[15]. Pourtant, les scénarios climatiques plus ou moins optimistes des membres du Groupe d'expert intergouvernementaux sur l'évolution du climat (GIEC)[16] montrent que la planète va connaître des changements climatiques importants entraînant des mouvements de population inévitables[17]. En France la question du réfugié écologique n'a jamais été abordée[18]. Seul un projet de Déclaration sur le statut communautaire de réfugié écologique a été proposé par deux députés européens[19] en février

---

[14] OIM parle d'un milliard de personnes. Marina JULIENNE parle de 25 millions de réfugiés écologiques ou « écoréfugiés » en 1998, *in Québec, Science*, juin 2002.

[15] Les réfugiés de l'environnement sont définis comme «(...) des personnes qui ont été forcées de quitter leurs habitations traditionnelles de façon temporaire ou permanente, en raison d'un dérangement environnemental majeur (naturel et/ou engendré par les humains) qui a mis en danger leur existence et/ou qui a endommagé sérieusement leur qualité de vie » (traduction), El-Hinnawi ; ESSAN., « Environmental Refugees », 1985. Pour une bibliographie sommaire sur le problème des réfugiés écologiques : LASSAILLY-JACOB V. et GONIN P., « Les réfugiés de l'environnement. Une nouvelle catégorie de migrants forcés ? Migration et environnement », REMI, vol. 18 2002, n° 2 ; JODI J., « Environmental Refugees », A Yardstick of Habitability, 1988 ; WESTING A, « Environmental refugees : A growing category of displaced persons. », Environmental Conservation, 19 (3), 1992, p. 201-207 ; KEANE D., « The environmental Causes and consequences of migration : a search for the Meaning of environmental refugees », Georgetown international environmental law review, winter 2004, 16 (2), 209-223. Cf. aussi « L'appel de Limoges du 23 juin 2005 sur la création d'un statut international du réfugié écologique », CRIDEAU/CNRS/INRA/OMIJ.

[16] GIEC, Bilan 2001 des changements climatiques : conséquences, adaptation et vulnérabilité, rapport du Groupe de travail II GIEC, p. 14, p. 41, p. 49.

[17] Cf. le cas encore anecdotique de la disparition sous les eaux de l'île Tuvalu (non loin des îles Fidji) montre les catastrophes causées par les changements climatiques ainsi que leurs répercussions sur les migrations. En effet, onze mille personnes semblent être en sursis sur cette île. La Nouvelle-Zélande a négocié avec les Tuvaluans un statut d'immigrant spécial (accueil de 70 Tuvaluans par an pendant plusieurs décennies). De même, il existe déjà en Afrique des mouvements migratoires liés aux manques de ressources naturelles (Burundi, Rwanda, Somalie).

[18] Même la Charte constitutionnelle sur l'environnement ne contient pas cette notion alors que ce nouveau texte place les droits environnementaux dans le Préambule de la Constitution française.

[19] Marie Anne Isler et Jean Lambert *Déclaration écrite sur le Statut communautaire de réfugié écologique* du 9 février 2004, DC/52317FR. DOC, PE 342. 103.

2004 au Parlement européen pour définir le réfugié de l'environnement. Il est peu probable que les États membres créent une telle protection puisqu'ils n'en sont qu'au stade des normes minimales communes.

En définitive, la France et plus généralement les États européens montrent leur incapacité à anticiper l'avenir en matière d'immigration et d'asile alors même que divers rapports[20] d'experts encouragent l'Europe à ouvrir les frontières à certains étrangers. Si ces États continuent dans cette voie, il est certain qu'ils connaîtront de prochaines crises migratoires d'une gravité sans précédent.

---

[20] Le rapport sur *les migrations de remplacement de la division* « Population » des Nations Unies, janvier 2000 ; GEVREY M., *Les défis de l'immigration future*, Conseil économique et social, novembre 2003 ; OCDE, *Système d'observation permanente des migrations*, Rapport 2002.

BIBLIOGRAPHIE

I. OUVRAGES GÉNÉRAUX :

ALLAND D., *Droit international public*, PUF, collection droit fondamentaux, 1ère éd., mars 2000.
BERGER V., *Jurisprudence de la Cour européenne des droits de l'Homme*, 9e éd. Sirey, 2004.
CARTOU L., CLERGERIE J.-L., GRUBER A., RAMBAUD P., *L'Union européenne*, 5e éd., Dalloz, 2004.
CHAPUS R., *Droit administratif général*, tome 1, 15e éd. Montchrestien, Paris, 2001.
CHARVIN R., SUEUR J.-J., *Droit de l'Homme et libertés de la personne*, 4e éd., LITEC, 2002.
COMBACAU J., LAFORE R., *Droit international public*, Domat, 6e éd., LGDJ, 2004.
DAILLET P. et PELLET A., *Droit international public*, Paris LGDJ, 7e éd., 2002.
DUBOUIS L. et BLUMANN C., *Droit communautaire matériel*, Domat droit public, 3e éd. Montchrestien, 2004.
FAVRET J.-M., *Droit et pratique de L'union européenne*, 4e éd., Gualino éditeur, Paris, 2003.
FRIER P.-J., *Précis de droit administratif*, 3e, Domat, LGDJ, 2004.
ISAAC G., *Droit communautaire général*, 7e éd. Armand Colin, Paris, 1999.
ISAAS G, BLANQUET M., *Droit communautaire général*, Armand Colin, 8e éd., 2001.
LONG M., WEIL P., BRAIBANT G., DELVOLVE P., GENEVOIS B., *Les grands arrêts de jurisprudence administrative*, 14e éd., LGDJ, Paris, 2003.
LYON-CAEN A., *Droit social international et européenne*, précis Dalloz droit privé, 2000.
MARTIN P.M., *Le droit international public*, 1re éd., Masson, Droit économique, Paris, 1995.
PETTITI L.-E., E. DECAUX, P.-H IMBERT, (Sous la direction de), *La CEDH commentaire article par article*, 2ème éd., Bruyant, Bruxelles, 1999.
RENUCCI J.F., *Droit européen des droits de l'Homme*, 3e éd. LGDJ, 2002.
RODIÈRE P., *Droit social de l'Union européenne*, 2ème éd. LGDJ, 2002.
SUDRE F., *Droit international et européen des droits de l'Homme*, 6ème éd. refondue, PUF, 2003
SUDRE F., *Droit international et européen des droits de l'Homme*, collection droit fondamental droit international, 5e mise à jour, éd. PUF, Paris, 2001.
SUDRE F., *Convention européenne des droits de l'Homme*, coll., QSJ ?, PUF, n° 2513, 2004.
SUDRE F, MARGUENAUD J.-P., GOUTTENOIRE A., LEVINET M., *Les grands arrêts de la Cour européenne des droits de l'Homme*, Thémis, PUF, Paris, 2003.
TURPIN D., *Libertés publiques et droits fondamentaux*, Seuil, 2004.

II. THÈSES, OUVRAGES SPÉCIALISÉS, ACTES DE COLLOQUES, MÉLANGES, MÉMOIRES :

A. Thèses :

ABLARD T., *Le droit d'asile en Allemagne, en France et au Royaume-Uni. Études comparatives*, Thèse Paris I, 1997, (dact.).
ANDRIANTSIMBAZOVINA J., *L'autorité des décisions de justice constitutionnelles et européennes sur le juge administratif*, LGDJ tome 192, 1998.
BENZEBOUCHI A., *Le statut juridique des travailleurs algériens en France*, thèse (dact.) de Doctorat de droit, Université des Sciences Sociales de Toulouse, janvier 1986.
BERGER N., *La politique de l'immigration et de l'asile en Europe*, éd. Bruylant, Bruxelles, 2000.
BRACONNIER S., *Jurisprudence de la CEDH et droit administratif français*, éd. Bruylant, Bruxelles, 1997.
BONNEAU N., *Le travail illégal des ressortissants de pays tiers dans l'Union européenne*, thèse (dact.) de doctorat de droit, Université des Sciences Sociales de Toulouse 1, 2001.
BOUTEILLET-PAQUET D., *L'Europe et le droit d'asile et ses conséquences sur les pays d'Europe centrale, éd. L'Harmattan*, Logiques juridiques, 2001.
BOUZIRI N., *La protection des droits civils et politiques par l'ONU, l'œuvre du Comité des droits de l'Homme*, L'Harmattan, Paris, 2003.
CHASSIN C-A., Le droit d'asile en France, thèse (dact.) Paris II, 2000.
COSSY S., *Le statut du requérant d'asile mineur non accompagné dans la procédure d'asile*, thèse de licence et de doctorat, Université de Lausanne, Lausanne, 2000.
DEKEUWER-DÉFOSSEZ F., *La famille et la Convention européenne des droits de l'Homme*, Logiques juridiques, L'Harmattan, 2000.

DEUMIER P., *Le droit spontané*, Recherches juridiques, Economica, 2002.
DOLLAT P., *Libre circulation des personnes et citoyenneté européenne : enjeux et perspectives,* éd. Bruylant, Bruxelles, 1998.
FLAESCH-MOUGIN F., *Les accords externes de la Communauté économique européenne, essai d'une typologie*, éditions de l'Université de Bruxelles, thèse et travaux juridiques, 1979.
FOURTEAU H., *L'application de l'article 3 de la Convention européenne des droits de l'Homme dans le droit interne des États membres,* éd. LGDJ, tome 85, Bibliothèque constitutionnelle et de science politique, Paris, 1996.
GAUTIER M., *L'influence du modèle communautaire sur la coopération en matière de justice et d'affaires intérieures*, Bruylant, 2003.
GOMART N., *L'émigration algérienne en France*, Thèse (dact.) pour le doctorat de Droit, Paris, 1931.
GRATALOUP S., *L'enfant et sa famille dans les normes européenne,* éd. LGDJ, bibliothèque de droit privé, tome 290, Paris, 1998.
GUIRAUDON V., *Les politiques d'immigration en Allemagne, France et Pays bas, Logiques juridiques,* éd. L'Harmattan, 2000.
HURWITZ A., *Responsibility-sharing arrangements for the protection of refugees, with particular reference to Europe and the determination of claims for refugee status* , Université d'Oxford, thèse de doctorat, 2002.
JAULT-SESEKE F., *Le regroupement familial en droit comparé français et allemand,* bibliothèque de droit privé, éd. LGDJ, 1996.
KISSANGOULA J., *La Constitutionnalisation et les étrangers, recherches sur les titulaires des droits et libertés de la constitution sociale*, Bibliothèque de droit constitutionnel et science politique, tome 102, éd. LGDJ, 2001.
KLOEPFER W., *Contribution à l'étude des rapports interjuridictionnels dans le domaine des droits fondamentaux, le Conseil d'État dans ses rapports au Conseil Constitutionnel et aux Cours européennes,* Thèse (dact.) de doctorat de droit public, Toulouse, 2002.
LAMBERT E., *Les effets des arrêts de la CEDH, contribution à une approche pluraliste des droits de l'Homme*, Organisation internationale et relation internationale, éd. Bruylant, Bruxelles, 1999.
LANFRANCHI M.P., *Droit communautaire et travailleurs migrants des États tiers, entrée et circulation dans la Communauté européenne,* éd. Economica, collection Coopération et développement, Centre d'études et de recherches internationales et communautaires, Université d'Aix Marseille III, 1994.
LECUCQ O., *Le statut constitutionnel des étrangers en situation irrégulière*, thèse (dact.), Aix-Marseille, 1999.
MAILLOT J.-M., *La théorie administrative des principes généraux du droit, continuité et modernité*, Nouvelle bibliothèque de thèses, Dalloz, 2003
MARTIN D., *La libre circulation des personnes dans l'Union européenne*, éd. Bruylant, Bruxelles, 1995.
MEUNIER G., *L'application de la Convention des Nations Unies relative aux droits de l'enfant dans le droit interne des États parties*, Logiques juridiques, L'Harmattan, 2002.
MICHELET K., *Les droits sociaux des étrangers*, Logiques juridiques, éd. L'harmattan, Paris, 2002.
MILLARD E., *Famille et droit public recherche sur la construction d'un objet juridique,* éd. LGDJ, bibliothèque de droit public tome 182, 1995.
MORANÇAIS DEMEESTER M.-L., *Les droits professionnels des étrangers non salariés en France,* Thèse de Doctorat, (Sous la direction du professeur FOYER J.), Université de droit de Paris II, 1984.
ONDOUA A., *Étude des rapports entre le droit communautaire et la Constitution en France, L'ordre juridique constitutionnel comme guide au renforcement de l'intégration européenne,* éd. L'harmattan, Logiques juridiques, 2001.
PENNARUN S., *L'enfant de parents étrangers*, thèse (dact.) de droit privé, Université des Sciences Sociales de Toulouse, 2001.
POTVIN SOLIS L., *L'effet des jurisprudences européennes sur la jurisprudence du Conseil d'État français,* éd. LGDJ, bibliothèque de droit public, 1999.
PREUSS-LAUSSINOTTE S., *Les fichiers et les étrangers au cœur des nouvelles politiques de sécurité,* éd. LGDJ, bibliothèque de droit public, tome 209, 2000.
RENEAUD F., *Recherches sur les rapports entre les ordres juridiques*, Thèse de doctorat de droit public, Septentrion, 1999.
ROBIN-OLIVIER S., *Le principe d'égalité en droit communautaire, études à partir des libertés économiques*, éd. Presses universitaires d'Aix-Marseille, 1999.
ROUGET D., *Le Comité européen pour la prévention de la torture*, thèse Lille, (dact.), 1995.
SLAMA S., *La fin de l'étudiant étranger*, éd. L'Harmattan, 1999.
STAPLES H., *The legal status of third country nationals residents in the European Union*, éd. KLUWER, 1999.
TSILITIRAS S., *La protection effective des libertés publiques par le juge judiciaire en droit français,* éd. LGDJ, Tome 155, Paris, 1991.
VASSEUR-LAMBRY F., *La famille et la Convention européenne des droits de l'Homme*, L'Harmattan, 2000.

B. Ouvrages spécialisés

A

AKANDJI-KOMBÉ J.-F., LECLERC S., *La Charte sociale européenne*, Bruylant, Bruxelles, 2001.
ALBERT S., *Les réfugiés bosniaques en Europe*, éd. Montchrestien, CEDIN-Paris, 1995
ALFANDARI E., (Sous la direction de) *Immigration et protection sociale*, Série action, éd. Sirey, Droit sanitaire et social, 2e éd., 1990.
ALLAND D. et TEITGEN-COLLY C., *Traité sur le droit d'asile*, éd. PUF, 2002.
ALLAND D., *Texte du droit de l'asile*, Que sais-je ? , éd. PUF, n°3437, 1998.
ALSTON P., (Sous la direction de) *L'Union européenne et les droits de l'Homme*, éd. Bruylant, Bruxelles, 2001.
ANAFÉ, *Frontières du droit, frontières des droits, l'introuvable statut de la zone internationale*, éd. L'Harmattan, 1993.
ANDRIEN D, BATSELE B., *Comprendre les statuts et des droits des étrangers par les textes, commentaires, lois et règlements*, éd. Bruylant, Bruxelles, 1997.
AUBY J.-B., (Sous la direction de), *Le droit des étrangers, 10 ans de jurisprudence 1989-1999*, éd. Juris-Classeur, Hors série déc., 1999.

B

BADE K. J., *L'Europe en mouvement, la migration de la fin du XVIII° siècle à nos jours*, éd. Seuil, Faire Savoir, 2002.
BADIE B, SADOUN M., *L'autre*, Études réunies pour Alfred Grosser, éd. Presses de Sciences Politiques, Paris, 1996.
BADIE B, WITHOL DE WENDEN C.,
- *Le défi migratoire : questions de relations internationales*, éd. Presse de la fondation nationale des sciences politiques, 1994.
- *Migration et relations transnationales*, Études internationales, numéro spécial, volume XXIV, n° 1, mars 1993.

BARBE E., *Justice et affaires intérieures dans l'Union européenne, un espace de liberté et de sécurité et de justice*, Réflexe européen, La documentation française, 2002.
BAROU J., et LE H., (Sous la direction de), *L'immigration entre loi et vie quotidienne, minorités et sociétés*, éd. l'Harmattan, Paris, 1993.
BARRET- DUCROCQ F., *Migrations et errances*, Académie universelles des cultures, éd. Grasset, Paris, Forum international Unesco, 7 et 8 juin 2000.
BELKACEM H., *L'immigration algérienne en France, origines et perspectives de non-retour*, L'Harmattan, CIEMI, Paris, 1985.
BENAMRANE D., *L'émigration en France : passé, présent et avenir*, éd. SNED, Alger, 1982.
BENSAÏD D.,
- *Le pari mélancolique, Métamorphoses de la politique, politique des métamorphoses*, éd. Fayard, 1997.
- *Qui est le juge ?*, éd. Fayard, 1999.

BERNARD P-J., *Le retour des migrants*, Maison des Sciences de l'Homme, Commission nationales pour les études et les recherches interethniques, Paris 1977.
BERNARD P., *L'immigration : le défi mondial*, éd. folio actuel, 2002.
BETTATI M., *L'asile politique en question*, éd. PUF, Paris, 1985.
BIGO D.,
- (Sous la direction de BIGO D. et GUILD E.), *La mise à l'écart des étrangers, La logique du visa Schengen*, Culture et Conflit n° 49 et 50, éd. L'Harmattan, septembre 2003.
- *De Tampere à Séville : bilan de la sécurité européenne*, Cultures et Conflits, n° 45 et 46, 2002.
- *Sécurité et immigration*, Cultures et conflits n°31 et 32, éd. L'Harmattan, 1998.
- *Contrôles : frontières, identités, les enjeux autour de l'immigration et de l'asile*, Cultures et Conflits, n° 26 et 27, 1997.
- (Sous la direction de), *Circuler, enfermer, éloigner : zones d'attente et centres de rétention des démocraties, Cultures et* conflits n° 23, éd. L'Harmattan, 1996.
- (Sous la direction de), *L'Europe des polices et la sécurité intérieure*, éd. Complexe, Paris, 1992.

BOCKEL A., *L'immigration au pays des droits de L'Homme*, Politique et Droit, coll. L'avenir de la politique, éd. Publisud, 1991.

BONNECHÈRE M., (Sous la direction de), Colloque de Paris du 10 octobre 1997, *Trente ans de circulation des travailleurs étrangers*, éd. La documentation française, Paris, 1997.

BOUCHER M., (Sous la direction de), *De l'égalité formelle à l'égalité réelle, la question de l'ethnicité dans la société européenne*, éd. L'Harmattan, 2001.

BOUCOUD P., *Les travailleurs migrants et leurs familles, protection dans la Charte sociale européenne*, Cahiers de la Charte sociale n° 4, éd. Conseil de l'Europe, 1997, 126 p.

BOUTEILLET-PAQUET D., (Sous la direction de), *La protection subsidiaire des réfugiés dans l'Union européenne : un complément à la Convention de Genève ?*, Bruylant, Bruxelles, 2002.

BRAIBANT G., *La Charte des droits fondamentaux de l'Union européenne*, éd. Point essai, 2001.

BRANDELL I., *Les rapports franco-algériens depuis 1962, du pétrole et des Hommes*, éd. L'Harmattan, Paris, 1981.

BRIBOSIA E., DARDENNE E., MAGNETTE P., WEYEMBERGH A., *Union européenne et nationalité, le principe de non-discrimination et ses limites*, éd. Bruylant, Bruxelles, 1999.

BRIBOSIA E., et REA A., (Sous la direction de), *Les nouvelles migrations, un enjeu européen*, éd. Complexe, 2002, Bruxelles.

C

CALOZ TSCHOPP M.-C.,CLEVENOT A, TSCHOPP M.P. *Asile, violence, exclusion en Europe, Histoire, analyse, prospective, groupe de Genève*, (violence et droit d'asile en Europe), Genève 1994, co-édition Cahiers de la rédaction des sciences de l'éducation de l'université de Genève, Genève 1994.

CALOZ TSCHOPP, M.-C.,

- *Les étrangers aux frontières de l'Europe et les spectres des camps*, éd. La dispute, 2004
- *Les sans États et le devoir d'avoir des droits*, volume 1, Groupe de Genève (violence et droit d'asile en Europe), Université de Genève, éd. L'harmattan, 1998.

CARLIER J.-Y et VAN HEUL D., *Europe et réfugiés : un défi ?*, éd. KLUWER LAW international, London, Boston, The Hague, 1997.

CARLIER J.-Y. et DE SCHUTTER O., (Sous la direction de), *La charte des droits fondamentaux de l'Union européenne, son apport à la protection des droits de l'Homme*, éd. Bruylant, Bruxelles, 2002.

CARLIER J.-Y., VANHEULE D., HULMANN, PENAGALLIANO C., *Qu'est qu'un réfugié ?* , éd. Buylant, Bruxelles, 1998.

CEYHAN A., TSOUKALA A., *Contrôles : frontières-identités, les enjeux autour de l'immigration et de l'asile*, Cultures et conflits, éd. L'Harmattan, 1997.

CHANTEUR J., WIHTOL DE WENDEN C., GAZZANIGA J.L., GILBERT P., SEGUR P., TIBERGHEIN F., *Droit d'asile, Devoir d'accueil*, présentation HUOT-PEUROUX, éd. Des Cluse de Brouwer, Paris, 1995.

CHAUVIER S., *Du droit d'être étranger, essai sur le concept Kantien d'un droit cosmopolitique*, éd. L'Harmattan, 1996.

CHEMILLIER-GENDREAU M.,

- *L'injustifiable, les politiques françaises de l'immigration*, éd. Fayard, 1998.
- *Humanité et souverainetés. Essai sur la fonction du droit international*, coll. Texte à l'appui, éd. La Découverte, Paris, 1996.

CHETAIL V., (Sous la direction de), *La Convention de Genève du 28 juillet 1951 relative au statut des réfugiés 50 ans après : bilan et perspectives*, Bruylant, Bruxelles, 2001.

CHOLEWINSKI R., *Migrant workers in international human right law*, Oxford, Clarendon Press, 1997.

CIMADE,

- *L'article 35 bis*, éd. Les guides de Causes communes, 1999.
- *Le pouvoir des guichets*, hors série, avril 2000.

CLIQUENNOIS M., (Sous la direction de) *La convention européenne des droits de l'Homme et le juge français, Vade-Mecum d'une pratique professionnelle*, éd. L'Harmattan, 1997.

COMMISSION DE RECOURS DES RÉFUGIÉS, *Le droit des réfugiés en France*, éd. Économica, Paris, 2000.

CONSTANTINESCO V., GAUTIER Y., SIMON S., Le Traité de Nice : premières analyses, CEIE, université Robert Schuman de Strasbourg, 2001.

COORDINATION ASILE SUISSE, (et mouvement pour une suisse ouverte, démocratique et solidaire), *Europe montrez patte Blanche, les nouvelles frontières du laboratoire Schengen*, éd. Le centre d'Europe, tiers monde, Genève, 1993.

COSTA-LASCOUX J. et TEMINE E., *Les Algériens en France, genèse et devenir d'une migration*, éd. Publisud, CNRS, 1985.

COSTA-LASCOUX J. ET WEIL P., (Sous la direction de) *Logiques d'États et immigration*, Paris, éd. Kimé, Paris, 1992

COSTA-LASCOUX J., *De l'immigré au citoyen*, éd. La documentation française, Paris, 1989.
COULON R., *Les droits de L'Homme en peau de Chagrin : le droit des étrangers dans la jurisprudence du Conseil constitutionnel*, Logiques juridiques, éd. L'Harmattan, 2000.
CRÉPEAU F., *Droit d'asile, de l'hospitalité aux contrôles migratoires*, collection de droit international, éd. Bruylant, l'université de Bruxelles, 1995.

D

DE BRUYCKER P.,
- (Sous la direction de), *Les régularisations des étrangers illégaux dans l'Union européenne*, éd. Bruylant, Bruxelles, 2000.
- (Sous la direction de), *L'émergence d'une politique européenne d'immigration*, Collection de la Faculté de droit, ULB, Bruylant, Bruxelles, 2003.

DE BRUYCKER P. et **DIAS URBANO DE SOUSA C.**, *L'émergence d'une politique européenne d'asile*, ULB, Bruylant, Bruxelles, 2003.
DECAUX E.
- *Le Comité pour l'élimination de la discrimination raciale, analyse dynamique institutionnelle*, CEDIN Paris X, Nanterre, éd. Montchrestien, perspectives internationales, 1997.
- *Le droit face au racisme*, éd. Pédone, Paris, 1999.

DELMAS-MARTY M.,
- *Pour un droit commun*, éd. Du Seuil, Paris, 1994
- *Raisonner la raison d'État, vers une Europe des droits de l'Homme*, éd. PUF, Paris, 1989.

DONY M., (Sous la direction de), *L'Union européenne et le monde après Amsterdam*, éd. ULB, études européennes, 1999.

F

FASSIN D., et MORICE A., QUIMINAL C., (Sous la direction de) *Les lois de l'inhospitalité, les politiques de l'immigration à l'épreuve des sans papiers*, éd. La découverte, Essai, Paris, 1997.
FAURE M., *Voyage au pays de la double peine*, éd. l'esprit frappeur, 2000.
FLORY M., HIGGINS R., *La liberté de circulation des personnes en droit international*, Centre d'études et de recherche internationale et communautaire, éd. Economica, 1988.
FULCHIRON H.,
- *Reforme du droit des étrangers*, éd. Litec, carré du droit, 1999.
- (Sous la direction de), *Les étrangers et Convention européenne de sauvegarde des droits de l'Homme et des libertés fondamentales*, éd. LGDJ, Paris, 1999.
-

G

GANSHOF VAN DER MEERSCH W.J., (Sous la direction de), Mélanges publiés sous l'égide et avec l'appui du Centre Inter Universitaire de droit public et ULB, *Studia ab discipulis amicisque in honorem egregii professoris*, éd. Bruylant et LGDJ, Tome 1et 2, Paris et Bruxelles, 1972.
GISTI
- *Les enfants entrées hors regroupement familial ont droit aux prestations familiales*, notes juridiques, mai 2005, 32 p.
- *Guide de l'entrée et du séjour des étrangers en France*, La découverte, nouvelle édition, février 2005.
- *La protection des enfants étrangers*, cahiers juridiques, décembre 2004.
- *La réforme de la double peine : les mesures transitoires (après la loi du 26 novembre 2003)*, juin 2004.
- *Accès aux soins des étrangers : entre discrimination et inégalité*, février 2004
- *La protection sociale des étrangers par les textes internationaux*, cahier juridique, février 2004.
- *Contrôler, surveiller et punir, 4ème éd., Analyse de la réforme Sarkozy loi n° 2003-1119 du 26 novembre 2003*, décembre 2003.
- *Accord franco-algérien ce qui va changer*, septembre 2001.
- *D'autres frontières*, Revue Plein Droit, n° 4 6, sept. 2000.
- *La protection sociale des étrangers en France après la création de la CMU*, septembre 2000.
- *Le statut des étudiants étrangers, entre maîtrise des flux migratoires et logiques de marché*, 4 avril 2000.
- *Comment obtenir des indemnités de l'administration*, mars 2000.
- *Les droits des Algériens en France*, Cahiers juridiques, janvier 2000.
- *La protection sociale des étrangers par les conventions internationales*, Cahiers juridiques, septembre 1999.
- *Réaffirmer le droit au respect de la vie privée et les liens affectifs au-delà des frontières et indépendamment des préférences sexuelles*, octobre 1998.

- *La circulation des étrangers dans l'espace européen*, Cahiers juridiques, septembre 1998.
- *Qui peut être régularisé par la loi Chevènement*, notes pratiques, septembre 1998.
- *Les étrangers et le droit communautaire*, Cahiers juridiques, mai 1998.
- *Étrangers : recours en droit communautaire*, Cahiers juridiques, février 1998.
- *La république bornée*, Revue Plein Droit, n° 36 et 37, décembre 1997.
- *A propos du droit d'asile*, *Cahiers juridiques*, août 1995.

GISTI et CATRED, *Égalité des droits pour les anciens combattants et les fonctionnaires*, octobre 2002.

GUGGENBUHL A., *Droit social européen, des travailleurs salariés et indépendants*, recueil de la législation et de la jurisprudence de l'Union européenne, éd. Bruylant, Bruxelles, 1995.

GUICHAOUA A., (Sous la direction de) *Exilés, réfugiés, déplacés en Afrique centrale et orientale*, Paris, éd. Karthala, 2004, 1070 p.

GUILD E.,
- *Immigration Law in the European community*, éd. Kluwer Law international, the Hague, London, Boston, 2001.
- *Moving the Borders of Europe*, University of Nijmegen, 2001.

GUILD E., GROENENDIJJK K., *Le statut juridique des ressortissants de pays tiers résidents de longue durée dans un État membre de l'Union européenne*, Université de Nimègue, avril 2000.

GUILD E., GROENENDIJJK K., DOGAN H., Sécurité de résidence des immigrés de longue durée, étude comparative de la législation et de la pratique des pays membres, éd. Conseil de l'Europe, 1998.

GUIMEZANES N., Le droit des étrangers, éd. Armand Colin, Paris 1989.

H

(D') HAËM R., *L'entrée et le séjour des étrangers en France*, Que sais-je ? , éd. PUF, n° 3455, 1998.

HOLLIFIELD J., *L'immigration et État-Nation à la recherche d'un modèle national*, éd. L'Harmattan, 1997.

HREBLAY V.,
- *La libre circulation des personnes, les accords de Schengen*, PUF, Coll. Politique d'aujourd'hui, Paris, 1994.
- *Les accords de Schengen, Origine, Fonctionnement, Avenir*, Collection pratique du droit communautaire, Bruxelles, Bruylant, 1998.

I

INSEL A., (Sous la direction de), *La Turquie et l'Europe : une coopération tumultueuse*, éd. L'Harmattan, 1999.

J

JEANNIN L., MENEGHINI, PAUTI C., POUPET R., *Le droit d'asile en Europe, étude comparée*, Préface F. Moderne, Logiques juridiques, éd. L'Harmattan, 1999.

JULIEN-LAFERRIÈRE F.,
- *Droits des étrangers*, éd. PUF, collection droit fondamental droit politique et théorique, Paris, janvier 2000.
- (Sous la direction de) *Frontières du droit, Frontières des droits* : *L'introuvable statut de la zone d'internationale*, éd. L'Harmattan, ANAFÉ, Paris, 1993.

K

KAHN P., L'étranger et le droit de la famille, pluralité ethnique, pluralité juridique, éd. La documentation française, 2001.

KIS J., *L'égalité dignité : essai sur les fondements des droits de l'Homme*, Seuil, octobre, 1989.

L

La France et le Pacte internationale relatif aux droits civils et politiques, *LPA*, la loi, le quotidien juridique, 25 mai 2000, n° 104.

LAJEUNE Y., (Études coordonnées) *Le traité d'Amsterdam, espoir et déceptions*, collection de l'IEE, Bruylant Bruxelles, 1998.

LAMBERT H.,
- *Les mesures relatives aux étrangers à l'épreuve de la Convention européenne des droits de l'Homme,* (Sous la direction de LAMBERT P. et PETTITI C.), collection Droit et Justice, n° 46, Bruylant, Bruxelles, 2003.

LANTZ A., *L'administration face aux étrangers : les mailles du filet*, éd. L'harmattan, 1998.

La police des étrangers et la Convention européenne des droits de l'Homme, numéro spécial, RTDH, 1997, n° 37, 1er janvier 1999.

LASSAILLY-JACOB V., COMBREZY L., *Population réfugiés, de l'asile au retour*, éd. IRD, collection colloques et séminaires, Paris, 2001.

LASSAILLY-JACOB V., MARCHAL J. Y., QUESNEL A., *Déplacées et réfugiés, la mobilité sous contrainte*, éd. IRD, collection colloques et séminaires, Paris, 1999.
LE BOURHIS K., *Les transporteurs et le contrôle de flux migratoires*, L'Harmattan, Paris, 2001.
LE MOIGNE G. et LEBON A., *L'immigration en France*, Que sais-je ?, PUF, 5e éd., 2002.
LEBON A., *Immigration et présence étrangère en France en 1999, Premiers enseignements du recensement*, éd. La documentation Française, 2000.
LECLERC S., AKANDJI-KOMBÉ J.-F., REDOR M.-J., *L'Union européenne et les droits fondamentaux*, éd. Bruylant, Bruxelles 1999.
LEGOUX L. et MA-MUNG E., GUILLON M., *L'asile politique entre deux chaises, Droits de l'Homme et gestion des flux migratoires*, L'Harmattan, Paris 2003, 374 p.
LENGELLÉ-TARDY M., *L'esclavage moderne*, Que sais-je ?, 1ère éd., PUF, février 1999, 128 p.
LE PORS A., *Le droit d'asile*, PUF, Coll. Que sais je ?, n° 3733, Paris, 2005.
LOCHAK D., *Étrangers : de quel droit ?*, Politique d'aujourd'hui, éd. PUF, 1985.
L'Union européenne et l'immigration au début du nouveau millénaire, RAE, L.E.A, 2000.
LYCOURGOS C., L'association avec l'union douanière : mode de relation entre la CEE et des États tiers, éd. PUF, Paris, 1991.

M

MANIN P. et LOUIS J.-V., *Vers une Europe différenciée ? Possibilité et limite*, Études des communautés européennes, éd. Pédone, 1996
MANSOUR S., (Sous la direction de), *L'enfant réfugié, quelle protection ? Quelle assistance ?* , Centre international de l'enfance, éd. SYROS, Paris, 1995.
MATHIEU J.C., *La défense internationale des droits de l'Homme*, QSJ, éd. PUF, n° 2733, Paris, 1998.
MODERNE F., *Le droit constitutionnel de l'asile dans les États membres de l'Union européenne*, Economica-PUAM, 1998.
MOURGEON J., *Les droits de l'Homme*, Que sais-je ?, Le point de la connaissance, éd. PUF, 2003, Paris.

N

NAYER A., (Sous la direction de), Colloque CEREP, ULB, *La protection de l'étranger dans une Europe bouleversée*, éd. La charte, juin 1996.
NOIRIEL G.
- *État, nation et immigration, vers une histoire du pouvoir*, éd. Belin, Paris, 2001.
- *La tyrannie du national le droit d'asile en Europe (1793-1993)*, éd. Calmann Levy, Paris, 1991.
- *Réfugié et Sans papiers, la République face au droit d'asile, XIX-XXe siècle*, éd. Pluriel, 1991.
- *Le creuset français, histoire de l'immigration*, éd. Seuil, Paris, 1986

O

O'DY S., *Esclavage en France*, éd. Albin Michel, Paris, 2001.

Q

QUILLERÉ-MAJZOUD F., *La défense du droit à un procès équitable*, Bruylant, Bruxelles, 1999.

R

ROUGET D., *Le guide de la protection internationale des droits de l'Homme*, éd La pensée sauvage, 2000.
RUDE-ANTOINE E., (Sous la direction de), *L'immigration face aux lois de la République*, éd. Karthala, Paris, 1992.

S

SAYAD A., *La double absence, Des illusions aux souffrances de l'immigré*, Collection LIBER, éd. Seuil, 1999.
SCHNAPPER D., *L'Europe des immigrés, Essai sur les politiques d'immigration*, éd. François Bourin, Paris, 1992.
SEGUR P., *La crise du droit d'asile*, éd. PUF, 1998.
SICILIANOS L.-A., *Nouvelles formes de discriminations internationales d'experts sur la prévention des discriminations à l'égard des immigrés, des réfugiés*, éd. Pédone, Paris, 1995.
SIMON J., *L'immigration algérienne en France de 1962 à nos jours*, L'Harmattan, Paris, 2002.
SOREL J.-M., *L'étranger*, Revue juridique de l'Ouest, n° spécial 2000, Faculté de droit et de Science Politique de l'université de Rennes.

SUDRE F.,
- (Sous la direction de), Colloque du 22 et 23 mars 2002, *Le droit de la vie familiale au sens de la CEDH*, (Bruylant, 2002.
- (Sous la direction de), *L'interprétation de la Convention européenne des droits de l'Homme*, Colloque du 13 et 14 mars 1998, éd. Bruylant, Bruxelles, 1999.
- (Sous la direction de), *La protection des droits de l'Homme par le Comité des droits de l'Homme des Nations Unies, les communications individuelles*, IDEDH, 1995.

T

TCHIBINDAT S., *La réglementation de l'immigration algérienne en France : de la règle au calcul, du calcul à la règle*, Cahiers REAC, Politique et société, septembre 2004, 204 p.
TEITGEN-COLLY C., (Sous la direction de) Colloque organisé le 26 et 27 octobre 2000, par ENM, *Cinquantième anniversaire de la CEDH*, Droit et justice, Bruylant, Bruxelles, 2002.
THÉRON J.-P., *Évolutions récentes du droit des réfugiés en Europe*, Presse de l'institut d'études politiques de Toulouse, 1995.
THIERRY H., DECAUX E., *Droit international et droits de l'Homme, la pratique française dans le domaine de la protection internationale des droits de l'Homme*, CEDIN, éd. Montchrestien, 1990.
THUMERELLE P.-J., *Peuples en mouvement, la mobilité spatiale des populations*, DIEM, éd. SEDES, 1986.
TIBERGHEIN F., *La protection des réfugiés en France*, éd. Economica-PUAM, Paris, 1988.
TODD E., *Le destin des immigrés, assimilation et ségrégation dans les démocraties occidentales*, éd. Seuil, Paris, 1994.
TORPEY J., *The invention of the passport, surveillance, citizenship and the State*, London, Cambridge University Press, 2000.
TURPIN J., *Nouveaux aspect juridique de l'asile politique*, éd. Maisonneuve 1937.

V

VALLUY J., (Sous la direction de) *L'Europe des camps : la mise à l'écart des étrangers*, Cultures et Conflits, N° 57, avril 2005.
VANDENDRIESSCHE X., *Le droit des étrangers*, 2ème éd. Coll. Connaissance du droit, éd. Dalloz, Paris, 2001.
VAZ-CABRAL G., *Les formes contemporaines d'esclavage dans les pays de l'Union européenne*, éd. IHESI, Paris, 2002.

W

WEIL P., et RAWDALL H., (Sous la direction de), *Nationalité et citoyenneté en France*, éd. La découverte, Paris, 1999.
WEIL P.,
- *La France et ses étrangers, l'aventure d'une politique de l'immigration à nos jours*, éd. Folio Gallimard, Paris, 1991.
- *Qu'est ce qu'un français ? Histoire de la nationalité française depuis la révolution*, éd. Grasset, 2002.

WIHTOL DE WENDEN C., FALGA B, LEGGEWIE C., *Au miroir de l'autre, De l'immigration en France et en Allemagne*, Actes du colloque de Francfort sur Le Main, 15 et 16 mai 1993, CERF, Paris, 1994.
WIHTOL DE WENDEN C., DE TINGUY A., *L'Europe et toutes ses migrations*, éd. Complexe, Paris, 1995.
WIHTOL DE WENDEN C.,
- *La citoyenneté et les changements des structures sociales et nationales de la population française*, EDILIG, Paris, 1998.
- *Faut-il ouvrir les frontières ?*, éd. La bibliothèque du citoyen, 1999.
- *Les immigrés et la politique cent cinquante ans d'évolution*, Presse de la fondation nationale des sciences politiques, Paris, 1988.
- (Sous la direction de), Colloque de Francfort sur Le Main, 15 et 16 mai 1993, *De l'immigration à l'intégration en France et en Allemagne, Au miroir de l'autre*, éd. Bibliothèque franco-allemande, CERF, Paris, 1994.

Z

ZANI M., *La Convention internationale des droits de l'enfant, portée et limites*, éd. Publisud, 1996.

C. Actes de colloques, Mélanges, Journées d'études, Congrès

- Colloque de Clermont-Ferrand, *Les travailleurs étrangers et le droit international*, éd. Pédone, Paris, 1979.
- Colloque organisé à Nimègue les 9 et 11 mai 1988, par les facultés de droit de Poitiers et Nimègue, *La condition de l'étranger hier et aujourd'hui.*
- Colloque de Montpellier les 14 et 15 décembre 1990, *Le juge administratif français et la CEDH,* RUDH 1991, vol.3 n° 7-9, 30 septembre 1991.
- Colloque, *Les réfugiés en France et en Europe, quarante ans d'application de la Convention de Genève*, 1992.
- Colloque du Laboratoire d'Études et de recherches appliquées au droit privé, *Le droit de la famille à l'épreuve des migrations transnationales*, Université de Lille II, éd. LGDJ, 1993.
- Colloque du Laboratoire d'études et de recherches appliquées au droit privé, *Internationalisation des droits de l'Homme et évolution du droit de la famille,* Université de Lille II, éd. LGDJ, Paris, 1996.
- Colloque de Caen de la Société Française pour le Droit International, *Droit d'asile et des réfugiés,* éd. Pédone, Paris, 1997.
- Colloque de Caen, Société Française pour le Droit International, *La protection des droits de l'Homme et l'évolution du droit international,* éd. Pédone, 1998.
- Congrès XIème Palma de Majorque du 29-31 mai 1997, *Les nouveaux droits de l'Homme en Europe,* éd. Bruylant, Bruxelles, 1999.
- Colloque du 13 et 14 mars 1998, *L'interprétation de la Convention européenne des droits de l'Homme*, éd. Bruylant, Bruxelles, 1999.
- Colloque Rabat, *29-30 avril 1999, La migration clandestine enjeux et perspectives, éd. AMERM.*
- Colloque organisé pour le 50ème anniversaire de la CEDH, 29 et 30 septembre 2000 à Bordeaux, *Le procès équitable et la protection juridictionnelle du citoyen,* Bruylant, Bruxelles, 2001.
- Colloque du 15 novembre 2000, *L'Europe et la libre circulation des personnes*, Revue Plein Droit du GISTI, n°49, avril 2001.
- Colloque du Sénat, 19 et 20 octobre 2001, Frontières et zones d'attentes, une liberté de circulation sous contrôle.
- 10ème colloque de droit des étrangers à Lille, Ordre des avocats au Barreau de Lille, Les instruments de défense des étrangers hors Convention européenne des droits de l'Homme, 9 mars 2002.

- Mélanges en l'honneur de YVON LOUSSOURN, *Internationalisation du droit,* éd. Dalloz, 1994.

Journée d'étude du 22 janvier 2003, L'Europe face à l'asile et l'immigration : quelles politiques communes ?, Europe de rejet, Revue Plein Droit, Juin 2003.

- Journées luxembourgeoises, Travaux de l'association Henri Capitant, *L'étranger*, Éd. LGDJ, tome XLVIII, 1997.
- Recueil de la Société de Jean Bodin, *L'étranger*, éd. Librairie encyclopédique de Bruxelles, 1958
- 3ème Congrès européen sur *la Politique d'immigration et d'asile (évaluation 1999-2004)*, Assemblée nationale 10 et 11 juin 2004, Paris

D. Mémoires :

AVELINE A., *L'œuvre du Conseil de l'Europe dans le domaine du droit d'asile et des réfugiés*, mémoire de DEA de droit public fondamental, 1998, Paris II.

BLANCHIN D., *Le droit à la santé des étrangers en France*, mémoire de l'IEP, Toulouse, 1999/2000.

DAMA TAIBI N., *L'accès de l'étranger à l'espace de l'Union européenne*, mémoire de DEA droit public, université de Tunis II, 1993/1994.

DENAJAR S., *Le statut de l'étranger : entre égalité et discrimination*, mémoire de DEA de droit public interne, Paris, 1998.

FERRAN N., *La contribution du Conseil constitutionnel à la protection de la vie privée et familiale des étrangers,* (mémoire de DEA Sous la direction de Rousseau D.), Université de Montpellier I, septembre 1998.

PENNARUN S., *La vie familiale*, mémoire de DEA, 1995/1995, Toulouse.

SCIOTTI C., *La concurrence des traités relatifs aux droits l'Homme devant le juge national*, (Sous la direction de FLAUSS J.-F.), mémoire de DEA, éd. Bruylant, Bruxelles, 1997.
TOTOLI J., *Les étrangers et le droit à la non-détention arbitraire*, mémoire IEP, Toulouse, 1999.

III. ARTICLES :

A

ABRAHAM R.,
- « Le juge administratif français et la Cour de Strasbourg », *in Quelle Europe pour les droits de l'Homme ? La cour de Strasbourg et la réalisation d'une union plus étroite »*, 35 années de jurisprudence : 1959- 1994, éd. Bruylant, Bruxelles, 1996, p. 235-247.
- « Le cas du droit des étrangers », *LPA,* 1993, 24 novembre 1993, n° 141, p. 31.
- « L'applicabilité de la CEDH en droit interne », *RUDH,* 1991, p. 275-280.

AKANDJI-KOMBÉ J. F.,
- . « Charte sociale et droit communautaire », *in La Charte sociale européenne*, Bruylant Bruxelles, 2001, p. 149.
- « Jurisprudence communautaire récente en matière des droits fondamentaux », *CDE,* 1998, p. 352-387.
- « Les droits des étrangers et leur sauvegarde dans l'ordre communautaire », *CDE*, 1995, n° 3-4, p. 351-380.

ALAUX J.P.
- « Ouverture à la tête du client », *Revue Plein Droit,* n° 47-48, janvier 2001.
- « Jeux de loi », octobre 1998, *site du GISTI.*
- « Des lois de régularisation dans une République fermée : l'ennui des frontières », *Revue Plein Droit*, n° 36-37, décembre 1997.
- « L'ennui des frontières », *Revue Plein Droit*, n° 36-37, décembre 1997, p. 20-25.

ALBERT S., « Réfugiés de l'intérieur, droits, protection et assistance aux personnes déplacées », *in Déplacées et réfugiés, la mobilité sous contrainte* (Sous la direction de LASSAILLY-JACOB V. MARCHAL J. Y., QUESNEL A.), éd. IRD, collection colloques et séminaires, Paris, 1999, p.49-69.

ALÉDO L.-A., « La perte du statut de réfugié en droit international public », *RGDIP,* 1991, p. 371-404.

ALLAND D.,
- « Le juge français et le droit d'origine internationale », *in Droit international et droit interne dans la jurisprudence du Conseil constitutionnel et du Conseil d'État*, Droit international et relation internationale, (Sous la direction de DUPUY P.-M.), éd. Panthéon Assas, 2001, p. 47.
- « L'applicabilité directe du droit international considérée du point de vue de l'office du juge : des habits neufs pour une vieille dame ? », *RGDP*, 1998, vol. 1, p. 203.
- « Le dispositif du droit d'asile », *in Colloque de Caen, Droit d'asile et des réfugiés,* SFDI, Paris, éd. Pédone, 1997, p. 13-83.
- « Jamais, Parfois, Toujours. Réflexions sur la compétence de la cour de cassation en matière d'interprétation des conventions internationales », *RGDIP*, 1996, p. 599.
- « Jurisprudence française en droit international public, DC n° 93-353 », *JDI*, 1993, p. 205.

AMIR A.-K., « Les réfugiés non-statuaire : l'exemple des réfugiés libanais en France », in Les réfugiés en France et en Europe, quarante ans d'application de la Convention de Genève, Actes du Colloque, p. 457

ANDERSFUHREN-WAYNE C.-S., « Family unity in immigration and refugee matters : United States and European approaches », *IJRL*, 1996, p. 347.

ANDRIANTSIMBAZOVINA J.
- « L'enrichissement mutuel de la protection des droits fondamentaux au niveau européen et au niveau national, vers un contrôle de fondementalité ? », *RFDA*, janvier-février, 2002, p. 125- 137.
- « Le maintien du lien familial des étrangers » *in Le droit au respect de la vie familiale au sens de la Convention européenne des droits de l'Homme*, Droit et justice n° 38, Bruylant, Bruxelles, 2002, p. 212-239.
- « Splendeurs et misères de l'ordre public européen, les trois dernières années de l'ancienne Cour européenne des droits de l'Homme, (1996, 1997, 1998) », *CDE*, n° 5-6, 2000, p. 657.
- « La Convention européenne des droits de l'Homme et de la Cour de justice des communautés européennes après le traité d'Amsterdam : de l'emprunt à l'appropriation », *Europe*, octobre 1998, p. 3.
- « Jurisprudence administrative et Convention européenne des droits de l'Homme 1995-1996 : l'adaptation progressive au droit européen des droits de l'Homme 1995-1996 », *RFDA,* 1997, p. 1246-1260.

ANGELIER J.-P., « La nouvelle politique française des visas », *in La nouvelle donne de l'immigration en Europe*, Migrations et Société, CIEMI, mars-avril 2001, vol. 13, n° 74, p. 51.

APAP J., SITAROPOULOS N., « The right to family and reunification of third country migrants in the host states : Aspects of the international and European law », *in Droit et politique de l'immigration et de l'asile de l'union européenne,* Summer school Book 2001, option immigration, réseau Odysseus ULB, p. 294.
ARONSTEIN G., « L'étranger et les droits de l'Homme », *Revue de l'institut de sociologie, pour une société ouverte aux étrangers,* Actes du colloque, Mars, 1971, ULB 1972-1, p. 32-40.
AUBIN E.,
- « La Convention de Schengen devant le Conseil d'État, le contrôle juridictionnel des refus de visas », *JCP,* 13 février, 2002, p. 333.
- « L'intégration différenciée dans les domaines de l'asile et de l'immigration » *intervention* au Summer School 2001, réseaux Odysseus, ULB, juillet 2001.
- « La neutralisation constitutionnelle de l'exception d'inconstitutionnalité ou la fin d'un malaise dans la constitution », *D.,* 2000, Jurisprudence, p. 152.
- « Le juge administratif français face à l'application de la convention de Schengen dans ses dispositions sur le droit d'asile. Bilan jurisprudentiel de l'application en France des accords de Schengen », *RDP,* n° 3, 2000, p. 827-862.
- « Les visas de long séjour et le droit d'asile », *LPA,* 4 janvier 2000, n° 2, p. 13-19.
- « Le droit constitutionnel d'asile », *LPA,* n° 73, du 19 juin 1998.

AUER A., « Le statut des étrangers et des réfugiés en Suisse », *in Immigrés et réfugiées dans les démocraties occidentales,* (Sous la direction de TURPIN D.), éd Economica-PUAM, 1990, p. 699-705.
AUGOUSTURES A., « Logique historique et idéologie de la Convention de Genève », *Recherches et asile,* n° 3, 1998, p. 3-14.

B

BA A.Y., « Du colonisé à l'immigré : les vicissitudes d'un statut », *RDIDC,* n° 74, 1997, p. 139.
BALIBAR E, CHEMILLIER GENDREAU M., COSTA LASCOUX J., TERRAY E., « Étrangers, la rose ou le réséda », *Le Monde,* 15 avril 1998, p. 14.
BANTMAN B., « Droit d'asile : des régularisations au compte gouttes », *Libération,* le 19 janvier 1999.
BARUTCIKI M., « Le droit international des réfugiés et le rapatriement involontaire », *in Populations réfugiés, de l'asile au retour,* (Sous la direction de LASSAILLY-JACOB V., COMBREZY L.), éd. IRD, collection colloques et séminaires, Paris 2001, p. 323-336.
BEAUD O., « Propos inactuels sur le droit d'asile : asile et théorie générale de l'État », *LPA,* n° 123, 13 oct. 1993, p. 16-21.
BEAUDU G., « La politique européenne des visas de court séjour », *Cultures et Conflits,* n° 49/50, 2003.
BEAUTHIER G.-H.,
- « Schengen, Laboratoire d'une Europe sécuritaire ? », Coordination asile suisse, (mouvement pour une suisse ouverte, démocratique et solidaire), *Europe montrez patte Blanche, les nouvelles frontières du laboratoire Schengen,* éd. Le centre d'Europe, tiers monde, Genève, décembre, 1993, p. 51-71.
- « Pour la suppression des visas de court séjour ? », *Revue Plein droit,* n° 20, février 1993, p. 54-57.

BECHILLON D., « De quelques exemples du contrôle de la conventionnalité internationale des lois par le juge ordinaire », *RFDA,* 1998, 14 (2) mars-avril 1998, p.225.
BELANGER M., « L'accès aux soins de santé en France des étrangers ressortissants non communautaires », *RDSS,* 1994, p. 423.
BENABENT A., « L'ordre public en droit de la famille », *in l'ordre public à la fin du XX° siècle,* éd. Dalloz, Thémis et commentaires, Paris, 1996, p. 27.
BENNOUNA M., « La Convention des Nations Unies relative aux droits de l'enfant », *AFDI,* 1989, p. 431-445.
BENOIT-ROHMER F., « Reconduite à la frontière : développement récent », *RDP,* 1994, p. 430-478.
BERNARD F. et **BERTHE A.**, « Les garanties procédurales en matière de reconduite à la frontière au regard de la CEDH », *RTDH,* 1997, p. 17.
BERNARD P.,
- « Le tunnel sous la Manche : un abcès où vient se fixer la misère du monde, un symbole de l'échec de l'harmonisation européenne », *Le Monde,* 29 décembre 2001, p. 8.
- « L'immigration : la tentation de l'ouverture», *Le Monde,* 15 août 2000.
- « Les français généreux, la France frileuse », *Le Monde,* 21 mai 1999, p. 17
- « Les premiers réfugiés arrivent en France », *Le Monde,* 16 avril 1999, p. 6.
- « L'incertitude demeure sur l'accueil des réfugiés kosovars », *Le Monde,* 15 avril 1999, p. 6.
- « Asile constitutionnel et asile territorial », *Le Monde,* 17 décembre 1997, p. 9.
- « La décision du TA de Lyon entrave l'application de la Convention Schengen », *Le Monde,* 8 avril 1995.

BIGO D.,
- « Sécurité et immigration : vers une gouvernementalité par l'inquiétude ? » *in Sécurité et immigration*, (Sous la direction de), *Cultures et Conflits*, 1998, p. 7-11.
- « Sécurité, immigration et contrôle social, l'archipel des polices », *Le Monde diplomatique*, octobre 1996, p. 9.

BIGO D. et GUILD E.,
- « Les pratiques quotidiennes de la coopération consulaire », *Cultures et Conflits*, n° 49/50, 2003.
- « Le visa Schengen : expression d'une stratégie de police à distance », *Cultures et Conflits*, n° 49/50, 2003.
- « Désaccord aux frontières et politique des visas : les relations entre Schengen et l'Union », *Cultures et Conflits*, n° 49/50, 2003.
- « Le visa : instrument de la mise à distance des « indésirables » », *Cultures et Conflits*, n° 49/50, 2003.

BISSON A., « Le contrat d'accueil et d'intégration », *Regard sur l'actualité*, La Documentation Française, mars 2004, p. 41.

BITTI G, « Le champ d'application de l'article 6 de la CEDH en matière d'éloignement des étrangers », *Cahiers du CREDHO*, n° 7, 2001, p. 58-65.

BOCKEL A., « La Constitution française et les étrangers », *in Le droit des immigrés*, Actes du colloque droit et immigration, 29-30 janvier 1982, Association des juristes pour la reconnaissance des droits fondamentaux des immigrés, Edisud, Aix en Provence, 1983, p. 37-44.

BOELES P., « Directive on family reunification: are the dilemmas Resolved ? », *EJML*, 2001, p.61-71.

BONNECHÈRE M.,
- « Charte sociale et droits nationaux », *in La Charte sociale européenne*, Bruylant Bruxelles, 2001, p. 105.
- « Citoyenneté et Europe sociale », *Europe*, juillet 2001, p. 6-10.
- « Quelle garantie des droits sociaux fondamentaux en droit européen ? », *Europe*, juillet, 2000, p. 4.

« La libre circulation des travailleurs salariés dans l'Union européenne », *Droit ouvrier*, 1995, p. 319.

BONNOT F., « Les principes généraux du droit applicables aux réfugiés et le principe de l'unité de famille », *RDP*, 1996, p. 1379.

BONNOTTE C., « La contestation des décisions de maintien en rétention administrative et en zone d'attente devant le juge judiciaire et le juge administratif », *AJDA*, 5 avril 2004, p. 694-703.

BORN R., « Demandeurs d'asile et réfugiés, Quel niveau de protection leur apporte l'harmonisation européenne des droits nationaux ? », *Annales de Droit de Louvain*, vol. 59, 1999, n° 3, p. 244-338.

BOSSUYT M. et LAMMERANT I., « La conformité à la Cour européenne des droits de l'Homme des mesures d'éloignement du territoire des demandeurs d'asile déboutés », *RTDH*, 1993, p. 417.

BOSSUYT M., « La protection des réfugiés à la lumière de la Convention de Genève relative au statut et de la Convention européenne des droits de l'Homme », *in La Convention de Genève du 28 juillet 1951 relative au statut des réfugiés 50 ans après : bilan et perspectives*, Bruylant, Bruxelles, 2001, p. 239-256.

BOURENANE M.-N., « Éléments pour une approche critique de la question de l'immigration algérienne en France », *in Les algériens en France, genèse et devenir d'une migration* (Sous la direction de COSTA-LASCOUX C. et TEMINE E.), éd. Publisud, CNRS, 1985, p. 50-79.

BOURGUET C., « Les garanties en droit interne », *in ANAFÉ, frontières du droit, frontières des droits, l'introuvable statut de la « zone internationale*, éd. L'Harmattan, 1993, p. 189-204.

BOUTEILLET-PAQUET D.,
- « Évaluation de la protection de directive européenne sur la notion de réfugié et la protection subsidiaire du point de vue de l'expérience des États membres », *La protection subsidiaire des réfugiés dans l'Union européenne : un complément à la Convention de Genève ?*, (Sous la direction de BOUTEILLET-PAQUET D.), Bruylant, Bruxelles, 2002, p. 79-94.
- « La protection subsidiaire : progrès ou recul du droit d'asile en Europe ? Une analyse critique de la législation des États membres de l'Union européenne », *in La protection subsidiaire des réfugiés dans l'Union européenne : un complément à la Convention de Genève ?*, (Sous la direction de BOUTEILLET-PAQUET D.), Bruylant, Bruxelles, 2002, p. 153-210.
- « Quelle protection subsidiaire dans l'Union européenne ? », *Hommes et Migrations*, n°1238, juillet-août 2002, p. 75-87.
- « La définition d'une politique migratoire communautaire dans un espace élargi : quelles conséquences pour les pays d'Europe centrale, La nouvelle donne de l'immigration en Europe », *Migrations et Société*, CIEMI, vol. 13, n° 74, mars-avril 2001, p. 69.

BOYER J., « Le juge judiciaire et l'étranger en rétention administrative : la nouvelle donne constitutionnelle », *Gazette du Palais*, 1er mars 2005, 77/2, doctrine, p. 2.

BRANDEL U., « Distribution of asylum seekers in Europe ? Dublin II regulation determining the responsibility for examining an asylum application », *L'émergence d'une politique européenne d'asile*, ULB, Bruylant, Bruxelles, 2003, p. 33-69.

BRIBOSIA E.,

- « Droit des étrangers, droits fondamentaux de la personne (1997-1999) », *RDE*, 1999, n° 106, p. 747-765.
- « Le protocole sur le droit d'asile pour les ressortissants des États membres de l'Union européenne », *in Le Traité d'Amsterdam, espoir et déceptions*, collection de l'IEE, Bruylant, Bruxelles, 1998, p. 190-196.

BRINGUIER P., « Les quasi-réfugiés », *Immigrés et réfugiés dans les démocraties occidentales, défis et solutions*, (Sous la direction de TURPIN D.), Economica, Presses universitaires d'Aix-Marseille, 1989, p.299-309.

BUGNION F., « Réfugiés, personnes déplacées et droit international humanitaire », *Revue Suisse de droit international et droit européen*, 2001, p. 277-288.

BUISSON J. P., « A Cherbourg, 36 clandestins qui squattaient un local désaffecté ont été placés en garde à vue », *Le Monde*, 9 août 2002.

BURGORGUE-LARSEN L., « Ombres et lumières de la constitutionnalisation de la Charte des droits fondamentaux de l'Union européenne », *CDE*, 2004, p. 669.

BUSCH N., « La Convention de Schengen de L'État de droit à l'État sécuritaire ? », Coordination asile suisse, (Mouvement pour une suisse ouverte, démocratique et solidaire), *in Europe montrez patte Blanche, les nouvelles frontières du laboratoire Schengen*, éd. Le centre d'Europe, tiers monde, Genève, 1993, p. 43.

C

CALLEWAERT J., « L'article 3 de la Convention européenne : une norme relativement absolue ou absolument relative ? », *Mélanges Marc-André Eissen*, Bruylant, Bruxelles, 1995, p. 13.

CALOZ-TSCHOPP M.-C.,

- « La création de la démocratie et de l'asile par l'action politique contre le néolibéralisme sécuritaire », *in Europe et réfugiés : un défi ? »*, (Sous la direction de CARLIER J.Y. et VAN HEUL D.), KLUWER LAW international, London, Boston, The Hague, 1997, p. 3-53.
- « La politique des trois cercles, un enjeu de civilisation », *in Europe montrez patte Blanche, les nouvelles frontières du laboratoire Schengen*, éd. Le centre d'Europe, tiers monde, Genève, 1993, p. 316-360.

CHALTIEL F., « Le juge administratif, juge de l'immigration », *RDP*, 2000, p. 155.

CHANET C., « Le Comité contre la torture », *AFDI*, 1991, p. 553-560.

CHETAIL V.,

- « La réforme française de l'asile prélude à la banalisation européenne du droit des réfugiés », *JDI*, 3, 2004, p. 816-865.
- « Le principe de non-refoulement et le statut de réfugié en droit international » *in La Convention de Genève du 28 juillet 1951 relative au statut des réfugiés 50 ans après : bilan et perspectives*, Bruylant, Bruxelles, 2001, p. 3-62.

CARLIER J.-Y. et CRÉPEAU F., « Intégration régionale et politique migratoire, Le « modèle » européen entre coopération et communautarisation », *JDI*, 4, 1999, p. 953-1019.

CARLIER J.-Y.,

- « La place des ressortissants de pays tiers dans la Charte », *in La charte des droits fondamentaux de l'Union européenne, son apport à la protection des droits de l'Homme*, (Sous la direction de CARLIER J.-Y. et DE SCHUTTER O.), éd. Bruylant, Bruxelles, 2002, p. 177-200.
- « Et Genève sera ... La définition du réfugié : bilan et perspectives », *in La Convention de Genève du 28 juillet 1951 relative au statut des réfugiés 50 ans après : bilan et perspectives*, Bruylant, Bruxelles, 2001, p. 63-90.
- « Pour la suppression des visas, du pas suspendu du gitan au temps de cigognes, de libre circulation à la circulation libre », *in La migration clandestine enjeux et perspectives*, Actes du colloque Rabat, 29-30 avril 1999, p. 58-64.
- « Circulation, séjour, expulsion », *in La protection de l'étranger dans une Europe bouleversé*, actes du colloque CEREP, ULB, (Sous la direction NAYER A.), juin 1996, éd. La charte, p. 41-73.
- « Les enjeux juridiques d'un statut de séjour à titre humanitaire », *RDE*, 1995, n° 85, p. 451-460.
- « Les textes internationaux relatifs aux droits de l'Homme comme instrument de démocratie », *in Asile, violence, exclusion en Europe, Histoire, analyse, prospective, groupe de Genève*, (Sous la direction de CALOZ TSCHOPP M.-C., CLEVENOT A, TSCHOPP M.P., coédition Cahiers de la rédaction des sciences de l'éducation de l'université de Genève, Genève 1994, p. 419-424.
- « L'Europe et les ressortissants des États tiers : de la coopération intergouvernementale vers le droit communautaire », *Annuaire universitaire de Louvain*, n° 2, 1993, p. 207.

- « L'harmonisation des politiques d'asile des pays d'Europe les enjeux juridiques », *RDE*, 1992, n° 69, p. 151-159.

CARRÈRE V.,
- « De Sangatte à Satragne », *Revue Plein Droit*, 58, décembre 2003.
- « Sangatte, un toit pour des fantômes », *Hommes et Migration*, juillet-août, n° 1238, 2002, p. 13.

CART H.P., « La libre circulation de personnes et les rapports nord/sud », CORDINATION ASILE SUISSE, (et mouvement pour une suisse ouverte, démocratique et solidaire), *Europe montrez patte Blanche, les nouvelles frontières du laboratoire Schengen*, éd. Le centre d'Europe, tiers monde, Genève, 1993, p. 276-296.

CARTOU L., « Les deux accords de Schengen », *LPA*, 7 décembre 1994, n° 146, p. 35.

CASSESE A., « Une nouvelle approche des droits de l'Homme : la Convention européenne pour la prévention de la torture », *RGDIP*, 1989, p. 7-47.

CASTANEDA J., « Le concept général de résolutions internationales », *RACDI*, 1970, n° 129, p. 205-332.

CHASSIN C.-A., « Panorama du droit français de l'apatridie », *RFDA*, mars-avril 2003, p. 324.

CHEMILLIER- GENDREAU M.,
- « N'abandonnons pas les sans papiers », *Le Monde*, 23 janv. 1999, p. 13.
- « Nation et nationalisme », *in Pouvoir et liberté*, études offertes à J. MOURGEON, Bruxelles, Bruylant, 1998.
- « Droit comparé de l'asile et du réfugié, l'application diversifiée de la convention de Genève de 1951 en Europe et ailleurs », *in Colloque de Caen droit d'asile et des réfugiés*, SFDI, Paris Éd. Pédone, 1997, p. 371-379.
- « La virtualité de la libre circulation », *Revue Plein Droit*, n° 36-37, décembre 1997.

CHOCQUET C., « Le système d'information Schengen : un double défi », *RMCUE*, n° 418, mai,1998, p. 294-298.

CHRITOPHE-TCHAKALOFF M.-F., « Le suivi des accords entre la Turquie et l'UE devant la Cour de justice des Communautés européennes », *in La Turquie et l'Europe, une coopération tumultueuse*, (Sous la direction de INSEL A.), éd. L'harmattan, 1999, p. 63-78.

CIMADE, CCCFD, GISTI, SAF, SM
- « Une situation née il y a quatorze ans », *in entretien avec Véronique Désenclos de l'association « belles étoile » à Calais, enquête sur les réfugiés de Sangatte*, octobre 2000, http://www.gisti.org/doc/actions/2000/sangatte/belle-etoile.html.
- « Les étrangers de Sangatte sont les victimes de situations dramatiques dans certaines parties du monde », entretien avec le procureur de la République et le présidents du TGI de Boulogne-sur-Mer, enquête sur les réfugiés de Sangatte, octobre 2000, http://www.gisti.org/doc/actions/2000/sangatte/procureur.html.
- « Un non-lieu pour des gens de non-droit », *in enquête sur les réfugiés de Sangatte*, octobre 2000, p. 3, http://www.gisti.org/doc/actions/2000/sangatte/directeur.html.
- « Inimaginable de renvoyer 80 à 85 % des étrangers en raison de la situation dans leur pays d'origine «, *in Entretien avec le Préfet du Pas-de-Calais, enquête sur les réfugiés de Sangatte*, octobre 2000, http://www.gisti.org/doc/actions/2000/sangatte/prefet.html.
- « Si les étrangers avaient des chances d'obtenir l'asile en France beaucoup seraient prêts à le demander», *enquête sur les réfugiés de Sangatte*, octobre 2000, http://www.gisti.org/doc/actions/2000/sangatte/religieuse.html.
- « Des milliers de fantômes en camp », *in synthèse de la mission Pas-de-Calais, enquête sur le réfugiés de Sangatte*, octobre 2000, http://www.gisti.org/doc/actions/2000/sangatte/sythese.html.

CLAUDE-VALENTIN M., « L'union européenne face aux déplacements de population, les raisons d'États face aux droits des personnes », *RIME*, 1996, n° 2, vol 12, p. 169-209.

CLÉMENT H.
- « Les demandes d'asile », *in Les mesures relatives aux étrangers à l'épreuve de la Convention européenne des droits de l'Homme*, Bruylant, Bruxelles, 2003, p. 17.
- « Police des étrangers et droit au respect de la vie familiale », *Revue Plein Droit*, n° 20, février, 1993, p. 46-51.

CLERGERIE J.-L., « L'application du principe de non-discrimination en matière de sécurité sociale à des ressortissants des pays tiers à la communauté », *LPA*, 5 août 1998.

COHEN-JONATHAN G.
- « Les réserves dans les traités institutionnels relatifs aux droits de l'Homme, nouveaux aspects européens et internationaux », *RGDIP*, 1996, p. 915.
- « Conclusion générale », *in Quelle Europe pour les droit de l'Homme ? La Cour de Strasbourg et la réalisation d'une « union plus étroite »*, (35 années de jurisprudence : 1959- 1994), Bruylant, Bruxelles, 1996.

COMBARNOUS M., « Les clauses d'exclusion et de cessation de la qualité de réfugié dans la jurisprudence de la Commission des recours des réfugiés en France », *in La Convention de Genève du 28 juillet 1951 relative au statut des réfugiés 50 ans après : bilan et perspectives*, Bruylant, Bruxelles, 2001, p. 367-396.

CORDEIRO A., « Une conception alternative de l'immigration », *in Les lois de l'inhospitalité, les politiques de l'immigration à l'épreuve des sans papiers*, (Sous la direction de FASSIN D., MORICE A., QUIMINAL C.), éd. La découverte, Essai, Paris, 1997, p. 235.

COROUGE E., « Le respect de la vie familiale, expulsion des étrangers et article 8 de la Convention européenne des droits de l'Homme », *RFDA*, 13 (2), mars-avril, 1997, p. 318.

CORRADO L., « L'intégration de Schengen dans l'Union européenne : problème et perspectives », *RMCUE*, n° 428, mai, 1999, p. 442-349.

CORTES-DIAZ C.,

- « La présidence française : quelles priorités en matière d'immigration ? », *Revue Plein Droit*, n° 49, avril, 2001, p. 49.
- « La Charte des droits fondamentaux de l'Union européenne », *Revue Plein Droit*, n° 49, avril, 2001, p. 53.

COSTA J.-P., « L'application par le Conseil d'État français de la Convention européenne des droits de l'Homme », *RTDH*, 1997, p. 395.

COSTA-LASCOUX J., « Politiques migratoires et droits de l'Homme », *in Trente ans de libre circulation des travailleurs*, Actes du Colloque de Paris 10 octobre 1997, (Sous la direction de BONNECHÈRE M.), éd. La documentation française, Paris, 1998, p. 177-189.

COURNIL C.,

- « Traite des êtres humains, une directive au service de la maîtrise des flux », *Hommes et Migrations*, n° 1241, janvier, 2003, p. 90-98.

« Homosexualité et migration, droit au séjour et couple homosexuel », *RRJ*, 2004-2, p. 1039-1052.

COUSSIRAT-COUSTÈRE V.,

- « Les politiques migratoires au sein de l'Union européenne et la Convention européenne des droits de l'Homme », *in Mélange Louis Edmond Pettiti*, éd. Bruylant, Bruxelles, 1997, p. 206.
- « L'article 8 § 2 », *in La CEDH commentaire article par article*, (Sous la direction de PETTITI, E. DECAUX, IMBERT P.-H.), 2ème éd., 1999, p. 323-351.

CREACH X. et JULIEN-LAFERRIÈRE F., « Asile et qualité de réfugié : confusion des notions, enchevêtrements des critères et des compétences », *D.*, Jurisprudence, 1997, p. 393.

CREACH X., « La notion de « pays tiers sûr » ou l'instrumentalisation des itinéraires par les États d'accueil », *Recherches et asile*, n° 2, 1997, p. 23-31.

CRÉPEAU F.,

- « L'évolution du HCR », *Relations*, novembre 1998, 645, p. 271-274.
- « Droit comparé de l'asile et du réfugié, l'application diversifiée de la convention de Genève de 1951 en Europe et ailleurs », *in Colloque de Caen droit d'asile et des réfugiés*, Société française pour le droit international, éd. Pédone, Paris, 1997, p. 262-290.

CREPEAU F et CARLIER J.-Y., « Intégration régionale et politique migratoire, le modèle européen entre coopération et communautarisation », *JDI*, 4, 1999, p. 997.

CRUZ A., « La Convention européenne des droits de l'Homme et la Convention contre la torture sont-elles pour les demandeurs d'asile et les réfugiés des instruments de protection complémentaires à la Convention de Genève », *Recherches et Asile*, n° 3, 1998, p. 15-31.

CURTI GIALDINO, « Schengen et le troisième pilier : le contrôle juridictionnel organisé par le traité d'Amsterdam », *RMUE*, février, 1998, p. 89.

D

DAUGAREILH I.

- « La Convention européenne de sauvegarde des droits de l'Homme et des libertés fondamentales et la protection sociale », *RTDE*, 37 (1), janv.-mars 2001, p. 123-137.
- « La lutte contre les discriminations raciales : nouveau combat…nouvelles perspectives ? », *RDSS*, 35 (4), oct.-déc., 1999, p. 697.
- « La loi 11 mai 1998 sur l'entrée et le séjour des étrangers en France. Les modifications apportées en droit de la protection sociale », *RDSS*, 34 (3), juill.-sept., 1998, p. 634.
- « Protection sociale et insertion des étrangers », *RDSS*, 34 (1), janv.-mars, 1998, p. 193.
- « La situation de l'emploi salarié des étrangers en France », *RDSS*, 33 (1), oct.-déc., 1997, p. 918.
- « Les prestations sociales non contributives et les étrangers non communautaires », *RDSS*, 1997, p. 189.

DARMON M., « Uniformité ou compatibilité des systèmes juridiques nationaux : des règles identiques aux principes directeurs », *in Quelle politique Pénale pour l'Europe ?*, (Sous la direction de DELMAS-MARTY M.), 1991, p. 319.

De BRESSON J.-J., « Le droit des réfugiés : pratique française », *in Colloque de Caen, Droit d'asile et des réfugiés*, SFDI, éd. Pédone, 1997, p. 339-347.

DE BRUYCKER P.,

- Intervention « Le niveau d'harmonisation législative » 3ème Congrès européen sur la Politique d'immigration et d'asile (évaluation 1999-2004), Assemblée nationale 10 et 11 juin 2004, Paris.
- « Vers une politique européenne de l'immigration économique ? », *in Les nouvelles migrations, un enjeu européen*, (Sous la direction de BRIBOSIA E., et REA A.), éd. Complexe, 2001, Bruxelles, p. 157-182.
- « Vers un statut des ressortissants tiers », *in Union européenne et nationalité, le principe de non discrimination et ses limites*, (Sous la direction de BRIBOSIA E., DARDENNE E., MAGNETTE P., WEYEMBERGH A.) éd. Bruylant, Bruxelles, 1999, p. 236.
- « D'un système européen de l'asile vers un droit européen des réfugiés », *in Europe and refugee : a challenge ?*, (Sous la direction de CARLIER J.-Y. et VANHEULE D.), Kluwer Law international, Pays Bas, 1997, p. 159-185.
- « Présentation du projet de traité d'Amsterdam en ce qui concerne la libre circulation des personnes l'asile et l'immigration », *RDE*, 1997, n° 93, p. 290-293.

DECAUX E.,

- « La jurisprudence internationale et européenne en matière de non discrimination raciale », *in Le droit face au racisme*, (Sous la direction de DECAUX E.), éd. Pédone, Paris, 1999, p. 101-118.
- « L'approche du droit international : zone internationale, zone frontière, zone de transit, zone franche, zone géographique et aménagements juridiques », *in ANAFÉ, frontières du droit, frontières des droits, l'introuvable statut de la « zone internationale*, éd. L'Harmattan, 1993, p. 31-43.
- « La convention européenne pour la prévention contre la torture », *AFDI*, 1988, p. 618-634.

DEHAUSSY J., « La Constitution, les traités et les lois : à propos de la nouvelle jurisprudence du Conseil d'État sur les traités », *JDI*, 3, 1999, p. 675.

DEGNI-SEGUI R., « L'action des institutions africaines en matière de réfugiés », *in Droit d'asile et des réfugiés*, colloque de Caen SFDI, éd. Pedone, Paris, 1997, p. 229-252.

DE GOUTTES R., « Le rôle du Comité des Nations Unis pour l'élimination de la discrimination raciale », *in Le droit face au racisme*, (Sous la direction de DECAUX E.), éd. Pédone, Paris, 1999, p. 67-101.

DE GOUTTES R., « L'article 5§2 », *in La Convention européenne des droits de l'Homme commentaire article par article*, (Sous la direction de L.-E. PETTITI, DECAUX E. et IMBERT P.-H.), 1999, 2ème éd. Economica, p. 203-210.

DE KERCHOVE G.,

- « L'initiative de la Charte et le processus de son élaboration », *in La charte des droits fondamentaux de l'Union européenne, son apport à la protection des droits de l'Homme*, (Sous la direction de CARLIER J.-Y. et DE SCHUTTER O.), éd. Bruylant, Bruxelles, 2002, p. 29.
- « Un espace de liberté de sécurité et de justice aux dimensions incertaines, quelques réflexions sur le recours aux coopérations renforcées en matières de justice et d'affaires intérieures », *in Le traité d'Amsterdam espoir et déceptions*, (Sous la direction de LAJEUNE Y.), collection de l'IEE, Bruylant Bruxelles, 1998, p. 288-297.

DE LARY H., « La Convention des Nations Unies sur la protection de tous les travailleurs migrants et des membres de leur famille », *REMI*, Volume 8, n° 2, 1992, p. 66.

DE LARY H., « Marché du travail et droits des ressortissants des pays tiers », *in Trente ans de libre circulation des travailleurs, actes du Colloque de Paris 10 octobre 1997*, (Sous la direction de BONNECHÈRE M.), éd. La documentation française, Paris, 1998, p. 174.

DE MEYER J., « Article 5§1 », *in La CEDH commentaire article par article*, (Sous la direction L.-E., PETTITI, E. DECAUX, P.-H IMBERT), 2ème éd., 1999, p. 188-201.

DE SCHUTTER O. et **FRUMER P.**, « Les garanties procédurales dans le cadre du contentieux de l'accès au territoire du séjour et de l'éloignement des étrangers », *RDE*, n° 110, 2000, p. 522-530.

DELOUVIN P., « Mémorandum d'Amnesty International en vue de la conférence intergouvernementale de 1996 : deux propositions pour un renforcement de la protection des droits de l'Homme », *in Asile-Europe, la lettre d'information FTDA*, n° 98, Trimestriel, Mars 1997, p. 19.

DEMBOUR M.-B., « Étrangers ou quasi-nationaux ? Le choix des droits de l'Homme », *RTDH*, 2002, p. 963-981.

DENCOUR A. et ANDRES E., « La France crispée sur son ordre public, Quelle Europe pour les étrangers ? », *Revue Plein Droit, GISTI*, n° 49, avril 2001, p. 24.

DENOËL X., « Les accords de réadmission du Benelux à Schengen et au-delà », *RTDE,* 29 (4) oct.-déc. 1993, p. 635-652.

DERHY N., « Les mineurs isolés en Europe : le cas de la France », *in Les mesures relatives aux étrangers à l'épreuve de la Convention européenne des droits de l'Homme,* (Sous la direction de LAMBERT P. et PETTITI C.), collection Droit et Justice, n° 46, Bruylant, Bruxelles, 2003, p. 38-51.

DURIEUX R.-J., « Le rôle du Haut Commissariat des Nations Unies pour les réfugiés », *in Droit d'asile et des réfugiés,* SFDI de Caen, Pedone, 1997, p. 185.

DE SCHUTTER O.,

- « Les droits fondamentaux dans le traité d'Amsterdam », *in Le traité d'Amsterdam, espoir et déception,* (Études coordonnées par LAJEUNE Y.), collection de l'IEE, Bruylant Bruxelles, 1998, p. 154-188.
- « La proportionnalité de l'éloignement d'étrangers pour des motifs d'ordre public », *RDE,* n° 93, 1997, p. 177-189.
- « Privation et maintien en zone d'attente internationale », *RDE,* 1996, n° 89, p. 348-353.
- « Le droit au regroupement familial au croisement des ordres juridiques européens », *RDE,* n° 90, 1996, p. 531-547.
- « La souveraineté de l'État et les droits de la personne immigrée », *RDE,* n° 84, 1995, p. 261-270.
- « La Convention européenne des droits de l'Homme et l'asile », *RDE,* n° 80-81, 1994, p. 471-480.

DE SEZE S. et **POELEMANS M.**, « La régularisation des immigrés illégaux en France », *in La régularisation des étrangers illégaux dans l'Union européenne,* (Sous la direction de DE BRUYCKER P.), éd. Bruylant, Bruxelles, p. 161-193.

DEVERS A.., « La protection de la santé de l'étranger en situation irrégulière », *Revue de droit sanitaire et social,* 2001, p. 241-262.

DHOMMEAUX J., « L'article 26 du Pacte international relatif aux droits civils et politiques et le droits des pensions », *RFDA,* nov.-déc. 1996, p. 1239-1241.

DIAS URBANO DE SOUSA C., Intervention « le regroupement familial au regard des standards internationaux » 3ème Congrès européen sur la Politique d'immigration et d'asile (évaluation 1999-2004), Assemblée nationale 10 et 11 juin 2004, Paris.

DIENG M., « Qu'est ce qu'un mécanisme conventionnel de protection des droits de l'Homme », *Revue de droit international des sciences diplomatiques et politiques,* vol. 79, n° 3, septembre-décembre 2001, p. 339-349.

DIPLA H., « La Convention des Nations Unies sur les travailleurs migrants et leur famille face à la réalité », *in Nouvelles formes de discriminations internationales d'experts sur la prévention des discriminations à l'égard des immigrés, des réfugiés,* (Sous la direction de SICILIANOS L.A.), éd. Pédone, Paris, 1995, p. 35-45.

DOCQUIER P.-F., « Droit à la privée et familiale des ressortissants étrangers : vers la mise au point d'une protection floue du droit au séjour ? », RTDH, 2004, n° 6°, p. 921-949.

DODET-CAUPHY., « La difficile reconnaissance du droit d'asile constitutionnel », *RFDA,* mai-juin 1999, p. 469 et s.

DOMENACH H., « De la migratologie », *REMI,* n° 2, vol. 12, 1996, p. 73-86.

DRUESNE G., « Les prolongements de la libre circulation des travailleurs salariés, droit de séjour et progrès social », *RTDE,* 1982, p. 556.

DUFFAR J., « La protection du respect de la vie familiale des étrangers », *LPA,* 24 mai 1991, n° 62, p. 33.

DUFOUR J. P., « France : le centre de Sangatte sera fermé aux réfugiés le 15 novembre », *Le Monde,* 28 septembre 2002.

DUPUY R.-J., « Droit déclaratoire et droit programmatoire : de la coutume sauvage à la soft law », *in Dialectiques du droit international, souveraineté des États, communauté des États, communauté internationale et Droits de l'Homme* (déjà paru en 1975), éd. Pédone, 1999, p. 119.

E

ÉCOCHARD B., « L'émergence d'un droit à des conditions de détentions décentes garanti par l'article 3 de la Convention européenne des droits de l'Homme », *RFDA,* janvier février 2003, p. 98.

EISSEN M.A., « Cours constitutionnelles nationales et Cour européenne des droits de l'Homme : leur influence mutuelle », *RTDH,* 1991, 1er avril 1991, p. *167.*

F

FARIA C. et CORRADO L., « Vers une politique européenne commune en matière d'asile et d'immigration », *Eipascope,* Institut d'Administration Publique, n° 2001/2, p. 2-15.

FARKHONDEH S., « Sangatte mai 2002, témoignages des migrants », *in L'immigration bouscule l'Europe,* Confluences et Méditerranée, n° 42, été, 2002, l'Harmattan, p. 47-53.

FASSIN D.

- « Une double peine. La condition sociale des immigrés malades du sida, », *Revue française d'Anthropologie*, 2001, 160, p. 137-162.
- «Les immigrés et le sida. Une question mal posée », *in Sida et vie psychique*, S. Hefez éd., La Découverte, Paris, 1996, p. 81-90.
- « Quand le corps fait loi : la raison humanitaire dans les procédures de régularisation des étrangers », *Sciences sociales et santé*, n° 4, vol. 19, 2001, p. 5-34.

FERRAN N., « Les étrangers ont-ils une vie privée ? », *Revue Plein Droit*, n° 47/48, janvier 2001, p. 18-21.

FERRE N.,
- « Sur le terrain des discriminations, Quelle Europe pour les étrangers ? », *Revue Plein Droit*, n° 49, avril 2001, p. 8.
- « La production de l'irrégularité », *in Les lois de l'inhospitalité, les politiques de l'immigration à l'épreuve des sans papiers*, (Sous la direction de FASSIN D., MORICE A, QUIMINAL C.), éd. La découverte, Essai, Paris, 1997, p. 47.

FLAUSS J.F.,
- Les droits de l'Homme et la Convention de Genève du 28 juillet 1951 au statut des réfugiés », *in La Convention de Genève du 28 juillet 1951 relative au statut des réfugiés 50 ans après : bilan et perspectives*, Bruylant, Bruxelles, 2001, p. 91-131.
- « De l'influence de la Cour Européenne des Droits de l'Homme sur le juge administratif », *Europe*, hors série 1999, p. 23-26.
- « L'incorporation indirecte des traités de protection des droits de l'Homme », *RTDH*, 1997, p. 35.
- « Le droit à un recours effectif. L'article 13 de la CEDH », *in Le juge administratif et la CEDH, colloque de l'institut de droit européen des droits de l'Homme*, Montpellier, 14-15 décembre 1990, RUDH, 1991.

FLORY M., « Ordres juridiques et statut des travailleurs étrangers », *in Colloque de Clermont-Ferrand, Les travailleurs étrangers et le droit international*, SFDI, éd. Pédone, Paris, 1977, p. 175-209.

FONTENEAU R., FROMENT G., « Les Conventions internationales de sécurités sociales », *Droit social*, n° 5, mai, 1976, p. 122.

FOUGEROUSE J., RUCCI R., « Le contentieux de reconnaissance du statut de réfugié devant la Commission des recours des réfugiés », *RDP*, n° 1, 1998, p. 178-224.

FULCHIRON H.
- La réforme du droit des étrangers », *JDI*, n° 1, 1999, p. 6-41.
- « La réforme du droit des étrangers (Commentaire de la loi n° 98-349 du 11 mai 1998 relative à l'entrée et au séjour des étrangers en France et au droit d'asile, dite loi «Chevènement» ou loi « RESEDA » », *JDI*, 1999, p. 5.

G

GACON H.
- « L'harmonisation des politiques d'asile », *Revue Plein Droit*, n° 49, avril 2001, p. 42.
- « Deux pas en avant, un pas en arrière », *Revue Plein Droit*, n° 28, septembre 1995, p. 25-26.

GACON-ESTRADA H., « Étrangers : la sécurité sociale se moque de la justice », *Droit social*, n° 7/8, juillet-août 1996,p. 709.

GAHAM H, « Tolérance et non-discrimination : le rôle de l'ONU », *in Nouvelles formes de discriminations internationales d'experts sur la prévention des discriminations à l'égard des immigrés, des réfugiés*, (Sous la direction de SICILIANOS L.A.), éd. Pédone, Paris, 1995, p. 22-34.

GALLISSOT R., « Aux origines de l'immigration algérienne, le « mixte » fondateur franco-algérien », *in Les algériens en France, genèse et devenir d'une migration*, (Sous la direction de COSTA-LASCOUX J. et TEMINE E.), éd. Publisud, CNRS, 1985, p. 207-230.

GASTOUT Y., « L'immigré dans l'opinion publique (algérien, du migrant au clandestin) », *Migrations et Société*, décembre 1994, p. 6-18.

GAUTIER M., « Les conflits entre conventions internationales devant le juge administratif français », *DA*, mai 2002, p. 4-13.

GAUTIER Y., « Droit au séjour des étrangers », *Europe*, mars, 2004, p. 17.

GAZZANIGA J-L., « Le droit d'asile religieux : évolution historique », *in Droit d'asile, devoir d'accueil*, VIII° colloque de la fondation Jean-Rodhain, Paris, Desclée de Brouwer, 1995, p. 77-85.

GENEVOIS B.
- « Le Conseil constitutionnel et les étrangers », *in Mélanges ROBERT J., éd. Montchrestien*, 1998, p. 253
- « La liberté individuelle, le droit d'asile et les conventions internationales », *RFDA*, 3 (1), janv.-fèvr., 1987, p. 120-129.

GISTI.,
- *« Un nouvel outil léger et rapide : le référé administratif »*, note, http://www.gisti.org/doc/action/actions/2001/hyacinthe/index.html.
- « Des milliers de Camps fantômes », Sangatte, site officiel.

GENSON R., « Avancée au Conseil européen de Séville en matière de « justice et affaires intérieures » », *RMCUE*, n° 460, juillet-août, 2002.

GILISSEN J., « L'étranger », *Recueil de la société de Jean Bodin*, éd. Librairie encyclopédique de Bruxelles, 1958, p. 5.

GLELE AHANHANZO M., « L'action du rapporteur spécial de la commission des droits de l'Homme des Nations Unies », *in Le droit face au racisme*, (Sous la direction DECAUX E.), éd. Pédone, Paris, 1999, P. 139-147.

GUERRIER C., « Les cartes d'identité et la biométrie : l'enjeu sécuritaire », *Revue Communication Commerce électronique*, mai, 2004, p. 19.

GUIMEZANES N.,
- « Le droit d'asile », *JCP*, 2004 (3), p. 57-58.
- « La loi n° 2003-1119 du 26 novembre 2003 relative à la maîtrise de l'immigration, au séjour des étrangers en France et à la nationalité », *JCP*, 2003 (50), p. 2169-2171.
- « Aperçu rapide ». La loi n° 98-349 du 11 mai 1998 relative à l'entrée et au séjour des étrangers en France et au droit d'asile », *JCP*, 1998, Act., p. 1025.
- « Aperçu rapide sur la loi n° 97-396 du 24 avril 1997 portant diverses dispositions relatives à l'immigration », *Semaine juridique*, 1997, Act., 21 mai 1997.
- « Condition des étrangers », *RCDIP*, 88, (3), juillet septembre 1999, p. 493.
- « La loi du 11 mai 1998 relative à l'entrée et au séjour des étrangers en France et au droit d'asile », *JCP*, G 1998, n° 48, 25 novembre 1998, p. 2047.
- « Commentaire d'une loi dont la mort est annoncée. La loi Debré n° 97-396 du 24 avril 1997 portant diverses dispositions relatives à l'immigration », *Semaine juridique*, 1997, I, 4040.
- « Réflexion sur l'éloignement des étrangers du territoire français », *JDI*, 1996, n° I, p. 69.
- « L'arrêt de l'immigration en France ?, Commentaire de la loi n° 93-1027 du 24 août 1993 sur la maîtrise de l'immigration », *JCP*, Éd. G, n° 1, doctrine, 3728, 1996, p. 1.
- « Le statut des réfugiés », *RIDC*, n° 2, 1994, p. 606-628.
- « Commentaire de la loi n°93-1027 du 24 août 1993 relative à la maîtrise de l'immigration et aux conditions d'entrée et de séjour des étrangers en France », *JCP*, 1994, I, 3728.
- « La situation des étrangers non communautaires à l'aube de l'année 1993 », *JDI*, 1, 1993, p. 4-39.

GUILD E., STAPLES H.,
- « Inside out and outside in : third country nationals in European law and beyond » , *in Quelle politique d'immigration pour l'Europe ?*, (Sous la direction DE BRUYCKER P.), Summer School Book 2001, p. 191-218.
- « Labour migration in the Européen Union », *in L'émergence d'une politique européenne d'immigration* (Sous la direction de DE BRUYCKER P.), p. 171-248.

GUILD E.,
- « Amsterdam et Tampere : les ressortissants extra-communautaires et l'Union européenne, *Cultures et conflits*, n° 45, 2002.
- « Vers un statut B européen ? », *Revue Plein Droit*, n° 20, février 1993, p. 63.

GOLSONG H., « La Convention européenne relative au statut juridique du travailleur migrant », *in Les travailleurs étrangers et le droit international*, Acte du XIIe Colloque de la SFDI, Clermont-Ferrand, les 25, 26, 27 mai 1978, Pédone, p. 226-251.

GONZALEZ G., « Le protocole n° 12 à la Convention européenne des droits de l'Homme portant interdiction générale de discriminer », *RFDA*, 2002, p. 113.

GOODWIN-GILL S.-G., « Safe third country ? », *IJRL*, 1992, p. 283.

GORTÁZA C., « Asylum procedure », *in L'émergence d'une politique européenne d'asile*, ULB, Bruylant, Bruxelles, 2003, p. p. 87-106.

GOYBET C., « Police, asile, immigration : l'Union est-elle en panne? », *RMCUE*, n° 385, février, 1995, p. 73.

GUIRAUDON V., « La politique des visas : Schengen et le contrôle à distance », *in Frontières et zones d'attentes, une liberté de circulation sous contrôle*, Colloque du Sénat, 19 et 20 octobre 2001.

GRATALOUP S.,
- « La Cour européenne des droits de l'Homme maintient sa jurisprudence en matière d'éloignement du territoire des étrangers », *Droit de la famille*, mai 2001, p. 9-11.

- « L'étranger né ou résidant depuis sa naissance en France », in Les étrangers et convention européenne de sauvegarde des droits de l'Homme et des libertés fondamentales, Colloque de Lyon 1997, (Sous la direction de FULCHIRON H.), LGDJ, Paris, 1999, p. 110-137.

GROENENDIJK K., « The directive on the mutual recognition of expulsion decisions : symbolic or unbalanced politics ? », *in L'émergence d'une politique européenne d'immigration*, (Sous la direction de DE BRUYCKER P.), Collection de la Faculté de droit, ULB, Bruylant, Bruxelles, 2003, p. 447-463.

H

HAILBRONNER K., « European Immigration and asylum Law under the Amsterdam treaty », *CMLR*, Vol.35, 1998, p. 1047-1067.

HANDOLL J.

- « The status of third-country nationals residing on a long term basis », *in L'émergence d'une politique européenne d'immigration*, (Sous la direction de DE BRUYCKER P.), Collection de la Faculté de droit, ULB, Bruylant, Bruxelles, 2003, p. 363-369.
- « Reception of asylum seekers », *in L'émergence d'une politique européenne d'asile*, ULB, Bruylant, Bruxelles, 2003, p. 113-148.

HATHAWAY J.C., « The development of the refugee definition in international law », *in The law of refugee statuts*, (Sous la direction de HATHAWAY J.-C.), Butterworths, Toronto, 1991, p. 1-27.

HENRY P., « France, Algérie, un peu de courage », *in L'immigration bouscule l'Europe*, Confluences Méditerranée, n° 42, été, 2002, L'Harmattan, p. 109-112.

HIGGINS R., « La liberté de circulation en droit international », *in Liberté de circulation en droit international*, (Sous la direction de FLORY M., et HIGGIN R.), éd. Economica, Paris, 1988, p. 3-20.

HUET I., « La double peine et la Convention européenne des droits de l'Homme », *in Les mesures relatives aux étrangers à l'épreuve de la Convention européenne des droits de l'Homme*, Bruylant, Bruxelles, 2003, p. 59.

HURWITH A.,

- « Commentaire sur la détermination de l'État responsable de l'examen d'une demande d'asile et la répartition des charges entre États membres », *L'émergence d'une politique européenne d'asile*, ULB, Bruylant, Bruxelles, 2003, p. 71-86.
- « Asile et réfugié en Europe, l'application de la Convention de Dublin », *IJRL*, 1999, vol. XI, n° 4, p. 646-677.

I

IDOT L.,

- « Libre circulation des travailleurs et accords de la coopération ou d'association », *in Trente ans de libre circulation des travailleurs, actes du Colloque de Paris 10 octobre 1997*, (Sous la direction de BONNECHÈRE M.), éd. La documentation française, Paris, 1998, p. 151-159.
- « Le regroupement familial en droit communautaire à la lumière du décret du 11 mars 1994 », *Europe*, mai, 1994, p. 1.

IMBERT P.-H., « Droits des pauvres, pauvres droits ? Réflexion sur les droits économiques, sociaux et culturels », *RDP*, 1989, p. 739.

INOTAI A., « Une vision stratégique des accords d'association en la CE et les pays d'Europe centre », *RMCUE*, 1993, n° 369, p. 520.

J

JACKSON I. C.,

- « Évolution historique de la population internationale des réfugiés : défis de la situation actuelle », *in Asile, violence, exclusion en Europe, Histoire, analyse, prospective, groupe de Genève*, (Sous la direction de CALOZ TSCHOPP M.-C., CLEVENOT A, TSCHOPP M.-P.), Genève 1994, p. 243-251.
- « The 1951 Convention relating to the status of refugee : A universal basis for protection », *IJRL*, vol. III, n° 3, 1991, p. 403.

JAEGER G., « On the history of the international protection of refugees », *RICR*, septembre 2001, Vol. 83, n° 843, p. 727-737.

JELLERS-FRAHN D., « The contribution of the Council of Europe to the legal position of alien », *in Le régime juridique des étrangers en du droit national et international*, (Sous la direction de FROWEIN J.A et STEIN T.), p. 1726-1774.

JULIEN-LAFERRIÈRE F., SCHMITTER C., et CARLIER J.-Y., « Vers quelle politique communautaire des visas de cour séjour ? », *in L'émergence d'une politique européenne d'immigration*, (Sous la direction de DE BRUYCKER P.), Collection de la Faculté de droit, ULB, Bruylant, Bruxelles, 2003, p. 97-169.

JULIEN-LAFERRIÈRE F.,
- Intervention « L'éloignement des ressortissants de pays tiers », 3ème Congrès européen sur la Politique d'immigration et d'asile (évaluation 1999-2004), Assemblée nationale 10 et 11 juin 2004, Paris.
- « Les dispositions répressives de la loi du 26 novembre 2003 », *AJDP*, mars, 2004, p. 96-100.
- « La loi Villepin relative au droit d'asile », *Regard sur l'actualité,* La Documentation Française, mars, 2004, p. 29.
- « Une modification d'ampleur de l'ordonnance de 1945 », *AJDA,* 9 février 2004, p. 260-270.
- « Le statut des personnes protégées », *in L'émergence d'une politique communautaire d'asile,* ULB, Bruylant Bruxelles, 2003, p. 198.
- « Les droits de l'étranger », *in Cinquantième anniversaire de la CEDH,* Actes du colloque organisé le 26 et 27 octobre 2000, (Sous la direction de TEITGEN-COLLY C.), Bruylant, Bruxelles, 2002, p. 207-218.
- « La délimitation des compétences de la juridiction administrative et de la juridiction judiciaire en matière de rétention administrative et de maintien en zone d'attente », *RCDIP*, 2002, p. 255-287.
- « Le traitement des demandeurs d'asile en zone d'attente, entre réalité et réalité », *Hommes et Migrations*, n° 1238, juillet-août, 2002, p. 32-44.
- « La compatibilité de la politique de l'Union européenne avec la Convention de Genève du 28 juillet 1951 », *in La Convention de Genève du 28 juillet 1951 relative au statut des réfugiés 50 ans après : bilan et perspectives*, Bruylant, Bruxelles, 2001, p. 257-287.
- « Le statut du mineur étranger maintenu en zone d'attente », *D.*, 2001, 2773.
- « Ordre public et droit des étrangers », *in l'ordre public : ordre public ou ordres publics, ordre public et droits fondamentaux,* Actes du colloque de Caen des jeudi 11 et vendredi 12 mai 2000 (Sous la direction de REDOR M.-J.), p. 285.
- « Asile et qualité de réfugié : confusion des notions, enchevêtrement des critères et des compétences », *D.*, 1997, jurisprudence, p. 393.
- « État de droit et droit d'asile », *Recherche et Asile*, n° 2, 1997, p. 33-39.
- « La situation des demandeurs d'asile dans les zones d'attentes et dans les lieux de la rétention administrative en France », *in Circuler, enfermer, éloigner : zones d'attente et centres de rétention des démocraties,* (Sous la direction de D.BIGO), *Cultures et conflits*, éd. L'Harmattan, 1996, p. 7-44.
- « Un protocole « anti-asile » au Traité d'Amsterdam, *Lettre d'information FTDA*, décembre 1997, p. 12.
- « Réflexion sur la création d'une juridiction internationale compétente pour la détermination de la qualité de réfugié », *in Asile-Europe, la lettre d'information FTDA*, n° 98, Trimestriel, mars, 1997, p. 13-18.
- « Le droit d'asile enterré à peine découvert », *in Le préambule de 1946, antinomies juridiques et contradictions politiques*, Centre universitaire administratif et politique de Picardie, PUF, 1996, p. 209.
- « Le mythe de l'immigration zéro », *AJDA*, 1994, p. 83-96.
- « Les structures et les Conventions européennes concernant la libre circulation des personnes en Europe », *in Europe montrez patte Blanche, les nouvelles frontières du laboratoire Schengen,* éd. Le centre d'Europe, tiers monde, Genève, décembre, 1993, p. 32-40.
- « Le droit d'asile et la Convention de Schengen », *in L'Europe des polices et la sécurité intérieure*, (Sous la direction BIGO D.), éd. Complexe, Paris, 1992, p. 124.
- « L'Europe de Schengen : de la disparition des frontières aux transferts des contrôles », *ALD,* 1992, p. 125.
- « De l'application des accords de Schengen au statut des zones d'attentes, chronique d'une loi annoncée », *AJDA*, 20 octobre 1992, p. 656.
- « L'incidence de la construction européenne sur le droit d'asile », *in Droit pénal, droit européen, Mélanges offerts à Georges Levasseur,* éd. Gazette, 1992, p. 37.
- « L'entrée, le séjour et le travail des étrangers dans la communauté », *in Quelle politique Pénale pour l'Europe ?,* (Sous la direction de DELMAS-MARTY M.), 1991, p. 35.

JULINET S., « L'accueil aux frontières, mineurs isolés en danger », *Revue Plein Droit* n° 52, mars, 2002, p. 11-14.

K

KÄLIN W., « Protection temporaire, l'expérience de la Suisse », in La Convention de Genève du 28 juillet 1951 relative au statut des réfugiés 50 ans après : bilan et perspectives, Bruylant, Bruxelles, 2001, p. 399-417.

KARAGIANNIS S., « Expulsion des étrangers et mauvais traitements imputables à l'État de destination ou à des particuliers. Vers une évolution de la jurisprudence européenne », *RTDH,* 1999, p.65.

KAYSER P., « Le regroupement familial dans le droit communautaire, la Convention européenne des droits de l'Homme et le droit interne français », *JCP,* 1993, éd. G, n° 31-22, 3679, p. 235.

KENNEYBREW T., « La défense des droits familiaux de l'étranger en France par la Convention européenne des droits de l'Homme, Pluralisme et universalisme juridiques : un possible croisement identitaire », *in L'étranger et le droit de la famille, pluralisme juridique*, éd. perspectives sur la justice, 2000, p. 249.
KISS A.C., *La condition des étrangers en droit international et les droits de l'Homme,* (Sous la direction de GANSHOF VAN DER MEERSCH W.-J.), *Studia ab discipulis amicisque in honorem egregii professoris*, mélanges publiés sous l'égide du centre inter universitaire de droit public et ULB, éd. Bruylant, Bruxelles et LGDJ, Tome 1et 2, Paris, 1972, p. 499-510.
KOERING-JOULIN R., « Article 5 § 4 », *in La CEDH commentaire article par article,* (Sous la direction L.-E., PETTITI, E. DECAUX, P.-H IMBERT), 2ème éd., 1999, p. 229.

L

LAACHER S., « État, immigration et délit d'hospitalité », *in Les sans États et le devoir d'avoir des droits*, volume 1, (Sous la direction de CALOZ-TSCHOPP M.-C.), Genève, éd. L'harmattan, 1998, p. 139.
LABAYLE H.
- « Le bilan du Mandat de Tampere et l'espace de liberté et de justice de l'UE », *CDE*, 2004, n° 5-6, p. 591.
- « L'Union européenne et l'immigration, une véritable politique commune ? », *in Mouvement du droit public, Mélange en l'honneur de Franck Moderne*, Dalloz, 2004, p. 1217-1233.
- Intervention « Vers une politique commune ? », 3ème Congrès européen sur la Politique d'immigration et d'asile (évaluation 1999-2004), Assemblée nationale 10 et 11 juin 2004, Paris.
- « Instruments et procédures de l'Espace de liberté, sécurité et justice : quelques réflexions critiques », *Europe*, 1 janvier 2003, p. 3-8.
- « L'immigration dans un espace de liberté, sécurité et justice », *in World, Paix, sécurité et Stabilité, dialogue international et rôle de l'Union européenne*, VI° congrès ECSA, 5 et 6 décembre 2002.
- « Le droit d'asile en France », *RAE*, 2002, p. 570-581.
- «L'article 8 de la CEDH et le droit de l'étranger au respect de sa vie privée et familiale», *in Les étrangers et convention européenne de sauvegarde des droits de l'Homme et des libertés fondamentales*, Colloque de Lyon, 1997, (Sous la direction de FULCHIRON H.), éd. LGDJ, Paris, 1999, p. 82-107.
- « Amsterdam ou l'Europe des coopérations renforcées », *Europe*, mars, 1998, p. 4 et avril 1998, p. 4.
- « Un espace de liberté, de sécurité et de justice ? », *RTDE*, 1997, p. 831-881.
- « La libre circulation des personnes dans l'Union européenne, de Schengen à Amsterdam », *AJDA*, 1997, p. 923-935.
- « La coopération européenne en matière de Justice et d'affaires intérieures et la Conférence intergouvernementale », *RTDE*, 1997, p. 1-35
- « Le droit d'asile en France : normalisation ou neutralisation ? », *RFDA*, 1997, p. 242.
- « L'éloignement des étrangers devant la Cour européenne des droits de l'Homme », *RFDA*, 13 (5) sept.-oct. 1997, p. 977-998.
- « Le juge « Le passage à gué », *RFDA*, 11 (1) janv.-févr., 1995, p. 109. et le droit de l'extradition face aux logiques de l'entraide répressive internationale », *RFDA*, 20 (1) janv-fév., 1994, p. 21.
- « Le droit de l'étranger à mener une vie familiale normale, lecture nationale et exigence européenne », *RFDA*, 9 (3) mai-juin, 1993, p. 511-540.
- « L'éloignement des étrangers », *in Le juge administratif et la Convention européenne des droits de l'Homme*, Acte du colloque de Montpellier, 14 et 15 décembre 1990, *RUDH*, 30 septembre 1991, vol 3 n° 7-9, p. 296-316.

LABAYLE H., PAQUET-BOUTEILLET D., « La lutte contre l'immigration irrégulière », *in Quelle politique d'immigration pour l'Union Européenne ? : bilan du traité de Maastricht et perspectives du traité d'Amsterdam*, (Sous la direction de DE BRUYCKER P.), Summer School Book 2001.
LACROIX V., « L'illusion d'une régularisation », *Revue Plein droit,* n° 47/48, janvier 2001, p. 22-25.
LAFARGE P., « Les garanties du procès équitable », *in Quelle politique Pénale pour l'Europe*, (Sous la direction de DELMAS-MARTY M.), 1991, p. 281.
LALUMIERE C., « L'action du Conseil de l'Europe en faveur du droit des minorités », *Migrations et Société*, Vol 5, n° 30, novembre-décembre 1993, p. 35-40.
LAMBERT P.
- « La définition de la vie familiale », *in Le droit au respect de la vie familiale au sens de la Convention européenne des droits de l'Homme*, Droit et justice n° 38, Bruylant, Bruxelles, 2002, p. 55-59.
- « Extradition et expulsion dans la jurisprudence de la cour européenne des droit de l'Homme », *in Les nouveaux droits de l'Homme en Europe,* Congrès XIème Palma de Majorque du 29-31 mai 1997, Bruylant, Bruxelles, 1999, p. 63-50.

LANTERO C., « Concurrence et complémentarités du HCR et du CICR », *Revue juridique d'Auvergne,* 2001, Vol 3, p. 77.

LARRALDE J.-M., « Le *soft law* européen comme promoteur des droits des personnes incarcérées », *in Question sur le droit européen* (Sous la direction de GREWE C.), PUF, Caen 1996, p. 189-208.

(De) LARY H., « La convention des Nations Unies sur la protection de tous les migrants et des membres de leur famille, instruments d'une pédagogie des droits de l'Homme ou espace d'affrontement Nord-sud ? », *REMI,* volume 8, n° 2, 1992, p. 87-79.

LASSAILLY-JACOB V., « Migrant malgré eux, une proposition de typologie », *in Déplacées et réfugiés, la mobilité sous contrainte,* éd. IRD, collection colloques et séminaires, Paris, 1999, p. 27-48.

LASSAILLY-JACOB V., et GONIN P., « Les réfugiés de l'environnement. Une nouvelle catégorie de migrants forcés ? Migration et environnement », *REMI,* vol. 18, 2002, n° 2.

LAVIEC J.-P., « La protection des droits économiques et sociaux par l'organisation du travail », *RUDH,* 1991, p. 61.

LEBLANC V., « L'interprétation de la Convention de Genève relatif au statut de réfugié à la lumière des positions du HCR sur les développements politiques récents en matière d'asile », *RDE,* 1993, p. 573.

LECLERC S., « Les restrictions et limitations à l'application de la Charte sociale », *in La Charte sociale européenne,* Bruylant, Bruxelles, 2001, p. 67.

LECUCQ O.,

- « La constitutionnalisation du droit des étrangers, introduction à l'analyse des cycles juridiques », *in La constitutionnalisation des branches du droit,* (Sous la direction de MATHIEU B., VERPEAUX M.), Economica, Presses universitaires d'Aix-Marseille, 1998, p. 147.

LEDUC F., « L'asile territorial, conférence des Nations Unies de Genève 1977 », *AFDI* 1977, p. 232.

LEGOUX L., « La remise en cause du droit d'asile en France », *in Déplacées et réfugiés, la mobilité sous contrainte,* (Sous la direction de LASSAILLY-JACOB V. MARCHAL J. Y., QUESNEL A.), éd. IRD, collection colloques et séminaires, Paris, 1999, p. 71-87.

LENNERT M. et DECROLY J.-M., « Comment mesurer les migrations, une histoire de donnée et d'indicateur », *in les nouvelles migrations, un enjeu européen,* (Sous la direction de BRIBOSIA E., et REA A.), éd. Complexe, 2001, Bruxelles, p. 37-49.

LESORT G., « L'association avec la Turquie », *in L'association à la Communauté économique européenne, aspect juridique,* Presses universitaire de Bruxelles, p. 89-112.

LEUTHARDT B., « Le SIS et les libertés fondamentales : les nouveaux ennemis », *in Europe montrez patte Blanche, les nouvelles frontières du laboratoire Schengen,* éd. Le centre d'Europe, tiers monde, Genève, 1993.

LEVINET M.,

- « Couple et vie familiale », *in Le droit au respect de la vie familiale au sens de la Convention européenne des droits de l'Homme,* Droit et justice n° 38, Bruylant, Bruxelles, 2002, p. 107-160.
- « La confirmation de l'infléchissement de la jurisprudence européenne relative aux mesures d'éloignement dans les premières décisions en la matière de la « nouvelle » Cour européenne des droits de l'Homme », *JCP,* n° 13, 28 mars 2001, II 10503, p. 666.
- « L'éloignement des étrangers délinquants et l'article 8 de la CEDH », *RTDH,* janvier n° 37, 1999, p. 89-118.

LISSOUCK F-F., « Le contrôle juridictionnel des refus de visas : Tendances permanentes et évolutions récentes », *LPA,* 19 juin 2003, n° 122, p. 4-14.

LOCHAK D. et JULIEN-LAFERRIÈRE F., « Les expulsions entre la politique et le droit », *Archive de politique criminelle,* édition Pédone, 1990, p 65.

LOCHAK D

- « L'intégration, alibi de la précarisation », *Revue Plein Droit,* mars, 2004, p. 3-6.
- « La loi sur la maîtrise de l'immigration : analyse critique », *Regard sur l'actualité* La Documentation Française, mars, 2004, p. 13-28.
- « La *défense d'un point de vue « étranger »* », *in La charte des droits fondamentaux de l'Union européenne, son apport à la protection des droits de l'Homme,* (Sous la direction de CARLIER J.-Y. et DE SCHUTTER O.) éd. Bruylant, Bruxelles, 2002, p. 205-212.
- « Défaite ou Victoire ? », *Revue Plein Droit,* n° 47/48, janvier, 2001, p. 52-54.
- « Les subtilités du Conseil d'État », *Revue Plein Droit,* n° 47-48, janvier, 2001.
- « Quand l'administration fait de la résistance, les prestations non contributives et les étrangers », *in Mélanges en l'honneur de ALFANDARI E.,* éd. Dalloz, 2000, Paris, p. 405.
- « Étrangers et citoyens au regard du droit », *in La citoyenneté et les changements des structures sociales et nationales de la population française,* EDILIG, Paris, 1998, p. 75-85.

- « Les politiques de l'immigration au prisme de la législation sur les étrangers », *in Les lois de l'inhospitalité, les politiques de l'immigration à l'épreuve des sans papiers*, (Sous la direction de FASSIN D., MORICE A, QUIMINAL C.), La découverte, Essai, Paris, 1997, p. 29.
- « Polygamie : ne pas se tromper de combat », *Revue Plein Droit*, n° 36-37, décembre 97, p. 52-54.
- « Quand la Sécu ignore les décisions de justice », *Revue Plein Droit*, n° 28, septembre 1995, p. 9-10.
- « Les mystifications du 22 bis », *Revue Plein Droit*, n° 28, septembre 1995, p. 11-15.
- « Les discriminations frappant les étrangers sont-elles licites ? », *Droit social*, n° 1, 1990, p. 76.
- « L'entrée et le séjour des étrangers en France : une législation sous influence », *AJDA*, 20 octobre 1989, p. 489.
- « L'étranger et les droits de l'Homme », *in Service public et libertés, Mélanges offerts au professeur Robert Édouard Charlier*, éd. De l'université et de l'enseignement moderne, 1981, p. 615.
- « Observations sur un infra-droit », *Droit social*, n° 5, mai, 1976, p. 43-49.

LONG M., « Le principe d'égalité et les étrangers », *in rapport public sur le principe d'égalité du Conseil d'État*, 1996, n° 49.

LORIAUX M., « les enjeux démographiques des migrations vers Europe : réflexion autour d'un rapport des Nations Unies », *in Les nouvelles migrations, un enjeu européen*, (Sous la direction de BRIBOSIA E., et REA A.) éd. Complexe, 2002, Bruxelles, p. 51-76.

LUCHAIRE F.,
- « Le droit d'asile et la révision de la Constitution », *RDP*, 1994, p. 5.
- « Le Conseil constitutionnel et souveraineté nationale », *RDP*, 1991, p. 1499-1513.

M

MADIOT Y., « Un statut européen de l'étranger dans la jurisprudence de la Cour européenne des droits de l'Homme », *in La condition de l'étranger hier et aujourd'hui, Acte du colloque organisé à Nimègue les 9-11 mai 1988, par les facultés de droit de Poitiers et Nimègue*, 1988, p. 37-57.

MALINVERNI G., « Variation sur le thème encore méconnu : l'article 13 de la Convention européenne des droits de l'Homme », *RTDH*, 1998, p. 647-657.

MALLOL F., « Dignité de la personne, protection de la santé et reconduite à la frontière », *RDSS*, 33 (1), janv.-mars, 1997, p. 200.

MAMONTOFF C., « La notion pleine juridiction au sens de l'article 6 de la Convention européenne des droits de l'Homme et ses implications en matière de sanctions administratives », *RFDA*, 1999, 15 (5) sept.-oct. 1999, p. 1004.

MANCIAUX H., « La réforme de la reconduite à la frontière par la loi du 26 novembre 2003, l'imbriglio juridique demeure », *AJDA*, 18 octobre 2004, p. 1904 et s.

MANGALA MUNUMA J., « les enjeux normatifs et institutionnels de la protection des personnes déplacées à l'intérieur de leur pays », *RBDI*, 2000, 2, p. 533-550.

MARCOU G., « L'entrée en service du tunnel sous la Manche et la frontière franco-britannique », *AFDI*, XXXIX, 1993, p. 833-849.

MARCUS -HELMONS S., « La contribution de la consécration internationale des droits de l'Homme au développement du droit », *in Mélanges offerts à Georges Levasseur*, éd. Gazette, 1992, p. 227.

MARTIN D., « La protection des ressortissants de pays tiers par l'ordre juridique communautaire », *in L'Union européenne et les droits fondamentaux*, (Sous la direction de LECLERC S, AKANDJI-KOMBE J.-F., REDOR M.-M.), Bruylant, Bruxelles, 1999, p. 173-193.

MARTINI J.-F., « Halte garderie en zone d'attente ? », *Revue Plein Droit*, n° 50, juillet 2001, p. 34.

MASSE M., « L'espace Schengen, Textes et contexte, figures de l'intégration dans l'Europe communautaire », *RSC*, 1992, p. 373.

MASSIAS F., « L'esclavage contemporain, les réponses du droit », *in De l'esclavage hier et aujourd'hui, Droit et cultures*, n° 39, 2000/1, p. 101-128.

MASSOT J., « L'immigré et sa famille : le regroupement familial », *RDSS*, 1987, p. 238.

MATH A., « Basses manœuvres », *Revue Plein Droit*, n° 56, mars 2003, p. 16-19.

MAYER G., « Le Comité européen pour la prévention de la torture ou traitements inhumains ou dégradants : l'initiative du Conseil de l'Europe dans le domaine des mauvais traitement de personnes privées de liberté », *in Panorama de la prison*, (Sous la direction de J.-P. CÉRÉ), Sciences criminelles éd. L'Harmattan, p. 7.

MERCUZOT B., « Droit d'asile et séjour des étrangers », *D.*, jurisprudence p. 209.

MODERNE F.
- « L'actualité des principes généraux du droit », *in Les règles et principes non écrits en droit public*, (Sous la direction de AVRIL P. et VERPEAUX M.), éd. Panthéon Assas, 2000, p. 47-78.
- « Actualité des principes généraux du droit », *RFDA*, 14 (3) mai/juin 1998, p. 495.

MONEGER F.,
- « L'étranger parent d'un enfant français, le droit des étrangers au respect de leur vie privée et familiale (article 8 de la CEDH) », *in Colloque de Lyon, 1997, Les étrangers et Convention européenne de sauvegarde des droits de l'Homme et des libertés fondamentales*, (Sous la direction de FULCHIRON H.), éd. LGDJ, Paris, 1999, p. 187-199.
- « La protection de l'enfant étranger après la loi du 24 août 1993 sur la maîtrise de l'immigration », *RDSS*, 30 (2), avril-juin, 1994, p. 328.

MORICE A., « L'Europe enterre le droit d'asile », *Le Monde diplomatique*, mars, 2004, p. 14-15.

MOSLER H., « L'application du droit international public par les tribunaux nationaux », *RCADI*, 1975 1, p. 625-711.

MOULIER-BOUTANG Y., « L'avenir des migrations vers l'Europe : changer de système migratoire et de paradigme », *in les nouvelles migrations, un enjeu européen*, (Sous la direction de BRIBOSIA E., et REA A.), éd. Complexe, 2001, Bruxelles, Introduction, p. 15 et p. 75-92.

MOURGEON J., « Barbares et métèques », *AJDA*, mai, 1978, p. 243-247.

MUIR WATT H., « Vers l'inadoptabilité de l'enfant étranger de statut personnel prohibitif ? A propos de la circulaire du 16 février 1999 relative à l'adoption internationale », *RCDIP*, 88 (3), juillet /septembre 1999, p. 467.

N

NEEL B., « L'Europe sans frontières intérieures : l'accord de Schengen », *AJDA*, 1991, p. 659.

NEUWALH N., « Freedom of movement for workers under the EEC-treaty Association agreement : case 12/ 86, Meryem Demirel », 1988, 13, *European law review*, p. 360.

NOIRIEL G., « Immigration et tradition politiques », *Pouvoirs*, n° 42, 1987, p. 83.

NOLL G. et VEDSTED-HANSEN J., « Non communautaires : politiques relatives aux réfugiés et à l'asile », *in L'Union européenne et les droit de l'Homme*, (Sous la direction de ALSTON P.), Bruylant, Bruxelles, 2001, p. 373-427.

NOLL G., « Fixed definition or framework legislation ? the delimitation of subsidiary protection rationae personae », Paper for the seminar : *International protection within one single asylum procedure*, 23-24 avril 2001, Norrköping, Suède.

O

OLINGA A.-D., « L'applicabilité directe de la convention internationale sur les droits de l'enfant », *RTDE*, 1995, p. 679.

OMARJEE I., « Nationalité et droit de la libre circulation, La division « national/ étranger » à l'épreuve du droit communautaire », *LPA*, n° 17, 27 août 2004, p. 7.

OWCZARZAK A., « La liberté de quitter le territoire national de l'étranger », fasc. 235, *Éditions techniques, droit administratif*, avril, 1993, p. 1.

P

PACTEAU B., « Le juge administratif français et l'interprétation européenne », *in Colloque du 13 et 14 mars 1998, L'interprétation de la Convention européenne des droits de l'Homme*, éd. Bruylant, Bruxelles, 1999, p. 252-287.

PALIDDA S. et DAL LAGO A., « L'immigration et la politique d'immigration en Italie », *in Les nouvelles migrations, un enjeu européen*, (Sous la direction de BRIBOSIA E., et REA A.), éd. Complexe, 2002, Bruxelles, p. 183-206.

PALIDDA S., « Eurocentrisme et réalité effective des migrations », *Migrations et Société*, décembre 1992, p. 7-20.

PANCRACIO J.-P., « Charte sociale et droit international public », *La Charte sociale européenne*, Bruylant Bruxelles, 2001, p. 179.

PANSIER F., « L'obtention d'une carte de séjour « vie privée et familiale par le signataire d'un PACS : une réponse ministérielle restrictive », *Revue juridique des personnes et de la famille*, n° 5, 2000, p. 10.

PEERS S., « Les Droits de l'Homme et le troisième pilier », *in L'Union européenne et les droits de l'Homme, (Sous la direction de ALSTON P.)*, Académie de droit européen Institut universitaire européen, Bruylant Bruxelles, 2000, p. 167-188.

PENA GAIA A.
- « La loi « Reseda » », *D.*, 2000, sommaire, p. 59.
- « Les droits et libertés des étrangers en situation irrégulière », *AIJC*, XIV- 1998, p. 197-242.

PEROTTI A.,
- « L'accueil des algériens en France : le Ministre de l'Intérieur sur la sellette », *Migrations et Société*, avril 1995, p. 91-94.
- « Quel avenir pour le droit des immigrés extra-communautaires de vivre en famille dans l'Union européenne ? », *Migrations et Société*, Vol 6, n° 35, septembre 1994, p. 43-46.

PERRUCHOUD R., « L'expulsion en masse des étrangers », *AFDI*, 1988, p. 678.

PESENTI X., « Les couples mixtes et étrangers au regard de la Convention européenne des droits de l'Homme », *in Colloque de Lyon, 1997, Les étrangers et convention européenne de sauvegarde des droits de l'Homme et des libertés fondamentales,* (Sous la direction de FULCHIRON H.), éd. LGDJ, Paris, 1999, p. 139-186.

PETTITI C., « La Notion autonome de droit de caractère civil : vers une conception restrictive ? », *in Le procès équitable et la protection juridictionnelle du citoyen, Colloque organisé pour le 50ème anniversaire de la CEDH, 29 et 30 septembre 2000*, Bruylant, Bruxelles, 2001, p. 23-42.

PETTITI L.-E., « Les droits de l'inculpé et de la défense selon la jurisprudence de la cour européenne des droits de l'Homme », *in Mélanges offerts à Georges Levasseur*, Droit pénal, droit européen, éd. Gazette, 1992, p. 249.

PICARD J., « Les Conventions bilatérales passées par la France », *in Colloque de Clermont-ferrand, Les travailleurs étrangers et le droit international*, éd. Pédone, Paris, 1979, p. 107-115.

PIÇARRA P., « Le développement d'une politique communautaire en matière d'asile », *L'émergence d'une politique européenne d'asile*, ULB, Bruylant, Bruxelles, 2003, p. 15-21.

PIERUCCI C., « Les principes généraux du droit spécifiquement applicables aux étrangers », *RTDH,* 1999, p. 7-32.

PINTO O, LAMINE H., « Une vie familiale « subsidiaire » », *Revue Plein Droit* n° 47/48, janvier, 2001, p. 12-14.

PINTO O., « Les résistances au principe d'égalité », *Revue Plein Droit*, n° 47/48, janvier, 2001, p. 49-51.

PINTO R., « L'application du principe de réciprocité et des réserves dans les conventions interétatiques concernant les droits de l'Homme », *in Mélanges Georges Levasseur*, LITEC, Paris, 1992, p. 21-29.

PIPKORN J., « La Communauté européenne et la Convention européenne des droits de l'Homme », *RTDH,* 1993, p. 220.

PIZARO J.-F., « Les accords entre Communauté et les États tiers en matière de prestations sociales bases juridiques et analyse », *in La sécurité sociale en Europe. Égalité entre nationaux et non nationaux, Acte du colloque européen de Porto des 10-11-12 novembre 1994*, p. 105.

POLACEK R., « Le débat élargissement-approfondissement dans la perspective de l'élargissement de l'Union européenne aux PECO, l'avenir de l'Europe : élargir et approfondir », *RMCUE*, n° 425, février, 1999, p. 112-117.

POLLET K.,
- « La politique d'asile européenne après Amsterdam », *RDE*, 1998, n° 97, p. 99-114.
- « L'intégration de l'acquis de Schengen dans le cadre de l'Union européenne : impact et perspectives », *in L'Union européenne et le monde après Amsterdam,* (Sous la direction de DONY M.), éd. ULB, études européennes, 1999, p. 143-161.

PUTMAN E., « Une commission de recours contre les décisions de refus de visa en France vient d'être créer », *Revue juridique des personnes et de la famille*, 12/ 2001, p. 11.

R

RAFAELE R., « A Sangatte, des migrants prêts à tout essayer pour gagner l'Angleterre, trois questions à Antoine Duquesne », *Le Monde*, 29 décembre 2001, p. 8.

REINO C., « Article 8 § 1 », *in La CEDH commentaire article par article,* (Sous la direction L.-E., PETTITI, E. DECAUX, P.-H IMBERT), 2ème éd., 1999, p. 307-321.

RELLINI G., « Les politiques des retours », *in Colloque de Clermont Ferrand, les travailleurs étrangers et le droit international*, éd. Pédone, 1979, p. 138-163.

REYDELLET M., « La dignité des étrangers », *in Mélanges BOLZE C., Ethnique, droit et dignité de la personne*, éd. Economica, 1999, p. 227-259.

RIGAUX F., « les réfugiés aujourd'hui, Quels problèmes quelles perspectives », *Expression*, n° 72, avril-mai 1993, p. 21-26.

RIVERO J., « Déclarations parallèles et nouveaux droits de l'Homme », *RTDH*, n° 4, 1990, p. 323-337.

RUDE-ANTOINE, E.,
- « La polygamie face au droit positif français », *Migrations et Société*, Vol 6, n° 35, septembre 1994.
- « L'immigration et la sociologie du droit : réflexion et perspectives », *in L'immigration entre loi et vie quotidienne*, (Sous la direction de BAROU J. et HUU Le K.), éd. L'Harmattan, Paris, 1992.

RODIER C.,
- « L'Europe contre le regroupement familial », *Revue Plein Droit*, mars 2004, p. 50-53.

« Asile et logiques d'évitement », *Vacarme*, janvier 2002.
- « Zone d'attente de Roissy : à la frontière de l'État de droit », *Hommes et migrations*, n° 1238, juillet-août 2002, p. 23-21.
- « Changement de cap ou pétard mouillé ?, Quelle Europe pour les étrangers ? », *Revue Plein Droit*, n° 49, avril 2001, p. 4.
- « Les grandes étapes de la construction de l'espace Schengen » de Rome en passant par Amsterdam », *Revue Plein Droit*, n° 49, avril 2001, p. 36.
- « Les régularisations dans les pays du sud de l'Europe et en France », *in La nouvelle donne de l'immigration en Europe*, Migrations et Société, CIEMI, vol. 13, n° 74, mars-avril 2001, p. 59.
- « Situation des membres de famille n'ayant pas eux-mêmes la nationalité d'un État membre », *in Trente ans de libre circulation des travailleurs, actes du Colloque de Paris 10 octobre 1997*, (Sous la direction de BONNECHÈRE M.), éd. La documentation française, Paris, 1998, p. 160-167.
- « L'Europe et les exclus de la libre circulation », *in Les lois de l'inhospitalité, les politiques de l'immigration à l'épreuve des sans papiers,* (Sous la direction de FASSIN D., MORICE A, QUIMUNAL C.), éd. La découverte, Essai, Paris, 1997, p. 219.

RODRIGUE R., « Les procédures de détermination du statut : le droit et la pratique », FTA, n°82.

ROLAND P. et **TAVERNIER P.**, *Textes sur la protection internationale des droits de l'Homme*, Que sais-je, Le point de la connaissance, éd. PUF, 2ème éd., 1994.

ROSSETTO J.,
- « Les restrictions contemporaines apportées au droit d'asile », *in Mélanges offerts à J. CAMPINOS*, PUF, Paris, 1996, p. 96.
- « Politiques, instruments, effets de contrôle aux frontières », *in La protection de l'étranger dans une Europe bouleversé*, actes du colloque CEREP, ULB, (Sous la direction NAYER A.), juin 1996, éd. La charte.
- « La Convention de Schengen controverses et incertitudes françaises sur le droit d'asile », *RMCUE*, n° 378, mai, 1994, p. 315.
- « Le droit d'asile en Europe : évolution contemporaine », *AFDI,* 1993, p. 919.

ROTMAN C., « Zones d'attente, zones violentes, Deux rapports dénoncent les brutalités policières «courantes et nombreuses» envers les étrangers retenus à Roissy », *Libération*, 07 mars 2003.

ROUGET D., « Le respect du droit extraditionnel et les « extraditions déguisées » », *RUDH*, 1999, p. 169-197.

S

SAAS C.,
- « Les refus de délivrance de visas fondée sur une inscription au Système Information Schengen », *Cultures et Conflits*, n° 49/ 50, 2003.
- « La pénalisation de l'hospitalité, Quelle Europe pour les étrangers ? », *Revue Plein Droit*, n° 49, avril, 2001, p. 28.

SAROLÉA S.., « Les droits procéduraux du demandeur d'asile au sens de l'article 6 et 13 de la Convention européenne des droits de l'Homme », *RTDH*, 1999, p. 130.

SAYAD A,
- « Immigration et pensée d'État », *in Délit d'immigration*, Actes de la recherche en sciences sociales, n° 129, septembre 1999, p. 5-14.
- « Migration, réfugié, Asile », *in Europe montrez patte Blanche, les nouvelles frontières du laboratoire Schengen,* éd. Le centre d'Europe, tiers monde, Genève, 1993, p. 276-296.
- « L'immigration algérienne en France, une immigration exemplaire », *in Les algériens en France, genèse et devenir d'une migration,* (Sous la direction de COSTA-LASCOUX J. et TEMINE E.), éd. Publisud, CNRS, 1985, p. 13-48.
- « État, Nation, Immigration, à l'épreuve de l'immigration, L'État et la méditerranée », *Revue Peuples méditerranéens*, n° 27-28, avril-septembre 1984, p. 187-199.
- « Immigration et conventions internationales », *Revue Peuples méditerranéens*, n° 9, octobre-décembre, 1979, p. 29-49.

SCELLE G., « Essai sur les sources formelles du droit international », Gény, tome III Sirey 1934, p. 400 et s.

SCHABAS W. A., « Le droit à l'intégrité physique », *in La protection des droits de l'Homme par le Comité des droits de l'Homme des Nations Unies, les communications individuelles*, IDEDH, 1995, p. 110-129.

SCHMIDT M. G., « Portée et suivi des constatations du Comité des droits de l'Homme des Nations Unies », *in La protection des droits de l'Homme par le Comité des droits de l'Homme des Nations Unies, les communications individuelles*, IDEDH, 1995, p. 157-169.

SCILIANOS L.A., « L'expulsion des immigrés à la recherche d'un cadre normatif international », *in Nouvelles formes de discriminations internationales d'experts sur la prévention des discriminations à l'égard des immigrés, des réfugiés*, éd. Pédone, Paris, 1995, p. 83-109.

SCHMITTER C.,

- « Quelle politique d'immigration pour l'Union Européenne ? Bilan de Maastricht et perspectives d'Amsterdam » *in Quelle politique d'immigration pour l'Union européenne ? Bilan du traité de Maastricht et perspectives du traité d'Amsterdam*, (Sous la direction DE BRUYCKER P.), summer school book, ULB, Bruxelles, 2001.
- « Coopérations renforcées et compétences externes de la Communauté européenne », *in L'Union européenne et le monde après Amsterdam*, (Sous la direction de DONY M.), éd. ULB, études européennes, 1999, p. 77-101.
- « Droits économiques, sociaux, politiques et différences de traitement entre les ressortissants de pays tiers et les ressortissants communautaires », *in Union européenne et nationalité, le principe de non discrimination et ses limites*, (Sous la direction de BRIBOSIA E., DARDENNE E., MAGNETTE P., WEYEMBERGH A.), éd. Bruylant, Bruxelles, 1999, p. 151-188.

SEGUES S. et THEVES L., « La république « Banania », quarante ans de discrimination », *Revue Plein Droit*, n° 56, mars, 2003, p. 7.

SÉGUR P., « L'asile religieux dans la modernité », *Migrations et Société*, 1997, septembre-octobre 1997, p. 61-79.

SINKONDO M., « Le fabuleux destin de l'article 13 de la CEDH et ses suites heureuses pour les garanties individuelles, *RRJ*, 2005-1, p. 251 et s.

SOYER J.-C., et DE SALVIA M., « Article 6 », *in La convention européenne des droits de l'Homme, commentaire article par article*, Economica, 1999.

SPIELMANN D., « Jurisprudence des juridictions de Strasbourg et de Luxembourg dans le domaine des droits de l'Homme : conflits incohérences et complémentarités », *in L'Union européenne et les droits de l'Homme*, (Sous la direction de ALSTON P.), Académie de droit européen Institut universitaire européen, Bruylant Bruxelles, 2000, p. 789-812.

STANGOS P.,

- « La jurisprudence récente de la Cour de justice des communautés européennes concernant les travailleurs migrants, ressortissants de pays tiers », *RAE-LEA*, 2000, p. 107.
- « Les ressortissants d'États tiers au sein de l'ordre juridique communautaire », *CDE*, 1992, p. 306-347.

STREIFF Y., « La police des étrangers et la Convention européenne des droits de l'Homme et les libertés fondamentales », *Archive de politique criminelle*, éd. Pédone, 1990, p. 23.

STROOBANTS J.-P., « La Belgique redoute un afflux de clandestins venus de France et renforce ses contrôles », *Le Monde*, 12 novembre 2002.

SUDRE F.,

- « La protection des droits sociaux par la Cour européenne des droits de l'Homme : un exercice de « jurisprudence fiction » », *RTDH*, n° 55, 2003, p. 755-779.
- « La construction par le juge européen du droit au respect de la vie familiale », *in Le droit au respect de la vie familiale au sens de la Convention européenne des droits de l'Homme*, Droit et justice n° 38, Bruylant, Bruxelles, 2002, p.12-54.
- « Le renouveau jurisprudentiel de la protection des étrangers par l'article 3 de la Convention européenne des droits de l'Homme », *in Les étrangers et la Convention européenne de sauvegarde des droits de l'Homme et des libertés fondamentales*, (Sous la direction de FULCHIRON H.), éd. LGDJ, 1999, p. 61.
- « L'article 3 » *in La CEDH commentaire article par article*, (Sous la direction de L.-E., PETTITI, E. DECAUX, P.-H IMBERT), 2ème éd., 1999, p. 157.
- « Droit au respect de la vie familiale », *RUDH*, 1998, p. 105.
- « La perméabilité de la CEDH aux droits sociaux », *in Mélange Mourgeon, Liberté et Pouvoirs,* 1998, p. 410.
- « Les aléas de la notion de vie privée dans la jurisprudence de la Cour européenne des droits de l'Homme », *in Mélange Louis Edmond Pettiti*, éd. Bruylant, Bruxelles, 1997, p. 687-705.
- « Le protocole additionnel à la Charte européenne prévoyant un système de réclamations collectives », *RGDIP,* 1996, p. 715.
- « Le droit à la non-discrimination dans la jurisprudence du Comité des droits de l'Homme des Nations Unis », *in La protection des droits de l'Homme par le Comité des droits de l'Homme des Nations Unies, les communications individuelles*, IDEDH, 1995, p. 31-60.
- « La notion de « peine et traitement inhumains ou dégradants » dans la jurisprudence de la Commission et de la Cour européenne des droits de l'Homme », *RGDIP,* 1984, p. 825-889.

SUDRE F., TEITGEN-COLLY C. et JULIEN-LAFERRIÈRE F., « Chronique de législation. Étrangers. Loi n° 98-349 du 11 mai 1998 relative à l'entrée et au séjour des étrangers en France », *AJDA*, 1998, p. 1001.

T

TAGARAS H., « La notion d'accusation en matière pénale et les droits de l'accusé », *in Le procès équitable et la protection juridictionnelle du citoyen, Colloque organisé pour le 50ème anniversaire de la CEDH*, 29 et 30 septembre 2000, Bruylant, Bruxelles, 2001, p. 43-56.

TANDONNET M., « L'Europe et l'immigration après le sommet de Nice » *in la nouvelle donne de l'immigration en Europe*, Migrations et Société, CIEMI, mars-avril 2001, vol. 13, n° 74, p. 39.

TARAN P. « Une nouvelle Convention pour les migrants », *Revue Plein Droit*, n° 59-60, mars, 2004, p. 66-68.

TEBOUL G.,
- « Le juge administratif et le droit international », *AJDA*, 1995, 20 juin 1995 spécial, p. 43.
- « Le droit international non écrit devant le juge administratif quelques réflexions », *RGDIP*, 1991, p. 322.

TEITGEN-COLLY C.,
- « Garanties du procès équitable et répression administrative », *in Quelle politique Pénale pour l'Europe ?*, (Sous la direction de M. DELMAS-MARTY), 1991, p.291.
- « Le droit d'asile : la fin des illusions », *AJDA*, 1994, p. 97.
- « L'éloignement des étrangers et les articles 5 et 6 de la CEDH », *in les étrangers et la CEDH*, 1999, p. 278.

TENEBAUM J., « Vers une protection coordonnée des personnes déplacées au sein de l'Union européenne », *Europe*, janvier, 1999, p. 5-7.

TERRAY E., « La lutte des sans papiers, la démocratie et l'État de droit », *in Les lois de l'inhospitalité, les politiques de l'immigration à l'épreuve des sans papiers*, (Sous la direction de FASSIN D., MORICE D., QUIMINAL C.), éd. La Découverte, Paris, 1997, p. 249.

TEODOROPOULOS C., « The international protection of migrant population », in *Nouvelles formes de discriminations*, Actes du séminaire d'expert sur la prévention des discriminations à l'égard des immigrés, des réfugiés et personnes appartenant à des minorités, (Sous la direction de L.A. SICILIANOS), éd Pédone, Paris, 1995, p. 437-46.

THOUVENIN J.-M., « La jurisprudence récente de la Commission des recours des réfugiés : entre continuité, rigueur et effort d'adaptation », *RTDH*, oct. 1997, n°32, p.599 à 653 et janv. 1998, n°33, p. 37 à 63.

TIBERGHIEN F.,
- « La jurisprudence du Conseil d'État sur la Convention de Genève du 28 juillet 1951 relative au statut des réfugiés », *in La Convention de Genève du 28 juillet 1951 relative au statut des réfugiés 50 ans après : bilan et perspectives*, Bruylant, Bruxelles, 2001, p. 289-324.
- « Statut de réfugié et persécution par les agents non publics », *RFDA*, mars avril 1998, p. 244.
- « Les conditions d'entrée et de séjour des demandeurs d'asile en France », *RFDA*, 1985, p. 891-893.

THIERRY H., « L'évolution du droit international », *RCADI*, III, 222, p. 9 et s.

TOUSSAINT M., « Un système informatisé européen de comparaison des empreintes digitales des demandeurs d'asile », *RMCUE*, n° 429, juin 1999, p. 421-425.

TROTTA R., « La dimension extérieure de la circulation des personnes après Amsterdam », *in L'Union européenne et le monde après Amsterdam*, (Sous la direction de DONY M.), éd. ULB, études européennes, 1999, p. 109-141.

TURPIN D.,
- « Les nouvelles lois sur l'immigration et l'asile dans le contexte de l'Europe et de la mondialisation », *RCDIP*, avril-juin 2004, p. 311-393.
- « La loi du 10 décembre 2003 relative au droit d'asile : d'une exception française mal assumée à un alignement européen trop bien assuré ! », *D.*, 2004 (15), p. 1034-1041.
- « La loi n° 98-349 du 11 mai 1998 relative à l'entrée et au séjour des étrangers en France et au droit d'asile. «De la Rose (les promesses socialistes d'abrogation des lois Pasqua et Debré) à la « RESEDA » », *RCDIP*, 1998, p. 521.
- La loi n° 97-396 du 24 avril 1997 portant diverses dispositions relatives à l'immigration : de l'ajustement au durcissement, *RCDIP*, 1997, p. 447.
- « La protection de la vie familiale des étrangers en France », *in Perspectives du droit international et européen*, recueil d'études à la mémoire de Gilbert APOLLIS, éd. Pédone, Paris, 1992.
- « La loi du 6 juillet 1992 sur la zone d'attente des ports et aéroports », *LPA*, 6 novembre 1992, p. 11.
- « Le statut constitutionnel de l'étranger », *LPA*, n° 32, 15 mars 1991, p. 13.

V

VAN BUUREN J., « Les tentacules du SIS », *Le Monde Diplomatique*, mars, 2003, p. 8.

VADERMEEREN, « La double peine : diversité des ordres juridiques et pluralité des systèmes répressifs », *AJDA*, 2003, p. 1854.

VAN DROOGHENBROECK S., « L'égalité entre étrangers dans la jurisprudence de la Cour européenne des droits de l'Homme, réponses péremptoires. Questions périmées ? », *RDE*, 1997, n° 92, p 3-16.

VAN HEULE D., « Considérations au sujet des mesures de protection temporaire », Journée d'étude du 9 février 1995, *RDE*, 1995, n° 85, p. 491-495.

VAN KESSEL G.-C.-J., « The evolution of asylum application in EU member states », *L'émergence d'une politique européenne d'asile*, ULB, Bruylant, Bruxelles, 2003, p. 23-32.

VAN MUYLDER C., « Le droits au respect de la vie privée des étrangers, une application novatrice de l'article 8 de la CEDH des droits de l'Homme dans le contentieux des étrangers », *RFDA,* 17 (4), juillet-août, 2001, p. 798-806.

VAN SIMAEYS B. et CARLIER J.-Y., « Le nouvel espace de liberté et de sécurité et de justice », *in Le traité d'Amsterdam, espoir et déceptions*, collection de l'IEE, Bruylant, Bruxelles, 1998, p. 228-286.

VEDSTED HANSEN J., « Complementary or subsidiary protection? Offering an appropriate status without undermining refugee protection », keynote speech for *the seminar international protection within one single asylum procedure*, 23-24 avril 2001, Norkkoping, Suède.

VEDSTED HANSEN et NOLL G.,

- « Temporary protection an burden Sharing : conditionalising Access Suspending refugee rights ? », *in Implementing Amsterdam. Immigration and asylum Rights in EC Law*, Hart publishing, Oxford, 2001, p. 195-222.
- « Non communautaire : politiques relatives aux réfugiés et à l'asile », *in L'Union européenne et les droits de l'Homme,* (Sous la direction de ALSTON P.), Académie de droit européen Institut universitaire européen, Bruylant, Bruxelles, 2000, p. 371-427.

VIGROUX M., « Le contrôle de la qualification des faits dans le contentieux de l'expulsion des étrangers », *RTDH*, 2000, p. 479.

VINCENT T., « Le régime juridique des étrangers en France », *in Le régime juridique des étrangers en droit national et international*, (Sous la direction de FROWEIN J.A, T. STEIN), 1994, New York, p. 1726-1774.

VIRALLY M., « La valeur juridique des recommandations des Organisations internationales », *in Le droit international en devenir essais écrits au fils des ans*, IUHEI, PUF, Genève, 1990.

W

WACHSMANN P.,

- « Les lois instituant des discriminations selon la nationalité devant le Conseil d'État français », *RTDH,* 2003, p. 303-318.
- « La Charte et le système de protection mis en place par la convention européenne des droits de l'Homme », *in Vers une Charte des droits fondamentaux de l'Union européenne, Regards sur l'actualité*, n° spécial 264, Août, 2000, p. 81.

WECKEL P., « La convention additionnelle à l'accord de Schengen », *RGDIP,* 1991, p. 405.

WEIL P., « Vers une normativité relative en droit internationale ? », *RGDIP*, 1982, p. 10.

WEISS P.,

- « Le statut international de réfugiés et apatrides », *JDI*, 1956, p.4.
- « Le concept de droit en droit international », *JDI*, 1960, n° 4, p. 928.

WILES R., « Les nouveaux enjeux d'une politique de migration européenne », *in Europe montrez patte Blanche, les nouvelles frontières du laboratoire Schengen,* éd. Le centre d'Europe, tiers monde, Genève, 1993, p. 219.

WITHOL DE WENDEN C.,

- « Migrations, de nouveaux visages, Flux et réseaux comprendre le Monde », *Sciences Humaines*, numéro spécial n° 2, mai-juin, 2003, p. 62.
- « La nouvelle donne migratoire, La nouvelle donne de l'immigration en Europe », *Migrations et Société*, CIEMI, mars-avril, 2001, vol. 13, n° 74, p. 33.
- « L'Europe migratoire », *in De l'égalité formelle à l'égalité réelle, la question de l'ethnicité dans la société européenne*, (Sous la direction de BOUCHER M.), éd. L'Harmattan, 2001, p. 387-394.
- « Expression privée et politique les groupes issus de l'immigration », *Études tziganes*, 1993, n° 2, p. 102.
- « Échange de lettre franco-algérienne du 18/09/ 1980 et son évolution en 1981 et 1982, *in Les Algériens en France, genèse et devenir d'une migration*, (Sous la direction de COSTA-LASCOUX J. et TEMINE E.), éd. Publisud, CNRS, 1985, p. 119-136..

Z

ZAPPI S.,
« Une étude précise les parcours des étrangers de Sangatte », *Le Monde*, 14 juin 2002, p. 12.
« Sangatte ou l'échec de la politique communautaire sur l'asile », *Le Monde*, 12 septembre 2001, p. 14.
ZIELINSKA E., « L'entrée, le séjour et le travail des étrangers en Pologne », *in Quelle politique Pénale pour l'Europe ?*, (Sous la direction de M. DELMAS-MARTY), 1991, p.55.

IV. NOTES DE JURISPRUDENCES :

A

ABRAHAM R.,
- « L'effet direct de certaines stipulations de la Convention internationale sur les droits de l'enfant, Melle Cinar », *RFDA*, 14, (3), mai-juin, 1998, p. 562.
- « Les effets juridiques, en droit interne, de la Convention de New York relative aux droits de l'enfant, Conclusions sur CE, section, 23 avril 1997, *GISTI* », *RFDA*, 13, (3) mai juin, 1997, p. 585.
- « Conclusions du Commissaire du gouvernement, jurisprudence, CE, section 4 novembre 1994, M. Al Joujo et M. Al Alaoui », *AJDA*, 1995, p. 235.
- « Conclusions du Commissaire du gouvernement, CE sec., 7 octobre 1994, Ministre de l'Intérieur c./ Melle Ponnudurai, req. 122514 », *AJDA*, 20 janvier 1995, p. 49.
- « Conclusions du Commissaire du gouvernement de l'arrêt Zine el Khalma et Dame Larachi, CE, 22 mai 1992 », *RDP*, II, 1992, p. 1792.
- « La reconduite à la frontière des demandeurs d'asile, Conclusions sur CE ass. 13 décembre 1991 M. Nkodia, Préfet Hérault, M. Dakoury », *RFDA*, (8), janvier février, 1992, p. 90-103.
- « Conclusions du Commissaire du gouvernement, jurisprudences du CE, 19 avril 1991, n°107 470, M. Belgacem - n°117 680, Mme Babas », *RUDH*, 1991, p. 242.

ADAMOVICH L., « Commentaire de l'arrêt Moustaquin c./ Belgique, CEDH 18 février 1991 », *RTDH*, 1991, p. 377.
ALLAND D., « Droit constitutionnel et droit international, droit d'asile, Note sous CC n° 93-325 du 13 août 1993 », *RGDIP*, 1994, p. 210.
AUBIN E.,
- « Note sous CE 20 décembre 2000, Mme El Abd, req. n° 202207 », *DA*, 2001, com. 91.
- « Note sous CE 25 octobre 2000, Mme Cucicea-Lambot, req. n°212315 », *DA*, 2001, comm. n° 91, juris data, n° 2000-061734.
- « Les visas de long séjour et le droit d'asile », *LPA*, 4 janvier 2000, n°2, p. 13.
- « La rectification par le juge administratif de la perversion induite par la convention de Schengen (A propos du jugement du TA de Lille du 7 novembre 1996) », *RRJ*, 1998-2, p. 773-784.
- « Note de jurisprudence sur TA Lyon, 6 avril 1995, M. Vasile Ciuciu et Mlle Citadela Ciuciu », *RDP*, 1996, p. 1457-1485.
- « Note sous CE 22 mai 1996, *Lautaru*, req. n° 17689 », *LPA*, 28 octobre 1996.

AZIBERT et DE BOISDEFFRE, « Note sous CE 1er avril 1988, *Bereciartua-Echarri* », *AJDA*, 1988, p. 322.

B

BEAL A. et CASSIA P., « Les nouveaux pouvoirs du juge administratif des référés, bilan de jurisprudence (1er janvier-28 février 2001) », *JCP*, EG, n° 20, 16 mai 2001, p. 981.
BENHAMOU Y.
- « Le Conseil d'État et Convention de New York sur les droits des enfants (à propos de l'application en droit français de l'article 16 de la Convention de New York) », *D.*, 1995, Jurisprudence, p. 617.
- « CASS. Soc. 13 juillet 1994 ; CPAM de Seine et Marne c./ Ponnau », *JCP*, II, Éd. G, n° 2, 22363, 1995, p. 17.

BERGER V., GIAKOUMOPOULOS C., LABAYLE H., SUDRE F., « Droit administratif et Convention européenne des droits de l'Homme », *RFDA*, 8 (3) mai-juin 1992, p. 510.
BITTI G., « La champ d'application de l'article 6 CEDH en matière d'éloignement des étrangers », *Cahiers du CREDHO*, n° 7, 2001, p. 58-65.
BOLLE S., « L'inconventionnalité d'une validation législative conforme à la constitution : l'arrêt de la Cour européenne des droits de l'Homme du 28 octobre 1999, Zielinski et Pradal et Gonzalez et autres c./ France », *RFDA*, 16 (6), nov.-dec. 2000, p. 1254-1267.
BONNECHÈRE M., « Note CE 8 déc. 1978 GISTI », *Droit ouvrier*, 1979, p. 1.

BOULANGER F., « La sauvegarde des effets de la « Kafala » par l'appel à l'article 8 de la CEDH », *Dalloz*, 2005, N° 2, p. 129-131.
BRACONNIER S., « Le droit au respect de la vie familiale des étrangers non mariés dans le contentieux de la reconduite à la frontière », *D.*, 1997, Jurisprudence, p. 526.
BRIBOSIA E et WEYEMBERGH A.,
- « L'Union face aux migrations entre les ressortissants de l'Est et du Sud », *in L'Union européenne et le monde après Amsterdam,* (Sous la direction de DONY M.) éd. ULB, études européennes, 1999, p. 163-189.
- « Extradition et asile : vers un espace judiciaire européen ? », *RBDI*, 1997/1, p.69-98.

BRONDEL S., « Le Conseil constitutionnel valide la loi sur l'asile sous deux réserves d'interprétation », *AJDA*, (43), 2003, p. 2287.
BUFFET-TCHAKALOFF M.F., « L'interprétation des traités internationaux par le Conseil d'État, Arrêt GISTI », *RGDIP*, 1991, p. 109.
BURGORGUE-LARSEN L.,
- « Jurisprudence européenne comparée, les interactions organiques », *RDP*, 2001, p. 695-710.
- « La politique de l'asile au service de la réglementation des flux migratoires », *GP*, n° 315, 1994, p. 2-12.

C

CAHN C. et VERMEERSCH P., « The group expulsion of Slovak Roma by the Belgian Government : A case study of treatment of Romans refugees in Western countries », *Cambridge review of international affairs*, 2000, vol. XIII, n° 2, p. 75.
CASSIA P. et SAULNIER E., « Note de jurisprudence sur la primauté du droit communautaire, CE section, 3 décembre 1999, AOMSL et FNE », *RDP*, 2000, p. 289.
CARLIER J.-Y.,
- « Vers l'interdiction d'expulsion des étrangers intégrés ?, Commentaire de l'arrêt Beldjouli c. France, CEDH, 26 mars 1992 », *RTDH*, 1993, p. 449-466.
- « La détention et l'expulsion collective des étrangers », *RTDE*, n° 53, 2003. p. 198-222.

CÉLÉRIER T.,
- « Vie familiale, droit de séjour des étrangers et injonction, (TA Lille, 26 juin 1997) Conclusions du commissaire du gouvernement », *LPA*, 12 décembre 1997, n° 149, p. 17.
- « La Convention de Schengen et la reconduite à la frontière », *LPA*, 9 septembre 1996, n° 109, p. 648.
- « La Convention de Schengen, le droit d'asile et le préfet », *LPA*, 25 avril 1997, p. 20-22.

CHABERT C., « Pour un examen de la question de l'applicabilité directe de la Convention de New York du 26 janvier 1990 relative aux droits de l'enfant », *JCP*, G, n° 18, 30 avril 2003, p. 761.
CHAGNOLLAUD D., « Sherlock Holmes et le mystère de l'effet cliquet (après la décision n° 2003-485 DC du Conseil constitutionnel du 4 décembre 2003) », *LPA*, 23 février 2004 (38), p. 3-9.
CHALTIEL F.,
- « Chasse ou nature, Développements récents, Conseil d'État et droit Communautaire », *RMCUE*, n° 441, septembre 2000, p. 53.
- « Commentaire de la décision du Conseil constitutionnel relative au traité d'Amsterdam », *RMCUE*, n° 415, 1998, p. 73-84.

CHAUVUAUX D., « Conclusions, reconduite à la frontière et pouvoir d'injonction », *RFDA*, novembre-décembre 2002, p.1080.
CHAUVAUX D. et GIRARDOT T.-X.,
- « CE ass. 3 juillet 1996, Koné, req. n° 169219 », *AJDA*, 20 octobre 1996, p. 722.
- « Droit international, coutume internationale et le juge administratif, CE ass., 6 juin 1997 M. Aquarone, req. n° 148683 », *RFDA*, 20 juillet/août 1997, p. 570.
- « Traités et accords internationaux, CE ass 15 avril 1996, Mme Doukouré », *AJDA*, 20 juillet/20 août 1996, p. 507-513.

CHAUVIN N., « L'interprétation de l'article 3 de la CEDH, réelle avancée ou restriction déguisé ?, L'affaire HLR c./ France », *RUDH*, 1997, p. 347.
CHAUVET B., « La CJCE précise les conditions d'application des accords de la CEE avec des pays tiers en matière de sécurité sociale », *D.*, 1996, JP, p. 105.
CHAVRIER H., TRUCHOT L., COULON E., LORIOT G., « Chronique de jurisprudence communautaire : la libre circulation des personnes et des services », *RMCUE*, n° 435, février, 2000, p. 117.
CHENILLET P.
- « Note sous l'arrêt de la CJCE, 12 juillet 1990, Commission européenne c./ République française, *RDSS*, 1991, p. 138-149.
- « Note sous CJCE du 24 février 1987, Mme Gilletti et autres », *RDSS*, 1988, p. 618.

COËNT J.-F., « Inexécution d'un arrêté de reconduite à la reconduite et autorisation de séjour, conclusions sur tribunal administratif de Rennes, 8 juin 2000, Atas », *RFDA,* septembre-octobre 2001, p. 1040.

COEURET A., « Prestations familiales : la condition de résidence en France des enfants d'étrangers », *Droit social*, n° 7/8, juillet/ août 2004, p. 776-784.

COHEN-JONATHAN G.

- « De la convention à la Cour européenne des droits de l'Homme, actualité, 1994/95 », *RTDE,* 31 (4) oct.-déc., 1995, p. 725.
- « De l'effet juridique des « mesures provisoires dans certaines circonstances et de l'efficacité du droit de recours individuel : à propos de l'arrêt de la Cour de Strasbourg Cruz Varas du 20 mars 1991 », *RUDH,* 1991, p. 205.
- « Note sous les décisions et constatations du Comité des droits de l'Homme des Nations Unies relatives à la France (1989) », *AFDI,* 1989, p. 424.
- « Sur quelques aspect récents de l'activité de la Cour européenne des droits de l'Homme », *RIDE*, 1989, p. 173-175.
- « La France et la convention européenne des droits de l'homme, l'arrêt Bozano c./ France », *RTDE*, 1987, p. 255.

COLSON J.-P., « Le Conseil d'État et les travailleurs immigrés, réflexion à partir de trois arrêts récents », *Droit social*, novembre 1975, p. 445.

COURNIL C.,

- « A quelles conditions un étranger suivant une hormonothérapie féminisante peut-il être protégé contre une mesure de reconduite à la frontière », *RDSS*, n° 4, 2004, à paraître.
- « Le dispositif Schengen à l'épreuve de la convention européenne des droits de l'Homme », *LPA*, 23 octobre 2001, n° 211, p. 13-18.

CREACH X. ET SCHREINER C., « Regards sur la jurisprudence française en matière d'agent de persécution », *Migrations société*, n° 48, nov.-déc. 1996, p. 45-56.

D

DAUGAREILH I., « Note sous l'arrêt Diop du 30 novembre 2001 », *RDSS,* 38 (3), juillet septembre 2002, p. 613-823.

DEHARBE D., « Les solutions Koné et Aquarone : un coup d'arrêt à la réception du droit international par le juge administratif ? », *LPA*, 7 août 1998, n° 94, p. 13.

DE LAMY B., « Une frontière du droit au respect de la vie familiale : l'éloignement des délinquants étrangers du territoire français », *Droit de la Famille*, éd. du Juris-Classeur, juin, 1994, p. 4.

DELARUE J.M.,

- « Conclusions du Commissaire au gouvernement sur l'arrêt de Belaïd », *AJDA*, janvier 1997, p. 98-102.
- « Conclusions sur l'arrêt Koné », *RFDA*, 12 (5) sept.-oct. 1996, p. 870.

DENIS-LINTON M.,

- « Reconduite à la frontière, conclusions du Commissaire du gouvernement, avis du CE 22 mai 1996 », *AJDA,* 20 sept. 1996, p. 703.
- « Jurisprudence, étrangers, CE sec. 27 janv. 1995 Melle Gal », *AJDA,* 20 mai 1995, p. 399.
- « Le maintien de l'unité familiale comme principe général du droit applicable aux réfugiés politiques », *RFDA,* 11 (1) jan.-févr., 1995, p. 86.
- « Conclusions du Commissaire au gouvernement, aff. Préfet de Seine-Maritime c./ M. et Mme Abdelmoula », req. n° 143866, *AJDA*, 20 nov. 1994, p. 841.
- « L'extension du champ d'application de l'article 8 de la Convention européenne des droits de l'Homme », *RFDA,* 9 (3) mai-juin 1993, p. 541.

DE SCHUTTER O.,

- « Les garanties procédurales dans le cadre du contentieux de l'accès au territoire du séjour de l'éloignement », *RDE*, 2000, n° 110, p. 522- 530.
- « Privation de liberté et maintien en zone internationale. Observation sur Cour européenne des Droits de l'Homme, Amuur c./ France, 25 juin 1996 », *RDE*, 1996, n° 89.

DHOMMEUX J.,

- « La jurisprudence du Comité des droits de l'Homme des Nations Unies, novembre 1991-juillet 1993 », *AFDI*, 1993, p. 657-679.
- « La jurisprudence du Comité des droits de l'Homme, novembre 1987-juillet 1991 », *AFDI,* 1991, p. 515-547.
- « Le Comité des droits de l'Homme, 10 ans de jurisprudence (25 août 1977-9 juillet 1987) », *AFDI,* 1987, p. 447-477.

DODET-CAUPHY I., « La difficile reconnaissance du droit d'asile constitutionnel. Commentaire de la loi du 11 mai 1998 relative l'entrée et au séjour des étrangers en France et au droit d'asile », *RFDA*, 1999, p. 469.
DOMINGO L., « Constitutionnalité de la loi relative à la maîtrise de l'immigration, au séjour des étrangers en France et à la nationalité », *Dalloz*, 2004 (18), p. 1278-1279.
DONDOUX P., « Conclusions sur CE 8 déc. 1978 GISTI », *Droit social*, 1979, p. 57.
DUBOS O., « Droit au regroupement familial et Kafala », *JCP*, n° 26, 21 juin 2004, p. 865.
DUFFAR J.,
- « L'arrêt de la CEDH, 25 juin 1996 Amuur c./ France », *in « Libertés », in Mélanges J. ROBERT*, Montchrestien, 1998, p. 345 et s.
- « La protection du droit au respect de la vie familiale des étrangers », *LPA*, 24 mai 1991, n° 62, p. 32-34.

DURMARQUE Y., « L'injonction de la loi du 8 Fév. 1995 et le droit des étrangers », *LPA*, 22 mai 1998, n° 74, p. 74.
DUTHEILLET DE LAMOTHE ET ROBONEAU., « Note CE 8 déc. 1978 GISTI », *AJDA*, 1979, (3) p. 38.

F

FABRE-ALIBERT V., « Réflexions sur le nouveau régime juridique des étrangers en France », *RTDH*, 1994, p. 519.
FAUGERE J.-P., « Conclusions sur CE 29 juin 1990 Préfet du Doubs c./ Mme Olmos Quintero et M. Imambaccus », *RFDA*, 1990, 6 (4), juillet-août, p. 530-542.
FAVOREU L., GAÏA P., LABAYLE H., « Trois points de vue sur l'affaire Koné », *RFDA*, 12 (5) sept.-oct. 1996, p. 882-907.
FAVOREU L. ET PHILIP L., « Maîtrise de l'immigration, DC n° 325, 12 et 13 août 1993 », *Les grandes décisions du Conseil Constitutionnel, éd. Dalloz* 9ème 1997, p. 829-860.
FAVOREU L., « Chronique, de jurisprudence constitutionnelle », n° 93-323 DC du 5 août 1993, *RFDC*, n°16, 1993, p. 835-843.
FERNANDEZ E., « Les interdictions administratives de territoire, conclusions sur tribunal administratif de Montpellier, 19 mars 1997 MM. Kordli, Paduraríu, Ene », *RFDA*, 1998, (2) mars-avril 1998, p. 282.
FERRAN N., « La politique de maîtrise des flux migratoires et le respect des droits et libertés constitutionnels (DC n° 2003-484 DC du 20 novembre 2003) », *RDP*, 2004 (1), p. 275-291.
FIALAIRE J.,
- « Condition d'entrée et de séjour des étrangers en France, sur la décision du Conseil constitutionnel n° 89-266 DC du 9/01/1990 », *RA*, 1990, p. 40.
- « Conditions d'entrée et de séjour des étrangers en France », *RA*, 1990, p. 40.

FLAUSS J.F.,
- « CEDH et droit administratif », 09.1996 et 09.1997, *AJDA*, 20 déc. 1997, p. 977.

FOURNALÈS R., « La protection des situations personnelles et de la vie privée en droit des étrangers, Prolégomènes à l'arrêt GISTI du Conseil d'État du 30 juin 2000 », *JDI*, 2, 2001, p. 447-486.
FOURTEAU H., « L'annulation d'un arrêté de reconduite à la frontière fondée sur la menace d'excision constructive d'un traitement contraire à l'article 3 de la CEDH », *LPA*, 18 octobre 1996, n° 126, p. 18.
FULCHIRON H.,
- « Reconduite à la frontière d'un ressortissant algérien homosexuel « pacsé » », *JCP*, 10349, n° 27, 5 juillet 2000.
- « Note sous TA Lyon, 6 avril 2000, *Nadir Oucia c./ Préfet du Rhône* », *JCP*, 2000, II, 10349.
- « L'enfant étranger a t-il un droit à vivre en France ? », *LPA*, 3 mai 1995, n° 53, p. 37.

G

GAÏA P.
- « Commentaire de la Décision n° 91-294 DC du 25 juillet 1991, « Accord de Schengen, JO, 27 juillet 1991, p. 1001 », *RFDC*, 1991, p. 703.
- « Droit d'asile et Constitution », *RBDC*, 1994, p. 203.

GAN VAN DER MEERSCH W., « L'extradition et la convention européenne des droits de l'homme, L'affaire Soering », *RTDH*, 1990, p. 5-24.
GAUTIER Y., « Les accords de Schengen et le droit d'asile à l'épreuve du débat constitutionnel », *Europe*, décembre 1993, p. 1.
GENEVOIS B.,
- « Un statut constitutionnel pour les étrangers, à propos de la décision du Conseil constitutionnel n° 93-325 », *RFDA*, 9(5), sept.-oct. 1993, p. 871.
- « L'entrée des étrangers en France : le rappel des exigences constitutionnelles », *RFDA*, 1992, p. 185.

- « De l'usage judicieux des principes généraux du droit, police et libertés publiques, jurisprudence CE ass. 1er avril 1988 Bereciarta Echarri », *RFDA*, 4 (3), mai-juin 1988, p. 499.

GISTI., « Au nom de l'intérêt supérieur de l'enfant », *Revue Plein Droit*, n° 38, Avril 1998.

GILLIAUX P., « L'arrêt Conka et l'effectivité des recours devant le Conseil d'État », *RDE*, 2002, n° 118, p. 313.

GUIMEZANES N.,
- « Commentaire de la loi du 24 août 1993 », *RCDIP*, janv.-mars 1994, p. 28.
- « L'épouse d'un doit bénéficier du même statut mais pas la mère d'un enfant reconnu », sommaire commenté, *D.*, 1996, p. 234.

GUYOMAR M et COLLIN P., « La « cristallisation » des pensions des militaires et fonctionnaire des anciennes colonies est-elle constitutive d'une discrimination ? », *AJDA*, 20 décembre 2001, p. 1039-1044.

GOESEL-LE BIHAN V., « Petit exercice pratique de logique juridique : variation. À propos de la décision du Conseil constitutionnel n° 98-399 DC du 5 mai 1998 «Séjour des étrangers et droit d'asile» », *RFDA*, 1998, p. 1254.

GOLESTANIAN M., « La légalité de la reconduite à la frontière d'un étranger père d'un enfant français à naître », *AJDA*, janvier 2002, p. 51.

GONOD P., « La régularisation, exceptionnelle de la situation des étrangers déboutés de leur demande d'asile », *RFDA*, 11 (1) janv.-févr., 1995, p. 100.

GOUTTENOIRE-CORNUT A., « L'application directe de l'article 3-1 de convention sur les droits de l'enfant », *JCP*, G, n° 14, avril 1998, II 10051, p. 605.

GRATALOUP S., « La Cour européenne des droits de l'homme maintient sa jurisprudence en matière d'éloignement du territoire des étrangers », *Droit de la famille*, mai, 2001, p. 9-11.

GUIMEZANES N., « Note TA Lyon 6 avril 1995, M. Vasile Ciuciu et Melle Citadela Ciuciu rec. n°9501291 et 9501292 », *JCP*, éd. G., n° 25, 22450, p. 242-244.

GUYOMAR M et COLLIN P., « La « cristallisation » des pensions des militaires et fonctionnaire des anciennes colonies est-elle constitutive d'une discrimination ? », *AJDA*, 20 décembre 2001, p. 1039-1044.

H

(D)'HAËM R., « Le contrôle du juge administratif et le contentieux de la reconduite à la frontière », *LPA*, 17 novembre 1995, n° 138, p. 5-12.

HAÏM V.,
- « Commentaire de l'arrêt CE, 2° et 6° ss. sec., 8 juillet 1991, req. n° 95461, Guisseppe Palazzi », *JCP*, G, n° 25, 21870, p. 202.
- « Un exemple de sanction administrative : l'amende infligée à une entreprise débarquant en France un étranger démuni du tire requis », *RFDA*, 17 (4), juillet- août 2001, p. 823-831.

HAMON L., « Note CE 8 déc. 1978 GISTI », *D.*, 1979, p. 661.

HELMLIMGER L., « Conclusions sur TA Lyon 6 avril 1995, M. Vasile Ciuciu et Melle Citadela Ciuciu rec. n°9501291 et 9501292 », *AJDA*, 20 septembre 1995, p. 648-652.

I

ISARD P., « La procédure administrative préalable à une décision de l'administration est-elle applicable en matière de reconduite à la frontière ? », *JCP*, n° 16, 15 avril 1992, 218832.

J

JARREAU B., « Le respect de la vie privée et familiale, l'éloignement des étrangers, interdiction définitive du territoire français », *site du CREDHO.*

JOSSERAND-JAILLET D., « L'asile territorial pour les traitements inhumains et dégradants infligés par les groupes armés », *RFDA*, 17 (4), juillet-août 2001, p. 813-816.

JULIEN-LAFERRIÈRE F.,
- « Les litiges à l'attribution de la qualité sont portés devant la juridiction de droit commun et n'emportent pas application des dispositions relatives au séjour provisoire des demandeurs », *D.*, *1998*, sommaire commenté, p. 20.
- « Atteinte à la vie familiale d'un étranger marié à un Français à qui on refuse un titre de séjour sans prouver la rupture de la vie commune, CE sec. 30 octobre 1996 », *D.*, 1998, sommaire commenté p. 18.
- « Doit-on délivrer une carte de séjour à la mère d'un enfant français entrée illégalement en France en raison de l'impossibilité de tout éloignement du territoire ? », *D.*, 1998, sommaire commenté, p. 18.
- « Le moyen tiré de ce qu'un arrêté de reconduite à la frontière porterait atteint à la vie familiale d'un étranger ne peut être soulevé d'office, CE sec. 18 novembre 1996 Préfet des Yvelines c. Merabet », *D.*, 1998, sommaire commenté, p. 17.

- « Les petits-enfants d'un étranger ne peuvent bénéficier du regroupement familial », *D., 1998*, sommaire commenté, p. 17.
- « Refus du droit au regroupement familial et atteinte au respect de la vie familiale de l'étranger », *D.*, 1998, sommaire commenté, p. 16.
- « Une étrangère ne peut être renvoyée dans son pays d'origine où ses filles risqueraient d'être excisées », *D.*, 1998, sommaire commenté, p. 16.
- « Acte administratif, CE sec. 3 octobre 1997, ANAFÉ req. 158921 », *AJDA*, 20 novembre 1997, p. 909.
- « Immigration loi Debré, DC 97-389, 22 avril 1997 », *AJDA*, 20 juin 1997, p. 524.
- « Les décisions de reconduite d'office » à la frontière ne peuvent faire l'objet que d'une demande d'annulation devant le juge de droit commun statuant selon la procédure ordinaire », *D.*, 1997, Sommaires commentés, p. 51.
- « L'éloignement et la CEDH article 5 et 8, affaire Nasri, Boughanei et Amuur », Cahier du CREDHO, n° 3, 1997, p. 35-42.
- « Les voies de recours contre une décision de reconduite à la frontière prise dans le cadre de la convention de Schengen. Substitution de base légale de la décision en l'absence de décision exécutive permettant une reconduite », *D.*, 1996, Sommaires commentés, p. 103.
- « Note sous TA 3 avril 1995 *M. Igel c./ Préfet de la Moselle* », D., 1996, SC. p. 103.
- « L'épouse d'un réfugié doit bénéficier d'un même statut mais pas la mère d'un enfant reconnu », sommaire commenté, *D.*, 1995, p. 171.
- « L'article 5 de la CEDH n'est pas applicable au contentieux des reconduites à la frontière », Som. Com., *D.*, 1995, p. 176.
- « Le mythe de l'immigration zéro », *AJDA*, 20 février 1994, p. 83.
- « Bulletin de jurisprudence française, étrangers, entrée et séjour », *JDI*, 4, 1993, p. 913.
- « Commentaire d'un arrêt, Cour d'appel de Poitiers, chambre civile, 2° section, 26 février 1992 », *JDI*, 4, 1993, p. 923.
- « Les étrangers ont-ils le droit au respect de leur vie familiale ? », *D.*, 1992, p. 291.
- « Note CE ass. 13 décembre 1991 M. Nkodia et Préfet de l'Hérault c./ M. Dakoury », *D.*, 1992, p.448-452.
- « Note de jurisprudence, CE ass., 19 avril 1991, Belgacem et Babas », *AJDA*, 20 juillet/ 20 août 1991, p. 551.
- « Note sous CE 1er avril 1988, *Bereciartua-Echarri* », *GP*, 1988, II, p. 549.

K

KAZATCHKINE N., « Le maintien dans les zones internationales d'un aéroport, Commentaire de l'arrêt Amuur c. /France », *RTDH*, 1997, p. 655.

KDHIR M., « L'interprétation par le juge français des traités internationaux », *LPA*, 15 avril 1991 - n° 45, p. 13.

KOHL A., « Commentaire de l'arrêt Madani c./ Bouhouche c. M.P, CEDH 15 mai 1992 », *RTDH*, 1993, p. 359.

KRULIC J.

- « La reconduite d'un étranger atteint du sida », *RFDA*, 13, (2), mars-avril, 1997, p. 315.
- « Commissaire du gouvernement, TA, Versailles, 26.09.1996, aff : M.B.B », *AJDA*, 20 janvier 1997, p. 110.

L

LABAYLE H. et SUDRE F.,

- « Jurisprudence de la Cour européenne des droits de l'Homme et droit administratif », RFDA, n°11 (6), nov-dec., 1995, p. 1172.
- « Jurisprudence de la Cour européenne des droits de l'Homme et droit administratif », RFDA, 14 (6), nov.-déc., 1998, p. 1211-1219.

LABAYLE H.,

- « Droit de l'Homme, traitement inhumains et peine capitale : réflexion sur l'édification d'un ordre public européen en matière d'extradition par la Cour européenne des Droits de l'Homme », *JCP*, 20 juin 1990, n° 3452, p. 6.
- « Note sous CE 1er avril 1988, Bereciartua-Echarri », *D.*, 1988, p. 413.
- « Le contrôle du contentieux des « expulsions dirigées » ou les prolongements de la jurisprudence Bozano au Palais Royal », *RFDA*, 1989, p. 3.

LAFAY F.,

- « CE, 2 février 1990, Mme Benouisse, req. 963363 », JCP, II, Éd. G., n° 8, 22004, 1993, p. 73.
- « Note CE 25 mai 1988, Ministre de l'Intérieur c./ Ziani, rec. CE p. 205 », *JCP*, G II 22004, p.73-76.

LAMMERANT I. , BOSSUYT M., « Commentaire de l'arrêt Vilvarajah et les autres c. le Royaume-Uni CEDH 30 octobre 1991 », *RTDH*, 1993, p. 410.

LAPRADE B.M., « *Conclusions du Commissaire du gouvernement, CE 9 juin 2000 Mr. et Mme Forasbosco* », *AJDA*, 20 septembre 1999, p. 725-730.

LAUGIER L.D.,

- « L'affaire des ressortissants algériens retenus à Folembey », *RFDA*, 11 (1) jan.-févr. 1995, p. 129.
- « TA de Lille 10 novembre 1994, M. Zitouni et M. Khaled. Sédjerari », *AJDA*, 1995, 20 janvier 1995, p. 68.

LAUSSINOTTE S. et LASSNER E., « Note CE 25 mai 1988, Ministre de l'Intérieur c./ Ziani, rec. CE p. 205 », *GP*, Chronique, 1990.

LARDINOIS P., « De la logique de l'idée au principe du droit, note sous CJCE du 25/ 07/ 02 », *RDE*, 2002, n° 112, p. 448-457.

LASVIGNES S., « L'institution d'un visa de sortie pour les étrangers, conclusions de l'arrêt GISTI », *RFDA*, 9 (3), mai juin 1993, p. 565.

LE BOT O., « Constitutionnalité de la loi modifiant la loi n° 52-893 du 25 juillet 1952 relative au droit d'asile », *D.*, 2004 (18), p. 1279-1280.

LEGRAND A, « Droit d'asile et zone d'attente : une consignation à bord, CE 29 juil. 1998 », *D.*, 1999, jurisprudence, p. 155.

LECUCQ O.,

- « Le PACS et l'octroi d'un titre de séjour », *AJDA*, 14 février 2005, p. 327.
- « La liberté de mariage des étrangers en situation irrégulière », *D.*, 2004 (20), p. 1405-1408.
- « L'examen par le Conseil constitutionnel de la nouvelle législation sur l'immigration », *AJDA*, 2004 (15), p. 599-606.
- « Le juge du référé-liberté, protection des demandeurs d'asile », *AJDA*, 22 septembre 2003, p. 1662.

LEJEUNE J., « L'arrêt Conka c. Belgique : la procédure d'asile belge à l'aune des droits de l'Homme », *RDE*, 2002, n° 118, p. 298.

LESCENE P., « L'affaire Beldjoudi c./ France », *Cahiers du CREDHO*, n° 1, 1994, p. 81-94.

LEVINET M.,

- « CEDH, 29 janv. 1997, aff. 112/1995/618/708, Bouchelkia », *JCP*, II, 229222-229924, 1997, p. 441.
- « L'article 3 de la Convention européenne des droits de l'Homme et l'excision », *RTDH*, octobre, 1996, p. 695-720.

LO G. « L'expulsion des étrangers : Quid novi ? L'article 3 et les risques de tortures ou traitements inhumains », *CREDHO*, n°4, 1998, p. 65.

LOCHAK D.,

- « Bulletin de jurisprudence, étrangers, DC 25 févr. 1992 », *JDI*, 3, 1992, p. 669.

LUCHAIRE F.,

- « Le droit d'asile devant le Conseil constitutionnel (Conseil constitutionnel, 4 décembre 2003, loi relative au droit d'asile) », *RDP*, 2004 (2), p. 565-582.
- « La loi relative à l'entrée et au séjour des étrangers et au droit d'asile devant le Conseil constitutionnel », *RDP*, 1998, p. 1015.
- « Le Conseil constitutionnel et la loi du 24 avril 1997 sur l'immigration », *RDP*, 1997, p. 931
- « Le droit d'asile et la révision de la Constitution », *RDP*, 1994, p. 5.
- « Le Conseil constitutionnel et la souveraineté nationale », *RDP*, 1991, p. 1499-1513.

M

MADUREIRA J., « La jurisprudence des organes de la CEDH et de la Charte Sociale européenne concernant l'entrée et la sortie des étrangers du territoire d'un État », *in Actes du colloque sur les droits de l'homme sans frontières (Strasbourg, 30 novembre-1er décembre 1989)*, Strasbourg, Conseil de l'Europe, 1990, p. 101-148.

MALLOL F.,

- « L'octroi d'un certificat de résidence à des ressortissants étrangers en cas d'application simultanée de deux conventions internationales », *RFDA*, 11 (1) jan.-févr. 1995, p. 120.
- « Sida, droit au respect de la vie familiale et reconduite à la frontière, note sous le tribunal de Besançon Mme Esther N. c./ Préfet du territoire de Belfort », *RDSS*, 31 (2), avril juin 1995, p. 428.

MARGUÉNAUD J.-P.,

- « Le droit des travailleurs étrangers à l'allocation du fonds de solidarité : la chambre sociale de la cour de cassation prend exemple sur la cour européenne des droits de l'Homme », *D.*, 1999, JP, p. 334.
- « Reflux du droit au respect de la vie familiale des étrangers, *RTDC*, (4), octobre décembre 1996, p. 1025-1026.

MARTIN P., « Le pacte international relatif aux droits civils et politiques ne s'applique pas aux droits à pension », *RFDA*, 12 (4), juill.-Août 1996, p. 808-817.

MARTIN-LAPRADE B., « Conclusions sur CE 9 juin 1999, M. et Mme Forabosco, req. 190384 », *AJDA*, 1999, p. 725.
MASSIA N., « L'expulsion d'un étranger peut-elle constituer une extradition déguisée ? Conclusions sur la cour administrative de Paris, 22 mars 2001, Lopez de la Calle Gauna », *RFDA*, septembre-octobre 2001.
MATHIEU B., VERPEAUX M., « Les étrangers en France : de la décision du Conseil constitutionnel au droit d'asile », *LPA*, 9 septembre 1994 (108), p. 4.
MAUGÜE M., « Conclusions CE 25 octobre 2000, Mme Cucicea-Lambot, req. n°212315 », *AJDA*, n° 3, mars 2001, p. 285.
MENDEL-RICHE F., « L'éloignement des étrangers entre défense de l'ordre public et impératifs humanitaires », *CREDHO*, n° 5, 1999, p. 135.
MIGNON E., « L'expulsion d'un étranger : atteinte au droit à la vie privée ou atteinte droit à la vie familiale ? », *RDE,* 1991, n° 92, p. 8-9.
MILLARD E., « La protection du droit à la vie familiale, dialectiques jurisprudentielles autour de l'article 8 de la convention EDH », *LPA*, 7 août 1996, n° 95, p. 13.
MILLET J.-M.,
- « Les demandes de réintégration, conditions de recevabilité d'une demande de réintégration, conclusions sur le tribunal administratif de Nantes, 20 juin 1996, Mme Zineb Staali », *RFDA*, 13 (2), mars-avril 1997, p. 324.
- « Le droit au retour de l'étranger irrégulièrement expulsé, conclusions sur tribunal administratif de Nantes, 30 mai 1997, M. Soulami », *RFDA,* 1998, (2) mars-avril 1998, p. 29.
- « Refus de visa à des ressortissants algériens et théorie des circonstances exceptionnelles conclusions sur le tribunal de Nantes, 6 décembre 1996, Époux Khanouche », *RFDA*, 13 (2) mars-avril 1997, p. 307.
- « Le droit à une vie familiale normale et les étrangers de la deuxième génération, conclusions sur la Cour administrative d'appel de Nantes Benouis », *RFDA*, 17 (4) juillet- août 2001, p. 807-812.

MONEGER F.
- « Le respect de la vie familiale pour lutter contre l'exclusion », *RDSS*, 35 (2), avril-juin 1999, p. 446.
- « Le Conseil d'État met en avant l'intérêt supérieur de l'enfant contenu dans la Convention des Nations Unies sur les droits de l'enfant », *RDSS*, 34 (1), jan-mars, 1998, p. 174.
- « Le recours à la Convention des droits de l'enfant pour apprécier la légalité d'un arrêté préfectoral de reconduite à la frontière, note sous Tribunal de grande instance de Rennes, 13 juin 1994 Ministère public c./ Martine Doua », *RDSS,* 30 (3), juill-sept. 1994, p. 503-508.

MORRI J. et SLAMA S., « Note sous CE juge des référés 12 janvier 2001, Mme Hyacinthe », *AJDA*, 2001, p. 589.
MOULY J. et **MARGUENARD J.-P.**
- « Protection sociale et nationalité : un exemple de l'influence de la Convention EDH sur le droit social », *D.*, 1998, jurisprudence, p. 438.
- « Le droit des travailleurs étrangers à l'allocation du fonds national de nationalité : la chambre sociale de la Cour de cassation prend exemple sur la cour européenne des droits de l'Homme », *D.*, 1999, JP, p. 334.

N

NEUWALH N., « Freedom of movement for workers under the EEC-treaty Association agreement : case 12/ 86, Meryem Demirel », 1988, 13, European law review, p. 360.
NGUYEN VAN TUONG, « Commentaire de l'arrêt Belgacem et Babas, CE ass., 19 avril 1991, req. n° 107470 et 117680 », *JCP*, G, n°46, 21756-21757, p. 393.

O

ONDOUA A., « Le droit au séjour provisoire des demandes d'asile à l'épreuve des accords européens en France, à propos de l'arrêt de la 3eme chambre de la CAA de Nantes du 29 avril 1999, Ministre de l'Intérieur c./ M. Konaté », *RRJ*, 2001, p. 324..
OSMAN F., « Le juge judiciaire gardien de la liberté individuelle, mythe ou réalité ? », *GP*, 25-27, février 1990, p. 2.

P

PACTEAU B., « Note sous CE 25 juillet 1980 Touami Ben Abdeslem », *JCP,* 1981, 19613.
PEERS S.,
- « Case Law Bozkurt », 33, *CMLR*, 1996, p. 103.
- « Towards equality : actual and potential rights of third country nationals in the European Union », *CMLR*, 1996, p. 7.

PELLISSIER G., « Le statut constitutionnel des droits et libertés des étrangers », *LPA*, 27 juin 1997, (77), p. 4.

PETIT S., « Numéro spécial droit des étrangers », *Gazette du Palais 1999*, 8 et 9. 09. 1999, n° 251 et 252.
PEYROT B., « Le droit de vivre dans des conditions décentes d'existence protégé par l'article 8 de la CEDH : le respect de la vie privé et familiale », *Cahier de l'Institut de droit européen des droits de l'Homme*, 1996, p. 177.
PHEMOLANT B., « Conclusions sur CAA 7 juillet 1999 Diop », *RFDA*, 16 (4) juillet-août 2000, p. 843-849.
PICARD E.,
- «Petit exercice pratique de logique juridique. À propos de la décision du Conseil constitutionnel n° 98-399 DC du 5 mai 1998 « Séjour des étrangers et droit d'asile », *RFDA*, 1998, p. 620.
- « Note CE 25 mai 1988, Ministre de l'Intérieur c./ Ziani, rec. CE p. 205 », *JCP*, G ,1993, I, 3670.

PIERUCCI C., « Commentaire de l'arrêt Moussa Koné, CE ass., 3 juillet 1996 », *RTDH*, 1997, p. 747.
PIVETEAU D., « Conclusions du Commissaire du gouvernement sur CE sec. 20 juin 1997, aff. M. Rezli », *AJDA*, 20 juillet/20 août 1997, p. 621.
POIRAT I., « La « cristallisation » des pensions de retraite des anciens combattants de l'outre-mer et la Convention européenne des droits de l'Homme », *RGDIP*, 2002-1, p. 207-223.
POIROT-MAZERES I., « Jurisprudence administrative et Convention européenne des droits de l'Homme », *Cahiers de l'IDEDH*, 1992, Montpellier, p. 133.
PRADA-BORDENAVE E., « Le refus de renouvellement d'un certificat de résidence pour des raisons d'ordre public », *RFDA*, 17 (4), juillet-août 2001, p. 817-821.
PRETOT X.,
- « La Convention européenne des droits de l'Homme implique t-elle l'accès aux prestations sociales de l'étranger en situation irrégulière ? », *Droit social*, 2003, n° 4, p 420.
- « Sécurité sociale. Droit aux prestations. Condition de nationalité. Convention européenne des droits de l'Homme. Prohibition des discriminations et respect du droit de propriété », *Droit social*, n° 1 1999, p. 1123.
- « La régularisation la situation des étrangers dépourvus de titres de séjour », *RDP*, n° 5, sept.-oct. 1997, p. 1217.
- « Le droit de l'étranger à la protection sociale », *Droit social*, n° 1 janvier 1994, p. 69.
- « Le travailleur étranger détaché à l'étranger dans une entreprise doit sa résidence en France pour l'octroi d'une pension de vieillesse », *D.*, 1993, Sommaires commentés, p. 270.
- « La conformité à la Constitution de la loi portant diverses dispositions relatives à la sécurité sociale et à la santé », *Droit social*, n° 4 avril 1990, p. 352.
- « L'application du principe d'égalité à l'étranger résidant en France », *RDSS*, 1990, p. 437.
- « L'illégalité de la subordination à condition de nationalité de l'attribution des prestations sociales facultatives, note sous CE 30 juin 1989, ville de Paris et autres c./ M. Levy », *Droit social*, n° 11, 1989, p. 767-769.
- « Note sous CJCE, 24 février 1987, 4 espèces », *Droit social*, 1987, p. 476-478.

PRISO ESSAWE S.-J., « Les droits sociaux et l'égalité de traitement dans la jurisprudence de la Cour européenne des droits de l'Homme », *RTDH*, 1998, p. 721-736.

R

RICHER L., « Note sous TA, 19 mars 1986, Mairie de Paris », *AJDA*, 1986, p. 389-391.
ROLIN E., « Le contrôle du Conseil d'État sur les décrets d'extradition », *RSC*, (3), juil.-sept. 1999, p. 537.
RUIZ-FABRI H., « Étrangers, expulsion, droits de l'Homme, jurisprudence administrative », *RA*, 1991, n° 259/264, p. 239.
ROUL A., « Les conditions dans lesquelles un étranger reconduit à la frontière pour défaut de visa qui lui a été opposé », *D.*, 1998, JP, p. 519.
ROUSSEAU C., « Note sous CE 1er avril 1988, Bereciartua-Echarri », *RGDIP*, 1990, p. 159.
RUIZ-FABRI H., « Étrangers, expulsion, droits de l'homme, jurisprudence administrative », *RA*, 1991, n° 259 264, p. 239.
RUZIE D., « La place de l'individu au regard des conventions internationales, Conseil D'État, section, 29 janvier 1993, note, Mme Josefa Bouilliez », *RFDA*, 9 (4) juillet août 1993, p. 803.

S

SAROLÉA S., « La jurisprudence récente de la cour européenne des droits de l'Homme en matière d'éloignement et de détention des étrangers au départ de l'arrêt Chahal », *RDE*, 1997, n° 92, p. 19-35.
SCANNIC F., « La place de l'individu au regard des conventions internationales, Conseil D'État, section, 29 janvier 1993, conclusions du gouvernement Mme Josefa Bouilliez », *RFDA*, 9 (4), juillet août 1993, p. 795.
SCHERMERS A., « Case Law Sevince », 28, *CML rev.*, 1991, p. 183.

SCHOETTL J.-E.,

- La nouvelle loi sur l'immigration devant le Conseil constitutionnel (1ère partie) », *LPA*, 20 janvier 2004 (14), p. 10-2.
- « La nouvelle loi sur l'immigration devant le Conseil constitutionnel (suite et fin) », *LPA*, 21 janvier 2004 (15), p. 10-21.
- « La nouvelle loi relative au droit d'asile est-elle constitutionnelle ? (2ème partie et fin) », *LPA*, 5 février 2004 (26), p. 12-20.
- « La nouvelle loi relative au droit d'asile est-elle constitutionnelle ? (1ère partie) », *LPA*, 4 février 2004 (25), p. 3-7.

SLAMA S., « L'arrêt « Diop » un long combat judiciaire », *Revue Plein Droit*, n° 56, mars 2003, p. 10-13.

SOUSSE M., « Reconduite à la frontière d'un étranger : Quid de sa situation personnelle et familiale », *D.*, 2001, Sommaires commentés, p. 1071.

SOROLEA S., « La jurisprudence récente de la Cour européenne des droits de l'homme en matière d'éloignement des étrangers au départ de l'arrêt Chahal », *RDE*, 1997, p. 27-30.

SUDRE F.,
- « A propos de l'autorité d'un précèdent en matière de protection des droits des minorités, (Affaire Chapman c./ le Royaume uni) », *RTDH*, 2001, p. 905.
- « Jurisprudence de la cour européenne des droits de l'Homme », *RDP*, n° 3, 2000, p. 700.
- « Le droit à l'allocation supplémentaire du fonds national de solidarité et la Convention EDH », *JCP*, n° 18, 5 mai 1999, II 10082, p. 869.
- « La portée du droit à la non-discrimination : de l'avis d'assemblée du Conseil d'État du 15 avril 1996 Mme Doukouré, à l'arrêt de la cour européenne des droits de l'Homme du 16 septembre 1996 Gaygusuz c./ Autriche », *RFDA*, 13 (5) sept.-oct., 1997, p. 966-998.
- « Chronique de la jurisprudence de la Cour EDH de 1991 », *RUDH*, 1992, n° 1-2, p. 1 et s.
- « Extradition et peine de mort : arrêt Soering », *RGDIP*, 1990, p. 103-121.
- « La première affaire française devant la Cour européenne des droits de l'Homme : l'affaire Bozano », *RGDIP*, 1986, p 533.

T

TESCAN O., « Le droit du travail et le droit de séjour des travailleurs turcs dans l'Union européenne à la lumière des arrêts récents de la CJCE », *RMCUE*, n° 445, février, 2001, 118-119.

TIGROUDJA H.,
- « L'applicabilité de l'article 6 § 1 de la CEDH à la procédure de relèvement d'une interdiction du territoire », *RTDH*, 2002, p. 433.
- « La force obligatoire des mesures provisoires indiquées par la Cour européenne des droits de l'Homme, observation sur l'arrêt du 6 février 2003, Mamatkulov c. Turquie », *RGDIP*, 2003-3, p. 601-632.

TOURNEPICHE A.-M., « Extension des possibilités du regroupement familial », *AJDA*, n°26/2004, p. 1425-1426

TOUVET L. et STAHL J.H., « Note sous Agyepong », *AJDA*, décembre, 1994 p. 878.

TURPIN D., « La réforme de la condition des étrangers par les lois des 24 août et 30 décembre 1993 et par la loi constitutionnelle du 25 novembre 1993 », *RCDIP*, 1994, p. 1.

V

VASSEUR F., « Une étrangère ne peut être renvoyée dans son pays d'origine où ses filles risqueraient d'être excisées », *D.*, 1998, Som. Com., p. 304.

VEDEL G., « Schengen et Maastricht (à propos de la décision n° 91-294 DC du Conseil constitutionnel du 25 juillet 1991) », *RFDA*, 1992, p. 173.

VIGOUROUX M.-C.,
- « Conclusions du Commissaire du gouvernement, CE 14 décembre 1994, Gouvernement suisse, req. n° 156490 », *AJDA*, 20 janvier 1995, p. 56.
- « Conclusions du Commissaire du Gouvernement, CE, décision du 15 octobre 1993 - n° 144.590 Affaire Mme Joy Davis-Aylor », *RUDH*, 1994, p. 208.
- « Conclusions sur CE 1er avril 1988, Bereciartua-Echarri », *JCP*, 1988, II, 20 071.

W

WACHSMANN P.,
- « Les lois instituant des discriminations selon la nationalité devant le Conseil d'État français », *RTDH*, 2003, p. 303-318.
- « CE 4 juillet 1997, M. et Mme et Bourezak », *RDP*, n° 1 1998, p. 271.

- *Jurisprudence française (Biaou 31 juillet 1996, Kéddar 31 juillet 1996, Mme Lakhal 2 octobre 1996, Mohammedi 30 octobre 1996), RGDIP*, 1997, p. 801.
- « Note sous CC n°93-323 DC du 5 août 1993 », *ADJA*, 1993, p.815-819.
- « Note sous décision du Conseil constitutionnel n° 86-217 DC », *AJDA,* 18 septembre 1986, p. 112.

WEBER A., « Case of law : the Kut Case », 31, *CML rev.*, 1994, p. 423.
WOLF P., « De l'authentification biométrique », *in Infosécu (CNRS)*, n°46, octobre 2003.

Z

ZARKA J.-C., « Loi relative à la maîtrise de l'immigration, au séjour des étrangers en France et à la nationalité : Le Conseil constitutionnel a prononcé trois censures et émis deux réserves d'interprétation », *JCP,* 2003, (51-52), p. 2249-2252.

V. RAPPORTS ET DOCUMENTS SPÉCIALISÉS :

1) Documents de l'Assemblée Nationale

Soins médicaux aux étrangers en situation irrégulière, étude de l'Assemblée nationale, septembre 2004.
Assemblée Nationale n° 938, Sénat n° 355, Enregistré à la présidence de l'Assemblée nationale, le 16 juin 2003, Office parlementaire d'évaluation des choix scientifiques et technologiques.
BALARELLO J., MASSON P., Commission d'enquête sur la régularisation d'étrangers en situation irrégulière, rapport 470, Assemblée Nationale (97/98) tome I.
BERTRAND M., Rapport sur le projet de loi de finance pour 2003, n° 256-10, 10 octobre 2002.
LONCLE F., « L'intégration de Schengen dan l'Union européenne », Les documents d'information de l'Assemblée Nationale, Délégation pour l'Union Européenne, rapport d'information n° 1257.
LONCLE F., « Schengen : un essai à transformer », rapport d'information n° 1476, Assemblé Nationale, Commission des affaires étrangères, 1999.
LENGAGNE G., « Rapport fait au nom de la commission des affaires étrangères sur le projet de loi, adopté par le Sénat, autorisant l'approbation du protocole additionnel au protocole de Sangatte entre le gouvernement de la République Française et le gouvernement du Royaume-Uni de Grande Bretagne et d'Irlande du Nord relatif à la création de bureaux chargés du contrôle des personnes empruntant la liaison ferroviaire reliant la France et le Royaume uni », le 18 avril 2001, Assemblée Nationale, n° 2985.
MARIANI T., Rapport d'information déposé par la délégation de l'AN pour l'UE, *sur la politique européenne d'asile*, le 29 avril 2003
Rapport *sur les méthodes scientifiques d'identification des personnes de données biométriques et les techniques mise en œuvre* par **M.-C. CABAL**, 2003.
Rapport Assemblée nationale au nom de la commission d'enquête (1) *sur l'état des droits de l'enfant en France, notamment au regard des conditions de vie des mineurs et de leur place dans la cité*, n° 871, 6 mai 1998.
Rapport Assemblée Nationale fait au nom de la commission des lois relative à *la loi sur loi relative à la maîtrise de l'immigration et aux conditions d'entrée, d'accueil et de séjour des étrangers en France*, **PHILIBERT J.-P.,** n° 346, 1997.
Assemblée Nationale, rapport, **GOUZES G.**, n° 451, tome I et II, 20 novembre 1997.
Assemblée Nationale, rapport, **GOUZES G.**, n° 701, le 24 février 1998.
Assemblée Nationale, rapport, **GOUZES G.**, n° 821, le 7 avril 1998.
Assemblée Nationale, rapport, **GOUZES G.**, n° 697, et Sénat , rapport Masson P., n° 294, le 12 février 1998.
Assemblée Nationale, Avis, **Le DEAUT J.-Y.**, n° 483, 26 novembre 1997.

2) Documents du Sénat

Sénat, *Double peine*, document de travail n° LC 117, février 2003
COURTOIS J.-P., *Rapport sur le projet de loi adopté en urgence par l'AN déclaration d'urgence, relatif à la maîtrise de l'immigration et au séjour des étrangers en France*, n° 1, 1er octobre 2003.
MASSON P., *Rapport d'information sur l'accès au travail des ressortissants des pays d'Europe centrale et des pays candidats à l'adhésion*, n° 291, 2000-2001.
MASSON P., *Rapport d'information sur la coopération européenne dans le domaine de l'immigration*, n° 438, 1999-2000.

MASSON P, Rapporteur BALARELLO J., *Rapport de la commission d'enquête chargée de recueillir des informations sur les régularisations d'étrangers en situation irrégulière opérées depuis le 1er juillet 1997*, n° 470, Sénat, 3 juin 1998, Tome I.
MASSON P., *Rapport d'information sur l'intégration de l'acquis Schengen dans l'Union européenne*, n° 99, Délégation du Sénat pour l'Union européenne, 1998-1999.
MASSON P., *Rapport d'information sur l'intégration de Schengen dans l'Union européenne* n° 53,, 1997-1998.
Rapport du Sénat, *De la régularisation au non-éloignement, un risque majeur pour l'intégration et la cohésion nationale : les clandestins officiels*, 2 juin 1998, n° 470.

3) Documents du Ministère de l'intérieur

BART M., rapport annuel 2000 sur l'immigration et l'asile, pour le ministre de l'intérieur : http://www.interieur.gouv.fr /bomi/bomi/3trim00/d0000166.htm
Ministre de l'intérieur, DLPAJ, *Schengen accord du 14 juin 1985, textes de référence*, JORF, Paris, 1996.
Ministre de l'intérieur et de la sécurité publique, *Zone d'attente des ports et des aéroports, bilan d'application de la loi du 6 juillet 1992*, 1993, non publié.

4) Documents du HCR

HCR, Publications, site officiel sur Internet :
- http://www.unhcr.ch/french/issues/asylum/frm09905.htm.
- http://www.unhcr.ch/french/pubs/rm101/fm10101.htm

HCR, *Les réfugiés dans le monde*, l'enjeu de la protection, Éd. La Découverte, 1993.
HCR, *Les réfugiés dans le monde, cinquante ans d'action humanitaire*, Collection Autrement, 2000.
Comité exécutif du programme du haut commissaire, *Interception de demandeurs d'asile et de réfugié : le cadre international et les recommandations en vue d'une approche globale*, 9 juin 2000, EC/50/SC/CRP.17.
Comité exécutif du programme du haut commissaire, *Formes complémentaires de protection : nature et lien avec le régime de protection internationale des réfugiés*, 9 juin 2000, EC/50/SC/CRP.17.

Conclusions du Comité exécutif du HCR.
N° 6 *relative au principe de non-refoulement*, 28ème Session, 1977, recueil des conclusions du Comité exécutif du Haut Commissariat pour les Réfugiés des Nations Unies, p. 14.
N° 8 *La détermination du statut de réfugié.*
N° 15 *Réfugiés sans pays d'asile.*
N° 22 *Protection des personnes en quête d'asile en cas d'arrivée massive »*
N° 30 *Le problème des demandes manifestement infondées*
N° 44 *La détention des réfugiés et des personnes en quête d'asile* ».
N° 58 *Sur les problèmes des réfugiés et des demandeurs d'asile quittant de façon irrégulière un pays où la protection leur a déjà été accordée »*

5) Documents du Conseil d'État

Rapport du Conseil d'État, *Jurisprudence et avis de 1999*, La documentation française n° 51, Études et Document, Paris 2000, p. 38 et 197.
Rapport du Conseil d'État, *Sur le principe de l'égalité*, La documentation française, Études et document, Paris, 1996.
Rapport présenté par la délégation française à la IXème conférence des cours constitutionnelles européennes, Paris, 10-13 mai 1993, *Protection constitutionnelle et protection internationale des droits de l'Homme : concurrence ou complémentarité ?, RFDA*, 9 (5), septembre octobre 1993, p. 849.

6) Document de la CNIL

Rapport de la CNIL 1999, *3° rapport d'activité de l'autorité de contrôle commune de Schengen mars 19998 à février 1999*, p. 351-384.

7) Documents de l'ONU

Rapport sur *les migrations de remplacement de la division* « Population » des Nations Unies, janvier 2000.
Rapport présenté par Mme Gabriela Rodriguez Pizarro, conformément à la résolution 1999/44 de la commission des droits de l'Homme, *Groupes et individus particuliers : travailleurs migrants*, E/CN.4/2000/82, 6 janvier 2000.
Rapport du groupe de travail sur la détention arbitraire, *Question des droits de l'Homme de toutes les personnes soumises à une forme quelconque de détention ou d'emprisonnement*, E/CN.4/1998/44, 19 décembre 1997.
Séminaire sur *les droits de l'Homme des travailleurs migrants*, Tunis, 12-24 novembre 1975, éd. Nations Unies, ST/TAO/HR/50.

8) Documents du Conseil de l'Europe

Acte du colloque, *La législation relative aux réfugiés, commission des migrations et de la démographie tenant dans le cadre du programme de coopération interparlementaire avec les pays centrale et orientale*, Bucarest 3-5 novembre 1994, éd. Conseil de l'Europe, Strasbourg, 1995.
Actes du colloque, *Les droits des étrangers en Europe*, Funchal-Madère, Portugal, 17-19 octobre 1983, éd. Conseil de l'Europe, Strasbourg, 1985.
ARNOLD E., « Protection temporaire de personnes obligées de fuir leur pays », rapport, doc. 7889, 18 juillet 1997, Conseil de l'Europe.
BOUCAUD P., *Les travailleurs migrants et leurs familles, protection dans la charte sociale européenne*, Cahiers de la Charte sociale n° 4, éd. Conseil de l'Europe, 1997, 126 p.
CLAUDE VALENTIN C., *Les migrants en Europe occidentale, situation actuelle et perspective d'avenir, les migrants clandestins et les migrants en situation* irrégulière dans les État membres du Conseil de l'Europe, 3ème conférence des ministres européens, responsables des questions de migration, Porto, 13 mai 1987.
Comité consultatif (5 T-PD de la convention pour la protection des personnes à l'égard du traitement automatisé des données à caractères personnes 5 STE n° 108), Strasbourg, 6-8 juin 2000.
Comité européen pour la prévention de la torture et des peines de traitements inhumains et dégradants, les Normes du CPT, Chapitres des rapports généraux consacrés à des questions de fond, 2002.
Committee of minister, recommendation, concerning the security of residence of long term migrants, 13 September 2000.
Conférence sur « *la migration irrégulière et dignité des migrants : coopération dans la région méditerranéenne* », Athènes, 3 et 4 octobre 2001.
CONSEIL DE L'EUROPE, *Les droits de l'enfant, une perspective européenne*, éd. du Conseil de l'Europe, 1996.
De TAPIA S., *Les nouvelles configurations de la migration irrégulière en Europe*, éd. Conseil de l'Europe, décembre 2003.
GROTRIAN A., *L'article 6 de la Convention européenne des droits de l'Homme*, éd. Conseil de l'Europe, 1994.
GUILD E., *La Convention européenne relative au statut juridique du travailleur migrant, une analyse de son champ d'application et de sa portée actuelle*, éd. Conseil de l'Europe, 1999, Mig/docs/99/cdmg (99) 11 f.
L'application de la charte sociale européenne, aperçu par pays - 2002, Document d'information de la Charte social européenne, éd. Conseil de l'Europe, octobre 2002.
La charte sociale du XXIème siècle, éd. Conseil de l'Europe, 1997.
La charte sociale européenne, Recueil de texte, 3ème édition, Conseil de l'Europe, 2001.
La protection des droits sociaux fondamentaux en Europe par la Charte sociale européenne, Actes, Sofia, 5-7 juillet 2000, éd. Conseil de l'Europe, 2001.
LAMBERT H., *La situation des étrangers au regard de la Convention européenne des droits de l'Homme,* éd. Conseil de l'Europe, n° 8, 2001.
MOLE N., *Le droit d'asile et la Convention européenne des droits de l'Homme*, éd. Conseil de l'Europe, dossier sur les droits de l'Homme, n° 9 (révisé), 2000.
MURDOCH J.-L., *L'article 5 de la convention européenne des droits de l'Homme, la protection de la liberté et de la sûreté de la personne*, éd. Conseil de l'Europe, n° 12, 1996.
PEERS S., BARZILAY R., GROENENDIJK K, GUILD E., *Le statut des personnes admises au regroupement familial, études comparatives de la législation et la pratique de certains pays européens*, éd. Conseil de l'Europe, 2000
SAMUEL L., *Droits sociaux fondamentaux, jurisprudence de la Charte sociale européenne*, éd. Conseil de l'Europe, 1997.

9) Rapport annuel de OCDE

KAYSER B., *Les retours conjoncturels des travailleurs migrants*, éd. OCDE, 1972.
OCDE, *Système d'observation permanente des migrations*, Rapport 2002.
OCDE, *Tendances des migrations internationales, système d'observation permanente des migrations*, rapport annuel de 1993, SOPEMI

10) Rapport de l'ANAFÉ

ANAFÉ, *La frontière et le droit : la zone d'attente de Roissy sous le regard de l'ANAFÉ, bilan de six mois d'observation associative*, (avril-octobre 2004), novembre 2004
Analyses de l'ANAFÉ du 1er janvier 2004 au 30 septembre 2004, *La zone des enfants perdus. Mineurs isolés en Zone d'attente de Roissy*, novembre 2004.
La Roulette russe de l'asile à la frontière ?, Zone d'attente : qui détourne la procédure ?, rapport sur la procédure d'admission sur le territoire au titre de l'asile, novembre 2003.
Zone d'attente : 10 ans après, les difficultés persistent, visites quotidiennes à Roissy en mai 2002, mars 2003.
Violences policières en zone d'attente, 2002.

11) Rapport d'Amnesty international

Rapport sur *l'asile dans l'union européenne commentaire et articles*, 2003, SF03R32, p. 36.
Rapport, *Sangatte : la fermeture n'est pas une solution*, 1er février 2002, SF02R05.
Rapport sur le centre de Sangatte, 30 janvier 2002, SF02R03.

12) Avis de la Commission nationale consultative des droits de l'Homme

Avis portant sur le projet de décret modifiant le titre III du décret n° 46-1574 du 30 juin 1946 *réglementant les conditions d'entré et de séjour en France des étrangers*, adopté le 17 juin 2004.
Avis *relatif à l'élaboration du droit communautaire concernant le droit d'asile*, adopté le 22 janvier 2004.
Avis *sur le projet de décret relatif à l'OFPRA et la CRR*, du 22 janvier 2004.
Avis *sur le projet relatif aux modalités de la désignation et l'indemnisation des administrateurs ad Hoc représentant les mineurs étrangers isolés*, 24 avril 2003.
Avis *sur le projet de loi modifiant la loi n° 52-893 relative au droit d'asile*, Adopté le 24 avril 2003.
Avis *relatif aux travaux de l 'Union européenne sur l'asile et au sommet de Laeken*, adopté le 23 novembre 2001.
Avis *sur l'application effective en France de la CIDE*, 5 mai 2000.
Avis *relatif à la situation des mineurs isolés*, 21 septembre 2000.
Avis du 11 janvier 1995, concernant *l'accueil en France des algériens menacés dans leur vie ou dans leur liberté.*

13) Document de la Commission, Conseil et du Parlement européen

Mise à jour semestrielle du tableau de bord pour l'examen des progrès en vue de la création d'un espace « de liberté, de sécurité et de justice » dans l'union européenne, second semestre 2001, Bruxelles 30 octobre 2001.
Parlement européen, *résolution sur l'harmonisation des formes de protection complémentaire au statut de réfugié dans l'union européenne*, JOCE n° C 150, 28 mai 1999, p. 203-207.
Parlement européen, *rapport sur la proposition de directive relative au regroupement familial*, (final A5-D201/2000), 17 juillet 2000.
Livre vert *relatif à une politique communautaire en matière de retour des personnes en séjour irrégulier*, 10/04/2002, Com (2002), 175 Final, Bruxelles, p. 12-19.
ROTH C., « *Rapport sur le projet de recommandation du Conseil concernant un accord type bilatéral de réadmission entre un État membre de l'Union européenne et un État tiers, Parlement européen* », Doc A4-0184/95, PE 211.778/déf., le 20 juillet 1995.

14) Rapport du CPT

Rapport du gouvernement français en réponse au rapport du Comité européen pour la prévention de la torture et des peines ou traitement inhumains ou dégradants (CPT) Gouvernement, publié le 19 juillet 2001.
Rapport CPT publié le 19 juillet 2001, Visite les 14 et 25 avril 2000.

Rapport CPT publié le 14 avril 1998, visite les 6 et 18 octobre 1996.
Rapport 1991 CPT, publiée le 19/01/1993.
Rapport de suivi du gouvernement français en réponse au rapport du Comité européen pour la prévention de la torture et des peines ou traitement inhumains ou dégradants (CPT) relatif à sa visite en France, du 27 octobre au 8 novembre 1991.

15) Rapport de l'OIT

Conférence internationale du travail, 87ème session, *Travails migrants*, éd. Bureau international du travail, Genève, 1999, p. 48.

16) Divers

CIMADE,
Centre et locaux de rétention administrative, rapport 2003, Juillet 2004.
Centre de rétention administrative, Rapport 2001, Hors série Causes communes, septembre 2002
Comité économique et social européen, Audition sur la Convention internationale des droits des travailleurs migrants, 4 mai 2004, Bruxelles.
COORDINATION EUROPÉENNE, Pour le droit de vivre en famille des étrangers, 2000.
Maîtrise de l'immigration, éd. du JO Aux sources de la loi, n° 1932, mai 2004.
Danish refugee council,
- *Safe of country, policy in European countries*, 1997.
- *The Dublin Convention: Study on its implementation in the 15 member states of the European Union, Copenhagen* : Danish Refugee Council, 2001 (Borgergade 10-1300 Copenhagen K - www.drc.dk).

FTDA et le réseau d'accueil des demandeurs d'asile et des réfugiés, *Livre blanc du dispositif d'accueil en centres des demandeurs d'asile et des réfugiés*, janvier 1999.
GEVREY M., *Les défis de l'immigration future*, Conseil économique et social, 6 novembre 2003.
CFDA, *Projet de réforme de l'asile : commentaires et recommandations*, 30 septembre 2003.
LABAYLE H., *Rapport français d'étude pour la CIG, Travaux du groupe d'étude français pour la Conférence intergouvernementale de 1996*, Pédone, 1997.
L'acquis Schengen intégré dans l'Union européenne, éd. Conseil de l'Union européenne, mai 1999.
Rapport de juin 2003 de l'observatoire du droit à la santé des étrangers.
Rapport de Médecin du Monde, *La zone d'attente de Roissy, une zone de non-droit*, 2002,
Rapport annuel de Forum réfugiés, *L'asile*, Juillet 2002, p. 45.
Rapport SSAE, *Les mineurs demandeurs d'asile entrés sur le territoire français sans représentants légaux*, mars 1992.
Réseau UE d'experts indépendants en matière des droits fondamentaux, Observation thématique n° 2 *Les droits fondamentaux dans l'action extérieure de l'Union européenne en matière de justice et d'asile et d'immigration*, janvier 2004.
TRASSOUDAINE S., *L'intervention judiciaire dans le maintien en zone d'attente des étrangers en rétention administrative et en zone d'attente*, Bull, info Cour de Cassation, n° Hors série, 1er juillet 2001.
WEIL P., *Mission d'étude des législations de la nationalité et de l'immigration*, collection rapport officiel, La Documentation Française, 1997.

RÉPERTOIRE DES NORMES SUPRANATIONALES ET INTERNES

I/ PRINCIPALES NORMES COMMUNAUTAIRES ET INTERNATIONALES

1. *Accords et conventions communes, TCE, TCE*

- Accords entre les gouvernements des États de l'Union économique Benelux, de la République fédérale allemande et de la République française relatifs *à la suppression graduelle des contrôles aux frontières communes*, fait à Schengen le 14 juin 1985, (JORF du 5 août 1986).
- Traité de Maastricht instituant la Communauté européenne, JOCE n° C224, du 31 août 1992.
- Convention signée le 15 juin 1990 à Dublin, *relative à la détermination de l'État responsable de l'examen d'une demande d'asile présentée dans l'un des États membres des Communautés européennes*, entrée en vigueur le 1er septembre 1997, JOCE n° C 254 du 19 août 1997, p. 1-12.
- Convention d'application des accords Schengen, 19 juin 1990, JORF 22 mars 1995, p. 4441, décret n° 95-304 du 21 mars 1995, mise en vigueur le 26 mars 1995.
- Traité d'Amsterdam modifiant *le traité sur l'UE, les traités instituant les communautés européennes et certains actes connexes* du 2 octobre 1997, JOCE n° C 340 du 10 novembre 1997.
- Traité instituant *la Communauté européenne* TCE (version consolidée), JOCE n° C 325 du 24 décembre 2002.
- Traité sur l'Union européenne TUE (version consolidée), JOCE n° 325 du 24 décembre 2002.
- Traité de Nice, *modifiant le traité sur l'Union européenne, les traités instituant les communautés européennes et actes connexes*, 2001, JOCE, 10 mars 2001, C 80/1, entré en vigueur le 1er février 2003.
- Traité établissant *une constitution européenne pour l'Europe*, Bruxelles 6 août 2004, CIG 87/ 04.

2. *Normes sur les visas*

- Accord de Schengen, conclu le 14 juin 1985, dont l'article 26 est modifié par la directive 2001/ 51/ CE du Conseil du 28 mai 2001.
- Proposition de Décision du Conseil de l'Union européenne établissant la *Convention relative au contrôle des personnes lors du franchissement des frontières extérieures*, JO C/1994/11/ 6.
- Règlement (CE) n°1683/95 *établissant un modèle type de visa* du 14 juillet 1995, JOCE L164/1, modifié par le règlement (CE) n° 334/ 2002 du Conseil, JOCE 23 février 2002, L53/7.
- Règlement (CE) n° 2317/95 du Conseil du 25 septembre 1995, *déterminant la liste des pays tiers dont les ressortissants doivent être munis d'un visa lors du franchissement des frontières extérieures des États membres*, JOCE, n° L. 234 du 3 octobre 1995, p. 1-3. Modifié par le règlement (CE) n° 574/1999 du Conseil du 12 mars 1999 *déterminant les pays tiers dont les ressortissants doivent être munis d'un visa lors du franchissement des frontières extérieures des États membres*, (JO L 072 18.03.1999 p.2), modifié par le règlement n°539/2001 du 15 mars 2001, *fixant la liste des pays tiers dont les ressortissants sont soumis à l'obligation de visa pour franchir les frontières extérieures des États membres et la liste de ceux dont les ressortissants sont exemptés de cette obligation*, (JO L 081 21.03.2001 p. 1), modifié par le règlement (CE) n° 2414/2001 du Conseil du 7 décembre 2001, modifiant le règlement (CE) n° 539/2001, JOCE L 327/2, 12/12 2001. De nouveau modifié JOUE L 069, 13 mars 2003, p. 10.
- Recommandation du Conseil du 4 mars 1996 *relative à la coopération consulaire locale en matière de visas*, JO C 080 18 mars 1996, p. 1.
- Règlement (CE) n° 574/1999 du Conseil du 12 mars 1999, *déterminant les pays tiers dont les ressortissants doivent être munis d'un visa lors du franchissement des frontières extérieures des États membres*, JOCE L072 18 mars 1999, remplacé par JOUE L081 du 21 mars 2003, p. 1.
- Proposition de directive du Conseil relative *au droit des ressortissants des pays tiers de voyager à l'intérieur de la Communauté*, 1999/0199/CNS, changement de base juridique par la commission le 01 mai 1999.
- Règlement (CE) n°789/2001 du Conseil du 24 avril 2001 *réservant au Conseil des pouvoirs d'exécution en ce qui concerne certaines dispositions détaillées et modalités pratiques relatives à l'examen des demandes de visa*, JOCE L116/2, 26 avril 2001.
- Décision du Conseil du 28 mai 2001, relative à *l'adaptation des parties V et VI et de l'annexe 13 des instructions consulaires communes ainsi que l'annexe 6 a) du Manuel commun pour les cas des visas de long séjour ayant valeur concomitante de visa de court séjour*, 2001/420/CE, JOCE 6 juin 2001, L150/47.
- Règlement (CE) n°1091/2001, du 28 mai 2001, *relatif à la libre circulation avec un visa de long séjour* JOCE 6 juin 2001, L150/4.

- Proposition de directive relative *aux conditions dans lesquelles les ressortissants de pays tiers peuvent circuler librement sur le territoire des États membres pendant une durée maximale de trois mois, introduisant une autorisation spécifique de voyage et fixant les conditions d'entrée en vue d'un déplacement d'une durée maximale de six mois*, 11 juillet 2001, COM/2001/388/final du 10/07/2001 bull. 7/8- 2001 /1.4.5.
- Règlement (CE) 333/2002 du 18 février 2002 *établissant un modèle uniforme et sécurisé de feuillet pour l'apposition d'un visa délivré par les États membres aux titulaires d'un document de voyage non reconnu par l'État membre qui établit le feuillet*, JOCE, L53, 23 février 2002, p. 4.
- Règlement (CE) n°415/2003 du Conseil du 27 février 2003 *relatif à la délivrance de visa à la frontière, y compris aux marins en transit*, JOUE, 7 mars 2003, L 64/1.
- Règlement (CE) n°1295/2003 du Conseil du 15 juillet 2003 relatif *à des mesures visant à faciliter les procédures de demande et de délivrance de visa pour les membres de la famille olympique participants aux jeux Olympiques et/ou paralympiques de 2004 à Athènes*, JOUE du 27 juillet 2003 L 183/1.
- Proposition de Règlement du Conseil modifiant le règlement (CE) n° 1683/95 *établissant un modèle type de visa*, COM (2003) 558, du 24 novembre 2003.
- Décision du 8 juin 2004 *portant création du système d'information visa* (VIS), 2004/512/CE, L 213/5, JOUE du 15 juin 2004.
- Règlement n° 2133/2004 du Conseil, du 13 décembre 2004 concernant *l'obligation pour les autorités compétentes des États membre de procéder au compostage systématique des documents de voyage des ressortissants de pays tiers lors du franchissement des frontières extérieures des États membres, et modifiant à cette fin les dispositions de la CAAS et le manuel commun*, 2004 JOUE L 369 du 16 décembre 2004.
- Règlement (CE) n° 851/2005 du Conseil du 2 juin 2005 modifiant le règlement (CE) n° 539/2001 *fixant la liste des pays tiers dont les ressortissants sont soumis à l'obligation de visa pour franchir les frontières extérieures des États membres et la liste de ceux dont les ressortissants sont exemptés de cette obligation en ce qui concerne le mécanisme de réciprocité*, JOUE, n° L 141 du 04/06/2005 p. 3 -5.

3. *Normes sur le SIS*

- Décision du Conseil du 20 mai 1999, *déterminant, conformément aux dispositions pertinentes du traité instituant la communauté européenne et du traité sur l'union européenne, la base juridique de chacune des dispositions ou décisions constituant l'Acquis de Schengen*, 1999/439/ CE, JOCE 10/7/ 1999, L176/17.
- Décision 2001/886/JAI du Conseil du 6 décembre 2001 *relatif au développement du SIS deuxième génération*, JOUE L 328 du 13 décembre 2001, p. 4.
- Règlement 2424/2001/CE du Conseil, du 6 décembre 2001, *relatif au développement du Système d'Information Schengen de deuxième génération* (SIS II), JOUE L 328 du 13 décembre 2001, p. 1.
- Règlement (CE) n°871/2004 du Conseil du 29 avril 2004 concernant *l'attribution de certaines fonctions nouvelles au Système d'information Schengen, y compris dans le cadre de la lutte contre le terrorisme*, JOUE, L 162/29 du 30 avril 2004.

4. *Normes sur le regroupement familial*

- Résolution sur *l'harmonisation des politiques nationales en matière de regroupement familial* du 1er juin 1993 adopté à Copenhague, non publiée.
- Résolution du Conseil 97/C382/01 du 4 décembre 1997, *sur les mesures à adopter en matière de lutte contre les mariages de complaisance*, JOCE C 382, 16 décembre 1997.
- Proposition de directive du Conseil relative *au regroupement familial*, du 1er décembre 1999, JOCE/1999/638/final.
- Proposition de directive modifiée relative *au regroupement familial*, le 10 octobre 2000, Com/2000/624/ final du 10 octobre 2000, bull. 10-2000/1.4.2.
- Proposition modifiée de directive du Conseil relative *au droit au regroupement familial*, 2/05/2002, COM (2002) 225 final.
- Directive 2003/86/CE du Conseil du 22 septembre 2003 relative *au droit au regroupement familial*, JOUE, L 251/12, 3 octobre 2003.

5. *Normes sur les travailleurs ressortissant de pays tiers*

- Résolution du 20 juin 1994 *concernant la limitation de l'admission de ressortissants de pays tiers sur le territoire des États membres*, JOCE n°C274/3, 19/09/1996.

- Résolution du 30 novembre 1994, concernant *la limitation de l'admission des ressortissants tiers sur le territoire des États membres aux fins de l'exercice d'une activité professionnelle indépendante*. JOCE, n°C274/7 du 19 septembre 1996.
- Résolution du 30 novembre 1994 *relative à l'admission des ressortissants tiers sur le territoire des États membres à des fins d'études*, JOCE n°C274/10, 19 septembre 1996.
- Proposition d'acte du Conseil établissant *la Convention relative aux règles d'admission des ressortissants de pays tiers dans les États membres*, adoption par la commission 29/09/1997, JOCE 1997/337 du 7 novembre 1997, p. 9.
- Proposition de directive relative *aux conditions d'entrée et de séjour des ressortissants de pays tiers aux fins d'un emploi ou de l'exercice d'une activité économique indépendante*, COM (2001) 386 final, JOCE, C 332 E du 27 novembre 2001.
- Livre Vert sur *une approche communautaire de la gestion des migrations économiques*, Doc. COM (2004) 811 final du 11 janvier 2005.

6. *Normes sur l'immigration à fin d'études, de formation et de recherches*

- Résolution du Conseil du 30 novembre 1994 *relative à l'admission de ressortissant de pays tiers sur le territoire des États membres à des fins d'études*, JO n° C 274 du 19/09/1996, p. 10-12.
- Décision du Conseil du 30 novembre 1994 relative *à une action commune adoptée par le Conseil sur la base de l'article K3§ 2pint b) du traité sur l'UE en ce qui concerne les facilités de déplacement des écoliers ressortissants de pays tiers résidant dans un État membre*, JO n° L 237 du 19 / 12/ 1994, p. 1-3.
- Proposition de directive du Conseil *relative aux conditions d'entrée et de séjour des ressortissants de pays tiers aux fins d'études, de formation professionnelle ou de volontariat*, 7.10.2002, COM(2002) 548 final 2002/0242 (CNS) JO n° C 045 E, du 25 février 2003, p. 18-41. Accord politique du Conseil le 30 mars 2004, dossier interinstitutionnel, 31 mars 2004, 2002/0242, n° 8013/04.
- Proposition de Recommandation du Conseil visant *à faciliter la délivrance par les États Membres de visas uniformes de court séjour pour les chercheurs ressortissants de pays tiers se déplaçant aux fins de recherche scientifique dans la Communauté européenne*, du 16 mars 2004, COM/2004/0178 final - CNS 2004/0063.
- Proposition de Recommandation du Conseil visant *à faciliter l'admission des ressortissants de pays tiers aux fins de recherche scientifique dans la Communauté européenne*, du 16 mars 2004, COM/2004/0178 final - CNS 2004/0062.
- Proposition de Directive du Conseil relative *à une procédure d'admission spécifique des ressortissants de pays tiers aux fins de recherche scientifique*, du 16 mars 2004, COM/2004/0178 final - CNS 2004/0061.
- Directive du Conseil relative *aux conditions d'admission des ressortissants de pays tiers à des fins d'études, d'échange d'élèves, de formation non rémunéré ou de volontariat*, 2004/114/ CE du Conseil du 13 décembre 2004, JOUE du 23 décembre 2004, L375/ 12.
- Directive du Conseil relative *à une procédure d'admission spécifique des ressortissants de pays tiers aux fins de recherche scientifique, (dossier interinstitutionnel, 2004/0061), 9288/05, 21 juin 2005.*
- Recommandation du Conseil visant *à faciliter l'admission des ressortissants de pays tiers aux fins de recherche scientifique dans la Communauté européenne*, 21 juin 2005.

7. *Normes sur les victimes de la traite des êtres humains ou qui ont fait l'objet d'une aide à l'immigration clandestine*

- Résolution relative *à la traite des femmes* du 16 septembre 1993, B3-1264, 1283 et 1309/93, JO C 268 du 4 octobre 1993, p. 141. et s.
- Résolution du 18 janvier 1996 *sur la traite des êtres humains* du 16 novembre 1996, A4-0326/95, JO C 032 du 5 février 1996, p. 88 et s.
- Action commune adoptée par le Conseil le 29 novembre 1996, *établissant un programme d'encouragement et d'échange destiné aux responsables de l'action contre la traite des êtres humains et l'exploitation sexuelle des enfants*. JOCE L 322, 12 décembre 1996, p. 7 et s.
- Action du 24 février 1997 adoptée par le Conseil sur la base de l'article K3 du traité de l'Union européenne, JOCE L 63 4 mars 1997, p. 2 et s.
- Résolution relative *à la lutte contre la traite des êtres humains et l'exploitation sexuelle des enfants*, JOCE L 63 du 4 mars 1997, p. 2 et s.
- Décision-cadre, *relative à la traite des êtres humains est adoptée pour rapprocher les dispositions législatives et réglementaires des États membres dans le domaine de la coopération policière et judiciaire en*

matière pénale COM/2000/0854 final/2, adoptée le 19 juillet 2002, (2002/629/JAI), JOCE L 203/1 du 1er août 2002.

- Proposition de directive relative *au titre de séjour de courte durée délivré aux victimes de l'aide à l'immigration clandestine ou de la traite des êtres humains qui coopèrent avec les autorités compétentes*, Bruxelles, le 11 février 2002, COM(2002) 71 final, JOUE C 126 du 28 mai 2002, p. 393.
- Directive 2004/81/CE du Conseil du 29 avril 2004 *relative au titre de séjour de courte durée délivré aux ressortissants de pays tiers qui sont victimes de la traite des êtres humains ou ont fait l'objet d'une aide à l'immigration clandestine et qui coopèrent avec les autorités compétentes,* JOUE, L 261 du 6 août 2004, p. 19-23.

8. Normes sur le statut des résidents de longue durée

- Résolution du Conseil du 4 mars 1996 *relative au statut de pays tiers qui sont résidents de longue durée sur le territoire des États membres*, (96/C80/02), JOCE n°C 80/2, 18 mars 1996.
- Action commune du 16 décembre 1996 adoptée par le Conseil sur la base de l'article K3 du traité sur l'Union européenne, *relative à un modèle uniforme de permis de séjour*, JOCE n°L007 du 10 janvier 1997, p. 001-004, C193 19 juin 1998, p. 1.
- Proposition de directive du Conseil *relative au statut des ressortissants de pays tiers résidents de longue durée*, COM/2001/127, final du 13 mars 2001, bull. 3- 2001/1.4.8.
- Proposition de règlement du Conseil, *établissant un modèle uniforme de permis de séjour pour les ressortissants de pays tiers*, COM/2001/153/3, final du 3 janvier 2001, bull. 3-2001/1.4.4.
- Règlement (CE) n° 1030/2002 du Conseil du 13 juin 2002, *établissant un modèle uniforme de permis de séjour pour les ressortissants de pays tiers*, JOCE, L 157/1 du 15 juin 2002.
- Directive 2003/109/CE du Conseil du 25 novembre 2003 *relative au statut des ressortissants de pays tiers de longue durée*, JOUE L 16/ 44 du 23 janvier 2004.

9. Normes sur l'éloignement

- Recommandation du 30 décembre 1992 relative *aux pratiques des États membres en matière d'éloignement*. Non publié au JOCE.
- Recommandation du 30 décembre 1992 relative *au transit aux fins d'éloignement*, JOCE C 274, 19 septembre 1996.
- Recommandation du 30 décembre 1992 relative *au transit aux fins d'éloignement*, JOCE C 274, 19 septembre 1996.
- Recommandation du Conseil du 30 novembre 1994 *concernant l'adoption d'un modèle type de document de voyage pour l'éloignement des ressortissants de pays tiers*, JOCE n° C 274 du 19 septembre 1996, p. 0018-0019.
- Recommandation du Conseil du 22 décembre 1995 *relative à la concertation et à la coopération dans l'exécution des mesures d'éloignement*, JOCE, n° C 005 du 10 janvier 1996, p. 0003-0007.
- Directive 2001/40 / CE du Conseil du 28 mai 2001, *relative à la reconnaissance mutuelle des décisions d'éloignement des ressortissants de pays tiers*, JOCE 2 juin 2001, L 149/34.
- Initiative allemande en vue de l'adoption d'une directive *du Conseil relative à l'assistance au transit dans le cadre des mesures d'éloignement par voie aérienne*, Document du Conseil 10386/02- MIGR 60 du 27 juin 2002, JOCE C4/4 du 9 janvier 2003.
- Initiative de la République Italienne *en vue de l'adoption de la directive du Conseil concernant l'assistance au transit à travers le territoire d'un ou plusieurs États membres, dans le cadre de mesures d'éloignement prises par les États membres à l'égard des ressortissants de pays tiers*, Bruxelles 9 septembre 2003, 12026/03, MIGR 76 COMIX.
- Initiative de la République italienne en vue de l'adoption *d'une décision du Conseil relative à l'organisation de vols communs pour l'éloignement de pays tiers faisant l'objet de mesures d'éloignement*, Bruxelles, le 9 septembre 2003, modifiée le 23 octobre 2003 n° 12025/03 Migr. COMIX 502.
- Directive adoptée le 25 novembre 2003 relative à l'assistance au transit dans le cadre des mesures d'éloignement par voie aérienne, JOUE L 321, 6 décembre 2003.
- Décision du Conseil du 23 février 2004 définissant *les critères et modalités de la compensation des déséquilibres financiers résultant de l'application de la directive 2001/40/CE relative à la reconnaissance mutuelle des décisions d'éloignement des ressortissants de pays tiers*, 2004/191/CE, JOUE L60/55, 27 février 2004.

10. Normes sur l'exécution des mesures d'éloignement

- Initiative allemande en vue de l'adoption d'une directive du Conseil relative *à l'assistance au transit dans le cadre des mesures d'éloignement par voie aérienne*, Document du Conseil 10386/02- MIGR 60 du 27 juin 2002, JOCE C4/4 du 9 janvier 2003.
- Initiative de la République Italienne en vue de l'adoption de la directive du Conseil *concernant l'assistance au transit à travers le territoire d'un ou plusieurs États membres, dans le cadre de mesures d'éloignement prises par les États membres à l'égard des ressortissants de pays tiers*, Bruxelles, 9 septembre 2003, 12026/03, MIGR 76 COMIX.
- Initiative de la République Italienne en vue de l'adoption de la directive du Conseil *concernant l'assistance au transit à travers le territoire d'un ou plusieurs États membres, dans le cadre de mesures d'éloignement prises par les États membres à l'égard des ressortissants de pays tiers*, Bruxelles, 9 septembre 2003, 12026/03, MIGR 76 COMIX.
- Initiative de la République italienne en vue de l'adoption d'une décision du Conseil *relative à l'organisation de vols communs pour l'éloignement de pays tiers faisant l'objet de mesures d'éloignement*, Bruxelles, le 9 septembre 2003, modifiée le 23 octobre 2003 n° 12025/03 Migr. COMIX 502.
- Directive adoptée le 25 novembre 2003 relative *à l'assistance au transit dans le cadre des mesures d'éloignement par voie aérienne*, JOUE L 321, 6 décembre 2003.
- Décision *concernant l'assistance au transit à travers le territoire d'un ou plusieurs États membres, dans le cadre de mesures d'éloignement prises par les États membres à l'égard des ressortissants de pays tiers*, adoptée par le Conseil JAI, le 29 avril 2004.
- Décision relative *à l'organisation de vols communs pour l'éloignement à partir du territoire de deux États membre ou plus, de ressortissant de pays tiers faisant l'objet de mesures d'éloignement sur le territoire de deux États membres ou plus*, JOUE L 261 du 6 août 2004, p. 28.
- Règlement n° 2007/2004 du Conseil, 24 octobre 2004, *portant création de l'Agence européenne pour la gestion de la coopération opérationnelle aux frontières extérieures*, JOUE n° L 349, 25 novembre 2004.

11. Normes sur les accords de réadmission

- Recommandation 30 novembre 1994 relative à *un accord type bilatéral de réadmission entre un État membre et un pays tiers*, JOCE n° C 274 du 19 septembre 1996, p. 20-24.
- Recommandation du Conseil du 24 juillet 1995, concernant *les principes directeurs à suivre lors de l'élaboration de protocoles sur la mise en œuvre d'accords de réadmission*, JOCE n° C 274 du 19 septembre 1996, p. 25-33.
- Proposition de règlement du Conseil *relative aux obligations réciproques des États membres en matière de réadmission*, CNS1999/0823, JOCE C 353, 7 décembre 1999.
- Proposition du Conseil relative *à la signature entre la Communauté européenne et le gouvernement de la région administrative spéciale de Macao de la République populaire de Chine de la région administrative spéciale de la République populaire de chine concernant la réadmission des personnes en séjour irrégulier*, 31 mars 2003, Com (2003) 151 final 2003/0054 (CNS). JOUE L81 du 21 mars 2003 et Bull, 3-2001, adoptée le 10 octobre 2003.
- Accord communautaire de réadmission avec HongKong, signé le 27 novembre 2002 approuvé par le Conseil le 17 décembre 2003, entré en vigueur le 1er mars 2004, JOUE L 64, 2 mars 2004.
- Proposition de décision du Conseil relative *à la conclusion de l'accord entre la communauté européenne et la République d'Albanie concernant la réadmission des personnes en séjour irrégulier*, Bruxelles, le 12 février 2004, COM (2004) 92 final.
- Décision du Conseil relative à *la conclusion de l'accord entre la communauté européenne et la République d'Albanie concernant la réadmission des personnes en séjour irrégulier*, Bruxelles, le 3 mars 2005, JOUE 17 mai 1005, L124 p. 21.
- Accord entre la communauté européenne et la République d'Albanie *concernant la réadmission des personnes en séjour irrégulier*, le 3 mars 2005, JOUE 17 mai 1005, L 124 p. 22.
- Décision du Conseil du 3 mars 2005 *relative à la conclusion de l'accord entre la communauté et la République socialiste démocratique de Sri Lanka concernant la réadmission des personnes en séjour irrégulier*, JOUE 17 mai 2005, L 124, p. 41.
- Accord *entre la communauté et la République socialiste démocratique de Sri Lanka concernant la réadmission des personnes en séjour irrégulier*, JOUE 17 mai 2005, L 124, p. 43.

12. Normes sur le retour volontaire

- Décision du Conseil relative *à l'échange d'information concernant l'aide au retour volontaire des ressortissants de pays tiers*, JOCE, n° L 147, 5 juin 1997, p. 3-4.
- Position commune du 26 avril 1999, *concernant une action commune adoptée par le Conseil sur la base K. 3 du traité sur l'Union européenne, établissant des projets et des mesures à soutenir concrètement l'accueil et le rapatriement volontaire de réfugiés, de personnes déplacées et des demandeurs d'asile, y compris une aide d'urgence aux personnes ayant fui en raison des événements du Kosovo*, JOCE L 114 du 1er mai 1999, p. 2.
- Action commune du 27 avril 1998 (304) *adoptée par le Conseil sur la base de l'article K. 3 du traité sur l'Union européenne en vue d'un financement de projets spécifiques en faveur des personnes déplacées qui ont trouvé une protection temporaire dans les États membres et des demandeurs d'asile*, JOCE L 138 du 9 mai 1998.
- Action commune du 27 avril 1998 (305) *adoptée par le Conseil sur la base de l'article K 3 du traité sur l'Union européenne en vue du financement des projets en faveur des demandeurs d'asile et des réfugiés*, JOCE L 138 du 9 mai 1998.

13. Normes sur le protocole Sangatte

- Décret n° 93-1136 du 24 septembre 1993 portant publication du protocole entre le gouvernement de la République française et le Gouvernement de Grande Bretagne et d'Irlande du Nord relatif *aux contrôles transfrontaliers et à la police, à la coopération judiciaire en matière pénale, à la sécurité civile et à l'assistance mutuelle concernant la liaison fixe transmanche,* JORF n° 229, du 2 octobre 1993, p. 13702.
- Décision du 29 mai 2000, le Conseil a autorisé *le Royaume-Uni à participer à quelques dispositions de l'acquis de Schengen, article 26 et 27 sur la responsabilité des transporteurs, les articles sur la coopération policière et judiciaire en matière pénale, la lutte contre les stupéfiants et sur le SIS excepté l'article 96 sur les motifs de signalement aux fins de non-admission.* Décision 2000/365/CE publiée au JOCE L 64 du 07 mars 2002.
- Décret n° 2001-481 du 5 juin 2001 portant publication du protocole additionnel au protocole de Sangatte contre le gouvernement du Royaume-Uni de Grande Bretagne et d'Irlande du Nord relatif *à la création de bureaux chargés du contrôle des personnes empruntant la liaison ferroviaire reliant la France et le Royaume-Uni,* fait à Bruxelles, le 29 mai 2000, JORF n° 129, du 6 juin 2001, p. 8932.
- Loi n°2003-1368 du 31 décembre 2003 autorisant *l'approbation du traité entre le Gouvernement de la République française et le Gouvernement du Royaume-Uni de Grande-Bretagne et d'Irlande du Nord relatif à la mise en œuvre de contrôles frontaliers dans les ports maritimes de la Manche et de la mer du Nord des deux pays*, JORF n° 1 du 1 janvier 2004 p. 15.

14. Normes sur les accords franco-algériens

- Les accords bilatéraux franco-algérien du 27 décembre 1968 *relatif à la circulation, à l'emploi et au séjour des ressortissants algériens et leurs familles,* Décret n° 69-243 du 18 mars 1969, (JO, 22 mars 1969) portant publication de l'accord.
- Accord sous forme d'échange de lettres du 31 août 1983, décret n° 84-376, 18 mai 1984, JORF 20 mai 1984. Échange de lettres du 3 décembre 1984, décret n° 85-376, 28 mars 1986, JORF 30 mars 1986.
- Premier avenant du 22 décembre 1985, décret n° 86-320, 7 mars 1986 : JO 8 mars 1986. Deuxième avenant du 28 septembre 1994, décret n° 94-1103, 19 décembre 1994, JO 20 décembre 1994.
- Troisième avenant en attente de ratification par le parlement français, du 11 juillet 2001, JORF n° 300, du 26 décembre 2002, p. 21614, entrée en vigueur le 1er janvier 2003.

15. Normes sur les accords d'association

- Accord d'association d'Ankara signé le 12 septembre 1963.conclu au nom de la communauté par la décision 64/732/CEE du Conseil du 23 décembre 1963, JOCE 29 décembre 1964, p. 3687.
- Protocole additionnel annexé à l'accord créant *une association entre la CEE et la Turquie*, 23 novembre 1970, JOCE, L 293, 29 décembre 1972, p. 4.
- Décision n° 2/76 du 20 décembre 1976.
- Décision n° 1/80 du 19 septembre 1980 relative *au développement de l'association entre la CEE et la Turquie*, non publiée.

- Décision n° 3/80 du 19 septembre 1980 du Conseil d'association relative *à l'application des régimes de sécurités sociale des États membres des Communautés européennes aux travailleurs turcs et aux membres de leur famille,* JOCE n° C 110, 25 avril 1983.

16. Normes sur les ressortissants tiers membres d'une famille communautaire

- Décret du 11 mars 1994, n° 94-211, JO 13 mars 1994, modifié par le décret n° 98-864, du 23 septembre 1998, p. 3989.
- Règlement du 25 mars 1964, relatif à *la libre circulation des travailleurs à l'intérieur de la communauté,* JOCE, n° 62 du 17 avril 1964.
- Directive n° 64-221 du 25 février 1964 pour *la coordination des mesures spéciales aux étrangers en matières de déplacement et de séjour justifiées par des raisons d'ordre public, de sécurité publique et de santé publique.*
- Directive n° 68-360 du 15 octobre 1968 relative *à la suppression des restrictions au déplacement et au séjour des travailleurs des États membres et de leur famille à l'intérieur de la communauté,* JOCE n° L 257, 19 octobre 1968.
- Directive n° 73-148 du 21 mai 1973 relative *à la suppression des restrictions au déplacement et au séjour des ressortissants des États membres à l'intérieur de la Communauté en matière d'établissement et de prestation de services,* JOCE L 172/14, du 28 juin 1973.
- Circulaire du 7 juin 1994, Bulletin officiel du Ministère de l'Intérieur et de l'aménagement du territoire, n° 2.
- Proposition de directive du 23 mai 2001 relative *au droit de l'Union et des membres de leurs familles de circuler et de séjourner librement sur le territoire des États membres,* COM (2001) 257 final.
- Commission européenne, proposition de Règlement (CE) du parlement européen et du Conseil modifiant le règlement CEE n° 1612/68 du Conseil relatif à *la libre circulation des travailleurs à l'intérieur de la Communauté,* Doc. COM (1998) 394, JOCE 1998, n° 98 C 344/9.
- Proposition modifiée de directive du parlement européen et du Conseil relative *au droit des citoyens de l'Union et des membres de leurs familles de circuler et de séjourner librement le territoire des États membres,* du 15 avril 2003, COM (2003), 199 final.
- Règlement (CE) n° 859/2003 du Conseil du 14 mai 2003 *visant à étendre les dispositions de règlement (CEE) n° 1408/71 et du règlement CEE n° 574/ 72 aux ressortissants de pays tiers qui ne sont pas couverts par ces dispositions uniquement en raison de leur nationalité,* JOUE 20 mai 2003, L 124/2.
- Directive 2004/38/CE du Parlement européen et du Conseil du 29 avril 2004 *relative au droit des citoyens de l'Union et des membres de leurs familles de circuler et de séjourner librement sur le territoire des États membres, modifiant le règlement (CEE) n° 1612/68 et abrogeant les directives 64/221/CEE, 68/360/CEE, 72/194/CEE, 73/148/CEE, 75/34/CEE, 75/35/CEE, 90/364/CEE, 90/365/CEE et 93/96/CEE,* JOUE du 30 avril 2004, L 158/ 77.

17. Normes sur le droit d'asile

- La Déclaration des Nations Unies sur *l'asile territorial,* Adoptée le 14 décembre 1967, par une résolution de l'assemblée générale des Nations Unies, n° 2312 (XXII).
- Projet de *Convention sur l'asile territorial, des Nations Unies, 1977,* non adopté.
- Résolution du 30 novembre 1992 *sur les demandes d'asile manifestement infondées* adoptée par les Ministres chargés de l'immigration, Londres, 30 novembres-1er décembre 1992, document 10579/92 IMMIG 2.
- Résolution du 30 novembre 1992 sur *une approche harmonisée des questions relatives aux pays tiers d'accueil.*
- Conclusions du 30 novembre 1992 *concernant les pays où, en règle générale, il n'existe pas de risque sérieux de persécution.*
- Convention signée le 15 juin 1990 à Dublin, *relative à la détermination de l'État responsable de l'examen d'une demande d'asile présentée dans l'un des États membres des Communautés européennes,* entrée en vigueur le 1er septembre 1997, JOCE n° C 254 du 19 août 1997 p. 1-12.
- Résolution du Conseil du 20 juin 1995 *sur les garanties minimales pour les procédures d'asile,* JOCE C 274, 19 septembre 1996.
- Résolution du Conseil 95/C 262/01, du 25 septembre 1995 sur *la répartition des charges en ce qui concerne l'accueil et le séjour à titre temporaire des personnes déplacées.*
- Décision du Conseil 96/198/JAI, du 4 mars 1996, *relative à une procédure d'alerte et d'urgence pour la répartition des charges en ce qui concerne l'accueil et le séjour, à titre temporaire, des personnes déplacées.*

- Décision n° 1/97 du 9 septembre 1997 du comité institué par l'article 18 de la Convention de Dublin du 15 juin 1990 *relative à certaines dispositions pour mettre en œuvre la Convention*, JOCE, L 281 14 octobre 1997 p.1.
- Décision n° 1/98 du 30 juin 1998 du comité institué par l'article 18 de la Convention de Dublin du 15 juin 1990 *relative à certaines dispositions pour mettre en œuvre la convention,* JOCE L 196, 14 juillet 1998 p.49.
- Décision n°1/2000 du 31 octobre 2000 du Comité institué par l'article 18 de la Convention de Dublin, *relative au transfert de la responsabilité de l'examen des demandes d'asile émanant de membres de la famille conformément à l'article 3§ 4 et à l'article 9 de ladite Convention.* (2000/677/CEM), JOCE 7 novembre 2000, L281/1.
- Proposition de directive du Conseil *relative à des normes minimales concernant la procédure d'octroi et de retrait du statut de réfugié dans les États membres* COM (2000) 578 final - JOCE C 62 E du 27 février 2001.
- La proposition de directive *concernant les normes minimales relatives aux conditions que doivent remplir les ressortissants des pays tiers et les apatrides pour pouvoir prétendre au statut de réfugié ou de personne qui, pour d'autres raisons, a besoin d'une protection internationale, et relatives au contenu de ces statuts,* 12 septembre 2001, Com/2001/0510 final - CNS 2001/0207, JOCE n°C051 E du 26 février 2002, p. 325-334.
- Proposition modifiée de directive du Conseil *relative à des normes minimales concernant la procédure d'octroi et de retrait du statut de réfugié dans les États membres* COM (2002) 326 final - JOCE C 291 E du 26 novembre 2002.
- Directive 2003/9/CE du Conseil, du 27 janvier 03, relative *à des normes minimales pour l'accueil des demandeurs d'asile dans les États membres* JOUE L 31 du 6 février 2003.
- Règlement (CE) n° 343/2003 du Conseil du 18 février 2003 *établissant les critères et mécanismes de détermination de l'État membre responsable de l'examen d'une demande d'asile présentée dans l'un des États membres par un ressortissant d'un pays tiers,* JOUE L 50 du 25 février 2003, L50/1.
- Règlement (CE) n°1560/2003 du Conseil du 2 septembre 2003 portant sur les modalités d'application du règlement (CE) 343/2003 du Conseil *établissant les critères et mécanismes de détermination de l'État membre responsable de l'examen d'une demande d'asile présentée dans l'un des États membres par un ressortissant d'un pays tiers,* JOUE L 50 du 25 février 2003, L50/1.
- Directive 2004/83/CE du Conseil, du 29 avril 2004, *concernant les normes minimales relatives aux conditions que doivent remplir les ressortissants des pays tiers ou les apatrides pour pouvoir prétendre au statut de réfugié ou les personnes qui pour d'autres raisons, ont besoin d'une protection internationale, et relatives au contenu de ces statuts,* JOUE, 30 septembre 2004, L 304/ 12.

18. Normes sur EURODAC

- Projet de Convention portant création du système « EURODAC » *pour l'échange et la comparaison des empreintes digitales des demandeurs d'asile conformément à l'article 15 de la Convention relative à la détermination de l'État responsable de l'examen de la demande d'asile présentée dans l'un des États membres des Communautés européennes,* non publié.
- Règlement n°2725/2000 du Conseil du 11 décembre 2000 *concernant la création du système « EURODAC » pour la comparaison des empreintes digitales aux fins de l'application efficace de la Convention de Dublin,* JOCE L 316 du 15.12.2000.
- Règlement (CE) n° 407/2002 du Conseil du 28 février 2002 *fixant certaines modalités d'application du règlement (CE) n°* 2725/2000 *concernant la création du système « EURODAC » pour la comparaison des empreintes digitales aux fins de l'application efficace de la convention de Dublin* JOCE L 62 du 05 mars 2002.
- Communication *de la Commission relative à la mise en œuvre du règlement* (CE) n°2725/2000 « EURODAC », JOCE C 5 du 10 janvier 2003.

19. Normes sur le statut du réfugié

- Convention de la Havane sur l'asile, du 20 février 1928.
- Les arrangements du 5 juillet 1922, 12 mai 1926 et 30 juin 1928.
- Convention *relative au statut international des réfugiés* du 28 octobre 1933 entrée en vigueur le 13 juin 1935, approbation par la France par la loi du 20 octobre 1936, JO du 21 octobre 1936, promulguée par décret du 3 décembre 1936, JO du 5 décembre 1936.
- Convention de Montevideo *sur l'asile politique*, du 26 décembre 1933.
- Conventions du 4 juillet 1936 et du 10 février 1938 *relative aux réfugiés allemands.*

- Convention de Genève relative au statut de réfugié, adoptée le 28 juillet 1951 par *une conférence de plénipotentiaires sur le statut des réfugiés et des apatrides* ; convoquée par l'Organisation des Nations Unies en application de la résolution 429 (V) de l'Assemblée générale en date du 14 décembre 1950. Entrée en vigueur le 22 avril 1954, conformément aux dispositions de l'article 43.
- Convention de l'OUA régissant *les aspects propres aux problèmes des réfugiés en Afrique*, 10 septembre 1969, entrée en vigueur le 20 juin 1974.
- Déclaration de Carthagène sur les réfugiés latino-américains, du 22 novembre 1984.
- Position commune 96/196/JAI, du 4 mars 1996, définie par le Conseil sur la base de l'article K.3 du traité sur l'Union européenne, *concernant l'application harmonisée de la définition du terme « réfugié » au sens de l'article 1er de la convention de Genève, du 28 juillet 1951, relative au statut des réfugiés*, JOCE n° L 63 du 13 mars 1996.
- La proposition de directive *établissant des normes minimales relatives aux conditions que doivent remplir les ressortissants des pays tiers et les apatrides pour pouvoir prétendre au statut de réfugié, conformément à la Convention de 1951 relative au statut de réfugiés et au protocole de 1957, ou au personne qui pour d'autres raisons, a besoin d'une protection internationale, et relatives au contenu de ces statuts* COM (2001) 510, 2001/ 0207 (CNS) Bruxelles le 12/09/2001, JOCE C 51 E du 26 février 2002.
- Directive 2004/83/CE du Conseil, du 29 avril 2004, *concernant les normes minimales relatives aux conditions que doivent remplir les ressortissants des pays tiers ou les apatrides pour pouvoir prétendre au statut de réfugié ou les personnes qui pour d'autres raisons, ont besoin d'une protection internationale, et relatives au contenu de ces statuts*, JOUE, 30 septembre 2004, L 304/ 12.
- Proposition modifiée de directive du Conseil relative *à des normes minimales concernant la procédure d'octroi et de retrait du statut de réfugié dans les États membres*, après accord général du 9 novembre 2004, doc. 2000/0238, 1403/04, (document non officiel).

20. Normes sur la protection subsidiaire

- Projet de Résolution sur *l'harmonisation des formes de protection complémentaire au statut de réfugié*, 1998, JOCE C 150 du 28 mai 1999, p. 0203.
- La proposition de directive établissant *des normes minimales relatives aux conditions que doivent remplir les ressortissants des pays tiers et les apatrides pour pouvoir prétendre au statut de réfugié, conformément à la Convention de 1951 relative au statut de réfugiés et au protocole de 1957, ou au personne qui pour d'autres raisons, a besoin d'une protection internationale, et relatives au contenu de ces statuts* COM (2001) 510, 2001/ 0207 (CNS), Bruxelles le 12 septembre 2001 JOCE C 51 E du 26 février 2002.
- Directive 2004/83/CE du Conseil, du 29 avril 2004, *concernant les normes minimales relatives aux conditions que doivent remplir les ressortissants des pays tiers ou les apatrides pour pouvoir prétendre au statut de réfugié ou les personnes qui pour d'autres raisons, ont besoin d'une protection internationale, et relatives au contenu de ces statuts*, JOUE, 30 septembre 2004, L 304/ 12.

21. Normes sur le fond européen relatif aux réfugiés et aux personnes déplacées

Pour les décisions adoptées :

- Décision du Conseil du 28 septembre 2000 *portant création d'un Fonds européen pour les réfugiés* 2000/596/CE, JOCE n° L 252 du 6 octobre 2000, p. 12 - 18
- Décision de la Commission du 20 mars 2001 portant sur les modalités d'exécution de la décision 2000/596/CE du Conseil en ce qui concerne *l'éligibilité des dépenses et les rapports de mise en œuvre dans le cadre des actions cofinancées par le Fonds européen pour les réfugiés* 2001/275/CE, JOCE n° L 095 du 05 avril 2001 p. 27-40.
- Décision de la Commission du 18 décembre 2001 portant modalités d'exécution de la décision 2000/596/CE du Conseil en ce qui *concerne les systèmes de gestion et de contrôle ainsi que les procédures de mise en œuvre des corrections financières dans le cadre des actions cofinancées par le Fonds européen pour les réfugiés*, 2002/307/CE, JOCE n° L 106 du 23 avril 2002 p. 11 – 27.
- Décision du Conseil établissant *le Fonds européen pour les réfugiés pour la période 2005-2010*, n° 2004/904/CE du 2 décembre 2004, JOUE n° L 381 du 28 décembre 2004.
- Proposition de Décision du Conseil portant *création du Fonds européen de retour pour la période 2008 2013 dans le cadre du programme général «Solidarité et gestion des flux migratoires»*, SEC(2005) 435/ COM/2005/0123 final.

Pour les propositions et les travaux antérieurs :

- Proposition modifiée de décision du Conseil concernant une action commune adoptée par le Conseil sur la base de l'article K.3 du traité sur l'Union européenne, *établissant des mesures destinées à soutenir concrètement l'accueil et le rapatriement volontaire de réfugiés, de personnes déplacées et de demandeurs d'asile, y compris une aide d'urgence aux personnes ayant fui le Kosovo en raison des derniers événements* COM/99/0181 final - CNS 98/0357.
- Proposition de décision du Conseil établissant *un programme d'action communautaire pour promouvoir l'intégration des réfugiés*, COM/98/0731 final - CNS 98/0356, JOCE n° C 036 du 10 février 1999 p. 20.
- Proposition de décision du Conseil concernant une action commune adoptée par le Conseil sur la base de l'article K.3 du traité sur l'Union européenne, *établissant des mesures destinées à soutenir concrètement l'accueil et le rapatriement volontaire de réfugiés, de personnes déplacées et de demandeurs d'asile*, COM/98/0733 final - CNS 98/0357, JOCE n° C 037 du 11 février 1999, p. 4.

22. Normes sur la protection temporaire

- Résolution du 25 septembre 1995 sur *la répartition des charges en ce qui concerne l'accueil et le séjour à titre temporaire des personnes déplacées*, JO C 262 du 7 octobre 1995, p. 1.
- Décision du 4 mars 1996 décision 96/198/JAI relative *à une procédure d'alerte et d'urgence pour la répartition des charges en ce qui concerne l'accueil et le séjour à titre temporaire des personnes déplacées* JO L63 du 13/03/1996, p. 10.
- Résolution législative portant avis du Parlement européen sur une proposition en vue d'une Action commune fondée sur l'article K 3, §2 (b) du TUE concernant la protection temporaire des personnes déplacées, JOCE n° 339 du 10 novembre 1997, JOCE p. 146-151.
- Proposition modifiée d'Action commune concernant *la protection temporaire des personnes déplacées*, COM (98) 372 final, JOCE n° C 106 du 4 avril 1997, p. 13-16.
- Proposition d'Action commune relative *à la solidarité dans l'accueil et le séjour des bénéficiaires de la protection temporaire des personnes déplacées*, COM (98) 372 final, JOCE n° C 268 du 27 août 1998, pp. 22-23.
- Position commune du 26 avril 1999, n° 99/290/JAI, *concernant une action adoptée par le Conseil sur la base de l'article K 3 du traité de l'Union européenne, établissant des projets et des mesures destinées à soutenir concrètement l'accueil et le rapatriement volontaire des réfugiés, de personnes déplacées et de demandeurs d'asile, y compris une aide d'urgence aux personnes ayant fui des événements récents qui se sont produits au Kosovo*, JOCE L 114, 1er mai 1999, p. 2.
- Proposition de directive relative *à des normes minimales pour l'octroi d'une protection temporaire en d'afflux massif de personnes déplacées et des mesures tendant à assurer un équilibre entre les efforts consentis par les États membres pour accueillir ces personnes et supporter les conséquences de cet accueil.* COM (2000) 303 final, 24 mai 2000.
- Directive 2001/55/CE du Conseil, du 20 juillet 2001, relative à *des normes minimales pour l'octroi d'une protection temporaire en cas d'afflux massif de personnes déplacées et à des mesures tendant à assurer un équilibre entre les efforts consentis par les États membres pour accueillir ces personnes et supporter les conséquences de cet accueil*, JOCE L 212, 7 août 2001, p. 12-23.

23. Communications, Conclusions, Livre vert, Plan global

- Conclusions de la présidence, Sommet de Tampere, les 15 et 16 octobre 1999
- Communication de la Commission au Conseil et au parlement européen, *une politique communautaire en matière d'immigration*, Bruxelles, 22/11/2000, COM (2000) 757 final, 3.
- Communication de la Commission *Vers une politique d'asile commune et un statut uniforme valable pour les personnes qui se voient accorder l'asile*, COM (2000) 755 final, 22 novembre 2000.
- Communication de la Commission au Conseil et au parlement européen, *une méthode ouverte de coordination de la politique communautaire en matière d'immigration*, Bruxelles, 11 juillet 2001, COM (2001) 387 final.
- Communication de la Commission concernant *une politique commune en matière d'immigration clandestine*, 15 novembre 2001, COM (2001) 672 final.
- Communication de la Commission, *Vers une gestion intégrée des frontières extérieures des États membres*, COM (2002) 233 final, 7 mai 2002.
- Proposition de *plan global de lutte contre l'immigration clandestine et la traite des êtres humains dans l'Union européenne*, JOCE 2002/ C 142/ 23, du 14 juin 2002.

- Communication de la Commission au Conseil et au Parlement européen relative *à une politique communautaire en matière de retour des personnes en séjour irrégulier*, COM (2002) 464 final, Bruxelles, le 14 octobre 2002, p. 7.
- Communication de la Commission au Conseil et au Parlement européen relative *à une politique communautaire en séjour irrégulier*, 14 novembre 2002 Com (2002) 564 final.
- Livre vert relatif à *une politique communautaire en matière de retour des personnes en séjour irrégulier* du 10 avril 2002.
- Plan d'action du Conseil du 28 février 2002 *visant à lutter contre l'immigration clandestine*. Document du Conseil 6621/1/02 rev. 1, JAI 30.
- Communication de la Commission au Parlement européen et au Conseil en vue du Conseil européen en Thessalonique sur *le développement d'une politique commune en matière d'immigration clandestine, de trafic illicite et de traite des êtres humains, de frontières extérieures et de retour des personnes en séjour irrégulier*, le 3 juin 2003, Com (2003) 323 final.
- Communication de la Communication COM (2003) 315 du 3 juin 2003, *vers des régimes d'asile plus accessibles, équitables et organisés*.
- Communication de la Commission au Conseil et au Parlement européen relative à la présentation d'une proposition de directive et deux propositions de recommandation visant à faciliter l'admission des pays tiers aux fins de recherche scientifique dans la Communauté européenne, du 16 mars 2004, COM (2004) 178.
- Communication de la Commission au Conseil, au Parlement européen, au Comité économique et social européen et au Comité des régions, études sur les liens entre immigration légale et immigration clandestine, Bruxelles, 4 juin 2004, Com (2004) 412 final.
- Livre Vert sur *une approche communautaire de la gestion des migrations économiques*, Bruxelles, 11 janvier 2005, COM (2004) 811 final.

24. Normes relatives aux droits internationaux des droits de l'Homme

- Déclaration universelle des droits de l'Homme, adoptée par AG de l'ONU, dans sa Résolution du 10 décembre 1948
- Convention de Genève relative *au statut de réfugié*, adoptée le 28 juillet 1951 par une conférence de plénipotentiaires sur le statut des réfugiés et des apatrides ; convoquée par l'Organisation des Nations Unies en application de la résolution 429 (V) de l'Assemblée générale en date du 14 décembre 1950. Entrée en vigueur le 22 avril 1954, conformément aux dispositions de l'article 43.
- Convention de New York du 28 septembre 1954 *relative au statut des apatrides*.
- Pactes internationaux du 19 décembre 1966, relatif *aux droits civils et politiques et aux droits économiques*, sociaux et culturels, publié par décret n°81-77, 29 janvier 1981, JORF, 1er février 1981.
- Convention de New York du 30 août 1961 sur la *réduction des cas d'apatridie*.
- Convention de sauvegarde des droits de l'Homme et des libertés fondamentales du 4 novembre 1950.
- La Charte sociale européenne, signée le 18 octobre 1961, entrée en vigueur le 25 février 1965 (la France l'a ratifiée le 9 mars 1973), révisée le 7 avril 1999.
- La Convention européenne relative *aux travailleurs migrants*, 24 novembre 1977.
- La Convention des Nations Unies contre *la torture et autres peines ou traitements cruels, inhumains ou dégradants*, adoptée par l'Assemblée générale le 10 décembre 1984 est entrée en vigueur le 26 juin 1987.
- Convention européenne pour *la prévention de la torture et des peines ou traitements inhumains et dégradants*, adoptée le 26 novembre 1987, révisé par Protocoles n° 1 et n° 2 entrés en vigueur le 1er mars 2002, JORF 29 juillet 2004, p. 13509.
- Convention internationale relative *aux droits de l'enfant* du 26 janvier 1990, ratifiée par la loi n° 90-548, 2 juillet 1990, publiée par décret n° 90-917, 8 octobre 1990, entrée en vigueur le 6 septembre 1990.
- Charte des droits fondamentaux de l'Union européenne, 2000/ C 364 / 01, 18 décembre 2000, JOCE C 364, p. 1.
- La Convention internationale sur *la protection des droits de tous les travailleurs migrants et les membres de leur famille*, adoptée le 18 décembre 1990 par l'Assemblée des Nations Unies est entrée en vigueur le 1er juillet 2003.
- Convention du Conseil de l'Europe sur *la lutte contre la traite des êtres humains*, 17 mai 2005.

25. Recommandations, Déclarations & Résolutions du Conseil de l'Europe

- Recommandation (1961) 293, *consacrée au droit d'asile* (Assemblée parlementaire).
- Résolution (67) 14 *sur l'asile en faveur des personnes menacées de persécution*.

- Résolution (69) 7, *relative au retour des travailleurs migrants dans leur pays d'origine.*
- Résolution (70) 2 *sur l'acquisition par les réfugiés de la nationalité de leur pays de résidence.*
- Résolution (74) 15, *relative à l'égalité de traitement des travailleurs nationaux et migrants dans les domaines suivants : condition de travail, rémunération, licenciement, mobilité géographique et professionnelle.*
- Résolution (76) 11, *relative à l'égalité de traitement des travailleurs nationaux et migrants en matière d'orientation, de formation et rééducation professionnelle.*
- Recommandation 817 (1977) relative *à certains aspects du droit d'asile.*
- Parliamentary Assembly Recommendations, 841 (1978) on second generation migrants, 30 septembre 1978.
- Recommandation (81) 16 sur *l'harmonisation des procédures nationales en matière d'asile.*
- Recommandation (84) 1 relative à *la protection des personnes remplissant les conditions de la Convention de Genève qui ne sont pas formellement reconnues comme réfugiés.*
- Recommandation (84) 21 relative *à l'acquisition par les réfugiés de la nationalité du pays d'accueil.*
- Recommendation 1066 (1987) *on the social protection of migrant workers and theirs families*, 7 octobre 1987.
- Recommandation de l'assemblée parlementaire (1991) 1163, *sur l'arrivée des demandeurs d'asile dans les aéroports.*
- Recommandation (94) 5 relative *aux lignes directrices devant inspirer la pratique des États membres du Conseil de l'Europe à l'égard des demandeurs d'asile dans les aéroports européens.*
- Recommandation (1994) 1336, relative *à l'asile.*
- Recommandation 1309 (1996) relative *à la formation du personnel accueillant les demandeurs d'asile (Assemblée parlementaire).*
- Recommandation N° R (97) 22 énonçant *des lignes directrices sur l'application de la notion de pays tiers sûr.*
- Recommandation (98) 13 *sur le droit de recours effectif des demandeurs d'asile déboutés à l'encontre des décisions d'expulsion dans le contexte de l'article 3 de la Convention européenne des droits de l'Homme.*
- Recommandation (98) 15 relative *à la formation des fonctionnaires qui entrent les premiers en contact avec des demandeurs d'asile, en particulier aux postes frontières.*
- Recommandation (99) 12 *sur le retour des demandeurs d'asile déboutés.*
- Recommandation (99) 23, sur *le regroupement familial pour les réfugiés et les autres personnes ayant besoin de la protection internationale.*
- Déclaration relative *à l'asile territorial*, Conclusions du CAHAR sur le Kosovo, adoptées par le Comité des Ministres (27 avril 1999).
- Résolution, (2000) 15 *sur la sécurité de résidence des immigrés de longue durée.*
- Recommandation (2003) 5 *sur les mesures de détention des demandeurs d'asile, Résolution, (2000) 15 sur la sécurité de résidence des immigrés de longue durée.*

26. Conventions et Recommandations de l'OIT

- Convention (n° 19) et la recommandation (n° 25) sur *l'égalité de traitement* (accidents du travail), 1925.
- Convention (n° 48) sur *la conservation des droits à pension des migrants*, 1935.
- Convention (n° 118) sur *l'égalité de traitement* (sécurité sociale), 1962.
- Convention (n° 157) et la recommandation (n° 167) sur *la conservation des droits en matière de sécurité sociale*, respectivement de 1982 et 1983.
- Convention (n° 21) *sur l'inspection des émigrants et la Recommandation (n° 26) sur la protection des émigrantes à bord des navires*, 1939.
- Convention (n° 66) et la Recommandation (n° 61) *sur les travailleurs migrants, et la Recommandation (n° 62) sur les travailleurs migrants (collaboration entre États*), 1947
- Convention (n° 97) et la Recommandation (n° 86) *sur les travailleurs migrants (*révisée), 1949
- Recommandation (n° 100) sur *la protection des travailleurs migrants (pays insuffisamment développés)*, 1955.
- Convention (n° 110) et la recommandation (n° 110) *sur les plantations*, 1958.
- Convention (n° 117) sur la politique sociale (objectifs et normes de base), 1962.
- Convention (n° 143) et de la Recommandation (n° 151) *sur les travailleurs migrants* (dispositions complémentaires), 1975.

II/ PRINCIPALES NORMES INTERNES

Ordonnance n°45-2658 du 2 novembre 1945 relative *aux conditions d'entrée et séjour des étrangers en France*, JORF, 4 novembre 1945, 7 novembre et 13 décembre 1945.

Loi n° 52-893 du 25 juillet 1952 relative *au droit d'asile*, JORF, 27 juillet 1952.

Loi n° 98-349 du 11 mai 1998 relative *à l'entrée et au séjour des étrangers en France et au droit d'asile*, JORF du 12 mai 1998, p. 7087.

- Rapport de M. Gérard Gouzes, au nom de la commission des lois, n° 451.
- Avis de M. Jean-Yves Le Déaut, au nom de la commission des affaires étrangères, n° 483.
- Rapport de M. Paul Masson, au nom de la commission des lois, n° 224 (1997-1998).
- Avis de M. Alain Vasselle, au nom de la commission des affaires sociales, n° 221 (1997-1998).
- Rapport de M. Paul Masson, au nom de la commission mixte paritaire, n° 294 (1997-1998).
- Rapport de M. Gérard Gouzes, au nom de la commission des lois, n° 701.
- Rapport de M. Paul Masson, au nom de la commission des lois, n° 359 (1997-1998).
- Rapport de M. Gérard Gouzes, au nom de la commission des lois, n° 821.
- *Décision du Conseil constitutionnel :* Décision n° 98-399 DC du 5 mai 1998 (J.O. du 12 mai 1998).

Loi n° 2003-1119 du 26 novembre 2003 relative *à la maîtrise de l'immigration, au séjour des étrangers en France et à la nationalité* JORF du 27 novembre 2003 p. 20136

- Projet de loi relatif à *la maîtrise de l'immigration* et au séjour des étrangers en France, n° 823, déposé le 30 avril 2003. Urgence déclarée.
- Rapport n° 949 de Mariani T., déposé le 18 juin 2003.
- Rapport de M. Jean-Patrick Courtois, n° 1 (2003-2004), déposé le 1er octobre 2003.
- Rapport de Mariani T. et Courteois J.-P. n° 1164 et n° 36 (sénat).
- Décision du Conseil constitutionnel, 4 novembre 2003 par plus de soixante députés et par plus de soixante sénateurs, en application de l'article 61 alinéa 2 de la Constitution Décision n° 2003-484 DC du 20 novembre 2003.

Loi du 10 décembre 2003 modifiant la loi n° 52-893 du 25 juillet 1952 *relative au droit d'asile*, JORF n° 286 du 11 décembre 2003, p. 21080.

- Projet de loi modifiant la loi n° 52-893 du 25 juillet 1952 relative *au droit d'asile*, n° 810, déposé le 15 avril 2003.
- Rapport de M. Jean Leonetti, n° 883, déposé le 28 mai 2003.
- Avis de M. Eric Raoult n° 872, déposé le 21 mai 2003.
- Rapport n° 20 (2003-2004) de M. Lecerf, au nom de la commission des lois, déposé le 15 octobre 2003.
- Avis n° 29 (2003-2004) de M. Paul Dubrule, fait au nom de la commission des affaires étrangères, déposé le 16 octobre 2003.
- Rapport n° 1209 de M. Jean Leonetti, déposé le 12 novembre 2003.
- Décision n° n°2003-485 DC du 4 décembre 2003.(*JO* du 11 décembre 2003)

L'ordonnance n° 2004-1248 du 24 novembre 2004 *relative à la partie législative du code de l'entrée et du séjour des étrangers et du droit d'asile*, JORF n° 274 du 25 novembre 2005, p. 19924.

TABLEAU DE CONCORDANCE AVEC LE CODE DES ÉTRANGERS

Ce tableau propose les correspondances des principaux articles de l'ordonnance de 1945 et de la loi du 25 juillet 1952 avec ceux du Code de l'entrée et du séjour des étrangers et du droit d'asile applicable depuis le 1er mars 2005. (L'ordonnance n° 2004-1248 du 24 novembre 2004 *relative à la partie législative du code de l'entrée et du séjour des étrangers et du droit d'asile*, JORF n° 274 du 25 novembre 2005, p. 19924.).

Ordonnance du 2 novembre 1945	**Code**
Article préliminaire	Article L 111-10
Article 1	Article L 111-1
Article 2	Article L 111-2
Article 3	Article L 111-3
Article 4	Article L 111-4
Article 5 alinéa 2 (1°)	Article L 211-1, 1°
Article 5 alinéa 3 à 10 (1°)	Article L 211-2
Article 5, alinéa 11 et 12 (2° et 3°)	Article L 211-1, 2°
Article 5 alinéa 13	Article L 212-1
Article 5 alinéa 14	Article L 213-1
Article 5 alinéa 15	Article L 213-2
Article 5-1 alinéa 1, 2,3, et 4	Article L 212-2
Article 5-2	Article L 213- 3
Article 5-3 alinéa 1	Article L 211-3
Article 5-3 alinéa 2 et 3	Article L 211-4
Article 5-3 alinéa 4, 5, 6, 7 et 8	Article L 211-5
Article 5-3 alinéa 9	Article L 211-6
Article 5-3 alinéa 13	Article L 211-7
Article 5-3 alinéa 14	Article L 211-8
Article 5-3 alinéa 15	Article L 211-9
Article 5-3 alinéa 16	Article L 211-10
Article 6 alinéa 1	Article L 311-1 alinéa1
Article 6 alinéa 2, 3 et 4	Article L 311-2
Article 6 alinéa 5 et 6	Article L 314-2
Article 6 alinéa 7	Article L 311-6
Article 6 alinéa 8	Article L 311-1 alinéa2
Article 6-1 alinéa 1 et 2	Article L 311-4
Article 6-1 alinéa 3	Article L 311-5
Article 7	Article L 322-2
Article 8 alinéa 1	Article L 321-2
Article 8 alinéa 2 et 3	Article L 611-1
Article 8-1	Article L 611-2
Article 8-2 alinéa 1	Article L 611-8
Article 8-2 alinéa 3 et 4	Article L 611-9
Article 8-2 alinéa 5	Article L 611-10
Article 8-3 alinéa 1	Article L 611-3
Article 8-3 alinéa 2	Article L 611-4
Article 8-3 alinéa 3	Article L 611-5
Article 8-4 alinéa 1 et 2	Article L 611-6
Article 8-4 alinéa 3	Article L 611-7
Article 9 alinéa 1	Article L 311-3

Article 9 alinéa 2	Article L 321-4
Article 9-1	Article L 121-1
Article 11	Article L 313-1
Article 12 alinéa 1	Article L 313-6
Article 12 alinéa 2	Article L 313-7
Article 12 alinéa 3	Article L 313-8
Article 12 alinéa 4	Article L 313-9
Article 12 alinéa 5	Article L 313-10
Article 12 alinéa 6	Article L 313-3
Article 12 alinéa 7	Article L 313-5
Article 12 bis alinéa1 à alinéa 12	Article L 313-11
Article 12 bis alinéa 13 à 16	Article L 313-12
Article 12 ter	Article L 313-13
Article 12 quater alinéa 1 à 9	Article L 312-1
Article 12 quater alinéa 10 à 12	Article L 312-2
Article 12 quater alinéa 13	Article L 312-3
Article 13	Article L 313-2
Article 13 bis	Article L 313-4
Article 14 alinéa 1	Article L 314-8
Article 14 alinéa 2 à 5	Article L 314-9
Article 14 alinéa 6	Article L 314-10
Article 14 alinéa 7	Article L 314-3
Article 15 alinéa 1 à 12	Article L 314-11
Article 15 alinéa 13	Article L 314-12
Article 15 bis	Article L 314-5
Article 15 ter	Article L 314-6
Article 16	Article L 314-1
Article 17 alinéa 1	Article L 314-4
Article 18	Article L 314-7
Article 18 bis	Article L 315-1
Article 19 alinéa 1 et 2 (I)	Article L 621-1
Article 19 alinéa 2,3 et 4 (II)	Article L 621-2
Article 20 bis alinéa 1 et 2 (I)	Article L 625-1
Article 20 bis alinéa 3, 4 et 5 (I)	Article L 625-2
Article 20 bis alinéa 6 et 7 (I)	Article L 625-3
Article 20 bis alinéa 8 (I)	Article L 625-4
Article 20 bis alinéa 9, 10 et 11 (II)	Article L 625-5
Article 20 bis alinéa 12 et 13 (III)	Article L 625-6
Article 21 alinéa 1 à 4	Article L 622-1
Article 21 alinéa 5 et 6 (I)	Article L 622-2
Article 21 alinéa 7 à 13 (II)	Article L 622-3
Article 21 alinéa 14 à 17 (III)	Article L 622-4
Article 21 bis alinéa 1 à 6 (I)	Article L 622-5
Article 21 bis alinéa 7 (II)	Article L 622-6
Article 21 bis alinéa 8 (III)	Article L 622-7
Article 21 ter alinéa 1 à 5	Article L 622-8
Article 21 ter alinéa 6	Article L 622-9
Article 21 quater alinéa 1, 2 et 3 (I)	Article L 623-1
Article 21 quater alinéa 4 à 8 (I)	Article L 623-2
Article 21 quater alinéa 9 à 14 (II)	Article L 623-3
Article 21 quinquies	Article L 626-1
Article 22 alinéa 1 à 8 (I)	Article L 511-1
Article 22 alinéa 9 (I)	Article L 512-1
Article 22 alinéa 10, 11 et 12 (II)	Article L 511-2
Article 22 alinéa 13 (III)	Article L 511-3

Article 22 bis alinéa 1,2,3 et 4 (I)	Article L 512-2
Article 22 bis alinéa 5 et 6 (II)	Article L 512-3
Article 22 bis alinéa 7 (III)	Article L 512-4
Article 22 bis alinéa 8 et9 (IV)	Article L 512-5
Article 23 alinéa 1	Article L 521-1
Article 23 alinéa 2	Article L 524-1
Article 23 alinéa 3	Article L 524-2
Article 24 alinéa 1 à 6 et 8 et 9	Article L 522-1
Article 24 alinéa 10	Article L 522-2
Article 25 alinéa 1 à 6 et alinéa 8	Article L 521-2
Article 25 alinéa 7	Article L 511-4
Article 25 bis alinéa 1 et 2 (1°)	Article L 522-1
Article 25 bis alinéa 3 (2°)	Article L 521-3
Article 26 alinéa 1 et 7 (I)	Article L 521-3
Article 26 alinéa 9 (I)	Article L 511-4
Article 26 alinéa 10 (II)	Article L 511-4 et L 521-4
Article 26 bis alinéa 1 « L'arrêté ...par l'administration. »	Article L 523-1
Article 26 bis alinéa 1 « Il en est de même...au même article »	Article L 513-1
Article 26 bis alinéa 2 et 3	Article L 531-3
Article 27 alinéa 1et 2	Article L 624-1
Article 27 alinéa 3 et 4	Article L 624-2
Article 27 bis	Article L 513-2 et L 523-2 et L 541-3
Article 27 ter	Article L 513-3 et L 541-3
Article 28 alinéa 1	L 513-4, L 523-3, L541-3
Article 28 alinéa 2	Article L 523-3
Article 28 alinéa 3	Article L 624-4
Article 28 bis	Article L 523-4
Article 28 ter	Article L 523-5
Article 28 quater	Article L 524-3 et L 541-2
Article 29 alinéa 1 (I) « Le ressortissant étranger...mineurs de 18 ans.»	Article L 411-1
Article 29 alinéa 1 (I) « Le regroupement familial…droits parentaux. »	Article L 411-2
Article 29 alinéa 1 (I) « le regroupement familial…venir en France. »	Article L 411-3
Article 29 alinéa2, 3 et 4 (I)	Article L 411-5
Article 29 alinéa 5 à 8 (I)	Article L 411-6
Article 29 alinéa 9 et 10 (I)	Article L 411-4
Article 29 alinéa 11 (II)	Article L 421-1
Article 29 alinéa 12 (II)	Article L 421-2
Article 29 alinéa 13 (II)	Article L 421-3
Article 29 alinéa 14 et 15 (II) « Le représentant...par voie réglementaire »	Article L 421-4
Article 29 alinéa 16 (III)	Article L 431-1 alinéa1
Article 29 alinéa 17 et 18 (IV)	Article L 431-2
Article 29 alinéa 19 (IV bis)	Article L 431-3
Article 30	Article L 411-7
Article 30 bis	Article L 431-1 alinéa2
Article 31	Article L 741-1
Article 32 alinéa 1	Article L 811-1
Article 32 alinéa 2 (I)	Article L 811-2
Article 32 alinéa 3,4 et 5 (II)	Article L 811-3
Article 32 alinéa 6 et 7 (III)	Article L 811-4
Article 32 alinéa 8, 9 et 10 (IV)	Article L 811-5

Article 32 alinéa 11 (V)	Article L 811-6
Article 32 alinéa 12 (VI)	Article L 811-7
Article 32 alinéa 13	Article L 811-9
Article 32 ter	Article L 742-7 et L 811-8
Article 33 alinéa 1, 2 et 3	Article L 531-1
Article 33 alinéa 4 et 5	Article L 531-2
Article 33 al 6	Article L 624-3
Article 34	Article L 111-5
Article 34 bis alinéa 1 et 2	Article L 111-6
Article 35 bis alinéa 1 à 6 (I)	Article L 551-1
Article 35 bis alinéa 7 et 8 (I) « La décision de placement...avec une personne de son choix. »	Article L 551-2
Article 35 bis alinéa 8 (I) « Dans chaque lieu...l'assistance de ces intervenants. »	Article L 553-4
Article 35 bis alinéa 9 (I) « Quand un délai..., il statue dans cette salle. »	Article L 552-1
Article 35 bis alinéa 9 (I) « Le juge rappelle...au prononcé de l'ordonnance »	Article L 552-2
Article 35 bis alinéa 10 (I)	Article L 552-3
Article 35 bis alinéa 11 (I)	Article L 552-4
Article 35 bis alinéa 12 (I)	Article L 552-5
Article 35 bis alinéa 13 (I)	Article L 552-6
Article 35 bis alinéa 14, 15 et 16 (II)	Article L 552-7
Article 35 bis alinéa 17 à 20 (III)	Article L 552-8
Article 35 bis alinéa 21 (IV) « Les ordonnances..., le préfet de police;...»	Article L 552-9
Article 35 bis alinéa 21(IV) «... ce recours...jusqu'à ce qu'il soit statué sur le fond. »	Article L 552-10
Article 35 bis alinéa 22 (V)	Article L 551-3
Article 35 bis alinéa 23 (VI)	Article L 554-1
Article 35 bis alinéa 24 (VI)	Article L 554-2
Article 35 bis alinéa 25 (VI)	Article L 554-3
Article 35 bis alinéa 26 (VI)	Article L 553-5
Article 35 bis alinéa 27 (VII)	Article L 552-11
Article 35 bis alinéa 28 (VII)	Article L 552-12
Article 35 bis alinéa 29 (VIII)	Article L 553-1 alinéa 2
Article 35 bis alinéa 30 (VIII)	Article L 553-2
Article 35 bis alinéa 31 (VIII)	Article L 553-1 alinéa 1
Article 35 bis alinéa 32 (VIII)	Article L 553-3
Article 35 bis alinéa 33 et 34 (IX)	Article L 555-1
Article 35 bis alinéa 35 et 36 (X)	Article L 555-2
Article 35 bis alinéa 37 (X)	Article L 555-3
Article 35 bis alinéa 38 (XI)	Article L 553-6
Article 35 ter alinéa 1	Article L 213-4
Article 35 ter alinéa 2,3 et 4	Article L 213-5
Article 35 ter alinéa 5	Article L 213-6
Article 35 ter alinéa 6	Article L 213-7
Article 35 alinéa 7 et 8	Article L 213-8
Article 35 quater alinéa 1 (I)	Article L 221-1 alinéa1
Article 35 quater alinéa 2 (I)	Article L 221-4
Article 35 quater alinéa 3et 4 (I)	Article L 221-5
Article 35 quater alinéa 5et 6 (I)	Article L 221-2
Article 35 quater alinéa 7 (II)	Article L 221-3
Article 35 quater alinéa 8 (III) « Le maintien...supérieure à huit jours. »	Article L 222-1
Article 35 quater alinéa 8 (III) « L'autorité administrative...et la communication de son dossier. »	Article L 222-3
Article 35 quater alinéa 8 (III) « Le juge des libertés...statue publiquement. »	Article L 222-4
Article 35 quater alinéa 8 (III) « Si l'ordonnance...au procureur de la	Article L 222-5

République »	
Article 35 quater alinéa 9 (III)	Article L 222-6
Article 35 quater alinéa 11 (IV)	Article L 222-2
Article 35 quater alinéa 12 et 13 (V)	Article L 223-1
Article 35 quater alinéa 14 (VI)	Article L 224-1
Article 35 quater alinéa 15 (VII)	Article L 221-1 alinéa2
Article 35 quater alinéa 16 et 17 (VIII)	Article L 224-2
Article 35 quater alinéa 18 et 19 (VIII)	Article L 224-3
Article 35 quater alinéa 20, 21,22 (VIII)	Article L 224-4
Article 35 quater alinéa 23 (IX)	Article L 221-5 alinéa2
Article 35 quater alinéa 24 (X)	Article L 222-7
Article 35 quinquies	Article L 221-2 alinéa3
Article 35 sexies alinéa 1	Article L 111-7
Article 35 sexies alinéa 2 et 3	Article L 111-8
Article 35 sexies alinéa 5	Article L 111-9
Article 35 septies	N'est pas abrogé
Article 35 octies alinéa 1	Article L 821-1
Article 35 octies alinéa 2	Article L 821-2
Article 35 octies alinéa 3 et 4	Article L 821-3
Article 35 octies alinéa 5 et 6	Article L 821-4
Article 35 octies alinéa 7	Article L 821-5
Article 35 octies alinéa 8	Article L 821-6
Article 35 octies alinéa 9	Réglementation ?
Article 35 nonies	Réglementation ?
Article 36	Article L 321-1
Article 36 bis alinéa 1	Article L 314-13
Article 36 bis alinéa 2	Article L 561-2
Article 37	N'est pas abrogé
Article 40 alinéa 1 à 4 (I et II)	Article L 514-1
Article 40 alinéa 5 (III)	Article L 532-1

Loi du 25 juillet 1952 relative au droit d'asile	**Code**
Article 1	Article L 721 - 1
Article 2, I	Article L 721-2
Article 2, II	Article L 723-2 et -3
Article 2, II dernier alinéa	article L 723-2
Article 2, II-1°	Article L 711-1
Article 2, II-2°	Article L 712-1
Article 2, II, 2° al 2	Article L 712-3, alinéa 1
Article 2, III	Article L 713-2
Article 2, III alinéa 3	Article L 713-3
Article 2, IV	Article L 712-2
Article 2, alinéa 22	Article L 712-3
Article 3 al 1 et 2	Article L722-1
Article 3 al 3	Article L722-2
Article 3 al 4	Article L722-3
Article 3 al 5 et 6	Article L722-4
Article 3 al 7	article L 723-4
Article 4	article L 721-3
Article 5, alinéa 1	article L 731-1
Article 5, alinéa 2 jusqu'à fin du I	article L 732-1
Article 5, II	article L 731-2
Article 5, III	Article L 731-3

Tableau de concordance avec le code des étrangers

Article 5, IV	Article L 733-1
Article 5, V	Article L 733-2
Article 5, dernier alinéa	Article L 733-2
Article 6	article L 721-3 al 4
Article 7, alinéa 1 article L 722-5	Article 7, alinéa 2 R
Article 8, alinéa 1	article L 741-2
Article 8, alinéa 2	Article L 741-3
Article 8, alinéa 3 à 8	Article L 741-4
Article 8, alinéa 9, 1ère phrase	Article L 723-1
Article 8, alinéa 9, 2nde phrase	Article L 742-5
Article 9, alinéa 1	Article L 742-1
Article 9, alinéa 2	Article L 742-2
Article 9, alinéa 3	Article L 723-1 al 2
Article 10, alinéa 1	Article L 742-3
Article 10, alinéa 2	Article L 742-6
Article 11	Article L 751-1
Article 12	Article L 741-5
Article 13	article L 741-5
Article 14	article L 764-1
Article 15	article L 763-1
Article 16	article L 762-1
Article 17	Article L761-1
Article 18	article L 765-1
Article 19	article L 751-2

RÉPERTOIRE DE JURISPRUDENCES

I. Décisions des juridictions françaises

A. Décisions des juridictions administratives

Décision sur les Visas

CE 28 février 1986, *Ngako Jeuga*, rec. CE p. 49.
TA Nantes 6 nov. 1997, *Berrim*, n° 96- 4100.
CE 10 décembre 1997, *Ayadi*, req. n° 182794.
CE 13 octobre 2000, *Mme Wang*, req. n° 210858.
CE 15 novembre 2000, *Zarioh*, req. n° 207209.
CE 17 novembre 2000, *M Ajdal*, req. n° 208591.
CE 29 décembre 2000, *M Khalis*, req. n° 215413.
CE 20 décembre 2000, *M et Mme Guendaoui*, req. n° 209825.
CE 20 décembre 2000, *Mme El Abd*, req. n° 202207, rec. Lebon.
- AUBIN E., *DA*, com. 91.

CE 8 octobre 2001, *M. Mikhailov*, req. n° 221211, rec. *Lebon*.
CE 24 octobre 2001, *Tliti*, req. n°202671.
CE 30 décembre 2003, *Dik*, req. n° 250861.
CE 30 avril 2004, *Balde*, req. n° 221951.
CE 29 décembre 2004, *Jabri*, req. n° 205511
CE 1er avril 2005, *Préfet du Val de Marne c./ Ndjock Libii*, req. n° 262353

Décisions sur le SIS

TA Besançon 13 avril 1995, *M. Marchidon*, req. n° 95042.
CE 30 juillet 1997, *Préfet des hauts de Seine*, req. n° 170057.
TA Versailles 8 octobre 1998, *M. Turker c./ Préfet de l'Essonne*, req. n° 98-3118.
CE 9 juin 1999, *M. et Mme Forabosco*, req. n° 190384.
- Concl. MARTIN-LAPRADE B., AJDA, 1999, p. 725.
- AUBIN E., « Les visas de long séjour et le droit d'asile », *LPA*, 4 janvier 2000, n°2, 13.
- *DPE*, bulletin 63, 1er septembre 1999, p. 8474, n° 131a.

CE 9 juin 1999, *Mme Hamssaoui*, req. n° 190344.
- *DPE*, bulletin 63, 1er septembre 1999, p. 8474, n° 131a.

CE 29 septembre 1999, *M. Sebbar*, req. n° 196825.
- *DPE*, bulletin 65, 1er novembre 1999, p. 8422, n° 131 a.

CE 21 juin 2000, *Alichov*, req. n° 211053.
CE 28 juillet 2000, *M. Faifer*, req. n° 205435.
CE 4 octobre 2000, *M. Detchev*, req. n° 200536.
CE 16 octobre 2000, *Mme Chamoun*, req. n° 210556.
CE 25 octobre 2000, *Mme Cucicea-Lambot*, req. n° 212315.
- MAUGÜE, Conclusions, *AJDA*, n° 3, mars 2001, p. 285.
- AUBIN E., *DA*, 2001, comm. n° 91, juris data, n° 2000-061734.
- COURNIL C., « Le dispositif Schengen à l'épreuve de la Convention européenne des droits de l'Homme », *LPA*, 23 octobre 2001, n° 211, p.13-18.

CE 17 novembre 2000, *Mme Heddi*, req. n° 207474.
CE 27 novembre 2000, *M. Rusu*, req. n° 209139.
CE 29 novembre 2000, *M. Sengül*, req. n° 205725.
CE 20 décembre 2000, *Mme El Abd*, req. n° 202207.
CE 20 décembre 2000, *Mme Briouel*, req. n° 210802.
CE 29 décembre 2000, *M. Bolatdermirci*, req. n° 200898.
CE 29 décembre 2000, *M. Rosenthal*, req. n° 204173.
CE 29 décembre 2000, *M.Sahin*, req. n° 206277.
CE 29 décembre 2000, *Ammouta*, req. n° 207578.
CE 29 décembre 2000, *Bolatdemirci*, req. n° 200898.
CE 29 décembre 2000, *Sahin*, req. n° 206 277.
CE 6 avril 2001, *Maazouz*, req. n° 201465.
CE 6 juin 2001, *M. Daka*, req. n° 211544, rec. *Lebon*.
TA référée Lille 16 avril 2002, *V. c./ Préfet du Nord Pas de Calais*, req. n° 021741.
CE 6 novembre 2002, *Moon*.
CE 6 décembre 2002, *Bolatdemirci*, req. n° 200898.
CE 10 janvier 2003, *Abdelmounene*, req. n° 229222.
CE 13 janvier 2003, *Chaïbi*, req. n° 225196
CE 23 mai 2003, *M. Gheorghita C.*, req. n° 237934.
CE 23 mai 2003, *Catrina*, req. n° 237934
CE 2 juin 2003, *Mme Hak Ja Han M.*, req. n° 194295.
CE 14 novembre 2003, *Benarbia*, req. n° 234462.
CE 30 avril 2004, *Balde*, req. n° 221951.
CE 11 février 2005, *Akaichi*, req. n° 260314.

Décisions sur le PACS et les étrangers

TA Lyon, 6 avril 2000, *Nadir Oucia c./ Préfet du Rhône*, req. n° 0001402
- FULCHIRON H., note, *JCP*, 2000, II, 10349.

CE 28 avril 2000, *Préfet des Alpes maritimes c./ M. Marroussitch*, req. n° 208925
- FERRAN N., « Les étrangers ont-ils une vie privée ? », *Revue Plein Droit*, n° 47/48, janvier 2001, p 20.

TA 10 juillet 2000, *Abderrahim Zahri c./ Préfet Haute Garonne*, req. n° 00/ 2410.
- *Le Monde* 12 juillet 2000.
- CE 28 juillet 2000, *Préfet de police c./ M. Diaz Grozco*, req. n° 212729.

TA Clermont Ferrand 11 octobre 2000, *Rached Arfa c./ Préfet du puy de Dôme*, req. n° 0001732.
CE 29 juin 2001, *Préfet de la Haute Garonne c./ M. Zahri*, req. n° 224166
TA Lille du 4 juillet 2002, *M. Milan Rodolfo c./ Préfet du Pas de Calais*, req. n° 022435.

CE 22 juillet 2002, *GISTI, LDH, Femme de la terre*, req. n° 231158.
CE 29 juillet 2002, *Préfet de police c./ Groza*, req. n° 238906.

Décisions sur la reconduite Schengen

TA 3 avril 1995, *M. Igel c./ Préfet de la Moselle*.
- JULIEN-LAFERRIÈRE F., « Note », *D.*, 1996, p. 103, Sommaire commenté.

TA Lyon 6 avril 1995, *M. Vasile Ciuciu et Melle Citadela Ciuciu*, req. n° 9501291 et n° 9501292.
- Conclusions du Commissaire au gouvernement Laurence Helmlinger, *AJDA*, 20 septembre 1995, p. 648-652.
- GUIMEZANES N., « note » *JCP*, éd. G., n° 25, 22450, p. 242-244.
- AUBIN E., « Note de jurisprudence sous TA Lyon, 6 avril 1995, M. Vasile Ciuciu et Mlle Citadela Ciuciu », *RDP*, 1996, p. 1457-1485.

CE 22 mai 1996, *Lautaru*, req. n° 176895.
- Avis 10 et 7ème section réunies, Commissaire du gouvernement, Mme Denis-Linton, *AJDA*, n° 9, 1996, p. 703.
- JULIEN-LAFERRIÈRE F., « Les décisions de reconduite d'office à la frontière ne peuvent faire l'objet que d'une demande d'annulation devant le juge de droit commun statuant selon la procédure ordinaire », *D.*, 1997, Sommaires commentés, p. 51.
- CÉLÉRIER T., « La Convention de Schengen et la reconduite à la frontière », *LPA*, 9 septembre 1996, n° 109, p. 648.
- AUBIN E., « note », *LPA*, 28 octobre 1996.

CE 15 novembre 1996, *Préfet du Rhône*, req. n° 158465.
CE 30 juillet 1997, *Préfet du Doubs c./ M. Lupeanu*, req. n° 169564.
CE 21 mai 1997, *Préfet de Doubs*, req. n° 169563.
CE du 28 avril 1997, *Préfet de la Moselle c./ M. Founas*, req. n° 169732.
TA Versailles, 8 octobre 1998, *M. Turker*, req. n° 983118.
TA Rennes 3 novembre 2003, *Ambrosi Sivsivadze*, req. n° 03-846.

Décisions sur l'accord franco-algérien

CE 17 mars 1968, *Moraly et Sté Moraly*, rec. CE, p. 205.
CE 25 mai 1988, *Ministre de l'Intérieur c./ Ziani*, rec. CE, p. 205.
- LAUSSINOTTE S. et LASSNER E., *GP*, Chronique, 1990.

CE 17 mars 1981, *Sté Calvados Boulard*, rec. CE, tables, p. 522.
CE 29 mai 1981, *Rekhou*.
- *AJDA*, 1981, chron. JP, p. 459.
- THÉRY J.F., *RDP*, 1981, concl. p. 1707.
- CALONNEC G., *D*, 1982, p. 137.

CE 2 février 1990 *Benouisse*.
- LAFAY F., *JCP*, G, II, 22004, p.73-76.
- PICARD E., *JCP*, G, 1993, I, 3670.

CE 27 juillet 1990, *Ali Larbi*, rec. Leb. p. 227.
CE 8 février 1994, *Boumarafi*, req. n° 124342.
CE ass. 9 avril 1999, *Chevrol-Benkeddach*, req. n° 180277.
- *AJDA* 20 mai 1999, p. 401.

CE 14 avril 1999, *Ministre de l'Intérieur c./ Ijgua*, req. n° 153468.
CE 5 décembre 2001, *Préfet de la Haute-Garonne c./ Aissat*, req. n° 222592.
- VANDENDRIESSCHE X., site internet, *AJDA*, janvier février 2002, p. 189-190.

TA Dijon 3 décembre 2002, Feddag c./ Préfet du Département de Saône et Loire, req. n° 0209915.
CE 19 mai 2003, *Préfet de la Haute-Garonne c./ Boutaleb*, req. n° 244365.

Décisions sur les ressortissants tiers membres de famille communautaire

CE 21 juin 1996, *El Saeidy Magdy*, req. n° 157271.
CE 30 avril 1997, *Mme Duran Loayza*, req. n° 179433.
CE 8 octobre 1997, *Préfet de L'Essonne c./ Mali*, req. n° 181858.
CE 21 avril 2000, *M. Sais*, req. n° 208665, publié au Rec. Lebon.
CE 9 juillet 2003, *M. Afrim X.*, req. n° 244395, publié au Rec. Lebon.

Décisions sur le respect de la « vie privée et familiale » / « vie familiale normale »

CE Ass. 8 décembre 1978, *GISTI*, rec. p. 493.
- Conclusions du commissaire du gouvernement DONDOUX P., *Droit social*, 1979, p. 57.
- DUTHEILLET DE LAMOTHE et ROBINEAU, Chr., *Actualité Juridique*, 1979 (3).
- HAMON L., « note », *D.*, 1979, p. 661.
- DELVOLVÉ P., « Obs. », *D.*, 1979, p. 94 IR.
- *GAJA*, n° 92, 14ème éd., Dalloz, 2003, p. 636.
- BONNECHÈRE M., *Droit ouvrier*, 1979, p. 1.

CE 25 juillet 1980, *Touami Ben Abdeslem*, rec. p. 820.
- PACTEAU B., *JCP*, 1981, 19613.

CE 5 juin 1989, *Ministre de l'Intérieur c./ Mme Abdi*, req. n° 84438.
CE 15 novembre 1989, *Ministre de l'Intérieur c./ Mme Khaled-Khadja*, req. n° 106412.
CE 22 novembre 1989, *Mme Beferlou*, req. n° 101001.
- CE 2 février 1990, *Benouisse*.
- LAFAY F., *JCP*, G, II, 22004, p.73-76.
- PICARD E., *JCP* G 1993, I, 3670.

CE 18 janvier 1991, *Beldjoudi*, req. n° 99201.
CE ass. 19 avril 1991, *Belgacem*, rec. p. 152.
- ABRAHAM R., « Conclusions du Commissaire du gouvernement, jurisprudences du CE, 19 avril 1991, n°107 470, M. Belgacem, -n° 117 680, Mme Babas », *RUDH*, 1991, p. 242.
- REYDELLET M., *LPA*, 8 juillet 1991.
- JULIEN-LAFERRIÈRE F., « Note de jurisprudence, CE ass., 19 avril 1991, Belgacem et Babas », *AJDA*, 20 juillet/ 20 août 1991, p. 551.
- PRETOT X., *D.*, 1991, J., p. 399.
- RUIZ-FABRI H., « Étrangers, expulsion, droits de l'Homme, jurisprudence administrative », *RA*, 1991, n° 259 264, p. 239.
- TURPIN D., *RCDIP*, 1991, p. 677.
- NGUYEN VAN TUONG, « Commentaire de l'arrêt BELGACEM et BABAS, CE ass., 19 avril 1991, req. n° 107470 et 117680 », *JCP*, G, n° 46, 21756-21757, p. 393.
- MIGNON E., « L'expulsion d'un étranger : atteinte au droit à la vie privée ou atteinte droit à la vie familiale ? », *RDE*, 1991, n° 92, p. 8-9.

CE 29 juin 1990, *Préfet du Doubs c./ Mme Olmos Quintero et M. Imambaccus*, req. n° 115971.
- FAUGERE J.-P., « Conclusions », *RFDA*, 1990, 6 (4), juillet-août, p. 530-542.
- HONORAT E et SCHWARTZ R., « Chronique », *AJDA*, 1990, p. 709.

CE 16 juillet 1991, *Préfet de la Moselle c./ Hadad*.
CE 25 novembre 1991, *Haros*, req. n° 104914.
CE 3 février 1992, *Ministre de l'intérieur c./ El Baied*, req. n° 107597.
CE 14 février 1992, *Préfet du territoire de Belfort, c./ M Sais*, req. n° 127931.
CE Sect. 10 avril 1992, *M. Aykan*, req. n° 75006.
CE Sect. 10 avril 1992, *M. Marzini*, req. n° 120573, rec. Leb., p. 154.
- *AJDA*, 1992, p. 323
- *RFDA*, 1993, p. 541.
- RUIZ-FABRI H., *RA*, 1992.
- *JCP*, 1992 IV 1769.
- *LPA*, 8 juillet 1992, p. 14.

CE 10 avril 1992, *Minin*, req. n° 76945.
- MAUGÜE C. et SCHWARTZ, *AJDA*, 1992, p. 454.
- DENIS-LINTON M., Conclusions, *RFDA*, 1993, p. 541

CE 15 avril 1992, *Préfet de la Haute-Loire c./ Cifci*, req. n° 128610.
CE 31 juillet 1992, *Sehibi*, req. n° 134941.
CE 23 septembre 1992, *Tarbane*, req. n° 152388.
CE 7 décembre 1992, *Souaq*, req. n° 121831.
CE 18 décembre 1992, *Abidi*, req. n° 132087.
CE 22 juin 1994, *Amamra*, req. n° 148185.
CE 10 juillet 1994, *Benamar*, req. n° 127961.
CE 12 septembre 1994, *Oulamine*, req. n° 145598.
CE 21 octobre 1994, *Mohamedi*, req. n°148563.
CE 16 décembre 1994, *Ajarrav*, req. n° 153852.
CE 7 juin 1995, *Préfet du Val de Marne c./ Nkunga*, req. n° 148446.
CE 10 juillet 1995, *Ministre de l'Intérieur c./ M Ben Achour*, req. n° 144 132.
CE 3 novembre 1995, *Préfet de la Seine Maritime*, req. n°149740.
CE 29 décembre 1995, *Chergui*, req. n° 163038.
CE 17 janvier 1996, *Préfets de Doubs*, req. n° 151452.
CE 30 octobre 1996, *Mohammedi*, req. n° 148563, p. 418.
CE 13 novembre 1996, *Manesri*, req. n° 161054.
- JULIEN-LAFERRIÈRE F., sommaire, « Obs. », *D.*, 1998, p.17.

CAA Paris 23 janvier 1997, *Hamlaoui*, req. n° 96PA01237.
- Conclusions, *RDP* 1997, p. 1165.
- CE 4 juillet 1997, *Bourezak*, req. N°156298.
- ABRAHAM R., *AJDA*, 1997, p. 636.
- WACHSMANN P, *RDP*, 1998, p. 271-283.

CE 12 février 1997, *M. Chooraman*, req. n° 167248.
CE 21 février 1997, *M. Lahmar*, req. n°167839.
CE 26 mars 1997, *Préfet des Yvelines c./ Melle Makedika Mbumba*, req. n° 1726677.
CE 23 mai 1997, *Mme Li et autres*, req. n° 158469 à 158471.
CE 26 mai 1997, *M El Mentra*, req. n° 150776.
CA 30 juin 1997, *Chatira*, req. n° 153384.
CE 30 juillet 1997, *Mme Ye*, req. n° 184972.
CE 30 juillet 1997, *Sylla*, req. n° 183816.
CE 30 juillet 1997, *M. Abaidia*, req. n° 163710.
CE 10 septembre 1997, *Préfet des Yvelines c./ M. Natalba*, req. n° 170528.
CE 29 septembre 1997, *Préfet des Hauts de Seine c./ Melle Ziyouti*, req. n° 184723.
CE 20 octobre 1997, *Soussi*, req. n° 160224.
CE 24 octobre 1997, *M Benkhaled*, req. n° 172414.
CE 5 novembre 1997, *Préfet de Police c./ Mme Chen*, req. n° 182220.
CE 3 novembre 1997, *Préfet de police c./ Mme Ben Guertouh*, req. n° 175768.
CE 17 novembre 1997, *Zekraoui*, req. n° 171260.
CE 29 décembre 1997, *Préfet des Yvelines c./ Mme Ebtedaei*, req. n° 180063.
CE 29 décembre 1997, *M. Karker*, req. n° 168042.
CE 11 mars 1998, *Boulkkhrachef*, req. n° 168920.
CE 30 mars 1998, *Benlabbas*, req n° 133386.
CE 7 avril 1999, *Baradji*, req. n° 201130.
CE 7 juin 1999, *Melle Begun Shahanni*, req. n° 197 607.
CE Sect. 11 juin 1999, Ministre de l'Intérieur c./ M. El Mouhaden, req. n° 185545.
CE 2 juillet 1999, *M. et Mme Najem*, req. n°188 673.
CE 6 octobre 1999, *Préfet de l'Essonne c./ M. Dekkiche*, req. n° 203343.
CE 1er mars 2000, *Préfet du Val d'Oise*, req. n° 205339.

CE 28 avril 2000, *Mboume*, req. n° 211323.
CE 30 juin 2000, *Préfet du Jura c./ Toufik Daatcha*, req. n° 203533.
CE du 7 juillet 2000, *Préfet du Rhône*, req. n° 213901.
CE 13 octobre 2000, *Mme Wang*, req. n° 210858.
CE 17 novembre 2000, *M Ajdal*, req. n° 208591.
- CAA Marseille 20 novembre 2000, *Ministre de l'Intérieur*, req. n° 97MA11612.

CE 15 décembre 2000, *Chebira*, req. n° 220157.
CE 29 décembre 2000, *M Khalis*, req. n° 215413.
CE 20 décembre 2000, *M et Mme Guendaoui*, req. n° 209825.
CE 10 janvier 2001, *Lakhdar*, req. n° 211531.
CE 15 janvier 2001, *N'Djip*, req. n° 216276.
CE 23 février 2001, *Mechem*, req. n° 217160.
CE 26 février 2001, *Préfets de police c./ Tarek*, req. n° 215870.
CE 6 mars 2001, *Ministre de l'Intérieur c./ M. Sezer*, req. n° 227001.
CE 19 mars 2001, *Halfaoui*, req. n° 223987.
CE 14 mars 2001, *Préfet du Rhone c./ Ben Zid.*
- *AJDA*, 2002, 2002, p. 50.

CE 6 avril 2001, *M. Djerrar*, req. n° 212106.
CAA Nantes 3 mai 2001, *Ministre de l'Intérieur c./ M. Dicko*, req. n° 99NT00114
CE 28 mai 2001, *Diakhite*, req. n° 205450.
CAA Paris, 11 juillet 2001, *M. Bedda*, req. n° 99PA02278.
CE 21 novembre 2001, *Préfet de Val d'Oise c./ M. Fazlul Hoque*, req. n° 223535.
CE 5 décembre 2001, *Ministre de la Haute Garonne c./ Aissat*, req. n° 222592.
CE 28 décembre 2001, *Zanor.*
CE 28 décembre 2001, *Bacha.*
CE 28 décembre 2001, *Fadiga.*
CAA Nancy, 7 février 2002, *M. Hargous*, req. n° 98NC00466.
CAA Lyon, 14 février 2002, *Ministre de l'Intérieur c./ Viegas*, req. n° 98LY00413.
CE 3 avril 2002, *Mme Owusu*, req. n° 231033.
CAA de Nancy, 16 mai 2002, *M. Sen*, req. n° 99NC02404.
TA Dijon 9 juillet 2002, *Adil Faudil c./ Ministre de l'Intérieur*, req. n° 020456.
CE 22 juillet 2002, *GISTI, LDH, Femme de la terre*, req. n° 231158.
CE 2 octobre 2002, *Rafaliarizako*, req. n° 240908.
CE 23 octobre 2002, *Préfet de Savoie c./ Aït Irhi*, req. n° 236965.
CE 19 mars 2003, *M. Maurice S.*, req. n° 216909.
CE 19 mars 2003, *M. Luigi A.*, req. n° 235605.
CE 30 juillet 2003, *Préfet de Savoie c./ Messiliti*, req. n° 252747.
CE 30 juillet 2003, *Sarikaya*, req. n° 2427057.
CE 30 juillet 2003, *Sefioune*, req. n° 240093.
CE 28 janvier 2004, *Troh*, req. n° 256086.
CE 8 mars 2004, *Préfet de police c./ Doumbia*, req. n° 252076.
CE 8 mars 2004, *Préfet de police c./ Talgasduwage*, req. n° 252981.
CE 10 mars 2004, *Kaci*, req. n° 252269.
CE 10 mars 2004, *Boudjadja*, req. n° 255012.
CE 24 mars 2004, *Uzum*, req. n° 260772.
CE 24 mars 2004, *Ministre des Affaires sociales, du travail et de la solidarité c./ Mme Boulouida*, req. n° 249369.
- TOURNEPICHE A.-M., « Extension des possibilités du regroupement familial », *AJDA*, n° 26/2004, p. 1425-1426.
- DUBOS O., « Droit au regroupement familial et Kafala », *JCP*, n° 26, 21 juin 2004, p. 865.
- BOULANGER F., « La sauvegarde des effets de la « Kafala » par l'appel à l'article 8 de la CEDH », *Dalloz*, 2005, N° 2, p. 129-131.

CE 24 mars 2004, *Dra*, req. n° 220434.
CE 38 avril 2004, *Préfet de Police c./ Yang*, req. n° 254326.
CE 30 avril 2004, *Préfet de Police c./ Bayouloula*, req. n° 249120.
CE 28 juillet 2004, *M. Abdelrachid X.*, req. n° 251813.
CE 22 octobre 2004, *Bouchaala*, req. n° 264395.

Décisions sur la vie privée

TA de Besançon, 12 janvier 1995, Mme Esther c./ Préfet du territoire de Belfort.
CE 19 mars 1997, *Soudani* req. n° 139876, rec. p. 820.
TA Rouen, 30 juillet 1997, *Konaté.*
TA Paris 19 juin 1998, Tandjigora c./ Préfet de police de Paris.
Revue Plein Droit, n° 44, décembre 1999.
TA Lyon 2 novembre 1998, *Hajjej.*
TA Rouen 28 novembre 1998, *Madou Seys.*
TA Toulouse 27 août 1999, *Foutou.*
TA Lyon, 6 avril 2000, *Nadir Oucia c./ Préfet du Rhône*, req. n° 0001402.
- FULCHIRON H., « note », *JCP*, 2000, II, 10349.

CE 28 avril 2000, *Maroussitch*, req. n° 208925.
- FERRAN N. « Les étrangers ont-ils une vie privée ? », *Revue Plein Droit*, n° 47/48, janvier 2001, p 20.

CE 30 juin 2000, *GISTI c./ Ministre de l'Intérieur*, req. n° 1999336.
TA 10 juillet 2000, *Abderrahim Zahri / Préfet de la Haute-Garonne*, req. n° 00/ 2410.
CE 28 juillet 2000, *Préfet de police c./ M. Diaz Grozco*, req. n° 212729.
TA Clermont Ferrand, 11 octobre 2000, *Rached Arfa c./ Préfet du Puy de Dôme*, req. n° 0001732.
CE 27 octobre 2000, *Préfet de la Loire c./ M. Hamlaoui*, req. n° 212517.

CE 29 juin 2001, Préfet de la Haute Garonne c./ M. Zahri, req. n° 224166.
TA Lille du 4 juillet 2002, M. Milan Rodolfo c./ Préfet du Pas de Calais, req. n° 022435.
CE 29 juillet 2002, GISTI, LDH, Femme de la terre, req. n° 231158.
CE 29 juillet 2002, Préfet de police c./ Groza, req. n° 238906.
CAA du 17 février 2004, Melle X., req. n° 01BX02617.
CE 9 février 2004, Préfet de Police c./ Dante, req. n° 243514.
CE 27 février 2004, Préfet de police c./ Sahnoun, req. n° 241609.

Décisions sur la délivrance de titre de séjour et pouvoir d'injonction

CE 21 décembre 1994, *Mert*, req. n° 143868.
RFDA 1995, p. 222.
CE 18 octobre 1995, *Reghis*, req. n° 156252.
- STAHL J. et CHAUVAUX D., *AJDA*, n° 2 1996, p. 115.

TA de Lyon 7 février 1996, *M. Sadi Hocini*.
RFDA, 1996, p. 351.
CE 15 avril 1996, *Mme Rakotomavo*, req. n° 136079.
CAA Paris 23 janvier 1997, *Hamlaoui*, req. n° 96PA01237.
CE 20 juin 1997, *Rezli*, req. n° 151493.
AJDA, juillet-août 1997, p. 621-627.
« note », *AJDA*, p. 627-629.
CE 4 juillet 1997, *M. Bourezak*, req. n° 156268.
AJDA, 20 juillet / 20 août 1997, 584-575.
- WACHSMANN P., « note », *RDP*, 1998, p. 271-283.
- ABRAHAM R., « Conclusions », *RFDA*, 1997, p. 815.

CAA Lyon 16 juillet 1997, *M. Tahraoui*, req. n° 96 LY01994
CAA 28 octobre 1997, *Mme Liata*, req. n° 96PA02081
CE 3 novembre 1997, *Préfet de police c./ Mme Ben Guertouh Zairag*.
CE 15 décembre 1997, *Lusukamu Ngudiankama Mftulila*.
CE 23 janvier 1998, *M. Boutaleb*, req. n° 170 127.
CE 29 juillet 1998, *Reghdi*.
CAA Lyon, 17 septembre 1998, *Ministre de l'Intérieur c./ M. Bendahmane*, req. n° 97LY20920.
CAA Lyon 23 novembre 1998, *Melle Adjili*, req. n° 96LY02008.
CE 30 novembre 1998, *M. Berrad*.
- Conclusions LAMY F., *RFDA*, 15 (3), mai-juin 1999, p. 511-519.
- GUETTIER C., « Note », *RFDA*, 15 (3), mai-juin 1999, p. 520-530.

CE 22 février 1999, *Mme Jelloul*, req. n° 190942.
CE 1 mars 2000, *Préfet Val d'Oise*, req. n° 205339.
CE 15 décembre 2000, *M. Chebira*, req. n° 220157.
CE 29 décembre 1999, *Ministre de l'Intérieur c./ Melle Adjili*, req. n° 197522.
CE 8 février 2002, *M. Dieng*, req. n° 224446.
- CHAUVUAUX D., « Conclusions, reconduite à la frontière et pouvoir d'injonction », *RFDA*, novembre-décembre 2002, p.1080.
- VANDENRIESSCHE X., « Note », Site *AJDA*.

CE 3 avril 2002, *Mme Owusu*, req. n° 231033.

Décisions sur les respects du procès équitable

CE Ass. 18 juin 1976, *Moussa Konaté*, rec. Leb., p. 321
CE 27 février 1987, *Ministre de l'Intérieur c./ Urrate Riallos*, req. n° 71714.
CE 20 janvier 1988, *Elgfenzi*, rec., p. 17.
CE sect. 22 mars 1991, *Mme Sti*, rec. Leb., p. 100.
CE 31 juillet 1992, *Kacak*, req. n° 119104.
CE 31 juillet 1992, *Min. de l'Intérieur c./ Laffaoui*, req. n° 128188.
CE 8 avril 1994, *M et Mme Sadick Yalgin*, req. n° 142334.
TC 20 juin 1994, *MM. Madaci et Youbi*.
- MAUGÜE C. et TOUVET L., *AJDA*, 1994, p. 496.
- « Conclusions » ABRAHAM R. et « Note » PETIT S., *GP*, 1994, 1, p. 571.
- GROS L., *LPA*, 20 mai 1996, p. 7.
- DIDIER, *D.*, 1995, 193.

CE. sect. 12 octobre 1994, *Amadou N'Diaye*.
CE 19 septembre 1994, *Mme Kikonda*, req. n° 155031.
CE 31 juillet 1996, *Sasorith*, req. n° 169703.
CE 3 février 1999, *Samba Yero*, req. n° 199872.
CE 14 juin 2000, *Mme Zatout*, req. n° 211117.
TC 23 octobre 2000, *Préfet de police c./ M. Boussadar*, *AJDA*, 2001, p. 143-145.
CE 15 novembre 2000, *Amri*, *DA*, mars 2001, n° 62, p. 19.
CE 28 avril 2004, *M. Jamaa X.*, req. n° 260349.
CE 5 juillet 2004, *Mme YX*, req. n° 248069.

Décisions sur les garanties procédurales

CE 24 juillet 1981, *Belasri*, *AJDA*, 1981, p. 473.
CE 11 juin 1982, Ministre de l'Intérieur c./ Rezzouk, rec. CE p. 226.
- LASSERRE et TIBERGHEIN, *AJDA*, 1982, p. 583.
- PACTEAU B., *RA*, 1982, p. 390.
- CE 13 janvier 1988, *Abina*, *AJDA*, 1988, p. 225.
- WAQUET P. et JULIEN-LAFERRIÈRE F., *D.*, 1989, somm., p. 115.
- MORAND-DEVILLIER J., *LPA*, 9 septembre 1989, p. 10.

CE 6 juillet 1990, *Lhassine*, req. n° 115842.
CE sec. 19 avril 1991, *Préfet de police c./ Demir*.

- ISARD P., « La procédure administrative préalable à une décision de l'administration est-elle applicable en matière de reconduite à la frontière ? », *La Semaine juridique*, n° 16, 15 avril 1992, 218832.

CE 29 juin 1992, *Mme Ghunsum*, rec. CE, p. 981.

CE 28 décembre 1992, *Préfet du Vaucluse c./ Mme Renklicay*, req. n° 132815.

CE 4 mars 1994, *Moussaoui*, req. n° 144769.

CE 19 septembre 1994, *Mme Kikonda*, req. n° 155031.

CE 26 mai 1995, *Mme Yilmaz*, req. n° 164880.

- JULIEN-LAFERRIÈRE F., *D.*, 1996, Som. comm., p. 96,
- *DA*, 1995, p. 501.
- *LPA*, 9 avril 1995, p. 11.

CE 21 novembre 1994, *M. Popescu*, req. n° 147193, rec. Lebon.

- JULIEN-LAFERRIÈRE F., « L'article 5 de la CEDH n'est pas applicable au contentieux des reconduites à la frontière », Som. Com., *D.*, 1995, p. 176.

CE 3 mars 1997, *M. Llanos Vizcarra*, req. n° 152510.

CE 14 mars 1997, *Mme Amponsah*, req. n° 181776,

CE 20 mai 1998, *M. Sow*, req. n° 167558.

CE 3 février 1999, *Samba Yero*, req. n° 199872.

CE 26 juin 2000, *M. Francisco*, req. n° 205332.

CE 26 janvier 2001, *Cetin Gunes*, req. n° 229565.

CAA, Paris, 1ère chambre A, 2 mai 2001, *Ministre de l'Intérieur*, req. n° 99PA03059.

CE 29 septembre 2001, *Ministre de l'Intérieur c./ Tilba.*

- *AJDA*, 2002, p. 1054.
- *RFDA*, 2002, p. 324.

CE 20 décembre 2001, *Chikh*, req. n° 241154.

CE 15 mars 2002, *Ministre de l'Intérieur c./ Benkhira* req. n° 236539.

CE 24 juin 2002, *Préfet de la Haute Garonne c./ M. Terzout-Yettou*, req. n° 215400.

Décisions sur la CIDE

- CE 28 juillet 1993, *Camara*, rec. Leb., Tables, p. 778.
- CE 29 juillet 1994, *Préfet de la Seine Maritime c./ M et Mme Abdelmoula*, req. n° 143866.
- DENIS-LINTON M., « Conclusions », *AJDA*, 20 novembre 1994, p. 841.

CE 10 mars 1995, *Demirpence.*

- ROUAULT M.-C., Obs., *JCP*, G, 1997, IV, 2279.
- BENHAMOU Y., « Le Conseil d'État et Convention de New York sur les droits des enfants (à propos de l'application en droit français de l'article 16 de la Convention de New York) », *D.*, 1995, Jurisprudence, p. 617.

TA Versailles, 31 mai 1996, *Mialebama c./ Préfet du Val-D'oise.*

CE 10 juillet 1996, *Aghane*, req. n° 162098.

CE 21 octobre 1996, *Hemaizia*, req. n° 165080

CE 21 février 1997, *Mme Doua*, req. n° 171893.

CE 23 avril 1997, *GISTI*, req. n° 163043, rec. CE p. 42.

- ABRAHAM R., « conclusions », *AJDA*, 20 mai 1997, p. 482.
- *RJS*, 1/97 n° 877, p. 567.
- *JCP*, éd. G 15 octobre 1997, IV, n° 2091, p. 327.

CE 29 juillet 1997, *Torres*, req. n° 173470.

CE 22 septembre 1997, *Cinar c./ Préfet de la Moselle*, req. n° 161364.

- ABRAHAM R., « Conclusions », *RFDA*, 14 (3), mai juin, 1998, p. 562-564.
- GISTI,, « Au nom de l'intérêt supérieur de l'enfant », *Revue Plein Droit*, n° 38, avril 1998.
- MONEGER F., « Le Conseil d'État met en avant l'intérêt supérieur de l'enfant contenu dans la Convention des Nations Unis sur les droits de l'enfant », *RDSS*, (1), janvier Mars, 1998, p. 157-179.
- MURAT P., « Note », *Droit de la Famille*, avril 1998, p. 19-21.
- GOUTTENOIR-CORNUT A., « Note », *JCP*, éd. G., n° 14, 1er avril 1998, p. 606-609.
- DESNOYER C., « Note », *D.*, 1998, Som. Comm., p. 297.
- REYDELLET M., « Note », *LPA*, 26 janvier 1998, p. 17.

CE 29 décembre 1997, *M. et Mme Soba*, req. n° 170098, n° 173011, n° 173012.

- *GP*, 5-6 août 1998, pan., p. 122.

CE 9 novembre 1998, *M. Hellal*, req. n° 169952. Rec. Lebon

CE 22 février 1999, *Mme et M. Useyin*, req. n° 197243 et n° 197244, rec. Lebon.

CE 10 mars 1999, *M. Kai*, req. n° 200677.

CE 9 juin 1999, *M. Guichard*, req. n° 191232.

CE 19 juin 1999, *Mme Matache*, req. n° 199673.

CE 29 décembre 2000, *Chaibi*, req. n° 219083.

CE 29 janvier 2001, *Préfet de la Région Poitou-Charentes, Préfet de la Vienne c./ M. et Mme Cisse*, req. n° 217162, n° 217163.

CE 14 février 2001, *Nezdulkuis*, req. n° 220271.

CE 11 janvier 2002, *Mme Benali épouse Dani*, req. n° 235845.

CAA Nantes 5 octobre 2001, *Ministre de l'Intérieur*, req. n° 99NTO1006.

CAA Paris 26 juin 2001, *M. Ali Abed*, req. n° 98PA02255.

CE 27 mars 2002, *Préfet du Cher c./ M. Arikan*, req. n° 230599.

CE 10 avril 2002, *Préfet Val d'Oise c./ Mme Alakhava*, req. n° 237420.

CE 28 mai 2002, *Alloui*, req. n° 240001.

CE 3 juin 2002, *Craciun*, req. n° 220342.

CE 21 juin 2002, *Mme Begum*, req. n° 241067.

CE 21 juin 2002, *Wang*, req. n° 240239.

TA Rennes 3 août 2002, *Nercisyan alias Arutunjan*, req. n° 02-2379.
TA Limoges 14 novembre 2002, *Baahmed c./ Préfet de la Haute Vienne*, req. n° 991096.
CAA Marseille, 19 décembre 2002, *Bessegheir*, req. n° 00MA0595.
CE 3 mars 2003, *Aït Benali*, req. n° 248655.
CE 2 juin 2003, *Préfet de police c./ Swieca*, req. n° 236148.
TA Limoges 18 septembre 2003, *Kada*, req. n° 0111617.
TA Rennes 8 octobre 2003, *Mata Wumba*, req. n° 03-3469.
CE 10 décembre 2003, *Préfet de Police c./ Mabaya*, req. n° 250631.
CE 24 mars 2004, *Ministre des Affaires sociales, du travail et de la solidarité c./ Mme Boulouida*, req. n° 249369.
CE 28 avril 2004, *Mme X.*, req. n° 253365.
TA Marseille 9 mars 2005, *Siaf*, req. n° 0103707.
- DPE, Bulletin 133, mai 2005, p. 6932.

CE 20 avril 2005, *Chaloulais*, req. n° 261219.

Décisions sur l'article 3 de la CEDH, 27 bis, ex 25 8°(26 5°) ou 12 bis 11

TA 12 juin 1996, *Condé*, req. n° 95-00127.
- FOURTEAU H., « L'annulation d'un arrêté de reconduite à la frontière fondée sur la menace d'excision constitutive d'un traitement contraire à l'article 3 de la CEDH », *LPA*, 16 octobre 1996, n° 126, p. 18-24.
- LEVINET M., « L'article 3 de la Convention européenne des droits de l'Homme et l'excision », *RTDH*, octobre 1996, p. 695-720.
- VASSEUR F., « Une étrangère ne peut être renvoyée dans son pays d'origine où ses filles risqueraient d'être excisées », *D.*, 1998, Som. Com., p. 304.
- JULIEN-LAFERRIÈRE F., « Note », *D.*, 1998, som. Com., p. 16.

TA Versailles, 26 septembre 1996, *B. B.*, req. n° 963227 et 963328.
- Concl. M. KRULIC, *RFDA*, 13 mars avril 1997, p. 315
- *AJDA*, n° 1, 1997 p. 110.

TA Marseille 15 octobre 1996, M. *Benchaabane*, req. n° 96-3733 et 96-3735.
TA Besançon 30 septembre 1999, *M. El Kebir Ouadié c./ Préfet du Doubs*, req. n° 990304.
TA Rennes 18 mars 2002, *Lukas Bajger*, req. n° 02-719
CE 14 novembre 1997, *Gagem*, req. n° 185664.
CE 1er décembre 1997, *M. X.*, req. n° 184053, rec Lebon.
CE 8 juillet 1998, Préfet des Alpes-Maritimes c./ M. Ben Chora, req. n° 187441.
CE 17 février 1999, Préfet de l'Essonne c./ M. Samba Pene, req. n° 200096.
CE 30 novembre 1999, *N' Satou*, req. n° 200065.
CE 31 janvier 2000, *Préfet de Ile et Vilaine c./ Sonko.*
CE 28 juillet 2000, *Préfet des hauts de Seine c./ M. Ben Hachen*, req. n° 205999.
CE 20 décembre 2000, *Préfet de l'Essonne c./ Mme Minata Ouattara*, req. n° 202555.
CE 20 décembre 2000, *M. Rahimi*, req. n° 220458.
CE 2 février 2001, *Préfet de police c. / Topyurek*, req. n° 209717.
CE 28 décembre 2001, *Brahimi*, req. n° 23732.
CAA Douai 28 février 2002, *Mme Fanta c. /Préfet de la Seine Maritime*, req. n° 01DA00015.
CE 5 juin 2002, *Mlle X.*, req. n° 228635.
CE 11 décembre 2002, *M. Guaman Velasquez*, req. n° 243168.
CE 30 décembre 2002, *Préfet de Police c./ M. Rajinder*, req. n° 241029.
CE 3 mars 2003, *Mehalli*, req. n° 242803.
CE 10 avril 2003, *Préfet de L'Essonne*, req. n° 237527.
CE 12 mai 2003, *Préfet de police*, req. n° 247034.
CE 16 mai 2003, *Préfet du Jura c./ Mirzorev*, req. n° 248548.
CE 16 juin 2003, *Préfet du Jura*, req. n° 252379.
CE 30 juillet 2003, *M. X.*, req. n° 231678.
CE 28 avril 2004, *Préfet de police c./ M. Kamal B*, req. 252621.
- COURNIL C., « A quelles conditions un étranger suivant une hormonothérapie féminisante peut-il être protégé contre une mesure de reconduite à la frontière », *RDSS*, n° 4, 2004, p. 872-884.

CE 17 mai 2004, *M. Souad YX.*, req. n° 251745
CE 9 juin 2004, *M. X.*, req. n° 252624.
CE 23 juin 2004, *M. X.*, req n° 262123.
CE 28 juillet 2004, *M. X.*, req. n° 256646.
CE 28 juillet 2004, *M. X.*, req. n° 264089.
CE 15 avril 2005, *Said*, req. n° 265795

Décisions sur les prestations non contributives et les pensions de retraite des militaires

CE ass. 15 avril 1996, *Doukouré*, req. n° 176399.
- MARTIN P., « Le pacte international relatif aux droits civils et politiques ne s'applique pas aux droits de pension », *RFDA*, 1996, p. 808.
- SUDRE F., « La portée du droit à la non-discrimination : de l'avis d'assemblée du Conseil d'État du 15 avril 1996, Mme Doukouré, à l'arrêt de la Cour européenne des droits de l'Homme du 16 septembre 1996 Gaygusuz c./ Autriche », *RFDA*, 13, (5), sept.-oct. 1997, p. 967-976.

CAA 7 juillet 1999, *Diop*, req. n° 212179.
- PHEMOLANT B., « Conclusions », *RFDA*, 16 (4) juillet-août 2000, p. 843-849.

CE 6 novembre 2000, *GISTI*, req. n° 204784.

CE 30 novembre 2001, *Ministre de la Défense c./ Diop*, req. n° 212179,
- *DA*, janvier 2002, p. 29.
- COURTIAL, « Conclusions », *RFDA*, 2002, p. 573.
- DAUGAREILH I., « Note », *RDSS*, 38, (3), juillet-Septembre, 2002, p. 613-622.
- WACHSMANN P., « Les lois instituant des discriminations selon la nationalité devant le Conseil d'État français », *RTDH*, 2003, p. 303-318.
- GUYOMAR M et COLLIN P., « La « cristallisation » des pensions des militaires et fonctionnaire des anciennes colonies est-elle constitutive d'une discrimination ? », *AJDA*, 20 décembre 2001, p. 1039-1044.
- POIRAT I., « La « cristallisation » des pensions de retraite des anciens combattants de l'outre-mer et la Convention européenne des droits de l'Homme », *RGDIP*, 2002-1, p. 207-223.
- SEGUES S. et THEVES L., « La république « Banania », quarante ans de discrimination », *Revue Plein Droit*, n° 56, mars, 2003, p. 7.
- MATH A., « Basses manœuvres », *Revue Plein Droit*, n° 56, mars, 2003, p. 16-19.
- SLAMA S., « L'arrêt « Diop » un long combat judiciaire », *Revue Plein Droit*, n° 56, mars, 2003, p. 10-13.
- GISTI et CATRED, *Égalité des droits pour les anciens combattants et les fonctionnaires*, octobre, 2002.

CE 6 février 2002, *Mme N'Guyen Thi Lang*, req. n° 218953, 219970.
CE 6 février 2002, *Mme Doukouré*, req. n° 216172.
CE 6 février 2002, *M. Bab Hamed*, req. n° 219383.
CE 7 juillet 2004, *Tahar Hendiri*, req. n° 246277.
CAA de Bordeaux 2 novembre 2004, *Mounir Bouchaïb*, n° 01BX01030.

Décisions sur les principes généraux du droit relatifs aux étrangers

CE 8 déc. 1978, *GISTI*, rec. CE, p. 493.
- DONDOUX P., conclusions, *Droit social*, 1979, p. 57.
- DUTHEILLET DE LAMOTHE ET ROBONEAU. *AJDA*, 1979, (3) p. 38.
- HAMON L., *D.*, 1979, p. 661.
- DELVOLVE P., *D.*, 1979, IR., p. 94.
- BONNECHÈRE, *Droit ouvrier*, 1979, p. 1.
- *GAJA*, n° 92, 14ème éd., 2003, p. 636.
- CE 1er avril 1988 , *Bereciartua-Echarri*, rec. CE, p. 135.
- VIGOUROUX, « Conclusions », *JCP*, 1988 II, 20 071.
- AZIBERT et DE BOISDEFFRE, *AJ*, 1988, p. 322.
- LABAYLE H., *D.*, 1988, p. 413.
- JULIEN-LAFERRIÈRE F., *GP*, 1988, II, p. 549.
- ROUSSEAU C., *RGDIP*, 1990, p. 159.

CE ass. 13 décembre 1991, *M. Nkodia et Préfet de l'Hérault c. / M. Dakoury*, req. n° 119996 et n° 120560.
- ABRAHAM R., « La reconduite à la frontière des demandeurs d'asile, Conclusions », *RFDA*, 8 (1), janv.-févr. 1992, p. 90-103.
- JULIEN-LAFERRIÈRE F., « Note », *D.*, 1992, p. 448-452.
- MAUGUË, *AJDA*, 1992, p. 114.
- PICARD, *JCP*, 1992, I 3575.
- CREPEAU F., « Note », *RCDIP*, juillet-aout, 1992, p. 460.

CE ass. 2 décembre 1994, *Mme Agyepong*, rec. CE, p. 523.
- DENIS-LINTON, « Conclusions », *RFDA*, 1995, p.86.
- TOUVET L. et STAHL J.H., *AJDA*, décembre 1994 p. 878.
- BONNOT F., « Les principes généraux du droit applicables aux réfugiés et le principe de l'unité familiale », *RDP*, 1996, p. 1379.

CE 21 mai 1997, *Gomez Botero*, rec. Leb., p. 868.
CE 24 octobre 2001, *M. Wingi Dimawete*, req. n° 211309.
CE 28 juillet 2004, *Mme Yin Trin épouse Mer*, req. n° 229053 ;
- DONNAT F., « Conclusions », *AJDA*, 2004, p. 1875.

Décisions relatives au procédure d'asile

CE ass. 13 décembre 1991, *M. Nkodia et Préfet de l'Hérault c./ M. Dakoury*, req. n° 119996 et n° 120560.
- ABRAHAM R., « La reconduite à la frontière des demandeurs d'asile, Conclusions », *RFDA*, 8 (1), janv.-févr. 1992, p. 90-103.
- JULIEN-LAFERRIÈRE F., « Note », *D.*, 1992, p. 448-452.
- MAUGUË, *AJDA*, 1992, p. 114.
- PICARD, *JCP*, 1992, I 3575.
- CREPEAU F., « Note de jurisprudence », *RCDIP*, juillet-aout, 1992, p. 460.
- TA de Lille du 7 novembre 1996, *Mme Jeanne d'Arc Gasarabwe*, req. n° 9563587.
- CÉLÉRIER T., « La Convention de Schengen, le droit d'asile et le préfet », *LPA*, 25 avril 1997, p. 20-22.
- AUBIN E., « La rectification par le juge administratif de la perversion induite par la Convention de Dublin. », *RRJ*, 1998-2, p, 773-784.

CE ass. 18 décembre 1996, *Ministre de l'Intérieur c./ Rogers*, req. n° 160856.
- DELARUE J.-M., Conclusions, *RFDA*, 1997, p. 28.

- ALLAND D., *RGDIP*, 1997, 3, 781.
- JULIEN-LAFERRIÈRE F. et CREACH X., *D.*, 1997, p. 393.
- CHAPEZ J., *JDI*, 1997, 3, p. 783.
- NGUYEN VANTUONG, *LPA*, 28 mars 1997, n° 38, p. 21.

CAA Marseille 28 septembre 1998, *M. Chabni*, req. n° 96MA02696.
- M. DUCHON-DORIS, Commissaire du Gouvernement.
- ROUX A., « Note », *RFDA*, 1999, p. 1097-1098.

TA de Lille rendue 17 décembre 1998, *Ticherafi*, req. n° 97-4291, rec. Lebon.
CAA de Nantes du 29 avril 1999, *Ministre de l'Intérieur c./ M. Konaté*.
- ONDOUA A., « Le droit au séjour provisoire des demandes d'asile à l'épreuve des accords européens en France, à propos de l'arrêt de la 3eme chambre de la CAA de Nantes du 29 avril 1999, Ministre de l'Intérieur c./ M. Konaté », *RRJ*, 2001, p. 324.

TA Paris 14 janvier 2000, *Besume*, req. n° 9801710/4.
CE juge des référés 12 janvier 2001, *Mme Hyacinthe*, req. n° 229039.
- MORRI J. et SLAMA S., *AJDA*, 2001, p. 589.

CE 4 mars 2002, *Tinor*, req. n° 243653.
CE 8 mars 2002, *Préfet du Bas-Rhin c./ Khochmane*, req. n° 234048.
CE 12 juillet 2002, *Oulai Doue*, req. n° 245141.
CE 18 décembre 2002, *Préfet de la Seine-Saint-Denis c./ M. Dogan*, req. n° 209366, rec. Lebon.
CE 25 mars 2003, juge des référés, *M. X.*, req. n° 255237.
- LECUCQ O., « Le juge du référé-liberté, protection des demandeurs d'asile », *AJDA*, 22 septembre 2003, p. 1662.

CE 9 juillet 2003, *M X.*, req. n° 253170.
CE 25 novembre 2003, *M. Nikoghozyan*, req. n° 261913.
CE réf. 3 mai 2004, *Mme YXY*, req. n° 258085, rec. Lebon.
CE réf. 14 mai 2004 *Mme et M. YX*, req. n° 267360, rec. Lebon.
CE 15 juillet 2004, M. X. req. n° 265822.
CE 31 janvier 2005, *Jasharaj*, req. n° 262460.
CE 24 mars 2005, M. Adel X., req. n° 278805, publié au Lebon.
CE 9 mars 2005, *Moinuddin*, n° 274509

Décisions relatives à la reconnaissance du statut de réfugié

CRR 13 juillet 1976, *Nadjarian*.
CE 27 mai 1983, *Dankha*, req. n° 42074 rec. CE p. 247.
- GENEVOIS B., « Conclusions », *AJDA*, 1983, p. 481.

CRR 21 novembre 1985, *Melle Nazet*, req. n° 35 657.
CRR 12 juillet 1990, *Yoganathan*, req. n° 121244.
CRR 27 juin 1991, *Arthur*, req. n° 173787.
CRR 6 janvier 1993, *Guberac*, rec. CRR, p. 97.
CRR SR 12 février 1993, *Dzebric*.
CRR SR, 12 février 1993, *Dujic*, rec. CRR, p. 118.
CRR SR 10 mars 1993, *Marolès Carlos*.
CRR 4 mai 1993 *Mbizi Bandou*, rec. p. 107.
CRR section 30 septembre 1993, *Singh*, req. n° 243169, rec. p.101.
CRR SR 10 novembre 1993, *Thevarajah*.
CRR 26 novembre 1993, *Ahmed Abdullah*, req. n° 229 619.
CRR, 20 janvier 1994, *Benzerga*.
CRR section 18 mars 1994, *Okkolava*, req. n° 179198, rec. p.50.
CRR SR 22 juillet 1994, *Melle Elkébir*, rec. CRR, p. 66
CRR SR 5 octobre 1994, *Rajvkines*, req. n° 269445, rec. p.93.
CRR SR, 17 février 1995, *Melle Meziane*, req. n° 267462.
CRR 19 octobre 1995, *Horvat*.
CRR 3 mai 1996, *Maxamed Xasan Maxamud*, req. n° 276383.
CRR SR, 16 Juin 1996, *Mbarushimana*, req. n° 280634.
CRR 19 juillet 1996, *Bouhali*, req. n° 279729.
CRR 15 janvier 1997, *Daoui*, req. n° 302501.
CRR 6 mai 1997, *Bazil*.
CE 23 juin 1997, *O*.
CE 29 juillet 1998, *Melle Diop*.
CRR 23 novembre 1998, *Ayoubi*.
CRR 15 avril 1999, *Berang*, req. n° 334606.
CRR SR, 12 mai 1999, *Djellal*.
CRR 18 septembre 2000, *Menad*, req. n° 357946.
CRR SR, 6 octobre 2000, *Sheik Wali*, req. n° 351257.
CRR 21 septembre 2001, *Kacem*, req. n° 370407.
CRR 7 décembre 2001, *Mme A*, req. n° 369776
CRR 7 décembre 2001, *S.*, req. n° 361050.
CRR, SR, 15 octobre 2004, *Nazia*, req. n° 444000.
CRR 11 février 2005, *Melle T.*, req. n° 489014.
- LE BERRE C., « Les cas de femmes qui entendent se soustraire à des mariages forcés », *Revue mensuelle jurisclaseur, droit administratif*, juin 2005, p. 25.

Décisions sur l'accord d'association CE/ Turquie

CE 24 avril 1992, *M. Erturk* , req. n° 97 666.
CE 30 juillet 1997, *Préfet de l'Isère*, req. n° 177458.
CE 10 octobre 2003, *M. Kus*, req. n° 245342.

B. Décisions des juridictions judiciaires

Décisions sur le maintien en zone d'attente ou rétention administrative

Civ. 2, 22 mars 1995, *Préfet de la Seine-et-Marne c./ M. Martins*, Bull. n° 97, p. 56,.
Civ. 28 juin 1995, *Bechta*, bull. civ. 211, p. 122.
Civ. 28 juin 1995, *Mpinga*.
Civ. 28 juin 1995, *Massamba*.
Civ. 2, 31 janv. 1996, Bull. n° 23, p. 15, *Préfet de Police de Paris c./ M. Kherrab*.
Civ. 2, 31 janvier 1996, Bull. n° 21, p. 14, *Préfet de Police de Paris c./ Mme Kabamba*.
Civ. 2, 22 mai 1996, Bull. n° 104, p. 65, *M. Taty c./ préfet du Calvados*.
Civ. 2, 11 juin 1997, Bull. n° 174, p. 103, *Préfet des Hauts-de-Seine c./ M. Dembélé*.
Civ. 12 nov. 1997, pourvoi n° 96-50.093, *Préfet de l'Ariège c./ M. Dmutriev* (inédit).
Civ. 2, 10 juin 1999, Bull. n° 115, p. 84, *M. Khalfi c./ préfet du département de la Corrèze et procureur général près la cour d'appel de Limoges*.
Civ. 2, 7 oct. 1999, Bull. n° 154, p. 108, *Mlle Iyora c./ ministre de l'Intérieur*.
Civ. 2, 4 mai 2000, pourvoi n° 99-50.018, *Préfet de Police de Paris c./ M. Huang* (inédit).
Civ. 2, 15 mars 2001, pourvoi n° 99-50.097, Ministre de l'Intérieur c./ M. Maloumby ; pourvoi n° 99-50.098, Ministre de l'Intérieur c./ M. Conteh ; pourvoi n° 99-50.099, Ministre de l'Intérieur c./ M. Tshicay Taty ; pourvoi n° 99-50.100, Ministre de l'Intérieur c./ M. Kikwata Mubiala ; pourvoi n° 99-50.101, Ministre de l'Intérieur c./ M. Ebuka; pourvoi n° 99-50.102, Ministre de l'Intérieur c./ M. Malele ; pourvoi n° 99-50.103, Ministre de l'Intérieur c./ Mme Barro (inédits).
Civ. 2e 13 déc. 2001, pourvoi : n° 00-50.061.
Civ. 2, 11 janv. 2001, Bull. n° 3, p. 3, Préfet de Police de Paris c./ Mlle Bisha.
Civ. 2, 25 janv. 2001, Bull. n° 17, p. 12, Ministre de l'Intérieur c./ M. Servet ; Adde 25 janv. 2001, pourvoi n° 99-50.079, Ministre de l'Intérieur c./ M. Mehmet ; 25 janv. 2001, pourvoi n° 99-50.080, Ministre de l'Intérieur c./ Mlle Nil ; 25 janvier 2001, pourvoi n° 99-50.081, Ministre de l'Intérieur c./ M. Sivapraichandran (inédits).

Décisions sur la Convention Internationale des droits de l'enfant

- Cass. 1re civ. 10 mars 1993, *Le Jeune* bull. civ. I, n° 103.
- Cass 2 juin 1993 bull. civ. I, n° 195.
- Cass. 1re civ., 4 janv. 1994, *JCP*, éd. G. 1995, IV, 518.
- MASSIP J., « Note », *D.*, 1993, p. 361.
- LAGARDE P., « Note », *RCDIP*, 1996, p. 449
- MONEGER F., « Note », *RDSS*, 1993, p. 553.
- MASSIP J., *D.*, 1994, p. 191.
- BENHAMOU Y., *JCP*, éd. G, 1994 II 22219.
- NEIRINCK C. et MARTIN P.-M., *JCP*, 1993, éd. 1993, I, 3677.
- RONDEAU-RIVIER, *D.*, 1993 chron. 203., HAUSER J., *RTD civ.*, 1993, 341.
- RUBELLIN-DEVICHI J., *JCP*, 1994, 1994, I 3729.
- DEKEUWER-DEFOSSER F., *D.*, 1994, somm. 34, III.

CA Paris, 7 décembre 2004, *Procureur de la République c./ N.-H*

Décisions sur les prestations sociales

CASS ch. Soc. du 20 janvier 1988, bull. civ. V, p. 35.
CASS soc. 7 mai 1991, *Mazari*, Bull civ. V, n° 231.
Cour de cassation 17 octobre 1996, Bull. civ. V n° 330 et 331. 3 juillet 1997 bull. civ. V, n° 246, 22 janvier 1998, arrêt n° 322 P.
CA Dijon 27 novembre 1994, *CRAM de Bourgogne Franche-Comté c./ Allalm*.
CA Douai 30 novembre 1994, *Lakehal c./ CPAM de Lille*.
CA Nîmes 23 septembre 1994, *Kadri c./ CPAM du Gard*.
TASS le Mans, 18 janvier 1995, *Turkem c./ CPAM de la Sarthe*.
TASS Caen, 27 janvier 1995, *Tok c./ CAF du Calvados*.
CA Riom février 1995, CPAM Auvergne c./ Chergui.
CA Lyon 8 février 1995, Souaci c./ CRAM Rhône Alpes
CA Paris 17 février 1995, Oudjoudi c./ CRAM Ile de France.
TASS Moselle 6 mars 1996, *Nas*.
Cour de Cassation du 14 janvier 1999, *M. Gokce*.
Cass soc., 14 janvier 1999, *M. Aboullah Bozkurt c./ Caisse primaire d'assurance maladie de Saint-Étienne*, bull. civ. V, n° 24, p. 17.

- FAVARD J., « note », *Droit social*, 1999, 215.
- BERNARD J., « obs. », *JCP*, 1999, II, 10082.
- SUDRE F., « Le droit à l'allocation supplémentaire du fonds national de solidarité et la Convention EDH », *JCP*, n° 18, 5 mai 199, II 10082, p. 869.
- MARGUENAUD J.-P., « Le droit des travailleurs étrangers à l'allocation du fonds national de nationalité : la chambre sociale de la Cour de cassation prend exemple sur la cour européenne des droits de l'Homme », *D.*, 1999, JP, p. 334.

Cour de Cassation 21 octobre 1999, *CAF Grenoble c./ Kunt*. arrêt n° 3745, p. 78 ; pourvoi n° B 98-10030.
CASS soc. 31 janvier 2002, *Diawara*, arrêt n° 461 FS-P, pourvoi n° 00-18365.
RDSS 2003 juillet-septembre 2002, p. 607-609.

CASS 19 décembre 2002, *M. Brahim Gagou c./ CPAM du Val de Marne*.

- PRETOT X., « La Convention européenne des droits de l'Homme implique t-elle l'accès aux prestations sociales de l'étranger en situation irrégulière ?, *Droit social*, 2003, n° 4, p 420.

CASS ass. Plén. 16 avril 2004 n°0230-157, *Lingouala*.

COEURET A., « Prestation familiales : la condition de résidence en France des enfants d'étrangers », *Droit social*, n° 7/8, juillet/ août 2004, p. 776-784.

C. Décisions du Conseil Constitutionnel

DC n° 79-109, 9 janvier 1980, Recueil, p. 29. RJC, p. I-74. Publiée au JO du 11 janvier 1980, p. 84.

- HAMON L., *GP*, 1980, (258-260), p. 4.
- VINCENT J.-Y., *RA*, 1980, p. 363.
- TURPIN D., *Annales de Clermont*, 1979, fasc. 16, p. 203., *RGDIP*, 1980, p. 31.
- AUBY J.-B., *D.*, 1980, p. 249.
- FRANCK C., *AJDA*, 1980, p. 356.
- AVRIL P., *Pouvoirs*, 1980 (13), p. 203.
- FAVOREU L., *RDP*, 1980, p. 1631.

Décision n° 89-261 sur la loi relative aux conditions de séjour et d'entrée des étrangers en France. Recueil, p. 81 ; *RJC*, p. I-370, JORF du 1er août 1989 (et rectificatif 5 août 1989).

- PRÉTOT X., *D.*, 1990, Jur., p. 161.
- OSMAN F., « Le juge judiciaire gardien de la liberté individuelle, mythe ou réalité ? », *GP*, 25-27 février 1990, p. 2.
- GENEVOIS B., *AIJC*, 1989, p. 510.
- GENEVOIS B., « La compétence constitutionnelle du juge administratif et la police des étrangers », *RFDA*, 1989, p. 691.
- CHEVALLIER J., *AJDA*, 1989, p. 619.

Décision n° 89-266 DC du 9 janvier 1990, loi modifiant l'ordonnance n° 45-2658 du 2 novembre 1945 relative aux conditions d'entrée et de séjour des étrangers en France. Recueil, p. 15. RJC, p. I-378. Publiée au JORF du 11 janvier 1990.

- RENOUX T., *RFDC*, 1990, p. 326.
- PRÉTOT X., L'application du principe d'égalité à l'étranger en France, *RDSS*, 1990, p. 437.
- GUIMEZANES Nicole, *JCP*, 1990, II, 21591.
- FIALAIRE J., Conditions d'entrée et de séjour des étrangers en France, *RA*, 1990, p. 40., AVRIL P. et GICQUEL J., *Pouvoirs*, 1990, (54), p. 196.

- **DC n° 89-269, 22 janvier 1990, loi portant diverses dispositions relatives à la sécurité sociale et à la santé, Recueil, p. 33 ; RJC, p. I-392 - JORF du 24 janvier 1990.**
- SIMON-DEPITRE M., *RGDIP*, 1990, p. 497.
- PRÉTOT X., « La conformité à la Constitution de la loi portant diverses dispositions relatives à la sécurité sociale et à la santé », *Droit social*, 1990, n° 4, p. 352.
- PRÉTOT X. « L'application du principe d'égalité à l'étranger résidant en France », *RDSS*, 1990, p. 437.
- GENEVOIS B., « Du dédoublement de la convention nationale des médecins aux droits des étrangers », *RFDA*, 1990, p. 406.
- FAVOREU L., *RFDC*, 1990, p. 330.
- DUBOUIS L., *RDSS*, 1990 (4), p. 637.
- ROHMER-BENOIT F., *AJDA*, 1990, p. 471.
- AVRIL P. et GICQUEL J. *Pouvoirs*, 1990 (54), p. 196 et 199.

DC n° 91-294 DC du 25 juillet 1991, « Accord de Schengen » JORF 27 juillet 1991 p. 10001, Rec. des décisions du Conseil Constitutionnel 1991, p. 91-101.

- GAÏA P., *RFDC*, 1991, p. 703 et s.,
- LUCHAIRE F., « Le Conseil constitutionnel et la souveraineté nationale », *RDP* 1991, p. 1499-1513.

- **Décision n° 92-307 DC du 25 février 1992, JORF 27 février 1992 ; rec. p. 48.**
- ROUAULT M.-C., *Actualités législatives D.*, 1993, p. 225.
- TURPIN D., « La loi du 6 juillet 1992 sur la zone d'attente des ports et aéroports », *LPA*, 6 novembre 1992, p. 11.
- VAN TUONG N., *JCP*, 1992, II, 21848.
- LOCHAK D., *JDI*, 1992, p. 677.
- JULIEN-LAFERRIÈRE F., « De l'application des accords de Schengen au statut des « zones d'attente » : chronique d'une loi annoncée, *AJDA*, 1992 », p. 656.
- GENEVOIS B., « L'entrée des étrangers en France : le rappel des exigences constitutionnelles », *RFDA*, 1992, p. 185.
- GAIA P., *RFDC*, 1992, p. 311.
- BONNECHÈRE M., *Droit ouvrier*, 1992, p. 146.
- AVRIL P. et GICQUEL J. *Pouvoirs*, 1992 (62), p. 173, 189-192.
- G.E.R.J.C., *AIJC*, 1992, p. 516-519.

DC n° 325-DC du 13 août 1993, Recueil, p. 224. RJC, p. I-539. Publiée au JORF du 18 août 1993, p. 11722. À propos de la loi relative à la maîtrise de l'immigration et aux conditions d'entrée, d'accueil et de séjour des étrangers en France

- ALLAND D., « Droit constitutionnel et droit international, droit d'asile », Note sous CC n° 93-325 du 13 août 1993, *RGDIP*, 1994, p. 210.

- BURGORGUE-LARSEN L., « La politique de l'asile au service de la réglementation des flux migratoires », *GP*, 15 novembre 1994.
- FABRE-ALIBERT V., « Réflexions sur le nouveau régime juridique des étrangers en France », *RTDH*, 1994, p. 519.
- FAVOREU L., « Chronique, de jurisprudence constitutionnelle », n° 93-323 DC du 5 août 1993, *RFDC*, n°16, 1993, p. 835-843.
- GAÏA P., « Droit d'asile et Constitution », *RBDC*, 1994, p. 203.
- GAUTIER Y., « Les accords de Schengen et le droit d'asile à l'épreuve du débat constitutionnel », *Europe*, Décembre 1993, p. 1.
- GENEVOIS B., « Un statut constitutionnel pour les étrangers. A propos de la décision du Conseil constitutionnel n° 3-325 DC du 13 août 1993 », *RFDA*, 1993, p. 871.
- GUIMEZANES N., « Commentaire de la loi n°93-1027 du 24 août 1993 relative à la maîtrise de l'immigration et aux conditions d'entrée et de séjour des étrangers en France », *JCP*, 1994, I, 3728.
- JULIEN-LAFFERRIÈRE F., « Le statut des demandeurs d'asile : droit de l'homme et police des étrangers », *Documentation Réfugiés*, 9/22 novembre 1993 (229).
- LUCHAIRE F., « Le droit d'asile et la révision de la Constitution », *RDP*, 1994, p. 5.
- MATHIEU B., et VERPEAUX M., « Les étrangers en France : de la décision du Conseil constitutionnel au droit d'asile », *LPA*, 9 septembre 1994 (108), p. 4.
- PINTO R., « Le Conseil constitutionnel et la Cour suprême des États-Unis confrontés au droit international. Entrée et séjour des étrangers », *JDI*, 1994, p. 303.
- PRETOT X et DUPEYROUX J.-J., « Le droit de l'étranger à la protection sociale », *Droit social*, Janvier 1994 (1), p. 69.
- LOCHACK D., « Les trompe-l'œil du Palais Royal », *Revue Plein Droit*, 22-23, octobre 1993-mars 1994, p. 6.
- ROSSETTO J., « La Convention de Schengen : controverses et incertitudes françaises sur le droit d'asile », *RMCUE*, 1994, p. 315.
- ROUSSILLON H., « Révision : la chance du Conseil constitutionnel », *Vie judiciaire*, (2478) 4 octobre 1993.
- TEITGEN-COLLY C., « Le droit d'asile : la fin des illusions », *AJDA*, 1994, p. 97.
- TURPIN D., « La réforme de la condition des étrangers par les lois des 24 août et 30 décembre 1993 et par la loi constitutionnelle du 25 novembre 1993 », *RCDIP*, 1994, p. 1.
- WACHSMANN P., « Note sous CC n°93-323 DC du 5 août 1993 », *ADJA*, 1993, p.815-819.

Décision n° 97-389 DC du 22 avril 1997, loi portant diverses dispositions relatives à l'immigration, Recueil, p. 45. RJC, p. I-707. Publiée au JORF du 25 avril 1997, p. 6271.

- MÉLIN-SOUCRAMANIEN F., *D.*, 1999, somm., p. 237.
- HAMMJE P., « Immigration », *RCDIP*, 1998, somm., p. 683.
- LECUCQ O., *RFDC*, 1997, p. 571.
- MATHIEU B., *LPA*, 17 octobre 1997 (125), p. 18.
- TURPIN D., La loi n° 97-396 du 24 avril 1997 portant diverses dispositions relatives à l'immigration : de l'ajustement au durcissement, *RCDIP*, 1997, p. 447.
- LUCHAIRE F., « Le Conseil constitutionnel et la loi du 24 avril 1997 sur l'immigration », *RDP*, 1997, p. 931.
- GUIMEZANES N., « Aperçu rapide sur la loi n° 97-396 du 24 avril 1997 portant diverses dispositions relatives à l'immigration », *JCP*, 1997, Act., 21 mai 1997.
- ZARKA J.-C., *JCP*, 1997, II, 22890.
- GUIMEZANES N., « Commentaire d'une loi dont la mort est annoncée. La loi Debré n° 97-396 du 24 avril 1997 portant diverses dispositions relatives à l'immigration », *JCP*, 1997, I, 4040.
- PELLISSIER G., « Le statut constitutionnel des droits et libertés des étrangers », *LPA*, 27 juin 1997 (77), p. 4.
- JULIEN-LAFERRIÈRE F., « Le Conseil constitutionnel et la loi Debré », *AJDA*, 1997, p. 524.

DC n° 98-399 du 5 mai 1998 Recueil, p. 245. Publiée au JORF du 12 mai 1998, p. 7092. Loi n° 98-349 du 11 mai 1998 relative à l'entrée et au séjour des étrangers en France et au droit d'asile.

- GUIMEZANES N., « Aperçu rapide ». La loi n° 98-349 du 11 mai 1998 relative à l'entrée et au séjour des étrangers en France et au droit d'asile », *JCP*, 1998, Act., p. 1025.
- SCHOETTL J.-E., « Étrangers », *AJDA*, 1998, p. 489.
- PICARD E., « Petit exercice pratique de logique juridique. À propos de la décision du Conseil constitutionnel n° 98-399 DC du 5 mai 1998 « Séjour des étrangers et droit d'asile », *RFDA*, 1998, p. 620.
- GUIMEZANES N., « La loi du 11 mai 1998 relative à l'entrée en France et au séjour des étrangers en France et au droit d'asile », *JCP*, 1998, I, 180.
- PENA-GAÏA A., *RFDC*, 1998 p. 634.
- TEITGEN-COLLY C. et JULIEN-LAFERRIÈRE F., « Chronique de législation. Étrangers. Loi n° 98-349 du 11 mai 1998

relative à l'entrée et au séjour des étrangers en France », *AJDA*, 1998, p. 1001.
- GOESEL-LE BIHAN V. « Petit exercice pratique de logique juridique : variation. À propos de la décision du Conseil constitutionnel n° 98-399 DC du 5 mai 1998 «Séjour des étrangers et droit d'asile» », *RFDA*, 1998, p. 1254.
- FULCHIRON H., « La réforme du droit des étrangers (Commentaire de la loi n° 98-349 du 11 mai 1998 relative à l'entrée et au séjour des étrangers en France et au droit d'asile, dite loi «Chevènement» ou loi « RESEDA » », *JDI*, 1999, p. 5.
- LUCHAIRE F., « La loi relative à l'entrée et au séjour des étrangers et au droit d'asile devant le Conseil constitutionnel », *RDP*, 1998, p. 1015.
- DODET-CAUPHY I., « La difficile reconnaissance du droit d'asile constitutionnel. Commentaire de la loi du 11 mai 1998 relative l'entrée et au séjour des étrangers en France et au droit d'asile », *RFDA*, 1999, p. 469.
- PENA-GAÏA A., « La loi « Reseda » », *D.*, 2000, somm., p. 59.
- TURPIN D., « La loi n° 98-349 du 11 mai 1998 relative à l'entrée et au séjour des étrangers en France et au droit d'asile. «De la Rose (les promesses socialistes d'abrogation des lois Pasqua et Debré) à la « RESEDA » », *RCDIP*, 1998, p. 521.

DC n° 484-2003, du 26 novembre 2003, JORF du 27 novembre 2003, p. 20154, Loi relative à la maîtrise de l'immigration, au séjour des étrangers en France et à la nationalité.
- LECUCQ O., « La liberté de mariage des étrangers en situation irrégulière », *D.*, 2004 (20), pp. 1405-1408., « L'examen par le Conseil constitutionnel de la nouvelle législation sur l'immigration », 2004 (15), pp. 599-606.
- FERRAN N., « La politique de maîtrise des flux migratoires et le respect des droits et libertés constitutionnels (Décision CC n° 2003-484 DC du 20 novembre 2003) », *RDP*, 2004 (1), pp. 275-291.
- DOMINGO L., « Constitutionnalité de la loi relative à la maîtrise de l'immigration, au séjour des étrangers en France et à la nationalité », *D.*, 2004 (18), pp. 1278-1279.
- SCHOETTL J.-E., « La nouvelle loi sur l'immigration devant le Conseil constitutionnel (1ère partie) », *LPA*, 20 janvier 2004 (14), pp. 10-20 « La nouvelle loi sur l'immigration devant le Conseil constitutionnel (suite et fin) », *LPA*, 21 janvier 2004 (15), pp. 10-21.
- GUIMEZANES N., « La loi n° 2003-1119 du 26 novembre 2003 relative à la maîtrise de l'immigration, au séjour des étrangers en France et à la nationalité », *JCP*, 2003 (50), pp. 2169-2171.
- ZARKA J.-C., « Loi relative à la maîtrise de l'immigration, au séjour des étrangers en France et à la nationalité : Le Conseil constitutionnel a prononcé trois censures et émis deux réserves d'interprétation », *JCP*, 2003 (51-52), pp. 2249-2252.

DC n° 485-2003, du 4 décembre 2003, JORF du 11 décembre 2003, p. 21085, loi du 10 décembre 2003 modifiant la loi n° 52-893 du 25 juillet 1952 relative au droit d'asile.
- LUCHAIRE F., « Le droit d'asile devant le Conseil constitutionnel (Conseil constitutionnel, 4 décembre 2003, loi relative au droit d'asile) », *RDP*, 2004 (2), pp. 565-582.
- LE BOT O., « Constitutionnalité de la loi modifiant la loi n° 52-893 du 25 juillet 1952 relative au droit d'asile », *D.*, 2004 (18), pp. 1279-1280.
- TURPIN D., « La loi du 10 décembre 2003 relative au droit d'asile : d'une exception française mal assumée à un alignement européen trop bien assuré !, », *D.*, 2004 (15), pp. 1034-1041.
- CHAGNOLLAUD D., « Sherlock Holmes et le mystère de l'effet cliquet (après la décision n° 2003-485 DC du Conseil constitutionnel du 4 décembre 2003) », *LPA*, 23 février 2004 (38), pp. 3-9.
- SCHOETTL J.-E., « La nouvelle loi relative au droit d'asile est-elle constitutionnelle ? (1ère partie) », *LPA*, 4 février 2004 (25), pp. 3-7 ; « La nouvelle loi relative au droit d'asile est-elle constitutionnelle ? (2ème partie et fin), *LPA*, 5 février 2004 (26), pp. 12-20.
- GUIMEZANES N., « Le droit d'asile », *JCP*, 2004 (3), pp. 57-58.
- BRONDEL S., « Le Conseil constitutionnel valide la loi sur l'asile sous deux réserves d'interprétation », *AJDA*, (43) 2003, p. 2287.

Décisions de la CJCE

A. Décisions de la CJCE sur les Accords d'association

CJCE 30 septembre 1987, *Demirel*, aff. 12/86, rec. CJCE, p. 3719.
- NEUWALH N., « Freedom of movement for workers under the EEC-treaty Association agreement : case 12/ 86, Meryem Demirel », 1988, 13, *European law review*, p. 360.

CJCE 20 septembre 1990, *Sevince c./ Staatssecretaris van Justitie*, aff. C-192/89, rec. CJCE, I, p. 3461.

- SCHERMERS A., « Case Law Sevince », 1991, 28, *CML rev.*, p. 183.

CJCE 16 décembre 1992, *Kazim Kus c./ Landeshauptstadt Wiesbaden*, aff. 237/91, rec. p. 1-6781.

- *Europe*, mars, 1993, n° 125.
- WEBER A., « Case of law : the Kut Case », 1994, 31, *CML rev.*, p. 423.

CJCE 5 octobre 1994, *Eroglu c./ Land Baden-Wütrttemberg*, aff. C-355/93, rec. CJCE, I, p. 5131, point 11.

CJCE 6 juin 1995, *Ahmet Bozkurt c./ Staatsscretaris van justitie*, aff. C 355/93, rec. p.1-1475.

- PEERS S., « Case Law Bozkurt » 1996, 33, *CML Rev.*, p. 103.
- *Europe*, juillet 1995, n° 258.

CJCE 10 septembre 1996, *Taflan-Met e.a. c./ Bestuur van de sociale Verzekeiringsbank*, aff. C-277/94, rec. CJCE, I, p. 4085.

- *DPE*, bull. 57, 1er mars 1997, p. 8611.

CJCE 23 janvier 1997, *Tetik c./ Land Berlin*, aff. C 171/95, rec. p. 1-329.

- IDOT L., *Europe*, mars 1997, n°74.

CJCE 17 avril 1997, *Kadiman c./ Freistaat Bayern*, aff. C 351/95.

- *DPE*, Bull. 30, 1er mai 1997, p. 9299.

CJCE 15 janvier 1998, *Babahenini*, aff.-113/97 : rec. I, p. 183.

- *Europe* mars 1998, n°93.

CJCE 19 janvier 1999, *Calfa*, aff. C 348/96 : rec. I, p. 11.

- IDOT L., *Europe*, mars 1999, n° 109.

CJCE 4 mai 1999, *Sema Sürul c./ Bundersanstalt für* Arbeit, aff. C-262/96, activités CJCE-TPICE, 12/99, p. 1 et s.

- *DPE*, Bull. 63, 1er septembre 1999, p. 8471.

CJCE 10 février 2000, *Nazli c./ Stadt Nuremberg*, aff. C 340/97, Bull. Activités CJCE et TPI n° 5/00.

- *GP*, 7-8 juin 2000 sommaire, jurisprudence, p. 59.
- RAMET S., *Europe*, avril 2000, p. 16.

CJCE 13 mars 2000, *Ergat*, aff. C-329/97, Bull. Activités CJCE et TPI n° 09/00, p. 13.

- *DPE*, bul. 73, 1er juillet 2000, p. 8281-8282.
- *Europe*, mai 2000, p. 13.

CJCE 14 mars 2000, *I. Kocak* , aff. Jointes C 102/98 et C 211/98.

CJCE 11 mai 2000, *Savas*, aff. C-37/98, Bull. Activités CJCE et TPI n° 14/00, p. 7.

- *DPE*, bul 73, 1er juillet 2000, p 8280-8281.
- *Europe*, juillet 2000, p. 18.

CJCE 21 septembre 21 octobre 2003, *Abatay et a.*, affaire jointes C-317/01 et C 379/01.

CJCE 28 avril 2004, *Sakir Öztürk et Pensions versicherungstanstalt der Arbeiter*, aff., C-373/02,

- *DPE*, bul. 121, p. 7175.

CJCE 14 mars 2004, *Zajedno*, aff. C 171/ 01.

CJCE 30 septembre 2004, *M. Ayaz*, C-275/02.

B. Décisions de la CJCE sur les tiers membres de famille communautaire

CJCE 15 octobre 1969, *Ugliola*, aff. 15/69 rec. p. 363.

CJCE 26 février 1975, *Bonsignore*, rec. p. 297., *Droit Social* 1975, p. 354.

CJCE 8 avril 1976, *Royer*, rec. 1976, p. 497.

CJCE 13 février 1985, *Diatta*, C 267/83, rec. p. 567.

CJCE 17 avril 1986, *Reed*, C 59/85, rec. p. 1283.

CJCE 7 mars 1991, *Margio*, C 10/90, rec. p. 1134.

CJCE 7 juillet 1992, *Singh*, C 370/90.

CJCE du 11 juillet 2002, *Mary Carpenter c./ Secretary of State for the Home Departement*, aff. C 60/00.

- IDOT I., *Europe*, octobre 2002, n°335.
- CJCE 25 juillet 2002, *Mouvement contre le racisme, l'antisémitisme et la xénophobie ASBL (MRAX)*, C-459/99.
- LARDINOIS P., « De la logique de l'idée au principe du droit, note sous CJCE du 25/ 07/ 02 », *RDE*, 2002, n° 112, p. 448-457.

CJCE, 20 mai 2003, aff. jointe, C-465/00, c-138/01, c-139/01, § 70 et ss.

CJCE, 23 septembre 2003, *Akrich*, C-109/01, § 58.

- PLENDER R., Quo vadis ? : nouvelle orientation des règles sur la libre circulation des personnes suivant l'affaire Akrich », *CDE*, 2004, p. 261-288.

CJCE, 27 septembre 2003, *Queen c. Secretary of State for the Home Department*, C-235/99, § 90.

CJCE conclusion avocat général, 10 mars 2005, aff. C 503/03, *Commission c./ Espagne*

CJCE 14 avril 2005, Affaire C-157/03 *Commission c./ Espagne.*

C. Décisions de la CJCE sur les droits sociaux

CJCE du 24 février 1987, *Mme Gilletti et autres.*

- PRÉTOT X., « Note sous CJCE, 24 février 1987, 4 espèces », *Droit Social*, 1987, p. 476-478.
- CHENILLET, « Note sous CJCE du 24 février 1987, Mme Gilletti et autres », *RDSS*, 1988, p. 618.

CJCE, 12 juillet 1990, *Commission européenne c./ République française.*

- CHENILLET P., « Note sous l'arrêt de la CJCE, 12 juillet 1990, Commission européenne c./ République française », *RDSS*, 1991, p. 138-149.

Décisions de la Cour EDH

- Cf. le site officiel de la CEDH : http://hudoc.echr.coe.int/hudoc/

A. L'article 8 de la Cour ou Commission européenne Droits de l'Homme

Abbas c./ France, le 6 décembre 1991, req. n° 1567/89, rapport Commission, 7 juillet 1992, article 28 § 2.

Abdouni c./ France, 21 février 2001, req. n° 37838/97.

Abdulaziz, Cabales et Balkandali c./ RU, 28 mai 1985, série A n° 94.

- ROLLAND P. et TAVERNIER P., « Chronique de jurisprudence de la Cour EDH », *JDI*, 1986, p. 1084-1087.
- PETTITI L.-E., « Droits de l'Homme », *RSCDPC*, 1986, p. 157-161.
- MADUREIRA J., « La jurisprudence des organes de la CEDH et de la Charte Sociale européenne concernant l'entrée et la sortie des étrangers du territoire d'un État », *in Actes du colloque sur les droits de l'homme sans frontières (Strasbourg, 30 novembre-1er décembre 1989)*, Strasbourg, Conseil de l'Europe, 1990, p. 101-148.

Ahmut c./ Pays-Bas, 28 novembre 1996, req. n° 00021702/93.

Amrollahi c./ Danemark, 11 juillet 2002, req. n° 56811/00.

Baghli c./ France, 30 novembre 1999, req. n° 00034374/97

- GRATALOUP S., « La Cour européenne des droits de l'homme maintient sa jurisprudence en matière d'éloignement du territoire des étrangers », *Droit de la famille*, mai 2001, p. 9-11.
- TAVERNIER P., *JDI*, 2000, p. 137.
- SUDRE F., *JCP*, G I, 203, n° 23.

Beldjoudi c./ France, 26 mars 1992, série A, n° 234-A.

- CARLIER J.-Y., « Vers l'interdiction d'expulsion des étrangers intégrés ? », *RTDH*, 1993, 1993, p. 449-466.
- COUSSIRAT-COUSTERE V., « La jurisprudence de la CEDH en 1992 », *AFDI*, 1992, p. 696 et s.
- LESCENE P., « L'affaire Beldjoudi c./ France », *Cahiers du CREDHO*, n° 1, 1994, p. 81-94.

Benhebba c./ France, 10 juillet 2003, req. n° 53441/99.

Benrachid c./ France, 8 décembre 1998, req. n° 39528/28.

Berrehab c./ Pays Bas, 21 juin 1988, req. n° 00010730/84, série A n° 138.

- COHEN-JONATHAN G., « Sur quelques aspects récents de l'activité de la Cour européenne des droits de l'Homme », *RIDE*, 1989, p. 173-175.
- PETTITI L.-E. et TEITGEN F., « Droits de l'Homme », *RSCDPC*, 1988, p. 845-846.
- ROLLAND P. et TAVERNIER P., « Chronique de jurisprudence de la Cour EDH », *JDI*, 1990, p. 822-823.

Bouchelkia c./ France, 29 janvier 1997, rec. 1997-I

- LEVINET M., *JCP*, II, 22922-229924, 1997, p. 441.

Boughanemi c./ France, 24 avril 1996, rec. 1996 II, p. 607-608.

Boujlifa c./ France, 21 octobre 1997, rec. 1997-VI.

Boultif c./ Suisse, 2 août 2001, req. n° 54273/00.

Chorfi c./ Belgique, 7 août 1996, req. n° 21794/93

Dalia c./ France, 19 février 1998.

- MENDEL-RICHE F., « L'éloignement des étrangers entre défense de l'ordre public et impératifs humanitaires », *CREDHO*, n° 5, 1999, p. 135.

Djaïd c./ France, 9 mars 1999 req. n° 38687/97.

Dudgeon c./ RU, 23 octobre 1981.

El Boujaïdi c./ France, 26 septembre 1997, rec. 1997-IV.

Ezzouhdi c./ France, 13 février 2001, req. n° 47160/99.

- JARREAU B., « Le respect de la vie privée et familiale, l'éloignement es étrangers, interdiction définitive du territoire français », *site du CREDHO*.
- DEMBOUR M.-B., *RTDH*, 2002/9 p. 59

Farah c./ Suède, 24 août 1999.

Gül c./ Suisse, du 19 février 1996, req. n° 53/1995/559/645.

Jakupovic c./ Autriche, 6 février 2003, req. n° 36757/97.

Lamguindaz c./ RU, rapp. Commission 13 octobre 1992

Marckx c. / Belgique, arrêt du 13 juin 1979 (série A), n° 31, p. 21 § 45.

Mehemi c./ France, 26 septembre 1996, rec. 1997-VI.

- *Mokrani c./ France*, 15 juillet 2003, req. n° 52206/99

Moustaquin c./ Belgique, 18 février 1991, série A, n° 193.

- DUFFAR J., « La protection du droit au respect de la vie familiale des étrangers », *LPA*, 24 mai 1991, n° 62, p. 32-34.
- RENUCCI J.-F., « Droit européen des droits de l'Homme », *D*, 1992, Sommaires commentés, p. 326-327.
- SUDRE F., « Chronique de la jurisprudence de la Cour EDH - 1991 », *RUDH*, 1992, n° 1-2, p. 1 et s.

- ADAMOVICH L., « Commentaire de l'arrêt Moustaquin c./ Belgique, CEDH 18 février 1991 », *RTDH*, 1991, p. 377.
- MARTENS P., « Observation », *RTDH*, 1991, p. 385-394.

Nasri c./ France, 13 juillet 1995, req. n° 19465/92.
Niemietz c./ Allemagne, 16 décembre 1992, req. n° 13710/88.
Norris c./ Irlande, 26 octobre 1988.
Nsona c./ Pays Bas 28 novembre 1996, req. n° 23366/94.
Sen c./ Pays Bas, 21 décembre 2001, req. n° 31465/96.
Sisojeva et autres c./ Lettonie, 16 juin 2005, req. n° 60654/00.
Slivenko c./ Lettonie du 9 octobre 2003, req. n° 48321/99
X c./ Belgique et Pays Bas, 10 juillet 1975, req. n° 6482/74, DR 7, p. 5.
X c./ France, 5 octobre 1982, n° 9993/82, DR 31, p. 241.
X,Y,Z c./ RU, 22 avril 1997, DR 12, p. 32.
X. et Y c./ RU, 3 mai 1983, DR 32, p. 320, req. n° 9369/31.
Yilmaz c./ Allemagne, 17 avril 2003, req. n° 52853/99.

B. L'article 3 et la torture ou les traitements inhumains ou dégradants

Ahmed c./ Autriche, 17 décembre 1996, req. n° 71/1995/577/663.
Amekrane c./ RU, 11 octobre 1973, req. n° 5961/72.
Askoy c./ Turquie, 18 décembre 1996, rec. 1996-V
B.B. c./ France, 7 septembre 1998, n° 47/ 1998/ 950/ 1165.
Bensaïd c. / RU, 6 février 2001, n° 44599/ 98.
Chahal c./ Royaume-Uni, 15 novembre 1996, *RUDH*, 1997, p. 365.

- TAVERNIER P., Chronique, *JDI*, 1997, p. 261.
- PETTITI L.-E., *RSC*, 1997, p. 687.
- SOROLEA S., « La jurisprudence récente de la Cour européenne des droits de l'homme en matière d'éloignement des étrangers au départ de l'arrêt Chahal » *RDE*, 1997, p. 27-30.

Chamaïev et a c./ Géorgie et Russie, 12 avril 2005, req. n° 36378/02.
Cruz Varaz c./ Suède, 20 mars 1991, req. n° 46/1990/237/307.

- COHEN-JONATHAN G., « De l'effet juridiques des « mesures provisoires dans certaines circonstances et de l'efficacité du droit de recours individuels : à propos de l'arrêt de la Cour de Strasbourg Cruz Varas du 20 mars 1991 », *RUDH*, 1991, p. 205.
- BERGER V., Jurisprudence de la cour européenne des droits de l'homme, 8ème éd., 2002, p. 43.

D. C./ RU, 2 mai 1997, req. n° 30240/96.

- *Dougoz c./ Grèce*, 6 mars 2001, req. n° 40907/ 98.

Hilal c./ RU, 6 mars 2001, req. n° 452751/ 99.
HLR c./ France, 29 avril 1997.

- *RUDH*, 1997, p. 60.
- RENUCCI J.-F., *D.*, 1997 som. Com., p. 358.
- SUDRE F., *JCP* 1998-I-107, n° 9.
- KOERING-JOULIN R., Obs., *RSC*, 1998, p. 380.
- CHAUVIN N., « L'interprétation de l'article 3 de la CEDH, réelle avancée ou restriction déguisé ?, l'affaire HLR c./ *France », RUDH 1997, p. 347.*
- LO G., « L'article 3 et les risques de torture ou traitements inhumains : affaire HLR (29 avril 1997) », *Cahiers du CREDHO*, n° 4, 1998, p. 35.

Irlande c./ RU, 18 janvier 1978, série A n° 25, p. 65.
Jabary c./ Turquie, 11 juillet 2000, req. n° 40035/98.
Kudla c./ Pologne, 26 octobre 2000.

- MARGUENAUD J.-P., *RTDC*, 2001, p. 442.
- SUDRE F., *JCP*, G 2001, I 291, n° 6.
- FLAUSS J.-F., *RTDH*, 2002, p. 169.

Kalantari c./ Allemagne, 28 septembre 2000, req. n° 51342/99.
Karagoz c./ France 15 novembre 2001, req. n° 47531/99.
Mamatkulov et Abdurasulovic c. / Turquie, 6 février 2003.

- TIGROUDJA H., « La force obligatoire des mesures provisoires indiquées par la Cour européenne des droits de l'Homme, observation sous l'arrêt du 6 février 2003, Mamatkulov c./ Turquie », *RGDIP*, 2003-3, p. 601-632.

Müslim c./ Turquie, 26 avril 2005, req. n° 53566/ 99.
Tatete c./ Suisse, 6 juillet 2000, req. 41874 / 98.
Slimani c./ France, 27 juillet 2004, req. n° 57671/00.
S. D. c. / Allemagne, 30 mars 1999, req. n° 45139/98.
Soering c./ RU, 7 juillet 1989, série A, n° 161.

- GAN VAN DER MEERSCH W., « L'extradition et la convention européenne des droits de l'homme, L'affaire Soering », *RTDH*, 1990, p. 5-24.
- LABAYLE H., « Droit de l'Homme, traitements inhumains et peine capitale : réflexion sur l'édiction d'un ordre public européen en matière d'extradition par la Cour européenne des Droits de l'homme », *JCP*, 20 juin 1990, n° 3452, p. 6.
- SUDRE F., « Extradition et peine de mort : arrêt Soering », *RGDIP*, 1990, p. 103-121.
- ROLLAND P. et TAVERNIER P., « Chronique de la Cour européenne des droits de l'Homme », *JDI*, 1990, p. 734-737.

Tomasi c./ France, 27 août 1992, série A n° 241-A.
Tyrer c. / RU, 25 avril 1978, série A n° 26.
T.I. c. / Royaume Uni, 7 mars 2000, req. n° 43844/98.
Vilvarajah et autres c./ Royaume-Uni, 30 octobre 1991, A-215.
- COUSSIRAT-COUTÈRE V, obs., *AFDI,* 1991, 589.
- DECAUX E., et TAVERNIER P., Obs., *JDI,* 1992, p. 801.
- SUDRE F., obs., *RUDH,* 1992, p. 1.
- BOSSUYT M. et LAMMERANT I., obs., *RTDH,* 1993, p. 417.

Commission :
Comm. 11 janvier 1993, *Belbachir c./ Belgique,* non publiée.
Comm., 19 mai 1994, *Tanko c. / Finlande,* DR 77-B, p. 133.
Comm. 13 avril 1996, *Omar Kebe c./ France,* non publiée.
Comm. 15 mai 1996, *Ama Poku et autres c./ RU,* req. n° 26985/95.
Comm. 8 septembre 1996, *Bambam Bambam c./ France,* req. n° 30930/ 96.
Comm. 23 janvier 1997, *Mohamed Achbab c./ France,* req. n° 31362.
Comm. 22 juin 1999, *Théodora Ajayai c./ RU,* req. n° 27663/95.

C. L'article 5 et la privation de liberté

Amuur c./ France 25 juin 1996.
- PEREZ S., *D.,* 1997, sommaire commenté, p. 203.
- SUDRE F., *JCP,* 1997, I, 4000, n° 11.
- KOERING-JOULIN R., *RSC,* 1997, p. 457.
- FLAUSS J.-F., *AJDA,* 1996, p. 1016.
- DUFFAR J., L'arrêt de la CEDH, 25 juin 1996 Amuur c./ France », *in « Libertés », Mélanges J. ROBERT,* Montchrestien, 1998, p. 345 et s.
- DE SCHUTTER O., « Privation de liberté et maintien en zone internationale. Observation sous Cour européenne des Droits de l'Homme, Amuur c./ France, 25 juin 1996 », *RDE,* 1996, n° 89.
- TAVERNIER P., *JDI,* 1997, p. 223.
- KAZATCHKINE N., Obs., *RTDH,* 1997, p. 665.

Bozano c./ France, 18 décembre 1986, A-111 § 54.
- COHEN-JONATHAN G., Obs., *CDE,* 1988, p. 441.
- COHEN-JONATHAN G., « La France et la convention européenne des droits de l'homme, l'arrêt Bozano c./ France », *RTDE,* 1987, p. 255.
- COUSSIRAT-COUSTÈRE V., Obs., *AFDI,* 1987, p. 239.
- PETTITI L.-E. et TEITGEN F., Obs., *RSC,* 1987, p. 487.
- ROLLAND P et TAVERNIER P., Obs, *JDI,* 1987, p. 807.
- SUDRE F., « La première affaire française devant la Cour européenne des droits de l'Homme : l'affaire Bozano », *RGDIP,* 1986, p 533.
- LABAYLE H., « Le contrôle du contentieux des « expulsions dirigées » ou les prolongements de la jurisprudence Bozano au Palais Royal », *RFDA,* 1989, p. 3.

Chahal c./ Royaume-Uni, 15 novembre 1996, *RUDH,* 1997, p. 365.
- TAVERNIER P., Chronique, *JDI,* 1997, p. 261.
- PETTITI L.-E., *RSC,* 1997, p. 687.
- SOROLEA S., « La jurisprudence récente de la Cour européenne des droits de l'homme en matière d'éloignement des étrangers au départ de l'arrêt Chahal », *RDE,* 1997, p. 27-30.

Conka c./ Belqique, 5 février 2002, req. n° 51564/99.
- CARLIER J.-Y, « La détention et l'expulsion collective des étrangers », *RTDE,* n° 53, 2003, p. 198-222.
- GILLIAUX P., « L'arrêt Conka et l'effectivité des recours devant le Conseil d'État », *RDE,* 2002, n° 118, p. 313.
- LEJEUNE J. « L'arrêt Conka c./ Belgique : la procédure d'asile belge à l'aune des droits de l'homme », *RDE,* 2002, n° 118, p. 298.

Engel et autres, 8 juin 1977.
Guzzardi c./ Italie, 6 novembre 1980, A-39 § 92.
- COHEN-JONATHAN G., *CDE,* 1982, p. 188.
- PELLOUX R., *AFDI,* 1981, p. 291.
- ROLLAND P., *JDI,* 1982, p. 204.

Kolompar c./ Belgique, 24 septembre 1992, A-235 C.
M. et Y.S.M. c./ Austria, 5 avril 1993, DR 74/ 179 n° 19066/91 (commission).
Sanchez-Reisse, 21 octobre 1986, A-107.
Shamsa c./ Pologne, 27 novembre 2003, req. n° 45355/ 99 et 45357/99.
Singh c./ République Tchèque, 25 janvier 2005, req. n° 60538/00.
Singh c./ République tchèque, 6 juillet 2004, req. n° 60538/00 (recevabilité).
Quinn c./ France, 22 mars 1995, A 311.
- L.-E, PETTITI, *RSC,* 1995, p .643.
- KOERING-JOULIN R., *RSC,* 1996, p. 466.
- RENUCCI J.-F., *D.,* 1996, som. Comm., p. 198.

Vilvarajah et autres c./ Royaume-Uni, 30 octobre 1991, A-215.
- COUSSIRAT-COUTÈRE V, Obs., *AFDI,* 1991, 589.
- DECAUX E., et TAVERNIER P., Obs., *JDI,* 1992, p. 801.
- SUDRE F., Obs., *RUDH,* 1992, p. 1.
- BOSSUYT M. et LAMMERANT I., Obs., *RTDH,* 1993, p. 417.

Winterwerp, 24 octobre 1976.
Zamir c./ RU, 25 janvier 1985, req. 9174/80, (Comm.DEH).

D. L'article 6 et le contentieux des étrangers

Fatgan Katani c./ Allemagne, 31 mai 2001, req. n° 67679/01.
Maaouia c./ France, 5 octobre 2000, req. n° 39652/98.

- DE SCHUTTER O., « Les garanties procédurales dans le cadre du contentieux de l'accès au territoire du séjour de l'éloignement », *RDE*, 2000, n° 110, p. 522-530.
- BITTI G, « La champ d'application de l'article 6 CEDH en matière d'éloignement des étrangers », *Cahiers du CREDHO*, n° 7, 2001, p. 58-65.
- TIGROUDJA H., « L'applicabilité de l'article 6 § 1 de la CEDH à la procédure de relèvement d'une interdiction du territoire », *RTDH*, 2002, p. 433.

Commission :

Comm. EDH 30 juin 1959, *X e Y. c./ Switzerland*, req. n° 434/58.
Comm. EDH 17 décembre 1976, *Agee c./ RU.*
Comm. EDH déc. 2 mai 1979, *Uppal Singh c./ RU*, req. n° 8244/78, DR 17, p. 149.
Comm. EDH 2 décembre 1992, *Youcef Ayadi c./ France*, req. n° 18000/91.
Comm. EDH 28 mai 1991, *Oleg Kozlov c./ Finlande*, DR 69, 321.
Comm. EDH 20 janvier 1994, *Joy Aylor Davis c./ France*, req. n° 22742/43, DR 76, 164.
Comm. EDH 6 décembre 1995, *El Yakouti c./ France*, req. n° 26678/95.
Comm. EDH, 16 janvier 1996, *MAR c./ RU*, req. n° 28038/95.
Comm. EDH déc. 25 octobre 1996, *Kareem c./ Suède*, req. n° 32025/96, DR 87, p. 174.
Comm. EDH 5 décembre 1996, *Urrutikoetxea c./ France*, n° 31113/ 96, DR 87, p. 151.
Comm. EDH 13 janvier 1997, *Gérard Adams et Tony Benn c./ RU*, req. n° 28979/95 et 30343/96.
Comm. EDH 12 septembre 1997, *Mc Cullough c./ RU.*

E. Article 13 et le contentieux des étrangers

Violation :
Chahal c./ Royaume-Uni, 15 novembre 1996.
Conka, 5 février 2002, req. n° 51564/99.
Dougoz c./ Grèce, 6 mars 2001, req. n° 40907/ 98.
Jabari c./ Turquie, 11 juillet 2000, req. n° 40035/98.

Non violation :
Bensaïd c./ Royaume-Uni, 6 février 2001, req. n° 44599/98.,
G.H.H. et autres c./ Turquie, 11 juillet 2000, req. n° 43258/98,
Hilal c./ Royaume-Uni, 6 mars 2001, req. n° 45276/99,
Vilvarajah et autres c./ Royaume-Uni, 30 octobre 1991, A-215

- COUSSIRAT-COUTÈRE V, Obs. *AFDI*, 1991, 589.
- DECAUX E., et TAVERNIER P., Obs., *JDI*, 1992, p. 801.
- SUDRE F., Obs., *RUDH*, 1992, p. 1.
- BOSSUYT M. et LAMMERANT I., Obs., *RTDH*, 1993, p. 417.

F. Article 4 du protocole 4 et l'interdiction des expulsions collectives

Alikabs c./ Pays bas, 16 décembre 1988, req. n° 14209/88, DR 59, p. 274.
Conka c./ Belgique, 5 février 2002, req. n° 51564/99.

- CARLIER J.-Y, « La détention et l'expulsion collective des étrangers », *RTDE*, n° 53, 2003, p.198-222
- GILLIAUX P., « L'arrêt Conka et l'effectivité des recours devant le Conseil d'État », *RDE*, 2002, n° 118, p. 313.
- LEJEUNE J., « L'arrêt Conka c./ Belgique : la procédure d'asile belge à l'aune des droits de l'homme », *RDE*, 2002, n° 118, p. 298.

Sulejmanovic et autres et Sejdovic c./ Italie, 8 novembre 2002, req. n° 57574/00 et 57575/00,
Vedran Andric c./ Suède, 23 février 1999, req. n° 45917/99.

G. Article 1er du protocole 7 et les mesures d'éloignement

Abdelbaki c./ France, 5 avril 1995, req. n° 26062/94.
Abdouni c./ France, 5 avril 1995, req. n° 25750/94.
Benkhelouf c./France, 6 septembre 1995, req. n° 26587/95.
Madaci et Youbi c./ France, 21 octobre 1994, req. n° 23785/94 et req. n° 23786/94.
Mezghichec./ France, 9 avril 1997.
Mokrani c./ France, 12 novembre 2002, req. n° 52206/99.
Naceur c./ France, 5 avril 1995, req. n° 25913/94.
Saricam c./ France, 25 septembre 2001, req. n° 47085/99.

H. Article 14 et article 1er du Protocole 1er

Gaygusuz c./ Autriche, 16 septembre 1996, req. n° 17371/90.

- SUDRE F., « La portée du droit à la non-discrimination : de l'avis d'assemblée du Conseil d'État du 15 avril 1996, Mme Doukouré, à l'arrêt de la Cour européenne des droits de l'Homme du 16 septembre 1996 Gaygusuz c./ Autriche », *RFDA,* 13, (5), sept.-oct. 1997, p. 996-976.
- MOULY J. et MARGUEAUD J.-P., « Protection sociale et nationalité : un nouvel exemple de l'influence de la Convention européenne sur le droit social », *D.*, 1998, JP, p. 438.

CEDH 27 mars 1998, *Petrovic c./ Autriche.*

- PRISO ESSAWE S.-J., « les droits sociaux et l'égalité de traitement dans la jurisprudence de la Cour européenne des droits de l'Homme », *RTDH,* 1998, p. 721-736.

Koua Poirrez c./ France, 30 septembre 2003, req. n° 40892-98.

GUIOMARD F., *D.*, 2004, n° 6, p. 375.

Décisions des Organes de contrôle de l'ONU

A. Le Comité des droits de l'Homme

CDH 9 avril 1987, *Broeks et Van de Vries c./ Pays Bas*, req. n° 172/1984, req. n° 182/1984, R 1987.

CDH 5 septembre 1979, *Anna Maroufidou c./ Suéde*, R13/58

CDH 3 avril 1983, *Ibrahim Gueye c./ France*, *RUDH* 1989, p. 62-64.

CDH 3 avril 1987, *Hammel c./ Madagascar*, req. n° 155/1983.

CDH 1989 *Barett et Suteliffe c./ Jamaïque*, req. n° 271/1988.

CDH 11 juillet 1988, *Pierre Giry c./ République Dominicaine*, req. n° 193/1985.

CDH 7 janvier 1991, *Charles Chitat Ng c./ Canada*, n° 469/1991

CDH 17 février 1991, *Ismet Celepli, c./ Suède*, req. n° 456/1991.

CDH 18 novembre 1993, *Joseph Kindler c./ Canada*, req. n° 470/1991.

CDH 16 décembre 1996, *Charles E Stewart c./ Canada*, req. n° 538/1993.

CDH 30 octobre 2000, *M. Samira Karker c./ France*, n° 833/1998

CDH 15avril 2002, *M. Samba Jalloh c./ Pays Bas*, req. n° 794/1998.

CDH 12 novembre 2002, *M. L. Yama et M. N. Khalid c./ Solvaquie*, req. n°876/1999.

B. Le Comité contre la torture

Communication n° 13/1993, Suisse 27/04/94, CAT/C/12/D/13/1993.

Communication n° 10/1993, Espagne 21/11/1994, CAT/C//13/D/10/1993.

Communication n° 15/1994, Canada, 18/11/1994, CAT/C/13/D/15/1994.

Communication n° 6/1990, Espagne 06/06/1995, CAT/14/D/6/ 1990.

Communication n° 26/1995, Canada 20/11/1995, CAT/C/15/D/26/1995.

Communication n° 32/1995, France, 20/11/1995, CAT/C/15/D/32/1995.

Communication n° 41/1996, Suède 08/05/1996 CAT/C/16/D/41/1996.

Communication n° 21/1995, Suisse 08/05/96 CAT/C/16/D/21/1995.

Communication n° 34/1995, Suisse 29/05/1997, CAT/C/18/D/34/1995.

Communication n° 45/1996, France, 10/11/1997 CAT/C/19/D/45/1996.

Communication n° 88/1997, Suède 16/11/1998, CAT/C/21/D/88/1997.

Communication n° 101/1997, Suède 16/12/1998, CAT/C/21/D/101/1997.

Communication n° 93/1997, France, 24/01/2000, CAT/C/23/D/93/1997.

Communication n° 63/1997, France 05/06/2000, CAT/C/23/D/63/1997.

Communication n° 140/1999, Suède, 09/10/2000, CAT/C/24/D/140/1999.

Communication n° 149/1999, Suède, 15/02/2001, CAT/C/25/D/149/1999.

Communication n° 185/ 2001, Suède 25/05/2002, CAT/28/D/185/2001.

Communication n°193/2001, France, 19/12/2002, CAT/C/29/D/193/2001.

Communication n° 219/2002, Suisse 12/05/2003, CAT/L/30/D/219/2002

Communication n° 183/2001, Canada 17/05/2004, CAT/C/32/183/2001.

Communication n° 243/2004 Suède 07/05/2004 CAT/C/32/D/243/2004.

Communication n° 229/2003 Suède 17/05/2004 CAT/C/32/D/229/2003.

Communication n° 214/2002 Allemagne 17/05/2004 CAT/C/32/D/214/2002.

Communication n°182/2001 Suisse 17/05/ 2004 CAT/C/32/D/182/2001.

Communication du 24 mai 2005 n° 195/2002, *France c./ Brada*, CAT/C/34/D/195/2002.

INDEX THÉMATIQUE

R

S

T

U

V

Z

TABLE DES MATIÈRES

Questions juridiques à l'Harmattan

ADMINISTRATION, GOUVERNANCE ET DÉCISION PUBLIQUE
Sous la direction de Ali SEDJARI
L'administration n'en finit pas de soulever des questions et de susciter des interrogations à propos du rôle qu'elle est appelée à jouer dans le contexte des mutations actuelles et dans la gestion de la complexité des temps modernes. La gouvernance administrative ne peut s'associer au changement qu'en intervenant elle-même dans l'action créatrice du nouveau. La "bonne gouvernance administrative" serait alors l'art de mieux décider. Il y a donc un lien étroit entre la gouvernance administrative et la décision publique, objet de ce livre.
(39 €, 496 p) *ISBN 2-7475-6389-8*

LA BUREAUCRATIE LIBÉRALE
Nouvelle gestion publique et régulation organisationnelle
GIAUQUE David. Préface de Yves EMERY
Les réformes administratives au sein des pays de l'OCDE sont menées à un rythme toujours plus important. Cet ouvrage propose une réflexion approfondie sur les conséquences des mutations administratives engagées, souvent inspirées des principes et outils de la nouvelle gestion publique, sur la régulation organisationnelle des administrations publiques. Basés sur des enquêtes qualitatives menées auprès de services administratifs canadiens et suisses, les constats réalisés permettent d'identifier l'apparition d'un nouveau type de régulation organisationnelle nommé "bureaucratie libérale".
(Coll. Conception et dynamique des organisations - Série : Publi-Thèses, 27 €, 324 p)
ISBN 2-7475-5535-6

LA CADUCITÉ DES ACTES JURIDIQUES EN DROIT PRIVÉ FRANÇAIS
PELLETIER Caroline. Préface de Philippe JESTAZ
Bien qu'elle ne soit pas une notion juridique nouvelle, la caducité demeure floue et incertaine. Une étude globale s'impose donc aujourd'hui en droit privé français. Cette étude permet de mettre en exergue la dualité fonctionnelle de la caducité, qui peut résulter soit de la disparition d'un élément essentiel à l'exécution de l'acte juridique, soit de l'inaction d'une personne intéressée à l'acte. Toutefois, la caducité ne saurait être considérée comme une notion plurielle, elle s'affirme comme un mécanisme unitaire d'extinction des actes juridiques qui mérite de trouver une place à part entière dans notre système juridique.
(Coll. Logiques Juridiques, 45 €, 582 p) *ISBN 2-7475-6896-2*

LES COLLECTIVITÉS TERRITORIALES FACE AUX RISQUES PHYSIQUES
Sous la direction de Arnaud de LAJARTRE et Vincent GABORIAU
Les risques physiques, c'est-à-dire ceux dont l'origine est matérielle, sont certainement ceux que les collectivités territoriales gèrent le plus souvent. Des risques majeurs classiques (naturels, technologiques, transports) aux risques de la vie quotidienne (infrastructures de plein air, de sports, de voirie, cantine, eau potable, déchets, etc.),

voici une réflexion sur la prévention du risque, la réaction face au risque et sa sanction.
(Coll. Logiques Juridiques, 22 €, 262 p) *ISBN 2-7475-6839-3*

LA CONCURRENCE DÉLOYALE
LECOURT Arnaud
Cet ouvrage examine ainsi tout l'encadrement juridique de la concurrence déloyale, intégrant à la fois la jurisprudence la plus récente, y compris celle des bases de données informatiques, les développements les plus actuels sur les nombreux points d'achoppements que recouvre la matière ainsi que des décisions issues de différents droits étrangers. Il est une aide précieuse pour tout avocat, magistrat, universitaire ou simple commerçant désireux de comprendre les arcanes de cette matière et de défendre ses droits.
(Coll. La Justice au quotidien, 11 €, 96 p) *ISBN 2-7475-6358-8*

LE CONSEIL CONSTITUTIONNEL EN QUESTIONS
Sous la direction de Dominique ROUSSEAU
Le conseil constitutionnel est l'organisme gardien des droits fondamentaux. Mais sa composition et son fonctionnement sont contestés. Comment expliquer que des juges non élus, désignés par des détenteurs du pouvoir politique, puissent s'opposer au pouvoir législatif incarnant la nation souveraine ? Le Conseil constitutionnel n'est en outre pas une troisième chambre; il ne doit donc jamais guider la main du législateur. Il est pourtant souvent critiqué pour la témérité, voire l'impérialisme de certaines de ses décisions.
(Coll. Inter-National, 16 €, 176 p) *ISBN 2-7475-6947-0*

CONTRIBUTION À LA RÉFLEXION SUR LES DROITS
MINOW Martha, COVER Robert M.
Il est constamment fait appel, dans le discours juridique et politique contemporains, à la notion de droits en France, aux Etats-Unis et en beaucoup d'autres lieux. Pourquoi ? Comment faire sens de ces usages ? Quel rôle exact cette notion joue-t-elle dans le fonctionnement réel du droit positif et comment aide-t-elle à l'analyser ? Martha Minow et Robert M. Cover, dans les deux textes traduits dans cet ouvrage, invitent à reprendre la réflexion sur ces sujets.
(Coll. Logiques Juridiques, 11 €, 104 p) *ISBN 2-7475-6970-5*

LES CONTRATS ET LE SYSTÈME ÉDUCATIF
FIALAIRE Jacques. Préface de André LEGRAND
De nos jours, l'institution scolaire s'est muée en un "système éducatif". Cette multiplication des acteurs des politiques éducatives s'est accompagnée d'une large diffusion du procédé contractuel (contrats d'association dans le secteur privé, ou plus éphémère, les contrats emplois-jeunes). Cette étude envisage donc le droit positif applicable à ces contrats. Elle les met en perspective avec les objectifs des politiques éducatives qu'ils traduisent. Cet ouvrage constitue un apport général à la théorie générale des contrats.
(Coll. Logiques Juridiques, 26.50 €, 310 p) *ISBN 2-7475-5916-5*

LE CONTRÔLE FISCAL DES OPÉRATIONS INTERNATIONALES
THOMAS Jérôme Nirmal. Préface de Guy GEST
Entre la mondialisation croissante de l'économie et les facilités offertes par l'Union européenne, le contrôle fiscal des opérations internationales est devenu un enjeu majeur de ce nouveau millénaire. En matière internationale, l'administration française a plus de mal à vérifier la véracité des déclarations des contribuables. C'est pourquoi les pouvoirs publics se sont efforcés d'adapter le contrôle fiscal à cette spécificité afin de le rendre plus efficace. Une réflexion centrée autour de la question de l'efficacité du contrôle fiscal des opérations internationales.
(Coll. Finances Publiques, 32 €, 396 p) *ISBN 2-7475-6711-7*

LE CONTRÔLE JURIDICTIONNEL DE LA RÉGULARITÉ DE LA PROCÉDURE D'IMPOSITION
AYRAULT Ludovic
Face à un droit aussi formaliste que celui des procédures fiscales, le juge de l'impôt a renforcé son contrôle afin de rééquilibrer les rapports entre l'Administration fiscale et le contribuable. Mais si le contrôle assuré permet aux assujettis de bénéficier d'une protection efficace de leurs droits et de leurs garanties, la situation est différente lorsqu'il s'agit d'annuler la décision d'imposition. Une analyse sur l'efficacité et la nature de la protection juridique du contribuable.
(Coll. Finances publiques, 35 €, 444 p) *ISBN 2-7475-6271-9*

LA COUR PÉNALE INTERNATIONALE ET LES ETATS-UNIS
BOUQUEMONT Clémence. Préface de Yves PETIT
A la grande surprise de la communauté internationale, les Etats-Unis, fervents défenseurs de la justice internationale, s'élèvent contre l'avènement historique de la Cour Pénale Internationale le 1er juillet 2002. Le gouvernement de G. W. Bush prend toutes les mesures nécessaires pour offrir une immunité générale et préventive aux citoyens américains, qu'ils soient chef d'Etat, militaire ou simple citoyen. Hormis la crainte d'une ingérence dans leurs affaires intérieures, les Etats-Unis ne craignent-ils pas davantage une ingérence dans leur gestion de la scène internationale?
(Coll. Inter-National, 14.50 €, 162 p) *ISBN 2-7475-5408-2*

DICTIONNAIRE DE LA JUSTICE INTERNATIONALE, DE LA PAIX ET DU DÉVELOPPEMENT
BEMBA Joseph
Ce Dictionnaire a pour principal objet de rassembler et de définir, conformément aux textes et à l'état du droit en vigueur, les principaux termes et expressions utilisés dans le cadre de la Justice internationale. Il a pour ambition de rendre accessible au plus grand nombre, praticiens et non praticiens du Droit, le vocabulaire parfois "fermé" de la Justice internationale pour une meilleure compréhension de son action et de ses enjeux. Outre les définitions, l'ouvrage comporte l'énoncé d'articles, préambules et extraits significatifs des textes fondamentaux nationaux, régionaux et internationaux.
(Coll. Justice Internationale, 32 €, 404 p) *ISBN 2-7475-6576-9*

42365 - mai 2012
Achevé d'imprimer par
1livre.com
du rêve à la réalité !

Made in United States
North Haven, CT
05 November 2026

21764581R00409